C000079224

Histoire De Robespierre Et Du Coup D'état Du 9 Thermidor, Volume 3...

Ernest Hamel

Nabu Public Domain Reprints:

You are holding a reproduction of an original work published before 1923 that is in the public domain in the United States of America, and possibly other countries. You may freely copy and distribute this work as no entity (individual or corporate) has a copyright on the body of the work. This book may contain prior copyright references, and library stamps (as most of these works were scanned from library copies). These have been scanned and retained as part of the historical artifact.

This book may have occasional imperfections such as missing or blurred pages, poor pictures, errant marks, etc. that were either part of the original artifact, or were introduced by the scanning process. We believe this work is culturally important, and despite the imperfections, have elected to bring it back into print as part of our continuing commitment to the preservation of printed works worldwide. We appreciate your understanding of the imperfections in the preservation process, and hope you enjoy this valuable book.

George Richard
souvenir cordial
Ernest Hamel

HISTOIRE

DE

ROBESPIERRE

HISTOIRE

DE

ROBESPIERRE

D'APRÈS DES PAPIERS DE FAMILLE

LES SOURCES ORIGINALES ET DES DOCUMENTS ENTIÈREMENT INÉDITS

PAR

ERNEST HAMEL

Scribitur ad narrandum et probandum

TOME TROISIÈME

—

LA MONTAGNE

—

SAVA 2197,

PARIS

CHEZ L'AUTEUR, 31, AVENUE TRUDAINE

Et chez les principaux libraires

—

.1867

Tous droits de traduction et de reproduction réservés

BIBLIOTHÈQUE CANTONALE
LAUSANNE
ET UNIVERSITAIRE

HISTOIRE

DE

ROBESPIERRE

LIVRE ONZIÈME

JUIN 1793 — OCTOBRE 1793

1

I

« La journée du 31 mai fut grande, heureuse, utile et nécessaire, »
s'écriait Robert Lindet à la tribune de la Convention le 1er brumaire
de l'an III (22 octobre 1794), près de trois mois après la chute de
Robespierre (1), c'est-à-dire à une époque où la réaction girondine
commençait à s'imposer au pays et à diriger de sérieuses persécutions contre les patriotes suspects de garder quelque fidélité à la
mémoire des vaincus de Thermidor. Cela seul suffirait à prouver dans
quelle erreur grossière, volontaire ou non, sont tombés les historiens
qui ont présenté la chute des Girondins comme une victoire personnelle pour Robespierre ; ce fut le triomphe éclatant de la révolution
démocratique, et tous les prodiges dont un peuple est capable pour
assurer son indépendance et conserver son homogénéité vont s'accomplir entre l'époque du 31 mai et celle du 9 thermidor. Ce sera
l'œuvre de la Montagne.

On a dit très-faussement qu'à partir du 31 mai toutes discussions
avaient cessé au sein de la Convention ; que, terrifiée en quelque sorte,
elle s'était bornée à voter silencieusement les décrets proposés par ses
comités : c'est là une assertion complétement contraire à la vérité et
démentie par tous les faits. Ce qui est vrai, c'est que, débarrassée des
brouillons et des intrigants, la Convention ne fut plus une arène de
gladiateurs ; c'est qu'au lieu de s'épuiser dans ces récriminations éternelles, dans ces luttes de partis où l'avaient entraînée les hommes de
la Gironde, elle se consacra tout entière aux grands intérêts de la
patrie ; ce qui est vrai enfin, c'est que, pressés de donner à la France
une constitution républicaine, ses membres seraient assez promptement rentrés dans la vie privée si des circonstances extraordinaires,
provoquées en partie par ceux dont elle s'était vue contrainte de
voter l'arrestation, ne l'avaient pas mise dans la nécessité d'ériger
un gouvernement d'expédients et de faire face elle-même par de su-

(1) Voyez *le Moniteur* du 4 brumaire de l'an III (25 octobre 1794).

prêmes moyens à de suprêmes périls. Les suites du 31 mai, on peut,
je crois, l'affirmer hardiment, n'eussent pas été fatales aux Girondins
si eux-mêmes, par de criminelles entreprises, n'avaient pas appelé
sur eux toute la sévérité des lois; si, comme l'a très-bien dit un écrivain célèbre, tout disposé à l'indulgence à leur égard, que dis-je!
trop porté à la partialité en leur faveur, ils n'avaient point précipité
leur chute en la méritant par l'appel à la guerre civile (1).

Personne, parmi les principaux membres de la Montagne, n'avait
soif du sang de ces hommes. Considérée comme un obstacle à l'établissement du gouvernement républicain, la Gironde avait disparu,
emportée pour ainsi dire dans un mouvement populaire; on ne voulait
pas autre chose (2). Quand le 2 juin, sur la place du Carrousel, le général provisoire de la garde nationale, cet Hanriot calomnié à l'envi
par les réactions de toutes les couleurs, parcourait les rangs des
bataillons parisiens, il disait : « Il ne faut pas verser de sang, mais
il ne faut pas se retirer que les vingt-deux membres ne soient livrés (3). » Et, de fait, il n'y eut jamais d'insurrection plus bénigne que
celle des 31 mai et 2 juin 1793; Robespierre jeune put dire avec
raison : « Il sera inouï dans l'histoire que cent mille hommes se soient
mis sous les armes sans qu'il soit arrivé le plus léger accident (4). »
Quand le résultat poursuivi fut atteint, les citoyens qui y avaient
travaillé avec le plus d'ardeur semblèrent avoir hâte d'abdiquer la
part d'autorité dont ils avaient été momentanément revêtus. Ainsi
fit Hanriot. Nous devons signaler en passant la conduite politique
de ceux dont la fortune fut associée à celle de Robespierre. « Républicains », dit-il au sein du conseil général de la commune, « comme
il me semble avoir rempli ma tâche, comme il me semble voir le
calme, la tranquillité et l'union rétablis dans la ville, je donne ma
démission entre les mains du peuple... J'ai fait tout ce qu'un honnête citoyen devait faire, et je me croirais le plus coupable des
hommes si je ne donnais pas ma démission, que le peuple a droit

(1) Michelet, *Histoire de la Révolution*, t. VI, p. 50.

(2) Nous avons déjà démontré combien erronée est l'opinion de ceux qui font des Girondins les fondateurs de République parce qu'un des leurs avait eu le premier à
la bouche, en 1791, ce mot de *république*. Dieu sait quels républicains et quels libéraux
furent les Girondins ! Demandons à un franc royaliste quels étaient, dans l'opinion publique, les vrais républicains. Écoutez Mallet du Pan ; voici comment il s'exprimait en
avril 1792 : « Cela n'empêche pas qu'il n'existe un parti de véritables républicains, à la
tête desquels est M. Robespierre, qui ne chemine pas avec MM. Condorcet, Brissot... »
(*Mémoires* de Mallet du Pan, t. I, p. 260.)

(3) Compte rendu, par Saladin, des journées des 29 et 31 mai, 1er et 2 juin 1793,
cité dans l'*Histoire parlementaire*, t. XXVIII, p. 44, en note.

(4) *Journal des débats et de la correspondance de la société des Jacobins*, numéro 428.

d'exiger de moi. » Le président, — c'était Lubin, destiné, lui aussi, à périr en Thermidor, — lui répondit : « Hanriot, quand le peuple de Paris, dans le moment d'une violente crise, te nomma son commandant général, il annonça qu'il connaissait ton civisme, ton courage, ton mérite ; tu as pleinement justifié son opinion ; la démission que tu lui donnes aujourd'hui achève de prouver qu'il t'a bien jugé. Ce dernier trait met le comble à ta gloire. Hanriot sera cité désormais, et dans cette ville et dans la République entière, non-seulement comme un ardent patriote, un franc révolutionnaire, mais, ce qui est bien plus glorieux, comme un excellent citoyen (1). » Hanriot n'allait pas tarder à être réintégré dans son commandement par le suffrage de ses concitoyens; nous aurons plus d'une fois l'occasion de montrer comment il s'acquitta de ces importantes fonctions.

Un désir d'apaisement paraissait s'être emparé de la plupart des esprits, à ce point que, dans une séance du conseil général de la commune, un envoyé de Lyon, nommé Leclerc, ayant manifesté son étonnement de ce qu'on semblait craindre de répandre quelques gouttes de sang, Hébert lui-même, au milieu de l'indignation universelle, proposa à ses collègues de considérer comme mauvais citoyen quiconque parlerait de verser du sang, et sa motion fut accueillie par des applaudissements unanimes (2). La Convention, de son côté, avait des dispositions à l'indulgence. Et pourtant les incitations sanglantes ne lui manquaient pas. C'était la commune d'Amboise, qui lui conseillait de se hâter de décréter d'accusation tous les chefs de la faction girondine et de les envoyer à l'échafaud ; c'étaient les habitants d'Arcis-sur-Aube, qui demandaient que la vengeance nationale s'appesantît sur les membres dénoncés (3). Les adresses abondaient où l'on poussait les représentants du peuple à user des moyens de rigueur contre leurs collègues désarmés. Plus modéré était le vœu des compatriotes de Robespierre. « Que le lieu de vos séances cesse d'être une arène de gladiateurs ! » s'écria à la barre de la Convention un député de la commune d'Arras; « qu'il s'y établisse une lutte, nous y consentons, mais que ce ne soit pas celle des passions; que ce soit celle de l'amour du bien public (4). » L'Assemblée

---

(1) *Archives de la Ville*. Registre des délibérations du conseil général de la commune. V. 30, carton 0,30,0.

(2) Séance du 4 juin. — Voy. le compte rendu de cette séance dans *le Moniteur* du 7 juin 1793.

(3) Adresses des communes d'Amboise et d'Arcis-sur-Aube, transcrites sur le registre des délibérations du conseil général. (*Archives de la Ville, ubi supra.*)

(4) *Archives de la Ville, ubi supra.* Voy. dans *le Moniteur* du 8 juin 1793 le discours de ce député d'Arras.

inclinait visiblement vers les mesures de douceur, mais le cœur des Girondins était fermé à toute proposition d'accommodement ; il leur fallait le triomphe ou la mort. Le bruit s'étant répandu que le comité de Salut public devait proposer à la Convention un projet d'amnistie en faveur des députés mis en arrestation, Dufriche-Valazé déclara que pour sa part il repousserait toute amnistie avec horreur (1). Non moins fier et non moins acerbe se montra Vergniaud. Il s'était volontairement soumis au décret d'arrestation afin d'offrir sa tête en expiation des trahisons dont il serait convaincu, écrivit-il à la Convention ; mais, à son tour, il demanda que ses dénonciateurs fussent livrés au bourreau s'ils ne produisaient de preuves contre lui (2). Que les Girondins, vaincus, se montrassent indomptables dans l'adversité, qu'aux accusations de leurs adversaires ils opposassent une âme stoïque et dédaigneuse, c'était bien, et il pouvait même y avoir quelque grandeur dans leur conduite ; mais malheureusement ils ne s'en tinrent pas là. Lorsque Marat avait été livré par eux au tribunal révolutionnaire, les partisans de l'Ami du peuple n'avaient pas cherché à ameuter contre la Convention la population parisienne, et les sections de la capitale avaient attendu dans le silence et dans le respect le résultat du procès. C'était là un exemple à suivre. Coupables d'avoir, les premiers, porté atteinte à l'intégrité de la représentation nationale, les Girondins étaient tenus de s'incliner à leur tour devant le décret qui les frappait. La résignation, c'était le salut ; nul doute, je le répète, que, s'ils avaient accepté purement et simplement la situation, ils n'eussent pas misérablement perdu la vie, les uns sur les échafauds, les autres par le suicide. Mais, aveuglés par la haine, dominés par des passions voisines de la démence, ils se crurent assez forts pour diriger tous les départements dans une vaste croisade contre Paris, pour imposer par eux des lois à la Convention nationale, et ils n'hésitèrent pas à souffler aux quatre coins de la France le feu de la guerre civile.

Voulurent-ils, comme on les en accusa sur les rapports du Prussien Anacharsis Cloots, dit l'*Orateur du genre humain*, démembrer, fédéraliser la France ? Non, sans doute ; mais leur crime ne fut pas moins irrémissible. A leur voix se mirent en pleine révolte les départements de l'Ouest et du Midi, et sous leur inspiration la terreur s'organisa à Lyon et à Marseille contre les patriotes. Ne savaient-ils pas, les imprudents ! que derrière eux, et en se couvrant de leur

---

(1) Voy. la lettre de Dufriche-Valazé dans *le Moniteur* du 7 juin 1793, et dans le numéro 203 du *Républicain françois*, où elle se trouve plus complète.

(2) Voy. la lettre de Vergniaud dans *le Moniteur* du 8 juin 1793.

nom, allaient se grouper tous les royalistes, tous les ennemis de la Révolution? Et quel moment choisirent-ils pour exposer la patrie éperdue à de tels déchirements! Trois cent mille ennemis occupaient nos frontières depuis Bâle jusqu'à Ostende; les Autrichiens étaient aux portes de Valenciennes; en dix jours ils pouvaient être à Paris. La situation n'était guère meilleure au Midi et au Sud-Est. Dans l'intérieur, les Vendéens, encouragés par de récents succès, redoublaient d'ardeur, et, maîtres de Thouars, de Fontenay, de Saumur, ils dominaient tout le cours de la Loire. N'y avait-il pas là de quoi apaiser les ressentiments de la Gironde et lui faire accepter docilement l'arrêt du peuple?

II

Tel était l'état des choses lorsque, dans la séance du 6 juin, Barère présenta à la Convention nationale, au nom du comité de Salut public, un rapport ambigu et équivoque sur les journées des 31 mai et 2 juin, comme s'il n'eût pas encore été assez certain du triomphe de la Montagne pour se ranger tout à fait de son côté (1). Dans un décret à la suite, il proposa, entre autres mesures, à l'Assemblée, de supprimer tous les comités extraordinaires autres que ceux de surveillance et de salut public; d'expulser du territoire de la République, dans le plus bref délai, tous les étrangers suspects; d'envoyer tout de suite dans chacun des départements dont quelques députés avaient été mis en état d'arrestation un nombre égal de députés à titre d'otages. Danton appuya cette dernière proposition, et, cédant à un mouvement chevaleresque, Couthon et Saint-Just s'offrirent eux-mêmes en otages (2). Mais le rapport de Barère parut infiniment dangereux à certains représentants. Était-ce à l'heure où les Girondins bravaient ouvertement la Convention par des lettres menaçantes et provocatrices qu'on devait avoir l'air de les redouter en composant avec eux? A Ducos, qui dans la séance du 8 avait soutenu les conclusions du rapport, Robespierre répondit froidement, avec modération, mais aussi avec fermeté. C'était la première fois qu'il prenait la parole depuis la journée du 2 juin. A la Convention comme aux Jacobins, il était resté muet, attendant avec anxiété les ré-

(1) Rapport de Barère, dans *le Moniteur* du 9 juin 1793.
(2) Voy. *le Moniteur* du 9 juin, et notre *Histoire de Saint-Just*, p. 220 de la première édition.

sultats des menées girondines dans les départements (1). Mais à la nouvelle des tentatives faites pour opérer la contre-révolution à Bordeaux, à Lyon, à Marseille et sur d'autres points encore, il monta résolûment à la tribune afin de combattre comme insuffisantes les mesures présentées par Barère, lesquelles lui paraissaient de nature à fomenter des troubles dans le pays au moment où l'Assemblée et la République tout entière avaient un si grand besoin de tranquillité. Dépeignant les périls auxquels la France était exposée sur ses frontières et à l'intérieur, il engageait vivement tous les citoyens à marcher de concert vers la paix et la liberté publique. Mais pour cela il fallait se garder d'agiter de nouveau Paris et de fournir à l'aristocratie, par des mesures inconsidérées, les moyens de se relever de son dernier échec. « Si vous jetez au milieu de nous de nouvelles semences de division », disait-il, « alors elle lèvera une tête audacieuse, et peut-être tomberez-vous dans l'état dont vous étiez menacés avant le 31 mai... Ce qui a été fait dans cette dernière révolution n'a produit aucun effet funeste, aucune effusion de sang. Vous avez tous reconnu le principe et le caractère patriotique imprimé à l'insurrection du peuple; vous avez vu qu'elle était nécessaire, sous peine de voir la liberté ensevelie à Paris, et par conséquent perdue à jamais pour le reste de la République, sous peine de voir se répéter auprès de vous les scènes sanglantes de Lyon et de Marseille... » En conséquence, il était indispensable, à son avis, de conserver les autorités établies par le peuple pour maintenir la tranquillité publique et protéger en même temps ses droits et sa liberté. Était-il permis à la Convention de comprimer le zèle, l'effervescence même du patriotisme, quand elle ne possédait pas elle-même assez de vertu, de sagesse et d'énergie pour dompter les ennemis extérieurs et intérieurs de la Révolution ? Sans s'arrêter au projet d'envoyer des otages dans les départements, lequel ne lui paraissait pas mériter examen, il engageait ses collègues à exiger du comité de Salut public un prompt rapport sur les députés détenus, et surtout une loi sévère contre les étrangers, car il trouvait souverainement impolitique, lorsque les puissances étrangères bannissaient de chez elles tous les Français qui pourraient y porter nos principes, de recevoir légèrement tous les individus qu'elles dépêchaient au milieu de nous afin de nous infecter de leurs poisons. Rapport sur les députés arrêtés en vertu du décret du 2 juin, bonne loi sur les étrangers, ordre du jour sur les autres mo-

(1) Dans son *Histoire de la Révolution*, M. Thiers, entre autres erreurs, attribue à Maximilien Robespierre un discours prononcé par Robespierre jeune au club des Jacobins dans la séance du 3 juin 1793. (Voy. le *Journal des débats et de la correspondance de la société des Jacobins.*)

sures proposées par Barère, tels étaient, en définitive, les trois points auxquels se réduisaient les propositions de Robespierre (1).

Ses paroles produisirent un effet décisif. Les partisans de la Gironde, sentant bien que le rapport de Barère était au fond tout favorable à leurs amis, en appuyèrent de tous leurs efforts les conclusions, mais en vain. Un député de l'Indre, nommé Lejeune, renchérit singulièrement sur le discours de Robespierre et se montra d'une sévérité excessive contre les hommes qui, dit-il, envoyés à la Convention pour faire des lois, avaient depuis six mois employé leurs talents à calomnier les patriotes les plus énergiques, à calomnier Paris, pour exciter contre cette ville des rivalités propres à amener le fédéralisme. Barère, voyant son projet de décret menacé d'un échec complet, annonça que le comité de Salut public en présenterait un nouveau dans lequel il serait tenu compte des observations soumises à l'Assemblée. Nous dirons bientôt comment, en présence de l'insurrection girondine, la Convention nationale dut se départir des sentiments d'indulgence qui tout d'abord l'animaient à l'égard des vaincus du 31 mai. Mais avant de jeter un rapide coup d'œil sur les déchirements dont la France va être le théâtre, il importe de nous arrêter un moment sur la constitution de 1793, laquelle fut discutée et votée vers ce temps-là.

III

Il n'y a certainement pas eu de constitution plus décriée que celle de 1793, parce qu'il n'y en a pas de moins connue, et qu'on la juge d'ordinaire d'après les calomnies dont elle a été poursuivie, comme l'ont été ses auteurs. Il n'y en a point pourtant où respire un plus profond amour de l'humanité, et où soient plus nettement affirmés ce qu'on est convenu d'appeler les grands principes de 1789 : l'égalité, la liberté, le droit d'association, les franchises de la pensée, l'élection populaire appliquée sur la plus vaste échelle, le renouvellement fréquent des fonctionnaires publics, les garanties les plus minutieuses contre les empiétements du pouvoir.

Elle ne fut pas, comme on l'a dit, bâclée en quelques jours par des jeunes gens. Depuis le mois de février, date à laquelle Condorcet avait présenté son projet, la constitution avait occupé tous les esprits sérieux de l'Assemblée, et de longues discussions y avaient été con-

---

(1) Voy. le discours de Robespierre dans *le Moniteur* du 10 juin, et dans le *Journal des débats et des décrets*, numéro 264, p. 101.

sacrées. L'œuvre girondine avait le tort de se perdre dans des détails infinis; elle fut écartée avant même que la Gironde eût succombé définitivement. Dans la séance du 30 mai, la Convention avait adjoint au comité de Salut public Hérault-Séchelles, Couthon, Saint-Just, Ramel et Mathieu, qui, se trouvant chargés, de concert avec les membres du comité, de poser de nouvelles bases constitutionnelles (1), n'eurent qu'à condenser, en quelques articles clairs et nets, les grands principes démocratiques exposés déjà par Robespierre et d'autres députés à la tribune de la Convention.

La constitution était attendue de toutes parts avec une fiévreuse impatience; chacun l'appelait de ses vœux comme l'ancre de salut, la réparation de tous les maux, la fin de toutes les discordes; et, quoi qu'en aient dit tous les ennemis de la Révolution, on peut affirmer que, si défectueuse qu'elle fût, elle eût parfaitement fonctionné si des complications imprévues n'eussent pas forcé la Convention de l'ajourner jusqu'à la paix. Le 9 juin 1793, dans la soirée, Couthon, Hérault-Séchelles, Saint-Just, Ramel et Mathieu soumirent à leurs collègues du comité de Salut public le projet qu'ils avaient rédigé (2). Le lendemain matin, le comité l'adopta dans son ensemble, avec quelques modifications, et, le même jour, Hérault-Séchelles en donna lecture à l'Assemblée. Des membres rédacteurs de cette constitution, deux, Couthon et Saint-Just, étaient étroitement unis de cœur à Robespierre. Mais, s'ils s'inspiraient généralement des idées de leur ami, ils ne parvinrent pas à les faire complétement triompher, car nous allons voir Robespierre combattre sur plus d'un point le nouvel acte constitutionnel, et, tout en le jugeant supérieur à tout ce qui s'était produit jusqu'ici, il fut loin de le considérer comme le pacte social définitif des Français (3). Seulement, après tant de séances perdues, employées en agitations stériles, il lui sembla indispensable que la Convention prouvât au peuple français et au monde entier qu'elle avait à cœur de s'occuper sans relâche de la mission dont elle avait été spécialement chargée. Aussi l'entendit-on s'écrier, après qu'au milieu des applaudissements Hérault-Séchelles, au nom du comité de Salut public, eut présenté son rapport et lu le projet d'acte constitutionnel : « La seule lecture

(1) Voy. le Moniteur du 31 mai 1793. Les membres du comité de Salut public étaient alors Cambon, Barère, Danton, Guyton-Morveau, Treilhard, Lacroix, Bréard, Delmas et Robert Lindet.

(2) Registre des délibérations et arrêtés du comité de Salut public (Archives, 434 a a 71).

(3) Ce qui n'empêche pas M. Michelet d'écrire que « la Montagne... lui remit en réalité la constitution » (t. VI, p. 35). Mais, étranges contradictions de l'éminent écrivain! il ajoute, à la page suivante, que les rédacteurs de la constitution se contentèrent de découper « le médiocre projet girondin ». Or, on a pu voir, dans notre précé-

du projet de constitution va ranimer les amis de la patrie et épouvanter tous nos ennemis. L'Europe entière sera forcée d'admirer ce
beau monument élevé à la raison humaine et à la souveraineté d'un
grand peuple. » Il demanda ensuite que le projet fût imprimé en
placard, envoyé à toutes les administrations, aux sociétés populaires,
aux armées, et que dès le lendemain la discussion commençât (1).

Si démocratique et si populaire que fût en somme ce projet de
constitution, adopté en principe par la Convention malgré l'opposition de quelques membres de la droite qui auraient voulu ajourner
la discussion jusqu'à ce qu'il eût été statué sur le sort des députés
détenus, il n'en fut pas moins l'objet de critiques assez vives de la
part de certains députés montagnards. Le soir, aux Jacobins, Robespierre, après avoir rendu compte, avec beaucoup de détails, de
la séance de l'Assemblée, ayant proposé à la société d'envoyer une
adresse aux départements sur l'heureux événement qui lui paraissait devoir concilier les suffrages du peuple et de tous les amis de
la liberté, sur cette constitution « sortie en huit jours du sein des
orages » et devenue le centre où il était permis à la nation de se
rallier sans se donner de nouvelles chaînes, Chabot protesta. Cette
constitution, la meilleure réponse des patriotes à toutes les calomnies, selon Robespierre, contenait, d'après Chabot, des germes de
royalisme. Le pouvoir exécutif, dans lequel le comité avait essayé
d'asseoir la garantie même de la liberté, lui semblait monstrueux et
liberticide. Aux yeux de l'ex-capucin, la guillotine seule devait être
la garantie de la liberté. L'idée n'était pas heureuse de faire intervenir dans une discussion toute constitutionnelle l'instrument sinistre
des vengeances révolutionnaires. « Je désire la discussion, » répondit Robespierre, « et je ne regarde point cette constitution comme un
ouvrage fini ; j'ajouterai moi-même des articles populaires qui y
manquent, et je ne demande qu'une adresse analogue aux circonstances, dont le but soit de relever l'esprit public abattu et de répondre aux calomnies de nos ennemis. » Vivement appuyée par

dent volume, combien plus larges et plus élevées étaient les vues de Robespierre en
matière de constitution. Telles sont d'ailleurs les erreurs capitales commises par
M. Michelet, qu'il se plaint (p. 37) de ce que le droit de résistance à l'oppression ne
figure pas dans l'énumération des Droits de l'homme. Pour quoi donc compte-t-il les
articles XXXIII, XXXIV et XXXV de la Déclaration : « La résistance à l'oppression est
la conséquence des autres droits de l'homme ? »

« Il y a oppression contre le corps social lorsqu'un seul de ses membres est opprimé... »

« Quand le gouvernement viole les droits du peuple, l'insurrection est pour le peuple,
et pour chaque portion du peuple, le plus sacré des droits... »

(1) *Journal des débats et des décrets*, numéro 266, p. 133, et *Moniteur* du 12 juin 1793.

Jean Bon Saint-André, la motion de Robespierre fut adoptée, et la société le chargea du soin de rédiger cette adresse en lui adjoignant Saint-André et Chabot (1).

Dès le lendemain 11 juin, comme l'avait réclamé Maximilien, la discussion s'ouvrit sur la constitution; elle se prolongea jusqu'au 23. Pour l'exercice de sa souveraineté, le peuple français était distribué en assemblées primaires de canton, et, pour l'administration et la justice, en départements, districts et municipalités. Tout homme né et domicilié en France était admis à l'exercice des droits de citoyen. C'était le suffrage universel, réclamé par Robespierre depuis l'origine de la Révolution, et, pour la première fois, inscrit dans l'acte constitutionnel. Par une disposition assurément fort touchante, la constitution nouvelle accordait les droits de citoyen à tout étranger qui, domicilié en France depuis un an, y vivait de son travail, ou acquérait une propriété, ou épousait une Française, ou adoptait un enfant, ou nourrissait un vieillard. Le peuple nommait directement ses députés; il déléguait à des électeurs le choix des administrateurs, des arbitres publics, des juges criminels et de cassation.

Ce dernier article amena d'assez vifs débats. Dans la séance du 15, un membre de la droite et un membre de la gauche, Guyomard et Chabot, combattirent la création de corps électoraux, comme de nature à détruire l'unité et l'indivisibilité de la République, et insistèrent pour l'élection directe en toutes choses. Mais n'était-il pas à craindre que, si le conseil exécutif, les corps judiciaire et administratif, étaient élus directement et sortaient de la même source que le Corps législatif, ils ne s'attribuassent une importance égale, n'empiétassent sur ses attributions? L'article XXIX spécifiait bien que chaque député appartenait à la nation entière; toutefois, malgré cela, n'était-il pas possible qu'un jour le conseil exécutif vînt dire aux mandataires de la nation : « J'ai été élu par l'universalité des citoyens, vous n'êtes vous que le produit d'élections partielles : donc, mon mandat est supérieur au vôtre »? Levasseur et Thuriot défendirent le plan du comité, et Robespierre, avec son grand sens politique, appuya en ces termes leurs observations : « Si le système de Chabot semble au premier coup d'œil plus conforme aux principes démocratiques, cette illusion disparaît bientôt, quand on examine quel en serait le résultat pour ou contre la liberté... Quel est l'écueil ordinaire de la liberté dans tous les pays? C'est le trop grand

---

(1) *Journal des débats et de la correspondance de la société des Jacobins*, numéro 431. Le discours de Robespierre a été reproduit *in extenso* dans l'*Histoire parlementaire*, t. XXVIII, p. 186.

ascendant que prend à la longue le pouvoir exécutif, qui, par cela
même qu'il a entre ses mains toutes les forces de l'État et qu'il agit
sans cesse, domine bientôt toutes les autorités. De là vient la nécessité bien constante de mettre dans la constitution de fortes barrières
à son usurpation. De là nécessité d'empêcher qu'il n'ait dans son origine un caractère aussi imposant que celui de la représentation nationale; de là nécessité de ne point le faire nommer immédiatement
par le peuple. Si vous n'adoptez pas ce système, vous verrez bientôt,
sous des formes nouvelles, ressusciter le despotisme, et les autorités
particulières, puisant dans leur nomination un caractère de représentation, se liguer ensemble pour lutter contre l'autorité naissante
de la grande représentation nationale (1). » De quelles garanties et
de quelles précautions il voulait entourer la liberté, ce sincère grand
homme que la calomnie et l'ignorance poursuivent encore de l'accusation de dictature! Convaincue par ces raisons, l'Assemblée adopta
les vues du comité. On a comparé à tort, d'ailleurs, ces corps électoraux à ceux de la Constituante, lesquels, issus d'un suffrage res-
treint, nommaient à la fois la représentation nationale, les juges et
les administrateurs, tandis que, sortis eux-mêmes du suffrage universel, les premiers étaient seulement chargés de l'élection de fonctionnaires que la constitution entendait subordonner au Corps législatif.

Robespierre, avons-nous dit, ne se trouva pas toujours d'accord
avec les rédacteurs du projet; en plus d'une circonstance on l'entendit critiquer leurs idées. Ainsi il essaya, mais en vain, de faire
modifier l'article en vertu duquel un député démissionnaire ne pouvait quitter son poste qu'après l'admission de son successeur. C'était
là, selon lui, une atteinte à la liberté individuelle (2). Il s'éleva également contre le vague de l'article qui permettait aux assemblées
primaires, en dehors de leur session annuelle, — laquelle devait
avoir lieu tous les ans, le 1er mai, — de se former extraordinairement, par la réunion de la majorité des membres dont elles étaient
composées. Quel serait l'objet de leurs délibérations, et pour combien
de temps seraient-elles réunies? N'appréhendait-on pas d'établir par
là une démocratie turbulente et incertaine au lieu de cette démocratie dont la stabilité est assurée par de sages lois? Qu'arriverait-
il? disait Robespierre. C'est que les riches et les intrigants demeu-
reraient seuls au milieu de ces assemblées, que les pauvres et les artisans seraient forcés de déserter pour aller travailler, n'ayant que

(1) *Journal des débats et des décrets de la Convention*, numéro 271, p. 232.
(2) *Moniteur* du 16 juin 1793, séance du 14.

leur travail pour vivre. Ce qu'il voulait, c'était le gouvernement du peuple par des mandataires directement élus et sérieusement responsables, et non ce système de prétendu gouvernement du peuple par lui-même, système qui, sous une apparence plus démocratique, eût mis la République à la discrétion de tous les intrigants, de tous les potentats de villages, et laissé à la nation l'ombre de la souveraineté pour la réalité. A la demande de Robespierre, la Convention ajourna la rédaction de cet article, qu'elle modifia légèrement un peu plus tard (1).

Maintenant, dans quelle mesure les mandataires du peuple exerceraient-ils leur mandat sans encourir de responsabilité? D'après le comité, ils ne pouvaient être accusés, recherchés ni jugés en aucun temps pour les opinions par eux émises au sein du Corps législatif. C'était là, selon le vieux Raffron du Trouillet, un brevet d'impunité pour tous les mauvais citoyens qui trahiraient les intérêts du pays. Un représentant du peuple ne devait pas être au-dessus de la loi commune? « Il est impossible », disait Robespierre répondant à Raffron, « de ne pas rendre hommage aux motifs patriotiques qui ont inspiré le vénérable vieillard qui m'a précédé à cette tribune. » Sans doute, continuait-il, il était pénible de penser que des représentants du peuple pourraient se montrer impunément infidèles à leur mandat; mais, d'autre part, il y avait à craindre que la liberté des suffrages ne se ressentît d'une sorte de menace perpétuellement suspendue sur la tête des députés. Puis, comment répondre que des représentants fidèles ne seraient point poursuivis par des factieux ou des intrigants? Il songeait sans doute à cette véritable persécution dont il avait été victime lui-même de la part des Girondins au début de la Convention. Enfin, comment concilier la liberté des opinions, celle du peuple même, avec le droit laissé aux autorités constituées de juger un de ses mandataires? C'était-là, à son avis, une matière environnée d'écueils. Il pensait toutefois que, de manière ou d'autre, tout député était tenu, à la fin de chaque législature, de rendre compte de sa conduite à ses commettants. Il croyait donc que la Convention, tout en adoptant l'article du comité, ferait bien de le charger de lui soumettre un projet de loi sur la responsabilité des représentants du peuple, de façon que, sans gêner la liberté du législateur, on opposât pourtant une forte barrière à la corruption. Mais l'Assemblée, sans s'arrêter à ces considérations si graves, passa outre et vota purement et simplement l'article présenté par le comité (2).

(1) *Journal des débats et des décrets de la Convention,* numéro 271, p. 250.
(2) *Moniteur* du 18 juin 1793, séance du 15.

Il eut plus de succès le lendemain en demandant que dans l'intitulé des lois, décrets et actes publics, on substituât à ces mots : *Au nom de la République française*, ceux-ci : *Au nom du Peuple français ;* car, disait-il, le mot de république caractérise le gouvernement, celui de peuple, au contraire, caractérise le souverain. Son amendement, conforme aux principes, fut adopté, malgré l'opposition de Thuriot (1).

Toujours préoccupé de la crainte de voir s'accroître, dans des proportions fatales à la liberté, l'autorité du pouvoir exécutif, il obtint la suppression du droit de faire les traités, attribué par le comité au conseil exécutif, qui dut se borner à les négocier (2). Il n'était si petites choses sur lesquelles, à cet égard, il ne crût devoir insister. Ainsi, le comité avait abandonné au conseil le soin d'accuser les agents en chef, s'il y avait lieu, devant les juges ordinaires ; mais au moyen de cette disposition, disait Robespierre, les agents trop fidèles ne seraient-ils pas exposés à être victimes du conseil, et devait-on les effrayer d'avance par la perspective d'accusations dont serait souvent payé le patriotisme ardent ou une surveillance trop active ? « Il faut, au contraire », ajoutait-il, « trouver le moyen de mettre un frein aux prévarications des dépositaires de l'autorité ; il ne faut pas s'en reposer sur le Corps législatif, car, loin de dénoncer le conseil, il pourrait s'unir à lui, profiter des abus et usurper la souveraineté nationale. » On n'avait qu'à suivre pour les agents les règles ordinaires de la poursuite des crimes (3). L'Assemblée, conformément à ces observations, se borna à autoriser le pouvoir exécutif à dénoncer les agents de la République en cas de prévarication ou de forfaiture.

On sait de reste à présent avec quel soin jaloux Robespierre s'est constamment attaché à sauvegarder l'indépendance, la liberté des citoyens et l'intégrité de leurs droits ; on a vu de quelles garanties sérieuses il s'est efforcé de couvrir les conquêtes de la Révolution contre les empiétements du pouvoir. Investir le gouvernement de la puissance nécessaire pour défendre la liberté contre les entreprises des factions, et le mettre hors d'état d'attenter lui-même à cette liberté, tel était le problème dont il ne cessa de poursuivre la solution. Toute sa théorie en matière de gouvernement, on la trouve dans son magnifique discours sur la constitution, dont nous avons, dans notre dernier livre, donné une analyse assez complète. Laisser aux familles, aux communes, aux individus, la plus grande somme de liberté possible ; se bien garder de comprimer dans son essor, par la rage

(1) *Journal des débats et des décrets de la Convention,* numéro 273, p. 263.
(2) *Ibid.*, p. 266.
(3) *Moniteur* du 20 juin 1793 ; séance du 17.

des réglementations, l'initiative privée ; n'abandonner au pouvoir exécutif que l'autorité nécessaire à la bonne gestion des affaires de la communauté ; fuir enfin la manie ancienne des gouvernants de vouloir trop gouverner : voilà quels étaient, selon lui, les principes fondamentaux d'une constitution républicaine.

Eh bien ! croirait-on qu'un grand esprit de ce temps, que Proudhon, dans son aveugle prévention contre Robespierre, et aussi dans son amour immodéré de ce qu'il appelle l'AN-ARCHIE, a fait de l'immortel législateur un fanatique de gouvernement ? Je ne voudrais pas contester la bonne foi de l'auteur fameux du *Mémoire sur la Propriété*, mais quand on a lu attentivement les productions de cet esprit bizarre, dont les qualités étincelantes sont voilées de tant d'insupportables défauts, on est contraint d'avouer qu'en toutes choses il a toujours été beaucoup plus dominé par son tempérament fougueux, ses préventions étonnantes et sa manie de contredire, que par la justice, la raison sévère et la passion de la vérité. Personne n'ignore de quels procédés ordinaires usait Proudhon envers ses adversaires politiques et littéraires, et même envers certains hommes qui eussent été en droit d'attendre de lui, sinon des éloges, au moins des ménagements et des égards. C'est un débordement d'invectives destinées à couvrir la plupart du temps l'absence complète de tout argument sérieux. N'est-il pas étrange et triste de voir ce démocrate s'évertuer à ressasser contre Robespierre les outrages du parti royaliste et girondin ? Imbécile messie de Catherine Théot (1), rhéteur pusillanime, apostat de la démocratie, etc. (2), telles sont les banales injures dont le paradoxal auteur de *La Justice dans la Révolution et dans l'Église* poursuit l'auteur de la DÉCLARATION DES DROITS DE L'HOMME ET DU CITOYEN. Du reste, en jugeant ce grand homme, dont les hautes conceptions paraissent lui avoir échappé, Proudhon se contente d'affirmer, avec son outrecuidance habituelle, les faits les plus contraires à la vérité. Tout ce qu'il a dit en général des hommes et des choses de la Révolution dénote qu'il n'en avait qu'une teinte toute superficielle, qu'il ne l'avait jamais étudiée sérieusement et aux sources. Quand, par exemple, il écrivait que Robespierre aurait été du gouvernement de Juillet, il faisait preuve, par cette simple induction, de l'ignorance la plus profonde ou du plus absolu défaut de jugement. Ce n'est un mystère pour personne qu'en fait de liberté et de démocratie, la constitution de 1791 dépassait de beaucoup celle de 1830. Qu'étaient les citoyens actifs de la première époque auprès des censitaires de la seconde ? Et qui donc, plus que Robespierre, avait

(1) Voy. le livre *De la Justice dans la Révolution et dans l'Église*.
(2) *Idées générales de la Révolution au XIXᵉ siècle*.

combattu sans relâche les instincts réactionnaires de quelques-uns
des membres influents de l'Assemblée constituante? Qui donc, dans
la période de révision, avait mis plus de courage et de dévouement
à défendre les conquêtes de la Révolution, à revendiquer pour chacun
sa part d'existence politique et sociale? Qui donc s'était montré l'adversaire plus éloquent et plus convaincu des Feuillants, ces ancêtres
des doctrinaires? Qui donc enfin avait écrit la Déclaration des droits
de l'homme, posé les bases d'une véritable constitution démocratique, et tracé d'une main plus ferme les limites étroites dans lesquelles devait être circonscrit un gouvernement républicain? Il ne
fallait pas beaucoup de perspicacité pour apercevoir les abîmes qui
séparaient Robespierre des pâles réformateurs de 1830. Mais, esprit
essentiellement négateur, Proudhon n'était pas d'un tempérament à
rendre justice aux hommes dont les doctrines ne concordaient pas
entièrement avec les siennes. Et Robespierre n'avait aucune espèce
de penchant pour l'anarchie. Ah! c'est que, comme Mirabeau, il savait fort bien que les partisans de l'AN-ARCHIE font trop souvent les
affaires de la dictature et du despotisme (1).

IV

Mais revenons à la constitution. Un des points les plus importants
était certainement l'organisation de la justice. A la place de nos anciennes institutions judiciaires, tombées, on s'en souvient, aux
applaudissements du pays tout entier, l'Assemblée constituante avait
établi une magistrature offrant des garanties d'indépendance et
d'impartialité suffisantes. Temporairement élus par le peuple, les
juges se trouvaient entièrement distraits de l'influence gouvernementale, et ils n'avaient qu'une seule manière de se recommander

(1) C'est surtout dans ses *Idées générales de la Révolution au XIXe siècle* que Proudhon s'est montré à l'égard de Robespierre d'une révoltante injustice. Avec les révolutionnaires comme Robespierre on fonde la liberté et la démocratie; nul doute pour moi
que, sans le coup d'État de Thermidor, il ne fût parvenu à les asseoir en France sur
des bases indestructibles. Avec des révolutionnaires de la trempe de Proudhon, lequel
s'est donné quelque part pour l'héritier de Varlet et de Vincent, et s'est vanté, dans ses
Confessions d'un Révolutionnaire, d'avoir voulu « faire peur », on patauge dans le gâ-
chis jusqu'au jour où, de dégoût et de lassitude, la majorité du pays se jette dans les
bras du despotisme. Et voyez où aboutissent d'ordinaire ces esprits excentriques. Après
s'être posé en véritable croquemitaine et avoir eu la prétention d'étonner le monde par
l'audace de ses propositions, Proudhon en est venu, aux applaudissements des journaux légitimistes, à lancer un pamphlet contre le peuple italien, et ce terrible ennemi
de Dieu a fini par faire campagne avec les cléricaux.

aux suffrages de leurs concitoyens, c'était de se montrer incorruptibles dans l'exercice de leurs fonctions.

Les premiers rédacteurs de la constitution de 1793 crurent devoir simplifier encore cette organisation, et aux magistrats élus ils imaginèrent de substituer des arbitres laissés au choix des citoyens. Séduits par l'apparente simplicité de ce mécanisme, Hérault-Séchelles et ses collègues s'étaient contentés d'emprunter leur organisation judiciaire au plan de Condorcet. Mais comment forcer les citoyens à se soumettre à ce régime d'arbitrage dans un pays où les mœurs s'éloignaient tant de la simplicité primitive qui rapproche l'homme de la nature? Sans doute, le système des arbitres était excellent en soi, mais à la condition de n'être pas obligatoire, sinon il tournerait fatalement au profit du riche contre le pauvre. Le citoyen peu fortuné sera-t-il sûr de trouver des arbitres? Devra-t-il donc demander la justice comme l'aumône? Tels furent les principaux arguments à l'aide desquels Robespierre combattit l'idée girondine adoptée par le comité montagnard. Et là on peut encore admirer combien cet esprit éminemment pratique s'égarait peu dans les voies de l'utopie. Entre les arbitres forcément choisis par les parties et des juges nommés par le peuple et exerçant la justice en son nom, il n'y avait pas à hésiter, selon lui. Le pauvre, au moins, était sûr, dans le système actuel, dont il était aisé de réformer les défauts, d'obtenir justice sans payer son juge; la publicité des jugements était une garantie sérieuse contre les prévarications du magistrat, garantie à laquelle l'arbitrage échappait par sa nature même.

Ces considérations, vainement combattues par le girondin Pénières et par Chabot, pesèrent d'un grand poids sur la décision de l'Assemblée; tout en laissant les citoyens libres de faire prononcer sur leurs différends par des arbitres de leur choix, la Convention institua sous le nom d'arbitres publics des juges élus par les assemblées électorales, et dont le Corps législatif devait déterminer le nombre et la répartition par arrondissement (1). Plusieurs membres, Cambacérès et Barère entre autres, auraient voulu qu'on appliquât aux affaires civiles l'institution du jury, et Robespierre lui-même, au temps de la Constituante, avait été de cet avis. Mais des jurés choisis par un officier public, comme cela se pratiquait, au lieu d'être élus par le peuple, ne lui paraissaient pas une garantie suffisante. Dans l'état actuel des choses, il préférait encore des juges issus du suffrage populaire et prononçant à la fois sur le fait et sur le droit. Sur sa demande, appuyée par le rapporteur lui-même, les propositions de Cambacérès

_____

(1) Voy. *le Moniteur* du 20 juin 1793, séance du 17.

et de Barère furent renvoyées au comité de Salut-public, qui ne s'y
montra pas favorable, prenant sans doute en considération le surcroît
de charge qu'entraînerait, pour les citoyens, l'institution du jury au
civil (1).

Une question non moins importante ramena Robespierre à la tribune dans la séance du 17 juin; il s'agissait des contributions publiques. Robespierre avait, autrefois, pensé que les citoyens ne
possédant que l'absolu nécessaire devaient être exonérés de tout
impôt; mais, en y réfléchissant, il s'aperçut que ce serait porter
atteinte à l'égalité des citoyens et tracer entre eux une ligne de démarcation funeste. Ducos ayant, dans un discours assurément très-
populaire, soutenu le principe d'exemption proposé par Levasseur,
Robespierre lui répondit en ces termes : « J'ai partagé un moment
l'erreur de Ducos, je crois même l'avoir écrite quelque part; mais j'en
reviens aux principes, et je suis éclairé par le bon sens du peuple,
qui sent que l'espèce de faveur qu'on lui présente n'est qu'une injure. En effet, si vous décrétez, surtout constitutionnellement, que
la misère excepte de l'honorable obligation de contribuer aux besoins
de la patrie, vous décrétez l'avilissement de la partie la plus pure
de la nation; vous décrétez l'aristocratie des richesses, et bientôt
vous verriez ces nouveaux aristocrates, dominant dans les législatures,
avoir l'odieux machiavélisme de conclure que ceux qui ne payent
point les charges ne doivent point payer les bienfaits du gouvernement; il s'établirait une classe de prolétaires, une classe d'ilotes, et
et l'égalité et la liberté périraient pour jamais. N'ôtez point aux citoyens ce qui est le plus nécessaire, la satisfaction de présenter à la
République le denier de la veuve. Bien loin d'écrire dans la constitution une distinction odieuse, il faut au contraire y consacrer
l'honorable obligation pour tout citoyen de payer ses contributions.
Ce qu'il y a de populaire, ce qu'il y a de juste, c'est le principe consacré dans la Déclaration des droits que la société doit le nécessaire
à tous ceux de ses membres qui ne peuvent se le procurer par leur
travail. Je demande que ce principe soit inséré dans la constitution :
que le pauvre, qui doit une obole pour sa contribution, la reçoive
de la patrie pour la reverser dans le trésor public. » Ce fut en effet ce
que décréta la Convention nationale (2).

Le législateur de 1793, dans une pensée de défiance assez naturelle d'ailleurs contre le pouvoir exécutif, avait composé le gouver-

(1) *Moniteur* du 22 juin 1793, et *Journal des débats et des décrets, etc.*, numéro 277,
p. 343; séance du 19 juin.

(2) Constitution de 1793. Art. XXI de la Déclaration des droits et CI de l'acte constitutionnel.

nement de vingt-quatre membres choisis par le Corps législatif sur
une liste générale de candidats désignés par les assemblées électorales, à raison d'un candidat par département. De cette façon, le
pouvoir exécutif n'avait rien du caractère de la représentation nationale, comme le demandait Robespierre, et il ne pouvait opposer
au Corps législatif la qualité supérieure de son origine. Le véritable
représentant du souverain, c'était donc celui-ci ; mais son autorité
était également resserrée dans d'étroites limites, la durée de son
mandat était limitée à un temps très-court : ses pouvoirs expiraient
au bout d'une année. De plus, les lois, — et l'on comprenait sous ce
nom toute la législation civile et criminelle, l'administration générale des revenus et des dépenses ordinaires de la République, les
contributions publiques, la déclaration de guerre, l'instruction publique, en un mot tout ce qui constitue la vie même d'une nation, —
étaient soumises à la sanction du peuple (1). Quant aux actes dont la
prompte exécution importait à la bonne administration des affaires
et à la sûreté de l'Etat, tels que le contingent des forces de terre et de
mer, la défense du territoire, les dépenses imprévues, la nomination
des commandants en chef des armées, la ratification des traités, etc.,
ils étaient réunis sous le nom particulier de décrets, et affranchis
du contrôle populaire (2).

Le Corps législatif n'en demeurait pas moins investi d'une puissance assez considérable. Prévoyant le cas où les pouvoirs publics
viendraient à abuser de leur autorité, Robespierre appuya l'idée
d'un grand jury national composé d'un membre élu dans chaque
département par les assemblées primaires, et institué pour garantir
les citoyens de l'oppression du Corps législatif et du conseil exécutif ; et, sans insister positivement sur le mode proposé par le comité, il réclama instamment un frein quelconque, afin que la législa-
lature ne pût pas impunément commettre des actes d'oppression (3). Sa proposition fut bien adoptée en principe, mais il n'y
fut point donné suite.

Du reste la Convention ne prétendait pas enfermer le peuple français dans les réseaux d'une constitution immuable. Elle savait que
les améliorations sont filles du temps, et elle admit le principe de
la révision par une Convention nationale spécialement convoquée.
Le projet du comité, imité en cela de celui de Condorcet, portait que
la Convention s'assemblerait à vingt lieues au moins du Corps législatif. Ainsi les deux Assemblées auraient exercé concurrem-

(1) Articles LIV, LVIII et LIX de la constitution.
(2) Article LV de la constitution.
(3) *Moniteur* du 19 juin 1793.

ment leurs pouvoirs. Robespierre vit là un immense danger. Il lui semblait impossible qu'une Convention existât à côté du Corps législatif sans produire des secousses fatales à la liberté. Une double représentation ne contenait-elle pas le germe du fédéralisme et de la guerre civile? L'objection tirée de la différence de leurs fonctions était sans valeur à ses yeux. Qu'arriverait-il si, se trouvant en désaccord, l'une venait à s'armer de la constitution existante, l'autre à se prévaloir de cet intérêt plus vif que prend généralement un peuple à de nouveaux représentants? Ne verrait-on pas les haines se réveiller, la lutte s'engager, et les ennemis de la liberté ne profiteraient-ils pas de ces dissensions pour bouleverser la République, la fédéraliser ou rétablir la tyrannie (1)? Hérault-Séchelles fut tellement frappé de ces considérations qu'il se rangea tout de suite à l'opinion de Robespierre. L'Assemblée, adoptant en conséquence la question préalable sur l'article proposé, décréta que la Convention se réunirait de la même manière que la législature, dont les pouvoirs lui seraient dévolus, et elle n'assigna aucune durée à sa session, comme le réclama encore Robespierre (2).

Dans cette même séance eut lieu une scène vraiment digne de la grande Assemblée où la démocratie affirmait si fièrement son avénement. On venait de décréter les trois premiers articles du chapitre concernant les rapports de la République française avec les nations étrangères (3), et l'on mettait aux voix l'article IV, ainsi conçu : « Le peuple français ne fait point la paix avec un ennemi qui occupe son territoire », quand le Girondin Mercier demanda si l'on se flattait d'être toujours victorieux, et si l'on avait fait un pacte avec la victoire. « Nous en avons fait un avec la mort! » s'écria une voix partie de la Montagne (4).

Sans s'inquiéter des applaudissements dont fut couverte cette noble protestation, Mercier reprit : « A peine avez-vous des idées justes sur la liberté, et déjà vous osez vous placer au niveau des Romains. Je demande la radiation de cet article, parce que la génération présente n'est point encore à la hauteur où elle devrait être. » — A ces

(1) *Moniteur* du 21 juin 1793; séance du 18.

(2) *Journal des débats et des décrets de la Convention*, numéro 276, p. 321.

(3) « Art. I. Le peuple français se déclare l'ami et l'allié naturel des peuples libres.

« Art. II. Il ne s'immisce point dans le gouvernement des autres nations; il ne souffre pas que les autres nations s'immiscent dans le sien.

« Art. III. Il donne asile aux étrangers bannis de leur patrie pour la cause de la liberté; il la refuse aux tyrans. »

(4) D'après *le Moniteur* et *le Journal des débats et des décrets*, ce cri aurait été poussé par Barère. Mercier semble l'attribuer à Robespierre.

froides paroles, contrastant si violemment avec l'enthousiasme général, à ce doute injurieux pour la nation, une sorte de frisson d'indignation parcourut toute la salle. Robespierre s'élança à la tribune,
et, laissant déborder son cœur : « Je n'aurais jamais cru qu'un représentant du peuple français osât proférer ici une maxime d'esclavage
et de lâcheté. Je n'aurais jamais cru qu'il osât contester la vertu républicaine du peuple qu'il représente. Où a-t-il vu, cet homme, que
nous fussions inférieurs aux Romains ? Où a-t-il vu que la constitution que nous allons terminer fût au-dessous de ce sénat despotique
qui ne connut jamais la Déclaration des droits de l'homme ? Où a-t-il
vu que ce peuple qui verse son sang pour la liberté universelle fût
au-dessous des Romains, qui furent non pas les héros de la liberté,
mais les oppresseurs de tous les peuples ? Mais il n'y a rien à répondre à un tel homme. Nous décréterons un article que nous sommes
dignes de soutenir en dépit de lui et de ses pareils. Qu'ils sachent,
tous ceux qui ne savent pas deviner l'énergie d'un peuple libre, qu'ils
sachent que cet article est l'expression de sa volonté. Un peuple qui
traite sur son territoire avec les ennemis est un peuple déjà vaincu
et qui a renoncé à son indépendance (1). » Ce fut, électrisée par de
telles paroles, que la France accomplit les prodiges qui signalèrent
les années 1793 et 1794 ! La Convention tout entière battit des mains,
et l'article IV fut adopté au milieu des acclamations.

Venait ensuite la garantie des droits, parmi lesquels le comité
avait oublié l'instruction commune, l'instruction obligatoire, sans laquelle on n'arrivera jamais à donner aux masses la somme de connaissances indispensable à l'homme. Robespierre réclama vivement en
faveur de l'instruction commune. « Les colléges », dit-il, « ont été des
pépinières de républicains, ils ont formé l'esprit de la nation, et l'ont
rendue digne de la liberté. » Cette grave omission fut aussitôt réparée
sur sa motion (2). Le principe de la liberté des cultes figura également au nombre des droits garantis par la constitution de 1793.
Robespierre trouvait inutile de l'y inscrire en toutes lettres, la liberté
des cultes découlant nécessairement, selon lui, de celle des opinions,
consacrée par la constitution. Il craignait qu'à l'abri de cet article
des conspirateurs ne se réunissent sous prétexte de célébrer leur
culte. Il voyait chaque jour avec joie l'opinion publique s'éloigner
de la superstition, et le zèle religieux affecté par les chefs des rebelles

_____

(1) *Journal des débats et des décrets*, numéro 276, p. 323 ; *Moniteur* du 21 juin 1793.
— Il suffit de citer de telles paroles pour faire comprendre au lecteur combien Proudhon
s'est montré ridicule quand, se traînant dans l'ornière des calomniateurs royalistes ou
girondins, il a traité Robespierre de « rhéteur pusillanime ».

(2) *Moniteur* du 21 juin.

de la Vendée n'était à ses yeux que l'hypocrisie des aristocrates qui voulaient au nom de la religion recouvrer leur puissance et leurs priviléges. Mais quand bientôt des intolérants d'un autre genre alarmeront inutilement les consciences, et feront à la République des millions d'ennemis en persécutant la religion au nom d'une prétendue Raison, il comprendra la nécessité de formuler nettement ce principe de la liberté des cultes, il le fera consacrer par un décret, et il l'écrira de sa main dans l'acte fameux relatif à l'Être suprême.

En résumé, la constitution de 1793 garantissait à tous les Français l'égalité, la liberté, la sûreté, le libre exercice des cultes, la propriété, l'instruction commune, des secours publics, la liberté indéfinie de la presse, le droit de pétition et de réunion, en un mot la jouissance de tous les droits de l'homme (1). Il s'en faut de beaucoup toutefois qu'elle ait réalisé tout ce qu'avait entrevu Robespierre dans sa Déclaration des droits. C'est donc à tort qu'elle a été un peu étourdiment considérée comme l'œuvre personnelle de ce dernier par un historien de nos jours (2). Elle a été l'œuvre collective de la Montagne ; et, contrairement à de fausses assertions, les Girondins demeurés au sein de la Convention ont très-bien pris part aux débats d'où elle est sortie. Quant à la participation de Robespierre, nous l'avons à dessein très-soigneusement indiquée. Si beaucoup de ses idées furent adoptées, quelques-unes, d'une haute importance, se trouvèrent négligées. Il avait défini la propriété : le droit de chaque citoyen de jouir et de disposer de la portion de biens qui lui était garantie par la loi; la constitution de 1793 semble craindre de restreindre le droit de propriété et de le subordonner à la loi, elle le définit : le droit appartenant à chaque citoyen de jouir et de disposer, à son gré, de ses biens, de ses revenus, du fruit de son tra-

---

(1) Art. CXXII de la constitution.

(2) Il est difficile d'accumuler plus de contradictions et d'erreurs que ne l'a fait M. Michelet dans les pages qu'il a consacrées à la constitution de 1793. Nous en avons déja signalé une capitale. A cette constitution il manque, selon M. Michelet, deux choses : l'homme et Dieu (t. VI, p. 41); et un peu plus loin (p. 43), il reproche à Robespierre personnellement de l'avoir placée sous l'invocation divine, d'où il tire la conséquence que par là Maximilien devenait l'espoir des amis du passé, du parti prêtre (p. 49) : ce qui est tout aussi logique que de présenter Robespierre comme le défenseur attitré des propriétaires (p. 48). M. Michelet ferait croire, en vérité, qu'il n'a pas lu un mot de la DÉCLARATION de Robespierre et de sa belle définition de la propriété, si supérieure à celle qu'en avaient donnée les Girondins. Maintenant, est-ce que l'œuvre de Robespierre n'est pas toute pleine du sentiment de l'humanité? Et quant à la justice, que M. Michelet paraît ne pas avoir aperçue dans la constitution montagnarde, est-ce que Robespierre ne la donne pas pour règle à la liberté! (Art. IV de sa Déclaration et art. VI de la Déclaration conventionnelle.)

vail et de son industrie (1). A ce droit elle n'assigne en quelque sorte aucune limite, tandis que Robespierre le restreignait par l'obligation de respecter les droits d'autrui, et qu'il regardait comme essentiellement illicites et immoraux toutes possessions, tous trafics, préjudiciant à la sûreté ou à la liberté d'autrui (2).

Enfin, bien plus fidèle au titre *Déclaration des droits de l'homme*, et poussant jusqu'à ses conséquences extrêmes le principe de la fraternité humaine et de la solidarité des peuples, Robespierre considérait comme frères les hommes de toutes les nations; il leur recommandait comme un devoir de s'aider entre eux comme les citoyens d'un même État; quiconque opprimait une seule nation était par lui déclaré l'ennemi de tous les peuples. Dans l'œuvre conventionnelle, au contraire, on se contente de proclamer le peuple français l'ami et l'allié naturel des peuples libres, et, suivant une maxime énoncée un jour par Danton, on déclinait toute espèce d'intervention dans les affaires des autres nations (3).

Absente du plan de Condorcet, l'idée de Dieu apparaît au frontispice de la constitution montagnarde. C'était du reste un retour aux traditions de l'Assemblée constituante, qui avait également proclamé en présence de l'Être suprême la Déclaration des droits de l'homme et du citoyen. Est-ce là, comme on l'a dit, ce qui signe du nom de Robespierre la constitution de 1793? On peut répondre non, sans crainte de se tromper, car le déisme de Rousseau était la religion des membres les plus illustres de la Convention. Saint-Just, Couthon, Hérault-Séchelles, Danton, Desmoulins, une foule d'autres, pensaient à cet égard comme Robespierre. Celui-ci dans sa Déclaration s'était servi d'une autre expression; c'était à la face de l'univers et sous les yeux du *Législateur immortel* qu'il avait proposé à la Convention de proclamer la Déclaration des droits. Au reste, c'était exactement la même chose. Le Dieu qu'il invoquait n'était certes pas le Dieu des prêtres, fait à l'image de l'homme, le Dieu jaloux, capricieux, implacable et cruel du judaïsme ou du catholicisme; mais cette idée consolante d'un Être suprême, essentiellement morale en soi, était selon lui un rappel continuel à la justice, et par cela même elle lui paraissait sociale et républicaine au premier chef. Nous aurons bientôt l'occasion de parler plus longuement du sentiment religieux chez Robes-

----

(1) Art. VII de la DÉCLARATION de Robespierre, et XVI de la Déclaration conventionnelle.

(2) Art. VIII, IX et X de la DÉCLARATION de Robespierre, et XVII de la Déclaration conventionnelle.

(3) Art. XXXIV et XXXV de la DÉCLARATION de Robespierre, et art. CVIII et CIX de la constitution.

pierre, sentiment si profond, si pur, si désintéressé, et si calomnié de nos jours cependant par des gens qui jugent ce grand homme avec leurs passions étroites et l'intolérance dont sont animés à la fois et certains ennemis de toute idée religieuse, et certains partisans des doctrines catholiques ou protestantes.

La constitution était terminée; restait à voter la Déclaration des droits. Hérault-Séchelles en donna lecture à la Convention dans la séance du dimanche 23 juin. Un député de Paris, Raffron du Trouillet, aurait voulu qu'au mot *droits* on ajoutât celui de *devoirs*. Mais Robespierre rappela que la Constituante, « à l'époque où elle était encore digne du peuple », avait soutenu pendant trois jours un combat contre le clergé pour qu'on n'insérât pas le mot *devoir* dans la Déclaration, parce que des droits du peuple dérivaient naturellement ses devoirs, et l'Assemblée passa outre (1). Aucun débat ne s'ouvrit sur cette Déclaration. « C'est un chef-d'œuvre qui ne doit point souffrir de discussion! » s'écria Philippeaux. En effet, après en avoir entendu une seconde fois lecture, la Convention l'adopta d'enthousiasme par assis et levé.

Une partie des membres du côté droit étaient restés immobiles à leurs bancs. Plusieurs députés de la gauche, Billaud-Varenne entre autres, réclamèrent vivement l'appel nominal, afin que la France entière connût quels étaient ceux de ses représentants « qui s'étaient opposés à son bonheur ». Cette mesure, très-grave en ce qu'elle désignait les abstenants à la colère du peuple, allait être votée, quand Robespierre se leva. Suivant lui, la Déclaration des droits n'avait besoin, pour être adoptée par le peuple, que des principes qu'elle renfermait et de la presque-unanimité de la Convention nationale. « Je m'étonne », ajouta-t-il, « qu'on se soit aperçu de ce que quelques citoyens qui siégent là (au côté droit) ont paru immobiles, et n'ont point partagé notre enthousiasme. Ce procédé de quelques individus m'a paru si extraordinaire que je ne puis croire qu'ils adoptent des principes contraires à ceux que nous consacrons, et j'aime à me persuader que, s'ils ne se sont pas levés avec nous, c'est plutôt parce qu'ils sont paralytiques que mauvais citoyens. » L'Assemblée applaudit et passa à l'ordre du jour (2). En couvrant ainsi d'une pitié dédaigneuse les gens de la droite, Robespierre eut évidemment pour but de les sauver de vengeances certaines, et la preuve de ses intentions en cette circonstance, nous la trouverons bientôt dans la conduite qu'il tiendra à leur égard.

(1) *Journal des débats et des décrets*, numéro 279, p. 375, et *Moniteur* du 26 juin 1793.

(2) *Moniteur* du 26 juin 1793.

Reçue et fêtée avec acclamation par les sections de Paris, lue, méditée, discutée avec calme dans la presque-totalité des assemblées primaires, acceptée par l'immense majorité des citoyens, puis suspendue jusqu'à la paix pour ne pas être déchirée ou altérée par les factions, la constitution de 1793, on le sait, ne fut jamais exécutée. Elle était destinée à périr avec ses principaux auteurs, pour faire place à la constitution girondine de l'an III, laquelle devait consacrer en quelque sorte l'avénement de la féodalité bourgeoise et rétablir cette inique division du pays en citoyens actifs et citoyens passifs, contre laquelle, depuis l'origine de la Révolution, Robespierre s'était élevé avec tant d'énergie et de persévérance.

V

Si profondément empreinte qu'elle fût de l'esprit démocratique, la nouvelle constitution rencontra une très-vive opposition, non-seulement de la part des Girondins, qui affectèrent de ne trouver de bon en elle que ce qui avait été emprunté au projet de Condorcet (1), mais encore de la part d'une certaine classe de révolutionnaires, dont les instincts de désordre ne pouvaient supporter aucune règle ni aucun frein. Ce sont ces hommes qui de tout temps ont rendu impossible l'établissement définitif de la démocratie ; ce sont les royalistes plus royalistes que le roi. Heureux encore quand, sous leur patriotisme d'apparat et leur zèle exagéré, il y a une conviction sincère et une foi profonde. C'était en songeant à ces gens-là que Robespierre disait : « Le faux révolutionnaire s'oppose aux mesures énergiques et les exagère quand il n'a pu les empêcher... Plein de feu pour les grandes résolutions qui ne signifient rien, très-attaché, comme les dévotes dont il se déclare l'ennemi, aux pratiques extérieures, il aimerait mieux user cent bonnets rouges que de faire une bonne action (2). Parmi ces hommes qu'on appela les *enragés*, et que Robespierre considérait comme aussi funestes à la Révolution que les royalistes eux-mêmes, parce que, suivant lui, les deux extrêmes aboutissaient au même point et qu'on manquait également le but en étant

(1) Dans la séance du 8 juillet 1793, Condorcet fut décrété d'arrestation, sur la dénonciation de Chabot, pour avoir lancé un pamphlet virulent contre la constitution. On connaît sa fin malheureuse.

(2) Rapport sur les principes de morale politique qui doivent guider la Convention dans l'administration intérieure de la République.

en deçà ou au delà, se trouvait un ancien prêtre nommé Jacques Roux.

Le 23 juin, la Convention venait d'entendre plusieurs adresses de félicitations, au sujet de l'achèvement de la constitution, de la part des corps administratif et judiciaire de la ville de Paris, et de décréter l'abolition de la loi martiale, cette loi dont s'était si souvent indigné Robespierre au temps de la Constituante, quand Jacques Roux, qui avait été admis à la barre, prit la parole au nom de la section des Gravilliers. Aux premiers mots sortis de la bouche de l'orateur, Robespierre devina une menace dans la pétition dont on allait entretenir l'Assemblée. Or, était-il d'un patriotisme bien entendu de jeter au milieu de la Convention quelque nouveau brandon de discorde à l'heure où son œuvre à peine achevée était saluée avec enthousiasme par l'intelligente population de la capitale? Robespierre vit là un péril qu'il jugea urgent de conjurer. S'élançant précipitamment à la tribune : « Je demande », s'écria-t-il, « à être entendu avant ce citoyen. Il faut que tous les esprits restent aujourd'hui fixés sur les idées touchantes et sublimes présentées par les autorités constituées au nom des citoyens de Paris. Livrons-nous au sentiment consolateur qu'elles inspirent ; occupons-nous de l'achèvement de la constitution ; que ce grand ouvrage ne soit interrompu par aucun intérêt particulier. Ce jour est une fête nationale. Tandis que le peuple jure la fraternité universelle, travaillons ici à son bonheur ; je demande donc que la pétition soit remise à un autre jour. Les motifs qui m'inspirent sont dignes du peuple. » Cette proposition, vivement applaudie, fut sur-le-champ décrétée (1).

Mais le surlendemain soir Jacques Roux revint à la tête de quelques citoyens du club des Cordeliers et d'une députation des sections Bonne-Nouvelle et des Gravilliers, et il donna lecture de la fameuse pétition écartée l'avant-veille sur la motion de Robespierre. C'était un morceau d'une extrême violence, où l'on reprochait à l'Assemblée de n'avoir point proscrit l'agiotage dans la constitution même, et de n'y avoir point prononcé de peines contre les accapareurs et les monopoleurs. On sommait la Convention, en termes impérieux, de prendre des mesures pour éviter la hausse du prix des denrées; le mot de trahison avait été prononcé. « Députés de la Montagne », disait l'orateur en achevant, « ne terminez pas votre carrière avec ignominie. » Cette sorte de manifeste, qu'un citoyen de la section des Gravilliers s'empressa de désavouer au nom de sa section; causa dans l'Assemblée une émotion extraordinaire. Plusieurs membres

(1) *Journal des débats et des décrets de la Convention*, numéro 279, p. 379.

réclamèrent l'arrestation immédiate de Jacques Roux. Billaud-Varenne l'accusa de s'être transporté dans diverses sections et au club des Cordeliers pour y décrier l'acte constitutionnel. Il y avait là, ajouta Robespierre, une véritable perfidie, car jeter sur les patriotes de la Convention une fausse teinte de modérantisme, n'était-ce pas vouloir leur enlever la confiance du peuple (1)? Sur la proposition de Legendre, l'Assemblée chassa le malencontreux orateur, qui alla se plaindre aux Cordeliers, où, de concert avec Leclerc, il se répandit en récriminations amères contre Legendre, Léonard Bourdon, Collot d'Herbois et Danton. De Robespierre, pas un mot. Maximilien, il est vrai, n'appartenait pas au club des Cordeliers; il n'en était pas moins compris dans la réprobation dont Jacques Roux avait frappé la Montagne, trop modérée à ses yeux.

Par une coïncidence fâcheuse, Paris fut dans la journée du 27 le théâtre de regrettables désordres; les déclamations de Jacques Roux contre l'agiotage s'étaient traduites en actes dans quelques endroits de la ville. Certes, personne plus que Robespierre n'avait de mépris pour les agioteurs et les accapareurs, et plus d'une fois on l'avait entendu prononcer contre eux des paroles sévères; mais, dans les circonstances où l'on se trouvait, il ne put voir sans perplexité certains hommes sembler prendre à tâche de jeter le trouble dans les esprits au moment où l'on espérait encore, sans user de moyens violents, mener à bonne fin l'œuvre constitutionnelle. Jacobins, commune et même Cordeliers témoignèrent en cette conjoncture une réprobation égale de la conduite des *enragés*. « Paris », s'écria Robespierre aux Jacobins, dans la séance du 28 juin, « Paris, s'il conserve le caractère qu'il a montré jusqu'à ce jour, caractère qui en a imposé à tous les malveillants, Paris sera digne d'achever une Révolution qu'il a si glorieusement commencée. La constitution la plus populaire qui ait jamais existé vient de vous être offerte. » Il s'étonnait alors des calomnies dont un individu couvert du manteau du patriotisme avait poursuivi les plus vieux athlètes de la liberté, et s'indignait à la pensée que Jacques Roux s'était présenté aux Cordeliers pour y répéter ses anathèmes contre la constitution; puis, apprenant que cet homme avait été ignominieusement chassé « de ce lieu sacré que les patriotes de fraîche date n'envisageaient qu'avec une vénération mêlée d'effroi », il ajoutait : « S'il est vrai qu'on lui ait rendu la justice qu'il mérite, alors mon attente est remplie; mais je ne puis que présumer mal de ceux qui, sous l'ombre de s'attacher plus fortement aux intérêts du peuple, voudraient donner de la suite

(1) *Moniteur* du 28 juin 1793.

aux vociférations délirantes de ce prêtre forcené. » Se félicitant ensuite d'avoir vu la Convention nationale devenir en quinze jours la plus populaire et la plus démocratique des assemblées, il engageait vivement ses concitoyens à se défier de ces gens transformés tout à coup en révolutionnaires ardents, eux qu'on n'avait pas comptés au nombre des sincères défenseurs de la liberté qui depuis quatre ans luttaient contre la tyrannie. S'en tenir aux vrais principes, ne point adopter de fausses mesures, telles étaient, selon lui, les règles à suivre. On avait accusé le comité de Salut public de tendances contrerévolutionnaires ; c'était là, à ses yeux, une suprême injustice. Ce comité avait pu se tromper, commettre des fautes, mais on ne devait pas mettre en oubli ses services. Quant à lui, qui ne voyait pas toujours en beau, il était plein de confiance, à cette heure, dans les ressources de la France, et il avait la conviction que jamais les ennemis de la République n'avaient eu autant besoin de composer avec elle (1).

De telles paroles étaient certainement marquées au coin de la véritable sagesse ; elles indiquent bien le caractère de modération particulier à Robespierre, caractère auquel il demeurera toujours fidèle. Le surlendemain, la société des Jacobins le chargea d'aller, en compagnie de Thirion, de Lafaye, de Collot d'Herbois et de quelques autres membres, éclairer les Cordeliers sur le mal causé par la pétition de Jacques Roux. Traité comme un scélérat et un fanatique par Collot d'Herbois, par Legendre et même par Hébert, Roux fut conspué et rayé de la liste des Cordeliers. Le Lyonnais Leclerc eut un sort pareil. Varlet faillit être traité de même ; on ajourna à statuer sur son compte jusqu'à ce qu'il eût été soumis au scrutin épuratoire ; mais en attendant on lui interdit l'entrée du club (2). Ainsi se dessine bien nettement la politique révolutionnaire de Robespierre : éloignement égal pour l'hypocrisie décorée du nom de modération et pour celle qui, sous le masque d'un patriotisme exagéré, risquait de jeter la Révolution hors des voies de la justice, lesquelles étaient seules capables de mener sûrement au port le vaisseau de la République.

VI

L'étude attentive de tous les documents authentiques et sérieux relatifs à la Révolution française prouve irrésistiblement que, loin de pousser aux mesures extrêmes de rigueur, Robespierre conseilla tou-

---

(1) *Journal des débats et de la correspondance de la société des Jacobins*, numéros 441 et 442, et *Républicain françois*, numéro 228.

(2) Voy. le *Républicain françois*, numéro 228.

jours, à la Convention comme aux Jacobins, la sagesse et la prudence, tout en leur soufflant l'énergie sans laquelle il n'y avait pas de salut possible pour le pays. Si plus d'une fois sa franchise fut âpre et rude, si en plus d'une circonstance ses paroles s'imprégnèrent d'amertume, si, lui aussi, il se montra sévère et inflexible, c'est que des événements imprévus et terribles surgirent auxquels il fallut opposer des moyens extraordinaires et terribles ; c'est que d'immenses crimes excitèrent d'immenses colères, des défiances sans bornes, et assombrirent étrangement ce cœur si plein de tendresse pour l'humanité. Toutefois, et c'est ce qui distingue particulièrement Robespierre d'un si grand nombre de ses collègues, il va s'efforcer, comme on le verra, d'établir une ligne de démarcation profonde entre l'erreur et le crime, entre les véritables coupables et ceux qui n'étaient qu'égarés. C'est là surtout ce qu'il importe de mettre en lumière.

La Convention nationale, tout le prouve, n'avait pas l'intention de se montrer bien rigoureuse envers les députés décrétés d'arrestation dans la journée du 2 juin. On s'était contenté de les consigner chez eux sous la surveillance d'un gendarme, et leur fuite, comme le dit plus tard Saint-Just, attesta le peu de rigueur de leur détention. Ils avaient d'ailleurs conservé dans l'Assemblée même beaucoup de partisans et d'amis ; la preuve irréfragable en est dans la protestation contre les événements du 31 mai, signée par soixante-treize de leurs collègues, protestation qui faillit devenir si fatale à ses auteurs, dont Robespierre seul disputera résolûment les têtes au bourreau. Si donc, s'inclinant, comme avait fait Marat, devant le coup qui les frappait, ils eussent patiemment attendu les résolutions de l'Assemblée, on peut croire que, plus heureux que l'Ami du peuple, jeté par eux comme une proie au tribunal révolutionnaire, ils auraient échappé même au décret d'accusation. Fuir n'était rien ; mais au moment où la France était entamée sur toutes ses frontières, où pour se défendre contre l'Europe elle avait besoin des bras de tous ses enfants, attiser dans son sein le feu de la guerre civile, se répandre dans l'Ouest, au Centre, dans le Midi, pour ameuter contre Paris et la Convention les départements aveuglés, servir enfin d'avant-garde au royalisme qui à Lyon et à Toulon, comme en Vendée, arborait franchement son drapeau, c'était impardonnable, et voilà quel fut le crime des Girondins ; ce crime, la postérité ne les en absoudra jamais (1).

(1) Le *Journal des débats et des décrets de la Convention*, tout dévoué aux Girondins, contient sous ce titre : RAPPROCHEMENT IMPORTANT, un article extrêmement curieux. C'est une comparaison entre la conduite si calme des sections parisiennes, lors des décrets d'accusation rendus contre Marat et d'Orléans, et la conduite des départements se soulevant à la voix de la Gironde. Voy. le numéro 269, p. 197.

Si quelques députés, comme Vergniaud, Valazé, Gensonné, demeurent à Paris et se contentent d'irriter la Montagne par la violence de leurs récriminations, la plupart s'échappent de jour en jour afin d'aller prêcher l'insurrection. C'est Buzot, Gorsas, Pétion, Louvet, Barbaroux, Guadet, Meilhan et Duchâtel, — ces deux derniers non décrétés, — qui courent soulever l'Eure, le Calvados, la Bretagne (1); c'est Chasset et Biroteau qui se rendent à Lyon, où leurs voix seront trop entendues ; Rabaut-Saint-Étienne à Nîmes, Brissot à Moulins. Aussitôt des comités conspirateurs s'organisent à Caen et à Bordeaux. De cette dernière ville partent des envoyés chargés de proposer un pacte fédéral à tous les départements. Un arrêté des administrateurs d'Evreux déclare qu'une force armée sera organisée pour marcher contre les factieux de Paris (2). Il faut bien dire tout cela pour expliquer l'attitude de Robespierre en présence d'une situation devenue certainement très-critique; sa contenance en ces conjonctures va prouver une fois de plus combien peu son âme était accessible à la crainte, combien elle était au-dessus du découragement, et quelle foi il avait dans le triomphe de la cause républicaine. A des envoyés de la Société populaire de Vernon, venus pour dénoncer l'arrêté séditieux des autorités constituées du département de l'Eure, il disait : « Les citoyens de Vernon sont les premiers martyrs de la Révolution, ils en sont aujourd'hui les premiers soutiens dans un département agité par les intrigues des Brissotins. Les agitations qui se manifestent aujourd'hui ne sont que l'effet du patriotisme égaré. Allez donc, citoyens de Vernon, et songez que, quand votre ville serait seule à résister aux intrigues, vous êtes sûrs de triompher, car vous êtes du parti de la Convention nationale et de la France entière (3). »

On sent de reste quel profit les insurgés de la Vendée durent tirer des excitations girondines, et combien leur ardeur s'en accrut. La Gironde, on ne saurait trop le répéter, apporta au royalisme un appoint formidable, et les contre-révolutionnaires se couvrirent de son nom, comme naguère ils s'étaient abrités derrière les Constitutionnels. La prise de Saumur par les Vendéens coïncidait avec le soulèvement du Calvados. D'autre part, Custine, appelé au commandement de l'armée du Nord, était violemment dénoncé comme indigne de la confiance de la République. Dans un sombre discours prononcé le 9 juin à la tribune des Jacobins, Billaud-Varenne le pré-

(1) Voyez à cet égard les propres aveux de Meilhan dans ses *Mémoires*, p. 65. Il se vante de sa participation à l'insurrection girondine.

(2) Voy. cet arrêté dans l'*Histoire parlementaire*, t. XXVIII, p. 149.

(3) *Journal des débats et de la correspondance de la société des Jacobins*, numéro 434, séance du 16 juin aux Jacobins.

senta comme un complice de Dumouriez, et lut une lettre venue de
Cambrai, dans laquelle ce général était accusé de traiter publiquement Pache de scélérat, et Marat et Robespierre de conspirateurs (1).
Toutes ces nouvelles arrivées coup sur coup, les adresses menaçantes
de plusieurs départements contre la Convention et contre la capitale,
l'organisation militaire des forces girondines dans un certain nombre
de villes, n'étaient pas capables d'abattre le courage de patriotes de
la trempe de Robespierre. Deux fois, dans la séance du 12 juin, il
monta à la tribune des Jacobins. Jamais le patriotisme irrité ne
trouva d'accents plus brûlants, plus énergiques. Les paroles de l'o-
rateur retentirent dans tous les cœurs comme un bruit de tocsin appelant la nation entière au secours de la patrie en danger. Se trompait-il quand, après avoir annoncé les malheurs de la Vendée, il
prêtait aux ennemis de la Révolution le plan de détruire la République par la guerre étrangère combinée avec la guerre civile?
Selon lui, il ne fallait pas trop dégarnir la capitale de ses défenseurs,
parce qu'on n'attendait pour fondre sur elle que le moment où elle
se trouverait entièrement livrée aux aristocrates, aux escrocs, à tous
les ennemis de la liberté. Or, Paris étant, à ses yeux, la citadelle de la
liberté, il était indispensable d'y laisser une armée capable d'imposer à tous les despotes, et cette armée devait être tout le peuple
de Paris. « Je ne m'oppose à rien », disait-il; « qu'on parte si l'on
veut, mais je déclare que, si la Convention ne s'unit pas au peuple,
si l'on ne déploie toutes les forces morales et physiques pour écraser
la ligue des tyrans conjurés contre notre liberté, avant un mois vous
verrez de nouvelles trahisons éclater de toutes parts; vous en verrez
au Nord, aux Pyrénées et peut-être en Vendée! Alors vous ferez de
vains efforts pour résister aux dangers qui vous presseront de tous
côtés, vous serez vaincus, vous monterez à l'échafaud, et ce sera le
digne prix de votre imprévoyance et de votre lâcheté (2). »

A Robespierre succéda Legendre. Le boucher patriote se plaignit
de l'attitude morne de la Convention, dont la plupart des membres,
disait-il, demeuraient muets et immobiles au lieu de déployer une
énergie à la hauteur des circonstances. Mais il se consolait en pensant
que Robespierre, qui, suivant lui, ne s'était jamais trompé sur les événements politiques, descendrait du *Rocher*, et électriserait tous les
cœurs par l'ascendant de son éloquence. Quelques murmures ayant
éclaté : « Je ne sais », s'écria l'orateur, « si je blesse les oreilles de

(1) *Journal des débats et de la correspondance de la société des Jacobins*, numéro 430,
séance du 9 juin aux Jacobins.

(2) Le *Journal des débats et de la correspondance*, etc., ne dit mot de ce discours.
Voy. le *Républicain françois*, numéro 213.

quelqu'un en parlant de Robespierre, mais je répète que j'honore ses principes, que j'admire son courage. » Legendre s'était mépris sur le sens des murmures qui avaient accueilli ses paroles. Ils avaient été soulevés sans nul doute par le peu de confiance qu'il avait paru témoigner à l'égard de la Convention. Robespierre remonta à la tribune pour dissiper le mauvais effet produit par le discours de son collègue. Il était, pour sa part, plein de confiance dans les autorités constituées et dans la Convention nationale ; seulement la présence de la Montagne sur les bancs de l'Assemblée ne lui semblait pas suffisante si l'on ne suivait un plan arrêté, si l'on ne se mettait d'accord sur les principes, seule condition capable d'assurer le triomphe de la République. Mais, isolé, que faire ? Lui-même ne se sentait plus la vigueur nécessaire pour combattre les intrigues sans cesse renaissante de l'aristocratie. Épuisé par quatre années de travaux pénibles et infructueux, il craignait que ses forces physiques et morales ne fussent plus au niveau de la Révolution, et parlait même de donner sa démission. Des acclamations sympathiques effacèrent bien vite cette appréhension passagère, et, concluant à ce que tous les députés patriotes se concertassent pour aviser aux moyens de sauver la patrie, Robespierre termina en ces termes : « Il faut qu'on se réunisse avec la volonté ferme d'opposer une phalange redoutable aux efforts combinés de nos ennemis, car telles sont les circonstances périlleuses où nous sommes. Il faut que le peuple déploie toute la force dont il est capable, et qu'il soit secondé par tout ce qu'il y a de plus pur et de plus incorruptible, pour résister à ses ennemis intérieurs et extérieurs. Voilà mes dernières réflexions (1). » D'unanimes applaudissements attestèrent le patriotisme de ce grand club des Jacobins qui contribua tant à sauver la République.

Restait à faire sanctionner solennellement par la Convention nationale les événements du 31 mai. Jusque-là l'Assemblée avait flotté indécise, comme le lui avait reproché Legendre ; mais, en présence des faits dont les départements de l'Eure et du Calvados étaient le théâtre, il n'y avait plus à hésiter. La nouvelle de l'arrestation de Prieur et de Romme, — un des futurs martyrs de la constitution de 1793, — commissaires de la Convention, par les administrateurs du Calvados, le public appel de Buzot à la révolte, rendaient désormais tout compromis impossible. Le 13 juin Danton parut à la tribune. Accusé de tiédeur quelques jours auparavant, il se montra d'une excessive violence pour remonter dans l'estime des révolutionnaires ardents. En parlant de Brissot, tout récemment arrêté à Moulins, il dit : « Ce

_____

(1) Voy. *le Républicain*, *Journal des Hommes libres*, de Charles Duval, numéro 213.

n'est plus qu'un misérable qui ne peut échapper au glaive des lois. »
Déjà la Convention avait décrété d'accusation Buzot, les administrateurs de l'Eure, ceux du Calvados, et privé la ville d'Évreux de
son titre de chef-lieu, quand Couthon proposa à ses collègues de
déclarer que dans les journées des 31 mai, 1 et 2 juin, la commune et
le peuple de Paris avaient puissamment concouru à sauver la liberté,
l'unité et l'indivisibilité de la République. Quelques murmures, aussitôt couverts par les applaudissements de la très-grande majorité de
la Convention, accueillirent cette proposition, dont Durand-Maillane
demanda l'ajournement. Mais Robespierre fit observer que déjà elle
avait été implicitement adoptée. Au moment où des récits calomnieux
dénaturaient dans les départements les événements arrivés à Paris,
il était d'une extrême importance de fixer sur ces événements l'opinion de la France. La Convention, en n'adoptant pas la mesure proposée, paraîtrait en quelque sorte, disait-il, se liguer avec les calomniateurs de Paris et donner son approbation aux fauteurs de
guerre civile. Ces simples observations suffirent pour entraîner l'Assemblée. Mise immédiatement aux voix, la motion de Couthon fut
adoptée sans discussion à une très-grande majorité, aux applaudissements de la Convention et des citoyens des tribunes (1).

Ainsi se trouva sanctionnée et consacrée cette insurrection du
31 mai, que plus tard la réaction devait ranger au nombre des journées néfastes pour glorifier le coup d'État du 9 Thermidor. Et cela se
comprend, car, de ces deux événements à jamais fameux dans l'histoire de notre Révolution, l'un consolidait la République, l'autre la
détruisait.

VII

Il y a en révolution deux choses également à craindre : d'une part,
le manque d'énergie et de résolution, ce qu'on appelait en 1793 le
modérantisme, cette sorte de pusillanimité qui permet à la réaction
de relever la tête, de reprendre le dessus ; d'autre part, l'exagération
révolutionnaire, qui épouvante les timides, les faibles, les indifférents,
et rejette violemment dans le camp des ennemis de la liberté des
millions de citoyens tout disposés d'abord à embrasser la cause de
la démocratie. On a pu voir déjà avec quel soin Robespierre se tenait
entre ces deux extrêmes. Rien ne saurait mieux peindre la prudence
de ses vues et la sagesse de sa politique que le discours qu'il pro-

(1) *Moniteur* du 16 juin 1793.

nonça le 14 juin aux Jacobins, à l'occasion du général Beauharnais, que le cauteleux Barère était parvenu à faire nommer pour un moment ministre de la guerre à la place de Bouchotte, et dont la nomination avait excité au plus haut degré les défiances de la Montagne.

Après avoir déclaré, dès le début, que c'était désormais par les lumières et l'expérience combinées avec l'énergie du peuple français que la Révolution devait surmonter tous les obstacles, Maximilien disait : « Nous avons deux écueils à redouter : le découragement et la présomption, l'excessive défiance et le modérantisme, plus dangereux encore. C'est entre ces deux écueils que les patriotes doivent marcher vers le bonheur général. » Dans la crise suprême où la guerre étrangère et les menées des intrigants avaient conduit le pays, il ne suffisait pas, selon lui, de l'impétuosité et de l'indignation pour assurer le triomphe de la République; il fallait encore que la sagesse dirigeât les effets de cette indignation, et alors on marcherait à pas de géant au but souhaité, la régénération politique; et l'on arriverait rapidement au jour où, pour être ambitieux, il serait avant tout nécessaire d'être juste, où la fortune d'un citoyen serait attachée à la fortune publique. « Le peuple », ajoutait-il, « ne doit pas écouter ceux qui veulent lui inspirer une défiance universelle. Il faut un point de ralliement, et l'on doit sentir que quelques faiblesses, qu'un défaut de perfection qui n'est pas acordée à l'humanité, ne doivent pas être un motif de calomnier indistinctement tous les représentants de la nation. » Ce point de ralliement, c'était Paris, qui dans la dernière insurrection avait donné tant de preuves de patriotisme; c'était la Convention, qui, débarrassée de la faction perfide par laquelle ses travaux avaient été si longtemps entravés, n'avait plus qu'un but, celui d'assurer la paix, le bonheur et la liberté du pays.

Malgré cela, l'élévation de Beauharnais au ministère de la guerre avait excité contre l'Assemblée de nouvelles défiances; déjà l'on parlait d'une pétition des sections de Paris réclamant impérieusement la révocation de ce ministre. Robespierre alors ne connaissait pas Bouchotte, il ne lui avait jamais parlé; mais d'après ses actes il le regardait comme un excellent patriote dont le talent égalait le patriotisme, et il avait vu avec douleur son remplacement. Quant à Beauharnais, il convenait que cet officier n'avait point joué à l'Assemblée constituante le rôle d'un contre-révolutionnaire; seulement le crédit dont sa famille avait joui jadis à la cour l'empêchait d'avoir en lui une entière confiance. Néanmoins il croyait que le comité de Salut public l'avait proposé de bonne foi. Après avoir jugé lui-même assez sévèrement les membres de ce comité, il avait fini par se con-

vaincre qu'ils désiraient sincèrement tous le salut de la République.
Aussi engageait-il ses concitoyens à ne pas apprécier sur des mesures partielles des hommes occupés d'intérêts si multipliés et nécessairement exposés à des surprises, mais bien sur l'ensemble de
leurs travaux. Il les engageait surtout à ne point fournir aux ennemis
de la liberté le prétexte de dire que la Convention n'était pas libre
dans le choix de tel ou tel ministre et que le peuple lui imposait des
lois. Ne suffisait-il pas de l'opinion publique? C'était à elle à s'expliquer sur le compte de Beauharnais; et il était du devoir des bons
citoyens de ne pas créer de nouveaux obstacles à la Convention nationale, au sort de laquelle étaient liées les destinées du peuple
français. « Il faut », s'écriait Robespierre en terminant, « moins faire
attention à quelques fautes qui sont un résultat de la faiblesse humaine qu'à la nécessité de nous rallier à un centre unique de force
et de moyen pour repousser nos ennemis. Voilà mon dernier mot...
Ne vous occupez point des individus, ne les désespérez pas... Ne
troublons pas cette heureuse harmonie qui règne entre les patriotes.
Laissons-les achever leur ouvrage et fonder le bonheur public sur
des bases inébranlables; je ne doute pas du succès de leurs travaux.
C'est la liberté, c'est la raison, qui triompheront, et avant six mois
peut-être tous les tyrans seront anéantis (1). » De très-vifs applaudissements accueillirent ce discours, dont, suivant un journal du
temps, l'éloquence rachetait la longueur (2), et qui eut un double
résultat : d'empêcher les sections de Paris de se porter à une démarche inconsidérée, et de déterminer la Convention nationale à
conserver Bouchotte au ministère de la guerre.

C'était sous l'empire des mêmes idées que, le surlendemain, Robespierre combattait une motion de Terrasson tendant à réclamer de
la Convention la publicité des séances de tous les comités sans distinction, comme si, par exemple, il était possible à un comité exécutif
d'administrer en présence du public. C'étaient là, selon Maximilien,
de ces mesures qui, sous l'écorce de la popularité, favorisaient surtout les projets des ennemis de la Révolution. La société des Jacobins, beaucoup plus raisonnable que ne se sont plu à l'écrire tous
les écrivains de la réaction, s'était empressée, à sa voix, de passer à
l'ordre du jour (3). Elle adoptait également par acclamation, quelques jours plus tard, une proposition par laquelle il engageait ses
collègues à ne point s'arrêter à une dénonciation contre un prêtre
réfractaire accusé d'avoir servi d'aumônier à des prisonniers. Rien

---

(1) *Journal des débats et de la correspondance de la société des Jacobins*, numéro 434.
(2) *Ibid.*, numéro 433.
(3) *Ibid.*, numéro 435, séance du 16 juin 1793.

de si mortel à la patrie, disait-il avec raison, que de venir lui parler de choses inutiles et insignifiantes, et rien de plus ridicule que de l'entretenir de cloches, de prêtres, de messes et de faits particuliers, dans le moment où la République se trouvait attaquée de toutes parts (1). Ah! si au lieu de s'occuper à faire la guerre à Dieu, aux saints et aux ministres de la religion catholique, même les plus dévoués à la Révolution, les *Hébertistes*, que nous allons bientôt voir arriver sur la scène, et que certaines personnes s'efforcent de présenter aujourd'hui comme les types essentiels de la démocratie, avaient suivi les conseils de Robespierre, s'étaient contentés de défendre Paris, de combattre l'ennemi extérieur et les rebelles du dedans, ils eussent évité à la République bien des malheurs. Au moment où nous sommes, Hébert n'avait pas encore entrepris la grande croisade contre le culte, ni donné le signal d'une intolérance qui n'avait d'égale que celle qu'on avait si justement reprochée à la religion catholique et qu'on allait avoir le tort d'imiter. Il louait sans réserve alors la sagesse de Robespierre. Dans ce langage grossier qui répugnait si fort à Maximilien, il disait : « Quand Robespierre se débattait à la tribune des Jacobins comme un lutin dans un bénitier pour empêcher Capet de déclarer la guerre à l'Autriche, quand il arrachait le masque de Brissot, on le traitait de factieux, de désorganisateur. Cependant le temps nous a prouvé qu'il avait raison; tout ce qu'il nous annonçait il y a un an nous est arrivé : — N'allons pas chercher noise à nos voisins, disait ce bougre à poil... C'est avec le temps et la raison que toutes les nations détruiront la tyrannie, et jamais f..... la philosophie n'établira son règne avec des canons et des baïonnettes... — Ainsi parlait ce véritable ami du peuple (2). » Eh bien! Robespierre n'aura pas moins raison quand il dira aux disciples du *Père Duchesne* : « Vous n'avez pas le droit de violenter les consciences, de toucher à la liberté des cultes » ; comme il était également dans le vrai quand, au nom des défenseurs de la liberté, il exhortait les Jacobins à fixer leur attention sur les objets d'intérêt général, et non pas sur des questions de prêtre ou de messe.

(1) *Journal des débats et de la correspondance de la société des Jacobins*, numéro 438.
(2) Le *Père Duchesne*, numéro 225.

VIII

Les occasions n'allaient pas manquer d'ailleurs où il serait indispensable de déployer une énergie suprême ; cette énergie, il ne fallait donc pas la dépenser en pure perte ou la tourner contre des individus égarés et inoffensifs. Encourager par tous les moyens possibles le courage et l'exaltation patriotique des citoyens, accorder aux départements fidèles d'éclatants témoignages de sympathie, éviter avec soin toutes les mesures propres à accroître le nombre des ennemis de la Révolution, opposer enfin aux traîtres et aux conspirateurs un front terrible, un cœur indomptable : telle fut la politique constante de Robespierre. C'est ainsi qu'à sa voix la Convention décrétait que le département de la Manche, qui venait de donner des preuves non équivoques de dévouement à la République à l'heure même où le Calvados se mettait en pleine insurrection, avait bien mérité de la patrie (1), et qu'elle accordait un secours de mille livres à la femme Hébert, dont le mari, un des vainqueurs de la Bastille, venait de périr glorieusement sur un des champs de bataille de la Vendée (2). C'est ainsi encore que le 21 juin, Mallarmé ayant présenté un projet d'organisation de l'emprunt forcé d'un milliard, décrété en principe dans une des séances du mois précédent, projet d'après lequel cet emprunt était assis non sur les propriétés ou les capitaux, mais sur tous les revenus fonciers, mobiliers et industriels indistinctement, Robespierre réclamait la parole pour une motion d'ordre. De la manière dont l'Assemblée apprécierait les bases de ce projet dépendaient, à son sens, le repos et la tranquillité de la République. Il était donc très-important d'éviter tout ce qui était de nature à jeter des alarmes dans les esprits. On avait eu surtout en vue de faire contribuer les riches aux besoins extraordinaires de l'État, et le projet en question n'avait nul égard pour les fortunes médiocres, comme si l'on eût voulu ménager l'opulence aux dépens des petits propriétaires. Robespierre reprochait en outre aux auteurs du projet d'établir pour la recherche des revenus une espèce d'inquisition cruelle se rapprochant par trop de l'esprit des lois de l'ancienne fiscalité. On devait, suivant lui, concilier les besoins de nos finances

---

(1) *Journal des débats et des décrets de la Convention*, numéro 270, p. 221, séance du 14 juin.

(2) *Ibid.*, numéro 284, p. 454, séance du jeudi soir 27 juin.

avec les exigences de la tranquillité publique. Il demanda donc le renvoi au comité des finances, afin qu'un plan plus étudié et plus sage fût soumis à la Convention. « Par une détermination aussi prudente », dit-il, « vous arracherez une arme puissante des mains des ennemis de la chose publique et des fauteurs d'anarchie, et vous aurez également montré et votre énergie, et votre sagesse, et votre dévouement à la liberté (1). » Représenté le lendemain avec de légères modifications, le projet du comité trouva dans Cambacérès et dans Jean-Bon Saint-André des censeurs qui reproduisirent à peu près les critiques de Robespierre, et l'Assemblée, tout en maintenant l'assiette de la contribution sur les revenus fonciers, mobiliers et industriels, — ce qui était, en définitive, exempter les détenteurs de capitaux, les agioteurs, qu'il aurait surtout fallu atteindre, — ne soumit à l'emprunt forcé que les personnes mariées ayant un revenu supérieur à dix mille livres, et les célibataires dont le revenu excédait six mille livres (2).

Et certes, s'il était essentiel de ne pas froisser brusquement les intérêts particuliers, de ménager les petits rentiers, les industriels dont les affaires étaient en souffrance, c'était bien en ce moment de crise où l'insurrection girondine gagnait de proche en proche, et où les députés qui la fomentaient accusaient hautement la Convention de vouloir amener violemment l'égalité des fortunes (3). En effet, par tous les moyens les représentants rebelles essayaient de grossir leur parti. Ils avaient établi dans le département du Calvados le quartier général de l'insurrection, parce que dès longtemps ce département leur était entièrement acquis. Là surtout avaient été accueillies comme d'incontestables vérités les calomnies odieuses répandues contre la ville de Paris et ses principaux députés; la diffamation y avait fleuri comme sur son sol naturel. Les délibérations du conseil général de la commune de Caen n'étaient depuis quelques mois qu'un écho des déclamations de la Gironde. On y traitait de « reptiles venimeux » les Danton, les Robespierre et autres membres patriotes de la Convention (4). « Choisissez une autre arène pour y tracer nos destinées », écrivait cette commune à la Convention; « que désormais elles ne soient plus en butte aux efforts des monstres sanguinaires dont l'existence est un opprobre et la *destruction un devoir* (5). »

---

(1) *Moniteur* du 24 juin 1793.

(2) *Journal des débats et des décrets de la Convention*, numéro 278.

(3) Voyez ce que dit à ce sujet Levasseur, dans la séance du 21 juin. (*Moniteur* du 24.)

(4) *Registre des délibérations du conseil général de la commune de Caen.* Délibération en date du 20 avril 1793.

(5) *Ibid.* Délibération en date du 14 mai.

N'est-ce pas bien là le style des Louvet et des Barbaroux? N'est-ce pas à cet appel que répondra Charlotte Corday en s'armant du poignard dont bientôt elle frappera Marat? Des députés, envoyés à Paris par le conseil général pour connaître les véritables motifs de la journée du 31 mai, ne craignirent pas de s'abaisser jusqu'à commettre à leur retour d'odieux mensonges; ils répandirent le bruit que le projet des membres de la Montagne était d'élire un dictateur, mais que déjà la division s'était mise entre eux, les uns voulant Robespierre, les autres Danton, ceux-ci Garat, ceux-là Chaumette ou Hébert (1). Cette nouvelle exalta naturellement le républicanisme girondin du conseil général de Caen, et dans une séance qu'animèrent la présence de Gorsas, le thuriféraire des journées de Septembre, et celle du royaliste Henri Larivière, on se livra à des transports d'une violence dont le registre des délibérations de ce conseil garde fidèlement l'empreinte. « C'est au sommet du Calvados que se forma ce torrent qui, en se réunissant avec les autres départements, entraînera dans son cours précipité le limon et la fange de l'anarchie (2). »

Comme la Gironde comptait beaucoup de membres riches, dont la bourse s'ouvrait facilement pour les besoins du parti, elle continua d'entretenir à sa solde une armée de pamphlétaires et de libellistes, et, vaincue, persévéra dans ce système de calomnies dont elle avait tant abusé lorsqu'elle était au pouvoir. Hélas! les plumes mercenaires ne manquaient pas, sans compter celles des principaux meneurs de la faction. On fit circuler dans les départements formés de la ci-devant Normandie et de la ci-devant Bretagne une lettre portant la signature de Garat, lettre par laquelle le ministre de l'intérieur invitait les corps administratifs à admettre dans la République une dictature composée de Marat, de Danton, de Robespierre et de lui Garat. Dans la séance du 16 juin, le ministre vint, indigné, dénoncer à la Convention cette manœuvre odieuse et les calomnies absurdes avidement accueillies par certains journaux. Il tenait à la main une feuille intitulée *Tableau politique et littéraire de Paris*, et donna lecture d'un article qu'elle contenait, article daté de Caen, dans lequel on annonçait qu'un des commissaires du ministre de l'intérieur, chargé de prêcher la dictature dans les départements, avait été arrêté par la municipalité de Lisieux. On n'avait pu lui arracher l'aveu de sa mission, ajoutait-on, qu'en singeant le *maratisme* le plus hideux (3).

(1) Registre des délibérations du conseil général de la commune de Caen. Séance du dimanche 9 juin 1793.

(2 *Ibid.* Séance du 13 juin 1793.

(3) L'article dont se plaint Garat se trouve en substance dans la délibération du conseil général de Caen en date du 9 juin, *ubi supra*.

Ainsi, disait le ministre, voilà les moyens atroces dont se servent, pour fomenter des luttes fratricides entre les départements et la ville de Paris, des hommes qui, tout en parlant de leur amour pour la République, sont allés semer partout les fureurs de leur vengeance (1).

Robespierre, prévenu par Garat des calomnies dont il était également l'objet, prit la parole après le ministre. Il n'avait pas à s'étonner des manœuvres dont la coterie girondine usait à son égard ; depuis un an elle n'avait pas changé de tactique et ne savait que répéter ces éternelles déclamations de Barbaroux et de Louvet dont à diverses reprises la Convention avait fait bonne justice. « Cette Révolution », dit Robespierre, « était destinée à démontrer à l'univers la puissance de la calomnie. » Quelle sinistre puissance en effet que celle qui put mettre la main sur les deux tiers du pays, et qui pèse encore aujourd'hui d'un si grand poids sur la mémoire des plus purs défenseurs de la Révolution ! Et cette conspiration de libellistes ne s'en prenait plus seulement aux particuliers, c'était à la République elle-même qu'elle s'attaquait. Y avait-il pour la liberté une conjuration plus redoutable ? « Ce ne sont plus », continuait Robespierre, « les patriotes ardents, forcés trop longtemps de soutenir des combats à outrance, qui sont en butte aux calomnies, ce sont les patriotes d'un caractère ferme et juste. » Il ne serait permis à aucun homme d'être impunément vertueux tant que cette faction existerait. Donc il était nécessaire de prendre contre elle des mesures rigoureuses. Et ici Robespierre invitait la Convention à sévir contre les journalistes mercenaires et infidèles, les plus dangereux ennemis de la liberté.

En toute occasion, on s'en souvient, il avait défendu avec ardeur la liberté de la presse ; il l'avait défendue, il y avait quelques mois à peine, contre Buzot, quand celui-ci essayait d'arracher à l'Assemblée une loi contre de prétendus écrits séditieux ; il l'avait inscrite, enfin, dans sa Déclaration des droits de l'homme, comme le palladium, comme la plus sûre garantie d'un gouvernement démocratique. Mais s'ensuivait-il qu'au milieu de la guerre civile et étrangère la Convention dût tolérer cette foule d'écrits de journalistes aux gages des factions royaliste ou girondine, et qui provoquaient ouvertement à la rébellion contre l'Assemblée ? Il y avait là une question de vie ou de mort pour la République : autoriser ce système de diffamations et de calomnies contre la représentation nationale, c'était

(1) Voyez dans le *Moniteur* du 18 juin 1793 ce très-curieux discours de Garat. Tous ces détails, d'une si réelle importance, et qui jettent une lueur si vive sur la conduite des Girondins, sont complétement omis dans les histoires générales.

se condamner à périr infailliblement. La Convention ne le voulut
pas ; elle renvoya donc au comité de Salut public la proposition de
Robespierre, et décréta, également sur la motion de Maximilien,
que deux circulaires seraient adressées au peuple français, destinées, l'une à l'éclairer sur les dangers de la patrie, l'autre à lui dévoiler tous les faits démontrant la conspiration formidable contre laquelle la République avait à se défendre (1). Mais, tout en prenant
cette mesure nécessaire de conservation, l'Assemblée entendait si
peu porter atteinte au principe de la liberté de la presse, qu'elle repoussait sans discussion une proposition que lui fit Fabre d'Eglantine immédiatement après, à savoir d'autoriser le comité de Salut
public à arrêter l'envoi des journaux dont il aurait reconnu l'incivisme (2).

IX

Parmi les rédacteurs des feuilles girondines qui avaient survécu
au 31 mai, quelques-uns ne furent pas sans concevoir des craintes assez sérieuses sur l'existence de leurs publications, car on ne manqua pas de répandre le bruit que les journaux étaient menacés d'une
proscription générale. Le libraire Panckoucke, dont la feuille ne s'é-
tait pas montrée une des moins dévouées au parti de la Gironde,
tant que celui-ci avait été au pouvoir, eut peur de voir sa gazette
supprimée, quoique depuis la chute des Girondins elle ne leur eût
pas épargné l'outrage. Le journaliste Granville, rédacteur en chef
de l'article Convention nationale au Moniteur, écrivit à Robespierre
une lettre d'une extrême platitude pour le prier de lui communiquer
paternellement les reproches que les patriotes pourraient avoir à
lui adresser. Si le Moniteur, avant le 31 mai, avait commis des
erreurs, la faute en était à la pression dont il était alors l'objet,
disait Granville. « ... Nous étions forcés, sous peine d'être dénoncés,

(1) Voyez le Moniteur du 18 juin. — Le discours de Robespierre, qui dut avoir une
certaine étendue, s'y trouve résumé en vingt-cinq lignes. Le Journal des débats et des
décrets de la Convention (numéro 272) avait promis de le donner en entier, mais il ne
tint pas sa promesse. Le Bulletin de la Convention assigne la date du 18 juin à la séance
dans laquelle Garat et Robespierre dénoncèrent les calomnies girondines ; c'est une
erreur. Garat s'est bien gardé de rappeler cette séance dans ses Mémoires, où il s'agissait
avant tout d'intéresser en sa faveur les Girondins, devenus de nouveau les maîtres du
pouvoir.

(2) Voyez le compte rendu de la séance du 16 dans le Républicain, numéro 213 de
l'année 1793.

sous peine de perdre la confiance de nos abonnés, de *publier les diatribes les plus absurdes des imbéciles ou des intrigans du côté droit.* »
Les articles de nature à exciter le plus de préventions étaient dus, selon lui, à Rabaut-Saint-Étienne, qu'on s'était empressé d'exclure. « Au reste », ajoutait-il, « il suffit de jeter un coup d'œil sur nos feuilles, depuis un mois, pour voir qu'il n'est aucun journal qui ait plus contribué à culbuter dans l'opinion les intrigans dont le peuple va faire justice (1). » Nous ne savons si Robespierre répondit autrement que par le dédain à cette lettre assez peu digne, mais le prudent *Moniteur* ne fut pas un seul instant inquiété. Toujours empressé à mettre les plumes de ses rédacteurs au service des puissants du jour, il fut, jusqu'au 9 Thermidor, l'organe de la Montagne, comme il avait été jadis celui de la Gironde, pour devenir ensuite l'écho complaisant de toutes les fureurs thermidoriennes.

C'est également au discours prononcé par Robespierre dans la séance du 16 juin que se rapporte bien évidemment une note trouvée dans ses papiers et dont le représentant Courtois a tiré parti avec cette perfidie qui éclate à chacune des pages de son rapport, lequel est le chef-d'œuvre le plus complet qu'on puisse imaginer dans l'art de la calomnie. Nous dirons plus tard quels titres honorables Robespierre avait personnellement à la haine de Courtois. Ce conventionnel avait confié le soin de rédiger son rapport à un littérateur lié d'ancienne date avec les hommes de la Gironde et qui, après avoir servi les rancunes des Girondins, eut le tort de mettre sa plume à la dévotion des féroces vainqueurs de Thermidor. Auteur de la comédie *L'Ami des lois*, dans laquelle, sous des noms fabriqués, il avait mis en scène, aux grands applaudissements de ses amis de la Gironde, Marat, Danton et Robespierre, sans que celui-ci se fût beaucoup préoccupé de cette facétie qui avait singulièrement ému les patriotes (2), Laya, dont la bonne foi fut évidemment trompée, s'acquitta de sa tâche à la complète satisfaction de ses nouveaux amis. Nous analyserons plus loin en détail cette œuvre, où tous les historiens de la réaction ont puisé à l'envi comme dans une source em-

(1) La lettre de Granville figure à la suite du rapport de Courtois, n° XVII. Nous avons, d'après la minute de cette lettre existant aux *Archives*, rétabli le nom de l'auteur, dont Courtois, pour des raisons faciles à deviner, n'avait donné que l'initiale. Après Thermidor, il faillit en coûter cher à Granville d'avoir écrit cette lettre. Tous ses collaborateurs le désavouèrent, entre autres le futur baron Trouvé, le plat et ardent adulateur et serviteur de tous les régimes, depuis la République jusqu'à la Restauration.

(2) Ce qui n'a pas empêché le rapporteur d'écrire : « Un des projets de Robespierre fut d'abolir les spectacles : il ne pardonnait pas qu'on eût osé le traduire sur la scène. » (P. 27 et 28.) Comment, à l'appui de cette assertion, n'a-t-il pas apporté un de ces faux qui lui coûtaient si peu ?

poisonnée, et qui sera dans l'avenir le témoignage le plus éclatant de la bassesse et de la mauvaise foi des Thermidoriens.

Signalons, dès à présent, une des fraudes de ce rapport, dans lequel, à côté de mensonges exorbitants, d'interprétations sciemment erronées, de rapprochements tout à fait odieux, se rencontrent des faux matériels dignes, avons-nous dit déjà, de la police correctionnelle et de la cour d'assises, et que nous ne manquerons pas de placer sous les yeux de nos lecteurs. Dans le nombre considérable de pièces et de lettres trouvées chez Robespierre, les Thermidoriens ont choisi, comme on sait, tout ce qui leur a paru de nature à jeter une teinte défavorable sur la mémoire de leur victime. Une foule de notes, destinées à servir de jalons à des improvisations ou à des rapports, notes dont les unes ont été utilisées et les autres complètement laissées de côté par lui, ont été précieusement recueillies, commentées traîtreusement, et ont servi de texte aux accusations les plus ineptes. Pas un lambeau de papier n'a été épargné. Les lignes même raturées ont été reproduites, comme s'il était permis de se prévaloir de telle pensée d'un écrivain quand il l'a répudiée lui-même en l'effaçant de sa main. Mais cela ne leur a pas suffi : non contents de torturer le sens, ils ont poussé l'infamie jusqu'à altérer le texte de ces notes ou de ces lettres.

Robespierre, on l'a vu, avait engagé la Convention à prendre des mesures sévères contre ces libellistes gagés qui la dénonçaient à la France et à l'Europe comme un foyer d'anarchie, et à éclairer le peuple par une adresse où seraient relatées toutes les preuves de la conspiration girondine. Il avait, suivant la coutume des orateurs, jeté sur le papier quelques-unes des idées qu'il se proposait de développer. Voici cette note :

« Quel est le but ? L'exécution de la constitution en faveur du peuple. Quels seront nos ennemis ? Les hommes vicieux et les riches. Quels moyens emploieront-ils ? La calomnie et l'hypocrisie. Quelles causes peuvent favoriser l'emploi de ces moyens ? L'ignorance des sans-culottes.

« Il faut donc éclairer le peuple. Mais quels sont les obstacles à l'instruction du peuple ? Les écrivains mercenaires qui l'égarent par des impostures journalières et impudentes.

« Comment ferez-vous taire les *écrivains mercenaires*, ou comment les attacherez-vous à la cause du peuple ? Ils sont à ceux qui les payent ; or, les seuls hommes capables de les payer sont les riches, ennemis naturels de la justice et de l'égalité, et le gouvernement qui tend sans cesse à étendre son pouvoir aux dépens du peuple (1).

(1) Cette phrase a été omise tout entière dans la pièce qui figure à la suite du rap-

« Que conclure de là? 1° Qu'il faut proscrire CES écrivains comme les plus dangereux ennemis de la patrie.

« 2° Qu'il faut répandre de bons écrits avec profusion... »

On retrouve bien là en substance le discours prononcé par Robespierre dans la séance du 16 juin. Il y a même au *Moniteur* des lambeaux de phrases reproduits à peu près textuellement, par exemple à propos de « ces journalistes infidèles qui sont les plus dangereux ennemis de la liberté. » Eh bien! qu'ont imaginé les Thermidoriens? Robespierre n'étant plus là pour répondre et personne n'osant prendre sa défense, il s'agissait de le présenter comme l'ennemi-né des écrivains, lui le glorieux lutteur qui, de tous les hommes de la Révolution sans exception, avait combattu avec le plus d'ardeur et de dévouement en faveur de la liberté de la parole et de la pensée. Une phrase supprimée ou altérée, une simple lettre changée, et leur but était atteint. Ainsi, au lieu d'écrire comme dans le texte : « Il faut proscrire CES écrivains » (les écrivains mercenaires qui égarent le peuple par des impostures), ils ont écrit en lettres capitales : « Il faut proscrire LES écrivains comme les plus dangereux ennemis de la patrie. » On voit comme ils se sont attachés à généraliser, alors que dans la pensée de Robespierre il n'était question que des libellistes stipendiés, aux gages de la Gironde ou du royalisme (1). Ainsi encore, au lieu de la phrase du texte rétablie par nous : « Comment ferez-vous taire les écrivains *mercenaires* »; le rapporteur a écrit : « Comment ferez-vous taire les écrivains (2). » Après avoir de cette façon tronqué et falsifié les phrases de Robespierre, il lui est facile de s'écrier : « Les écrivains surtout, comme institués délateurs de la tyran-

port de Courtois, n° XLIII, p. 180, sous ce titre *Espèce de catéchisme de Robespierre, écrit de sa main !* Elle se trouve, il est vrai, dans le corps du rapport (p. 27), mais tronquée et altérée. Ainsi les réacteurs de Thermidor se sont bien gardés de parler « du gouvernement qui tend sans cesse à étendre son pouvoir aux dépens du peuple. » Il ne faut pas oublier qu'on voulait prouver que Robespierre avait aspiré à la dictature.

(1) On se retrancherait en vain derrière une erreur possible d'impression. Le faux est tellement prémédité qu'il se reproduit trois fois: deux fois dans le corps même du rapport (p. 27), lignes 4 et 10, et une fois, p. 180, avec omission complète d'une phrase. — Voyez l'original de cette note aux *Archives*, f 7, 4436, liasse R. Ce n'est là du reste qu'un faible échantillon des faux que nous avons découverts.

(2) Page 27 du rapport. Le rapporteur prétend que tous les auteurs « accusés ou soupçonnés d'avoir pensé à Robespierre... devinrent les objets de ses vengeances. » Il est fâcheux, en vérité, qu'il n'ait pu citer un seul exemple, un seul. Un certain baron Massias, dans un livre oublié comme son auteur (*Mouvement des idées dans les quatre derniers siècles*), a trouvé moyen d'aller plus loin que Courtois. Il a prétendu que Robespierre avait proposé à la Convention, le 15 janvier 1794, de proscrire tous les savants, tous les gens de lettres, tous les érudits. — Et ces gens-là se prenaient pour de très-honnêtes gens.

nie, sont ceux sur lesquels il se déchaîne avec le plus d'acharnement. »

Dans cette note étaient encore indiquées certaines idées développées par Robespierre soit à la tribune de la Convention, soit à celle des Jacobins. Il se demandait, par exemple, quels étaient les autres obstacles à l'établissement de la liberté? La réponse n'était pas difficile à trouver : c'étaient la guerre étrangère et la guerre civile. Comment les terminer l'une et l'autre? En mettant à la tête de nos armées des généraux républicains; en punissant les traîtres et les conspirateurs, surtout les députés et les administrateurs coupables; en envoyant des troupes patriotes sous des chefs patriotes partout où avait été arboré l'étendard de la rébellion et du royalisme, à Lyon, à Marseille, à Toulon, dans la Vendée; enfin en assurant les subsistances et en faisant des lois populaires.

Maximilien avait aussi tracé ces lignes : « Le peuple... Quel autre obstacle y a-t-il à l'instruction du peuple ? La misère.

« Quand le peuple sera-t-il donc éclairé? Quand il aura du pain, et que les riches et le gouvernement cesseront de soudoyer des plumes et des langues perfides pour le tromper; lorsque leur intérêt sera confondu avec celui du peuple.

« Quand leur intérêt sera-t-il confondu avec celui du peuple? — Jamais! »

Hélas! en présence du déchaînement des anciens privilégiés et de l'aristocratie bourgeoise contre la Révolution française, il était bien permis d'écrire ces lignes de mélancolie et de désespoir. Qui donc, plus que Robespierre, souffrait de l'antagonisme fatal et persistant entre la bourgeoisie et le peuple, lui qui dès les premiers temps de la Constituante s'était si énergiquement opposé à l'absurde et inique division de la nation en citoyens actifs et passifs, momentanément supprimée par la Convention nationale. Mais un esprit de cette trempe ne pouvait désespérer longtemps; la fusion finirait par se faire, pensait-il; et, d'un trait de plume, il s'était empressé de raturer les lignes où dans une heure de découragement il avait formulé ses anxiétés et ses doutes. Sous les ratures, les Thermidoriens sont allés rechercher cette pensée d'un moment qu'il avait étouffée aussitôt comme pour se faire illusion à lui-même sur la réalité de ses craintes, et ces histrions de la République ont trouvé joli de mettre en lumière une réflexion dont ils sembleront prendre à tâche de démontrer l'effrayante vérité. Ce seront eux, en effet, qui sur les débris de la démocratie vaincue édifieront le règne de la féodalité bourgeoise, en rétablissant la catégorie des citoyens passifs; ce seront eux qui inaugureront la Terreur blanche, qui décimeront en masse les patriotes de 1789 et les républicains de l'an II , et qui, après avoir soumis la France à un régime de boue et de sang , la contraindront à se jeter, haletante et désespérée, entre les bras d'un général victorieux.

·+·

X

Il faut être dans une ignorance complète de la situation de la République en ce mois de juin 1793 pour s'étonner des décrets rigoureux arrachés à la Convention vers cette époque par la gravité des événements. Quand par exemple Robespierre demandait l'envoi de généraux et de troupes patriotes dans les départements insurgés, et s'écriait, en engageant ses collègues à se montrer inexorables pour les conspirateurs : « Plût à Dieu que nos armées fussent aussi bien conduites que celle des rebelles! » nous venions de subir dans la Vendée des échecs successifs (1). Quand il réclamait le rappel des commissaires envoyés dans ce pays, et fortement soupçonnés d'avoir favorisé les révoltes, la Convention venait, sur un rapport de Berlier, de décréter d'arrestation un de ces commissaires, Duchâtel, dénoncé par Bourbotte et Choudieu, et dans les poches duquel on avait trouvé une lettre prouvant qu'il était en relations avec des chefs royalistes (2). Et comme pour justifier d'avance le décret rendu par la Convention, Duchâtel était allé rejoindre ses amis les Girondins, dont la troupe grossissait de jour en jour.

A la nouvelle des soulèvements qui éclataient dans les départements, la plupart des Girondins restés à Paris ne songèrent qu'à s'enfuir pour aller retrouver les instigateurs de l'insurrection. Successivement s'échappèrent Louvet, Bergoeing, Lanjuinais, Kervélégan, Pétion, ce dernier en laissant pour adieu une brochure très-virulente, dans laquelle il déclarait que la Convention nationale n'existait plus (3). Comment l'espoir d'un succès criminel ne serait-il pas entré dans leurs cœurs? Tout le midi de la France s'ébranlait en leur faveur. A l'exemple de Bordeaux, de Marseille, de Toulon, Nîmes et Toulouse entraient dans la coalition. L'Isère et le Jura s'inspiraient de l'exemple du Calvados et des départements de la Bretagne. On eût dit que tous, d'un commun accord, voulaient marcher sur Paris. Marseille menaçait la capitale de ses pièces de siége et appuyait son manifeste d'un

(1) *Moniteur* du 21 juin , séance du 18.
(2) Voyez *le Moniteur* des 17 et 18 juin 1793.
(3) Voyez à ce sujet les *Révolutions de Paris*, numéro 207, p. 593.

corps de six mille hommes destiné à renforcer l'armée girondine du Nord, dont le commandement était confié au général royaliste Wimpfen. On connaît la réponse de cet officier à l'invitation que lui adressa la Convention de se rendre à Paris pour donner des renseignements : « Le général ne pourrait le faire qu'accompagné de soixante mille hommes. » A cette forfanterie militaire la Convention répondit, elle, par un décret d'accusation.

Il faut lire les délibérations du conseil général du Calvados pour avoir une idée du degré de confiance auquel étaient arrivés les meneurs de l'insurrection. A les en croire, la terreur des *scélérats* de la capitale était au comble, et les citoyens de la ville de Paris, même les canonniers, étaient tout disposés à aller sans armes, en véritables repentants, au devant des légions départementales. Il ne s'agissait plus pour eux de savoir si l'insurrection serait couronnée de succès, ce n'était pas un doute, mais de la faire réussir avec le moins de dangers, de convulsions et de lenteur possible (1). A la grande *Marseillaise*, qui entraînait les phalanges républicaines contre les rois coalisés, ils avaient substitué un chant normand dédié aux hommes du Nord. Voici un échantillon des strophes qu'au théâtre de Caen on chantait sur l'air immortel : *Allons, enfants de la patrie!*

> Paris, ville longtemps superbe,
> Gémit sous un joug odieux,
> Bientôt on chercherait sous l'herbe
> Ses palais, ses murs orgueilleux.
> Mais vous marchez, Paris respire,
> Les brigands pâlissent d'effroi,
> Sur eux le glaive de la loi
> Brille, et le despotisme expire.
> Aux armes, citoyens! Terrassez les brigands.
> La loi! c'est le seul cri, c'est le vœu des Normands.
>
> . . . .
> Quoi! le farouche Robespierre
> Serait l'arbitre de l'État!
> Quoi! Danton, quoi! le vil Marat,
> Régneraient sur la France entière!
> Aux armes citoyens, etc.

Voilà bien les discours des Isnard, des Barbaroux et des Louvet, mis en mauvaises strophes. Qui croirait que dans cette même ville de Caen Robespierre était, avant la venue des Girondins, regardé comme le modèle, comme le plus pur des patriotes? « SALUS ET HO-

(1) Registre des délibérations du conseil général de la ville de Caen, séance du 30 juin 1793

NON! Salut à l'incorruptible Robespierre, » lui écrivait-on alors.
« La Société de Caen sait que le père du patriotisme étoit à son poste
quand il fallut défendre ses enfants du Calvados poursuivis par
les stylets de la calomnie; elle le sait... et vient silencieusement
ajouter une palme à sa couronne civique.

« Robespierre, ce nom qui fait ta gloire, ce nom qui porte l'effroi
dans l'âme des tyrans, sera le mot d'ordre qui nous ralliera pour les
combattre.

« Nous ne prétendîmes pas le rendre plus célèbre en te faisant
cette adresse: l'entreprise étoit au-dessus de nos forces; seulement
elle est le gage précieux de notre reconnoissance et le tribut particulier de l'estime publique (1). »

Robespierre, ceci est à noter, n'avait aucune position officielle
quand il reçut cette lettre si louangeuse de la Société populaire de
Caen, hommage d'autant plus flatteur, en conséquence, qu'il était
plus désintéressé. Par quel miracle s'était-il donc opéré un tel changement dans l'esprit des citoyens de la ville de Caen? Ah! c'est que,
depuis, le département du Calvados avait été inondé des pamphlets
girondins, c'est que les émissaires de la coterie étaient parvenus à
faire de Caen la cité d'élection du parti; et en présence du formidable succès de leur œuvre ténébreuse, on ne peut que rester confondu, avec Robespierre, de cette sinistre puissance de la calomnie (2).

Il n'y a donc pas à s'étonner si, en apprenant les menées criminelles de la Gironde et l'évasion de la plupart des députés mis en

---

(1) Adresse de la société populaire des *Amis de la Constitution* de Caen, en date du
9 mars 1792, et signée des membres du comité de correspondance : Ménard , *président;*
Hardy, *vice-président;* Victor, Féron, Lelarge fils et Récamier. — Cette pièce, dont
l'original est aux *Archives,* figure à la suite du rapport de Courtois, sous le n° II
(p. 102). Courtois, dans son rapport, établit un rapprochement entre cette société,
qui a pris pour mot d'ordre le nom de Robespierre, et Joseph Lebon, qui aurait pris le
mot *pillage* (p. 10 . Or, Courtois trouve aussi moyen de calomnier Joseph Lebon , car
ce mot d'ordre n'est pas de lui; il est du commandant de la place d'Arras Francastel, et
il fut renvoyé avec indignation au comité de Sûreté générale. Tous les honnêtes gens
me sauront gré de suivre de près ce monstrueux rapport, dont le rédacteur n'a pas
craint d'écrire : « La vérité a si fidèlement conduit ma plume que, si l'histoire, dans
quelques siècles, désire retracer cette époque de notre révolution, je veux qu'elle n'ait
qu'à signer ce discours. » (P. 9.) Les faussaires s'imaginent toujours que leurs faux
ne seront point découverts.

(2) On comprend maintenant pourquoi les hommes les plus modérés , les plus hostiles même à l'esprit révolutionnaire, se montrent peu favorables aux Girondins.
« ... Je vous l'ai souvent dit dans mes conversations, et je me plais à le rappeler dans
ces graves circonstances », écrivait, il y a quelques années, M. Odilon Barrot, « nul
d'entre nous ne se soucie de suivre les errements des émigrés , ni même les exemples
des Girondins... » (*Lettre à* M. Garnier-Pagès, *en date du samedi* 26 *février* 1848.)

arrestation chez eux, la Convention nationale finit par prendre des
mesures rigoureuses. Le 24 juin, Amar vint au nom du comité de
Sûreté générale lui proposer de faire transférer dans des maisons nationales ceux de ses membres détenus jusqu'ici dans leurs domiciles. Combattue par Ducos et par Fonfrède, qui demandaient qu'au
préalable un rapport fût immédiatement présenté sur leurs amis,
la proposition d'Amar se trouva vivement soutenue par Robespierre. Celui-ci témoigna, en des termes pleins d'amertume, son
étonnement de ce qu'à l'heure où les rebelles de la Vendée, encouragés par les cris de révolte retentissant autour d'eux, ravageaient
nos départements, on osât, en quelque sorte, mettre en parallèle
les représentants du peuple et une poignée de conspirateurs. A ces
mots le côté droit ayant éclaté en murmures, Legendre, hors de
lui, réclama l'arrestation du premier qui interrompait l'orateur.
« On demande un rapport, » continua Robespierre avec une indignation croissante, « comme si l'on ne connaissait pas les crimes
des détenus. Leurs crimes, citoyens, ce sont les calamités publiques,
l'audace des conspirateurs, la coalition des tyrans, les lois qu'ils
nous ont empêchés de faire depuis six mois, la constitution sainte
qui s'est élevée depuis qu'ils n'y sont plus, la constitution qui va
rallier les Français; car, n'en doutez pas, citoyens, c'est à la constitution que s'attacheront les Français, et non à Brissot, à Gensonné. »
Les départements pouvaient être égarés par leurs administrateurs,
mais le peuple, il en avait la conviction, resterait avec l'Assemblée.
Quant au rapport demandé, sans doute on le ferait, seulement il
fallait d'abord réunir toutes les pièces et tous les faits. En attendant, il engageait la Convention à mettre aux voix sur-le-champ le
projet de décret présenté au nom du comité de Sûreté générale (1).

Ce décret fut voté malgré les résistances de la droite, qui obtint
du moins, le lendemain, que le rapport sur les députés détenus
serait présenté dans la séance du 26. Mais le soir même la Convention revint sur cette décision, à la demande de Robespierre appuyée
par Levasseur et par Jean-Bon Saint-André. Selon Maximilien, on
s'occupait beaucoup trop de ces individus, au lieu de songer aux
mesures à prendre pour sauver la République et la tirer du précipice
où ils l'avaient entraînée. « Ne vous y trompez pas, » dit-il, « les
plaies de l'État sont profondes; la misère publique est grande; prenez garde que les malveillants ne profitent des malheurs qui accom-
pagnent les révolutions pour égarer le peuple. Faites des lois popu-

(1) *Journal des débats et des décrets de la Convention*, numéro 280, p. 388; et *Moniteur* du 27 juin 1793.

4

laires; posez les bases de l'instruction publique, régénérez l'esprit public, épurez les mœurs, si vous ne voulez pas perpétuer la crise de la Révolution. » Avait-on formé le projet d'amener de nouvelles divisions au sein de la Convention en réclamant avec tant d'affectation un rapport immédiat sur des hommes dont les agitations qui s'étaient produites dans les départements attestaient le crime? Ne fallait-il pas laisser le temps au rapporteur de s'éclairer sur les véritables causes des maux du pays, « sur le long système de calomnies inventé pour discréditer la Révolution aux yeux de la France et de l'Europe? » N'était-il pas beaucoup plus urgent de chercher les moyens les plus prompts d'écraser les rebelles de la Vendée? Et n'était-ce pas insulter la Convention, poursuivait l'orateur, que de venir lui parler en faveur des Vergniaud et des Brissot, alors qu'il s'agissait de réduire tous les ennemis de la liberté conjurés contre la République? Il demandait donc que, sans avoir égard au décret surpris dans la matinée par des hommes à qui leur situation personnelle commandait le silence, on ajournât le rapport, et que la Convention s'occupât uniquement des grands intérêts de la patrie (1).

Ce langage, dont l'amertume s'explique de reste par l'état de crise où les Girondins avaient plongé le pays, amena dans l'Assemblée un revirement d'opinion. Telle était l'exaspération de certains esprits que Tallien proposa à ses collègues de décréter qu'il serait permis à tout citoyen de courir sus aux députés qui s'étaient soustraits au décret d'arrestation. Mais c'était là une des exagérations familières à l'ancien secrétaire de la commune. Il appartenait à Jean-Bon Saint-André de replacer la question sur le terrain où l'avait posée Robespierre. Après avoir annoncé que le comité de Salut public avait chargé un de ses membres de rédiger un rapport digne de la nation et de ses représentants, et que ce membre travaillait jour et nuit à ce rapport, il ajouta : « C'est ici, comme on vous l'a dit, un grand procès; c'est avec le calme et la sévérité de la raison qu'il faut examiner cette chaîne de conspirations. J'appuie les propositions de Robespierre. » Et ces propositions furent aussitôt adoptées (2).

Le rapporteur dont parlait Jean-Bon Saint-André, c'était Saint-Just. Ce ne fut qu'une douzaine de jours après, dans la séance du 8 juillet, que le jeune Conventionnel donna lecture de son travail à l'Assemblée, après l'avoir soumis à diverses reprises à ses collègues du comité de Salut public, qui l'avaient définitivement adopté dans

(1) *Moniteur* du 28 juin 1793, et *Journal des débats et des décrets*, numéro 282.
(2) *Ibid.*

la soirée du 2 juillet (1). Quand on se reporte à la situation de la République en ces heures critiques; quand on considère que la municipalité de Bordeaux venait de proclamer d'un ton hautain que les grandes villes des départements pourraient fort bien se passer de Paris; quand on jette les yeux sur cette déclaration ridicule des administrateurs de la ville de Toulouse menaçant la capitale de la traiter comme une autre Sodome, — ce qui amena Robespierre à demander la question préalable sur une proposition de Couthon tendante à la suspension d'un décret rendu contre les administrateurs de la Haute-Garonne (2); — quand on se rappelle l'adresse fameuse du Calvados où tout le côté gauche de la Convention était accusé d'être un ramassis de brigands vendus aux puissances étrangères; quand on réfléchit enfin que tout cela était en partie l'œuvre des Girondins réfugiés à Caen, on est bien obligé d'avouer que, relativement, ce rapport de Saint-Just est d'une extrême modération. « La liberté, » y est-il dit, « ne sera point terrible envers ceux qu'elle a désarmés et qui se sont soumis aux lois. Proscrivez ceux qui ont fui pour prendre les armes; leur fuite atteste le peu de rigueur de leur détention : proscrivez-les, non pour ce qu'ils ont dit, mais pour ce qu'ils ont fait; jugez les autres, et pardonnez au plus grand nombre; l'erreur ne doit pas être confondue avec le crime, et vous n'aimez point à être sévères (3). » Les membres du côté droit eux-mêmes se montrèrent étonnés de la modération de Saint-Just. Ce ne fut pas, on le sait, à la suite de ce rapport que plus tard les Girondins furent renvoyés devant le tribunal révolutionnaire, mais bien sur le rapport autrement violent d'Amar, un des ennemis de Robespierre, un des futurs proscripteurs de Thermidor.

(1) Registre des délibérations et arrêtés du comité de Salut public. *Archives* 434 a a 71. Étaient présents à cette séance du 2 juillet : Cambon, Guyton-Morveau, Delmas, Robert Lindet, Barère, Danton, Couthon, J.-B. Saint-André, Berlier, Hérault-Séchelles et Saint-Just.

(2) Voy. à ce sujet *le Moniteur* du 30 juin 1793, séance du 28. — Ce qui prouve, par parenthèse, combien M. Michelet est dans l'erreur quand il écrit : « Robespierre entra réellement au comité par *ses hommes* Couthon et Saint-Just. » (*Histoire de la Révolution*, t. VI, p. 58.) Unis de cœur et de pensées à Maximilien, Couthon et Saint-Just étaient trop grands l'un et l'autre pour n'être que ses serviles instruments.

(3) Voyez notre *Histoire de Saint-Just* (t. Ier, p. 252 et suiv., édit. Meline et Cans). On s'explique difficilement comment M. Michelet, dans son *Histoire de la Révolution*, a pu écrire : « Son rapport fut atroce de violence... » (t. VI, p. 65); et plus loin (p. 70) : « l'atroce rapport de Saint-Just. » Pourquoi donc alors M. Michelet a-t-il écrit plus haut (p. 50), en parlant de la Gironde : « Elle précipita sa chute, en la méritant, par l'appel à la guerre civile » ? Nous n'avons eu que trop souvent déjà l'occasion de signaler les contradictions dont fourmille l'œuvre de l'éminent écrivain.

XI

Au reste, il faut le dire, tout devait contribuer à porter au comble l'exaspération populaire contre les vaincus du 31 mai; les progrès de la coalition, les développements qu'allait prendre la guerre civile déchaînée par eux, n'étaient certes pas de nature à éveiller dans les cœurs des sentiments de commisération à leur égard. On les regarda comme les auteurs du bruit répandu vers cette époque que le fils de Louis XVI avait été enlevé de sa prison et que les membres de la Montagne voulaient relever le trône en sa faveur; ce bruit avait pris une telle consistance, que le comité de Sûreté générale chargea Dumont, Chabot, Maure et Drouet de se rendre au Temple afin d'y constater officiellement la présence du jeune prince. Selon Robespierre, une telle extravagance, imputée aux auteurs de la constitution républicaine, ne méritait pas que la Convention s'y arrêtât, au moment même où son enceinte venait de retentir des acclamations touchantes et sublimes d'un peuple s'élançant d'un tel cœur vers la liberté et l'égalité. — Allusion à la récente acceptation de la constitution par les sections parisiennes. — Mais dans cette nouvelle manœuvre il voyait une preuve de plus de l'acharnement avec lequel les intrigants et tous les ennemis de la Révolution s'efforçaient de tuer la liberté par la calomnie. Il les montrait, dans les convulsions de leur désespoir, répandant partout l'imposture et la division pour empêcher tous les Français de se rallier sous les auspices de la constitution et d'assister avec confiance à la fête commémorative du 10 août. Tout cela ne se liait-il pas fatalement aux combinaisons perfides des agioteurs royalistes qui, à Bordeaux par exemple, avaient tenté de relever les assignats royaux et de faire baisser ceux qui portaient l'empreinte de la République? Il fallait que la France entière en fût bien convaincue, disait-il, le peuple français n'aurait ni paix ni trève avec d'aussi opiniâtres conspirateurs, tant que les coupables n'auraient pas été frappés par la loi. Et c'était là le seul rapport sous lequel l'absurde bruit dont on avait entretenu l'Assemblée lui parût mériter quelque attention. La Convention couvrit d'applaudissements le discours de Robespierre et décréta qu'il serait inséré au *Bulletin* comme un nouveau moyen d'éclairer l'opinion sur le système de calomnies qui si longtemps avait compromis la tranquillité et la liberté publiques (1).

(1) *Moniteur* du 9 juillet 1793, et *Journal des débats et des décrets de la Convention*, numéro 293, p. 88, séance du 7 juillet 1793.

Point de compromis avec les révoltés si l'on tenait à assurer dès ce moment et d'une manière définitive le triomphe de la liberté. En face d'insurrections naissant les unes des autres et tenant en suspens l'existence même de la République, fallait-il montrer de l'hésitation? Robespierre ne le crut pas; et ce fut bien pour cela que dans la séance du 9 juillet, le ministre de l'intérieur Garat ayant proposé à la Convention de prolonger le délai de trois jours accordé aux administrateurs rebelles pour rentrer dans le devoir, il combattit cette proposition : « J'engage la Convention, » dit-il, « à persévérer dans les principes d'une juste sévérité : il ne faut pas, après l'acceptation de l'acte constitutionnel, laisser subsister de nouveaux germes de division; il faut étouffer la faction scélérate qui a si longtemps exposé la patrie; sans cela elle renouerait bientôt ses trames et forcerait le peuple à de nouvelles convulsions. Nous triompherons des tyrans, nous triompherons des armées qui nous environnent, mais pour cela il faut exaucer les vœux du peuple et punir les traîtres (1). » L'Assemblée repoussa sans discussion la demande du ministre, et comme pour lui prouver combien peu elle partageait ses sentiments d'indulgence, elle prononça, sur une motion de Lacroix, la peine de mort contre les administrateurs rebelles qui vendraient des domaines nationaux (2).

Si Robespierre montrait contre les insurgés royalistes et girondins une âpreté de langage trop justifiée par leurs sinistres projets, quel empressement ne mettait-il pas à défendre les patriotes injustement attaqués! Chabot ayant très-vivement critiqué, dans la séance du 8 juillet aux Jacobins, le comité de Salut public, et témoigné le désir de voir la Convention le renouveler tout de suite, en ne conservant de ses anciens membres que Jean-Bon Saint-André, Couthon et Saint-Just, qui, dit-il, avaient fait leurs preuves,

(1) Voy. le *Journal des débats et des décrets de la Convention*, numéro 295, p. 122. Garat, dans ses *Mémoires* (p. 245 de l'édit. de 1862), rapporte ainsi les paroles de Robespierre : « Vous n'avez que trop longtemps usé de clémence; vous devez et vous voulez sauver la République : il faut laisser tomber la hache des lois sur les têtes criminelles. » Selon Garat, la Convention était toute disposée à voter sa proposition. Cela ne ressort en rien ni de la version du *Moniteur*, ni de celle du *Journal des débats et des décrets*. Enfin, comme dans ces *Mémoires* de 1795, l'ancien ministre de la Révolution s'attache, et pour cause, à assombrir le rôle de Robespierre; il prétend que Maximilien se leva en colère, et repoussa avec indignation sa demande. Mais cela est démenti par les premières paroles mêmes de Robespierre : « Réjouissons-nous de l'allégresse avec laquelle le peuple français accepte la constitution; livrons-nous aux transports sublimes que cet accord de la grande majorité du peuple français nous inspire; mais loin de nous des idées de faiblesse au moment où la liberté triomphe et où la République commence à s'asseoir... » (*Moniteur* du 11 juillet 1793.)

(2) *Journal des débats et des décrets*, ubi supra.

et dont le patriotisme et la probité étaient connus de toute la France, Robespierre se leva pour défendre d'office tout le comité. « Chabot m'a paru trop exalté, » dit-il en rendant justice d'ailleurs au patriotisme que respirait le discours de l'ancien capucin. Sans doute, continuait Robespierre, tous les membres de ce comité n'étaient pas également éclairés et vertueux; mais où trouver une perfection impossible? Il fallait se garder de décourager des hommes dont on ne pouvait oublier les services rendus à la chose publique et qu'on avait tort de déprécier aujourd'hui. « Oui, nous lui reprocherons des fautes, » ajoutait-il ; « est-ce moi qui pencherai vers l'indulgence, moi qui crois qu'on n'a pas assez fait pour la patrie quand on n'a pas tout fait, moi qui crois que la liberté exige tous nos vœux, tous nos sacrifices, et que la plus légère de ses faveurs nous dédommage amplement? Mais il y a une grande différence entre des erreurs qu'on peut reprocher à un corps et un arrêt de proscription dont on veut l'envelopper. Oui il est dans son sein des membres purs, irréprochables. En un mot, vu les grandes et importantes affaires dont il est chargé en ce moment, je soutiens qu'il serait impolitique d'appeler la défaveur du peuple sur un comité chargé de grands intérêts et en qui réside le salut de l'État (1). » Il n'en fallut pas davantage pour réduire à néant les critiques de Chabot. Il est bon de remarquer que Robespierre était ici complétement désintéressé dans la question ; il n'appartenait pas encore au comité de Salut public, où il n'entra qu'à regret un peu plus tard, et ses amis Couthon et Saint-Just étaient au nombre des trois membres dont Chabot avait demandé la conservation. Il fut donc guidé en cela, comme il l'était toujours quoi qu'en aient dit ses détracteurs, par le seul amour de la justice et de la patrie. Le surlendemain, la Convention décidait que le comité de Salut public ne serait plus composé que de neuf membres au lieu de quatorze dont il était présentement formé, et dans sa séance du soir elle procédait au renouvellement mensuel de ce comité (2).

Vers la même époque Robespierre prenait énergiquement la défense d'un officier cher aux patriotes, du commandant de la trente-cinquième division de gendarmerie, de Rossignol, incarcéré à Niort,

_____

(1) Voy. les versions combinées du *Journal des débats et de la correspondance de la société des Jacobins*, numéros 446 et 447, et du *Journal de la Montagne*, numéro 41.

(2) Registre des arrêtés et délibérations du comité de Salut public. *Archives* 434 *a a* 71. Des quatorze anciens membres du comité, sept furent renommés, savoir : Hérault-Séchelles, Couthon, Saint-Just, Gasparin, Barère, Robert Lindet et J.-B. Saint-André; sept en sortirent : Danton, Berlier, Lacroix, Delmas, Guyton-Morveau, Cambon et Ramel. Deux membres nouveaux y entrèrent, Prieur (de la Marne) et Thuriot.

pour quelques propos contre le général Biron, par les ordres de Westermann, fort suspect déjà à cause de ses relations d'intimité avec Dumouriez. Les officiers plébéiens élevés par l'élection populaire aux premiers grades de l'armée plaisaient peu en général aux officiers de *bonne maison*, que la Révolution, si disposée d'abord à se montrer accommodante, avait maintenus à la tête de nos armées. Biron avait paru se rallier sincèrement à cette Révolution qui ne l'avait pas repoussé, et Robespierre, on s'en souvient peut-être, n'avait pas hésité, un jour, à lui donner d'un mot un certificat de civisme. Mais l'arrestation d'un officier républicain, lestement ordonnée à cause de certaines paroles contre l'ancien duc de Lauzun, devait paraître infiniment suspecte aux patriotes. Aussitôt cette nouvelle reçue à la Convention, plusieurs membres demandèrent le renvoi de l'affaire à l'examen du comité de Salut public. Robespierre, lui, réclama de toutes ses forces la mise en liberté immédiate de Rossignol. « C'est un acte arbitraire, » dit-il, « qui ne doit plus exister dès qu'il est connu (1). » Vivement appuyée par Jean-Bon Saint-André et par Thuriot, cette proposition fut aussitôt convertie en décret.

Mais déjà Rossignol n'était plus en prison; mis en liberté par un des commissaires de la Convention, Goupilleau, il s'était empressé d'accourir à Paris pour se plaindre et demander justice. Son arrivée fut annoncée aux Jacobins par le docteur Souberbielle, un des plus chauds amis de Robespierre (2). Appelé, après s'être pleinement justifié, au commandement de l'armée de La Rochelle, Rossignol trouva dans Bourdon (de l'Oise), lequel était fort lié avec Westermann et Biron, un persécuteur et un calomniateur acharné; et nous verrons bientôt, à propos des persécutions et des calomnies dont Rossignol fut l'objet de la part de Bourdon, éclater entre ce dernier et Robespierre des démêlés qui aboutirent plus tard à des déchirements profonds et à un éclat funeste.

XII

Ce qu'il est impossible de contester, c'est qu'à l'heure sombre où nous sommes, en ce temps de divisions et de haines implacables fomentées par les Girondins, Robespierre s'épuisa en efforts pour établir la paix et l'harmonie entre les patriotes et em-

---

(1) *Journal des débats et des décrets de la Convention*, numéro 295, p. 118, séance du 9 juillet 1793.

(2) *Journal des débats et de la correspondance de la société des Jacobins*, numéro 417.

pêcher de nouvelles scissions d'éclater parmi eux. Et c'est quand les faits lui auront démontré l'inutilité de ses efforts que, tout en combattant les royalistes déguisés sous le nom de modérés, il entrera résolûment en lutte contre les révolutionnaires insensés dont les folies ou les crimes jetteront la perturbation dans la République et en compromettront de nouveau l'existence. Quant à présent, nous le voyons repousser les dénonciations vagues, les accusations irréfléchies prodiguées avec plus ou moins de bonne foi par des hommes d'un civisme quelquefois douteux. Hier, il se faisait d'office l'avocat de membres du comité de Salut public dont il était loin d'être l'ami ; aujourd'hui, c'est le ministre de la marine, d'Albarade, c'est Danton qu'il couvre de sa parole puissante.

D'Albarade avait, sur la recommandation spéciale du vieux tribun des Cordeliers, appelé au poste d'inspecteur du port de Toulon un citoyen nommé Peyron, ancien commandant des volontaires marseillais, contre lequel on avait articulé des faits assez graves dont on faisait remonter la responsabilité jusqu'au ministre et jusqu'à Danton. Ce n'était pas la première fois que celui-ci était l'objet d'une inculpation ; déjà on lui avait reproché d'avoir tenu une conduite ún peu équivoque dans les événements du 31 mai. Mais était-il opportun de le dénoncer comme un ennemi de cette Révolution à laquelle il avait rendu tant de services? « Voudrait-on essayer de nous le rendre aussi suspect? » s'écria Robespierre. « Serait-il permis à des malveillants de ruiner en un quart d'heure une confiance méritée à tant de titres, et par le sacrifice de toute une vie à la cause de la liberté? » Plus d'une fois encore il viendra au secours de Danton. Comment donc, obsédé par Barère et par Billaud-Varenne, finira-t-il par croire lui-même à sa culpabilité et à l'abandonner un jour? C'est ce qu'expliqueront bien clairement les événements qui vont se dérouler sous les yeux de nos lecteurs.

Quant à d'Albarade, il ne le connaissait point. Seulement, depuis son entrée au ministère, il n'avait trouvé dans sa conduite rien de contraire au plus pur patriotisme. « Nous a-t-il trompés? » demandait-il, « voilà ce qu'il faut examiner; mais c'est avec le calme de la réflexion, ce n'est point en nous emportant légèrement à des dénonciations vagues, et qui servent si bien nos ennemis... Je remarque un projet qu'on suit avec trop d'acharnement, celui de perdre dans l'esprit du peuple les patriotes les plus fermes et les plus vertueux. Certes, c'est là le chef-d'œuvre de la malice de nos ennemis, et il leur est permis d'espérer tout s'ils parviennent à nous ôter si aisément la confiance du peuple. » N'avait-on pas, poursuivait-il, calomnié également Bouchotte et Pache pour quelques choix malheuroux? Et cependant n'étaient-ce point deux vrais républicains, deux fermes soutiens de la liberté, deux fidèles enfants de la patrie, et n'étaient-ils pas les premiers à gémir d'être exposés à tomber dans de pareilles erreurs? Il engageait en conséquence les dénonciateurs à se montrer plus circonspects, car, ajoutait-il en terminant, « suffit-il de dire : un tel est coupable, je l'accuse?... Exempterons-nous toujours de preuves l'homme qui a une dénonciation à faire? Je voudrais que la société des Jacobins sentît enfin combien il est ridicule, combien il est mortel pour la chose publique de divaguer perpétuellement d'objets en objets. Je voudrais qu'elle restreignît beaucoup les sujets qu'on doit traiter à ses séances, et qu'elle adoptât enfin un ordre du jour capable de leur rendre ce caractère de grandeur qui distingue cette société (1). »

C'étaient là, certes, de belles et bonnes paroles, et bien du mal eût été évité si les sages conseils de Robespierre avaient été suivis. Maintenant, comme le disait Bentabole, il n'était pas toujours possible de fournir des preuves matérielles de la trahison. Peut-être même, à son avis, ne devait-on pas trop se plaindre des dénonciations dont retentissait le club; car la société des Jacobins, c'était l'œil de la République constamment ouvert sur les machinations des ennemis de la Révolution; et où en serait la liberté sans la surveillance perpétuelle exercée par ses défenseurs? Danton parut abonder dans ce sens quand, le surlendemain, ayant pris la parole pour donner des explications, il déclara qu'il aurait voulu qu'on eût attaché des espions aux pas de l'individu recommandé par lui. La vraie, la seule politique à ses yeux, était de livrer les employés à l'espionnage les uns des autres (2). Triste politique qu'il eût certainement réprouvée lui-même s'il ne se fût pas trouvé dans une situation assez embarrassée, et qui ferait d'un pays tout entier le domaine de la police. Quelle suprême injustice de la part de ces écrivains qui, systématiquement, présentent Robespierre comme encourageant les délations! Lorsque, remplissant un devoir douloureux, il dénonçait tel ou tel général, il avait des raisons puissantes, et nous verrons combien légitimes, la plupart du temps, étaient ses griefs; mais la vraie politique à ses yeux n'était pas de fonder un gouvernement sur l'espionnage. Il est même à croire qu'à sa voix on fût entré plus tôt dans une période d'apaisement, si des événements imprévus et formidables ne fussent pas venus déjouer tous ses calculs de modération, et si chacun, se sentant menacé, n'eût pas dans son for intérieur répété

(1) *Journal des débats et de la correspondance de la société des Jacobins*, numéro 448, séance du 10 juillet 1793.
(2) *Ibid.*, séance du 12

le mot de Marcel : Mieux vaut occire qu'être occis. Le lendemain même du jour où Robespierre invitait ses concitoyens à plus de circonspection, dans la soirée, une nouvelle sinistre se répandait dans Paris et déchaînait dans les cœurs des fureurs inconnues : Marat, l'Ami du peuple, venait d'être assassiné, traîtreusement frappé dans sa baignoire par la main d'une jeune fille fanatique.

XIII

Qui avait inspiré Charlotte Corday? Certes, il serait injuste d'accuser les Girondins d'avoir à dessein armé son bras; mais il est impossible de nier que leurs déclamations violentes contre leurs adversaires n'aient' perverti son imagination. Plus d'une fois leurs journaux avaient assez clairement désigné Marat, Danton et Robespierre aux poignards des assassins; ce fut précisément, on s'en souvient, un des graves reproches adressés par Maximilien à Louvet. Singulière coïncidence! trois jours avant le meurtre de l'Ami du peuple, on avait donné lecture, à l'assemblée de la commune, d'une lettre adressée de Paris à un citoyen de Strasbourg, lettre où il était dit : « D'ici au 15 juillet nous danserons. Je désire qu'il n'y ait pas d'autre sang répandu que celui des Danton, Robespierre, Marat et compagnie... Vive Wimpfen! Vivent les Normands, Bretons, Marseillais, Lyonnais, et tous les autres républicains... (1) »

Charlotte Corday, comme les Girondins, crut qu'il suffirait d'un coup de couteau pour changer les destinées de la France et remettre de nouveau le pouvoir entre les mains incertaines de ces hommes qui n'avaient su que troubler le pays, compromettre l'existence même de la République, et qui, vaincus dans cette Convention transformée par eux en arène, ajoutaient à leurs fautes l'irréparable crime d'en appeler à la guerre civile. Quelle lamentable erreur! Ah! jeune fille à la mémoire sanglante, si tu avais deviné les résultats de ta noire action, si tu avais pu prévoir qu'en tuant ce représentant du peuple qui, vivant, n'avait en définitive sur ses collègues qu'une très-médiocre influence, et qui, consumé par une fièvre mortelle, n'aurait pas tardé à s'éteindre naturellement, tu ne ferais qu'ouvrir l'ère des vengeances implacables et précipiter la mort de tes coupables amis, tu aurais reculé d'épouvante devant ton forfait, et l'arme te serait tombée des mains! La réaction transforme aisément en crime tout ce qui est contraire à ses vues et la froisse dans ses

---

(1) **Registre des délibérations de la commune,** *Archives de la Ville.*

intérêts; mais comme, en revanche, elle s'entend à diviniser le crime même quand il sert ses projets et ses rancunes! Elle n'a pas manqué d'élever des statues à l'assassin; la peinture a embelli les traits de Charlotte Corday, et tous les poëtes royalistes l'ont chantée. Qui ne se rappelle les strophes furieuses d'André Chénier? Eh bien! étrange contradiction! cette fanatique savait que pour parvenir jusqu'à Marat elle n'avait qu'à implorer sa pitié; dans la crainte d'être éconduite, elle avait préparé un billet dont elle n'eut pas à se servir, du reste, et qui se terminait par ces mots : « Je suis malheureuse; il suffit que je le sois pour avoir droit à votre protection. » Moyen honteux, qui prouve combien froidement cette héroïne de la Gironde avait prémédité son action, et que l'impartiale histoire ne saurait se dispenser de flétrir.

Il y avait en effet dans Marat deux hommes; ce prédicateur obstiné de meurtres politiques n'était pas inaccessible à la pitié. Vivant de la vie du peuple, et bien supérieur en cela à ses prétendus successeurs qui prêcheront la médiocrité et parleront le langage des halles en s'asseyant à la table des riches et en travaillant à édifier leur fortune, il resta jusqu'à la fin fidèle à lui-même. On s'est grossièrement trompé lorsqu'on l'a présenté comme penchant vers l'indulgence au moment de sa mort; ses derniers numéros démentent tout à fait cette supposition. La vérité est qu'il pensait absolument comme Robespierre à l'égard de la funeste secte des enragés dont nous avons déjà dit quelques mots, et qu'il harcelait impitoyablement les Varlet, les Jacques Roux et les Leclerc. « Le plus cruel des fléaux que nous ayons à combattre pour faire triompher la liberté, écrivait-il dans son numéro du 4 juillet, ce n'est point les aristocrates, les royalistes, les contre-révolutionnaires, mais les faux patriotes exaltés qui se prévalent de leur masque de civisme pour égarer les bons citoyens et les jeter dans des démarches violentes, hasardées, téméraires et désastreuses (1). » N'était-ce point là l'écho fidèle des paroles que déjà nous avons entendu Robespierre prononcer à la tribune de la Convention ou à celle des Jacobins? Si Marat avait vécu, il aurait donc, on peut l'affirmer hardiment, suivi la ligne de Maximilien, dont il resta constamment l'admirateur, et auquel il ne reprocha jamais que deux choses, à savoir : de ne pas comprendre ses théories sanguinaires et de ne point admettre la nécessité d'un dictateur. Double reproche honorant également celui qui en fut l'objet.

(1) *Le Publiciste de la République française*, par Marat, l'Ami du peuple, numéro 233.

Mais son imagination maladive n'aurait-elle plus été en proie aux visions sanglantes, eût-il renoncé à ces exagérations de langage blâmées par Robespierre comme compromettantes pour la liberté même? — ce qui avait fait dire à l'Ami du peuple, on ne l'a pas oublié, que Maximilien possédait toutes les vertus d'un excellent citoyen, mais qu'il n'avait ni les vues ni l'audace d'un homme d'État; — cela est bien difficile à prévoir. Si donc Robespierre ne s'associa pas entièrement aux louanges un peu exagérées qui, à la Convention et aux Jacobins, tombèrent des bouches de Thirion, de Chasles, de Bentabole et de quelques autres, ce fut bien évidemment pour ne pas laisser croire au pays que la Convention partageait sans réserve toutes les idées de Marat, et non point par jalousie, comme on l'a dit. Jaloux de Marat vivant, passe encore; nulle parole de lui n'autorise à le croire, et nous l'avons entendu défendre l'Ami du peuple abandonné par Danton lui-même; mais jaloux de Marat mort! pourquoi? je cherche en vain. Est-ce que les honneurs rendus à la mémoire de l'Ami du peuple touchaient en rien à son immense popularité et à l'énorme influence morale dont il jouissait? Il est, en conséquence, assez peu logique d'aller chercher dans un sentiment bas une explication qui ressort très-clairement et très-naturellement de l'opinion antérieure et constante de Robespierre. Il eut, du reste, pour la victime des paroles pleines de convenance. Seulement il regretta qu'on s'occupât « d'hyperboles outrées, de figures ridicules et vides de sens, au lieu de songer aux remèdes exigés par la situation du pays, » ce qui était à son sens la meilleure manière d'honorer la mémoire de Marat. « On réclame pour lui les honneurs du Panthéon... — Oui, s'écria alors le maratiste Bentabole, et qu'il obtiendra malgré les jaloux. » Sans répondre à l'interruption où sans doute il ne voulut pas voir une allusion personnelle, Robespierre conseilla à ses concitoyens d'ajourner au moment où la République serait victorieuse et affermie les honneurs dus à la vertu et à la mémoire de l'Ami du peuple. Il fallait d'abord que ses assassins et ceux de Michel Lepeletier expiassent le crime atroce dont ils s'étaient rendus coupables. Il fallait « instruire partout le peuple et le ramener doucement à ses devoirs, » rendre à tous une justice exacte, faire partout affluer les subsistances, s'occuper exclusivement de l'agriculture et des moyens d'en multiplier les rapports, lever une armée révolutionnaire, l'exercer et l'aguerrir. « Il faut enfin, » dit-il en terminant, « que chacun de nous, s'oubliant lui-même au moins quelque temps, embrasse la République et se consacre sans réserve à ses intérêts... » En commençant son improvisation, Robespierre avait prononcé quelques mots assez tristement prophétiques : « Je prévois que les honneurs du poignard me sont aussi réservés, que la priorité n'a été déterminée que par le hasard, et que ma chute s'avance à grands pas (1). » Il était en effet de ceux qu'on désignait ouvertement aux couteaux, et dans la matinée même, à la Convention, Maure avait déclaré tenir de deux particuliers que Danton, Barère, Hérault, Cambon et Robespierre ne tarderaient pas à être égorgés (2). La société des Jacobins prit si peu pour des paroles de dépit ou de jalousie le discours de Robespierre, qu'elle chargea Maximilien de rédiger, de concert avec Camille Desmoulins et Félix Lepeletier, une adresse aux Français sur la mort de Marat, adresse dont le frère de Lepeletier Saint-Fargeau donna lecture à la société un peu plus tard (3). Néanmoins, il ne faut pas oublier que les Thermidoriens reprochèrent comme un crime à Maximilien de n'avoir pas témoigné assez d'enthousiasme pour Marat; lorsque après Thermidor on porta au Panthéon les restes de ce dernier, on ne manqua pas d'invectiver contre Robespierre pour avoir fait ajourner ces honneurs suprêmes, dont les cendres de l'Ami du peuple ne devaient pas jouir longtemps.

Mieux eût valu laisser reposer en paix les restes de Marat dans le jardin des Cordeliers, où d'ailleurs il fut inhumé avec une pompe extraordinaire. La Convention en corps assista à ses funérailles, dont le plan avait été tracé par David. Sur la tombe à peine fermée de l'Ami du peuple, Thuriot, qui présidait la Convention, prononça un éloge funèbre, et, tout en promettant vengeance aux mânes du défunt, il engagea les patriotes à ne point s'exposer, par des démarches hâtives et inconsidérées, à des reproches insidieux de la part des ennemis de la liberté. C'étaient là des recommandations déjà faites l'avant-veille aux Jacobins par Robespierre. Quelques jours après, une fête funèbre eut lieu en l'honneur de la victime, et ce jour-là Maximilien harangua longtemps le peuple du haut d'une tribune dressée devant le palais du Luxembourg (4). En lisant aujourd'hui le récit des honneurs décernés à Marat, en songeant aux regrets soulevés par sa mort, et en voyant de quelle réproba-

---

(1) *Journal des débats et de la correspondance de la société des Jacobins*, numéro 449.

(2) *Moniteur* du 17 juillet 1793, séance du dimanche 14.

(3) *Journal des débats et de la correspondance*, etc., numéro 458.

(4) Aucun journal du temps n'a, que je sache, reproduit ce discours. Dans la séance du 9 Thermidor, Collot-d'Herbois rappela que le jour de la fête funèbre de Marat Robespierre avait longtemps parlé à la tribune dressée devant le Luxembourg, et il lui fit un crime de n'avoir pas prononcé le nom de l'Ami du peuple. Voy. *le Moniteur* du 12 thermidor an II (30 juillet 1794).

tion sa mémoire est encore l'objet aux yeux d'un nombre infini
de personnes, on se demande où est l'erreur, où est la vérité. Pour
ma part, j'incline à croire avec Robespierre qu'il y a eu exagération dans les regrets, comme il y a encore excès de réprobation.
Le temps et surtout une connaissance plus approfondie de la Révolution rétabliront l'équilibre. Maintenant,—rapprochement étrange,
bien de nature à faire réfléchir ceux qui dénigrent systématiquement, —un poëte entonna l'hymne du poignard, chanta l'assassin et
plaça son crime au rang des actes héroïques; un autre poëte composa les paroles du chœur à la gloire des martyrs de la liberté, chanté
le jour de la translation du corps de Marat au Panthéon : l'un, c'est
André Chénier; l'autre, Marie-Joseph, son frère.

XIV

Le jour même où Charlotte Corday accomplissait son œuvre sanglante, Robespierre entretenait la Convention d'une des plus nobles
choses et des plus essentielles dont puissent s'occuper des législateurs, je veux parler de l'instruction publique et de l'éducation
nationale, double objet d'une importance capitale qu'avaient
négligé les deux précédentes Assemblées. Ce sera l'éternel honneur
de la Convention d'avoir, au milieu des plus terribles orages,
apporté toute sa sollicitude à l'amélioration des hommes, et de
n'avoir pas, au bruit de la foudre, détourné son attention des
grandes questions économiques et sociales. A Robespierre revient
sans conteste la gloire d'avoir considéré l'instruction comme un droit
primordial, et de l'avoir posée comme une dette de la société (1).
C'était à sa demande qu'elle avait été inscrite comme telle dans la
constitution de 1793.

Le 13 juillet, il parut à la tribune de la Convention un volumineux
cahier de papier à la main; c'était un plan d'éducation publique par
Michel Lepeletier de Saint-Fargeau, son testament politique pour
ainsi dire. Félix Lepeletier, frère du défunt, avait sollicité l'honneur
de présenter lui-même à l'Assemblée l'œuvre de son frère, et sa
demande avait été d'abord favorablement accueillie; mais plusieurs
membres pensèrent qu'il serait d'un mauvais exemple de permettre
à un citoyen étranger à la Convention d'occuper la tribune nationale;
et lorsque, dans la séance du 3 juillet, Chabot pria ses collègues de
fixer le jour où Félix Lepeletier serait entendu, l'Assemblée, revenant

---

(1) Déclaration des droits de l'homme et du citoyen, par Maximilien Robespierre
(article XV).

sur sa décision première, décréta que l'œuvre de Lepeletier Saint-Fargeau serait seulement imprimée aux frais de la République (1). C'était là une bien mince compensation, l'immense fortune de la famille Lepeletier lui permettant de se passer d'une pareille assistance, et l'avantage d'être imprimée aux frais de l'État ne pouvant équivaloir, pour une œuvre importante, à celui d'être lue en séance publique sous les yeux du pays et de l'univers. Il est facile de comprendre combien dut être froissée la piété fraternelle de Félix Lepeletier, et combien amers furent ses regrets. Il n'y avait qu'un moyen désormais de faire accorder au travail de Michel Lepeletier les honneurs d'une lecture en pleine Convention, c'était d'obtenir du comité d'instruction publique qu'il soumît lui-même à l'Assemblée ce plan d'éducation comme ayant un caractère d'utilité nationale. Robespierre, bien évidemment d'accord avec Félix, se chargea d'avoir l'assentiment du comité d'instruction publique, et ce fut au nom de ce comité même qu'il monta le 13 juillet à la tribune de la Convention (2).

(1) Voy. le compte rendu de la séance du 3 juillet 1793, dans *le Moniteur* du 6.

(2) Que penser à présent de la fable imaginée trente ans plus tard par Félix Lepeletier? A l'en croire, ayant rencontré Robespierre au jardin des Tuileries, dans l'après-midi du 12 juillet, Maximilien lui aurait demandé quand il ferait connaître l'ouvrage de feu son frère sur l'éducation. A quoi il aurait répondu : « qu'il s'était promis de ne le faire voir à personne avant de l'avoir soumis lui-même à la Convention, dont *il attendait les ordres.* » Sur l'insistance de Robespierre, il le lui aurait envoyé, sous promesse de sa part de le rendre le lendemain, à pareille heure; et il ajoute : « Quel fut mon étonnement, le lendemain, d'entendre, sur les cinq heures, les crieurs de journaux faire retentir les rues de Paris de ces paroles foudroyantes pour moi : « *Grand rapport à l'Assemblée du plan de Michel Lepeletier sur l'éducation publique, par Maximilien Robespierre...* » (Note DD, p. 429, à la suite des *Œuvres de Michel Lepeletier,* publiées par son frère, *Bruxelles,* 1826, 1 vol. in-8.) Ainsi, selon lui, Robespierre aurait abusé de sa confiance. Mais, pour deux raisons péremptoires, le récit de Félix Lepeletier est tout à fait inadmissible. D'abord Félix ne pouvait pas, le 12 juillet, attendre les ordres de l'Assemblée, puisque, par un décret formel, la Convention, dans sa séance du 3, avait décidé que l'œuvre de son frère ne serait pas lue en séance, mais seulement imprimée; ensuite, d'un discours de Félix Lepeletier aux Jacobins, il résulte qu'il assista à la séance conventionnelle où Robespierre donna lecture de l'œuvre de son frère, car ce fut lui-même qui vint rendre compte des réflexions dont il la fit précéder Robespierre; et il ajouta : « Je n'ai pu céder qu'à Robespierre un devoir qui m'était si précieux à remplir. » (Voy. le *Journal des débats et de la correspondance des Jacobins,* numéro 450. Séance du 15 juillet.) A quoi donc attribuer son récit malveillant pour Robespierre? Ah! nous avons déjà parlé de ces apostasies du cœur dont fut victime Maximilien. Étroitement lié avec celui-ci, hôte assidu de Duplay, avec lequel il fut compromis dans l'affaire de Babœuf, Félix Lepeletier, après avoir échappé aux tempêtes de la Révolution, était devenu l'ami de quelques survivants de la Gironde et de certains Thermidoriens qui n'avaient pas manqué de lui persuader, paraît-il, que Robespierre s'était opposé à ce qu'il ne fût pas compris dans la loi qui éloignait de Paris les ci-devant nobles.

Avant de donner lecture de l'œuvre de Michel Lepeletier, Robespierre voulut rendre à l'homme dont il avait été l'ami depuis l'origine de la Révolution un dernier et magnifique hommage. Il commença par annoncer à ses collègues que le comité serait bientôt en
mesure de présenter l'ensemble du travail sur l'instruction publique
confié à ses soins, mais qu'en attendant, comme garant de ses principes et pour satisfaire l'opinion, il tenait à faire connaître à la Convention l'ouvrage d'un homme illustre mis par le tombeau à l'abri
des coups de l'envie et de la calomnie, si toutefois les satellites de la
tyrannie savaient respecter même les droits des tombeaux; puis il continua en ces termes : « Avec la mémoire de ses vertus, Michel Lepeletier
a légué à sa patrie un plan d'éducation que le génie de l'humanité
semble avoir tracé. Ce grand objet occupait encore ses pensées
lorsque le crime plongea dans son flanc le fer sacrilége. Celui qui
disait : « Je meurs content, ma mort servira la liberté, » pouvait se
réjouir de lui avoir rendu d'autres services moins douloureux à sa
patrie. Il ne quittait point la terre sans avoir préparé le bonheur des
hommes par un ouvrage digne de sa vie et de sa mort. Citoyens,
vous allez entendre Lepeletier dissertant sur l'éducation nationale!
Vous allez le revoir dans la plus noble partie de lui-même. En
l'écoutant vous sentirez plus douloureusement la perte que vous
avez faite; et l'univers aura une preuve de plus que les implacables ennemis des rois, que la tyrannie peint si farouches et si sanguinaires, ne sont que les plus tendres amis de l'humanité (1). » La
Convention entendit avec une religieuse attention la lecture du
remarquable travail de Lepeletier, laquelle ne dura pas moins de
plusieurs heures. Jamais œuvre, du reste, n'avait mérité d'être
écoutée avec plus de sympathie et d'intérêt.

Former des hommes, d'une part, et de l'autre propager les connaissances humaines, telles étaient, suivant Michel Lepeletier, les
deux parties bien distinctes du problème qu'on avait à résoudre et
dont jusqu'ici l'on n'avait pas suffisamment établi la distinction.
Offerte à tous, l'instruction serait, par la force même des choses, le
partage du plus petit nombre; l'éducation, au contraire, devait
appartenir à tous sans distinction, et par conséquent être commune.
Déjà l'on avait proposé quatre degrés d'enseignement : les écoles
primaires, les écoles secondaires, les lycées et les instituts; mais
quelques-uns seulement étaient appelés à profiter de l'enseignement
des lycées et des instituts, et les écoles primaires telles qu'on les
avait imaginées n'avaient pas paru à Lepeletier en état de fournir

(1) Voy. *le Moniteur* du 17 juillet 1793.

les notions suffisantes. Il réclamait une instruction générale, comme la dette de là République envers tous; en un mot, une éducation vraiment et universellement nationale, à laquelle seraient astreints tous les enfants, les filles depuis l'âge de cinq ans jusqu'à onze, leur développement étant plus précoce que celui des garçons; ceux-ci depuis cinq ans jusqu'à douze, parce qu'à ce dernier âge les enfants, déjà propres à l'agriculture, au commerce et à l'industrie, peuvent gagner leur subsistance, apporter à leurs familles un surcroît de ressources, apprendre divers métiers; parce qu'enfin c'est l'âge où l'esprit, déjà façonné, peut d'une manière fructueuse commencer à se livrer à l'étude des belles lettres, des sciences ou des arts.

Ce qu'il voulait enfin donner aux enfants par cette éducation commune à tous et égale pour tous, c'était ces aptitudes morales et physiques qu'il importait à tous d'avoir dans le cours de la vie, quelle que fût d'ailleurs la position particulière de chacun d'eux. Il ne s'agissait point de les disposer à telle ou telle carrière déterminée, mais de les douer des avantages dont l'utilité est incontestable dans tous les états, de les mettre à même de recevoir, en sortant de l'enfance, les modifications spéciales des professions diverses dont se compose la société. Bonne jusqu'à douze ans, parce que jusqu'à cet âge on avait à former des hommes, et non particulièrement des artisans, des laboureurs ou des savants, cette éducation première cessait dès que l'âge de prendre un état était arrivé.

Préparer à la République des citoyens robustes et sains, tel était le but à atteindre en formant un bon tempérament aux enfants, en augmentant leurs forces, en favorisant leur croissance, en développant en eux la vigueur, l'adresse, l'agilité, en les endurcissant contre la fatigue et les intempéries des saisons. Donc absence de toutes superfluités, coucher dur, nourriture saine mais frugale, vêtement commode mais grossier; de cette façon l'enfant du pauvre, en rentrant dans sa famille, n'aurait pas à changer d'existence; quant à l'enfant du riche, qui sait si un jour il n'aurait pas, lui, à bénir l'âpre austérité, la rudesse salutaire de son éducation première? Le point capital, c'était l'accoutumance au travail, c'est-à-dire ce courage et cette persévérance à entreprendre les tâches les plus pénibles. Créer de bonne heure dans les enfants le besoin et l'habitude du travail, n'était-ce pas les armer du meilleur préservatif contre la misère et le crime? De là, nécessité de les plier à une discipline exacte et de combiner le plus heureusement possible les travaux du corps et ceux de l'esprit. Leur enseigner, par la pratique, les notions élémentaires de l'agriculture et de l'industrie, de telle sorte

que leurs labeurs fussent tout de suite relativement productifs, était
indispensable. En ce qui concernait le développement de l'intelligence et de l'esprit, il y avait ce que Lepeletier appelait avec juste
raison le nécessaire pour chaque citoyen. Il fallait par conséquent
non-seulement instruire les enfants dans les principes de la morale,
indépendamment de tout culte, leur apprendre à lire, à compter et
à mesurer, mais encore leur fournir les éléments du dessin et de la
géographie, leur donner une connaissance sommaire de la constitution de leur pays, des notions d'économie domestique et rurale,
et développer en eux le don de la mémoire en y gravant les plus
beaux récits de l'histoire des peuples libres et de la Révolution
française. C'était, comme on le voit, beaucoup plus qu'on n'enseigne dans nos écoles primaires, et ce n'était pas trop.

Partisan, en principe, de l'instruction obligatoire, Michel Lepeletier n'entendait pas astreindre les parents à envoyer immédiatement leurs enfants à l'école nationale, ne voulant pas rompre
brusquement avec de vieux préjugés. Il proposait à la Convention
d'accorder un délai de quatre ans pendant lequel l'éducation commune ne serait que facultative; mais, passé ce délai, quiconque
refuserait d'envoyer ses enfants à l'école devait être privé de l'exercice de ses droits de citoyen pendant tout le temps qu'il se serait
soustrait à l'accomplissement de ce devoir civique, et, en outre,
payer double la contribution applicable à l'enseignement. Il était en
effet pourvu aux frais de ces établissements d'éducation nationale
au moyen de taxes progressives, de manière que le pauvre, payant
une somme à peu près nulle, trente sous par an, se trouvait
secouru par le riche dans ce qui lui manquait. C'était une sorte
d'assurance mutuelle contre l'ignorance, et les familles peu aisées
n'avaient plus à se plaindre qu'on les accablât d'une charge
nouvelle en les obligeant d'envoyer leurs enfants à l'école et à se
priver de son travail, puisque c'était non-seulement l'instruction,
mais encore la nourriture et le vêtement que la nation offrait à
l'enfant pauvre.

L'administration de ces nouveaux établissements d'instruction
publique, répartis à raison d'un par canton, était confiée à un
conseil de cinquante-deux pères de famille choisis tous les ans par
tous les pères de famille du canton réunis. Chacun des membres de
ce conseil était tenu de résider durant une semaine dans la maison
d'éducation pour y suivre la conduite des enfants et des maîtres,
s'assurer de la bonne qualité et de la juste distribution des aliments,
et maintenir la stricte exécution des règlements; de cette manière
l'enfant n'échappait pas un seul instant à l'œil de la paternité.

Là s'arrêtait l'instruction obligatoire donnée par l'État. En sortant des écoles nationales, les enfants étaient remis entre les mains de leurs parents, pour être ensuite répandus suivant leurs aptitudes dans les ateliers de commerce, d'industrie et d'agriculture, ou bien dans les instituts et les lycées où devait s'achever l'instruction par les soins de maîtres payés par la nation. Il faut lire en entier cette œuvre de Lepeletier Saint-Fargeau, si pleine des choses les plus vraies et les plus touchantes, et qu'anime d'un bout à l'autre le véritable amour de l'humanité. Malheureusement notre cadre ne nous permettait pas de longues citations de ce rapport, et nous ne nous y sommes si longtemps arrêté que parce que Robespierre, après en avoir donné lecture, déclara que, pour sa part, il adoptait, dans son ensemble, le plan d'éducation proposé par Lepeletier, et parce qu'il le défendit vivement contre l'abbé Grégoire, lorsque, quelque temps après, s'ouvrit la discussion sur l'instruction publique (1).

XV

Au premier moment, la Convention nationale fut sur le point d'adopter d'enthousiasme le plan d'éducation de Lepeletier, tant elle se sentit touchée des idées neuves et ingénieuses de l'auteur; mais on pensa qu'il ne fallait pas se laisser influencer par un mouvement d'admiration, et que l'adoption d'un tel plan devait être le résultat de la réflexion et d'une discussion approfondie (2).

Le 29 juillet, l'ordre du jour ayant appelé la discussion sur l'instruction publique, Robespierre monta à la tribune afin de soutenir le projet de son ami, projet auquel il avait apporté quelques modifications devenues nécessaires quand, sortant du domaine de la théorie pure, on entrait dans celui de l'application (3). Alors, comme aujourd'hui, il se trouva beaucoup de gens pour combattre l'instruction obligatoire, en invoquant la liberté et les droits du père de famille, comme si les droits de ce dernier ne se trouvaient pas restreints en beaucoup de points, comme si l'enfant n'appartenait pas à la société en même temps qu'au père, comme si enfin c'était une liberté bien respectable que celle qui permettait qu'on tînt l'enfant plongé dans une éternelle ignorance et qu'on le vouât peut-

(1) Le *Moniteur* du 17 juillet 1793 contient un extrait assez étendu du plan de Michel Lepeletier ; voyez-le complet dans ses *Œuvres*, publiées par son frère, p. 267 à 330.

(2) Voyez ce que dit à ce sujet Félix Lepeletier aux Jacobins, séance du 15 juillet. (*Journal des débats et de la correspondance de la société*, numéro 450.)

(3) *Journal des débats et des décrets de la Convention*, numéro 315.

être fatalement ainsi à la misère, au crime, à l'infamie. On peut s'en rapporter au père pour élever son fils, disait-on comme à présent, et avec cette théorie-là on est arrivé à ce point qu'à présent encore, chose honteuse! un tiers de la population dans notre pays n'a pas reçu les premiers éléments d'instruction.

Parmi les opposants au projet de Lepeletier, amendé par Robespierre, nous avons le regret de citer l'illustre abbé Grégoire, bien que plusieurs de ses objections aient, à nos yeux, une grande portée. Mais sur celles tirées des dépenses énormes dont on aurait à charger le budget de la République, sur les inconvénients de priver la famille de la présence de l'enfant, sur les services que cet enfant pouvait rendre à la campagne, notamment pour la surveillance des bestiaux, la préparation des aliments et une foule de travaux rustiques, combien les réponses étaient faciles! Quant à l'énormité des frais, s'il y a une dépense productive c'est assurément celle consacrée à l'instruction, et d'ailleurs les chiffres fournis plus tard par Lakanal durent être de nature à rassurer tout à fait l'évêque de Blois. De son côté, Robespierre prouva très-bien que l'adoption du plan soutenu par lui ne coûterait aucun sacrifice à la tendresse des parents. Après avoir montré les avantages énormes dont profiteraient les familles pauvres en envoyant leurs enfants aux écoles nationales, il ajoutait : « Il n'est pas vrai que l'enfant soit éloigné de ses parents, il reste avec eux les cinq premières années, il reste auprès d'eux les sept années d'éducation, quand il passe dans les mains de la patrie. D'ailleurs il y a dans ce plan une idée sublime en faveur de la nature, c'est la création du conseil des pères de famille qui surveillera et jugera les instituteurs des enfants. Si vous adoptez ce plan, la naissance d'un enfant, cette époque si heureuse pour la nature, ne sera plus une calamité pour une famille indigente, elle ne fera plus le sacrifice d'une partie de son existence pour l'alimenter. C'est la République qui pourvoit à ses premiers besoins. On oppose encore que le père indigent ne voudra point se priver des services que son enfant peut lui rendre après l'âge de cinq ans; mais peut-on supposer qu'il regrettera ces services si souvent nuls, quand par l'instruction de son fils il en recevra dont l'importance ne peut pas même se comparer? Jusqu'ici je n'ai entendu que plaider la cause des préjugés contre les vertus républicaines. Je vois, d'un côté, la classe des riches qui repousse cette loi, et de l'autre le peuple qui la demande; je n'hésite plus, elle doit être adoptée. Je demande la priorité pour le plan de Lepeletier (1). » Beaucoup de projets, en

(1) Voy. *le Moniteur* du 15 août 1793.

effet, avaient été mis en avant. Lacroix, tout en acceptant l'éducation commune comme une dette nationale, ayant combattu, lui aussi, le principe de l'obligation, Robespierre pria la Convention d'examiner d'abord si l'instruction publique serait forcée ou volontaire, et de décider tout de suite jusqu'à quel point la volonté particulière devait céder à la volonté générale, laquelle n'avait pour but que le bonheur commun (1).

La Convention nationale n'osa aller aussi loin que l'aurait voulu Maximilien ; mais en décrétant séance tenante qu'il y aurait des établissements nationaux où les enfants seraient élevés et instruits en commun, et que les familles qui voudraient conserver leurs enfants dans la maison paternelle auraient la faculté de les envoyer dans des classes instituées à cet effet, elle avançait d'un grand pas dans la voie du progrès et donnait au monde un noble exemple. A quel degré de civilisation ne serions-nous point parvenus aujourd'hui si tous ses décrets avaient été ponctuellement exécutés ! Et que d'admirables institutions vinrent se grouper autour de ces fondements de l'instruction publique, nées aussi au souffle puissant de la raison et de la philosophie ! C'est Voltaire, c'est Rousseau, c'est Diderot, qui triomphent, grâce à leurs élèves immortels. Nous n'avons pas à insister là-dessus ; il importe seulement de dire que, comme membre du comité d'instruction publique, Robespierre a sa part de gloire dans les grandes choses décrétées sur le rapport de ce comité. Mais à lui surtout, répétons-le, revient l'honneur d'avoir fait inscrire dans la constitution française l'instruction comme une dette de la société. Après avoir posé en principe que celle-ci était tenue de fournir à tous du travail et du pain, il comprit qu'elle ne pouvait se dispenser de donner également à tous la nourriture intellectuelle, non moins nécessaire et non moins précieuse. Eh bien ! après Thermidor, un homme osa lui reprocher d'avoir voulu empêcher l'instruction publique (2), comme Courtois, dans son indigne rapport, l'accusa d'avoir été l'ennemi des écrivains et des artistes. Mais, cette fois, c'était un honnête homme, Lequinio, qui, après avoir été l'un des plus fervents admirateurs de Robespierre (3), venait jeter la pierre au vaincu et se mêler à la tourbe de ses calomniateurs. Ce serait à n'y pas croire, en vérité, si l'on ne savait ce qu'il y a de lâchetés parmi les hommes, si l'on ignorait quel trouble moral les réactions jettent

(1) Voy. *le Moniteur* du 15 août 1793.

(2) *Moniteur* du 29 thermidor an II (16 août 1794), séance des Jacobins du 17 thermidor.

(3) Voy. notamment, à ce sujet, *le Moniteur* du 21 floréal an II (10 mars 1794).

dans les meilleures natures, depuis le renoncement de Simon Bar-
jone jusqu'à celui de tant d'amis et d'admirateurs de Robespierre
qui, non contents de le renier après sa chute et de courber la tête
en silence devant les insultes dont sa mémoire était l'objet, ont eux-
mêmes apporté un appoint à la calomnie pour expier leur amitié et
leur admiration.

XVI

Du récit de ces luttes pacifiques, auxquelles la Convention, calme
au milieu du feu, se livrait au bruit du canon de la coalition qui s'a-
vançait, — elle discutait également alors et votait les premiers articles du Code civil, — il nous faut passer au récit de scènes terribles
et violentes, mais d'une incomparable grandeur. De jour en jour la
situation s'assombrissait. L'assassinat de Marat, avons-nous dit,
avait été doublement funeste : d'abord il tuait les Girondins, et puis
il faisait surgir une foule d'imitateurs qui, sans avoir le patriotisme
morne et sincère de l'Ami du peuple, exagérèrent encore ses exagérations et causèrent un mal infini. Sur la scène de la Révolution
nous allons en effet voir apparaître au premier plan des énergumènes d'un nouveau genre, lesquels, par des folies encore inconnues, soulèveront gratuitement contre le gouvernement républicain
des millions de consciences.

D'autre part, la République menaçait de périr étouffée entre les
départements insurgés et l'Europe, qui la cernait de tous côtés. Tout
le Midi était sous les armes ; encore quelques semaines, et Toulon,
en se livrant aux Anglais, allait commettre le plus noir des crimes
dont une population se puisse rendre coupable. A Lyon, la terreur,
inaugurée par la Gironde, fonctionnait avec une violence inouïe
contre les patriotes ; Chalier périssait, horriblement mutilé par la
guillotine, et les Girondins, servant, sans le vouloir peut-être, de
manteau aux royalistes, donnaient au royaliste Perrin, ci-devant
comte de Précy, le commandement des troupes lyonnaises, comme
dans le Calvados ils avaient mis à la tête des forces insurrectionnelles le royaliste Wimpfen.

En présence de tels dangers, la Convention n'eut pas un seul instant d'hésitation ; son énergie semblait croître avec ses périls. Comment ne pas admirer sans restriction l'héroïsme de tous ceux qui
dans ces suprêmes circonstances surent la maintenir à la hauteur de
la situation ! Dans une de ces notes dont nous avons déjà parlé, et
sur un de ces chiffons de papier mis au jour par les Thermidoriens,

Robespierre écrivait à cette époque : « Il faut une volonté une. Il faut qu'elle soit républicaine ou royaliste. Pour qu'elle soit républicaine, il faut des ministres républicains, des papiers républicains, des députés républicains, un gouvernement républicain. » Des premiers mots de cette note, à laquelle les Thermidoriens ont, avec cette mauvaise foi dont ils ne se sont jamais départis, assigné une date voisine du 9 Thermidor, on a inféré que Robespierre « aspirait au gouvernement d'un seul (1). » Il est clair comme le jour que, dans la pensée de Robespierre, c'est la volonté nationale qui doit être *une*, c'est-à-dire républicaine ou royaliste, comme cela résulte d'ailleurs des trois dernières lignes de la note : « Les affaires étrangères? — Alliance avec les petites puissances, mais impossible aussi longtemps que nous n'aurons point une volonté nationale. » Bientôt, d'ailleurs, nous le verrons combattre énergiquement tout ce qui était de nature à donner au gouvernement une allure dictatoriale, comme il s'était toujours montré radicalement opposé à l'idée favorite de Marat de donner à la France un dictateur temporaire.

« La guerre étrangère, » poursuivait-il dans la note en question, « est une maladie mortelle, tant que le corps politique est malade de la révolution et de la division des volontés. » Quoi de plus vrai? Dans ses grands discours sur la guerre, dont sans doute on a gardé le souvenir, n'avait-il pas, hélas! trop bien prévu toutes les complications dans lesquelles la guerre étrangère, impolitiquement prêchée par les Girondins, jetterait fatalement la Révolution, déjà déchirée à l'intérieur par tant de factions diverses? Or, ces dangers du dedans, ils ne venaient plus seulement des royalistes enragés, des Constitutionnels, des Feuillants, ils venaient de cette portion bourgeoise aveuglée qui de toutes parts se soulevait à la voix des Girondins. Ceux-ci ne s'en allaient-ils pas partout présentant leurs

(1) Page 33 du rapport. « Ce seul écrit, » dit le rapporteur, « suffit pour prouver que Robespierre aspirait au gouvernement d'un seul. » Et procédant, suivant sa coutume, par suppressions et transpositions, il ajoute : « Il faut que l'insurrection continue, » au lieu de « il faut que l'insurrection *actuelle* continue *jusqu'à ce que les mesures nécessaires pour sauver la République aient été prises.* » Et plus bas il écrit « : Il faut que la Convention se serve du peuple. » — Ce qui donne lieu de sa part à cette réflexion : « Ainsi ce factieux réduit le peuple au rôle d'un vil instrument; » (P. 34) tandis qu'il y avait dans le texte : « Il faut que *le peuple s'allie à la Convention* et que la Convention se serve du peuple. » Enfin il n'y avait pas à se méprendre sur la date précise de cette note, puisqu'il y est dit : « Custine; — à surveiller par des commissaires nouveaux bien sûrs, » et que ce fut dans la séance du 24 juillet 1793 que Duhem et Lesage-Senault, commissaires près l'armée du Nord commandée par Custine, furent rappelés et remplacés par de nouveaux commissaires. Aussi Courtois a-t-il eu soin de supprimer dans son rapport cette ligne : « Custine, etc... » car elle eût levé tous les doutes.

adversaires, suivant le tempérament des localités, ici comme des royalistes, là comme des prédicateurs de meurtres et des spoliateurs? N'était-ce pas un appel aux plus viles passions, celles de la peur et de l'égoïsme, que cette phrase de l'adresse rédigée par la commission girondo-royaliste qui à Lyon organisait la révolte : « Ne souffrez pas qu'on vienne ravir vos propriétés? » Stratagème d'autant plus odieux que ceux qui en usaient savaient parfaitement que les hommes de la Montagne avaient comme eux le respect de la propriété. C'est pourquoi, dans cette note confidentielle, dans cette sorte de *memorandum* où il consignait ses craintes, ses appréhensions, les arguments à développer à la tribune de la Convention ou à celle des Jacobins, Maximilien écrivait encore : « Les dangers intérieurs viennent des bourgeois; pour vaincre les bourgeois, il faut rallier le peuple. Tout était disposé pour mettre le peuple sous le joug bourgeois et faire périr les défenseurs de la République sur l'échafaud. » — On n'a point oublié les cris : Robespierre, Danton à la guillotine! — « Ils ont triomphé à Marseille, à Bordeaux, à Lyon; ils auraient triomphé à Paris sans l'insurrection actuelle. » — L'insurrection du 31 mai.— « Il faut que l'insurrection actuelle continue jusqu'à ce que les mesures nécessaires pour sauver la République aient été prises. Il faut que le peuple s'allie à la Convention et que la Convention se serve du peuple. Il faut que l'insurrection s'étende de proche en proche sur le même plan ; que les sans-culottes soient payés et restent dans les villes. Il faut leur procurer des armes, les *colérer*, les *éclairer*. Il faut exalter l'enthousiasme républicain par tous les moyens possibles. » Et, en effet, si l'on examine de près la situation, on reste convaincu qu'il n'y avait pas d'autre voie de salut pour la République. A de suprêmes dangers il fallait de suprêmes efforts. La France était perdue, a dit avec raison un éminent écrivain, si ses ennemis eussent eu la centième partie du génie et de la vigueur déployés par le comité de Salut public (1).

« Si les députés sont renvoyés, » ajoutait Robespierre, « la République est perdue; ils continueront d'égarer les départements, et leurs suppléants ne vaudront pas mieux (2). » On avait proposé à la Convention de considérer comme ayant volontairement abdiqué leurs fonctions tous les représentants suspects d'attachement à la Gironde qui, absents par congé ou par commission, et qui, rappelés

(1) Louis Blanc. *Histoire de la Révolution*. Voy. le chap. intitulé : *La coalition s'avance*, t. IX, p. 130.

(2) L'original de cette note est aux *Archives*, A F 4436. Elle figure sous le numéro XLIV, p. 181, à la suite du rapport de Courtois.

dans le sein de l'Assemblée, n'auraient pas obéi dans la huitaine à partir de la signification de cet ordre, et de les remplacer par leurs suppléants. Mais cette mesure impolitique n'avait pas été adoptée, et l'on peut certainement en attribuer le rejet à l'influence de Robespierre (1).

Procurer des armes au peuple, porter au comble son énergie et son exaspération contre les ennemis du pays, l'éclairer surtout, tel va être l'unique souci des patriotes en général et de Robespierre en particulier dans les trois mois que nous allons parcourir. Tout ce que le génie du patriotisme peut enfanter de grandeur, tout ce que l'imagination peut concevoir de plus sublime et de plus sombre à la fois, il va nous être donné de le contempler. Indomptable et toujours sur la brèche dans ces heures décisives où il s'agissait pour la République d'être ou de ne pas être, Maximilien fera retentir la tribune de la Convention et surtout celle des Jacobins de paroles plus terribles aux traîtres et aux envahisseurs de notre patrie que les baïonnettes de nos soldats, et cela sans jamais s'écarter de la voie qu'il s'était tracée entre la faiblesse d'une part et l'exagération de l'autre. « Le peuple se sauvera lui-même, » s'écriat-il aux Jacobins, dans la séance du 9 août 1793. « Il faut que la Convention appelle autour d'elle tout le peuple français; il faut qu'elle réunisse tous nos frères des départements; il faut que nous fassions un feu roulant sur nos ennemis extérieurs, il faut écraser tous ceux du dedans (2). »

Et d'abord, malheur aux généraux dont la conduite laissait place aux soupçons. L'œil fixé sur eux, Robespierre épiait leurs moindres actions. Il savait bien que la liberté périt toujours par les chefs d'armée. Combien de fois nous l'avons entendu engager ses concitoyens à se méfier de l'engouement trop ordinaire des peuples pour les généraux victorieux, et combien de fois il demanda que les officiers d'un civisme douteux fussent remplacés par des officiers patriotes! La Révolution avait, comme on sait, laissé une foule de nobles à la tête de nos troupes; beaucoup avaient émigré. Parmi ceux qui étaient restés, les uns servaient à contre-cœur une cause dont ils ne souhaitaient pas le triomphe; les autres, en bien petit nombre, s'étaient sincèrement attachés à la République. Malgré son peu de confiance dans le civisme de l'ancienne noblesse demeurée en France, Robespierre était loin de penser, comme plusieurs de ses collègues, que la seule qualité de noble dût être un

---

(1) Voy. à ce sujet *le Moniteur* du 27 juin 1793, séance du 24.
(2) *Journal des débats et de la correspondance de la société des Jacobins*, numéro 470.

titre de proscription. On l'avait entendu un jour parler en faveur de Biron, on va le voir prendre la défense de Lavalette.

De regrettables différends avaient éclaté à Lille entre ce général et le général Lamarlière, intime ami et protégé de Custine qui commandait alors l'armée du Nord. Mais le premier s'était acquis la confiance du peuple en s'opposant jadis aux manœuvres de Dumouriez, en arrêtant de sa main le général Miaczinki, et surtout en organisant admirablement la défense de Lille, de cette ville héroïque contre laquelle s'épuisaient en vain tous les efforts des Autrichiens. Aussi avait-il pour lui les soldats, la garnison, la société populaire, tous les patriotes en un mot. Le général Lamarlière, au contraire, s'était obstiné à rester à Lille en violation d'un arrêté du conseil exécutif qui remettait au général Favart le commandement de cette place, et ses anciennes liaisons avec Dumouriez l'avaient rendu fort suspect. On lui reprochait d'avoir, à diverses reprises dans une journée, laissé ouvertes les portes de la ville, comme pour habituer le peuple à cette infraction à la loi, et d'avoir permis à des parlementaires ennemis de s'avancer jusque sous les canons de la place. Malgré cela, les commissaires de la Convention, Duhem entre autres, influencés par Custine et trompés par ses insinuations, avaient suspendu le général Lavalette de ses fonctions et lui avaient ordonné de venir rendre compte de sa conduite au comité de Salut public, en enjoignant à Lamarlière, laissé, lui, dans son commandement, de se transporter également à Paris pour fournir des explications. Ces faits, révélés à la Convention nationale dans la séance du 24 juillet, amenèrent Robespierre à la tribune. Instruit de tous les événements qui s'étaient passés à Lille, et les mains pleines de preuves, il crut pouvoir attester sur sa tête à toute la France qu'il n'y avait pas de précautions que Lamarlière n'eût prises pour livrer Lille aux Autrichiens, et de moyens que Lavalette n'eût employés pour s'y opposer. Au reste, ce dernier officier se justifierait aisément devant le comité de Salut public et serait tout de suite renvoyé à son poste, il en avait la conviction. Quant à Lamarlière et à Custine, son protecteur, leur trahison serait promptement mise à découvert; il s'engageait à les confondre lui-même (1). Bentabole accusa Duhem, dont il ne suspectait pas d'ailleurs le patriotisme, de s'être laissé tromper par les insinuations perfides de Custine, et il lui reprocha d'avoir écrit dans une lettre l'éloge de ce général. Alors Robespierre, avec trop peu

(1) Voy. *le Moniteur* du 25 juillet 1793 et le *Journal des débats et des décrets de la Convention*, numéro 310.

de ménagement peut-être pour un patriote égaré, demanda rudement le rappel de Duhem, s'étonnant que ce représentant eût
pu faire l'apologie de Custine et terminer sa mission par un acte
aussi incivique. Ce rappel fut sur-le-champ voté par la Convention, laquelle confirma, séance tenante, un arrêté du comité de
Salut public désignant de nouveaux commissaires près l'armée du
Nord (1).

Le soir, aux Jacobins, un aide de camp de Lavalette, envoyé par
le général Favart, commandant de la place de Lille, et en qui les
républicains avaient pleine confiance, donna des explications très-
plausibles sur la conduite respective des généraux Lavalette et Lamarlière. Un membre nommé Portallier, tout en ne trouvant pas
mauvais qu'on eût parlé en faveur de Lavalette, quoique noble,
réclama, en s'appuyant de l'autorité d'Hébert, la proscription de
tous les nobles. Cette motion fut fortement appuyée par le député
Chasles. Celui-ci aurait voulu que les nobles fussent chassés de tous
les emplois et ne pussent rentrer au service de la République qu'après
avoir donné pendant dix ans d'incontestables preuves de civisme.
Alors Robespierre : « Je n'ai pas besoin de faire ma profession de
foi sur les nobles, mais tous ces lieux communs sur la noblesse,
qu'on vous répète maintenant, nous écartent de l'objet le plus intéressant qui puisse nous occuper en ce moment, la défense de Lille. »
Après avoir rappelé ce qu'il avait dit à ce sujet dans la journée à
la Convention, il trouva étrange qu'on se fût tant appesanti sur la
noblesse de Lavalette, quand Lamarlière et Custine, qui étaient non
moins nobles, avaient trouvé parmi des représentants du peuple de
si ardents défenseurs. Il montra la dénonciation contre Lavalette
jointe à une dénonciation non moins calomnieuse dirigée contre
Bouchotte, le ministre patriote, et vit dans cette coïncidence l'indice
d'un complot aristocratique; puis, en terminant, il engagea ses concitoyens à se méfier des gens dont les dénonciations sans fondement
n'avaient d'autre but que de courtiser le peuple (2). Moins de huit
jours plus tard, la Convention nationale, après avoir entendu un
rapport de Jean-Bon Saint-André, déchargeait Lavalette de toute
accusation et traduisait le général Lamarlière au tribunal révolutionnaire comme prévenu de complot contre la sûreté de la Répu-

(1) Voilà ce qui faisait dire à Duhem,— luttant, après Thermidor, contre la réaction.
— qu'il avait été *sous les couteaux de Robespierre*, pour répondre à Thuriot, qui, devenu réactionnaire furieux, demandait ironiquement à la Convention d'autoriser
Duhem à faire le panégyrique de Robespierre. Voy. le *Moniteur* du 28 thermidor an II
(15 août 1794).

(2) *Journal des débats et de la correspondance de la société des Jacobins*, numéro 457.

blique (1). Quant à Bouchotte, Robespierre venait de nouveau à son
aide dans la séance du 26 juillet, et, pour la seconde fois, le main-
tenait à son poste en obtenant de l'Assemblée le rapport d'un décret
rendu la veille à la demande de Dartigoyte malgré les protestations de Boucher Saint-Sauveur, décret en vertu duquel ce ministre
que sa probité sévère et son patriotisme rendaient cher aux
républicains se trouvait implicitement destitué (2). Bouchotte,
échappé sain et sauf aux orages de la Révolution, a vécu une longue
vie, et, dans des mémoires encore inédits, a rendu, j'aime à le croire,
pleine justice à celui qui, sans le connaître personnellement, l'avait
à diverses reprises défendu contre d'injustes attaques; mais le pauvre Lavalette, moins heureux, devait payer de sa tête, en Thermidor, la protection de Robespierre.

XVII

Or, à cette même heure, Custine se trouvait à Paris, où
le comité de Salut public l'avait mandé afin qu'il eût à rendre
compte de sa conduite. Les plus graves présomptions pesaient sur
ce général, que ses liaisons avec les Girondins désignaient aux
soupçons des patriotes. Appelé du commandement de l'armée du
Rhin à celui de l'armée du Nord, après un échec regrettable, il avait
été, à cette occasion, l'objet des plus vives attaques. « Quand un
général a des torts, » écrivait dans le courant du mois de mai le rédacteur d'un journal populaire, « on se contente de le changer de destination; » et il accusait formellement Custine d'avoir livré Francfort à l'ennemi. A l'appui des griefs articulés contre ce général, il
citait une lettre adressée par lui au duc de Brunswick, à la date du
5 mai, lettre dans laquelle Custine avouait son affliction de n'avoir
pu propager la bonne opinion qu'il avait eue jusqu'ici du roi
de Prusse et du duc de Brunswick, ce duc qui avait lancé contre la
France le manifeste que l'on connaît. « J'espère, » ajoutait Custine
en témoignant l'espérance de conserver l'estime des uns et des
autres, « j'espère obtenir celle d'un prince que sa sagesse, sa
philosophie et l'amour qu'il porte aux peuples qu'il gouverne,
appelaient à être le soutien de l'opprimé et le pacificateur du
monde (3). » Qu'en écrivant cette lettre, Custine n'ait pas eu la

---

(1) *Moniteur* du 2 août 1793, séance du 31 juillet.
(2) *Moniteur* du 28 juillet 1793, et *Journal des débats et des décrets de la Convention*,
numéro 312, p. 336.
(3) Voy. dans le numéro 201 des *Révolutions de Paris*, l'article intitulé : *Un mot sur
Custine*, et la lettre à la suite, p. 345, 346.

moindre intention coupable; on peut le croire, puisque lui-même
la livra à la publicité; mais de telles lignes, tombées de la plume
d'un général placé à la tête des armées de la République, déno-
taient au moins une grande légèreté, et il n'y avait rien d'é-
tonnant à ce qu'aux yeux des républicains elles équivalussent
presque à une trahison. La conduite ultérieure du général ne fut
pas de nature à modifier l'opinion défavorable des patriotes à son
égard, et nous avons dit comment, à l'armée du Nord, il s'était fait
l'écho complaisant des calomnies girondines contre certains membres de la Montagne.

A peine à Paris, on le voit se mêler au groupe des mécontents, et
sa présence est saluée des cris de *Vive Custine!* par les contre-révolutionnaires du Palais-Royal. Tout cela fut dénoncé à la Convention par
Bazire; et, de plus, ce représentant accusa le général de distribuer
de l'argent à certaines femmes afin qu'elles excitassent un mouvement
en sa faveur. Il n'en fallut pas davantage à l'Assemblée pour décréter
sa mise en état d'accusation. « La nation a des doutes sur Custine, »
s'écria de son côté Danton, « il faut qu'il soit jugé. » Et il demanda
que le ministre de la guerre et le comité de Salut public fussent
chargés de rendre compte de tous les faits à la charge de ce général (1). Il n'y avait là rien de très-grave encore. Mais voilà que
coup sur coup arrivent les plus fâcheuses nouvelles. Mayence a capitulé, et l'on apprend que, par un billet de Custine, le commandant
de la place avait été engagé à la livrer aux Prussiens; et les représentants Soubrany et Montaut, le général Houchart, écrivaient
comme d'un commun accord : « Faites arrêter Custine, c'est un
traître (2). » Ce n'est pas tout : d'après une lettre du général Favart, on l'accusait encore d'avoir à dessein dégarni Lille d'une partie de son artillerie de siége; on lui reprochait d'avoir recommandé
à son successeur à l'armé du Rhin d'épargner les Prussiens, et l'on
se rappelait involontairement la mission secrète dont son fils avait
été chargé jadis auprès du roi de Prusse par Dumouriez. Le 28 juillet, son ancien apologiste, Barère, vint à la Convention présenter
contre lui un rapport foudroyant à la suite duquel il fut décrété
d'accusation.

Cela dit, et c'était indispensable, on comprendra mieux l'espèce d'acharnement que Robespierre va déployer contre Custine.
Déjà, à la séance du 24, il l'avait fortement inculpé à propos

(1) *Moniteur* du 23 juillet 1793, séance du 22.
(2) Voir, pour tous les détails des griefs articulés contre Custine, *le Moniteur* du
31 juillet 1793, et les *Révolutions de Paris*, numéro 211, p. 44.

de l'affaire des généraux Lavalette et Lamarlière ; et il se montra peut-être d'autant plus acharné que tout d'abord il était revenu sur son compte à la suite d'une visite d'un de ses affidés nommé Jaubert. Touché d'une lettre adressée par cet officier à ses frères d'armes, il avait même promis de rétracter ce qu'il avait pu dire contre lui aux Jacobins. Mais, informé par Labenette, le rédacteur de *l'Orateur du Peuple*, qu'on avait abusé de sa confiance (1), Robespierre sentit se changer en sourdes colères ses bonnes dispositions quand il connut les nouvelles dont nous avons donné un aperçu, et surtout quand il vit les ennemis de la Révolution mettre tout en œuvre pour soustraire à la vindicte publique un général fortement prévenu de trahison. Sa colère redoubla quand on apprit la reddition de Valenciennes, qui avait ouvert ses portes à l'heure même où Custine avait été décrété d'accusation, et la perte du camp de César, qui, situé à cinquante lieues de Paris, était de ce côté de la frontière la seule barrière couvrant la capitale. Ces revers désastreux étaient imputés à la trahison de Custine, et son procès n'était pas encore commencé. Laisserait-on sans vengeance la République devenir la proie de l'étranger? N'était-il pas temps de donner aux généraux un grand exemple de sévérité? Voilà ce que se demandaient les patriotes les plus fermes.

Un jour, — c'était le 10 août 1793, — Robespierre parut aux Jacobins, plus sombre que de coutume, comme si déjà il eût porté le deuil de la patrie. Et pourtant personne moins que lui ne se laissait aller au découragement. « Amis de la liberté, » dit-il, « vos armées ont éprouvé de nouveaux revers, vos ennemis reprennent une nouvelle audace ; tout cela tient à la même cause, à la scélératesse, à la trahison d'une part ; à la faiblesse, à la crédulité de l'autre. » Après avoir récapitulé tous les faits à la charge de Custine, il ne put s'empêcher de trouver singulier le peu d'activité imprimé à la procédure. Le tribunal procédait avec la lenteur des anciens parlements ; on était sensible aux pleurs et aux instances des femmes ; mais les insurgés de Lyon et de la Vendée, qui égorgeaient les républicains par centaines, s'attendrissaient-ils aux douleurs des femmes des patriotes? Et quel était l'homme pour qui l'on implorait la pitié des jurés? Un général qui, avec la dernière barbarie, avait laissé massacrer dans Francfort des centaines de Français, et auquel était due la perte des villes les mieux fortifiées. « Eh bien! » s'écriait Robespierre, « sa tête est plus ferme sur ses épaules que la mienne. » Mais

(1) Voy. à ce sujet, dans le journal de Marat, une lettre de Labenette à Robespierre, et une lettre de Joubert à Custine, numéro 239, du 11 juillet 1793.

les succès de l'ennemi n'étaient que le fruit de la trahison, et il n'y avait pas là, selon lui, pour les républicains, matière à se décourager. « Ce qui doit nous étonner, » ajoutait-il, « c'est qu'après tant d'échecs, c'est qu'avec tant d'ennemis contre elle, la République subsiste encore; et, puisqu'elle subsiste, j'en conclus qu'elle est immortelle. » D'unanimes applaudissements accueillirent ces paroles pleines de grandeur. Seulement, pour qu'elle triomphât de tant d'obstacles et de périls, il fallait, suivant Robespierre, surveiller d'un œil jaloux les généraux, tous les chefs de corps, et punir sévèrement leurs trahisons ou leurs fautes (1).

Le tribunal suivit très-lentement et avec un soin infini le jugement de Custine; près de quinze jours y furent employés. Soupçonnant encore des influences étrangères, Robespierre développa aux Jacobins, dans la séance du 19 août, quelques réflexions sur l'organisation défectueuse du tribunal criminel extraordinaire, au sujet duquel le substitut du procureur de la commune venait de faire entendre des plaintes amères; juges et jurés étant, prétendait Hébert, sur le point d'innocenter Custine, pour qui sollicitaient, à son dire, les plus jolies femmes de Paris. Plus d'un juré, assurait-on, avait hautement manifesté ses sympathies en faveur du général. D'après Robespierre, l'erreur du tribunal était de croire qu'un conspirateur aussi haut placé que Custine ne pouvait être jugé comme un coupable ordinaire; qu'il fallait, pour le condamner, des preuves écrites, tandis que les traîtres sans nombre dont nos armées fourmillaient, les trahisons multipliées dans les campagnes dernières, les revers dus à une impardonnable impéritie, et dont une partie de la responsabilité pesait sur lui, suffisaient à démontrer sa culpabilité.

Toutefois, il n'y avait pas lieu, à son avis, d'envelopper tous les membres du tribunal révolutionnaire dans l'espèce de proscription que semblait appeler sur eux la voix publique; et, comme il les avait déjà défendus contre un homme de sinistre mémoire, contre Carrier, qui, quelque temps auparavant, s'était vivement récrié contre leur indulgence (2), il défendit cette fois encore des magistrats uniquement coupables, en définitive, de vouloir fonder leur conviction sur le plus de preuves possible (3). Quelques jours

(1) Cette rapide et violente improvisation de Robespierre se trouve, avec quelques variantes, dans le *Journal de la Montagne*, numéro 72, *le Républicain françois*, numéro 276, et le *Journal des débats et de la correspondance de la société des Jacobins*, numéro 470.

(2) Voy. à cet égard le *Journal des débats et de la correspondance de la société des Jacobins*.

(3) *Ibid.*, numéro 478.

plus tard, revenant sur les formes avocatoires dont lui paraissait s'être entortillé le tribunal, il insista sur la nécessité de le réorganiser sur de nouvelles bases, de façon que, n'ayant à juger qu'un seul genre de crime, celui de haute trahison, il pût, dans une époque déterminée et très-courte, frapper les coupables ou élargir les innocents. Indispensable également lui paraissait la création de plusieurs comités révolutionnaires chargés de juger les nombreux attentats qui, tous les jours, se formaient contre la liberté. Il exprima de plus le vœu, — car nous sommes ici aux Jacobins, et non pas à la Convention, — que les fonctions du comité de Salut public et celles du comité de Sûreté générale fussent bien délimitées, afin qu'il n'y eût pas entre eux de conflit d'autorité. Jean-Bon Saint-André appuya énergiquement les réflexions de Robespierre. Sans s'étonner des excès de luxe et de débauche auxquels, assurait-il, Custine s'était livré à Mayence, il se plaignit amèrement de voir des hommes estimables se joindre à des femmes abusées pour sauver un conspirateur, et « des juges, qui devraient venger la patrie sur un traître qui l'avait voulu perdre, conniver ouvertement avec lui... Entre voler et ne pas voler, assassiner ou n'assassiner pas, il n'y a point de milieu, » ajouta-t-il. « Mais un général qui paralyse ses troupes, les morcèle, les divise, ne présente nulle part à l'ennemi une force imposante, est coupable de tous les désavantages qu'il éprouve; il assassine tous les hommes qu'il aurait pu sauver (1). »

Le surlendemain, Custine était condamné à mort. Avant de prononcer cette condamnation, Coffinhal, — une des futures victimes de Thermidor, — qui du tribunal de cassation avait passé au tribunal révolutionnaire, n'avait pas manqué de recommander à l'auditoire de ne donner aucun signe d'approbation ou d'improbation; le général Custine n'appartenant plus désormais qu'à la loi, dit-il, il fallait le plaindre de ne s'être pas mieux conduit. Car on se comportait au tribunal révolutionnaire beaucoup plus gravement et

---

(1) Séance des Jacobins du 25 août 1793. Voy. le *Journal des débats et de la correspondance...* numéro 480; *le Républicain françois*, numéro 285; le *Journal de la Montagne*, numéro 97. — Les fréquentes improvisations de Robespierre ont été certainement rapportées d'une façon très-défectueuse; nous devons en avertir le lecteur. Parfois il y a, entre les diverses relations, des différences très-sensibles; le plus souvent elles sont identiques; d'où il faut conclure que, dans ce cas, la même copie servait à plusieurs journaux. Quant à l'exactitude de ces comptes rendus, il y a beaucoup à s'en défier, puisque Robespierre lui-même les arguait de faux. Il dit, en effet, un jour au ministre Garat, qui, n'allant jamais aux Jacobins, jugeait de leurs séances par les comptes rendus qu'en donnaient les journaux : « Ces comptes rendus sont faux, et les Jacobins qui les rédigent sont des traîtres... » (*Mémoires de Garat*, p. 299, édit. de 1862.)

plus décemment qu'on ne se l'imagine d'ordinaire, d'après les facé-
ties calomnieusement prêtées par les écrivains de la réaction aux
membres de ce tribunal. La mort de Custine était un avertissement
sinistre aux généraux placés à la tête de nos troupes. Et quand on
songe à quel point les hommes de guerre sont enclins à se mettre au-
dessus des lois, surtout, comme le disait Robespierre, lorsqu'une
nation se trouve en état de crise et de révolution, on ne saurait
s'étonner outre mesure de la sévérité de la République à leur égard.
Plus d'intrigues, plus de compromis, plus de condescendance envers l'ennemi, sinon la mort; plus de faiblesse même. Il arrivera, en
effet, qu'un des plus violents accusateurs de Custine, le général
Houchard, dont Robespierre avait presque prononcé l'éloge aux Jacobins (1), sera livré lui-même au tribunal révolutionnaire, tant
étaient et, fatalement, devaient être grandes, hélas! les défiances
de la Révolution!

XVIII

A l'heure où Custine expiait sur l'échafaud des fautes dont il serait
difficile de l'excuser, et où il se trouvait si cruellement puni de la
perte de Mayence, de Valenciennes, de Condé, du camp de César,
causée par sa mollesse et sa nullité, Robespierre était depuis un
mois déjà membre du comité de Salut public. Il y fut appelé par la
Convention nationale à la place de Gasparin, sur la proposition de
Jean-Bon Saint-André (2). S'il faut l'en croire, — et jamais franchise ne fut plus large que la sienne, — il avait été vivement sollicité, et il y entra contre son inclination (3). C'était le 26 juillet 1793,
juste une année presque jour pour jour, avant sa chute.

Jusque-là Maximilien n'avait dû qu'à son éloquence, à son patriotisme et à ses vertus publiques et privées son immense popularité
et l'influence dont il jouissait, influence à peu près nulle, du reste,

(1) Voy. le *Journal des débats et de la correspondance de la société des Jacobins*,
numéro 470, séance du 9 août.

(2) *Moniteur* du 30 juillet 1793.

(3) *Journal des débats et de la correspondance...*, numéro 470, séance du 9 août
1793. D'après Barère, Robespierre, sentant croître son ambition, aurait fait plusieurs
démarches auprès de certains membres de la Convention et des comités, pour qu'ils té-
moignassent le désir de le voir entrer, lui Robespierre, au comité de Salut public.
« Il disait aux Jacobins qu'il serait utile pour observer le travail et la conduite des
membres du comité; il disait aux Conventionnels qu'il y aurait plus d'harmonie entre
la Convention et le comité s'il y entrait. » (*Mémoires de Barère*, t. II, p. 115.) Or,
Robespierre disait aux Jacobins, dans la séance du 9 août : « Appelé contre mon incli-

dans la Convention pendant les six premiers mois de l'existence de cette Assemblée, entièrement dominée alors par la Gironde. Durant toute cette période, il n'avait pas eu la moindre part au pouvoir, et quand il parlait de son peu de goût pour l'exercice de cette autorité si enviée des hommes, on pouvait le eroire, car, en voyant de près le gouvernement, il se sentit tout de suite saisi d'un profond dégoût à l'aspect des intrigues dont il fut témoin (1). Le voici maintenant, pour n'en sortir que par une mort violente, membre de ce fameux comité qui dirigea si glorieusement et si heureusement les affaires de la République à l'heure la plus périlleuse et pendant la crise la plus violente où jamais nation ait été plongée. Là encore nous allons le suivre jour par jour, heure par heure. Nous avons pour cela un guide sûr, infaillible, et dont aucun historien ne s'est encore servi, ce sont les registres des délibérations et arrêtés du comité de Salut public, conservés aux Archives nationales (2). Nous dirons à quelles mesures il s'associa, et aussi à quelles mesures il s'opposa, en refusant sa signature, quoique présent. Et quand il s'agit d'un homme dont la mémoire a été si légèrement et si méchamment chargée de tout le mal qu'il n'a pu ni empêcher ni prévenir, il était indispensable de se livrer à cette sorte d'autopsie et de procéder aussi minutieusement. C'est ce que comprendra tout lecteur intelligent et désireux de connaître enfin la vérité sur les hommes et sur les choses de la Révolution. Traiter Robespierre de dictateur est devenu, depuis les Girondins et les Thermidoriens, une banalité. Je sais même de ses partisans qui, acceptant le mot, lui ont fait un mérite de sa prétendue dictature. Que par sa seule puissance morale il ait obtenu de la Convention l'approbation de décrets dont les uns sont, à mes yeux, dignes de tous éloges, et les autres plus ou moins regrettables, cela est incontestable. Mais en quoi y a-t-il là apparence de dictature? Quel étrange abus on a fait de ce nom d'une magistrature romaine, comme il l'a dit lui-même! A qui fera-t-on croire sérieusement que les hommes qui composaient avec lui le comité de Salut public se soient laissé subjuguer par lui? Nous prouverons au con-

nation au comité... » et personne ne le contredit. On sait de reste que dans ses Mémoires le vieux Barère a souvent menti avec une rare impudence, et péché tout aussi souvent par défaut de mémoire. C'est ce dont sont parfaitement convenus, d'ailleurs, ses honorables éditeurs, MM. Carnot et David (d'Angers): « La mémoire de Barère le trahit parfois, et il serait à craindre qu'une autorité comme la sienne induisît en erreur quelques écrivains. » (T. II, p. 108, en note.)

(1) C'est ce qu'il donna très-bien à entendre dans la séance du 9 août aux Jacobins. (Voy. le *Journal des débats et de la correspondance*.., numéro 470.

(2) M. Michelet, qui les a eus sous les yeux, n'a pas su en tirer un parti utile pour rétablir la vérité sur beaucoup de points.

traire que dans certaines circonstances, comme dans l'affaire de Danton, par exemple, ce fut lui qui, malheureusement, eut la faiblesse de céder. On saura désormais, grâce à nous, quelle doit être sa part de responsabilité dans cette quasi-dictature du comité de Salut public, couverte par l'omnipotence de la Convention.

Le jour même de sa nomination, 26 juillet, il siégea pour la première fois au comité, dont les membres, au nombre de neuf, étaient : Barère, Thuriot, Couthon, Saint-Just, Prieur (de la Marne), Robert Lindet, Hérault-Séchelles, Jean-Bon Saint-André et Robespierre (1). Sa présence, on n'en peut douter, imprima à la marche des affaires plus de netteté, de précision, de rapidité. Le comité arrêta que ses séances s'ouvriraient chaque jour à huit heures du matin au plus tard ; qu'il s'occuperait d'abord de la correspondance, dont le secrétaire général lui présenterait régulièrement un extrait ; qu'il délibérerait ensuite sur toutes les mesures de salut public ; qu'à une heure ses membres se rendraient à la Convention pour y demeurer jusqu'à la fin de la séance, et qu'enfin, à sept heures du soir, il se réunirait de nouveau (2). Au reste, le comité n'était pas encore passé à l'état de gouvernement ; le pouvoir exécutif était toujours entre les mains des ministres. Mais ce pouvoir, faible, sans ressort, étranger pour ainsi dire à l'Assemblée, semblait insuffisant à tout le monde. Dans la séance du 1er août, on vit Danton paraître à la tribune. Il venait, à l'instigation de plusieurs membres de l'Assemblée et du comité de Salut public, comme il le déclara lui-même, proposer à la Convention d'ériger en gouvernement provisoire son comité de Salut public et de mettre cinquante millions à la disposition de ce comité. Appuyée par Couthon et par Lacroix, cette proposition trouva dans Robespierre un adversaire résolu. Maximilien en demanda l'ajournement, en se fondant sur ce que l'organisation actuelle du comité était trop défectueuse pour qu'on pût, sans péril, détruire l'autorité du conseil exécutif et paralyser tout à coup le gouvernement existant. L'innovation proposée avait besoin, selon lui, d'être longuement méditée pour être susceptible d'application. L'Assemblée ajourna, malgré l'insistance de Danton, lequel, craignant sans doute qu'on ne soupçonnât dans sa proposition un sentiment d'ambition personnelle, jura hautement de ne point accepter, pour sa part, de fonctions dans le comité (3).

(1) Registre des délibérations et arrêtés du comité de Salut public, *Archives* 434 a a 71.

(2) *Ibid.*, séance du 3 août. Étaient présents : Barère, Thuriot, Robespierre, Saint-Just et Prieur (de la Marne).

(3) *Moniteur* du 3 août 1793.

Est-ce que par hasard Robespierre, qu'on n'a pas manqué de présenter en envieux de Danton, comme sans plus de raison plausible
on en a fait un envieux des Girondins, eut un seul instant, en combattant la motion de Danton, l'idée d'augmenter encore sa popularité, si c'était possible, au détriment de celle de son collègue? On va
en juger. La secte des enragés, les Vincent, les Varlet, les Leclerc,
tous intimes d'Hébert, s'ameuta contre Danton, dont la proposition
devint entre leurs mains une arme avec laquelle elle essaya de
détruire le vieux lutteur des Cordeliers. Vincent courut dénoncer
cette motion aux Jacobins comme un attentat à la souveraineté du
peuple, comme contraire à la constitution, comme émanée de conspirateurs. Pas un ami de Danton ne soufflait mot. Robespierre, indigné,
se leva et ne ménagea pas ces hommes nouveaux, ces patriotes d'un
jour, qui voulaient perdre dans le peuple ses plus anciens amis. « C'est
Danton que l'on calomnie! » s'écria-t-il, « Danton sur lequel personne
n'a le droit d'élever le plus léger reproche; Danton qu'on ne discré-
ditera qu'après avoir prouvé qu'on a plus d'énergie, de talents ou
d'amour de la patrie. Je ne prétends pas m'identifier avec lui pour
nous faire valoir tous deux, je le cite seulement comme exemple (1). »
Pouvait-on défendre avec de plus nobles accents un vieux compagnon
d'armes (2)? Ah! si Danton n'avait pas fléchi en chemin, Robespierre, sans aucun doute, ne l'eût jamais abandonné.

Non-seulement il le défendit, mais il attaqua avec une extrême
vivacité ses agresseurs, les exagérés dont nous l'avons déjà entendu
flétrir les excès patriotiquement contre-révolutionnaires, suivant
son expression (3). Il nomma Jacques Roux, ce prêtre connu seulement, dit-il, par deux actions horribles : la première, d'avoir voulu
faire assassiner les marchands, les boutiquiers, parce qu'ils ven-
daient trop cher; la seconde, d'avoir décrié la constitution dès le
premier jour. Il nomma Leclerc, venu de Lyon [pour intriguer,

---

(1) *Journal des débats et de la correspondance de la société des Jacobins*, numéro 465, séance du 6 août 1793.

(2) M. Michelet, il faut l'avouer, n'a guère bien choisi son époque pour placer dans
la bouche de Danton ces mots à l'adresse de Robespierre : « Ce b... là n'est pas seulement capable de faire cuire un œuf. » Certes, en le défendant alors contre des fureurs
déjà puissantes, Robespierre lui prouvait le contraire. Mais Danton a-t-il jamais prononcé ces paroles? Cela est plus que douteux. Est-ce qu'un historien sérieux devrait
admettre, sans réserve, ces phrases banales, faites après coup et prêtées par l'un et par
l'autre aux grands acteurs de notre drame révolutionnaire? Et pourquoi Danton les
aurait-il prononcées? Parce que, selon M. Michelet, « on était consterné de cette inertie du
premier homme de la République. » (*Hist. de la Révolution*, t. VI, p. 213.) Ce reproche
d'inertie est étrange, en vérité, adressé à un homme qui jour et nuit était sur la brèche.

(3) Rapport sur la faction Fabre d'Églantine.

suivi de quelques imposteurs. Quoique dénoncés l'un et l'autre par
Marat comme des saltimbanques révolutionnaires, ils s'étaient
emparés du titre de l'*Ami du peuple* et battaient monnaie avec
ce nom si vénéré alors (1).

Trois jours après cette nouvelle sortie de Robespierre contre les
enragés, la veuve de Marat, Simonne Évrard, celle qu'il avait
épousée par un beau jour, à la face du ciel, dans le temple de la
nature, était admise à la barre de la Convention et s'y plaignait des
attentats nombreux commis contre la mémoire de celui dont elle
portait le nom. Elle dénonça les folliculaires qui chaque jour vantaient sans pudeur l'assassin de Marat, comme pour encourager les
meurtriers à égorger le reste des défenseurs de la liberté, et dont
plusieurs, Dulaure et Carra par exemple, siégeaient au sein même de
la Convention. Elle dénonça surtout ces écrivains soudoyés, les Jacques Roux et les Leclerc, qui, sous le nom de Marat, s'en allaient
prêchant les maximes les plus extravagantes, et s'efforçaient de
tromper la foule en se parant du titre de *l'Ami du Peuple*, sous lequel
paraissait leur feuille. « C'est là, » dit-elle, « qu'on ordonne en son
nom d'ensanglanter la journée du 10 août, parce que, de son âme
sensible, déchirée par le spectacle des crimes de la tyrannie et des
malheurs de l'humanité, sont sortis quelquefois de justes anathèmes
contre les sangsues publiques et contre les oppresseurs du peuple;
ils cherchent à perpétuer après sa mort la calomnie parricide qui
le présentait comme un apôtre insensé du désordre et de l'anarchie. » Qu'espérait-on? continuait-elle. Ah! sans doute égarer les
Français qui de tous les points de la République accouraient à Paris
pour l'anniversaire du 10 août, et troubler par quelque catastrophe
sanglante cette belle et solennelle journée. Aussi, en terminant,
priait-elle les législateurs de ne pas souffrir que le crime insultât à
la vertu, de ne pas laisser impunis ceux qui dévouaient aux poignards les défenseurs de la République, et ceux qui par leurs
maximes insensées empoisonnaient l'opinion. « La mémoire des
martyrs de la liberté est le patrimoine du peuple, » dit-elle. En défendant celle de Marat, l'unique bien qu'il eût laissé, l'Assemblée vengerait à la fois la patrie, l'honnêteté, l'infortune et la
vertu (2).

Robespierre a-t-il été, comme on l'a cru, et comme on l'a dit,
l'instigateur de la démarche de Simonne Évrard, le rédacteur de
l'adresse présentée par elle? Il est difficile de se prononcer à cet

(1) *Journal des débats et de la correspondance de la société des Jacobins*, numéro 465.
(2) Voy. l'adresse de la veuve Marat dans *le Moniteur* du 10 août 1793.

égard; mais il est certain qu'on reconnaît dans cette adresse, ses idées et même son style: S'il avait cru devoir empêcher la translation immédiate du corps de Marat au Panthéon, pour ne pas laisser croire à la France entière qu'en rendant de tels honneurs à l'Ami du peuple, la Convention et la société des Jacobins adoptaient sans réserve les principes d'un homme au patriotisme duquel il avait rendu hommage, mais dont il avait blâmé l'intempérance de style et les excentricités de langage comme étant de nature à jeter dans la réaction les esprits timides et les amis tièdes de la liberté, il est fort possible qu'il ait cru utile d'opposer l'ombre même de Marat à ses prétendus successeurs, qui n'avaient ni sa bonne foi sauvage ni son austérité, et de mettre par là le peuple en garde contre des exagérations funestes. Ce qu'il y a de certain, c'est qu'il appuya très-vivement la pétition « touchante » de Simonne Évrard; qu'il en fit voter l'insertion au *Bulletin* de la Convention, et que sur sa proposition l'Assemblée chargea son comité de Sûreté générale d'examiner de près la conduite de ces usurpateurs du nom de Marat, qui, tout en comparant l'Ami du peuple à un dieu, attachaient à son nom l'opprobre dont ils étaient eux-même couverts (1).

XIX

Le grand problème, aux yeux de Robespierre, ne cessons pas de le répéter, était d'éviter les excès d'une part, et, de l'autre, de ne point tomber dans une faiblesse impolitique capable de permettre à la réaction déjà si forte de reprendre tout à fait le dessus et d'étouffer la République. De là résultait, à ses yeux, la nécessité de ne poursuivre que les véritables coupables, ceux qui traduisaient en faits leur haine contre la Révolution, et non point les indifférents ni même les malveillants; de là encore la nécessité de respecter tous les cultes afin de ne pas alarmer les consciences et de ne pas créer inutilement à la République des ennemis sans nombre. Donc, tolérance absolue à l'égard des anciens nobles et des prêtres qui ne donnaient lieu à aucune plainte. C'est pour cela qu'à une séance des Jacobins on le vit s'insurger si vivement contre une proposition d'Hébert et de Chaumette tendante à la déportation en masse de tous les nobles (2); c'est pour cela que plus d'une fois encore nous

(1) Voy. le compte rendu de cette séance dans l'*Histoire parlementaire*, t. XXVIII, p. 424.

(2) *Journal des débats et de la correspondance de la société des Jacobins*, numéro 486; *Journal de la Montagne*, numéro 91, séance du 30 août 1793.

l'entendrons défendre les ministres du culte, par respect pour le principe de la liberté. Il était sage, selon lui, de ne pas rompre trop brusquement avec certaines habitudes et certains préjugés invétérés. C'est pourquoi, dans la séance du 31 juillet 1793, à la Convention, il demanda une étude plus approfondie de la loi du maximum, dont, en beaucoup d'endroits, les ennemis de la Révolution tiraient parti pour tramer leurs complots en s'adressant à la cupidité et aux passions égoïstes. Le comité de Salut public préparait, alors un projet destiné, au dire de Robespierre, à assurer l'abondance et la tranquillité publique. Déjà, peu de jours auparavant, Maximilien avait réclamé contre certains articles de la loi terrible punissant de mort les accapareurs. Il aurait voulu, par exemple, qu'on eût égard aux habitudes du peuple, qui souvent faisait provision de sucre sans avoir l'intention d'accaparer. Mais sa réclamation n'eut aucun succès. « Comment, » lui dit son ami le vieux Raffron du Trouillet, « il semble que vous voulez transiger avec le crime.... Je demande contre les accapareurs de sucre, comme contre tous les autres accapareurs, la peine de mort (1). » Et le sucre resta au nombre des denrées dont l'accaparement devait envoyer tant d'obscures victimes à l'échafaud.

Un peu plus tard, Robespierre s'élèvera également contre l'excessive rigueur d'une loi proposée par Collot d'Herbois, laquelle rangeait parmi les suspects les marchands convaincus d'avoir vendu à un prix exagéré les objets de première nécessité. Et certes on ne pouvait l'accuser de favoriser l'agiotage ou les accaparements, lui qui si éloquemment avait, en toute occasion, flétri l'égoïsme de la plupart des riches. Sans doute, disait-il, en songeant aux maux causés par les accapareurs, on ne saurait trouver de loi trop sévère pour les réprimer; mais le législateur, ajoutait-il, n'était-il pas obligé parfois de suspendre les mouvements de son indignation pour peser les inconvénients de telles mesures à l'aide desquelles on risquerait d'atteindre les malheureux? « Je suppose votre loi entre les mains d'une administration corrompue; si elle prête à l'arbitraire, le riche accapareur, en corrompant le magistrat infidèle, échappera à la loi, qui alors pèsera sur l'indigent. Ce ne sont pas des principes sévères ni des lois rigoureuses qui nous manquent, mais leur exécution, et c'est dans le vague d'une loi que les administrateurs malintentionnés trouvent les moyens d'en éluder l'exécution..... Il faut mettre une différence entre une mesure particulière et une loi générale qui, étant vague, donnerait les moyens à des administrateurs peu

(1) *Mercure universel*, numéro du 28 juillet 1793.

patriotes de vexer les bons citoyens. » C'était là le langage de la véritable sagesse ; l'Assemblée s'y rendit en ajournant la proposition de Collot d'Herbois (1).

Non moins prudente était la politique conseillée par Robespierre à l'égard des étrangers. On commençait à s'inquiéter beaucoup de la masse d'individus qui, venus de différents pays, affluaient à Paris, où on les voyait figurer pour la plupart au nombre des plus violents exagérateurs. La société des Jacobins en était infestée. Faut-il s'étonner que la défiance des patriotes se soit émue quelquefois même outre mesure ? Nier l'influence désastreuse des étrangers sur la Révolution française, ce serait nier l'évidence même. On sait les manœuvres odieuses devant lesquelles ne recula pas le ministre Pitt, et dont sa mémoire restera éternellement flétrie. C'était par les étrangers que se tramaient les complots les plus criminels ; par eux que toute la République était inondée de ces assignats faux qui jetaient la perturbation dans notre crédit ; par eux que les ennemis de l'intérieur, encouragés et soutenus, multipliaient leurs machinations. « Il faut enfin vous dire une vérité qui me pèse depuis longtemps sur le cœur, » s'écria Robespierre aux Jacobins dans la séance du 29 juillet 1793, « c'est que je vois ici beaucoup trop de mines autrichiennes et prussiennes (2). » Cette exclamation lui était échappée à propos d'une demande de service d'un officier autrichien qui se vantait d'avoir déserté les drapeaux de son pays par amour pour la France. Ce seul fait de s'appuyer du titre de déserteur auprès d'une société patriotique, était déjà, aux yeux de Maximilien, une assez mauvaise recommandation. Les prétendus déserteurs pouvaient bien n'être que des espions, et une longue expérience, disait-il, devait rendre suspects à la nation ces sujets autrichiens. Un décret de la Convention ayant ordonné l'arrestation de tous les déserteurs étrangers accourus à Paris, il engageait ses collègues à donner au maire, chargé de la police de la ville, le conseil de tenir la main à l'exécution de ce décret. Si l'officier en question était vraiment de bonne foi, il serait, ajoutait-il, dédommagé d'une tribulation passagère par la confiance et l'amitié des patriotes.

Duhem appuya très-chaudement cette proposition ; mais, allant beaucoup plus loin, il la généralisa, et réclama la mise en état d'arrestation, indistinctement, de tous les étrangers en résidence à Paris. Robespierre reprit aussitôt la parole : « La proposition

_____

(1) Voy. *le Moniteur* du 21 septembre 1793, séance du 18.

2 *Journal de la Montagne*, numéro 60.

de généraliser ma motion et de l'étendre à tous les étrangers est impolitique ; je dirai mieux, elle est indiscrète. A quelles alarmes ne nous laisserait-elle pas en proie ? Quels dangers n'en peuvent résulter ? Je n'ai pas dû demander que tous les étrangers fussent arrêtés.... Il en est un grand nombre dont les lumières, les vertus et le patriotisme servent utilement la chose publique... » La société se borna à suivre son conseil, et, sur une nouvelle motion de lui, appuyée par Bentabole, elle décida que tous les membres de la société seraient prochainement soumis à un vaste scrutin épuratoire, au moyen duquel la conduite de chacun serait scrupuleusement examinée (1). Nous assisterons, en effet, assez prochainement, à des scènes étranges, mais non dépourvues de grandeur, où tous les membres de la fameuse société auront à faire leur confession publique.

XX

S'agissait-il de défendre la patrie contre les entreprises de ces ennemis du dedans et du dehors que la force seule, il faut bien le reconnaître, pouvait dompter, oh ! alors Robespierre devenait de bronze. Chacun, d'ailleurs, sentait la nécessité d'opposer désormais aux factions et à la coalition étrangère un cœur indomptable ; c'était à qui prendrait l'initiative des mesures inflexibles. Et quand, laissant de côté tout esprit de parti, on envisage, après tant d'années de distance, la situation inouïe dans laquelle se trouvait la République à cette époque, les périls de tous genres auxquels elle avait à faire face, on ne peut s'empêcher d'admirer l'énergie et la volonté déployées par nos pères dans ces deux mois d'août et de septembre, où l'ardeur révolutionnaire et patriotique atteignit son maximum d'intensité.

Le 30 juillet, la Convention, sur la proposition de Prieur (de la Marne), réorganisait le tribunal révolutionnaire afin d'en accélérer la marche, et mettait en état d'accusation le propre président de ce tribunal, Montané, accusé d'avoir altéré le texte du jugement dans l'affaire dite des assassins de Léonard Bourdon et dans celle de Charlotte Corday. Le surlendemain, à la suite d'un rapport de Barère, elle décrétait la translation en poste de la garnison de Mayence dans la Vendée, l'incendie des bois, des taillis et des genêts où s'abritaient les rebelles, la destruction des forêts qui leur servaient de repaires, le transport des femmes et des enfants des rebelles

(1) *Journal des débats et de la correspondance de la société des Jacobins*, numéro 460.

dans l'intérieur du pays, sauf à pourvoir à leur sûreté avec tous les égards dus à l'humanité, la confiscation des biens des insurgés au profit de la République et des citoyens fidèles dont les propriétés auraient été ravagées. Elle décrétait encore le renvoi de Marie-Antoinette devant le tribunal révolutionnaire, et son transfèrement immédiat à la Conciergerie, la déportation de tous les membres de la famille Capet et la destruction des tombeaux et mausolées des ci-devant rois. En même temps, au nom de l'humanité outragée, elle dénonçait à tous les peuples, et même au peuple anglais lui-même, innocent des turpitudes de son gouvernement, la conduite lâche, perfide et atroce du gouvernement britannique, qui soudoyait l'assassinat, le poison, l'incendie et tous les crimes pour amener le triomphe de la tyrannie et l'anéantissement des droits de l'homme, et, par voie de réciprocité, elle déclarait traître à la patrie tout Français qui placerait des fonds sur les banques des pays en guerre avec la République (1).

Le 2 août, Couthon faisait, au nom du comité de Salut public, un rapport foudroyant contre un homme dont les écrits, disait-il, semblaient être salariés par Pitt, contre Carra, échappé jusqu'ici à la proscription de ses amis de la Gironde. On n'a point oublié les accusations qu'avaient attirées à Brissot et à quelques-uns de ses amis les étranges articles dans lesquels Carra avait implicitement proposé à la France de se donner pour roi un prince de la maison de Brunswick, proposition qu'il avait même formulée en termes formels en plein club des Jacobins. Ce fut le principal grief relevé par le rapporteur. Vivement soutenu par Robespierre et par Lacroix, le décret d'accusation fut rendu, malgré les protestations de Carra contre la manière dont on interprétait ses écrits. Mais, répondait Maximilien, ils paraissaient tandis que les Prussiens, Brunswick à leur tête, occupaient nos frontières. Comme Carra interrompait : « Je vous impose silence, » lui cria rudement Danton, qui présidait. Et Robespierre : « Ce n'est point aux conspirateurs à interrompre le défenseur de la liberté. » Puis, reprenant, au milieu des applaudissements, le réquisitoire de Couthon, il accusa l'imprudent Girondin d'avoir par ses écrits, dont il incrimina l'intention même, encouragé la coalition étrangère, et lui imputa une partie des malheurs et des revers de la République dans le Nord. Carra, on ne l'ignore pas, avait été, quand ses amis se trouvaient au pouvoir, envoyé en Champagne auprès de Dumouriez, en qualité de commissaire. Ce fut encore là un texte d'amers reproches. Comment le même

(1) *Journal des débats et des décrets de la Convention*, numéro 316.

homme qui, au mois de juillet 1792, préparait si bien les esprits à recevoir favorablement Brunswick, avait-il été chargé d'une mission près une armée qui avait à combattre et à vaincre les troupes aux ordres de ce général? « La République doit être vengée! » s'écria Robespierre, et la Convention, après avoir encore entendu Amar, Gaston et Lacroix dans le même sens, décréta Carra d'accusation (1). Le rédacteur du *Courrier des 83 départemens* devait bientôt payer de sa tête la singulière idée d'avoir présenté à la France comme le restaurateur de la liberté le généralissimo des troupes coalisées (2).

Plus sombre de jour en jour devenait la situation. Plus de pitié, plus de compromis, plus de transactions; criminel de lèse-nation quiconque oserait parler de composer avec l'ennemi. Tous les esprits, vers cette époque, semblent se pénétrer de cette conviction qu'il n'y a plus qu'à vaincre ou à mourir. Le comité de Salut public, par mesure de sûreté générale, ordonna l'arrestation de tous les généraux destitués ou suspendus, et de tous ceux qui alors se trouvaient à Paris sans autorisation (3). Informé des manœuvres

---

(1) Voy. le *Moniteur* du 5 août 1793 et le *Journal des débats et des décrets de la Convention*, numéro 349. — C'est ici le lieu d'observer avec quelle légèreté certains écrivains traitent l'histoire. Dans une compilation des œuvres de Robespierre, publiée récemment par M. Vermorel, et qui fait regretter la consciencieuse édition des œuvres de Robespierre qu'avait donnée Laponneraye, les faits relatifs à cette séance du 2 août sont présentés sous un aspect complétement faux. De la rédaction de M. Vermorel (p. 141) il semble résulter que ce soit Robespierre qui ait imposé silence à Carra. M. Vermorel omet de signaler l'intervention du président. Il fait dire à Robespierre : « Le décret d'accusation est assez justifié, » après avoir montré Guyomard et Pons (de Verdun) parlant en faveur de Carra, tandis que ce fut tout le contraire qui eut lieu. Puis, il ajoute : « Et la mise en accusation est décrétée par la Convention; » de sorte qu'on pourrait croire que Robespierre seul soutint les conclusions du comité de Salut public. Eh bien! après Robespierre parlèrent successivement : Guyomard en faveur de Carra; Gaston pour réclamer son renvoi devant le tribunal révolutionnaire; Pons (de Verdun) pour attaquer Gaston; un orateur, que le *Moniteur* ne nomme pas, et qui, après avoir déclaré que la présence de Carra souillait la Convention, demanda également que ce député fût traduit devant le tribunal révolutionnaire; et enfin l'ex-girondin Lacroix, lequel commença par défendre Gaston contre les attaques de Pons (de Verdun) et conclut au renvoi de Lacroix devant le tribunal révolutionnaire. On peut juger par là dans quel esprit de dénigrement systématique a été faite cette édition tronquée des œuvres de Robespierre.

(2) Rien d'embarrassé et d'évasif comme les réponses de Carra devant le tribunal révolutionnaire quand on lui demanda comment il avait pu proposer aux Jacobins d'appeler au trône de France le duc d'York et tracer un éloge exagéré du duc de Brunswick. Quant au duc d'York, c'était pour détourner de la coalition le roi d'Angleterre, son père, et, pour ce qui était de Brunswick, c'était afin de le brouiller avec la maison d'Autriche. Voy. le procès des Girondins, dans l'*Histoire parlementaire*, t. XXIX, p. 471, 472.

. (3) Registre des délibérations et arrêtés du comité de Salut public, *Archives*, 434 a à 71.

contre-révolutionnaires dont la ville de Toulon était le théâtre, il manda à Paris les citoyens Puissant-Chaussegros, Saint-Julien et Trogoff, cet étranger élevé par la France à la dignité d'amiral et qui allait si puissamment contribuer à livrer aux Anglais notre premier port militaire (1). En même temps devenait plus menaçant le langage des orateurs. Entendez Danton : « Il n'est plus temps d'écouter la voix de l'humanité qui nous criait d'épargner ceux qu'on égare. Nous ne devons plus composer avec les ennemis de la Révolution ; ne voyons en eux que des traîtres ; le fer doit venir à l'appui de la raison... » (2). Et Robespierre : « Une mesure essentielle est que le peuple, ranimant son énergie au souvenir du dévouement de Lacédémone et d'Athènes, jure de s'ensevelir sous les ruines de la République si jamais elle venait à être anéantie. » Des lâches seuls d'ailleurs, selon lui, pouvaient être effrayés à l'aspect des périls de la situation, et ceux-là on pouvait les reléguer parmi les aristocrates, ajoutait-il aux applaudissements de la société. Ceci se passait le 9 août, aux Jacobins, dont la veille il avait été nommé président. Dans la matinée, un membre avait proposé à la Convention nationale de se séparer pour laisser sa place à une Assemblée législative. Cette proposition avait paru insidieuse à Robespierre. Quoi ! voulait-on substituer aux membres épurés de l'Assemblée actuelle les créatures de Pitt et de Cobourg? Moins que personne il était partisan des longues législatures, et il l'avait suffisamment prouvé; mais la Convention pouvait-elle se dissoudre avant d'avoir sauvé la patrie? — Non, non! s'écria tout d'une voix la société. — Pour moi, avait dit Robespierre, nulle puissance humaine ne saurait m'empêcher de faire connaître à la Convention la vérité tout entière, de lui signaler les dangers courus par la chose publique et de lui proposer les mesures capables de nous tirer de l'abîme entr'ouvert sous nos pas (3). Quatre jours après, descendant du fauteuil, il tonnait contre les généraux perfides et les folliculaires salariés dont la plume mercenaire distillait tous les jours sur la Révolution le venin de la calomnie.

Un membre ayant émis l'avis que les commissaires envoyés dans

Séance du 28 juillet. Étaient présents : Barère, Robespierre, Hérault-Séchelles, Prieur (de la Marne) et J. B. Saint-André.

(1) Registre des délibérations et arrêtés du comité de Salut public, *Archives*, 434 a a 71, séance du 29. Présents : Couthon, Barère, Saint-Just, Robespierre, Thuriot et Hérault-Séchelles.

(2) *Journal des débats et de la correspondance de la société des Jacobins*, numéro 462, séance du 31 juillet.

(3) *Ibid.*, numéro 470.

les départements fussent investis d'une autorité discrétionnaire sur toutes les administrations départementales, Robespierre critiqua vivement cette proposition, laquelle tendait à revêtir d'une sorte de dictature une foule de citoyens bien intentionnés peut-être, mais inconnus pour la plupart. Or, il est à remarquer que les abus du gouvernement révolutionnaire viendront précisément du pouvoir exagéré accordé aux innombrables comités répandus sur la surface de la République. Appelant à son secours tous les citoyens pleins de zèle pour le bonheur de la patrie, Maximilien s'engageait, aidé du génie de la liberté et de l'énergie de ses compatriotes, à confondre toutes les calomnies et à faire triompher à la fois la vérité et le patriotisme (1). Quand parfois on semblait douter de la possibilité d'opposer des remèdes efficaces aux maux de la patrie, ou des troupes suffisantes aux armées formidables de la coalition, il apparaissait soudain, et d'un mot rendait cœur aux plus effrayés. Ce ne sont jamais les hommes et les chevaux qui nous manqueront, disait-il, sachant bien ce qu'à cet égard on pouvait attendre du peuple français. La chose la plus difficile et la plus importante à ses yeux, c'était de réduire les ennemis de l'intérieur, dont les manœuvres paralysaient nos victoires mêmes. Il fallait seulement se garder des mesures inconsidérées, et, à ce propos, il défendait encore le ministère, composé, assurait-il, d'hommes vraiment républicains (2). Le changer brusquement, comme le réclamaient certaines personnes, ce serait porter un coup funeste à la liberté. La République n'en serait certainement pas perdue, disait-il, mais cinquante années de calamités peut-être expieraient cette extravagance (3). Le soupçon farouche était alors dans tous les cœurs, et l'on avait entendu tout récemment un des membres les plus modérés de la Convention, l'ancien constituant Gossuin, demander que le glaive de la loi fît tomber sans pitié les têtes des ministres coupables (4).

Ce langage, on le comprend, était forcément en rapport avec les événements. C'est ainsi que dans la séance du 7 août, l'incendie d'Huningue, attribué à l'Angleterre, ayant été annoncé à la Convention, Garnier (de Saintes) proposa à l'Assemblée de déclarer que

(1) *Journal des débats et de la correspondance de la société des Jacobins*, numéro 473, séance du 13 août 1793.

(2) Le ministère était alors composé de : Gohier, à la justice ; Garat, à l'intérieur ; Destournelles, aux finances ; Bouchotte, à la guerre ; d'Albarade, à la marine, et Deforgues, aux affaires étrangères.

(3) *Journal des débats et de la correspondance de la société des Jacobins*, numéro 479, séance du 23 août.

(4) *Journal des débats et des décrets de la Convention*, numéro 328, p. 146, séance du 12 août.

Pitt était l'ennemi du genre humain, et qu'il était permis à tout le monde de l'assassiner. Cette motion sauvage excita, il faut le dire, de violents murmures. « Je n'appuierai pas, » dit Couthon, l'ami de Robespierre, « la proposition qui vous est faite d'autoriser l'assassinat de Pitt; mais je demande au moins que vous décrétiez solennellement que Pitt est l'ennemi de l'espèce humaine (1). » Cette fois tout le monde se trouva d'accord, et le ministre anglais fut flétri par un décret qui devra éternellement rester attaché à sa mémoire.

Robespierre lui-même, comme on l'a pu voir, n'était pas toujours exempt d'un certain emportement dans ses paroles. Mais, outre d'ailleurs qu'il était bien difficile de mesurer ses expressions au compas dans des discours presque constamment improvisés et nés au souffle brûlant de la fournaise au milieu de laquelle se débattait la République, encore est-on obligé de reconnaître qu'il ne s'écarta jamais des voies tracées par la véritable sagesse. A cette époque Paris était en proie aux plus vives inquiétudes. Le pain était rare, la foule alarmée assiégeait en quelque sorte les boutiques de boulangers, et l'on craignait que le peuple, excité par les malveillants, ne se portât à quelque extrémité. Comment s'exprimait alors Robespierre ? Dans la séance du 7 août, aux Jacobins, après avoir rendu compte des mauvaises nouvelles survenues dans la journée, et dont, selon lui, les républicains n'avaient pas à s'effrayer, parce qu'ils ne devaient s'effrayer de rien et qu'un malheur de plus était l'assurance réitérée d'un succès plus constant, il s'attachait à mettre le peuple en garde contre tous les mouvements à l'aide desquels on s'efforçait de produire dans Paris une disette factice. On voulait, disait-il, « faire piller les magasins par le peuple, ou plutôt par des scélérats déguisés sous l'habit du peuple, sous l'habit respectable de la pauvreté; » on voulait « porter le peuple vers les prisons, renouveler les horreurs de Septembre. » Puis, après avoir tracé sombre tableau des calamités où de tels événements plongeraient la nation, il engageait les envoyés des départements à inviter ce peuple au courage, à la persévérance, par l'aspect du bonheur que lui procureraient son obéissance aux lois, sa confiance dans ses législateurs, son union et son dévouement au maintien de la République (2). On voit comment Robespierre entendait fonder cette République, comment la sagesse, exempte de toute fausse modération, parlait par sa bouche. Et c'est par où d'ailleurs il s'est montré supérieur à presque tous les révolutionnaires de l'époque.

(1) *Moniteur* du 9 août 1793.
(2) *Journal des débats et de la correspondance de la société des Jacobins*, numéro 467.

XXI

En ce temps-là arrivaient en foule à Paris les députés des assemblées primaires, qui au nombre de huit mille environ venaient apporter à la Convention nationale l'acceptation de la constitution par les départements. Comme on craignait que les révoltés de Lyon, de Bordeaux ou de Marseille, n'eussent confié à quelques-uns de ces commissaires, les croyant à l'abri de toutes recherches, d'importantes dépêches pour leurs amis ou leurs complices de Paris, on soumit les envoyés des départements en révolte à une investigation rigoureuse, et plusieurs furent trouvés porteurs de papiers compromettants. Cette mesure donna lieu à une réclamation assez vive de la part de l'évêque de Saint-Flour, Thibault, membre de la Convention. Or, il se trouva précisément que plusieurs lettres adressées à Thibault, et déposées au comité de Salut public, contenaient des détails sur le système et les espérances des révoltés. À cette révélation faite par Couthon, l'évêque invoqua sur son républicanisme le témoignage de Robespierre, auquel, dit-il, il s'était trouvé *accolé* quand, du temps de l'Assemblée constituante, son collègue avait été calomnié pour prix de son courage et de ses sentiments républicains. Ainsi appelé en témoignage, Robespierre convint que sous la première Assemblée l'évêque de Saint-Flour ne s'était pas montré excellent royaliste. Mais cela ne couvrait pas à ses yeux les fautes commises depuis, et il ne put s'empêcher de lui reprocher amèrement d'avoir écrit, dans le temps, à la société de Saint-Flour, pour l'engager à faire marcher des troupes contre Paris, et contre la Montagne (1); ce qui expliquait parfaitement la nature des dépêches adressées à l'évêque et dont Robespierre demanda la lecture pour l'enseignement de tous. L'affaire en resta là, et si l'évêque Thibault eut quelques inquiétudes, il en fut quitte pour la peur.

Au reste, l'immense majorité des commissaires était animée du patriotisme le plus ardent. Témoins des désordres occasionnés en France par la levée de boucliers girondine, et pouvant se convaincre, par leurs yeux, combien étaient calomnieux les bruits répandus contre la capitale et la Convention, ils maudissaient les promoteurs de guerre civile. Le 7 août, ils parurent aux Jacobins, et l'un d'eux, Royer, curé de Châlon-sur-Saône, prit la parole en leur nom pour flétrir les libellistes infâmes qui avaient calomnié Paris,

(1) *Moniteur* du 7 août 1793.

et dont la mort seule pouvait expier les forfaits. « Mais non, »
ajoutait-il, « ils vivront pour endurer le supplice de l'égalité, pour
être témoins de notre bonheur, et ils seront livrés à d'éternels remords. » Robespierre alors monta à la tribune au bruit des applaudissements provoqués par la harangue du précédent orateur. Il félicita les envoyés des assemblées primaires de donner pour la quatrième fois un démenti aux espérances des coupables ennemis de
la Révolution. En 89, lorsque, malgré les intrigues des ordres privilégiés, ils s'étaient rangés sous les étendards de la liberté naissante ; au 10 août, en marchant en masse pour écraser la tyrannie ;
après le 31 mai, quand ils avaient su résister aux fallacieuses paroles des plus perfides des hommes, toujours ils s'étaient montrés
les plus dévoués enfants de la patrie, comme ils le faisaient aujourd'hui encore en unissant leurs vœux et leurs efforts à ceux de
leurs frères de Paris pour le triomphe de la République et l'anéantissement des conspirateurs. Maximilien engagea les commissaires
des départements à faire hommage de leur adresse à la Convention,
afin que, sous les auspices de l'Assemblée, elle fût distribuée à
tout le peuple et obtînt par là plus de poids et d'authenticité. Et
comme ces envoyés de la République s'étaient engagés solennellement à ne pas rentrer dans leurs foyers avant que la France fût
libre et la patrie sauvée, il engagea la société des Jacobins à profiter de leur présence pour maintenir à son ordre du jour cette
question qui dominait toutes les autres : le salut public. Tout cela
fut adopté à l'unanimité (1).

Le lendemain même les commissaires étaient admis à la barre de
la Convention, et, après avoir présenté l'énergique adresse dont la
veille ils avaient donné lecture aux Jacobins, ils défilaient dans
la salle au retentissement des chants patriotiques et aux cris mille
fois répétés de vive la République ! vive la Montagne ! Une sorte
de commotion électrique fut ressentie par tous les membres de l'Assemblée. C'était le moment, selon Robespierre, de porter le dernier coup à la tyrannie et de proclamer l'arrêt de mort de ceux qui
déchiraient le sein de la République. Ce manifeste de la liberté, de
l'égalité et de la vertu, il voulait qu'on le proclamât à la face de
l'Europe. « Il faut, » dit-il, « présenter cet acte sublime aux amis et
aux ennemis de la France : aux amis de la France, afin qu'ils re-
lèvent une tête triomphante ; aux patriotes opprimés, afin qu'ils es-
suient leurs pleurs. » Interrompu un moment par les plus vifs applaudissements : « Il faut, » reprit-il, « le présenter aux tyrans, afin

(1) *Journal des débats et de la correspondance de la société des Jacobins*, numéro 467.

qu'ils reculent d'épouvante en voyant ce faisceau sur lequel doivent se briser toutes les puissances de l'Europe. » Sur sa proposition, l'Assemblée décréta que cette adresse serait insérée au *Bulletin* et distribuée, à un grand nombre d'exemplaires, dans toutes les parties de l'Europe (1).

Le 10 août 1793, jour anniversaire de la chute de la monarchie, avait été consacré à l'inauguration de la constitution républicaine. Ce fut une grande et solennelle journée, comme toutes les fêtes de la République, lesquelles témoignent de la foi sincèrement patriotique de nos pères. Nous n'avons à rendre compte ni des cérémonies, dont l'ordonnateur fut David, ni des discours prononcés par Hérault-Séchelles, comme président de la Convention, aux diverses stations où s'arrêta le cortége : disons seulement que tous les cœurs frémirent d'espérance, et que les ennemis de la Révolution durent retirer de ce spectacle la conviction qu'on ne viendrait pas aisément à bout d'un peuple qui mêlait tant d'enthousiasme à tant d'héroïsme (2).

Ce jour-là la Convention n'avait point eu de séance, mais dès le lendemain elle reprenait courageusement l'œuvre du salut de la patrie. On aurait pu croire, au début de la séance, que, fatiguée déjà, elle était disposée à abandonner à d'autres la conduite de la Révolution. En effet, Lacroix, jugeant finie la mission de cette Assemblée, en avait implicitement demandé le remplacement. Cette proposition, convertie d'abord en décret, n'eut cependant pas de suite, et nous avons vu plus haut avec quelle vivacité Robespierre la combattit aux Jacobins (3). La Convention ne pouvait se séparer, à son avis, avant le jour où la République aurait triomphé de tous ses ennemis ; et les envoyés des assemblées primaires avaient fait serment de ne se retirer qu'après que la Convention aurait décrété des mesures de salut public. Ces mesures suprêmes, ils allèrent eux-mêmes, le 12, les réclamer à la barre. Barère venait de présenter un sombre tableau de la situation de la République, quand le délégué des commissaires obtint la parole. « Il n'est plus temps de délibérer, il faut agir. » Tel fut le texte de son discours. Le moment était arrivé, suivant lui, de donner un grand exemple à l'univers, « de faire mordre la poussière » à nos ennemis, et pour cela il conseillait l'appel au peuple, la levée en masse, l'arrestation de tous les suspects. Hérault-Séchelles, pré-

(1) *Journal des débats et des décrets de la Convention*, numéro 325, p. 104.

(2) Voy., pour les détails de cette fête, l'*Histoire parlementaire*, t. XXVIII, p. 436 et suiv.

(3) *Journal des débats et de la correspondance de la société des Jacobins*, numéro 470. Séance du 11 août, *ubi suprà*.

sident actuel de la Convention, Garnier (de Saintes) et Fayolle, appuyèrent tour à tour les vœux de l'orateur de la députation. Le dernier témoigna un étonnement profond de ce que, malgré les décrets rendus contre les aristocrates, aucun de ceux-ci n'eût encore reçu la moindre égratignure. Puis retentit encore à la tribune, comme un coup de tonnerre, la grande voix de Danton. De même qu'il avait naguère provoqué l'établissement du tribunal révolutionnaire, de même il va être aujourd'hui le porte-voix de la Terreur. « Les députés des assemblées primaires, » s'écria-t-il, « viennent d'exercer parmi nous l'initiative de la terreur contre les ennemis de l'intérieur. Répondons à leurs vœux. Point d'amnistie à aucun traître. L'homme juste ne fait point de grâce au méchant. Signalons la vengeance populaire par le glaive de la loi promené sur les conspirateurs de l'intérieur... » A son tour il réclama l'arrestation de tous les suspects, et, s'emparant d'une idée précédemment émise par Barère au nom du comité de Salut public, il proposa à la Convention d'investir les huit mille envoyés des assemblées primaires du droit de dresser dans tous les départements l'état des armes, des subsistances, des munitions et de mettre quatre cent mille hommes en réquisition.

Robespierre prit ensuite la parole. « La victoire est certaine, » dit-il, « puisqu'enfin nous sommes déterminés à vaincre. Le terme des coupables victoires de la tyrannie est passé, puisqu'enfin nous allons déployer contre elle les seules armes qui puissent la terrasser : le courage invincible et la sagesse qui doit le diriger. Ne nous le dissimulons point : c'est moins à leurs forces et même à leur perfidie que nos ennemis doivent leurs succès. Nous avons trop facilement cru que le génie du peuple suffisait pour rompre les entraves de la trahison. Nous avons été trop indulgents pour les traîtres. » D'après lui, l'impunité de La Fayette et de Dumouriez avait été un encouragement aux conspirateurs. Il fallait avec soin purger l'armée de tous les généraux perfides. Craignait-on de ne pouvoir les remplacer? « Il suffit de trois héros, » poursuivait-il, « pour sauver la République ; ils sont cachés dans les rangs ; ayez la volonté de les découvrir, et vous trouverez des généraux vraiment dignes de la confiance nationale. » Comme il prophétisait! Hoche, Marceau, Jourdan, allaient surgir en effet au soleil de la République. Appuyant de sa parole les redoutables propositions de Danton, il demanda, lui aussi, que le glaive de la loi planât sur les têtes des conspirateurs afin d'apaiser les mânes de tant de patriotes immolés à Toulon, à Marseille et à Lyon, par la hache des tyrans; il demanda qu'on mît la plus grande activité à déjouer les manœuvres et les trames

ourdīes par le gouvernement anglais; que Custine, qui n'était pas
encore jugé, le fût dans les vingt-quatre heures; qu'on poursuivît
sans relâche le procès des conspirateurs mis en état d'arrestation
par un décret; qu'enfin les commissaires, dont le patriotisme était
connu, fussent chargés de remplacer dans leurs départements respectifs les administrateurs contre-révolutionnaires par des patriotes
sûrs, actifs, énergiques, et qui, par leur fermeté au milieu des
persécutions, se fussent rendus dignes de la confiance publique. A
peine avait-il fini, que le futur thermidorien Lecointre, l'homme
de Versailles, réclama impérieusement le jugement, sous huitaine,
de la femme de Louis Capet, en s'écriant que c'était la plus coupable de tous (1).

Ainsi, à la voix de Danton, la terreur allait s'ériger en système
de gouvernement. Mais, en baptisant de la sorte l'action révolutionnaire, le puissant tribun des Cordeliers ne se doutait guère que les
plus affreuses terreurs s'effaceraient devant le spectre de la terreur
révolutionnaire, qu'elles se pareraient des noms de « nécessités politiques, mesures de sûreté générale, » tandis que la Convention, dans
sa bonne foi farouche, ne recula pas devant un vocable sinistre,
quand elle décréta cette Terreur, sur laquelle nous aurons à revenir
tout à l'heure, et qui seule, peut-être, aurait son excuse dans
l'histoire, si nous pouvions concevoir la Terreur.

XXII

Sur ces entrefaites, un ministre cher à Robespierre, un philosophe, un esprit délicat, le ministre de l'intérieur, Garat, donna sa
démission. Tout récemment décrété d'arrestation pour un délit imaginaire, sur la dénonciation de Collot d'Herbois, Garat s'était aisément justifié et n'avait pas eu de peine à obtenir de la Convention le
rapport du décret rendu contre lui. Mais il n'était pas d'un caractère
assez ferme et assez résolu pour conserver son poste dans des circonstances aussi périlleuses; il préféra se retirer, laissant sa place
à Paré, créature de Danton.

Dans ses Mémoires de 1795, dont nous avons déjà parlé, il raconte qu'il eut, vers cette époque, une longue entrevue avec Robespierre. Voici à quel sujet : Il avait composé, paraît-il, un volumineux écrit sur la situation présente, et avait offert au comité de
Salut public de lui en donner communication. Le comité avait

(1) Voy., pour cette importante séance, le Moniteur du 14 août 1793.

chargé Robespierre et Saint-Just d'entendre la lecture de cet ouvrage
et de lui en faire un rapport. Au jour et à l'heure fixés, Robespierre vint seul au rendez-vous. C'était aux Tuileries, dans un petit
cabinet dépendant du pavillon où le comité de Salut public tenait
ses séances. Garat lut l'ouvrage tout entier à Robespierre. Comme,
dès le début, il annonçait à la République qu'il allait l'entretenir
des divisions de la Convention et des catastrophes qu'elles avaient
amenées, Robespierre l'interrompit en lui disant : « Quelle catastrophe? Quant aux divisions, il n'y en a plus : le 31 mai les a
terminées. » Hélas! plût à Dieu qu'il eût dit vrai! Garat avait peint
en quelques phrases énergiques les horreurs des journées de Septembre; sur quoi Robespierre, l'interrompant de nouveau, lui aurait
dit : « On a menti quand on a imprimé que j'y ai eu quelque part;
mais il n'a péri là que des aristocrates, et la postérité que vous invoquez, loin d'être épouvantée du sang qu'on a répandu, prononcera
qu'on a trop ménagé le sang des aristocrates. » Ici, on peut l'affirmer, Garat a été, intentionnellement peut-être, mal servi par sa mémoire. Il écrivait, on le sait, au plus fort de la réaction thermido-
girondine, et il fallait bien se mettre un peu au goût du jour.
Je ne crois nullement à l'appréciation qu'il prête à son interlocuteur sur la façon dont la postérité envisagerait les journées de
Septembre, et voici pourquoi : c'est qu'à l'époque où Garat se met
en scène avec Robespierre, celui-ci s'élevait énergiquement, aux Jacobins, contre ceux qui voudraient porter le peuple vers les prisons
« et y renouveler les horreurs de Septembre (1). » Qu'au ministre
parlant continuellement, dans le cours de son ouvrage, des partis,
des causes qui les avaient fait naître, et de leur esprit, Robespierre
ait répondu : « Il n'y a pas eu de partis, il y a eu la Convention, et
quelques conspirateurs, » cela est assez vraisemblable, et prouve
combien peu le faible Garat avait de sens politique. Le fait suivant
le démontre encore davantage. Garat s'était appliqué, comme une
espèce de devise, un emblème figuré dans une gravure placée en
tête de la *Logique* de Wolf, et représentant la terre livrée aux orages
de toutes les passions. Dans les régions inaccessibles aux tempêtes,
on voit sortir de l'espace un bras qui ne tient à aucun corps, et auquel est suspendue une balance aux plateaux parfaitement égaux et
immobiles. Sur une banderole, flottant au-dessus de la balance, on
lit : *Discernit pondera rerum.* « Pourquoi », demanda Robespierre,
« ce bras ne tient-il à aucun corps? — C'est, dit Garat, pour repré-

(1) *Journal des débats et de la correspondance de la société des Jacobins,* numéro 467.
Séance du 7 août 1793.

senter qu'il ne tient à aucune passion. — Mais, tant pis ! » répliqua Maximilien, « la justice doit tenir à la passion du bien public, et tout citoyen doit rester attaché au corps de la République. » Combien Robespierre avait raison, et se montrait là supérieur au ministre !

Garat poursuivit sa lecture sans trouver un mot à répondre. Il y avait, assure-t-il, dans son écrit un passage très-virulent contre les Jacobins. Maximilien, l'arrêtant de nouveau, lui répondit ce qu'on pourrait répondre aujourd'hui à tous ceux qui, de parti pris, fulminent encore contre la fameuse société : « Vous ne connaissez point du tout les Jacobins. — Il est vrai que je n'y vais jamais ; mais je lis très-exactement les comptes de leurs séances. — Les comptes sont faux. — Ils sont rendus par des Jacobins. — Ces Jacobins sont des traîtres. » — C'est ce qui nous a fait dire plus haut qu'il était impossible d'accepter, sans réserve, les débats des Jacobins tels qu'ils ont été reproduits par les journaux du temps, parce qu'ils sont évidemment inexacts et rendus avec la dernière négligence.

Garat louait beaucoup Robespierre d'avoir, dans un de ses discours, pris l'engagement d'oublier toutes les offenses personnelles et de ne se préoccuper désormais que du dommage causé à la République. Pendant toute cette partie de la lecture, Maximilien tint la main posée sur ses yeux, comme s'il eût voulu cacher au ministre les impressions de son âme. Si Robespierre fut fidèle à sa promesse, c'est ce que nous ne tarderons pas à montrer. Somme toute, s'il faut nous en rapporter à Garat, son écrit tout entier était un blâme sévère des événements du 2 juin. Quand il eut achevé, Robespierre se leva, et, d'une voix altérée, lui dit : « Vous faites le procès à la Montagne et au 31 mai. — A la Montagne, non, au contraire, » répliqua le ministre, « je la justifie, et complétement, des inculpations les plus graves qui lui ont été faites. Quant à quelques-uns de ses membres et au 31 mai, j'en dis ce que j'en pense. — Vous jetez une torche allumée au milieu de la République. — J'ai voulu, au contraire, jeter de l'eau sur les flammes prêtes à l'envelopper. — On ne le souffrira pas. » Bref, le comité de Salut public, prétend Garat, s'opposa à la publication de l'ouvrage, dont les deux éditions furent livrées aux flammes.

Mais ce n'est pas tout ; comme à l'époque où écrivait le ministre il fallait, pour être écouté favorablement des puissants du jour, voiler d'une teinte sombre la mémoire de Robespierre, Garat assure que sa vie fut menacée par ce dernier. Et sur quoi se fonde-t-il pour nous donner cette assurance ? La chose vaut la peine d'être racontée. Un homme de loi, du nom de Gouget-Deslandes, se trouvait

par hasard à la porte du cabinet où causaient le ministre et Maximilien. Il avait écouté les derniers mots de la conversation, et Garat
sut par lui, plusieurs jours après, qu'un *garçon de bureau* avait
surpris quelques paroles sur son compte et le jugeait un homme
perdu (1). Voilà pourtant ce qu'en 1795 écrivait un homme grave,
sensé, et à qui son honnêteté avait valu l'estime de Robespierre. Ah !
ce qu'il y a de vrai, c'est que si les Girondins avaient triomphé au
31 mai, ils eussent très-probablement envoyé Garat à l'échafaud
avec les principaux membres de la Montagne, comme le dit fort
bien Robespierre au ministre. Qu'on lise les appréciations haineuses
de Mᵐᵉ Roland sur le successeur de son mari. Ce qu'il y a de vrai
encore, c'est que si, en quittant le ministère, Garat fut chargé de rédiger, avec le jeune Rousselin, un journal républicain, fondé sous
les auspices du comité de Salut public, Robespierre ne fut pas
étranger à cette décision (2) ; ce qu'il y a de vrai enfin, c'est que si
plus tard Garat fut l'objet des plus graves inculpations, ce fut uniquement à cause de ses anciennes relations avec le martyr de Thermidor ; car l'amitié de Robespierre était devenue un titre de proscription.

XXIII

Ce n'est donc pas dans un mémoire justificatif publié au plus fort
de la réaction thermido-girondine qu'il faut aller chercher l'opinion
vraie de Garat sur Maximilien Robespierre. L'ancien ministre de
l'intérieur s'y montre plein de ménagements pour Danton et pour les
Girondins proscrits au 31 mai (3). Pourquoi cela ? Parce que les
Thermidoriens dantonistes et les nombreux survivants de la Gironde
rentrés dans le sein de la Convention s'étaient donné la main sur
les ruines accumulées par la journée de Thermidor. Mais, longtemps après, il vint une heure où, reportant sa pensée vers cette
époque de trouble et de tempête qu'il avait traversée sain et sauf, et
songeant au drame immense dans lequel il avait joué un rôle important, Garat se prit à réfléchir sur les injustices imméritées dont restait

(1) Voy. le récit de Garat dans ses Mémoires, ch. XV, p. 292 et suiv. de l'édit. de
1795.

(2) Registre des délibérations et arrêtés du comité de Salut public. *Archives* 434 *a a* 71.
Séances des 3 et 8 août 1793.

(3) Ce qui ne l'empêcha pas d'être l'objet des assertions les plus calomnieuses de la
part du royaliste Henry Larivière, en plein conseil des Cinq-Cents. Voy. le *Moniteur*
du 15 thermidor an V (2 août 1797).

accablée la mémoire des plus illustres citoyens. C'était en pleine Restauration, c'est-à-dire à un moment où le nom de Robespierre était maudit, non-seulement par les royalistes, qui poursuivaient en lui l'apôtre le plus pur de la démocratie, mais par la plupart des libéraux du temps, héritiers des passions girondines et thermidoriennes, et sous l'inspiration desquels s'écrivirent les premières *Histoires de la Révolution* un peu dignes de ce titre. « Les âmes les plus pures, dans les révolutions, » songea alors Garat, « ne sont pas celles qui ont le moins besoin d'apologie ; » et, dans des Mémoires historiques qu'on a grand soin d'invoquer moins souvent que le fameux Mémoire intéressé de 1795, il laissa déborder son âme et jeta un cri du cœur qu'entendra l'avenir.

Sont-ce les Girondins, est-ce Danton dont il s'occupe à cette heure de réparation, en faisant un retour sur les hommes et les choses du cycle révolutionnaire, sur les grandes luttes auxquelles il assista ? Non, c'est un autre nom, un nom jadis sacrifié par lui au lendemain de Thermidor, qui lui revient en mémoire, que lui souffle la voix de sa conscience. Écoutons-le : « Dans ce nombre si grand d'orateurs toujours prêts et toujours environnés de guerre avec l'Europe, de tribunaux révolutionnaires et d'échafauds qui ruissellent de sang, un seul cherche curieusement et laborieusement les formes et les expressions élégantes de style ; il écrit, le plus souvent, ayant près de lui, à demi ouvert, le roman où respirent en langage enchanteur les passions les plus tendres du cœur et les tableaux les plus doux de la nature : *la Nouvelle Héloïse* ; et c'est l'orateur que ses collègues et la France ont le plus constamment accusé d'avoir dressé le plus d'échafauds et fait couler le plus de sang : c'est Robespierre.

« Tandis que les prêtres portent à la tribune nationale des professions de foi d'athéisme, et que d'autres prêtres y confessent, au péril de leur vie, le Dieu et la loi des Évangiles, ce même Robespierre fait ériger un autel et consacre une fête au Dieu que la nature révèle, et non les hommes : à l'Éternel ; et le discours qu'il prononce comme grand pontife de cette fête et de cet autel paraît si beau, si religieux, si pathétique à l'un des dispensateurs les plus illustres des couronnes dues aux premiers talents, à La Harpe, qu'il lui adresse avec empressement une lettre éloquente elle-même, et dans laquelle les éloges sont plus prodigués qu'ils ne le furent jamais à l'auteur des Éloges du Dauphin et de Marc Aurèle (1).

(1) Les lettres de La Harpe à Robespierre sont de celles qui ont été supprimées par les

« Robespierre, que l'Europe croit voir à là tête de la nation française, vit dans la boutique d'un menuisier dont il aspire à être le fils ; et ses mœurs ne sont pas seulement décentes, sans aucune affectation et sans aucune surveillance hypocrite sur lui-même, elles sont aussi sévères que la morale du Dieu nourri chez un charpentier de la Judée (1). » Se peut-il entendre de plaidoirie plus saisissante et plus vraie? Allez donc après cela invoquer l'opinion émise par Garat dans un écrit composé pour le besoin de sa défense personnelle et destiné à fléchir les assassins de Robespierre! Sa véritable pensée sur cette grande victime, c'est bien celle qu'il exprima sur le soir de sa vie, à l'heure où l'âme, se repliant sur elle-même, laisse échapper de ses profondeurs des accents dictés par la seule conscience, et c'est celle-là que ratifiera la postérité.

XXIV

Quelques jours après la fête anniversaire du 10 août, entra au comité de Salut public un homme qui est bien loin d'avoir montré à l'égard de Robespierre le même esprit de justice et d'impartialité. Nous voulons parler de l'illustre Carnot. Appelé le 14 août à faire partie du comité, il y siégea dès ce jour-là (2). De tous les anciens membres du grand comité échappés à la proscription thermidorienne, Carnot est celui qui a poursuivi avec le plus d'acharnement la mémoire de Robespierre ; et, dans les circonstances où il a cherché à rejeter sur des collègues qui n'étaient plus là pour se défendre sa part de responsabilité dans les actes du comité, il a fait preuve d'un abaissement de caractère que ne suffisent pas à racheter les incontestables services qu'il a rendus à la France. Loin

Thermidoriens. Elles lui furent rendues par le représentant Courtois, et La Harpe paya cette complaisance en devenant un des plus lâches détracteurs de celui qu'il avait porté aux nues.

(1) *Mémoires historiques sur le XVIII⁰ siècle*, etc., t. II, p. 338, 339 de la 2ᵉ édition. 1829. Ancien ministre, directeur de l'École normale, sénateur, comte de l'Empire, membre du Corps législatif pendant les Cent-Jours, Garat n'orna point de sa personne, comme certains Girondins, la chambre des pairs de la Restauration. Rentré dans la vie privée, il mourut en 1833.

(2) Carnot fut adjoint au comité de Salut public, ainsi que Prieur (de la Côte-d'Or), dans la séance du 14 août, et l'un et l'autre siégèrent au comité le jour même. (Voy. *le Moniteur* du 15 août 1793, et les registres des délibérations et arrêtés du comité de Salut public, *Archives*, 434 a a 71.) C'est donc à tort que M. Hippolyte Carnot, dans ses Mémoires sur son père (t. Iᵉʳ, p. 336), prétend qu'à cette époque Carnot était encore en mission dans le Nord. Que d'erreurs dans ces Mémoires, que ne saurait justifier la tendresse filiale!

de se renfermer exclusivement, comme il l'a prétendu, dans la gestion purement militaire, il a pris part à toutes les opérations du comité, comme cela était son devoir d'ailleurs. Il a prétendu encore, il est vrai, avoir donné la plupart du temps sa signature de confiance, sans savoir ce qu'il signait. Cela n'est pas exact, nous le prouverons sans peine; mais cela fût-il vrai, Carnot n'en serait que plus coupable, et sa responsabilité ne se trouverait nullement dégagée. Sa signature se rencontre au bas des lettres les plus sévères, des arrêtés les plus rigoureux, où ne figure pas celle de Robespierre. Loin d'être de ceux qui prêchèrent la modération, il fut, contre Robespierre, l'allié des Fouché, des Collot d'Herbois, des Billaud-Varenne, c'est-à-dire des partisans de la terreur à outrance. Il n'entre aucunement dans notre pensée d'incriminer sa conduite pour les actes auxquels il a pris part avant le 9 Thermidor et dont il doit, comme ses collègues, répondre devant l'avenir; mais l'inflexible histoire rend à chacun ce qui lui est dû, et nous ne saurions admettre les indignes complaisances de ces historiens qui nous ont présenté un Carnot immaculé au point de vue de la réaction, en acceptant comme vraies les explications qu'il lui a plu de donner après Thermidor. Non, Carnot n'a pas été plus sincère en essayant de mettre après coup sur le compte de Robespierre et de Saint-Just la responsabilité de tous les actes terribles de la Révolution qu'il ne l'a été lorsque, reniant une amitié de jeunesse, il n'a pas craint d'affirmer qu'il connaissait à peine Maximilien au moment où ils vinrent s'asseoir ensemble sur les bancs de la Convention (1).

Est-il vrai, comme on l'a avancé, que Robespierre se soit opposé à son entrée au comité de Salut public (2)? Cette prétention est tout à fait injustifiable. Il est bien certain, au contraire, que si Robespierre, ayant pour lui Saint-Just, Couthon, Jean-Bon Saint-André et même Barère, eût soulevé quelques objections, Carnot serait bel et bien resté en dehors du comité. Mais alors il n'y avait entre eux aucune divergence d'opinion. Nous dirons plus tard les causes de leur regrettable rupture, et l'on verra de quel côté furent les torts.

Maximilien n'était pas homme à ménager la vérité, même à ses

(1) Voy. à cet égard le premier volume de notre *Histoire*, liv. 1er.
(2) C'est ce que M. Michelet trouve indubitable. Et la raison qu'il en donne est vraiment curieuse : « C'est, dit-il, que Carnot avait protesté contre le 31 mai (t. VI, p. 239). » Et où cela? Dans les Mémoires publiés sur lui, et encore bien faiblement. Mais à l'époque? Voilà ce que M. Michelet aurait bien dû nous apprendre. Si Carnot avait protesté contre le 31 mai, il eût été du nombre des signataires de la protestation que non sans peine Robespierre arracha à l'échafaud.

plus chers amis. A propos d'une proposition de Lacroix dont
nous avons parlé déjà, proposition tendant implicitement au remplacement de la Convention nationale, il avait, trois jours auparavant, laissé tomber quelques paroles de blâme sur certains de
ses collègues qui sans doute avaient approuvé une mesure que
lui, Robespierre, jugeait funeste dans de pareilles conjonctures;
mais, ne voulant pas envelopper tout le comité dans ce blâme, il
avait déclaré qu'il avait vu d'un côté des membres patriotes faire
tous leurs efforts pour sauver le pays, et de l'autre, des traîtres
conspirer jusque dans le sein de ce comité (1). Ses paroles ont-elles
même été fidèlement rapportées? j'en doute fort; car, à quelque
temps de là, il défendait dans la personne de Barère le comité
tout entier, dont, à plusieurs reprises, il s'était fait l'avocat alors
qu'il n'en était pas membre, et ce fut sur sa proposition formelle
que, le mois suivant, la Convention déclara que son comité de
Salut public avait bien mérité de la patrie (2).

Ce terrible comité, si méconnu et si calomnié, était animé de
sentiments de tolérance dont jamais gouvernement ne s'inspira;
nous aurons plus d'une preuve éclatante à en donner. Ainsi, les
anabaptistes français lui ayant député quelques-uns d'entre eux
pour lui représenter que leur culte et leur morale leur interdisaient
de porter les armes et pour demander en conséquence qu'on les em-
ployât dans les armées à tout autre service, il adressa aussitôt aux
corps administratifs une lettre dans laquelle il était dit : « Nous
avons vu des cœurs simples en eux, et nous avons pensé qu'un bon
gouvernement devait employer toutes les vertus à l'utilité commune;
c'est pourquoi nous vous invitons à user envers les anabaptistes de
la même douceur qui fait leur caractère, à empêcher qu'on ne les
persécute, et à leur accorder le service qu'ils demanderont dans les
armées, tel que celui de pionniers et celui des charrois, ou même à
permettre qu'ils acquittent ce service en argent (3). » En lisant ces

---

(1) Voilà ce que M. Michelet, sans distinguer, appelle « une diatribe épouvantable
contre ses collègues. » (T. VI, p. 240). Mais M. Michelet se garde bien de dire qu'à diverses reprises Robespierre avait énergiquement défendu le comité de Salut public,
alors qu'il n'en faisait pas partie, notamment dans la séance du 24 juillet 1793, où,
s'adressant à Brichet, il disait : « Il est ridicule de vouloir tenir le comité de Salut
public en lisière; on doit supposer que le comité est composé d'hommes d'esprit et de
politiques; qu'il sait, jusqu'à un certain point, comment il en doit user, et on devrait
bien s'en rapporter à lui un peu davantage. » (Journal des débats et de la correspondance de la société des Jacobins, numéro 457.)

(2) Voy. le Moniteur des 27 et 28 septembre 1793. Séance du 25. — Ce sont toutes
choses dont M. Michelet ne s'est pas rendu compte.

(3) Registres des délibérations et arrêtés du comité de Salut public. Séance du

lignes, se fût-on cru si près des temps horribles où, pour crime de religion, on était exposé aux persécutions les plus violentes, et où ces malheureux anabaptistes étaient poursuivis comme des bêtes fauves?

Et pourtant la patrie avait alors besoin de tous ses enfants pour les lancer contre l'ennemi. « Il faut », avait dit Robespierre, « que la Convention appelle autour d'elle tout le peuple français (1); » et, le 23 août 1793, sur le rapport de son comité de Salut public, elle décrétait que tous les Français seraient en réquisition permanente pour le service des armées jusqu'au moment où les ennemis auraient été chassés du territoire de la République. Qui ne connaît ce décret immortel où le génie de la patrie se déploie dans toute sa majesté et toute sa grandeur? C'était la levée en masse décrétée. Nul ne pouvait se faire remplacer. Devaient marcher les premiers et se rendre sur-le-champ au chef-lieu de leur district, pour s'y exercer tous les jours au maniement des armes, en attendant l'ordre du départ, les jeunes gens non mariés ou veufs de dix-huit à vingt-cinq ans. Tandis qu'ils marcheraient au combat, les hommes mariés forgeraient des armes, s'occuperaient des subsistances; les femmes feraient des tentes, des habits, serviraient dans les hôpitaux; les enfants mettraient le vieux linge en charpie; et les vieillards, se transportant sur les places publiques pour exciter le courage des guerriers, prêcheraient la haine des rois et l'unité de la République.

Le salpêtre manquant pour la fabrication de la poudre, ordre de lessiver les caves pour le fournir; les maisons nationales devaient être converties en casernes, les places publiques transformées en ateliers d'armes, comme l'avait un jour demandé Robespierre. A chaque bataillon organisé au district il était enjoint de se réunir sous une bannière portant cette inscription : « Le peuple français debout contre les tyrans (2)! »

Le jour où la Convention nationale rendait ce décret empreint d'un tel cachet de grandeur, Robespierre, dont l'influence n'avait pas été étrangère à l'adoption de ces vigoureuses mesures, présidait pour la première fois l'Assemblée. Il avait été nommé président la veille, dans la séance du soir, avec Merlin (de Douai), Lavicomterie et Lakanal pour secrétaires (3), de sorte qu'il se trouvait en même temps président de la société des Jacobins et de la Convention.

---

19 août. Étaient présents : C. A. Prieur, Robespierre, Carnot, Barère, Hérault-Séchelles, Prieur (de la Marne). *Archives* 434 a a 71.

(1) Séance des Jacobins du 11 août, *ubi suprà*.

(2) Voy. dans *le Moniteur* du 25 août 1793 le texte de ce décret rendu dans la séance du 23.

(3) *Moniteur* du 24 août, séance du 22.

XXV

Sous sa présidence va se produire ce que le général Foy a appelé le colossal effort de la France. Un moment on put croire, vers la fin de ce mois d'août, à un apaisement général dans le pays, et que tous les départements en révolte allaient rentrer dans le devoir. Depuis quelques semaines déjà le Calvados était venu à résipiscence, laissant fuir dans toutes les directions les Girondins, auteurs de son soulèvement; dès le 25, Marseille avait capitulé, et Bordeaux avait fait sa soumission. Le 30, des commissaires de cette dernière ville se présentèrent à la barre de la Convention pour réclamer l'indulgence et l'impunité en faveur de la commission populaire dont les membres avaient été frappés d'un décret de hors la loi par l'Assemblée, en se fondant sur ce que la punition des coupables pourrait exaspérer le peuple. Cette proposition, vivement combattue par Lacroix et par Chabot, fut renvoyée au comité de Salut public. Le soir, aux Jacobins, Robespierre prit la parole afin d'établir une ligne de démarcation profonde entre le peuple et les administrateurs des villes rebelles. Selon lui, le peuple était bon partout; et à Lyon, à Bordeaux, comme à Marseille, les autorités constituées seules étaient coupables; seules elles avaient attiré sur les villes dont l'administration leur avait été confiée les malheurs qui y étaient arrivés. Se montrer indulgent envers les traîtres, ce serait se montrer criminel envers le peuple, à qui était due une satisfaction légitime (1).

Cependant ni la Convention ni le comité de Salut public n'avaient l'intention de se montrer implacables. A la date du 18 août, Couthon, Carnot, Robespierre, Saint-Just et Barère avaient recommandé, par une lettre spéciale, la douceur aux représentants Dubois-Crancé et Gauthier, chargés de surveiller les opérations du siége de Lyon. On espérait alors une reddition volontaire, et le comité enjoignait aux commissaires de l'Assemblée d'épargner ceux qui se soumettraient. *Parcere subjectis et debellare superbos*, était-il dit dans cette lettre. Mais, en présence de la résistance désespérée de la ville de Lyon, qui, loin de suivre l'exemple de Marseille et de Bordeaux, redoubla d'ardeur contre-révolutionnaire, force fut au comité de Salut public de renoncer à ses projets d'indulgence. Le 1er septembre, il chargeait trois proscrits lyonnais, les citoyens Achard, Pilot et

(1) *Journal des débats et de la correspondance de la société des Jacobins*, numéro 485.

Gravier, de se rendre dans le département du Rhône à l'effet de fournir aux représentants du peuple tous les renseignements nécessaires et de se concerter avec eux sur les moyens de réduire les rebelles. Leur mission devait consister spécialement à faire connaître dans le Midi les décrets rendus par la Convention depuis le 31 mai, à reconstituer les sociétés populaires dissoutes, à indiquer aux commissaires de l'Assemblée les autorités contre-révolutionnaires qui s'étaient mises dans le cas d'être punies ou destituées, et à signaler les véritables patriotes pour qu'ils ne fussent pas confondus avec les coupables (1). Nous verrons bientôt comment Couthon exécutera les décrets rigoureux rendus par la Convention contre la cité lyonnaise, et comment ce représentant de la politique de Robespierre se trouvera contraint en quelque sorte de céder la place à des exécuteurs plus énergiques, à Fouché et à Collot d'Herbois.

Mais plus la France républicaine s'épuisait en efforts pour s'affirmer et pour vivre, plus ses ennemis semblaient prendre à tâche de l'exaspérer. Et partout apparaissait la main sinistre de l'Angleterre. Le 28 août 1793, par un de ces crimes heureusement assez rares et que rien ne saurait ni excuser ni laver, Toulon était livré à l'amiral anglais par des bourgeois avides et égoïstes, moitié royalistes, moitié girondins, agissant de concert avec les contre-amiraux Trogoff et de Grasse. Or, à ce moment même, les comédiens du Théâtre-Français, fort hostiles pour la plupart à la Révolution, qui les avait privés d'une foule de petites faveurs de cour, s'imaginèrent de jouer une pièce de François de Neufchâteau, intitulée *Paméla*, dans laquelle l'auteur avait tracé un éloge pompeux du gouvernement britannique. Cette pièce, il est vrai, datait de 1788; mais on ne pouvait plus mal choisir l'heure de la représenter. L'opinion publique s'émut; l'ouvrage fut dénoncé au comité de Salut public, qui enjoignit à la municipalité de Paris d'en suspendre les représentations, et se fit immédiatement remettre le manuscrit (2). Le len-

(1) Registres des délibérations et arrêtés du comité de Salut public. *Archives* 434 a a 71. —Séance du 1er septembre 1793. Étaient présents : Hérault-Séchelles, Barère, Carnot, C. A. Prieur, Robespierre et Pieur (de la Marne). — On trouve à la suite du rapport de Courtois une correspondance privée d'Achard, de Pilot et de Gravier, et l'on se demande tout d'abord pourquoi elle y figure. Il suffit d'en prendre connaissance pour comprendre la tactique de Courtois et de ses collaborateurs : les lettres de ces patriotes sont empreintes d'une grande exagération révolutionnaire. Pilot et Achard, qui avaient été persécutés par la réaction lyonnaise, applaudissent en effet aux exécutions ordonnées par Collot d'Herbois et par Fouché, à qui nous entendrons Robespierre demander compte du sang versé par le crime. Mais les Thermidoriens savaient bien que les lecteurs superficiels ne feraient point cette distinction.

(2) Registres des délibérations et arrêtés du comité de Salut public. *Archives, ubi*

demain l'auteur de *Paméla* se présenta lui-même au comité, lequel, connaissance prise des modifications introduites par François de Neufchâteau dans sa comédie, rapporta son arrêté de la veille (1). La pièce fut reprise le 1er septembre. Tout ce que Paris comptait de contre-révolutionnaires n'avait pas manqué de se rendre au théâtre, et le moindre passage de la pièce prêtant à une allusion hostile à la Révolution fut accueilli par des acclamations frénétiques. Un officier d'état-major de l'armée des Pyrénées, employé au siége de Lyon, et en mission à Paris, assistait à la représentation ; il se leva indigné et cria à la calomnie. Interrompu à l'instant, cerné, couvert d'injures et obligé de quitter la salle, cet officier courut aux Jacobins, où il dénonça ce qui venait de se passer et les violences dont il avait été l'objet. Robespierre présidait ; il prit la parole et raconta dans quelles circonstances le comité avait autorisé les comédiens à reprendre les représentations de *Paméla*. N'étant pas encore arrivé au comité au moment où ses collègues avaient examiné la pièce, il n'avait pu juger par lui-même du ton général de l'ouvrage ; mais, d'après les explications fournies à la société, il lui paraissait que les changements promis n'avaient pas été faits à la scène. Des paroles sévères pour François de Neufchâteau et les acteurs du Théâtre-Français tombèrent de sa bouche. Il rappela le décret récent de la Convention qui prescrivait aux théâtres de jouer au moins trois fois par semaine des pièces patriotiques, avec menace de fermeture s'ils venaient à représenter des pièces injurieuses pour la Révolution. En abusant de l'indulgence du comité de Salut public, en laissant percer leurs intentions perfides, l'auteur et les acteurs s'étaient exposés à la sévérité des lois, et le Théâtre-Français devait être fermé pour l'exemple. « Assez et trop longtemps, dit-il, les habitués de ce théâtre, qui est encore le repaire dégoûtant de l'aristocratie de tout genre, ont insulté la Révolution... Ils iront porter ailleurs leur inutilité et leur insouciance. » Pour finir, il engagea l'officier dénonciateur à s'adresser au comité de Salut public et à y déposer des faits dont il avait été témoin (2).

Le lendemain, 2 septembre, le comité de Salut public, se fondant sur les troubles suscités pendant la dernière représentation du Théâtre-Français, sur les insultes prodiguées aux patriotes et sur les

supra. Séance du 29 août. Étaient présents : Thuriot, Robespierre, Barère, Jean-Bon Saint-André, C. A. Prieur, Hérault-Séchelles, Carnot, Prieur (de la Marne).

(1) Registre des délibérations, etc. *Archives, ubi suprà*. Séance du 30 août. Étaient présents : Jean-Bon Saint-André, C. A. Prieur, Thuriot, Barère, Robespierre, Prieur (de la Marne).

(2) *Journal des débats et de la correspondance de la société des Jacobins*, numéro 488.

preuves réitérées d'incivisme données par les acteurs et actrices de ce théâtre depuis l'origine de la Révolution, ordonnait, par un arrêté, la fermeture du théâtre et l'arrestation de l'auteur de *Paméla* et des comédiens (1); arrêté qu'au bruit des applaudissements la Convention convertissait en décret, dans sa séance du 3, sur le rapport de Barère (2). On se ferait difficilement une idée du déchaînement auquel donna lieu la conduite des comédiens du Théâtre-Français. Telle était l'exaspération contre eux, que le jeune ami de Danton, Alexandre Rousselin, émit la proposition que « tous les pensionnaires ordinaires du ci-devant *Veto* » fussent détenus jusqu'à la paix dans des maisons de force, jetés, à cette époque, « sur les plages d'un pays despotique, » et qu'afin de purifier leur local on y établit un club pour les sans-culottes des faubourgs Saint-Marceau et Saint-Antoine (3). Le surlendemain il réitéra sa proposition, et se plaignit surtout de ce que le comité de Sûreté générale eût autorisé certaines exceptions en faveur des comédiens frappés du décret d'arrestation. A quoi Robespierre répondit que, dans un comité composé de vingt-quatre personnes, plusieurs d'entre elles avaient pu peut-être se montrer accessibles aux sollicitations de princesses de théâtre, mais que ces exceptions étaient nulles, le comité de Sûreté générale ayant à exécuter et non pas à interpréter le décret de la Convention (4).

Robespierre n'avait pu s'empêcher de témoigner l'étonnement où il avait été plongé en apprenant que l'auteur de *Paméla* était Fançois de Neufchâteau (5), à qui il portait une estime toute particulière. Membre de l'Assemblée législative, François de Neufchâteau avait toujours voté avec les patriotes les plus énergiques, et, tout récemment, il avait été proposé pour ministre en concurrence avec Paré, auquel la protection de Danton avait obtenu la préférence. Son arrestation provisoire — il avait été tout simplement mis en arrestation *chez lui* — ne paraît pas l'avoir brouillé avec Robespierre, dont il resta l'admirateur, et auquel il adressa les vers les plus élogieux, vers qu'il essaya bien de racheter plus tard dans un discours

(1) Registres des délibérations et arrêtés du comité de Salut public, séance du 2 septembre. Étaient présents : Hérault-Séchelles, C. A. Prieur, Carnot, Thuriot, Robespierre, Prieur (de la Marne).

(2) Voy. *le Moniteur* du 5 septembre 1793.

(3) *Journal des débats et de la correspondance de la société des Jacobins*, numéro 490. Séance du 4 septembre.

(4) *Ibid.*, numéro 491. Séance du 6.

(5) Séance des Jacobins du 1er septembre. Voy. le *Journal des débats et de la correspondance de la société des Jacobins*, numéro 488, *ubi suprà*.

sur l'anniversaire du 9 Thermidor, mais dont on ne lui fit pas moins
un crime (1).

XXVI

La présidence de Robespierre, inaugurée par le décret fameux
sur la levée en masse, se trouva signalée par des événements d'une
importance capitale, et dont la portée fut tout d'abord incalculable.
Mais, comme nous l'avons dit, plus audacieuses étaient les tentatives des ennemis de la Révolution, plus gigantesques étaient les
efforts de la République pour les surmonter. Au milieu de tout cela
l'Assemblée trouvait le moyen de continuer ses discussions sur le
Code civil; les séances des 24, 29 et 31 août 1793 y furent en partie
consacrées (2). Par un hasard assez singulier, ce fut sous la présidence de Maximilien que l'athéisme se révéla hautement, et, pour la
première fois, afficha ses prétentions à la barre de la Convention.
C'était le dimanche 25 août. Une députation d'instituteurs venait de
présenter une pétition par laquelle ils réclamaient l'instruction gratuite et obligatoire, quand un des enfants qui accompagnaient la
députation, et auquel on avait fait la leçon, demanda qu'au lieu de
les prêcher au nom d'un soi-disant Dieu, on les instruisît des principes de l'égalité, des droits de l'homme et de la constitution. C'était
le prélude des folies hébertistes. Le mouvement d'indignation et les
murmures improbateurs par lesquels la Convention accueillit cette
étrange et inutile attaque contre la Divinité témoignèrent du moins
que la grande majorité de l'Assemblée n'était pas disposée à tomber
dans l'abîme du matérialisme (3).

Ce fut également sous la présidence de Maximilien que Billaud-Varenne rendit compte d'une mission dans les départements du Nord,
dont il avait été chargé dans les derniers jours du mois précédent.
La désorganisation de l'armée était extrême vers cette partie de la
République. L'esprit des troupes était excellent, leur courage au-

---

(1) Voy. le *Moniteur* du 3 floréal an VII (22 avril 1799). L'auteur de l'article *François de Neufchâteau* dans la *Biographie universelle*, Lamoureux, passe légèrement sur
les hymnes et les vers de François. Il signale seulement une prière que le *dictateur
Robespierre lui avait commandée pour sa fête à l'Être-Suprême.* On ne traite pas plus
cavalièrement l'histoire que la plupart de ces faiseurs de notices biographiques. Était-
ce aussi le *dictateur Robespierre* qui avait commandé à Chénier et à tant d'autres des
odes et des hymnes sur cette solennité?

(2) *Moniteur* des 26 août et 1er septembre 1793; *Journal des débats et des décrets de
la Convention*, numéros 349 et 350.

(3) *Moniteur* du 27 août.

dessus de toute épreuve, mais elles n'avaient pas de confiance dans les généraux de l'ancien régime et marchaient avec plus d'allégresse au combat quand elles y étaient menées par un représentant du peuple. On sait quels prodiges s'accomplirent à la voix des commissaires de la Convention. Seulement, disait avec raison Billaud-Varenne, il fallait éviter d'envoyer ces commissaires en trop grand nombre sur le même point, parce qu'ils entravaient mutuellement leurs opérations, et que, par jalousie, les uns défaisaient quelquefois ce que les autres avaient fait. On verra notamment cet inconvénient se produire dans la Vendée et causer une véritable perturbation au sein des armées républicaines. Billaud se plaignait surtout des maux causés par l'inexécution des décrets de la Convention, et, rejetant sur les ministres la responsabilité d'une pareille négligence, il demanda qu'une commission fût spécialement chargée de surveiller le ministère pour l'exécution de ces décrets, et que, dans le cas où il y aurait des coupables, leurs têtes tombassent sur l'échafaud.

Cette proposition, vivement applaudie, allait être votée sans doute, quand Robespierre se leva. L'institution du comité de Salut public suffisait amplement, à ses yeux, pour surveiller les ministres et les forcer à l'exécution de la loi. Une commission établie entre le comité et le conseil exécutif ne serait-elle pas une cause perpétuelle de conflits ? « Il est à craindre, » dit-il, « que cette commission ne s'occupe plutôt d'inimitiés personnelles que de surveillance loyale, et ne devienne ainsi un véritable comité de dénonciation. » Malgré l'improbation de quelques membres, il n'en persista pas moins à réclamer la question préalable sur la proposition de Billaud, laquelle, tout en tendant à donner plus de vigueur au gouvernement, l'avilissait et l'anéantissait pour ainsi dire. Vivement appuyés par d'autres, les motifs de Robespierre prévalurent; seulement, l'Assemblée décida que trois membres adjoints au comité de Salut public seraient chargés de remplir l'objet de la proposition de Billaud-Varenne (1).

Ceci se passait le 29 août. Le surlendemain parut à la barre un officier du nom de Bonnard, aide de camp du général Cartaux. Il était porteur de trois drapeaux enlevés aux rebelles marseillais, et d'une épée dont il voulait armer un Parisien prêt à partir pour les frontières. Après avoir déclaré, au nom de son général, qu'on pouvait regarder les républicains comme étant déjà à Marseille, — et ils y étaient en effet au moment où l'aide de camp s'exprimait ainsi,

(1) *Journal des débats et des décrets de la Convention*, numéro 345, p. 406, et *Moniteur* du 31 août 1793.

8

— il présenta à la Convention deux boulets de plomb tirés sur les représentants Albite et Nioche, et qui avaient failli tuer ce dernier, puis il réclama de l'Assemblée un renfort tiré en partie de la gendarmerie parisienne, dont la bravoure et l'ardeur républicaine étaient proverbiales. « Vaincre ou tomber avec gloire, » répondit Robespierre, « voilà la destinée des défenseurs de la liberté…. Les exploits qui honorent l'humanité sont ceux que vous venez de nous annoncer ; ils unissent les palmes du civisme aux lauriers de la victoire…. Renvoyez à nos ennemis les boulets lancés par des mains coupables ; achevez la défaite de l'aristocratie hypocrite que vous avez vaincue. Que les traîtres expirent ! que les mânes des patriotes assassinés soient apaisés, Marseille purifiée, la liberté vengée et affermie!… Dites à vos frères d'armes que les représentants du peuple sont contents de leur courage républicain ; dites-leur que nous acquitterons envers eux la dette de la patrie ; dites-leur que nous déploierons ici, contre les ennemis de la République, l'énergie qu'ils montrent dans les combats (1). » On comprend l'effet de telles paroles, et combien elles devaient retentir profondément au cœur de nos soldats! Invité aux honneurs de la séance, l'aide de camp Bonnard prit place dans la salle au milieu des plus vives acclamations, et quand il fut revenu parmi ses compagnons d'armes, il put leur dire de quel cœur les représentants de la nation s'associaient à leurs efforts et à leurs dangers.

Moins bien accueillie, certes, avait été la citoyenne Rose Lacombe, lorsque cinq jours auparavant elle s'était présentée devant la Convention nationale, à la tête d'une députation de la société des *Républicaines révolutionnaires*. Les loustics de l'histoire n'ont pas manqué de qualifier du nom de *Tricoteuses de Robespierre* les femmes qu'on voyait suivre assidûment les séances de la Convention, des Jacobins et des Cordeliers. Il les favorisait en secret, prétendent-ils; il connaissait l'art de se ménager ces actifs instruments de succès. Et sur quoi fondent-ils leur opinion ? C'est ce dont ils seraient fort embarrassés de rendre compte. Mais il est aisé de comprendre quel admirable parti on a espéré tirer, au point de vue réactionnaire, de cette association du nom de Robespierre avec ce troupeau de femmes immondes qu'on a appelées les furies de la guillotine (2). S'il avait les suffrages de ce que le parti démocratique comptait de femmes distinguées et sincèrement éprises des sublimes principes de la Révolution, il n'était nullement sympathique à celles qui

(1) *Moniteur* du 2 septembre 1793.
(2) Voy. le chapitre intitulé *les Furies de la guillotine*, dans *les Femmes célèbres de 1789 à 1795*, par Lairtullier, t. II.

avaient pour évangile le journal du *Père Duchesne* ou le *Rougyff*
du représentant Guffroy, et qui poursuivirent des mêmes imprécations sur le chemin de l'échafaud Marie-Antoinette et Maximilien.

On n'a pas oublié peut-être l'étrange sortie de Théroigne de Mé-
ricourt, au club des Jacobins, un jour que Robespierre s'était exprimé avec un peu trop de franchise sur les extravagances de la
belle Luxembourgeoise. Celle-ci ne lui avait pas pardonné la leçon,
et d'emblée elle avait passé dans le parti de la Gironde, avec lequel
finit sa courte et orageuse carrière politique. D'une nature plus
exaltée que Théroigne, Rose Lacombe appartenait à la secte de
Varlet, de Jacques Roux et du jeune Leclerc; on la soupçonnait fort
d'être la maîtresse du dernier. Pour elle et ses compagnes, Robespierre était *un monsieur* qui osait les traiter de contre-révolutionnaires (1). Contre-révolutionnaires, oui, par exagération, à la
façon des Vincent, des Varlet et des Hébert, dont elle se fit l'écho
quand elle vint à la Convention réclamer impérieusement la destitution de tous les nobles, l'arrestation de tous les suspects, et reprocher à l'Assemblée de se jouer du peuple (2). Cette fois le président
ne répondit pas un mot, et le silence remarquable de Robespierre
en cette occasion démontre suffisamment, ce semble, combien peu
il approuvait les manifestations où la femme compromettait à la
fois la pudeur de son sexe et sa dignité d'épouse et de mère.

XXVII

La destitution en masse de tous les nobles, c'était ce qu'à diverses reprises avait réclamé Hébert (3), malgré l'opposition de Danton et celle
de Robespierre, lequel ne cédera que plus tard, et non sans faire des
réserves, à l'entraînement général. Nous touchons à l'heure sombre
et terrible où le soupçon farouche va envahir la plupart des esprits,
la pitié déserter presque tous les cœurs. Cette heure, les royalistes
semblaient prendre à tâche de la précipiter en poussant, par tous
les moyens possibles, le peuple à un soulèvement. Mais d'autre
part, quelles tristes leçons ce peuple recevait de certains professeurs
de démagogie, et en quel style écœurant lui parlait chaque jour le
Père Duchesne! Citons-en un échantillon : « Qu'on mette le grappin

(1) Voyez ce que dit à cet égard Barère aux Jacobins dans la séance du 16 septembre
1793, *Moniteur* du 21.
(2) *Moniteur* du 28 août 1793.
(3) Voy. notamment la séance du 31 juillet aux Jacobins, *Journal des débats et de
la correspondance de la société des Jacobins*, numéro 462.

sur tous les contre-révolutionnaires; que tous les Feuillants, royalistes, aristocrates, accapareurs, soient mis à l'ombre; qu'ils soient
enfermés dans des églises et que l'on braque vis-à-vis des canons
chargés à mitraille jusqu'à ce que la paix soit faite. Voilà, f...! les
moyens de salut public que je propose; ils valent mieux que ceux
du bateleur Barère.... (1). » Nul respect pour le malheur. Dans un
autre numéro, il témoigne sa grande joie de voir que la *louve autrichienne*, qu'il montre se lamentant comme une guenon, va être à
la fin raccourcie (2). Et plus loin : « Ce qu'il faut faire, f...! il faut
d'abord mettre à l'ombre tous les hommes suspects, chasser de nos
armées tous les nobles et les intrigants; il faut ensuite renouveler
toute la Convention et ne la composer cette fois que de véritables
républicains... La contre-révolution sera faite avant un mois si on
laisse le comité de Salut public organisé comme il l'est aujour-
d'hui... (3)... On va tout à l'heure, dit-on, commencer le procès de
l'architigresse d'Autriche... Si elle n'est pas jugée et raccourcie
dans vingt-quatre heures, je dirai, f...! que nous ne sommes pas
libres et que nous ne sommes pas dignes de l'être... (4). Purgeons
si bien la République qu'il n'y reste plus que des hommes libres...
Que tous les gredins qui vendirent le peuple au tyran dans l'Assemblée constituante, dans l'Assemblée législative et dans la Convention, perdent également le goût du pain. Point de quartier pour les
ennemis de la sans-culotterie. Le jour de la vengeance est arrivé,
l'heure de la mort va sonner; qu'ils périssent tous jusqu'au dernier, f...! (5) » Et l'on s'étonne que Robespierre n'ait pas été pénétré d'admiration pour ce *pauvre Hébert*, comme quelques enthousiastes de l'hébertisme appellent aujourd'hui le rédacteur du *Père
Duchesne!*

Dans la soirée du 1er septembre, Hébert prononça à la tribune
des Jacobins un discours qui n'était qu'un écho des articles de son
journal. Il provoqua toutes les sections, les sociétés populaires, le
peuple entier de Paris, à se transporter en masse à la Convention
pour obtenir le jugement des Girondins et de leurs complices, c'est-
à-dire des soixante-treize signataires de la protestation secrète contre le 31 mai, et quelques membres l'invitèrent à rédiger une adresse
à ce sujet (6). Le lendemain, se répandait dans Paris le bruit que

---

(1) *Le Père Duchesne*, numéro 265.
(2) *Ibid.*, numéro 268.
(3) *Ibid.*, numéro 269.
(4) *Ibid.*, numéro 278.
(5) *Ibid.*, numéro 286.
(6) *Journal des débats et de la correspondance de la société des Jacobins*, numéro 488.

la ville de Toulon s'était livrée aux Anglais. Cette nouvelle, jointe à
tant d'autres nouvelles sinistres, aux excitations des royalistes, à la
crainte de la famine, porta au comble la fermentation de la capitale.
Le 4 septembre, dès la pointe du jour, des groupes nombreux par-
courent les rues et entourent l'hôtel de ville en criant : « Du pain !
du pain ! » Chaumette se rend à la Convention, présidée par Robespierre. Il informe l'Assemblée de ce qui se passe. « La Convention, »
répond Robespierre, « s'occupe des subsistances, et, par conséquent, du bonheur du peuple (1). » Le procureur général de la commune retourne à l'hôtel de ville et donne lecture d'un décret portant
que le *maximum* des objets de première nécessité serait incessamment fixé. Mais cela ne suffit pas à calmer l'agitation de la foule.
« Ce ne sont pas des promesses qu'il nous faut, » s'écrient les meneurs, « c'est du pain, et tout de suite. » Chaumette alors requit le
transport à la halle d'une quantité de farines suffisante à la subsistance du lendemain, et il ajourna le peuple au jour suivant pour
aller inviter la Convention à mettre sur pied une armée révolutionnaire destinée à assurer les levées, à favoriser les arrivages et
à arrêter les manœuvres des riches. Hébert, après lui, émit le vœu
sinistre que la guillotine suivît chaque rayon, chaque colonne de
l'armée révolutionnaire (2).

La séance des Jacobins s'ouvrit, on le conçoit, sous de sombres
auspices. Dès le début, le luthier Renaudin annonça que les contre-
révolutionnaires se réjouissaient tout haut, aux portes mêmes du
club, de la chute prochaine de la République, comme si déjà ils
eussent été sûrs de la réussite de leurs noirs projets. Un membre
engagea ensuite la société à s'occuper du renouvellement du personnel des postes, composé encore en majeure partie des créatures
de Roland et de Clavières, et fort capable en conséquence d'entraver
le service. Robespierre appuya cette proposition, puis il s'étendit
longuement sur le complot formé par les ennemis de la Révolution d'affamer Paris et de plonger le peuple de la capitale dans le
sang et dans le désespoir, complot dont le comité de Salut public
avait, dit-il, les preuves entre les mains. Quelques jours auparavant, répondant, comme président de la Convention, à une députation de citoyens de Vincennes qui étaient venus manifester leurs
craintes au sujet de la rareté des vivres, il s'était écrié : « L'aristocratie, l'avarice et la tyrannie coalisées font tous leurs efforts pour
perdre la liberté ; ils mettent tout en usage pour réussir, et la Con-

(1) *Moniteur* du 6 septembre 1793.
(2) Voir, pour plus de détails, les pièces citées dans l'*Histoire parlementaire*, t. XXIX,
p. 26 et suiv.

vention n'a cessé de veiller pour déjouer leurs complots. Elle a une
dernière conspiration à déjouer : c'est celle qui a pour but d'affamer
le peuple... Mais ce n'est pas assez que la Convention veille, il faut
qu'elle soit secondée par ceux qui sont dépositaires d'une portion
de l'autorité nationale, et qui trop souvent ont trahi leurs devoirs.
Respectez les lois, ayez confiance dans vos représentants, et soyez
sûrs qu'ils ne négligeront rien pour apporter remède à vos maux (1). »
A peu près semblable fut son langage, dans la soirée du 4, aux Jacobins. Des lois sages et en même temps terribles, dit-il en substance, pourvoiront aux besoins du peuple et déjoueront les trames
perfides ourdies par ses ennemis pour l'insurger par la faim, l'affaiblir par le dénûment, l'exterminer par la misère. Si les accapareurs
et les fermiers opulents voulaient n'être que les sangsues du peuple,
le peuple en ferait justice lui-même ; mais il fallait se méfier, ajoutait-il, des contre-révolutionnaires, dont le but était de rendre les
patriotes suspects aux patriotes, et qui, mêlés aux groupes station-
nant aux portes des boulangers, s'efforçaient d'irriter la foule par
des propos perfides. On trompait les citoyens en les inquiétant sur
les subsistances. La malveillance et la trahison étaient, selon lui, les
principales causes des désordres dont la capitale avait été le théâtre dans la journée. « On a voulu, » dit-il, « armer le peuple contre
lui-même, le jeter sur les prisons pour égorger les prisonniers. »
On espérait sans doute sauver les coupables et faire périr l'innocent, le patriote incarcéré par erreur. Et même, lui avait-on assuré,
dans le moment où il parlait, Pache était assiégé à l'hôtel de ville,
non par le vrai peuple, mais par des intrigants dont il avait à subir
les insultes et les menaces (2).

Aussitôt la société arrêta l'envoi d'une députation de vingt membres à la commune pour vérifier les faits et instruire le peuple sur
ses véritables intérêts. La députation venait de partir quand un
citoyen déclara avoir été averti par un membre même de la commune qu'un attroupement de malveillants stationnaient sur la place
de Grève, et que déjà le maire avait été injurié par eux. — Vous
voyez, reprit alors Robespierre, quels sont les moyens employés
afin d'égarer le peuple. C'était à la Convention, aux sociétés populaires, aux sections, au peuple tout entier de Paris, à s'unir étroitement pour surveiller les intrigants et prévenir les coups qu'on
s'apprêtait à porter aux autorités constituées.

Après Robespierre parut à la tribune le curé de Châlon-sur-

_____

(1) Séance du 26 août 1793. — Voy. *le Moniteur* du 28.
(2) *Journal des débats et de la correspondance de la société des Jacobins*, numéro 490.

Saône, Royer. Il venait, l'âme navrée de douleur, incriminer cer-
ains membres du comité de Salut public, d'après une conversation
qu'il avait eue à Auxerre avec le patriote Loys. Barère et Cambon,
entre autres, auraient avoué à Loys qu'à leurs yeux l'état de Marseille et de Lyon n'était point un état de rébellion, et que les réclamations de ces deux villes étaient légitimes. Cette dénonciation
était grave et pouvait amener un orage sur les membres ainsi inculp-
pés. Robespierre s'empressa de le conjurer. Sans révoquer en doute
le propos rapporté par un de ses collègues du club, il fit remarquer
qu'il avait été tenu du temps de l'ancien comité, par des gens peu
aptes à deviner une conspiration, et à une époque sans doute où
Lyon et Marseille n'avaient pas encore levé ouvertement l'étendard
de la révolte. Mais il ne se contenta pas de cela. Cet *envieux*, qui à
diverses reprises avait défendu les ministres, le comité de Salut
public et Danton, prit cette fois la défense de Barère, dont personnellement il n'avait cependant pas eu à se louer. On n'a peut-être
pas oublié l'ordre du jour perfide proposé par ce dernier lors de
l'inconcevable attaque de Louvet contre Maximilien. « Quant à Barère, » dit-il, « j'aurais peut-être plus d'une raison de me plaindre,
car Barère m'attaqua personnellement dans un temps où tous mes
ennemis réunissaient leurs efforts contre moi ; mais je ne sais pas
me ressouvenir des injures particulières quand il s'agit du salut
public. Je déclare donc que j'ai toujours vu dans Barère un homme
faible, mais jamais l'ennemi du bien public. Je vous le répéterai
quand il le faudra, si jamais on cherchait à faire valoir contre lui des
inculpations de même nature. » Puis il vanta les services rendus par
Barère, l'ardeur avec laquelle, au sein du comité de Salut public,
il s'occupait des intérêts de la patrie. Si un moment il avait pu être
abusé par une faction criminelle, il n'avait pas laissé échapper depuis l'occasion de témoigner énergiquement combien il abhorait les
principes de cette faction. Robespierre, ne paraissant pas concevoir
l'ombre d'un doute sur la sincérité de son collègue, ne lui ménagea
pas les éloges, et il s'étendit complaisamment sur son zèle, sur sa
franchise et sur son énergie, qui croissait avec les dangers de la
patrie.

Le curé de Châlon-sur-Saône se montra beaucoup plus scep-
tique ; il connaissait bien l'âme double de Barère. Aussi, après avoir
signalé sa marche tortueuse dans la Révolution, ne craignit-il pas
d'affirmer que si le côté droit eût été victorieux, Barère, triomphant
et tranquille, insulterait aujourd'hui aux Jacobins anéantis. « Robespierre, » dit ensuite Royer, « ton âme est pure ; tu crois telles
celles de tous ceux avec qui tu communiques, et c'est tout simple :

il est de l'essence d'une âme candide, d'un cœur pur, d'un esprit droit, de ne pas soupçonner dans autrui le crime qui n'est pas dans lui-même (1). » Combien avait raison le curé de Châlon-sur-Saône, et comme après Thermidor Barère prendra soin de justifier ses paroles sévères! Mais il était dans la destinée de Robespierre d'être indignement et lâchement calomnié par ceux dont il fut le défenseur, et par ceux mêmes qu'il sauva de l'échafaud.

XXVIII

Royer ne s'était pas contenté de rendre hommage à la pureté d'âme de Robespierre. Au dire de celui-ci, la foule qui avait parcouru les rues de Paris et envahi la place de Grève aurait été menée par des intrigants auxquels il attribuait les insultes prodiguées au maire. Le curé de Châlon-sur-Saône sembla croire, lui, que cette multitude avait été dirigée par d'ardents et sincères révolutionnaires, puisque, par une motion d'une excessive violence, il engagea les Jacobins à s'associer à ses manifestations. La vérité est que le peuple obéit à la fois aux excitations des enragés qui poussaient la Révolution aux extrêmes, et à celles des royalistes qui, sous le masque du patriotisme, cherchaient à la perdre par l'exagération des mesures révolutionnaires. Tout présageait pour le lendemain une sombre et décisive journée.

Il faut suivre pas à pas dans *le Moniteur* les péripéties de cette longue et mémorable séance du jeudi 5 septembre. C'était le dernier jour de la présidence de Maximilien Robespierre. Depuis le 23 août, date où il avait pris le fauteuil (2), il n'avait pas manqué une seule fois de présider la Convention, et pour rien au monde il n'aurait déserté son poste un jour qui devait être signalé par des orages annoncés d'avance. C'est donc par la plus étrange des inadvertances qu'un historien célèbre affirme qu'on ne le vit pas le 5, et que les Dantonistes seuls reçurent le choc de la foule (3). Ce fut préci-

(1) Voy. le *Journal des débats et de la correspondance de la société des Jacobins*, numéro 490, *ubi suprà*.

(2) Et non pas le 26, comme le dit M. Michelet, t. VI, p. 270.

(3) C'est ici qu'il convient d'admirer les fantaisies historiques auxquelles se livre M. Michelet. Il *suppose*, d'après son éternel système, que des amis inquiets « gardaient Robespierre ».—« Les dames Duplay, vives, tendres, impérieuses, auront fermé la porte et tenu sous clé Robespierre. Ce qui est sûr, c'est qu'on ne le vit pas le 5...» t. VI, p. 271. — D'où il résulte que, pour cette séance si importante du 5, M. Michelet n'a même pas consulté le *Journal des débats et des décrets de la Convention*, ni *le Moniteur* des 6, 7 et 8 septembre, où la présence de Robespierre est si nettement indiquée.

sément le contraire qui eut lieu, et si, dans le courant de cette longue séance, Robespierre descendit un moment du fauteuil, il le reprit presque aussitôt.

Cette séance fameuse prit, dès le début, une tournure formidable, et l'on put voir combien tous les cœurs étaient disposés à l'inflexibilité. Merlin (de Douai), le puissant jurisconsulte, vint, au nom du comité de constitution, présenter à l'Assemblée un rapport sur la nécessité de diviser le tribunal révolutionnaire en quatre sections. Surchargé d'affaires, le tribunal, disait le rapporteur, ne peut suffire à tout. « Cependant, » ajoutait-il, « il importe que les traîtres, les conspirateurs, reçoivent le plus tôt possible le châtiment dû à leurs crimes ; l'impunité ou le délai de la punition de ceux qui sont sous la main de la justice enhardit ceux qui trament des complots : il faut que prompte justice soit faite au peuple. » Et sans discussion l'Assemblée vota le redoutable décret proposé par son comité de législation.

Ce décret était à peine adopté que le président annonçait à la Convention qu'une députation de la section de la Cité demandait à lui donner lecture d'une pétition sur les subsistances. A cette députation en succéda une autre ayant à sa tête le maire de Paris, Pache, et le procureur général de la commune, Chaumette. Dans un sombre discours, celui-ci développa les griefs populaires. De nouveaux seigneurs, non moins avides, non moins cruels et insolents que les anciens dont ils avaient acheté ou affermé les terres, s'étaient élevés, dit-il, sur les ruines de la féodalité et spéculaient sur la misère publique, tarissaient les sources de l'abondance. Les lois sages rendues par la Convention pour la répression du crime et du brigandage demeuraient sans exécution. A la voix de l'Assemblée, les métaux se changeaient en armes tyrannicides, mais où était le bras qui devait tourner ces armes contre les poitrines des traîtres ? demandait l'orateur. Il était temps d'en finir avec les ennemis de l'intérieur. C'était à la masse du peuple à les écraser, sans rémission, de son poids et de sa volonté. Puis, s'animant par degrés : « Et vous, Montagne, à jamais célèbre dans les pages de l'histoire, soyez le Sinaï des Français ! Lancez au milieu des foudres les décrets éternels de la justice et de la volonté du peuple !... Plus de quartier, plus de miséricorde aux traîtres ! — Non ! non ! s'écrie-t-on à la fois dans toutes les parties de la salle. — Si nous ne les devançons pas, ils nous devanceront ; jetons entre eux et nous la barrière de l'éternité ! » Presque à chaque phrase des tonnerres d'applaudissements interrompaient le procureur de la commune. « Les patriotes de tous les départements, et le peuple de Paris en parti-

culier, ont jusqu'ici montré assez de patience.... Le jour de la justice et de la colère est venu.... Hercule est prêt, remettez dans ses
mains robustes la massue, et bientôt la terre de la liberté sera pur-
gée de tous les brigands qui l'infestent! » En conséquence, il réclama au nom du peuple la formation immédiate d'une armée révolutionnaire suivie d'un tribunal incorruptible et de l'instrument du
supplice, et portant sur ses enseignes l'inscription suivante : « Paix
aux hommes de bonne volonté, guerre aux affameurs, protection aux
faibles, guerre aux tyrans, justice et point d'oppression. » De tous les
points de la salle de nouvelles acclamations retentirent et se prolon-
gèrent durant plusieurs instants. Robespierre, comme président,
répondit à la députation que l'Assemblée ne manquerait pas de
prendre sa demande en considération, et il l'invita aux honneurs
de la séance. « La liberté, » dit-il, « survivra aux intrigues et aux
projets des conspirateurs. La sollicitude de la Convention s'étend
sur tous les maux du peuple. Que les bons citoyens se réunissent;
qu'ils fassent un dernier effort : la terre de la liberté, souillée par la
présence de ses ennemis, va en être affranchie. Aujourd'hui leur
arrêt de mort est prononcé, et demain l'aristocratie cessera d'être (1). »

Chaumette reprit la parole afin de proposer à la Convention de
décréter que les jardins de tous les domaines nationaux renfermés
dans Paris seraient défrichés et cultivés pour l'approvisionnement
de la ville. Au lieu de statues et de fleurs « aliments du luxe et de
l'orgueil des rois, » des pommes de terre. Cette proposition fut
moins bien accueillie, chacun sentant avec raison que les arts étaient
tout aussi nécessaires aux républiques qu'aux monarchies, et que,
les grands artistes sortant du peuple, il eût été absurde de priver
de leurs chefs-d'œuvre la masse de la nation. Il ne faut pas oublier
que les plus gracieux ornements du jardin des Tuileries ont été
commandés par le comité de Salut public (2). A peine Chaumette
a-t-il cessé de parler, qu'une foule immense défile dans la salle,
au bruit d'acclamations enthousiastes. Alors se croisent dans
tous les sens les propositions les plus terribles. Moïse Bayle convertit en motions toutes les mesures réclamées par les citoyens
de Paris, et il en demande l'insertion au *Bulletin*. Raffron du
Trouillet veut qu'il soit enjoint au ministre de l'intérieur d'organiser dans la journée même l'armée révolutionnaire; Dusaulx
opine pour que les Champs-Élysées soient, comme les Tuileries,

---

(1) C'est par erreur que MM. Buchez et Roux mettent cette réponse dans la bouche
de Thuriot; ce ne fut que plus tard que celui-ci remplaça pour quelques instants
Robespierre au fauteuil. — Voy. l'*Histoire parlementaire*, t. XXIX, p. 38.

(2) Voy. aux *Archives* les plans et projets soumis au comité et exécutés en partie.

transformés en culture utile ; Billaud-Varenne insiste pour l'arrestation immédiate de tous les ennemis de la Révolution ; il somme ses
collègues de décréter la peine de mort contre tout administrateur
coupable de négligence dans l'exécution d'une loi quelconque, et
de voter séance tenante le mode d'organisation de l'armée révolutionnaire. Il n'avait point parlé du tribunal ambulant destiné à marcher à la suite de cette armée, Léonard Bourdon répare cet oubli
ou cette omission volontaire. Nous sommes dans une salle d'armes,
il n'est plus temps de temporiser, s'écrie Gaston, et il demande la
fermeture des barrières et l'incarcération de tous les mauvais citoyens. Jean-Bon Saint-André, au nom du comité de Salut public,
engage la Convention à ne point précipiter ses décisions, le comité
devant sous une heure lui présenter un rapport sur la situation ;
l'Assemblée, frémissante, se refuse à tout délai, docile à la voix de
Billaud-Varenne, qui lui crie : « Il faut agir ! »

A ce moment paraît à la tribune l'énergique figure de Danton, et
à sa vue éclatent dans les galeries et dans la salle d'incroyables
applaudissements. Jamais l'âpre génie de la Révolution ne se révéla
avec plus de puissance et d'énergie. A quoi bon attendre le rapport
du comité de Salut public pour décréter l'armée révolutionnaire ?
La mesure était d'ailleurs insuffisante à ses yeux. « Il reste à punir, »
dit-il, « et l'ennemi intérieur que vous tenez, et ceux que vous aurez
à saisir. Il faut que le tribunal révolutionnaire soit divisé en un
assez grand nombre de sections pour que tous les jours un aristocrate, un scélérat, paye de sa tête ses forfaits. » Et les applaudissements de redoubler. Il demanda encore que les assemblées sectionnaires s'assemblassent extraordinairement le jeudi et le dimanche ;
qu'une paye de quarante sous indemnisât l'homme du peuple du
temps enlevé à son travail, proposition jadis émise par Robespierre,
et qu'une somme de cent millions fût confiée au ministre de la guerre
pour la fabrication des armes et l'armement de tous les bons citoyens.
Sa triple proposition fut adoptée au milieu d'un enthousiasme qui
tenait du délire. Une communication électrique s'était établie entre
la salle et les tribunes ; tous, députés et assistants, les mains en l'air
et agitant leurs chapeaux, faisaient retentir l'enceinte de la Convention des cris mille fois répétés de Vive la République ! comme
si en effet, par ces mesures extraordinaires, on venait d'assurer
son salut.

Mais cela ne suffit pas à Billaud-Varenne. Il réclame le rapport
d'un décret qui interdisait les visites domiciliaires pendant la nuit.
Il nous faut, dit-il, aller chercher nos ennemis dans leurs tanières.
Tout noble ou tout prêtre qui, à la réception du présent décret, ne

se trouverait pas en résidence dans sa municipalité, devait être, selon lui, considéré comme suspect. Barère veut présenter quelques observations là-dessus; on se refuse à l'entendre, comme si on le soupçonnait capable d'intentions modérées; il fallut toute la fermeté de Robespierre pour lui maintenir la parole. Il se borna, du reste, à proposer que les comités révolutionnaires, réorganisés et composés de vrais patriotes, fussent chargés de procéder sur-le-champ au désarmement et à l'arrestation des gens suspects, et qu'il leur fût donné plein pouvoir à cet effet pour agir sans l'intervention d'aucune autorité quelconque. Mise aux voix par Thuriot, à qui Robespierre, épuisé, venait de céder le fauteuil, cette proposition est aussitôt convertie en décret. Survient alors une députation des sections de Paris jointe à des commissaires de la société des Jacobins. Elle réitère les demandes précédemment exprimées, réclame le prompt jugement des Girondins et invite l'Assemblée à mettre la Terreur à l'ordre du jour. Thuriot l'informe des mesures déjà décrétées. Les bons citoyens, au lieu de trembler, béniront, pense-t-il, le moment où l'on aura arrêté les moyens de fixer le sort de la Révolution. « Tous les scélérats périront sur l'échafaud, la Convention l'a juré solennellement. » Admise également aux honneurs de la séance, cette nouvelle députation traverse la salle au bruit des plus chaleureux applaudissements. Peu après, Merlin (de Douai) reparut à la tribune. Rappelant la perfidie avec laquelle, depuis le commencement de la Révolution, l'aristocratie s'était attachée à discréditer les assignats, et les efforts qu'elle tentait aujourd'hui pour faire hausser le prix des objets de première nécessité, il proposa à la Convention l'adoption d'un décret punissant de mort tout individu convaincu d'avoir, avec intention de favoriser les ennemis de la République, tenu des discours tendant au discrédit des assignats, de les avoir refusés en payement, et donnés ou reçus à perte. Ce décret sévère venait d'être adopté sans avoir soulevé aucune objection quand Robespierre reprit le fauteuil.

Il y était à peine remonté qu'arrivent des commissaires de la section de l'Unité, porteurs de vœux pareils à ceux qu'avait déjà entendus l'Assemblée. Ils insistent de plus pour l'exécution des lois contre l'agiotage et l'accaparement, et le maintien de la Convention à son poste jusqu'à l'établissement définitif de la constitution. La réponse de Robespierre mérite d'être mise sous les yeux du lecteur : « Le peuple sera libre, » dit-il, « car il est aussi raisonnable, aussi éclairé et généreux qu'il est intrépide. Il sera libre, car le génie de la liberté guide ses démarches. Il fait tourner contre ses ennemis les piéges qu'ils lui tendent, et chaque conspiration n'est qu'un nouveau moyen de faire éclater la vertu publique. La Convention nationale doit être digne d'un tel peuple, elle le sera. Elle a senti dès long-temps les grandes vérités que vous venez de lui rappeler; elle en a fait la règle de ses devoirs. Elle a pris, depuis qu'elle est dégagée des conspirateurs qu'elle renfermait dans son sein, les moyens de rendre le peuple heureux. Et si, pour son bonheur, il ne faut que le sacrifice de notre vie, nous nous dévouerons tous, pourvu que la liberté triomphe. Notre récompense sera l'amour et l'estime de ce peuple pour lequel nous nous serons glorieusement immolés. » Cette fois ce furent les paroles de son président que l'Assemblée salua de ses plus vives acclamations.

On entendit ensuite un homme célèbre dans les fastes de la Révolution, Drouet, le maître de poste de Varennes, dont le langage contrasta singulièrement avec celui de Robespierre. Patriote intègre et sincère, mais nature exaltée, Drouet, dans le délire de son patriotisme, eut des expressions qui révoltèrent la conscience de la Convention. « Avertissez les suspects, » dit-il, « que si par impossible la liberté était menacée, vous les massacreriez impitoyablement. » Et, continuant, malgré les murmures : « Déclarez que vous ne rendrez aux tyrans la terre de la liberté que couverte de cadavres...; que les hommes suspects répondront sur leurs têtes des malheurs de l'État.... » Mais l'Assemblée aima mieux s'associer à ces belles paroles de Thuriot : « Loin de nous l'idée que la France soit altérée de sang ; elle n'est altérée que de justice. » En les couvrant d'universels applaudissements, elle les fit siennes. Seulement la justice même commandait, à ses yeux, la punition exemplaire des coupables. Enfin parut Barère, dont le langage devait nécessairement se ressentir des émotions de cette journée orageuse. Reflet des passions qui avaient agité la séance, son discours fut d'une violence excessive. On l'eût dit écrit à la lueur des torches qui incendiaient notre arsenal à Toulon ou nos magasins à Huningue. « Plaçons la Terreur à l'ordre du jour! » s'écria-t-il à son tour. « Les royalistes veulent du sang, eh bien! ils auront celui des conspirateurs, des Brissot, des Marie-Antoinette! » Selon lui, Brissot avait dit et imprimé que les têtes d'une partie des membres de l'Assemblée tomberaient avant la sienne; on cherchait à arrêter par la terreur la marche de la Révolution; mais la terreur se retournerait contre les ennemis de la République. « Les royalistes veulent troubler les travaux de la Convention ; conspirateurs, elle troublera les vôtres! Vous voulez faire périr la Montagne!... eh bien! la Montagne vous écrasera.... » La Convention, après l'avoir entendu, décréta, séance tenante et sans discuter, qu'il y aurait à Paris une force armée composée de six mille hommes et de douze cents canonniers, destinée à comprimer les contre-révolutionnaires, à exécuter, partout où besoin serait, les lois révolutionnaires et les mesures de salut public prises par la Convention nationale, et à protéger les subsistances. Quant au tribunal et à la guillotine, dont plusieurs membres avaient réclamé l'adjonction à l'armée révolutionnaire, le comité de Salut public n'en voulut pas. Enfin, sur une dernière proposition de Billaud-Varenne, l'Assemblée renvoya devant le tribunal révolutionnaire les anciens ministres Lebrun et Clavières.

Il était cinq heures et demie quand fut levée cette séance à jamais fameuse où fut en quelque sorte décrétée la Terreur(1). Nous avons dû en rendre compte avec quelques détails, parce qu'elle est pour ainsi dire le point de départ d'une ère nouvelle dans la Révolution, et parce qu'il était indispensable de faire connaître de la façon la plus précise dans quelle mesure Robespierre s'associa aux actes de cette rude journée. Sa coopération, comme on l'a vu, se borna à diriger les débats et à répondre à quelques députations. Le soir, l'Assemblée lui nomma un successeur, et elle choisit, pour le remplacer à la présidence, l'homme dont l'impulsion avait été décisive, Billaud-Varenne, cœur d'acier, figure austère, et qui représente bien la Révolution dans ce qu'elle a de plus implacable et de plus sombre.

XXIX

La Terreur! à ce mot nous sentons tressaillir tout ce que notre nature renferme de généreux et de sensible. Nous ne nous demandons pas si ce terrible 93 n'a pas été précédé d'une Terreur permanente et dix fois séculaire, et surtout s'il n'a pas été suivi d'une autre terreur d'autant plus odieuse qu'elle était plus hypocrite, et que, s'exerçant au nom de la modération, elle égorgeait, cette fois, les patriotes par milliers, au lieu d'écraser les ennemis de la Révolution; malgré nous, l'humanité se révolte dans notre sein quand nous nous prenons à songer à toutes les victimes immolées, même pour le salut de la France. Et pourtant, si l'on y réfléchissait bien, telle bataille, parfaitement inutile et dont par dérision nous voilons d'un prestige de gloire les péripéties sanglantes, a coûté dix fois plus de sang au genre humain que la Révolution tout entière.

C'est une question encore débattue si le mouvement terrible

(1) Voyez, dans *le Moniteur* des 6, 7 et 8 septembre 1793, la reproduction la plus complète qui existe de cette mémorable séance, dont les émouvantes péripéties semblent avoir été retracées avec un soin particulier.

imprimé par cette Révolution a été nécessaire pour sauver la République. J'incline à croire, pour ma part, que, dans les circonstances tout exceptionnelles où s'est trouvée celle-ci, il lui eût été difficile de ne pas s'armer d'une sévérité imposante. Laissons à cet égard répondre des hommes peu suspects d'engouement révolutionnaire. Si nous interrogeons Napoléon, il nous répond que sans la Terreur la Révolution ne serait point parvenue à s'affirmer (1). Joseph de Maistre lui fait honneur d'avoir conservé l'intégrité du royaume. « Le mouvement révolutionnaire une fois établi, » dit-il, « la France et la monarchie ne pouvaient être sauvées que par le jacobinisme (2). » Enfin Châteaubriand n'hésite pas à reconnaître que « ce sont les Jacobins qui ont donné à la France des armées nombreuses, braves et disciplinées ; que ce sont eux qui ont trouvé moyen de les payer, d'approvisionner un grand pays sans ressources et entouré d'ennemis (3). » Pour de Maistre comme pour Châteaubriand, le jacobinisme c'était la Terreur. Il est assez remarquable que certains écrivains royalistes, malgré leur haine profonde de la Révolution, se sont montrés plus justes envers elle et l'ont mieux appréciée qu'une foule de prétendus amis de la liberté qui, sans tenir compte de la situation critique où se sont trouvés les robustes lutteurs de 93, les poursuivent encore aujourd'hui de l'anathème traditionnel.

Il y a d'ailleurs une distinction capitale à établir, dans ce système que Danton qualifia du nom de Terreur comme pour jeter par le mot même l'effroi dans le cœur des ennemis de la Révolution, entre le degré de sévérité jugé indispensable par la Convention nationale et les exagérations auxquelles se livrèrent les ultra-révolutionnaires, excités par une foule de royalistes déguisés, et qui n'eurent pas de plus vigoureux adversaires que Robespierre. Justice et non persécution, telle fut la constante devise de ce dernier, et nous allons le voir s'épuiser en efforts, inutiles hélas ! pour la faire mettre en pratique.

S'imaginer que la Terreur sortit tout armée du cerveau d'un individu, c'est le comble de la puérilité ; c'est surtout témoigner d'une ignorance absolue des faits les plus élémentaires de la Révolution. Nous avons dit déjà combien à son début cette Révolution se montra débonnaire, disposée à ouvrir ses bras à tous les privilégiés de l'ancien régime. Ses colères naquirent de la perfidie avec laquelle elle

(1) *Esprit du Mémorial de Sainte-Hélène*, t. II, p. 475.
(2) *Considérations sur la France*.
(3) *Essai historique, politique et moral sur les révolutions*, t. Ier, p. 84, édit. de 1797.

fut attaquée, et grandirent en raison directe des machinations dirigées contre elle. Sa marche vers la Terreur fut donc progressive;
elle y fut amenée par les résistances de ses ennemis de l'intérieur et
de l'extérieur, comme l'a fort bien dit un homme qui, après avoir,
du milieu du *marais* où il siégeait, approuvé toutes les mesures de
rigueur votées par la Convention, s'est, une fois l'orage passé, complaisamment présenté comme un type de modération et de douceur (1). Nous avons, dans la seconde partie de cette histoire, indiqué
avec soin dans quelles conjonctures et par qui furent votées les
premières lois de sang. Les décrets terribles rendus contre les prêtres et les émigrés, cette batterie de canons déchargée par la Révolution sur ses ennemis, suivant l'expression de Mallet du Pan,
datent de l'Assemblée législative et sont l'œuvre des Girondins. On
a vu également combien passif avait été le rôle de Robespierre
dans la formation du tribunal révolutionnaire, dans la réorganisation de ce tribunal, décrétée sur le rapport de Merlin (de Douai), et
dans l'adoption du système de terreur inauguré avec un si furieux
enthousiasme par la Convention dans sa séance du 5 septembre. Il
demeura non moins étranger aux lois complémentaires de ce système rendues dans le courant du même mois Dès le lendemain,
en effet, sur le rapport de Garnier (de Saintes), parlant au nom du
comité de Sûreté générale, l'Assemblée décréta d'arrestation les
étrangers, à l'exception des artistes, des ouvriers et de ceux qui
fourniraient des preuves de leur attachement à la Révolution française. Le même jour elle adjoignait au comité de Salut public, sur
la proposition de Barère, et conformément à une motion émise par
Danton peu de temps auparavant, deux hommes qui personnifiaient
en eux la Terreur, Billaud-Varenne et Collot-d'Herbois (2). Quelques jours plus tard, le 17 septembre, elle décrétait le véritable
code de la Terreur, la loi fameuse connue sous le nom de *loi des
suspects*. Ce fut au nom du comité de législation, présidé par Cam-

---

(1) *Mémoires sur la Convention et le Directoire*, par Thibaudeau, t. Ier, p. 46. Dans
ce livre, publié sous la Restauration, l'ancien Conventionnel n'a pas, comme on pense,
ménagé Robespierre. On doit reconnaître, toutefois, qu'il a apporté dans ses attaques
une certaine pudeur, et que parmi les calomniateurs de Robespierre il a été l'un des
plus modérés. Comte et préfet du premier Empire, pair de France pendant les Cent-
Jours, il lui a été donné de figurer parmi les sénateurs du second Empire. Il est
mort fort âgé en 1854.

(2) Voy. *le Moniteur* du 8 septembre 1793, séance du 6. Granet avait été également
adjoint au comité, mais il n'accepta point. Le comité de Salut public, le grand comité
se trouva alors au complet. Ses membres étaient : Barère, Jean-Bon Saint-André,
Prieur (de la Marne), Robert Lindet, Saint-Just, Couthon, Hérault-Séchelles, Robespierre, Carnot, C. A. Prieur (de la Côte-d'Or), Billaud-Varenne et Collot-d'Herbois.

bacérès, que Merlin (de Douai) présenta cette loi, d'un vague effrayant, et qui fut adoptée sans discussion. Étaient réputés suspects et décrétés d'arrestation tous ceux qui, par leur conduite, leurs relations, leurs propos ou leurs écrits, s'étaient montrés partisans de la tyrannie ou du fédéralisme et ennemis de la liberté, ceux à qui avaient été refusés des certificats de civisme, les fonctionnaires suspendus de leurs fonctions par la Convention ou par ses commissaires, les ci-devant nobles, maris, femmes, pères, mères, fils ou filles, frères ou sœurs et agents d'émigrés qui n'auraient pas constamment manifesté leur attachement à la Révolution. Les comités de surveillance étaient chargés de dresser, dans leurs arrondissements respectifs, la liste des gens suspects, et de décerner contre eux les mandats d'arrêt. Nous n'avons pas besoin d'insister sur la rigueur d'un décret pareil ; on comprend de reste quelle large porte il ouvrait à l'arbitraire. Eh bien ! pas un membre ne se leva pour protester. Non pas, comme on l'a niaisement écrit, parce que la Convention elle-même était *terrorisée*. Les anciens Conventionnels, comme Durand-Maillane et quelques autres, qui ont essayé de se couvrir de cette honteuse excuse ont commis une lâcheté inutile, car elle ne dégage point leur responsabilité. L'Assemblée avait sa pleine et entière liberté d'action ; seulement, à des dangers dont l'histoire n'offrait pas encore d'exemple, elle jugea indispensable d'opposer des moyens de défense extrêmes.

Est-ce que, par hasard, comme on l'a écrit également, elle subissait les influences du dehors et se contentait d'enregistrer docilement sous forme de décrets les volontés populaires ? Un fait bien significatif, qui se passa dans cette même séance du 17 septembre, prouve surabondamment le contraire. Robespierre venait d'appuyer chaleureusement une proposition de Jean-Bon Saint-André tendante à l'improbation d'une pétition irrespectueuse par laquelle les administrateurs du département de Seine-et-Oise demandaient la réintégration de trois d'entre eux destitués par Roux, commissaire de la Convention, — l'Assemblée, avait-il dit, ne doit jamais souffrir que les lois ou les principes soient outrageusement traités en sa présence (1), — quand se présenta à la barre une députation se disant déléguée par les sections de Paris. Elle avait à sa tête Varlet, avec lequel nos lecteurs ont déjà fait connaissance. Ce jeune démagogue avait été chassé des Jacobins pour avoir déclamé contre la constitution de 1793, jugée par lui trop peu démocratique ; il venait cette fois se plaindre du décret par lequel la Convention avait décidé que

(1) *Moniteur* du 19 septembre 1793, et *Journal des débats et des décrets de la Convention*, numéro 364, p. 236.

les assemblées sectionnaires se réuniraient extraordinairement deux fois par semaine, et alloué une indemnité de quarante sous aux citoyens nécessiteux qui quitteraient leurs travaux pour y assister. C'était au nom des sans-culottes, disait-il, qu'il demandait le rapport d'un décret déshonorant, selon lui, pour le peuple de Paris.

Billaud-Varenne répondit comme président; il invoqua le respect dû à un décret rendu aux applaudissements du peuple lui-même; toutefois il promit qu'on prendrait la pétition en considération, et il invita les commissaires aux honneurs de la séance. Mais Robespierre : « Le peuple n'a pas dicté la pétition qui vient de vous être présentée; il avait, au contraire, provoqué le décret contre lequel on réclame, et lorsqu'il fut rendu, il vous témoigna sa reconnaissance par ses applaudissements. Vous le savez, citoyens, et vous en avez acquis la triste expérience, c'est pour anéantir les droits du peuple que quelques intrigants ont l'air de réclamer pour lui une étendue illimitée de ces droits. » Robespierre avait, à diverses reprises, et notamment du temps de l'Assemblée constituante, défendu le principe de la permanence des sections; c'est qu'alors artisans, ouvriers, industriels, avocats, médecins, marchands, hommes de lettres, se sentaient animés d'un commun amour pour la Révolution; une barrière immense ne s'était pas encore élevée entre la haute bourgeoisie, satisfaite à présent d'avoir à son profit dépossédé les privilégiés d'autrefois, et la petite bourgeoisie, mêlée au peuple, qui voulait la Révolution pour tout le monde. Mais, depuis, tout était bien changé. Les riches seuls, les oisifs, pouvaient assister régulièrement aux assemblées quotidiennes des sections et régner en maîtres en l'absence de la majorité des citoyens. Robespierre les accusait, et non sans quelque fondement, d'être les auteurs de toutes les propositions insensées qui sous les couleurs les plus patriotiques n'avaient d'autre but que le rétablissement de la royauté. C'était pourquoi la Convention n'avait pas hésité, dans sa séance du 5, à autoriser les sections à s'assembler extraordinairement le jeudi et le dimanche. « C'est ainsi que par des combinaisons sages, » disait Robespierre, « nous avons assuré les droits du peuple et déjoué les projets des malveillants. Aussi en apprenant votre décret, l'aristocratie et la gent muscadine ont-elles frémi. Elles ont dit : Nous ne pourrons plus régner dans les sections; les artisans s'y rendront, et leur bon sens déjouera notre astuce. Il ne nous reste plus qu'un moyen pour ressaisir l'autorité qui nous échappe, c'est de faire rapporter ce décret qui nous est si préjudiciable; et, pour y parvenir, disons au peuple que la Déclaration des droits est violée, et qu'il est avili par l'indemnité qui lui a été accordée. Le peuple est bon, il est généreux ; ses vertus seconderont nos desseins, et nous irons insulter la Convention nationale en lui demandant le rapport d'un de ses décrets. » Quant à cette indemnité votée sur la proposition de Danton, jugée indispensable par l'Assemblée pour stimuler le zèle des patriotes que la nécessité de vivre retiendrait à l'atelier, elle n'était pas plus avilissante aux yeux de Robespierre que l'indemnité allouée aux représentants du peuple et sans laquelle beaucoup de députés se seraient trouvés obligés de résigner leur mandat. Les avocats des riches, des aristocrates et des muscadins pouvaient seuls s'élever contre cette mesure préservatrice des droits du peuple. En conséquence, au nom même de ces droits, au nom de l'honorable indigence et de la vertu laborieuse, il réclama l'ordre du jour pur et simple sur la pétition dont Varlet avait été l'interprète (1).

Aux applaudissements prodigués aux paroles de Robespierre, on pressentit aisément le sort de la pétition Varlet. Vivement appuyée par Jean-Bon Saint-André, la proposition d'ordre du jour fut adoptée à l'unanimité. Coupé (de l'Oise) saisit ce moment pour réclamer un prompt rapport sur les muscadins qui, par tous les moyens, tentaient de se soustraire à la réquisition. C'était chose remarquable et triste à la fois que le peu d'empressement de la plupart des jeunes gens riches à répondre à l'appel de la patrie en danger. Barère demanda tout à coup pourquoi Varlet n'était pas à la frontière. On parla même de décréter d'arrestation ce jeune énergumène ; mais l'Assemblée s'y refusa par respect pour le droit de pétition.

XXX

On sait maintenant combien Robespierre fut étranger à l'établissement du régime de la Terreur. Aussi, quand on voit tant d'écrivains de toutes nuances et de tous partis persister à rejeter sur sa mémoire tout l'odieux de ce système à l'édification duquel il prit une part si indirecte, on se demande si la vérité n'est pas un vain mot, et si nous sommes destinés à tourner éternellement dans ce cercle d'erreurs, de mensonges et de calomnies où jusqu'ici l'on a semblé se complaire à rechercher des renseignements sur les plus grands hommes de notre Révolution. Ce n'était pas que Robespierre désapprouvât les mesures sévères décrétées par la Convention ; seulement il voulait qu'on les appliquât avec discernement, que rien ne fût livré à l'arbitraire, et que, dans la répression des crimes révolutionnaires, on ne confondît pas l'erreur avec le crime, ceux qui

(1) *Moniteur* du 19 septembre 1793, et *Journal des débats et des décrets de la Convention*, numéro 364, p. 233.

n'étaient qu'égarés avec les coupables. TERREUR était un mot impropre à ses yeux ; l'idéal, c'était JUSTICE. Et plus tard, quand nous entendrons Camille Desmoulins, devenu comme par enchantement le plus doux des révolutionnaires, proposer un comité de clémence, nous l'entendrons proposer, lui, un comité de justice.

La clémence, en effet, c'était le sort des accusés livré au bon plaisir des hommes puissants. Quel serait le mobile de leurs préférences ? Cléments pour les riches, pour ceux dont les sollicitations seraient appuyées d'un présent ou du sourire d'une jolie femme, ne seraient-ils point inexorables pour les prévenus sans appui et sans fortune ? La justice, au contraire, c'était l'égalité pour tous. Personne plus que Robespierre ne déplorait les abus d'influence. Maure, membre du comité de Sûreté générale, étant venu aux Jacobins, dans la séance du 8 septembre, dénoncer les abus de tous genres qui s'étaient glissés au sein de ce comité et demander son remplacement par un comité composé non plus de vingt-quatre, mais de neuf membres, bien sûrs, inaccessibles aux séductions et surtout aux dîners, Maximilien l'engagea à soumettre cette proposition à la Convention nationale. Maure n'y manqua pas, et cinq jours après le comité de Sûreté générale se trouvait entièrement reconstitué.

Dans cette même séance des Jacobins, le libraire Prudhomme, qui depuis quelques semaines avait suspendu la publication de son journal *les Révolutions de Paris*, envoya en hommage à la société un ouvrage intitulé : *Les crimes des Empereurs d'Allemagne*, avec une lettre dans laquelle il protestait de sa ferme volonté de remplir toujours le devoir d'un bon républicain malgré les calomnies dont il était assailli, et promettait l'envoi des ouvrages où il se proposait de dévoiler les forfaits de tous les scélérats couronnés. Son offrande et sa lettre furent accueillies avec un médiocre enthousiasme : on connaissait l'homme. Robespierre avait un mépris instinctif pour cette espèce d'industriels qui font des passions du temps métier et marchandise, et qui, après avoir édité *les crimes et les erreurs des monarchies*, éditent *les crimes et les erreurs des républiques*, selon que le vent souffle d'un côté ou d'un autre. « Je demande, dit Maximilien, que pour toute réponse on invite le républicain Prudhomme à écrire, ou plutôt à faire imprimer les crimes des écrivains, des imprimeurs, journalistes, soudoyés par les puissances étrangères (1). » Tel fut le remercîment envoyé par la société au

(1) *Journal des débats et de la correspondance de la société des Jacobins*, numéro 492. Voyez aussi *le Moniteur* des 11 et 12 septembre 1793. C'est à partir de cette séance que *le Moniteur* commence à rendre compte d'une manière suivie des séances des Jacobins.

libraire-imprimeur Prudhomme, qui plus tard, quand la République fut abattue de fait, n'oublia pas, dans son fameux livre *Des crimes et des erreurs de la Révolution*, de jeter à pleines mains la calomnie et la boue sur la mémoire de Robespierre.

XXXI

Vers cette époque éclata entre Maximilien et Bourdon (de l'Oise) une querelle sur laquelle nous avons à nous arrêter un moment, parce qu'elle creusa dans le cœur de Bourdon des abîmes de haine sans fond, et qu'elle eut pour le premier les plus fatales conséquences. Thermidor est en germe dans la séance des Jacobins dont nous allons bientôt rendre compte. Un général plébéien, défendu déjà par Robespierre, on s'en souvient, le général Rossignol, fut la cause involontaire de cette querelle.

De simple ouvrier orfévre devenu général des armées de la République, Rossignol devait être et était réellement sympathique à Robespierre, qui depuis si longtemps conseillait à ses concitoyens de substituer des chefs patriotes et populaires aux généraux de l'ancien régime entachés de suspicion; on n'avait qu'à frapper le sol, disait-il, pour en faire sortir des héros. Et sa prédiction ne manqua pas de s'accomplir. Il protégea Rossignol comme il protégea Hoche, Jourdan, Marceau et tant d'autres illustrations militaires issues des rangs plébéiens (1). Mais l'ancien vainqueur de la Bastille avait dans Goupilleau (de Fontenay) et Bourdon (de l'Oise), commissaires de la Convention en Vendée, des ennemis implacables. Ex-procureur, très-corrompu, ivrogne et furieux, selon M. Michelet (2), le représentant Bourdon (de l'Oise) était tout au général Tunk, dont il était le compagnon de débauches. Aussi, malgré une suspension prononcée contre cet officier par le ministre de la guerre, l'avait-il conservé dans son commandement, de concert avec ses collègues les deux Goupilleau, lesquels, ayant'leurs propriétés en Vendée, n'étaient pas fâchés d'avoir à leur disposition en quelque sorte un général tout dévoué à leurs intérêts. En conséquence, et malgré le décret de la Convention qui avait investi Rossignol du commandement de l'armée des côtes de La Rochelle, Bourdon et

(1) Le faible de Robespierre pour Rossignol s'explique certainement, dit M. Michelet. « Nous ne voyons pas cependant, » ajoute-t-il, « qu'il ait été le même pour les vrais héros sans-culottes, pour Hoche, pour Jourdan... » (T. VI, p. 285.) C'est que M. Michelet n'a pas voulu voir, comme on pourra s'en rendre compte.

(2) *Histoire de la Révolution*, t. VI, p. 282.

Goupilleau n'hésitèrent pas à le suspendre, prétextant qu'il avait commis des pillages et qu'il passait ses journées dans les cabarets. Mais c'étaient là de pures et odieuses calomnies, comme la Convention le sut bientôt par le récit de Bourbotte. En effet, ce député avait, à l'instigation de ses collègues Merlin (de Thionville), Reubell, Choudieu et Richard, précipitamment quitté la Vendée pour informer l'Assemblée de ce qui se passait et demander la réintégration de Rossignol. On sut de lui toutes les persécutions exercées par Bourdon (de l'Oise) contre l'élu de la Convention, et l'on n'apprit pas sans frémir qu'un hussard, pour avoir traité Rossignol de général, en dépit de l'arrêté des représentants Goupilleau et Bourdon, avait été indignement sabré sur l'ordre de ce dernier (1).

Ce fut vraisemblablement d'après les renseignements fournis par Bourbotte et Choudieu, deux patriotes intègres et sincères, que Robespierre écrivit dans ses notes : « Bourdon (de l'Oise) s'est couvert de crimes dans la Vendée, où il s'est donné le plaisir, dans ses orgies avec le traître Tunk, de tuer des volontaires de sa main. Il joint la perfidie à la fureur.... Cet homme se promène sans cesse avec l'air d'un assassin qui médite un crime. Il semble poursuivi par l'image de l'échafaud et des Furies (2). » On ne pouvait mieux peindre Bourdon, un des forcenés de la Terreur républicaine et de la Terreur blanche.

Rossignol s'était empressé d'accourir à Paris. Le jour même où la Convention entendait sa justification de la bouche de Bourbotte, de Tallien et de Lacroix, il parut à la barre. En quelques mots très-dignes et très-fermes, il remercia l'Assemblée, qui venait d'annuler l'arrêté de ses persécuteurs, et il prit l'engagement solennel de ne jamais capituler avec les ennemis du peuple. «Rossignol », lui répondit Robespierre qui présidait, « on connaît ton courage, on t'a vu au feu de la Bastille ; depuis ce temps tu as marché ferme dans le sentier du patriotisme. La Convention s'est empressée de te rendre justice, elle t'invite aux honneurs de la séance (3). » Deux jours après, un des Goupilleau venait réclamer contre la décision de l'Assemblée. Ce fut à peine si on voulut l'entendre. Robespierre essaya en vain de lui maintenir la parole, en disant que pour lui il avait lu les pièces et que c'était là qu'il puiserait son opinion. La réclamation de Goupilleau fut renvoyée au comité de Salut public, malgré

---

(1) Voy. le récit de Bourbotte dans *le Moniteur* du 30 août 1793, séance du 28.

(2) Note sur **Dubois-Crancé**, Delmas, Thuriot, Bourdon (de l'Oise), et Léonard Bourdon, qui figure sous le numéro LI, à la suite du rapport de Courtois, et dont l'original est aux *Archives*, F 7, 4436.

(3) *Moniteur* du 30 août 1793.

quelques opposants qui accusaient le comité de favoriser l'intrigue (1). Un redoublement de popularité dédommagea Rossignol des calomnies de Bourdon. Dans sa séance du 6 septembre, la société des Jacobins exprima le vœu de le voir investi seul de la mission de diriger les opérations dans la Vendée, et elle chargea Danton et Lejeune de transmettre ce vœu au comité de Salut public.

Les choses en étaient là quand Bourdon (de l'Oise), rappelé par la Convention, arriva à Paris. Il se présenta aux Jacobins dans la soirée du 11 septembre. Robespierre et Danton venaient précisément de défendre Hanriot, accusé par un officier de la gendarmerie des tribunaux d'avoir mangé avec les députés détenus. « Celui qui n'a pas été calomnié par les ennemis du peuple, » avait dit le premier, « n'est pas son ami zélé ; » et il avait promis au général la justice de ses contemporains et la reconnaissance de la postérité. Mais Hanriot a eu le sort des vaincus. Nous verrons plus tard si en effet ce général de la garde nationale parisienne mérite l'anathème stupide dont sa mémoire est chargée. La salle retentissait encore des applaudissements prodigués aux paroles de Robespierre, quand un citoyen, désignant du doigt Bourdon (de l'Oise), réclama son expulsion. Aussitôt Bourdon monta à la tribune. Il imputa l'arrestation de Rossignol à Westermann, que, malgré sa liaison bien connue avec lui, il accusa, entre autres délits, du vol de quelques couverts d'argent; mais il refusa de s'expliquer en public sur les motifs de la mesure prise au sujet du général. Robespierre, avec une modération singulière, et poussant l'urbanité jusqu'à rendre justice au patriotisme de Bourdon, insista pour qu'il eût à se justifier d'une conduite réprouvée par tout le monde. « Eh bien ! répliqua Bourdon en se laissant emporter à la violence de son caractère, je dirai tout, puisque l'on m'y force. » Robespierre, reprenant, attribua les désastres de la Vendée à la cabale dont Rossignol avait été victime. Il traça un portrait peu flatteur des hommes substitués à cet officier, et se plaignit de la lenteur de Goupilleau à déposer entre les mains du comité les pièces de cette affaire. Tantôt ce député prétextait qu'elles n'étaient pas encore copiées, tantôt qu'il se désistait de sa dénonciation contre Rossignol. « Quant à moi, s'écria Bourdon, je ne me désiste pas. » Robespierre réclama pour le dénonciateur toute l'attention de la société. Bourdon dit alors qu'il allait découvrir la vérité tout entière. Somme toute, il se borna à tâcher d'affaiblir l'effet des victoires du général et lui reprocha d'avoir été cause de l'insuccès d'une opération capitale en ne donnant pas l'ordre à sa division de

(1) *Moniteur* du 1er septembre 1793.

marcher sur Fontenay, comme cela avait été convenu. Ce fait ayant
été démenti par plusieurs membres, Bourdon affirma en avoir donné
les preuves au comité, et interpella Robespierre de déclarer si telle
était la vérité. Maximilien se levait pour répondre, lorsqu'Hébert lui
coupa la parole et s'opposa à ce qu'on répondît à une interpellation
insidieuse. Un tumulte effroyable s'ensuivit. Hébert traita Bourdon
(de l'Oise) de calomniateur. Un moment on crut qu'ils allaient en
venir aux mains à la tribune.

Le calme s'étant peu à peu rétabli, Bourdon reprit la parole, et
laissant Rossignol, il se lava d'un reproche qu'on ne lui avait pas
fait et qu'on n'avait pas sujet de lui adresser, celui d'avoir été trop
modéré : il avait brûlé sept châteaux, trois villages, douze moulins.
Et c'est bien ce que plus tard lui reprocha Robespierre : de s'être
couvert de crimes dans la Vendée. Interrompu par les murmures, il
revint au général, vanta ses qualités ; mais, interrompu de nouveau,
il quitta la tribune. Robespierre lui ayant succédé, blâma la conduite
tortueuse des commissaires de la Convention. Comment avait-on pu
dénoncer un général sur des faits si vagues et des inculpations si
légères ? Et puis, que signifiaient ces assertions nouvelles, très-
graves assurément, et dont on entendait parler pour la première
fois ? A tant d'astuce il opposa la franchise de Rossignol, son républicanisme ardent, sa fidélité dans l'observation des lois. Danton
parla ensuite dans le même sens. Mais une autre accusation attendait Bourdon : on lui reprocha très-amèrement d'avoir voulu faire
chasser Marat, et le citoyen Brichet réclama sa radiation de la société. Elle allait certainement être prononcée, quand Robespierre
vint à son secours. Personne plus que lui, dit-il, n'était indigné de
la conduite de Bourdon, cependant il le croyait plutôt coupable
d'erreur et d'entêtement que d'intention perfide. Jusqu'à ce jour
d'ailleurs il l'avait vu patriote, il engagea donc la société à ne pas
se montrer trop rigoureuse pour un moment d'égarement, et il demanda, en terminant, qu'on voulût bien ajourner la condamnation
de Bourdon, comme sans doute celui-ci n'avait fait qu'ajourner son
repentir (1). La société, au milieu des applaudissements, se rallia
à cette proposition. Mais Robespierre ne connaissait pas encore
Bourdon (de l'Oise). Déjà aigri par son rappel, ce député considéra
comme une injure la pitié un peu dédaigneuse dont il venait d'être
couvert, et il garda à Robespierre une rancune qui aura, comme
nous l'avons dit, de déplorables conséquences.

(1) Le compte rendu de cette séance est complétement tronqué dans les journaux du
temps. Voy. le *Journal des débats et de la correspondance de la société des Jacobins*,
numéro 495, et *le Moniteur* des 16 et 17 septembre 1793.

XXXII

Tout disposé à prêter la main aux officiers patriotes, à ces généraux sortis du sein du peuple et qui, devant tout à la République, semblaient tenus d'y être attachés d'âme et de corps, Robespierre, comme la plupart de ses collègues du reste, n'entendait pas les armer d'une grande autorité. On n'a pas oublié les justes méfiances manifestées par lui contre les chefs d'armée, dans ses mémorables disputes avec les Girondins au sujet de la guerre agressive. Il savait combien peu, communément, les gens d'épée sont favorables à la liberté. Son instinct lui disait que là était le danger pour elle. Aussi n'aimait-il pas à voir s'agrandir outre mesure la situation des généraux. Il demanda même le rapport d'une loi qui leur accordait, en dehors de leurs traitements, des rémunérations pécuniaires. C'était d'ailleurs, à ses yeux, une récompense indigne de la nation française; la plus flatteuse distinction dont pussent s'enorgueillir les officiers pour prix des services rendus par eux au pays consistait, selon lui, dans l'estime de leurs concitoyens (1).

Sa défiance à l'égard des hommes de guerre était donc constamment en éveil. Il ne fut sans doute pas étranger à la destitution de Kellermann, qu'il accusa d'être, sinon le seul auteur, du moins la principale cause des lenteurs du siége de Lyon (2). Ses soupçons contre cet officier lui venaient très-probablement d'un homme dont le nom a conservé quelque réputation, de Soulavie, déjà connu pour une édition des *Mémoires de Richelieu*, et récemment nommé résident de la République à Genève. Soulavie était alors dans les meilleurs termes avec Robespierre; de Genève il lui adressa, sur les affaires publiques, un certain nombre de lettres dont quelques-unes ont été publiées. Ces lettres portent toutes le cachet d'une véritable affection : « Mon cher Robespierre, vous avez l'esprit juste et le cœur bien fait (3)... » L'ancien abbé y donnait quelquefois à Maximilien des conseils dans le sens le plus révolutionnaire : « Nous sommes perdus, » lui écrivait-il par exemple, « nous tombons dans la contre-révolution bourgeoise, parce que les sans-culottes sont détruits; parce qu'il n'y a plus de finances; parce que

(1) Voy. *le Moniteur* du 9 septembre 1793, séance du 7.

(2) Voy. à ce sujet le *Journal des débats et de la correspondance de la société des Jacobins*, numéro 452, séance du 8 septembre aux Jacobins.

(3) Lettres de Soulavie, dans les *Papiers inédits trouvés chez Robespierre*, etc., t. Ier, p. 125.

nous sommes fédéralisés ou royalisés (1). » A propos de Kellermann,
il lui écrivait, après lui avoir fait part d'une dénonciation lancée
contre ce général par un citoyen dont il garantissait le patriotisme : « En
voici aujourd'hui une autre qui me vient d'un patriote qui m'a déclaré être fondé dans son accusation, pour avoir ouï dire chez les
plus notables du pays que Kellermann était vendu à l'Empereur et au
Piémont (2). » Emanant d'un homme grave et revêtu d'un caractère
officiel, cette accusation pouvait avoir pour le général un résultat
plus fâcheux qu'une disgrâce provisoire ; mais Robespierre, ce semble, n'y attacha pas beaucoup d'importance. Quand plus tard, sur
une dénonciation formelle du représentant Levasseur, Kellermann
fut livré au tribunal révolutionnaire, par lequel il fut acquitté,
Maximilien n'était plus.

Quoi qu'il en soit, les mesures de précaution prises à cette époque
contre les généraux sont pleinement justifiées, et il n'y a pas lieu
de s'étonner si le comité de Salut public leur traçait minutieusement les limites dans lesquelles devaient s'exercer leurs pouvoirs.
Nous avons sous les yeux un arrêté en date du 18 septembre 1793,
où, entre autres dispositions assez rigoureuses, il leur était enjoint
de faire dresser un état de tous les objets saisis en pays ennemis, et
d'en envoyer sur-le-champ copie au ministre de la guerre et au
comité de Salut public. La République n'entendait pas que la
guerre servît de moyen de fortune à ses généraux, auxquels, par
le même arrêté, il était expressément recommandé de veiller à ce
que les contributions fussent régulièrement levées, suivant les
droits de la guerre, et d'empêcher les soldats de se livrer à aucun
excès chez les habitants des pays conquis (3).

Le soir même du jour où le comité de Salut public prenait cet
arrêté, Robespierre tombait malade d'une indisposition qui dura
quelques jours. Ce fut pendant son absence qu'en exécution du
décret rendu le 17 par la Convention, sur le rapport de Merlin (de
Douai), ses collègues Barère, Hérault-Séchelles, Jean-Bon Saint-
André, Carnot, Prieur (de la Marne) et Prieur (de la Côte-d'Or)

(1) Lettres de Soulavie, dans les *Papiers inédits*..., t. Ier, p. 128.

(2) *Ibid.*, p. 122. — Courtois n'a pas jugé à propos de donner, à la suite de son
rapport, les lettres de Soulavie. — Caractère assez bas, Soulavie n'a pas manqué,
après Thermidor, de calomnier, avec quelque modération il est vrai, celui que
dans ses lettres il appelait *mon cher Robespierre*. Voy. ses *Mémoires historiques et
politiques*, le t. VI principalement.

(3) Registre des délibérations et arrêtés du comité de Salut public, séance du 18
septembre. Étaient présents : Jean-Bon Saint-André, Carnot, C. A. Prieur, Saint-Just,
Robespierre, Hérault-Séchelles, Billaud-Varenne. *Archives*, 434, *a a* 71.

ordonnèrent l'arrestation de tous les suspects à Rouen, à Toulouse, à Nîmes, à Montpellier, à Avignon, à Lorient, à Brest, à Cherbourg, et leur transfèrement dans le Nord à cinquante lieues de leurs pays (1). Le 24 septembre, jour où Robespierre revint pour deux jours seulement, car il retomba presque aussitôt malade (2), le comité décréta l'établissement du télégraphe, nouvellement inventé par Chappe, sur les tours, clochers et emplacements choisis par l'inventeur. Ainsi la science ne restait pas stationnaire tandis que la Révolution marchait à pas de géant en affranchissant l'humanité.

A l'heure où Robespierre reparaissait, une sorte de croisade s'était organisée contre le comité de Salut public. Elle avait pour meneurs un certain nombre de représentants revenus de mission et qui reprochaient au comité de n'avoir pas favorisé leurs créatures, ou suffisamment accueilli leurs réclamations. On y voyait figurer Merlin (de Thionville), à qui l'on pardonnait difficilement la reddition de Mayence, et dont Robespierre écrivait, dans un rapport qu'il ne prononça pas d'ailleurs : « Merlin, fameux par la capitulation de Mayence, plus que soupçonné d'en avoir reçu le prix (3). » Puis venaient Cochon de Lapparent et Briez, coupables, aux yeux de Maximilien, de ne s'être point ensevelis sous les ruines de Valenciennes; les deux Goupilleau, dont la conduite dans la Vendée se trouvait fortement incriminée; Courtois, déjà dénoncé au comité de Salut public comme déprédateur, et dont les liaisons avec Custine avaient été l'objet d'une grave dénonciation (4); son ami Bourdon (de l'Oise), qui avait à venger sa dernière humiliation aux Jacobins; Duhem, toujours furieux de son rappel, et Thuriot, qui venait de se séparer de ses collègues du comité, où du reste on ne le voyait guère, pour passer dans le camp de leurs adversaires (5). Il faut ajouter à ce parti de mécontents dans la Convention la fac-

(1) Registre des délibérations et arrêtés du comité de Salut public, séance du 19 septembre. Étaient présents : Barère, Hérault-Séchelles, Jean-Bon Saint-André, Carnot, C. A Prieur, Prieur (de la Marne). *Archives, ubi suprà.*

(2) Robespierre fut malade du 19 au 23 septembre et du 26 septembre au 2 octobre. Ses absences sont constatées par les registres du comité.

(3) Rapport sur la faction Fabre d'Églantine. Il figure sous le numéro LII à la suite du rapport de Courtois. Voy. p. 199.

(4) Voy. une dénonciation de Saintexte contre Courtois à ce sujet dans le numéro 499 du *Journal des débats et de la correspondance de la société des Jacobins*, séance du 18 septembre. Voyez aussi — singulier rapprochement — ce que dit Courtois du général Custine, dans son rapport (p. 15, en note).

(5) M. Carnot, dans ses Mémoires sur son père, attribue la démission de Thuriot à des démêlés de celui-ci avec Robespierre (t. 1er, p. 347). Mais il aurait fallu appuyer cette assertion de quelque preuve, et c'est ce que M. Carnot n'a pas fait, suivant d'ail-

tion d'Hébert, laquelle commençait à se montrer, et dont les principaux chefs, après avoir accaparé les emplois les plus élevés au ministère de la guerre, supportaient difficilement leur état d'infériorité à l'égard des membres du comité de Salut public et des représentants en mission.

L'agression commença le 24, à propos d'une lettre du ministre de la guerre annonçant la destitution des généraux Houchard, Landremont et Shombourg, et leur remplacement par les généraux Jourdan, Delmas et Moreau. Ces mesures furent immédiatement l'objet du blâme des représentants Duroy et Génissicu. Le premier demanda que le pouvoir exécutif ne pût suspendre, destituer ni remplacer les généraux sans avoir au préalable consulté la Convention. Billaud-Varenne répondit assez aigrement que ces destitutions avaient été décidées d'accord avec le comité de Salut public; Jean-Bon Saint-André, lui succédant, reprocha à Houchard de s'être entouré de contre-révolutionnaires. Mais le grand crime de ce général, aux yeux du comité, était de n'avoir pas su profiter de la victoire d'Hondschoote. La querelle, un moment apaisée, se raviva à la lecture d'une nouvelle lettre de Bouchotte faisant à l'Assemblée part de la nomination de Vilain d'Aubigny comme second adjoint au ministère de la guerre pour la deuxième division. Ce d'Aubigny, grand ami de Danton et camarade de Saint-Just, — c'était à lui que Saint-Just avait écrit la fameuse lettre : « Arrachez-moi le cœur et mangez-le, vous deviendrez ce que vous n'êtes pas, grands! (1), » — ce d'Aubigny, dis-je, avait été violemment poursuivi par la faction girondine, qui l'avait calomnieusement accusé d'avoir commis des vols aux Tuileries dans la journée du 10 août, à laquelle il avait pris une part glorieuse. Avec une mauvaise foi évidente, Bourdon (de l'Oise) demanda si c'était ce même d'Aubigny qu'on élevait à un poste important du ministère de la guerre, où du reste il avait déjà, l'année précédente, occupé une haute position. Le comité de Salut public n'avait pas eu connaissance de cette nomination, il le déclara par la bouche de Billaud-Varenne (2). Nous verrons bientôt ce qu'il advint de cette affaire.

Ce n'était là que le prélude d'attaques plus sérieuses. Le lendemain, Aimé Goupilleau, Duhem et Briez prirent tour à tour la parole. Le premier dénonça Rossignol comme ayant refusé de se conformer

leurs sa constante habitude. Thuriot donna sa démission le 20 septembre, c'est-à-dire pendant la maladie de Robespierre.

(1) Au sujet des relations de d'Aubigny avec Saint-Just, voy. notre *Histoire de Saint-Just*.

(2) Voy. *le Moniteur* du 26 septembre, séance du 24.

au plan général arrêté pour la campagne de la Vendée; le second, tenant à la main une lettre de Bentabole datée d'Arras, annonça que subsistances et administrations allaient très-mal dans le Nord. Tout cela tombait d'aplomb sur le comité de Salut public. Enfin Briez, un des commissaires de la Convention à Valenciennes lors de la reddition de cette ville, donna lecture d'un mémoire sur la situation de l'armée du Nord, mémoire dans lequel il reprocha au comité de Salut public de garder le silence et de ne pas prendre les mesures nécessaires. Ces reproches injustes devaient profondément toucher les hommes dévoués qui siégeaient au comité de Salut public; mais autre chose en augmenta singulièrement l'amertume, ce fut l'approbation que sembla leur donner la Convention en décrétant l'impression du mémoire de Briez, et en adjoignant son auteur au comité. C'était une sanglante ironie. Merlin (de Thionville) et Delaunay (d'Angers) apportèrent aussi leur contingent de critiques mal fondées.

Billaud-Varenne prit la parole pour défendre les actes du comité auquel il appartenait, et qui, dit-il, frémissait depuis quarante-huit heures de l'horrible coalition formée par tous les intrigants, dont le but était d'anéantir la République et la Convention nationale, laquelle, ajouta-t-il avec raison, répondait en masse du salut public. Barère vint après, et parla au nom de tous ses collègues. Il parla longuement, après avoir promis, dès le début, de déjouer les intrigues et les dénonciations artificieuses d'une secte de petits ambitieux. Il répondit à tous les reproches, expliqua très-nettement les mesures prises par le comité, mais tout cela en termes humbles et prolixes. Du mémoire de Briez qui, après avoir rendu à l'ennemi une ville frontière, n'avait pas craint de prendre à partie le comité de Salut public, pas un mot!

Tant d'habiletés et de précautions oratoires ne pouvaient convenir au caractère, à la franchise de Robespierre. Se dirigeant d'un pas rapide vers la tribune : « Si ma qualité de membre du comité de Salut public, » dit-il, « doit m'empêcher de m'expliquer avec une entière indépendance sur ce qui s'est passé, je l'abdique à l'instant, et après m'être séparé de mes collègues, que j'estime et que j'honore (et l'on sait que je ne suis pas prodigue de ce sentiment), je vais dire à mon pays des vérités nécessaires. » Après cet exorde, il flétrit, aux applaudissements de l'Assemblée, comme un ennemi de la patrie, celui qui cherchait à avilir, à diviser et à paralyser la Convention, soit qu'il siégeât dans cette enceinte ou qu'il y fût étranger, soit qu'il agît par sottise ou par perversité. Ce projet d'avilissement, il existait, disait-il, là où le patriotisme devrait régner et dans des clubs se prétendant plus que patriotes. On voit tout de suite la double allusion. Quelques membres envieux et prévenus entreprenaient une guerre injuste contre le comité de Salut public, ajoutait-il, et traitaient comme des protecteurs de l'aristocratie ceux qui, au milieu des poignards et au péril de leur vie, avaient ici défendu les droits du peuple et de la liberté; mais la Convention ne permettrait pas la continuation de ce lâche système d'attaques, car sa gloire était liée au succès des travaux des hommes qu'elle avait investis de sa confiance. Et dans quel moment venait-on lancer contre le comité de Salut public des traits empoisonnés! « On nous accuse de ne rien faire, » poursuivait Maximilien, « mais a-t-on réfléchi à notre position? Onze armées à diriger, le poids de l'Europe entière à porter, partout des traîtres à démasquer, des émissaires soudoyés par l'or des puissances étrangères à déjouer, des administrateurs infidèles à surveiller, partout à aplanir des obstacles et des entraves à l'exécution des plus sages mesures, tous les tyrans à combattre, tous les conspirateurs à intimider, eux qui se trouvent presque tous dans une caste si puissante autrefois par ses richesses et encore par ses intrigues : telles sont nos fonctions. » Se demandant ensuite comment, sans unité d'action, sans secret dans les opérations, et surtout sans la certitude de trouver un appui dans la Convention, le gouvernement triompherait de tant d'obstacles et de tant d'ennemis, il ne pouvait qu'attribuer à l'extrême ignorance ou à la plus profonde perversité ce jeu qu'on semblait se faire de chercher à avilir la Convention dans ceux de ses membres à qui elle avait confié le timon des affaires.

Le comité de Salut public destituait-il un général encore couvert de l'éclat d'un triomphe apparent, on lui imputait à crime sa fermeté même. On critiquait ses travaux sans les connaître ; on le dénonçait pour avoir remplacé deux officiers nobles par des généraux patriotes, tandis qu'à côté de cela on ne cessait de déclamer contre les nobles. On osait lui reprocher ses choix; mais n'était-ce pas à Jourdan, au successeur de Houchard, qu'était due la victoire de Hondschoote? Valaient-ils moins les officiers placés à la tête des armées de la Moselle et du Rhin? Et cependant ils étaient encore un prétexte de calomnies contre le comité. Quelle était donc la cause de ces dénonciations? « Ah! » s'écria-t-il alors, « cette journée a valu à Pitt, j'ose le dire, plus de trois victoires. A quel succès, en effet, peut-il prétendre, si ce n'est à anéantir le gouvernement national que la Convention a établi, à nous diviser, à nous faire déchirer de nos propres mains? Et si nous passons dans l'Europe pour des imbéciles ou des traîtres, croyez-vous qu'on respectera davantage la Convention qui nous a choisis? Il est donc important que le gouvernement prenne de la consistance et que vous remplaciez les membres d'un comité qui vient d'être dénoncé avec succès dans votre sein. » Non, non! s'écria l'Assemblée d'une voix unanime. Alors lui, reprenant : « Il ne s'agit pas ici des individus, il s'agit de la patrie et des principes. » Combien perfides étaient les continuateurs de ceux qui jadis avaient aussi entrepris d'avilir et de dissoudre la Convention! Et à ce sujet il rappela que la faction n'était pas morte, qu'elle conspirait du fond de ses cachots, que les serpents du *marais* n'étaient pas encore tous écrasés. C'est vrai, c'est vrai! s'écria-t-on de toutes parts.

Mais il ne suffisait pas à Robespierre d'avoir défendu avec tant de puissance et de logique le comité de Salut public si injustement attaqué; il poussa droit aux auteurs de l'agression. Qu'on brisât cet instrument qui avait mérité la haine des rois et des fripons, c'était bien; mais auparavant il voulait faire connaître les dénonciateurs, lesquels avaient été eux-mêmes dénoncés au comité. « D'accusateurs, » dit-il, « ils vont devenir accusés. » De violents applaudissements accueillirent ces paroles. Plus d'un trembla, parmi ceux qui si maladroitement avaient lancé ce brandon de discorde, en voyant la tournure que prenaient les choses et le revirement soudain de l'Assemblée sous l'impression du discours de Robespierre. Beaucoup toutefois, et non des moins envieux, se rassurèrent lorsqu'ils entendirent Maximilien se borner à désigner Custine pour avoir persécuté les patriotes à Lille, et Briez, auquel il ne pouvait pardonner d'avoir rendu une place dont on lui avait confié la défense. La liberté était perdue, pensait-il, si de tels hommes parvenaient à prouver que le comité de Salut public n'était pas composé de bons citoyens. Il n'avait pas d'ailleurs l'intention de rendre ici imputation pour imputation. « Je prends, en terminant, l'engagement de ne jamais diviser les patriotes; mais je ne comprends pas parmi les patriotes ceux qui n'en ont que le masque, et je dévoilerai la conduite de deux ou trois traîtres qui sont ici les artisans de la discorde et de la dissension. » Et comme, à ses yeux, la patrie était perdue si le gouvernement ne jouissait d'une confiance illimitée et n'était composé d'hommes la méritant, il renouvela sa proposition de procéder au remplacement des membres du comité de Salut public. Non, non! s'écria de nouveau tout d'une voix la Convention nationale. La coterie était vaincue.

Nul de ceux qui s'étaient montrés si arrogants au début de la séance n'osa répondre à ce discours foudroyant, tant il avait causé d'impression sur l'Assemblée. Seul Briez vint balbutier de timides excuses. Il n'avait point eu, dit-il, l'intention d'inculper le comité de Salut public. Quant à sa conduite au siége de Valenciennes, ils avaient, ses collègues et lui, vu la mort de très-près, et conservé du moins à la République une garnison importante. Ne se reconnaissant pas, du reste, les talents nécessaires pour appartenir au comité, il déclina l'honneur d'y être adjoint. Sur-le-champ la Convention rapporta son décret. Puis elle entendit un autre membre du comité de Salut public, Jean-Bon Saint-André, dont elle couvrit d'applaudissements les paroles. Enfin, comme des soupçons insidieux avaient été répandus sur le compte du comité, Billaud-Varenne réclama le rapport du décret qui mettait des fonds à sa disposition. Quelques membres ayant vivement demandé l'ordre du jour, Barère s'y opposa, tenant à ce que la Convention exprimât par un vote formel son opinion sur son comité de Salut public.

Clore le débat par l'ordre du jour pur et simple, c'était assurément ce que voulaient les imprudents auteurs de cette levée de boucliers ; c'était donner aux agresseurs un avantage dont ils n'eussent pas manqué de se prévaloir au dehors. Robespierre le sentit bien, et il reprit la parole pour soutenir la motion de Barère. Il ne put s'empêcher d'exprimer le sentiment pénible qu'il avait éprouvé dans cette discussion en entendant applaudir Barère par ceux-là mêmes qui n'avaient cessé de calomnier indistinctement tous les membres du comité. Certainement chacun avait le droit d'émettre son opinion sur les opérations de ce comité, de dire toute sa façon de penser, seulement c'était à la Convention de le soutenir dans ses pénibles fonctions ; car il fallait, pour sauver la patrie, non-seulement de grands caractères et de grandes vertus, mais aussi des hommes qui osassent proposer les plus fortes mesures et attaquer l'amour-propre de tel ou tel individu. Robespierre avait promis à la Convention la vérité tout entière ; il lui reprocha de ne s'être point montrée, dans ce débat, à la hauteur de la situation. Comment, après avoir entendu un rapport où, sous prétexte de l'instruire des circonstances de la reddition de Valenciennes, on avait eu uniquement pour but d'incriminer le comité de Salut public, avait-elle pu adjoindre au comité l'auteur de ce rapport ? « Je vous le déclare, » dit-il, « celui qui était à Valenciennes lorsque l'ennemi y est entré n'était pas fait pour être membre du comité de Salut public. » Les plus vives acclamations retentirent à ces mots. Briez avait tout à l'heure essayé de se justifier de la reddition de Valenciennes. « Ce membre, » reprit Robespierre, « ne répondra jamais à cette question : ETES-VOUS MORT ? » A cette rude et étrange parole qu'on ne manquerait pas, à coup sûr, de trouver sublime dans Corneille, et qui dut percer comme un trait la poitrine de Merlin (de Thionville), car lui non plus n'était pas mort dans Mayence, un tonnerre d'applaudissements plusieurs fois réitérés éclata soudain. Puis, quand le silence se fut rétabli : « Si j'avais été à Valenciennes en cette circonstance, je n'aurais jamais été dans le cas de vous faire un rapport sur les événements du siége ; j'aurais voulu partager le sort des braves défenseurs qui ont préféré une mort honorable à une honteuse capitulation. » L'Assemblée applaudit encore ici avec enthousiasme ces paroles de Robespierre, où l'on reconnaît la trempe énergique de son caractère si mal connu et si calomnié.

Pour lui, ajoutait-il, il n'aurait pas voulu rester membre du comité de Salut public si un tel homme en avait fait partie. Cela pouvait paraître dur, mais il ne savait s'attendrir que sur la vertu malheureuse, l'innocence opprimée, et sur le sort d'un peuple généreux froidement égorgé. Presque à chaque phrase l'orateur était obligé de s'arrêter, interrompu par les acclamations de l'Assemblée. Elle applaudit encore quand, relevant une proposition dictée à Billaud-Varenne par un excès de susceptibilité au sujet des fonds mis à la disposition du comité, Robespierre, avec une fierté pleine de grandeur, déclara qu'il ne faudrait pas croire à la probité pour soupçonner le comité de Salut public ; quand il adjura ses collègues de laisser aux tyrans et aux journalistes stipendiés par eux le soin d'avilir la Convention, ajoutant qu'il lui suffirait, pour lui, de conserver l'estime de soi-même et celle des plus purs républicains, de sentir dans son cœur la force de défendre jusqu'à la mort la cause du peuple et de mépriser tous les tyrans et les fripons qui les servaient ; quand enfin il somma la Convention de proclamer, pour déjouer les calculs des imposteurs, qu'elle conservait toute sa confiance au comité de Salut public (1).

L'Assemblée écouta, distraite, quelques explications nouvelles de Briez et de Duroy, mais elle retrouva son enthousiasme à ces paroles de Barère : « L'homme qui n'a pas souffert pendant cette misérable discussion n'a pas de vertus civiques. Où en serions-nous donc si Ro-

(1) Voy., pour cette séance, *le Moniteur* du 27 septembre 1793, et le *Journal des débats et des décrets de la Convention*, numéro 372, dont la version, quant aux discours de Robespierre, diffère d'une façon assez sensible de celle du *Moniteur*. Nous avons suivi en grande partie celle du *Moniteur*, qui nous a paru plus complète. — Il n'est pas possible de dénaturer une séance de la Convention comme l'a fait M. Michelet pour cette mémorable séance du 25 septembre. Il met en présence Robespierre et l'Assemblée seuls, pour ainsi dire, comme si Billaud-Varenne, Barère, Jean-Bon Saint-André, n'avaient pas, avec une énergie égale, défendu la politique du comité de Salut public contre ses détracteurs. (Voy. t. VI, chap. viii.)

bespierre avait besoin de se justifier devant la Montagne? » Il proposa, en conséquence, à la Convention de déclarer, par un vote solennel, à la face du pays, que le comité de Salut public avait toute sa confiance. A ces mots l'Assemblée, comme électrisée, se leva tout entière, par un mouvement spontané, et d'une voix unananime, elle donna un vote de confiance à son comité. Billaud-Varenne demanda alors si elle approuvait également toutes les mesures prises par ce comité, et avec une égale unanimité l'approbation fut votée au milieu des applaudissements universels.

L'importance de cette séance et de ces votes n'échappera à personne. De ce jour, en effet, date la toute-puissance, la dictature morale, non point de Robespierre, mais du comité de Salut public tout entier. Et afin qu'il n'y eût plus de confusion possible, la Convention décréta, sur un nouveau rapport de Barère, que son comité de Salut public porterait seul désormais cette dénomination. Quant aux autres comités de ce nom, établis dans les diverses sections des départements de la République, on les appela *comités de surveillance* (1). Sans doute tout l'honneur de cette discussion mémorable revient à Robespierre, et sa popularité s'en trouva consacrée dans le pays; mais Billaud-Varenne, mais Barère, Prieur, Jean-Bon Saint-André, avaient également pris la défense du comité. Si Maximilien l'emporta sur ses collègues, si ce fut lui surtout qui tint charmée sous sa parole la Convention nationale, qui détermina son vote, ce fut par la puissance de l'éloquence et de la raison, les seules armes dont il disposa jamais, les seules forces devant lesquelles il soit permis aux hommes de s'incliner sans bassesse. La Convention pouvait, d'un mot, briser son comité de Salut public, elle ne le voulut pas, parce qu'elle comprit qu'en le remplaçant par un comité d'envieux et d'impuissants, — on le vit trop après Thermidor, — elle livrerait la patrie aux factions de l'intérieur et aux rois coalisés. Par son vote, qui valait une armée, elle laissa à son comité une liberté d'action sans laquelle tous ses efforts eussent été paralysés, et la République fut sauvée. Nous aurons d'ailleurs à revenir plus d'une fois sur le rôle effectif de ce fameux comité de Salut public, et à dire quelle part de responsabilité revient à chacun de ses membres.

XXXIII

Les Jacobins devaient nécessairement ressentir le contre-coup de la séance conventionnelle. Coupé (de l'Oise), qui présidait, com-

---

(1) *Journal des débats et des décrets de la Convention*, numéro 372, p. 357.

mença par en faire l'historique. Parmi les membres de la cabale, il cita Thuriot, Duhem, Duroy, et engagea vivement les Jacobins à se rallier autour du comité de Salut public, dont il vanta la fermeté, l'énergie et les talents. Après lui, un membre, nommé Raisson, s'attacha à établir une sorte de connexité entre la conduite des Montagnards hostiles au comité et celle de Vincent et d'Hébert, qui avaient demandé, l'un aux Cordeliers, l'autre aux Jacobins, la réorganisation du pouvoir exécutif, la réunion d'une nouvelle législature et le rappel des représentants en mission près les armées. C'était uniquement par une tactique habile, dit un autre membre, qu'on avait l'air de plaindre les généraux des rigueurs dont ils avaient été l'objet de la part des autorités constituées.

Robespierre se leva alors pour justifier les mesures prises par le comité de Salut public. A l'égard du général en chef de l'armée du Nord, il s'expliqua en ces termes : « Un plan dont le succès était infaillible avait été formé et communiqué à Houchard ; son but était d'anéantir d'un seul coup tous les efforts de nos ennemis. Il ne fallait pas de connaissances militaires pour s'en convaincre, il était impossible, pour quiconque connaît les hommes et les localités, qu'il échappât un seul Anglais pour porter à ses compagnons la nouvelle de ce désastre. » Robespierre, on le voit, ne ménageait pas l'éloge à Carnot, car ce plan si infaillible, c'était l'œuvre de son éminent collègue, qui, on peut le dire, ne lui rendit jamais pareille justice. Houchard n'avait pas exécuté ce plan, et le succès n'ayant point couronné celui qu'il avait suivi, sa conduite en cette circonstance avait équivalu, aux yeux du comité de Salut public, à une véritable trahison. Ce fut donc vraisemblablement Carnot qui demanda la destitution de Houchard, comme plus tard il exigea, pour une obstination analogue à celle de ce général, la destitution et l'arrestation de Hoche (1). Si nous n'avions pas été vaincus à Hondschoote, poursuivait Robespierre, c'était grâce à un vrai républicain qui se trouva là pour réparer les fautes du général en chef. « Un général de division, » dit-il, « dont le nom est respecté dans la Révolution, Jourdan, se met à la tête de sa division, lui inspire tout le feu du républicanisme dont son âme est embrasée ; il

(1) M. H. Carnot a beau dire, dans ses Mémoires sur son père, que Carnot fit de vains efforts pour sauver la vie à Houchard (t. Ier, p. 399), nous n'en croyons rien. Il assure, et sans doute il a raison, que ce fut Carnot qui, témoin de la belle conduite de Jourdan à Hondschoote, le désigna au comité comme successeur de Houchard, mais aussi, par une logique inflexible, il dut réclamer la destitution du général coupable de n'avoir pas réparé par le succès la faute d'avoir dédaigné d'exécuter le plan que lui, Carnot, avait tracé.

se précipite sur Hondschoote, il l'emporte. C'est lui qui succède à Houchard, tel est le prix de sa valeur et de son patriotisme. » Robespierre énuméra ensuite les nominations des généraux de brigade et de division, toutes basées, dit-il, sur les témoignages de leurs armées et la connaissance qu'avaient d'eux les hommes qui les plaçaient dans des emplois si importants. Hoche, Ernouf, Dumas, le père de notre célèbre romancier, faisaient partie de ces promotions. Puis, après avoir résumé en quelques mots rapides ce qui s'était passé dans la journée à la Convention, et expliqué comment, en demandant à l'heure présente la réorganisation du pouvoir exécutif, des patriotes égarés cédaient involontairement aux suggestions des ennemis de la Révolution, il termina en rappelant aux Jacobins qu'ils avaient fait cette Révolution pour le seul plaisir de rendre leurs frères libres. « Vous soutiendrez la Montagne qu'on attaque, vous soutiendrez le comité de Salut public qui se montre digne de la liberté, et c'est ainsi qu'avec vous il triomphera des attaques des ennemis du peuple ; c'est ainsi que par vous il fera triompher la liberté et triomphera avec elle (1). »

Épuisé par les fatigues de cette journée, Robespierre se trouva de nouveau obligé de garder la chambre. Jusqu'au 3 octobre il ne parut pas au comité de Salut public (2). Ce fut pendant son absence que furent décrétés d'accusation le général Houchard et son chef d'état-major Barthélemy, ce dernier violemment incriminé par Jean-Bon Saint-André dans la séance du 15 (3), les généraux d'Hédouville, Dumesny, de Mars et Beysser (4). Il vint un instant aux Jacobins dans la soirée du 28, se plaignit de la lenteur que mettait le ministre de la justice à promulguer la loi portant réorganisation du tribunal révolutionnaire (5), et engagea la Société à n'apporter aucun retard dans la désignation des candidats indiqués au choix du ministre de la guerre pour le commandement de l'armée révolutionnaire. On

(1) *Journal des débats et de la correspondance de la société des Jacobins*, numéros 503 et 504 ; et *Moniteur* du 30 septembre 1793.

(2) Registres des délibérations et arrêtés du comité de Salut public. *Archives.*

(3) *Ibid.*, séance du 27 septembre. *Archives*, 435 a a 72.

(4) *Ibid.*, séance du 28. Étaient présents : Collot d'Herbois, Prieur (de la Marne), Barère, Billaud-Varenne, C. A. Prieur, Jean-Bon Saint-André.

(5) Dans la séance du 28 septembre, Voulland, au nom des comités de Sûreté générale et de Salut public, présenta à la Convention et fit adopter la liste des citoyens arrêtée par les deux comités pour compléter la formation des quatre sections du tribunal révolutionnaire. Voy. cette liste dans l'*Histoire parlementaire*, t. XXIX, p. 154. Voulland n'était rien moins qu'un ami de Robespierre ; mais M. Michelet, qui n'y regarde pas de si près, écrit : « Au tribunal, il (Robespierre) mit les siens, des hommes à lui, et qui lui appartenaient personnellement . » (T. VI, p. 304.)

négligeait ainsi, selon lui, le seul moyen d'atterrer les ennemis du peuple, qui de toutes parts relevaient une tête insolente et se promettaient des succès (1). Le surlendemain, 30 septembre, on le vit à la Convention, où il accourut à la réception d'une lettre désespérée de d'Aubigny, adjoint du ministre de la guerre, récemment inculpé par Bourdon (de l'Oise). Le ministre avait fait parvenir à l'Assemblée, par l'entremise même de Robespierre, des pièces justificatives concernant d'Aubigny, dont l'innocence avait été solennellement reconnue par les tribunaux, et ces pièces n'avaient pas encore été lues. « A quoi donc tiennent toutes ces longueurs ? » écrivait d'Aubigny à Maximilien. « Vous connaissez mon cœur, il vous est tout dévoué, ainsi qu'à sa patrie, qu'il aime avec transport. Il est fier, sensible ; il est couvert des blessures de l'aristocratie, des Feuillants, des modérés et de tous les scélérats qui les servent sous différents masques. Jugez de ma position, elle est douloureuse.... (2). » Robespierre ne perdit pas un instant ; il se rendit, quoique malade, à la Convention, où, séance tenante, et à sa demande vraisemblablement, un des secrétaires donna lecture des pièces justificatives qu'il appuya de quelques paroles en faveur de d'Aubigny. « Sauver l'honneur d'un innocent, » dit-il, « c'est plus que lui sauver la vie. Je vais remplir cette tâche honorable. Si pour perdre un patriote il suffisait qu'il fût accusé, il n'en serait pas un seul qui ne dût succomber sous les atteintes des calomniateurs et des ennemis du peuple. D'Aubigny est inculpé : il ne faut pas qu'un homme appelé à une fonction importante soit chargé d'un soupçon, il doit avoir la confiance des patriotes ou être destitué. » Il expliqua ensuite comment, au temps de la puissance des Girondins, d'Aubigny avait été victime des calomnies de la faction, et les applaudissements avec lesquels l'Assemblée accueillit ses paroles furent pour son client la plus éclatante des justifications (3).

XXXIV

Tandis que la Convention et le comité de Salut public, décidés à en finir avec les ennemis actifs de la Révolution, ajoutaient aux lois

(1) Le *Journal des débats et de la correspondance de la société* est muet sur cette apparition de Robespierre aux Jacobins dans la soirée du 28. Voy. *le Moniteur* du 4 octobre 1793.

(2) Cette lettre ne figure pas à la suite du rapport de Courtois. — D'Aubigny était dantoniste comme ce dernier. — Voy. *Papiers inédits*, t. Ier, p. 356.

(3) *Journal des débats et des décrets de la Convention*, numéro 377, p. 411, et *Moniteur* du 2 octobre.

sévères déjà rendues par l'Assemblée législative, et se disposaient
à les appliquer rigoureusement, mais sans sortir des limites de la
justice inflexible et du bon sens, les enragés semblaient prendre à
tâche de rendre la République odieuse au monde entier par l'exagération sanguinaire de leurs actes et de leur langage. Depuis longtemps on réclamait le jugement des Girondins, coupables d'avoir
allumé la guerre civile et soulevé contre la Convention une partie
des départements. Dans la matinée du 1er octobre, une députation
des diverses sociétés populaires de Paris vint à la barre de l'Assemblée demander de nouveau le renvoi immédiat de Brissot et de ses
complices devant le tribunal révolutionnaire. « Il importe, » s'écria
le dantoniste Thuriot, « que ceux qui ont combiné la perte de la patrie
subissent un prompt jugement. Le vœu des pétitionnaires est celui
de la France entière, c'est celui de la justice... » Et il voulait que,
séance tenante, le comité de Sûreté générale présentât l'acte d'accusation (1). Cette proposition avait été décrétée quand, sur des
observations de Voulland, la Convention, revenant sur son vote,
accorda au comité un délai de trois jours. Mais il ne suffisait pas
aux enragés des quelques Girondins désignés par Saint-Just à la
vengeance nationale; il leur fallait une plus vaste hécatombe. Hébert, par exemple, ne voulait pas de distinction entre les auteurs
et les agents de la conspiration, et par agents il entendait les
soixante-treize signataires de la protestation contre le 31 mai. « Il
n'y a plus à reculer, f...! » écrivait-il dans son journal; « les traîtres
sont au pied du mur. Il faut que justice soit faite. Cartouche-Bris-
sot et sa bande de voleurs et d'assassins vont recevoir le prix de
leurs forfaits (2). » Et plus loin : « Eh! vite donc, maître Samson,
graisse tes poulies et dispose-toi à faire faire la bascule à cette
bande de scélérats (3). » Les soixante-treize Girondins vont être
sauvés comme par miracle, ainsi qu'on le va voir; mais cela n'empêchera pas le Père Duchesne de revenir à la charge. Après s'être
réjoui, dans son langage immonde, de la mort des Girondins guillotinés, il s'écriera bientôt, à propos des soixante-treize : « Les autres j... f... qui sont en arrestation ne sont-ils pas aussi coupables
qu'eux?... Est-ce donc parce qu'ils sont députés que l'on voudrait
les épargner?... Point de pitié, f...! Point de quartier, f...! Quand
on a du mauvais sang, il faut le tirer. La Convention s'est couverte
de gloire en se purgeant de ces immondices; ceux qui veulent la

(1) *Moniteur* du 2 octobre 1793, et *Journal des débats et des décrets*, numéro 378,
page 2.
(2) *Le Père Duchesne*, numéro 294.
(3) *Ibid.*, numéro 303.

faire revenir sur ses pas sont des traîtres et des complices de la faction brissotine... (1). » Robespierre était donc du nombre de ces complices, suivant Hébert.

Et si des voix furieuses dévouaient ainsi à l'échafaud les soixante-treize signataires de la protestation contre le 31 mai, ce n'était pas seulement en dehors de la Convention. Il y avait au sein même de l'Assemblée un certain nombre d'hébertistes qui présentement voulaient tout égorger au nom du peuple : royalistes, Girondins, Feuillants, comme plus tard, sous prétexte de modération, ils prendront plaisir à se baigner dans le sang des patriotes. Parmi ces forcenés de la Terreur se trouvait un compatriote de Robespierre, nommé Guffroy, l'un des membres les plus féroces de la bande thermidorienne, un des signataires du rapport de Courtois, — c'est tout dire ! — Ce misérable, que les lauriers d'Hébert empêchaient sans doute de dormir, avait, vers la fin de juillet 1793, fondé sous le nom de Rougyff, anagramme de son nom, un journal du plus révoltant cynisme. Lisez plutôt : « Je sonne mon tocsin sur toutes les oreilles françaises ; sur l'infernale Marie-Antoinette ; elle a paru à la Conciergerie avec l'insolence de la p..... de Jupiter. Ces bougres de dieux de l'ancien temps ont une morgue incorrigible. Il n'y a que la guillotine qui puisse effacer leurs grimaces et les empêcher de nous faire la figue. On la mène, alerte, alerte, crack... faites-lui faire le saut de carpe en avant, les mains derrière le dos. Vite, ou sinon (2)! » Voilà pour la reine ; voici pour les Girondins : « Qu'on prépare le crâne de Louis XVI, qu'on fasse un gobelet pour donner à boire aux députés qu'on veut essayer. Holà ! hé ! Samson, prépare soixante guillotines... Allons, vite, que la guillotine soit en permanence dans toute la République (3). » Et chaque numéro de cette feuille affreuse était rédigé dans ce style. On conçoit quel dégoût devaient inspirer de pareilles turpitudes à un esprit qui rêvait l'émancipation du genre humain par la sagesse et par la raison, l'élévation du peuple au point de vue moral et matériel, et non l'égalité dans la boue. Robespierre ne put s'empêcher de manifester hautement combien lui répugnait cette feuille qu'on eût crue rédigée pour les bagnes. Comme Guffroy était son compatriote, il se permit à son égard quelques remontrances, et tâcha de lui faire comprendre à quel point était dégradante dans la forme et dans la pensée la prose de son journal. Mais Rougyff s'embarrassait bien de la dignité po-

(1) *Le Père Duchesne*, numéro 312.

(2) *Rougyff ou le Frank en vedette*, avec cette épigraphe : « Recedant vetera, nova sint omnia, corda, voces et opera. » — Numéro 8.

(3) *Ibid.*, numéro 6.

pulaire! « Tu me dis, Robespierre, de changer mon style, et que
mon journal prendra, » répondit-il. « D'autres me disent que mon
style est bon et que mon journal prend. Que veux-tu? On ne peut
faire une sauce qui plaise à tous les goûts. Tu sais bien que je peux
écrire d'une autre manière ; mais mes lorgnettes, mes porte-voix,
mes bougreries plaisent aux sans-culottes, et je me plais à jaser
pour eux et avec eux. Crois que quand je leur glisse un petit bout
de raison bien assaisonné de sang-froid et de calcul patriotique, ils
l'entendent bien, je le sais : mais toujours parler gravement, toujours raisonner avec un compas! Non, je n'écris pas pour les gens
d'esprit ; j'écris pour mes amis les sans-culottes, pour nos braves
guerriers, qui me trouvent un bon bougre ; pas vrai, Tranche-
Montagne (1)? » Ceux qui lui vantaient le succès de son journal,
c'étaient les Tallien, les André Dumont, les Bourdon (de l'Oise),
tous ses futurs complices de Thermidor ; mais le peuple, disons-le
à son honneur, ne reconnaissait point pour ses véritables amis
ces écrivains qui lui parlaient un langage d'argousins et couraient à la popularité par des voies honteuses. Il distinguait bien
où était la comédie indigne et brutale, et où étaient la conscience et
le cœur. Aussi Robespierre était-il et restera-t-il pour lui le patriote
pur et vrai, le républicain par excellence. Supérieur en cela aux
rois, qui se laissent toujours prendre aux bassesses des courtisans,
le peuple n'aime ni n'estime ceux qui le flattent lâchement. On a vu
en plus d'une circonstance déjà combien peu Robespierre était disposé à sacrifier à l'engouement populaire le sentiment de sa dignité,
ou à étouffer le cri de sa conscience pour complaire à la foule ; de
son indépendance de caractère nous allons fournir une nouvelle
preuve tout à fait concluante.

Ce fut une sombre séance que celle du 3 octobre 1793. Et cependant de vifs applaudissements partirent de tous les points de la
salle quand Amar parut à la tribune pour donner lecture du rapport du comité de Sûreté générale contre les Girondins. Avant de
commencer, le rapporteur pria la Convention de décréter qu'aucun
de ses membres ne pourrait se retirer avant qu'elle eût entendu le
rapport tout entier et pris une décision. Cette proposition ayant été
adoptée, les portes furent fermées et Amar prit la parole. Il y avait
loin de son rapport à celui de Saint-Just, dont nous avons signalé la
modération. Quarante-six députés cette fois étaient impliqués dans
l'affaire et renvoyés devant le tribunal révolutionnaire. Amar termina son rapport par la lecture d'une protestation, restée secrète

(1) *Rougyff ou le Frank en vedette*, numéro 38.

jusqu'ici, contre les événements des 31 mai et 2 juin, et il proposa l'arrestation des signataires, en attendant qu'un rapport particulier sur leur compte fût présenté par le comité de Sûreté générale. On allait passer aux voix quand Billaud-Varenne se leva pour réclamer l'appel nominal. « Il faut, dit-il, que chacun se prononce et s'arme du poignard qui doit frapper les traîtres. » C'était désigner d'avance aux rancunes populaires et aux coups des enragés ceux qui croiraient devoir se refuser à sanctionner l'ostracisme d'un si grand nombre de leurs collègues. Pareille proposition, on s'en souvient peut-être, avait été faite par Billaud lors du vote sur la constitution, et elle avait échoué devant la résistance de Robespierre, lequel, sentant combien il était impolitique de chercher de nouveaux suspects dans la Convention, combattit, cette fois encore, la motion de Billaud-Varenne. « Je ne vois pas, » répondit-il, « la nécessité de supposer que la Convention nationale est divisée en deux classes, celle des amis du peuple et celle des conspirateurs et des traîtres. Nous ne devons pas croire qu'il y ait ici d'autres conspirateurs que ceux désignés dans le rapport... » En conséquence, il demanda la mise aux voix pure et simple du décret d'accusation. C'était rendre à l'Assemblée sa liberté d'opinion. La Convention, s'empressant d'adopter la motion de Maximilien, vota par assis et levé aux cris de *Vive la République!* les conclusions du rapport de son comité de Sûreté générale.

Tout à coup, comme on allait, sur la proposition de Thuriot, procéder à l'appel nominal des accusés pour qu'ils eussent à descendre à la barre, un membre inconnu s'écria qu'on n'avait pas pris une mesure assez sévère à l'égard des signataires de la protestation. Il les regardait comme aussi coupables que ceux dont ils avaient soutenu la cause, et réclamait également contre eux le décret d'accusation. Un silence lugubre plana sur l'Assemblée à cette proposition inattendue. — L'ordre du jour, balbutia timidement une voix.

— Mais Osselin soutint vivement la proposition. Il signala comme des contre-révolutionnaires, comme de vrais coupables, ceux qui avaient signé des protestations quand la République était en feu, et demanda aussi leur renvoi devant le tribunal révolutionnaire. La Convention couvrit d'applaudissements ses paroles. Le glaive, on le voit, était suspendu sur les têtes des malheureux signataires. Amar se leva, comme pour leur porter le dernier coup. La conduite en apparence nulle de la minorité de l'Assemblée depuis le 2 juin, était, à ses yeux, un nouveau plan de conspiration concerté par Barbaroux, et il offrit de lire les pièces contenant les preuves du complot.

Interdits, les membres inculpés étaient muets sur leurs bancs. Où donc étaient alors ceux qui, depuis, se sont donnés comme ayant voulu sauver les Girondins? Où donc Barère? où Durand-Maillane, un des plus lâches parmi ces lâches qu'on a appelés les crapauds du *marais?* où donc tous ceux qui, après Thermidor, se couchant à plat ventre devant les survivants de la Gironde, se vanteront d'avoir tenté d'arracher à la mort les membres de cette faction? Quoi! pas un cri de salut ne s'échappera de la poitrine de ces hommes! Quoi! personne ne tentera d'arrêter la hache prête à frapper! C'en était fait des soixante-treize, car le décret d'accusation, c'était la mort; l'Assemblée allait les livrer au bourreau, quand on vit un membre quitter précipitamment sa place et s'élancer à la tribune. C'était Maximilien Robespierre.

Un silence profond se fit. Qu'allait-il dire? De ses paroles dépendait le sort des accusés. Or, la plupart d'entre eux lui étaient essentiellement hostiles, et ce n'était certes pas leur faute s'il n'était point depuis longtemps tombé sous les coups de la Gironde. Mais on n'a peut-être pas oublié que Robespierre avait, dans une circonstance solennelle, déclaré que le plus beau jour de sa vie serait celui où, agissant comme accusateur public, il rencontrerait un innocent dans son plus mortel ennemi livré aux tribunaux, et pourrait lui prêter son appui (1). Eh bien! aujourd'hui il trouvait moyen de tenir cette sorte de promesse. Il commença par s'opposer à la lecture des pièces dont avait parlé le rapporteur, la Convention ayant, selon lui, satisfait pour le moment à la justice nationale. Elle s'était honorée en n'épargnant pas ceux de ses membres qui, lâchement perfides, avaient tourné contre le peuple les armes qu'il leur avait confiées pour sa défense; seulement, ajoutait-il, « la Convention nationale ne doit pas chercher à multiplier les coupables. C'est aux chefs de la faction qu'elle doit s'attacher; la punition des chefs épouvantera les traîtres, et sauvera la patrie. » Que s'il était d'autres criminels, le comité de Sûreté générale en présenterait la nomenclature, et l'Assemblée serait toujours libre de les frapper. « Mais, citoyens, faites attention que parmi les hommes que vous avez vus traîner le char des ambitieux que vous avez démasqués, il en est beaucoup d'égarés. Sachez... » Ici Robespierre fut interrompu par quelques murmures; les enragés, les Guffroy, les hébertistes de l'Assemblée voyaient déjà leur proie leur échapper. « Je dis mon opinion en présence du peuple, »

_____

(1) Discours à propos de l'installation du tribunal criminel, séance des Jacobins du 11 février 1792.

reprit-il avec fermeté, « je la dis franchement, et je le prends pour juge de mes intentions. Sachez, citoyens, que vous ne serez véritablement défendus que par ceux qui auront le courage de dire la vérité, lors même que les circonstances sembleraient commander leur silence. » Les applaudissements éclatèrent à ces fières paroles et aucun murmure ne s'y mêla.

Robespierre continua en ces termes : « Je suis loin de faire l'apologie de la faction exécrable que j'ai combattue pendant trois ans, et dont j'ai failli plusieurs fois être la victime ; ma haine contre les traîtres égale mon amour pour la patrie. Et qui osera douter de cet amour ? Je reviens à mon raisonnement, et je dis qu'ayant ordonné au comité de Sûreté générale de faire un rapport sur les signataires de la protestation, il est de votre justice d'attendre ce rapport ; je dis que la dignité de la Convention lui commande de ne s'occuper que des chefs, et il y en a déjà beaucoup parmi les hommes que vous avez décrétés d'accusation. S'il en existe encore, le peuple est là, il vous en demandera justice. Je dis que parmi les hommes mis en état d'arrestation, il s'en trouve beaucoup de bonne foi, mais qui ont été égarés par la faction la plus hypocrite dont l'histoire ait jamais fourni l'exemple ; je dis que parmi les nombreux signataires de la protestation, il s'en trouve plusieurs, et j'en connais, dont les signatures ont été surprises. » Il fallait donc, selon lui, laisser les choses dans l'état ; s'il y avait de nouveaux coupables, il s'engageait à appeler sur eux la vengeance des lois (1).

(1) Pour cette séance du 3 octobre, voy. *le Moniteur* du 5 octobre 1793 et le *Journal des débats et des décrets de la Convention*, numéro 380. —Toujours *fantaisiste*, M. Michelet appelle l'action de Robespierre « une restauration du droit de grâce, » mais enfin il lui rend justice : « Robespierre seul, dit-il, eut le mérite de la modération, tranchons le mot, de la clémence. » (T. VI, p. 308.) Que dire maintenant des écrivains qui trouvent moyen de calomnier les plus pures intentions ? Nous ne nous sommes guère occupé de l'*Histoire de la Convention* par M. de Barante, parce que cette œuvre calomnieuse n'est qu'une parodie de l'histoire à l'usage de la réaction. Il faut dire pourtant comment dans ces sortes de livres on trouve moyen d'empoisonner ce qu'à regret sans doute on est obligé de révéler. Si Robespierre s'est jeté entre le bourreau et les soixante-treize, c'est que, suivant M. de Barante, « comprenant combien il pourrait avoir besoin des votes de la Plaine, il se proposait de ménager ce reste du parti modéré, et surtout de s'assurer de ses votes. » (*Histoire de la Convention*.) M. de Barante n'est d'ailleurs ici que le plagiaire du maniaque Mercier, un des soixante-treize, lequel témoigna sa gratitude à Robespierre en calomniant sa mémoire (voy. le *Nouveau Paris*), et de Durand-Maillane, qui a écrit, à propos de la séance du 3 octobre : « C'est ici le lieu de remarquer que cet homme (Robespierre), satisfait d'avoir abattu ses rivaux, et désireux d'augmenter le nombre de ses partisans, a toujours préservé le côté droit des coups dont le menaçait la Montagne ; et certes, il ne nous fallait pas moins qu'un si puissant protecteur. » (*Histoire de la Convention*, p. 143.) Ce qui n'a pas empêché ce Durand-Maillane de calomnier Robespierre tout le long de son livre, calomnies du

L'Assemblée, ramenée à de tout autres sentiments, ne resta pas sourde à ce langage généreux, et au milieu des applaudissements décernés au courageux orateur, elle se rangea à son avis. Les soixante-treize étaient sauvés.

XXXV

« Dans sa haine du mal et du crime, » a écrit un historien de nos jours, « Robespierre alla jusqu'à tuer ses ennemis, qu'il crut ceux du bien public (1). » Eh bien ! il n'est pas, que je sache, de plus éclatant démenti à ces paroles, très-légèrement échappées à un homme de cœur, que cette mémorable séance du 3 octobre, où Robespierre sauva soixante-treize de ses collègues, dont la plupart étaient ses ennemis déclarés. Peu d'hommes politiques ont, je crois, moins écouté leurs ressentiments personnels et se sont moins étudiés à ménager des susceptibilités ombrageuses. Un exemple récent a montré combien peu il se laissait arrêter par des considérations d'intérêt particulier quand sa conscience lui commandait de parler. Ni Briez ni Duhem ne figuraient parmi ses adversaires; ils siégeaient, l'un au centre, l'autre sur les bancs de la Montagne, et cependant, les croyant coupables, il n'avait pas hésité à les prendre à partie, au risque de s'en faire d'irréconciliables ennemis. La reconnaissance est d'un jour, mais les rancunes sont éternelles.

Hélas! qui le prouve mieux que la conduite des députés sauvés par lui? Et ce ne fut pas seulement dans cette séance du 3 octobre qu'il vint à leur secours. Plus d'une fois encore il eut l'occasion de les arracher à la fureur de ceux qui réclamaient leurs têtes, et ce fut grâce à lui si, après sa chute, ils purent rentrer dans le sein de

reste qui ne souillent que lui, et qui tombent devant sa lettre à Robespierre, que nous avons insérée dans le livre X de cette *Histoire*.

Nous lisons dans un mémoire manuscrit de M. Suard, dont nous devons la communication à notre ami M. Campenon: « C'était après le 31 mai, Danton ne voulait plus qu'on parlât de guillotine, il voulait qu'on pardonnât à ceux qu'on ne pouvait plus craindre; au milieu de ces propos, appuyés par Lacroix, Thuriot, etc., Robespierre dit: « Cependant, est-ce que nous ne guillotinerons pas quelques-uns de nos Girondins! » — Est-ce assez bête et assez contraire à la vérité ? N'est-ce pas Thuriot, le dantoniste Thuriot, qui, dans la séance du 18 juillet 1792 (*Moniteur* du 19 juillet), avait proposé à la Convention de faire raser à Évreux la maison de Buzot et de décréter que sur son emplacement on élèverait une colonne portant une inscription infamante ? N'est-ce pas Thuriot qui, le 1er octobre suivant, s'écriait qu'il importait que les Girondins subissent un prompt jugement et ne jouissent plus longtemps de l'impunité (*Moniteur* du 2 octobre)? Voilà pourtant comme l'opinion alla se formant après Thermidor.

(1) Michelet, *Histoire de la Révolution*, t. VI, p. 127.

la Convention. Mais quand le danger fut passé pour eux, ils ne se souvinrent plus guère de celui qu'ils avaient appelé leur sauveur, sinon pour accabler d'outrages sa mémoire et grossir le nombre de ses calomniateurs. Ils oublièrent alors les lettres qu'au temps de leur captivité ils lui avaient adressées, et dans lesquelles ils ne marchandaient pas les expressions de leur reconnaissance. « O toi, » s'écriait l'un d'eux, « qui trois fois nous as garantis de la fureur des hommes cruels qui demandaient nos têtes; toi qui as si bien su distinguer entre les effets de l'erreur et du crime, c'est à toi qu'il appartient aujourd'hui d'achever ton ouvrage et d'accélérer la décision de notre sort que mille et mille incidents peuvent encore reculer d'une manière indéfinie (1). » Ces lettres, en effet, ils les supposaient détruites, car les Thermidoriens, on le comprend, s'étaient bien gardés d'insérer, à la suite de leur odieux rapport, des lettres si honorables pour leur victime. Mais voici qu'aujourd'hui elles remontent au jour et viennent, comme des voix d'outre-tombe, témoigner en faveur de Maximilien Robespierre et protester contre l'ingratitude de ceux qui lui durent la vie (2).

« Citoyen notre collègue, lui écrivaient, au nom de leurs compagnons d'infortune, les députés Hecquet, Queinec, Ruault, Saint-Prix, Delamarre, Blad et Vincent, nous avons emporté du sein de la Convention et dans notre captivité un sentiment profond de reconnaissance excité par l'opposition généreuse que tu formas le 3 octobre à l'accusation proposée contre nous. La mort aura flétri notre cœur avant que cet acte de bienfaisance en soit effacé (3). »

C'est Dabray, député des Alpes-Maritimes, qui le prie d'appuyer une demande qu'il a faite au comité de Salut public, à l'effet d'obtenir la mainlevée de ses scellés. « J'y joins, » dit-il, « un exemplaire de mes adresses, pour vous prouver que je ne suis point indigne de l'intérêt que le sauveur de la France et de l'humanité a pris pour mon malheur. Salut et fraternité (4)! » C'est Blanqui, du même département, qui, après lui avoir déclaré que presque toujours il avait conformé son opinion à la sienne, ajoute, comme la meilleure preuve de sa confiance en lui : « Aujourd'hui, je dois faire quelque chose de plus, je vous appelle à ma défense (5)... » Voici mainte-

---

(1) Lettre de Girault, député des Côtes-du-Nord. De la Force, le 26 prairial an II.

(2) Nous avons déjà, dans notre précédent volume, donné des fragments de ces lettres et dit comment elles avaient été conservées.

(3) Lettre en date du 29 nivôse an II (de la collection Portier de l'Oise). Cette lettre a été citée par M. Louis Blanc dans le t. XI de son *Histoire de la Révolution.*

(4) De la Force, le 25 floréal an II.

(5) *Ibid.,* 25 brumaire an II.

nant Royer, l'évêque de l'Ain, son ancien collègue à l'Assemblée
nationale : « Je vois avec plaisir combien tu as mérité la confiance
de nos collègues. Témoin de ma fermeté dans les temps orageux de
l'Assemblée constituante, où mon amour pour la chose publique
m'a plus d'une fois exposé aux derniers dangers, qui mieux que
toi peut attester mon patriotisme?... Lis dans mon cœur, et tu y
découvriras, ainsi que dans celui de nos collègues, le feu sacré qui
dévore ton âme, l'amour de la patrie, l'amour des lois, le seul hommage que puisse t'offrir un vrai républicain, le seul digne de toi (1). »

Puis c'est un de ses anciens adversaires, et non le moins acharné,
Guiter, qui s'adresse également à lui, au moment où la Convention
est sur le point de prononcer sur son sort : « J'ai recours à toi avec
confiance, parce que j'ai enfin reconnu que tu n'avais cessé d'être
juste (2). » Écoutez maintenant Garilhe, député de l'Ardèche à la
Convention : « La loyauté, la justice et l'énergie que vous avez développées le 3 octobre, en faveur des signataires de la déclaration
du 6 juin, m'ont prouvé que, de même que vous savez, sans autre
passion que celle du bien public, employer vos talents à démasquer
les traîtres, de même vous savez élever votre voix avec courage en
faveur de l'innocent trompé. Cette conduite généreuse m'inspire la
confiance de m'adresser à vous, quoique je n'en sois pas connu,
pour vous prier de permettre, dans l'impuissance où je suis d'être
entendu moi-même, qu'au nom de la justice, de l'humanité et
du peuple, à qui j'appartiens comme vous, je vous constitue mon
défenseur. Certes, vous avez dit une grande vérité lorsque vous avez
avancé que la plupart des signataires avaient signé de bonne foi,
sans aucune intention criminelle (3)... » Écoutez Salmon, député
de la Sarthe : « Vous prendrez, j'en suis d'avance convaincu, depuis les observations que vous présentâtes à la Convention le jour
de l'arrestation des signataires, la défense de l'innocent qui croyait
bonnement servir la chose publique, et n'avait nulle intention de
seconder des projets perfides et contre-révolutionnaires (4)... »
Lisez enfin ces quelques lignes écrites de la Force à la date du 3 messidor (21 juin 1794), et signées de trente et un Girondins : « Citoyen,
tes collègues détenus à la Force t'invitent à prendre connaissance de
la lettre dont ils t'envoient copie. Ils espèrent que, *conséquemment
à tes principes*, tu l'appuyeras. QUOIQUE NOUS TE DEVIONS BEAUCOUP,

----

(1) De la Force, le 4 messidor an II.
(2) Cette lettre, dont nous avons déjà cité des passages dans notre précédent volume,
ne porte point de date.
(3) Lettre en date du 1er du 2e mois (22 octobre 1793).
(4) De la Force, le 11 brumaire.

nous ne te parlerons point de notre reconnaissance ; il suffit de demander justice à un républicain tel que toi (1). » Donc, avant Thermidor, il n'y avait qu'une voix sur les sentiments de modération et de justice de Robespierre. Étonnez-vous, après cela, qu'au moment de sa chute un morne effroi se soit répandu dans les prisons, et qu'on se soit écrié : « Nos malheurs ne sont pas finis, puisqu'il nous reste encore des amis et des parents, et que MM. Robespierre sont morts (2). »

On ne saurait faire entendre en faveur de Robespierre de plaidoirie plus saisissante que ces lettres citées par nous en entier ou par fragments. Point d'emphase, point de lâche flatterie, c'est la vérité prise sur le fait. Jusqu'ici la plupart des historiens de la Révolution ont écrit sur des documents fabriqués après coup ; et, avec la plus déplorable légèreté, en supposant entière leur bonne foi, ils ont accepté les contes les plus ineptes, les plus grossières calomnies, ils leur ont imprimé le cachet sévère de l'histoire, et ont égaré ainsi la conscience du pays. Que d'*Histoires de la Révolution* n'ont pas défrayées, par exemple, les historiettes de Riouffe, un des plus effrontés menteurs qu'on puisse imaginer, et dont les récits reposent sur les témoignages du bourreau, transmis par des geôliers ! Que d'impostures, que de suppositions hasardées s'évanouiront devant les témoins irréfragables, devant les preuves vivantes que nous produisons aujourd'hui ! L'heure de la justice est lente à venir, avons-nous dit, mais elle vient, elle est venue.

(1) Les trente et un signataires sont : Laplaigne (du Gers), Laurenceot (du Jura), Hecquet (de la Seine-Inférieure), Queinec (du Finistère), Laurence (de la Manche), Ruault (de la Seine-Inférieure), Vincent (de la Seine-Inférieure), Dugué-Dassé (de l'Orne), Blad (du Finistère), Royer (de l'Ain), Delamarre (de l'Oise), Dabray (des Alpes-Maritimes), Boban (du Finistère), Corbel (du Morbihan), Salmon (de la Sarthe), Guiter (des Pyrénées-Orientales), Varlet (du Pas-de-Calais), Blaux (de la Moselle), Olivier-Gérente (de la Drôme), Lefebvre (de la Seine-Inférieure), Mercier (de Seine-et-Oise), Dubusc (de l'Eure), Marboz (de la Drôme), Periès (de l'Aude), Dusaulx (de Paris), Obelin (d'Ille-et-Vilaine), Richoux (de l'Eure), Peyre (des Basses-Alpes), Garilhe (de l'Ardèche), Fleury (des Côtes-du-Nord), Serres (des Hautes-Alpes).

(2) Charles Nodier, *Souvenirs de la Révolution*, t. Ier, p. 305, édit. Charpentier.

LIVRE DOUZIÈME

OCTOBRE 1793 — FRIMAIRE AN II (DÉCEMBRE 1793)

Le Nouveau calendrier. — Point de découragement ! — Prédiction de la victoire de Wattignies. — Le Gouvernement révolutionnaire jusqu'à la paix. — Comités de Sûreté générale et de Salut public. — Organisation du comité de Salut public. — Instruction aux communes. — Gens révolutionnaires, gens d'examen, gens de la haute main. — L'espion Senar. — Une note de Carnot. — Mesures diverses. — Maximilien et les affaires militaires. — Politique de Robespierre et de ses amis dans les départements. — Augustin Robespierre dans le Midi. — Premières relations avec Bonaparte. — Couthon à Lyon. — Il est remplacé par Collot d'Herbois et Fouché. — Lettre de Cadillot. — Proscription des étrangers. — Exceptions réclamées par Robespierre. — Des comités de surveillance. — Discussion au sujet de Julien (de Toulouse). — Hébert et Marie-Antoinette. — Le procès des Girondins. — Hébert et Mme Roland. — Une page des Mémoires de Mme Roland. — Efforts du comité de Salut public. — Proclamation à l'armée. — Le général Kellermann. — Prestige des Jacobins. — Les frères Duquesnoy et Hébert. — Jourdan aux Jacobins. — L'hébertisme. — Adresse aux sociétés populaires. — Robespierre et André Dumont. — La déprêtrisation. — Visite de Clootz au comité de Salut public. — La fête de la déesse Raison. — Les joies du *Père Duchesne*. — Consternation de Maximilien. — Exagérations des meneurs de la commune. — Rapport sur la situation politique de la République. — Mal causé par l'hébertisme. — Séance du 1er frimaire au club des Jacobins. — Danton appuie Robespierre. — Décret concernant la liberté des cultes. — Mécontentement des hébertistes. — L'évêque Massieu. — Discours du 8 frimaire aux Jacobins. — Rétractation d'Hébert. — Réponse au manifeste des rois coalisés. — Les syndics de la paroisse de Saint-Just. — Le comité de Salut public et la Convention. — Le notaire Chaudot. — Défense des ministres. — Les épurations aux Jacobins. — L'ex-marquis de Maribon-Montaut. — Le citoyen Taschereau. — Robespierre défend de nouveau Barère et Danton. — Ni exagération ni modérantisme. — Camille Desmoulins ; sa lettre à Dillon. — Grande facilité de mœurs de Camille. — Les premiers numéros du *Vieux Cordelier*. — Clootz, l'orateur du genre humain. — Il est exclu des Jacobins. — Hérault-Séchelles dénoncé par Bourdon (de l'Oise). — Prêtres et nobles. — Camille Desmoulins soumis à l'épuration. — Romme et les suppléants à la Conven-

11

I

Au mois d'octobre de l'année 1793, la Révolution entre dans une phase toute nouvelle en quelque sorte. Et d'abord, dès le 5, la Convention nationale substituait à l'ancien calendrier grégorien le magnifique calendrier proposé par Romme au nom du comité d'instruction publique. Par une coïncidence assez singulière, la République avait été proclamée le jour même de l'équinoxe d'automne. On fixa donc à ce jour le commencement de l'année; désormais l'ère des Français dut compter de la fondation de la République, c'est-à-dire du 22 septembre 1792. Tout le monde connaît le calendrier républicain, si bien approprié aux diverses phases de la lune et à la marche des saisons. Les anciens noms ridicules et barbares servant à désigner les jours et les mois ne pouvaient subsister, on se contenta tout d'abord de les remplacer par la dénomination ordinale. Ainsi, le nouveau calendrier ayant été appliqué pour la première fois le dimanche 6 octobre, c'est-à-dire quinze jours après l'anniversaire de la fondation de la République, on commença de dater du quinzième jour du premier mois de l'an II de la République française. Mais cette nomenclature toute sèche, purement arithmétique, et ne rappelant à l'imagination rien qui fût de nature à la graver dans la mémoire, fut bientôt jugée insuffisante. Le quatrième jour du deuxième mois, correspondant au 25 octobre, l'Assemblée, à la voix de Fabre d'Églantine, adoptait ces dénominations poétiques et charmantes, et en même temps si rationnelles de *Vendémiaire*, *Brumaire* et *Frimaire*, pour désigner la saison des vendanges, des brouillards et des frimas; de *Nivôse*, *Pluviôse* et *Ventôse*, pour désigner l'époque de neige, de pluie et de vent, qui dure généralement de décembre à mars; de *Germinal*, *Floréal* et *Prairial*, pour désigner le temps où monte la séve, où s'épanouissent les fleurs et où se fauchent les prairies; enfin, de *Messidor*, *Thermidor* et *Fructidor*, pour désigner les mois des moissons, de la chaleur et des fruits. Impossible de figurer dans un langage plus harmonieux et plus sonore les diverses phases de l'année, de mieux peindre les propriétés spéciales à chacune d'elles.

Mais au milieu du trouble présent, dans la crise terrible où l'on était, et chez un peuple à qui la routine est si chère, était-il opportun de rompre aussi brusquement avec de vieilles habitudes? N'y aurait-il point là un nouveau motif de fermentation? Qu'allaient dire l'innombrable foule des dévotes et la multitude non moins nombreuse des gens ayant le culte du dimanche? car le nouveau calendrier réduisait à trois les jours fériés dans chaque mois. N'allait-on pas soulever inutilement des réclamations bruyantes, et fournir aux malveillants l'occasion de colorer d'un prétexte légitime leurs persistantes hostilités contre la Révolution? Ce fut ce qu'appréhendèrent quelques esprits d'un patriotisme incontestable, comme l'abbé Grégoire. Quelques doutes semblent également s'être glissés dans l'esprit de Robespierre; il se demanda s'il ne faudrait pas ajourner jusqu'à nouvel ordre le décret sur le calendrier. C'est du moins ce qui nous paraît résulter d'une note tracée dans un petit carnet que nous avons sous les yeux, et où il consigna, jour par jour, pendant quelques mois, les observations qu'il se proposait d'adresser soit au comité de Salut public, soit à la Convention nationale (1). Mais il comprit bien vite l'intérêt puissant qu'il y avait à rattacher à une ère nouvelle les institutions fondées par la Révolution, et d'un trait de plume il biffa la note où se révélaient ses craintes. Aujourd'hui, en reportant notre pensée sur ce calendrier auquel se lient si intimement une partie de nos institutions modernes, nous sentons combien sagement furent inspirés nos pères lorsqu'ils le décrétèrent. C'était une barrière infranchissable entre l'ancien et le nouveau régime; et, en effet, quand Napoléon voulut renouer la chaîne du passé et greffer son despotisme sur le tronc vermoulu du vieil arbre monarchique, il s'empressa de jeter aux orties le calendrier de la démocratie.

Quel mois fécond que ce premier mois de l'an II de la République! S'il est signalé par des exécutions que l'on comprend en les déplorant, de quelle gloire ne resplendit-il pas, qui voile de son éclat prodigieux les sacrifices sanglants faits aux terribles nécessités du moment! C'est l'heure où la République haletante, pressée entre l'ennemi du dedans et celui du dehors, commence à prendre le dessus. Victoires dans le Midi, au Nord, dans la Vendée. Lyon est emporté de vive force, Maubeuge débloqué, l'armée autrichienne écrasée à Wattignies. Non, il n'y a pas assez de couronnes pour ces rudes jouteurs qui, dans la situation la plus critique, n'ont pas

---

(1) Ce carnet existe aux *Archives*. C'est un petit cahier de format in-32, recouvert d'une couverture en papier marbré. Les annotations vont de la page 1 à la page 17. Il a servi à Robespierre du mois d'octobre au mois de nivôse (fin décembre). Les Thermidoriens ont extrait de ce carnet quelques passages sur lesquels nous aurons à nous expliquer.

désespéré du salut de la patrie, et qui ont vaincu parce qu'il fallait vaincre, à tel prix que ce fût, comme disait Robespierre. Désespérer, c'était presque trahir, aux yeux de Maximilien. Aussi le 7 octobre 1793 (16e jour du 1er mois), aux Jacobins, l'entendit-on qualifier avec sévérité une lettre annonçant un échec partiel des troupes républicaines, et où perçait un extrême découragement. Le malheur n'était que trop vrai ; mais il y avait, selon lui, perfidie à l'exagérer. Il y avait perfidie surtout à en rejeter la responsabilité sur la Convention, comme le faisaient les signataires de la lettre, au lieu de s'en prendre à l'impéritie ou même à la trahison de certains officiers. Et il cita Houchard, coupable de n'avoir pas profité de la victoire d'Hondschoote. Il donna alors les renseignements les plus satisfaisants sur Dunkerque, dont la prise par les Anglais n'avait été empêchée que par la destitution du commandant de la place, de l'état-major et des autorités constituées. Ces renseignements, il les tenait.... de Lazare Hoche, récemment appelé au grade d'adjudant-général, non point par Carnot, mais par Bouchotte, et dont Maximilien recevait fréquemment des lettres, comme plus tard nous le prouverons d'une façon irréfragable (1). Hoche, c'était un de ces chefs patriotes sous lesquels, disait Robespierre, les armées républicaines finiraient par demeurer victorieuses. Il ne pouvait s'empêcher de montrer de l'humeur contre ces prétendus républicains qui, au moindre échec, allaient semant partout l'alarme et le découragement. Pour lui, il se faisait fort d'indiquer le remède, et s'écriait alors : « Les efforts de vos ennemis contre vous, leurs cris, leur rage impuissante et leurs petits succès ne doivent pas vous effrayer, ce ne sont que des égratignures sur les épaules d'Hercule ; le peuple français s'en est à peine aperçu.... Rassurez-vous, je vous promets des victoires ; et vos espérances ne seront pas déjouées, et mes promesses ne seront pas démenties (2). » Si de tels

---

(1) Ces lettres de Hoche à Robespierre, supprimées par les Thermidoriens, que sont-elles devenues ? Ont-elles été détruites ? Il en existe probablement dans des collections particulières. C'est évidemment une de ces lettres dont nous avons un extrait sous les yeux, lettre écrite de Dunkerque, à la date du 23 septembre 1793, et dans laquelle le jeune officier, après s'être vanté d'avoir éclairé quelques personnes sur la trahison du général Dumouriez, ajoute : « Je retrouvai mes anciennes connaissances à la Convention et elles me firent obtenir du patriote Bouchotte le grade d'adjudant-général... » Cette lettre, citée par extrait dans *l'Isographie*, faisait partie de la collection de Portiez (de l'Oise).

(2) *Journal des débats et de la correspondance de la société des Jacobins*, numéro 511, et *Moniteur* du 11 octobre 1793. Permis après cela à Proudhon d'écrire, avec sa parfaite ignorance des choses de la Révolution, des niaiseries dans le genre de celle-ci : « Ce rhéteur pusillanime..., qui en 93 combattait la levée en masse, qui en 94 recommandait

encouragements furent accueillis par de chaleureuses acclamations, il est à peine besoin de le dire.

Telle était la foi de Robespierre dans le succès des armes de la République, succès préparé par les incessants travaux du comité, que, quatre jours après, il prononçait encore ces paroles, qu'il faut citer tout entières : « Demain sera un jour fameux dans les fastes de la République ; demain toutes les forces de la tyrannie se mesurent contre celles de la liberté ; demain est un jour qui aura une grande influence sur le sort des despotes coalisés : il se livre un grand combat sur nos frontières.

« Si la fortune favorise la cause de la vertu, du courage et de la liberté, la victoire est à nous. Si cela n'arrivait pas, qu'on se rappelle que la République, que la liberté sont impérissables, et que nous ne serons pas terrassés. Voici l'alternative dans laquelle nous sommes : Si les tyrans sont vaincus, les tyrans sont perdus. Si les tyrans sont vainqueurs, si la victoire est infidèle aux drapeaux républicains, les républicains n'en seront que plus terribles, car ils apprendront à se défier de leurs propres frères ; leurs coups n'en seront que plus assurés, et tous les calculs de la prudence humaine accompagneront leurs futures opérations. Cette fois les tyrans n'ont pas choisi nos généraux. S'il arrive un échec, sans doute il faut l'attribuer à la perfidie, non pas des généraux, je crois que nous pouvons répondre d'eux, mais à quelques agents secrets qui peut-être se sont cachés parmi nos troupes, y fomentent des troubles de toute espèce, y causent des accidents. Si donc un échec arrive, si l'armée recule, tout le peuple français doit se lever et lui servir d'arrière-garde... » — Ici l'enthousiasme dont était saisi l'orateur se communique à toute la salle. Les chapeaux, les mains sont levés en l'air aux cris mille fois répétés de vive la République !
— « Si, au contraire, » reprend Robespierre, « et je n'en doute pas, nous remportons une victoire, nous la poursuivrons avec acharnement, et la mort du dernier des despotes en sera le fruit. Quel que soit donc l'événement qui nous sera annoncé, il nous trouvera toujours fermes, inébranlables, préparés au malheur comme à jouir, sans en abuser, de la prospérité. Quant à nos représentants, ils rallieront la France entière sous les drapeaux de la victoire et de la liberté ; ils vous montreront l'exemple du courage et du dévouement. Résolus à mourir pour la patrie, ils traceront de leur sang le signal de la vengeance, et vous leur devrez encore une

au peuple, en tout et partout, de s'abstenir ; qui toujours contrecarrait, *sans les entendre*, les plans de Cambon, de Carnot... » (*Idées générales de la Révolution au XIX⁰ siècle.*)

leçon » (1). Nous avons déjà eu l'occasion de remarquer de quelle
sorte de don prophétique était doué Robespierre : c'était le 11 octobre
(20ᵉ jour du 1ᵉʳ mois) qu'il s'exprimait ainsi aux Jacobins ; le 15 la
République remportait la victoire de Watignies.

II

Ces premiers échecs de la coalition n'étaient pas encore de nature
à la décourager et à briser les liens criminels qui l'unissaient aux
ennemis de l'intérieur. Triompher de la République en désorganisant
ses finances, en la minant par l'intrigue, en fomentant dans son
sein des factions toujours renaissantes, telle était surtout l'espérance
des puissances étrangères ; et cela commençait à leur paraître plus
facile que de vaincre la Révolution par leurs armes et sur les
champs de bataille. Mais le comité de Salut public veillait. Tout en
portant son attention au dehors, il se montra au dedans plus ferme
que jamais. Afin de pouvoir agir plus sûrement, il avait, dès le
10 octobre (19ᵉ jour du 1ᵉʳ mois), proposé à la Convention, par la
bouche de Saint-Just, de déclarer révolutionnaire le gouvernement
jusqu'à la paix, comprenant très-bien que si la constitution était
faite pour conserver, pour maintenir la République, elle était impuissante à la fonder, comme le disait Robespierre. La mettre à
exécution en de pareilles conjonctures, c'était permettre à ses
ennemis de la détruire en l'invoquant. Elle fut donc suspendue
provisoirement par le décret qui déclara révolutionnaire le gouvernement jusqu'à la paix, et qui plaça sous la surveillance directe
du comité de Salut public le conseil exécutif, les ministres, les
généraux et les corps constitués, sauf au comité à rendre compte de
ses actes tous les huit jours à la Convention nationale (2).

Le mécanisme du gouvernement révolutionnaire se trouva com-
plété, quelques semaines plus tard, par l'adoption d'un décret
rendu sur un long rapport de Billaud-Varenne. En vertu de ce
nouveau décret, le comité de Salut public demeurait chargé, pour
les mesures de gouvernement et de salut public, de l'inspection immédiate de tous les corps constitués et de tous les fonctionnaires ;
quant à ce qui concernait les personnes, la police générale et intérieure, cette inspection appartenait particulièrement au comité de Sûreté générale. L'un et l'autre comités étaient tenus de rendre compte

(1) *Journal des débats et de la correspondance de la société des Jacobins*, numéro 514
(2) Voy. à ce sujet notre *Histoire de Saint-Just*, t. I, p. 279, de l'édition Melino
et Cans.

à la fin de chaque mois des résultats de leurs travaux à la Convention nationale (1). Ainsi, le principal instrument du gouvernement révolutionnaire pour la sûreté intérieure de l'État était le comité de Sûreté générale, ayant comme agents directs et sous sa surveillance immédiate tous les comités révolutionnaires de la République. Et ce fut pourquoi, après Thermidor. Billaud-Varenne, obligé de défendre le comité de Salut public contre les imputations de Lecointre, eut soin de rappeler à ce député que les relations journalières avec le tribunal révolutionnaire, l'inspection des prisons, etc., étaient dans les attributions spéciales du comité de Sûreté générale (2). Il y eut bien, pendant quelques semaines, un bureau de police au sein même du comité de Salut public, bureau dont nous aurons à nous occuper assez longuement ; mais il dut cesser ses opérations précisément à cause des réclamations du comité de Sûreté générale qui se plaignit qu'on empiétât sur ses attributions. Et de quels membres, au moment où nous sommes, se composait ce dernier comité ? De douze députés dont la plupart étaient ou devinrent les plus impitoyables ennemis de Robespierre. C'étaient Amar, Panis, Boucher Saint-Sauveur, David, Lavicomterie, Guffroy, Ruhl, Moïse Bayle, Voulland, Le Bon, Vadier et Le Bas. Dans ce nombre, deux amis intimes de Maximilien, le peintre David et Le Bas ; encore celui-ci allait-il être presque constamment en mission. Si vers ce temps-là Panis écrivait à Robespierre : « Bonjour, amant de la patrie, je vous embrasse de toute mon âme, et m'en rapporte au surplus à votre sagesse... (3), » c'était à propos d'une commission dont l'avait chargé Danton, duquel il était surtout l'ami et l'intime confident, comme nous l'avons dit déjà. Nulle, complétement nulle était donc, dès cette époque, l'influence de Robespierre sur le comité de Sûreté générale.

Pénétrons maintenant dans l'intérieur du comité auquel il appartenait, et voyons si les membres de ce comité étaient hommes à subir un joug quelconque et à s'incliner docilement devant la volonté d'un de leurs collègues. Avec lui siégeaient, — il importe de remettre ces noms sous les yeux de nos lecteurs, — Barère, Carnot, Couthon, C.-A. Prieur, Saint-Just, Hérault-Séchelles, Prieur (de la Marne), Collot d'Herbois, Jean-Bon Saint-André, Billaud-Varenne et Robert Lindet, douze membres en tout. Le grand comité de Salut public n'avait pas de président, comme on l'a écrit quelque-

---

(1) Voy. le rapport de Billaud-Varenne et le décret à la suite dans l'*Histoire parlementaire*, t. XXX, p. 251 et suiv.

(2) *Réponse de J.-N. Billaud à Laurent Lecointre*.

(3) Lettre de Panis à Robespierre, dans les *Papiers inédits...*, t. Iᵉʳ, p. 286.

fois par erreur (1) ; et les attributions de chacun de ses membres n'étaient point parfaitement délimitées, quoi qu'on en ait dit. Tous participaient à tout. Carnot et C.-A. Prieur, il est vrai, comme militaires, s'occupaient assidûment de la guerre, mais ils n'en prenaient pas moins part à toutes les opérations du comité. Il n'y eut jamais d'organisation bien régulière. Nous avons sous les yeux plusieurs projets d'organisation où nous voyons, par exemple, Saint-Just et Carnot figurer à la fois dans la section de la guerre et de la marine et dans celle des commissaires de la Convention (2). Deux membres du comité étaient chargés de conférer avec les députations et les citoyens, qu'on recevait de midi à deux heures. Le comité tenait deux séances par jour ; celle du matin durait depuis huit heures jusqu'à deux, heure à laquelle les membres du comité se rendaient à la Convention. Ils rentraient en séance le soir, à sept heures, et y restaient souvent une partie de la nuit. Sur la proposition de Robespierre, il fut décidé que le comité nommerait des rapporteurs pour toutes les affaires particulières ; qu'il ne délibérerait jamais en présence d'aucun étranger, et que les noms de tous ses agents, secrétaires ou autres, seraient remis à chacun de ses membres (3). Il fut de plus convenu qu'une fois par semaine le comité de Sûreté générale se réunirait à celui de Salut public, afin de se concerter avec lui sur les moyens d'assurer la liberté et la tranquillité générale (4). Enfin, chaque soir, à dix heures, le conseil exécutif était tenu de se rendre dans son sein pour le renseigner sur l'état général de la République (5). Tout arrêté du comité de Salut public devait être revêtu de la signature de trois de ses membres au moins. Le travail avait été réparti en cinq bureaux auxquels ressortissaient les affaires étrangères, l'extrait et l'enregistrement des pièces, la correspondance générale, les corps administratifs et les sociétés populaires, les opérations de la guerre et de la marine. A chacun de ces bureaux étaient attachés un certain nombre de secrétaires et commis. J'en ai compté cent cinq jusqu'au 21 nivôse de l'an II (6).

Robespierre, ne trouvant pas convenable la salle où délibérait le

(1) Notamment M. Hippolyte Carnot, qui, dans ses Mémoires sur son père (t. Iᵉʳ, p. 335), donne pour président habituel au comité Prieur (de la Marne).

(2) *Archives*, A F 11, 23.

(3) *Ibid.*

(4) Minute de la main de Robespierre, signée de lui, de C.-A. Prieur, Billaud-Varenne et Collot d'Herbois. *Archives, ubi suprà.*

(5) Arrêté signé de Billaud-Varenne, C.-A. Prieur, Carnot et Robespierre. *Archives, ubi suprà.*

(6) *Archives, ubi suprà.*

comité, parce qu'elle était trop en vue et encombrée sans cesse de la foule des postulants, avait engagé ses collègues à changer de local (1). Eh bien, qui le croirait? ces simples mots : *changer de local*, tracés sur un bout de papier, ont paru au rédacteur du rapport de Courtois la preuve d'un projet de dissoudre la Convention (2)! Fallait-il que ces Thermidoriens fussent assez à court de griefs sérieux pour établir leur accusation sur des bases aussi puériles! Quand Courtois ne falsifie pas les pièces, il intervertit les dates. C'est ainsi que par la plus insigne mauvaise foi ou la plus étrange ignorance il applique à la Convention la minute d'un projet de pétition rédigée par Robespierre au mois d'août 1792, et par laquelle le conseil général de la commune demanda, on s'en souvient, à l'Assemblée législative de transformer en simple commission des contributions publiques le directoire du département de Paris (3). Et c'est sur de pareilles âneries qu'a été édifié le monstrueux échafaudage du procès de Robespierre !

Mais revenons au comité de Salut public. Attaché au bureau des corps administratifs et des autorités constituées, Robespierre semble s'être appliqué surtout à traiter les questions d'ensemble, les questions de morale et de haute philosophie. Elle est de sa main, cette belle instruction aux communes au sujet de l'établissement du gouvernement révolutionnaire : « La patrie s'est déclarée en état de guerre contre les conspirateurs et tous les ennemis du peuple. La Convention a lancé contre eux les lois révolutionnaires. Ce n'était pas assez, il fallait encore en assurer l'exécution.... Le cercle des autorités, leurs devoirs sont fixés. Les seules formes qui opposent une barrière à l'arbitraire sont conservées; mais celles qui faisaient obstacle au cours de la justice sont détruites. La loi, aussi prompte que la volonté dont elle part, atteindra tous les coupables et ne s'arrêtera que devant l'innocence.... Les législateurs ont remis l'application de ces lois aux communes.... Pleins de confiance en vous, ils doivent cependant vous rappeler les obligations sous lesquelles ils courbent les premiers leurs têtes. La lumière doit être placée à côté de tous les fonctionnaires pour éclairer leur bonne conduite ou leurs fautes, et plus leur ministère est redou-

---

(1) Carnet de Robespierre, p. 4. *Archives.*

(2) Rapport de Courtois, p. 36.

(3) Ce projet, dont la minute est aux *Archives*, a été imprimé sous le numéro XLIX, à la suite du rapport de Courtois. « Il paraît, » dit l'astucieux rapporteur, « que la commune vous devait, citoyens, présenter une pétition tendant à la suppression du département, comme autorité rivale, et vous proposer de nommer le département commission des contributions publiques. »

table, plus leur compte est sévère. L'homme de bien est le premier
à demander que l'on porte le flambeau sur sa conduite; vous devez des comptes. Tout ce qui n'atteindrait pas le bien serait faiblesse, tout ce qui le dépasserait serait exagération.... Cette loi
révolutionnaire vous met à la main la vengeance nationale, et par
là vous défend toute vengeance particulière. Oubliez que vous êtes
hommes pour vous souvenir que vous êtes juges. Impassibles aux
passions d'autrui et aux vôtres, méritez par la vertu le droit de
punir le crime (1). » Robespierre, a dit avec raison Hégel, avait pris
la vertu au sérieux et l'avait posée comme le principe suprême (2).
Et ce fut précisément parce qu'il envisageait les questions d'une
telle hauteur, d'un point de vue si élevé, que ses collègues du comité de Salut public lui confièrent invariablement la rédaction des
rapports où devaient être développés les grands préceptes de morale
et de philosophie à appliquer au gouvernement des peuples.

III

Est-ce aussi pour cela que plus tard on l'a rangé parmi les gens
dits de la *haute main?* Il faut dire un mot de cette dénomination,
tout à fait absurde, appliquée à un prétendu parti que représentaient Robespierre, Saint-Just et Couthon, par opposition à celle
de *gens révolutionnaires*, sous laquelle on aurait désigné le parti
Billaud-Varenne, Barère et Collot d'Herbois, et à celle de *gens
d'examen*, appliquée au parti Carnot, C.-A. Prieur et Robert Lindet.
L'inventeur de cette belle nomenclature a oublié de placer Jean-
Bon Saint-André, Prieur (de la Marne) et Hérault-Séchelles dans
l'une de ces catégories. Peut-être bien ignorait-il qu'ils eussent fait
partie du fameux comité. Ces désignations bizarres, insignifiantes
et sans portée, dont se servaient des agents de bas étage, et que
des historiens sérieux ont eu, à notre avis, le tort d'accepter, ont
été mises au jour dans une misérable rapsodie publiée en 1825
sous ce titre : *Révélations puisées dans les cartons des comités de
Salut public et de Sûreté générale, ou Mémoires de Sénart* (3). Titre
bien choisi, comme on voit, pour influencer l'esprit du lecteur. Or,
qu'était Senar et non point *Sénart?* un des agents les plus odieux

---

(1) *Archives* A F, 11, 82. Avec Robespierre ont signé : Billaud-Varenne, Carnot,
C.-A. Prieur, Barère, Robert Lindet et Couthon.

(2) Hégel, *Philosophie de l'histoire.*

(3) Voy. les *Mémoires de Senar*, ch. XIV, p. 145. Il est assez remarquable que
l'éditeur n'ait pas même su l'orthographe du nom de Senar.

de la Terreur, un de ceux dont nous entendrons Robespierre et Couthon dénoncer la criminelle conduite, un misérable espion du comité de Sûreté générale, comme d'Ossonville, autre coquin, de qui l'éditeur tenait le manuscrit de ces prétendus Mémoires, où tous les écrivains réactionnaires ont été chercher des armes contre la Révolution. Senar, en effet, était mort, à moitié fou, en 1796, dans les prisons de Tours. J'ai déjà dit ailleurs ce que je pensais de ces Mémoires, bien évidemment *arrangés*. Dans ma conviction, la seule partie appartenant en propre à Senar est celle qui concerne Tallien, parce qu'elle a un caractère véritable d'authenticité, parce que de sa prison de Tours Senar l'envoya, sous forme de dénonciation, à la Convention nationale, qui, sur la proposition de Cambon, passa à l'ordre du jour. Tallien, dont toutes les infamies s'y trouvaient révélées, exagérées même, était alors un homme puissant (1) et, partant, à l'abri de toute atteinte. Du reste, nous pourrions tirer un grand parti de ces Mémoires, car ils sont principalement dirigés contre les plus acharnés ennemis de Robespierre. De celui-ci il est peu question : des injures banales à son adresse, voilà tout; pas un fait sérieux n'est articulé contre lui. Nous aurions donc beau jeu si nous voulions; mais il nous répugne de nous servir, même dans l'intérêt de l'homme dont nous écrivons l'histoire, d'une œuvre salie, à nos yeux, par d'impudents mensonges. Fidèle jusqu'au bout à notre méthode, c'est à des documents plus honorables, à des témoignages moins suspects que nous demanderons la preuve de l'infamie de ces hommes à qui le nom de Thermidoriens restera comme une flétrissure éternelle.

Mais revenons à nos *gens révolutionnaires*, de la *haute main* et d'*examen*. L'auteur des Mémoires assez récemment publiés sur Carnot, s'emparant de ces dénominations diverses, leur donne une explication tout à fait arbitraire. *Gens de la haute main*, cela veut dire, à son sens, que Robespierre, Couthon et Saint-Just préparaient les exposés législatifs, gouvernaient la police et le tribunal révolutionnaire. Pour ce qui est des exposés législatifs, la désignation convient tout aussi bien à chacun des autres membres du comité en ce qui concernait leurs spécialités respectives, et Robespierre, nous venons de le dire, laissant à ses collègues les questions de détail, traitait surtout devant la Convention les hautes questions sociales, politiques et morales. Quant au tribunal révolutionnaire, jamais il n'eut avec lui de rapport particulier, nous le verrons

(1) Voy. à ce sujet notre *Histoire de Saint-Just*, t. II, p. 216, de l'édit. Meline et Cans.

par le propre aveu de Fouquier-Tinville. C'était surtout d'ailleurs au comité de Sûreté générale qu'il appartenait, par la nature de ses attributions, de correspondre avec le formidable tribunal. Il arriva à certains membres de la Convention ou du comité de Salut public de déposer devant le tribunal révolutionnaire, ou de lui envoyer des notes manuscrites; à Robespierre, jamais. Nous avons sous les yeux une note de Carnot adressée à l'accusateur public au sujet de Victor de Broglie. Cette note, soulignée au terrible crayon rouge de Fouquier-Tinville, fut certainement pour beaucoup dans la condamnation de l'ex-prince (1) ; on n'a jamais pu produire contre Robespierre une semblable pièce. Dieu nous garde de vouloir jeter ici la moindre défaveur sur une mémoire justement illustre. Carnot, en cette circonstance, a, nous en sommes certain, obéi à la voix de sa conscience ; mais nous ne voulons pas qu'on attribue injustement aux uns toutes les sévérités de la Révolution, en nous présentant les autres comme « absorbés dans leur labeur administratif, » et que, en commentant complaisamment Senar, on appelle Carnot, Prieur et Lindet les *gens d'examen*, « ou simplement les travailleurs (2), » comme si Barère et Billaud-Varenne, sans compter Robespierre, n'avaient pas été d'aussi rudes travailleurs que Carnot.

Laissons donc de côté ces dénominations arbitraires, imaginées après coup. L'accord le plus parfait régnait alors entre les divers membres du comité. L'heure n'est pas venue encore où Robespierre aura à combattre des terroristes comme Fouché, soutenu par son complice Collot d'Herbois, et où il ne pourra s'empêcher de reprocher assez vivement à Carnot de persécuter des généraux patriotes, comme Hoche par exemple. Impossible d'entreprendre avec plus de concert l'œuvre difficile du salut de la France. C'était le moment où le comité envoyait à l'armée du Rhin Saint-Just et Le Bas, en les investissant des pouvoirs nécessaires pour réparer les dé-

(1) Voici cette note : « Je certifie que l'Assemblée législative m'ayant envoyé, avec mes collègues Ritter et Prieur (de la Côte-d'Or), en qualité de ses commissaires, à l'armée du Rhin, après la journée du 10 août 1792, *pour annoncer les événements de cette journée, en développer les causes, prévenir les dangereux effets de la malveillance*, et faire expliquer les chefs de l'armée sur *ces événemens* et les mesures de l'Assemblée législative prises en conséquence, nous trouvâmes à *Wissembourg* Victor *Broglie*, qui non-seulement refusa *d'adhérer franchement à ces mesures, mais qui n'oublia aucun des moyens que l'astuce, l'audace et l'intrigue* pouvaient lui suggérer pour soulever l'armée et les autorités civiles contre l'Assemblée nationale et ses commissaires, ce qui nous détermina à le suspendre sur-le-champ de ses fonctions.

« 29 prairial an II de la République une et indivisible.

« CARNOT. »

Archives, section judiciaire W, 397, 921.

(2) *Mémoires sur Carnot*, par son fils, t. Ier, p. 347.

sastres survenus à Wissembourg et à Lauterbourg (1), tandis qu'il nommait commissaires près les armées d'Italie et de Toulon, Ricord, Robespierre jeune, Salicetti et Gasparin (2). En général le nombre des représentants chargés de surveiller les armées était beaucoup trop considérable. Il s'ensuivait, comme en Vendée, des compétitions de pouvoir, des conflits d'autorité amenant toujours de fâcheux résultats. Deux par chaque armée et deux par département suffisaient, selon Robespierre ; seulement, disait-il, il fallait mettre un fort avec un patriote plus faible, les renouveler ou les changer assez fréquemment, et entretenir avec eux une correspondance active adaptée à l'esprit des différentes localités où ils étaient chargés d'opérer (3). L'envoi d'un petit nombre de commissaires énergiques, munis de bons principes et d'instructions de nature à ramener tous les esprits à l'unité et au républicanisme, était à ses yeux le seul moyen de terminer promptement la Révolution au profit du peuple. Ces commissaires devaient s'appliquer surtout à découvrir et à inventorier les hommes dignes de servir la cause de la liberté (4). Quoi de plus logique en effet? Ah! si ces hommes vraiment dignes réclamés par Robespierre avaient été trouvés, il est à croire que la Révolution, au lieu de tomber dans le sang et dans la boue, comme cela arriva après Thermidor, serait sortie radieuse et *triomphante des dures épreuves* où l'avaient jetée ses ennemis !

Vers le même temps, le comité de Salut public enjoignait au commandant général de la force armée de Paris, Hanriot, de se rendre tous les soirs dans son sein pour se concerter avec lui sur les moyens d'assurer la sécurité de la capitale. Dans la même séance où cette mesure était prise, il investissait, sur la proposition du ministre de la guerre, le général Hoche du commandement de l'armée de la Moselle; puis il adoptait, à la suite d'une importante discussion, le plan de guerre proposé pour l'armée du Nord par Prieur (de la Côte-d'Or) et Carnot (5). On voit par là combien sont

(1) Registre des arrêtés et délibérations du comité de Salut public. *Archives* A C, 70, 433, séance du 26 vendémiaire (17 octobre 1793). Étaient présents : Saint-Just, C.-A. Prieur, Robespierre, Collot d'Herbois, Billaud-Varenne, Barère.

(2) *Ibid.*, séance du 29 vendémiaire (29 octobre). Étaient présents: Barère, Hérault-Séchelles, C.-A. Prieur, Billaud-Varenne, Collot d'Herbois, Robespierre.

(3) Carnet de Robespierre, feuillet 10.

(4) *Ibid.*, feuillet 12, au *verso*, sous cette rubrique : « Principales mesures de salut public. » Les Thermidoriens n'ont pas manqué d'insérer, sous le numéro LIV, cette pièce comme une preuve de la *conspiration* de Robespierre.

(5) Registre des arrêtés et délibérations, *ubi suprà*, séance du 1er brumaire (22 octobre). Étaient présents : Barère, Billaud-Varenne, Robespierre, Collot d'Herbois, Carnot, C.-A. Prieur.

dans l'erreur ceux qui s'imaginent que Carnot seul était chargé de
la responsabilité des affaires militaires. De l'examen attentif des registres des arrêtés et délibérations du comité de Salut public il résulte, au contraire, que les questions concernant les armées et la
guerre étaient minutieusement étudiées en réunion générale. Ainsi
voyons-nous discuter avec le plus grand soin dans les séances des 13,
14 et 15 brumaire (3, 4 et 5 novembre 1793) le plan de siége et d'attaque de Toulon et le plan de guerre pour l'armée de l'Ouest (1).
Robespierre se préoccupait aussi bien que Carnot de la question
militaire et de tout ce qui intéressait nos armées et nos soldats.
Son carnet est rempli de notes à cet égard. Armée du Rhin, armée
du Nord, Toulon, la Vendée, la Lozère, sont l'objet de toute son
attention. Il recommande à Bouchotte d'armer les meilleurs bataillons de la réquisition ; il ne veut pas que l'armée révolutionnaire
soit composée de gens sans aveu, et s'inquiète surtout des subsistances, de l'approvisionnement à l'intérieur et à l'extérieur (2).
Loin de contrecarrer les plans de Carnot, comme on l'a si injustement prétendu, il admirait sans réserve le génie militaire de son
collègue, témoin cette lettre adressée à l'un de ses amis : « Mon
ami, je n'ai oublié un instant ni l'armée du Rhin ni nos deux
commissaires ; j'ai pris toutes les mesures nécessaires, et j'ai lieu
de croire qu'aucune n'a été négligée. Le comité a adopté un plan
qui me paraît très-bien conçu et dicté par le même esprit que celui
qui a si bien réussi pour l'armée du Nord. Le plan est plus vaste
et plus hardi que celui qui consiste à défendre les différens points
du territoire avec différents corps d'armée. Il est aussi plus sage
et atteint seul le but ; Carnot, qui nous en a présenté l'idée, vous a
déjà écrit pour vous le développer. Nous vous enverrons ce collègue dans peu de jours pour mieux vous expliquer nos idées si
vous ne les avez pas entièrement saisies. Nous comptons beaucoup
sur l'énergie que vous avez communiquée à l'armée, et sur l'activité que vous déployez. Pour moi, je ne doute pas du succès si
vous l'appliquez à l'exécution de notre plan. Au surplus, les ordres
sont donnés pour procurer à l'armée tous les ressorts qui sont à
notre disposition. Adieu, je vous embrasse de tout mon cœur. Ro-
BESPIERRE (3). »

---

(1) Registre des arrêtés et délibérations du comité de Salut public, *Archives*, 434 *a a* 71.
Étaient présents à ces trois séances : Billaud-Varenne, Barère, Carnot, C.-A. Prieur,
Robespierre, Robert Lindet.

(2) Carnet de Robespierre, feuillet 7.

(3) Cette lettre, en date du 12 brumaire an II, figure dans la collection des *Pièces
inédites*, t. II, p. 4. La suscription manque.

A qui était adressée cette lettre? Très-probablement à Saint-Just ou à Le Bas, qui l'un et l'autre avaient quitté Paris dès le 27 vendémiaire pour se rendre en poste à l'armée du Rhin. « Gardez-vous de l'impatience, » écrivait Maximilien au premier quelques jours plus tard, « nous sommes pleins de l'énergie et de la sollicitude qui vous animent, et nous vous seconderons de toutes nos facultés (1). » On sait de reste de quelle admirable façon Saint-Just et Le Bas remplirent leur mission dans les départements du Haut et du Bas-Rhin; comment ils reprirent les lignes de Wissembourg et parvinrent à dégager cette partie du territoire de la République, et comment aussi à l'intérieur ils surent comprimer l'ennemi sans employer les moyens sanglants dont crurent devoir user tant d'autres proconsuls (2).

IV

L'histoire de Maximilien Robespierre serait incomplète si l'on n'y disait un mot de la manière dont ses amis et son frère notamment se conduisirent dans les missions importantes qui leur furent confiées. Si, en effet, ces intimes confidents de sa pensée surent allier à une énergie et à un courage à toute épreuve la modération et la sagesse, sans lesquelles on ne fonde rien de durable; si, par leur esprit de douceur et de justice, ils eurent l'art de rallier à la République la foule des indifférents et des faibles, dans le cœur desquels tant d'autres commissaires de la Convention semblèrent se faire un jeu de jeter l'épouvante et le désespoir, c'est qu'ils étaient les interprètes intelligents et dévoués de la politique modérée dont Robespierre avait donné une preuve éclatante dans la séance du 3 octobre à la Convention nationale.

Parlons d'abord d'Augustin-Bon Robespierre. Nous avons déjà dit un mot de ce jeune homme. A une bonté qui, dans son pays, lui avait valu le surnom de *Bon bon*, il joignait l'intrépidité d'un soldat. Charlotte, sa sœur, témoin de sa conduite héroïque dans le Midi, a dit de lui : « C'était un César (3). » Le mot n'est pas juste ; il eût mieux valu dire : C'était un héros. Nous le verrons, en effet, accomplir des prodiges à la tête des troupes républicaines. Mais ce qui le distinguait surtout, ce qui le fera vivre à jamais dans la mémoire des hommes, c'était son admiration sans bornes, son dé-

(1) Carnet de Robespierre, feuillet 11.
(2) Voy. dans notre *Histoire de Saint-Just* les missions de Saint-Just et de Le Bas.
(3) *Mémoires de Charlotte Robespierre sur ses deux frères*, p. 67.

vouement sublime pour ce frère auquel il ne voudra pas survivre. Envoyé, dès le mois d'août 1793, dans le Midi pour réprimer l'insurrection girondine, il partit avec sa sœur. A travers mille dangers il arriva enfin à Marseille, étudia l'esprit de ces populations méridionales si promptes à se laisser égarer par d'habiles meneurs, et s'empressa de communiquer ses impressions à son frère. Il fallait, selon lui, des hommes très-habiles pour faire le bien dans ces départements du Midi, parce que les têtes exaltées, peu capables de raisonnement, étaient fort difficiles à ramener dès qu'une fois elles avaient embrassé un parti. « Je t'assure, » écrivait Augustin à son frère à la date du 28 août, « que le plus grand nombre a été stupidement trompé, et que les crimes de quelques hommes qui se disoient patriotes ont nécessité une certaine classe de citoyens de se réunir pour se soustraire aux plus inquiétantes vexations. Des contre-révolutionnaires se sont emparés de cette classe d'hommes, ont paru d'abord ne se joindre à ceux-ci que pour contenir des hommes vraiment dangereux, dont les propositions et souvent les actions étoient criminelles; mais bientôt ces contre-révolutionnaires astucieux trouvèrent le moyen de rendre oppresseurs ceux qui croyoient ne se garantir que de l'oppression. Les patriotes se trouvèrent poursuivis, vexés, immolés, et ceux qui les poursuivoient étoient les instruments aveugles de quelques contre-révolutionnaires qui avoient égaré la masse ignorante de ce qu'on appelle les honnêtes gens. » Rien n'était plus vrai, et l'on ne pouvait mieux définir ce qui s'était passé dans le Midi. Bien différent des justiciers à la façon de l'horrible Fouché, qui frappaient indistinctement les égarés et les coupables, Augustin Robespierre voulait qu'on apportât une extrême mesure dans la répression. « Si les patriotes veulent punir tous les sectionnaires indistinctement, » ajoutait-il, « la réaction aura encore lieu et rendra la guerre civile interminable. Les passions sont exaspérées à un point inconcevable, et les haines sont si fortes qu'il faut prendre tous les moyens possibles pour qu'un patriote qui a eu un procès avec un patriote ne soit point victime d'une dénonciation haineuse. Réponds à ma lettre, redresse ma vue si elle est oblique. — J'ai embrassé les prisonniers, Ricord le premier, et je t'embrasse (1). »

Si Robespierre répondait aux lettres d'Augustin, et surtout s'il était, dans ses réponses, en parfaite communauté de sentiments et d'idées avec lui sur la nécessité d'apporter une grande mesure dans la répression des crimes et des délits politiques, c'est-à-dire de ne

_____

(1) Lettre inédite, de la collection Portiez (de l'Oise).

point confondre les coupables avec les gens faibles ou égarés, c'est ce dont il est impossible de douter. Nous avons d'ailleurs à cet égard un témoin bien désintéressé, et par conséquent irrécusable, dans Napoléon Bonaparte. Officier d'artillerie à l'armée d'Italie, Bonaparte entra bien vite en relations suivies avec Augustin Robespierre, dont l'âge était en rapport avec le sien, et dont les opinions étaient précisément celles qu'il manifestait très-hautement lui-même. Il était animé d'un républicanisme ardent et sincère, de ce républicanisme pur, idéal, dont Maximilien Robespierre était la plus haute expression. Aussi avait-il pour ce dernier une très-vive admiration. L'estime qu'il portait à Augustin s'accrut bientôt d'une amitié véritable, et l'intimité la plus affectueuse s'établit entre eux (1). Ils étaient devenus les confidents l'un de l'autre, se faisaient part de leurs impressions, de leurs sentiments, de leurs espérances, toutes alors pour la patrie et pour la liberté. Augustin montrait à Bonaparte les lettres qu'il recevait de son frère; et c'est Napoléon lui-même qui nous apprend avec quelle indignation Maximilien blâmait les horreurs commises par certains proconsuls dont les atrocités et la tyrannie compromettaient, selon lui, la Révolution (2). Nous aurons bientôt à raconter la guerre acharnée et vaine, hélas! soutenue par Maximilien Robespierre contre ces commissaires barbares et insensés. Ces lettres si précieuses, qui passèrent sous les yeux de Napoléon pendant les deux missions d'Augustin Robespierre à l'armée d'Italie, que sont-elles devenues? Elles ont été anéanties, il faut le craindre, car les ennemis de Robespierre se fussent bien gardés de laisser subsister de telles preuves de leurs infamies et de si excellentes protestations en faveur de leur victime! C'est à coup sûr un des vols les plus regrettables faits par les Thermidoriens à l'histoire.

Dépouillée de toute exagération, l'énergie de Robespierre jeune n'en produisait que plus d'effet; ses paroles retentissaient au cœur des soldats de la République comme le cri de la patrie en danger. A une proclamation insensée dans laquelle les amiraux Hood et Langara avaient offert « amnistie et rémission » à tous les officiers, sous-officiers et soldats qui abandonneraient les « drapeaux de

---

(1) Voy., sur les relations de Napoléon avec Augustin Robespierre, les Mémoires très-curieux de Charlotte (p. 127). Ce fut à l'estime et à l'amitié que Napoléon avait portées à Maximilien et à Augustin que Charlotte Robespierre dut la pension de 3,500 fr. dont il la gratifia lorsqu'il fut devenu premier consul.

(2) Voy. le *Mémorial de Sainte-Hélène*. On peut en croire MM. de Las Cases et O'Meara, dont les relations sont empreintes d'un profond caractère de vérité, et qui d'ailleurs ne sont suspects ni l'un ni l'autre d'engouement révolutionnaire.

l'anarchie » pour se réunir « à tous les Français fidèles, » c'est-à-dire
aux traîtres de Toulon , il adressait, de concert avec ses collègues
Ricord, Barras et Fréron, cette hautaine réponse : « Périsse à jamais la royauté! tel est le cri de vingt-cinq millions de républicains français. Cette nation libre et puissante ne peut avoir rien de
commun avec les despotes et les esclaves. Elle ne doit et ne veut
communiquer avec eux qu'à coups de canon. Elle n'a pas besoin,
pour combattre et vaincre ses ennemis, d'avoir comme eux recours
à la trahison, à la perfidie, à la scélératesse (1). » C'était le 12 septembre qu'Augustin Robespierre et ses collègues envoyaient aux
amiraux anglais et espagnol cette réponse superbe; le lendemain, ils
écrivaient à la Convention : « Connaissant l'esprit de la Montagne,
nous ne doutons pas que la Convention nationale n'approuve la
hauteur républicaine de notre réponse aux amiraux de Pitt et
non de la nation anglaise, que nous ne croirons jamais assez
dépravée pour faire la guerre par des moyens si bas. » Hood et
Langara convinrent d'ailleurs eux-mêmes qu'aucune flotte n'eût
été capable d'entrer dans Toulon si cette place n'avait point été
livrée, et ils parlèrent dans les termes les plus méprisants des
coupables habitants de cette ville, tant la trahison inspire de dégoût
à ceux-là mêmes qui en profitent (2). L'ardeur et l'enthousiasme des
commissaires de la Convention s'étaient rapidement communiqués
à nos troupes. Au Midi comme au Nord, nos soldats commençaient
d'opérer des prodiges, et, vers la fin de ce même mois de septembre,
Augustin Robespierre pouvait écrire au citoyen Tilly, notre chargé
d'affaires à Gênes : « Nous n'avons que le temps de vous apprendre, citoyen, que les armées de la République sont partout
victorieuses; que l'Espagnol et l'Anglois ont partout disparu de
dessus la terre de la liberté. Toulon n'est pas encore soumis aux
lois de la République, il est en ce moment bombardé, et les lâches
y sont fort inquiets (3). » Le moment n'était pas éloigné, du reste,
où la ville rebelle allait être emportée de vive force, et nous retrouverons tout à l'heure sous ses murs Augustin Robespierre et Napoléon Bonaparte.

(1) *Papiers inédits trouvés chez Robespierre et autres*, etc., t. III, p. 115.
(2) Dépêche à la Convention nationale, dans les *Papiers inédits*, t. III, p. 108
et suiv.
(3) Lettre en date du 26 septembre 1793. Robespierre et Ricord recommandent au
citoyen Tilly d'encourager les courriers chargés du service des armées.

V

Après avoir jeté un rapide coup d'œil sur la conduite de Robespierre jeune à l'armée d'Italie, examinons de quelle manière Couthon, ce grand honnête homme, ce frère de cœur de Maximilien, exerçait à Lyon les pouvoirs redoutables dont l'avait investi la Convention. On sait comment, à la voix des Girondins, la grande cité lyonnaise s'était mise en révolte ouverte contre la République, et personne n'ignore le mémorable siége soutenu par ses habitants sous la conduite du royaliste Précy.

Le siége durait depuis longtemps; la Convention s'impatientait de tant de lenteur, quand, vers le milieu de septembre, elle adjoignit Couthon et Maignet aux représentants Dubois-Crancé, Gauthier, Reverchon, Laporte et Javogues, déjà chargés de soumettre les rebelles. Couthon était alors dans les montagnes du Puy-de-Dôme, où il s'empressa de lever une réquisition de paysans solides, — ses rochers d'Auvergne, comme il les appelait, — avec lesquels il arriva devant Lyon au commencement d'octobre. Selon lui, cette ville aurait dû être réduite depuis longtemps; il reprocha avec quelque amertume à Dubois-Crancé d'avoir inutilement prolongé le siége en s'opposant à l'attaque de vive force instamment réclamée par nos troupes. A cela Dubois-Crancé répondait que la ville était dans un état déplorable et serait obligée de se rendre bientôt; mais dans l'esprit de Couthon s'élevèrent contre son collègue des soupçons de trahison que partagea Robespierre, et celui-ci crut Dubois-Crancé réellement coupable d'avoir, à dessein, laissé échapper Précy (1).

Dubois-Crancé n'était cependant pas un modéré, tant s'en faut, car plus tard il reprocha à Couthon de n'avoir pas montré « le visage sévère » convenant, suivant lui, au représentant d'une grande nation outragée (2), et il fut l'un des alliés de Collot d'Herbois, de Fouché, de Carrier et autres dans la coalition qui renversa Robespierre. Couthon était un des signataires de la dépêche du comité de Salut public aux commissaires de la Convention devant Lyon, dépêche dont nous avons parlé plus haut et dans laquelle on

(1) Au sujet des démêlés de Couthon avec Dubois-Crancé, voyez *le Moniteur* du 22 frimaire an II (12 décembre 1793). Quant à l'opinion défavorable de Robespierre sur Dubois-Crancé, on la trouve développée dans des notes écrites de sa main et dans son projet de rapport sur la faction Fabre d'Églantine. Voy. *Papiers inédits*, etc., t. II, p. 16 et 21. Ces deux pièces figurent à la suite du rapport de Courtois, sous les numéros LI et LII.

(2) Voy. le discours justificatif de Dubois-Crancé.

recommandait si vivement aux députés en mission d'épargner ceux qui se soumettraient. Il savait d'ailleurs, par une lettre de son collègue Rouyer, que Lyon en masse n'était pas aussi coupable qu'on l'avait présenté. « Tâchez, » lui avait écrit Rouyer, « d'empêcher qu'une pareille ville ne soit désolée, et que, sans s'entendre, des millions de patriotes s'entr'égorgent mutuellement (1). » Lyon, il est vrai, n'avait pas encore à cette époque exaspéré la Convention par sa résistance désespérée. Couthon n'en arriva pas moins avec l'intention bien arrêtée d'unir à une fermeté indomptable la modération dont Robespierre venait de donner un si frappant exemple en arrachant soixante-treize Girondins à la mort au moment même où son ami paraissait devant Lyon, car cette modération semblait à Couthon bien de nature à ramener à la République des milliers de citoyens égarés. « Que les hommes qui n'ont pas de crimes à se reprocher soient tranquilles; leurs personnes et leurs propriétés seront respectées... La loi ne frappe que les coupables, » disait-il dans une proclamation où il annonçait aux Lyonnais que c'était à lui qu'ils avaient affaire désormais. Dubois-Crancé, en effet, et les autres représentants à qui l'on attribuait les lenteurs du siége, venaient d'être rappelés, et Robespierre n'avait pas été étranger à cette mesure, si nous nous en rapportons à son carnet, où nous lisons, au sujet des commissaires de l'Assemblée à Lyon : « Envoïer Bô et Montaut, rappeler les autres, excepté Couthon et Maignet (2). » Ce n'était pas Couthon qui avait dénoncé son collègue Dubois-Crancé ; de toutes parts étaient parvenues au comité de Salut public des plaintes au sujet de ce représentant. Simond (du Bas-Rhin) avait écrit à Robespierre : « Je continue à désapprouver les mesures politiques et militaires adoptées surtout par Dubois-Crancé devant Lyon, et je vous déclare que je le regarde comme l'homme le plus stupide ou le plus coupable qui ait paru avec *qualité* en cette affaire, et je le signe (3). » On voit si les présomptions de Robespierre étaient fondées.

(1) Lettre de Rouyer à Couthon, en date du 20 juillet 1793. Voy. *Papiers inédits*, etc., t. II, p. 336. Cette lettre figure sous le numéro CIV, à la suite du rapport de Courtois.

(2) Carnet de Robespierre, feuillet 2. Ce fut Billaud-Varenne qui, à la Convention nationale, insista pour le rappel de Dubois-Crancé et de Gauthier. Il reprocha à ces deux députés d'avoir accumulé sur leurs têtes les fonctions de généraux et de représentants du peuple, et leur imputa les longueurs et les difficultés du siége. (Voy. le *Journal des débats et des décrets de la Convention*, numéro 383, séance du 15 vendémiaire, 6 octobre 1793.)

(3) Lettre inédite, en date du 12 octobre 1793, de la Collection de Portiez (de l'Oise).

Dans la nuit du 8 au 9 octobre 1793, la ville était emportée de vive force, et le 9 au matin les troupes de la République en prenaient possession. Le plus strict respect des personnes et des propriétés avait été recommandé aux soldats; un ordre du jour, signé des représentants Couthon, Laporte et Maignet, menaça d'une exécution militaire immédiate quiconque serait pris à piller. Bien décidé à distinguer soigneusement entre les chefs de la révolte et ceux qui s'y étaient laissé entraîner par faiblesse ou par erreur, Couthon, de concert avec ses collègues, institua une commission militaire pour juger les cas de flagrant délit, et renvoya les autres cas à l'examen d'une commission de justice populaire devant s'entourer de toutes les formes protectrices des accusés et procéder par voie de jurés. Mais, à l'heure même où cette double commission commençait à fonctionner, la Convention nationale rendait contre la cité lyonnaise un décret terrible. « Qui osera réclamer votre indulgence pour cette ville rebelle? » s'écria Barère, parlant au nom du comité de Salut public, dans la séance du 21 vendémiaire (12 octobre). « Elle doit être ensevelie sous ses ruines. Que devez-vous respecter dans votre vengeance? la maison de l'indigent, l'asile de l'humanité, l'édifice consacré à l'instruction publique; la charrue doit passer sur tout le reste. Le nom de Lyon ne doit plus exister... » Et, sur la proposition de Barère, la Convention décréta, entre autres mesures, qu'une commission extraordinaire ferait punir militairement et sans délai les contre-révolutionnaires de Lyon; que la ville serait détruite; qu'on ne laisserait debout que les maisons des pauvres, les habitations des patriotes égorgés ou proscrits, les édifices employés à l'industrie et les monuments consacrés à l'humanité et à l'instruction publique; que le nom de Lyon serait effacé du tableau des villes de la République; que la réunion des maisons conservées porterait désormais le nom de *Commune-Affranchie;* enfin, que sur les ruines de Lyon s'élèverait une colonne destinée à attester à la postérité les crimes et la punition des royalistes de cette ville, et portant l'inscription suivante : Lyon fit la guerre à la liberté, Lyon n'est plus (1).

---

(1) Voy. le rapport de Barère et le décret à la suite, dans *le Moniteur* du 22 vendémiaire (13 octobre 1793). Dans une lettre de Collot d'Herbois à Robespierre, écrite de Lyon à la date du 3 frimaire, et qui figure sous le numéro LXXXVII, à la suite du rapport de Courtois, on lit : « Il faut que Lyon ne soit plus en effet, et que l'inscription que tu as proposée soit une grande vérité, car, jusqu'à présent, bien que nous ayons doublé et triplé les apparences, ce n'est réellement qu'une hypothèse... » Voy. aussi cette lettre dans les *Papiers inédits*, t. 1ᵉʳ, p. 318. Collot d'Herbois a pris ici Robespierre pour Barère.

Tout dépendait maintenant de la manière dont serait exécuté ce décret formidable : « Sauvez Lyon à la République, » écrivait vers cette époque Hérault-Séchelles à Couthon; « arrachez ce malheureux peuple à son égarement; punissez, écrasez les monstres qui l'asservissent, vous aurez bien mérité de la patrie. Ce nouveau service sera un grand titre de plus dans votre carrière politique (1). » Or, pour conserver à la République la grande cité lyonnaise, cette métropole du Midi, pour arracher ses malheureux habitants à l'égarement où ils avaient été plongés, ce n'était pas un bon moyen que de la décimer en masse et de livrer ses bâtiments à l'incendie ou à la pioche des démolisseurs. Tel était du moins l'avis de Couthon. De toutes les mesures grandes et vigoureuses prises par la Convention, une seule lui avait échappé, a-t-il écrit lui-même, celle de la destruction totale (2). « Oui », ajoutait-il, « il faut que la ville de Lyon perde son nom..., il faut que cette ville soit détruite... » Mais dans sa pensée il s'agissait d'une destruction purement morale, et non point d'une destruction matérielle. Il était si peu dans ses desseins d'exécuter à la lettre le décret de la Convention que, le 20 octobre 1793, il écrivait à Saint-Just : « Je vis dans un pays qui avoit besoin d'être entièrement régénéré; le peuple y avoit été tenu si étroitement enchaîné par les riches, qu'il ne se doutoit pour ainsi dire pas de la Révolution. Il a fallu remonter avec lui jusqu'à l'alphabet, et quand il a su que la Déclaration des droits existoit, et qu'elle n'étoit pas une chimère, il est devenu tout autre. » Puis, comme il désirait aller un peu respirer l'air de la Méditerranée pour remettre sa santé altérée, il priait son ami d'obtenir du comité de Salut public qu'on l'adjoignît aux commissaires en mission à Toulon, et il ajoutait : « Fais-moi passer cet arrêté, et aussitôt le général ingambe se met en route, et ou l'enfer s'en mêlera, ou bien le système de vive force aura lieu à Toulon comme il a eu lieu à Lyon... (3) »

On a pu juger déjà comment Couthon entendait le système de vive force; il est permis d'affirmer que, s'il fût allé à Toulon, il aurait détruit cette ville... comme il a détruit Lyon. Rien ne ressem-

---

(1) Lettre inédite, sans date, mais selon toute apparence écrite vers le 10 octobre. (De la collection Portiez (de l'Oise).

(2) Lettre de Couthon, Maignet, Châteauneuf-Randon et Delaporte à la Convention nationale, dans *le Moniteur* du 2 brumaire an II (23 octobre 1793)

(3) Lettre de Couthon à Saint-Just, en date du 20 octobre. Voy. *Papiers inédits*, t. Iᵉʳ, p. 361. — Cette lettre figure sous le numéro LXII, à la suite du rapport de Courtois. Tardivement pris d'une singulière tendresse pour les révoltés de Lyon et les traîtres de Toulon, que plusieurs d'entre eux, les Fouché, les Fréron, les Barras, traitèrent d'une si horrible façon, les Thermidoriens n'ont pas manqué d'écrire que Couthon avait eu l'intention de brûler Toulon. (Rapport de Courtois, p. 56.)

bla moins, en effet, à son langage que ses actes. A l'heure où il écrivait à Saint-Just la lettre remarquable dont nous avons cité quelques extraits, il se bornait encore à renvoyer devant la commission militaire les plus compromis parmi les chefs de la révolte; tout indiquait de sa part l'intention formelle de conserver réellement à la République une de ses plus florissantes cités. Cependant, comme il était difficile de laisser au moins sans un semblant d'exécution un décret de l'Assemblée, Couthon, que ses infirmités empêchaient de marcher, imagina, le 5 brumaire (26 octobre), de se faire transporter dans un fauteuil sur la place de Bellecour; là, frappant d'un petit marteau d'argent une des maisons de la place, il dit : *La loi te frappe*; et ce fut tout (1). C'est justement là ce qui faisait écrire un peu plus tard à Collot d'Herbois que la destruction n'était qu'une *hypothèse*, et que Couthon s'était trompé. Aussi regrettait-il de n'avoir pas été avec lui (2). Cette façon de comprendre la destruction de Lyon n'était pas, comme on pense, du goût des enragés. Implicitement dénoncé aux Jacobins pour sa modération, Couthon revint à Paris, heureux d'avoir laissé intacte à la République cette grande cité que d'autres allaient prendre à tâche d'anéantir, et à sa place arrivèrent deux des plus terribles instruments de la Terreur, deux messagers de vengeance et de mort, Collot d'Herbois et Fouché.

VI

Fut-ce sur l'invitation de Robespierre que Collot d'Herbois accepta du comité de Salut public la mission de se rendre à Lyon? C'est ce qui résulte d'un passage de la lettre de Collot à Maximilien déjà citée, et il n'y a rien d'impossible à cela. Aucun nuage, en effet, ne s'était encore élevé entre ces deux membres du comité; leurs dissentiments auront pour cause principale précisément l'horrible façon dont Collot d'Herbois remplira sa mission, et Robespierre, à coup sûr, ne pouvait prévoir les épouvantables cruautés auxquelles allait se livrer son collègue, de concert avec le futur duc d'Otrante, cruautés destinées d'ailleurs à être surpassées par les réacteurs de Thermidor. Ce fut, du reste, comme on le verra plus tard, quand le hideux Fouché soupçonna Robespierre de vouloir lui faire de-

(1) Sur l'excessive modération de Couthon à Lyon, tous les écrivains contre-révolutionnaires sont eux-mêmes d'accord, comme le fait justement remarquer M. Louis Blanc. Voy. son *Histoire de la Révolution*, t. IX, p. 278.

(2) Lettre de Collot d'Herbois à Robespierre, en date du 3 frimaire. *Ubi supra*.

mander compte du sang inutilement répandu à Lyon qu'il organisa
contre lui le complot dont l'issue devait être si funeste à la République.

Quoi qu'il en soit, ce fut encore sur la proposition de Barère que,
dans sa séance du 9 brumaire (30 octobre 1793), la Convention ratifia
l'arrêté du comité de Salut public chargeant Collot d'Herbois et
Fouché de se rendre à Lyon. Nous avons sous les yeux les minutes
des arrêtés concernant cette mission : deux seulement sont signés de
Robespierre ; le plus important, celui qui permet à Collot de prendre
toutes les mesures jugées nécessaires suivant les circonstances,
n'est signé que de Collot d'Herbois lui-même, de Billaud-Varenne
et de Barère (1). Nous n'avons pas à raconter les détails de la mission de Collot et de Fouché à Lyon ; indiquons seulement par quelques traits rapides comment les gens de bien eurent à en gémir et
regrettèrent amèrement le départ de l'homme qui avait si bien mis
en pratique au milieu d'eux la politique de Robespierre.

Couthon était parvenu à améliorer singulièrement l'esprit public
à Lyon, et il le trouvait bon en général ; telle n'est point l'opinion
de Collot d'Herbois. « Tu m'as parlé de l'esprit public de cette
ville : penses-tu qu'il puisse jamais y en avoir? » écrit-il à son
collègue. « Je crois la chose impossible (2). » A peine arrivé, il s'indigne de voir encore debout cette ville superbe. Mais patience, sous
deux jours sauteront les bâtiments de la place de Bellecour, res-
pectés par Couthon, et la mine va accélérer les démolitions (3).
Selon Fouché et Collot d'Herbois, il n'y avait d'innocent dans
l'infâme cité que quiconque avait été opprimé ou chargé de fers
par les ennemis du peuple (4). Un sursis ayant été obtenu en faveur
d'un prisonnier voué par eux à la mort, ils se plaignent amèrement
de n'avoir pas été consultés. « Nous sommes en défiance contre les
larmes du repentir ; rien ne peut désarmer notre sévérité, » écri-
vent-ils à la Convention nationale. « On n'ose pas vous demander
le rapport de votre premier décret sur l'anéantissement de la ville
de Lyon ; mais on n'a presque rien fait jusqu'ici pour l'exécuter.

(1) Minutes des arrêtés du comité de Salut public. *Archives*, A F 11, 58.
(2) Lettre de Collot d'Herbois à Couthon, en date du 11 frimaire. Voy. *Papiers
inédits*, t. Ier, p. 328. Cette lettre figure sous le numéro LXXXVIII, à la suite du rapport de Courtois.
(3) Lettre de Collot d'Herbois au comité de Salut public, en date du 17 brumaire.
Voy. *Papiers inédits*, t. Ier, p. 328, numéro LXXXVIII, à la suite du rapport de
Courtois.
(4) Lettre de Collot d'Herbois et de Fouché à la Convention nationale, en date du 26
brumaire. — Voy. *Papiers inédits*, t. Ier, p. 316, numéro LXXXVII du rapport de
Courtois.

Les démolitions sont trop lentes; il faut des moyens plus rapides à l'impatience républicaine. L'explosion de la mine, l'activité dévorante de la flamme peuvent seules exprimer la toute-puissance du peuple (1)... » Peu de jours après, enveloppant tous les prêtres réfractaires ou assermentés dans une commune proscription, ils écrivaient encore à la Convention, sans distinguer entre l'innocent et le coupable : « Leur arrêt est prononcé (2). » Mais ces moyens affreux étaient loin d'avoir l'approbation de Robespierre, qui, sourd aux instances de son collègue du comité de Salut public, garda à son égard un silence absolu. En vain Collot d'Herbois, attendant une lettre de lui avec la plus vive impatience, écrivit à Duplay pour le prier de recommander à son hôte bien-aimé de se décider à prendre la plume (3); en vain, s'adressant à Robespierre lui-même, il lui dit : « Écris-nous... peut-être as-tu tort de ne l'avoir pas fait (4). » Maximilien demeura muet. Ou bien, s'il se décida à écrire, ce fut sans aucun doute pour blâmer les fureurs de Collot d'Herbois et de Fouché, et les Thermidoriens se sont bien gardés de publier de pareilles lettres. Du reste, Collot d'Herbois connut le secret du silence de celui dont il regardait alors la vie comme si précieuse aux républicains (5) quand, de retour à Paris, il fut témoin de la lutte que Robespierre y soutenait contre les hébertistes, ses dignes alliés à lui.

Si la présence de Couthon était regrettée, on le comprend sans peine. Maintenant, que Robespierre ait désapprouvé les rigueurs excessives déployées à Lyon par Fouché et par Collot d'Herbois et qu'il ne fut pas en son pouvoir d'empêcher, c'est ce dont il est impossible de douter. « Je t'assure que je me suis senti renaître, » lui écrivait dans le courant de messidor un citoyen de Commune-Affranchie, « lorsque l'ami sûr et éclairé qui revenoit de Paris, et qui avoit été à portée de vous étudier dans vos bureaux, m'a assuré que, bien loin d'être l'ami intime de Collot d'Herbois, tu ne le voyois pas avec plaisir dans le comité de Salut public... (6) » Le système de Robespierre quant à la répression des crimes com-

(1) Lettre à la Convention nationale en date du 26 brumaire. *Ubi supra.*

(2) *Ibid.*, en date du 5 frimaire. Voy. *Papiers inédits*, t. I⁶ʳ, p. 311, numéro LXXXVII du rapport de Courtois.

(3) Lettre de Collot d'Herbois à Duplay, en date du 15 frimaire. *Papiers inédits*, t. Iᵉʳ, p. 313, numéro LXXXVI du rapport de Courtois.

(4) Lettre de Collot d'Herbois à Robespierre. *Ubi supra.*

(5) *Ibid.*

(6) D'une chaumière au midi de Ville-Affranchie, ce 20 messidor (anonyme). Voy. *Papiers inédits*, t. II, p. 144. On pourrait s'étonner de l'insertion de cette lettre, toute

mis contre la République commençait alors à se révéler, et Maximilien attirait à lui toutes les âmes honnêtes du pays. Inexorable pour les grands coupables, il eût volontiers pardonné aux
petits, à tous ceux qui n'avaient cédé qu'à l'égarement ou à la
peur. « Quel sublime rapport ! Combien il fait aimer la République ! Quelle profondeur de vues ! » lui écrivait un autre citoyen
de Lyon, du nom de Cadillot, après avoir lu un des magnifiques
rapports que nous aurons à analyser. Et, après lui avoir raconté les
épouvantables forfaits commis à Lyon par Fouché et Collot d'Herbois, comment l'innocence avait été confondue avec le crime non-
seulement dans les incarcérations, mais dans les exécutions, Cadillot, dont la lettre respire d'un bout à l'autre le plus pur et le plus
ardent patriotisme, s'écriait en terminant : « Ah ! si le vertueux
Couthon fût resté à Commune-Affranchie, que d'injustices de moins !
Six mille individus, et non seize cents, n'auroient pas tous péri. Le
coupable seul auroit été puni ; mais Collot... Ce n'est pas sans raison qu'il a couru à Paris soutenir son ami Ronsin. Il a fallu des
phrases bien ampoulées pour couvrir de si grands crimes (1) !... »

Si donc la République démocratique pouvait se fonder en
France, y prendre racine, c'était grâce aux hommes de la trempe
de Robespierre et de ses amis. Partout où parurent Couthon,
Saint-Just, Le Bas, Robespierre jeune, Ricord, Salicetti, la République triompha, se fit aimer ; partout, au contraire, où les
ennemis de Robespierre exercèrent leur proconsulat, les Carrier à
Nantes, les Fouché à Lyon, les Tallien à Bordeaux, elle eut toutes
les peines du monde à s'affermir. Qui jamais se serait douté, avant
le 9 Thermidor, qu'on couvrirait d'un voile si épais la vérité, et
qu'à force de machiavélisme, de fraudes et de faux, on parviendrait
à pervertir l'opinion publique ? Les habitants des départements où
Robespierre jeune était salué comme un bienfaiteur savaient bien
qu'Augustin reflétait toute la pensée de son frère, et leur reconnaissance ne manquait pas de monter vers Maximilien. De Manosque,
petite ville du district de Forcalquier, où son frère en passant avait
rendu les plus grands services, un citoyen, nommé Besson, lui écrivait au sujet d'Augustin et de cette petite cité : « C'est lui qui l'a
sauvée, avec Ricord, des injustices et de la tyrannie du Midi ; il
s'y est immortalisé par sa générosité et par sa clémence : tu sens

favorable à Robespierre, à la suite du rapport de Courtois (numéro CV), si elle n'était
pas dirigée tout entière contre le thermidorien Collot d'Herbois, devenu à son tour
victime de la réaction.

(1) Lettre de Cadillot à Robespierre, sans date. Voy. *Papiers inédits*, t. II, p. 139,
numéro CVI, à la suite du rapport de Courtois.

tout le prix de ses vertus (1)... » Charles Nodier avait donc bien
raison quand il écrivait qu'à la nouvelle du 9 Thermidor il y eut
dans les départements un vague sentiment d'inquiétude parmi les
républicains, qui craignaient, trop justement, hélas! « de voir tomber le grand œuvre de la Révolution avec la renommée prestigieuse
de son héros (2). »

VII

Retournons maintenant à Paris, où se faisait vivement sentir
le contre-coup des événements dont le Midi était le théâtre. Ainsi,
la nouvelle des mauvais traitements exercés à Toulon contre deux
représentants du peuple, Pierre Bayle et Beauvais, amena la
Convention nationale à décréter contre les étrangers les plus rigoureuses mesures. Bayle s'était suicidé de désespoir. Laisserait-on
cette mort sans vengeance, et ne trouverait-on aucun moyen de
punir les Anglais d'avoir provoqué l'odieuse trahison qui leur
avait livré notre premier port de guerre? Dans la séance du 18 vendémiaire (9 octobre 1793), Fabre d'Églantine renouvela devant la
Convention une proposition déjà faite quelques semaines auparavant, celle d'arrêter tous les Anglais résidant en France et de saisir leurs propriétés. Un membre, Ramel, ayant combattu cette proposition comme contraire aux intérêts du pays, Robespierre prit la
parole pour la soutenir. Quoi! l'on semblait vouloir favoriser le
commerce anglais, quand il était indispensable d'asseoir sur sa
ruine la prospérité de la République française, et l'on se laisserait
arrêter par de misérables chicanes au moment même où l'on apprenait que les barbares qui nous faisaient la guerre avaient assassiné
un des fondateurs de cette République? « Je demande, » s'écria-t-il,
« que vous ordonniez l'arrestation de tous les Anglais et la saisie
provisoire de leurs propriétés. » — Oui, oui! s'écria-t-on dans
toutes les parties de la salle. — Et cette mesure fut aussitôt votée au
milieu des applaudissements (3).

Mais pourquoi la borner aux seuls Anglais? Les Prussiens, les
Autrichiens, avaient-ils causé moins de mal à la France? Cette ré-

---

(1) Lettre de J.-P. Besson à Robespierre. Voy. *Papiers inédits*, t. II, p. 116, numéro I,
à la suite du rapport.

(2) *Souvenirs de la Révolution et de l'Empire*, t. Ier, p. 305 de l'édit. Charpentier.

(3) Voy. *le Moniteur* du 20 du 1er mois (11 octobre 1793). Il est bon de rappeler que,
sous le Consulat et dans des circonstances beaucoup moins graves, une pareille mesure
fut prise par le gouvernement français.

flexion engagea plusieurs membres de l'Assemblée, entre autres
Pons (de Verdun), à réclamer l'extension de cette loi à tous les étrangers. On connaît le fameux rapport de Saint-Just sur cette motion
et le décret par lequel la Convention ordonna la détention, jusqu'à
la paix, de tous les étrangers nés sujets des gouvernements en
guerre avec la République, sauf les exceptions nécessaires pour
préserver de tout préjudice l'intérêt national. Une pareille mesure
atteignait nécessairement une foule d'intérêts privés. Cependant de
tous les membres de l'Assemblée un seul réclama, ce fut Chabot.
L'ex-capucin venait d'entrer par son mariage dans la famille des
Autrichiens Frey, dont la sœur lui avait apporté en dot l'énorme
somme de 200,000 livres ; dans l'intérêt de ses beaux-frères, do-
miciliés en France, il réclama une exception en faveur des étrangers connus pour leur dévouement à la cause populaire, et demanda que la proscription absolue fût bornée aux seuls Anglais.
La distinction proposée par Chabot se trouva vivement combattue
par Robespierre, aux yeux duquel les Prussiens et les Autrichiens
étaient aussi dangereux que les Anglais. Maximilien se méfiait de
tous les étrangers qu'on voyait s'insinuer dans les comités ou assemblées sectionnaires, et, sous les couleurs du patriotisme le plus chaud,
semant la discorde, rôdant autour des citoyens et des législateurs,
employant tantôt le poison du *modérantisme*, tantôt l'art de l'exagération, pour suggérer des idées plus ou moins favorables à leurs vues
secrètes. Arrêté un moment ici par les applaudissements, Robespierre reprit en ces termes : « Propose-t-on une mesure sage, mais
cependant courageuse et calculée sur l'étendue des besoins de la
patrie, ils disent aussitôt qu'elle est insuffisante et demandent une
loi plus populaire en apparence, mais qui, par leurs menées, deviendrait un instrument de destruction. Propose-t-on une mesure
plus douce, mais calculée encore sur les besoins de la patrie, ils
s'écrient qu'il y a là de la faiblesse, que cette mesure va perdre
la patrie. » C'étaient là, selon lui, autant d'agents des puissances
étrangères ; il fallait les atteindre, en dépit de leur art perfide et
du masque dont ils ne cessaient de se couvrir.

Que si la mesure proposée venait à frapper quelques philosophes amis de l'humanité, il comptait sur leur dévouement et
leur magnanimité pour accepter sans aigreur une détention qui
aurait un terme et qui les conduirait avec tous les Français au
bonheur de la liberté et de l'égalité (1). On doit regretter que Ro-

(1) *Journal des débats et des décrets de la Convention*, numéro 393, p. 215, et *Moniteur* du 28 du 1er mois (19 octobre 1793). Il existe quelques variantes entre les deux
versions.

bespierre n'ait pas hésité à envelopper Thomas Payne dans l'ostracisme commun ; mais les liaisons d'intimité existant entre le philosophe américain et les principaux membres de la Gironde rendaient Payne fort suspect alors. Ce ne fut point d'ailleurs sur la dénonciation de Maximilien qu'il fut arrêté (1). Quant au baron prussien Anacharsis Cloots, un des étrangers envers qui Robespierre montra le plus de dureté, nous verrons bientôt comment il dut s'attirer l'inimitié profonde d'un homme qui avant toute considération plaça toujours le salut de la République et le triomphe de la Révolution. Ce que les étrangers causèrent de mal à la France aux jours des grands orages révolutionnaires, nul ne peut le nier. Le déchaînement contre eux fut général, et de fait il n'y a point trop à s'étonner si ceux-là étaient suspects dont la patrie faisait à la République une guerre acharnée. Si jamais idée bizarre entra dans la cervelle d'un historien, ce fut, à coup sûr, d'imaginer que le comité de Salut public proscrivit les étrangers uniquement pour complaire aux gouvernements armés contre la France, et pour les décider à la paix par le sacrifice de ceux de leurs nationaux qu'avait attirés la Révolution. Cela ne supporte même pas la discussion. La Convention nationale songea-t-elle à se montrer favorable aux souverains qu'elle combattait quand elle décréta qu'aucun étranger ne pourrait être admis à représenter le peuple français ? Bentabole se préoccupa-t-il de flatter les rois coalisés lorsqu'il demanda que les étrangers fussent exclus de toutes les fonctions publiques pendant la guerre ?

Une alors se leva pour empêcher l'Assemblée de voter d'enthousiasme cette dernière proposition, laquelle méritait, selon lui, un examen approfondi, parce qu'elle était de nature à influer sur les intérêts de la République, ce fut Robespierre. « Vous avez ici, » dit-il, « des Belges et des Liégeois qui exercent avec honneur des fonctions publiques ; il serait peut-être injuste de les déplacer.» Et, sur sa demande, la Convention chargea le comité de Salut public de lui soumettre un rapport sur les exceptions à apporter au décret contre les étrangers (2). Ainsi donc, si quelque adoucisse-

(1) On lit dans le carnet de Robespierre, feuillet 5 : « Demander que Thomas Payne soit décrété d'accusation pour les intérêts de l'Amérique autant que de la France. » Ce fut après une dénonciation formelle de Bourdon (de l'Oise), qui, dans la séance du 5 nivôse (25 décembre 1793), accusa Payne d'intriguer avec un ancien agent du bureau des affaires étrangères, que l'ami de Brissot fut arrêté. (Voy. le Moniteur des 7 et 12 nivôse an II.)

(2) Voy. le Moniteur du 7 nivôse (27 décembre 1793), séance du 5 nivôse.

ment se trouva apporté aux mesures de rigueur prises contre les
étrangers, ce fut, en partie, grâce à Maximilien.

VIII

Sans doute il arriva plus d'une fois à Robespierre de se tromper,
et, dans son désir ardent de conduire promptement la Révolution
au port, de transgresser, sans le vouloir, les bornes de cette justice
dont il était lui-même l'esclave. Ainsi, suivant nous, il avait tort de
s'opposer à ce que les comités de surveillance fussent tenus de dresser des procès-verbaux en forme de toutes les arrestations ordonnées par eux et d'en indiquer les motifs. Il croyait trop à la simplicité et à la vertu des membres de ces sortes de comités, et craignait de les décourager en les astreignant à des formalités chica-
nières. Sans pitié pour le crime et la tyrannie, il tenait plus qu'aucun autre à ce que les patriotes opprimés par erreur en vertu de
mesures révolutionnaires, fussent secourus et délivrés, — plus d'une
fois nous l'entendrons élever la voix en faveur de citoyens injustement détenus —, mais il voulait surtout le salut de l'humanité,
le triomphe de la patrie, et le temps ne lui paraissait pas venu
encore de détendre les ressorts de l'énergie nationale (1). Seulement
il ne prit point garde que dans les comités de surveillance pouvaient se glisser des hommes malintentionnés qui useraient de
leurs pouvoirs pour servir leurs rancunes personnelles ou leurs
intérêts particuliers, et là fut son erreur. Moins d'arrestations arbitraires auraient eu lieu certainement si les comités de surveillance
eussent été astreints à procéder avec des formes plus étroites, et
tenus d'indiquer soigneusement les motifs des arrestations opérées
par leurs ordres.

Bien rares, du reste, étaient les circonstances où Robespierre
semblait pencher du côté des exagérés, et quand parfois on avait
l'air de s'autoriser de quelques-unes de ses paroles pour émettre
certaines propositions extravagantes, il se hâtait bien vite depro-
tester et de rappeler à la sagesse ses collègues de la Convention ou
des Jacobins, comme on l'avait vu au club, par exemple, dans a
séance du 23 vendémiaire (14 octobre). Une discussion très-vive
s'était engagée au sujet du rapport de Julien (de Toulouse), sur
les départements insurgés, rapport dont ce député avait fait hommage à la société des Jacobins et à la commune de Paris. Un citoyen,
après s'être plaint des nombreuses inexactitudes contenues dans ce

(1) *Moniteur* du 5 brumaire (26 octobre 1793), séance du 3 brumaire.

rapport, avait conseillé à la Société d'en demander la révision à la Convention nationale.

Robespierre prononça à cette occasion un discours brûlant d'énergie et de patriotisme, s'il faut en croire les journaux du temps, car le texte de ce discours n'a pas été conservé. La mesure proposée était, à son avis, incompatible avec les principes ; en effet, disait-il en terminant, « ou ce rapport est bon, ou il est mauvais : dans le premier cas, on le doit approuver sans rien changer ; dans le second, il est inutile d'y toucher ; on ne rétablit pas ce qui est aristocrate, ce qui est feuillantin. » Or, aux yeux de Maximilien, ce rapport était contre-révolutionnaire, parce que les crimes des conspirateurs y étaient couverts d'un voile complaisant ; parce que les patriotes immolés y étaient traités comme des anarchistes ; parce que la mémoire même des martyrs de la liberté, comme Chalier, y était indignement outragée. Comment ne pas s'étonner de l'impudence avec laquelle on répandait tant de calomnies du haut de la Montagne, où avait fini par s'asseoir Julien après avoir flotté indécis entre tous les partis. En voyant de prétendus patriotes insulter aux malheureuses victimes de la réaction, en songeant à Précy échappé, en songeant surtout à tant d'innocents massacrés, Robespierre s'écriait, dans une sorte d'exaltation patriotique : « Il faut que leur mémoire soit vengée ; il faut que les monstres soient démasqués, exterminés, ou que je périsse ! »

Arrêté un moment par des applaudissements universels et réitérés, il s'étonna, en reprenant, que la municipalité eût accepté l'hommage d'une œuvre semblable. C'était, sans doute, par le fait d'une erreur. Aussi engagea-t-il la société à répudier, pour sa part, cet hommage impur, et à envoyer des commissaires auprès de la commune pour l'inviter à rayer de ses registres une acceptation surprise à sa bonne foi.

Alors monta à la tribune le citoyen Brichet, un ami d'Hébert, un des énergumènes les plus violents de l'époque. Il aurait voulu qu'on guillotinât tous les épiciers qui ne justifieraient pas de la vente de leurs denrées. Le guide des opérations de l'armée révolutionnaire devait être, à son avis, la fortune des fermiers. « Qu'en arrivant dans un village, » disait-il, « elle s'informe si le fermier de l'endroit est riche. Sur l'affirmative, on peut le guillotiner ; à coup sûr c'est un accapareur (1). » Voilà bien un des hommes dont Robespierre disait « qu'ils conseillaient la folie. » Brichet se livra, au sujet du

_____

(1) Voy. le *Journal des débats et de la correspondance de la société des Jacobins*, numéro 515, et le *Moniteur* du 26 du 1er mois (27 octobre 1793). La version est la même dans ces deux journaux.

rapport de Julien (de Toulouse), à une intempérance de langage dont la réponse de Maximilien suffit à donner une idée : « Je n'ai pas prétendu, » dit ce dernier, « que l'enthousiasme se mêlât à cette affaire ; des gens semblent s'y laisser entraîner, et peut-être entre-t-il dans le calcul de quelques-uns de poignarder les plus fermes appuis de la liberté et du peuple, après avoir anéanti les traîtres. Je n'ai dénoncé qu'à regret un ouvrage dont j'ai vu l'auteur marcher longtemps sur la ligne des meilleurs patriotes. Il ne s'agit donc point ici d'arrestation ni de guillotine ; il s'agit de sauver la liberté par des mesures sages, et celles que l'on semble vouloir prendre en ce moment ne sont pas du nombre. » Quant à lui, il se contentait d'insister pour l'adoption de ces deux mesures, à savoir : refuser l'hommage du rapport et inviter la municipalité à en faire autant. Ce fut à quoi se résolut la Société, après avoir entendu les explications de Julien (de Toulouse), lequel s'était excusé de son mieux des erreurs par lui commises, et avait fini par demander qu'on chargeât quelqu'un de rédiger un nouveau rapport, tout en déclarant être prêt à recommencer son travail (1).

Le jour même de cette séance des Jacobins se jugeait au tribunal révolutionnaire le procès de la reine. La culpabilité de Marie-Antoinette ne saurait être révoquée en doute ; elle ressort de toute sa conduite, de toute sa correspondance, de ses propres lettres éditées à grand luxe aujourd'hui. Néanmoins, nous ne saurions nous empêcher de déplorer sa condamnation, comme celle de toutes les femmes inutilement sacrifiées par la Révolution. L'ancien régime n'avait ni respect ni souci de la femme ; nous aurions aimé à pouvoir glorifier la Révolution de s'être montrée, sur ce point comme sur tous les autres, supérieure à nos pères, et d'avoir rendu sacrés à jamais les flancs précieux d'où sortent les générations humaines. Si quelque chose d'ailleurs est de nature à solliciter notre pitié pour la femme de Louis XVI, ce sont les injures, les invectives dont l'ont poursuivie les Fréron, les Guffroy, les Hébert, tous ces démocrates de tréteaux qu'une certaine école entreprend — triste entreprise, hélas ! — de nous présenter comme les républicains par excellence. Dès le 25 septembre, le journal de Guffroy insérait une adresse où l'on demandait la mort de cette « Messaline autrichienne, » de cette femme « effrontée comme une reine, scélérate comme une reine, exécrable p..... comme une reine (2). » Le cœur se soulève indigné, n'est-ce pas, à cet outrage au malheur ?

(1) Voy. le *Journal des débats et de la correspondance de la société des Jacobins*, numéro 515, et *le Moniteur* du 26 du 1ᵉʳ mois, *ubi supra*.

(2) *Rougyff, ou le Frank en vedette*, numéro du 25 septembre 1793.

Mais cela n'est rien auprès des gentillesses de l'ami Hébert. « J'espère qu'aujourd'hui, » écrivait *le Père Duchesne*, « le tribunal révolutionnaire va faire jouer l'architigresse d'Autriche à la main chaude. Il y a longtemps que nous aurions dû voir sa b... de tête à la lunette. Il falloit la voir quand on lui a mis devant sa face ridée le miroir de vérité. Cependant, autant qu'elle a pu, elle a fait contre fortune bon cœur ; mais f...! quand elle a été convaincue d'avoir recueilli le premier fruit de la vigne qu'elle avoit plantée, et d'avoir fait avec le petit avorton du Temple comme le paillard Lot avec ses filles, alors la g... a perdu la carte (1). » On sait à quoi Hébert faisait ici allusion, et quelle odieuse accusation il produisit au tribunal contre Marie-Antoinette. On sait aussi quel cri sublime s'échappa de la poitrine de l'accusée, cri de mère outragée qui retentit dans le cœur de toutes les mères.

Nous avons déjà dit le dégoût profond de Robespierre pour les diatribes ordinaires du *Rougyff* et du *Père Duchesne*. En apprenant les détails de l'obscène déposition d'Hébert, il ne put s'empêcher de s'écrier : « Le misérable! non content de la présenter comme une Messaline, il a voulu en faire une Agrippine! (2). » Exclamation d'honnête homme que ne put contenir Robespierre, et que l'histoire ne saurait dédaigner.

_____

(1) *Le Père Duchesne*, numéro 298. Voy. aussi le numéro suivant.

(2) Nous empruntons cette version à M. Laurent (de l'Ardèche), qui la tenait, pensons-nous, du docteur Souberbielle, qu'il connut beaucoup. Grand ami de Robespierre, le docteur Souberbielle figura comme juré dans le procès de la reine. (Voy. *Réfutation de l'Histoire de France* de l'abbé de Montgaillard, XIe lettre, p. 313.) Cette version est également, à peu de chose près, celle qu'a donnée le royaliste Beaulieu dans sa biographie d'Hébert : « Ce n'était donc pas assez pour ce scélérat d'en avoir fait une Messaline, il fallait qu'il en fît une Agrippine! » Beaulieu, il est vrai, dans ses *Essais historiques* (t. V, p. 470), avait donné une autre version, tirée des *Causes secrètes de la Révolution du 9 Thermidor*, par Vilate, ancien juré au tribunal révolutionnaire. Or, on sait que Vilate, plat coquin qui avait été arrêté avant le 9 Thermidor, avait écrit son livre dans l'espoir d'obtenir les bonnes grâces des vainqueurs en calomniant les vaincus. Voici comment ce Vilate, qui avait siégé dans le procès de la reine, *arrangea* le propos de Robespierre, que Souberbielle, sans doute, n'avait pas manqué de répéter à ses collègues : « Il ne suffisait donc pas à cet imbécile d'Hébert que Marie-Antoinette fût présentée au peuple comme une Messaline, il fallait qu'il en fît une Agrippine, et qu'il lui procurât dans ses derniers moments la satisfaction d'exciter la sensibilité du public. » Là-dessus le véridique abbé de Montgaillard d'altérer encore ces paroles, déjà dénaturées, et d'écrire : « Cet imbécile! *Je lui ai dit* d'en faire une Messaline, il faut qu'il en fasse une Agrippine et qu'il lui fournisse, à son dernier moment, un triomphe d'intérêt public! » Eh bien! qui le croirait! l'abbé de Montgaillard est encore plus juste, à l'égard de Robespierre, que certains écrivains réputés libéraux!

Quinze jours après avoir jugé la reine, le tribunal révolutionnaire eut à s'occuper des Girondins. Dans ses Mémoires, ou plutôt
dans son *Mémoire justificatif*, Garat prétend qu'il tenta une démarche auprès de Robespierre pour tâcher de sauver les vaincus
du 31 mai, ou du moins pour obtenir qu'ils ne fussent pas jugés
par un tribunal « érigé malgré leurs réclamations. » Or, il y a là une
erreur capitale. Si une voix de la Gironde protesta contre la formation de ce tribunal, à laquelle Robespierre, comme on l'a vu, était
resté complétement étranger, il n'en est pas moins vrai que le parti
tout entier en adopta chaudement le principe. Est-ce que ce ne fut
pas Isnard qui rédigea le premier article du décret? Est-ce que
les Girondins montrèrent le moindre scrupule quand ils traduisi-
rent Marat devant ce tribunal? Est-ce qu'ils ne se seraient pas empressés d'y renvoyer tous leurs adversaires s'ils avaient été vainqueurs? *Il est assez bon pour eux*, aurait répondu Robespierre.
Chabot, au contraire, présent à la conversation, aurait osé soutenir, toujours d'après Garat, qu'il fallait un autre tribunal (1). Cette
prétendue pitié de Chabot opposée par l'ancien ministre de l'intérieur à l'inflexibilité de Maximilien fera certainement sourire tous
ceux qui ont lu l'interminable déposition de l'ex-capucin dans le
procès des Girondins. Impossible, en effet, de charger plus impitoyablement les accusés (2)!

Battu sur ce point, Garat eut l'idée, assure-t-il encore, de s'offrir
pour être l'un des défenseurs officieux des députés détenus. A cette
proposition, Robespierre, souriant « d'un sourire moitié gai, moitié
amer, » ne put s'empêcher de dire : « Ils riraient bien eux-mêmes
s'ils pouvaient vous entendre. Eux vous auraient fait guillotiner
très-officieusement. » Garat alors : « En tout, je crois qu'ils auraient peu guillotiné. » Et Robespierre de répondre : « Peu est
bon (3). » Tout cela pouvait être fort du goût des réacteurs de
l'an III, pour lesquels Garat écrivait son Mémoire, mais rien n'était
plus éloigné de la vérité, et je le prouve. D'abord, rien n'empêchait
Garat de se présenter au tribunal révolutionnaire comme défenseur

(1) *Mémoires de Garat*, p. 304 de l'édit. de 1862.
(2) La déposition de Chabot devant le tribunal révolutionnaire ne tient pas moins
de trente pages de l'*Histoire parlementaire*. Voy. t. XXX, de la p. 28 à la p. 58. Elle
était évidemment préparée d'avance.
(3) *Mémoires de Garat*, p. 297, *ubi supra*.

officieux des Girondins, et il ne le fit point. Ensuite, et ceci est
sans réplique, à l'époque du procès de la Gironde, Garat rédigeait,
avec Alexandre Rousselin, ce jeune et ardent ami de Danton dont
nos lecteurs ont déjà pu apprécier l'ardeur révolutionnaire, un
journal intitulé *la Feuille du salut public*. Eh bien! nous lisons dans
le numéro du 11 septembre 1793, ces lignes assez explicites :
« Quand on imagine que la plus grande partie de nos maux est l'ouvrage de Brissot et consorts, il est permis de s'étonner que *ces
monstres respirent encore*, et que la loi n'en ait pas fait justice... (1) »
Et ce n'est pas tout : Garat s'étant trouvé arrêté momentanément
par erreur, son collaborateur Alexandre Rousselin s'exprima en ces
termes : « En apprenant l'arrestation de Garat, ses amis n'ont rien
craint; mais une prévention bien flatteuse les rassure davantage
encore, c'est que tous les *Brissotins* jouissoient avec impudeur de
l'espoir de se venger *obliquement* d'un homme qui a toujours méprisé leurs complots. Ces messieurs *n'oublient* pas que ce fut lui
qui, le 31 mai, par un discours plein d'énergie, accéléra ces grandes
mesures qui sauvèrent la République (2). » Que penser après cela
des lamentations de Garat en 1795?

L'ancien ministre de la République est-il plus exact lorsqu'il
raconte qu'étant allé voir Danton, en désespoir de cause, il le
trouva malade de tout ce qui se préparait, et n'obtint de lui que
cette réponse accompagnée de grosses larmes : « *Je ne pourrais pas
les sauver*. » Mais, prévoyant l'objection, Garat a soin d'ajouter :
« J'entends ici les ennemis de Danton, et même les amis de la
vérité, qui me demandent si Danton ne pleurait pas alors sur des
victimes que lui-même avait mises sur la route de l'échafaud et sous
la main des bourreaux (3). » Si nous insistons ainsi sur des détails
peu importants en apparence, c'est qu'à l'aide de ces récits intéressés et arrangés après coup, nous voyons aujourd'hui encore opposer cette sensibilité de Danton, « se couvrant sous des rugisse-
ments, » au prétendu tempérament sanguinaire de Maximilien.
Quant à l'explication du peu d'impartialité de Garat en cette circonstance, elle est bien simple, et nous l'avons donnée déjà : à
l'époque où il écrivait son mémoire justificatif, les survivants de la
Gironde et les amis de Danton étaient les maîtres de la situation, et
Dieu sait comment ils entendaient la modération ! Mais nous avons
dit aussi quelle était sa pensée vraie, son dernier mot sur Robespierre; il alla plus tard, on l'a vu, jusqu'à le comparer au fils du

(1) *La Feuille de salut public* du 11 septembre 1793, numéro 72.
(2) *Ibid.* du 3 octobre, numéro 75, article signé d'Alexandre Rousselin.
(3) *Mémoires de Garat*, p. 306, édit. de 1862.

charpentier de Bethléem, et cette opinion, dépouillée de tout intérêt
personnel, exprimée librement, à l'heure où, sur le soir de sa vie,
cet homme de bien faisait un retour sur les hommes et les choses
de la Révolution, que mieux que personne il était à même de juger,
est la seule à laquelle nous puissions nous arrêter (1).

A Robespierre pas plus qu'à Danton il n'eût été possible de sauver les Girondins livrés par un décret de la Convention au tribunal
révolutionnaire. Il suffit de jeter les yeux sur les journaux de
l'époque pour se former une idée précise de l'exaspération dont ils
étaient devenus l'objet. Leur crime n'était-il pas inscrit en caractères sanglants dans l'Ouest et dans le Midi? Lyon, Marseille, Toulon livré aux Anglais, ne se levaient-ils pas contre eux? Robespierre,
du reste, ne figura pas comme témoin dans leur procès, où dépo-
sèrent de la façon la plus accablante pour eux plusieurs représentants du peuple. Il est à croire qu'il se serait récusé. Une seule fois,
durant le cours de ce procès, il prit la parole à la Convention sur
une question intéressant tous les accusés en général, et voici à
quelle occasion. Au gré des enragés, les débats n'allaient point
assez vite; peu s'en fallait qu'Hébert et Chaumette n'accusassent
les jurés et le tribunal d'être de connivence avec les prévenus. Le
7 brumaire (28 octobre), l'un et l'autre coururent aux Jacobins.
Chaumette demanda qu'on vouât à l'exécration les hommes qui dé-
fendraient les *assassins du peuple*, et, sur la proposition d'Hébert, il
fut décidé qu'une députation se rendrait à la Convention pour lui
demander le jugement « de Brissot et consorts » dans les vingt-
quatre heures (2).

Le lendemain, en effet, des commissaires de la société ayant à
leur tête Xavier Audoin, le gendre de Pache, se présentèrent à la
barre et réclamèrent de l'Assemblée une loi qui débarrassât le tribunal révolutionnaire des formes sous lesquelles étouffait la conscience des jurés et qui permît à ceux-ci de se déclarer suffisamment instruits quand ils le jugeraient à propos. Aussitôt le député
Osselin convertit en motion cette seconde partie de la pétition.
Mais alors il serait donc loisible aux jurés de clore les débats dès le
premier jour, dès la première heure, si d'avance ils s'étaient formé
une conviction, et d'ôter ainsi aux accusés tout moyen de défense?
Le vague de la rédaction d'Osselin était de nature à soulever de pareilles craintes. Robespierre le sentit, et il présenta une rédaction

(1) Voy. le livre précédent.
(2) Voy. le *Journal des débats et de la correspondance de la société des Jacobins*,
numéro 524.

nouvelle, conciliant, selon lui, les intérêts des accusés avec ceux de la patrie. C'était au président du tribunal de demander aux jurés, mais après trois jours de débats seulement, si leur conscience était assez éclairée; en cas de réponse négative, l'instruction devait continuer jusqu'à ce qu'ils se déclarassent suffisamment instruits. L'esprit de cette proposition ayant été adopté par l'Assemblée, Osselin rédigea son projet vraisemblablement d'après le brouillon que lui communiqua Robespierre, et sa motion fut, cette fois, convertie en décret (1).

Assurément la mesure conseillée par Maximilien était singulièrement large et libérale, comparée à la pétition présentée à l'instigation d'Hébert; mais ce n'en était pas moins une restriction à la liberté de la défense, et nous ne saurions nous empêcher de la blâmer. Robespierre croyait concilier les intérêts des accusés avec le salut de la patrie, il se trompait. Aucune considération ne doit l'emporter sur celle de la justice. Donner pour limites à la défense des accusés le bon plaisir du juge, c'est enfreindre les lois primordiales de la justice. Maintenant, Robespierre confondit-il, involontairement même, ses rancunes personnelles avec le salut de la République? Se souvint-il que les hommes traduits aujourd'hui devant le tribunal redoutable où ils avaient tout fait pour l'envoyer l'avaient persécuté avec un acharnement sans exemple, dévoué aux poignards des assassins, regrettaient enfin de l'avoir laissé « jouir de l'impunité physique (2)? » Rien n'autorise à le supposer. Et si l'on se rappelle les chaleureux efforts tout récemment déployés par lui, et couronnés de succès, pour arracher à l'échafaud les soixante-treize signataires de la protestation contre le 31 mai, on est bien obligé d'avouer qu'en ces lamentables circonstances il sut, au contraire, étouffer dans son cœur de profonds et légitimes ressentiments.

(1) *Moniteur* du 9 brumaire de l'an II (30 octobre 1793), séance du 8 brumaire. — Ce brouillon, de la main de Robespierre, a été reproduit en fac-simile, avec les ratures, en tête du second volume des *Papiers inédits*, etc., mais ce n'est pas la minute même du décret, comme le dit M. Michelet dans son *Histoire de la Révolution*, t. VI, p. 341. — Ce fut dans cette séance du 8 brumaire que, sur la proposition de Billaud-Varenne, la Convention donna au tribunal criminel extraordinaire le nom de *Tribunal révolutionnaire*.

(2) Voy. le deuxième volume de cette *Histoire*.

X

Les Girondins avaient entraîné dans leur chute la femme de leur ministre d'élection, Mme Roland. Arrêtée à la suite du 31 mai par les ordres de la commune, l'illustre femme n'allait pas tarder à suivre ses amis sur l'échafaud. Un instant elle avait pu croire à une destinée meilleure; un instant les portes de la prison s'étaient ouvertes pour elle. Mais des tigres altérés de son sang n'entendaient point lâcher ainsi leur proie. A peine en liberté, elle était arrêtée de nouveau et plongée dans les cachots de Sainte-Pélagie, d'où elle ne devait plus sortir que pour se rendre, dans la fatale charrette, sur la place de la Révolution. L'horrible *Père Duchesne*, ce *pauvre* Hébert, comme disent, on le sait, les néo-hébertistes, ne lui avait-il pas pronostiqué son sort? Du temps qu'elle était à l'Abbaye, le substitut du procureur de la commune avait raconté dans sa feuille qu'il était allé lui rendre visite sous l'apparence d'un brigand de la Vendée, et qu'ayant, à l'aide de ce déguisement, obtenu l'aveu des relations de Roland avec les Brissotins, il s'était écrié en se découvrant : « Oui, f....! tu l'as dit, vieux sac à contre-révolution! Reconnais le Père Duchesne; je t'ai laissée défiler ton chapelet pour te connaître. Le pot aux roses est découvert. Tous tes projets s'en vont à vau-l'eau. Non, les Français ne se battront pas pour un crâne pelé comme celui de ton vieux cocu, et pour une salope édentée de ton espèce... Pleure tes crimes, vieille guenon, en attendant que tu les expies sur les échafauds, f....! (1) » Et ces ordures, les porteurs du journal venaient les colporter sous les fenêtres mêmes de la prison. Il faut voir, dans les Mémoires de Mme Roland, comme l'amour-propre de la femme outragée se révolte contre cet odieux pamphlet où « les vraisemblances physiques n'étoient pas mieux ménagées que les autres (2). » Poursuivre jusqu'à la mort cette Égérie du parti de la Gironde, passe encore, les passions politiques ont été de tout temps si impitoyables! mais insulter la victime en de pareils termes, la frapper ainsi dans son orgueil de femme et d'épouse, torturer l'âme avant de tuer le corps, n'était-ce pas la plus odieuse des lâchetés?

Ah! comment s'étonner de l'invincible répulsion de Robespierre pour les hommes comme Hébert! — Robespierre! A coup sûr, dans la solitude de sa prison, Mme Roland pensa plus d'une fois à cet

(1) Voy. *le Père Duchesne*, numéro 248.
(2) *Mémoires de Mme Roland*, t. II de l'édit. Barrière et Berville, p. 104.

ancien objet de son culte et de son admiration. Qui sait? Peut-être un secret remords lui vint-il de n'avoir pas usé de son influence pour éteindre dans le cœur de ses amis la haine et la jalousie dont ils étaient animés contre Maximilien; peut-être se reprocha-t-elle d'avoir trop facilement sacrifié à sa passion pour Buzot celui que dans les derniers mois de l'année 1791 elle regardait encore comme le plus pur et le plus dévoué serviteur de la Révolution? Or Robespierre n'avait pas changé, lui; il mourra en 1794 ce qu'il était en 1789; mais le cœur de la femme, nous l'avons dit, avait subi de mystérieuses transformations. L'ami fut vaincu par l'amant.

Un jour, vers la fin du mois de septembre, se trouvant malade et couchée à l'infirmerie de Sainte-Pélagie, elle reçut la visite d'un étranger. C'était un médecin. « Je suis, » lui dit le docteur en apprenant son nom, « l'ami d'un homme que peut-être vous n'aimez point. » — Mais ici laissons la parole à Mme Roland : « Qu'en savez-vous, et qui est-ce? — Robespierre. — Robespierre! Je l'ai beaucoup connu et beaucoup estimé; je l'ai cru un sincère et ardent ami de la liberté. — Eh! ne l'est-il plus? — Je crains qu'il n'aime aussi la domination, peut-être dans l'idée qu'il sait faire le bien ou le veut comme personne; je crains qu'il n'aime beaucoup la vengeance, et surtout à l'exercer contre ceux dont il croit n'être pas admiré; je pense qu'il est très-susceptible de préventions, facile à se passionner en conséquence, jugeant trop vite comme coupable quiconque ne partage pas en tout ses opinions. — Vous ne l'avez pas vu deux fois! — Je l'ai vu bien davantage! Demandez-lui; qu'il mette la main sur sa conscience, et vous verrez s'il pourra vous dire du mal de moi (1). »

Avec combien plus de raison pourrait-on retourner contre les Girondins les reproches adressés ici à Robespierre! Cette soif de domination, ce désir de vengeances, ces préventions étonnantes contre quiconque ne partageait pas en tout leurs opinions, n'était-ce point là précisément les défauts essentiels des Girondins? Nous l'avons, Dieu merci! démontré par des preuves sans réplique dans la seconde partie de cette histoire (2). Mme Roland s'exprimait ainsi le 23 septembre 1793. Or, à quelques jours de là, Robespierre arrachait au bourreau soixante-treize partisans de la Gironde. Étaient-ils de ses amis, ou partageaient-ils en tout ses opinions, ces hommes qui lui durent la vie, et qui, après l'avoir salué comme un sauveur, firent chorus, après Thermidor, avec la tourbe de ses détrac-

(1) *Mémoires de Mme Roland*, t. II de l'édit. Barrière et Berville, p. 202.
(2) Nous avons, dans notre précédent volume, montré avec quel sans gêne, avec

teurs (1)? Et Mme Roland qui, elle-même souffrait si cruellement de
la calomnie, comment a-t-elle pu sciemment et de gaieté de cœur
calomnier d'une façon si grossière en maint passage de ses Mémoires celui qu'elle avait « beaucoup connu et beaucoup estimé »
avant de se donner tout entière, d'âme au moins, à l'homme dont
l'étrange conduite contribua tant à égarer le parti de la Gironde et
à le pousser dans la voie fatale au bout de laquelle il devait se
heurter à l'échafaud ?

Quand le médecin se fut retiré, Mme Roland eut l'idée de s'adresser à Robespierre, et, d'un trait, elle lui écrivit une longue lettre
qui commençait ainsi : « Robespierre, si je me trompe, je vous mets
à même de me le prouver, c'est à vous que je répète ce que j'ai dit
de votre personne, et je veux charger votre ami d'une lettre que la
rigueur de mes gardiens laissera peut-être passer en faveur de
celui à qui elle est adressée. » Mme Roland doutait que cette lettre
pût parvenir à son destinataire, et elle avait raison. Robespierre
avait beau être une puissance morale extraordinaire, il avait beau
être membre du comité de Salut public, les terroristes à l'instar de
Fouquier-Tinville ne se croyaient pas obligés à une bien grande
déférence envers lui, et nous verrons le terrible accusateur public
retenir de sa propre autorité des lettres qu'il était chargé de faire

combien peu de bonne foi Mme Roland avait, de parti pris, calomnié Robespierre dans
ses Mémoires. C'est la Gironde tout entière à sa proie attachée. Mme Roland n'a plus
été que l'organe des Louvet, des Buzot, des Barbaroux. A Mme Roland nous avons,
on s'en souvient, opposé surtout... Mme Roland. Impossible, en effet, de se donner de
plus formels démentis. Ainsi, à propos de la fuite du roi et des massacres du Champ-
de-Mars, elle n'a pas craint, se faisant l'écho d'un ignoble mensonge de ses amis, de
présenter Robespierre comme un lâche, comme un peureux. Or, voici ce qu'à la date
du 22 juin 1791 elle écrivait au notaire Bancal des Issarts, qui fut depuis député du
Puy-de-Dôme à la Convention : « Robespierre est monté à la tribune ; il a eu le courage d'exprimer, avec l'énergie propre à son caractère, ce dont je ne viens que de vous
transmettre l'énoncé... Robespierre a été couvert d'applaudissements ; ils étaient bien
mérités. » Et le lendemain 23 : « Hier, à cinq heures du soir, réunis avec Robespierre
et plusieurs autres, nous nous considérions sous le couteau ; il n'était question que des
moyens de porter le peuple à de grandes mesures dont l'Assemblée est incapable, et
chacun ne songeait qu'à la manière de se rendre plus utile au salut public avant de
perdre la vie qu'un massacre imprévu pouvait nous ôter. » Le 17 juillet, le lendemain
des tueries du Champ-de-Mars, elle écrivait au même : « On a bâti une dénonciation
et l'on a fait, au comité, des recherches contre Robespierre ; on élève contre lui des
soupçons pour diminuer le poids de son opinion et l'influence de ce caractère énergique
qu'il n'a pas cessé de développer. » Enfin le 18 elle écrivait encore à Bancal : « On ne
machine rien moins que de faire dénoncer Robespierre à l'Assemblée..., et il serait
possible, avec autant d'ennemis d'une part et de l'autre tant de vils agents prêts à se
vendre, qu'on fabriquât un crime pour immoler en le déshonorant le plus vigoureux
défenseur de la liberté. » (*Lettres de Mme Roland à Bancal des Issarts.*)

(1) Voy. le livre précédent.

parvenir à Maximilien, comme s'il eût craint que ce dernier n'arrachât encore quelque proie au tribunal révolutionnaire.

La lettre de Mme Roland était loin, du reste, d'être une prière ou une plainte. Accusée d'être la complice des Girondins et d'avoir avec eux corrompu l'esprit public, l'illustre femme ne croyait pas avoir à réfuter ce qui était à ses yeux « le plus curieux des reproches et la plus absurde des imputations; » Robespierre ne lui paraissait pas homme à croire une chose uniquement parce qu'elle se trouvait écrite ou qu'on la lui avait répétée. Dans cette lettre, fière et touchante à la fois, elle revenait sur sa vie passée, sur ses études sérieuses, sur ses goûts simples, sur son enthousiasme pour la Révolution, qu'avait, sans qu'elle s'en aperçût peut-être, singulièrement altéré le passage de son mari au pouvoir. Elle parlait aussi des souffrances de la prison, de sa douleur, trop compréhensible, hélas! d'être séparée de sa petite fille arrachée du sein qui l'avait nourrie; toutefois elle se défendait de vouloir exciter une pitié au-dessus de laquelle elle se mettait; mais quel cœur barbare n'eût compati à cette douleur si poignante et si juste! Résignée à son sort, elle espérait que sa lettre serait lue avec recueillement par Robespierre et pourrait ainsi ne pas être inutile à son pays, sur la destinée duquel, même à cette heure suprême, elle se flattait encore d'exercer quelque influence (1).

L'idée de cette lettre, le soin de l'écrire, le projet de l'envoyer, occupèrent pendant vingt-quatre heures l'esprit de la prisonnière; mais, après l'avoir écrite avec tout le soin possible, elle renonça au dessein de la faire parvenir à Robespierre, doutant de l'efficacité de ses réflexions sur un homme coupable, selon elle, de sacrifier des collègues dont la pureté lui était connue. La pureté des Girondins! Aveuglement bien excusable, du reste, de la part de cette pauvre Mme Roland. Il faut regretter qu'en écrivant sa lettre pour la postérité, elle n'ait point persisté dans son projet de l'envoyer à Robespierre. Bien que dans notre conviction Maximilien n'aurait pas eu le pouvoir d'arracher cette grande victime à l'échafaud, pas plus qu'il ne lui fut possible, un peu plus tard, de sauver la sœur de Louis XVI, peut-être eût-il tenté un effort. Il faut regretter même qu'il ne l'ait pas fait spontanément, car il eût honoré sa mémoire en élevant la voix en faveur de la femme distinguée dont il avait été l'ami, et dont la mort est certainement un des plus grands crimes de la Révolution.

(1) Voy. cette lettre de Mme Roland dans le t. II de ses Mémoires, p. 202 et suiv. (Édit. Barrière et Berville.)

XI

Quand on examine avec quelque attention l'œuvre immense du comité de Salut public, ses prodigieux efforts pour accomplir le bien, pour empêcher le mal, il est impossible de s'étonner qu'au milieu de leurs travaux multipliés ses membres n'aient pu s'occuper d'une foule de questions de détail laissées aux soins du comité de Sûreté générale et des comités de surveillance. Le département et surtout la commune de Paris n'étaient pas fâchés de se soustraire à l'autorité de la Convention, et il n'était pas rare de leur voir prendre des mesures diamétralement opposées aux vues du comité de Salut public. Ce fut ainsi qu'une foule d'arrestations sans raison d'être furent opérées au grand scandale de Robespierre, qui s'épuisera en vains efforts pour modérer le zèle inconsidéré des uns et réprimer l'exagération perfide des autres. Quant aux arrestations directement ordonnées par le comité de Salut public afin de s'assurer des personnes de contre-révolutionnaires gravement compromis, elles sont peu nombreuses relativement. Nous en avons sous les yeux un relevé très-exact, et nous remarquons que la signature de Robespierre est une de celles qui figurent le moins souvent au bas de ces ordres d'arrestation (1).

Plus d'une fois il arriva au comité d'être obligé de protéger ses propres agents. Ainsi, Beaumarchais ayant été chargé d'une mission par lui, le directoire de Paris considéra comme un fait d'émigration l'absence de l'illustre écrivain et le coucha sur la liste des émigrés. Il fallut un arrêté formel du comité pour annuler la décision du directoire (2). Voici un exemple plus frappant encore de l'impuissance où se trouva souvent le comité de Salut public de prévenir des arrestations injustes. Un citoyen du nom de Julien, administrateur de la fabrication des armes, avait été incarcéré par les ordres du comité de Sûreté générale. A diverses reprises le comité de Salut public intervint, mais inutilement, pour obtenir la liberté de ce citoyen. Ses membres se décidèrent enfin, le 16 frimaire, à s'adresser en ces termes à leurs collègues du comité de Sûreté générale : « Le comité de Salut public invite le comité de Sûreté générale à rendre la liberté au citoyen Julien, administra-

(1) Cartons du comité de Salut public. *Archives.*

(2) Arrêté en date du 25 frimaire, signé : C.-A. Prieur, Robert-Lindet, Billaud-Varenne, Barère, Carnot, Robespierre et Couthon. (Registre des délibérations et arrêtés du comité de Salut public.) *Archives,* 435 *a a* 72.

teur de la fabrication des armes, dont le civisme lui est connu, dont les talents sont essentiels à cet établissement important, détenu depuis longtemps à la maison d'arrêt de la section de Popincourt. Le comité de Sûreté générale est prié de se rappeler que la liberté de ce citoyen a déjà été promise trois ou quatre fois (1). » Ce n'était pas non plus sans peine qu'au commencement de brumaire le comité de Salut public s'était opposé à de nouvelles visites domiciliaires annoncées par divers comités de surveillance. Une telle mesure était, selon Robespierre, de nature à troubler la tranquillité publique, à favoriser les ennemis de la liberté; et, de sa main, il écrivit l'arrêté par lequel il fut fait défense à qui que ce fût de s'y prêter (2). Vers le même temps, et pour concilier les droits de l'humanité avec les exigences rigoureuses du salut de la République, le comité enjoignait au directoire du département de veiller attentivement à ce qu'il ne fût commis ni exactions ni vexations, à l'égard des prisonniers, de la part des préposés à la garde des maisons de détention, et il l'autorisait à punir très-sévèrement les coupables (3).

Pour entretenir dans les cœurs le feu sacré, la haine des tyrans, l'enthousiasme de la liberté, il arrêta que, dans tous les théâtres de la République, la *Marseillaise*, connue alors sous le nom d'*hymne de la liberté*, serait chantée régulièrement tous les décadis et chaque fois que le public la demanderait. Ses proclamations aux armées, on les connaît. Rien de beau, de sublime souvent, comme ce *sursum corda* révolutionnaire. En voici une rédigée et écrite par Maximilien; nous la donnons intégralement comme une preuve de plus de l'erreur où sont tombés tous ceux qui, sur le témoignage intéressé et peu véridique de Carnot, quand il s'agit de Robespierre, ont prétendu que ce dernier s'occupait peu ou point des affaires de l'armée :

« Soldats républicains, de lâches satellites de la tyrannie ont fui devant vous. A votre approche ils ont abandonné Dunkerque et leur artillerie; ils se sont hâtés d'échapper à leur ruine entière en mettant la Sambre entre eux et vos phalanges victorieuses. Le fédéralisme a été pris, frappé dans Lyon; l'armée républicaine est entrée dans Bordeaux pour lui porter le dernier coup. Les défenseurs de la République viennent de détruire les repaires des

---

(1) Lettre signée : Carnot, C.-A. Prieur, Couthon, Robespierre, Barère et Billaud-Varenne.

(2) Minute signée de Robespierre, Carnot, Billaud-Varenne et Barère. (*Archives.*)

(3) Arrêté en date du 24 brumaire, signé de Barère, Carnot, C.-A. Prieur, Robert Lindet, Billaud-Varenne et Robespierre. (Registre des délibérations..., 435 *a a* 72.)

rebelles de la Vendée. Ils ont exterminé leurs cohortes sacriléges. Cette terre coupable a dévoré elle-même les monstres qu'elle a produits; le reste va tomber sous l'indignation populaire. Partout où la tyrannie n'a point trouvé l'appui de la trahison, la victoire a suivi les dignes enfants de la liberté, et le génie du peuple français a triomphé. Soldats républicains, il reste encore au delà de la Sambre, il reste sur les bords du Rhin et de la Moselle, à Toulon même, il reste des esclaves féroces armés contre la sainte cause que nous défendons. Ils sont couverts du sang de vos femmes et de vos enfants, du sang des représentants de la nation. O douleur! il y en a jusque dans nos cités; il en reste dans l'exécrable Toulon. Le moment est venu de punir tous leurs forfaits; l'heure fatale des tyrans sonne, et c'est par vos mains qu'ils doivent périr.

« Soldats républicains, la patrie vous regarde, la gloire vous appelle, les mânes de vos frères égorgés vous implorent; les représentants de la nation vous encouragent et vous disent : Marchez ! frappez! Que dans un mois le peuple français soit vengé, la liberté affermie, la République triomphante! Que les tyrans et les esclaves disparaissent de la terre; qu'il n'y reste plus que la justice, le bonheur et la vertu (1)! »

Les frontières du Rhin et de la Moselle étaient en effet les plus menacées, mais Saint-Just et Le Bas étaient là. « Soutenez l'espérance des patriotes, » leur écrivait le comité en leur envoyant un plan de campagne et en leur promettant des renforts; « exagérez les secours que nous vous annonçons, et méditez un grand coup (2). » A quelque temps de là le grand coup était frappé; et, dans la séance du 1er frimaire (21 novembre), aux Jacobins, Robespierre pouvait dire avec raison, après avoir fait part des prodigieux succès obtenus sous l'énergique impulsion de Saint-Just et de Le Bas, que pour arriver à ces brillants résultats il avait été nécessaire d'envoyer deux représentants du peuple qui eussent à la fois de la tête et du cœur (3). Il fallait à toutes les gloires républicaines la sanction de cette société fameuse, foyer ardent de patriotisme. Aujourd'hui que ce nom de Jacobin est devenu presque une injure aux yeux de certaines gens, tant la calomnie s'est acharnée sur la mémoire de

(1) Proclamation en date du 4 brumaire de l'an II. Nous devons à l'obligeance de M. Chambry la communication de l'original de cette proclamation.

(2) Lettre signée : Billaud-Varenne, C.-A. Prieur, Robespierre, Carnot, Robert Lindet et Barère. L'original de cette lettre faisait partie de l'ancienne collection Portiez (de l'Oise).

(3) *Journal des débats et de la correspondance de la société des Jacobins*, numéro 541, et *Moniteur* du 4 frimaire (24 novembre 1793).

ceux qui l'ont porté, on semble ignorer de quelle sorte d'influence magique il était doué et quel prestige il exerçait. C'était le temps où Kellermann écrivait de Chambéry à la société pour la prier de lui décerner le titre de général des Jacobins. Mais Robespierre avait un jour manifesté sur les sentiments républicains de cet officier des doutes qui n'étaient point effacés(1) ; loin d'accéder à la demande de Kellermann, la société le raya de la liste de ses membres, sur la proposition de Pereyra (2). Combien ambitionnèrent alors un diplôme de Jacobin, qui depuis, avec non moins d'ardeur, ont sollicité des titres de comte ou de duc !

XII

Si Robespierre se méfiait du futur duc de Valmy, il n'avait pas le même manque de confiance à l'égard des généraux Hoche, Jourdan, Beauregard, Duquesnoy et d'autres, dont il fut le défenseur constant et l'ami. Quand il reprochera à Carnot de persécuter les généraux patriotes, il aura surtout en vue le jeune et glorieux Lazare Hoche. Qu'on cite donc un officier sincèrement républicain qu'il ait dénoncé ! Ceux des généraux contre lesquels il prononça des paroles sévères furent des traîtres ou se montrèrent coupables de fautes impardonnables ; et la suite fit bien voir qu'il ne s'était pas trompé en conseillant à ses collègues d'épurer les états-majors de nos armées.

En revanche, toute sa sollicitude était acquise aux officiers connus pour leur patriotisme, et à l'occasion sa parole ne leur faisait pas défaut. Il y avait à l'armée du Nord un chef de brigade nommé Duquesnoy, frère du représentant de ce nom. Député du Pas-de-Calais à l'Assemblée législative, puis à la Convention nationale, le représentant Duquesnoy, homme rude et austère, professait pour Robespierre une admiration sans bornes. Il ne l'appelait que *notre brave et incorruptible Robespierre* (3). Envoyé en mission dans le département du Nord, il n'avait pas tardé à embraser nos soldats du feu de son âme intrépide. « Nos troupes, » écrivait-il à Couthon

(1) *Vide supra.* Robespierre s'était-il trompé en révoquant en doute les sentiments républicains de Kellermann? L'avenir ne s'est que trop chargé de lui donner raison. Duc de Valmy et sénateur de l'Empire, Kellermann mourut pair de France sous la Restauration, après avoir été commissaire du roi en 1814.

(2) Séance du 28 vendémiaire, an II (19 octobre 1793), aux Jacobins. Voy. le *Journal des débats et de la correspondance de la société des Jacobins*, numéro 519.

(3) Lettre datée d'Arras, en date du 19 septembre 1793, de la collection Portiez (de l'Oise).

le 3 brumaire, « sont animées d'un courage vraiment républicain ;
elles ont beaucoup de confiance dans leur général en chef, —
c'était Jourdan, — et en la plus grande partie des autres généraux.
J'ose me flatter aussi d'avoir leur confiance et d'en être extrêmement aimé (1). » Non moins énergique était son frère, le général
Duquesnoy, dont la division était connue dans l'armée sous le nom
de *colonne infernale*. Duquesnoy s'était particulièrement distingué
à la bataille de Watignies, au succès de laquelle il avait puissamment contribué. Eh bien ! voilà les deux hommes qu'Hébert eut la
mauvaise idée d'attaquer comme des intrigants, aux Jacobins, dans
la séance du 18 brumaire (8 novembre 1793). Le substitut du procureur de la commune accusa le représentant Duquesnoy, « assez
pauvre citoyen » à ses yeux, d'entourer de soupçons le général
Jourdan et de s'être constamment opposé à ses plans. Or, on vient
de voir, par la lettre de Duquesnoy à Couthon, que ce député partageait implicitement la confiance de nos soldats pour leur chef.
Hébert ne traitait pas mieux le commandant de la *colonne infernale*,
l'héroïque Duquesnoy. L'armée du Nord était, selon lui, perdue
sans ressource si ce général y commandait plus longtemps (2).

Le représentant Duquesnoy se trouvait précisément à Paris en ce
moment. Il se rendit au club des Jacobins avec Robespierre, afin
de se disculper des reproches injustes dont il avait été l'objet. « Il
est indispensable, » dit Maximilien en réclamant la parole pour son
collègue, « d'éclaircir les faits et de confondre le mensonge. » Duquesnoy n'eut pas de peine à réduire à néant les imputations
d'Hébert. « Qu'on écrive à Jourdan, » s'écria-t-il, « on saura, il vous
apprendra lui-même que je suis son meilleur ami, que je ne suis ici
que pour lui, parce que réellement on l'entravait, pour lui obtenir
carte blanche. Je l'ai obtenue, je repars, je la lui porte. » On comprend de quelle confusion se trouva couvert le substitut du procureur de la commune.

Robespierre monta ensuite à la tribune. Il avait quelque raison
d'être indigné. En effet, Hébert, sur le témoignage du général
Ernouf, était venu lui dénoncer les deux frères Duquesnoy comme
des ambitieux qui voulaient perdre Jourdan. Or, à ce moment même,
Robespierre avait entre les mains une lettre dans laquelle Ernouf
ne tarissait pas en éloges sur Duquesnoy et lui attribuait le succès
de l'affaire de Maubeuge ; il s'était, pour toute réponse, contenté de
la montrer à Hébert. C'était une réponse assez explicite. Le sub-

(1) Lettre à Couthon, de Maubeuge, le 3ᵉ jour du 2ᵉ mois. De la collection Portiez
(de l'Oise).
(2) *Journal des débats et de la correspondance de la société des Jacobins*, numéro 532.

stitut du procureur de la commune avait joué l'étonnement et s'était retiré convaincu; mais à peine avait-il quitté Robespierre qu'il avait couru aux Jacobins débiter sa diatribe. Foudroyante fut l'apostrophe de Maximilien. Après avoir témoigné son admiration pour ces deux frères, dont l'un menait nos armées au combat par le chemin de la victoire, dont l'autre combattait à la tête des soldats en faisant passer dans leurs cœurs son amour, son enthousiasme, son dévouement pour la patrie, Robespierre censura impitoyablement ces gens qui semblaient prendre à tâche de diviser les Jacobins, de leur rendre suspects les plus fermes appuis de la Révolution. « Je voudrais les voir, ces hommes qui nous calomnient, qui se prétendent plus patriotes que nous, et qui flagornent le peuple en l'égarant. Ils veulent nos places, eh bien! qu'ils les prennent! » — Non! non! s'écria tout d'une voix la société. — « Je voudrais les voir, » continua Robespierre, « sondant nuit et jour les plaies de l'État et consumant leur vie à en trouver le remède. Veulent-ils atténuer nos travaux, ou veulent-ils nous mener à la contre-révolution en perdant les patriotes dans l'esprit du peuple? Qu'on ne s'imagine pas y réussir. Ce n'est plus seulement le patriotisme, cet amour inné de la liberté, l'enthousiasme qui nous soutient, c'est par l'empire de la raison que le peuple doit régner. C'est par elle que la République se maintiendra, c'est elle qui lui a fait prendre racine dans tous les cœurs, c'est assez dire qu'elle est éternelle (1). » Impossible de rendre plus dignement justice à deux patriotes éprouvés. De vifs applaudissements éclatèrent. Hébert, déconcerté, garda le silence.

Il retrouva la parole peu après, dans la même séance, pour appuyer une proposition de Robespierre tendant à ce que les sociétés populaires s'épurassent avec le plus grand soin. Aujourd'hui, disait Maximilien, tous les royalistes sont républicains, tous les Girondins sont Montagnards, et ils font semblant de dépasser en énergie les plus fermes patriotes. On les voyait se porter dans les sections afin d'exciter les citoyens à se livrer aux derniers excès. « Peut-on douter qu'ils n'aient jusque dans ces assemblées des émissaires qui s'introduisent là pour fomenter et faire naître des propositions ridicules, des arrêtés imprudents, dangereux, de nature à amener le trouble et la confusion? Ils se déguisent sous toutes les formes pour parvenir à leurs fins, et c'est souvent sous l'habit le moins suspect que nous trouverons l'ennemi le plus acharné du bien public. » Que d'aristocrates se couvrirent alors de la livrée républicaine par lâcheté

---

(1) *Journal des débats et de la correspondance de la société des Jacobins*, numéro 534.

ou pour frapper plus sûrement la Révolution ! La Harpe ne célébra-t-il pas dans une ode des plus violentes l'insurrection du 10 août ? Il la débita lui-même, coiffé du bonnet rouge, et s'écria : « Ce bonnet me pénètre et m'enflamme ! » Eh bien, les La Harpes se multiplièrent à l'infini pendant la Révolution et l'on en compta plus d'un dans les rangs des hébertistes.

En donnant son approbation à l'idée émise par Robespierre, Hébert crut certainement faire oublier ses malencontreuses accusations concernant les frères Duquesnoy ; mais ses derniers mots, dirigés contre ceux qui disaient encore la messe, n'étaient pas de nature à lui concilier des hommes décidés à ne pas plus admettre l'intolérance et le fanatisme d'un côté que d'un autre (1). Hébert et ses amis commençaient alors leur déplorable campagne contre la religion, ce que Robespierre appela si justement la *guerre aux dévotes*. Nous allons assister en effet à cette immense bouffonnerie connue sous le nom de *déprêtrisation*, dont le résultat le plus clair fut de faire inutilement à la République des millions d'ennemis. Ceci se passait le 19 brumaire (9 novembre 1793).

Le surlendemain 21 brumaire parut aux Jacobins le général Jourdan lui-même. La franchise de ses explications, son éloquence toute républicaine, sa promesse de ne jamais employer son épée qu'à combattre les rois et à défendre les droits du peuple, soulevèrent les acclamations de l'assemblée. Hébert, étant monté ensuite à la tribune pour se rétracter et faire amende honorable, reçut de Duquesnoy l'accolade fraternelle (2).

La justice rendue en cette circonstance aux frères Duquesnoy par Robespierre ne fut pas oubliée. Après Thermidor, le général, le vaillant soldat de Watignies, le vainqueur de Charette, fut destitué (3), et, pour échapper aux fureurs thermidoriennes, le Conventionnel eut un jour la faiblesse de renier son ancienne amitié pour Maximilien (4) ; mais ensuite il ne cessa de défendre la mémoire de son ami, *l'homme du peuple*, comme il l'appelait, et l'on sait par quelle admirable mort il racheta un moment de faiblesse. Il sortit

(1) *Journal des débats et de la correspondance de la société des Jacobins*, numéro 534.

(2) *Ibid.*, numéro 535. — De tous les maréchaux de l'Empire, Jourdan est certainement celui qui demeura le plus attaché à la tradition républicaine. Aussi ne reçut-il de l'empereur ni dotations ni titres. Napoléon n'oublia jamais l'opposition du général républicain au coup d'État de brumaire. Jourdan mourut après la Révolution de Juillet. Il avait accepté de Louis XVIII le titre de comte.

(3) Couvert de blessures et sans fortune, le général Duquesnoy se retira aux Invalides, où il mourut en 1796.

(4) Séance du 16 ventôse de l'an III (1er mars 1795), à la Convention. Voy. *le Moniteur* du 14 ventôse.

de la vie à la manière de Caton. Condamné à mort pour le rôle honorable qu'il joua dans la journée du 1er prairial an III (20 mai 1795), il dit avec calme, quand on lui apprit son arrêt : « Je désire que le sang que je vais répandre soit le dernier sang innocent qui soit versé ; » et il se frappa d'un coup de couteau en s'écriant : *Vive la République!* (1).

Il n'est pas inutile de comparer, en passant, la destinée des amis de Robespierre à celle des hommes qu'il compta au nombre de ses adversaires. Tandis que ceux-ci se jetèrent pour la plupart dans les bras du despotisme et de la monarchie, dont ils devinrent les serviteurs intéressés, les premiers tombèrent presque tous victimes de leur fidélité et de leur dévouement aux principes de la Révolution, à ces principes dont Maximilien avait été le martyr. N'y a-t-il pas là un enseignement bien significatif?

XIII

« Le peuple hait tous les excès ; il ne veut être ni trompé ni protégé ; il veut qu'on le défende en l'honorant, » s'écriera bientôt Robespierre à la Convention nationale ; et ces paroles seront toujours la règle de sa conduite. Pour défendre la Révolution contre les ultras et les contre-révolutionnaires, pour sauver la République des excès des uns et des entreprises des autres, il va tenter des efforts surhumains. Il accomplira tout le bien qu'il fut possible de faire à cette époque ; et le mal qu'il ne pourra empêcher sera l'ouvrage de ses ennemis, de ceux qui l'égorgeront lorsqu'ils le verront disposé à proposer à la Convention de leur demander compte de leurs crimes. C'est ce qui ressortira clairement des pages qui vont suivre, et ce que tout lecteur impartial ne pourra se dispenser de reconnaître.

A l'époque de la Révolution française où nous sommes arrivé, brumaire an II (novembre 1793), la République semblait avoir rallié à elle l'immense majorité de la nation. La masse des indifférents et ceux qui sont toujours prêts à s'incliner devant le fait accompli ne demandaient pas mieux que de la voir sortir triomphante des épreuves qu'il lui restait à subir. Déjà, au Nord et à l'Est, l'étranger était repoussé du territoire ; les rebelles de l'intérieur étaient à moitié vaincus ; encore quelques efforts, et la jeune République allait s'affirmer dans sa force et dans sa majesté. Mais tout à coup

(1) Voy. la *Biographie universelle*, à l'article Duquesnoy.

14

éclate contre le culte un mouvement qui jette le trouble dans toutes les consciences. Une guerre à outrance est déclarée à la religion par des fanatiques d'un nouveau genre, et dès ce jour la Révolution voit grossir d'heure en heure le nombre de ses ennemis; dès ce jour les prisons s'emplissent d'une foule de malheureux coupables de *superstition;* dès ce jour la Terreur s'abat sur toutes les classes, et un voile lugubre couvre la face entière du pays. Partout on s'en prit à la République des folies et des fureurs de quelques hommes.

L'Assemblée législative avait, avec raison, rendu des lois d'une extrême sévérité contre les prêtres réfractaires convaincus d'avoir fomenté des troubles en invoquant les intérêts de la religion; mais elle s'était bien gardée de porter atteinte à la liberté des cultes, formellement reconnue après elle par la Convention nationale. Or, étendre à tout le clergé des mesures prises contre les ecclésiastiques coupables, forcer par la terreur les prêtres à se *déchristianiser,* fermer les églises aux fidèles, interdire le baptême, le mariage religieux, toutes les cérémonies auxquelles une partie de la population était habituée encore, et, pour comble de plaisanterie, décorer du prétexte de la liberté des cultes toutes ces énormités, voilà ce que tentèrent ceux qu'on appela les *hébertistes,* non que tous fussent des amis ou des partisans d'Hébert, mais parce que *le Père Duchesne* fut l'organe principal, le porte-voix de cette faction dans laquelle, avec Vincent et Hébert, se trouvèrent confondus Chaumette et Momoro, Cloots le baron prussien, *l'orateur du genre humain,* Bourdon (de l'Oise), Rousselin, André Dumont et Fouché. Entre ces hommes et les Girondins, à la perte desquels ils ne cessèrent de s'acharner, il y avait cependant un point de doctrine commun : l'intolérance. Entre Guadet ne comprenant pas qu'on pût invoquer à la face du peuple le nom de la Providence, et Hébert ou Dumont érigeant en quelque sorte en crime d'État le fait d'aller à la messe, la différence n'était pas grande, et il n'y aura pas à s'étonner si, après Thermidor, les survivants de la Gironde s'entendront si bien avec la queue des hébertistes.

Certes nous nous piquons d'être philosophe autant que personne, et nous avouons très-hautement n'avoir d'autre religion que celle de notre conscience; mais nous ne saurions comprendre ces libres penseurs d'un genre particulier qui, le mot de tolérance à la bouche, se montrent les plus intolérants des hommes, et qui au fanatisme de la superstition opposent le fanatisme de l'incrédulité. Que par les armes de l'intelligence et de la raison on essaye de détruire les derniers vestiges de l'ignorance; qu'on signale ce qu'il y a d'ab-

surde dans les mystères de telle ou telle religion plus ou moins révélée : soit, cela est juste, cela est licite ; mais vouloir briser tout
d'un coup les liens religieux qui unissent l'homme à cette chose in-
connue qu'on appelle le Ciel ; fermer violemment les portes du
temple où tant d'âmes affligées vont chercher des consolations et se
repaître d'espérances ; dire à la conscience humaine : « Tu ne croi-
ras point » ; persécuter, en invoquant la raison, tous ceux que leur
instinct ou le culte des souvenirs rattache à la religion des aïeux,
et inscrire par dérision sur ses drapeaux le nom de la liberté, c'est
le comble de la folie, du despotisme et de l'hypocrisie. Voilà ce
dont se rendirent coupables les hébertistes, comme s'ils eussent été
soudoyés pour rendre la République haïssable à tous. Telle était
l'intolérance de ces hommes, qu'un jour, aux Jacobins, lecture
ayant été donnée d'une lettre par laquelle l'abbé Grégoire, en annonçant son rapport sur les actes de patriotisme suscités par la Révolution, demandait à la société de rassembler tous les traits éclatants de civisme accomplis sous son inspiration, Bourdon (de l'Oise)
s'emporta comme un furieux et se plaignit qu'une tâche pareille eût
été confiée à un homme qui avait parlé de Jésus-Christ comme d'un
précurseur des Jacobins, et qui avait voulu *christianiser la Révolution* (1).

La persécution contre le culte commença à se faire sentir d'une
façon violente dans le courant du mois d'octobre 1793. On a vu
plus d'une fois Robespierre établir une distinction bien tranchée
entre les prêtres réfractaires et séditieux et ceux qui, franchement
ralliés aux nouveaux principes, se contentaient d'exercer leur ministère à l'abri de la constitution et des décrets de la Convention
nationale. Le mouvement antireligieux fut donc une violation des
lois consacrant la liberté des cultes. Le comité de Salut public
n'avait pas attendu l'explosion de ce mouvement pour engager les
esprits à une extrême tolérance, sachant bien que les résistances
s'accroîtraient en raison des persécutions. A la première nouvelle
des désordres occasionnés dans les départements par la violation de
la liberté des cultes, il écrivit en ces termes, par la plume de Robespierre, aux sociétés patriotiques : « Des troubles religieux ont
éclaté ; c'est à vous à en atténuer les effets ; à vous, sociétés
populaires, qui êtes les foyers où l'opinion se forge, s'agrandit et
s'épure.

« Vous avez tout fait pour la patrie ; elle attend tout de vous.

(1) Séance du 23 brumaire (13 novembre 1793). Voy. le *Journal des débats et de la
correspondance de la société des Jacobins*, numéro 536.

Elle vous appelle à être en quelque sorte les professeurs d'u
nouvelle, instruction. L'instruction forme l'opinion. C'est le flambeau de l'opinion qui a brûlé le masque des conspirateurs, c'est l
flambeau de l'opinion qui éclairera les hommes faibles, égarés, c.
qui les a garantis des piéges semés sous leurs pas.

« Que le glaive de la justice venge l'humanité des malheurs que
ces hommes pervers attireraient sur elle, et des maux plus grand
encore qu'ils voudraient lui préparer ; mais en même temps rame-
nons à la vérité, par le langage de la raison, cette multitude qui
n'est livrée à l'erreur et aux suggestions de l'intrigue que parce
qu'elle manque de lumières.

« Plus les convulsions du fanatisme expirant sont violentes, plus
nous avons de ménagements à garder. Ne lui redonnons pas des
armes en substituant la violence à l'instruction.

« Pénétrez-vous de cette vérité, qu'on ne commande point aux
consciences. Il est des superstitieux de bonne foi, parce qu'il existe
des esprits faibles, parce que, dans le passage rapide de la superstition à la vérité, ce sont ceux qui ont médité et franchi tous les préjugés qui les premiers se trouvent au niveau. Le surplus, resté en
arrière, exige des encouragements pour avancer à son tour. L'effrayer, c'est vouloir qu'il rétrograde. Ce sont des malades qu'il
faut préparer à la guérison en les rassurant, et qu'on rendrait
fanatiques par une cure forcée... (1) »

La sagesse pouvait-elle emprunter un plus noble, un plus digne
langage ? Malheureusement il y avait dans les départements des
commissaires de la Convention peu disposés à écouter ces conseils
de la raison. Fouché dans la Nièvre et à Lyon, André Dumont à
Beauvais et dans le Nord, se ruèrent en furieux sur le christia-
nisme. Tandis qu'au Midi, Robespierre jeune, Ricord, Salicetti,
livraient aux Anglais des combats sanglants, que dans l'Est Saint-
Just et Lebas, à la tête des troupes de la République, chassaient
de notre territoire les Prussiens et les Autrichiens, eux faisaient la
guerre aux saints de bois et de pierre. A Commune-Affranchie, on
promena en cérémonie dans les rues un âne revêtu d'une chape,
d'une mitre et de tous les ornements pontificaux (2). André Dumont
envoyait à la Convention d'ignobles pasquinades sur les prêtres.

---

(1) *Archives*, A F. 11, 82. Circulaire signée : Robespierre, Carnot, Couthon,
Robert Lindet, C.-A. Prieur, Barère, Billaud-Varenne, J.-B. Saint-André et Collot
d'Herbois.

(2) Lettre lue à la société des Jacobins, séance du 28 brumaire (16 novembre 1793 .
Voy. le *Journal des débats et de la correspondance de la société des Jacobins*,
numéro 539.

C'était, en style du *Père Duchesne*, le récit des persécutions dont il était l'auteur. « Je viens de requérir l'arrestation des prêtres qui se permettroient de célébrer les fêtes ou dimanches, » écrivait-il le 1ᵉʳ brumaire (22 octobre 1793), « je fais disparoître les crucifix et les croix, et bientôt je comprendrai dans la proscription les animaux noirs appelés prêtres... Je pars pour Beauvais, que je vais mettre au bouillon maigre avant de lui faire prendre une médecine... (1) » Cette façon de procéder à l'égard des prêtres en général, et cette idée de mettre au bouillon maigre nos chefs-lieux de département avant de leur faire prendre une médecine, déplurent souverainement au comité de Salut public, au nom duquel Robespierre répondit en ces termes, le 6 brumaire (27 octobre), au trop farouche proconsul : « ... Il nous a paru que dans vos dernières opérations vous avez frappé trop violemment sur les objets du culte catholique. Une partie de la France, et surtout du Midi, est encore fanatisée. Il faut bien se garder de fournir aux contre-révolutionnaires hypocrites, qui cherchent à allumer la guerre civile, aucun prétexte qui semble justifier leurs calomnies. Il ne faut pas leur présenter l'occasion de dire que l'on viole la liberté des cultes et qu'on fait la guerre à la religion elle-même. Il faut punir les prêtres séditieux et inciviques, mais non proscrire ouvertement le titre de prêtre en soi. Il ne faut pas non plus appliquer au pays où le patriotisme est tiède et engourdi les remèdes violens nécessaires dans les contrées rebelles et contre-révolutionnaires. Continuez, cher collègue, de réprimer les traîtres et les mauvais citoïens, frappez-les même avec plus de promptitude et de rigueur que vous ne l'avez fait jusqu'ici, mais ménagez la masse foible et ignorante. Suivez les principes que nous venons d'exposer, appliquez-les aux habitans de Beauvais en particulier, et vous acquerrez de nouveaux droits à la reconnoissance publique... (2). »

André Dumont ne tint guère compte de ces observations si pleines de sagesse ; il ne cessa pas de désoler les départements de la Somme, de l'Oise et du Pas-de-Calais, écrivant encore à la Convention nationale des lettres où se trouvaient des phrases dans le genre de celle-ci : « J'ai tendu mon large filet, et j'y prends tout mon gibier de guillotine (3). » Voilà l'un des hommes à qui Robespierre

(1) Voy. cette lettre d'André Dumont dans *le Moniteur* du 5 brumaire (26 octobre 1793).

(2) L'original de cette lettre, dont nous devons la communication à l'obligeance de M. Chambry, à qui elle a été donnée par André Dumont lui-même, est signé de Robespierre, de Collot d'Herbois, de Carnot et de Billaud-Varenne.

(3) Lettre en date du 18 frimaire (8 décembre 1793). Voy. *le Moniteur* du 23 frimaire (13 décembre 1793).

indigné déclarera résolûment la guerre. Aussi verrons-nous cet
émule d'Hébert devenir un des plus fougueux Thermidoriens, et
diriger contre les patriotes les persécutions que Maximilien l'avait
accusé d'étendre aux innocents et aux coupables. Un jour, après
Thermidor, on l'entendit, lui le terroriste en démence, insulter
la mémoire de Robespierre, et traiter de *buveurs de sang* ceux
qui tenteraient de faire le procès à la journée du 9 Thermidor (1).
A quelque temps de là, un de ses collègues lui reprochait brutalement d'avoir, à diverses reprises, écrit à ce même Robespierre
qu'il calomniait maintenant; et Choudieu, l'honnête Choudieu,
réclamait l'impression de toutes les lettres trouvées dans les
papiers de Maximilien, afin que l'univers pût juger de la partialité
révoltante avec laquelle Courtois avait trié les pièces livrées par
lui à la publicité. André Dumont, qui jadis avait écrit à Robespierre, sans doute pour répondre aux reproches qu'il en avait
reçus et s'excuser de la façon dont il s'entendait à mettre au
bouillon maigre les villes où il était en mission, monta précipitamment à la tribune tout troublé par les applaudissements dont
avaient été couvertes les paroles de Choudieu, tant la voix de la
justice avait en ce moment étouffé l'esprit de réaction dont la Convention était animée alors. Il prit, ironiquement ou non, l'engagement de faire imprimer, traduire dans toutes les langues et envoyer
à toute l'Europe, à ses frais, les lettres qu'il avait écrites à Robespierre (2). Et cela lui était facile, puisque ses complices de
Thermidor les lui avaient rendues. Mais il s'en tint à sa promesse,
et se garda bien de jamais la remplir. Il est même à croire qu'il
s'empressa de détruire ces précieux documents, dont la publication eût été entièrement à l'honneur de Robespierre.

Le mouvement contre le culte eut à Paris pour directeurs ardents
et infatigables Chaumette, Hébert, les deux Bourdon, Cloots et
Momoro. A la nouvelle de la *déprêtrisation* organisée dans les
départements par quelques proconsuls insensés, *le Père Duchesne*
ne se sentit pas de joie : « Par la vertu de la sainte guillotine », s'écria-
t-il, « nous voilà délivrés de la royauté… Il faut à votre tour sauter
le pas, prêtres avides, prêtres sacrilèges. Tonnerre de Dieu! quel
branle on vous donne dans les départemens! Les commissaires de
la Convention vont en mesure comme une pie qui abat des
noix… (3). » Les églises furent mises à sac et à pillage. Si une

(1) Séance du 25 nivôse de l'an III. Voy. *le Moniteur* du 27 nivôse (16 janvier 1795).
(2) Séance du 29 pluviôse de l'an III. Voy. *le Moniteur* des 2 et 3 ventôse de l'an III
(20 et 21 février 1795).
(3) *Le Père Duchesne*, numéro 301.

partie des dépouilles sacrées entrèrent dans les coffres de l'État, il en est qui devinrent la proie de commissaires avides. Plus d'une fois le vol se para du manteau de la philosophie.

Nombre de prêtres, il faut le dire, favorisèrent par leur lâcheté le mouvement dirigé contre le culte, et le cynisme avec lequel une foule d'entre eux abjurèrent donna la juste mesure de la démoralisation du clergé. Dans la séance du 19 brumaire (9 novembre), à la commune, un ministre catholique demanda, en déposant ses lettres de prêtrise, à être autorisé à substituer au nom d'Erasme celui d'*Apostat*. Ce fut comme le signal d'un carnaval étrange. Déjà Cloots le baron prussien, le juif Péreyra et Léonard Bourdon, s'étaient rendus chez l'évêque de Paris, Gobel. Ils l'avaient vivement sollicité de se démettre de ses fonctions et de venir abjurer en pleine Convention. Le faible évêque n'avait pas osé résister à des instances qui, à ses yeux, équivalaient à des menaces : il avait cédé ; Cloots était allé à la commune annoncer le succès de sa démarche auprès de Gobel, et, d'un commun accord, les autorités constituées de la ville avaient pris la résolution d'accompagner à la Convention nationale l'évêque et son clergé.

Le septidi de la deuxième décade de brumaire (jeudi 7 novembre 1793), peu d'instants après l'ouverture de la séance, un des secrétaires de la Convention donna lecture d'une lettre qui commençait en ces termes : « Citoyens représentans, je suis prêtre, je suis curé, c'est-à-dire charlatan. » Cette lettre était signée : Parens, curé de Boissise-la-Bertrand, dans le district de Melun. Pour prix de son abjuration, ce curé demandait une pension qui lui permît de s'affranchir des momeries et des pratiques décorées du nom de religion, car, ne sachant que débiter des orémus, il s'avouait incapable de gagner sa vie (1). C'était le prologue de la farce dont l'Assemblée allait être le théâtre. Sergent ne put contenir son indignation, et il demanda l'ordre du jour en s'écriant : « Un prêtre qui dit qu'il était hier dans l'erreur, de bonne foi, et qu'il est détrompé aujourd'hui, ne peut parler sincèrement. » Mais fortement appuyée par Léonard Bourdon et par Thuriot, la demande du curé Parens fut renvoyée au comité des finances. Au même instant parurent à la barre l'évêque de Paris et ses vicaires, accompagnés des autorités constituées de la ville. Momoro, président de la commune par intérim, exposa en quelques mots comment l'évêque et son clergé, conduits par la raison, venaient se dépouiller solennellement du caractère que leur avait imprimé la superstition.

(1) Voy. la lettre du curé Parens dans *le Moniteur* du 19 brumaire (9 novembre 1793).

Gobel prit ensuite la parole. Dans une courte harangue où se dissimulait mal la contrainte à laquelle il obéissait, l'évêque déclara que ses vicaires et lui renonçaient aux fonctions de ministres du culte catholique, puis il déposa sur le bureau du président ses lettres de prêtrise. Chaumette demanda alors qu'une place fût réservée au jour de la raison dans le calendrier nouveau. Laloi, qui présidait l'Assemblée, félicita la commune d'être venue la première annoncer le triomphe de la raison, à laquelle il eut soin d'ailleurs d'associer le culte de l'Être suprême, dont le nom figurait au frontispice de la constitution républicaine. On entendit ensuite, comme stimulés d'un beau zèle, le curé Villers, l'évêque d'Évreux Thomas Lindet, le ministre protestant Julien (de Toulouse), Coupé (de l'Oise), curé de Sermaize, abjurer à leur tour et abdiquer leurs fonctions. Gay-Vernon, évêque de Limoges, et Lalande, évêque de Nancy, se démirent par lettres; on put voir par là que c'était un coup monté. Parmi les ecclésiastiques de l'Assemblée, un seul résista à l'entraînement général, un seul fit entendre le langage de la raison si vainement invoquée : ce fut l'abbé Grégoire. « On me parle de sacrifices », dit-il, « j'y suis habitué. S'agit-il d'attachement à la cause de la liberté? mes preuves sont faites depuis longtemps. S'agit-il du revenu attaché aux fonctions d'évêque? je vous l'abandonne sans regret. S'agit-il de religion? cet article est hors de votre domaine; vous n'avez pas le droit de l'attaquer. J'entends parler de fanatisme, de superstition : je les ai toujours combattus... » Et en invoquant la liberté des cultes, il déclara qu'il resterait évêque pour faire du bien dans son diocèse (1).

Robespierre avait assisté, muet et indigné, à cette triste scène, à laquelle n'avaient pas manqué cependant les applaudissements de l'Assemblée. Mais, tandis qu'une foule de ses collègues se réjouissaient plus ou moins sincèrement de l'abolition d'un culte dont les

(1) N'est-ce point par une véritable aberration que M. Michelet présente en quelque sorte l'abbé Grégoire comme ayant agi en cette circonstance « sous l'abri des comités et de Robespierre? » (*Histoire de la Révolution*, t. VI, p. 385.) Voy. le récit complet de la séance du 17 brumaire dans l'*Histoire parlementaire*, t. XXX, p. 183 et suiv. Chaque jour, pendant le courant de brumaire, de nouvelles abjurations se produisirent à la tribune de la Convention. Le 20, ce fut le tour de l'abbé Sieyès, qui vint dire que depuis longtemps ses vœux appelaient le triomphe de la raison sur la superstition et sur le fanatisme. Il est à remarquer que ceux qui, plus tard, parleront avec le plus d'indignation de ce mouvement contre le culte et le traiteront d'abomination, sont précisément ceux sur qui doit en peser la responsabilité. Combien, depuis, ont essayé d'en charger la mémoire de Robespierre! Aux yeux d'une masse de gens, Maximilien passe encore pour l'un des promoteurs du culte absurde de la déesse Raison.

ministres avaient été pendant si longtemps les alliés et les complices des oppresseurs du peuple, il songeait, lui, au mal qu'allait faire à la République cette violation de la liberté religieuse, et l'on va voir combien fondées étaient ses appréhensions.

XIV

Ce mouvement contre le culte eût pu devenir excellent, au dire de Robespierre lui-même, s'il avait été mûri par le temps et par la raison (1); mais, précipité comme il le fut, il devait nécessairement entraîner les plus grands malheurs. Aussi l'attribuait-il en grande partie aux calculs de l'aristocratie, et garda-t-il une aversion profonde à ceux qui avaient préparé ce qu'il appelait si justement une mascarade philosophique.

Cloots crut avoir fait un coup de maître. Le soir de la séance *sublime*, comme disaient Hébert, Chaumette et Léonard Bourdon, *l'orateur du genre humain* vint au comité de Salut public se targuer de ce bel exploit. S'il avait compté sur une réception flatteuse, son attente fut singulièrement trompée. A l'attitude morne et froide des membres du comité, il comprit sans doute sa faute. Et comment en effet les hommes chargés de l'administration de la République ne se seraient-ils pas montrés très-vivement indisposés contre un étranger qui, follement et si inutilement, plongeait le pays dans d'inextricables embarras? Robespierre prit la parole : « Vous nous avez dit dernièrement qu'il fallait entrer dans les Pays-Bas, leur rendre l'indépendance et traiter les habitants comme des frères... Pourquoi donc cherchez-vous à nous aliéner les Belges, en heurtant des préjugés auxquels vous les savez fortement attachés? — Oh! oh! répondit Cloots, le mal était déjà fait... On nous a mille fois traités d'impies. — Oui, mais il n'y avait pas de faits, » répondit Maximilien. *L'orateur du genre humain* pâlit, n'osa répondre, et se retira (2).

De l'abjuration de certains prêtres à la persécution contre les fidèles en général il n'y avait qu'un pas : il fut bientôt franchi. Dans la séance du 11 brumaire à la commune, Anaxagoras Chaumette avait donné lecture d'une lettre de son ami Fouché, lettre dans laquelle le futur duc d'Otrante disait au procureur de la commune :

(1) Ce sont les propres paroles de Robespierre à la séance des Jacobins du 22 frimaire (12 décembre). Voy. *le Moniteur* du 24 trimaire (14 décembre 1794).

(2) Cette scène a été racontée par Robespierre lui-même dans son discours du 22 frimaire.

« Il n'y a plus ni pauvres, ni riches, ni prêtres, dans le département de la Nièvre. » Et Chaumette avait ajouté : « Il faut que le département de Paris imite celui de la Nièvre, et que surtout il n'y ait plus de prêtres dans le département de Paris (1). » Quelque temps après, Hébert proposait au conseil général d'ordonner la destruction de tous les clochers de Paris, parce qu'ils semblaient « contrarier les principes de l'égalité »; et le procureur de la commune requérait la démolition des statues de saints dont se trouvaient ornées les trois entrées principales de la cathédrale (séance du 21 brumaire, 11 novembre). Enfin, un peu plus tard, un arrêté de la commune prescrivait la clôture de toutes les églises et la mise des prêtres en état de surveillance (séance du 3 frimaire, 23 novembre). Dans l'intervalle avait eu lieu l'inauguration du culte de la déesse Raison.

Qui ne connaît dans tous ses détails la jonglerie à jamais fameuse dont l'église métropolitaine de Paris fut le théâtre dans la journée du 20 brumaire (10 novembre 1793) et à laquelle la Convention nationale consentit à assister sur la proposition de Thuriot (2)? Au milieu de l'église de Notre-Dame, sur la cime d'une montagne figurée, on avait élevé un temple dont la façade portait ces mots : A LA PHILOSOPHIE. La Liberté, sous les traits d'une jeune et jolie femme, était assise sur un siége de verdure, ayant autour d'elle deux rangées de jeunes filles vêtues de blanc, « toutes les jolies damnées de l'Opéra », comme disent, d'après leur maître Hébert, les néo-hébertistes, souriant d'aise au souvenir de cette mascarade. Aux sons d'une musique composée par Gossec, fut chanté l'hymne de Chénier, dont sans doute on n'a pas oublié la dernière strophe :

> Guerriers libérateurs, race puissante et brave,
> Armés d'un glaive humain, sanctifiez l'effroi !
> Terrassé par vos coups, que le dernier esclave
> Suive au tombeau le dernier roi (3) !

Aux attributs du catholicisme on substitua les emblèmes et la statue de la Raison. Quand la cérémonie fut achevée, tous les assistants se mirent en marche pour la Convention. Au milieu du cortége

---

(1) Voy., pour cette séance de la commune, la *Feuille du salut public* du 13 brumaire an II, numéro CXXV.

(2) Thuriot demanda que la Convention se rendît au *Temple de la Raison* pour y chanter l'hymne de la Liberté *(Moniteur* du 23 brumaire, 13 novembre). Or, au moment où Thuriot présentait cette motion, la cérémonie était déjà achevée. Mais ce ne fut point un obstacle ; la cérémonie fut recommencée le soir en présence de la Convention. (Voir les *Révolutions de Paris,* numéro 215, p. 215.)

(3) Voyez le récit complet de cette fête de la Raison dans le numéro 215 des *Révolutions de Paris,* p. 214 à 218.

figurait, sur une estrade portée par quatre citoyens, la déesse représentée par la Maillard, une des plus célèbres actrices du temps, laquelle n'avait pas craint de s'exposer à cette ridicule exhibition. Ses cheveux épars flottaient sous le bonnet phrygien ; elle était vêtue d'une longue tunique blanche recouverte à moitié par un manteau couleur d'azur, et de la main droite elle tenait une pique en bois d'ébène. Le procureur de la commune la présenta à la Convention comme un chef-d'œuvre de la nature. Elle descendit de son trône pour aller s'asseoir au bureau, où le président et les secrétaires lui donnèrent le baiser fraternel (1). Après quoi Chabot convertit en motion une demande de Chaumette tendant à ce que l'église métropolitaine fût désormais consacrée à la Raison et à la Liberté. L'Assemblée vota d'emblée cette proposition, et voilà comme l'antique Notre-Dame de Paris devint momentanément le temple de la déesse RAISON (2).

Le Père Duchesne ne put contenir sa joie. « Ah ! la bonne fête que nous avons célébrée à la dernière décade ! » s'écria-t-il. « Quel spectacle de voir tous les enfans de la liberté se précipiter dans la ci-devant cathédrale pour purifier le temple de la sottise et le consacrer à la vérité, à la raison (3). » L'insensé, qui prenait pour la raison une folie sans nom ! « Qu'allons-nous devenir ? » s'écriait-il encore ; « on ne connoît plus Dieu ni ses saints. On détruit la religion. Ah ! que le bon Dieu doit être en colère ! miséricorde ; le jour du jugement va sans doute sonner (4) ! » Ne savait-il donc pas que par ces momeries tout aussi ridicules que pouvaient l'être celles de n'importe quel culte, il créait d'un coup à la République des millions d'ennemis ? Ignorait-il que, consacrés par le martyre, les prêtres allaient exercer sur les consciences un prestige plus puissant encore ? Robespierre le savait, et c'est pourquoi il fut au dernier point contristé de l'entraînement auquel se laissa aller la Convention nationale dans la séance du 20 brumaire. S'il faut en croire un témoin

---

(1) Ce ne fut pas seulement à Notre-Dame qu'on exhiba des déesses Raison. Presque chaque église eut en effet la sienne. L'imprimeur-libraire Momoro, un des organisateurs du mouvement contre le culte, et qui était alors vice-président par intérim de la commune de Paris, fit à sa femme les honneurs de l'église de Saint-André-des-Arts Les quolibets ne manquèrent pas à la pauvre déesse. On lit dans le numéro 260 de *la Feuille du salut public* : « Lors de la dédicace du Temple de la Raison, Mme Momoro fut portée, exhaussée dans les rues, comme la déesse de la fête. Les connaisseurs en divinité s'égayoient sur la figurante. Les uns disoient : « Que la déesse est maigre ! » les autres : « Qu'elle « est jaune ! » d'autres, etc... »

(2) Voy. *le Moniteur* du 25 brumaire (15 novembre 1793).

(3) *Le Père Duchesne*, numéro 309.

(4) *Ibid.*, numéro 310.

oculaire, il quitta l'Assemblée de dégoût, ne pouvant soutenir la vue d'un tel spectacle. « Cette fatale séance », a dit le représentant Levasseur, « a valu aux Vendéens plus qu'un renfort de dix mille hommes (1). » Et Levasseur avait raison. Hébert et ses amis auraient été payés par les émigrés qu'ils n'eussent pas mieux réussi à jeter dans la République un brandon de discorde et à compromettre la Révolution. Plus d'un libre penseur partagea la consternation de Robespierre. Un abonné des *Révolutions de Paris* écrivit à Prudhomme : « Les prêtres n'ont pas été effrayés de tout ce bruit. J'en ai observé plus d'un qui rioit sous cape, et se promettoit bonne composition pour eux de tout ceci. C'est au point que plusieurs patriotes qui se disent au courant soupçonnent que les tartufes en bonnet carré noir (car il y en a en bonnet rouge) ont poussé eux-mêmes à la roue pour faire aller cette nouvelle révolution que nous regardons ici comme manquée (2). » Il arriva en effet que le culte de la déesse Raison dégénéra en véritable orgie ; nous n'avons pas à raconter ici les scènes dégoûtantes auxquelles il donna lieu.

Plus sérieusement qu'Hébert, Fouché, Dumont et tant d'autres, Robespierre était ennemi des superstitions religieuses, des préjugés, de toutes les jongleries cléricales ; mais violenter les consciences, substituer à l'intolérance et au fanatisme anciens une intolérance et un fanatisme d'un nouveau genre, remplacer par de véritables saturnales les cérémonies mystiques du culte catholique, lui parut très-fâcheux au point de vue moral, et souverainement imprudent au point de vue politique. Et en effet, quoi de plus absurde que le culte imaginé par les hébertistes, lequel, à la grande joie de tous les adversaires de la Révolution, ridiculisa aux yeux du monde entier la France républicaine ? Est-ce que la raison, être abstrait et immatériel, peut avoir d'autre temple que la conscience humaine? C'était bien la peine vraiment de tant crier après la superstition antique pour en créer une d'une espèce particulière, et de déclarer la guerre aux saints de bois et de pierre pour les remplacer sur leurs piédestaux par ces statues de la déesse Raison qui affligeaient les uns et dont s'amusaient les autres! L'intolérance des sectateurs du nouveau culte ne connut pas de bornes; Laveaux, rédacteur du *Journal de la Montagne*, fut violemment pris à partie par Hébert pour avoir publié un article sur l'existence de Dieu ; si bien que Laveaux, désespérant de pouvoir satisfaire tout le monde, donna sa démission de rédacteur du *Journal de la Montagne* (3). Des excès antireligieux, les héber-

_____

(1) *Mémoires de René Levasseur*, t. II, p. 294.
(2) Voy. *les Révolutions de Paris*, numéro 223, p. 479.
(3) Séance des Jacobins du 18 brumaire (8 novembre). Voy. *le Moniteur* du 22 bru-

tistes, qu'une certaine école a la naïveté de nous présenter aujourd'hui comme les défenseurs du droit et de la légalité, devaient nécessairement tomber dans des excès de toute nature. « Avec la guillotine, ça ira, f...! » écrivait *le Père Duchesne* ; « mais il ne faut pas rester en si beau chemin, car, f...! un seul pas à reculons nous replongeroit dans le margouillis. » Et de plus belle il réclamait la mort des soixante-treize Girondins sauvés par Robespierre, et l'exécution de la sœur de Louis XVI, oubliée au fond du Temple par le comité de Salut public : « Braves sans-culottes, intrépides Jacobins, veillez, veillez plus que jamais. Si les traîtres ne sont pas tous guillotinés, attendez-vous à succomber vous-mêmes. Demandez, f...! que tout ce qui reste de la race de Capet soit immolé, et surtout que la grosse Babet aille promptement rejoindre son prétendu Manuel. Ne lâchez pas prise, jusqu'à ce que le dernier des Brissotins ait mis la tête à la fenêtre, f...! (1) » Et, appuyant de sa parole la prose de son journal, Hébert avait, le 23 brumaire (13 novembre), formulé son vœu sanglant à la tribune des Jacobins (2). Chaumette lui-même, qu'il serait cependant injuste de confondre avec son substitut, demanda au sein du conseil général la mort de Madame Élisabeth. « Comment » s'écria-t-il, « souffririons-nous que cette femme existât plus longtemps (3)? » Il faut lire le projet de Chaumette concernant les suspects pour se former une juste idée du degré de folie où étaient arrivés les meneurs de la commune; la fameuse loi Merlin-Cambacérès n'était plus rien. Suspects ceux qui plaignaient les marchands et fermiers contre lesquels on avait été obligé de prendre des mesures; suspects ceux qui fréquentaient les ci-devant nobles, les aristocrates et les modérés; suspects ceux qui avaient reçu avec indifférence la constitution républicaine; ceux qui, n'ayant rien fait contre la liberté, n'avaient rien fait pour elle, etc. Était-il possible d'aller plus loin dans l'aberration? Étonnez-vous donc si dans ces mois de brumaire et de frimaire on emprisonna à tort et à travers! C'est contre cet arrêté de la commune que sera surtout dirigé le pamphlet si connu de Camille Desmoulins.

maire. La sortie d'Hébert contre Laveaux lui fut vivement reprochée un mois plus tard par Bentabole. « Pourquoi », dit ce dernier en s'adressant au substitut du procureur de la commune, « a-t-il attaqué Laveaux? Parce que ce dernier avait parlé en faveur d'un Être suprême. Quant à moi, ennemi de toute pratique superstitieuse, je déclare que je croirai toujours à un Être suprême. » (Séance du 21 frimaire, 11 décembre 1793.)

(1) *Le Père Duchesne*, numéro 312.

(2) *Journal des débats et de la correspondance de la société des Jacobins*, numéro 536.

(3) Séance de la commune du 26 brumaire (16 novembre 1793). Voy. le *Journal de la Montagne* du 28 brumaire.

Était-il opportun de détendre alors le ressort révolutionnaire? Nullement, et Robespierre le sentait bien. Ce n'était pas au moment où l'Europe s'épuisait en efforts pour écraser la République, où les factions se remuaient en tous sens, qu'il était permis à la Révolution de désarmer. Seulement, entre la punition réservée aux seuls coupables et la Terreur aveuglément suspendue sur toutes les têtes, il y avait tout un abîme. Comment ne pas soupçonner que de véritables contre-révolutionnaires se cachaient sous le masque des enragés? Un député à la Convention n'avait-il pas entendu dire à l'un de ces derniers : « Aujourd'hui c'est le tour de celui-ci, demain le tour de Danton, après-demain celui de Billaud-Varenne; nous finirons par Robespierre (1)? » Il semble qu'Hébert ait pris ces paroles pour lui, car trois jours après, aux Jacobins, dans une vive attaque contre Thuriot, il disait, à propos des craintes manifestées au sujet de certains représentants : « Qu'on ne vienne pas dire qu'on préparait ce sort à Robespierre, à Billaud-Varenne, à Lacroix et à Danton... Depuis quelque temps on affecte de les accoler; je regarde comme une véritable perfidie de mettre en parallèle l'homme à qui nous devons la liberté et la Révolution et l'homme qui en est la honte. Peut-on mettre sur la même ligne Robespierre et Lacroix? Oui, le peuple consulté sur Lacroix, sur le spoliateur de la Belgique, le fauteur et le complice de Dumouriez, l'enverrait au tribunal révolutionnaire, et si Robespierre courait le moindre danger, les Jacobins, le peuple entier le couvrirait de son corps. C'est à vous, Jacobins, à séparer l'or pur du vil plomb. » Tant d'hommes, ajouta-t-il, se disent les amis de Robespierre, et Robespierre n'est que l'ami de la vérité. En vain des intrigants avaient cherché à l'animer contre l'Incorruptible, en lui disant que Robespierre le rangeait parmi les hommes soudoyés par Pitt, il n'en avait rien cru, prétendait-il, parce que Robespierre était trop honnête homme pour s'être permis sur un patriote une inculpation aussi odieuse (2). Guidé par le seul amour de la patrie, Maximilien ne se montra pas plus sensible aux flagorneries du *Père Duchesne* qu'il ne s'était laissé entraîner aux inspirations de la vengeance quand il avait victorieusement disputé au bourreau ces soixante-treize Girondins, dont la plupart étaient ses ennemis jurés. Les exagérés mettant la République en péril par leur intolérance, par leurs excès, par leurs folies, il résolut de leur donner un solennel avertissement.

(1) Déclaration de Chabot à la Convention, séance du 20 brumaire (10 novembre). Voy. le *Moniteur* du 22 brumaire.

(2) *Journal des débats et de la correspondance de la société des Jacobins*, numéro 536.

XV

Présenter au pays et au monde entier un tableau complet de la situation générale de la République à l'égard des diverses puissances de la terre, et surtout à l'égard des peuples que la nature et la raison rattachaient à la cause de la Révolution, mais que l'intrigue et la perfidie cherchaient à en éloigner, telle fut la tâche immense confiée par le comité de Salut public à Maximilien Robespierre. Rompant avec les traditions routinières des anciens gouvernements qui avaient fait de la diplomatie une science astucieuse et ténébreuse, le comité de Salut public jugea indigne d'un peuple libre les finesses et les prétendues habiletés des cours, et il lui parut indispensable d'exposer au grand jour la politique extérieure de la Révolution. Les néo-hébertistes, l'école proudhonienne, pour qui tout ce qui est sage, sensé et raisonnable, sent l'ancien régime, ont, à propos du magnifique rapport dont nous allons donner l'analyse, accusé Robespierre d'avoir ressuscité la diplomatie, oublié Paris, le dix-huitième siècle, les droits de l'homme, pour le droit des gens et l'équilibre européen. On verra ce qu'il y a de fondé et de vrai dans cette accusation souverainement injuste et ridicule.

Robespierre commence par affirmer, pour l'enseignement des imbéciles qui l'ignorent ou des pervers qui feignent d'en douter, l'existence de la République française, laquelle devait enfin, selon lui, inspirer confiance à ses alliés et se faire redouter des tyrans armés contre elle. Après avoir montré comment la réaction continuelle entre le peuple et ses ennemis avait, par sa violence même, opéré en peu d'années l'ouvrage de plusieurs siècles; après avoir esquissé en traits rapides la politique tortueuse de l'Angleterre, dont la main apparaissait dans tous nos troubles, et qui, sous prétexte de combattre des principes désorganisateurs, convoitait simplement Toulon, Dunkerque et nos colonies, et cherchait à séparer nos provinces du Midi de celles du Nord, comme elle avait conspiré pour détacher les provinces méridionales de l'Amérique des États septentrionaux, il comparait Pitt à un enfant blessé par une arme terrible à laquelle il aurait eu l'imprudence de toucher. « Pitt voulut jouer avec le peuple français et il en a été foudroyé... Trop immoral pour croire aux vertus républicaines, trop peu philosophe pour faire un pas vers l'avenir, le ministre de Georges était au-dessous de son siècle; le siècle s'élançait vers la liberté, et Pitt voulait le faire rétrograder vers la barbarie et vers le despotisme... Le peuple français s'est dégagé jusqu'ici des fils de ses intrigues, comme Hercule d'une toile d'araignée. » Le fils de lord Chatam était aussi coupable, à ses yeux, envers son pays qu'envers la France, car à diverses reprises il avait violé la constitution britannique sous prétexte d'assurer la prospérité commerciale de l'Angleterre, comme si le despotisme n'était pas le fléau du commerce. Il attribuait autant à ses intrigues qu'à l'influence des émigrés et à la complicité du gouvernement français d'alors l'alliance monstrueuse de la Prusse et de l'Autriche. La complicité de la cour de France, elle était écrite partout. Et, faisant un retour sur les grandes discussions soulevées au milieu de nous par la question de la guerre, il rappelait que ceux qui, dès la fin de l'année 1791, voulaient briser tous les sceptres du monde, avaient été les mêmes qui, en 1792, s'étaient efforcés de prévenir la chute du trône. En reprochant à Brissot et à ses amis la déclaration intempestive de guerre, Robespierre confondait évidemment une imprudence avec la trahison, mais la malheureuse coïncidence de nos échecs successifs, de la perte de nos ports et de nos forteresses, avec l'insurrection girondine, donnait à l'accusation un poids énorme.

Dans ce conflit de tous les peuples, un seul, le peuple français, combattait pour la cause commune. Cependant Maximilien ne désespérait pas de voir se rattacher à la République tous ses alliés naturels, les Américains, les Turcs, les Suisses. Mais pour cela il ne fallait pas chercher à troubler la paix intérieure de ces nations, soulever dans les clubs de Philadelphie des motions inquiétantes pour le gouvernement américain, fonder des assemblées primaires à Constantinople, ou menacer la Suisse d'une sorte de démembrement. Il ne s'agissait pas là d'équilibre européen, il s'agissait simplement de ne pas s'immiscer dans les affaires de peuples amis, c'est-à-dire de ne pas faire ce qu'avec tant de raison la France reprochait aux rois coalisés. On sait la haine instinctive de Robespierre pour les missionnaires armés. Les peuples les mieux disposés à adopter nos principes les repousseraient avec indignation, il en avait la certitude, du moment où l'on tenterait de les leur imposer par la force. Sa politique était la bonne et la saine politique, et il pouvait l'avouer tout haut. « Tel est l'avantage d'une république puissante, » disait-il : « sa diplomatie est dans la bonne foi ; et comme un honnête homme peut ouvrir impunément à ses concitoyens son cœur et sa maison, un peuple libre peut dévoiler aux nations toutes les bases de sa politique. »

Le projet de démembrer la France, conçu dans le cabinet de

Londres, est un fait avéré aujourd'hui. C'était par l'espoir d'acquérir la Lorraine, l'Alsace et la Flandre française, qu'on avait attiré
l'Autriche dans la coalition, et, en attendant, l'impératrice de
Russie et le roi de Prusse se partageaient la Pologne. A l'Espagne
on avait promis le Roussillon, la Navarre et les départements limi-
trophes; au roi de Sardaigne, la Provence et le Dauphiné. Quant
aux provinces d'Italie, qui selon Robespierre ne pouvaient survivre
à la perte de la France, on ne leur avait rien offert, mais elles
avaient cédé à l'intrigue, à la ruse et à la violence. N'avait-on pas
vu le territoire de Gênes devenir le théâtre d'un crime dont l'histoire seule de l'Angleterre offrirait peut-être un exemple? Des vaisseaux anglais, joints à des vaisseaux français livrés par les traîtres
de Toulon, s'étaient glissés dans le port, neutre, de la République,
et l'équipage d'un navire français, surpris sans défense, avait été
traîtreusement égorgé. En dénonçant cet attentat au monde, Robespierre ne pouvait s'empêcher de stigmatiser la lâcheté du sénat
génois qui n'était pas mort tout entier pour prévenir ou venger cet
outrage à l'humanité. Toutefois les puissances italiennes, Venise,
Florence, comme Gênes, lui paraissaient mériter plutôt la pitié
que la colère de la République. Le roi de Naples seul, digne du
sang des Bourbon, avait embrassé de bonne volonté la cause de la
coalition. Quant au pape, il ne valait pas l'honneur d'être nommé.
La résolution du roi de Suède, de devenir le généralissime des rois
coalisés, était une pure folie. A qui donc profiterait cette grande
levée de boucliers contre la France? A la Russie, pensait Robespierre, et il ne se trompait pas. Impossible de tracer un portrait
plus vrai et plus saisissant de ces dominateurs de la Russie, qui,
ayant le goût, l'idée, l'ambition du luxe et des arts de l'Europe,
et régnant dans un climat de fer, tournaient des regards de convoitise vers les contrées de l'Ouest et du Midi, se voyaient déjà à
Constantinople, et se croyaient au moment de dicter des lois au
monde.

Or, tandis que l'Angleterre fusillait dans un port neutre des
hommes désarmés, et menaçait le Danemark de ses escadres pour
le forcer à accéder à la ligue; tandis que la Prusse et la Russie,
comme des brigands, faisaient main basse sur la Pologne, et que le
reste de l'Europe se laissait bêtement duper par le cabinet de
Londres, la France seule prenait résolûment en main les intérêts et
les droits de l'humanité. Aussi Robespierre s'écriait-il, dans un
élan superbe d'enthousiasme et d'indignation : « Vous avez sous
les yeux le bilan de l'Europe et le vôtre, et vous pouvez déjà en
tirer un grand résultat : c'est que l'univers est intéressé à notre

conservation. Supposons la France anéantie ou démembrée, le monde politique s'écroule; ôtez cet allié puissant et nécessaire qui garantissait l'indépendance des médiocres États contre les grands despotes, l'Europe entière est asservie. Les petits princes germaniques, les villes réputées libres de l'Allemagne, sont engloutis pa les maisons ambitieuses d'Autriche et de Brandebourg; la Suède et le Danemark deviennent tôt ou tard la proie de leurs puissants voisins; le Turc est repoussé au delà du Bosphore et rayé de la liste des puissances européennes; Venise perd ses richesses, son commerce et sa considération; la Toscane, son existence; Gênes est effacée; l'Italie n'est plus que le jouet des despotes qui l'entourent; la Suisse est réduite à la misère et ne recouvre plus l'énergie que son antique pauvreté lui avait donnée : les descendants de Guillaume Tell succomberaient sous les efforts des tyrans humiliés et vaincus par leurs aïeux. Comment oseraient-ils invoquer seulement les vertus de leurs pères et le nom sacré de la liberté si la République française avait été détruite sous leurs yeux? Que serait-ce s'ils avaient contribué à sa ruine? Et vous, braves Américains, dont la liberté, cimentée par notre sang, fut encore garantie par notre alliance, quelle serait votre destinée si nous n'existions plus? Vous retomberiez sous le joug honteux de vos anciens maîtres; la gloire de nos communs exploits serait flétrie; les titres de liberté, la Déclaration des droits de l'homme, seraient anéantis dans les deux mondes. »

L'Angleterre elle-même, poursuivait-il, que deviendrait-elle? Comment conserverait-elle les restes de sa liberté si la France perdait la sienne, si le dernier espoir des amis de la démocratie venait à s'évanouir? Mais si la politique des gouvernements devait redouter la chute de la République française, que serait-ce donc de la philosophie et de l'humanité? « Que la liberté périsse en France : la nature entière se couvre d'un voile funèbre, et la raison humaine recule jusqu'aux abîmes de l'ignorance et de la barbarie... Le despotisme, comme une mer sans rivages, déborderait sur la surface du globe; il couvrirait bientôt les hauteurs du monde politique où est déposée l'arche qui renferme les chartes de l'humanité; la terre ne serait plus que le patrimoine du crime, et ce blasphème, reproché au second des Brutus, trop justifié par l'impuissance de nos généreux efforts, serait le cri de tous les cœurs magnanimes. *O vertu !* pourraient-ils s'écrier, *tu n'es donc qu'un vain nom ?*

« Oh! qui de nous ne sent pas s'agrandir toutes ses facultés, qui de nous ne croit pas s'élever au-dessus de l'humanité même, en songeant que ce n'est pas pour un peuple que nous combattons, mais pour l'univers ; non pour les hommes qui vivent aujourd'hui, mais pour tous ceux qui existeront?... Du reste, dût l'Europe entière se déclarer contre vous, vous êtes plus forts que l'Europe. La République française est invincible comme la raison, elle est immortelle comme la vérité. Quand la liberté a fait une conquête telle que la France, nulle puissance humaine ne peut l'en chasser. Tyrans, prodiguez vos trésors, rassemblez vos satellites, et vous hâterez votre ruine. J'en atteste vos revers, j'en atteste surtout vos succès. Un port et deux ou trois forteresses achetées par leur or : voilà donc le digne prix des efforts de tant de rois, aidés pendant cinq années par les chefs de nos armées et par notre gouvernement même ! Apprenez qu'un peuple que vous n'avez pu vaincre avec de tels moyens est un peuple invincible. »

Exécution loyale des traités qui unissaient à la France les États-Unis d'Amérique et les cantons suisses, afin d'empêcher ces deux nations libres de céder aux avances dont elles étaient l'objet de la part de la coalition, tel était le but principal du rapport de Robespierre. Mais, en traitant la question extérieure, Maximilien était amené naturellement à dire un mot de celle du dedans, puisque les plus utiles alliés des puissances étrangères étaient leurs alliés de l'intérieur. Le rapporteur du comité de Salut public ne laissa donc pas échapper l'occasion d'avertir ceux qui, par leur conduite étrange, faisaient si bien les affaires de la coalition. « Vos ennemis », dit-il, « savent bien que s'ils pouvaient désormais vous perdre, ce ne serait que par vous-mêmes. Faites en tout le contraire de ce qu'ils veulent que vous fassiez. Suivez toujours un plan invariable de gouvernement fondé sur les principes d'une sage et vigoureuse politique. Vos ennemis voudraient donner à la cause sublime que vous défendez un air de légèreté et de folie : soutenez-la avec toute la dignité de la raison. On veut vous diviser : restez toujours unis. On veut réveiller au milieu de vous l'orgueil, la jalousie, la défiance : ordonnez à toutes les petites passions de se taire. Le plus beau de tous les titres est celui que vous portez tous ; nous serons tous assez grands quand nous aurons sauvé la patrie. On veut annuler et avilir le gouvernement républicain dans sa naissance : donnez-lui l'activité, le ressort et la considération dont il a besoin. Ils veulent que le vaisseau de la République flotte au gré des tempêtes, sans pilote et sans but : saisissez le gouvernail d'une main ferme, et conduisez-le, à travers les écueils, au port de la paix et du bonheur.

« La force peut renverser un trône, la sagesse seule peut fonder une République. Démêlez les pièges continuels de nos ennemis ; soyez révolutionnaires et politiques ; soyez terribles aux méchants et secourables aux malheureux ; fuyez à la fois le cruel *modéran-tisme* et l'exagération systématique des faux patriotes ; soyez dignes du peuple que vous représentez : le peuple hait tous les excès ; il ne veut être ni trompé ni protégé, il veut qu'on le défende en l'hono-rant... Quel que soit le sort personnel qui vous attend, votre triomphe est certain. La mort même des défenseurs de la liberté n'est-elle pas un triomphe ? Tout meurt, et les héros de l'humanité et les tyrans qui l'oppriment, mais à des conditions différentes. »

Ce superbe rapport de Robespierre sur la situation politique de la République à l'égard des autres peuples est le premier des grands rapports présentés par lui au nom du comité de Salut public, et qui, à l'étranger, jetèrent sur sa personne un si prodigieux éclat et un tel prestige. Tous les princes de l'Europe s'habituèrent dès lors à le considérer comme le régulateur de la République, sans réfléchir que si son influence morale était immense, son autorité réelle était à peu près nulle en compensation, comme la suite de cette histoire le démontrera de reste. La Convention vota à l'unanimité et au milieu des plus vifs applaudissements les conclusions de son rapport (1), que reproduisirent la plupart des journaux du temps. Imprimé par ordre de la Convention à un très-grand nombre d'exem-plaires, cet important manifeste fut distribué dans toutes les par-ties de la République, où il alla agrandir encore la popularité de son auteur (2).

XVl

Cependant le mouvement contre le culte amenait des résultats de plus en plus fâcheux. Dans un pays léger comme le nôtre, toute

---

(1) Voy. le *Journal des débats et des décrets de la Convention*, numéro 424, p. 369.

(2) Le rapport de Robespierre, imprimé par ordre de la Convention, forme une bro-chure in–8 de 19 p. (de l'Imprimerie nationale). Il a été réimprimé dans les *Œuvres de Robespierre* éditées par Laponneraye (t. III, p. 445 et suiv.), et dans l'*Histoire par-lementaire* (t. XXX, p. 224 et suiv.). On le trouve dans *le Moniteur* du 30 brumaire (20 novembre 1793). La *Feuille du salut public*, journal de Garat et de Rousselin, en le donnant à ses lecteurs, le fit précéder de ces lignes : « Nos lecteurs nous sauront gré de leur donner, de préférence à tous autres articles, le rapport de Robespierre sur notre situation à l'égard des puissances étrangères. Dans un pays libre, c'est un devoir pour tous les hommes d'être instruits des affaires publiques, et rien ne peut contribuer davantage à cette instruction nécessaire qu'un rapport dans lequel la grandeur des idées, la profondeur de la politique, s'unissent à la clarté des développemens et à la précision du style. Qu'elle est sublime, l'éloquence républicaine ! C'est celle de la vérité ; ses accens éclairent et consolent l'ami de l'humanité, et portent l'effroi dans l'âme des tyrans, dont elle déjoue l'infâme machiavélisme. » (Numéro CXLII, du 30 bru-maire.)

chose nouvelle amuse pendant un certain temps; une foule d'hommes s'engouèrent du culte de la déesse Raison, comme plus tard d'autres se prosterneront devant les missions et courront un cierge à la main aux processions. Puis, quelle magnifique occasion pour les contre-révolutionnaires de semer partout la désolation et d'inspirer aux gens faibles et crédules la haine de la République ! Comme on dut rire à Coblentz et à Londres quand on apprit les beaux exploits des sectateurs d'Hébert !

Rome avait soigneusement respecté jadis la religion et les mœurs des peuples vaincus par elle; mais les vandales de la Révolution se ruèrent sur les consciences comme si le salut de la République était intéressé à ce qu'on n'allât plus à la messe. Ce fut alors que la Terreur s'abattit sur les plus humbles chaumières. Bientôt, d'un bout de la France à l'autre, retentit un immense cri de désespoir. Quoi ! disaient les mères éperdues, nous n'aurons plus le droit de faire baptiser nos enfants ! Et des murmures de malédiction s'élevaient de toutes parts contre la jeune et glorieuse République. « L'oppression dure », écrivait en nivôse le représentant Godefroy à Robespierre; « partout le peuple est entraîné par quelques esprits qui prétendent s'illustrer en criant qu'il faut envoyer tous les prêtres à la guillotine, et incarcérer tous ceux qui parleront encore des cérémonies du culte catholique... Si on leur parle tolérance, ils vous disent : Bientôt vous reverriez le peuple célébrer son culte, si vous le laissiez faire. Donc que la tyrannie des opinions existe... Eh bien ! ces hommes aveugles qui se targuent fièrement du nom de philosophes tombent en contradiction avec eux-mêmes. Tantôt ils vous disent : Le peuple est à la hauteur de la Révolution; tantôt ils disent : Il y a encore des fanatiques, et bientôt, si on n'y tenoit la main, les cérémonies religieuses reparaîtroient. Voilà l'état des choses (1)... » Il faut lire les correspondances particulières pour se former une idée du mal causé par l'hébertisme. Dans le courant de frimaire, un Lyonnais du nom de Jérôme Gillet s'adressait en ces termes à Maximilien Robespierre, comme au citoyen le plus capable de tirer le pays de l'abîme où on le précipitait à plaisir : « Le mal est grand, la plaie est profonde... Je parcours les campagnes qui nous avoisinent, elles ne sont plus reconnaissables. La stupeur, la pâleur, la douleur et la consternation sont peintes sur tous les visages... Le moribond appelle son pasteur pour entendre de sa bouche des paroles de paix et de consolation, et le pasteur

_____

(1) Lettre inédite de Godefroy, député de l'Oise, à Max. Robespierre (de Courtantin, le 10 nivôse). Collection Portiez (de l'Oise).

est menacé de la guillotine s'il va s'acquitter de ce devoir d'humanité, tant il est vrai que nous sommes libres!... Tous les paisibles
habitans ou presque tous bénissoient la Révolution, et tous la
maudissent et regrettent l'ancien régime... Les habitans des campagnes sont prêts à tout sacrifier pour les besoins de la patrie; mais
ils veulent la constitution, la liberté absolue du culte, leurs prêtres qui ont été soumis aux lois, dussent-ils les payer, ou la
mort (1). » A Paris, l'intolérance n'était pas moindre que dans les
campagnes. Le procureur général syndic du département, Lulier,
qui s'était joint à Pache pour accompagner Gobel à la Convention,
n'avait pas tardé à s'apercevoir du mauvais effet produit par l'abolition violente du culte. Un jour, s'étant opposé à l'enlèvement
d'effets religieux dans une église et ayant sollicité l'élargissement
de plusieurs détenus, il fut dénoncé à la commune par la section
du *Bonnet rouge* (Croix-rouge), traité depuis comme suspect, et
la protection de Robespierre fut impuissante à le garantir de la
prison (2).

La commune exerçait véritablement alors la dictature de la Terreur. Elle ne connaissait plus aucun frein, se sentant, dans la guerre
contre le culte, soutenue par une masse de patriotes énergiques
qui, sans réfléchir, avaient subi l'impulsion. Les Jacobins eux-
mêmes s'étaient laissé entraîner; ils venaient d'appeler à la présidence du club Anacharsis Cloots, l'ardent promoteur du mouvement contre la religion catholique, et cependant ils avaient tout
récemment repris le titre de *Société des Amis de la constitution de*
1793; or cette constitution reconnaissait formellement la liberté des
cultes. Tout se taisait; la déprêtrisation allait son chemin sans que
personne osât se plaindre, quand une voix s'éleva, généreuse et
indignée, pour protester contre l'asservissement général et réclamer
au nom de la liberté des cultes; ce fut celle de Maximilien.

Et qu'on ne vienne pas dire qu'ici Robespierre faisait un pas
vers la réaction. Qu'y a-t-il de commun entre la Révolution et ce
despotisme avilissant sous lequel les hébertistes prétendaient courber les consciences? Maximilien savait bien, au contraire, que le
temps n'était pas venu encore de se relâcher de la rigueur des principes. La société populaire de Montbard ayant exprimé des sentiments entachés de fédéralisme, il n'hésita pas à demander sa radia-

---

(1) Lettre de Jérôme Gillet à Robespierre, de Commune-Affranchie, le 24 frimaire
an II. Les Thermidoriens se sont bien gardés de reproduire cette lettre. On la trouve
dans les *Papiers inédits...*, t. Ier, p. 217.

(2) Voy. le *Journal de la Montagne* du 23 brumaire an II (13 novembre 1793).

tion de la liste des sociétés affiliées au club des Jacobins (1). Tout
dévoué aux patriotes sincères, il prenait chaudement, au sein du
comité de Salut public, la défense du maire de Paris, de Pache,
pour lequel il avait une estime toute particulière, et même de la
commune de Paris, qu'on cherchait à envelopper dans la dénonciation de Chabot et de Bazire, dont nous aurons à dire un mot tout à
l'heure (2). Toutefois, jugeant qu'il était temps de mettre un terme
aux folies et à la tyrannie des exagérés de la commune, il se présenta le 1er frimaire aux Jacobins, bien résolu à attaquer de face,
non pas l'athéisme, comme l'on a si souvent dit à tort, — Robespierre ne fit jamais de l'athéisme un crime, ce qui eût été la plus
insigne des folies, — mais l'intolérance et le despotisme odieux des
meneurs hébertistes (3). Et, répétons-le à son éternel honneur, seul il
eut ce courage. D'autres suivirent, comme Danton; mais nul peut-
être, parmi les patriotes, n'aurait osé risquer sa popularité, si
Robespierre n'avait pas donné l'exemple.

XVII

Ce fut assurément une des plus mémorables séances du club des
Jacobins que celle du 1er frimaire de l'an II (21 novembre 1793).
Hébert engagea l'affaire en témoignant hautement ses inquiétudes
au sujet des intentions malveillantes prêtées au comité de Salut
public contre les patriotes de sa trempe. Robespierre, lui avait-on
assuré, devait le dénoncer à la Convention, ainsi que Pache et Chaumette. Il n'en croyait rien, mais il ne riait pas, ajouta-t-il. Il parla
aussi de Danton, tout récemment arrivé d'Arcis-sur-Aube; et
comme le bruit courait que le puissant révolutionnaire était allé en
Suisse, chargé des dépouilles du peuple, il le somma, puisqu'il
était à Paris, de venir aux Jacobins démentir les bruits répandus
sur son compte. Abordant ensuite sa thèse de prédilection, il engagea
la société à poursuivre le procès des complices de Brissot, c'est-
à-dire des soixante-treize, et le jugement « de la race de Capet, »
allusion sanglante à Madame Elisabeth, dont ses amis et lui ne cessaient de réclamer la mort. Momoro parla ensuite, Momoro, le mari

(1) Séance du 28 brumaire (18 novembre) aux Jacobins. Voy. *le Moniteur* du 3 frimaire (23 novembre 1793).

(2) Voy. à cet égard la propre déclaration de Chaumette au sein du Conseil général.
Moniteur du 5 frimaire (25 novembre).

(3) Ce grand acte de courage de Robespierre paraît à M. Michelet ...une INCONVE-
NANCE!! (*Histoire de la Révolution*, t. VI, p. 410.)

de la déesse Raison. Tout le mal, suivant lui, venait des prêtres :
« Il faudra toujours trembler, s'il en reste un seul. »

Robespierre monta alors à la tribune. Il commença par défendre
contre Hébert ces partisans de la Gironde qui, trois et quatre fois,
d'après leur propre aveu, on le sait maintenant, lui durent la vie (1),
et par disputer au substitut du procureur de la commune la tête de la
malheureuse sœur de Louis XVI, du sang de laquelle il aurait voulu
que la Révolution ne se tachât point. « A qui persuadera-t-on que la
punition de la méprisable sœur de Capet en imposerait plus à nos
ennemis que celle de Capet lui-même et de sa criminelle compagne! » Sans doute, le mot méprisable est de trop, mais il faut se
reporter aux passions de l'époque. Ce n'était pas chose exempte
de péril que d'élever la voix en faveur « des restes impurs du
tyran; » il était donc presque nécessaire d'envelopper la défense
d'une certaine rudesse de langage. Et, d'ailleurs, parmi les apostats
de la Révolution, parmi ces Conventionnels qui ont accumulé
contre la mémoire de Maximilien calomnies sur calomnies, diffama-
mations sur diffamations, parmi ceux-là mêmes qu'on a vus plus
tard revêtus de la toge de sénateur ou du manteau de pair, en
est-il un qui ait osé associer sa voix à celle de Robespierre, dont
l'influence isolée ne suffit pas à sauver la pauvre princesse?

« Est-il vrai encore, » poursuivit l'ardent orateur, « que la principale cause de nos maux soit le fanatisme? Le fanatisme! il
expire; je pourrais même dire qu'il est mort. En dirigeant depuis
quelques jours toute notre attention contre lui, ne la détourne-t-on
pas de nos véritables dangers? Vous craignez, dites-vous, les prêtres... et ils s'empressent d'abdiquer leurs titres pour les échanger
contre ceux d'officiers municipaux, d'administrateurs et même de
présidents de sociétés populaires. Croyez seulement à leur amour
pour la patrie, sur la foi de leur abjuration, et ils seront très-contents
de vous... » Si, mû par le sentiment de la justice et cédant aux inspirations du bon sens, Robespierre protesta courageusement contre
les persécutions inutiles dont le clergé en général se trouva l'objet,
il ne s'érigea, on le voit, ni en défenseur systématique des prêtres,
ni en champion de la religion catholique, comme on le lui a plus
d'une fois reproché à tort. On peut dire même que jamais le
clergé ne lui sut gré de la protection dont il le couvrit; car son but
était, en assurant la liberté des consciences et des cultes, d'ôter aux
prêtres ce prestige de la persécution et du martyre qui fut leur
force la plus redoutable contre la Révolution française. « Oui, crai-

(1) Voyez le livre précédent.

gnez, non pas leur fanatisme, mais leur ambition : non pas l'habit qu'ils portaient, mais la peau nouvelle dont ils se sont revêtus... Non, ce n'est point le fanatisme qui doit être aujourd'hui le principal objet de nos inquiétudes. Cinq ans d'une révolution qui a frappé sur les prêtres déposent de son impuissance... Je ne vois plus qu'un seul moyen de réveiller parmi nous le fanatisme, c'est d'affecter de croire à sa puissance. Le fanatisme est un animal féroce et capricieux ; il fuyait devant la raison : poursuivez-le avec de grands cris, il retournera sur ses pas... » Pourquoi donc déclarer la guerre aux consciences ? Pourquoi ce zèle exagéré contre le culte et ses ministres ? se demandait Robespierre ; et il continuait en ces termes : « Que des citoyens, animés par un zèle pur, viennent déposer sur l'autel de la patrie les monuments inutiles et pompeux de la superstition pour les faire servir à son triomphe, la patrie et la raison sourient à ces offrandes. Que d'autres renoncent à telles ou telles cérémonies et adoptent sur toutes ces choses l'opinion qui leur paraît la plus conforme à la vérité, la raison et la philosophie peuvent applaudir à leur conduite. Mais de quel droit l'aristocratie et l'hypocrisie viendraient-elles ici mêler leur influence à celle du civisme et de la vertu ? De quel droit des hommes inconnus jusqu'ici dans la carrière de la Révolution viendraient-ils chercher au milieu de tous ces événements les moyens d'usurper une fausse popularité, d'entraîner les patriotes mêmes à de fausses mesures, et de jeter parmi nous le trouble et la discorde ? De quel droit viendraient-ils troubler la liberté des cultes au nom de la liberté, et attaquer le fanatisme par un fanatisme nouveau ? De quel droit feraient-ils dégénérer les hommages solennels rendus à la vérité pure en des farces éternelles et ridicules ? Pourquoi se permettrait-on de se jouer ainsi de la dignité du peuple, et d'attacher les grelots de la folie au sceptre même de la philosophie ? On a supposé qu'en accueillant des offrandes civiques, la Convention avait proscrit le culte catholique. Non, la Convention n'a point fait cette démarche téméraire, elle ne la fera jamais. Son intention est de maintenir la liberté des cultes, qu'elle a proclamée, et de punir en même temps tous ceux qui en abuseraient pour troubler l'ordre public. Elle ne permettra pas qu'on persécute les ministres paisibles du culte, et elle les punira avec sévérité toutes les fois qu'ils oseront se prévaloir de leurs fonctions pour tromper les citoyens, et pour armer les préjugés ou le royalisme contre la République. On a dénoncé des prêtres pour avoir dit la messe ; ils la diront plus longtemps si on les empêche de la dire. Celui qui veut les empê-

cher est plus fanatique que celui qui dit la messe. » La vérité
et la raison ont-elles jamais parlé un plus noble langage?

> Qu'on puisse **aller même à la messe**,
> . Ainsi le veut la liberté,

a dit, en moins bons termes, le chansonnier Béranger.

Mais certains hommes voulaient aller plus loin, et, sous prétexte
de détruire la superstition, prétendaient faire de l'athéisme lui-
même une sorte de religion. Écoutez ici Robespierre, et vous direz
ensuite si sa manière de voir à l'égard des athées n'était pas tout
aussi tolérante qu'à l'égard des croyants de toute espèce : « Tout
philosophe, tout individu, peut adopter là-dessus l'opinion qui lui
plaira. Quiconque voudrait lui en faire un crime est un insensé ;
mais l'homme public, mais le législateur serait cent fois plus insensé
qui adopterait un pareil système. La Convention nationale l'abhorre.
La Convention n'est point un faiseur de livres, un auteur de sys-
tèmes métaphysiques ; c'est un corps politique et populaire chargé
de faire respecter non-seulement les droits, mais le caractère du
peuple français. Ce n'est point en vain qu'elle a proclamé la Déclaration des droits de l'homme en présence de l'Être suprême. On dira
peut-être que je suis un esprit étroit, un homme à préjugés, que je
suis un fanatique. J'ai déjà dit que je ne parlais ni comme un individu ni comme un philosophe systématique, mais comme un représentant du peuple. L'athéisme est aristocratique. L'idée d'un grand
être qui veille sur l'innocence opprimée et qui punit le crime triomphant est toute populaire. Le peuple, les malheureux, m'applaudissent ; si je trouvais des censeurs, ce serait parmi les riches et parmi
les coupables. J'ai été dès le collége un assez mauvais catholique ;
je n'ai jamais été ni un ami froid ni un défenseur infidèle de l'humanité. Je n'en suis que plus attaché aux idées morales et politiques que je viens de vous exposer. » Si Dieu n'existait pas, il
faudrait l'inventer, dit-il ensuite avec Voltaire.

« Je parle dans une tribune où l'impudent Guadet osa me faire un
crime d'avoir prononcé le mot de Providence. Et dans quel temps !
lorsque, le cœur ulcéré de tous les crimes dont nous étions les témoins et les victimes, lorsque, versant des larmes amères et impuissantes sur la misère du peuple éternellement trahi et opprimé,
je cherchais à m'élever au-dessus de la tourbe impure des conspirateurs dont j'étais environné en invoquant contre eux la vengeance
céleste au défaut de la foudre populaire. Ce sentiment est gravé
dans tous les cœurs sensibles et purs ; il anima dans tous les temps

les plus magnanimes défenseurs de la liberté. »—Sans doute Robespierre songeait ici à Caton défendant contre César l'immortalité de
l'âme. — « Aussi longtemps qu'il existera des tyrans, il sera une
consolation douce au cœur des opprimés; et si jamais la tyrannie
pouvait renaître parmi nous, quelle est l'âme énergique et vertueuse qui n'appellerait point en secret de son triomphe sacrilége
à cette éternelle justice qui semble avoir écrit dans tous les cœurs
l'arrêt de mort de tous les tyrans? Le dernier martyr de la liberté
exhalerait son âme avec un sentiment plus doux en se reposant sur
cette idée consolante. Ce sentiment est celui de l'Europe et de
l'Univers; c'est celui du peuple français. Ce peuple n'est attaché ni
ux prêtres, ni à la superstition, ni aux cérémonies; il ne l'est qu'au
culte en lui-même, c'est-à-dire à l'idée d'une puissance incompré-
hensible, l'effroi du crime et le soutien de la vertu, à laquelle il se
plaît à rendre des hommages qui sont autant d'anathèmes contre
l'injustice et contre le crime triomphant... »

Qui croirait qu'à propos de ce magnifique discours un illustre
écrivain de nos jours accuse Robespierre d'aller s'enfonçant rapidement dans les voies rétrogrades et d'être pris du mal des rois : la
haine de l'Idée (1)? Ah! ceux qui ont la haine de l'Idée, ce sont ces
prétendus philosophes qui, s'érigeant en apôtres de l'incrédulité,
n'admettent pas qu'on ne partage point leurs doctrines, et dont l'intolérance est au moins égale à celle des plus fougueux sectaires.

Robespierre n'était-il pas dans le vrai quand il montrait la main de
tous les ennemis de la Révolution dans ces farces indécentes et grossières qu'il combattait au nom même de la raison? Se trompait-il
quand il disait que le but des royalistes et des cours étrangères était
d'avilir, s'il était possible, la nation française, de déshonorer ses
représentants et de faire passer aux yeux des peuples les fondateurs
de la République pour les dignes émules des valets de la tyrannie?
Tout cela, on le sent, atteignait directement Hébert; toutefois Robespierre ne nomma pas le substitut du procureur de la commune. Il se
défendit même d'avoir jamais eu l'intention de le dénoncer personnellement, pas plus que Chaumette ou Pache, dont la vertu pure et

---

(1) Michelet, t. VI, p. 411. — Telle est la légèreté avec laquelle M. Michelet a écrit
son *Histoire de la Révolution française*, qu'il ne mentionne même pas le rapport de
Robespierre sur la situation politique de la République, rapport qui eut cependant un
si grand retentissement. Après M. Michelet, voici venir Proudhon, lequel, dans son
langage amèrement hyperbolique, s'écrie : « La Raison déifiée fut par l'imbécile messie
de Catherine Théot déclarée suspecte. » (*De la justice dans la Révolution et dans
l'Église*, t. II, p. 398.) Ainsi, aux yeux du paradoxal auteur du *Mémoire sur la propriété*, la Raison c'était les farces ignobles auxquelles put à peine mettre fin la courageuse opposition de Robespierre.

modeste lui était connue,'dit-il ; et, à cette occasion, il rappela qu'étant
président de la Convention, il avait opposé l'éloge solennel du maire
de Paris aux accusations dont ce magistrat avait été'l'objet à propos d'un orage passager soulevé par la malveillance (1). Il termina
en dénonçant comme des émissaires de l'étranger deux membres de
la société : Dubuisson, envoyé jadis en mission auprès de Dumouriez par le ministre Le Brun, et Proly, fils naturel du prince de
Kaunitz, un des principaux ministres de la maison d'Autriche. Ces
deux hommes, couverts du masque du sans-culottisme, disait Robespierre, avaient organisé un système patriotique de contre-révolution, et ils avaient pour complices des banquiers prussiens, anglais,
autrichiens et même français ; parmi leurs affidés, il cita Desfieux
et Péreyra, et proposa à la société de passer tous ses membres à un
sévère scrutin épuratoire, afin de reconnaître et de chasser les
agents des puissances étrangères qui se seraient introduits dans son
sein (2). Le discours de Robespierre avait été fréquemment interrompu par les plus chaleureux applaudissements ; sa proposition fut
adoptée avec un empressement universel sans soulever la moindre
réclamation.

Maximilien montra de nouveau·en cette circonstance l'exemple·
de ce courage civil qu'il possédait au suprême degré, et dont il avait
fait preuve si souvent déjà, notamment après la fuite de Varennes,
dans la soirée néfaste du 17 juillet 1791, et le jour où, comme pour
donner une leçon à Dumouriez, il avait jeté à terre le bonnet rouge
en pleine séance des Jacobins. Car, encore une fois, il ne faut pas
s'y méprendre, la réaction contre l'intolérance hébertiste n'était point
chose aisée, comme on peut le voir par ces lignes où la *Feuille du
salut public*, le journal de Rousselin et de Garat, félicite Robespierre
de sa courageuse protestation en faveur de la liberté des cultes :
« Voilà une de ces vérités morales législatives qui ne peut être trop
méditée, et qui, disons-le franchement, ne pouvoit plus sans danger
être énoncée que par un homme d'une réputation à toute épreuve,
tant les exagérateurs avoient outre-passé les bornes prescrites par la
raison (3). »

---

(1) L'amitié de Robespierre faillit coûter cher à Pache, et ce ne fut pas la faute des
Bourdon (de l'Oise), des Boissy d'Anglas et de quelques autres, si, après Thermidor,
l'ancien maire de Paris ne fut pas livré au bourreau.

(2) Voy., pour ce discours de Robespierre, le *Journal des débats et de la correspondance de la société des Jacobins*, numéro 544, et *le Moniteur* du 6 frimaire an II (26 novembre 1793). Il a été reproduit dans l'*Histoire parlementaire*, t. XXX, p. 274 à 283,
et dans les *Œuvres* éditées par Laponneraye, t. III, p. 475 à 487.

(3) Voy. la *Feuille du salut public* du 7 frimaire, numéro CXLIX.

XVIII

Mais ces exagérateurs ne se rendirent pas aisément, car, le sur-lendemain, sur les réquisitions de Chaumette, la commune prit l'arrêté dont nous avons parlé plus haut, qui ordounait la fermeture de toutes les églises, et l'arrestation comme suspects de tous les prêtre qui demanderaient l'ouverture d'un temple. Danton, qu'avait touché l'accusation indirecte lancée contre lui aux Jacobins par Hébert, joignit sa voix à celle de Robespierre pour dénoncer les saturnales hébertistes : « Si nous n'avons pas honoré le prêtre de l'erreur et du fanatisme, nous ne voulons pas plus honorer le prêtre de l'incrédulité. » Il réclama la suppression des mascarades antireligieuses au sein de la Convention et un prompt rapport du comité de Salut public sur les moyens de donner une action grande et forte au gouvernement provisoire. Puis, à la fin de. la même séance, on l'entendit s'écrier, après qu'il eut formellement déclaré que le temps de l'inflexibilité et des vengeances nationales n'était point passé : « Si la Grèce eut ses jeux olympiques, la France solennisera aussi ses jours sans-culottides. Le peuple aura des fêtes dans lesquelles il offrira de l'encens à l'Être suprême, au maître de la nature ; car nous n'avons pas voulu anéantir la superstition pour établir le règne de l'athéisme (1). » Robespierre, on le voit, ne fut pas l'inventeur du culte de l'Être suprême, et la secte matérialiste qui range aujourd'hui Danton parmi ses saints pour l'opposer au *trop religieux* Maximilien, oublie bien facilement, en vérité, la part si honorable d'ailleurs que l'ardent tribun des Cordeliers prit personnellement à la lutte contre l'hébertisme.

Robespierre, du reste, s'inquiétait fort peu de la question religieuse en elle-même, comme on a pu s'en convaincre ; il s'agissait uniquement, à ses yeux, d'une simple question de liberté de conscience, de liberté des cultes. Et comment ne se serait-il pas indigné à la nouvelle des persécutions dirigées contre les citoyens suspects d'attachement à leur religion? Comment ne se serait-il pas ému à la lecture de lettres analogues à celles dont nous avons donné quelques extraits et où éclatait le désespoir des opprimés? Ce fut donc au nom de la liberté que, dans la séance du 15 frimaire (15 décembre 1793), il monta à la tribune de la Convention pour plaider de nouveau la cause de la tolérance religieuse. Il avoua bien haut qu'il était du parti des patriotes ardents, mais non point de ceux qui,

(1) *Moniteur* du 8 frimaire (28 novembre 1793).

sous les formes de la liberté, s'acharnaient à décrier les meilleurs citoyens. Il engagea ses collègues à démêler soigneusement ce qui appartenait à l'hypocrisie et à la malveillance d'avec ce qui était l'effet du patriotisme pur. Le système de calomnies imaginé pour discréditer les meilleurs amis du peuple, les efforts tentés pour réveiller le fanatisme, pour armer l'homme qui, sans être mauvais citoyen, était attaché à son opinion religieuse, contre celui qui en professait une autre; ces dénonciations *délirantes* sans cesse renouvelées pour détourner la Convention des véritables intérêts de la patrie, tout cela était, selon lui, l'ouvrage des cours étrangères. On avait attaqué avec fureur le culte catholique afin de réveiller le fanatisme, afin d'engendrer une guerre de religion et d'étouffer par là l'enthousiasme de la liberté. Comment certaines communes pouvaient-elles s'attacher à la République, quand on les obligeait, par la force armée, de déserter leurs églises, quand des ministres du culte étaient mis en arrestation à cause de leur seule qualité de prêtres? Il fallait donc, disait Robespierre à ses collègues, parler au peuple en législateurs politiques, en hommes sages et éclairés, indiquer aux patriotes les piéges tendus à leur bonne foi, et protéger ceux qui tenaient à leur culte. Puis, comprenant que des citoyens sincères avaient pu se laisser aller sans mauvaise intention à des exagérations funestes, il ajoutait : « Corrigez les écarts du patriotisme, mais faites-le avec le ménagement dû à des amis de la liberté un instant égarés. Je demande que vous défendiez aux autorités particulières de servir nos ennemis par des mesures irréfléchies, et qu'aucune force armée ne puisse s'immiscer dans ce qui appartient aux opinions religieuses... Enfin je vous propose une mesure digne de la Convention : c'est de rappeler solennellement tous les citoyens à l'intérêt public, de les éclairer par vos principes comme vous les animez par votre exemple, et de les engager à mettre de côté toutes les disputes dangereuses pour ne s'occuper que du salut de la patrie (1). » Conséquemment à ces propositions, l'Assemblée défendit toutes violences ou menaces contraires à la liberté des cultes, sans déroger pour cela en aucune manière aux lois répressives ni aux précautions de salut public contre les prêtres réfractaires ou turbulents qui tenteraient d'abuser du prétexte de la religion pour compromettre la cause de la liberté (2).

(1) *Moniteur* du 18 frimaire (8 décembre 1793).
(2) Voy. ce décret dans *le Moniteur* du 17 frimaire. — La Convention décréta l'impression, la distribution de six exemplaires à tous ses membres et la traduction dans les langues étrangères du discours de Robespierre. Voy. le *Journal des débats et des décrets de la Convention*, numéro 443, p. 203.

Comment tous les bons citoyens, tous les patriotes éclairés, n'auraient-ils pas béni l'homme dont les paroles empreintes d'une modération si vraie rendaient cœur aux opprimés et rassuraient les consciences? Mais, en revanche, tout ce que la France d'alors renfermait d'enragés, de tartufes d'incrédulité, de contre-révolutionnaires coiffés du bonnet rouge, se déchaîna contre lui. Les prêtres ne furent pas les derniers à maudire cet importun qui venait leur arracher la couronne du martyre et leur ôter tout prétexte de soulever les consciences contre la Révolution. L'évêque de Beauvais, Massieu, ancien collègue de Maximilien à la Constituante et député à la Convention nationale, étant en mission dans les départements de l'Est, s'écria un jour à Vitry-le-Français, du haut d'une tribune populaire : « Les prêtres sont des scélérats ; je les connais mieux qu'un autre, puisque j'ai été leur colonel. Malheur à vous si vous ne faites au fanatisme une guerre d'extermination. Robespierre lui-même rendra compte aux révolutionnaires du fanatique discours qu'il a prononcé aux Jacobins le 1er frimaire dernier (1). » Au 9 Thermidor se réalisera la prédiction de l'évêque.

Maximilien reçut même des lettres anonymes pleines de menaces. Une de ces lettres, dont le cachet portait l'empreinte d'un gros évêque, le détermina à remonter, le 8 frimaire (29 novembre), à la tribune des Jacobins pour arracher le masque à cette classe d'adroits ennemis du peuple qu'on reconnaissait, dit-il, à l'affectation avec laquelle ils exagéraient les mesures de patriotisme, et qui rendaient nuls les plus sages moyens en cherchant à entraîner la Révolution au delà du but. A l'appui de sa thèse, il donna lecture d'une lettre surprise sur quelque espion et envoyée au comité de Salut public par le général Pichegru, lettre où l'on conseillait aux émigrés de déclarer dans une adresse aux Français qu'ils n'avaient jamais partagé les sentiments d'une faction abominable et désorganisatrice. Il fit ensuite connaître une épître suspecte écrite à Brissot, puis lut une lettre adressée à lui personnellement, et sur l'enveloppe de laquelle on avait écrit à la main : *Très-pressée*.

Il y avait alors une fabrique de lettres anonymes destinées aux

(1) Deschiens cite ces paroles comme les ayant entendu lui-même prononcer. Voyez sa *Bibliographie des journaux*, aux Pièces justificatives, p. xix, en note. — Ouvrez maintenant la *Biographie de Robespierre*, par l'abbé Proyard, ce biographe qu'on peut sans exagération qualifier d'artisan de calomnies, et vous lirez (p. 119) que ce fut Robespierre qui contribua plus que personne à offrir à la capitale le spectacle des fêtes de la déesse Raison. L'honnête abbé veut bien avouer seulement que Robespierre s'étant aperçu qu'il avait outre-passé les bornes, songea à revenir sur ses pas. Comment ne pas éprouver un serrement de cœur quand on songe que de pareils livres, de telles inepties, servent à l'enseignement d'une partie de la jeunesse française !

principaux personnages de la Révolution, dans l'esprit desquels on s'imaginait peut-être jeter la frayeur et le découragement, comme si les patriotes de ce temps pouvaient avoir autre chose que du mépris pour ces œuvres d'infamie et de lâcheté. La lettre mise par Robespierre sous les yeux de la société des Jacobins est bien le type du genre de toutes ces lettres anonymes, bêtes et odieuses, dont Courtois a émaillé son rapport et sur lesquelles nous aurons d'intéressantes explications à donner. Il y était dit : « Je connais trop bien, citoyen, ta façon de penser aristocrate pour que je puisse te laisser dans l'incertitude sur l'état de nos affaires, et cela est d'autant plus important que la place que tu occupes est plus éminente. Je sais que tu veux la République; mais tu veux aussi les nobles et les prêtres, selon que tu me l'as mainte et mainte fois déclaré à Paris lorsque j'y séjournais. Je te parle à cœur ouvert parce que je sais que, persuadé de ton civisme, on ne te fera pas de mal. Les patriotes, ces f.... coquins, pour me servir de tes expressions, sont battus de toutes parts. J'espère que bientôt le temps viendra de te manifester... J'ai écrit au comte d'Artois pour ce que tu sais bien; il m'a dit que, tu devois te tenir tranquille jusqu'à ce que le prince de Cobourg soit proche de Paris. Il accepte la proposition de livrer Paris à ce général autrichien... » Sur le verso de l'enveloppe étaient écrits ces mots : On prie les personnes par les mains desquelles passera cette lettre de ne pas l'ouvrir. L'auteur de cette grossière machination supposait sans doute que cette invitation même suffirait pour déterminer les employés de la poste à décacheter la lettre, et à coup sûr il se félicitait d'avoir jeté dans l'âme des patriotes les soupçons les plus violents contre l'incorruptible membre du comité de Salut public; mais il fut trompé dans son attente, la lettre parvint intacte à son adresse, et ce fut, comme on voit, Robespierre lui-même qui en donna connaissance au pays entier.

Elle était, selon lui, l'œuvre des agents des cours étrangères, et il affirma que, malgré les apparences contraires, elle avait été fabriquée à Paris. « Parce que, » dit-il, « je me suis opposé au torrent des extravagances contre-révolutionnaires imaginées par nos ennemis pour réveiller le fanatisme, on a prétendu pouvoir en conclure que j'étayais les prêtres, que je soutenais le fanatisme, et la lettre que je viens de vous lire porte principalement sur cette idée... » C'était vraisemblablement, ajouta-t-il, l'ouvrage de Proly, de l'infâme Proly, chez qui l'on portait les lettres de la correspondance des Jacobins et qui en dictait les réponses. Avec quelle perfidie on attaquait chaque jour en détail les membres les plus énergiques de

la Convention nationale! Ces hommes, continuait Robespierre en
faisant allusion aux exagérés, cherchent à discréditer le comité de
Salut public, ce comité trop redouté des ennemis de la France
pour n'être pas le principal objet des attaques de leurs lâches émissaires. Eh bien! qu'ils prennent nos places! — Non, non! s'écria
tout d'une voix l'assemblée par un mouvement unanime et spontané. — Qu'ils prennent nos places, reprit Robespierre, nous verrons comment ils pourvoiront aux besoins de l'intérieur, comment
ils repousseront d'une main les calomnies et de l'autre imprime-
ront à la nation une marche révolutionnaire, comment enfin ils
dirigeront les armées, assureront à tous les subsistances, obtien-
dront des soldats l'obéissance et de là part des généraux la plus
stricte probité. Il promettait, du reste, de dénoncer à la vindicte
publique ceux qui, à la place de l'intérêt du peuple, mettaient leur
intérêt particulier. N'était-ce pas ces hideux Thermidoriens qu'ici
il désignait d'avance?

Parmi ces hommes qui paraient d'un zèle antireligieux leur
marche tortueusement contre-révolutionnaire, il cita l'évêque de
Canisi, ancien membre royaliste de la Constituante, et qu'aujour-
d'hui on voyait à la tête de la section des *Tuileries*. C'était un
de ceux qui, tout en sacrifiant publiquement à la déesse Raison,
s'empresseraient, selon Robespierre, de faire le procès aux auteurs
du 10 août et du 31 mai, si le régime après lequel ils soupiraient
en secret et dont ils conspiraient le retour par leurs exagérations
mêmes venait à reparaître. « Oui, » ajoutait l'orateur, « tous ces
hommes faux sont criminels, et nous les punirons malgré leur
apparent patriotisme. » Le premier il avait osé dire à la tribune des
Jacobins qu'il pouvait se rencontrer un prêtre honnête homme, et
il ne faisait nulle difficulté de croire à la bonne foi de plusieurs de
ceux qu'on avait vus déposer leurs titres à la barre de la Convention. A ceux-là il promettait l'estime et l'appui des patriotes. Quant
aux aristocrates qui, en venant offrir, au milieu de farces ridicules,
les dépouilles des églises, se targuaient de ces offrandes comme d'un
mérite patriotique, ils avaient un but, celui de présenter à l'Europe
la Convention et tous les vrais amis de la Révolution comme les complices des saturnales dont ils étaient les auteurs, afin qu'on pût dire
sans doute : « Les Français avaient juré la tolérance universelle, la
liberté des cultes, et ils persécutent toutes les religions. » Ces ennemis déguisés de la Révolution, et les plus dangereux, porteraient
la peine de leurs perfidies. Les représentants du peuple, disait encore Robespierre, contents de remplir leurs devoirs dans leur plus
rigoureuse étendue, ont confiance dans la foi publique, dans la

16

raison nationale. Pour lui, si le comité de Salut public trompait le peuple, il serait le premier à le dénoncer à la face de l'univers ; mais il se portait sa caution, et croyait pouvoir affirmer que, dans la gigantesque lutte du crime avec la vertu, de la calomnie avec l'innocence, ce grand comité triompherait des menées imaginées pour étouffer la République (1).

Ce discours de Robespierre, que nous n'avons pu que bien rapidement analyser, fut extrêmement applaudi (2) et donna singulièrement à penser aux hébertistes. Les persécutions contre le culte cessèrent à Paris jusqu'au 9 Thermidor, et *le Père Duchesne* écrivit, en s'adressant au peuple : « Laisse les sots adorer leurs magots et leurs magotes... Contente-toi de rire de leurs bêtises, mais ne les persécute pas... : bientôt le métier tombera de lui-même. D'ailleurs, f....! la Convention a mis sur le chantier le grand travail de l'instruction publique (3). » Hébert se rétracta lui-même très-catégoriquement en plein club des Jacobins et censura vivement les mascarades auxquelles il avait applaudi peu de jours auparavant (4). Que d'efforts il fallut à Robespierre pour ramener ses concitoyens au vrai culte de la raison. Instruire le peuple, c'était en effet, à ses yeux, le meilleur moyen de déraciner la superstition du cœur des masses et de les initier à la grande religion naturelle des Socrate, des Caton et des Rousseau (5).

XIX

Mais si la farce cessa à Paris, elle continua de plus belle dans les départements. Les Tallien, les Baudot, les Carrier, les Dumont, les Fouché, « ces lurons de la ganse, » comme disait Hébert en parlant des *déprétrisateurs* (6), persistaient à désoler les provinces ; sous prétexte de rendre hommage à la raison, ils outrageaient chaque jour le bon sens et prétendaient courber la nation entière sous le joug de

(1) Voy. le *Journal des débats et de la correspondance de la société des Jacobins*, numéro 546, *le Moniteur* du 11 frimaire (1er décembre) et *le Républicain françois*, numéro 380.

(2) *Journal des débats et de la correspondance de la société des Jacobins*, numéro 546.

(3) *Le Père Duchesne*, numéro 316.

(4) Séance du 8 frimaire, *ubi suprà*. Voy. *le Moniteur* du 1er frimaire an II.

(5) Cette courageuse attitude de Robespierre devant l'hébertisme constituera l'un de ses crimes aux yeux des Thermidoriens, et le fameux Courtois ne manquera pas de lui reprocher dans son rapport (p. 42 et 43) d'avoir déclamé « contre ceux qui ont renversé le culte, contre ceux qui ont empêché de dire la messe ou d'aller l'entendre. »

(6) *Le Père Duchesne*, numéro 320.

l'incrédulité. « Partout on ferme les églises, on brûle les confessionnaux et les saints, on fait des gargousses avec les livres des lutrins,» écrivait André Dumont (1). Par une coïncidence fâcheuse, les rois coalisés lançaient vers le même temps des manifestes où les républicains français étaient accusés d'être un ramassis de brigands révoltés contre toutes les lois divines et humaines. Ce n'était plus au nom de la royauté menacée et des princes du sang errant comme des ombres en Europe qu'on tentait cette fois de soulever la France contre la Révolution. Non, c'était Dieu lui-même dont on avait la prétention de soutenir la cause; sur le foyer à peine éteint de la guerre civile on espérait allumer une guerre religieuse où s'abîmerait la République.

Le comité de Salut public, sentant le danger, chargea Robespierre de rédiger un contre-manifeste en réponse aux circulaires des puissances en guerre avec la France. Le 15 frimaire (5 décembre 1793), Maximilien parut à la tribune de la Convention, et commença en ces termes : « Les rois coalisés nous font la guerre avec des armées, avec des intrigues et avec des libelles. Nous opposerons à leurs armées des armées plus braves; à leurs intrigues la vigilance et la terreur de la justice nationale; à leurs libelles, la vérité. » C'était à la Convention nationale, disait-il ensuite, à empêcher la République de se détruire de ses propres mains, à intervenir entre le fanatisme qu'on voulait réveiller et le patriotisme qu'on cherchait à égarer, et à rallier tous les citoyens aux principes de la liberté, de la raison et de la justice. Puis il donna lecture du projet d'adresse destiné à confondre les impostures de tous les tyrans ligués contre la Révolution.

Dans ce manifeste, que Camille Desmoulins émerveillé appela *sublime*, Robespierre faisait, avec juste raison, remonter aux rois de l'Europe la responsabilité des malheurs qui avaient fondu sur la France et des mesures de rigueur que la Révolution avait été obligée de prendre. « Ils nous accusent d'irréligion, ils publient que nous avons déclaré la guerre à l'humanité même. Quelle est édifiante la piété des tyrans! et combien doivent être agréables au ciel les vertus qui brillent dans les cours et les bienfaits qu'ils répandent! De quel Dieu nous parlent-ils? S'ils invoquent le ciel, c'est pour usurper la terre; s'ils nous parlent de la Divinité, c'est pour se mettre à sa place... » Qu'avait fait la Révolution? continuait-il. Elle avait réalisé les lois de la justice éternelle, ces lois appelées dédaigneusement

(1) Voyez dans le Moniteur et les autres journaux de l'époque les lettres de Tallien, Fouché, Baudot, Dumont et autres.

jusqu'ici les rêves des gens de bien. Elle avait introduit dans le gouvernement des nations la morale reléguée dans les livres des philosophes. Séparant avec soin la cause des peuples de celle des despotes couronnés, Maximilien ajoutait : « Vos maîtres vous disent que la nation française a proscrit toutes les religions, qu'elle a substitué le culte de quelques hommes à celui de la Divinité, ils nous peignent à vos yeux comme un peuple idolâtre ou insensé. Ils mentent. Le peuple français et ses représentants respectent la liberté de tous les cultes, et n'en proscrivent aucun ; ils abhorrent l'intolérance et la persécution, de quelques prétextes qu'elles se couvrent ; ils condamnent les extravagances du philosophisme comme les crimes du fanatisme. » Rappelant ensuite avec orgueil toutes les conquêtes de la Révolution française, les prodigieux efforts tentés par la nation pour les défendre contre tant d'attaques perfides, il rendait un solennel hommage aux citoyens victimes de leur vertu républicaine et de leur amour pour la patrie : à Drouet, tombé entre les mains des Autrichiens, par une odieuse trahison ; à Pierre Bayle et à Beauvais, martyrisés dans Toulon par les odieux satellites de la tyrannie ; à Gasparin, mort devant les murs de cette ville en enflammant par son exemple le cœur de nos soldats. Puis, après avoir comparé les faits et gestes de la France républicaine avec ceux des rois, princes, ministres, généraux et courtisans coalisés contre elle ; après avoir demandé à ces derniers quels importants services ils avaient rendus à l'humanité ; après avoir évoqué le souvenir sanglant de nos prisonniers égorgés de sang-froid, et flétri le machiavélisme de ce peuple anglais chez lequel le talent même des députés était un objet d'industrie comme la laine de ses moutons, l'acier de ses fabriques, et qui osait parler de morale et de liberté, il terminait en ces termes : « Français, oublions nos querelles et marchons aux tyrans ; domptons-les, vous par vos armes, et nous par nos lois. Que les traîtres tremblent, que le dernier des lâches émissaires de nos ennemis disparaisse, que le patriotisme triomphe, et que l'innocent se rassure.. Français, combattez ! Votre cause est sainte, vos courages sont invincibles ; vos représentants savent mourir ; ils peuvent faire plus, ils savent vaincre (1). »

(1) Voy. ce manifeste dans *le Moniteur* du 17 frimaire (7 décembre). Il a été reproduit dans *l'Histoire parlementaire*, t. XXX, p. 314 et suiv., et dans les *Œuvres* éditées par Laponneraye, t. III. Il est curieux de voir comment M. Michelet apprécie ce fier manifeste, qui produisit en Europe une si profonde sensation. Il lui consacre trois lignes. C'était, dit-il, une adresse à l'Europe « contre le philosophisme, » et dans laquelle, à son dire, Robespierre *excusait* la Révolution. *« Nous ne sommes pas des impies*, etc. (t. VI, p. 427). » Est-ce là de l'histoire sérieuse? *Le philosophisme,*

Le manifeste rédigé par Maximilien répondait trop bien aux sentiments exprimés par la majorité de la Convention pour n'être pas adopté avec enthousiasme. L'Assemblée décréta que cette adresse et le discours dont elle était précédée seraient imprimés aux frais de la République, distribués au nombre de six exemplaires à chacun de ses membres et traduits dans toutes les langues (1). Telle était l'importance attachée alors à ce manifeste et au dernier rapport de Robespierre sur la situation politique de la République, que dans le courant du mois suivant le comité de Salut public arrêtait que ces deux pièces seraient envoyées à tous les représentants du peuple en mission près les armées et dans les différentes parties de la République pour être réimprimées par leurs ordres et répandues le plus possible en France et dans les pays étrangers (2).

Ce fut à la fin de cette séance du 15 frimaire, que, sur le rapport de Barère, très-vivement appuyé par une rapide improvisation de Robespierre analysée plus haut, la Convention rendit son décret relatif à la liberté des cultes. Ce décret, le comité de Salut public en ordonna l'impression à cinquante mille exemplaires, l'adressa à tous les dictricts et communes de la République (3); et malgré cela les démolisseurs d'autels, les persécuteurs de consciences n'en continuèrent pas moins leurs exploits. Nous aurons à revenir sur les ravages de l'hébertisme. Ici l'on déclarait suspect tout ministre du culte qui n'avait pas abdiqué son état; là on forçait les citoyens à aller chanter des hymnes patriotiques dans le temple de la Raison. Les arrêtés du comité étaient sans force contre le mal. Que de fois le cri de désespoir des opprimés monta vers Robespierre! On invoquait la constitution, la Déclaration des droits. « Remplis de confiance en ton équité, citoyen représentant, » écrivaient à Maximilien les syndics de la paroisse de Saint-Just (Lot-et-Garonne), « nous te conjurons, les larmes aux yeux et au nom de la religion, de nous être favorable: nous ne demandons que la justice. Nous ne tenons point aux exercices extérieurs... car nous n'avons jamais été fanatisés...; mais si par ton canal nous pouvions con-

___

dans l'esprit de Robespierre, est évidemment à la philosophie ce que le charlatanisme est à la médecine!

(1) Rapport de Maximilien Robespierre à la Convention nationale, fait au nom du comité de Salut public, le quintidi 15 frimaire, l'an second de la République une et indivisible. Imprimé par ordre de la Convention. (In-8 de 10 p., de l'Imp. nationale.)

(2) Arrêté en date du 4 nivôse (24 décembre), signé : Carnot, Billaud-Varenne, Barère, Robert Lindet, Robespierre et Collot d'Herbois. (Registre des délibérations et arrêtés du comité de Salut public, Archives, 435 a a 72.

(3) Arrêté en date du 8 nivôse (28 décembre), signé : Barère, Carnot, Billaud-Varenne, Robespierre, Robert Lindet, C.-A. Prieur. Archives, ubi suprà.

server le culte public dans l'intérieur de nos églises et notre cloche
comme le signal pour nous y rendre, nous te bénirions à jamais; ce
bienfait seroit gravé dans nos cœurs, et tu nous porterois à une reconnoissance éternelle (1). » Hélas! qu'est-elle devenue cette reconnaissance éternelle? Qui se souvient aujourd'hui, parmi les gens
attachés à leur culte, des luttes soutenues par Maximilien pour défendre non pas la religion catholique en elle-même, dont il se sou-
ciait fort peu, mais la liberté des cultes et la liberté de conscience?
Robespierre ne se lassa pas. Nous l'entendrons encore élever avec
courage la voix en faveur des citoyens opprimés pour cause de religion, et le fameux décret relatif à la reconnaissance de l'Être suprême, décret par lequel se trouvera formellement reconnue et consacrée la liberté de tous les cultes, ne sera qu'une solennelle protestation contre l'intolérance et la tyrannie des dévots de l'athéisme.

XX

On ne se rend pas généralement assez compte des difficultés avec
lesquelles le comité de Salut public se trouvait aux prises, et de ses
prodigieux efforts pour comprimer l'exagération révolutionnaire
sans sortir des voies raisonnables de rigueur et d'inflexibilité, hors
desquelles, quoi qu'on ait pu dire, il n'était pas de salut possible.
Bien souvent il lui arriva d'écrire à certains députés en mission pour
ralentir leur zèle. Ce fut ainsi que le 7 frimaire (27 novembre), se
fondant sur ce qu'il appartenait à la Convention seule de décréter
la peine de mort, et sur ce que, d'ailleurs, il était contraire aux droits
des citoyens français de les empêcher de se réfugier dans toutes les
parties de la République lorsque l'ennemi avait fait irruption dans
quelques communes, il annulait un arrêté de Lacoste et de Peys-
sard, représentants du peuple en mission près l'armée du Nord, arrêté en vertu duquel devaient être condamnés à mort ceux qui des
communes envahies passaient dans les communes non envahies (2).

On a dit et répété trop souvent, sur la foi de Mémoires particuliers, que depuis le 31 mai la Convention nationale avait abdiqué
son omnipotence au profit du comité de Salut public, qu'elle était

(1) Lettre signée de P. Costes, Laroche et Astier, en date du 18 ventôse an II. Cette
lettre, non reproduite par les Thermidoriens, se trouve dans les *Papiers inédits*...,
t. III, p. 123.

(2) Arrêté signé : Barère, Billaud-Varenne, Carnot, C.-A. Prieur, Robert Lindet et
Robespierre. (Registre des délibérations et arrêtés du comité de Salut public. *Archives*,
435 a a 72.)

devenue une simple machine à voter. Ceux-là ont commis une lâcheté inutile qui, comme les Thibaudeau, les Durand-Maillane et autres, ont, au temps de la réaction et pour essayer de dégager leur responsabilité, écrit que l'Assemblée se soumettait en esclave docile à toutes les injonctions de son comité. C'est ici le cas d'appliquer l'axiome connu : *Nemo creditur propriam turpitudinem allegans.* Chaque fois que la Convention vota sans discussion un projet de décret présenté par le comité de Salut public, ce fut parce que l'immense majorité de ses membres se trouva en parfaite communion d'idées avec ce comité. Le jour où, pour le malheur de la République, il lui plut de le briser, elle le fit avec une facilité étonnante. Du reste, lorsqu'après Thermidor Laurent Lecointre, dans son accusation contre les anciens collègues de Robespierre, reprocha au comité de Salut public d'avoir anéanti la liberté des opinions au sein de la Convention nationale, il y eut dans l'Assemblée un frémissement d'indignation, et, devant une protestation unanime, Lecointre fut en quelque sorte obligé de se rétracter (1). On peut même affirmer qu'en masse la Convention se montra beaucoup plus inexorable que ses comités. De cela je veux citer un exemple saisissant.

Le 25 pluviôse (13 février 1794), un notaire de Paris nommé Chaudot, arrêté en vertu d'un ordre du comité de Sûreté générale, avait été condamné à mort par le tribunal révolutionnaire. Le lendemain, sur une pétition appuyée par Vadier, la Convention nationale décréta, au milieu des plus vifs applaudissements, qu'il serait sursis au jugement. On croyait le malheureux Chaudot sauvé. Mais, le 29 pluviôse, Oudot paraissait à la tribune, et, au nom des comités de Législation et de Sûreté générale réunis, il proposait à la Convention de rapporter le décret sauveur. Ce serait, disait-il dans un discours très-étendu, frapper à mort l'institution du jury si, sans avoir assisté aux débats, on venait annuler son verdict. Les faits sur lesquels avait prononcé le jury étaient constants. Chaudot avait été traduit devant le tribunal révolutionnaire pour avoir signé en second un acte d'emprunt contracté par les fils du roi d'Angleterre dans le courant de l'année 1790, et ouvert chez Brichard, autre notaire à Paris. Quant au tribunal, il s'était contenté d'appliquer la loi. Le rapporteur ne pensait pas que, pour des raisons d'humanité qui pourtant lui semblaient se réunir en grand nombre dans cette affaire, on pût violer la loi. La véritable humanité, suivant lui, devait avoir pour objet la totalité des citoyens plutôt qu'un individu. « L'humanité », ajoutait Oudot, « est de punir les ennemis du

(1) Voyez à cet égard la *Réponse de Billaud-Varenne à Laurent Lecointre*, p. 30.

peuple, c'est de maintenir l'énergie du gouvernement révolutionnaire, qui fait trembler les conspirateurs et ceux qui haïssent
l'égalité. Ils jouissaient d'avance, ces jours derniers, de l'espoir qu'ils
attachaient au résultat de cette affaire ; ils ont bien senti quelle atteinte il porterait aux principes, s'il était tel qu'ils le désirent,
et quelle chance de faveur, d'indulgence et de grâce ils obtiendraient
à l'avenir pour les adroits conspirateurs qui pourraient désormais
se flatter d'échapper à la justice nationale... » La Convention se
rendit sur-le-champ aux raisons du jurisconsulte Oudot ; elle rapporta purement et simplement son décret de sursis, bien qu'une
foule de raisons militassent en faveur du condamné, et l'infortuné
Chaudot fut décapité le lendemain (1). Or, le comité de Salut public
n'avait pas influencé l'Assemblée puisqu'aucun de ses membres ne
donna son avis dans cette affaire.

Je le répète donc, quand la Convention adopta sans discussion
quelque projet de loi du comité, ce ne fut point parce qu'elle se
trouvait *terrorisée*, mais parce qu'elle jugeait à propos de le faire.
En plus d'une circonstance il lui arriva de discuter très-longuement
les rapports soumis à son approbation, comme lors de la présenta-
tion du décret constitutif du gouvernement révolutionnaire, décret
dont les débats tinrent plusieurs séances et qui fut définitivement
voté la veille du jour où Robespierre lut son manifeste contre les
rois coalisés. De ce décret vient la belle création du *Bulletin des
lois*, qui a survécu (2). Parmi les modifications qu'il apporta à l'administration, nous devons noter la substitution des agents nationaux
aux procureurs syndics de la commune, dont le nom semblait moins
approprié aux fonctions de cette classe d'administrateurs. Dans le
cours de la discussion, Merlin (de Thionville), renouvelant une motion de Danton, demanda la conversion du comité de Salut public
en comité de gouvernement. Mais le comité s'y opposa, comme s'il
eût deviné un piége sous la proposition de Merlin, et, par la bouche
de Billaud-Varenne, rapporteur du projet de loi sur le gouvernement révolutionnaire, il répondit qu'à la Convention seule appartenait la mission de gouverner. L'Assemblée passa à l'ordre du
jour.

Bourdon (de l'Oise), qui ne perdait jamais l'occasion de satisfaire
ses haines personnelles, profita de la discussion de ce projet de loi
pour attaquer de nouveau Bouchotte, dont les principaux commis
étaient ses ennemis jurés. A la séance du 14 frimaire (4 décembre

(1) Voyez, pour l'affaire Chaudot, *le Moniteur* des 27 pluviôse et 3 ventôse de l'an
(15 et 21 février 1794).
(2) Article 1er du décret.

1794), il se leva tout à coup au moment où l'on votait les derniers
articles du décret, et réclama la suppression des ministres, « cette
vermine royale que je voudrais voir écrasée », dit-il. Puis, prenant
à partie le ministre de la guerre, il demanda à quoi il était bon, et
pria l'Assemblée de renvoyer sa proposition au comité de Salut public si elle ne voulait pas se prononcer immédiatement. Mais Robespierre, qu'il avait déjà rencontré comme adversaire lors de ses diatribes contre Rossignol et Bouchotte, combattit vivement la proposition de Bourdon. Dans cette attaque contre le ministère il vit bien
percer la haine personnelle de l'agresseur pour un homme dont les
travaux assidus et le caractère probe et républicain lui paraissaient,
à lui Robespierre, devoir être une barrière insurmontable à tous
les conspirateurs. La Convention et le comité de Salut public ne trouvaient-ils pas dans les ministres actuels d'utiles et de dévoués auxiliaires? Il n'y avait donc pas lieu de les supprimer quant à présent,
sous peine de désorganiser le service et d'entraver les affaires publiques. L'Assemblée fut de cet avis; elle écarta par l'ordre du
jour la proposition intempestive de Bourdon (de l'Oise), dans le
cœur duquel, de jour en jour, s'accumulaient contre Robespierre
des flots de fiel et des haines mortelles (1).

XXI

Tandis qu'à la Convention se discutait le décret relatif à l'organisation du gouvernement révolutionnaire, le club des Jacobins
offrait le spectacle de scènes étranges et imposantes. A la suite du
discours prononcé par Robespierre, dans la séance du 1er frimaire,
contre les fanatiques et les intolérants de l'athéisme, discours où
l'illustre orateur avait engagé ses concitoyens à se méfier de ces
gens dont le zèle outré tendait à tout bouleverser, il avait été décidé, on s'en souvient, que chacun des membres serait soumis à
un scrutin épuratoire. Les opérations commencèrent le 6 frimaire
(26 novembre 1793), sous la présidence d'Anacharsis Cloots. Ce jour-
là, Robespierre passa un des premiers au scrutin; adopté au milieu d'universels applaudissements, il fut nommé membre de la
commission d'épuration avec Montaut, Sijas, Merlin (de Thionville) et quelques autres (2).

(1) *Journal des débats et des décrets de la Convention*, numéro 442, p. 186, et
Moniteur du 16 frimaire (6 décembre).

(2) *Journal des débats et de la correspondance de la société des Jacobins*, numéro 545.

« Qu'étais-tu en 1789? Qu'as-tu fait depuis? Quelle a été ta fortune jusqu'en 1793, et quelle est-elle maintenant? » Telles étaient,
suivant Merlin, les questions principales qu'on devait adresser à
chacun. Les récusations étaient proposées publiquement, à haute
voix, et le membre inculpé répondait séance tenante à la tribune.
On vit à ce propos se produire les incidents les plus curieux; certains hommes, par exemple, mirent autant de soin et de véhémence
à se parer d'une extraction roturière qu'ils en avaient apporté jadis ou en apportèrent depuis à se poser en descendants des croi-
sés et à revendiquer des titres de noblesse. « Mon aïeul était tisse-
rand, voilà ma noblesse, » s'écria Montaut, et il se vanta d'avoir
demandé à l'Assemblée législative un décret d'accusation contre
Bertrand de Molleville, parce que ce ministre avait donné à son
propre frère à lui un grade de lieutenant de vaisseau de première
classe et trois mille six cents livres de pension pour l'engager à
émigrer (1). Mais c'était là de ces excès de zèle dont se méfiait Robespierre. Défenseur du *Père Duchesne*, l'ex-marquis de Maribon-
Montaut était de ceux qui s'acharnaient à réclamer le jugement des
soixante-treize signataires de la protestation contre le 31 mai (2);
il était du nombre « des hommes cruels », suivant l'expression du
député girondin Girault (3), auxquels Robespierre disputa victorieusement la vie de ces partisans de la Gironde. Ce fut lui qui, à
propos du suicide de Roland, demanda que les biens des accusés qui
se soustrairaient par une mort volontaire au jugement du tribunal
révolutionnaire fussent acquis à la République. Et son ami Bourdon (de l'Oise), renchérissant, faisait étendre la même mesure à
ceux qui se feraient tuer par un tiers (4). On comprend l'éloignement instinctif de Robespierre pour cette espèce de révolutionnaires. Il leur reprochait d'être les auteurs d'un système de désorganisation générale, sans cesse occupés à décrier le comité de Salut
public. Leur sévérité de parade contrastait ridiculement, selon lui,
avec les rapines que leur reprochait la voix publique. On connaît
son jugement sur Montaut. « Maribon dit Montaut, naguère créature
et partisan déclaré du ci-devant duc d'Orléans, le seul de sa famille
qui ne soit point émigré; jadis aussi enorgueilli de son titre de marquis et de sa noblesse financière qu'il est maintenant hardi à les

---

(1) *Journal des débats et de la correspondance de la société des Jacobins*, numéro 545.
(2) Voyez à cet égard *le Moniteur* du 25 brumaire an II (15 novembre 1793), séance
du 23 brumaire à la Convention.
(3) Lettre de Girault, député des Côtes-du-Nord, voy. le texte précédant.
(4) *Moniteur* du 1er frimaire (21 novembre), séance du 28 brumaire.

nier ; servant de son mieux ses amis de Coblentz dans les sociétés
populaires, où il vouait dernièrement à la guillotine cinq cents membres de la Convention nationale (1). » Toutefois, Robespierre ne dit
rien ce jour-là contre lui. Moins heureux fut le citoyen Guirault, qui
de Bordeaux était venu à Paris, où dès longtemps il s'était fait une
réputation d'intrigant, ce que Maximilien crut devoir rappeler. Guirault prétendit qu'il avait été calomnié par des agents de Pache, et
que Robespierre avait été circonvenu à son égard. A quoi ce dernier
fit cette réponse, digne d'être rapportée : « Je n'ai pas entendu parler de Guirault depuis plus de trois mois, excepté dans la société ;
je ne suis circonvenu par personne, ni sur les hommes ni sur les
choses, parce que personne ne vit d'une manière plus isolée (2)... »
Nous dirons bientôt, en effet, son existence retirée et patriarcale.
L'affaire, d'ailleurs, n'eut pas d'autres suites.

S'il pouvait être dangereux, au point de vue du maintien dans
la société, d'être l'objet d'une inculpation de la part de Robespierre,
on comprend combien favorable pouvait être sa simple recommandation. Il n'était pas rare de voir des individus se prévaloir de leurs
rapports avec lui comme d'une garantie de patriotisme. Ce fut ce qui
arriva au citoyen Taschereau. Vivement inculpé par Deschamps
et par Dobsent à cause de ses liaisons équivoques et de sa conduite
ambiguë dans les diverses circonstances de la Révolution, il chercha
à s'abriter derrière l'amitié de Robespierre. Celui-ci demanda aussitôt à s'expliquer sur la nature de cette prétendue amitié, laquelle
s'était bornée à quelques relations de la vie publique. Néanmoins, il
n'abandonna pas Taschereau, dont la conduite, dit-il, lui avait paru
constamment conforme aux vrais principes ; il ajouta seulement
qu'en même temps un instinct de défiance l'avait toujours mis en
garde contre lui (3). Singulière perspicacité de Robespierre ! Ce
Taschereau devint, après Thermidor, un de ses plus vils calomniateurs. Incarcéré comme ayant été l'un de ses partisans, il essaya de
fléchir ses persécuteurs en vomissant les plus ineptes calomnies
contre le grand citoyen dont jadis il s'était vanté d'être l'ami. Il
faut lire la rapsodie intitulée : A MAXIMILIEN ROBESPIERRE AUX
ENFERS, pour se faire une idée de la lâcheté dont sont capables cer-

(1) Voy. le rapport, non prononcé, de Robespierre sur la faction Fabre d'Églantine.

(2) *Journal des débats et de la correspondance de la société des Jacobins*, numéro 549,
et *Moniteur* du 14 frimaire an II (4 décembre 1793).

(3) *Moniteur* du 14 frimaire (*ubi suprà*). Le *Journal des débats et de la correspondance
de la société des Jacobins* est muet sur l'intervention de Robespierre dans l'affaire de
Taschereau.

tains hommes (1). Ce`Taschereau, du reste, ne profita guère de l'espèce de brevet de civisme qu'en cette séance des Jacobins voulut bien lui décerner Robespierre, car la société, à la presque unanimité, ne l'en expulsa pas moins de son sein (2), comme si, d'avance, elle eût jugé ce qu'il y avait de bas dans le caractère de cet homme.

XXII

Robespierre prit assez rarement la parole durant le cours de ces opérations épuratoires, et quand il parla ce fut plutôt pour défendre que pour attaquer. Il défendit Barère, Danton, Camille Desmoulins. Un seul membre de la société fut de sa part l'objet de récriminations extrêmement vives, ce fut Anacharsis Cloots, le baron prussien. Mais n'anticipons point.

Assez gravement inculpé par Dufourny à cause de sa légèreté et de son inconstance, Barère trouva de nouveau un avocat bien désintéressé dans son collègue du comité de Salut public. Robespierre en parla comme d'un bon citoyen qui, s'il avait eu quelques torts à se reprocher sous la Constituante, les avait amplement rachetés depuis en rendant d'incontestables services à la République au sein du comité de Salut public, où par son talent et son savoir il était fort utile. Barère passa, grâce à l'intervention de Maximilien. Mais Dufourny avait raison quand il rappela que Robespierre lui-même avait toujours considéré Barère comme un homme faible, et lorsqu'il pronostiqua en quelque sorte la sévérité du jugement de l'avenir sur ce personnage équivoque (3).

Vint le tour de Danton d'être soumis à l'épuration. C'était le 13 frimaire (3 décembre 1793).

Au début de la séance, l'éloquent tribun, après avoir combattu

(1) Pour complaire à la réaction de 1795, Taschereau alla jusqu'à rendre Robespierre responsable des actes de Carrier :

> Ton esprit a plané sur l'onde
> Qui fit reculer l'Océan;
> O temps affreux, douleur profonde,
> Fermez mes yeux sur ce tyran.

Et, en note, il a soin d'ajouter : « C'est comme ami de ce tyran que je suis aujourd'hui précipité dans les fers. »

(2) *Journal des débats et de la correspondance de la société des Jacobins*, numéro 549.

(3) Voy. *le Moniteur* du 11 frimaire (1er décembre 1793) et le *Journal des débats et de la correspondance de la société des Jacobins*, numéro 545, séance du 8 frimaire (28 novembre).

la proposition faite par un membre d'engager la Convention à fournir des locaux aux sociétés populaires qui en étaient dépourvues, exprima sur la situation actuelle une opinion tout à fait analogue à celle de Robespierre. Sans se départir d'une juste sévérité à l'égard des ennemis de la Révolution, on devait, selon lui, se méfier des gens qui cherchaient à entraîner le peuple au delà des bornes de la sagesse, et étaient toujours à provoquer des mesures ultra-révolutionnaires. Il n'en fallut pas davantage pour ameuter contre lui la troupe des impatients et des enragés. Coupé (de l'Oise) lui reprocha aigrement de dévier, l'accusa de chercher à paralyser la Révolution. Quand Danton remonta à la tribune pour se justifier, des murmures improbateurs se firent entendre. Un moment ému, malgré son assurance habituelle, ce vieux lutteur de la Révolution, devenu suspect, s'attacha, dans une véhémente improvisation, à repousser les inculpations dont il était l'objet depuis quelque temps. Il invoqua ses services passés. Avait-il donc perdu, dit-il, les traits qui caractérisaient un homme libre? Il plaça sa justification sous les auspices de la mémoire de *l'Ami du peuple*, et termina en priant la société de charger une commission de douze membres d'examiner les accusations dirigées contre lui.

Un silence se fit. Tout à coup on vit Robespierre monter précipitamment les marches de la tribune. Ce fut un moment solennel. Ici Maximilien jouissait d'un crédit illimité; ce n'était pas comme au comité de Salut public, et des paroles qui allaient sortir de sa bouche dépendait le maintien ou la radiation de Danton. Aussi était-on impatient d'entendre l'orateur. Lui, cependant : « Danton vous a demandé une commission pour examiner sa conduite. J'y consens s'il pense que cette mesure lui soit utile, mais je soutiens que sa conduite ne peut être bien discutée qu'à la face du peuple. Je demande qu'on veuille bien préciser les griefs portés contre lui. » Personne n'élevant la voix, il énuméra les diverses accusations produites depuis quelque temps contre Danton, soit à la tribune des Jacobins, soit dans les colonnes du *Père Duchesne*. Lui-même avait bien pu lui reprocher jadis de ne s'être pas montré assez indigné contre Dumouriez, de n'avoir pas combattu assez franchement Brissot et ses complices, mais c'était tout. Aujourd'hui on l'accusait d'avoir feint une maladie pour passer en Suisse, de caresser le rêve d'être régent sous Louis XVII, et d'être un plus dangereux ennemi de la Révolution que Pitt et Cobourg, l'Angleterre, la Prusse et l'Autriche. « Danton, » s'écria-t-il alors en se tournant vers le grand accusé, « ne sais-tu pas que plus un homme a de courage et de patriotisme, plus les ennemis de la chose publique s'attachent à sa perte? Ne sais-tu pas et ne savez-vous pas tous, citoyens, que cette méthode est infaillible? Et qui sont les calomniateurs? Des hommes qui paraissent exempts de vices et n'ont jamais montré aucune vertu. Eh! si le défenseur de la liberté n'était pas calomnié, ce serait une preuve que nous n'aurions plus ni prêtres ni nobles à combattre! » Répudiant alors les louanges qu'on lui prodiguait exclusivement, il ajouta : « Croit-on qu'à côté de ces éloges qu'on retrace dans certaines feuilles, je ne voie pas le couteau avec lequel on a voulu égorger la patrie? Dès l'origine de la Révolution, j'appris à me méfier de tous les masques. La cause des patriotes est une, comme celle de la tyrannie; ils sont tous solidaires. Je me trompe peut-être sur Danton; mais vu dans sa famille, il ne mérite que des éloges. Sous les rapports politiques, je l'ai observé : une différence d'opinion entre lui et moi me le faisait épier avec soin, quelquefois avec colère, car je ne partageais pas sur tout sa manière de servir le peuple. En conclurai-je qu'il trahissait la patrie? Non; et la différence qui se trouvait entre nous deux ne venait que de celle qui existe entre nos tempéraments, notre manière de voir et de juger; tous deux nous n'avions qu'un même but, celui de sauver la patrie. Danton veut qu'on le juge, il a raison; qu'on me juge aussi. Qu'ils se présentent ces hommes qui sont plus patriotes que nous! Je gage que ce sont des nobles, des privilégiés. Vous y trouverez un marquis, — allusion à l'ex-marquis de Maribon-Montaut, — et vous aurez la juste mesure de ces emphatiques accusateurs. Quand j'ai vu percer les traits de calomnie dirigés contre les patriotes, quand j'ai vu qu'on accusait Danton et qu'on l'accusait d'avoir émigré, je me suis rappelé que les journaux aristocrates ou faussement patriotes avaient depuis longtemps fait cette nouvelle. Ils avaient annoncé que sa maladie était fausse, que ce n'était que le prétexte de son émigration et le moyen pour y parvenir. J'ai dû placer sur la même ligne toutes les autres calomnies dirigées contre Danton. C'est ainsi que vous les avez jugées vous-mêmes. Je demande aux patriotes de se serrer, de faire corps, de tenir tête aux aristocrates; de ne pas permettre qu'on dénigre Danton dans les groupes, dans les cafés... Au surplus, je demande que chacun dise comme moi franchement ce qu'il pense sur Danton. C'est ici que l'on doit dire surtout la vérité, elle ne peut que lui être honorable; mais, dans tous les cas, la société doit la connaître tout entière (1). »

(1) Voy. *le Moniteur* du 16 frimaire (6 décembre 1793) et le *Journal des débats et de la correspondance de la société des Jacobins*, numéro 550, combinés. Il y a dans les versions de ces deux feuilles de légères différences.

C'était pour la troisième fois au moins que Robespierre, d'un élan spontané, venait ainsi au secours de Danton. Est-ce que ce n'était point là le fait d'un cœur généreux et désintéressé? Est-ce que les accents qu'il venait de faire entendre ne partaient pas d'un cœur vraiment ému? Est-ce qu'il y a là le moindre indice de cette jalousie dont, par la plus absurde et la plus injustifiable des erreurs, certains écrivains ont prétendu qu'il était dévoré à l'égard de Danton (1)? Lorsqu'on vit celui-ci défendu avec tant de résolution en cette séance des Jacobins, on cessa de l'attaquer. Il fut même adopté avec un certain enthousiasme au milieu des applaudissements prodigués au discours de Robespierre, et le président de la société — c'était alors le chimiste Fourcroy — lui donna l'accolade fraternelle (2).

Mais ce ne fut pas de trop de cette parole puissante pour arracher Danton à la fureur des ultra-révolutionnaires; nul doute que sans cela il n'eût succombé. Nous en trouvons la preuve dans cette page magnifique dictée par la reconnaissance à Camille Desmoulins, qui, pour la troisième et dernière fois, hélas! venait de rentrer dans l'arène du journalisme : « Enfin les bons citoyens, les vétérans de la Révolution, ceux qui en ont fait les cinq campagnes, depuis 1789, ces vieux amis de la liberté qui, depuis le 12 juillet, ont marché entre les poignards et les poisons des aristocrates et des tyrans, les fondateurs de la République, en un mot, ont vaincu. Mais que cette victoire leur laisse de douleur en pensant qu'elle a pu être disputée si longtemps dans les Jacobins! La victoire nous est restée parce qu'au milieu de tant de ruines de réputations colossales de civisme, celle de Robespierre est debout, parce qu'il a donné la main à son émule de patriotisme, notre président perpétuel des anciens Cordeliers, notre Horatius Coclès qui, seul, avoit soutenu sur le pont l'effort de La Fayette et de ses quatre mille Parisiens assiégeant Marat, et qui sembloit maintenant terrassé par le parti de l'étranger. Déjà fort du terrain gagné pendant la maladie

(1) Il est étonnant que certains admirateurs de Danton se croient obligés de calomnier Robespierre, à qui ils imputent à tort la chute de leur idole, comme ne l'ont jamais fait les libelles royalistes. Dans la préface d'un livre récemment publié on lit ces lignes : « Quant à Robespierre lui-même, poussé par son égoïsme à la domination suprême, IL Y PARVINT, malgré sa lâcheté et son incapacité naturelles, à force de persévérance, d'intrigues et de meurtres. » (Danton, Mémoire sur sa vie privée, par le docteur Robinet, p. XIII.) — Quand la passion vous égare à ce point, quand on méconnaît si grossièrement les plus simples vérités historiques, quand on se laisse emporter à cette ardeur de calomnie et de dénigrement, on obtient ce qu'on mérite, un véritable succès de ridicule.

(2) Journal des débats et de la correspondance de la société des Jacobins, numéro 551.

et l'absence de Danton, ce parti, dominateur insolent dans la société, au milieu des endroits les plus touchans, les plus convaincus de sa justification, dans les tribunes huoit, et dans le sein de l'assemblée secouoit la tête et sourioit de pitié, comme aux discours d'un homme condamné par tous les suffrages. Nous avons vaincu cependant, parce qu'après le discours foudroyant de Robespierre, dont il semble que le talent grandisse avec les dangers de la République, et l'impression qu'il avoit laissée dans les âmes, il étoit impossible d'oser élever la voix contre Danton sans donner, pour ainsi dire, une quittance publique des guinées de Pitt. Robespierre, les oisifs que la curiosité avoit amenés hier à la séance des Jacobins, et qui ne cherchoient qu'un orateur et un spectacle, en sont sortis ne regrettant plus ces grands acteurs de la tribune, Barnave et Mirabeau, dont tu fais oublier souvent le talent de la parole. Mais la seule louange digne de ton cœur est celle que t'ont donnée tous les vieux Cordeliers... Dans tous les autres dangers dont tu, as délivré la République tu avois des compagnons de gloire; hier, tu l'as sauvée seul (1). »

Et ce n'était pas seulement au club des Jacobins que Danton était poursuivi des plus vives attaques; il avait dans le comité de Salut public des ennemis dont le républicanisme farouche ne lui pardonnait pas de s'être relâché un peu de sa vigueur révolutionnaire. Eh bien, qui mit alors un véritable acharnement à le défendre? Fut-ce Carnot? Fut-ce Prieur ou Robert Lindet? Non; ce fut Robespierre. Maximilien l'abandonna un peu plus tard, il est vrai, parce que, à force d'obsessions, on parvint à faire pénétrer dans son esprit la conviction de la vénalité, réelle ou imaginaire, de Danton· mais le fait d'avoir défendu celui-ci ne lui sera pas moins reproché comme un crime dans la journée du 9 Thermidor, et, longtemps après, le sombre Billaud-Varenne, luttant contre les Thermidoriens dantonistes, en fera encore le texte de ses récriminations contre lui. Cela dit afin de constater dès à présent combien sont peu de bonne foi ou peu au courant des choses de la Révolution ceux qui présentent Robespierre comme l'auteur de la perte de Danton.

XXIII

En combattent résolûment les enragés, les ultra-révolutionnaires, Maximilien n'eut garde de tomber dans une erreur où se laissa

(1) *Le Vieux Cordelier*, numéro 1.

involontairement entraîner Camille Desmoulins. Il fallait, en effet, en s'opposant aux exagérations révolutionnaires, s'attacher avec soin à ne point encourager la réaction. « Nous pensons, » écrivait à cette époque Maximilien au représentant Hentz en mission à Lille, « nous pensons qu'il faut se conduire de manière à empêcher les excès du patriotisme, si tu en découvres, sans accabler les patriotes et sans assurer à l'aristocratie un triomphe qui entraînerait celui de l'Angleterre et de l'Autriche (1).... » Tous ses efforts eurent pour but de maintenir la République entre ces deux factions rivales, les *exagérés* et les *indulgents*, dont l'une, suivant ses propres expressions, tendait au *modérantisme*, et l'autre aux 'excès patriotiquement contre-révolutionnaires (2). Toutes deux se targuaient de patriotisme, mais d'un patriotisme qui ressemblait terriblement à la haine, à la vengeance, à l'intrigue et à l'ambition (3). Combien vraie cette appréciation de Robespierre!

Aux paroles sévères qui, aux Jacobins, tombèrent de la bouche de Maximilien dans la séance du 9 frimaire (29 novembre 1793) au sujet de l'ancien maire de Strasbourg, Dietrich, dont la société populaire de Strasbourg lui avait dès longtemps dénoncé les manœuvres contre-révolutionnaires (4), on put s'apercevoir qu'il n'était nullement disposé à favoriser, par une indulgence prématurée, les ennemis de la République et les fauteurs de réaction (5). Cela se vit plus clairement encore dix jours plus tard, à la séance du 19 frimaire (9 décembre). Une proposition de Simond, tendant à faire de la société en corps le défenseur officieux de tout citoyen qui se présenterait à elle avec l'appui d'administrations épurées ou de sociétés patriotiques, l'amena à la tribune. C'était là, suivant lui, ouvrir un champ beaucoup trop vaste à l'intrigue, et une telle motion lui paraissait avoir été conçue par l'aristocratie. « La société des Jacobins, » s'écria-t-il, « est-elle une société patriotique ou une société monarchique de Londres ou de Berlin? Appartient-elle à la patrie ou aux lâches aristocrates qui cherchent à nous exterminer tous? » Alors toutes les voix de la salle : « A la patrie! à la patrie! » — En ce cas, reprit-il, rallions-nous donc autour d'elle. »

(1) Lettre inédite de la main de Robespierre. Elle est ainsi datée : « 20 frimaire an IIe de la République une et indivisible, » et porte en suscription : « Au citoyen Hentz, représentant du peuple, envoyé à l'armée du Nord. » Elle est signée : Robespierre, Barère, Carnot, Billaud-Varenne et Robert Lindet.

(2) Projet de rapport sur la faction Fabre d'Églantine.

(3) *Ibid.*

(4) Lettre de la société populaire de Strasbourg, du mois de mars 1792.

(5) *Moniteur* du 14 frimaire (4 décembre 1793) et *Journal des débats et de la correspondance de la société des Jacobins*, numéro 548.

Puis, comme en proie à une sorte de fièvre de patriotisme, il retraça les longues perfidies, les trahisons des partisans de la tyrannie, leurs tentatives multipliées pour étouffer la cause de la liberté. N'était-il pas temps d'assurer sur la ruine des scélérats le repos des gens de bien? Que de maux causés par les ennemis de la Révolution! « Je voudrais, » dit l'orateur d'une voix émue, « pouvoir mettre sous vos yeux les cadavres sanglants de vos frères immolés par l'ordre des rois. Je voudrais vous présenter les membres palpitants des malheureuses victimes de la liberté; je voudrais vous faire voir de tendres enfants exposés sur des brasiers ardents par les féroces satellites de l'Autriche; je voudrais vous faire voir les mamelles de vos femmes déchirées et les vieillards démembrés par des tigres avides de carnage, pour avoir confessé la République. » Et comme à ce tableau, qu'on aurait pu croire chargé de couleurs trop sombres, un mouvement d'horreur se manifestait dans l'auditoire, plusieurs citoyens se levèrent et affirmèrent la vérité de ces atroces détails. Qui ne connaît les barbaries dont les rebelles de la Vendée donnèrent l'exemple, et les cruautés commises par les agents de la coalition? Robespierre tenait de représentants revenus de l'armée du Rhin que l'ennemi, dont nous traitions les prisonniers avec tous les égards dus au malheur, infligeait aux nôtres les traitements les plus affreux. Mais non moins funestes lui paraissaient ces étrangers qui, sous le masque du patriotisme, coiffés du bonnet rouge, nous faisaient à l'intérieur une guerre odieuse pour percer plus sûrement le cœur de la République. Aussi engageait-il vivement ses concitoyens à se méfier des stipendiés des puissances étrangères, qu'ils prêchassent le *modérantisme* ou la folie révolutionnaire. Il faut se rappeler qu'à cette époque un complot financier, auquel se trouvèrent mêlés un certain nombre d'étrangers et dont nous aurons un mot à dire, venait d'être révélé par Chabot et par Bazire, qui, malheureusement, devinrent eux-mêmes victimes de leurs propres dénonciations. « Je voudrais, » dit Robespierre, « qu'après avoir connu le manifeste imbécile du roi d'Angleterre Georges III, vous sortissiez de cette enceinte pénétrés d'une horreur profonde pour tous les tyrans. » Ce manifeste insensé, il promit de le lire une autre fois, et d'y joindre les commentaires que lui fournirait son indignation profonde contre les rois (1).

Dans cette même séance il reprit la parole pour engager la société à ne pas accueillir avec trop d'enthousiasme cinq habitants de

_____

(1) *Moniteur* du 22 frimaire (12 décembre 1793) et *Journal des débats et de la correspondance de la société des Jacobins,* numéro 555.

Lille acquittés par le tribunal révolutionnaire et qui venaient d'être présentés au club sous le patronage de Dubois-Crancé et de Dihem. Car, à cette époque étrange, si l'on était prompt au soupçon, on n'était pas moins prompt à combler de marques d'intérêt les accusés absous par le redoutable tribunal ; et, dans sa soif de justice, la République avait consacré ce principe excellent, qu'une indemnité était due à tout citoyen poursuivi à tort. Ces cinq habitants de Lille, appartenant à la riche bourgeoisie de la ville, avaient été renvoyés devant le tribunal révolutionnaire par le représentant du peuple Isoré et ses collègues en mission dans le Nord pour avoir voulu se réunir en sections permanentes au plus fort moment de la crise fédéraliste. Membres de la société populaire de Lille, ils étaient d'une fraction de cette société qui avait protégé Lamarlière et Custine et persécuté La Valette. Telles furent du moins les explications fournies sur leur compte par Robespierre. Sans doute, pensait-il, les représentants du peuple s'étaient trompés sur les intentions de ces citoyens en leur supposant le projet de livrer Lille comme avait été livré Toulon ; mais, en présence du doute qui planait sur cette affaire, il engageait la société à s'en tenir au jugement du tribunal, et à ne pas y ajouter ses applaudissements, déclarant que, pour lui, fatigué de la succession d'intrigues dont il était témoin, il ne consultait plus en toute chose que son cœur et sa conscience (1). « Nous ne jugeons point ce jugement », écrivait-il le lendemain même à Hentz, « et nous croïons que les efforts que l'on a faits pour ériger les accusés en héros persécutés et pour perdre les représentans du peuple et les adversaires des généraux perfides annoncent des vues dangereuses qu'il faut déjouer. » Dans cette même lettre, il engageait son collègue à combattre résolûment tous les excès révolutionnaires (2).

Ainsi Robespierre, avec une sollicitude constante, s'attachait à se tenir entre la fausse modération des uns et la déplorable exagération des autres. Son but avoué, celui du comité dont il faisait partie, était de réprimer les excès du faux patriotisme sans détendre le ressort des lois vigoureuses nécessaires encore pour dompter les ennemis de la liberté. Ce fut précisément vers cette époque

---

(1) *Journal des débats et de la correspondance de la société des Jacobins*, numéro 555. Ce numéro est l'avant-dernier numéro de cette feuille, devenue aujourd'hui très-rare, et qui est indispensable pour la connaissance parfaite de l'histoire intérieure de la société des Jacobins. Commencée le 1er juin 1791, elle finit le 24 frimaire de l'an II (14 décembre 1793). La collection forme 5 volumes in-4°.

(2) Lettre à Hentz, *ubi suprà*. Hentz est mort proscrit, à Philadelphie, vers la fin de la Restauration.

qu'encouragé certainement par l'attitude de son cher camarade de collége, Camille Desmoulins se jeta dans la mêlée, son *Vieux Cordelier* à la main.

XXIV

Mais Camille — comme on disait alors — n'avait plus, sans s'en apercevoir lui-même, le feu sacré de la Révolution. Le dérangement de sa fortune, l'arrestation de quelques-uns de ses amis de table et de plaisirs, comme le *général Dillon*, détenu depuis le mois de juillet précédent, n'avaient pas peu contribué sans doute à opérer le refroidissement qu'on remarquait en lui. Un jour même, à la Convention, il n'avait pas hésité à se compromettre en prenant ouvertement la défense de Dillon, vivement inculpé dans un long rapport de Cambon, et en traitant de folie absurde les assertions du rapporteur, ce qui avait arraché à Levasseur cette exclamation : « Je demande qu'il ne soit pas permis à Camille Desmoulins de se déshonorer(1).» Déjà la veille, en pleine Assemblée, Bréard avait reproché à Camille ses liaisons avec des aristocrates connus ; il lui avait reproché surtout de répondre ridiculement, lorsqu'on paraissait s'en étonner, que c'était pour connaître leur façon de penser et la dévoiler. Camille, avait ajouté Bréard, ne pouvait pardonner au comité de Salut public de n'avoir point confié, sur sa recommandation, le commandement de l'armée du Nord au général Dillon (2).

Que l'ardent patriote de 1789 n'ait pas balancé à exposer sa vieille réputation de civisme en se portant garant d'un homme dont les opinions contre-révolutionnaires n'étaient un mystère pour personne, et auquel l'unissaient des liens d'amitié, cela se comprend à merveille, et, pour ma part, je ne saurais l'en blâmer. Mais où Camille eut tort, cent fois tort, ce fut quand, avec une inconcevable étourderie, il s'en prit au comité de Salut public du peu de succès de son intervention en faveur de Dillon. L'heure était-elle bien choisie pour diriger contre des collègues dévoués au salut de la République cette arme terrible, l'ironie, qu'il maniait d'une façon si merveilleuse? Qui ne l'a lu et relu ce pamphlet étincelant de verve et d'esprit qu'il publia sous ce titre : *Réponse de Camille Desmoulins à Dillon* (3) ?

(1) *Moniteur* du 13 juillet 1793, séance du 11. Dans sa lettre à Dillon, Camille attribue cette exclamation à Legendre et à Billaud-Varenne.

(2) *Moniteur* du 11 juillet 1793, séance du 10.

(3) Cette brochure est devenue très-rare. On en trouve de nombreux extraits dans l'*Histoire parlementaire*, t. XXVIII, p. 276 et suiv.

Malheureusement les railleries amères à l'adresse des plus purs républicains mirent en joie l'aristocratie, laquelle pardonna aisément à Camille les éloges décernés à Robespierre en faveur des sarcasmes lancés contre quelques Conventionnels et contre certains membres du comité de Salut public. L'œuvre satirique passa de main en main. Il y eut parmi les réactionnaires une explosion de fou rire. L'auteur lui-même fut un moment consterné de la vogue de sa brochure. « Son succès prodigieux depuis deux jours me fait craindre que je ne me sois trop vengé », écrivait-il à son père. « J'ai besoin de descendre au fond de mon cœur et d'y trouver toujours le même patriotisme pour m'excuser à mes yeux en voyant rire ainsi les aristocrates (1)... » Mais l'enfant terrible ne profitera pas de la leçon. Amorcé par les applaudissements de la réaction, qui ne manqua pas de lui prodiguer toutes sortes d'avances, il ne va pas tarder à mériter de nouveau ses faveurs.

La Révolution, d'ailleurs, commençait à paraître longue à ce viveur aimable, à ce véritable épicurien. Sur lui avaient déteint les mœurs faciles de Mirabeau, dont il avait été le commensal; il eut, je crois, la nostalgie des plaisirs mondains. La République était trop sombre, trop morose pour cet Athénien transplanté sur les rives de la Seine. Déjà il sentait peser sur lui, comme un poids trop lourd, la renommée dont il était environné. Il aurait, disait-il, voulu être aussi obscur qu'il était connu. Il faut se méfier de ces vœux d'homme célèbre. Cependant je comprends qu'à certaines heures de fièvre il ait vivement souhaité le calme, la vie tranquille, une retraite loin des hommes jaloux et des regards indiscrets, où il eût pu vivre entre Lucile et ses livres. Oh! oui, je comprends qu'il ait parfois tourné un regard mélancolique vers le champ natal. *O ubi campi, Guisiaque* (2). Pauvre Camille! Il était né pour être le compagnon d'Alcibiade; et Alcibiade, c'était Dillon. Sa vraie patrie était la Grèce antique, non la France; et volontiers il se fût écrié, comme un grand poëte de nos jours :

> Grèce, ô mère des arts, terre d'idolâtrie,
> De mes vœux insensés éternelle patrie,
> J'étais né pour ces temps où les fleurs de ton front
> Couronnaient dans les mers l'azur de l'Hellespont.
> Je suis un citoyen de tes cités antiques;
> Mon âme avec l'abeille erre sous tes portiques...

Il lui eût fallu les jardins d'Académus, le promontoire de Sunium,

---

(1) *Lettre de Camille Desmoulins à son père*, en date du 10 août 1793.
(2) *Correspondance inédite de Camille Desmoulins*, p. 175.

les festins où l'on se couronnait de roses, et par dessus tout Aspasie. Mais, que dis-je? Aspasie, il l'avait. N'était-ce pas cette Lucile si suavement belle, si espiègle, qui avait des airs de tête si vainqueurs, et qui possédait les talents de l'artiste et de l'écrivain? Supérieure à la maîtresse de Périclès par sa position de femme mariée, elle exerçait comme elle un prestige étrange sur tous ceux qui l'approchaient. Autre point de comparaison : il régnait dans le salon de Lucile, entre les familiers, une liberté très-grande. De là sans doute prit naissance le bruit que Lucile était la maîtresse de Dillon. Camille fut le premier à en rire. « Vous ne connaissez pas ma femme », disait-il, « et si Dillon trahit la République comme il me trahit, je réponds de son innocence (1). » Rien n'autorise à douter de la vertu de Lucile; — en général il ne faut point se montrer trop crédule sur les faiblesses des femmes — néanmoins je ne puis m'empêcher de trouver assez extraordinaire l'intimité profonde que semblent révéler, par exemple, les lettres de Fréron à Lucile : « Adieu, chère Lucile... Adieu, encore une fois adieu, folle, cent fois folle... Être indéfinissable, adieu! J'embrasse toute la garenne, et toi, Lucile, avec tendresse et de toute mon âme (2). » On voit quelle singulière liberté d'allures régnait dans l'intérieur de Camille. L'amitié y revêtait des formes qui semblent accuser un autre sentiment. Cela tenait, je crois, au caractère extrêmement facile de Desmoulins. Il apportait dans la vie privée la légèreté dont ses écrits se ressentaient trop souvent, témoin l'anecdote suivante : Un jour il entra dans la maison de Duplay, dont il était un des hôtes les plus fidèles. Robespierre était absent. Après avoir causé quelques instants avec la plus jeune des filles du menuisier, celle qui fut plus tard Mᵐᵉ Le Bas, il prit congé d'elle en lui laissant un livre qu'il la pria de garder pendant quelques jours. A peine seule, la curieuse jeune fille ouvrit le volume. Mais quelle ne fut pas sa confusion en voyant se dérouler sous ses yeux des tableaux d'une révoltante obscénité! Elle laissa tomber de ses mains ce livre odieux, et toute la journée elle fut silencieuse et troublée. Maximilien lui ayant demandé à l'écart la cause de sa tristesse — c'était, comme nous l'avons dit autre part, le confident de ses pensées — elle alla, pour toute réponse, lui chercher le livre de Camille. « Qui t'a remis cela? » demanda Robespierre indigné. Élisabeth lui raconta franchement ce qui s'était passé. « C'est bien, » reprit Robespierre, « ne parle à personne de ce que tu viens de me dire; ne sois plus triste. J'aver-

(1) *Réponse à Dillon.*
(2) *Correspondance inédite de Camille Desmoulins,* p. 188 et suiv.

tirai Camille. Ce n'est point ce qui entre involontairement par les yeux qui souille la chasteté : ce sont les mauvaises pensées qu'on a dans le cœur. » Robespierre ne manqua pas d'admonester sévèrement son ami (1). Depuis, Camille, si assidu autrefois dans la maison Duplay, n'y mit plus qu'assez rarement les pieds.

Toujours est-il qu'en ce mois de frimaire de l'an II, encouragé par l'énergie avec laquelle Robespierre combattit les excentricités révolutionnaires des hébertistes, Camille Desmoulins commença contre ces derniers une guerre à outrance. Le premier numéro de son journal parut le 15 frimaire (5 décembre 1793), le surlendemain du jour où, dans un élan de générosité instinctive, Robespierre, «ce masque blême, cette âme impénétrable, » comme disent les disciples attardés de M. Michelet (2), mit tant d'impétuosité à tirer Danton des mains de ses ennemis. Masque blême, en effet, lui dont la voix pénétrante s'attacha toujours à élever les cœurs vers les hautes régions du beau et du juste! Ame impénétrable, lui qui jamais ne connut l'art de déguiser sa pensée, et qui certainement eût été moins calomnié si en toutes choses il se fût montré moins franc! Ah! ces dénigreurs systématiques sont de singuliers logiciens!

Nous avons cité plus haut les paroles de reconnaissance qu'arracha à Camille Desmoulins la noble conduite de Robespierre envers Danton. Et, il faut l'avouer, Maximilien eût été bien difficile s'il ne s'était pas montré satisfait du témoignage flatteur qu'en cette circonstance il reçut de son vieux camarade de collège. Cependant, prétendent certains écrivains, il n'aurait pas été content du premier numéro du *Vieux Cordelier*, et, à les en croire, il aurait été convenu que désormais, avant de faire tirer sa feuille, Camille lui en soumettrait les épreuves. Voilà encore une de ces affirmations hasardées qui sont démenties par le simple examen des faits. Au reste, ces pseudo-historiens ne se donnent même pas la peine de nous dire sur quelle autorité s'appuie leur opinion; ils affirment, et c'est tout. Maintenant il est assez facile de se rendre compte des motifs auxquels ont cédé un certain nombre d'entre eux. Camille Desmoulins ayant dans son second numéro violemment pris à partie et attaqué de la façon la plus sanglante Cloots, le baron prussien, tel qui joignait à la plus vive sympathie pour Camille une admiration sans borne pour Anacharsis s'attacha à rejeter sur

(1) Cette anecdote ne se trouve pas consignée dans le manuscrit de Mme Le Bas que nous avons sous les yeux ; nous l'empruntons à l'*Histoire des Montagnards* de M. Alphonse Esquiros, lequel a beaucoup connu la femme du Conventionnel Le Bas.

(2) M. Marc Dufraisse, par exemple. Voy. son Étude sur Camille Desmoulins dans *a Libre Recherche* de février 1857.

Robespierre la responsabilité de l'agression dirigée contre le cosmopolite, comme on disait (1). Mais c'est là le fait d'une très-grande ignorance.

Il y avait un terrain sur lequel Camille et Maximilien se trouvaient complétement d'accord : celui de la sagesse et de la justice dans le gouvernement révolutionnaire. Tous deux poursuivaient dans l'hébertisme la terreur poussée jusqu'à l'exagération et ces folies dégradantes qui, suivant l'heureuse expression de Robespierre, transformaient la liberté en Bacchante. Mêmes convictions sous le rapport religieux : l'un et l'autre affirmaient bien haut la liberté de conscience et professaient à l'égard de tous les cultes le respect le plus absolu. Camille n'avait-il pas, longtemps avant qu'on songeât à l'hébertisme, adressé d'assez vertes critiques à Manuel, alors procureur de la commune, pour avoir interdit les processions ? Le bon Dieu n'était pas mûr encore, disait-il. Jamais l'idée d'élever la voix en faveur des processions ne serait venue à Maximilien. Selon Robespierre, chaque culte devait se borner à s'exercer dans ses temples respectifs. Il n'y a donc pas à s'étonner si Camille se sentit pris de colère contre Cloots, un des plus ardents promoteurs de ce système de déprêtrisation qui plongea la République dans d'inextricables embarras. Il loua d'abord Robespierre d'avoir, à la honte des prêtres, défendu Dieu tout en rendant justice à ceux qui, comme le curé Meslin, abjuraient leur métier par philosophie ; il le félicita ensuite d'avoir remis à leur place ces hypocrites de religion qui, après s'être faits prêtres pour vivre de l'Église, étaient venus s'accuser de n'être que de vils charlatans et n'avaient pas rougi de publier eux-mêmes leur ignominie ; puis, à la tête de ces hommes qui, « plus patriotes que Robespierre, plus philosophes que Voltaire, » se moquaient de la maxime si connue : *Si Dieu n'existait pas, il faudrait l'inventer*, il plaça Anacharsis Cloots, l'*orateur du genre humain* (2). Tout ce que Desmoulins reprocha au baron prussien, avec une verve désespérante, nous le saurons tout à l'heure par Robespierre aux Jacobins, et il serait bien plus exact de dire qu'en cette circonstance Maximilien s'inspira de Camille, que d'imaginer que celui-ci alla prendre le mot d'ordre de son ami.

Au surplus, lorsque dans la fameuse séance du 18 nivôse (7 janvier 1794) aux Jacobins, l'auteur du *Vieux Cordelier* déclara qu'il avait lu ses numéros à Robespierre, en le conjurant au nom de l'amitié de vouloir bien l'aider de ses avis, il reçut de Maximilien

(1) Étude sur Camille Desmoulins, par M. Marc Dufraisse, *ubi suprà*.
(2) Voyez le *Vieux Cordelier*, numéro 2.

cette réponse bien catégorique : « Tu ne m'as pas montré tous tes
numéros ; je n'en ai vu qu'un ou deux ; comme je n'épouse aucune
querelle, je n'ai pas voulu lire les autres ; on aurait dit que je te les
avais dictés (1), » et Camille garda le silence. Maximilien n'avait donc
nul besoin d'intervenir pour exciter contre les coryphées de l'hébertisme l'indignation de son ardent ami. Nous dirons plus tard sur
quels points il dut forcément, logiquement, se séparer de Camille Desmoulins. Présentement racontons quels étaient ses griefs contre
l'*orateur du genre humain*, et pourquoi il crut devoir lui faire une
guerre si acharnée.

XXV

De griefs personnels, il n'en avait pas. Cloots s'était, dans ses
écrits, montré toujours plus favorable qu'hostile à Robespierre.
Mais l'inconsistance de caractère du baron prussien avait dès longtemps paru infiniment suspecte à Maximilien. On l'avait vu, en effet,
caresser et attaquer tour à tour les différents partis qui avaient
marqué dans la Révolution. Feuillant sous l'Assemblée constituante,
l'*orateur du genre humain* avait, par la plus étrange des contradictions, très-vivement combattu le décret d'affranchissement en
vertu duquel les hommes de couleur et les nègres libres s'étaient
trouvés investis des droits du citoyen (2). Plus tard, il s'était empressé de saluer l'avénement des Girondins au pouvoir, et leur
influence n'avait pas été étrangère à sa nomination de député à la
Convention nationale par le département de Seine-et-Oise. Un jour
on le mena chez Roland ; il devint un des commensaux de la
maison. Bientôt il reconnut cette hospitalité en divulguant à droite
et à gauche ce qui se disait à la table du ministre. Par lui on sut
que Buzot s'étonnait très-hautement que l'on traitât le fédéralisme
d'hérésie politique (3) ; par lui fut lancé le brûlot dont furent sub-
mergés les hommes qui lui avaient tendu la main, je veux dire la
fameuse accusation de fédéralisme. On aura beau me vanter les
qualités humanitaires du promoteur de la République universelle,
il y a là quelque chose qui dénote une certaine bassesse d'âme et me

(1) *Moniteur* du 21 nivôse an II (10 janvier 1794).
(2) Voyez dans *le Moniteur* du 12 juin 1791 la lettre qu'à cette occasion Jean-Baptiste Cloots reçut des hommes de couleur et des nègres libres.
(3) Voyez ce qu'a écrit à cet égard Mme Roland dans ses *Notices historiques sur la
Révolution*. (Mémoires, t. II, p. 32 et suiv., édit. Barrière et Berville.)

gâte singulièrement le patriote cosmopolite. Je ne suis nullement étonné de l'antipathie de Robespierre pour un caractère de cette nature.

Sa brochure *Ni Roland ni Marat* lui servit de pont pour passer à la Montagne. Mais ce brusque changement ne pouvait faire oublier son ancien dévouement aux ministres de la Gironde, dévouement si manifeste, qu'au mois de mars 1792 Mme de Chalabre écrivait à Robespierre : « Le grand orateur du genre humain se persuade avec une suffisance risible que la nation va prendre ses jongleries ministérielles pour des vérités. Les éloges qu'il donne aux officiers généraux, surtout à Lukner, sont tout à fait dans le genre du compère Polichinelle; serait-il par hasard celui des ministres (1) ?.... » Dans son enthousiasme plus ou moins sincère pour la Révolution française, Cloots avait été l'un des premiers à se débaptiser, et il avait changé son nom de Jean-Baptiste contre celui d'Anacharsis. Mais cet enfantillage ne pouvait que faire hausser les épaules à un patriote sérieux comme l'était Robespierre, et qui ne jugeait pas plus du patriotisme des gens sur le bonnet rouge dont ils s'affublaient que sur les noms grecs ou romains qu'ils substituaient aux leurs. Les motions du baron prussien lui avaient toujours paru un peu puériles (2), toutefois il s'en était assez peu préoccupé jusque-là. Seulement, quand il vit cet étranger se mettre à la tête de ceux qui au nom de la philosophie prétendaient abolir le culte, violentaient outrageusement les consciences et couraient sus aux dévots et aux dévotes, sans s'inquiéter des embarras sans nombre dans lesquels ils allaient plonger la République, il soupçonna, comme Mme Roland, que l'orateur du genre humain pouvait bien avoir la mission secrète de tout bouleverser en France à l'aide des enragés, pour faire plus beau jeu aux Prussiens ses compatriotes (3). C'était un fait avéré que les puissances coalisées entretenaient dans la République des émissaires étrangers, qui, sous les dehors d'un patriotisme affecté, déclamaient contre leur patrie, prétendant y avoir été persécutés, et semblaient prendre à tâche de pousser le peuple à toutes les folies imaginables.

L'intimité de Cloots avec quelques-uns des principaux agents de l'étranger, ses démarches pour obtenir du comité de Sûreté générale l'élargissement des Vandenyver, banquiers d'origine hollandaise, convaincus d'avoir fourni des sommes considérables à des

---

(1) Lettre à Robespierre en date du 20 mars 1792. (*Papiers inédits...*, t. 1er, p. 176.)

(2) Voyez notamment *Lettres de Maximilien Robespierre à ses commettans*, numéro 1, p. 28.

(3) *Mémoires de Madame Roland*, t. II, p. 35, édit. Barrière et Berville.

émigrés, et condamnés pour ce fait à la peine de mort, n'avaient
pas peu contribué à accréditer les soupçons contre lui. Les farces
de la déprêtrisation, dont il fut un des plus ardents instigateurs,
achevèrent de le perdre dans l'esprit de Robespierre, qui prit pour
une véritable trahison ce qui n'était en réalité que de l'extravagance.

Le 22 frimaire (12 décembre 1793), ce fut le tour de Cloots de
subir aux Jacobins la rude épreuve de l'épuration. Cette séance
avait été spécialement consacrée à scruter ceux des membres de
la société ayant en même temps le caractère de représentants
du peuple. Bourdon (de l'Oise), Bentabole, Reverchon, Borie,
Chaudron-Rousseau, passèrent sans opposition. Billaud-Varenne
fut admis au milieu des applaudissements les plus flatteurs.
Coupé (de l'Oise), Daoust, Casabianca et Duhem se trouvèrent
rejetés, le premier sur la demande de Fabre d'Églantine, le
second et le troisième comme nobles, le quatrième à cause de
diverses inculpations reproduites par Robespierre et auxquelles il
ne répondit pas d'une manière satisfaisante. Plusieurs autres députés, parmi lesquels David, Charles Duval et Dubois-Crancé sortirent
purs du creuset des épreuves. Parut enfin à la tribune Anacharsis
Cloots. Fourcroy présidait. Aux questions et aux reproches qui lui
furent adressés, Cloots répondit qu'il était de la Prusse, « département futur de la République française, » et que, quant aux
banquiers Vandenyver, ses anciens correspondants, il avait cessé
de les voir quand il s'était aperçu de leur peu d'amour pour la
liberté. Robespierre, se levant alors, reprit l'accusation contre
lui, et se montra, il faut le dire, d'une implacable sévérité. Comment, dit-il, pouvait-on regarder comme patriote un baron allemand, jouissant de plus de cent mille livres de rente, et vivant habi-
tuellement avec des banquiers et des contre-révolutionnaires ennemis
de la France? Faire de la fortune de Cloots un motif de suspicion
contre lui, c'était absurde. Mais où Robespierre se trouva complétement dans le vrai, ce fut quand il reprocha au cosmopolite d'avoir
été tantôt aux pieds de la cour, tantôt aux genoux du peuple; d'avoir
tour à tour embrassé le parti de la Gironde et celui de la Montagne;
d'avoir par des déclamations insensées poussé les patriotes à la
conquête de l'univers; d'avoir enfin coopéré au mouvement contre
le culte, mouvement qui, mûri par le temps et la réflexion, eût pu
devenir excellent, dit Maximilien, mais dont la violence était de
nature à entraîner les plus grands malheurs et qu'on devait attribuer aux calculs de l'aristocratie. « Gobel, » ajouta-t-il, « était du
nombre de ces prêtres qui se plaignaient de la réduction de leurs

traitements, et dont l'ambition voulait ressusciter l'hydre du ci-
devant clergé... Et cependant nous avons vu cet évêque changer
subitement de ton, de langage, d'habit, se présenter à la barre de la
Convention nationale et nous offrir ses lettres de prêtrise. Eh ! Cloots,
nous connaissons tes visites et tes complots nocturnes. Nous savons
que, couvert des ombres de la nuit, tu as préparé avec Gobel cette mascarade philosophique. Tu prévoyais les suites funestes que peuvent
avoir de semblables démarches ; par cela même, elles n'en plaisaient que davantage à nos ennemis... » Pouvait-on, disait-il encore,
regarder comme patriote un étranger qui voulait être plus démocrate que les Français, et qu'on voyait tantôt au *marais*, tantôt
au-dessus de la Montagne. « Hélas! malheureux patriotes, » ajoutait Robespierre, « que pouvons-nous faire, environnés d'ennemis
qui combattent au milieu de nos rangs! Ils se couvrent d'un
masque, ils nous déchirent, et nous sentons les plaies sans savoir
d'où partent les traits meurtriers... Les lois les plus sages, par le
moyen des traîtres qui sont répandus dans tous les comités de
l'Assemblée, dans toutes les administrations, dans tous les bureaux, tournent au désavantage de la République. Nos ennemis,
élevés au-dessus même de la Montagne, nous prennent par derrière pour nous porter des coups plus mortels. Veillons, car la
mort de la patrie n'est pas éloignée. Eh! non, je ne compte pour
rien celle des patriotes, ils doivent en faire le sacrifice. Mais,
hélas! celle de la patrie est inévitable, si les lâches ne sont pas reconnus (1). » Tout ce que disait là Robespierre était malheureusement trop vrai, et s'il se montra si sévère à l'égard de l'infortuné
Cloots, ce fut précisément parce que celui-ci eut le tort de s'en-
rôler parmi les hébertistes et de se mettre à la tête d'une entreprise qui fit tout d'un coup à la Révolution des millions d'ennemis.
Il est bien constant que la République courut beaucoup plus de
dangers par les conspirateurs du dedans que par les armées
des puissances coalisées. « Paris, » dit Robespierre en terminant,
« fourmille d'intrigants, d'Anglais et d'Autrichiens. Ils siégent au milieu de vous avec les agents de Frédéric... Cloots est
Prussien... Je vous ai tracé l'histoire de sa vie politique... Prononcez (2). »

Les applaudissements unanimes qui à diverses reprises avaient
interrompu ce discours ne laissèrent pas de doute sur les senti-

---

(1) Voilà ce que M. Michelet appelle « un morceau pleureur dans le genre du cro-
codile. » (*Histoire de la Révolution*, t. VI, p. 423).

(2) *Moniteur* du 26 frimaire an II (16 décembre 1793).

ments de l'assemblée. Cloots fut rejeté sans qu'une voix s'élevât pour réclamer en sa faveur.

Dans une protestation publiée sous le titre d'*Appel au genre humain*, Cloots eut peut-être beau jeu contre Robespierre quand il lui rappela sa belle Déclaration des droits de l'homme, où le genre humain passait avant le citoyen; mais le genre humain n'était pas en question dans l'exclusion de Cloots. Pour la France, il s'agissait avant tout d'exister. Quant au reproche d'avoir poussé à la désorganisation générale du pays par le mouvement inconsidéré contre le culte, Cloots y répondit très-mal. Il s'abaissa même jusqu'au mensonge en écrivant que les promoteurs de ce mouvement avaient attendu le signal de la France (1). Le pays avait soif de tolérance religieuse, et les pseudo-philosophes de l'hébertisme furent, nous l'avons surabondamment démontré déjà, les plus intolérants des hommes.

En même temps on prononça l'exclusion en masse du sein de la société, également sur la proposition de Robespierre, de tous les nobles entachés de suspicion, de tous les banquiers et étrangers. D'autres voulaient y joindre les prêtres. Quatre jours après, Bourdon (de l'Oise) appuyait à la Convention une motion tendant au rappel des nobles ou prêtres chargés de quelque mission et demandait formellement leur exclusion du comité de Salut public. Un membre l'ayant sommé de dénoncer ceux auxquels il paraissait faire allusion, il nomma Hérault-Séchelles, ci-devant noble, ci-devant avocat général, et il l'accusa de liaisons criminelles avec Proly, Dubuisson et Péreyra. On entendit alors Couthon prendre vivement la défense de son collègue, absent pour le service de la République; mais cette haute protection n'empêchera pas, un peu plus tard, le malheureux Hérault de grossir le nombre des victimes de la Révolution (2).

Ce fut certainement la proposition de Bourdon (de l'Oise) qui, le soir, amena Robespierre à s'expliquer, aux Jacobins, sur la mesure d'exclusion prise par la société à l'égard des nobles. « On a fait, » dit-il, « les motions les plus violentes contre les nobles; tantôt on veut nous porter au delà du but de la Révolution, tantôt nous retenir dans la fange du *modérantisme*. » Néanmoins, il venait engager la société à n'apporter pour le moment aucune exception à son arrêté, lui qui cependant protégeait notoirement certains nobles, comme La Valette, par exemple. Mais il craignait de voir des

(1) *Appel au genre humain.*
(2) *Moniteur* du 28 frimaire (18 décembre 1793).

nobles, servis par l'intrigue et enveloppés du manteau du patriotisme, se prévaloir de cette exception, tandis que les nobles de
bonne foi se trouveraient exclus du sein des sociétés patriotiques.
Sous le bonnet rouge, d'ailleurs, cette classe d'hommes lui paraissait également amie des talons rouges, et il ne pouvait oublier que,
pendant que les cadets, sous le costume de sans-culottes, prêchaient ici l'exagération révolutionnaire, les aînés, dont ils étaient
peut-être les espions, se trouvaient à Coblentz et dans l'armée de
Condé.

S'il avait réclamé la radiation des nobles et des banquiers en
général, c'était parce qu'entre ces gens-là et les émissaires de
l'étranger il existait des relations coupables ; mais, avait-il soin
d'ajouter, « je me serais bien gardé de faire ma proposition, si
j'avais cru que la société n'agît pas dans cette circonstance avec sa
sagesse ordinaire. »

Maintenant fallait-il ranger parmi les indignes tous les prêtres,
par cela seul qu'ils étaient prêtres, comme le demandaient quelques membres? Robespierre ne le pensait pas ; et, à ce sujet, voici
textuellement comment il s'exprima : « Je n'estime pas plus l'individu prêtre que l'individu noble. Je mets des exceptions en tout.
On a voulu faire croire au peuple que la Convention, que les Jacobins faisaient la guerre au culte. De là des malheurs sans nombre
parmi la classe du peuple encore peu instruite, et dont on n'a pas
assez respecté les préjugés et la faiblesse. On dit dans le parallèle
des nobles et des prêtres que tout l'avantage est du côté des premiers. Je n'en crois rien, et voici pourquoi : le noble est un
homme dont tous les avantages sont des avantages politiques. Il
les tire de sa naissance, et l'habitude des distinctions lui a fait mépriser tout ce qui n'est pas de ce qu'il appelle son rang. Il existait
parmi les prêtres, au contraire, deux sortes d'hommes. Celle qu'on
appelait le bas clergé compte dans son sein des hommes qui sont
attachés à la Révolution par une suite non interrompue de sacrifices (1). » Robespierre pouvait-il oublier qu'à l'aurore de la Révolution, du temps des états généraux, tout le bas clergé s'était joint
aux communes, avant que la noblesse se décidât, contrainte et
forcée, à accepter la fusion? Les nobles, continuait-il, toujours liés

(1) M. Michelet, qui s'entend à travestir les choses, a écrit que Robespierre voulait
prouver que nous n'étions pas des impies en empêchant que les prêtres ne fussent
rayés de la société. (*Histoire de la Révolution*, t. VI, p. 427.) A cet ennemi juré des
prêtres, les nobles semblent moins dangereux. Mais étaient-ce des prêtres qui peu-
plaient Coblentz et l'armée de Condé? Et ceux qui s'agitaient à l'intérieur, en Vendée,
n'était-ce pas surtout à l'excitation des nobles ?

avec les cours étrangères, pouvaient être sans inconvénient exclus des sociétés populaires, mais peut-être n'en serait-il pas de même s'il s'agissait des prêtres en général. « Les campagnes ont été induites en erreur par les ennemis du peuple, toujours prêts à profiter de la moindre de nos erreurs. Rappelez-vous les malheurs qui ont été la suite des mesures violentes prises à leur égard dans certains pays, et craignez de les voir se renouveler (1).... » La société, à sa voix, passa à l'ordre du jour. Robespierre, dans toutes ces questions religieuses, s'inspirait de la raison seule, et non d'une sorte de sentimentalisme dévot que lui ont prêté ses adversaires; cela est suffisamment démontré. Mais tandis qu'il prêchait la sagesse au club des Jacobins, l'hébertisme continuait dans les départements sa propagande, et l'heure n'est pas éloignée où la secte va se tourner furieuse contre ceux qui, au nom de la liberté même et de la tolérance, tentaient d'arrêter ses progrès effrayants.

XXVI

Déjà elle avait essayé ses forces contre Camille Desmoulins en l'attaquant avec violence aux Jacobins le 24 frimaire (14 décembre), jour où son tour était venu d'être soumis à l'épreuve de l'épuration. On voulait une revanche de l'exclusion de Cloots. Robespierre, qui la veille avait défendu Foucault, « malheureux et patriote (2), » s'élança au secours de Camille. Le peignant en quelques traits sous son véritable aspect, il excusa ses faiblesses en faisant valoir ses mérites. Il le montra faible et confiant à la fois, souvent courageux, toujours républicain. S'il avait été successivement l'ami de Lameth, de Mirabeau et de Dillon, il avait brisé ces idoles fragiles sur l'autel même qu'il leur avait élevé dès qu'il avait reconnu leur perfidie. « En un mot, » dit Maximilien, « il aimait la liberté par instinct et par sentiment, et n'a jamais aimé qu'elle, malgré les séductions puissantes de tous ceux qui la trahirent. » En terminant, Robespierre engagea vivement Camille à poursuivre sa carrière et à n'être plus aussi versatile. Le mot était juste, la versatilité, ce fut le grand défaut de Desmoulins, et ce qui le perdit. Les nuages, qui au début semblaient s'amonceler, se dissipèrent comme par enchantement à la voix de Robespierre, et l'admission de Camille fut votée au mi-

---

(1) Séance du 26 frimaire (16 décembre) aux Jocobins. Voy. *le Moniteur* du 29 frimaire (19 décembre).

(2) Séance du 23 frimaire (13 décembre). Voy. *le Moniteur* du 26 frimaire (16 décembre).

lieu des applaudissements (1). Mais, hélas! le lendemain même du jour où, grâce à son cher camarade de collége, Desmoulins obtenait ce triomphe, il lançait dans le public le plus étincelant, le plus courageux, mais aussi le plus inconsidéré des pamphlets : nous voulons parler de son numéro 3 du *Vieux Cordelier*, lequel, en raison même des acclamations dont le saluèrent tous les ennemis de la Révolution, dut contrister les patriotes les plus sincères, ceux-là mêmes qui gémissaient comme Camille des excès où certains énergumènes semblaient prendre à tâche de plonger la République. Nous reviendrons sur ce fameux numéro 3, le chef-d'œuvre de Desmoulins.

A cette époque continuait, au sein de la Convention, contre le comité de Salut public, une guerre sourde dont les fâcheux résultats n'allaient pas tarder à se produire. Ces ennemis du grand comité, c'étaient, selon Robespierre, « des fripons démasqués dont la sévérité contrastait ridiculement avec les rapines que leur reprochait la voix publique (2). » C'étaient Dubois-Crancé, Merlin (de Thionville), Bourdon (del'Oise), Philippeaux, les deux Goupillau, et l'ex-marquis de Maribon-Montaut, qui vouait comme on sait à la guillotine cinq cents membres de la Convention nationale (3). Dans la séance du 22 frimaire (12 décembre), Barère ayant annoncé à l'Assemblée que les pouvoirs du comité étaient expirés, la faction insista pour qu'il fût intégralement renouvelé. Cette motion fut adoptée, et l'opération du renouvellement remise au lendemain (4).

Mais était-il bien prudent de désorganiser le gouvernement dans les circonstances actuelles, de déplacer tout à coup le centre du mouvement révolutionnaire imprimé à la France? Grâce au comité, les projets de la contre-révolution avaient été déjoués sur tous les points du territoire, les chaînons du fédéralisme brisés, ses fauteurs partout reconnus, poursuivis et frappés; grâce à ce comité, l'énergie du peuple français, doublée par l'amour de la liberté, ne s'était pas démentie; déjà, de toutes parts, l'ennemi commençait à être refoulé sur son territoire; Toulon était à la veille de tomber au pouvoir des troupes républicaines, et c'était dans un pareil moment qu'on venait proposer à la Convention de porter la main sur son comité et de livrer à des hommes nouveaux la direction des affaires de la République! Ne s'exposerait-on pas, d'ailleurs, à paralyser

(1) Voy. le *Moniteur* du 28 frimaire (18 décembre 1793).
(2) Projet de rapport de Robespierre sur la faction Fabre d'Églantine.
(3) *Ibid.* Voyez aussi le *Vieux Cordelier*, numéro 3.
(4) *Journal des débats et des décrets de la Convention*, numéro 450.

d'avance les grandes mesures méditées par lui et sanctionnées par la Convention? Et puis, par qui remplacer les citoyens illustres investis de la confiance du peuple? Que si l'on avait des griefs à faire valoir contre quelques-uns d'entre eux, il était tout simple d'aller les déposer au sein de l'Assemblée. Quant à la crainte que la Convention ne parût abdiquer son omnipotence entre les mains de son comité, c'était une crainte tout à fait chimérique, et elle n'avait pas besoin d'en renouveler les membres pour donner l'exemple d'un pouvoir dont personne ne doutait. Ces considérations, développées avec une force singulière par un député de la Gironde, Jay-Sainte-Foy, et appuyées par une partie de l'Assemblée, déterminèrent la Convention à revenir sur son décret de la veille (1). Ainsi se trouva consacrée une fois de plus la dictature du comité de Salut public, dictature utile, indispensable dans les conjonctures présentes, et qui, du reste, ce qu'on oublie trop souvent, demeura toujours subordonnée à celle de la Convention.

Cette hostilité impolitique dont le comité de Salut public était l'objet de la part de quelques membres engagea Robespierre à émettre, à la séance des Jacobins où Camille eut à subir l'épreuve de l'épuration, le vœu que les suppléants à la Convention fussent tenus de se prononcer sur les principaux événements de la Révolution. Après avoir fait allusion à ces hommes qui semblaient n'être montés sur la cime de la Montagne que pour tendre la main aux traîtres plongés dans la fange du *Marais*, ce qui se réalisera si bien au 9 Thermidor, il invitait un des députés présents à proposer le lendemain à la Convention d'obliger tous les députés suppléants arrivés à Paris depuis la condamnation du roi à faire une sorte de profession de foi à la tribune (2).

Robespierre croyait mettre par là un terme aux divisions dont était menacée l'Assemblée; il lui semblait qu'après s'être expliqués franchement à la face du peuple, les membres nouveaux seraient plus attachés à la Révolution, moins portés à la trahir. Son idée fut adoptée à l'unanimité par la société des Jacobins, et dès le lendemain Romme et Jay-Sainte-Foy s'en firent les interprètes auprès de la Convention. Robespierre avait entendu qu'on s'expliquât sur les principaux événements, notamment sur les journées des 5 et 6 octobre 1789, 21 juin 1791, sur le jugement du roi et sur Marat (3).

(1) *Journal des débats et des décrets de la Convention*, numéro 431. Voyez aussi *le Moniteur* du 25 frimaire (15 décembre) : mais le discours de Jay-Sainte-Foy y est rendu d'une façon beaucoup moins complète.

(2) *Moniteur* du 28 frimaire an II (18 décembre 1793).

(3) Combinez le *Journal des débats et des décrets de la Convention*, numéro 433, avec *le Moniteur* du 26 frimaire. *Le Moniteur* est évidemment incomplet.

Vivement appuyée par Fabre d'Églantine et Merlin (de Thionville),
cette proposition fut à l'instant décrétée (1). Très-peu de temps
après, Thibaudeau demanda le rapport du décret, non point parce
qu'il tendait à soumettre les consciences à une sorte d'inquisition,
mais parce qu'il lui semblait complétement illusoire et qu'il permettrait aux mauvais suppléants de se faire passer pour d'excellents
républicains. Il valait beaucoup mieux, suivant lui, prendre des
informations auprès des sociétés populaires sur la conduite des
suppléants. Cela, dit avec l'accent d'un montagnard convaincu,
valut à l'auteur de chaleureux applaudissements, et la Convention,
se déjugeant, rapporta son décret (2). Robespierre était-il absent, ou
bien se rangea-t-il à l'avis de Thibaudeau en gardant le silence? Il
n'assistait pas à la séance, c'est à présumer, car il y avait dans
l'argumentation à laquelle céda l'Assemblée un sophisme qu'il n'eût
sans doute pas manqué de signaler. Si, comme paraissait le redouter
Thibaudeau, les suppléants ne reculaient pas devant un mensonge
en s'expliquant en présence de leurs collègues, il y avait un moyen
de soumettre leurs déclarations à une contre-épreuve, c'était de
consulter les sociétés populaires; peu d'entre eux vraisemblablement se fussent exposés à un démenti public. Qui sait? peut-être le
maintien du décret rendu sur la motion de Romme eût-il épargné à
la Convention les déchirements affreux dont nous allons avoir à
dérouler le sombre tableau.

XXVII

A cette époque, le comité de Salut public commençait à recueillir
les fruits de son étonnante énergie : au Nord, à l'Est, dans l'Ouest,
dans le Midi, les armes de la République étaient triomphantes ; et
qui oserait soutenir aujourd'hui que ces glorieux résultats n'ont pas
été en grande partie son ouvrage? Sur la foi de Carnot, dont le
caractère se trouve singulièrement rabaissé à nos yeux par les subterfuges dont il usa après Thermidor pour dégager sa responsabilité des actes du comité de Salut public, on a quelquefois prétendu
que Robespierre était resté étranger à tout ce qui concernait les
opérations militaires. C'est là une très-grosse erreur que nous avons

(1) *Journal des débats et des décrets de la Convention, ubi suprà.*
(2) *Moniteur* du 28 frimaire (18 décembre 1793). — Lié avec une partie des proscripteurs de Thermidor, Thibaudeau s'associa à presque toutes les mesures réactionnaires dont fut suivie la chute de Robespierre, qu'il ne s'est pas fait faute de calomnier
dans ses Mémoires, fort insignifiants du reste.

déjà eu soin de signaler. Il s'occupa toujours, au contraire, avec une sollicitude extrême, des besoins de l'armée, de la fabrication des armes et des poudres, de leur répartition, des plans de campagne, des nouvelles levées, du choix des généraux. Son carnet, que nous avons sous les yeux, est rempli d'observations sur ces différents objets. Dugommier, Dumas, Marceau, Lazare Hoche furent ses créatures, n'en déplaise à Carnot, qui, dans des Mémoires, fort contestables du reste, s'est posé un peu légèrement, comme on le verra, en protecteur du dernier (1). Quelques citoyens ayant paru s'étonner d'un changement de généraux opéré à l'armée d'Italie par le comité de Salut public, ce fut Robespierre qui se chargea de donner à ce sujet des explications au club des Jacobins ; car ce comité dictatorial agissait au grand jour, et jamais il n'hésitait à rendre compte au public des motifs de sa conduite. Le général Doppet, illustré par la prise de Lyon, avait été envoyé à l'armée des Pyrénées, parce que l'on avait résolu de combattre les Espagnols sur leur propre territoire. Quant aux généraux Lapoype et Carteaux, dont le patriotisme ne paraissait pas douteux, mais à qui, à tort ou à raison, on attribuait les lenteurs du siége de Toulon, on les avait remplacés par le général Dugommier, promu jadis au grade de chef de brigade, sur la recommandation de Marat.—Marat, disait Robespierre, pouvait se tromper, mais sa recommandation était une présomption bien favorable. « Depuis, » ajoutait-il, « Dugommier l'a toujours justifiée, et l'on espère qu'il ne démentira pas d'aussi heureux débuts (2). »

Dans ce même mois de frimaire, Maximilien eut à s'occuper d'un officier non moins brillant et beaucoup plus jeune, de Marceau. Appelé au commandement des armées de Brest et de l'Ouest, le jeune général ne se crut pas de force à supporter un pareil fardeau, et, avec une modestie assurément bien rare, il écrivit à Sergent, son beau-frère, qu'on courait risque d'exposer la République « aux suites de son inexpérience et de son insuffisance. » Sergent s'adressa à Robespierre : « Tu ne pourras, » lui disait-il, « ne pas applaudir à l'estimable franchise d'un jeune homme plein d'honneur qui trouve que l'on confie trop tôt dans ses mains le sort peut-être de la Répu-

(1) Voy. les *Mémoires sur Carnot*, par son fils, t. Ier.

(2) *Journal des débats et de la correspondance de la société des Jacobins*, numéro 543. —Nous lisons dans le carnet de Robespierre, feuillet 10 : « Dugommier, général de brigade, à l'armée d'Italie. » D'où il résulte, suivant nous, que ce fut à l'instigation personnelle de Robespierre que le comité de Salut public plaça à la tête de l'armée d'Italie le général Dugommier, qui fut certainement une des plus pures gloires de nos armées républicaines.

blique... Tu vois par cet avancement qu'on lui connaît cependant des moyens (car il n'a, ni lui, ni personne, sollicité aucune place). Il paraît que si le ministre le déplaçoit, ce seroit pour l'envoyer à l'armée du Nord. Je le désirerois aussi, et il pourroit y être très-utile. Turreau l'avoit demandé aux Pyrénées; mais il y a là trop peu à faire pour un brave... (1). » Il est à croire que Robespierre se rendit au désir de Sergent, puisque Marceau fut envoyé presque aussitôt à l'armée des Ardennes, dont une division fut placée sous ses ordres (2). L'événement justifia pleinement la confiance de Bouchotte et de Maximilien. A quelle mémoire française n'est pas cher le nom de Marceau, le nom de l'héroïque soldat mort sans tache, et qui a eu la gloire d'inspirer à Byron quelques-uns de ses plus beaux vers?

C'était à Robespierre également que s'adressaient d'habitude Saint-Just et Le Bas pour obtenir plus vite les secours dont l'armée du Rhin avait besoin. Il était leur intermédiaire auprès du comité de Salut public et du ministre de la guerre, et il ne contribua pas peu à accélérer les mesures grâce auxquelles il fut permis à ses glorieux amis d'affranchir nos frontières de l'Est, de refouler l'ennemi sur son propre territoire, et d'obtenir des succès qui assurent à leurs noms une renommée impérissable.

Mais, si parmi les faits d'armes qu'accomplirent vers ce temps les soldats de la République, il en est un dont Robespierre dut s'enorgueillir à juste titre, ce fut la prise de Toulon, à laquelle son frère eut une part si honorable. Il convient donc de nous arrêter un moment sur cette prise mémorable, tant elle ajouta d'éclat au nom si grand déjà de Robespierre.

(1) Lettre inédite de Sergent à Robespierre en date du 14 frimaire (4 décembre 1793), de la collection Portiez (de l'Oise). D'après cette lettre, Marceau était petit-fils d'un vigneron et fils d'un greffier criminel. La *Biographie universelle* fait de son père un procureur au bailliage de Chartres. Voici avec quelle simplicité s'explique Sergent sur les services de son beau-frère : « Je le connais depuis son enfance. Avant la Révolution, il était sergent dans un régiment d'infanterie. Il quitta ses drapeaux le 12 juillet 1789. Depuis, il a commandé un bataillon de garde nationale à Verdun, à Sedan, dans les plaines de la Champagne. Enfin, dans la Vendée, il a sauvé la vie à Bourbotte un jour de bataille. »

(2) Voilà qui explique bien naturellement et bien simplement pourquoi Marceau quitta les armées de l'Ouest et de Brest. Ouvrez maintenant les Biographies : vous y lirez que Marceau ayant arraché une jeune et belle Vendéenne à la brutalité de ses soldats, ses ennemis lui firent un crime de cet acte d'humanité, et cabalèrent contre lui pour lui ôter son commandement, etc. (*Biographie universelle*.)

XXVIII

Nous avons, antérieurement, dit quelques mots de la mission d'Augustin dans le Midi. Il y déploya une activité au moins égale à celle de Saint-Just et de Le Bas sur le Rhin, et, comme eux, ne contribua pas peu à assurer le triomphe des armées de la République. Ses dépêches au comité de Salut public et ses lettres particulières à son frère, lettres dont quelques-unes vont, pour la première fois, apparaître dans l'histoire, témoignent de son ardeur patriotique, de la sûreté de son coup d'œil, de sa pénétration et de ses aptitudes militaires. Dès les premiers jours du mois de novembre, il signalait au comité l'incapacité de Carteaux. « Nous devons vous le déclarer, » écrivait-il, « ce général n'est point fait pour commander en chef. Je crains que ceux-là n'aient à se repentir qui lui ont créé une place au-dessus de ses talens et de son républicanisme... (1). » Nous avons dit plus haut comment, à la demande de Maximilien, Carteaux fut remplacé par Dugommier. La nomination de ce dernier satisfit complétement Augustin et lui parut d'un bon augure. « Le général Dugommier est digne de la confiance des républicains, » lisons-nous dans une de ses lettres au comité de Salut public. « Il sait inspirer l'amour de la liberté, réchauffer les âmes tièdes. Un jour qu'on lui demandoit comment il faisoit pour se faire aimer des soldats, il fit cette réponse qui vous peindra son âme : *C'est que je les aime* (2). »

Dans cette même lettre, Augustin promettait au comité de prompts résultats. Toutefois, il ne dissimulait pas le fâcheux état où se trouvaient les armées du Midi. La disette de vivres était affreuse. Les départements du Var et des Alpes-Maritimes, épuisés, ne pouvaient plus fournir le nécessaire. Il réclamait donc des subsistances à tout prix. Du reste, il avait, de concert avec ses collègues, autorisé les fournisseurs à user de tous les moyens possibles pour obtenir des blés de l'étranger, sûr que la Convention ne désapprouverait point ses arrêtés à cet égard. Un moyen infaillible, selon Robespierre jeune, de procurer à la République des ressources immédiates, c'était une irruption prochaine et rapide au cœur de l'Italie. Par cette diversion, pensait-il, on retremperait l'énergie de l'armée et l'on épouvanterait les alliés. Elle devenait chaque jour plus

---

(1) Robespierre jeune, représentant du peuple près l'armée d'Italie, au comité de Salut public. Lettre en date du 2 novembre 1793. Voy. *Papiers inédits*.... t. II, p. 78.

(2) Robespierre jeune au comité de Salut public. Lettre en date du 25 brumaire an II, de Nice. *Papiers inédits*..., t. II, p. 103.

facile et plus nécessaire à ses yeux : plus facile en raison des dispositions favorables des Génois, qui, en se déclarant pour la neutralité, avaient déjoué les calculs du ministre britannique, et n'avaient plus d'autre parti à prendre pour leur gloire et leur intérêt que de s'allier ouvertement aux amis de la liberté ; plus nécessaire à cause des besoins de l'armée et de l'ennui où la plongeait son inactivité. Le système du jeune proconsul était de reporter la guerre sur le territoire ennemi et d'y faire vivre nos armées, comme cela se pratiquait déjà sur les bords du Rhin (1). On voit à qui appartient l'idée première des campagnes d'Italie où devait s'immortaliser Bonaparte, lequel, lié très-intimement avec Augustin comme nous avons eu déjà l'occasion de le dire, fut peut-être le confident de ces projets d'invasion de l'Italie, dont il était appelé à devenir plus tard le glorieux exécuteur.

Un mois après avoir tracé la lettre dont nous venons de rendre compte en quelques mots, Robespierre jeune écrivait à son frère, d'Ollioules, le 28 frimaire an II (18 décembre 1794) : « La République est triomphante, les puissances coalisées sont anéanties ; demain 29, au plus tard, nous entrerons dans la ville infâme. Le plan du comité de Salut public a été suivi et hâté par les représentans près l'armée. Le 26, à deux heures après minuit, malgré la pluye la plus forte, l'armée de la République a attaqué la redoute anglaise élevée sur une hauteur qui défend les forts de Balaguier et de l'Aiguillette, et qui par conséquent maîtrise la rade, ce que tu verras facilement à l'inspection de la carte. Les tyrans avoient épuisé toutes les ressources de l'art, l'aspect de cette forteresse étoit effroyable ; les républicains ont bravé cet asile de la tyrannie... Cette formidable redoute a été emportée de vive force, après un combat meurtrier. Nous avons pris cinq cents prisonniers dans la redoute, tué ou blessé le reste. La déroute des esclaves est complette ; nous avons percé le cœur de la coalition en nous emparant de cette forteresse. Aussitôt après, les postes les plus importans ont été abandonnés ; nous les avons occupés successivement. Le sang républicain a cessé de couler. La redoute et le fort Faron, les forts d'Actiques, Lamalgue, sont au pouvoir des armes de la République... La vengeance nationale commence, les défenseurs de la liberté sont aux portes de l'infâme Toulon. Tu t'arrêterois très-peu aux détails, je me dispense de te les donner aujourd'hui, je partirai demain ou après-demain pour Paris... »

Quant à la part glorieuse qu'il prit à ce fait d'armes d'une si

_____

(1) Lettre en date du 26 brumaire, *ubi suprà.*

haute importance pour la République, voici avec quelle modestie et quelle simplicité Robespierre jeune s'expliquait dans cette lettre toute confidentielle qui reçoit aujourd'hui pour la première fois le jour de la publicité : « Je suis tout étonné de me trouver un héros; on m'assure que je le suis, je ne m'en doutois pas. J'étois dans les rangs, je n'ai aperçu pendant l'action ny balles, ny boulets, ny bombes; je ne voyois que la redoute à enlever. A la redoute! elle est à nous, allons, courage, mes amis! Je suis arrivé sans m'en apercevoir au pied de la redoute. » S'il était modeste pour lui-même, en revanche, il faisait le plus grand éloge de son collègue Salicetti, avec lequel il avait rallié les bataillons républicains, qui un moment s'étaient ébranlés sous le feu terrible de l'ennemi. La République lui devait beaucoup, disait-il. « Il est ardent, et se connaît en mesures militaires; il a prévu, calculé bien des opérations; il est excellent auprès d'une armée; il a du caractère et de la fermeté (1). » En terminant sa lettre, Augustin réclamait l'intervention de son frère en faveur de deux députés qui avaient presque toujours voté avec la Montagne, Casabianca et Moltedo, et qui craignaient d'être exclus des Jacobins; mais sa recommandation arriva trop tard; déjà le premier avait dû quitter la société en vertu de la mesure d'exclusion prononcée contre les nobles.

Comme l'avait marqué Robespierre jeune à son frère, l'armée républicaine entrait dans Toulon le 29 frimaire, à sept heures du matin, après cinq jours et cinq nuits de combats et de fatigues. On sait quelle fut, pendant le mémorable siége de Toulon, la conduite antipatriotique des principaux habitants, lesquels, après avoir livré la ville aux Anglais, combattirent jusqu'à la fin dans leurs rangs et ne tentèrent pas de les empêcher, en fuyant avec eux, de détruire notre premier port de guerre et de brûler notre escadre. Ce fut au point que les représentants du peuple purent écrire au comité de Salut public : « Déjà quatre frégates brûloient, quand les galériens, qui sont les plus honnêtes gens qu'il y ait à Toulon, ont coupé les câbles et éteint le feu (2). »

Sur la bravoure déployée par Robespierre jeune dans les combats sanglants qui précédèrent la prise de cette ville, il n'y a qu'une voix (3). « Les représentants du peuple marchaient à la tête des co-

---

(1) Lettre inédite, en date du 28 frimaire, de la collection Portiez (de l'Oise), communiquée par M. Sencier.

(2) Lettre en date du 30 frimaire au II (du quartier-général de Toulon), signée : Salicetti, Fréron, Ricord, Robespierre jeune et Barras. Voyez-la dans *le Moniteur* du 8 nivôse (28 décembre 1793).

(3) Je me trompe : M. de Barante, dans sa pitoyable *Histoire de la Convention*, ose

lonnes républicaines, » dit Barère à la Convention. « Salicetti et Robespierre jeune, le sabre à la main, ont indiqué aux premières troupes de la République le chemin de la victoire, et ont monté à l'assaut. Ils ont donné l'exemple du courage (1). » Napoléon lui-même a rendu justice à celui qui avait deviné son génie, et il n'a pas fait difficulté de reconnaître qu'ils avaient été ensemble au feu (2). On voit comme tout cela est conforme à ce que Robespierre jeune écrivait à son frère dans une lettre confidentielle que les Thermidoriens se sont bien gardés de publier, comme tout ce qui était de nature à honorer la mémoire de leurs victimes.

Comme il l'annonçait dans cette lettre, Augustin repartit pour Paris le lendemain même du jour où l'armée républicaine fit son entrée dans Toulon. Associé à tous les dangers et à la gloire des vainqueurs, il eut le bonheur de ne point prendre part aux vengeances terribles dont « la ville infâme » n'allait pas tarder à devenir le théâtre. Il n'y a point de doute à cet égard. Les exécutions, en effet, ne commencèrent que deux ou trois jours après la prise de la ville, c'est-à-dire le 2 nivôse (22 décembre), et dès le 9 nous trouvons Augustin aux Jacobins rendant compte des prodiges dont il avait été témoin et traçant le tableau sombre et trop réel, hélas! des persécutions de toute nature exercées sur les patriotes à Toulon tant que la ville fut au pouvoir des royalistes et des étrangers. Si donc jamais cité fut coupable, si jamais population mérita d'être punie, ce furent, à coup sûr, la ville et les habitants de Toulon; car il n'est pas de chose plus odieuse ni plus justement flétrie que la trahison par laquelle ils appelèrent l'étranger, à l'heure où la France semblait condamnée à périr. Ce qui seul peut attirer sur eux notre commisération, ce sont les rigueurs dont ils furent l'objet. Mais qui se montra le ministre implacable des vengeances populaires? Qui exagéra, dans la répression, la sévérité des ordres de la Convention et du comité de Salut public? Ce fut Fréron, l'un des plus acharnés ennemis de Robespierre. Il lui était réservé de déployer, avant comme après Thermidor, des fureurs qui ne seront dépassées que par les agents de la Terreur blanche.

affirmer que les représentants n'assistaient pas au combat. Et sur quoi fonde-t-il son affirmation? Sur le témoignage de Napoléon, qui dit précisément le contraire en ce qui concerne Robespierre.

(1) Voy. *le Moniteur* du 5 nivôse an II (25 décembre 1793), séance du 4.

(2) *Mémorial de Sainte-Hélène*, p. 126 (édit. Garnier).

XXIX

Avant d'aller plus loin, il est temps de jeter un regard très-attentif sur la vie privée du grand citoyen dont l'histoire se lie si intimement à celle de la Révolution, et qui en représente l'idée démocratique dans sa plus nette et sa plus sincère expression. Il est impossible, en effet, de bien connaître les hommes qui ont occupé la scène du monde si l'on n'est exactement renseigné sur les détails journaliers de leur existence intime. Je ne suis pas de ceux qui pensent que ces détails sont puérils ou tout au moins inutiles. La vie privée des hommes publics appartient à l'histoire. C'est là surtout qu'ils nous apparaissent sous leur aspect véritable, sans déguisement et sans fard. Je n'admets point l'homme double des anciens. Tenez pour certain qu'il y a une corrélation parfaite entre les actes de la vie privée et ceux de la vie publique. Le mauvais père, le fils dénaturé, le faux ami, le tyran domestique, ne seront jamais de bons citoyens. Honorerai-je tel magistrat qui aura rendu force arrêts au nom de la morale, si j'apprends qu'au demeurant c'est un débauché de la pire espèce? Admirerai-je tel homme d'État dont la vie se sera usée à défendre un certain système de gouvernement, si l'on me démontre qu'en somme il n'a été dévoué qu'à son intérêt personnel, et que ses principes se réduisaient à une question de fortune et de jouissances? Que de masques tomberaient, que de réputations usurpées seraient brisées, grâce à ce critérium à peu près infaillible!

Et d'autre part, si le tribun qui a prêché l'abnégation, la justice, le désintéressement, le bon sens, toutes les vertus en un mot, s'est montré dans sa vie intérieure le plus désintéressé, le plus vertueux, le meilleur et le plus sensé des hommes; si, ayant éloquemment flétri les consciences vénales, les âmes avides de richesses et d'honneurs, il a résisté à des tentatives de séduction réitérées sous toutes les formes, je m'inclinerai devant lui avec vénération. Et, pour anéantir dans l'équitable postérité les libelles immondes à l'aide desquels on a cru flétrir sa mémoire, il suffira peut-être d'une page de sa vie privée.

La vie privée de Robespierre, a dit excellemment un grand poëte de nos jours, « portait témoignage du désintéressement de ses pensées (1). » C'était le reflet fidèle de sa vie publique, « le plus élo-

(1) M. de Lamartine. Voyez l'*Histoire des Girondins*, 1re édition, t. IV, p. 23.

quent de ses discours (1). » Il n'est pas si grand, le nombre de ceux qui, n'ayant eu qu'à ouvrir la main pour avoir leur fortune faite, n'ont pas daigné l'ouvrir, et qui à toutes les splendeurs de ce monde ont préféré l'indépendance dans la médiocrité. Étudions donc Maximilien Robespierre dans son existence intime, cela en vaut la peine. Il ne mena pas, à proprement parler, la vie d'un humble artisan, la vie du peuple, comme on l'a trop souvent dit. Les Duplay, riches d'une quinzaine de mille livres de rente, représentaient la bourgeoisie aisée de l'époque (2). Robespierre vécut au milieu d'eux de la vie simple de son maître Rousseau, avec cette différence qu'au lieu de recevoir l'hospitalité d'un grand seigneur, il la reçut d'un simple citoyen dont il devint l'ami et pour ainsi dire le fils d'adoption.

Et d'abord un mot de son installation chez ses hôtes. Nous avons, dans la première partie de cet ouvrage, tracé l'historique de la maison Duplay (3). Avant de raconter l'existence modeste et honnête, les habitudes quasi-patriarcales des habitants de cette maison, disons ce qu'elle était et comment se trouvait logé l'homme dont le nom retentissait d'un bout de l'Europe à l'autre et faisait pâlir les rois sur leurs trônes. Ancienne dépendance du couvent des religieuses de la Conception, c'était encore un bien national vers la fin de cette année 1793, car, ainsi que nous l'avons dit précédemment, Maurice Duplay n'en fit l'acquisition qu'en l'an IV, lors de la vente des biens du couvent. Pauvre et chère maison ! deux fois sacrée pour lui, par le berceau et par la tombe, et que le dérangement de ses affaires, occasionné par de continuels sacrifices à la Révolution, ne lui permit pas de conserver.

Elle se composait d'un corps de logis élevé d'un entre-sol et d'un premier étage carré, prenant jour par quatre fenêtres sur la rue Saint-Honoré, d'une aile en retour au couchant, et, au fond de la

____

(1) *Histoire des Girondins*, t. IV, p. 24.

(2) Malgré son patriotisme bien connu, Duplay n'en fut pas moins l'objet d'une assez vive attaque pour avoir conservé sur l'enseigne de sa maison la qualification de maître. On lisait en effet dans *le Batave* du 2 septembre 1793 la lettre suivante adressée par un citoyen du nom de Lyon au rédacteur de ce journal : « A voir une quantité d'enseignes dans Paris, on pourroit croire que les maîtrises ne sont pas supprimées. Le citoyen *Duplaix*, chez lequel demeure le plus zélé défenseur des droits de l'homme, Maximilien Robespierre, est encore en toutes lettres maître menuisier. Au nom de l'égalité, citoyen, dites deux mots dans votre journal sur cette inobservance des lois. Que ce soit aristocratie, que ce soit oubli de la part des ci-devant maîtres, il n'en est pas moins du devoir d'un républicain de rappeler à l'ordre les administrateurs de police qui, ayant les moyens de faire disparoître jusqu'aux plus légères traces de l'inégalité, négligent de le faire. Salut et fraternité. »

(3) Voyez notre premier volume, p. 519.

cour, d'un petit bâtiment comprenant un rez-de-chaussée et un premier étage en forme de pavillon ayant pignon sur la cour. Une grande porte cochère donnait accès dans cette maison. Deux boutiques, situées l'une à droite, l'autre à gauche de la porte cochère, étaient occupées celle-ci par un restaurateur, celle-là par un bijoutier nommé Rouilly, devenu plus tard propriétaire de la maison. De chaque côté de la cour étaient des hangars, au nombre de deux. L'un formait l'atelier des ouvriers; l'autre, plus petit, servait de chantier pour les bois. Au bout de ce dernier se trouvait un jardin de vingt pieds carrés environ, au milieu duquel on voyait une corbeille de fleurs soigneusement entretenue par les enfants. Chacun d'eux avait, en outre, son petit coin de jardin à part.

Le bâtiment du fond était l'habitation particulière de la famille Duplay. Il comprenait : au rez-de-chaussée, une salle à manger ouvrant de plain-pied sur la cour par une porte vitrée et communiquant avec un salon qu'éclairait une fenêtre sur le petit jardin. Derrière le salon était le cabinet d'étude des enfants, prenant jour par des châssis sur le jardin du couvent des religieuses de la Conception, où les demoiselles Duplay avaient fait leur première communion. Il y avait dans la salle à manger un escalier en bois conduisant aux appartements. Au premier, à droite du carré, s'ouvrait la chambre des époux Duplay, pièce spacieuse derrière laquelle était la chambre à coucher des jeunes filles. A gauche de l'escalier on pénétrait dans un cabinet de toilette servant de passage pour aller dans une pièce assez basse située immédiatement au-dessus du hangar où travaillaient les ouvriers, et n'ayant d'autre perspective que l'intérieur d'un magasin de bois. C'était la chambre de Maximilien Robespierre (1).

(1) Nous donnons tous ces détails, dont nous garantissons la parfaite exactitude, d'après : 1º les titres de propriété de la maison de Duplay, que nous avons sous les yeux ; 2º un plan de cette maison qui nous a été donné jadis par M. Philippe Le Bas, petit-fils de Duplay ; 3º une description manuscrite, écrite par M. Le Bas sous la dictée de sa mère, et 4º le manuscrit de Mme Le Bas, qui nous a été confié.

De tous les historiens de la Révolution, celui qui a jusqu'ici retracé avec le plus de fidélité l'existence de Robespierre dans l'intérieur de la famille Duplay, c'est sans contredit M. de Lamartine, et voici pourquoi : M. de Lamartine avait été présenté à Mme Le Bas, la veuve du martyr volontaire de Thermidor, et, à la suite de sa conversation avec ce témoin vivant de la vie intime de Maximilien, il avait écrit quelques pages de son *Histoire des Girondins* qui parurent dans *le National* sous ce titre : *Fragment de la vie privée de Robespierre*. Mais l'illustre poëte n'avait pas été, paraît-il, très-fidèlement servi par ses souvenirs, et la publication de cet extrait donna lieu à de légitimes réclamations de la part de M. Le Bas. « Monsieur et illustre confrère, » écrivit-il à M. de Lamartine, « je viens de lire l'extrait de votre livre qu'a publié *le National*, et je l'ai communiqué à ma mère. Elle et moi avons admiré le talent de l'auteur et lui sommes reconnaissants de la justice qu'il rend à un homme qui nous est

A la suite de cette chambre, située au couchant dans le bâtiment en retour, venaient deux autres pièces, occupées l'une par Simon Duplay, neveu de l'hôte de Robespierre, l'autre par le jeune fils de Duplay, celui que Maximilien appelait *notre petit patriote*, et qui, bien qu'âgé de quatorze ans à peine, suivit dans une mission à l'armée du Nord Philippe Le Bas, devenu son beau-frère. Quant à Simon Duplay, digne représentant d'une famille dont le patriotisme ne se bornait pas à des paroles, il avait déjà, quoique bien jeune, payé largement sa dette à la patrie. C'était un des glorieux volontaires de 1792. Engagé dans un régiment d'artillerie, il avait eu la jambe gauche emportée à la bataille de Valmy; aussi l'appelait-on Duplay à la jambe de bois. Réduit à l'impuissance de continuer à servir son pays sur les champs de bataille, il fut recueilli par son oncle qui honorait en lui le courage et le patriotisme, et, comme il avait reçu une instruction assez soignée, il put servir de secrétaire à Robespierre, auprès duquel il demeura jusqu'au 9 Thermidor (1).

Nous avons déjà dit dans quelles circonstances Maximilien accepta l'hospitalité de la famille Duplay (2), et comment il se laissa retenir dans cette maison amie, que jusqu'à sa mort il ne quitta que deux fois, et pour bien peu de temps : la première fois, lors de son voyage à Arras en octobre et en novembre 1792, voyage dont nous avons raconté les incidents divers; la seconde, à la sollicitation de sa sœur Charlotte. Voici comme : Mlle Robespierre, qui avait toujours dirigé l'intérieur de ses frères, n'avait pu se faire à l'idée de rester seule à Arras, et lorsque Augustin avait été nommé député à la Convention nationale, elle avait obtenu de l'accompagner à Paris. Ils étaient descendus l'un et l'autre chez les Duplay. Ceux-ci avaient mis à leur disposition l'appartement du premier étage dans le corps de bâtiment donnant sur la rue Saint-Honoré, et qui communiquait avec l'aile qu'habitait Robespierre par la chambre du

---

cher, mais nous regrettons vivement que vous n'ayez pas jugé à propos de nous communiquer ces quelques pages avant de les livrer à l'impression. Vous eussiez par là évité des erreurs, dont l'une, bien involontaire de votre part, nous a profondément affligés... » Que fit M. de Lamartine? Il envoya purement et simplement les épreuves de son livre à M. Le Bas, qui refit, tels que nous les lisons aujourd'hui, les passages concernant la vie privée de Robespierre, à l'exception de quelques phrases condamnées par lui et que l'auteur crut devoir conserver. (Voy. l'*Histoire des Girondins*, t. IV, p. 23 et suiv. de la 1re édition.) Les personnes curieuses de connaître la différence existant entre les pages modifiées par M. Le Bas et le récit original de M. de Lamartine n'ont qu'à consulter *le National* (année 1847).

(1) Simon Duplay a, si nous ne nous trompons, laissé plusieurs enfants, dont l'un est le docteur Duplay, médecin du collège Chaptal.

(2) Voy. la première partie de cet ouvrage, t. 1er, p. 518.

jeune Maurice Duplay, laquelle avait une porte de sortie sur le grand escalier par où l'on montait au logement d'Augustin Robespierre et de sa sœur.

Dans les premiers mois du séjour de Charlotte dans cette maison, les choses allèrent pour le mieux. L'excellente Mme Duplay était aux petits soins pour la sœur comme pour le frère. Souvent elle lui confiait la plus jeune de ses filles, Élisabeth, celle qui devait être Mme Le Bas, lui donnant ainsi une de ces preuves d'estime et d'affection que toute mère appréciera. D'un esprit cultivé, Charlotte plut à la jeune fille, à qui, du reste, elle témoigna beaucoup d'amitié(1). Elle en recevait de ces petits soins intimes que les femmes savent échanger entre elles. Élisabeth prenait plaisir à la coiffer, à l'assister dans sa toilette (2). Comment donc des nuages vinrent-ils à s'élever entre Charlotte et ses hôtes? La sœur de Robespierre dit bien dans ses Mémoires qu'elle eut à se plaindre de Mme Duplay, mais elle n'articule pas un seul grief sérieux. D'autre part, nous lisons dans le manuscrit de Mme Le Bas : « Charlotte n'eut pas de peine à obtenir cette permission pour moi; » — il s'agissait d'aller ensemble assister à une séance de nuit à la Convention. — « Elle était sœur de Robespierre, et ma mère la regardait comme sa fille. Pauvre mère! Elle croyait alors Charlotte aussi pure et aussi sincère que son frère; mais elle vit plus tard que cela n'était pas. » La vérité est que Charlotte était d'un caractère ombrageux et difficile. Elle aimait passionnément ses frères, mais d'une affection doublée de cette jalousie qui est l'égoïsme de l'amour. Ayant été habituée, à Arras, à régner en maîtresse de maison et à gouverner un peu despotiquement ses frères, elle ne put voir sans dépit l'influence de Mme Duplay contre-balancer la sienne. Et pourtant était-elle en droit de se plaindre si Maximilien payait en tendresse et en égards les soins d'une femme dans laquelle il avait rencontré une véritable mère? Aurait-elle dû s'étonner des efforts constants de son frère pour ne point affecter une famille qui, du propre aveu de Charlotte, l'entourait de caresses et de bontés sans nombre (3)? Mais elle se montra jalouse des bontés prodiguées à son frère aîné, comme plus tard des prévenances de Mme Ricord pour Augustin. Elle mit tout en œuvre pour arracher Maximilien du sein de cette famille devenue la sienne. Souvent elle cherchait à lui persuader que dans sa posi-

---

(1) C'est ce dont convient Charlotte dans ses Mémoires, qu'il faut lire d'ailleurs avec une certaine réserve, car, sur des points de détails, ils sont quelquefois erronés. Voy. p. 91.

(2) Manuscrit de Mme Le Bas.

(3) *Mémoires de Charlotte Robespierre*, p. 89.

tion, et occupant un rang aussi élevé dans la politique, il devait avoir un *chez lui*. C'était là une bien mesquine considération aux yeux de Robespierre. Toutefois, à force d'obsessions, et comme il résistait difficilement à une prière, elle parvint à l'entraîner dans un appartement qu'elle avait loué rue Saint-Florentin, à quelques pas seulement de la maison de ses hôtes, ce qui le détermina sans doute à une séparation dont son cœur dut cruellement souffrir, et qui d'ailleurs fut de bien courte durée (1).

Il était à peine installé dans son nouveau logement que, pris d'une sorte de nostalgie, il tomba malade du chagrin d'avoir quitté les chers hôtes au milieu desquels, depuis plus de deux ans, il s'était accoutumé à se laisser si doucement vivre. Mme Duplay, étant venue le voir, se montra tout inquiète, comme une mère aurait pu l'être pour son fils bien-aimé. Peut-être manifesta-t-elle ses craintes d'une façon un peu vive. Maximilien, prétendait-elle, n'avait pas tous les soins nécessaires ; il ne pouvait être soigné comme il le serait au sein de sa famille d'adoption ; elle le pressa donc de revenir chez elle. Robespierre résista faiblement d'abord, mais, vaincu par ses instances, il se décida, malgré les représentations de sa sœur, à retourner auprès de ses hôtes. « Ils m'aiment tant, » dit-il à Charlotte, « ils ont tant d'égards, tant de bontés pour moi, qu'il y aurait de l'ingratitude de ma part à les repousser (2)... » Et voilà ce que Mlle Robespierre ne pardonna jamais à Mme Duplay, contre laquelle elle se répandit en plaintes amères. Même après la catastrophe dont fut victime cette infortunée femme, elle persista dans son ressentiment. C'est là une tache dans la vie de Charlotte. Et l'on ne peut s'expliquer comment, ayant tellement aimé son frère, elle se montra si peu sympathique à la mémoire de la respectable hôtesse qui paya d'une mort affreuse son dévouement et sa tendresse pour cet illustre et malheureux frère.

Revenu, pour n'en plus sortir, au sein de la famille Duplay, Robespierre ne tarda pas à se rétablir et à reprendre ses habitudes laborieuses. Son logement personnel consistait en une seule pièce qui lui servait à la fois de chambre à coucher et de cabinet de tra-

---

(1) A quelle époque eut lieu cette séparation momentanée ? Les Mémoires de Charlotte n'indiquent aucune date. Mme Le Bas n'en parle pas davantage. Je lis seulement dans une note écrite de sa main : « Robespierre ne sortit qu'une seule fois de chez mon père pour aller chez sa sœur, dont le caractère impérieux le rendait bien malheureux... » Ce fut vraisemblablement, comme je l'ai dit plus haut, au mois de septembre 1793, pendant lequel Robespierre fut en effet légèrement indisposé, qu'il quitta pour quelques jours la maison de Duplay.

(2) *Mémoires de Charlotte Robespierre*, p. 87.

vail. Cette pièce, dont les uns ont fait un boudoir élégant, les autres une vraie chapelle (1), était la plus simple du monde. Elle avait pour tout luxe d'être d'une irréprochable propreté. Maximilien l'avait meublée lui-même. Son modeste mobilier se composait d'un lit en noyer orné de rideaux en damas bleu à fleurs blanches provenant d'une robe de Mme Duplay, de quelques chaises de paille et d'un bureau fort ordinaire ; un casier en sapin, suspendu à la muraille, lui servait de bibliothèque et contenait, entre autres livres, les principales œuvres de Corneille, de Racine, de Voltaire et de Rousseau, chers compagnons de ses veilles, à qui il demandait à la fois l'inspiration et le délassement. Telle était l'humble retraite de celui dont le nom alors remplissait le monde (2).

Cette chambre était éclairée par une seule fenêtre donnant sur les hangars, de sorte que, dans la journée, Robespierre travaillait toujours au bruit des rabots et des scies. Devenu l'un des principaux personnages de la République, il tint à rester ce qu'il était aux jours sombres et menaçants où il était venu s'asseoir au foyer de Duplay. Ni la haute position politique qu'il occupait ni l'immense influence morale dont il jouissait ne purent le déterminer à changer d'existence. D'autres eussent voulu que l'éclat de leur vie répondît au prestige de leur popularité ; il aima mieux être logique avec lui-même, ne pas donner un démenti à ses principes. Il crut enfin qu'il était de son devoir de prêcher d'exemple la simplicité de mœurs et toutes les vertus privées qu'il recommandait dans ses discours. Rapprochement au moins singulier : c'était dans la boutique d'un charpentier que, dix-huit siècles auparavant, avait grandi et vécu le plus illustre novateur social qui ait paru parmi les hommes, et c'était dans la boutique d'un menuisier que vivait l'austère tribun que le grand David a appelé le Christ de la Révolution française, et qui, de tous les réformateurs, s'est, après le divin philosophe de Nazareth, montré le plus dévoué à la cause des faibles, des petits et des opprimés.

(1) Voy. ce que nous avons dit à cet égard dans la seconde partie de cet ouvrage.

(2) Le mobilier de Robespierre, confisqué après Thermidor, fut vendu aux enchères publiques en pluviôse an IV, au dépôt, maison Égalité (Palais-Royal), moyennant la somme de 38,601 livres 10 sous en assignats, ce qui représentait en numéraire la somme de 2,800 livres environ, tant les assignats étaient dépréciés alors, grâce à la bonne administration thermidorienne. Voy. *Tableau des dépréciations du papier monnaie, publié en exécution de la loi du 5 messidor an V.* — Augustin Robespierre était meublé plus luxueusement que son frère, car la vente de ses meubles produisit, déduction faite de 793 livres 10 sous de droits d'enregistrement, la somme de 138,646 livres 10 sous en assignats, soit en numéraire 9,000 livres environ. (Hôtel de ville ; Domaines, carton III.)

XXX

Maurice Duplay, l'hôte de Maximilien, était un homme de haute stature. Sa bonté, son caractère honnête, se reflétaient admirablement sur la physionomie la plus franche et la plus ouverte du monde. Il était alors âgé de cinquante-cinq ans environ. Son front large encadré de longs cheveux grisonnants, ses yeux d'un bleu gris, pleins de douceur, sa bouche au sourire toujours bienveillant, lui donnaient une sorte d'aspect de patriarche (1).

Nous avons dit quelle était sa position de fortune. Propriétaire de plusieurs maisons à Paris, il vivait retiré des affaires lorsque la Révolution éclata. Les événements ne tardèrent pas à jeter un peu de trouble dans cette position si laborieusement acquise. Ses maisons ne se louant plus, Duplay se vit dans la nécessité de reprendre son état (2). Il se remit à l'œuvre avec courage, sans que son patriotisme et son enthousiasme révolutionnaire s'altérassent un seul instant, car il avait pris au sérieux les réformes politiques et sociales qui s'accomplissaient, et il n'était pas de sacrifices personnels auxquels il ne fût prêt pour la réalisation du bonheur public. Inscrit un des premiers, en sa qualité de propriétaire et de citoyen actif, sur la liste du jury fonctionnant près le tribunal criminel, il n'avait pu, malgré ses répugnances, refuser d'être juré au tribunal révolutionnaire. La conscience et la modération qu'il apporta dans l'exercice de ces redoutables fonctions ont été attestées par ses ennemis eux-mêmes. Compris, en effet, dans l'acte d'accusation dirigé par les Thermidoriens contre les anciens membres du tribunal révolutionnaire, il fut, seul de tous les accusés, acquitté à la fois sur la question intentionnelle et sur celle de fait. Robespierre avait trop le sentiment et le respect de la justice pour chercher à exercer la moindre influence sur les

---

(1) M. Charles Le Bas, frère puîné du célèbre helléniste, possède un magnifique portrait en miniature de Duplay son grand-père.

(2) Ceci est constaté par un brouillon de lettre de Mme Duplay à sa fille, Mme Auzat, brouillon trouvé chez Duplay après Thermidor. On y lit : « Votre père a été obligé de reprendre son état. Aucune de nos maisons n'est louée; mais nous nous consolerions de cela s'il en résultait quelque chose pour l'intérêt public... » Voyez *Papiers inédits trouvés chez Robespierre*, etc., t. III, p. 230. Cette lettre doit être du mois de février ou de mars 1793. En marge de l'original se trouve écrit : « Ce brouillon de lettre, écrit par la femme Duplay *après le 9 Thermidor*, paraît destiné à sa fille. » Les Thermidoriens ne se rappelaient même plus le sort de leurs victimes. Jetée dès le soir même du 9 Thermidor dans la prison de Sainte-Pélagie, la malheureuse Mme Duplay mourut le surlendemain, étranglée, dit-on, par quelques mégères.

votes de son hôte, et celui-ci, de son côté, était trop rigide et trop
pur pour écouter une autre voix que celle de sa conscience. Un
soir, à table, Robespierre s'étant vaguement informé de ce qu'il
avait fait au tribunal révolutionnaire, où il avait siégé dans la journée : « Maximilien, » lui répondit Duplay, « je ne vous demande jamais ce que vous faites au comité de Salut public. » Robespierre
comprit la discrétion de son vieil ami, et, sans mot dire, il lui serra
affectueusement la main (1).

Mme Duplay était la digne compagne de cet homme de bien.
Elle partageait en toutes choses les sentiments de son mari. Son admiration pour Maximilien n'avait pas tardé à s'accroître de l'affection
profonde qu'il inspirait à ceux qui, en l'approchant, pouvaient apprécier la bonté et la pureté de son cœur. Cinq enfants, avons-nous
dit déjà, quatre filles et un garçon, étaient nés de son mariage avec
Duplay. Sophie, la seconde de ses filles, avait, on le sait, épousé
dès l'Assemblée constituante un avocat d'Issoire, en Auvergne,
nommé Auzat (2). Restaient donc, quand Maximilien vint s'installer
dans la maison de Duplay, Éléonore, qui était l'aînée ; Victoire, qui
ne fut jamais mariée, et Élisabeth, la plus jeune des filles, celle qui
épousa Le Bas.

Le dévouement sublime de cet héroïque Conventionnel que, dans
la journée du 9 Thermidor, un cri de la conscience poussa résolûment à la mort, nous fait un devoir de lui consacrer au moins quelques lignes. Philippe Le Bas avait alors vingt-huit ans. Il était fils
d'un notaire de Frevent en Artois. Après avoir fait de bonnes études
au collége de Montaigu, à Paris, il venait d'être reçu avocat au
Parlement lorsque éclata la Révolution, dont il adopta avec enthousiasme les principes. Élu membre de la Convention par le département du Pas-de-Calais, où quelques causes plaidées avec éclat lui
avaient acquis une grande notoriété, il s'immortalisa dans des missions que nous avons racontées ailleurs (3). Compatriote de Robespierre, il n'avait pu s'empêcher de vouer la plus vive amitié à
l'homme qui lui parut vouloir avec le plus de désintéressement et
de sincérité la gloire et l'affermissement de la République. Ce ne
fut cependant pas chez les hôtes de Maximilien qu'il aperçut pour
la première fois et qu'il aima celle qui était destinée à devenir sa
femme. Un jour, étant allé saluer Charlotte Robespierre dans une

(1) J'ai recueilli ce fait de la bouche même de M. Le Bas. Voyez à ce sujet le *Dictionnaire encyclopédique* de Philippe Le Bas, au mot DUPLAY.

(2) Auzat n'échappa point à la proscription qui, après Thermidor, frappa presque
toutes les personnes suspectes de quelque attachement pour Robespierre.

(3) Voy. notre *Histoire de Saint-Just.*

des tribunes de la Convention, il vit auprès d'elle la plus jeune des filles de Duplay, Élisabeth, dont l'éclat et l'éblouissante fraîcheur le frappèrent singulièrement. Élisabeth était âgée alors d'un peu plus de vingt ans. C'était le jour où Marat, acquitté par le tribunal révolutionnaire, fut porté en triomphe à l'Assemblée, jour désormais ineffaçable dans la mémoire de la jeune fille, car elle avait été toute charmée aussi des manières gracieuses et affables du compatriote de Maximilien.

Plusieurs fois elle le revit, soit à la Convention, soit au club des Jacobins, où elle accompagnait quelquefois sa mère quand Robespierre devait y parler, et le sentiment d'estime que lui avait tout d'abord inspiré Philippe Le Bas ne tarda pas à se changer en un sentiment plus tendre qui se fortifia de jour en jour. Elle comprit toute l'étendue de son amour au chagrin qu'elle éprouva en cessant tout à coup de voir le jeune député, et en apprenant qu'une assez grave maladie le tenait éloigné de la Convention. De gaie et rieuse qu'elle était, elle devint triste et rêveuse, et n'osait dire à personne le sujet de sa tristesse. Sainte pudeur des premières affections! Robespierre, à qui d'habitude elle contait ses petites peines, étonné du changement survenu en elle, lui demanda si elle avait quelque chagrin, ajoutant que cette tristesse n'était pas naturelle à son âge. Elle se contenta de lui répondre qu'elle ne pouvait se rendre compte à elle-même de ce qu'elle éprouvait. « Élisabeth, » lui dit-il, « regardez-moi comme votre meilleur ami, comme un bon frère, je vous donnerai tous les conseils dont on a besoin à votre âge (1). » La santé de la jeune fille s'altéra. On était au printemps de l'année 1793. Les parents, inquiets, l'envoyèrent à la campagne à Châville, chez Mme Panis, où elle resta un mois. Mais les affections du cœur ne se guérissent pas avec du soleil et le grand air. Au contraire, la nature a je ne sais quelle mélancolie qui s'ajoute à celle des âmes envahies par le chagrin. La vue de celui qu'Élisabeth aimait en secret depuis deux mois eut plus d'influence sur sa santé que la verte campagne de Châville et les grands arbres de Saint-Cloud.

En effet, peu de temps après son retour, elle rencontra Le Bas dans le jardin des Jacobins, un jour qu'avec sa sœur Victoire elle avait été chargée d'aller retenir des places pour la séance du soir, où devait parler Robespierre. Il était bien pâle, bien changé, mais elle le reconnut aux battements de son cœur. L'empressement du jeune député auprès d'elle, les prévenances dont il l'entoura, lui

---

(1) Manuscrit de Mme Le Bas.

prouvèrent qu'elle n'avait point été oubliée, et la gaieté, la fraîcheur reparurent bientôt sur ce jeune visage où déjà les larmes avaient creusé leurs sillons. Le Bas s'informa des nouvelles de toute sa famille, de Robespierre qu'il aimait beaucoup et qu'il n'avait pas vu depuis quelque temps. En se promenant avec elle et sa sœur, il lui demanda à voix basse si elle consentirait à devenir sa femme, ne voulant pas s'adresser aux parents avant d'avoir l'acquiescement de la jeune fille. Tout interdite d'émotion et de plaisir, Élisabeth ne pouvait articuler un mot. Pressée enfin de répondre, elle balbutia un oui qui fut comme l'aveu tremblant de son amour.

La pensée de ce mariage occupait depuis longtemps Philippe Le Bas. Un jour, pendant qu'il était malade, ayant reçu la visite de Robespierre, il avait amené la conversation sur la famille Duplay. Maximilien lui en avait fait le plus grand éloge, il lui avait parlé de son bonheur de vivre chez des gens si vertueux et si dévoués à la liberté, mais il n'avait dit mot d'Élisabeth, et Le Bas n'avait point osé lui en ouvrir la bouche. Plus libre avec Robespierre jeune qui était de son âge, il s'était décidé à lui demander quelques renseignements sur la jeune fille. Par lui il avait su que Mme Duplay avait élevé ses filles en bonnes femmes de ménage, que l'intérieur de la famille rappelait l'âge d'or, que le père était le plus digne et le plus généreux des hommes, que tous les instants de sa vie étaient consacrés au bien, qu'enfin Maximilien regardait les demoiselles Duplay comme des sœurs, et le père et la mère comme ses propres parents. De ce jour sa résolution d'épouser Élisabeth avait été formellement arrêtée.

Comme il était sur le point de prendre congé des jeunes filles, Mme Duplay survint ; elle venait chercher Élisabeth et Victoire, Robespierre ayant renoncé à prendre la parole ce jour-là. On était alors dans les longues et chaudes soirées du mois de juin. Mme Duplay et ses filles allèrent faire une promenade aux Tuileries, où Le Bas les accompagna. Après quelques tours de jardin, on s'assit, et Le Bas, après avoir longuement causé avec Mme Duplay, finit par lui demander la main d'Élisabeth. Mme Duplay parut surprise ; elle n'aurait pas voulu marier la plus jeune de ses filles avant les aînées. Toutefois elle engagea Le Bas à venir le lendemain en parler à son mari, promettant de ne pas s'opposer à cette union si le père n'y voyait pas d'obstacle.

A peine rentrée, Mme Duplay s'empressa de faire part de cette demande à son mari, et tout de suite on consulta Robespierre, dont on prenait toujours conseil dans les grandes circonstances. « Il était si bon, » a écrit Mme Le Bas, « que nous le regardions comme un des nôtres. — Mon ami, lui dit Duplay, c'est notre Élisabeth, notre étourdie, que M. Le Bas nous demande en mariage. — Tant mieux, répondit Robespierre, ne balancez pas un moment. Élisabeth sera heureuse, car Le Bas est sous tous les rapports le plus digne des hommes. » Il traça de lui le portrait le plus flatteur : fils excellent, ami dévoué, bon citoyen, homme de grand talent. La sublime conduite de ce magnanime Le Bas dans la journée du 9 Thermidor suffit pour prouver combien Robespierre avait raison d'apprécier ainsi son compatriote. Il était heureux de voir la plus jeune des filles de son hôte, à laquelle il était particulièrement attaché, devenir la femme d'un véritable homme de bien, et il se porta garant du bonheur d'Élisabeth.

Un homme, cependant, essaya de se jeter à la traverse de ce mariage et de le faire rompre, en calomniant indignement auprès de Le Bas la famille Duplay et la jeune fille à qui il se disposait à donner son nom. Ce misérable était un compatriote, un député journaliste, l'immonde auteur de l'immonde feuille connue sous le nom de *Rougyff*, c'était Guffroy, un des futurs héros de Thermidor. Depuis longtemps, paraît-il, il avait des vues sur Le Bas, il aurait voulu lui donner sa fille ; en conséquence, il ne recula devant aucune infamie afin d'amener la rupture d'un mariage qui détruisait tous ses projets. Le Bas fut un moment ébranlé, mais il suffit de quelques paroles de Robespierre pour le convaincre de la scélératesse de ce Guffroy, que depuis longtemps Maximilien méprisait souverainement. Les nuages dont s'était obscurci momentanément le visage de Le Bas n'avaient pas été sans avoir été remarqués de sa fiancée, qui en avait ressenti un violent chagrin. « Pauvre petite, » lui dit Robespierre le soir du jour où Le Bas s'était ouvert à lui, « reprenez votre gaieté, cela n'est rien, Philippe vous aime bien. » Et, leur prenant la main à l'un et à l'autre, il sembla leur donner sa bénédiction (1).

Le mariage avait été fixé à trois semaines de là, quand il se trouva ajourné par une circonstance imprévue. Philippe reçut tout à coup du comité de Salut public l'ordre de se rendre sans délai, avec son collègue Duquesnoy, à l'armée du Nord. On se figure aisément la douleur d'Élisabeth et de Le Bas : se voir ainsi séparés au moment d'être unis! Refuser cette mission, Philippe ne le pouvait sans se déshonorer. Il dut obéir. Mais, effrayée des dangers au-devant desquels courait celui qu'elle considérait déjà comme

(1) Manuscrit de Mme Le Bas. —« Pauvre ami ! » y lit-on, « tu avais pour mes parents la tendresse d'un fils et pour nous la bonne amitié d'un frère, nous te le rendions bien, car nous t'aimions sincèrement. »

son mari, la jeune fille se répandit en plaintes amères, et ne put s'empêcher de dire à Robespierre qu'il lui faisait bien du mal. Maximilien, tout en cherchant à la consoler, lui adressa ces paroles qui ne sortirent jamais de sa mémoire. « Ma bonne Élisabeth, la patrie avant tout, lorsqu'elle est en danger. Le départ est indispensable; du courage, mon amie; Philippe reviendra bientôt. Sa présence est nécessaire là où on l'envoie. Ce n'est pas un médiocre honneur pour lui d'avoir été jugé digne de remplir une telle mission. Vous serez bien plus heureuse de l'épouser après qu'il aura rendu un grand service à son pays (1). » Élisabeth comprit et se résigna. Les lettres de Philippe vinrent d'ailleurs adoucir pour elle l'amertume de cette séparation, laquelle ne fut pas de très-longue durée. Le Bas revint à Paris dans la seconde quinzaine du mois d'août 1793, et son mariage fut célébré le 26 à la commune, en présence d'Hébert, faisant les fonctions d'officier municipal; de Louis David, le peintre immortel; de Robespierre, et de Pierre Vaugeois, frère de Mme Duplay, menuisier à Choisy (2). Élisabeth était heureuse, bien heureuse; l'avenir s'ouvrait devant elle si radieux et si plein de promesses! Qui lui eût dit alors qu'à moins d'un an de là elle serait veuve avec un enfant à la mamelle, et qu'elle vivrait deux tiers de siècle encore pour maudire les assassins de son mari et de l'ami vertueux qu'elle avait eu pour témoin de son mariage!

XXXI

Robespierre lui-même avait aussi formé le projet d'entrer dans la famille de son hôte. Un sentiment plus tendre que l'amitié l'attachait à l'aînée des filles de Duplay, Éléonore, dont la main lui avait été promise (3). Mais cette union si longtemps caressée dans ses rêves, et dont la perspective était toute sa joie, toute son espérance, il l'avait ajournée à une époque moins troublée, au jour ardemment désiré où, la France débarrassée de ses ennemis et respirant dans sa force et dans sa liberté, il lui serait permis, à lui, de se reposer à

(1) Manuscrit de Mme Le Bas.

(2) *Ibid*. Dans l'acte de mariage de Philippe Le Bas et d'Élisabeth Duplay, que nous avons sous les yeux, il est dit que le mariage fut célébré « en présence de Jacques-Louis David, quarante-trois ans, député, demeurant au Louvre; Jacques-René Hébert, substitut du procureur de la Commune, rue Neuve-de-l'Égalité. Témoins des époux : Maximilien-Isidore-Marie de Robespierre, trente-quatre ans, député, rue Saint-Honoré, section des Piques; J. Pierre Bourgeois, soixante et un ans, menuisier, oncle de l'épouse. » Ont signé : Le Bas, Elisabeth Duplay, Hébert, David, Robespierre, Vaugeois.

(3) Note de Mme Le Bas.

l'ombre du foyer domestique et de s'y livrer en paix, entre une femme et des enfants, à ses études et à ses travaux favoris.

Éléonore Duplay avait, à cette époque, près de vingt-cinq ans. C'était une grande et belle jeune fille, aux traits un peu accentués, et dont l'âme virile, trempée aux sources de la Révolution, pouvait aller de pair avec celle de Robespierre. Esprit sérieux et juste, caractère ferme et droit, cœur généreux et dévoué, elle s'était, par ses vertus, attiré l'estime et l'attachement de Maximilien; aucune femme n'était plus digne de devenir la compagne du glorieux démocrate. Ils vivaient sous le même toit ainsi que deux fiancés, lui, trouvant dans ce chaste amour comme un repos et un adoucissement après tant de luttes quotidiennes, elle, fière de celui dont elle devait porter le nom un jour, prête à partager avec lui la palme ou le martyre. Emprisonnée à l'époque du 9 Thermidor, elle fut cependant épargnée par les féroces vainqueurs de cette triste journée, et toute sa vie elle porta le deuil de Robespierre. Jusqu'à sa mort, arrivée sous la Restauration, elle conserva précieusement un médaillon de Maximilien modelé par Collet, où se trouvent reproduits avec une fidélité frappante les traits de celui dont elle se considérait comme la veuve (1).

Robespierre, avons-nous dit déjà, a été défiguré au physique comme au moral. C'était alors un homme de trente-cinq ans, d'une taille moyenne et d'une complexion assez délicate. Les portraits à la plume tracés par Fréron et par Merlin (de Thionville) (2) sont d'odieuses caricatures d'après lesquelles on s'est appliqué à travestir ses traits et à leur donner une expression sinistre. Son visage, au contraire, très-légèrement marqué de quelques grains de petite vérole, respirait la douceur et la bonté, et, sans être régulièrement

(1) La calomnie n'a épargné aucun de ceux qu'affectionna Robespierre. Elle n'a pas manqué d'atteindre Éléonore Duplay. Les Thermidoriens, qui n'ont reculé devant aucun mensonge pour ternir la mémoire de leurs victimes, n'ont pas craint d'écrire que des relations intimes avaient existé entre Robespierre et Éléonore. Quand bien même l'austérité de mœurs de Maximilien ne suffirait point par elle-même pour détruire cette odieuse imputation, s'imagine-t-on que Duplay, homme rigide sous tous les rapports, eût souffert sous ses yeux un pareil commerce ? Quant à Éléonore Duplay, tous ceux qui l'ont connue savent qu'elle était au-dessus des faiblesses et des fragilités de la femme, et qu'elle portait au suprême degré le sentiment du devoir. (Voyez le *Dictionnaire encyclopédique de la France*, par Philippe Le Bas, à l'article DUPLAY.)

(2) Nous avons déjà eu l'occasion de dire que le fameux *Portrait de Robespierre*, publié sous le nom de Merlin (de Thionville), est de Rœderer. En 1790 avait paru un médaillon, qu'on peut voir au cabinet des estampes à la Bibliothèque, et qui contenait les profils de Rœderer, de Petion et de Robespierre, avec cette inscription en exergue : « *Triumvirat patriote.* » Avons-nous besoin de rappeler ce qu'est devenu le patriote Rœderer ?

beau, n'était ni sans charme ni sans distinction. Loin d'avoir l'aspect osseux, blême et blafard que lui ont prêté ses ennemis, il n'était pas dépourvu d'un certain embonpoint et d'une fraîcheur de teint que la maladie altéra seule par instants. La tête, sans avoir le caractère léonin de celle de Mirabeau ou de Danton dont la laideur imposante attirait, était douée de je ne sais quelle expression persuasive qui tout d'abord saisissait l'auditeur. De longs cheveux châtains rejetés en arrière, un front vaste découvert sur les tempes et un peu bombé, l'arcade sourcilière proéminente, l'œil profond et clair, plein de pensées, mais voilé malheureusement par des lunettes qu'une vue basse rendait presque toujours indispensables, le nez droit, légèrement en l'air, la bouche parfaitement dessinée, le menton ferme, nettement accentué : tel était le portrait de l'homme au physique(1). Constamment soigné dans sa mise, Robespierre avait conservé l'usage du jabot et des manchettes, bien différent de tant d'hypocrites qui croyaient faire étalage de patriotisme en affichant un cynisme de langage et de costume. Il aimait trop sincèrement la Révolution, il avait trop le respect de lui-même pour se laisser aller à ces lâches flatteries au populaire.

Au moral, nous l'avons dépeint déjà. Sévère, inflexible même contre la tyrannie, l'injustice, l'immoralité, il était, dans les relations privées, généreux, compatissant et serviable. Affable envers tous, et surtout à l'égard des pauvres gens, il s'était rendu cher à toutes les personnes qui l'approchaient. Adoré dans sa famille d'adoption, il payait d'un attachement sans bornes tous les petits soins dont on se plaisait à l'entourer. C'était le bon génie de la maison. On ne faisait rien sans le consulter, et toujours on se rendait à ses avis tant ils étaient marqués au coin de la sagesse et de la raison. Quand les enfants avaient quelque peine, c'était à lui qu'ils allaient la confier, car il ne manquait jamais d'avoir de bonnes paroles pour les consoler. Étonnez-vous donc que bien longtemps après ils soient morts sans avoir pu comprendre les malédictions stupides du monde contre la mémoire de celui qu'ils avaient connu si pur, si dévoué, si vertueux !

Tout chez lui, a dit Buonaroti, était égalité, simplicité, moralité, amour sincère du peuple (2). Austère dans ses mœurs, d'une sobriété

_____

(1) Nous donnons ce portrait d'après le médaillon de Collet. Il y a eu de Robespierre une assez grande quantité de portraits, dont les plus remarquables étaient ceux peints par Mᵐᵉ Guyard, Boze, Ducreux, David et Gérard. Nous avons dit comment la toile de ce dernier se trouva malheureusement détruite en 1815. Le cabinet des estampes de la Bibliothèque contient une quarantaine de portraits gravés.

(2) *Observations sur Maximilien Robespierre*, in-4°.

extrême, il vivait complétement retiré, quoique le monde le sollici-
tât de toutes parts; il n'allait que très-rarement au théâtre, qu'il
aimait cependant beaucoup, et où, en de rares occasions, il accompagnait Mᵐᵉ Duplay et ses filles. Presque jamais il n'acceptait une
invitation à dîner en ville (1); durant les trois années qu'il passa
dans la maison de Duplay, il ne dîna pas six fois dehors. Tout son
plaisir était dans la vie intérieure, au milieu de ses hôtes. Une des
grandes distractions de la famille consistait dans de longues promenades aux Champs-Élysées. Robespierre ne manquait pas d'être
de la partie quand il en avait le loisir. Il se faisait suivre d'un
grand chien danois nommé Brount, qu'il avait ramené de son dernier voyage en Artois et qu'il aimait beaucoup. Ce chien était très-
attaché à son maître dont il était le compagnon assidu. Couché aux
pieds de Maximilien quand celui-ci travaillait dans sa chambre,
il le regardait d'un air triste et doux comme s'il eût deviné ses
pensées anxieuses. Quand on sortait, Brount témoignait sa joie par
des aboiements et des gambades; c'était un ami de plus, un ami
toujours fêté et choyé par les jeunes filles. La promenade était,
en général, dirigée du côté du jardin Marbeuf, fort en vogue, à
cette époque. Chemin faisant, on s'asseyait sur un banc, et presque
aussitôt accouraient de petits Savoyards, que Robespierre se plaisait
à voir danser, et auxquels il donnait quelque argent. Les pauvres
enfants l'appelaient le *bon monsieur*. « C'était pour lui, » a écrit
Mᵐᵉ Le Bas, « un bonheur que de faire du bien; jamais il n'était
plus content, plus gai que dans ces moments-là (2). » D'autres fois,
quand Robespierre avait une demi-journée de loisir, ce qui était
bien rare, on partait pour Montmorency ou pour Versailles, et l'on
s'enfonçait dans les grands bois où, durant quelques heures, Maximilien oubliait les agitations et les tempêtes de la vie publique.

Chaque soir, à table, on causait des affaires du jour, des nouvelles venues des frontières, du triomphe prochain de la liberté, de

---

(1) C'est ce que constate l'horrible Guffroy dans sa *Deuxième Censure républicaine*
p. 417. Tout ce que les ennemis de Robespierre trouvèrent à lui reprocher, au sujet de
la table, fut un goût un peu prononcé... pour les oranges. Barère, dans ses tristes
Mémoires, raconte qu'un jour M. de Loménie, ex-coadjuteur de son oncle l'archevêque
de Sens, l'ayant prié de le faire dîner avec Robespierre, il invita ce dernier qui accepta
après beaucoup d'instances. Le repas eut lieu chez le restaurateur Méot. Robespierre
se montra très-morose, au dire de Barère. Au nom de Loménie, il s'écria : « C'est un
Brienne! — Oui, dit l'amphitryon, le neveu du cardinal qui a convoqué les états généraux et *établi par une loi la liberté absolue de la presse.* — C'est bon, c'est bon, répliqua
Maximilien, mais c'est un noble. » Peu d'instants après il prit son chapeau et se retira
sans rien dire (t. II, p. 20). Nous donnons cette anecdote pour ce qu'elle vaut. On sait
combien peu Barère mérite de confiance.

(2) Manuscrit de Mᵐᵉ Le Bas.

la perspective d'une félicité générale, une fois les orages apaisés, car tout semblait sourire alors à la Révolution victorieuse. Au sortir de table, on passait dans le salon, garni de gros meubles d'acajou recouverts en velours d'Utrecht cramoisi, et où l'on admirait, pendu à l'une des parois de la muraille, le beau portrait en pied de Robespierre peint par Gérard. Groupées en cercle autour de leur mère, les jeunes filles s'occupaient à des travaux d'aiguille, broderies ou tapisseries, tandis que Maximilien, lorsqu'il n'était pas obligé d'aller à la Convention ou au comité de Salut public, se livrait à la conversation avec son hôte et quelques intimes qui d'ordinaire venaient passer la soirée chez Duplay.

Robespierre lisait admirablement. Souvent on le priait de faire une lecture, ce dont il s'acquittait avec plaisir. C'était tantôt une page de Voltaire ou de Rousseau, tantôt des vers de Racine ou de Corneille, et il mettait tant d'âme dans sa diction qu'à certains passages des larmes tombaient de tous les yeux. Les aiguilles s'arrêtaient alors; les jeunes filles, en extase, ne quittaient plus leur ami du regard, et elles comprenaient mieux le prestige que son éloquence exerçait sur tout un peuple. Vers neuf heures, Maximilien souhaitait le bonsoir à ses hôtes et se retirait dans sa chambre, où il travaillait assez avant dans la nuit; souvent l'aube blanchissante le trouvait à son bureau, méditant un discours pour la société des Jacobins, ou préparant un de ses admirables rapports pour la Convention. Telle était, dans l'intérieur, l'existence calme et douce de ce *tyran* qui de sa vie n'eut à sa disposition ni soldats ni trésors, et qui, s'il eut quelque influence sur l'opinion publique, ne l'obtint que par le plus légitime et le plus honorable des moyens, par la puissance de la raison et du talent.

Tous les jeudis, ces réunions du soir prenaient un caractère un peu plus solennel. Un certain nombre de notabilités révolutionnaires s'étaient, dès longtemps, donné rendez-vous dans le salon de Duplay. On y avait vu les Lameth sous la Constituante; quelques Girondins y étaient venus à l'époque de l'Assemblée législative; des Thermidoriens, comme Merlin (de Thionville), Panis, Collot d'Herbois, étaient également admis au foyer de Duplay. Parmi les autres représentants qui s'y étaient rencontrés le plus fréquemment, citons Camille Desmoulins, que l'amitié de Maximilien ne suffira pas à garantir des coups de Billaud-Varenne; Girod-Pouzol, avec qui Robespierre s'était lié du temps de la Constituante où l'avait envoyé le bailliage de Riom; René Pilastre, Leclerc, tous deux députés de Maine-et-Loire à la Convention, et Larevellière-Lepeaux, un des futurs directeurs de la République, que leurs liaisons avec Maxi-

milien ne purent mettre à l'abri d'un décret de proscription lancé
contre eux par le comité de Sûreté générale (1). Les plus assidus
aux réunions de Duplay étaient Le Bas, son gendre, Couthon et
Saint-Just, Augustin Robespierre, un chevalier italien du nom de
Pio, dont nous avons parlé déjà, David, le grand artiste, qui aimait
Robespierre autant qu'il en était aimé, et qui jusqu'à la mort a
gardé pour sa mémoire un respect religieux.

Un des hôtes les plus habituels de la maison du menuisier était
Philippe Buonarotti, descendant de Michel-Ange. Né à Pise en 1761,
Buonarotti s'était consacré à l'étude des belles-lettres, et, grâce à ses
relations de famille, il se trouvait dans les meilleurs termes avec le
grand-duc Léopold quand éclata la Révolution française. Son enthousiasme pour les nouveaux principes amena une disgrâce ; il fut
contraint de quitter précipitamment la Toscane. Réfugié en Corse,
où il eut Bonaparte pour compagnon de lit, il prit chaudement parti
pour la France, devenue sa patrie d'adoption, contre Paoli, l'allié
des Anglais. Ayant été, vers la fin de 1792, chargé par les habitants
de la petite île de Saint-Pierre, voisine de la Sardaigne, qui avaient
voté la réunion de leur pays à la République, d'aller transmettre
leurs vœux à la Convention nationale, il vint à Paris, et, peu de
temps après son arrivée, la Convention lui accorda, par un décret
solennel, la qualité de Français, que dès le mois de février précédent le conseil général de la Corse avait sollicitée pour lui. Buonarotti s'était empressé de se faire présenter à Robespierre, à qui,
depuis les premiers temps de la Révolution, il avait voué une admiration sans bornes, et dont la mémoire devait rencontrer en lui
un de ses plus ardents et de ses plus éloquents défenseurs (2).

D'autres encore figuraient dans le salon de Duplay : des artistes
comme Gérard, comme Prudhon, auteur d'un beau portrait de Saint-
Just, comme Cietty, jeune sculpteur de grand avenir que frappa la
hache thermidorienne. A ce groupe d'hommes énergiques et dévoués, prêts à vivre ou à mourir pour la République, venaient se
joindre quelques femmes enthousiastes de Robespierre, entre autres
Mme de Chalabre, avec laquelle nos lecteurs ont déjà fait connaissance, et qui, elle aussi, après Thermidor, payera d'une longue
détention son amitié et son admiration pour Maximilien.

(1) Je lis dans une note de Mme Le Bas : « Parler des députés qui venaient chez
mon père, entre autres de Camille Desmoulins, de Merlin (de Thionville), de La Re-
vellière-Lepeaux, Pilastre, Leclerc... »

(2) Toute la vie de Buonarotti fut un long dévouement à la cause de la liberté. Arrêté
dans le Midi à la suite du 9 Thermidor, coupable de son amitié pour Robespierre, il
fut ramené à Paris et jeté dans la prison de Plessis, où il resta jusqu'en vendémiaire

La préoccupation des affaires publiques, le souci des intérêts matériels n'avaient pas étouffé chez les hôtes de Duplay le goût des belles choses, la passion des lettres et des arts, vers lesquels Robespierre s'était toujours senti entraîné par un sentiment très-vif. Aux soirées du jeudi, la littérature et la musique avaient leurs coudées franches chez les Duplay, et l'on faisait trêve à la politique. Robespierre disait quelques tirades de Racine ou de Corneille; Le Bas, qui avait une fort belle voix, chantait une romance ou jouait du violon, sur lequel il avait un talent assez distingué. Ensuite Buonarotti se mettait au piano. Ce descendant d'une famille dont l'art semblait être le patrimoine, était un grand artiste, un musicien consommé. Ame ardente et rêveuse, il exécutait des morceaux de sa composition, où il s'était inspiré de son amour pour la liberté, et, tandis que l'instrument chantait sous ses doigts, chacun retenait son souffle. On écoutait tout ému; on songeait à l'humanité, à la grandeur de la République, à son triomphe prochain, à son avenir, et des touches frémissantes du clavecin on croyait entendre sortir la voix de la patrie.

Si l'on compare maintenant la vie intérieure de Robespierre à celle de certains personnages de la Révolution qui ont été ses ennemis et ses calomniateurs, et dont la mémoire se trouve enveloppée de je ne sais quelle auréole immaculée, on se convaincra qu'il leur était autant supérieur comme homme privé que comme homme politique. Quel dictateur, quel ambitieux que ce tribun farouche qui, simple dans ses mœurs, affable dans ses manières, heureux de faire le bien, vivait comme le plus modeste et le plus retiré des hommes, et qui, en même temps qu'il enseignait au monde, par sa propre conduite, le désintéressement et la probité politiques, donnait à ses concitoyens l'exemple fortifiant de toutes les vertus du foyer domestique!

de l'an IV. En 1806 il quitta la France, après avoir subi plusieurs condamnations politiques, et se retira à Genève d'abord, puis en Belgique, où son talent pour la musique lui fournit le moyen de vivre. Rentré dans sa patrie d'adoption après les journées de Juillet, il y mourut, en 1837, sans avoir rien perdu de son intelligence et de la force de ses convictions. Fidèle à la mémoire de Robespierre, de Couthon, de Saint-Just et de Le Bas, ce fut à eux qu'il songea au moment suprême, et ses dernières paroles témoignent bien du culte qu'il leur avait voué : « Je vais rejoindre les hommes vertueux qui nous ont donné de si bons exemples. »

LIVRE TREIZIÈME

I

Un des titres d'honneur de la Convention nationale aux yeux de la postérité, c'est assurément son extrême honnêteté, son antipathie profonde, invincible, pour les corrompus et pour les corrupteurs. Non que tous ses membres fussent purs, tant s'en faut; plus d'un, hélas! a laissé des preuves de son indignité; mais, en l'an II, en ce temps sombre et héroïque, l'esprit public était à la vertu : malheur à qui, dans l'Assemblée, prêtait au soupçon de vénalité !

` Ce n'était d'ailleurs un mystère pour personne que tous les ennemis de la République, désespérant de la vaincre par les armes, cherchassent à triompher d'elle par les moyens les plus bas et les plus honteux. « Vous avez décrété la République », écrivait, vers cette époque, Robespierre, « nulle trêve n'étoit possible entre vous et la tyrannie... Vous rappellerai-je les moyens odieux et multipliés qu'elle employoit pour perdre toute la portion de la représentation nationale qui ne vouloit être ni sa dupe ni sa complice?... Les fondateurs de la République ne peuvent trouver de repos que dans le tombeau. Les tyrans coalisés vivent encore, et tant qu'ils vivront, ils conspireront contre l'existence du peuple français; ils verseront sur nous tous les maux dont la corruption des cœurs est la source inépuisable... (1) » L'Assemblée ne voulut pas que le soupçon pût atteindre quelqu'un de ses membres, et elle se montra d'un rigorisme quelquefois exagéré. Elle afficha une austérité qui, pour n'être chez plusieurs qu'une pure hypocrisie, ajouta à son influence une incomparable grandeur morale. Il n'eût pas été permis alors à un député de trafiquer impunément dans les entreprises relevant de l'État ou de figurer dans les compagnies financières. Dès le mois de septembre 1793, la Convention renvoyait devant le tribunal ré-

(1) Rapport sur l'affaire Chabot, lequel, comme on sait, ne fut pas prononcé.

volutionnaire Nicolas Perrin, ancien maire de Troyes, représentant
de l'Aube, dénoncé comme ayant reçu une commission pour la
fourniture des toiles. Ce député avait en vain tenté de se justifier;
interrompu dans sa défense, il avait été décrété d'accusation à la
demande d'Osselin et de Danton, son compatriote, et, peu de temps
après, condamné par le tribunal révolutionnaire à douze années de
fers et à six heures d'exposition publique.

Un tel exemple était de nature à faire réfléchir les coureurs d'affaires. Un peu plus tard, Philippeaux, renouvelant une proposition précédemment adoptée, demandait à la Convention d'astreindre chacun de ses membres et tous les magistrats du peuple à rendre
compte de la fortune qu'ils possédaient avant la Révolution, et, s'ils
l'avaient augmentée depuis, d'indiquer par quels moyens, sous
peine d'être déclarés traîtres à la patrie. Bazire s'éleva vivement
contre la motion de Philippeaux, laquelle fut écartée par l'ordre
du jour, et Chabot se plaignit amèrement des calomnies dirigées
contre les patriotes. L'un et l'autre semblaient pressentir qu'une
question d'argent les menait à leur perte. Ceci se passait le 20 brumaire (10 octobre 1793). Huit jours après, Bazire, Chabot, Delaunay (d'Angers), et Julien (de Toulouse), étaient décrétés d'accusation (1).

Il faut dire un mot de cette sombre et sale affaire, à cause du rôle,
fort indirect d'ailleurs, que Robespierre fut appelé à jouer dans la
répression. Un certain nombre de gens de finances, les uns Français,
comme Benoît (d'Angers), compatriote et ami du représentant Delaunay, les autres étrangers, comme Emmanuel et Junius Frey,
dont la sœur avait épousé récemment Chabot, imaginèrent de pratiquer un vaste système de corruption sur les membres de la Convention nationale, dans l'espérance d'obtenir, au sujet des compagnies financières, objet de leurs spéculations et de leurs trafics, des
décrets favorables à leurs desseins. Ils s'abouchèrent avec le baron
de Batz, ce conspirateur émérite dont on trouve la main dans toutes
les machinations ourdies contre la République, et qui, grâce certainement à des relations avec certains personnages influents, eut l'art
de se dérober au châtiment auquel n'échappèrent point la plupart
de ses complices. Delaunay (d'Angers), et Julien (de Toulouse),

(1) Julien (de Toulouse) se déroba par la fuite au décret lancé contre lui. Après
Thermidor, il réclama contre les mesures dont il avait été l'objet, en attribuant ses
malheurs à sa haine pour Robespierre. Calomnier, diffamer Robespierre, était alors
pour les contre-révolutionnaires, pour les concussionnaires, pour les criminels de tous
genres, le moyen le plus sûr d'impunité. La Convention cassa le décret rendu jadis
contre Julien.

gens sans conscience aucune, prirent part à cet horrible complot financier. Le premier fit miroiter aux yeux de Chabot les avantages énormes qu'offrirait une spéculation bien entendue sur les effets des compagnies financières. On provoquerait une dépréciation factice des valeurs pour acheter en baisse, puis on s'empresserait de les relever afin de vendre avec de gros bénéfices. Le prix des complaisances qu'on attendait de Chabot ne devait pas être moindre de cent cinquante mille livres (1).

Chabot, ce semble, se laissa éblouir. Déjà, sous prétexte de dot, il avait, en se mariant, touché des frères de sa femme, les banquiers Frey, la somme de deux cent mille livres. L'appétit des richesses lui était venu, il entra dans le complot. S'il faut s'en rapporter à ses déclarations, ce n'était que par pur patriotisme qu'il aurait consenti à donner la main à ces sordides conspirateurs. « Pour sauver ma patrie, » écrivait-il à Danton (le 8 frimaire), « je me liai avec eux ; je fis jaser ce Benoît qui, sous le nom de craintes, me dévoiloit son désir caché de perdre la Convention et de faire la contre-révolution. Je fus convaincu, surtout lorsqu'ils me dirent de corrompre Fabre avec cent mille livres en assignats qu'ils me remirent pour lui. Je fus content de la manière loyale de Fabre, et il doit l'être de la mienne. Persuadé que Fabre étoit gagné à eux, ils me dirent qu'il falloit à nous deux nous charger des finances et faire tomber Cambon ; que c'étoit le désir de Robespierre. Ils m'ajoutèrent : « Au surplus, ne variez pas, ou vous êtes perdu. Danton a été des « nôtres, il nous a quittés, et vous voyez comme nous le poursuivons. « Il en est de même de Lacroix, etc. » Ils m'ajoutèrent que successivement la Convention seroit perdue, qu'on alloit envoyer à la guillotine les soixante-treize, puis tous les appelans, puis Danton, Lacroix, Legendre, Barère, Thuriot, et qu'on finiroit par Robespierre et Billaud-Varenne...(2).» Fabre d'Églantine avait, à diverses reprises, très-violemment attaqué la Compagnie des Indes. On comprend dès lors tout l'intérêt qu'on avait à acheter son silence. Chabot fut chargé de conclure le marché avec lui, et reçut à cet effet une somme de cent mille livres. De son récit, fort embrouillé du reste, il résulte que Fabre se récria avec indignation à la première ouverture. Chabot garda les cent mille livres en laissant croire à ses complices qu'il les avait remises à son collègue. Si indirecte qu'ait été la participation de Fabre d'Églantine à cette triste affaire, elle

(1) Lettre de Chabot à Danton, du secret du Luxembourg, le 12 frimaire. *Archives*, F 7, 4436.

(2) *Ibid.*, le 8 frimaire. *Archives*, *ubi supra*.

n'en eut pas moins pour lui des conséquences déplorables, et nous verrons tout à l'heure par quelle voie fatale il fut, lui aussi, précipité à l'échafaud.

Les allées et venues mystérieuses de Chabot, son mariage avec la sœur des banquiers Frey, mariage étrange, n'avaient pas été sans éveiller certains soupçons. Bazire eut l'imprudence de se laisser mener par Chabot dans la société des artisans du complot financier. Ils allèrent ensemble à un dîner donné par Julien (de Toulouse) à la campagne, dîner auquel assistaient le baron de Batz, La Harpe, Delaunay (d'Angers) et quelques femmes, et où il fut fort question des moyens de corruption sur lesquels reposait le complot. Violemment pris à partie aux Jacobins, Chabot se crut découvert, il eut peur, et un matin il alla tout conter à Robespierre. « Je viens te réveiller, » lui dit-il, « mais c'est pour sauver la patrie ; je tiens le fil de la conspiration la plus dangereuse qui ait été tramée contre la liberté. — Eh bien, il faut la dévoiler. — Mais pour cela il faut que je continue de fréquenter les conjurés ; car j'ai été admis dans leur société. Ils m'ont conduit, par degrés, à des propositions ; ils m'ont tenté par l'appât de partager le fruit de leur brigandage ; le jour est pris où ils doivent se réunir ; je dois m'y trouver aussi... Si l'on veut, je ferai prendre en flagrant délit les conspirateurs. — On ne saurait rendre un plus grand service à la patrie, reprit Robespierre ; mais où sont les preuves de ce complot ? » Chabot montra alors les cent mille livres en assignats destinées à corrompre Fabre d'Églantine. « Je vais, » ajouta-t-il, « les déposer au comité de Sûreté générale, et dénoncer les traîtres (1). » Robespierre approuva vivement sa résolution. Chabot ayant manifesté quelques craintes pour sa propre sûreté, Robespierre le rassura en lui disant que la pureté de ses intentions et l'avis dont on lui serait redevable seraient ses garanties. Cependant Chabot n'était pas sans inquiétude, car il savait une partie des membres du comité de Sûreté générale assez intimement liés avec Delaunay (2). Toutefois, il se rendit au siége du comité, donna quelques explications verbales, rentra chez lui pour rédiger sa dénonciation par écrit, puis retourna au comité, accompagné de Bazire, qui, de son côté, fournit quelques notes explicatives sur le complot dénoncé par son collègue.

Cette dénonciation inattendue émut singulièrement les comités de Sûreté générale et de Salut public. On se demanda tout d'abord si les dénonciateurs n'étaient pas coupables eux-mêmes, et, dans le doute,

(1 Projet de rapport sur l'affaire de Chabot. *Papiers inédits*, t. II, p 51.
(2) Lettre à Danton, en date du 12 frimaire.

20

on les fit arrêter par mesure de précaution. Transféré à la maison
d'arrêt du Luxembourg, Chabot, désespéré, écrivit à Danton quatre
lettres consécutives, par lesquelles il le sollicitait d'être son défenseur et celui de Bazire. Il ne paraît pas que cet appel ait été entendu. Danton d'ailleurs eût été impuissant. Ce fut encore dans
Robespierre que Chabot et Bazire rencontrèrent le plus d'indulgence. Maximilien ne pouvait oublier les services rendus par Chabot
à la cause de la Révolution ; il avait toutes les peines du monde à le
croire coupable, il le supposa victime de machinations étrangères.
Voici comment il s'expliqua sur son compte dans le projet de rapport dont la rédaction lui avait été confiée : « Je n'ai pas besoin, »
dit-il après avoir raconté comment on était parvenu à circonvenir
François Chabot, « je n'ai pas besoin de peindre la joie que ce
triomphe remporté sur la conduite d'un patriote tel que Chabot dut
répandre dans les cavernes des brigands autrichiens. L'Autriche
crut dès ce moment tenir entre ses mains l'honneur de la Convention
nationale. Le monstre qui avoit trompé Chabot osa se vanter alors
que les représentans les plus purs n'échapperoient pas aux filets
qui étoient tendus autour d'eux... Dès ce moment, cette victime de
la perfidie fut l'objet de l'attention de toutes les sociétés populaires ;
le patriotisme inquiet et ardent se réunit pour l'accabler. Je n'ai
pas besoin de dire que cet événement fut présenté sous les couleurs
les plus défavorables à Chabot, et chargé de toutes les circonstances
que la malveillance et l'intrigue pouvoient inventer. On a raisonné
diversement sur la dot de 200,000 livres donnée par Frey à la
femme de Chabot... Les uns ont adopté les interprétations les plus
favorables aux vues de l'aristocratie ; les autres ont préféré celles
qui flattoient le plus le vœu des patriotes ; mais ce sont les premières qui ont dû naturellement prévaloir dans le public ; il faut
nécessairement que la malignité et l'aristocratie prennent chacune
sa part. Malheur à l'homme qui a longtemps défendu la cause du
peuple ! S'il commet ou une faute, ou une erreur, ou une indiscrétion, il est perdu ; car le patriotisme sévère et soupçonneux et la
vengeance des ennemis du peuple se réunissent contre lui... Il faut
qu'il porte à la fois la peine et de sa faiblesse actuelle et de ses services passés. »

On voit avec quels ménagements Robespierre parlait d'un collègue
dont il avait jadis apprécié le patriotisme et dont la conduite lui
paraissait alors plus légère que criminelle. Et cependant qui plus
que Maximilien avait le droit d'être exigeant en fait d'honnêteté ?
Mais c'est le propre de la vertu sincère de ne pas se montrer farouche
à l'excès, et l'on a dû remarquer déjà la distinction que Robes-

pierre s'attacha toujours à établir entre l'erreur et le crime. Son rapport, trop favorable, n'eut pas l'approbation de ses collègues des comités de Sûreté générale et de Salut public, il faut le croire, puisqu'il ne fut pas adopté par eux. L'indulgence dont il avait paru animé à l'égard de Chabot et de Bazire n'empêchera pas ces deux députés de porter leurs têtes sur l'échafaud, ce qui prouve une fois de plus en passant, et contrairement à une opinion trop accréditée, combien peu son influence était dominante au sein des comités (1).

II

Vers cette époque parut le troisième numéro du *Vieux Cordelier*, c'est-à-dire au lendemain même du jour où, aux Jacobins, Robespierre avait pris si chaleureusement la défense de Camille Desmoulins, en l'engageant toutefois à se montrer moins versatile. Qui ne connaît cet immortel chef-d'œuvre, cette étrange apologie de la Révolution, si semblable à la plus amère des satires, apologie dont tous les royalistes s'emparèrent aussitôt pour la tourner, comme une arme empoisonnée, contre la République? Si l'on ne peut s'empêcher d'admirer le courage et le talent de l'imprudent écrivain, on doit aussi blâmer son erreur ; car, aux applaudissements que les contre-révolutionnaires de toutes les nuances prodiguèrent à ce fameux numéro 3, Camille dut connaître qu'il s'était trompé.

Il avait si bien compris le parti que la malignité ne manquerait pas de tirer de ses citations, qu'il avait eu soin de protester d'avance contre les rapprochements qu'on chercherait à établir entre le temps présent et les époques calamiteuses dont il retraçait l'affligeant tableau. Si Camille eut l'intention pure et simple de présenter à ses concitoyens, à l'aide d'une allégorie, l'image du régime révolutionnaire auquel ils étaient momentanément soumis, on ne peut nier qu'il n'ait singulièrement chargé ses couleurs, si sombre et si soupçonneux que fût ce régime. Mais telle n'a pas été la pensée de l'ardent pamphlétaire; il voulut surtout, et il faut l'en croire quand il le dit, montrer la différence existant entre la terreur monarchique passée de temps immémorial à l'état chronique, et la terreur transitoire inévitablement amenée par le combat à mort que se livraient au milieu de nous la République et la royauté. Maintenant, que plus

_____

(1) On lit dans un pamphlet contre Robespierre : « Robespierre refusa d'abord et obstinément de signer le mandat d'arrêt contre Delaunay (d'Angers), Bazire et Chabot. Barère le lui arracha *malgré sa frayeur...* » (*La tête à la queue, ou première lettre de Robespierre à ses continuateurs.*)

d'une allusion perçante soit volontairement tombée de sa plume,
c'est ce dont il est impossible de douter. Il songeait évidemment
à son ami le général Dillon en écrivant : « S'étoit-on acquis de la
réputation à la guerre, on n'en étoit que plus dangereux par son talent. » Et sans doute il pensait à Robespierre harcelé par les Girondins, lorsqu'il disait : « C'étoit un crime d'avoir une grande place
ou d'en donner sa démission, mais le plus grand de tous les crimes
étoit d'être incorruptible. » Sa nomenclature des suspects rappelle
non pas, comme on le croit généralement, la loi des suspects de
Merlin (de Douai), mais bien les tables dressées par Anaxagoras
Chaumette, où un geste, une erreur, un préjugé, une superstition,
étaient érigés en crimes d'État. Toutefois le retour de cette terreur
de l'ancien despotisme impérial ne paraissait possible à Desmoulins
qu'au cas où la royauté, c'est-à-dire la réaction, triompherait. Laissez
venir le 9 Thermidor, et la prédiction de Camille s'accomplira.

A côté de sorties extrêmement vives contre ces énergumènes déjà
flétris par Maximilien, devenus patriotes outrés par ordre de Pitt et
de Coblentz, et qui, selon Camille, s'épuisaient en efforts « pour
réfuter le manifeste sublime de Robespierre (1), » il y a dans ce numéro 3 plus d'une page entièrement à la gloire de la République,
et où éclate le génie révolutionnaire de l'auteur de la *France libre.*
On y trouve même sur le tribunal révolutionnaire une appréciation
pleine de justesse et dont devraient se souvenir peut-être ceux qui
écrivent plus ou moins sérieusement l'histoire de ce tribunal sanglant. En somme, trois écueils étaient éloquemment signalés par
Camille Desmoulins comme périlleux pour la République : d'abord,
l'exagération des faux révolutionnaires ; en second lieu, le modérantisme en deuil qui, à l'aide d'une armée de femmes, faisait le
siége des comités ; enfin, ce que l'ingénieux écrivain appelait la
conspiration des dindons, c'est-à-dire de ces patriotes de la troisième ou quatrième réquisition, qui, avec les intentions les meilleures, s'en allaient déclamant sans cesse contre les vétérans de la
Révolution. Sur ces trois points Camille était parfaitement d'accord avec « son cher camarade de collége. » Mais comment le léger
écrivain ne s'aperçut-il pas qu'en portant aux nues la lettre récemment publiée par Philippeaux sur la Vendée, lettre où quelques vé-

(1) Voici en quels termes Camille s'explique dans une note au sujet du fameux manifeste contre les rois coalisés : « C'est avec de tels écrits qu'on vengeroit l'honneur de
la République, et qu'on débaucheroit leurs peuples et leurs armées aux despotes, bientôt réduits à la garde des nobles et des prêtres, leurs satellites naturels, si les ultra-
révolutionnaires et les bonnets rouges de Brissot et de Dumouriez ne gâtoient une si
belle cause et ne fournissoient malheureusement à Pitt des faits pour répondre à ces
belles paroles de Robespierre. »

rités bonnes à dire se trouvaient noyées dans un torrent de récriminations injustes contre le comité de Salut public, il traçait lui-même
l'éloge d'un homme appartenant à ce qu'il appelait si plaisamment
la conspiration des dindons?

Quoi qu'il en soit, ceux qui battirent des mains à l'apparition de
ce troisième numéro, ceux qui, pour l'acheter, se précipitèrent en
foule dans la boutique du libraire Desenne, n'étaient point les
amis sincères de la Révolution. Comme les applaudissements ont
cela de fatal qu'ils montent à la tête, à l'instar d'un vin généreux,
et qu'involontairement, pour ainsi dire, on est disposé à des concessions parfois étranges envers qui les a prodigués, Camille se
trouva comme grisé. Sans s'en douter peut-être, l'ancien procureur général de la lanterne mit au service de la réaction cette
plume acérée dont les royalistes avaient reçu de si cruelles blessures, et qui maintenant semblait remplir pour eux l'office de la
lance d'Achille.

III

Cinq jours après celui où Camille Desmoulins se plaignait de voir
le modérantisme assiéger le comité de Sûreté générale par une
armée de femmes et d'avoir été lui-même saisi au collet au moment où, par hasard, il entrait dans la salle de ce comité (1), une
foule de citoyennes se présentaient à la barre de la Convention
pour réclamer la liberté des prisonniers injustement détenus. Déjà
ces femmes étaient venues une huitaine de jours auparavant, et l'Assemblée avait ordonné à son comité de Sûreté générale de lui faire
sous trois jours un rapport sur cette demande. Le rapport n'ayant
pas été déposé dans le délai prescrit, elles revenaient, afin de prier
la Convention de statuer sans plus tarder sur leur pétition (2).

Le président — c'était Voulland — chercha à expliquer en
quelques paroles aux pétitionnaires pourquoi l'on avait dû prendre
contre des personnes suspectes certaines mesures de précaution
qu'il ne fallait pas confondre avec une pénalité. Puis Robespierre,
non pas comme membre du comité de Salut public, mais en son nom
personnel, prit la parole à son tour. Il saisit cette occasion de déclarer avec une grande modération, mais de la façon la plus nette,
que la Révolution ne désarmerait pas devant les provocations incessantes et les menaces indirectes dont elle était l'objet. Seulement il
tint à établir qu'elle subordonnerait toujours son action à celle de

---

(1) *Le Vieux Cordelier*, numéro 3.
(2) *Journal des débats et des décrets de la Convention*, numéro 458, séance du 30 frimaire (20 décembre 1793).

la justice, seule déesse devant laquelle il s'inclinât. Il commença par reprocher aux pétitionnaires d'avoir cédé aux suggestions de l'aristocratie en se rendant tumultueusement en corps à la Convention, et en ayant l'air de croire à l'innocence de tous les détenus. Sans doute, pensait-il, les mesures révolutionnaires nécessitées par les circonstances avaient pu frapper quelques innocents, et parmi les femmes admises à la barre de l'Assemblée il en était d'intimement convaincues de l'innocence de leurs maris ou de leurs parents; mais du moins auraient-elles dû séparer avec soin leur cause de celle des ennemis de la Révolution. Et d'une voix attendrie : « Des femmes! ce nom rappelle des idées chères et sacrées. Des épouses! ce nom rappelle des sentiments bien doux à des représentants qui fondent la liberté sur toutes les vertus. Mais ne sont-elles pas aussi des citoyennes, et ce titre ne leur impose-t-il pas des devoirs supérieurs à ceux de leur qualité privée? » Femmes patriotes, elles auraient dû, selon lui, afin de ne point paraître mises en avant par l'aristocratie, se contenter de s'adresser modestement et en particulier aux législateurs spécialement chargés d'examiner les causes des détentions, sûres de trouver dans chacun d'eux un défenseur du patriotisme opprimé.

Robespierre, en s'élevant avec force contre les exagérations de ceux qui, suivant son expression, avaient transformé la liberté en Bacchante, avait fourni lui-même un semblant de point d'appui aux réclamations de l'aristocratie; il ne se le dissimulait pas. Aussi ne manqua-t-il pas de formuler son opinion de la façon la plus explicite. « Depuis que nous nous sommes élevés contre les excès d'un patriotisme emprunté, » dit-il, « on a cru que nous voulions déchoir de la hauteur révolutionnaire où nous étions placés. Tous les ennemis de la liberté nous ont pris au mot, ils ont cru que le moment du modérantisme était arrivé; ils se sont trompés. Il faut, je le répète, que la Convention nationale protége le patriotisme opprimé, et certes elle l'a fait autant qu'elle l'a pu; jamais un innocent n'a en vain réclamé sa justice, et elle ne se départira pas de cette règle; mais chacun doit bien se pénétrer de cette idée qu'elle conservera non-seulement l'énergie qui l'a animée jusqu'à ce jour, mais encore qu'elle poursuivra sans relâche tous les ennemis de la liberté et de l'égalité. »

Pour faire droit à la pétition dont un grand nombre de femmes s'étaient faites l'organe auprès de la Convention, et pour éviter désormais toute confusion entre le véritable patriote et le contre-révolutionnaire, il y avait, à son avis, une mesure très-importante à prendre, mais infiniment délicate en même temps : c'était d'investir les comités de Salut public et de Sûreté générale du droit de nommer

des commissaires chargés de rechercher les moyens de mettre en
liberté les citoyens injustement incarcérés. Ces commissaires devaient
soumettre le résultat de leurs recherches aux comités, lesquels sta-
tueraient définitivement sur la mise en liberté des personnes détenues sans motifs suffisants. Seulement, disait-il, il fallait prendre
garde que les citoyens chargés de l'exécution de cette mesure n'ou-
bliassent leurs devoirs et leur mission austère à la voix d'intrigants
ou de jolies solliciteuses. Qui ne sait combien de fois la cause sacrée
de la justice s'est trouvée compromise par l'influence de deux beaux
yeux ! Pour éviter les dangers des sollicitations, les noms des commissaires demeuraient secrets pour le public (1).

La Convention avait interrompu, à diverses reprises, par ses applaudissements, l'éloquente improvisation de Robespierre (2), elle
vota également sa proposition au milieu des acclamations, à l'unanimité et sans discussion. Ainsi fut institué, à la voix de Maximilien,
le comité de Justice, qui eût pu produire un si grand bien s'il eût
fonctionné comme l'aurait voulu son auteur.

Le jour même où était décrété ce comité de Justice, Camille Desmoulins écrivait sous l'impression du décret salutaire le quatrième
numéro de son *Vieux Cordelier*. Camille niait avec raison que la
liberté fût une chemise sale ou des haillons, une actrice de l'Opéra,
la Candeille ou la Maillard, promenées avec un bonnet rouge ; non,
la liberté, c'était le bonheur, c'était la raison, c'était l'égalité, c'était
la justice, c'était la Déclaration des droits, c'était en un mot la
constitution, et en cela il n'était que l'écho de paroles dites et
redites par Robespierre. Mais il allait beaucoup plus loin que son
ami, en demandant implicitement l'ouverture des maisons de détention, tout en avouant, par une contradiction assez singulière,
qu'il serait dangereux et impolitique de relâcher les détenus (3).
« O mon cher Robespierre, » s'écriait-il, « c'est à toi que j'adresse
ici la parole, car j'ai vu le moment où Pitt n'avoit plus que toi à
vaincre, où sans toi le navire Argo périssoit, la République entroit
dans le chaos, et la société des Jacobins et la Montagne devenoient
une tour de Babel. O mon vieux camarade de collége, toi dont la
postérité redira les discours éloquents, souviens-toi que l'amour

---

(1) De cette proposition si sage et si prévoyante, M. Michelet conclut que les *mysté-*
rieux inquisiteurs de clémence seraient choisis sous l'influence de Robespierre.« Énorme
accroissement à son influence, dit-il ; seul, il allait tenir la clé des prisons. » (T. VII,
p. 29.) Quelle aberration d'un esprit prévenu !

(2) Voyez, pour ce discours de Robespierre, *le Moniteur* du 1er nivôse (21 décembre
1793) et le *Journal des débats et des décrets de la Convention*, numéro 458, combinés.

(3) *Le Vieux Cordelier*, numéro 4.

est plus fort, plus durable que la crainte; que l'admiration et la
religion naquirent des bienfaits; que les actes de clémence sont
l'échelle du mensonge, comme nous disoit Tertullien, par lesquels
les membres du comité de Salut public se sont élevés jusqu'au
ciel, et qu'on n'y monta jamais sur des marches ensanglantées.
Déjà tu viens de t'approcher beaucoup de cette idée, dans la
mesure que tu as fait décréter aujourd'hui, dans la séance du
décadi 30 frimaire. Il est vrai que c'est plutôt un *comité de Justice*
qui a été proposé. Cependant, pourquoi la clémence seroit-elle
devenue un crime dans la République (1)? » Ce que demandait en
effet Camille, c'était un comité de Clémence.

On sent tout de suite la différence capitale existant entre cette
proposition et celle de Maximilien. La première tendait à désarmer
la Révolution, la seconde lui laissait les moyens de se défendre sans
sortir des bornes de la justice. Ici l'équité stricte, là la fantaisie
pure. Sans doute la motion de Camille était touchante, et l'humanité y applaudit; mais, comme l'a justement remarqué le grand historien de la Révolution française, l'imprudent écrivain « avait le
tort de réclamer pour le régime de la liberté militante ce qui ne
convenait qu'au régime de la liberté victorieuse (2) ». Quelle illusion,
en effet, que d'imaginer que parce que la Révolution désarmerait,
la réaction en ferait autant. A entendre Camille, on eût pu croire
que la République n'avait plus pour ennemis que des vieillards, des
femmes ou des cacochymes. Mais la Vendée n'était-elle pas toujours en feu? Nos frontières n'étaient-elles pas assaillies du nord au
midi? Enfin, à l'intérieur, les machinations royalistes n'étaient-elles
point sans cesse renaissantes? Du reste, Camille lui-même se con-
tredisait de page en page. Si, exagérant le nombre des détenus, il
demande ici qu'on ouvre les prisons aux deux cent mille suspects, il
ajoute là, en note, que son sentiment n'est point qu'on ouvre à deux
battants les portes des maisons de suspicion, mais seulement un
guichet, et qu'après interrogatoire on élargisse les détenus dans le
cas seulement où leur élargissement ne serait point un danger pour
la République. C'était rentrer dans l'idée de Robespierre.

Il fallait toute la légèreté de Camille pour ne pas comprendre l'excellent parti que les royalistes allaient tirer de ses écrits, dont une
des conséquences les plus fâcheuses fut de donner aux exagérés
une force toute nouvelle. Se tenant à l'écart, pour ainsi dire, depuis
le jour où Robespierre leur avait opposé une attitude si énergique,

(1) *Le Vieux Cordelier*, n° 4.
(2) Louis Blanc, *Histoire de la Révolution*, t. X, p. 230.

ils reparurent plus exigeants, crièrent à la désertion de Camille et
demandèrent ce qu'aurait dit de plus un aristocrate. L'arrivée de
Collot d'Herbois, « du géant, » comme ils disaient, leur sembla un
puissant renfort ; ils se crurent en état de tout oser. Entre les ultra-
révolutionnaires et ceux qu'on appela les *indulgents*, — mot qui doit
s'entendre dans un sens tout relatif, — une lutte effroyable va
s'ouvrir, une lutte à mort, dans laquelle les premiers tomberont
vaincus, mais non sans avoir porté à leurs adversaires des coups
terribles auxquels ceux-ci ne tarderont pas à succomber à leur
tour.

V

On comprend quelles furent en ces circonstances les angoisses
de Robespierre, qui voyait compromise, par l'imprudence de son
ami, la politique ferme et sage à la fois dont il avait fait la règle de
sa conduite. Devait-il soutenir Camille dans sa maladroite entreprise ? Devait-il heurter, lui aussi, contre l'écueil du modérantisme
où fatalement, et quoi qu'il en pensât lui-même, allait échouer l'auteur du *Vieux Cordelier* (1)? Il ne le pouvait sans faillir à son caractère et sans donner un démenti sanglant à toute sa conduite passée.
Mais se réfugia-t-il dans la Terreur, comme on l'a dit fort légèrement (2)? En aucune façon. Il fut tout simplement conséquent avec
lui-même, et s'attacha à se tenir entre les deux coalitions rivales,
dont l'une tendait au modérantisme et l'autre aux excès patrioti-

(1) Camille, qui avait pris la plume sous prétexte qu'on n'avait plus de périodiste
aussi libre que les chroniqueurs anglais (numéro 1 du *Vieux Cordelier*), trouva dans
le rédacteur des *Révolutions de Paris* un contradicteur digne de lui. « Concluons, Camille. Ce n'est point ici le cas d'approfondir et de balancer les avantages et les inconvéniens de l'entière liberté de la presse. Tout a été dit et redit sur cette matière, et aucun de ceux qui l'ont traitée n'a pu s'empêcher de reconnoître que les avantages l'em-
portoient de beaucoup sur les inconvéniens. Robespierre, pour sa part, en a poussé la
preuve assez loin... Camille a donc mauvaise grâce d'appuyer sur le peu de liberté dont
jouissent la pensée et la presse en France, en comparaison de l'Angleterre. La Convention en masse n'y a jamais porté atteinte ; au contraire, elle en a réprimé les délits, et
les lettres de Philippeaux prouvent qu'on peut tout imprimer, excepté pourtant ce qui
tendroit au rétablissement de la royauté, et ce qui contrarieroit l'unité et l'indivisibilité de la République.» (*Révolutions de Paris*, numéro 219.)

(2) M. Michelet. « Robespierre se sauva à gauche, chercha sa sûreté dans les rangs des
exagérés, ses ennemis, se confondit avec eux. » A cette affirmation si précise quelle
preuve apporte l'historien? Robespierre, dit-il, « renia, attaqua Camille Desmoulins, DU
MOINS LE FIT ATTAQUER aux Jacobins par un rustre à lui. » Et où M. Michelet a-t-il pris
que Nicolas « ait reçu commission de Robespierre » pour attaquer Desmoulins? C'est
ce qu'il aurait bien dû nous dire. Toujours le même système : « Si ce n'est toi, c'est
donc ton frère... » (Voy. l'*Histoire de la Révolution*, t. VII, liv. xv, tout le ch. 2.)

quement contre-révolutionnaires (1). C'est d'ailleurs ce que nous
allons démontrer de la manière la plus péremptoire.

Dans la séance même où Robespierre obtenait de la Convention
nationale l'établissement d'un comité de Justice, paraissait à la
barre une députation du club des Cordeliers. D'un ton altier et le
chapeau sur la tête, l'orateur demanda d'abord un prompt rapport sur
l'affaire de Ronsin et de Vincent, récemment arrêtés à la suite de la
publication de la cinquième lettre du député Philippeaux, puis la
mise en accusation des complices de la faction brissotine, c'est-à-dire
des soixante-treize Girondins déjà sauvés deux fois par Robespierre,
et dont le parti hébertiste ne se lassait pas de réclamer la mort. Nous
avons dit l'aversion de Maximilien pour le débraillé révolutionnaire.
Un jour, dans le courant d'octobre, les sociétés populaires avaient
sollicité de la Convention un décret portant qu'à l'avenir tous les
citoyens seraient tenus de se tutoyer sous peine d'être déclarés suspects, et cette absurde pétition avait été appuyée... par Philippeaux (2), aujourd'hui le dénonciateur obstiné des généraux hébertistes. Mais il paraissait aussi ridicule à Robespierre de contraindre
un citoyen de parler à un indifférent dans les mêmes termes qu'à la
personne la plus chère et à l'ami le plus intime, qu'il lui semblait
indécent de la part de pétitionnaires de venir parler le chapeau sur
la tête aux représentants du peuple français. Les hommes se doivent
entre eux certaines considérations et certain respect; il y avait là,
selon lui, une obligation de politesse à laquelle républiques et monarchies étaient également tenues.

Couthon se plaignit le premier de l'avilissement qu'on avait l'air
de vouloir répandre sur l'Assemblée en lui parlant le chapeau sur
la tête. Défenseur des soixante-treize Girondins contre lesquels était
particulièrement dirigée la pétition, Robespierre pouvait se sentir
atteint personnellement en quelque sorte. Cependant il se garda
bien d'attribuer à une mauvaise intention de la part des pétitionnaires l'abus dont s'était plaint Couthon. Cet abus venait, suivant
lui, de la mauvaise application d'un principe véritable (3). « Sans
doute, » dit-il, « tous les citoyens sont égaux entre eux, mais il n'est
pas vrai qu'un seul homme soit l'égal d'une portion quelconque de
citoyens. Un individu qui parle dans une assemblée doit respecter

(1) Projet de rapport sur la faction Fabre d'Églantine. (*Papiers inédits*, t. II, p. 21.)
(2) *Moniteur* du 12 brumaire (2 novembre 1793). Sur les *tu* et les *vous*, voyez un curieux article des *Révolutions de Paris*, numéro 216.
(3) Robespierre avait mille fois raison, et les *Révolutions de Paris*, en lui donnant
tort, ne s'aperçurent pas qu'elles confondaient le fond avec la forme. (Voy. le numéro 219, p. 359.) La grossièreté des manières n'a rien à voir avec la véritable égalité.

en elle la société générale dont il est membre.» Quelque chose excusait peut-être l'attitude des pétitionnaires, c'était l'habitude prise par certains membres de l'Assemblée de parler couverts, ce qui était contraire au règlement. Maximilien s'éleva énergiquement contre cette habitude irrévérencieuse. « Que nos collègues donnent l'exemple du respect que l'on doit au peuple, tout le monde le suivra. » Le représentant Granet ayant réclamé la question préalable en invoquant l'exemple des quakers, lesquels avaient pu se présenter le chapeau sur la tête devant l'Assemblée législative : « C'est là, répondit Robespierre, une exception qui confirme la règle, les quakers ayant eu de tout temps l'habitude de se parler couverts. » Rappelée par lui au maintien de sa dignité personnelle, la Convention interdit aux pétitionnaires de paraître devant elle le chapeau sur la tête, et elle décida que dorénavant chacun de ses membres serait tenu de se découvrir en prenant la parole (1).

La pétition, lue après cet incident, passa à peu près inaperçue et ne produisit aucun effet. On voit si, dans cette occasion, Maximilien fut avec les exagérés. Il ne s'était prononcé ouvertement jusqu'ici ni pour ni contre Ronsin, dont les actes ne lui étaient pas bien connus encore, et il avait à cet égard imité la sage circonspection de Danton, ce dont un journal du temps lui fit indirectement compliment (2). L'arrestation de Ronsin, comme celle de Vincent, déclara-t-il lui-même aux Jacobins, n'était pas l'ouvrage d'un homme, mais le résultat d'un examen attentif dans les deux comités; il dit cela à la décharge de Philippeaux, violemment inculpé par les hébertistes. Transportons-nous donc aux Jacobins, et examinons impartialement si, dans les scènes orageuses amenées par les derniers numéros du *Vieux Cordelier* et les lettres de Philippeaux, Robespierre prit davantage parti pour les terroristes, dont il usa sa vie à combattre les excès.

V

Comme on devait s'y attendre, les premiers numéros du *Vieux Cordelier* et les pamphlets de Philippeaux, si admirés de Camille, soulevèrent de violents orages. « Camille frise la guillotine, » s'écria aux Jacobins, dans la séance du 1er nivôse (21 décembre 1793), l'imprimeur Nicolas. Juré au tribunal révolutionnaire, patriote en-

(1) Voy. *le Moniteur* du 2 nivôse (22 décembre 1793), et le *Journal des débats et des décrets de la Convention*, numéro 458.

(2) *Révolutions de Paris*, numéro 219, p. 359.

thousiaste, admirateur sincère et dévoué de Robespierre, dont il devait partager le sort, Nicolas mettait plus d'emportement dans ses paroles que dans ses actes. A Fouquier-Tinville et à Dumas qui lui reprochaient d'avoir acquitté un ci-devant noble, un conseiller au ci-devant parlement de Paris, — c'était à propos de Fréteau, lors de sa première comparution devant le tribunal révolutionnaire, — il répondit : « Fréteau n'a pas été convaincu, je n'ai pu l'atteindre (1). » Camille lui-même rendait pleine justice d'ailleurs au farouche patriote. Tout en le criblant de ses traits les plus mordants dans le cinquième numéro de son journal, il le félicitait d'avoir veillé sur les jours de Robespierre à une époque où celui-ci courait les plus grands dangers. « Comme tous les patriotes aiment Robespierre ; comme dans le fond Nicolas est un patriote... nous l'avons nommé juré du tribunal révolutionnaire... Vous, Nicolas, qui avez aux Jacobins l'influence d'un compagnon, d'un ami de Robespierre, vous qui savez que mes intentions ne sont pas contre-révolutionnaires, comment avez-vous cru les propos que l'on tient dans certains bureaux ? Comment les avez-vous crus plutôt que les discours de Robespierre, qui m'a suivi presque depuis l'enfance, et qui, quelques jours auparavant, m'avoit rendu ce témoignage, que j'oppose à la calomnie : qu'il ne connoissoit pas de meilleur républicain que moi ; que je l'étois par instinct, par sentiment plutôt que par choix, et qu'il m'étoit même impossible d'être autre chose. Citez-moi quelqu'un dont on ait fait un plus bel éloge. Cependant les *tape-dur* ont cru Nicolas plutôt que Robespierre (2). » Seulement Camille Desmoulins

. (1) Déposition de Duchâteau, ex-secrétaire du parquet de Fouquier et huissier au tribunal révolutionnaire réorganisé, dans le procès de Fouquier-Tinville. (Voy. l'*Histoire parlementaire*, t. XXXIV, p. 445.) Ce témoignage en faveur d'un ami de Robespierre est d'autant plus désintéressé que Nicolas avait péri dans la catastrophe du 9 Thermidor. — Il existe à la suite du rapport de Courtois, sous le numéro LIX, une lettre de Nicolas à Robespierre, en date du 22 frimaire, et commençant par ces mots : « Robespierre, mon service au tribunal m'empêche de vous conduire moi-même les membres du comité du département ; ils ont rendu d'importans services à la chose publique ; ils sont encore très-utiles. » — Ce comité venait d'être cassé, et ses membres désiraient présenter leurs réclamations à Robespierre. — « Ils s'en rapporteront entièrement à vous, » ajoutait Nicolas. « Ce n'est point parce que j'y suis encore que je m'y intéresse, mais seulement pour la chose publique. » Or, de cette lettre le rédacteur du rapport de Courtois, d'après une indication de ce dernier, a inféré que Robespierre avait l'habitude de se faire escorter ; qu'une partie de l'escorte, se séparant de lui allait ouvrir les portes avec empressement et « attendait ce traître, qui se présentait toujours avec une grande importance » (p. 52 du rapport. Et des écrivains ont été dupes de pareilles inepties ! En marge de l'original de la lettre de Nicolas on lit en effet ces mots, de la main de Courtois : *Nécessaire ;* preuve *qu'il avait des gardes habituels.* (Voy. *Archives*, F. 7, 4436.)

(2) *Le Vieux Cordelier*, numéro 5. Il est à remarquer que Nicolas ne siégea pas dans le procès de Danton.

oubliait de dire une chose, c'est que, dans l'intervalle de la séance
où Robespierre s'était exprimé sur son compte en termes si flatteurs à celle où l'imprimeur Nicolas s'était permis cette regrettable
apostrophe, les numéros 3 et 4 du *Vieux Cordelier* avaient paru, et
que la colère des patriotes s'était précisément allumée à la lecture
de ces deux numéros.

Le même jour, Hébert se déchaînait avec la dernière violence
contre Camille, Philippeaux, Bourdon (de l'Oise), — Bourdon
le rouge, disait-il, — et contre Fabre d'Églantine. Déjà depuis
quelque temps il avait commencé dans son journal une guerre
à outrance contre Camille et ses amis : « Un bourriquet à longues oreilles qui n'eut jamais ni bouche ni éperon fait feu des
quatre pieds depuis quelques jours..: Après avoir plaidé la cause
du muscadin Dillon et soutenu que sans la protection des talons
rouges la République ne pouvoit se sauver, il devient aujourd'hui
le champion de tous les j... f..... qui sifflent la linote... (1). » En
s'en prenant à des hommes qui injustement et à tout propos attaquaient l'administration de la guerre et ne cessaient de décrier le
comité de Salut public, Hébert espérait bien s'attirer les bonnes
grâces des membres les plus influents de la Convention. Il conjura
Robespierre et Danton, « les deux colonnes de la Révolution, » de
ne pas se laisser circonvenir par des pygmées qui vouloient s'élever
à l'ombre de leur patriotisme (2). » Mais Robespierre, guidé par sa
conscience entre les exagérations du *Père Duchesne* et celles du
Vieux Cordelier, n'était pas plus disposé à sacrifier ses convictions
aux cajoleries d'Hébert qu'aux éloges sincèrement enthousiastes de
Camille Desmoulins.

Plus sérieuse fut l'attaque dirigée le surlendemain par Levasseur
(de la Sarthe) contre son compatriote Philippeaux. Collot d'Herbois,
tout récemment arrivé de Lyon, venait de faire entendre des plaintes
amères contre ceux qui voulaient modérer le mouvement révolutionnaire, et il avait jeté dans les âmes de sombres émotions en
dépeignant le suicide d'un citoyen lyonnais, d'un ami de Chalier,
de Gaillard, qui s'était tué de désespoir, croyant la République
trahie, quand Levasseur prit la parole. « Je demande, » s'écria-t-il,
à arracher le masque dont se couvre Philippeaux. » Du bavardage,
des déclamations, voilà en quoi, selon lui, consistait le patriotisme
de ce député. Il lui reprocha d'avoir menti dans ses lettres, de
l'avoir engagé à voter pour l'appel au peuple, d'avoir traité Ronsin

(1) Voy. *le Père Duchesne*, numéro 328.
(2) Voyez, dans *le Moniteur* lu 4 nivôse (24 décembre 1793), la séance des Jacobins
du 1er nivôse.

et Rossignòl de scélérats, d'avoir enfin déclaré que les Jacobins n'étaient composés que de fripons. Philippeaux nia ce propos insolent et persista dans ses accusations contre les généraux de la Vendée, coupables tous, à ses yeux, de négligence, d'ignorance ou de trahison. Mais Levasseur jouissait d'une réputation de patriotisme et d'intégrité qui ajoutait à ses paroles un poids énorme; l'assemblée, vivement émue, paraissait peu disposée à entendre la justification de Philippeaux (1).

Danton se leva alors. Il ne savait rien de cette affaire; désirant se former une conviction, il pria la Société d'écouter attentivement, et ajouta : « Je n'ai aucune opinion formée sur Philippeaux ni sur d'autres; je lui ai dit à lui-même : « Il faut que tu prouves ton accusation ou que tu portes ta tête sur un échafaud (2). » Or il se trouva que la plupart des faits si légèrement avancés par Philippeaux furent victorieusement démentis. Robespierre prit aussi la parole, et si quelqu'un essaya d'adoucir la discussion, ce fut certainement lui. Il commença par engager Philippeaux à faire le sacrifice de son opinion dans le cas où il aurait cédé à des suggestions d'amour-propre ou obéi à des passions particulières; mais s'il avait été mû par une plus noble passion, par l'amour de la patrie et de la liberté, Maximilien comprenait qu'il attaquât le gouvernement lui-même et des hommes calomniés, abhorrés par les puissances étrangères, sauf à ceux-ci à répondre. « La société, » dit-il, « doit entendre un homme qui, j'aime à le croire, n'a eu que de bonnes intentions. » Si perfides que fussent les assertions de Philippeaux, lequel accusait le comité de Salut public d'avoir, par entêtement, sacrifié trente mille hommes dans la Vendée, Robespierre ne pensait point que son collègue eût été animé de pensées contre-révolutionnaires. Il fallait l'entendre, et juger entre lui et le comité; par conséquent la discussion devait être calme et tranquille. Les agitations dont on était tourmenté, il les attribua aux menées des puissances étrangères qui avaient placé la République entre ces deux écueils si souvent signalés par lui : le modérantisme et l'exagération. « Soyez-en

___

(1) Séance du 3 nivôse (23 décembre) aux Jacobins, *Moniteur* du 6. — M. Michelet, chez qui il semble passé en vérité à l'état de manie de présenter quelques-uns des principaux révolutionnaires comme autant de pantins que Robespierre aurait fait agir à l'aide d'une ficelle, ne craint pas d'écrire que Robespierre fut trop heureux « de trouver un autre gibier, de tourner la meute contre Philipeaux. « Il avait amené avec lui un dogue *docile et furieux*, Levasseur, etc. » (t. VII, p. 37). Est-il permis de travestir ainsi l'histoire ? Si quelqu'un, en cette circonstance, se montra modéré à l'égard de Philippeaux, ce fut assurément Robespierre.

(2) *Moniteur* du 6 nivôse, *ubi suprà*. « Danton essaya d'adoucir, » se contente d'écrire négligemment M. Michelet (p. 37).

persuadés, » ajouta-t-il, « la tactique de nos ennemis, et elle est sûre, c'est de nous diviser; on veut que, luttant corps à corps, nous nous déchirions de nos propres mains. » Aux impatients qui se plaignaient de l'arrestation de Ronsin et de Vincent, il rappelait l'exemple de Marat se rendant au tribunal révolutionnaire et en revenant triomphant. Chabot lui-même n'avait-il pas été arrêté malgré les incontestables services rendus par lui à la chose publique? Ces diverses arrestations n'étaient point l'ouvrage d'un homme, elles avaient été longuement délibérées au sein des comités de Salut public et de Sûreté générale, eut soin de dire Robespierre. Ici Maximilien venait généreusement au secours de Philippeaux, sur qui un certain parti rejetait la responsabilité de ces arrestations. Et certes, à moins de la plus aveugle prévention, on ne peut s'empêcher de rendre justice à la tolérance, à la modération dont il fit preuve en cette occasion.

Tout en protestant de son intention de n'avoir point voulu diviser les patriotes, et en déclarant qu'il avait dans son cœur les principes professés par Robespierre, Philippeaux insista sur des accusations nées de simples rivalités et nullement concluantes. Il laissa parfaitement voir que son irritation venait du peu de créance qu'il avait rencontré, dit-il, dans le comité de Salut public. De là sa résolution d'imprimer son rapport, mais seulement à un nombre d'exemplaires suffisant pour en offrir à tous ses collègues de la Convention. Sur ce point il reçut un démenti sanglant de Levasseur; et lui de répondre que l'animosité de Levasseur venait de ce qu'il lui avait fait perdre cinq cents livres de rente en obtenant le rapport d'un décret voté d'enthousiasme sur la résiliation des baux. « Point de personnalités! » cria-t-on de toutes parts. Pour terminer, Danton proposa à la Société de nommer une commission de cinq membres chargée d'entendre les accusés et les accusateurs. « Philippeaux croit-il, dans son âme et conscience, qu'il y ait eu trahison dans la guerre de la Vendée? » demanda Couthon. « Oui, » répondit Philippeaux. Couthon alors appuya la proposition de Danton, et la commission fut à l'instant nommée au milieu des plus vifs applaudissements.

Robespierre prononça encore quelques paroles pour se plaindre des insinuations perfides dirigées contre la Convention, dont on affaiblissait ainsi l'autorité morale. Ces plaintes étaient à la fois à l'adresse des indulgents et des exagérés. « Si jamais, » dit-il, « une portion du peuple, égarée par quelques hommes, voulait faire la loi à la Convention, aujourd'hui que nous ne sommes ni brissotins ni aristocrates, nous saurions montrer le courage de vrais républicains, et, bien loin de fuir comme les conspirateurs, nous attendrions la mort sur nos chaises curules. Citoyens, comptez sur la justice de

l'Assemblée, qui la rendra toujours aux patriotes (1). » Les acclamations avec lesquelles la Société accueillit ces paroles de Robespierre prouvèrent que la masse des Jacobins n'était ni pour le
modérantisme ni pour l'exagération. Un membre ayant ensuite demandé que Fabre d'Églantine, Bourdon (de l'Oise) et Camille Desmoulins fussent entendus et jugés sans désemparer, on passa à
l'ordre du jour, comme si l'on eût voulu étouffer tout nouveau sujet
de discorde. Mais exagérés et modérés, également violents, étaient
animés de fureurs trop ardentes les uns contre les autres, et nous
allons voir Robespierre échouer dans toutes ses tentatives de conciliation.

VI

Rien ne saurait mieux donner une idée de la politique à la fois
énergique et modérée suivie par Maximilien que le rapport sur les
principes du gouvernement révolutionnaire qu'au lendemain de la
prise de Toulon il vint, au nom du comité de Salut public, prononcer à la tribune de la Convention nationale (séance du 5 nivôse
an II — 25 décembre 1793).

« Les succès endorment les âmes faibles, » dit-il en débutant, « ils
aiguillonnent les âmes fortes. Laissons l'Europe et l'histoire vanter
les miracles de Toulon, et préparons de nouveaux triomphes à la
liberté. » La Convention, ayant reconnu l'impossibilité absolue de
faire fonctionner la constitution au milieu des troubles qui enve-
loppaient le berceau de la République, avait, on le sait, décrété
que le gouvernement serait révolutionnaire jusqu'à la paix. C'est
ce gouvernement transitoire, rendu indispensable, quoi qu'en pensent certains publicistes, par les exigences de la guerre civile et de
la guerre étrangère, qu'une foule de gens, ignorants ou de mauvaise
foi, confondent avec le gouvernement rêvé par les patriotes de
ce temps extraordinaire. C'était pourtant, comme l'expliqua fort
bien Robespierre, le seul moyen de faire triompher les principes
sur lesquels reposait la constitution républicaine.

Qu'était-ce donc que ce gouvernement révolutionnaire? Ici, laissons parler Maximilien : « La théorie du gouvernement révolutionnaire est aussi neuve que la Révolution qui l'a amené. Il ne faut
point la chercher dans les livres des écrivains politiques qui n'ont

---

(1) *Moniteur* du 6 nivôse (26 décembre 1793), *ubi suprà*. Voilà ce que M. Michelet
appelle : rentrer dans la Terreur. « Robespierre, *pour sa sûreté*, rentra donc dans la
Terreur. » (*Histoire de la Révolution*, t. VII, p. 37.)

point prévu cette Révolution, ni dans les lois des tyrans qui, contents d'abuser de leur puissance, s'occupent peu d'en rechercher la légitimité. Aussi ce mot n'est-il pour l'aristocratie qu'un sujet de terreur ou un sujet de calomnie, pour les tyrans qu'un scandale, pour bien des gens qu'une énigme ; il faut l'expliquer à tous pour rallier au moins les bons citoyens aux principes de l'intérêt public.

« La fonction du gouvernement est de diriger les forces morales et physiques de la nation vers le but de son institution.

« Le but du gouvernement constitutionnel est de conserver la République ; celui du gouvernement révolutionnaire est de la fonder.

« La Révolution est la guerre de la liberté contre ses ennemis, la constitution est le régime de la liberté victorieuse et paisible.

« Le gouvernement révolutionnaire a besoin d'une activité extraordinaire, précisément parce qu'il est en guerre. Il est soumis à des règles moins uniformes et moins rigoureuses, parce que les circonstances où il se trouve sont orageuses et mobiles, et surtout parce qu'il est forcé de déployer sans cesse des ressources nouvelles et rapides pour des dangers nouveaux et pressants.

« Le gouvernement constitutionnel s'occupe principalement de la liberté civile, et le gouvernement révolutionnaire de la liberté publique. Sous le régime constitutionnel, il suffit presque de protéger les individus contre l'abus de la puissance publique ; sous le régime révolutionnaire, la puissance publique elle-même est obligée de se défendre contre toutes les factions qui l'attaquent. Le gouvernement révolutionnaire doit aux bons citoyens toute la protection nationale, il ne doit aux ennemis du peuple que la mort. » Aux ennemis du peuple, c'est-à-dire aux contre-révolutionnaires armés, car un peu plus loin, expliquant sa pensée, Robespierre s'élevait avec une extrême vivacité contre ceux qui traitaient de contre-révolutionnaire la protection accordée aux innocents ou à ceux qui n'étaient qu'égarés.

Ceux-là étaient des sophistes à ses yeux, qui, prétendant soumettre au même régime la paix et la guerre, la santé et la maladie, traitaient d'arbitraire et de tyrannique le gouvernement révolutionnaire né des nécessités du moment. Mais ce gouvernement était-il dispensé pour cela de puiser ses règles dans la justice et dans l'ordre public ? Nullement. Écoutez, écoutez Robespierre : « Il n'a rien de commun avec l'anarchie ni avec le désordre ; son but, au contraire, est de les réprimer pour amener et pour affermir le règne des lois ; il n'a rien de commun avec l'arbitraire. Ce ne sont point les passions particulières qui doivent le diriger, mais

21

l'intérêt public. Il doit se rapprocher des règles ordinaires dans tous les cas où elles peuvent être rigoureusement appliquées sans compromettre la liberté publique. La mesure de sa force doit être l'audace ou la perfidie des conspirateurs; plus il est terrible aux méchants, plus il doit être favorable aux bons; plus les circonstances lui imposent de rigueurs nécessaires, plus il doit s'abstenir des mesures qui gênent inutilement la liberté et qui blessent les intérêts privés sans aucun avantage pour lui. Il doit voguer entre deux écueils, la faiblesse et la témérité, le modérantisme et l'excès, le modérantisme, qui est à la modération ce que l'impuissance est à la chasteté, et l'excès, qui ressemble à l'énergie comme l'hydropisie à la santé. » Admirable définition! Croit-on maintenant que la Révolution eût donné lieu à tant de récriminations et que la Terreur eût causé tant de ravages si tous les membres des comités de Salut public et de Sûreté générale, si tous les proconsuls conventionnels, si toutes les autorités constituées se fussent inspirés des sages conseils de Robespierre?

Il savait bien que les deux extrêmes aboutissaient au même point et que le but était également manqué, soit que l'on fût en deçà ou au delà. Le prédicateur *intempestif* de la République une et universelle lui paraissait bien proche parent de l'apôtre du fédéralisme (1). Il s'agissait ici de Cloots. Ce que lui reprochait Robespierre, c'était non pas de prêcher la république universelle, comme on l'a quelquefois prétendu, mais de le faire *intempestivement*, au risque de jeter le désarroi parmi les citoyens, d'augmenter encore le nombre des ennemis de la République, et d'apporter dans son sein de nouveaux germes de division au moment où elle avait besoin de toute sa force de cohésion. De combien de gens elle avait à se défier!

(1) *Le Moniteur* commit dans la version qu'il donna du rapport de Robespierre une singulière coquille: au lieu d'*universelle*, il mit *indivisible*, ce qui attira à son rédacteur la lettre suivante : « Citoyen, parmi le petit nombre d'inexactitudes que présente dans *le Moniteur* du 7 nivôse la copie du rapport fait au nom du comité de Salut public sur les principes du gouvernement révolutionnaire, il en est une très-grave. Elle est dans cette phrase : « Rien ne ressemble plus à l'apôtre du fédéralisme que le prédicateur intempestif de la *République une et indivisible.* » Vous avez substitué les mots soulignés à ceux-ci : *République une et universelle.* Il est étrange que, par une faute d'impression, *le Moniteur* fasse prêcher le fédéralisme au comité de Salut public et à la Convention, qui a adopté son rapport. Vous êtes prié d'insérer cette note dans votre premier numéro.

« Robespierre, B. Barère.

« Paris, le 9 ventôse. »

Cette lettre, dont la minute est aux *Archives,* A. F. II, 66, parut dans *le Moniteur* du 10 nivôse (30 décembre 1793), signée de Robespierre, de Collot d'Herbois et de Barère.

et combien vraies, hélas! ces paroles : « Le fanatique couvert de scapulaires et le fanatique qui prêche l'athéisme ont entre eux beaucoup de rapports. Les barons démocrates sont les frères des marquis de Coblentz, et quelquefois les bonnets rouges sont plus voisins des talons rouges qu'on ne pourrait le penser. » Ici Maximilien recommandait au gouvernement une extrême circonspection; car, disait-il avec raison, tous les ennemis de la liberté veillaient pour tourner contre lui non-seulement ses fautes, mais même ses mesures les plus sages. « Frappe-t-il sur ce qu'on appelle exagération, ils cherchent à relever le modérantisme et l'aristocratie. S'il poursuit ces deux monstres, ils prêchent de tout leur pouvoir l'exagération. Il est dangereux de leur laisser les moyens d'égarer le zèle des bons citoyens; il est plus dangereux encore de décourager et de persécuter les bons citoyens qu'ils ont trompés.... » Que de précautions pour empêcher la Terreur de s'égarer et de frapper non pas seulement les innocents, mais ceux qui avaient failli par faiblesse en obéissant à d'anciens préjugés ou en cédant à des suggestions coupables! Pour ceux-là, Robespierre réclamait l'indulgence. Et telle sera la ligne de conduite que jusqu'à sa mort il indiquera à tous, mais en vain.

Maintenant, en réprimant l'exagération, fallait-il s'exposer à tuer le patriotisme? Non, disait-il; car de même qu'il existait des lâches et des modérés de bonne foi, de même, parmi les hommes simples, il pouvait se rencontrer des patriotes de bonne foi emportés quelquefois trop loin par un sentiment louable. Si donc il y avait à choisir entre un excès de ferveur patriotique et le marasme du modérantisme, il n'y avait pas à balancer, et en cela Robespierre se trouvait complétement d'accord avec Danton et Camille Desmoulins (1). En effet, ajoutait-il, « si l'on regardait comme criminels tous ceux qui, dans le mouvement révolutionnaire, auraient dépassé la ligne exacte tracée par la prudence, on envelopperait dans une proscription commune avec les mauvais citoyens tous les amis naturels de la liberté, vos propres amis et tous les appuis de la République. Les émissaires adroits de la tyrannie, après les avoir trom-

(1) « Dans ce duel entre la liberté et la servitude, et dans la cruelle alternative d'une défaite mille fois plus sanglante que notre victoire, outrer la Révolution avoit donc moins de péril et valoit mieux encore que de rester en deçà... » (*Vieux Cordelier*, numéro 3, p. 45 de l'édition Matton.) « Le vaisseau de la République vogue, comme j'ai dit, entre deux écueils, le modérantisme et l'exagération... J'ai dit avec Danton qu'outrer la Révolution avoit moins de péril et valoit mieux encore que de rester en deçà; que dans la route que tenoit le vaisseau, il falloit encore plutôt s'approcher du rocher de l'exagération que du banc de sable du modérantisme... » (*Vieux Cordelier*, numéro 5, p. 78.)

pés, deviendraient eux-mêmes leurs accusateurs et peut-être leurs
juges. » Comme tout cela se trouvera malheureusement vérifié après
Thermidor !

Robespierre redoutait par-dessus tout, en révolution, les fripons et les ambitieux. Quelle âme honnête n'applaudira à ces
belles paroles : « En indiquant les devoirs du gouvernement
révolutionnaire, nous avons marqué ses écueils. Plus son pouvoir est grand, plus son action est libre et rapide, plus elle doit
être dirigée par la bonne foi. Le jour où ce pouvoir tombera dans
des mains impures et perfides, la liberté sera perdue ; son nom deviendra le prétexte et l'excuse de la contre-révolution même ; son
énergie sera celle d'un poison violent... Malheur à nous si nous ou-
vrons nos âmes aux perfides insinuations de nos ennemis, qui ne
peuvent nous vaincre qu'en nous divisant ! Malheur à nous si nous
brisons le faisceau au lieu de le resserrer, si les intérêts privés, si
la vanité offensée se font entendre à la place de la patrie et de la
vérité !... Si parmi nous les fonctions de l'administration révolutionnaire ne sont plus des devoirs pénibles, mais des objets d'ambition, la République est déjà perdue... » Il engageait ensuite ses
concitoyens à se mettre en garde contre les scélérats habiles vomis
sur la France par les cours étrangères et qui conspiraient au sein
même des administrations, des assemblées sectionnaires et des
sociétés patriotiques, assassinant les défenseurs de la liberté sous le
masque du patriotisme, et essayant d'allumer la guerre civile en prêchant toutes les folies et tous les excès. N'était-on pas environné des
émissaires et des espions de l'étranger ? Eh bien ! les grands coupables, comme le baron de Batz par exemple, semblaient inaccessibles au glaive des lois, qui s'abaissait sans pitié sur une foule de
malheureux obscurs. « Ce n'est point dans le cœur des patriotes ou
des malheureux qu'il faut porter la terreur, » disait Robespierre,
« c'est dans les repaires des brigands étrangers, où l'on partage les
dépouilles et où l'on boit le sang du peuple français. » Cette phrase
indiquait les conclusions du rapport. Par la bouche de Robespierre,
le comité de Salut public réclamait une meilleure organisation du
tribunal révolutionnaire pour atteindre plus sûrement les grands
coupables, et le prompt jugement des étrangers et des généraux prévenus de conspiration. Parmi ces derniers figuraient Biron et l'infortuné Houchard, dénoncé par Levasseur (1). En outre, comme

(1) « Deux têtes de généraux dans un tel moment, dit M. Michelet, on n'en voyait pas
l'à-propos » (t. VII, p. 38). Il est vraiment fâcheux que l'illustre historien n'ait pas pris
la peine de tourner un feuillet du *Moniteur* ou de consulter le numéro 464 du *Journal
des débats et des décrets*, il y aurait vu que la Convention trouva son comité de Salut

suivant l'expression de Robespierre ce n'était point assez d'épouvanter les ennemis de la patrie, mais qu'il fallait encore secourir
ses défenseurs, le comité proposa à la Convention d'augmenter
d'un tiers les secours et récompenses accordés par les précédents
décrets aux défenseurs de la patrie, à leurs veuves ou à leurs
enfants.

La Convention adopta d'enthousiasme les diverses propositions
du comité de Salut public. Quant au rapport de Robespierre, qu'elle
avait fréquemment interrompu par les plus vifs applaudissements,
elle en décréta, à l'unanimité, l'impression et l'envoi aux départements et aux armées. Tiré à un nombre considérable d'exemplaires,
répandu dans toutes les parties de la République, il y causa une
profonde sensation (1). « Marchons de front, et la liberté est pour
jamais assurée, » écrivait en même temps le comité aux membres
de la Convention à qui l'on avait confié le soin d'organiser dans les
départements le gouvernement révolutionnaire. « Chargés de la
même mission, des mêmes intérêts, pénétrés des mêmes intentions,
votre marche doit être uniforme, également rapide. Laissons aux
tyrans cette politique tortueuse, incertaine, qui médite dans l'ombre
et dans la peur. La nôtre est d'agir... (2). »

Cependant le discours de Robespierre ne satisfit pas complètement le comité de Salut public. Maximilien avait négligé, malgré la
recommandation de ses collègues, de demander le rapport du décret en vertu duquel les étrangers avaient été admis à la représentation nationale. Barère releva assez vivement cette omission, et
Bentabole proposa sur-le-champ à l'Assemblée d'exclure les étrangers de toute fonction publique pendant la durée de la guerre, ce

public encore trop réservé, puisqu'à la demande de Goupilleau (de Montaigu), elle
renvoya, comme on va le voir, les généraux Marcé et Quétineau devant le tribunal révolutionnaire.

(1) Le rapport de Robespierre fut inséré dans *le Moniteur* du 7 nivôse (27 décembre
1793) et dans plusieurs journaux du temps, notamment dans le numéro 220 des *Révolutions de Paris*, où il se trouve suivi d'observations commençant ainsi : « Ce rapport,
assurément, ne laisse rien à désirer et ferme la bouche à bien du monde. L'établissement du gouvernement révolutionnaire avoit besoin peut-être de cette exposition de
principes, faite toute à la fois pour convaincre par leur lucidité et pour persuader par
l'éloquence du rapporteur... » Ce rapport sur les principes du gouvernement révolutionnaire a été reproduit dans l'*Histoire parlementaire*, t. XXX, p. 458 et suiv., dans
les *Œuvres* éditées par Laponneraye, t. III, p. 511 et suiv. Il a paru en brochure in-8
de 18 pages (De l'Impr. nation.) Il y en eut à l'époque plusieurs autres éditions dans
les départements, notamment à Lyon (de l'Impr. républicaine, in-8 de 16 pages), et
à Orléans. (L. P. Couret, in-4 de 15 pages).

(2) Lettre signée : Billaud-Varenne, Robespierre, Barère, C.-A. Prieur, Robert
Lindet, Collot d'Herbois, J.-Bon Saint-André, et Carnot.

qui fut adopté. Cependant Robespierre ayant fait remarquer, comme
cela lui était déjà arrivé dans une occasion semblable, qu'il y avait
en France des Belges, des Liégeois, qui exerçaient avec honneur
des fonctions publiques, et qu'il serait peut-être injuste de les déplacer, la Convention décida, sur sa motion, que le comité de Salut
public lui présenterait un rapport sur les exceptions dont était susceptible le décret d'exclusion rendu par elle (1). Bien loin, du reste,
de soulever la moindre objection contre les mesures sévères réclamées par son comité, elle y ajouta quelquefois. Ainsi, le lendemain
du jour où elle avait entendu le rapport sur les principes du gouvernement révolutionnaire, Goupilleau, qui n'était pas un ami de
Maximilien, s'exprima en ces termes : « Robespierre a prononcé
hier un discours qui renferme de grandes et éternelles vérités.
Nous y avons tous applaudi... » Seulement, ajoutait l'orateur, on
avait été surpris de ne point trouver dans le nombre des coupables
désignés par le comité Marcé et Quétineau, l'un protégé de Carra,
l'autre camarade de Dumouriez; et, à la voix de Goupilleau, les deux
généraux furent, séance tenante, renvoyés devant le tribunal révolutionnaire. Opposez donc maintenant l'apathie et l'indifférence
de la Convention au zèle trop ardent du comité de Salut public!

VII

Presque à la même heure où Robespierre éclairait le monde sur
les principes du gouvernement révolutionnaire, le comité de Salut
public adressait aux directoires de départements une circulaire
explicative des lois nouvelles et indiquant très-nettement à ces autorités la sphère d'action dans laquelle elles devaient se mouvoir.
Porter un œil investigateur sur tous les moyens d'amélioration ;
tracer au commerce des routes nouvelles, lui donner un caractère
national en y imprimant de la grandeur ; fertiliser le sol, en
augmenter les produits, et faciliter les débouchés; ajouter aux
présents de la nature les bienfaits de l'industrie, doubler en quelque sorte cette dernière, et augmenter ainsi la somme du bonheur ; faire sortir du travail les mœurs et l'extirpation de la mendicité, cette sorte de dénonciation vivante contre les gouvernements,
être en un mot les ouvriers de la prospérité publique, telle était la
masse des devoirs imposés à ces directoires, dont l'administration
tracassière et peu sympathique en général au nouvel ordre de choses
avait rendu si pénibles les commencements de la République.

(1) *Moniteur* du 7 nivôse, *ubi supra*.

Venaient ensuite des considérations où se révélait toute la pensée de Robespierre. « Le peuple, » était-il dit dans cette circulaire, « veut enfin que la nouvelle création sociale sorte en un clin d'œil du chaos... » Et comme si le rédacteur eût pressenti que les autorités départementales, avec l'esprit d'envahissement des administrations, auraient toujours une tendance à sortir du cercle de leurs attributions, il ajoutait : « Votre sphère est déterminée, parcourez-la religieusement ; hors de là un abîme est ouvert où tombent ceux qui reculent ou qui se précipitent (1). » C'était les mettre en garde contre l'exagération des uns et le modérantisme trompeur des autres.

Mais pour que les sages prescriptions de Robespierre fussent ponctuellement suivies, pour que les lois révolutionnaires fussent exécutées comme il l'entendait, c'est-à-dire conformément aux règles de la justice et de l'équité, de façon qu'on ne frappât que les véritables coupables, en épargnant les gens faibles ou égarés par de perfides suggestions, il lui aurait fallu un pouvoir efficace dont il ne disposa jamais. Comme nous l'avons déjà dit, son influence morale était immense dans le pays et au sein de la Convention, mais d'autorité sur ses collègues du comité de Salut public, il n'en avait point, et son opinion personnelle ne fut nullement prépondérante au milieu d'eux. Encore moins sa parole avait-elle d'écho dans le cœur des Tallien, des Fouché, des Baudot, des Carrier, de tous ces terroristes à outrance, de ces énergumènes de l'hébertisme, de ces révolutionnaires dans le sens du crime, suivant l'énergique expression de Saint-Just, et contre lesquels, obéissant au cri de sa conscience, Maximilien va bientôt s'élever avec un courage que trahira la fortune, mais auquel l'impartiale postérité rendra un éternel hommage.

Si après Thermidor quelques-uns de ses anciens collègues ont essayé de rejeter sur lui la responsabilité de toutes les mesures de rigueur ordonnées par le comité de Salut public, ç'a été par la plus insigne des lâchetés. Nous n'aurons besoin, à cet égard, que de signaler leurs contradictions pour les convaincre d'imposture. Quand Robespierre, à diverses reprises, disputa à l'échafaud les soixante-treize Girondins qu'il parvint à arracher à la mort parce qu'un certain nombre d'entre eux, comme les Mercier, les Daunou, les La Revellière et quelques autres, avaient laissé au sein de l'Assemblée de puissantes amitiés, ni Carnot ni Barère, qui se sont très-

(1) Voyez cette circulaire du comité de Salut public dans l'*Histoire parlementaire*, t. XXXI, p. 16. Elle est signée de Robespierre, Billaud-Varenne, Carnot, C.-A. Prieur, Barère, Robert Lindet et Couthon.

fort vantés d'avoir désapprouvé le 31 mai, ne joignirent leurs voix à la sienne, rappelons-le; et les actes les plus sévères du comité portent leurs signatures, à l'exclusion de celle de Robespierre. Le principal grief invoqué contre celui-ci dans la journée du 10 thermidor ne fut-il pas d'avoir voulu arrêter le cours TERRIBLE de la Révolution? La vérité est que son immense popularité portait ombrage à la plupart de ses collègues du comité de Salut public, et surtout du comité de Sûreté générale, où, à l'exception de trois ou quatre membres, il ne comptait guère que des envieux, c'est-à-dire des ennemis. Plus nous approcherons du dénoûment, plus nous le verrons en butte aux résistances du comité auquel il appartenait. Le jour où il fut convaincu de son impuissance à arrêter le débordement d'iniquités dont il était témoin, il abandonna volontairement, et par une souveraine imprudence, sa part d'autorité légale.

Présenter Robespierre comme investi d'une sorte de dictature qu'il aurait exercée avec l'assistance de Couthon et de Saint-Just, sans la participation de ses autres collègues, est donc l'idée la plus saugrenue qui ait pu entrer dans la cervelle d'un historien sérieux. Qu'une foule de gens ignorants et peu soucieux de s'instruire acceptent sans examen cette trinité dictatoriale passée à l'état de légende, que de prétendus historiens sans grande conscience s'épuisent en efforts pour soutenir envers et contre tous un si manifeste mensonge et ne reculent pas devant la violation des plus simples vérités, cela se conçoit jusqu'à un certain point; mais que des écrivains graves et de bonne foi aient méconnu à ce point la réalité des choses, qu'ils aient contribué pour leur part à accréditer une invention thermidorienne démentie par tous les faits (1), c'est à n'y rien comprendre. « On se fait des idées absolument fausses de l'intérieur du comité de Salut public, » dit l'un d'eux. « On se figure que les grandes mesures y étaient délibérées; rien n'est moins exact (2). » — Rien n'est plus exact au contraire; et c'est M. Michelet qui s'est forgé de l'intérieur du comité des idées absolument fausses. Toutes les mesures y étaient discutées, et très-bien. Il n'y a, pour s'en convaincre, qu'à jeter les yeux sur les registres de ses arrêtés et délibérations; on n'y trouve point, il est vrai, de procès-verbaux des débats, mais cela s'explique par l'immensité de la besogne dont était surchargé ce petit groupe d'hommes délibérant sans président et sans secré-

(1) Comme MM. Michelet et Quinet par exemple. Impossible de s'être plus fourvoyé que M. Michelet dans tout le premier chapitre de son septième volume. Quant au livre de M. Quinet, tant vanté par des gens fort peu au courant des choses de la Révolution, il n'existe pas, historiquement parlant.

(2) Michelet, *Histoire de la Révolution*, t. VII, p. 10.

taire. On se contentait de transcrire sur le registre les minutes des
arrêtés et délibérations soumis à la discussion, et que, suivant une
pratique dès longtemps adoptée sur la demande de Robespierre,
ceux-là seuls signaient qui les avaient approuvés. Ce fut ainsi que
dans la séance du 14 brumaire (24 novembre 1794) fut proposé par
Carnot et discuté le plan d'attaque de la ville de Toulon. Et, à propos d'un décret présenté par Barère au nom du comité de Salut public, décret dont nous allons avoir à nous occuper tout à l'heure,
Robespierre eut bien soin de dire que s'il avait pu assister à la
séance du comité dans laquelle avait été discuté ce décret, il n'aurait pas attendu qu'il fût soumis à la Convention pour le combattre (1). Tous les jours les membre du comité se réunissaient pour
délibérer en commun ; les noms des membres présents étaient soigneusement consignés au registre. Nous avons pu connaître de cette
manière, avec la plus rigoureuse certitude, les présences de Robespierre au comité de Salut public depuis le 26 juillet 1793, jour
où il y entra, jusqu'au 8 thermidor, jour où il y parut pour la dernière fois.

Il n'était besoin que de trois signatures pour valider les actes
du comité, d'où l'on a inféré que « la trinité dictatoriale, Robespierre, Couthon, Saint-Just, se suffisait à elle-même (2). » Mais
d'abord il n'est guère d'arrêtés ou de projets de décrets un peu
importants dont la minute ne soit revêtue que de trois signatures.
Ensuite, sur les quelques milliers d'actes qui existent, il n'en
est qu'un très-petit nombre sur lesquels on ne trouve que les signatures de Robespierre, de Couthon et de Saint-Just ; et encore n'ont-
ils aucune importance. Saint-Just, d'ailleurs, fut en mission une
grande partie du temps. Les signatures que l'on rencontre le plus
souvent, réduites à ce nombre de trois, sont celles de Billaud-Varenne, de Barère et de Carnot. Quant à excuser certains membres
en disant, avec une charmante naïveté : ils signaient, le plus souvent, sans lire ce que leur envoyait « la haute trinité dictatoriale (3), » c'est du pur enfantillage. S'ils signaient sans lire, ce
que je ne crois nullement, ils en étaient plus coupables, et ils n'é-
chappent point à la responsabilité. Robespierre, lui, signa toujours
en connaissance de cause, je l'affirme hardiment ; et si, alors qu'il
était présent aux séances du comité, il ne mit point sa signature au
bas de certains actes sur lesquels nous aurons à appeler l'attention
de nos lecteurs, c'est qu'il les réprouva.

(1) Séance du 6 nivôse (26 décembre 1793) à la Convention. Voy. le *Moniteur* du 8.
(2) Michelet, *Histoire de la Révolution*, t. VII, p. 11.
(3) *Ibid.*, p. 13.

Chose du reste bien remarquable, ce sont précisément ceux qu'après coup et sur des rapports dont la fausseté saute aux yeux, on a accusés de tendances dictatoriales, qui ont eu à se plaindre, et qui se sont plaints en effet, de la dictature exercée par quelques-uns de leurs collègues. Quoi de plus significatif que ces paroles du dernier discours de Saint-Just : « Quand je revins pour la dernière fois de l'armée, je ne reconnus plus quelques visages ; les membres du gouvernement étaient épars sur les frontières et dans les bureaux ; les délibérations étaient livrées à deux ou trois hommes avec le même pouvoir et la même influence que le comité même, qui se trouvait presque entièrement dispersé, soit par des missions, soit par la maladie, soit par les procès intentés aux autres pour les éloigner. Le gouvernement, à mes yeux, a été véritablement envahi par deux ou trois hommes. C'est pendant cette solitude qu'ils me semblent avoir conçu l'idée très-dangereuse d'innover dans le gouvernement et de s'attirer beaucoup d'influence (1). » Mais on s'en est trop souvent tenu aux déclarations des vainqueurs, et aujourd'hui encore, bien que la lumière soit faite, et amplement, sur les ténèbres dont on avait essayé d'envelopper les causes de la catastrophe du 9 Thermidor, bien que les protestations des vaincus aient trouvé d'éloquents interprètes, nous voyons, non sans tristesse, des écrivains soi-disant dévoués à la démocratie renouveler aujourd'hui, contre les victimes des Fouché et des Tallien, des accusations ridicules qui ne tiennent pas devant un examen impartial et consciencieux.

VIII

L'exemple suivant montrera combien peu d'action directe Robespierre avait sur la marche du gouvernement. On a vu plus haut comment, à propos d'une pétition de femmes pour l'élargissement des détenus, il avait fait décréter par la Convention nationale la formation d'un comité de Justice, c'est-à-dire d'une commission choisie dans le sein de l'Assemblée à l'effet de s'enquérir des causes des arrestations et de proposer sans retard au comité la mise en liberté des personnes dont l'incarcération n'aurait point paru justifiée. C'était là une mesure à laquelle on avait applaudi de toutes parts.

(1) Voy. le dernier discours de Saint-Just dans le t. XXXIV de l'*Histoire parlementaire*, p. 6.

Or, le 6 nivôse an II (26 décembre 1793), Barère vint, au nom des comités de Salut public et de Sûreté générale, demander le rapport de ce décret, lequel, en conférant à une commission étrangère au comité de Sûreté générale l'examen des arrestations, avait éveillé la jalousie de ce comité, centre naturel des mesures de police, disait Barère, et auquel il était dangereux, prétendait-il, d'enlever la haute main sur les personnes incarcérées.

Barère commença par donner des suspects une définition effrayante et se rapprochant singulièrement des fameuses catégories sanctionnées au mois d'octobre précédent par la commune, sur la proposition de Chaumette. La naissance, des préjugés orgueilleux, des habitudes aristocratiques, des professions inutiles ou dangereuses, la parenté, certaines qualités comme celles de prêtre insermenté et d'ancien magistrat, étaient autant de causes de suspicion. Suspects l'homme de cour, le noble, le prêtre, l'homme de loi; suspects le banquier, l'étranger, l'agioteur; suspects l'homme *plaintif* de tout ce qui se fait en révolution, l'homme affligé de nos succès. « Oh! la belle loi, » poursuivait Barère, « que celle qui eût déclaré suspects tous ceux qui, à la nouvelle de la prise de Toulon, n'ont pas senti battre leurs cœurs pour la patrie et n'ont pas eu une joie prononcée. Que n'a-t-on pu pénétrer ce jour-là dans les salons dorés, dans ce que la vanité appelle des hôtels, dans les clubs aristocratiques, dans les cafés inciviques, dans les groupes salariés, dans les confidences des complices du despotisme! C'est là que les comités de surveillance eussent frappé sans erreur et incarcéré sans remords (1). » Barère, comme on voit, n'y allait pas de main morte. Il semblait, en vérité, qu'il eût voulu prendre à tâche de vérifier les sombres peintures des suspects de Tibère tracées par Camille Desmoulins, que, sans le nommer, il frappa d'une énergique réprobation; ce qui fit dire à l'auteur du *Vieux Cordelier* : « La postérité jugera entre les suspects de Barère et les suspects de Tacite (2). »

A la place du décret réparateur rendu le 30 frimaire (20 décembre 1793) sur la proposition de Robespierre, le rapporteur en présenta un nouveau qui laissait au comité de Sûreté générale, auquel on adjoignait quatre membres étrangers, le soin de statuer sur le sort des suspects. Or, n'était-ce pas le constituer à la fois juge et partie, puisque les arrestations étaient surtout de sa compétence? Cette seule raison suffit, sans aucun doute, pour engager Ro-

(1) Voy. le rapport de Barère dans *le Moniteur* du 8 nivôse (28 décembre 1793).

(2) *Le Vieux Cordelier*, numéro 5.

bespierre à repousser une mesure qu'il aurait énergiquement combattue au sein même des comités de Sûreté générale et de Salut public, — il le déclara formellement, — s'il avait assisté à la séance où elle fut résolue après une longue discussion. Investir le comité de Sûreté générale de la mission de justice dont une commission spéciale devait être chargée, d'après la proposition de Robespierre, c'était rendre complétement illusoire une mesure équitable et salutaire, car le comité était notoirement hostile à la politique de modération suivie par Maximilien. Celui-ci le sentait bien ; mais, ne pouvant donner une pareille raison à la Convention nationale pour l'engager à repousser un projet de décret dont l'esprit était absolument contraire à l'esprit du décret qu'elle avait adopté sur sa demande, — ce sont ses propres paroles, — il objecta qu'occuper le comité de Sûreté générale des réclamations sans nombre qui afflueraient de tous les points du pays, ce serait porter préjudice à la chose publique. La mesure indiquée par lui était plus simple, ajoutait-il, et n'avait pas l'inconvénient de distraire le comité de ses importantes fonctions. Enfin le nouveau projet ouvrait une porte à l'aristocratie, qui ne manquerait pas d'assaillir les membres du comité de sollicitations dont l'effet était trop souvent d'appeler sur de vrais coupables l'indulgence refusée à des citoyens moins compromis, mais auxquels ne s'intéressaient pas de jolies solliciteuses. Il adjura donc l'Assemblée de s'en tenir à son premier décret.

Barère insista de son côté, la mesure soutenue par lui étant le vœu des deux comités réunis : preuve manifeste du peu d'influence qu'avait Robespierre sur ses collègues des comités, puisqu'ils tenaient si peu compte d'un décret antiterroriste rendu sur sa motion. Au reste, si claire était aux partisans de la Terreur aveugle et sans pitié la pensée de Maximilien, que Billaud-Varenne vint, la voix pleine de colère, déclarer que ce serait abuser la France entière que de maintenir un décret inexécutable. Il blâma vivement la Convention de n'avoir point passé à l'ordre du jour sur la pétition des contre-révolutionnaires qui s'étaient présentés à la barre, ce qu'elle aurait fait, dit-il, si elle eût conservé son énergie et sa fermeté. Billaud-Varenne, on le voit, tenait à affirmer d'une façon bien nette la réprobation dont il frappait la politique modératrice de son collègue, car si l'Assemblée avait donné une marque d'intérêt aux femmes éplorées dont elle avait entendu la pétition, c'était à la voix de Robespierre. Mais, selon Billaud, il fallait atteindre sans distinction tous les aristocrates, rapporter en conséquence le premier décret et s'en tenir à l'impression du rapport de Barère, où se trouvaient dressées avec tant de luxe toutes les catégories de personnes désignées aux soupçons de la Révolution. Ce fut précisément ce qu'adopta l'Assemblée, qui, plongeant avec Billaud-Varenne et Barère dans la Terreur, rapporta son premier décret, passa à l'ordre du jour sur le second, et, comme le lui avait demandé Billaud, ordonna l'impression, l'insertion au *Bulletin* et l'envoi du rapport de Barère à tous les comités révolutionnaires (1).

Ainsi se trouva rejeté le comité de Justice dont l'existence eût, à n'en pas douter, amené les plus heureux résultats; ainsi s'évanouit ce rayon d'espérance que, avec plus d'autorité que Camille Desmoulins, Robespierrre avait fait luire aux yeux des patriotes détenus. Grâce à Billaud-Varenne, à Barère et à leurs pareils, on va pouvoir écrire sur la porte des prisons le vers du Dante :

Lasciate ogni speranza voi ch' intrate ,

et plus d'une fois nous entendrons Robespierre gémir sur des maux qu'il lui aura été impossible de prévenir, et sur des plaintes auxquelles il n'aura pu faire droit.

IX

Autant Maximilien voulait qu'on apportât de justice et d'équité dans la répression des crimes contre-révolutionnaires, sans se départir pour cela d'une sévérité toujours nécessaire, à son avis, au milieu des circonstances critiques où l'on se trouvait, autant il tenait à ce qu'on encourageât, par des récompenses dignes d'une grande nation, les actions d'éclat et les exemples de patriotisme.

Dans la séance du 8 nivôse an II (28 décembre 1793), comme on venait de lire des lettres de Prieur (de la Marne) et de Francastel annonçant les succès de l'armée républicaine en Vendée, il prit tout à coup la parole pour prononcer l'éloge d'un enfant de treize ans, du jeune Barra, mort héroïquement sur le champ de bataille, et dont la belle conduite lui paraissait digne d'occuper un moment l'attention de l'Assemblée. Né à Palaiseau, dans le département de Seine-et-Oise, Barra s'était arraché tout jeune des bras de sa mère pour aller combattre en Vendée, dans les rangs des bleus, parmi lesquels il s'était enrôlé comme tambour. Un jour, en battant la charge, l'héroïque enfant s'était avancé seul jusqu'aux avant-postes

(1) Voy. *le Moniteur* du 8 nivôse (28 décembre 1793) et le *Journal des débats et des décrets de la Convention*, numéro 464.

de l'ennemi. Environné en un instant par une bande nombreuse de paysans, il continue intrépidement de battre la charge. Touchés de tant de jeunesse, de courage et de sang-froid, les Vendéens hésitent à frapper cet enfant. « Crie *vive le roi*, ou tu es mort, » lui dit-on de toutes parts. — Barra répond en battant plus fort la charge. — « Allons! *vive le roi.* — *Vive la République!* » s'écrie ce héros de treize ans, et aussitôt il tombe frappé de vingt balles.

Voilà l'acte d'héroïsme que Robespierre, dans son langage énergique, dépeignit à ses collègues de la Convention, en les invitant à faire connaître à tous les Français et à tous les peuples ce trait de magnanimité afin qu'on désespérât de soumettre une nation qui comptait des héros dans un âge si tendre. Il termina en réclamant pour Barra les honneurs du Panthéon. Il voulait que le corps du jeune martyr fût transporté avec une pompe toute particulière. « Je demande, » dit-il, « que le génie des arts s'empare de mon idée et s'attache à l'exprimer avec toute la dignité qui lui convient; que David soit spécialement chargé de prêter ses talents à l'embellissement de cette fête (1). » La Convention s'associa, dans un élan d'enthousiasme unanime, à la pensée de Robespierre, dont elle adopta les propositions au milieu des plus vifs applaudissements. David prit l'engagement de répondre à l'appel de son ami, et remercia la nature de lui avoir donné quelques talents pour célébrer la gloire des héros de la République. Il traça le plan de la fête consacrée aux mânes de l'enfant martyr. Mais, ô ironie de la destinée! le jour même où devait avoir lieu cette cérémonie touchante (10 thermidor), tombait martyr aussi de la plus sainte des causes le grand citoyen à la voix duquel elle avait été décrétée (2)!

Dans cette séance du 8 nivôse, on donna à l'Assemblée lecture d'une lettre du député Boisset, écrite de Montpellier, et annonçant qu'on ne savait ce qu'était devenu Fabre (de l'Hérault), en mission près les armées du Midi. Quinze jours après, Robespierre prononçait à la tribune de la Convention l'oraison funèbre du glorieux représentant dont le corps mutilé avait été retrouvé à côté d'une batterie qu'il avait défendue le dernier. « La Convention, » dit-il, « a perdu un de ses plus dignes membres et le peuple un de ses plus zélés défenseurs. Son âme pure brûla constamment du saint amour

(1) Voy. le *Journal des débats et des décrets de la Convention*, numéro 466.

(2) Indéfiniment ajournée, cette cérémonie n'eut jamais lieu Un autre David a réalisé en marbre ce que Louis David avait en quelque sorte promis d'exécuter par le pinceau et ce qu'il n'a fait qu'ébaucher. Qui ne connaît l'admirable statue de David (d'Angers) représentant Barra expirant? Précédemment, le jeune martyr avait été chanté en vers par Andrieux.

de la patrie. Son courage intrépide balança longtemps l'influence de
la trahison qui, aux Pyrénées-Orientales, semblait combattre pour
la cause des tyrans ; il rallia plusieurs fois les soldats de la République ; il les conduisit à la victoire ; mais un enchaînement de perfidies, les plus lâches que la justice du peuple français ait eu à punir, rendit inutile ce généreux dévouement. Fabre voulut opposer
des prodiges d'héroïsme à des excès de lâcheté et de scélératesse ;
abandonné des indignes chefs de l'armée, il soutint seul, avec quelques braves, tout l'effort de l'ennemi ; accablé par le nombre, il
tomba percé de mille coups. » D'autres députés, nommerons-nous
Saint-Just, Lebas, Robespierre jeune et tant d'autres? n'hésitèrent
pas à se mettre à la tête de nos soldats pour les lancer contre l'ennemi ; mais Fabre (de l'Hérault) était le premier qui avait eu l'honneur de mourir les armes à la main pour la République. Robespierre ne manqua pas de le constater, et rappelant les honneurs
récemment décrétés pour l'enfant martyr, honneurs que jadis l'intrigue seule demandait à l'intrigue, que l'orgueil donnait à l'orgueil,
il réclama la même récompense pour le représentant mort au champ
d'honneur. « Vous avez mis l'opprobre et l'échafaud dans les familles des rois ; vous avez mis la gloire et la pompe triomphale dans
les familles indigentes ; vous avez consolé par le triomphe de son
fils une mère pauvre et vertueuse.... Avec quelle généreuse ardeur
la jeunesse française va s'élancer vers ses hautes destinées! Il est
digne de vos principes d'honorer aussi la mémoire du généreux
représentant que la patrie regrette. » Docile à cette voix qui semblait être celle de la République reconnaissante, la Convention
décerna à Fabre les honneurs du Panthéon ; elle décréta en même
temps que le rapport de Robespierre serait envoyé à toutes les armées et particulièrement à celle des Pyrénées-Orientales (1).

X

C'étaient là pour Maximilien d'heureuses diversions aux luttes
navrantes qui se poursuivaient entre la faction dite des indulgents et
celle des exagérés, luttes où il essaya vainement de jouer le rôle de
modérateur. Peu s'en fallut même que, pour avoir récemment défendu Camille Desmoulins et s'être porté garant de son républicanisme, il ne se trouvât compromis avec les premiers. «Que vois-je?»
s'écria Camille dans son numéro 5 du *Vieux Cordelier*, après avoir
morigéné d'importance Barère, devenu tout à coup, suivant l'ex-

(1) Séance du 23 nivôse (12 janvier 1794). Voy. *le Moniteur* des 24 et 25 nivôse.

pression de l'incisif écrivain, un *passe Robespierre*, « je parle de moi, et déjà dans les groupes c'est Robespierre même qu'on ose soupçonner de modérantisme. Oh! la belle chose que de n'avoir point de principes, que de savoir prendre le vent, et qu'on est heureux d'être une girouette(1)! » Mais Camille lui-même n'avait-il pas quelque peu changé? N'était-il pas devenu tout à coup aussi indulgent aux ennemis de la liberté qu'il leur avait été terrible autrefois, comme cela lui fut, non sans raison, reproché par le rédacteur de la feuille du libraire Panckoucke (2)? Que de verve et de grâce, que de pages étincelantes dans ce numéro 5; mais aussi que d'imprudentes attaques contre des ennemis puissants; que de traits aigus qui, en pénétrant dans le cœur, devaient y déposer des haines mortelles! Je ne parle point de quelques agressions injustes et de certaines appréciations erronées.

Camille dit bien qu'avant lui Robespierre avait déjà reconnu et signalé le danger de l'exagération (3); mais pourquoi n'avoir pas agi avec la prudence de son ami? Pourquoi n'avoir pas, à son exemple, indiqué les périls où les exagérés entraînaient la République, et évité avec soin de réveiller les espérances des contre-révolutionnaires en méritant de leur part des ovations qui devaient avoir pour lui de si funestes conséquences? Puis, admirez la contradiction : Camille, devenant modéré à l'égard des ennemis de la Révolution, prêchait la fureur contre les révolutionnaires ardents. Violemment attaqué par Hébert en des termes trop familiers au fameux marchand de fourneaux, traité de « viédase à mener à la guillotine, de bourriquet à longues oreilles, » il avait certainement le droit de se défendre, et d'administrer une volée de bois vert à cet histrion de la démocratie. Il était bien, pour l'honneur de la Révolution, de marquer d'un fer rouge ce journaliste éhonté qui parlait au peuple français en argot de bagne, de flétrir la feuille ordurière qui semblait écrite d'une plume trempée dans le sang et dans la boue. C'était là, d'ailleurs, de la libre discussion, et mieux valait la critique de l'amer pamphlétaire que celle du bourreau. Or, on eût aimé à voir Camille Desmoulins envelopper dans son rude anathème contre *le Père Duchesne* Rougyff ou *le Frank en vedette*, cette autre feuille immonde et de moins bonne foi peut-être; mais elle avait pour rédacteur son ami Guffroy, dont l'exagération trouva grâce à ses yeux. Il est donc permis de conclure assez raisonnablement que

(1) Voy. *le Vieux Cordelier*, numéro 5.
(2) Voy. *le Moniteur* du 8 nivôse (28 décembre 1793).
(3) Voy. *le Vieux Cordelier*, numéro 5.

la croisade entreprise par lui contre les ultra-révolutionnaires était autant une affaire de personne qu'une affaire de principe. On pourrait s'étonner à bon droit du ton méprisant avec lequel l'irascible journaliste reprochait à Hébert d'avoir autrefois vendu des contre-marques à la porte d'un théâtre ou fait des saignées à douze sous; ce suprême dédain du républicain Camille pour des professions subalternes fait involontairement songer à ses liaisons intimes avec des aristocrates connus, comme Dillon, et l'on éprouve quelque peine à penser que les véritables sentiments de l'égalité n'étaient pas complétement dans son cœur. On regrette surtout ses attaques si pleines d'acrimonie contre le ministre de la guerre Bouchotte, dont le grand tort, à ses yeux, était d'avoir pris un très-grand nombre d'abonnements à la feuille d'Hébert. Je réprouve, pour ma part, ces abonnements officiels; mais les faveurs ministérielles ne s'étendaient pas seulement, comme le déclara Bouchotte, sur le journal d'Hébert; toutes les feuilles franchement révolutionnaires y avaient part, et l'on ne doit pas oublier qu'à tort ou à raison beaucoup de généraux réclamaient pour leurs troupes l'envoi du *Père Duchesne.*

Patriote sincère et désintéressé, Bouchotte, avons-nous dit, était particulièrement estimé de Robespierre. En prenant possession du ministère de la guerre, il y avait nécessairement admis les citoyens qui lui avaient été le plus chaudement recommandés par l'opinion publique. Voilà comment Ronsin et Vincent s'étaient trouvés appelés à des positions très-importantes. Quant à lui, vivant fort à l'écart, renfermé tout le jour dans son cabinet, il voyait une garantie de son choix dans l'opinion des sans-culottes sur ces deux citoyens (1). Du reste, il était loin de partager leurs idées exagérées, mais il ne se croyait pas le droit de gouverner leurs consciences. « Il y a des patriotes ardens à la guerre, » écrivait-il à Maximilien au commencement de frimaire, « cela n'est pas étonnant; je les ai recherchés par la raison qu'il en manquoit. On auroit voulu que je commandasse à leurs opinions, je ne le dois pas; qu'elles soient justes ou non, c'est au public à les juger (2). » Nul doute que les attaques peu mesurées de Camille contre un ministre d'un patriotisme à toute épreuve n'aient profondément affligé Robespierre.

Quand on étudie de bonne foi et sans parti pris, dans les documents sérieux et authentiques du temps, la conduite de Robespierre au milieu des dissensions soulevées par les indulgents et les ultra-

(1) Lettre à Robespierre en date du 5 prairial. Voy. *Papiers inédits*, t. II, p. 333.
(2) *Ibid.*, en date du 4 frimaire. *Papiers inédits*, t. II, p. 323.

révolutionnaires, on est tout stupéfait de l'étrange sans-façon avec lequel la plupart des écrivains ont dénaturé son rôle. Ni exagération dans un sens, ni exagération dans un autre, tel était son système. S'il faisait rayer de la liste des Jacobins le créole Milscent, qui avait prostitué sa plume à divers partis (1) ; s'il appuyait une demande d'exclusion dirigée contre un nommé Legrand, signataire d'un arrêté pris jadis par la section des Invalides en faveur de La Fayette (2), il ne craignait pas, au risque d'appeler sur sa tête des inimitiés sans nombre, de s'élever avec force contre cette foule de sociétés populaires qui pullulaient depuis le 31 mai, sociétés composées en général d'oisifs, de malveillants, et qui, après avoir servi les projets de la réaction dans l'Ouest et dans le Midi, venaient aujourd'hui, sentant la contre-révolution vaincue, réclamer, en se couvrant du masque d'un patriotisme exagéré, leur affiliation aux Jacobins (3).

Tandis que tous les ennemis de la Révolution battaient des mains aux querelles sanglantes des hébertistes et des modérés, se doutant bien qu'il sortirait de là quelque chose de favorable à la faction des royalistes, Robespierre, plein de tristesse et d'anxiété, essayait de rapprocher les deux partis. Si la réconciliation n'eut pas lieu, ce ne fut assurément pas sa faute. On ne comprend vraiment pas comment Camille Desmoulins put rester sourd à la voix de celui qui, de son propre aveu, en le remettant au pas, avait dans son discours sur les principes du gouvernement révolutionnaire, « jeté l'ancre lui-même aux maximes fondamentales de notre Révolution (4). » Rien ne prouve mieux, à notre sens, l'ardent désir qu'avait Robespierre d'amener ces patriotes égarés à se donner la main, que le discours prononcé par lui à la séance des Jacobins du 6 nivôse an II (26 décembre 1793) à l'occasion d'une violente pétition du faubourg Saint-Antoine en faveur de Ronsin.

Le grand faubourg avait été inondé des libelles de Philippeaux et d'une apologie du général Tuncq, l'adversaire de Rossignol, l'ami et le compagnon de table de Bourdon (de l'Oise). La pétition en faveur du général Ronsin était le pendant et la contre-partie de ces écrits. Robespierre vit là une double intrigue ayant pour but d'égarer le patriotisme sans défiance. Il attribua à d'adroits politiques les inimitiés nées entre des hommes qui auraient dû, selon lui, agir ensemble d'une manière amicale. Nous l'entendrons tout à l'heure

(1) Séance des Jacobins du 8 nivôse (28 décembre 1793), *Moniteur* du 13 nivôse.
(2) Séance des Jacobins du 6 nivôse (26 décembre 1793), *Moniteur* du 11 nivôse.
(3) *Ibid.*
(4) *Le Vieux Cordelier*, numéro 5.

se déclarer bien hautement contre ces adroits politiques, mais pour le moment il croyait encore à la possibilité d'étouffer sans éclat les altercations particulières dont s'occupait la société des Jacobins, alors qu'à Londres, à Vienne et à Berlin on se la représentait peut-être comme occupée uniquement à préparer des triomphes à nos soldats vainqueurs de la tyrannie sous les murs de Toulon. On se disposait, en effet, à fêter magnifiquement la glorieuse prise de cette ville. « Les papiers publics, » dit Robespierre, « vont apprendre à l'Europe que les grands succès qui devraient vous enivrer ont fait si peu d'impression sur vous que vous n'avez fait que continuer les vils débats des séances précédentes. » Quelle joie pour Pitt, et comme il se réjouirait en apprenant que s'il était quelque part un endroit où nos victoires n'avaient produit aucun effet, c'était dans la société des Jacobins !

« Il s'en faut bien que je sois un modéré, un Feuillant, comme on le débite dans les cafés, » continuait Maximilien; « mais voilà mes sentiments, et puisque mon âme est tout entière absorbée dans les grands événements qui se passent, je ne puis m'empêcher de dire que cette séance fera un grand plaisir à M. Pitt...» Arrivant ensuite à l'affaire de Ronsin, il rappela qu'un décret de la Convention venait d'ordonner un prompt rapport sur la dénonciation qui avait motivé l'arrestation de ce général. Donc la pétition colportée en sa faveur, pétition injurieuse pour la Convention dont l'unique souci était de connaître la vérité, pouvait bien être l'œuvre des agents de nos ennemis. Certains patriotes se regardaient mutuellement comme des conspirateurs, comme des contre-révolutionnaires, à la seule instigation de quelques coquins cherchant par tous les moyens à exciter leurs défiances communes; il en était parfaitement convaincu. De là ces accusations précipitées, ces pétitions imprudentes, ces querelles où l'on prenait le ton de la menace. « Dans ce système, suivi par les puissances étrangères, » ajoutait Robespierre, « on veut faire croire à l'Europe que la représentation nationale n'est pas respectée, que pas un patriote n'est en sûreté, et que tous sont exposés aux mêmes dangers que les contre-révolutionnaires. Qu'est-ce qu'il nous importe de faire, à nous patriotes et républicains? C'est d'aller au but que nous nous sommes proposé, c'est d'écraser les factions, les étrangers, les modérés, mais non de perdre des patriotes, et bien moins de nous égarer dans les routes où les passions les ont jetés. Pour cela il faut éloigner l'aigreur et les passions, en écoutant les réflexions de chacun; il faut que ceux qui les feront en agissent de même. N'oublions pas les grands principes qui ont toujours germé dans nos cœurs : l'amour de la patrie, l'enthousiasme des grandes mesures, le respect de la représentation nationale... (1). » Ce discours fut accueilli avec un prodigieux enthousiasme. Était-il possible de se montrer plus sage, plus calme, plus véritablement modéré? On voit comment, au lieu de chercher à attiser les querelles, ainsi qu'on l'en a quelquefois si niaisement accusé, il s'efforçait au contraire de les étouffer, et en quels termes élevés, au nom de la patrie éplorée, il faisait appel à la conciliation. Mais, égarés par des passions furieuses, indulgents et exagérés restèrent sourds à la voix qui les conviait à la concorde, et leur acharnement réciproque contraindra bientôt Maximilien à se séparer avec éclat des uns et des autres.

XI

On ne saurait mieux définir l'esprit des deux partis rivaux que ne l'a fait Robespierre dans son projet de rapport sur la faction Fabre d'Églantine, l'un cherchant à abuser de son crédit au sein de la Convention pour lui surprendre des mesures oppressives contre ses adversaires, l'autre, de son influence dans les sociétés populaires. Tout leur patriotisme consistait actuellement à s'attaquer avec fureur. Ils sacrifiaient sans y prendre garde la République à leurs intérêts particuliers. Ce patriotisme, comme le disait avec raison Maximilien, n'avait rien de commun avec la vertu publique, et ressemblait à la haine, à la vengeance, à l'intrigue et à l'ambition (2).

Demandons à Camille Desmoulins lui-même comment il entendait la liberté de discussion à l'égard d'Hébert. Parce que *le Père Duchesne*, dans son ignoble langage, l'a traité de viédase à mener à la guillotine, de bourriquet à longues oreilles, il prétend que toute la représentation nationale se trouve attaquée dans sa personne. C'est du moins l'opinion de Danton, dont il cite ces paroles au moins étranges : « Je ne serais pas embarrassé de prouver que, sur ce seul numéro, Hébert a mérité... la mort (3). » Ainsi, de par Danton, à l'échafaud Hébert, pour avoir injurié l'auteur du *Vieux Cordelier!* Non moins violent contre ses adversaires était l'homme dont Camille célébrait les pamphlets avec tant d'enthousiasme. « C'est dans les bureaux de la guerre que réside la source de tous les abus

(1) Séance des Jacobins du 6 nivôse (26 décembre 1793). Voy. *le Moniteur* du 11 nivôse.

(2) Projet de rapport sur la faction Fabre d'Églantine. Voy. *Papiers inédits*, t. II, p. 22.

(3) *Le Vieux Cordelier*, numéro 5, p. 120, de l'édition Matton.

qui infestent nos armées, » s'était écrié Philippeaux en pleine Convention; « et tant qu'on n'aura pas traîné à l'échafaud les chefs et les bureaucrates, vous ne les verrez pas cesser (1). » Donc à l'échafaud Rossignol, Bouchotte, et même une partie des membres du comité de Salut public (2).

Le tort et le malheur de Camille Desmoulins furent de s'être entouré d'individus comme Fabre d'Églantine, Philippeaux, Bourdon (de l'Oise), dont toutes les attaques contre le ministère et contre le comité de Salut public n'avaient d'autre but que de servir des rancunes particulières. N'était-ce point en obéissant à ce honteux mobile que, dans la séance du 12 nivôse (1ᵉʳ janvier 1794), Bourdon (de l'Oise) avait sollicité et obtenu le renvoi d'un adjoint du ministre de la guerre, de d'Aubigny, devant le tribunal révolutionnaire? Or ce d'Aubigny, dont nous avons déjà entretenu nos lecteurs, était son ennemi personnel. Au mois de septembre précédent, Bourdon avait fait rendre un décret contre lui, et l'on n'a peut-être pas oublié qu'absous par le tribunal criminel, d'Aubigny avait eu l'insigne honneur d'être loué à la tribune de la Convention par Saint-Just et par Robespierre. Le motif invoqué contre lui dans la séance du 12 nivôse était que de mauvaises fournitures ayant été livrées aux armées, il s'en trouvait responsable comme chargé de surveiller l'équipement des troupes de la République. Mais c'était là un pur prétexte. La veille avait paru une brochure de d'Aubigny, contenant une défense raisonnée de Bouchotte et des bureaux de la guerre, et où Bourdon (de l'Oise) était vivement pris à partie (3). Telle était la cause véritable de l'acharnement de ce dernier contre l'adjoint du ministre de la guerre, que l'Assemblée n'avait pas hésité à frapper sur une simple parole de Bourdon.

D'Aubigny était un ami de Danton et de Camille Desmoulins, mais ni l'un ni l'autre n'ouvrirent la bouche pour le défendre; c'en était fait de lui peut-être, quand Robespierre s'élança à la tribune. S'étonnant de la facilité avec laquelle on avait renvoyé devant le tribunal révolutionnaire un homme dont le nom rappelait des services signalés rendus à la patrie, il parla des ennemis particuliers qui déjà s'étaient déchaînés contre ce patriote lors de sa nomination comme

(1) Séance du 20 frimaire (10 décembre 1793). Voy. *le Républicain françois*, numéro du 22 frimaire.

(2) Plusieurs députés affirmèrent à Robespierre que sans la prise de Toulon, qui paralysa les meneurs, on aurait demandé et peut-être obtenu la mise en état d'accusation des principaux membres du comité (Rapport sur la faction Fabre d'Églantine, *Papiers inédits*, t. II, p. 28.)

(3) Voy. le projet de rapport sur la faction Fabre d'Églantine. *Papiers inédits*, t. II, p. 40.

adjoint de Bouchotte. Il n'en fallait pas davantage pour édifier la Convention sur le mobile auquel avait obéi l'accusateur. Maximilien signala fortement le danger de frapper, sur une simple dénonciation et sans examen, un agent du gouvernement, au risque de paralyser le gouvernement lui-même, et, faisant allusion aux dénonciations dont l'Assemblée retentissait fréquemment, il prononça ces paroles : « Depuis quelque temps des nuages se sont élevés sur la Convention ; les inquiétudes y planent sans cesse. Je ne prétends pas prendre ici la défense d'aucun intrigant ; mais je dis qu'il ne faut pas, sans un mûr examen, frapper une masse quelconque de citoyens, car dans cette masse se trouvent des patriotes qu'il ne faut pas vexer. » Il pria donc instamment l'Assemblée de rapporter son décret et d'ordonner en même temps au comité de Salut public de lui présenter sous peu un rapport détaillé sur les mesures partielles prises jusqu'à ce jour et sur l'état actuel du gouvernement. La Convention, éclairée, vota, après une courte discussion et à la confusion de Bourdon (de l'Oise), la double proposition de Robespierre (1). » Nous avons déjà dit comment, après Thermidor, Vilain d'Aubigny, sans doute pour témoigner sa reconnaissance à Maximilien, fit chorus avec les plus lâches détracteurs de la mémoire de celui qui, à deux reprises différentes, était si généreusement venu à son secours. Mais n'est-ce point trop souvent le sort des bienfaiteurs d'être payés en ingratitude !

On sentait dans tous les actes de Bourdon (de l'Oise) la préoccupation de l'intérêt personnel. Ainsi, lorsque dans la séance du 27 frimaire (17 décembre 1793), son ami Fabre d'Églantine avait pris la parole pour demander l'arrestation de Ronsin, il était venu à son tour réclamer celle de Vincent, coupable... de l'avoir dénoncé à la société des Cordeliers (2). Et Vincent et Ronsin avaient été décrétés d'accusation comme prévenus, chose assez curieuse ! de crimes contre-révolutionnaires. En effet, à la demande de Fabre, un membre avait paru à la tribune pour déclarer que, sur la fin d'un dîner auquel il assistait avec Vincent, celui-ci s'était écrié : « Nous forcerons bien la Convention à organiser le gouvernement aux termes de la constitution ; aussi bien sommes-nous las d'être les valets du comité de Salut public. » Or c'était précisément l'idée déjà mise en avant par *le Père Duchesne* (3) ; d'où certains écrivains ont inféré,

(1) Voy. *le Moniteur* du 14 nivôse (3 janvier 1794).

(2) Voy. le compte rendu de ces débats dans l'*Histoire parlementaire*, t. XXX, p. 368, 369.

(3) Ce dont Camille ne manqua pas de faire un crime à Hébert. Voy. *le Vieux Cordelier*, numéro 5, p. 106, de l'édition Matton.

dans un accès de fantaisie, qu'Hébert, Vincent et Ronsin étaient de véritables saints, épris de l'égalité, et qui prêchaient la mise en activité de la constitution pour sortir au plus vite de la Terreur. La vérité est que c'étaient des impatients très-disposés, comme on le verra, à ne reculer devant aucun moyen pour satisfaire leur ambition.

· C'étaient aussi des impatients d'une autre espèce, et non moins dangereux, ce Fabre d'Églantine, ce Bourdon (de l'Oise) et ce Philippeaux, qui dénonçaient à la fois, comme un foyer de contre-révolution, la commune de Paris, l'armée révolutionnaire, le conseil exécutif, le ministre de la guerre, l'assemblée électorale et le comité de Salut public (1). Fabre d'Églantine était doué d'un esprit d'intrigue poussé à un suprême degré. Danton disait de lui : « Sa tête est un vaste imbroglio. » Il semblait l'oracle et l'inspirateur d'un parti dont Camille Desmoulins, « égaré par une impulsion étrangère, » était la plume (2). Nous allons voir ces deux factions se détruire l'une par l'autre, en entraînant malheureusement dans leur chute des patriotes dont la perte causera à la Révolution un irréparable dommage.

XII

On aurait pu croire que le scandale amené par le libelle de Philippeaux, dont les accusations dénuées de preuves et les calomnies avaient révolté tous les gens sensés, aurait engagé son auteur à s'arrêter dans la voie périlleuse où il s'était imprudemment lancé. Mais encouragé par les Fabre et les Bourdon, enivré par les éloges de Camille Desmoulins, qui, avec sa légèreté accoutumée, l'avait, dans son *Vieux Cordelier*, porté aux nues (3), Philippeaux continua de plus belle à calomnier l'armée et les généraux de la Vendée, le ministre de la guerre et le comité de Salut public, sans s'inquiéter des divisions semées par ses diatribes dans le camp des patriotes et des dangers auxquels ces divisions exposaient la chose publique.

Rapporteur d'une commission nommée aux Jacobins pour examiner les charges produites contre Philippeaux, Camille et autres, Collot d'Herbois parut le 16 nivôse (5 janvier 1794) à la tribune de la société. Après avoir montré l'injustice et l'inanité des accusations

(1) Projet de rapport sur la faction Fabre d'Églantine. *Papiers inédits*, t. II, p. 41.
(2) *Ibid.*, p. 26.
(3) Voy. *le Vieux Cordelier*, numéro 3, p. 51.

contenues dans le libelle du premier, il conclut à son exclusion. A l'égard de Camille Desmoulins, il fut, on doit le reconnaître, d'une grande modération; il se borna à proposer la censure de ses derniers numéros, en opposant au rédacteur du *Vieux Cordelier* l'auteur si franchement révolutionnaire de *la France libre* et des *Révolutions de France et de Brabant*. Collot d'Herbois n'avait peut-être pas encore lu, il est vrai, le cinquième numéro du *Vieux Cordelier*, lequel venait à peine de paraître.

Hébert, qui se trouvait écorché tout vif dans ce numéro, s'élança furieux à la tribune. « Justice! justice! » s'écria-t-il. « De dénoncés, les accusés sont devenus dénonciateurs. » Il jura de ne pas sortir de l'enceinte des Jacobins avant qu'on lui eût rendu une justice éclatante, et il se plaignit amèrement d'avoir été traité de brigand, de spoliateur de la fortune publique. Alors Camille Desmoulins, agitant un morceau de papier qu'il tenait à la main : « En voici la preuve. » C'était un extrait des registres de la trésorerie nationale, constatant qu'il avait été payé en deux fois par Bouchotte à Hébert une somme de 183,000 livres pour six cent mille numéros du *Père Duchesne*, lesquels, suivant Camille, ne devaient coûter que 17,000 livres. « Je suis heureux d'être accusé en face, » s'écria Hébert, « je vais répondre. » En ce moment se leva un jeune homme que depuis longtemps on n'avait pas entendu aux Jacobins : c'était Robespierre jeune. Absent depuis cinq mois, il ne put s'empêcher de témoigner sa douloureuse surprise du changement opéré au sein de la société depuis son départ. On s'y occupait uniquement jadis des grands intérêts de la patrie, et maintenant il la voyait toute troublée par de misérables querelles d'individus. « Eh! que nous importe, » dit Augustin Robespierre, « qu'Hébert ait volé en distribuant des contremarques à la porte des Variétés! » A ces mots, accueillis par des rires, Hébert, qui était resté à la tribune, s'écrie en frappant du pied et en levant les yeux au ciel : « Veut-on m'assassiner aujourd'hui! » Robespierre jeune, durant le cours de sa mission, avait été témoin des effets déplorables produits dans les départements par les menées hébertistes, et il reprocha violemment à l'auteur du *Père Duchesne* les agitations inutilement provoquées par le mouvement antireligieux. La société n'avait pas, à son sens, à s'occuper des disputes de deux journalistes; c'était au *Père Duchesne* à répondre au *Vieux Cordelier* ; mais, quant à présent, Hébert devait se borner à s'expliquer sur les faits relatifs à la lettre de Philippeaux.

Sans le vouloir, Augustin Robespierre avait jeté de l'huile sur le feu, et de violents murmures grondaient dans l'assemblée, quand

Maximilien prit à son tour la parole pour essayer de ramener le calme. Il commença par excuser son frère, en disant qu'il était facile de s'apercevoir à son langage que depuis longtemps il était absent de la société. Sans doute, ajouta-t-il, « il a rendu de très-grands services à Toulon, mais il n'a pas assez envisagé combien il était dangereux d'alimenter encore de petites passions qui se heurtent avec tant de violence. » Il fallait s'en tenir à la question telle qu'elle avait été posée par Collot d'Herbois. On pouvait assurément s'affliger de voir la société perdre en petites discussions un temps précieux pour la chose publique, mais dans la polémique imprudemment soulevée par quelques personnes, il y avait en jeu des patriotes opprimés; or, continuait Maximilien, « le devoir des républicains est non-seulement de n'opprimer personne, mais de voler à la défense de ceux qu'on opprime. » Un nuage épais lui semblait répandu sur la discussion actuelle, et il voyait des torts de part et d'autre. « On a mauvaise grâce à se plaindre de la calomnie quand on a calomnié soi-même. On ne doit pas se plaindre des injustices quand on juge les autres avec légèreté, précipitation et fureur; que chacun interroge sa conscience, et il pourra convenir de ses torts... » Pour lui, il n'accusait personne, attendant la lumière pour se décider; et s'il s'était tu jusqu'à ce jour, c'était parce qu'il ne s'était pas cru suffisamment éclairé sur cette affaire. Sachant combien les petites passions égarent et font souvent voir l'évidence là où elle n'est point, il doutait fort que les pièces montrées par Camille à la tribune fussent bien démonstratives. « Le but de la Révolution, » disait-il encore, « est le triomphe de l'innocence. » Or, le moyen de la défendre, était selon lui, non pas de la séparer de la cause publique, mais de la voir dans cette cause même. Il rappela que déjà il avait voulu étouffer les discussions particulières. Dans des entretiens privés et dans des conversations amicales, chacun eût sans doute reconnu son erreur, prouvé qu'il n'avait pas de mauvaises intentions; mais point, les pamphlets avaient été prodigués, et l'intrigue avait amené les choses au point où elles étaient. Il concluait, du reste, comme son frère, en demandant qu'on passât sans plus tarder à la discussion du libelle de Philippeaux, afin que les faits fussent au plus vite rétablis, les intrigants confondus et les patriotes satisfaits (1).

Danton vint ensuite, et de sa plus grosse voix se borna à appuyer les observations de Maximilien. Certes, à l'entendre, on n'eût pu soupçonner qu'à quelque temps de là il allait être poursuivi avec

(1) *Moniteur* du 19 nivôse (8 janvier 1794).

un acharnement sans exemple par Billaud-Varenne comme le plus
dangereux des indulgents, tant il prenait soin de couvrir sous des
violences de langage la modération de ses conseils. « Subordonnons, »
disait-il sagement, « nos haines particulières à l'intérêt général, et
n'accordons aux aristocrates que la priorité du poignard. » Après
lui, Philippeaux monta à la tribune pour s'expliquer, mais il fut
interrompu dès ses premières paroles. La société, tout agitée encore,
paraissait peu disposée à l'écouter. Comme la situation de Philippeaux était celle d'un accusé, et qu'il était de la plus simple justice
de lui prêter une attention sérieuse, Robespierre, désespérant de
voir le calme se rétablir, proposa à la société d'ajourner la discussion, et, sur sa demande, il fut arrêté que Philippeaux serait entendu à la prochaine séance (1).

Le surlendemain, 18 nivôse (7 janvier 1794), les adversaires du
comité de Salut public portèrent la question à la tribune même
de la Convention nationale. Bourdon (de l'Oise) commença par lire
un discours « révolutionnaire à toute outrance », et composé,
dit-on, par Fabre d'Églantine (2). Rempli d'éloges pour le peuple,
pour la révolution du 10 août et celle du 31 mai, pour la Convention
et le comité de Salut public lui-même, ce discours était dirigé contre
le pouvoir exécutif, et particulièrement contre le ministre de la
guerre, vivement pris à partie à cause des libéralités dont il
avait comblé *le Père Duchesne*. On y concluait, en somme, à une
organisation nouvelle du gouvernement, et à ce que désormais le
pouvoir exécutif ne pût tirer aucuns fonds du trésor public sans un
décret préalable. Sous les couleurs les plus patriotiques, ce discours
tendait tout simplement à paralyser tous les moyens d'action du
gouvernement. Danton cependant appuya les paroles de Bourdon,
mais avec de singulières restrictions. Ainsi il demanda qu'en décrétant le principe, la Convention chargeât son comité de Salut public
de lui présenter un rapport sur les propositions de Bourdon, et
qu'elle subordonnât tout à fait le pouvoir exécutif provisoire au
comité de Salut public, lequel dirigerait seul à l'avenir l'action du
gouvernement. C'était demander la conservation définitive de la
dictature du comité.

La Convention vota dans ce sens (3). Il était interdit pour l'avenir
à tout ministre de puiser dans le trésor public sans un décret formel
rendu sur le rapport du comité. Or, il pouvait se présenter des cas
d'urgence où le moindre retard mettrait la République en péril, où

---

(1) *Moniteur* du 19 nivôse (8 janvier 1794).
(2) Projet de rapport sur la faction Fabre d'Églantine. *Papiers inédits*, t. II, p. 44.
(3) *Moniteur* du 19 nivôse (8 janvier 1794).

l'on n'aurait même pas le temps d'aller d'un pavillon à l'autre dans le château des Tuileries, comme l'a écrit un historien (1). Là était précisément le danger de la mesure si précipitamment décrétée par la Convention nationale. Au dire de Robespierre, elle suffit pour arrêter le service d'une manière si évidente que de toutes parts s'élevèrent des réclamations, et le service des armées serait venu à manquer si le comité de Salut public n'avait point pris le parti de violer le décret (2).

A peine la Convention avait-elle voté sous l'impression des paroles de Bourdon (de l'Oise) que Philippeaux monta à la tribune, et, une heure durant, rabâcha ses dénonciations contre Rossignol et le ministre de la guerre. Jamais accusation ne fut plus vide, plus obscure, plus amèrement calomnieuse. L'intègre et honnête Choudieu n'y put tenir. Commissaire de la Convention près les armées de la Vendée, il avait été témoin des choses dont avait parlé son collègue. Il reprocha très-énergiquement à Philippeaux d'être l'instrument d'une faction qui cherchait à diviser les patriotes, déclara qu'il n'y avait pas un mot de vrai dans tout ce que venait de dire ce député, et s'engagea à prouver que s'il n'était pas un fou, il était le plus grand des imposteurs. « Philippeaux, » ajouta-t-il, « a menti à sa conscience en accusant Rossignol de lâcheté; » et Choudieu prétendit que si Philippeaux agissait ainsi, c'était dans la crainte d'être accusé lui-même pour avoir provoqué des mesures désastreuses.

Merlin (de Thionville) prit ensuite la parole, non pour dénoncer Rossignol à son tour, mais pour entonner les louanges de Westermann, récemment destitué par le comité de Salut public, et dont Lecointre (de Versailles) et Philippeaux célébrèrent à l'envi les hauts faits. D'après un décret de la Convention, tout général destitué devait être mis en état d'arrestation; les Merlin (de Thionville), les Bourdon (de l'Oise), les Lecointre et autres eurent assez d'influence sur l'Assemblée pour faire fléchir la loi en faveur de Westermann.

---

(1) Michelet. *Histoire de la Révolution*, t. VII, p. 42

(2) Projet de rapport sur la faction Fabre d'Églantine. *Papiers inédits*, t. II, p. 45. M. Michelet a écrit que Carnot, Lindet, Prieur, Saint-André, qui seuls dépensaient et qui seuls étaient atteints par le décret, ne se plaignirent pas. Qu'en sait-il? Est-ce que, dans son projet de rapport sur la faction Fabre d'Églantine, Robespierre n'était pas l'organe de tout le comité? « Robespierre seul se plaignit, » ajoute M. Michelet. Cela prouve au moins que ses plaintes étaient bien désintéressées. « Il écrivit que tout le mouvement des armées était arrêté, *chose matériellement fausse*. » M. Michelet aurait bien dû nous donner ses preuves; et, dans tous les cas, si le mouvement des armées ne fut point arrêté, ce fut précisément, comme le dit très-bien Robespierre dans son rapport sur la faction Fabre d'Églantine, parce que le comité prit le parti de violer le décret de la Convention. (Voy. l'*Histoire de la Révolution*, par Michelet, t. VII, p. 42.)

Il fut décidé que ce général jouirait de sa liberté jusqu'à ce qu'un rapport sur son compte eût été présenté par le comité de Salut public (1). « La raison de sa destitution est simple, » s'était écrié Philippeaux, « il a battu les rebelles de la Vendée. » On comprend ce qu'il y avait là d'injuste et d'injurieux à la fois pour le comité de Salut public. Robespierre se souvint de ces paroles dans son projet de rapport sur la faction Fabre d'Églantine. Il reprocha à Westermann d'être venu sans congé à Paris pour cabaler contre le gouvernement avec les Philippeaux, les Fabre, les Bourdon, les Merlin, et à ceux-ci d'avoir absous pour quelques succès partiels dans la Vendée, succès exagérés avec une impudence rare, un général destitué par le comité de Salut public comme un intrigant dangereux; d'avoir tenté de le couronner, comme un nouveau Dumouriez, par les mains de la Convention nationale, et de n'avoir point rougi de faire pour ce fanfaron ridicule ce que l'Assemblée n'avait pas fait, « depuis le règne des principes, » pour les généraux qui avaient vaincu à Toulon, sur les bords du Rhin et de la Moselle, et dans la Vendée (2).

Ces attaques sourdes et indirectes contre le comité de Salut public n'étaient pas de nature à rendre bien paisible la séance des Jacobins. Quittons la Convention pour le fameux club. Certains députés allaient être discutés dans cette soirée, on le savait; Robespierre parlerait vraisemblablement; aussi l'affluence était-elle énorme: car les jours où il devait prendre la parole, la foule accourait, et dans la salle et dans les tribunes on avait peine à trouver de la place (3).

XIII

Dès le début de la séance, Maximilien conjura ses collègues de laisser de côté toutes les petites intrigues pour s'occuper uniquement des grands objets de salut public. Puis, après avoir défendu un citoyen du nom de Boulanger, faussement accusé d'avoir provoqué le peuple à la dissolution de la Convention nationale(4), il développa longuement le danger du système de calomnies imaginé par de nouveaux brissotins et dont le but trop évident était de perdre

(1) *Moniteur* du 19 nivôse (8 janvier 1794).
(2) Projet de rapport sur la faction Fabre d'Églantine. *Papiers inédits*, t. II, p. 42.
(3) Manuscrit de Mme Le Bas.
(4) C'est par erreur que M. Léonard Gallois, dans ses notes du *Moniteur* réimprimé, a écrit que Boulanger n'en avait pas moins été immolé avec les hébertistes. Boulanger ne périt qu'en Thermidor.

les patriotes les uns par les autres. Mais, s'écria-t-il dans un de ces élans d'enthousiasme patriotique où l'on ne peut s'empêcher de croire au triomphe des vérités éternelles, « quelles que soient les trames qu'ils ourdissent, la liberté est fondée à jamais. — Oui! oui! » répondirent d'une voix unanime les membres de la société et les citoyens des tribunes; et tous, se levant spontanément, agitèrent leurs chapeaux en l'air. — Ce mouvement magnanime qui s'est échappé de vos cœurs généreux, reprit Robespierre, est le gage assuré de votre bonheur, de votre liberté. » Faisant ensuite allusion aux hommes nouveaux, à ces patriotes d'hier qui tentaient l'escalade de la Montagne pour en expulser les vétérans de la Révolution, il se plaignit des persécutions subies par de vrais patriotes, persécutions auxquelles lui et ses collègues du comité de Salut public étaient impuissants à les soustraire; « car, » disait-il avec raison, « il est parmi nous des fripons qui mettent tant qu'ils peuvent des obstacles au bien que nous voudrions faire, et qui y réussissent quelquefois. » Néanmoins il avait confiance dans le triomphe de la Révolution : éphémères étaient les succès des intrigants, pensait-il · la République finirait par surmonter tous les obstacles, et chaque patriote viendrait se ranger sous ses drapeaux. Hélas! trompeuses espérances! Les intrigants ont toujours été les plus forts dans le monde, la chute de Robespierre attestera une fois de plus cette vérité peu consolante.

Après avoir engagé la société à n'accorder ses suffrages qu'à des citoyens qui en fussent dignes, Maximilien termina son discours en invitant les représentants ses collègues à se montrer en toute circonstance dignes de la cause du grand peuple qui se glorifiait dans leurs personnes. L'énergie et la modération de ses paroles avaient produit un immense effet sur l'assistance, et quand il descendit de la tribune, ce fut au milieu d'acclamations frénétiques.

Cependant l'ordre du jour appelait la suite de la discussion sur l'affaire Philippeaux. Par trois fois, et avec une sorte de solennité, ce député fut invité à monter à la tribune. Il ne répondit point à ce triple appel. Un membre demanda alors que si cet homme, qui n'avait paru dans la société que pour en troubler les séances, venait à se présenter de nouveau, on lui refusât la parole. Puis on appela successivement et à trois reprises différentes Bourdon (de l'Oise), Fabre d'Églantine et Camille Desmoulins.

Personne n'ayant répondu à ce nouvel appel, Robespierre reprit la parole pour déclarer que la société n'avait point à chasser Philippeaux de son sein, puisqu'il n'était pas membre des Jacobins et que jamais d'ailleurs il n'avait professé les sentiments des amis de l'éga-

lité et de la liberté. C'était désormais à l'opinion publique de juger
ceux qui, après avoir provoqué la lutte, désertaient actuellement le
combat. Enfin, dans l'intention bien évidente de détourner la société de ces regrettables dissensions où les intérêts individuels passaient avant les grands intérêts de la patrie, il lui proposa de mettre à l'ordre du jour la proposition suivante : « Les crimes du
gouvernement anglais et les vices de la constitution britannique. »
Si l'on veut, dit-il, établir un parallèle entre deux nations dont
l'une a déjà reconquis ses droits et sa liberté, dont l'autre gémit
encore sous le joug des tyrans, il n'y a qu'à examiner d'un côté le
génie révolutionnaire qui a sauvé la chose publique, qu'à voir nos
triomphes en Alsace, la prise de Toulon, tous les miracles enfantés
par la liberté, sans compter ceux qu'elle enfantera encore, et qu'à
cons:dérer, de l'autre, la stupeur dans laquelle a été plongé le gouvernement britannique à l'annonce de nos succès. Certes, un pareil
thème était bien fait pour solliciter l'attention des esprits et pour
les distraire des pugilats dont on leur offrait depuis quelques jours
le spectacle écœurant; mais l'attention était ailleurs, et pour le
moment la proposition de Robespierre ne trouva point d'écho (1).

Alors parut à la tribune Goupilleau (de Fontenay), qui, bien que
n'étant pas en cause, voulut justifier sa conduite en Vendée, sans
pour cela jeter le soupçon sur le patriotisme de Rossignol, dont lui
aussi avait été le persécuteur. Un membre l'accusa d'être le complice
de Bourdon (de l'Oise). Un autre, Lachevardière, lui reprocha
des fautes graves, et trouva la Convention coupable d'avoir
envoyé à Fontenay même, pour y combattre les rebelles, Goupilleau (de Fontenay). A ces mots une véritable tempête éclate.
Lachevardière s'élance à la tribune pour expliquer sa pensée. Sa
voix est étouffée sous les cris; on prétend qu'il a insulté la Convention, et plusieurs membres réclament la parole pour venger l'honneur de l'Assemblée. Bientôt le tumulte est à son comble, et le président — c'était Jay Sainte-Foy — est obligé de se couvrir.

Qui donc, dans cette circonstance, donna une preuve de modération et essaya de ramener le calme ? Ce fut Robespierre. Il chercha
à excuser à la fois Goupilleau, un de ses ennemis déclarés, et Lachevardière. Comment ne pas admirer sa fermeté et sa franchise ? « On
profite, » dit-il, « de la moindre circonstance pour perpétuer le trouble et empêcher la société de jouir du calme dont elle a tant besoin.
S'il échappe à quelqu'un une expression impropre... » — Et Bentabole de s'écrier avec fureur : « Une insulte à la Convention ! » — Sans

(1) Voy. le *Moniteur* du 21 nivôse (10 janvier 1794).

s'arrêter à l'interruption, Robespierre crut pouvoir affirmer que ni Goupilleau ni Lachevardière n'avaient eu l'intention d'offenser les principes auxquels tous les patriotes sentaient la nécessité de se rallier. Le tort du premier avait été de revenir sur une question dont la société était rebattue. Quant au second, il y avait, dit-il, trop de chaleur sans doute dans son propos, mais plus d'inexactitude et d'impropriété dans l'expression que d'envie d'avilir la Convention. — « Il l'a avilie, » reprit Bentabole d'une voix plus rude. — Cette fois Robespierre crut devoir une réponse à l'interrupteur, et sous ses paroles il fut facile de deviner son amer regret d'être si mal compris dans son désir d'étouffer des récriminations inutiles et dangereuses. « La Convention, » dit-il, « n'est pas aussi aisée à dégrader qu'on semble le craindre. Son honneur est un peu lié à celui de chacun de ses membres. Le mien sans doute doit y être compromis : eh bien, je déclare que je ne vois point que la Convention soit avilie, et celui qui se plaît à la voir continuellement dégradée, qui manifeste à chaque instant cette crainte, celui-là n'a respect ni de lui-même, ni de la Convention, ni du peuple (1). La Convention ne tient que d'elle l'honneur dont elle est couverte ; elle n'a au-dessus d'elle que le peuple français. Quant à ceux qui désireraient peut-être que la Convention fût dégradée, qu'ils voient ici le présage de leur ruine ; qu'ils entendent l'oracle de leur mort certaine, ils seront tous exterminés. » Ces paroles n'étaient pas assurément d'un homme qui eût envie de porter jamais la main sur la représentation nationale, et nous verrons Robespierre fidèle jusqu'à sa dernière heure au respect dont il ne cessa d'entourer l'immortelle Assemblée.

La société tout entière, comme si l'émotion indignée de l'orateur eût passé dans le cœur de chacun de ses membres, se leva d'un mouvement spontané, et par quatre fois elle proclama la ruine des traîtres et le triomphe du peuple français (2).

Robespierre reprit ensuite la parole, et après avoir montré combien les factions, même appuyées par l'étranger, étaient impuissantes en comparaison de la République servie par le génie de la liberté et l'énergie de la Convention, il revint à ses conseils de modération : « Représentants du peuple, soyez calmes ; ne vous levez pas avec vivacité lorsqu'un propos mal entendu s'échappe de la bouche d'un patriote ; conservez votre tranquillité, compagne immortelle de la force et de la vertu. La Convention ne juge jamais qu'avec con-

(1) Bentabole n'oublia point cette rude franchise de Robespierre, et nous le verrons figurer parmi les plus ardents Thermidoriens.

(2) Voy. le *Moniteur* du 21 nivôse (10 janvier 1794).

naissance de cause ; que ses membres en fassent de même. » Faisant
alors appel à tous les citoyens qui jusqu'à présent avaient intrépidement défendu la cause de la liberté, il les conjura de se rallier
avec lui aux principes et de ne suivre en toutes choses que les règles
de la justice. Puis, toujours préoccupé de l'idée de bannir du sein
de la société les débats où s'agitaient en pure perte des rivalités
envieuses, il proposa de nouveau à ses collègues du club de discuter les crimes du gouvernement anglais et les vices de la constitution britannique, et d'écarter toute autre question. Cette fois sa
motion fut adoptée au milieu des plus vives acclamations (1) ;
plus d'un patriote lui sut gré de ses efforts pour étouffer au sein de
la société des Jacobins des querelles individuelles si funestes à la
chose publique.

Les applaudissements retentissaient encore quand on annonça
l'arrivée de Camille. A peine l'auteur du *Vieux Cordelier* était-il à
la tribune qu'un membre le somma de rendre compte de ses liaisons
avec Philippeaux, et de dire sur quoi il fondait son estime et son
admiration pour ce grand homme. L'embarras de Camille, ses
réponses évasives n'indiquèrent que trop le trouble de son âme. Il
confessa qu'il avait cru de bonne foi au libelle de Philippeaux, et
pour quelle raison ? — l'aveu est naïf, — parce que tous les faits qui
s'y trouvaient relatés étaient bien liés entre eux et se développaient
sans art et sans effort. A coup sûr, il eût été plus sage de sa part
d'aller aux renseignements avant d'accepter sans contrôle les
plaintes chimériques d'un député mécontent. Depuis, ajouta-t-il,
d'excellents patriotes lui avaient donné l'assurance que l'ouvrage de
Philippeaux était un roman où il mentait à sa conscience et au
public. « Je vous avoue, » s'écria Camille, « que je ne sais plus où
j'en suis, qui croire, quel parti prendre. En vérité, j'y perds la
tête. » Un membre invita alors Desmoulins à s'expliquer sur les
numéros du *Vieux Cordelier*.

Camille, troublé, incertain, semblait hésiter. Il avait devant lui
une assemblée malveillante. Les patriotes sincères, exaspérés par
la joie qu'avaient témoignée les aristocrates à la lecture de ses
numéros, ceux qu'il avait atteints de ses sarcasmes, se tenaient
là irrités, furieux, peu disposés à l'indulgence. Et si l'on considère
l'état des esprits, on conviendra que la défense de l'illustre
pamphlétaire n'était pas sans difficulté. Ses amis gardaient le
silence, regardant sans doute la chose comme impossible. Tout
à coup on vit Robespierre se diriger vers la tribune ; pour la
quatrième fois il allait prendre la parole dans cette séance. Rien

_____

(1) Voy. *le Moniteur* du 21 nivôse (10 janvier 1794).

de plus habile, selon nous, et de plus généreux au fond que la manière dont il parla en faveur de Camille (1).

Lui-même, s'écria-t-il tout d'abord, avait été singulièrement ému des libelles de Philippeaux, mais il avouait qu'en entendant un patriote comme Choudieu affirmer qu'il n'y avait pas un mot de vrai dans les dénonciations de ce député, il ne savait plus où il en était. Comment ne pas s'étonner de voir Camille Desmoulins donner si légèrement sa confiance à un tel homme et le soutenir dans son journal? Là était la faute, la grande imprudence; en effet, depuis les libelles impurs sortis du cabinet de Roland, jamais feuille n'avait autant que *le Vieux Cordelier* fait les délices des ennemis de la République. Et en disant cela Robespierre se montrait parfaitement désintéressé, il faut bien lui rendre cette justice, car si dans son journal Camille mordait jusqu'au sang quelques personnages célèbres et puissants, s'il causait à certaines individualités orgueilleuses des blessures mortelles, il avait toujours parlé avec la plus sincère admiration de son cher Maximilien. Donc, si Robespierre venait à son tour critiquer aujourd'hui l'œuvre satirique de son ami, c'était uniquement parce qu'il la jugeait dangereuse pour la chose publique et capable de rendre une lueur d'espérance à tous les aristocrates du pays. Mais, ajoutait-il, « Desmoulins n'est pas digne de la sévérité que quelques personnes ont provoquée contre lui; il est contraire à la liberté de paraître avoir besoin de le punir comme les grands coupables (2). »

Après avoir rappelé que quelque temps auparavant il avait pris la défense de Camille, tout en se permettant sur son caractère des réflexions autorisées par l'amitié, il semblait regretter d'être obligé maintenant de tenir un langage bien différent, parce que, gonflé de certains éloges perfides et du prodigieux débit de ses numéros, Desmoulins avait persisté dans son erreur en continuant de favoriser la malignité publique. Il s'était épris d'une telle passion pour Philippeaux, continuait Robespierre, « qu'il ne faisait point un pas sans demander à tous ceux qu'il rencontrait : « Avez-vous lu Philippeaux?» La Fontaine, qui avait quelque chose de la naïveté de Desmoulins, disait dans son enthousiasme à tous ceux qu'il rencontrait : «Avez-vous lu Baruch?» Et les personnes qui ne le connaissaient pas disaient : « Qu'est-ce que Baruch?» De même lorsque Desmoulins prenait au collet tous ceux qu'il rencontrait et qu'il leur

(1) Pour avoir une idée complète de cette séance, il ne suffit pas de consulter *le Moniteur*, il faut aussi avoir recours au *Journal de la Montagne*, où les paroles de Robespierre paraissent avoir été rendues avec plus de fidélité.

(2) *Journal de la Montagne* des 21 et 22 nivôse (10 et 11 janvier 1794).

demandait avec un air empressé s'ils avaient lu Philippeaux, ces
personnes étonnées demandaient : « Qu'est-ce que Philippeaux ?... »
Desmoulins, tout plein de l'antiquité, a confondu les *Philippiques*
avec les *Philippotiques* ; il n'a pas réfléchi qu'il y avait une grande
différence entre les auteurs et les sujets. Démosthène et Cicéron
avaient choisi pour objet de leurs satires les tyrans et leurs scélératesses ; Philippeaux a cru devoir faire tomber ses diatribes sur les
patriotes. Cicéron et Démosthène ont-ils jamais fait l'éloge des complices de Catilina et de Philippe ? Tunek aurait-il été célébré par
Cicéron (1) ? » D'unanimes applaudissements et de nombreux éclats
de rire accueillirent ces paroles ironiques. Puis, comme pour tempérer ce qu'il pouvait y avoir d'acerbe dans ses remontrances, Robespierre parla ensuite de Camille comme d'un étourdi à qui la liberté
devait pardonner. « Ses écrits sont condamnables sans doute, »
dit-il, « mais pourtant il faut bien distinguer sa personne de ses
ouvrages. Camille est un bon enfant gâté qui avait d'heureuses dispositions et qui a été égaré par de mauvaises compagnies. » Robespierre songeait ici à Fabre d'Églantine, à l'influence pernicieuse
duquel il attribuait le singulier changement qui s'était produit dans
les opinions de Desmoulins, dont les écrits faisaient actuellement
la douleur des patriotes et la joie des aristocrates. Tout en sévissant
contre le journal, dit Maximilien en terminant, nous devons conserver l'auteur au milieu de nous. Il demanda seulement que pour
l'exemple les numéros de Camille fussent brûlés par la société (2).

Il ne faut point oublier que Desmoulins venait d'écrire dans son
numéro 5 : « Provisoirement, les patriotes vont être contents de
moi... : je suis prêt à brûler mon numéro 3 , et déjà j'ai défendu à

---

(1) *Journal de la Montagne*, numéros des 21 et 22 nivôse, *ubi suprà*. Nous avons ici
préféré la version du *Journal de la Montagne* à celle du *Moniteur*. Robespierre comme on
voit, n'était pas si ennemi du rire que veut bien le dire M. Michelet (t. VII, liv. xv, ch. 3) ;
on se souvient de ses vives épîtres à Pétion ; seulement il n'aimait pas qu'on mit les
rieurs du côté de l'aristocratie. Est-ce à nous, démocrates, de l'en blâmer ?

(2) *Journal de la Montagne*, *ubi suprà*, et *Moniteur* du 21 nivôse, (10 janvier 1794)
combinés. — M. Michelet, qui a passé soigneusement sous silence toute la première
partie de cette importante séance, si honorable pour Robespierre, et qui, dans son chapitre intitulé *la Conspiration de la Comédie*, se livre, avec cet esprit de fantaisie si
contraire au véritable esprit historique, aux appréciations les plus saugrenues sur Robespierre, compare cette scène à celle de Galilée avec l'Inquisition. Il n'y a point de
comparaison plus fausse. Robespierre ouvrait ici une porte de salut à Camille, bien
loin de chercher à le perdre. M. Michelet, qui s'embarrasse assez peu de la vérité
historique, n'a pas craint d'écrire que Robespierre voulait la radiation de Camille et
qu'il l'obtint, quand ce fut, au contraire, grâce à la fermeté de Maximilien que Camille
fut maintenu sur les listes de la société. (Voy. l'*Histoire de la Révolution* par Michelet,
t. VII, p. 50 et 51.)

Dessein de le réimprimer, au moins sans le cartonner (1). » Robespierre ne faisait donc que formuler ici en proposition une offre émanée de Camille lui-même, et dans laquelle il voyait un moyen très-sûr de soustraire l'imprudent journaliste à la rage de ses ennemis. On coupait court ainsi à toutes récriminations. Mais Camille ne voulut pas comprendre; un bon mot lui étant venu à la bouche, il tint à le lancer. « Robespierre, » dit-il, « a bien voulu me faire des reproches avec le langage de l'amitié, je suis disposé à répondre sur le même ton à toutes ses propositions. » Et, comme s'il eût parlé par antiphrase, il se dépêcha d'ajouter : « Robespierre a dit qu'il fallait brûler tous mes numéros, je lui répondrai avec Rousseau que brûler n'est pas répondre(2). » Atteint en pleine poitrine par ce trait assez sanglant, Robespierre ne put s'empêcher de céder à un mouvement d'irritation. « Eh bien! » s'écria-t-il, « je retire ma motion; que les numéros de Camille ne soient pas brûlés, mais qu'on y réponde. » Puis, après s'être demandé si la citation empruntée à Rousseau était bien applicable dans la circonstance, il prononça ces paroles sévères : « L'homme qui tient aussi fortement à des écrits perfides est peut-être plus qu'égaré. S'il eût été de bonne foi, s'il eût écrit dans la simplicité de son cœur, il n'aurait pas osé soutenir plus longtemps des ouvrages proscrits par les patriotes et recherchés par les contre-révolutionnaires. »

Camille interrompit ici Robespierre pour dire qu'il n'y avait point que des aristocrates qui lussent sa feuille. Or Maximilien n'avait prétendu rien de tel. Aristocrates et patriotes avaient lu les numéros du *Vieux Cordelier*, les uns avec une joie indicible, les autres avec douleur. Voilà ce qu'avait dit avec raison Robespierre. « Tu me condamnes ici, » ajouta Camille; « mais n'ai-je pas été chez toi? ne t'ai-je pas lu mes numéros en te conjurant, au nom de l'amitié, de vouloir bien m'aider de tes avis et me tracer le chemin que je devais suivre? » A quoi Robespierre riposta sur-le-champs : « Tu ne m'as pas montré tous tes numéros; je n'en ai vu qu'un ou deux. Comme je n'épouse aucune querelle, je n'ai pas voulu lire les autres: on aurait dit que je te les avais dictés (3). « Camille ne répli-

---

(1) Voy. le *Vieux Cordelier*, numéro 5, p. 98 de l'édition Matton.

(2) *Journal de la Montagne* du 22 nivôse (11 janvier 1794), numéro 59.

(3) L'observation de Camille, déjà citée plus haut, ne se trouve pas dans le *Journal de la Montagne*; nous l'empruntons au *Moniteur* (numéro du 21 nivôse), et nous y insistons parce qu'elle a donné lieu, de la part d'une foule d'écrivains, aux appréciations les plus erronées. M Villiaumé, dans sa rapide et consciencieuse *Histoire de la Révolution*, a bâti, à propos de cette réponse de Camille à Robespierre, une singulière hypothèse. Il imagine que Robespierre, Danton et Desmoulins se concertèrent pour diminuer les ri-

qua point. Or les deux premiers numéros du *Vieux Cordelier* ne
contenaient rien de répréhensible au point de vue de la politique révolutionnaire. Cependant il était déjà permis de pressentir les tendances
réactionnaires auxquelles, cédant à des applaudissements et peut-être
à des suggestions perfides, devait se laisser aller l'auteur. Robespierre approuva-t-il ces deux premiers numéros? Rien n'autorise à
le supposer; Camille ne le dit point, et il y a tout lieu au contraire
de croire qu'ils n'eurent point l'approbation de Maximilien, puisque celui-ci refusa de jeter les yeux sur les épreuves des numéros
suivants. Voilà qui est bien clair, bien positif, bien irréfragable;
cela n'a pas empêché nombre d'écrivains de prétendre, dans le but
évident de nous présenter Robespierre comme ayant abandonné Camille après l'avoir en quelque sorte encouragé, qu'il avait approuvé
et même corrigé de sa main les numéros du *Vieux Cordelier*. Ah!
que la vérité a de peine à se faire jour dans l'histoire!

Camille Desmoulins, ajouta Robespierre, a voulu se dédommager
du blâme des patriotes par les adulations des aristocrates et par les
caresses de beaucoup de faux patriotes, sous lesquelles il n'aperçoit
pas l'intention de le perdre. A quelqu'un qui blâmait ses écrits, il dit
pour toute réponse : « Savez-vous que j'en ai vendu cinquante mille
exemplaires? » Maximilien termina en demandant — ce que d'abord
il aurait voulu éviter à tout prix — la lecture des numéros de
Camille. « S'il se trouve des individus qui défendent ses principes,
ils seront écoutés, mais il se trouvera des patriotes pour leur répondre (1). » Un secrétaire commença sur-le-champ la lecture du
numéro 4 du *Vieux Cordelier*, lecture interrompue à diverses reprises par les marques de la plus vive improbation. Robespierre
s'y attendait bien. A sa prière, la société remit au lendemain la
lecture du numéro 3 et celle du numéro 5, où Camille prétendait se
justifier. Mais quand Maximilien s'aperçut de l'impression défavorable causée sur les esprits par le journal de son ami, il songea
tout de suite à demander qu'on cessât cette lecture. Seul au milieu

gueurs. Il *fut convenu*, dit-il, que Camille reprendrait la plume pour démasquer les hébertistes. Robespierre, ajoute-t-il, lut les épreuves des premiers numéros du *Vieux Cordelier*,
qu'IL APPROUVA (t. III, p. 135 de l'édition Lacroix). On voit comme tout cela est contraire
à la réalité et contredit par les explications mêmes de Desmoulins et de Robespierre.
M. Marc Dufraisse, dans son étude sur Camille Desmoulins, étude dont nous avons signalé
plus haut les regrettables erreurs, va plus loin : « Robespierre propose de brûler les numéros du *Vieux Cordelier*, et il LES AVAIT CORRIGÉS DE SA MAIN. » Et M. Marc Dufraisse
d'ajouter, au sujet de la réponse de Camille : « Encore un trait d'esprit que ce malheureux payera cher! » oubliant, comme le fait très-bien remarquer M. Louis Blanc,
qu'après ce trait d'esprit Robespierre vint encore une fois au secours de Camille.

(1) *Journal de la Montagne* du 22 nivôse (11 janvier 1794), numéro 59.

de l'exaspération générale il osera parler en faveur de Desmoulins, et seul il aura le courage de lui tendre encore une fois la main.

XIV.

Le lendemain 19 nivôse (8 janvier 1794), au début de la séance, le procureur syndic du département, Lulier, dénonça un écrit dirigé contre Robespierre, les Montagnards et les meilleurs Jacobins, puis Momoro lut le troisième numéro du *Vieux Cordelier.* Cette lecture fut écoutée au milieu d'un silence glacial qui parut à Camille « une défaveur très-peu sensible, » d'où il conclut qu'une absolution générale eût été la conséquence de la· lecture de son cinquième numéro (1). Mais Hébert n'était certainement pas de cet avis, car il insista très-fort pour que ce numéro 5 fût lu également, conformément à l'arrêté de la société. « Il est particulièrement dirigé contre moi, » dit-il ; « ce n'est pas que je m'en croie atteint, cet homme est tellement couvert de boue qu'il ne peut plus atteindre un véritable patriote ; mais le poison est toujours du poison... (2).

On allait passer à la lecture de ce numéro, quand Robespierre, craignant, je le suppose, qu'elle n'amenât un surcroît d'orage sur la tête de Camille Desmoulins, prit vivement la parole pour s'y opposer. A quoi bon ? dit-il. N'était-on pas suffisamment édifié sur un ouvrage où le langage des royalistes s'unissait à celui des Jacobins, où, à côté des maximes les plus fausses et les plus dangereuses, se rencontraient les adages les plus vrais et les plus patriotiques ? Tantôt louant Camille pour les coups terribles portés par lui aux ennemis de la Révolution, tantôt le rudoyant à cause des sarcasmes dont il avait poursuivi les meilleurs patriotes, Robespierre laissait parfaitement entrevoir son désir ardent de parer le coup réservé à l'auteur des *Révolutions de France et de Brabant.*· Il le présenta comme un composé bizarre de vérités et de mensonges, de politique et d'absurdités, de vues saines et de projets chimériques. Mais qu'importait à la chose publique que Camille fût ou non chassé de la société des Jacobins ? L'important était de connaître la vérité et d'assurer le triomphe de la liberté. Uniquement dévoué à la cause du pays, n'épousant la querelle de personne, Robespierre donna également tort à Hébert, lui reprocha de s'occuper beaucoup trop de lui-même et de ne pas assez penser à l'intérêt national.

(1) *Le Vieux Cordelier*, numéro 6, p. 152 de l'édition Matton.
(2) *Journal de la Montagne* du 21 nivôse (10 janvier 1794), numéro 58.

Bientôt, laissant là *le Père Duchêne* et *le Vieux Cordelier*, il s'attacha à détourner l'attention de la société et à la porter sur les menées du parti de l'étranger, aux intrigues duquel il attribua tous les maux, toutes les exagérations qui compromettaient le salut commun. Des écrivains à vue courte, des historiens nullement renseignés, et probablement tenant peu à l'être, ont beaucoup plaisanté à propos de ce parti de l'étranger; nous prouverons plus tard, par des documents irréfragables, que les affirmations de Robespierre n'étaient point des visions chimériques. Non, il ne se trompait pas en dénonçant Pitt et Cobourg comme les principaux moteurs de nos discordes; en montrant du doigt certains ambitieux qui, parce qu'ils avaient occupé des places sous l'ancien régime, se croyaient assez forts pour peser sur la destinée des empires; en s'élevant enfin avec une énergie suprême contre cette phalange de contre-révolutionnaires masqués qui, à certains moments, venaient exiger de la Convention au delà de ce que le salut public prescrivait, et, à certains autres, la sommaient insolemment de détendre sans précaution le ressort révolutionnaire. Assurément, des gens de la meilleure foi du monde se trouvèrent engagés soit dans la faction des indulgents, soit dans celle des hébertistes; mais il faut avoir bien mal étudié l'histoire de ces temps formidables pour nier un seul instant que les ennemis de la Révolution aient employé contre elle, avec trop de succès hélas! tantôt l'hypocrisie de la modération, tantôt l'hypocrisie de l'exagération.

Robespierre démasqua sans pitié les intrigants qui ne voyaient dans la Révolution qu'un moyen de fortune, et qui, pour satisfaire leur ambition ou leur soif de richesses, n'hésitaient pas à susciter au pays tous les embarras imaginables. Tel s'en allait se plaindre à des membres de la Convention qu'on eût enfermé des patriotes, à l'arrestation desquels il avait lui-même contribué; tel autre reprochait à l'Assemblée d'aller trop loin, de tourner l'énergie nationale contre les prêtres et contre les dévotes, au lieu de la déployer contre les tyrans, et c'était celui-là même qui avait intrigué pour diriger contre les malheureuses dévotes la foudre destinée aux tyrans. On n'osait pas encore s'en prendre au comité de Salut public, objet de la convoitise des meneurs, mais on assiégeait les bureaux de la guerre, signalés partout comme un foyer de contre-révolution. Les mêmes hommes qui proposaient à la Convention des mesures tendant à désarmer la Révolution accusaient l'Assemblée de n'être point à sa véritable hauteur; et tandis qu'on l'accablait de motions entachées de modérantisme, auxquelles ne pouvaient répondre les patriotes dispersés par leurs occupations, on faisait en même temps colporter dans les groupes des pétitions perfides et des calomnies. C'était là en effet une peinture très-exacte de la situation. Maximilien compara les manœuvres actuelles à celles mises jadis en pratique par les Girondins qui eux aussi étaient parvenus à persuader à une foule de gens faibles et crédules que leurs ennemis étaient dans la commune de Paris, dans le corps électoral et dans les sections. « Voilà, » dit-il, « le système qui est encore suivi aujourd'hui. »

Au moment où il disait ces mots, un homme se leva et descendit de sa place comme si, se sentant personnellement désigné, il eût voulu se retirer. Cet homme, c'était Fabre d'Églantine. Ancien secrétaire de Danton au ministère de la justice, Fabre avait longtemps montré une ardeur révolutionnaire excessive. On ne pouvait oublier sa déposition violente dans le procès des Girondins : il avait été jusqu'à les accuser d'avoir été complices du vol commis au Garde-Meuble. Aussi s'étonnait-on du singulier revirement survenu tout à coup dans sa conduite, revirement coïncidant, il faut bien le dire, avec une amélioration au moins étrange dans sa position de fortune (1). Il était de ceux dont Robespierre avait parlé tout à l'heure, et qui, n'ayant pas le courage d'attaquer en face le comité de Salut public, essayaient de l'atteindre en dirigeant leurs coups contre le ministre de la guerre, que son patriotisme indiscutable avait rendu cher à Maximilien. Personnellement Robespierre n'avait point à se plaindre de Fabre d'Églantine; il le crut un intrigant dangereux, voilà tout. Comment ne pas être un peu surpris d'ailleurs de l'animosité déployée par Fabre contre Vincent et contre Ronsin, décrétés l'un et l'autre d'arrestation sur sa demande, alors qu'il se disposait à publier un éloge enthousiaste de Marat? A tort ou à raison, on lui reprochait d'être l'auteur des discours patriotiquement contre-révolutionnaires de Bourdon (de l'Oise) (2). Il était aux yeux de Maximilien l'homme de la République connaissant le mieux le ressort qu'il fallait toucher pour imprimer tel mouvement aux différentes machines politiques dont l'intrigue pouvait disposer, consommé dans l'art de faire concourir à l'exécution de son plan la force et la faiblesse, l'activité et la paresse, l'apathie et l'inquiétude, le courage et la peur, le vice et la vertu (3). Ce qu'il lui reprochait par-dessus tout, c'était d'avoir endoctriné Desmoulins et de l'avoir lancé dans la voie déplorable où se trouvait pré-

(1) Voyez à ce sujet un certain nombre de pièces très-importantes, dans les *Papiers inédits*, t. III, p. 346 et suiv., pièces supprimées par Courtois.
(2) Projet de rapport sur la faction Fabre d'Églantine. *Papiers inédits*, t. II, p. 45.
(3) *Ibid.*

sentement l'auteur de *la France libre*. En l'apercevant il ne put réprimer un mouvement d'impatience et de colère. « Si Fabre a son thème tout prêt, » dit-il, « le mien n'est pas encore fini, je le prie d'attendre. » Il conjura alors ses concitoyens de se rallier autour de la Convention et d'imposer silence aux intrigants de toute espèce. Déjà, selon lui, la victoire appartenait aux vrais Montagnards; il n'y avait plus que quelques serpents à écraser. « Ils le seront! » s'écria-t-on de toutes les parties de la salle au milieu des applaudissements.

Puis Robespierre invita de nouveau la société à ne pas discuter les numéros du *Vieux Cordelier*, dont l'auteur, à ses yeux, était loin d'être un chef de parti. Poussant droit ensuite à Fabre d'Églantine, il termina en demandant que cet homme « qu'on ne voyait jamais qu'une lorgnette à la main, et qui savait si bien exposer des intrigues au théâtre, » voulût bien s'expliquer ici sur les questions agitées en ce moment (1).

Fabre monta aussitôt à la tribune, mais il était fort troublé et ne put donner aucune réponse positive. Il affirma seulement sur l'honneur qu'il n'avait pas influencé d'une virgule les numéros du *Vieux Cordelier*, en convenant toutefois d'avoir fait intercaler son nom entre les noms de Danton et de Paré, désignés par Camille comme anciens présidents du district des Cordeliers (2). Quant à Philippeaux et à Bourdon (de l'Oise) avec lesquels il se trouvait en si parfait accord pour battre en brèche le comité de Salut public, il ne les connaissait, déclara-t-il, que pour les avoir vus en public, et jamais il ne les avait fréquentés particulièrement. Comme il en était là de ses explications, une voix s'écria : *A la guillotine!* A cette exclamation sauvage, Robespierre se leva indigné, et il proposa à la société de chasser de son sein celui qui l'avait poussée. Cette motion fut à l'instant même adoptée et exécutée. Fabre continua de parler pendant quelque temps, mais la plupart des membres, peu satisfaits de ses réponses évasives, se retirèrent peu à peu sans rien

---

(1) Voyez pour cette séance *le Moniteur* du 23 nivôse (12 janvier 1794) et le *Journal de la Montagne* du 22 nivôse, numéro 59.

(2) *Journal de la Montagne*, *ubi suprà*. Voici en quels termes, de son côté, Camille protesta contre l'imputation : « Ceux qui, par un reste de bienveillance pour moi et ce vieil intérêt qu'ils conservent au procureur général de la lanterne, expliquent ce qu'ils appellent mon apostasie en prétendant que j'ai été influencé et en mettant les iniquités de mes numéros 3 et 4 sur le dos de Fabre d'Églantine et Philippeaux, qui ont bien assez de leur responsabilité personnelle, je les remercie de ce que cette excuse a d'obligeant; mais ceux-là montrent bien qu'ils ne connaissent point l'indépendance indomptée de ma plume, qui n'appartient qu'à la République, et peut-être un peu à mon imagination et à ses écarts, si l'on veut, mais non à l'ascendant et à l'influence de qui que ce soit. » (*Le Vieux Cordelier*, numéro 6, p. 146, de l'édit. Matton.)

décider au sujet de Camille. Il était près de minuit quand on leva la séance (1).

XV

L'opiniâtreté avec laquelle Robespierre s'était opposé à la mesure d'ostracisme dont on avait voulu frapper Desmoulins n'avait pas été sans exaspérer les amis d'Hébert (2) et tous les exagérés qu'il avait en même temps stigmatisés. On ne manqua pas de répandre les commentaires les plus malveillants sur l'indulgence dont un membre du comité de Salut public avait couvert l'auteur du *Vieux Cordelier*. On alla jusqu'à prétendre le lendemain, dans les groupes et dans les cafés, que sa proposition de discuter les crimes du gouvernement anglais cachait l'intention bien évidente de soustraire à la vindicte de la société un journaliste coupable. Les ennemis de Camille réunirent tous leurs efforts, et à la séance du 21 nivôse (10 janvier 1794), ils parvinrent à obtenir son exclusion de la société. Ainsi se trouvait rayé de la liste des Jacobins ce vétéran de la Révolution, ce premier soldat des premiers combats. La grande popularité de Robespierre avait été impuissante à le couvrir de son ombre.

Au moment où sa radiation venait d'être prononcée, un membre proposa à la société d'appliquer la même mesure à Bourdon (de l'Oise). Plus heureux que Camille, Bourdon trouva dans l'ingénieur Dufourny de Villiers un défenseur empressé. La question, prétendit ce dernier, était mûre pour Desmoulins condamné par ses écrits, elle ne l'était pas suffisamment pour Bourdon (de l'Oise). Robespierre vit là l'occasion de faire revenir peut-être la société sur la décision sévère qu'elle avait prise à l'égard de Camille, il ne la laissa point échapper. Il s'étonna que Dufourny, si exact, si sévère à l'égard de l'un, se montrât si indulgent pour l'autre, ainsi que pour Philippeaux. Quelques écrits contre-révolutionnaires étaient sortis de la plume de Camille, mais en revanche, que de pages tracées par lui en faveur de la Révolution! Il avait dans le temps puissamment servi la cause de la liberté; par où Philippeaux avait-il jamais bien mérité de la patrie? Le premier ne tenait nullement aux aristocrates, tandis que le second avait un parti puissant parmi eux. Sans doute,

(1) *Moniteur* et *Journal de la Montagne, ubi suprà*.
(2) Ce qui n'empêche pas M. Michelet de nous présenter Robespierre comme se jetant dans les bras de Collot, d'Hébert et de Ronsin. (*Histoire de la Révolution*, t. VII, p. 49.)

sous le rapport du talent, Camille pouvait paraître plus dangereux
que Philippeaux, qui en était tout à fait dépourvu, mais celui-ci
n'avait été qu'un mauvais soldat du *girondinisme*, et s'il avait
passé à la Montagne, c'était à l'heure où il l'avait vue victorieuse.

Cela dit, Robespierre rappela que le véritable ordre du jour de
cette séance était la discussion sur les crimes du gouvernement anglais et les vices de la constitution britannique, discussion dont
Pitt frémirait à coup sûr. Comment l'avait-on oublié, et pourquoi
avait-on ramené le débat sur Camille Desmoulins ? Il ne prêtait
point à Dufourny l'intention d'avoir voulu défendre un homme taré
dans l'opinion publique ; seulement il était, quant à lui, tellement
las de ces luttes personnelles renouvelées chaque jour qu'il lui était
impossible de ne pas les flétrir en passant.

À ce moment, un membre, quelque ami de Philippeaux ou de
Bourdon (de l'Oise), laissa tomber le mot de dictateur. Alors Robespierre, relevant vivement l'expression : « Quiconque aujour-
d'hui est un ambitieux, est en même temps un insensé. » Dictateur !
aurait-il pu répondre, et je n'ai même pas eu le pouvoir de vous
empêcher de prononcer la radiation de Camille. On renouvelait
contre lui cette vieille et banale accusation empruntée à Louvet.
« Parce que j'ai exercé dans le comité de Salut public un douzième
d'autorité, on m'appelle dictateur, » dit-il : « ma dictature est celle
de Lepeletier, de Marat. » Interrompu ici par les applaudissements
de l'assemblée, il reprit bien vite : « Vous m'avez mal entendu ; je
ne veux pas dire que je ressemble à tel ou tel ; je ne suis ni Marat
ni Lepeletier, j'ai la même dictature qu'eux, c'est-à-dire les poignards des tyrans. » De nouveaux applaudissements éclatèrent, plus
vifs cette fois. Se sentant encouragé, Robespierre conjura la société de laisser là toutes les querelles particulières, de s'occuper des
moyens de salut public au lieu de songer à l'expulsion d'un journaliste, et il invita les Jacobins à passer séance tenante à la discussion des vices du gouvernement anglais.

Appuyée par Collot d'Herbois et même par Dufourny, sa proposition fut sur-le-champ mise aux voix ; l'épreuve ayant paru douteuse, quelques membres en profitèrent pour réclamer avec insistance la radiation de Bourdon (de l'Oise). Oubliant ses griefs contre
ce dernier, dans lequel il vit toujours un intrigant de la pire espèce, Robespierre le couvrit également de sa protection pour ne
pas avoir l'air de parler uniquement en faveur de Desmoulins.
Comme certains patriotes lui faisaient un crime de s'intéresser à
l'auteur du *Vieux Cordelier*, il rappela la franchise avec laquelle

il s'était expliqué sur son compte. Après quoi s'attaquant directement à ceux qui s'acharnaient à réclamer la radiation de Camille et celle de Bourdon, il flétrit la conduite des faux patriotes dont une animosité personnelle dirigeait seule les actions. Pour lui, s'il n'y avait pas dans la société une masse pure de citoyens désintéressés, et dans la Convention un excellent esprit public, il resterait enseveli au fond de sa maison, résolu à y attendre la fin des combats que le peuple était obligé de livrer aux innombrables ennemis qui voulaient le sacrifier à leur ambition. « Il faut, sans clabauderies et sans prévention, discuter les intrigues, et non un intrigant en particulier, » poursuivit-il. « Je dis qu'en chassant Desmoulins, on fait grâce à un autre individu, et qu'on épargne d'autres intrigants... Je demande qu'on s'occupe des moyens d'exterminer à jamais les intrigues qui nous agitent au dedans, et qui tendent toutes à empêcher l'affermissement de la liberté. Il faut les discuter dans leurs agents, dans leur esprit, voilà ce que plusieurs personnes n'osent pas faire, et ce qu'ils veulent écarter en vous parlant de Camille Desmoulins. »

Ce n'était pas le compte des ennemis de ce dernier. « Camille est déjà chassé, » répondit Dufourny, « ce n'est pas de lui qu'il s'agit. » Mais Robespierre était tenace, il revint à la charge. Certes il ne suspectait par le patriotisme de Dufourny, il n'accusait point ce membre de tremper dans les intrigues auxquelles il avait fait allusion ; mais s'ensuivait-il que ces intrigues ne dussent pas être dévoilées et publiquement discutées ? S'il s'opposait à la radiation isolée de Desmoulins, c'était parce qu'à son avis l'intérêt public ne consistait point en ce qu'un individu se vengeât d'un autre, en ce qu'une coterie triomphât d'une coterie, mais bien en ce que toutes les intrigues fussent impartialement mises à jour. Il pria donc la société de regarder comme non avenu son arrêté relatif à Camille Desmoulins, de ne point s'occuper désormais des querelles particulières, et de mettre définitivement à l'ordre du jour les crimes du gouvernement britannique.

Quelques membres voulurent prendre la parole pour répondre, mais l'assemblée se trouvait en proie à une émotion extraordinaire, l'agitation qui régnait dans la salle empêcha les opposants de parler ; cette fois Robespierre avait vaincu. La société rapporta l'arrêté qui chassait Camille de son sein, et décida qu'elle commencerait dans la séance du 25 nivôse la discussion des crimes du gouvernement anglais (1).

(1) *Moniteur* du 25 nivôse (14 janvier 1794) et *Journal de la Montagne* du même jour.

On voit ce qu'il fallut souvent d'efforts et de persistance à Robes-pierre pour obtenir les choses les plus justes du monde, et combien sont dans le faux ceux qui vont soutenant que la Convention et la société des Jacobins votaient aveuglément sur un geste de sa main ou une parole de sa bouche. La conduite de Maximilien en cette circonstance fut généralement approuvée dans les journaux du temps. *La Feuille du Salut public*, journal de Rousselin et de Garat, donna son opinion en ces termes : « On ne peut s'empêcher de rappeler que déjà les *vendéens* et les *piteux* s'attendoient à moissonner largement dans une querelle par laquelle ils espéroient distraire de la chose publique à la faveur du pour et du contre ; c'est dans ce moment que Robespierre leur ferma irrévocablement la bouche par le véritable ordre du jour : la *discussion du gouver-nement anglais*. La justice du peuple marchant à la voix de Ro-bespierre étouffa alors ces débats qui eussent été interminables (1). » Voici comment, de son côté, Camille Desmoulins témoigna sa re-connaissance à Maximilien, dont suivant sa propre expression l'oraison n'avait pas duré moins d'une heure et demie : « Je me réjouis que l'heureuse diversion sur les crimes du gouver-nement anglois ait terminé tous nos combats ; c'est un des plus grands services qu'aura rendus à la patrie celui qui a ouvert cette discussion, à laquelle je compte payer aussi mon contin-gent (2). »

Ah ! si les sages conseils de Robespierre eussent été suivis, si à sa voix l'apaisement se fût fait dans tous les cœurs, si l'intérêt géné-ral l'eût emporté sur les passions particulières, si Hébert et Camille eussent étouffé des haines sanglantes et consenti à cesser le combat à mort qu'ils se livraient, les choses auraient fort probablement pris une tout autre face, et nous n'aurions point à enregistrer dans

— Savez-vous comment M. Michelet rend compte de cette laborieuse séance ? Trois lignes lui suffisent, et quelles lignes ! « Aux premiers mots qu'il prononça (Robes-pierre), une voix s'écria : Dictateur ! La société refusa de rayer Bourdon (de l'Oise) et rapporta la radiation de Desmoulins. » (T. VII, p. 53.) Ainsi, de la rédaction de M. Mi-chelet il semble résulter que Robespierre réclama la radiation de Bourdon, et qu'il s'opposa au rapport de l'arrêté qui excluait Desmoulins. Et comme si l'historien eût craint que le lecteur ne se méprît sur le sens de son texte énigmatique, il a eu soin d'ajouter : « A ces échecs manifestes, à cet éloignement visible de l'opinion... » Invoquez donc, après cela, l'autorité de M. Michelet !

(1) *La Feuille du Salut public* du 16 pluviôse, numéro 216.

(2) *Le Vieux Cordelier*, numéro 6, p. 150 et 154 de l'éd. Matton. — M. Michelet, dans sa déplorable partialité et son incroyable légèreté, imagine que ce fut pour gagner du temps que Robespierre, « voyant que le procès contre les représentants était loin d'être mûr encore, » établit une espèce de concours sur les vices du gouvernement an-glais (t. VII, p. 143). Quel singulier historien que M. Michelet !

ces pages la fin malheureuse des hébertistes et celle des dantonistes, si fatales l'une et l'autre à plus d'un titre.

XVI

Trois jours après la séance des Jacobins où il avait été si vivement pris à partie par Robespierre, Fabre d'Églantine fut arrêté dans son appartement de la rue de la Ville-l'Évêque et conduit à la prison du Luxembourg. Ce fut un coup de foudre pour ses amis, pour Camille Desmoulins, Danton, Philippeaux et Bourdon (de l'Oise). Involontairement sans doute, ils songèrent tout d'abord à la formidable sortie de Maximilien contre lui; pourtant elle n'était pour rien dans son arrestation. L'*immortel* auteur de *Philinte*, comme Camille appelle Fabre d'Églantine (1), avait été arrêté par ordre du comité de Sûreté générale, sous la prévention d'avoir falsifié un décret de la Convention nationale (2). Robespierre était donc complétement étranger à cette mesure. L'affaire qui y avait donné lieu se rattachait directement à celle de Chabot, de Bazire, de Julien (de Toulouse) et de Delaunay, dont nous avons parlé au commencement de ce livre. Elle est trop en dehors de notre sujet et nous demanderait trop de place pour qu'il nous soit possible de nous y arrêter longtemps. Disons seulement qu'en proposant à la Convention, dans la séance du 24 nivôse (13 janvier 1794), de sanctionner l'arrêté pris par le comité de Sûreté générale, Amar présenta Fabre d'Églantine comme ayant été guidé par des intentions criminelles; ce qui parut si évident à quelques membres, que Charlier réclama, au lieu d'un simple décret d'arrestation, un décret d'accusation (3).

(1) *Le Vieux Cordelier*, numéro 6, p. 133 de l'édition Matton.

(2) M. Michelet avance (t. VII, p. 55) qu'en septembre le comité de Sûreté générale avait été renouvelé d'après une liste *composée* par Robespierre. Voilà une assertion bien grave et qui demandait à être appuyée d'une preuve certaine et authentique. *Le Moniteur* ne dit rien de semblable. M. Michelet se contente d'affirmer, ajoutant, comme pour donner plus de poids à son affirmation, que le renouvellement de ce comité eut lieu le 26, lendemain du triomphe de Robespierre à la Convention. Or ce ne fut pas le 26, comme le dit par erreur M. Michelet, mais bien le 14 septembre, c'est-à-dire douze jours auparavant, que fut renouvelé le comité de Sûreté générale. Ajoutons qu'à l'exception de David et de Le Bas, presque tous les membres de ce comité étaient hostiles à Robespierre, et que la plupart d'entre eux devinrent ses ennemis les plus acharnés.

(3) Sur cette question de faux, Fabre d'Églantine a trouvé d'éloquents défenseurs dans MM. Louis Blanc et Michelet, aux livres desquels nous ne pouvons que renvoyer nos lecteurs.

Danton ayant pris la parole, non point pour défendre son ami si fortement compromis, mais pour demander qu'il fût au moins permis aux accusés de fournir leurs explications à la barre même de l'Assemblée, s'attira de la part de Billaud-Varenne une réponse d'une excessive dureté : «Malheur,» dit ce dernier d'un ton sinistre, « à celui qui a siégé à côté de Fabre d'Églantine et qui est encore sa dupe. » Il traita Fabre de scélérat consommé, et lui reprocha de n'avoir usé de la liberté, depuis l'arrestation de ses complices, que pour tramer une nouvelle conspiration. Mais, ajoutait Billaud, un prompt rapport allait être présenté à la Convention nationale afin de la mettre à même de se débarrasser au plus vite des coquins qui ne paraissaient servir la République que pour mieux la trahir. Et ces paroles de Billaud furent couvertes d'applaudissements (1).

Le rapport auquel il venait d'être fait allusion était — cela me paraît de toute évidence — celui de Robespierre sur la faction Fabre d'Églantine, et qui demeura à l'état de projet. Ce rapport, dont nous avons déjà cité plusieurs passages, a une grande importance en ce qu'il précise bien nettement la pensée de Robespierre. On en connaît généralement le début; il est bon néanmoins de le remettre sous les yeux de nos lecteurs : « Deux coalitions rivales luttent depuis quelque temps avec scandale. L'une tend au modérantisme, et l'autre aux excès patriotiquement contre-révolutionnaires. L'une déclare la guerre à tous les patriotes énergiques, prêche l'indulgence pour les conspirateurs; l'autre calomnie sourdement les défenseurs de la liberté, veut accabler en détail tout patriote qui s'est une fois égaré, en même temps qu'elle ferme les yeux sur les trames criminelles de nos plus dangereux ennemis. Toutes deux étalent le patriotisme le plus brûlant quand il s'agit d'attaquer leurs adversaires, toutes deux font preuve d'une profonde indifférence lorsqu'il est question de défendre les intérêts de la patrie et de la vérité; toutes deux cherchent à sacrifier la République à leur intérêt particulier.... L'une cherche à abuser de son crédit ou de sa présence dans la Convention nationale; l'autre, de son influence dans les sociétés populaires. L'une veut surprendre à la Convention des décrets dangereux ou des mesures oppressives contre ses adversaires; l'autre fait entendre des cris douloureux dans les assemblées publiques. L'une cherche à alarmer la Convention, l'autre à inquiéter le peuple; et le résultat de cette lutte indécente, si l'on n'y prend garde, serait de mettre la Convention nationale en opposition avec le peuple, et de fournir aux ennemis de la République l'occa-

(1) *Moniteur* du 26 nivôse (15 janvier 1794), séance du 24.

sion qu'ils attendent d'exécuter quelque sinistre dessein ; car les agents des cours étrangères sont là qui soufflent le feu, qui font concourir à leur but funeste l'orgueil, l'ignorance, les préjugés des deux partis... » Ainsi se trouvaient parfaitement définies les deux factions. L'une comprenait Fabre, Dubois-Crancé, Merlin (de Thionville), Philippeaux, Bourdon (de l'Oise), Montaut, qui, par un touchant accord avec *le Père Duchesne*, ne cessait de réclamer les têtes des soixante-treize, Lacroix, Camille Desmoulins « égaré par une impulsion étrangère, » tous s'acharnant à battre en brèche le gouvernement, dont les principes connus, disait Robespierre, étaient de réprimer les excès du faux patriotisme, sans détendre le ressort des lois vigoureuses nécessaires pour comprimer les ennemis de la liberté ; l'autre avait pour meneurs Hébert, Momoro, Brichet, Vincent, Ronsin et leurs amis.

Aux uns Maximilien reprochait, avec quelque fondement, de prêcher une doctrine lâche et pusillanime, quand les ennemis de la liberté poussaient de toutes leurs forces à un excès contraire ; aux autres, avec non moins de raison, d'oublier les trônes pour renverser les autels, de confondre la cause du culte avec celle du despotisme, de vouloir forcer le peuple à voir dans la Révolution, non le triomphe de la vertu, mais celui de l'athéisme, non la source de son bonheur, mais la destruction de toutes les idées morales et religieuses, d'ériger enfin en crime d'État le fait d'aller à la messe. Comment ne pas rendre hommage aux efforts généreux de Robespierre pour sauvegarder la liberté de conscience ! Nous verrons tout à l'heure son frère, docile à ses inspirations, lutter avec une suprême énergie contre les hébertistes des départements et faire mettre en liberté des milliers de paysans et de dévotes dont tout le crime avait consisté à entendre la messe.

Le grand crime de Fabre d'Églant ne aux yeux de Robespierre était d'organiser un véritable système de contre-révolution dans le but secret de relever le trône (1). Il ne pouvait oublier sans doute qu'au mois d'avril précédent Biroteau avait accusé ce même Fabre d'avoir proposé au comité de Défense générale de substituer un roi à la République comme l'unique moyen de salut pour la France, et que Fabre n'avait pas répondu un mot à une accusation si formelle (2). La conduite louche et tortueuse de Fabre depuis cette époque l'avait peut-être confirmé dans l'opinion que cette accusation était vraie. Maintenant, le crut-il coupable d'avoir falsifié un décret de la Convention ? Cela n'est pas probable, puisqu'il n'en dit mot ni dans son

(1) Notes pour le rapport de Saint-Just sur les dantonistes, p. 21.
(2) Voyez à ce sujet *le Moniteur* du 3 avril 1793.

projet de rapport ni dans les notes fournies par lui à Saint-Just pour
le procès des dantonistes. Toutefois la réputation de Fabre sous le
rapport de la probité était on ne peut plus mauvaise. Devant le tribunal révolutionnaire Chaumette affirma qu'il avait été exclu de la
commune pour avoir, étant secrétaire, reproduit d'une manière infidèle les débats du conseil général (1). Robespierre n'en avait pas
meilleure opinion, et dans ses notes il déclare que Danton lui-même
lui avoua les escroqueries et les vols de Fabre dans la fameuse
affaire des souliers achetés par celui-ci lorsqu'il était secrétaire du
ministère de la justice, et revendus pour son compte à l'armée (2).
Etait-ce là une pure invention ? De la part d'un homme tel que
Maximilien, ce n'est guère à présumer.

Quoi qu'il en soit, ce fut surtout au point de vue de ses erreurs et
de ses fautes politiques que Robespierre le jugea dans son projet de
rapport. Il lui reprocha d'avoir égaré Camille qui s'inclinait devant
l'auteur du nouveau calendrier comme devant un génie de premier
ordre ; il le traita enfin comme le chef d'une des deux coteries si bien
dépeintes par sa plume, coteries dont les menées en sens contraire
lui paraissaient également funestes, et qui lui faisaient dire à ses
collègues de la Convention : « Vous semblez placés aujourd'hui entre
deux factions : l'une prêche la fureur et l'autre la clémence ; l'une
conseille la faiblesse et l'autre la folie ; l'une veut miner le temple de
la liberté, l'autre veut le renverser d'un seul coup ; l'une veut faire
de la liberté une Bacchante et l'autre une prostituée ; l'une veut vous
transporter dans la zone torride et l'autre dans la zone glaciale :
mais remarquez bien qu'aucune d'elles ne veut avoir rien à démêler
avec le courage, avec la grandeur d'âme, avec la raison, avec la
justice. (3) » Robespierre ne penchait donc pas plus du côté des exagérés que du côté des indulgents, et il donnait une grande preuve
de sa sagesse politique en suivant la route tracée par la raison entre
les deux coteries.

Maintenant, quelles étaient les conclusions de son rapport? Il est
assurément fort difficile de le dire d'une façon précise puisqu'on ne
les a pas, soit que ce projet n'ait pas été achevé, soit que la fin ait
été supprimée par les Thermidoriens (4). Il est permis toutefois

(1) Procès de Chaumette et autres, dans l'*Histoire parlementaire*, t. XXXII, p. 284.
(2) Notes pour le procès des dantonistes. À l'égard de cette affaire des souliers, voyez
les pièces supprimées par Courtois et rétablies dans les *Papiers inédits*, t. III, p. 346
et suivantes.
(3) Projet de rapport sur la faction Fabre d'Églantine. *Papiers inédits*, p. 48, t. III.
Cette pièce figure sous le numéro LVI à la suite du rapport de Courtois.
(4) L'original de ce projet de rapport, de la main de Robespierre, est aux *Archives*,
A. R., F. 7, 4436.

de les supposer fort modérées, et ce fut là, sans nul doute, ce qui empêcha les comités de Salut public et de Sûreté générale d'adopter le projet de leur collègue. On trouvera cette supposition toute naturelle si l'on se reporte au langage plein de fureur des Amar, des Voulland et des Billaud-Varenne. Nous avons cité tout à l'heure les paroles terribles et menaçantes de ce dernier contre Danton. Or, dans son projet de rapport Robespierre n'avait même point prononcé le nom de ce vieil athlète de la Révolution; à peine y avait-il fait allusion, et encore en des termes où se devinait suffisamment un reste de véritable intérêt pour Danton. « Par lui (Fabre d'Églantine), le patriote indolent et fier, amoureux à la fois du repos et de la célébrité, était enchaîné dans une lâche inaction ou égaré dans les dédales d'une politique fausse et pusillanime (1)...» En comparant la modération de ce langage à la violente sortie de Billaud, on ne doit pas s'étonner du mécontentement de celui-ci à la lecture du rapport de son collègue.

Un jour, dans une séance du comité de Salut public, Billaud-Varenne proposa à l'improviste à ses collègues de mettre Danton en état d'arrestation. A cette proposition inattendue, Robespierre se leva comme un furieux, suivant la propre expression de Billaud, et s'écria qu'on voulait perdre les meilleurs patriotes (2). Ce fut vraisemblablement aussi vers cette époque qu'eut lieu cette scène si caractéristique. Nous verrons bientôt comment Maximilien fut, à force d'obsessions, amené à croire lui-même à la culpabilité de Danton. Mais cette exclamation si énergique et qui partait si bien du cœur, comment se fait-il que les aveugles partisans de Danton ne se la rappellent jamais et qu'ils persistent à voir dans Robespierre le principal instrument de la perte de leur idole? L'absolue prévention en faveur de l'un ne doit point dispenser de la nécessité d'être juste envers l'autre.

XVII

Deux mois plus tard, dans la séance du 26 ventôse (16 mars 1794), Amar donnait à la Convention lecture de son rapport sur cette triste affaire du décret falsifié, où se trouvaient impliqués cinq membres de la Convention nationale. Le rapporteur du comité de Sûreté générale présenta Fabre, Delaunay (d'Angers), Julien (de

---

(1) Projet de rapport sur la faction Fabre d'Églantine. *Papiers inédits*, t. II, p. 46.
(2) Paroles de Billaud-Varenne dans la séance du 9 thermidor. Voyez *le Moniteur* du 11 thermidor (29 juillet 1794).

Toulouse) et Chabot comme les auteurs d'une conspiration ayant
pour but d'avilir, de diviser et de dissoudre la représentation nationale, et il conclut à leur renvoi devant le tribunal révolutionnaire.
Bazire leur était adjoint comme complice. On se rappelle comment
cette sale affaire de corruption, assez embrouillée encore aujour-
d'hui, et dans laquelle fut impliqué Fabre d'Églantine, avait été
dénoncée au comité de Sûreté générale par Chabot et par Bazire,
qui, fortement compromis l'un et l'autre, ne recueillirent même pas
le bénéfice de leur dénonciation.

L'œuvre du rapporteur manquait de sanction morale, en ce
sens qu'elle ne contenait pas une réprobation assez énergique des
faits honteux déroulés devant la Convention, et qu'elle ne marquait
pas suffisamment l'horreur de l'Assemblée pour de pareils crimes.
Billaud-Varenne, le premier, signala cette lacune. Il fallait, dit-il,
accuser les coupables d'avoir voulu avilir la représentation nationale en violant les principes de l'honneur et de la probité. Robespierre prit ensuite la parole. En oubliant de dénoncer à l'univers le
système de diffamation inventé par les ennemis de la liberté, le
rapporteur avait, à son avis, omis la chose la plus essentielle. La
main de l'étranger n'était-elle pas évidente dans ces tripotages dont
se rendaient complices un certain nombre de membres de la Convention? Malheur à qui se laissait tenter! Comment! Pitt pouvait se
vanter avec dédain qu'il y eût des voleurs parmi les Montagnards!
Ah! comment ne pas comprendre et ne pas partager l'indignation de Robespierre au spectacle de ces honteux trafics?
Comment surtout ne pas applaudir sans restriction à ce défi hautain
jeté par lui à tous les despotes, magnifique protestation de la probité républicaine contre les vices de la monarchie : « J'appelle les
tyrans de la terre à se mesurer avec les représentants du peuple
français; j'appelle à ce rapprochement un homme dont le nom a
trop souvent souillé cette enceinte et que je m'abstiendrai de nommer; j'y appelle aussi ce parlement d'Angleterre associé aux crimes
liberticides du ministre que je viens de vous indiquer, et qui a, dans
ce moment, avec tous nos ennemis, les yeux ouverts sur la France
pour voir quels seront les résultats du système affreux que l'on dirige contre nous. Savez-vous quelle différence il y a entre eux et les
représentants du peuple français? C'est que cet illustre parlement
est entièrement corrompu, et que nous comptons dans la Convention nationale quelques individus atteints de corruption; c'est qu'à
la face de la nation britannique les membres du parlement se vantent du trafic de leur opinion et la donnent au plus offrant, et que,
parmi nous, quand nous découvrons un traître ou un homme cor-

rompu, nous l'envoyons à l'échafaud... » A cette voix qui semblait celle de la France indignée, les plus vifs transports éclatèrent dans toute la salle.

Cette affaire même, aux yeux de Maximilien, était un nouveau titre de gloire pour la Convention nationale, puisque, par un contraste remarquable, la probité de ses membres ressortait de la corruption de quelques individus. Elle attestait en même temps la dignité d'une assemblée à l'existence de laquelle était attachée la destinée des peuples et qui soutenait avec un tel courage les efforts réunis de tous les tyrans pour l'accabler. Chacune des paroles de l'orateur retentissait dans le cœur des membres de la Convention comme la voix de la conscience publique, et d'instant en instant il était interrompu par les applaudissements. « Dans quel pays, » ajouta-t-il, « a-t-on vu encore celui qui était investi de la puissance souveraine tourner contre lui-même le glaive de la loi? Dans quel pays a-t-on vu encore un sénat puissant chercher dans son sein ceux qui auraient trahi la cause commune et les envoyer sous le glaive de la loi? Qui donc encore a donné ce spectacle au monde? Vous, citoyens... » Et les applaudissements de redoubler. « Voilà, citoyens, la réponse que je fais en votre nom à tous les tyrans de la terre; voilà celle que vous ferez aux manifestes de nos ennemis, à ces hommes couverts de crimes qui oseraient chercher la destruction de la Convention nationale dans l'avilissement de quelques hommes pervers. » Et, au milieu d'acclamations nouvelles, l'Assemblée décida, sur la demande de l'orateur, que le rapport d'Amar ne serait point livré à l'impression avant d'avoir été revu (1). Ce

(1) Dans son aveugle prévention contre Robespierre, M. Michelet se livre ici à des appréciations d'une subtilité digne du casuiste le plus retors. Il commence par dire que tout ce qu'Amar fit pour Fabre, *qu'on le forçait d'accuser,* ce fut de le montrer comme un filou, non comme un criminel d'État, — ce qui n'est nullement exact; — de sorte que la chose n'allant qu'aux tribunaux ordinaires, Fabre pouvait par le bagne éviter la guillotine. M. Michelet est-il bien sûr que la falsification d'un décret de la Convention — l'accusation étant admise — eût conduit simplement l'accusé aux tribunaux ordinaires? Mais voici qui est plus grave : « Robespierre, » dit-il, « ne le permit pas, il remit la chose au point d'un crime d'État. » Il n'y a pas un mot de vrai dans tout cela, et Robespierre ne songea nullement à établir cette distinction. Il protesta en termes magnifiques contre cette parole de Pitt : « Il y a des voleurs parmi les Montagnards; » et il est impossible à tout cœur honnête de ne point s'associer à sa protestation. Et quant à ces mots : « Où a-t-on vu celui qui est investi de la puissance souveraine tourner contre lui-même le glaive de la loi? Où a-t-on vu un sénat puissant chercher les traîtres dans son sein? » n'est-ce pas le plus bel hommage rendu au principe de la justice et de l'égalité? M. Michelet, qui s'est bien gardé de rappeler le hautain défi de Robespierre aux tyrans de la terre, part de là pour écrire : « Encouragement délicat pour décider l'Assemblée à trouver bon qu'on la saignât, qu'on lui coupât bra

qu'il y avait de grandeur dans l'éloquente improvisation de Robespierre n'échappera à coup sûr à personne. Les gens tarés de l'Assemblée, les corrompus de la droite ou de la gauche, ceux enfouis dans les bas-fonds du *Marais*, purent éprouver une secrète terreur à ces accents d'une probité inflexible, maudire le stoïcien rigide ; mais le pays tout entier salua de ses acclamations cette vive protestation de la vertu contre le vice, et les applaudissements réitérés de la Convention se répercutèrent d'échos en échos d'un bout de la France à l'autre.

XVIII

A l'heure où la Convention donnait au monde un grand spectacle en portant la main sur quelques-uns de ses propres membres accusés de faux et de corruption, on était à la veille d'un anniversaire qui peut nous apparaître sombre et sanglant à nous, mais qui pour les patriotes du temps avait cette triple signification : liberté, délivrance, affermissement de la République.

Le 2 pluviôse de l'an II (21 janvier 1794), parut à la barre de la Convention nationale une députation de la société des Jacobins. Il y avait juste un an qu'à pareil jour la tête de Louis XVI était tombée sur l'échafaud. L'orateur de la députation invita la Convention à décréter que tous les ans cet anniversaire serait solennellement célébré comme « le premier pas vers le bonheur pour l'humanité tout entière. » Converti aussitôt en motion par un membre de l'Assemblée, ce vœu fut à l'instant sanctionné, et à l'unanimité l'on décida que chaque année, à pareille époque, une fête civique aurait lieu dans toute l'étendue de la République. Couthon prit ensuite la parole. A sa voix la Convention en masse poussa le cri célèbre : *Mort aux tyrans, paix aux chaumières !* et répéta le serment, déjà plusieurs fois prononcé par elle, de vivre libre ou de mourir. Comme la commune de Paris et la société des Jacobins devaient se rendre en corps sur la place de la Révolution afin de célébrer au pied de l'arbre de la liberté cette journée regardée comme glorieuse

---

et jambes. Parlait-il sérieusement ? Quoi qu'il en soit, de telles paroles sont justement ce qui l'a fait le plus mortellement haïr. » Des voleurs et des corrompus, c'est évident. (Voy. l'*Histoire de la Révolution*, t. VII, p. 164.) Assurément nous croyons M. Michelet plein de bonne foi ; mais n'y a-t-il pas de sa part une sorte de démence à jeter ainsi une ombre sur les choses les plus claires, à travestir avec le plus étrange sans façon le rôle des personnages qu'il n'affectionne pas, et enfin à faire à Robespierre un crime de ce qui, au contraire, doit être sa recommandation auprès de tous les cœurs droits et de toutes les âmes loyales ?

alors, Couthon engagea ses collègues à envoyer une députation de douze membres choisis sur les bancs de la Montagne; mais cette proposition parut insuffisante. Tous! tous! s'écria-t-on; et à la demande de Billaud-Varenne, la Convention en masse se joignit à la commune et aux Jacobins.

On sait comment, arrivée sur la place de la Révolution, l'Assemblée se trouva face à face avec la guillotine, et recula d'épouvante en voyant quatre condamnés à mort monter à l'échafaud. Bourdon (de l'Oise) prit texte de là pour présenter comme une atrocité préméditée cette coïncidence toute fortuite. Qui pouvait prévoir en effet la démarche inopinée de la Convention? La sensiblerie de Bourdon (de l'Oise) était donc purement de l'hypocrisie. Si l'Assemblée pouvait être accusée de *cannibalisme*, ce n'était point parce que le hasard l'avait rendue spectatrice de l'exécution de quatre condamnés, mais bien parce qu'elle avait cru nécessaires les lois terribles en vertu desquelles ces condamnés avaient été frappés de mort. N'était-ce pas Bourdon qui, en pleine Convention, s'était écrié : « Est-on fâché que la Terreur soit à l'ordre du jour (1)? » Quel homme humain que ce Bourdon, terroriste à outrance dans le sens ultra-révolutionnaire avant Thermidor, et terroriste à outrance dans le sens contre-révolutionnaire après Thermidor; personnage équivoque, sans principes et sans foi, accusant à tort et à travers le ministre de la guerre; lui faisant un crime tantôt des obstacles insurmontables apportés par d'autres à l'arrivée des secours destinés aux prisonniers de Mayence, tantôt de s'être justifié sur ce point (2); et, suivant l'expression méprisante de Robespierre, s'en prenant encore à ce même ministre tantôt de ce que lui, Bourdon, s'était querellé dans une taverne avec un de ses commis, tantôt de ce qu'il avait mal dîné (3). Son indignation en cette circonstance était donc puérile; ce qui chez d'autres aurait pu être une révolte de la conscience ne fut chez lui que le désir d'imputer une action noire aux agents d'un pouvoir auquel il avait voué une haine implacable.

Dans la soirée du 2 pluviôse Couthon proposa à la société des Jacobins de charger quatre commissaires du soin de rédiger l'acte d'accusation de tous les rois et de le soumettre ensuite au tribunal de l'opinion publique de tous les pays, afin, dit-il, qu'aucun roi ne pût trouver désormais de ciel pour l'éclairer ni de terre pour le

(1) Voy. *le Moniteur* du 22 brumaire (12 novembre 1793), séance du 20 brumaire.
(2) Voy. *le Moniteur* du 11 pluviôse (24 janvier 1794), séance du 9 pluviôse, et le projet de rapport sur la faction Fabre d'Églantine, *Papiers inédits*, t. II, p. 40.
(3) Projet de rapport sur la faction Fabre d'Églantine. *Papiers inédits*, t. II, p. 40.

porter. La société accueillit cette proposition par des applaudissements sans nombre, et l'ayant adoptée, elle choisit pour commissaires rédacteurs Robespierre, Couthon, Billaud-Varenne, Collot
d'Herbois et Lachevardière (1).

L'acte d'accusation de tous les rois! Robespierre n'avait cessé
de le dresser depuis le commencement de la Révolution, et jusqu'à
sa mort il ne manquera jamais l'occasion de faire entendre contre
eux de terribles vérités. Pour nous qui, placés à une grande distance des événements, n'avons pas souffert des abus de l'ancien régime, nous ne comprenons peut-être pas assez l'exaspération de nos
pères contre les tyrans couronnés. Mais le déplorable état où la
France s'était trouvée un moment réduite, nos frontières entamées
sur tous les points, nos villes livrées à l'ennemi, la guerre civile, la
disette, nos finances ruinées, la Terreur même, l'affreuse Terreur,
à laquelle on s'était vu obligé d'avoir recours comme à un moyen
de défense désespéré, tout cela n'était-il pas l'œuvre des rois et de
l'aristocratie? N'était-ce pas hier que sur un signe du maître les
peuples se ruaient les uns contre les autres et s'entr'égorgeaient
pour le plus grand plaisir de quelque favori ou de quelque favorite?
N'était-ce pas hier que, pour ne point partager complétement les
idées religieuses du roi très-chrétien, des milliers de Français pé-
rissaient par le feu, par le fer, poursuivis dans les Cévennes comme
des bêtes fauves? N'était-ce pas hier que, dans son intendance du
Languedoc, Lamoignon de Basville faisait périr en quelques années
plus de dix mille protestants? C'était là une terreur séculaire, bien
autrement odieuse que cette terreur révolutionnaire, rapide comme
la foudre, et qui, opposant oppression à oppression, n'eut d'autre
but que de débarrasser la France de ses ennemis et de fonder dans
le pays le règne de la liberté et de l'égalité. En confiant à Robespierre et à quelques autres le soin de rédiger l'acte d'accusation de
tous les rois, la société des Jacobins ne fit que leur demander le
développement logique de cette parole de l'abbé Grégoire : « *L'histoire des rois est le martyrologe des nations* (2). »

XIX

Robespierre n'assistait pas à cette séance des Jacobins, car quelques jours après, plusieurs citoyens témoignèrent hautement de l'in-

(1) *Moniteur* du 6 pluviôse (24 janvier 1794).
(2) L'abbé Grégoire à la-Convention, séance du 21 septembre 1792. Voy. *le Moniteur*
du 22.

quiétude sur sa santé parce que depuis un certain temps on ne l'avait pas vu au club; mais un membre de la société rassura les patriotes alarmés en leur disant qu'il continuait à jouir d'une bonne santé (1). Peut-être Maximilien occupait-il alors ses soirées à travailler à son grand rapport sur les principes de morale politique qui devaient guider la Convention nationale dans l'administration intérieure de la République, dont ses collègues du comité lui avaient confié la rédaction, rapport dans lequel nous le verrons affirmer plus que jamais sa répulsion pour les exagérations des ultra-révolutionnaires, tout en blâmant avec sévérité l'attitude étrange de ceux qu'on avait baptisés du nom d'*indulgents*, et qui néanmoins ne poursuivaient actuellement qu'un but : celui d'envoyer leurs adversaires... à l'échafaud.

Entre les deux factions c'était donc une guerre à mort, une lutte fratricide. Les amis d'Hébert et de Ronsin, voulant jouer un bon tour à Camille, imaginèrent d'arrêter son beau-père, le citoyen Duplessis, devenu lui-même un révolutionnaire fougueux, et très-courroucé contre son gendre depuis que celui-ci malmenait si fort les *ultras*. Mais comme il n'était point permis à une autorité étrangère à la Convention de porter la main sur un représentant du peuple, on résolut de frapper l'auteur du *Vieux Cordelier* dans la personne de son beau-père. Ce fut le comité révolutionnaire de la section de Mutius Scævola (la section de Vincent) qui se chargea d'être l'instrument de cette petite vengeance hébertiste. On connaît la narration piquante qu'a tracée Camille de l'arrestation du père de sa femme, dans le numéro 6 de son *Vieux Cordelier* (2). Il avait commencé par porter plainte devant la Convention nationale et s'était trouvé vivement soutenu par son ami Bourdon (de l'Oise). C'était Camille lui-même qu'on avait voulu attaquer, avait fait observer Bourdon, et, s'étonnant que le comité de Sûreté générale n'eût pas encore mis fin à cette oppression, il avait demandé que ce comité fût tenu de présenter sous trois jours un rapport sur cette affaire.

Vadier défendit le comité de Sûreté générale. Chose assez étrange, ce fut Danton qui s'éleva contre la motion de Bourdon, comme contraire à l'égalité. « Une révolution, » dit-il avec un grand bon sens, « ne peut se faire géométriquement. » Les comités révolutionnaires avaient été établis sur sa proposition; il le rappela avec une sorte d'orgueil, et conjura ses collègues de les maintenir dans

(1) Voyez le *Journal de Perlet* du 9 pluviôse (28 janvier 1794), numéro 492, et *le Moniteur* du même jour.

(2) Voyez *le Vieux Cordelier*, numéro 6, p. 138 de l'édition Matton.

toute leur force pour ne point donner dans le modérantisme et prêter des armes aux ennemis de la Révolution. Sans doute il fallait rendre justice à toutes les victimes de mesures et arrestations arbitraires, mais à la condition de ne point nuire à l'action du tribunal révolutionnaire. On voit comme Danton s'étudiait encore à éviter l'écueil contre lequel Camille Desmoulins et Philippeaux s'étaient heurtés par trop de légèreté. Ses paroles furent accueillies par les plus vifs applaudissements, et, sur sa demande, la Convention renvoya l'affaire à l'examen du comité de Sûreté générale (1). C'est donc à tort qu'un certain nombre d'écrivains ont appliqué dès cette époque la dénomination de *dantonistes* aux adversaires acharnés du gouvernement et du comité de Salut public, comme Fabre d'Églantine, Bourdon (de l'Oise) et Philippeaux, ou aux furieux ennemis d'Hébert et de l'hébertisme, comme Camille Desmoulins.

Encouragés en quelque sorte par une voix partie des rangs de leurs adversaires, les hébertistes songèrent à presser la délivrance de Ronsin et de Vincent, arrêtés comme on sait sur les dénonciations et les instances de Fabre d'Églantine et de Bourdon (de l'Oise). Un des leurs, un autre Bourdon, destiné lui aussi à jouer un rôle sanglant dans la catastrophe du 9 Thermidor, Léonard Bourdon, vint dans la séance du 9 pluviôse (28 janvier 1794), engager les Jacobins à intercéder auprès de la Convention en faveur du général de l'armée révolutionnaire et de l'adjoint du ministre de la guerre.

Quelle était au juste l'opinion de Robespierre sur ces deux personnages? Un jour, on s'en souvient peut-être, après la révolution du 10 août, Ronsin lui avait écrit pour le prier d'appuyer sa candidature auprès de l'assemblée électorale dont les opérations allaient commencer. Maximilien ne paraît pas s'être beaucoup intéressé alors au futur général en chef de l'armée révolutionnaire. Peut-être déjà avait-il remarqué en lui des tendances à ces exagérations presque aussi funestes à ses yeux que les manœuvres de la contre-révolution, et qui souvent venaient de la même source. Du reste, sur Ronsin et sur Vincent il n'était pas bien fixé encore. Qui croire au milieu de tant de dénonciations se croisant en sens inverse, dénonciations faites trop souvent à la légère, et auxquelles ne devait pas mettre fin le décret sévère par lequel la Convention punit de mort tout individu convaincu de faux témoignage sur une accusation capitale (2)? Sur Vincent il avait des

(1) *Moniteur* du 6 pluviôse (24 janvier 1794), séance du 5 pluviôse.
(2) Séance du 4 pluviôse (22 janvier 1794), *Moniteur* du 6 pluviôse.

renseignements de nature à l'influencer très-favorablement, car ces renseignements, il les tenait d'un homme en qui il avait une entière confiance, d'un des adjoints du ministre Bouchotte, de ce d'Aubigny que tout récemment il avait soustrait à la vengeance de Bourdon (de l'Oise). Quelques jours auparavant, il avait reçu de d'Aubigny le billet suivant : « Je t'envoie les placards de Vincent, contenant sa vie et sa profession de foi ; lis-les attentivement, tu verras comme ils l'ont calomnié ! Rends-lui justice, il la mérite. — Adieu, je t'embrasse de toute mon âme (1). » Mais d'autre part Ronsin et Vincent avaient des défenseurs infiniment suspects à Robespierre. Celui-ci crut donc devoir engager ses concitoyens à garder la neutralité, dans l'intérêt même des prévenus. « Le comité de Sûreté générale, » dit-il aux Jacobins, « paraît être convaincu qu'il n'y a aucune preuve valable contre le patriotisme de Ronsin et de Vincent ; c'est à cause de cela qu'il faut laisser agir le comité afin que l'innocence de ces deux citoyens soit proclamée par l'autorité publique, et non par une autorité particulière. Il n'y a rien de pire pour l'innocence opprimée que de fournir aux in-

(1) Lettre en date du 13 nivôse (2 janvier 1794). L'original de cette lettre, non insérée par Courtois, est aux *Archives*, F7.4436, liasse R. Nous pouvons signaler ici une des nombreuses coquineries de Courtois. Peu après l'arrestation de Vincent, d'Aubigny avait reçu d'un de ses amis, nommé Gateau, excellent patriote, très-protégé de Saint-Just, quoique un peu de la trempe de Vincent, et employé pour le moment à Strasbourg dans les subsistances militaires, une lettre où Gateau se plaignait en termes fort vifs de cette arrestation : « C'est, » disait-il, « sur la motion de MM. Fabre d'Églantine et Bourdon (de l'Oise) ; c'est le premier échelon pour en venir à l'estimable Bouchotte et à tous les patriotes un peu vigoureux qui sont assez clairvoyans pour ne pas croire à la vertu de quelques hommes qui veulent forcer au respect pour leur immoralité même, parce qu'ils peuvent manier à leur gré ou plutôt à celui de leurs lâches et dégoûtantes passions la hache révolutionnaire... Du diable si personne m'empêche de rire de pitié et d'indignation quand je verrai tous les Bourdon de la Convention, les Fabre d'Églantine, les Thuriot, etc., prôner la morale et la vertu, et prêcher l'abnégation de soi-même. O sainte liberté ! chère République ! à quelles mains es-tu quelquefois abandonnée !... Oh ! oh ! si Vincent avait pu devenir contre-révolutionnaire, je ne croirois plus, non jamais, à la vertu d'aucun des hmains... Strasbourg, 2 nivôse... »

Courtois n'a pas inséré cette lettre à la suite de son rapport, mais, en parlant de Gateau, il a écrit : « Il avait pour cachet une guillotine dont l'empreinte est encore sur la cire qui scellait une de ses lettres. » (P. 22, en note.)

Or, c'est là qu'est la coquinerie. Ce cachet n'était nullement celui de Gateau. On sait combien la République se montra sévère pour les fripons, et surtout pour ceux qui volaient en fournissant l'équipement et la nourriture du soldat. Aussi l'administration des vivres avait-elle adopté pour cachet une guillotine avec ces mots en exergue : *Subsistances militaires* ; au bas, sur un écusson, on lisait : GUERRE AUX FRIPONS. On comprend que cette devise ait produit un assez mauvais effet sur Courtois, qui avait eu maille à partir avec le comité de Salut public au sujet de rapines dont il était accusé. Tel était le cachet appliqué sur la lettre de Gateau, et qu'on peut voir aux *Archives* F7.4436, liasse R).

trigants le prétexte de dire qu'on leur a forcé la main, et que les
individus qui auraient obtenu la liberté étaient des factieux, puisqu'ils voulaient opposer une force à la volonté nationale... » La
société, applaudissant aux judicieuses observations de Robespierre,
écarta par l'ordre du jour la proposition de Léonard Bourdon (1).

Quelques jours plus tard, le 14 pluviôse (2 février 1794), Voulland, au nom du comité de Sûreté générale, ayant proposé à la
Convention nationale de décréter la mise en liberté de Ronsin et de
Vincent, on entendit Philippeaux et Bourdon (de l'Oise) protester
de la façon la plus énergique. Or, en cette circonstance, qui vint au
secours des détenus? fut-ce Robespierre? Non; ce fut Danton, dont
les amis poursuivaient avec tant d'acharnement le commandant de
l'armée révolutionnaire et l'adjoint du ministre Bouchotte. Tout
en convenant du caractère violent et impétueux de Vincent et
d'Hébert, il les défendit résolûment, et reprocha à Philippeaux de
s'abandonner à des préventions individuelles, de commettre des
erreurs où les malveillants pourraient voir un plan de contre-révolution. Danton pressentait-il ici le sort réservé à Philippeaux? En-
treprenait-il la défense de deux ultra-révolutionnaires afin d'être
plus à l'aise pour prendre celle de Fabre d'Églantine? Cela est possible, et il ne parut pas s'en cacher. Toujours est-il qu'il témoigna
aux deux victimes de Fabre et de Bourdon le plus touchant intérêt,
et ce fut certainement grâce à lui qu'au milieu des applaudissements, la Convention décréta la mise en liberté de Ronsin et de
Vincent (2).

Eh bien! malgré cela, un historien de nos jours n'a pas craint de
nous présenter Robespierre comme donnant un certificat d'innocence aux hébertistes... parce qu'il avait besoin d'eux (3)! Quelle
confusion! quelle aberration! Et pourquoi Robespierre aurait-il
eu besoin des hébertistes? Et pourquoi n'aurait-il pas cru à l'innocence de certains d'entre eux, accusés par des hommes comme

(1) Séance des Jacobins du 9 pluviôse an II. Voy. *le Moniteur* du 13 pluviôse (1er février 1794).

(2) Voy. *le Moniteur* du 16 pluviôse (4 février 1794).

(3) *Histoire de la Révolution*, par Michelet. — M. Michelet a employé ici un procédé
étrange, pour ne pas dire plus ; jugez-en : Au lieu de ces paroles que nous avons citées d'après *le Moniteur* : « Le comité de Sûreté générale *paraît* être convaincu qu'il
n'y a aucune preuve valable contre le patriotisme de Vincent et de Ronsin, » M. Michelet
fait dire à Robespierre : « Le comité sait qu'il n'existe rien à leur charge, etc. » Du
récit de M. Michelet il résulte pour le lecteur que Robespierre se porta fort de l'innocence de Vincent et de Ronsin, ce qui est absolument contraire à la vérité. M. Michelet,
bien entendu, suivant sa coutume de supprimer tout ce qui gêne son système historique, ne dit mot du discours de Danton. On a dit de l'illustre écrivain que ce n'était pas
un historien, mais un *voyant* en histoire. Hélas !

Philippeaux et Bourdon (de l'Oise)? Est-ce qu'à cette époque ils s'étaient mis en révolte contre la Convention? Est-ce qu'ils avaient agité le drapeau de l'insurrection? On verra bien tout à l'heure si Robespierre était un homme capable de transiger avec sa conscience, et de sacrifier à de bas calculs la probité politique.

XX

Cependant, aux Jacobins, les regrettables discussions personnelles avaient fait place aux débats sur les crimes du gouvernement anglais et les vices de la constitution britannique. Un certain nombre d'orateurs avaient parlé déjà, lorsque dans la séance du 9 pluviôse (28 janvier 1794) Robespierre prit la parole à son tour pour dire un mot sur la question. Selon lui, cette question avait été mal traitée jusque-là, parce que la plupart des orateurs, au lieu de discuter devant toute l'Europe, en présence du peuple anglais et en le prenant en quelque sorte à témoin, les crimes de Pitt, avaient jeté l'anathème à toute la nation bitannique au lieu de chercher à l'éclairer, comme si elle eût été responsable des actes de son gouvernement. On avait oublié la calomnie, les préjugés et les passions, cette triple barrière morale élevée par les tyrans entre tous les peuples et la République, et par une imprudence pareille à celles qu'avaient commises en France un certain nombre de patriotes, on risquait de faire rétrograder l'opinion publique en la devançant. Le peuple anglais, prétendait Maximilien, était encore de deux siècles en arrière de nous sous le rapport de la moralité et des lumières, parce que la politique de ceux qui le gouvernaient avait toujours été d'intercepter la vérité à ses yeux et de l'armer contre le peuple français. Opprimé et ruiné, il arriverait, lui aussi, par la force de l'exemple, à faire une révolution. Quant à Pitt, ce ministre imbécile d'un roi fou, il serait renversé. Celui-là était digne des petites-maisons, pensait Robespierre, qui s'imaginait qu'avec des vaisseaux ce ministre allait bientôt affamer la France et lui dicter des lois ; l'orateur s'étonnait qu'il y eût au XVIIIe siècle un homme assez dépourvu de bon sens pour penser à de pareilles folies. On sait combien il fallut de folies d'un autre genre pour que ces paroles de Robespierre reçussent, vingt ans plus tard, un démenti sanglant. En terminant, et toujours fidèle à son système de tolérance religieuse, il engagea ses concitoyens à ne mêler ni les évêques ni la question religieuse à une pareille discussion, puis il proposa à la société de n'ordonner désormais l'impression d'un discours qu'après un mûr examen ; ce qui fut arrêté au milieu des applaudissements (1).

Le surlendemain (11 pluviôse), Robespierre monta de nouveau à la tribune pour traiter la question et répondre en même temps à divers orateurs qui cette fois lui avaient paru témoigner un peu trop de sympathie pour le peuple anglais. Peut-être lui-même, dans la fièvre du patriotisme et dans l'ardeur de l'improvisation, tomba-t-il dans un excès contraire et oublia-t-il un peu ses recommandations de l'avant-veille. Il consentait bien à distinguer le peuple anglais de son gouvernement, mais à la condition qu'il le punît de ses attentats contre la liberté ; jusque-là il ne pouvait s'empêcher de le regarder comme complice des crimes de ce gouvernement perfide. « Assurez votre liberté avant de vous occuper de celle des autres ! » s'écriait-il. « Je n'aime pas les Anglais, moi, parce que ce mot me rappelle l'idée d'un peuple insolent osant faire la guerre au peuple généreux qui a reconquis sa liberté. Je n'aime pas les Anglais, parce qu'ils ont osé entrer dans Toulon pour y proclamer un roi... Je n'aime pas les Anglais, parce que leur gouvernement, perfidement machiavélique envers le peuple même qui le souffre, a osé dire et proclamer qu'il ne fallait garder aucune foi, aucune règle d'honneur avec les Français dans cette guerre..., parce qu'une partie du peuple, les matelots, les soldats, a soutenu par les armes cette odieuse proclamation. En qualité de Français, de représentant du peuple, je déclare que je hais le peuple anglais... » Il faut se rappeler l'exaspération dans laquelle les manœuvres de l'Angleterre contre la République avaient jeté la plupart des patriotes pour se rendre bien compte des acclamations par lesquelles furent accueillies ces paroles de Robespierre.

Cependant, il eut soin de faire une restriction : il déclara que comme homme il s'intéressait à la nation anglaise ; seulement, jusqu'à ce qu'elle eût anéanti son gouvernement, il lui vouait une haine implacable, parce qu'il y avait à ses yeux quelque chose de plus méprisable encore qu'un tyran, c'étaient des esclaves. Pitt était corrompu, mais ceux qu'il employait l'étaient bien davantage. C'était là une de ces vérités dont on ne tient pas assez compte en général ; les tyrans disparaissent, balayés par les révolutions, et les vils instruments dont ils se sont servis ne sont pas toujours assez brisés pour ne pas nuire à la liberté renaissante. On parlait beaucoup, continuait Robespierre, du parti de l'opposition ; les prochains débats du parlement donneraient la mesure de sa force et

(1) *Moniteur* du 13 pluviôse (1er février 1794).

de son autorité. Dans le cas où les communes voteraient une adresse de remercîments, il n'y aurait plus qu'à mépriser le peuple anglais, auquel la France, au contraire, était toute disposée à rendre son estime et son amitié s'il avait le courage de s'affranchir. En attendant, il conseillait aux républicains français de perfectionner leur marine, de serrer de toutes parts leurs forces, et d'achever paisiblement une révolution si heureusement commencée.

Ce discours avait été interrompu par de fréquents applaudissements. De nouvelles acclamations retentirent quand Robespierre quitta la tribune. Lorsque l'enthousiasme se fut un peu calmé, Jean-Bon Saint-André, ayant cru voir dans le discours de son collègue une allusion à quelques mots prononcés par lui, reprit la parole pour déclarer que jamais il n'avait eu l'idée d'affaiblir la haine légitime des Français contre le peuple anglais, et qu'à Brest, d'où il arrivait, il avait tenu un langage identique à celui de Robespierre. Mais il s'était mépris sur le sens des paroles de ce dernier, car Maximilien répondit aussitôt en ces termes : « J'aurais manqué mon but si j'avais offensé dans l'énoncé de mon opinion celui qui a travaillé avec nous à opérer le bien de la République… S'il pouvait y avoir dans mes expressions quelque chose qui pût aliéner les esprits, je serais le premier à l'éloigner de mon discours. » A quoi Saint-André répliqua : « Unis de sentiments et de principes, nous avons combattu, Robespierre et moi, pour la liberté, et nous combattrons encore ; nous avons voué une haine éternelle aux tyrans, et notre tête tombera ou ils seront exterminés (1). » La tête du glorieux commissaire près les flottes de la République ne tomba point, heureusement. Jean-Bon Saint-André, il est vrai, ne se trouvait pas à Paris le 9 thermidor. Qui sait ? peut-être eût-il péri aussi ; peut-être eût-il empêché cette néfaste journée. Quoi qu'il en soit, il ne renia jamais celui qui, sur sa proposition, avait été nommé membre du comité de Salut public. Lorsqu'au plus fort de la réaction thermidorienne, il déclara qu'il n'avait point participé à la plupart des opérations du comité, il dit la vérité, puisqu'il avait été presque toujours en mission ; mais, du moins, il n'essaya pas de rejeter lâchement sur les vaincus toute la responsabilité des faits accomplis.

La vive sortie de Robespierre contre le peuple et le gouvernement anglais lui attira de la part de Camille Desmoulins d'assez étranges critiques, — critiques qui d'ailleurs ne virent pas le jour à cette

(1) *Moniteur* du 16 pluviôse (4 février 1794) et *Journal de la Montagne* du 14 pluviôse (numéro 81).

époque et qui demeurèrent provisoirement enfouies dans le manuscrit de l'auteur. C'est donc bien maladroitement qu'on leur a
quelquefois attribué l'abandon de Camille par son vieux camarade (1). Dans les six premiers numéros de son journal, Desmoulins
n'avait eu pour Robespierre que des éloges et des paroles d'admiration, le citant à tout propos comme une autorité infaillible, voulant
et demandant, comme lui, qu'on frappât les chefs de complots, mais
qu'on établît une distinction fondamentale entre le crime et l'erreur.
Bien mieux, dans son numéro 6, ne le félicitait-il pas d'avoir parlé
durant une heure et demie pour l'empêcher d'être rayé, lui Camille,
de la liste des Jacobins (2)? Enfin, en terminant ce dernier numéro
ne regardait-il pas l'heureuse diversion sur les crimes du gouvernement anglais, imaginée pour mettre fin aux déplorables querelles
particulières dont la société des Jacobins était devenue le théâtre,
comme un des plus grands services rendus à la patrie par celui qui
avait ouvert cette discussion (3)? Or, — singulière bizarrerie du caractère de Camille, — le voilà qui s'éprend tout à coup d'une belle
passion pour la fière nation anglaise, qui reproche à Robespierre
d'avoir pris aux Jacobins, sans s'en apercevoir, le rôle de Brissot,
de nationaliser la guerre, de s'être chargé de l'apostolat de Cloots,
d'avoir enfin oublié les grandes vérités qu'il proclamait jadis quand
il présentait la guerre comme l'éternelle ressource du despotisme,
et tout cela pour rendre à Maximilien le ridicule que celui-ci, prétendait-il, avait, depuis quelques temps, versé sur lui à pleines
mains (4).

Il y avait ici, de la part de Camille, de l'ingratitude d'une part,
et, de l'autre, une étrange absence de mémoire. Lorsqu'avec tant de
raison, vers la fin de l'année 1791, Robespierre combattit dans sa
longue et glorieuse campagne contre les Girondins l'idée d'une
guerre offensive, et surtout le projet de *municipaliser* l'Europe, sur
quoi s'appuya-t-il principalement ? Sur ce que l'armée était alors
aux ordres de généraux hostiles à la Révolution, tout dévoués à la

_____

(1) Ce ne fut qu'en 1836 que ces critiques furent révélées dans une édition du *Vieux
Cordelier* publiée par M. Matton, possesseur des manuscrits de Camille. Le nouvel éditeur eut grand tort, selon nous, de ne point donner le journal de Camille conformément à l'édition princeps, qui seule peut nous édifier sur l'effet produit à l'époque par
l'apparition des numéros du *Vieux Cordelier*. Il aurait dû se contenter d'imprimer, en
note, le texte du manuscrit, car, quoi qu'il en pense, les changements et modifications
apportés dans le texte livré au public par Desenne ont été, c'est plus que probable,
opérés par l'auteur lui-même.

(2) Voy. *Le Vieux Cordelier*, numéro 6, édition Matton, p. 150.

(3) *Ibid.*, p. 154.

(4) *Ibid.*, p. 204.

monarchie. Et il avait eu soin de prévoir le cas où, nos soldats étant
commandés par des chefs patriotes, la France pourrait, avec la certitude de la victoire, soutenir le choc de tous les ennemis de l'extérieur. Les temps étaient bien changés depuis le jour où les Ro-
chambeau, les La Fayette, les Biron et les Dillon étaient à la tête
des armées de la Révolution. La guerre d'ailleurs étant un fait accompli, il était tout naturel que le comité de Salut public la pous-
sât le plus activement possible, et que Robespierre dénonçât au
monde les attentats de cette Angleterre dont l'or alimentait les ressources de nos ennemis et dont la conduite ténébreuse et les basses
intrigues à l'égard de la France républicaine soulèvent encore aujourd'hui tous les cœurs vraiment français. Et, du reste, la Convention ne recueillait-elle pas déjà les fruits de son indomptable énergie ?
Nos armes n'étaient-elles pas victorieuses sur tous les points, à
l'Est, au Nord, au Midi, dans la Vendée ? Eh bien! admirez l'inconséquence du pauvre Camille : c'est à l'heure où surgissent à l'improviste tant de jeunes et glorieux généraux sortis des rangs populaires qu'il plaisante agréablement les commis et les pères d'actrices
devenus officiers, et qu'il leur oppose Turenne et Villars, alléguant
que la guerre est un art où l'on ne se perfectionne qu'à la longue (1);
c'est à l'heure où déjà les noms des Hoche, des Marceau, des Klé-
ber, des Bonaparte, des Jourdan et de tant d'autres commencent
d'attirer l'attention, que le bon Camille regrette de ne point voir à
la tête des troupes républicaines des généraux comme Dillon (2). Et
dites maintenant que cette appréciation, déjà citée, de l'auteur du
Vieux Cordelier par Robespierre n'est pas d'une vérité frappante :
« Ici il rehausse le courage du patriotisme, là il alimente l'espoir de
l'aristocratie. Desmoulins tient tantôt un langage qu'on applaudirait
à la tribune des Jacobins; tantôt une phrase commence par une
hérésie politique. A l'aide de sa massue redoutable, il porte le coup
le plus terrible à nos ennemis ; à l'aide du sarcasme le plus piquant,
il déchire les meilleurs patriotes. Desmoulins est un composé
bizarre de vérités et de mensonges, de politique et d'absurdités, de
vues saines et de projets chimériques et particuliers (3). » Quand
Robespierre s'exprimait ainsi, il était seul, ne l'oublions pas, à défendre Camille contre des ennemis acharnés; et si en le couvrant
de sa protection, si en cherchant à le justifier, il laissa tomber
quelques paroles critiques, était-ce bien à l'auteur du *Vieux Corde-*

(1) *Le Vieux Cordelier*, numéro 6, édition Matton, p. 177, 178.
(2) *Ibid.*, p. 175.
(3) Séance des Jacobins du 17 nivôse (8 janvier 1794), *Moniteur* du 23 nivôse (*ubi
suprà*).

lier de s'en plaindre, lui qui avec tant de profusion avait semé le ridicule sur les meilleurs patriotes, sur les plus ardents défenseurs de la République (1)? Nous ne tarderons pas à donner une nouvelle preuve des inconséquences et de la versatilité de Camille.

XXI

Un certain nombre d'historiens de la Révolution française se sont demandé ce que voulait Robespierre. Ils en ont fait un sphinx, un révolutionnaire taillant et frappant à tort et à travers, sans but bien défini, sans savoir au juste où il allait. Ces historiens, s'ils n'ont pas écrit de parti pris et en cédant à des préventions injustifiables, ont à coup sûr négligé d'étudier sérieusement les hommes et les choses dont ils ont eu la prétention de raconter l'histoire. Ce que voulait Robespierre, nous l'avons dit vingt fois; ceux qui nous ont lu attentivement ont pu se rendre compte de la netteté de ses vues et de la fermeté de ses principes. Sous la monarchie comme sous la République, il ne varia point, et le combattant des grandes années de lutte mourra fidèle en 1794, avons-nous dit déjà, au théoricien pacifique de 1789.

Jamais peut-être il n'affirma aussi hautement sa politique, jamais il ne montra mieux le but final où tendait et où devait s'arrêter la Révolution que dans le magnifique rapport dont il vint, au nom du comité de Salut public, donner lecture à la Convention nationale dans la séance du 17 pluviôse an II (5 février 1794). C'était le pendant, le corollaire pour ainsi dire, du discours qu'il avait prononcé trois mois auparavant sur les principes de la politique extérieure de la République; il s'agissait aujourd'hui de développer les principes

(1) Avertissons encore une fois nos lecteurs que toutes les critiques du numéro 7, où si injustement Camille prend à partie Robespierre, n'existent pas dans l'édition princeps du *Vieux Cordelier*. On pourrait croire le contraire en lisant, par exemple, M. Michelet qui écrit : « Personne jusqu'en 1836 n'a pu deviner pourquoi Desmoulins est mort. » M. Michelet, après avoir cité les critiques de Desmoulins contre Robespierre, comme si elles figuraient dans le texte primitif, dit bien ensuite que Desenne recula d'horreur, demanda la suppression de tout passage contre Robespierre; que Camille se débattit, disputa, — tout cela sans preuves, naturellement. « Mais, a-t-il soin d'ajouter, ses ennemis en surprirent-ils quelques pages ? C'est probable. » — *C'est probable* vaut son pesant d'or. — (Voy. *Histoire de la Révolution*, t. VII, p. 141, 145.) Ce qui est certain, et non probable, c'est que le numéro 7 du *Vieux Cordelier* ne fut pour rien dans l'arrestation de Camille, puisque celui-ci fut arrêté avant la publication de ce numéro, ce qu'omet de dire M. Michelet; ce qui est certain encore, c'est que Desenne, qui ne fut même pas inquiété, se garda bien de faire confidence des passages dont il avait demandé la suppression à l'auteur.

de la politique intérieure. Il fallait, commençait par dire Robespierre, marquer nettement le terme où l'on voulait arriver, se rendre compte des obstacles qui en éloignaient encore et des moyens nécessaires pour l'atteindre ; cela à la face du monde et sans craindre de divulguer son secret. « Un roi, » ajoutait-il, « un sénat orgueilleux, un César, un Cromwell, doivent avant tout couvrir leurs projets d'un voile religieux, transiger avec tous les vices, caresser tous les partis, écraser celui des gens de bien, opprimer ou tromper le peuple, pour arriver au but de leur perfide ambition. » Mais la République ne craignait pas de mettre l'univers dans la confidence de ses secrets politiques, sûre de rallier tous les amis de la liberté à la voix du bon sens et de l'intérêt général, et confiante d'ailleurs dans un ordre de choses où la raison publique était la garantie de la liberté.

Cela dit, Robespierre proclamait bien haut le but glorieux de la Révolution. Qui ne connaît ce passage célèbre de son rapport : « Quel est le but où nous tendons ? La jouissance paisible de la liberté et de l'égalité ; le règne de cette justice éternelle dont les lois ont été gravées non sur le marbre et sur la pierre, mais dans les cœurs de tous les hommes, même dans celui de l'esclave qui les oublie et du tyran qui les nie.

« Nous voulons un ordre de choses où toutes les passions basses et cruelles soient enchaînées, toutes les passions bienfaisantes et généreuses éveillées par les lois ; où l'ambition soit le désir de mériter la gloire et de servir la patrie ; où les distinctions ne naissent que de l'égalité même ; où les citoyens soient soumis au magistrat, le magistrat au peuple, et le peuple à la justice ; où la patrie assure le bien-être de chaque individu, et où chaque individu jouisse avec orgueil de la prospérité et de la gloire de la patrie ; où toutes les âmes s'agrandissent par la communication continuelle des sentiments républicains et par le besoin de mériter l'estime d'un grand peuple ; où les arts soient les décorations de la liberté qui les ennoblit ; le commerce, la source de la richesse publique, et non pas seulement de l'opulence monstrueuse de quelques maisons.

« Nous voulons substituer dans notre pays la morale à l'égoisme, la probité à l'honneur, les principes aux usages, les devoirs aux bienséances, l'empire de la raison à la tyrannie de la mode, le mépris du vice au mépris du malheur, la fierté à l'insolence, la grandeur d'âme à la vanité, l'amour de la gloire à l'amour de l'argent, les bonnes gens à la bonne compagnie, le mérite à l'intrigue, le génie au bel esprit, la vérité à l'éclat, le charme du bonheur aux ennuis de la volupté, la grandeur de l'homme à la petitesse des

grands, un peuple magnanime, puissant, heureux, à un peuple aimable, frivole et misérable, c'est-à-dire toutes les vertus et tous les
miracles de la république à tous les vices et à tous les ridicules de
la monarchie.

« Nous voulons, en un mot, remplir les vœux de la nature, accomplir les destins de l'humanité, tenir les promesses de la philosophie, absoudre la Providence du long règne du crime et de la tyrannie. Que la France, jadis illustre parmi les pays esclaves, éclip-
sant la gloire de tous les peuples libres qui ont existé, devienne le
modèle des nations, l'effroi des oppresseurs, la consolation des opprimés, l'ornement de l'univers, et qu'en scellant notre ouvrage de
notre sang, nous puissions au moins voir briller l'aurore de la félicité universelle... Voilà notre ambition, voilà notre but. »

Que ce séduisant programme soit difficile à réaliser, que les passions humaines y forment un invincible obstacle, cela est possible ;
mais si un peuple en approche jamais, ce sera le jour où ses institutions reposeront sur la double base de la liberté et de l'égalité. Le
gouvernement démocratique seul, poursuivait Robespierre, pouvait accomplir ces prodiges, et il définissait ainsi la démocratie :
« Un État où le peuple souverain, guidé par des lois qui sont son
ouvrage, fait par lui-même tout ce qu'il peut très-bien faire, et par
des délégués tout ce qu'il ne peut faire lui-même. » Le principe
fondamental du gouvernement républicain était à ses yeux la vertu,
et par là il entendait l'amour de la patrie, et de ses lois. Il n'y avait,
selon lui, que la démocratie où l'État fût véritablement la patrie
de tous et pût compter autant de défenseurs intéressés à sa cause
qu'il renfermait de citoyens. Aussi engageait-il la Convention nationale à rapporter toutes ses opérations au maintien de l'égalité
et au développement de la vertu, à adopter tout ce qui était capable
d'exciter l'amour de la patrie, de purifier les mœurs, d'élever les
âmes, de diriger les passions du cœur humain vers l'intérêt général,
à rejeter au contraire tout ce qui était de nature à les concentrer
dans l'abjection du moi personnel. Il ne s'agissait point, du reste,
de jeter la République française dans le moule de celle de Sparte :
« Nous ne voulons, » disait-il, « lui donner ni l'austérité ni la corruption des cloîtres. »

Mais l'heure n'avait pas sonné encore où il était permis de faire
fonctionner d'une façon régulière le gouvernement de la démocratie,
car, au milieu de la guerre civile et de la guerre étrangère, la constitution eût à chaque instant couru le risque de se briser au choc
des factions contraires qui désolaient le pays. C'était pour arriver
au règne paisible des lois constitutionnelles, pour terminer la

guerre de la liberté contre la tyrannie et traverser heureusement les orages de la Révolution, que la Convention avait organisé le gouvernement révolutionnaire, dont le ressort était à la fois, disait le rapporteur du comité de Salut public, la vertu et la terreur : la vertu, sans laquelle la terreur était funeste; la terreur, sans laquelle la vertu se trouvait impuissante. Mais ce qui pour d'autres était la terreur dans sa plus sauvage expression, ne devait être autre chose, à son avis, que la justice prompte, sévère, inflexible, une émanation même de la vertu, et n'avait rien de semblable à cette terreur séculaire et hypocrite des gouvernements absolus, toujours suspendue sur la tête de l'innocent; c'était, en un mot, le despotisme momentané de la liberté contre la tyrannie. « Que la tyrannie règne un seul jour, » ajoutait Robespierre, « le lendemain il ne restera plus un patriote. Jusqu'à quand la fureur des despotes sera-t-elle appelée justice, et la justice du peuple barbarie ou rébellion? Comme on est tendre pour les oppresseurs et inexorable pour les opprimés ! Rien de plus naturel : quiconque ne hait point le crime ne peut aimer la vertu. Il faut cependant que l'un ou l'autre succombe. Indulgence pour les royalistes, s'écrient certaines gens ; grâce pour les scélérats! Non. Grâce pour l'innocence, grâce pour les faibles, grâce pour les malheureux, grâce pour l'humanité ! » Combien de gens voyons-nous, en effet, qui poussent des clameurs féroces au souvenir des sévérités de la Révolution, et que ne paraissent point émouvoir les longues et gratuites iniquités de la monarchie! Et quand Robespierre prononçait ici le mot de royalistes, il entendait évidemment les conspirateurs armés, car jamais il ne fit la guerre aux opinions, même hostiles, qui ne se traduisaient point par des actes; nous l'entendrons bientôt dénoncer ces terroristes à outrance qui érigeaient en crimes de simples erreurs ou des préjugés invétérés.

« Malheur, disait-il, « à quiconque oserait diriger vers le peuple la terreur réservée à ses ennemis ! Malheur à celui qui, confondant les erreurs inévitables du civisme avec les erreurs calculées de la perfidie ou avec les attentats des conspirateurs, abandonne l'intrigant dangereux pour poursuivre le citoyen paisible ! Périsse le scélérat qui ose abuser du nom sacré de la liberté ou des armes redoutables qu'elle lui a confiées, pour porter le deuil ou la mort dans le cœur des patriotes!... N'existât-il dans toute la République qu'un seul homme vertueux persécuté par les ennemis de la liberté, le devoir du gouvernement serait de le rechercher avec inquiétude et de le venger avec éclat. » Ce n'était point une raison d'ailleurs pour se relâcher d'une sévérité exigée par les circonstances, surtout en présence de deux factions rivales dont les efforts en sens inverse pouvaient aboutir au même résultat, à savoir : la destruction de la République.

Robespierre avait en vue les indulgents et les exagérés, à qui ce rapport était destiné, sans nul doute, à servir de solennel avertissement. Nous retrouvons ici exprimées presque dans les mêmes termes des idées déjà développées dans le projet de rapport sur la faction Fabre d'Églantine (1). « Les ennemis intérieurs du peuple français se sont divisés en deux factions...; l'une pousse à la faiblesse, l'autre aux excès. L'une veut changer la liberté en Bacchante, l'autre en prostituée. » Dans la dénomination de *modérés* appliquée aux uns, il y avait, selon Robespierre, beaucoup plus d'esprit que de justesse ; et combien était vraie cette appréciation, car ces prétendus modérés, qui voulaient ouvrir les prisons à tous les suspects, n'allaient avoir de cesse qu'ils n'eussent envoyé à la mort les meneurs de l'hébertisme.

Maximilien frappait d'ailleurs d'une réprobation égale les ultra-révolutionnaires ; il trouvait entre ceux-ci et ceux-là une analogie singulière, les uns et les autres tombant, suivant les circonstances, dans une modération d'apparat ou dans le délire du patriotisme. « Le faux révolutionnaire, » disait-il, « s'oppose aux mesures énergiques et les exagère quand il n'a pu les empêcher ; sévère pour l'innocence, mais indulgent pour le crime ; accusant même les coupables qui ne sont point assez riches pour acheter son silence ni assez importants pour mériter son zèle, mais se gardant bien de jamais se compromettre au point de défendre la vertu calomniée ; découvrant quelquefois des complots découverts, arrachant le masque à des traîtres démasqués et même décapités, mais prônant les traîtres vivants et encore accrédités ; toujours empressé à caresser l'opinion du moment et non moins attentif à ne jamais l'éclairer, et surtout à ne jamais la heurter ; toujours prêt à adopter les mesures hardies, pourvu qu'elles aient beaucoup d'inconvénients ; calomniant celles qui ne présentent que des avantages ou bien y ajoutant tous les amendements qui peuvent les rendre nuisibles ; disant la vérité avec économie et tout autant qu'il faut pour acquérir le droit de mentir impunément ; distillant le bien goutte à goutte et le mal par torrents ; plein de feu pour les grandes résolutions qui ne signifient rien, plus qu'indifférent pour celles qui peuvent honorer la cause du peuple et sauver la patrie ; donnant beaucoup aux formes du patriotisme ; très-attaché, comme les dévots dont il se déclare l'ennemi, aux

(1) Preuve évidente que le projet de rapport sur la faction Fabre d'Églantine était antérieur de quelques semaines.

pratiques extérieures, il aimerait mieux user cent bonnets rouges que de faire une bonne action, » A cette peinture si frappante purent se reconnaître les Bourdon (de l'Oise), les Maribon-Montaut, les Hébert, les Fouché, les Guffroy, les Baudot, ceux qui ne cessaient de réclamer les têtes des soixante-treize, qui voulaient envoyer à l'échafaud les signataires des pétitions des huit mille et des vingt mille, et ceux qui, d'un bout de la France à l'autre, mettaient les consciences sur un lit de Procuste, plaçaient les ministres du culte entre l'échafaud et l'apostasie (1), et remplaçaient les vieilles pratiques de la religion catholique par des mascarades mille fois plus ridicules.

C'était des révolutionnaires de cette trempe que Robespierre disait : « Faut-il agir, ils pérorent. Faut-il délibérer, ils veulent commencer par agir. Les temps sont-ils paisibles, ils s'opposeront à tout changement utile. Sont-ils orageux, ils parleront de tout réformer pour bouleverser tout. Voulez-vous contenir les séditieux, ils vous rappellent la clémence de César. Voulez-vous arracher les patriotes à la persécution, ils vous proposent pour modèle la fermeté de Brutus. Ils découvrent qu'un tel a été noble lorsqu'il sert la République; ils ne s'en souviennent plus dès qu'il la trahit. La paix est-elle utile, ils vous étalent les palmes de la victoire. La guerre est-elle nécessaire, ils vantent les douceurs de la paix. Faut-il défendre le territoire, ils veulent aller châtier les tyrans au delà des monts et des mers. Faut-il reprendre nos forteresses, ils veulent prendre d'assaut les églises et escalader le ciel. Ils oublient les Autrichiens pour faire la guerre aux dévotes... Vous ne pourriez jamais vous imaginer certains excès commis par des contre-révolutionnaires hypocrites pour flétrir la cause de la Révolution. Croiriez-vous que, dans les pays où la superstition a exercé le plus d'empire, non contents de surcharger les opérations relatives au culte de toutes les formes qui pouvaient les rendre odieuses, on a répandu la terreur parmi le peuple en semant le bruit qu'on allait tuer tous les enfants au-dessous de dix ans et tous les vieillards au-dessus de soixante-dix ans? que ce bruit a été répandu dans la ci-devant Bretagne et dans les départements du Rhin et de la Moselle? C'est un des crimes imputés au ci-devant accusateur public du tribunal criminel de Strasbourg (2). Les folies tyranniques de cet homme ren-

(1) Il semble que ce soient là les révolutionnaires particulièrement chers à M. Quinet, comme l'hébertiste Baudot, par exemple.

(2) Voyez au sujet d'Euloge Schneider notre *Histoire de Saint-Just*, t. II, édit Méline et Caus. La justice nous oblige de dire que dans une lettre à Robespierre Euloge Schneider proteste hautement contre les exagérations qui lui sont imputées. Voyez cette lettre

dent vraisemblable tout ce que l'on raconte de Caligula et d'Héliogabale ; mais on ne peut y ajouter foi, même à la vue des preuves. Il poussait le délire jusqu'à mettre les femmes en réquisition pour son usage ; on assure même qu'il a employé cette méthode pour se marier. D'où est sorti tout à coup cet essaim d'étrangers, de prêtres, de nobles, d'intrigants de toute espèce, qui au même instant s'est répandu sur la surface de la République pour exécuter au nom de la philosophie un plan de contre-révolution qui n'a pu être arrêté que par la force de la raison publique ? Exécrable conception, digne du génie des cours étrangères liguées contre la liberté et de la corruption de tous les ennemis intérieurs de la République (1). Dans ses mains perfides, tous les remèdes à nos maux deviennent des poisons ; tout ce que vous pouvez faire, tout ce que vous pouvez dire, ils le tourneront contre vous, même les vérités que nous venons de développer. »

A ce langage si ferme et si clair, inspiré par la raison et le bon sens, par le patriotisme le mieux entendu, comment toute la France n'aurait-elle pas applaudi ? Comment toutes les âmes honnêtes n'auraient-elles pas approuvé le remède proposé par Maximilien aux maux dont il avait tracé la sombre peinture, et qui n'était autre chose que le développement de ce ressort général de la République : la vertu ? Comment enfin n'aurait-on pas cru au désintéressement si sincère du rapporteur du comité de Salut public, et à sa haine profonde de la tyrannie, en lisant ce passage de son discours : « La démocratie périt par deux excès : l'aristocratie de ceux qui gouver-

---

dans des Notes sur la vie de Schneider, publiées à Strasbourg, en 1862, par M. F. Cheitz, p. 142. L'authenticité de cette lettre m'inspire quelque doute, parce qu'il me semble que les Thermidoriens l'auraient publiée s'ils en avaient trouvé l'original dans les papiers de Robespierre, qui conservait avec le plus grand soin toutes les lettres qu'on lui adressait. Il serait possible qu'elle eût été interceptée par Fouquier-Tinville, mais alors on devrait la retrouver dans le dossier du farouche accusateur public.

J'ai supposé un moment que cette lettre était l'œuvre des amis de Schneider, lesquels la firent imprimer et circuler à Strasbourg. Ce qui me confirmerait dans cette supposition, ce sont les calomnies ineptes que les partisans de Schneider ont répandues après Thermidor sur la mémoire de Saint-Just, afin d'affaiblir la réprobation dont était marquée celle de leur ami, calomnies qui ôtent nécessairement tout caractère de véracité à leurs déclarations. Croirait-on, par exemple, qu'ils n'ont pas craint d'affirmer qu'Euloge Schneider s'était attiré l'animadversion de Saint-Just en s'opposant à un plan infernal d'une noyade de six mille Strasbourgeois ! Voyez à ce sujet les Notes ci-dessus mentionnées, p 165, 166.

(1) C'est précisément au moment où Robespierre flétrit en termes si éloquents les sauvages partisans de l'hébertisme que M. Michelet a la naïveté de le présenter comme *innocentant* les hébertistes (t. VII, p. 70). M. Michelet, il est vrai, a à peine mentionné ce rapport, qui pourtant tient une si grande place dans la Révolution, puisqu'il est, si je puis ainsi parler, le catéchisme du gouvernement révolutionnaire.

ment, ou le mépris du peuple pour les autorités qu'il a lui-même établies, mépris qui fait que chaque coterie, que chaque individu attire à lui la puissance publique, et ramène le peuple, par l'excès du désordre, à l'anéantissement, ou au pouvoir d'un seul. » Ainsi la préoccupation constante de ce prétendu dictateur était que la République ne vînt à s'abîmer dans une dictature personnelle. Au reste, son rapport était loin de témoigner du découragement, et sa péroraison était un véritable *sursum corda*. Complétement dévoué à la Convention, que par un étrange excès de confiance il croyait attachée tout entière à la République, il la montrait comme le palladium de la liberté, comme le sanctuaire de la vérité; et, pour le salut commun, il suffisait, pensait-il, d'appeler, au nom de la patrie, des conseils de l'amour-propre ou de la faiblesse des individus à la vertu et à la gloire de la Convention nationale.

Cet immense rapport était destiné à servir de règle de conduite à toutes les autorités révolutionnaires; on peut affirmer que, si chacun en eût strictement suivi les prescriptions, bien des maux et d'inutiles rigueurs eussent été évités. Mais, hélas! la sagesse, la prudence et la sagacité de Robespierre étaient loin d'être partagées, même par des patriotes de très-bonne foi. L'Assemblée eut beau décréter que le rapport de son comité de Salut public serait imprimé, envoyé à toutes les autorités constituées, aux sociétés populaires, aux armées, et traduit dans toutes les langues (1), le terrorisme aveugle et peu soucieux de la justice, dénoncé par Maximilien, n'en continua pas moins ses ravages; et Robespierre ne va pas tarder à entrer résolûment en lutte contre les promoteurs de ce terrorisme.

(1) Voyez *le Moniteur* du 19 pluviôse (7 février 1794). Le rapport imprimé par ordre de la Convention forme une brochure in-8° de 31 p. (de l'Imp. nat.). D'autres éditions de ce rapport furent publiées dans les départements. Il en existe une avec une traduction allemande en regard qui m'a été signalée par Quérard. Ce rapport a été également traduit en anglais et publié, à l'époque, à Philadelphie. Presque tous les journaux du temps le citèrent en entier ou par extraits. « Nous allons parcourir ensemble l'intéressant rapport de Robespierre en attendant que chaque Français en fasse son diurnal, » lisons-nous dans le *Franck en vedette* du 28 pluviôse, numéro 75. Or, le rédacteur de cette feuille odieuse, le futur Thermidorien Guffroy, faisait évidemment contre fortune bon cœur, car il sentait bien qu'il était du nombre de ces faux révolutionnaires dépeints avec tant de vérité par Robespierre. — On trouve ce rapport dans l'*Histoire parlementaire*, t. XXXI, p. 268, et dans les *Œuvres* éditées par Laponneraye, t. III.

XXII

Dès le surlendemain, nous trouvons Maximilien aux prises, aux Jacobins, avec un de ces énergumènes dont il venait de dire : « Ils aimeraient mieux user cent bonnets rouges que de faire une bonne action. » Nos lecteurs n'ont peut-être pas tout à fait perdu le souvenir d'un individu du nom de Brichet. Un jour, il avait demandé que tous les adhérents des Bourbon fussent mis à mort par un seul jugement (1); un autre jour, on l'avait entendu s'écrier : « Le fermier du lieu est-il riche? Sur l'affirmative on peut le guillotiner (2). » Ces atroces paroles, on doit se les rappeler; Robespierre indigné n'avait pas manqué dans le temps de relever vertement le citoyen Brichet.

Dans la séance du 19 pluviôse, cet énergumène monta à la tribune pour rappeler à la société que tout récemment il lui avait proposé de présenter une pétition à la Convention, afin d'engager l'Assemblée à livrer au tribunal révolutionnaire, dans la décade prochaine, tous les restes de la faction brissotine, c'est-à-dire les soixante-treize Girondins déjà plusieurs fois sauvés par Maximilien, et à chasser *tous les crapauds du Marais*. Il se plaignit que sa double proposition n'eût pas été discutée, car elle était d'une très-grande importance à ses yeux; il la considérait comme étant de nature à donner à nos victoires la célérité de l'éclair; en conséquence, il invita la société à charger des commissaires d'aller, dès le lendemain, porter à la barre de la Convention l'horrible pétition dont il était l'auteur.

Personne ne disait mot, quand Robespierre monta précipitamment les degrés de la tribune. Il venait combattre résolûment, dit-il, une proposition extraordinairement populaire peut-être, révolutionnaire au dixième degré, mais extrêmement dangereuse par son exagération même. Il ne cacha pas le dégoût que lui inspiraient ces patriotes nouveaux qui, sous prétexte de défendre la liberté, la compromettaient sans cesse par des mesures outrées. Regrettant beaucoup de n'avoir pas vu, dans les moments critiques, Brichet donner ses soins aux patriotes opprimés, et s'étonnant de lui voir prendre un rôle tel qu'auprès de lui les meilleurs et les plus anciens défenseurs de la liberté pourraient paraître des Feuillants, il ajouta : « Son opinion est très-belle; il vous parle de punir les traîtres et de les envoyer en masse à la guillotine. » Sans doute, poursuivait

(1) *Journal de la Montagne* du 5 octobre 1793, numéro 125.
(2) *Ibid.* du 25 vendémiaire, numéro 136. *Vide suprà.*

Robespierre, on pourrait applaudir au zèle du préopinant si la Convention gémissait sous l'oppression comme au temps de Brissot, ou si elle était composée de contre-révolutionnaires ; mais, depuis la chute de la faction girondine, le *Marais* ne s'était-il pas ligué franchement avec la Montagne pour prendre les rigoureuses mesures auxquelles était dû le salut de la patrie ? Oui, il y avait une faction nouvelle, comme le disait Brichet, ou monsieur Brichet, suivant l'expression dédaigneuse de Robespierre, c'était celle de quelques misérables qui recevaient de grosses sommes pour faire des motions insensées ; et les véritables traîtres étaient peut-être les auteurs de pareilles motions. Un renseignement fourni sur ce Brichet ne contribua pas peu à le perdre dans l'esprit de la société. Au dire de Maximilien, il aurait été autrefois un des affidés de la maison Polignac. Chose assurément bien remarquable, dans les rangs des fauteurs de la faction ultra-révolutionnaire figuraient avec d'anciens nobles une foule de serviteurs et d'intendants d'émigrés, qu'on pouvait à bon droit soupçonner de porter le peuple aux excès pour rendre la Révolution intolérable au pays. Ce n'étaient pas là les ennemis les moins dangereux de la République, et personne ne fut étonné d'entendre Robespierre réclamer l'exclusion de Brichet.

Ce dernier trouva un défenseur dans un individu nommé Saintex, lequel se plaignit du despotisme d'opinion exercé sur la société. Singulier despotisme, avons-nous dit déjà, que celui qui consiste à dominer une assemblée par la seule puissance de la raison et de l'éloquence. Tous les ennemis de la liberté, répliqua vivement Robespierre, parlent contre le despotisme d'opinion, parce qu'ils préfèrent le despotisme de la force. Pour lui, prêt à donner sa tête pour sauver son pays, il ne laisserait pas fléchir dans son cœur la ferme résolution d'appliquer tous ses soins à l'affermissement de la liberté. Il accusa Saintex d'être lui-même un intrigant et lui reprocha d'avoir appartenu à la faction brissotine. Or, aujourd'hui, cet ancien partisan de Miranda était une des colonnes de l'hébertisme ; tout récemment il était parvenu à faire arrêter que *le Père Duchesne* serait envoyé à toutes les sociétés patriotiques, comme une nourriture fortifiante et révolutionnaire. Patriotes de la plus dangereuse espèce, s'ils n'étaient des agents de l'aristocratie, Brichet et Saintex furent tous deux chassés de la société des Jacobins, et leur exclusion doit être considérée comme une victoire de Robespierre sur le terrorisme (1).

(1) Voy. *le Moniteur* du 24 pluviôse (12 janvier 1794).

XXIII

Quand nous voyons, aujourd'hui encore, des écrivains soi-disant sérieux oser soutenir, sur la foi de Mémoires pleins de mensonges intéressés, que Robespierre fut l'apôtre du terrorisme et qu'il érigea la Terreur en système, nous nous demandons comment il est possible d'en imposer de si grossière façon à l'histoire et d'avoir si peu de souci de la vérité.

Quoi! Robespierre érigea la Terreur en système, et jusqu'à la loi de prairial, sur laquelle d'ailleurs nous aurons à nous expliquer dans le livre suivant, il ne participa en rien, absolument en rien, à aucune des lois de la Terreur! Bien mieux, il usa sa vie à combattre les excès de ce régime sanglant, décrété... par les circonstances, car, nous l'avons dit déjà, et d'autres l'ont dit avant nous, la Terreur ne fut, à proprement parler, de l'invention de personne. En germe dans presque toutes les lois de l'Assemblée législative, elle sortit tout armée des entrailles mêmes de la situation et fut imposée à la France... par la France elle-même. Or sont-ce les hypocrites qu'on a vus s'efforcer d'en rejeter la responsabilité sur les vaincus de Thermidor, sont-ce les Boissy d'Anglas, les Durand-Maillane. les Sieyès, qui ont pris, par trois et quatre fois, la défense des débris de la Gironde et ont empêché les soixante-treize d'être menés en fête à l'échafaud? Sont-ce eux qui se sont opposés à la proscription en masse des signataires des pétitions des huit mille et des vingt mille, et dont la voix intrépide s'est élevée avec tant de force contre les motions insensées de quelques forcenés? On ne saurait donc trop protester contre les livres de parti pris où l'on se contente d'affirmer dogmatiquement et sans preuves, où, sous une forme plus ou moins séduisante, hommes et choses sont dénaturés à plaisir et présentés sous le jour le plus faux. Nous ne comprenons point, quant à nous, qu'on avance un fait ayant quelque gravité sans apporter aussitôt à l'appui une preuve certaine et authentique.

Veut-on, par exemple, être pafaitement renseigné sur le système de Robespierre et sa volonté bien formelle de contenir la Terreur dans les bornes de la justice, de cette justice sévère, indispensable pour réprimer les attentats avoués contre la République? On n'a qu'à étudier sa conduite à l'égard des proconsuls envoyés dans les départements. Ce qui l'honore le plus, a écrit un historien qui l'a décrié sans pitié, c'est sa lutte contre les représentants en mission, et ce qui l'a perdu, a ajouté cet écrivain, c'est la guerre qu'il leur a faite (1). Comment, en effet, un Carrier, un Rovère, comment un Fouché, dont l'atroce figure était moins atroce encore que l'âme, comment un Tallien, « ce ventre tout à la gueule et aux filles, » suivant l'expression triviale mais bien vraie de M. Michelet (2), comment enfin cette bande de coquins et d'intrigants qui forma le noyau du parti thermidorien, pouvaient-ils ne pas conspirer la mort de celui dont la parole les marquait comme un fer rouge ? Aussi les Thermidoriens ne le laisseront-ils pas juger, ils l'assassineront.

Carrier avait été envoyé en mission dans le département de la Loire-Inférieure par un arrêté du comité de Salut public en date du 29 septembre 1793. Plus tard, lors de l'envoi de commissaires extraordinaires dans les départements pour l'établissement du gouvernement révolutionnaire, il fut confirmé dans ses fonctions, et revêtu de pouvoirs illimités, conformément à un décret de la Convention nationale (9 nivôse). Par une coïncidence assez singulière, Robespierre ne parut au comité de Salut public ni le 29 septembre ni le 9 nivôse (3); les deux arrêtés concernant la nomination de Carrier ne portent donc point sa signature (4). Carrier, il faut le reconnaître, se trouvait dans une des contrées où l'esprit de contre-révolution soufflait avec le plus de violence; il avait à soutenir tout le choc de la Vendée, et les atrocités commises par les défenseurs du principe monarchique pourraient seules excuser jusqu'à un certain point les représailles dont il crut devoir user (5). Mais ses noyades en masse,

(1) *Histoire de la Révolution*, par M. Michelet, t. VII, p. 120.

(2) *Ibid.*, p. 122.

3. Registre des arrêtés et délibérations du comité de Salut public. *Archives, ubi suprà.*

(4) Les signataires du premier arrêté sont : Barère, Hérault-Séchelles, Prieur (de la Marne), Carnot, Billaud-Varenne, C.-A. Prieur. *Archives, ubi suprà.* Ont signé le second : Billaud-Varenne, Barère, Collot-d'Herbois, Carnot. *Archives*, A F. 11, 37.

(5) Il existe encore à Paris (avril 1866) un vieillard âgé de plus de quatre-vingt-quatorze ans, nommé M. Bouquet du Perray. On m'avait assuré que ce vieillard avait très-intimement connu Robespierre, qu'il possédait des notes précieuses et qu'il pourrait me fournir des renseignements utiles. J'allai le voir. Je trouvai un homme ayant conservé, malgré son grand âge, une étonnante vigueur d'esprit. Seulement je fus trompé dans mon attente, il n'avait connu Robespierre qu'indirectement; il se rappelait la distinction de ses manières, son extrême politesse, son affabilité, voilà tout. « Ah ! » me dit-il, « j'ai bien ri souvent, depuis soixante ans, de la façon dont on a écrit l'histoire de la Révolution. » Comme beaucoup de jeunes gens de l'époque, M. Bouquet du Perray avait répondu au premier appel de la patrie en danger. Devenu quoique très-jeune, chef d'état-major du général Leveneur, il avait été en rapport avec beaucoup de personnages considérables du temps. — « Et Carrier ? » lui dis-je. — « Carrier, » me répondit-il, « je l'ai beaucoup connu. On ne lui a peut-être pas tenu assez compte des difficultés avec lesquelles il s'est trouvé aux prises. Personne ne peut s'imaginer l'exaspération où nous plongeaient les traitements sauvages infligés aux nôtres par les Vendéens. J'avais pour secrétaire un jeune homme de dix-neuf ans, nommé Bernard de

sœurs jumelles des fusillades de Fouché et de Collot d'Herbois,
ne sauraient en aucun cas se justifier, et l'on comprend que la
nouvelle de ces horribles exécutions ait soulevé le cœur de Maximilien, qui ne voulait ni que la liberté fût transformée en Bacchante, ni
que la vengeance nationale s'exerçât indistinctement sur les véritables coupables et sur ceux qui n'étaient qu'égarés. Carrier d'ailleurs
s'était bien gardé d'abord de présenter ces noyades comme la conséquence d'un plan prémédité; il les avait attribuées à un simple
accident. Lisez ces lignes curieuses : « Un événement d'un autre
genre — il venait de parler de l'abjuration de l'évêque de Nantes,
Minée — semble avoir voulu diminuer le nombre des prêtres :
quatre-vingt-dix de ceux que nous désignons sous le nom de réfractaires étaient enfermés dans un bateau sur la Loire; j'apprends
à l'instant, *et la nouvelle en est très-sûre*, qu'ils ont tous péri dans
la rivière (1). » Il n'osait pas avouer son forfait.

Ces lignes avaient été lues à la Convention dans la séance du
8 frimaire (28 novembre 1793). Or, depuis cette époque, les façons
d'agir du farouche proconsul ne s'étaient pas adoucies, au contraire.
Carrier était une espèce de Lamoignon de Basville. Il fallut, pour
éveiller l'attention du comité de Salut public, qu'un jeune ami de
Robespierre, nommé Jullien, arrivât sur les lieux. Ce jeune homme
était le fils de Marc-Antoine Jullien, député de la Drôme à la
Convention, et très-attaché à Maximilien, qui, charmé du patriotisme, des aptitudes et de la sagesse précoce du fils, le fit charger
par le comité de Salut public d'une mission de confiance dans les
départements du littoral de la Manche et de l'Océan. Cette mission
de Jullien avait principalement pour objet de rendre compte de
l'esprit public au comité, et de le renseigner sur la manière dont ses
agents remplisaient leurs devoirs. Il existe une certaine quantité de
lettres de Jullien à Robespierre ; elles témoignent toutes de la foi
entière de ce jeune homme en son protecteur et de l'admiration
profonde qu'il ressentait pour lui. On y reconnaît bien un disciple
de Maximilien. « Partout je prêche aux sociétés populaires le ralliement autour de la Convention, » écrivait-il de Saint-Malo, le
1ᵉʳ octobre 1793. « Partout je répète : Exécution stricte de tous les
décrets, obéissance inviolable aux lois, confiance entière dans la

Laumur. Un jour qu'on l'avait envoyé porter un ordre à un chef de brigade, il fut emporté par son cheval et tomba dans un avant-poste vendéen. On le jeta tout vivant
dans un four brûlant, où nous avons trouvé son corps calciné. »

(1) Lettre à la Convention nationale, lue dans la séance du 8 frimaire (28 novembre
1793). Voy. *le Moniteur* du 10 frimaire (30 novembre 1793), et *le Journal de la Montagne* du 9 frimaire.

représentation nationale... Je recommande un juste milieu entre cette désespération décourageante, indigne d'hommes libres qui ont juré de sauver la patrie, qui ne doivent jamais douter de son salut, et cette sécurité perfide, cette confiance léthargique, dont l'effet serait d'endormir le peuple qui doit toujours veiller au milieu des dangers publics (1)... » Arrivé à Nantes, le jeune envoyé du comité de Salut public fut tout de suite scandalisé de la conduite de Carrier; il se permit quelques remontrances qui furent fort mal accueillies, comme on le pense bien. Menacé par le commissaire de la Convention, il dut quitter précipitamment la ville afin d'échapper à sa vengeance (2).

Il se rendit à Lorient, où à la date du 13 nivôse (2 janvier 1794) il écrivit à Robespierre : « Je t'envoie ainsi qu'à Barère les quatre pièces les plus importantes relatives à la conduite de Carrier, qui après avoir donné sa confiance à des hommes patriotiquement contre-révolutionnaires qui ont pillé, tué et brûlé, et que Tréhouart avait fait arrêter, les a déclarés inviolables. Une pareille conduite est révoltante... Les actes les plus tyranniques se commettent... J'ai reçu ta lettre, mon bon ami; je continuerai de justifier la confiance des patriotes (3)... D'Angers, où il alla ensuite, Jullien mandait le 15 pluviôse à Robespierre : « J'ai vu Nantes ; il faut sauver cette ville... Carrier, qui se fait dire malade et à la campagne lorsqu'il est bien portant et dans Nantes, vit loin des affaires, au sein des plaisirs, entouré de femmes et d'épauletiers flagorneurs qui lui forment un sérail et une cour... Carrier fait incarcérer les patriotes qui se plaignent avec raison de sa conduite. L'esprit public est étouffé, la liberté n'existe plus... Rappelez Carrier, envoyez à Nantes un représentant montagnard, ferme, laborieux et populaire... Et quand je t'écris, c'est comme si je pouvois converser avec toi... Il n'y a pas un instant à perdre... Il faut sauver Nantes, éteindre la Vendée, réprimer les élans despotiques de Carrier... Adieu, mon bon ami... » Et le même jour il écrivait à son père : « Au reçu de ma lettre, mon cher papa, vole, je t'en prie, chez Robespierre... Il faut rappeler Carrier qui tue la liberté... Qu'on n'attende pas un jour... Lis à

_____

(1) *Papiers inédits*, etc., t. III, p. 20. Les lettres de Jullien à Robespierre se trouvent à la suite du rapport de Courtois, p. 333 et suiv., et dans les *Papiers inédits*, de la p. 3 à la p. 55.

(2) « Pour terminer sur ce qui concerne Carrier, tu apprendras avec surprise qu'il a maltraité Jullien, notre agent, dont tu connais la douceur et l'énergie républicaine. Jullien a dû sortir avec des précautions qu'un agent du comité ne devait pas être obligé de prendre » Lettre du comité de Salut public à Prieur (de la Marne), en date du 20 pluviôse (8 février 1794). *Archives*, A F. 11, 37.

(3) *Papiers inédits*, t. III, p. 51.

Robespierre cette lettre, et lis aussi toi-même celle que je lui écris (1)... » Le lendemain, il se trouvait à Tours, se rendant à La Rochelle ; nouvelle lettre à Robespierre : « Je t'ai promis quelques détails, mon bon ami, sur Carrier et sur Nantes ; je ferai connaître au comité le mal que j'ai vu... Carrier est invisible pour les corps constitués, les membres du club et tous les patriotes... On sait qu'il est dans un sérail, entouré d'insolentes sultanes et d'épauletiers... Il a mis la terreur à l'ordre du jour contre les patriotes eux-mêmes... Il a payé par des places les bassesses de quelques courtisans, et il a rebuté les républicains, rejeté leurs avis, comprimé les élans du patriotisme. Il a, par un acte inouï, fermé pendant trois jours les séances d'une société montagnarde... *On assure qu'il a fait prendre indistinctement, puis conduire dans des bateaux et submerger dans la Loire tous ceux qui remplissoient les prisons de Nantes.* Il m'a dit à moi-même qu'on ne révolutionnoit que par de semblables moyens, et il a traité d'imbécile Prieur (de la Marne) qui ne savoit qu'enfermer les suspects... Ne perdons point de temps ; sauvons un port important, rendons une masse de citoyens nombreuse au bonheur et à la liberté... (2) »

A la lecture de cette lettre et des pièces probantes que lui avaient remises en mains propres un certains nombre de patriotes nantais envoyés par Jullien, Robespierre ressentit une indignation violente. Sans perdre de temps, il proposa au comité de Salut public le rappel de Carrier. La dernière lettre de Jullien était du 16 pluviôse (4 février 1794) ; elle avait dû arriver à Paris le 19 ; dès le 20 pluviôse, le comité de Salut public adressait à l'un de ses membres alors en mission dans les départements de l'Ouest, Prieur (de la Marne), une lettre où nous lisons : « Rends toi à Nantes pour y établir le gouvernement révolutionnaire et pour surveiller les mouvemens dont on menace encore dans la Vendée. Ces mouvemens correspondent à Nantes, ville modérantisée et pleine d'aristocrates, marchands, feuillans et royalistes. C'est une ville à surveiller, à électriser, et *non à accabler par une autorité sans mesure et par des formes violentes.* Carrier a été peut-être mal entouré : les intrigans sont le fléau des représentans. Carrier a eu des formes dures ; il a employé des moyens qui ne font pas aimer l'autorité nationale.... Nous écrivons dans le moment à Carrier, qui va partir pour une autre destination. (3) » Et en effet, le même jour, on écrivait à Carrier le

---

(1) Lettres en date du 15 pluviôse (3 février 1794). *Papiers inédits*, t. III, p. 51 et 52.
(2) Letre en date du 16 pluviôse (4 février 1794). *Ibid.*, p. 44.
(3) *Archives*, A F. 11, 37, registre 176.

billet suivant, où sa disgrâce se trouvait dissimulée sous une forme qui pouvait jusqu'à un certain point en adoucir l'amertune : « Citoyen représentant, tu as désiré être rappelé ; tes travaux multipliés dans une ville peu patriote et voisine de la Vendée méritent que tu te reposes quelques instans, et tous tes collègues te reverront avec plaisir dans le sein de la Convention nationale. Ta santé a été altérée par des occupations constantes. L'intention du comité est de te donner une autre mission, et il est nécessaire que tu viennes en conférer avec lui. Salut et fraternité. (1) » Carrier obéit, mais il revint à Paris plein de ressentiment contre l'auteur de son rappel. Nous allons le voir prendre une part active à l'échauffourée hébertiste. Si, grâce sans doute à son ami Collot d'Herbois, il échappa au sort de ceux que sa parole et son exemple avaient encouragés, il n'en garda pas moins à Robespierre une rancune profonde. Au 9 Thermidor nous le retrouverons au premier rang parmi les insulteurs du grand patriote abattu. Il était naturel que celui qui avait voulu substituer la justice à la Terreur aveugle et brutale eût pour adversaire acharné l'un des coryphées de la Terreur.

XXIV

Tandis qu'affichant les mœurs d'un satrape, Carrier semait la désolation autour de lui et semblait prendre à tâche d'inspirer à tous les partis l'horreur du régime républicain, deux autres Thermidoriens épouvantaient le Midi par des fureurs sans bornes et jetaient la consternation dans tous les cœurs. Qui n'a nommé Fréron et Barras ? ces deux natures foncièrement dépravées, hommes de plaisirs et de débauches, sans conscience et sans convictions, terrorisant aujourd'hui pour le compte de la Révolution, demain pour celui de l'aristocratie ; Fréron, le maître chéri et le héros de cette jeunesse dorée qu'il excitera à courir sus aux républicains ; Barras, le corrompu par excellence, dont le salon deviendra l'asile aimé et le centre de tout ce qu'il y avait de plus cynique et de plus impur.

Qu'après le départ de Robespierre jeune, la répression se soit montrée impitoyable à Toulon, cela se comprend encore. Cette ville avait commis un de ces crimes flétris à juste titre par tous les peuples de la terre (2). Mais que Barras et Fréron aient eu l'idée de traiter Marseille comme ils avaient traité Toulon, cela ne se comprend pas,

---

(1) *Archives*, A F. 11, 37.
(2) Nous avons sous les yeux un livre publié en 1825, sous ce titre : « Mémoires pour servir à l'histoire de la ville de Toulon en 1793, rédigés par M. L Pons, professeur de rhétorique au collége de Toulon. — Paris, de l'imp. de C. S. Touvé, in-8° de

et ce fut cependant ce qui eut lieu. Marseille avait bien pactisé un moment avec l'insurrection girondine ; seulement l'élément patriote y était toujours resté puissant, et le girondin Rebecqui, qui y avait prêché la révolte, s'était de désespoir précipité dans la mer, quand il avait vu les royalistes s'emparer du mouvement pour le diriger contre la République. Marseille, d'ailleurs, n'avait pas tardé à rentrer dans le devoir ; et puis, n'avait-elle pas rendu d'immenses services à la cause de la Révolution ? Son nom n'était-il pas déjà glorieusement inscrit dans les fastes de la jeune République ? De tout cela Barras et Fréron n'eurent aucun souci, et ils n'hésitèrent pas à traiter la vieille cité phocéenne en ville conquise.

L'un et l'autre représentèrent l'hébertisme à Marseille, comme Javogue et Fouché à Lyon, comme Carrier à Nantes, comme Tallien à Bordeaux, comme Baudot dans l'Est. A l'heure où son ami Camille Desmoulins dénonçait au monde les orgies ultra-révolutionnaires, Fréron faisait la guerre aux dévotes et escaladait les clochers. Dès les premiers jours de brumaire, nous les voyons, Barras et lui, démanteler les églises (1). Qui sait si les dépouilles des monuments consacrés au culte ne servirent pas à l'acquisition de Grosbois (2) ? Arrivés à Marseille, ces deux députés, interprétant dans un sens tout à fait exagéré un arrêté du comité de Salut public qui enjoignait aux représentants du peuple de punir sévèrement les chefs de la faction royaliste et fédéraliste et d'empêcher l'aristocratie d'usurper l'autorité nationale sous le voile des sociétés populaires (3), se conduisirent en vrais forcenés. Jaloux des exploits de Javogue et de Fouché à Lyon, ils mirent en réquisition des démolisseurs, et l'œuvre

294 pages, avec un portrait de Louis XVII. » C'est une éclatante glorification de la trahison. Rien ne saurait mieux faire comprendre les sévérités dont la ville de Toulon a été l'objet. On y lit cet extrait d'un jugement qui condamne à être lacérée une adresse des *prétendus* représentants du peuple français « Oui, vils et féroces jacobins, Toulon a proclamé Louis XVII roi des Français, et, pour faciliter les moyens de rétablir ce jeune monarque sur le trône de ses pères, Toulon a appelé dans ses murs les escadres et les troupes des puissances coalisées.... » (P. 316, note AA.)

(1) Arrêté en date du 5 brumaire (26 octobre 1793). *Archives*, A F. 11, 90.

(2) Magnifique résidence de Barras, devenue depuis la propriété du prince de Wagram. Les accusations de dilapidation n'ont pas épargné Fréron et Barras. Voyez notamment la sortie de Ruamps contre eux dans la séance de la Convention du 2 vendémiaire an III (*Moniteur* du 6 vendémiaire an III, 27 septembre 1794).

(3) Arrêté en date du 14 frimaire (4 décembre 1793), signé de Robespierre, C.-A. Prieur, Billaud-Varenne, Barère, Carnot, Robert Lindet. *Archives*, A F. II, 58. — S'il faut en croire le député Clauzel, Ricord était porteur d'une lettre signée : Carnot, Prieur (de la Côte-d'Or), Billaud-Varenne, Collot d'Herbois et Barère, adressée à Fréron et à Barras, et portant qu'ils avaient été des modérés de n'avoir pas réduit Toulon en cendres. (Extrait d'une dénonciation contre les membres des deux comités, en date du 6 nivôse an III, — 26 décembre 1794.) *Archives*. F. 7, 4435.

de destruction commença. Bientôt une idée triomphante surgit dans la cervelle de Fréron. Un décret de la Convention avait, comme on sait, débaptisé Lyon et Toulon : l'un était devenu Commune-Affranchie, l'autre Port de la Montagne. Pourquoi ne pas supprimer aussi le nom de Marseille? Aussitôt pensé, aussitôt fait. Du reste Fréron et son digne collègue Barras ne se mirent pas en grands frais d'imagination : de leur propre autorité, Marseille, la cité patriotique, si souvent célébrée par Robespierre à cause de son amour pour la Révolution, fut appelée Sans-Nom, et désormais tous leurs arrêtés relatèrent cette bizarre et lugubre dénomination.

Heureusement pour Marseille, il y avait alors dans le département des Bouches-du-Rhône un représentant fidèle à la politique de Robespierre, et que révoltèrent les folies de ses collègues. Il se nommait Maignet. Une fois dans sa vie, ce député se crut obligé à une grande sévérité, et nous dirons en quelles circonstances. Les patriotes marseillais trouvèrent en lui un appui dévoué, un défenseur éloquent. Eux-mêmes du reste envoyèrent des députés à Paris pour y plaider leur cause. Admis aux Jacobins dans la séance du 8 pluviôse (6 février 1794), ces députés, par la bouche de Loys, racontèrent les maux sans nombre infligés à leur pays par d'aveugles missionnaires des vengeances nationales. Les lieux d'assemblée de section avaient été détruits, comme si les maisons où s'étaient tenues les réunions sectionnaires avaient été complices de la contre-révolution. Malgré le décret qui ordonnait la conservation des monuments des arts dans les villes rebelles, la maison commune de Marseille, superbe batiment digne de passer à la postérité, disait l'orateur, avait été renversé. Là se reconnaît bien la main de Fréron, de ce saltimbanque révolutionnaire qui au lendemain de Thermidor demanda que l'Hôtel de Ville de Paris, ce chef-d'œuvre de la Renaissance, fût rasé parce qu'il avait été souillé par la présence des *tyrans*. Robespierre répondit à Loys. Ne sachant au juste lui-même alors qui avait tort des réclamants ou des représentants dont la conduite excitait de si vives plaintes, il engagea la société à ne prendre parti ni pour les uns ni pour les autres avant d'avoir été complétement renseignée. Toutefois il promit justice aux Marseillais opprimés; car, ajouta-t-il, si la Convention et le gouvernement étaient décidés à proscrire les têtes coupables, ils entendaient surtout rendre justice à l'innocence. Il termina en invitant les députés de Marseille à attendre avec confiance le résultat de la discussion et les éclaircissements que le comité de Salut public allait se procurer (1).

(1) Voy. *le Moniteur* du 23 pluviôse (11 février 1794).

26

De son côté Maignet se faisait auprès du comité de Salut public l'interprète des doléances de la population marseillaise, et les lettres qu'il lui adressa témoignent bien de son esprit de sagesse et de modération. « La situation de Marseille mérite de fixer toute votre attention, citoyens collègues, » lisons-nous dans une de ses lettres. « L'état de dégradation où l'on a réduit les patriotes de cette commune en les confondant avec les contre-révolutionnaires fournit aux malveillans un grand moyen de produire des mouvemens qu'il importe d'arrêter... Il est urgent d'effacer enfin cette ligne de démarcation, que l'on n'a pas assez mûrie avant de la tirer, qui existe entre les patriotes de Marseille et ceux des autres communes de la République. Prononcez, citoyens, que Marseille conservera son nom et vous rendrez la vie à tous les patriotes... Tant que vous laisserez cette commune sans nom, tant que vous annoncerez à la République entière qu'elle n'est pas même digne d'occuper une place dans la nomenclature républicaine, ne vous attendez qu'à voir le trouble et la confusion dans ses murs. Rendez-la à l'honneur et vous pouvez tout attendre de ce sentiment (1)... »

Mais déjà le comité de Salut public s'était mis en devoir de réprimer l'excès de zèle de ses commissaires. Dans une lettre adressée à Barras et à Fréron, nous lisons ce passage bien caractéristique : « Marseille appelle de votre part un grand exemple sans doute...; mais il est peut-être des considérations que l'étude des mœurs, la science des localités commandent. Marseille conserve encore des patriotes qui portent avec orgueil un nom que l'histoire a souvent consacré par ses éloges; plusieurs même aimeroient mieux périr que d'y renoncer. Que sa conservation soit le prix des républicains qui n'ont pas démenti leur antique gloire... C'est de notre part un trait de politique qui leur rappellera sans cesse des crimes à venger, mais en même temps un nom célèbre à maintenir dans tout son éclat... Pourquoi traiter Marseille comme Toulon, livré aux infâmes Anglais par un vœu unanime des habitans (2)?... » En résumé le comité invitait les représentants Barras et Fréron à modifier l'arrêté par lequel ils avaient privé Marseille de son nom, et il leur donnait parfaitement à entendre qu'on les verrait avec plaisir mettre fin à leur mission. Un peu plus tard, le 1er ventôse (19 février 1794), s'adressant à Maignet, il s'exprimait ainsi : « Ce n'est qu'après avoir pesé dans sa sagesse ce qu'il devait à la justice et à la dignité na-

(1) L'original de cette lettre est aux *Archives*, F. 7, 4433.

(2) La copie de cette lettre que nous avons trouvée aux *Archives* ne porte ni date ni signature. Elle est évidemment antérieure de quelques jours au 1er ventôse (19 février 1794). *Archives*, F. 7, 37.

. tionale, citoyen collègue, que le comité de Salut public s'est déterminé
à présenter à nos collègues Barras et Fréron les modifications que
nécessite leur arrêté sur Marseille. Sans doute Marseille devoit offrir un grand exemple..., mais cet exemple devoit être d'autant plus
imposant qu'il devoit en même temps présenter le caractère d'une
impartiale justice. Si cette justice éternelle demandoit vengeance
pour la souveraineté nationale méconnue..., elle réclamoit aussi
pour d'éclatans services rendus à la cause de la liberté... La Convention nationale a bien senti qu'autant que la justice peut-être, la
politique exigeoit de réformer une partie de l'arrêté du 17 nivôse.
Le comité applaudit avec plaisir à la conduite que tu as tenue dans
les circonstances où tu t'es trouvé placé; elle lui a paru porter avec
elle le caractère de sagesse qui ne doit jamais abandonner un représentant du peuple. » Le comité de Salut public supposait que
Barras et Fréron étaient déjà en route pour revenir; en terminant,
il priait Maignet de vouloir bien, dans le cas où il en serait autrement, leur communiquer simplement cette lettre (1). Compromis
par leurs exactions et leur odieuse conduite durant le cours de leur
mission dans le Midi, Barras et Fréron durent naturellement, une
fois de retour à Paris, se ranger avec les Carrier, les Fouché, les
Tallien et autres, au nombre des plus violents ennemis de Robespierre. Plus tard, quand on verra les assassins de Thermidor, Fréron
par exemple, après avoir injurié et calomnié leur victime sous toutes
les formes, s'en prendre à Maignet, le dénoncer comme un complice de Maximilien, on n'aura point à s'étonner.

Et maintenant, à la conduite de ces missionnaires de destruction et
de mort, Érostrates de la Révolution, opposons celle des amis et des
confidents de Robespierre, celle surtout de son jeune frère Augustin, dont l'âme semblait une émanation de la sienne, et nous finirons par faire pénétrer dans tous les esprits impartiaux cette incontestable vérité, à savoir que Maximilien Robespierre fut, de tous les
hommes de la Révolution, celui qui sut allier au plus haut degré,
sans jamais rien concéder au parti réactionnaire, la modération
et la sagesse à ce qu'il fallait d'énergie et de rigueur pour le triomphe de l'idée républicaine.

XXV

Nous avons raconté autre part les mémorables missions de Saint-
Just et de Le Bas dans les départements du Rhin, de la Moselle et

(1) *Archives*, F. 7, 37.

du Nord; nous renvoyons de nouveau le lecteur au livre où nous les avons retracées (1). Mais il importe de nous arrêter sur celles d'Augustin, missions dont nous avons déjà esquissé quelques traits.

Revenu à Paris après la prise de Toulon, c'est-à-dire au commencement de nivôse, Robespierre jeune en repartit au bout de quelques semaines et fut de nouveau envoyé dans le département des Alpes-Maritimes. Seulement il fut convenu qu'il se rendrait en passant dans les départements de la Haute-Saône, du Doubs et du Jura, afin de donner au comité de Salut public des renseignements certains sur la situation morale de ces pays, dont les habitants assaillaient la Convention de plaintes incessantes. Il y avait en effet dans le département de la Haute-Saône un représentant nommé Bernard (de Saintes) qui usait de procédés semblables à ceux de Carrier et de Fouché, aux noyades et aux mitraillades près, et qui faisait enfermer par centaines de malheureux paysans coupables d'avoir assisté à la messe où entendu les vêpres. L'apparition de Robespierre jeune dans ce département fut saluée comme celle d'un messie, d'un sauveur : preuve bien éclatante que ce grand nom de Robespierre, loin d'être regardé comme synonyme de Terreur par les contemporains, — ainsi que l'a écrit récemment, avec une légèreté coupable et sur le témoignage intéressé du conventionnel Baudot, l'auteur d'un véritable pamphlet contre les vaincus de Thermidor (2), — signifiait sinon clémence, du moins justice, ce qui vaut mieux.

Aux premières dépêches de son envoyé de confiance, le comité de Salut public se hâta de l'investir des mêmes pouvoirs que les autres représentants déjà en mission dans les départements qu'il ne devait visiter qu'en courant pour ainsi dire (3). Augustin alla d'abord à Vesoul, où il descendit chez un ancien procureur nommé Humbert, frère de cet Humbert dont Maximilien avait été le condisciple, et chez lequel il avait logé pendant près de deux ans, lors

---

(1) Voyez notre *Histoire de Saint-Just.*

(2) M. Edgar Quinet, *la Révolution* (Lacroix et Verbœkoven, 1866).

(3) « Le comité de Salut public, d'après les informations communiquées par le citoyen Robespierre jeune, représentant du peuple, sur la situation des départemens de Haute-Saône, Doubs et Jura, dans lesquels il s'est transporté pour faire parvenir au comité des renseignemens que les circonstances rendoient nécessaires, arrête que le citoyen Robespierre jeune, pendant son séjour dans lesdits départemens de Haute-Saône, Doubs et Jura, sera revêtu des mêmes pouvoirs que les autres représentans du peuple qui en ont reçu pour ces départemens, et que, de concert avec eux, il est autorisé à prendre toutes les mesures de salut public qu'il jugera nécessaires, devant ensuite se rendre à sa première destination dans le département des Alpes-Maritimes.

« Paris, le 6 pluviôse, l'an second de la République une et indivisible. » Collot d'Herbois, Barère, J.-B. Saint-André, Robespierre, Billaud-Varenne. » —En marge est écrit : « Remis au citoyen Robespierre l'aîné. » (*Archives*, A F. 11, 59.)

du transfèrement de l'Assemblée nationale à Paris. Humbert, de
Vesoul, n'était pas, paraît-il, très-attaché aux principes de la Révolution ; mais son frère s'y était dévoué dès le premier jour ; aussi,
par la protection de son ancien hôte sans doute, avait-il été pourvu
d'une importante fonction au ministère des affaires étrangères.

Le soir même du jour de son arrivée Augustin Robespierre monta
à la tribune de la société populaire ; il y prêcha les maximes républicaines les plus pures, et déclara que les départements étaient
trompés en général sur la nature du gouvernement révolutionnaire,
lequel n'avait pour objet que le bien de tous. Il parla même d'indulgence, de conciliation ; et, afin que ses paroles n'eussent pas
l'air de vains mots, de promesses stériles, il élargissait le lendemain près de huit cents personnes détenues dans les prisons de la
ville. Ce fut dans Vesoul une fête, une joie indicible. Tous les fronts
se déridèrent, on parcourut les rues aux cris mille fois répétés
de vive Robespierre ; des jeunes filles vêtues de blancs, des
mères et des épouses consolées se rendirent, comme en procession,
à la maison modeste où était logé le proconsul, et la décorèrent de
rubans et de fleurs (1). Un représentant honnête et patriote, mais
un peu farouche, le député Duroy, qui se trouvait alors à Vesoul,
ne put voir sans inquiétude la facilité avec laquelle Augustin ouvrait les prisons. Il écrivit même à ce sujet à Robespierre aîné :
« J'ai remarqué avec douleur que ton frère n'étoit plus le même...
Je lui ai dit en particulier ma façon de penser. Je lui ai tenu le
langage de l'amitié, de la franchise et du civisme. J'ai vu qu'il ne
me comprenoit pas. Je l'ai laissé à Vesoul, et me suis rendu dans
le département de la Haute-Marne, parce que mes principes ne
s'accordent pas avec ceux qu'il manifeste actuellement (2)... »
Maximilien, comme on pense, se garda bien de donner un démenti
à son frère, lequel ne faisait que mettre en pratique les théories de
son aîné sur la tolérance religieuse.

Nous avons sous les yeux une foule d'arrêtés de mise en liberté
portant la signature d'Augustin ; ils dénotent tous l'esprit de justice
et de bon sens de ce jeune homme. En voici quelques échan-

---

(1) *Souvenirs de la Révolution*, par Charles Nodier, édit. Charpentier ; article intitulé : *les Députés en mission*, t. Ier, p. 297. On verra tout à l'heure combien de poids
a ici le témoignagne de Charles Nodier.

(2) Lettre inédite de Duroy à Robespierre aîné, datée de Chaumont, le 25 pluviôse
an II. Non insérée par Courtois, elle faisait partie de la collection Portiez (de l'Oise
Resté fidèle à la mémoire de Robespierre, Duroy fut aussi un des martyrs de la démocratie. Il périt, comme on sait, à la suite des journées de prairial.

tillons : « Sur la plainte de Marie Poncelin, considérant que l'expo-
sante, infirme, paraît n'être arrêtée que pour opinion religieuse,
que cette opinion est isolée de la Révolution tant qu'elle ne trouble
pas l'ordre public..., arrête qu'elle sera mise en liberté. » Mise en
liberté de la citoyenne Delisle, mère de cinq enfants et sur le point
d'accoucher, considérant, dit l'arrêté, que l'état où elle se trouve a
des droits à l'humanité. Elle avait été arrêtée pour fréquenta-
tion de gens suspects et propos inciviques. Ici ce sont de pauvres
paysans détenus pour avoir chargé des voitures de blé sans acquit-
à-caution : en liberté; là c'est un cultivateur incarcéré parce que
son nom ne figure point sur le tableau civique de la commune : en
liberté, « considérant que les motifs de cette arrestation sont injustes
et intolérans, que ce seroit nuire à l'intérêt public que de ne pas
rendre à l'agriculture un cultivateur... » En liberté Charlotte Dard,
de Faverney, « parce qu'elle a pu être égarée en écoutant les
personnes au service desquelles elle se trouvait. » En liberté
Martine Camus, femme du maire de Faverney, arrêtée pour propos
inciviques, et la citoyenne Rivenat, détenue comme suspecte, sans
motifs sérieux. Voici maintenant une fournée de plus de cent
personnes appartenant à toutes les classes de la société. Les unes
— moitié à peu près, — étaient définitivement mises en liberté,
les autres, sur lesquelles planaient d'assez graves soupçons, se trouvaient simplement confinées dans leurs demeures, « considérant, dit
l'arrêté, que parmi les citoyens et citoyennes ci-après nommés...
les uns n'ont été privés de la liberté que pour soupçon de faute
légère ou pour opinions religieuses qui n'ont jamais troublé l'ordre
public...; que les autres sont ou des vieillards ou dans un état de
maladie tel qu'en les mettant en réclusion dans leur domicile la
sûreté publique est garantie et le but de la loi rempli...; considérant que le gouvernement révolutionnaire n'est point oppressif,
qu'il n'a pour objet que de contenir la malveillance, et nullement
d'atteindre ceux qui n'ont eu aucune influence dangereuse (1)... »

Nous pourrions multiplier ces citations à l'infini. Voici les
citoyennes Coucy, mère et fille, détenues comme femme et fille
de noble : en liberté, attendu qu'elles n'ont jamais fait paraître de
sentiments anticiviques (2). En liberté la femme Thévenot, femme
du citoyen Planty, aide de camp du général Mequillet à l'armée du
Rhin, attendu qu'il paraît injuste de retenir en arrestation une citoyenne dont le mari et le fils se sont consacrés à la défense de la

(1) Vesoul, arrêté en date du 18 pluviôse (6 février 1794).
(2) *Ibid.*, du 24 pluviôse (12 février 1794).

République (1). Puis c'est une foule de cultivateurs relâchés, attendu « que ce seroit nuire à l'intérêt public en ne les rendant pas aux travaux de la campagne (2). » Ceux-ci avaient été arrêtés pour opinion religieuse et parce qu'ils n'aimaient point les prêtres constitutionnels ; cette opinion, dit Robespierre jeune, doit être isolée de la Révolution ; ceux-là étaient détenus comme suspects sans indication de cause, et c'était, suivant Augustin, par trop de latitude donnée à la mesure de sûreté générale prise par la Convention, et le plus souvent par suite de haines et de vengeances particulières (3). Aux citoyens Cournet et Leclerc, incarcérés pour propos inciviques et dont le travail nourrissait leurs parents dans l'indigence, il donne pour prison... le territoire de la commune (4). Partout où il passe il rend à la liberté, c'est-à-dire à la vie, des centaines de citoyens et de citoyennes détenus simplement pour opinions religieuses, tant l'hébertisme avait causé de ravages. Dans un de ses arrêtés sur cet objet, Augustin ne manque pas de noter que depuis la proclamation de la liberté des cultes, beaucoup de personnes attachées à la religion faisaient volontiers tous les sacrifices nécessaires au bien de la République (5).

Tel des arrêtés de Robespierre jeune est touchant jusqu'au sublime. Un jour il arrive dans une petite commune nommée Ménoux, du district de Gray. En reconnaissant un commissaire de la Convention à sa ceinture et à son panache tricolores, un petit enfant s'élance vers lui et s'écrie : « Ah ! voilà que l'on vient nous rendre justice ! » Touché de cette exclamation, Augustin s'informe : quatorze personnes de la commune ont été emmenées en prison à Vesoul. Aussitôt il réunit les habitants sur la place publique, se fait instruire des motifs de l'arrestation de leurs concitoyens, et, apprenant qu'elle n'avait d'autre cause que de simples opinions religieuses, il rend un arrêté par lequel, « considérant que tel des détenus accusés de fanatisme a son fils qui combat les fanatiques dans la Vendée...; qu'ils sont presque tous pères de famille et cultivateurs, faisant droit à l'exclamation d'un jeune enfant qui, apercevant le représentant du peuple, s'est écrié : Ah ! voilà que l'on vient nous rendre justice ! » il ordonne la mise en liberté des détenus (6). Qui donc aurait le droit de maudire la Révolution fran-

(1) Vesoul, arrêté du 24 pluviôse (12 février 1794).
(2) *Ibid.*, des 18 et 24 pluviôse (6 et 12 février 1794).
(3) Gray. Arrêtés en date des 26 et 27 pluviôse (14 et 15 février 1794).
(4) Gray. Arrêté en date du 27 pluviôse.
(5) *Ibid.*
(6) Vesoul. Arrêté en date du 16 pluviôse (4 février 1794). — Tous ces arrêtés de

çaise si tous les proconsuls de la Convention avaient apporté dans leurs missions autant de sagesse, d'énergie et de modération que le frère de Robespierre?

Une telle conduite était bien de nature à indigner un représentant de la trempe de Bernard (de Saintes), et une lutte ne pouvait manquer d'éclater entre lui et Augustin; elle éclata. Tout frère de Robespierre qu'il était, Augustin n'était pas sûr de triompher; il avait affaire à forte partie, car son frère comptait déjà plus d'un envieux dans le comité de Salut public, et Bernard se trouvait avoir pour lui la grande majorité des membres du comité de Sûreté générale. Suspect à des patriotes comme Duroy, dénoncé par Bernard, Augustin prit le parti d'adresser au comité de Salut public un précis de ses opérations. On lui avait surtout fait un crime d'avoir mis en liberté, à Vesoul, vingt-deux personnes arrêtées en vertu des ordres des députés Bernard et Bassal, pour n'avoir point paru approuver les journées des 31 mai et 2 juin; seulement l'arrestation, basée sur des opinions erronées, mais démenties presque aussitôt, avait été le résultat d'une sollicitude mal entendue, au dire de Robespierre jeune, car elle avait jeté le pays dans une violente perturbation. A peine ces vingt-deux citoyens avaient-ils été élargis, que toutes difficultés avaient été aplanies et que tout le monde s'était montré disposé à exécuter avec enthousiasme les lois de la Convention. « J'ai cru devoir, » ajoutait Augustin, « soutenir cette disposition par tous les actes de justice que la morale et la politique m'autorisoient à faire, savoir : de rendre la liberté à une multitude de cultivateurs et d'artisans dont les enfans sont aux frontières et qui étoient détenus pour leurs opinions religieuses... A Gray comme à Vesoul, j'ai rendu à l'agriculture tous les bras paralysés par des messes et des prêtres (1)... » De Gray, Robespierre jeune se rendit à Besançon, où l'avaient précédé les calomnies de Bernard.

Transportons-nous avec lui dans la vieille église des Capucins, où se tenaient les séances de la société populaire de l'antique cité franc-comtoise. Le principal moyen de Bernard (de Saintes) pour décrier son collègue était le discrédit dans lequel était tombé l'ancien procureur Humbert à cause de ses opinions peu favorables

---

Robespierre jeune, extraits des minutes déposées au secrétariat des districts de Vesoul, Gray, etc., se trouvent aux *Archives*, A F., II, 138. Avons-nous besoin de dire que ces documents, comme tant d'autres que nous avons invoqués, apparaissent pour la première fois dans l'histoire, qu'ils contribuent à éclairer d'une lueur si vive?

(1) Récit des opérations faites par Robespierre jeune dans le département de la Haute-Saône. Cette pièce capitale, qui faisait partie de la collection Portiez (de l'Oise), a été — bien entendu — supprimée par Courtois et ses honnêtes acolytes.

à la Révolution. Il l'avait dépeint comme le protecteur des aristocrates, comme ayant l'intention d'obtenir de la Convention, par
l'entremise de son frère, un décret pour opprimer les patriotes (1).
Le rédacteur d'un journal hébertiste du département du Doubs et
un royaliste déguisé, resté en France pour mieux servir son parti
sous le masque de la démagogie, propagèrent habilement ces calomnies. Ce royaliste, passé ultra-révolutionnaire après avoir siégé
sur les bancs de la droite à l'Assemblée législative où l'avait envoyé
le département de Seine-et-Marne, connu jadis sous le nom de
comte de Vaublanc, était devenu le citoyen Viennot-Vaublanc, et il
présidait la société populaire de Besançon. C'était bien là un de
ces talons rouges plus voisins qu'on ne pensait des bonnets rouges,
suivant la judicieuse remarque de Maximilien Robespierre (2).

Une prévention fâcheuse régnait donc contre Augustin quand il
monta les degrés de la tribune, non loin de laquelle se tenait Bernard (de Saintes), immobile, mais bien « reconnaissable aux rayons
de feu qui sortaient de ses yeux enfoncés et qui lui donnaient quelque chose de la physionomie d'un oiseau de proie] (3). » Robespierre jeune se contenta d'opposer sa conduite aux attaques dont
il avait été l'objet; la franchise de ses explications ne tarda pas à
lui gagner tous les cœurs. Au reproche d'avoir favorisé l'aristocratie
il répondit que, par une extension cruelle des lois, on avait multiplié
à tort le nombre des suspects, et que c'était là une manœuvre de
l'aristocratie, qui, à l'abri d'une fausse ferveur patriotique, cherchait à rendre la Révolution odieuse à l'univers. Il finit par conquérir complétement son auditoire, et lorsqu'il descendit de la
tribune ce fut au milieu des applaudissements les plus sympathiques.

Ce n'était point là le compte du citoyen Viennot-Vaublanc, qui
prit la parole après Augustin, et, sans réfuter aucune des parties de
son discours, se borna à des généralités insignifiantes. Mais où il se
montra d'une insigne perfidie, s'il n'obéit à ces vieilles habitudes
d'hommes de cour, courtisans sous le bonnet rouge comme sous la
livrée royaliste, ce fut quand, lui vantant la hauteur des destinées ré-

(1) Lettre d'Augustin Robespierre à son frère. Commune-Affranchie, 3 ventôse.
(Voy. Papiers inédits, t. II, p. 76.)

(2) « Le président de la société populaire était un de ces hommes élevés de caractère, élevés de talent, inaccessibles à tout reproche, qu'on s'étonnait quelquefois de
voir mêlés au mouvement passionné de l'époque, mais dont l'impénétrable secret ne
doit pas être discuté. » Souvenirs de la Révolution, par Charles Nodier, t. I, p. 300, éd.
Charpentier. Qui ne sait le rôle important qu'a joué M. de Vaublanc dans la tragi-co-
médie dont le dénoûment a été la rentrée des Bourbon en France?

(3) Souvenirs de la Révolution, ubi suprà.

servées à sa famille, il lui dit que la position élevée à laquelle il avait droit de prétendre lui faisait une nécessité de dédaigner toute inculpation. N'y avait-il pas beaucoup d'habileté dans ces paroles au moins étranges, et n'étaient-elles pas bien propres à renforcer l'accusation lancée contre Augustin par Bernard (de Saintes)? Robespierre jeune y vit une perfidie, et il remonta précipitamment à la tribune pour répondre. L'indignation lui inspira un remarquable mouvement d'éloquence. Il déclara que sa destinée était remplie puisqu'il avait eu le bonheur de servir la cause de la liberté, et que dans la prophétie tombée de la bouche du précédent orateur il n'acceptait que l'augure de mourir pour sa patrie. Quant aux inculpations calomnieuses répandues contre lui, s'il avait pris la peine de les réfuter, c'était parce qu'il ne suffisait pas, selon lui, à un représentant du peuple d'être sans tache, il devait encore paraître tel (1). Cette courte et fière réplique accrut encore l'enthousiasme de l'assemblée pour Robespierre jeune; il sortit au milieu d'unanimes et bruyantes acclamations. Au lieu d'un échec, ses ennemis, sans s'en douter, lui avaient préparé un triomphe.

Augustin continua d'agir dans le département du Doubs comme il avait fait dans celui de la Haute-Saône, et il mit en liberté tous les détenus dont l'arrestation était due à de simples opinions religieuses, ou — ce qui arrivait trop souvent — à la malveillance et à des haines particulières. Malheureusement pour les habitants du Doubs,

(1) Nous extrayons ces détails du précis des opérations faites par Robespierre jeune dans le département de la Haute-Saône, précis dont nous avons parlé plus haut. Voici maintenant comment, de son côté, Charles Nodier a raconté cette scène : « Le président... interrompit Robespierre... au nom de sa propre gloire et de l'illustration d'une famille appelée à de si hautes destinées. Cette phrase, échappée à une mauvaise habitude de cour ou à un faux calcul de convenance, suggéra à Robespierre jeune un mouvement remarquable. Il s'éleva contre cette illustration et ces destinées promises à une famille. Il s'indigna contre le penchant de certains hommes à rétablir dans l'opinion les priviléges qu'on venait d'arracher à la noblesse; il indiqua cette tendance comme un des plus grands obstacles qu'on pût opposer à la liberté. Il ajouta que si son frère avait rendu quelques services à la cause de la patrie, son frère en avait reçu le prix dans la confiance et l'amour du peuple, et qu'il n'avait, lui, rien à réclamer. « Ces acceptions de nom, » continua-t-il, « sont une des calamités de l'ancien régime! Nous en sommes heureusement délivrés, et tu présides cette société, toi qui es d'une famille d'aristocrates et qui es le frère d'un traître! Si le nom de mon frère me donnait ici un privilége, le nom du tien t'enverrait à la mort » (p. 303). On voit le rapport qui existe entre cette narration et le précis qui a servi à la nôtre. Or, Nodier n'avait pu avoir connaissance de ce précis qui, enseveli jusqu'ici dans une collection particulière, se trouve pour la première fois révélé au public. N'oublions pas qu'au moment où Charles Nodier écrivait ces lignes, M. de Vaublanc vivait encore, et qu'on était en pleine réaction royaliste. L'article de Nodier parut pour la première fois en 1829 dans la *Revue de Paris*, numéro 1.

sa présence dans ce département fut de trop courte durée; mais elle était nécessaire ailleurs. Quand il fut au moment de partir, la cour de l'auberge où se trouvait sa voiture se remplit de monde. C'étaient des femmes, des parents éplorés qui venaient l'accabler de réclamations en faveur des détenus. Dénoncé lui-même pour ses bienfaits, Augustin Robespierre ne voulut point quitter ces pauvres affligés sans leur laisser une parole d'espérance. Il leur promit de porter leurs plaintes à la Convention, et de dévoiler devant elle les injustes et horribles rigueurs de certains proconsuls. « Je reviendrai ici avec le rameau d'or, ou je mourrai pour vous, » leur dit-il, s'il faut en croire un témoin auriculaire (1). Il mourra en effet avec son frère pour avoir voulu réprimer les atrocités commises par quelques scélérats que, par la plus sanglante des ironies, on appellera les *sauveurs de la France*. La voiture d'Augustin partit, suivie des cris de douleur de tous les opprimés, qui sentaient bien qu'ils perdaient en lui un appui et un sauveur (2).

En arrivant à Lyon, Robespierre jeune écrivit à son frère une lettre dont certains passages nous ont déjà servi pour peindre sa lutte contre Bernard, « cet être petit et immoral, » et dans laquelle nous lisons ces lignes si vraies et de tout point admirables : « Rien n'est plus facile que de conserver une réputation révolutionnaire aux dépens de l'innocence. Les hommes médiocres trouvent dans ce moyen le voile qui couvre toutes leurs noirceurs ; mais l'homme probe sauve l'innocence aux dépens de sa réputation. Je n'ai amassé de réputation que pour faire le bien, et je veux la dépenser en défendant l'innocence. Ne crains point que je me laisse affaiblir par des considérations particulières ou par des sentimens étrangers au bien public. Le salut de mon pays, voilà mon guide ; la morale publique, voilà mon moyen. C'est cette morale que j'ai nourrie, échauffée et fait

(1) Charles Nodier affirme avoir entendu ces paroles. Il avait alors une douzaine d'années. *Souvenirs de la Révolution*, t. I, p. 304.

(2) Comme on le redoutait, le départ d'Augustin Robespierre fut suivi d'une réaction ultra-révolutionnaire. Nous lisons dans une lettre de l'agent national du district de Vesoul, Boizot, à Madame de La Saudraye, femme de l'académicien La Saudraye, laquelle, à tort ou à raison, passait pour la maîtresse d'Augustin : « Peut-être qu'à l'instant où vous lirez ma lettre, je serai dans les fers... Le vertueux Robespierre est informé de nos alarmes. Je lui ai écrit, il y a quelques jours. *Sa grande âme ne sauroit voir l'injustice et l'oppression sans indignation*. Il est notre père, notre ami, notre guide. Vous pouvez beaucoup pour nous. La considération que vous ont méritée vos vertus peut nous être bien utile. Veuillez faire quelques démarches pour nous délivrer de la tyrannie qui nous oppresse. Vesoul, 1er germinal an II. » Cette lettre fut trouvée dans les papiers de Robespierre, à qui elle avait été communiquée, et Courtois s'est bien gardé de l'insérer à la suite de son rapport. (Voy. Catalogues Charavay, novembre 1862, n° 403.)

naître dans toutes les âmes. On crie sincèrement : *Vive la Montagne!*
dans les pays que j'ai parcourus. Sois sûr que j'ai fait adorer la
Montagne, et qu'il est des contrées qui ne font encore que la craindre, qui ne la connaissent pas, et auxquelles il ne manque qu'un
représentant digne de sa mission, qui élève le peuple au lieu de le
démoraliser. Il existe un système d'amener le peuple à niveler tout;
si on n'y prend garde, tout se désorganisera (1). » Cette lettre ne
fait-elle pas suffisamment comprendre ces mots adressés à Maximilien : « Ton digne frère s'est immortalisé par sa générosité et sa
clémence : tu sens tout le prix de ces vertus... (2)? » Ne justifie-t-elle
pas bien le prénom de Bon que portait Augustin Robespierre,
et n'y reconnaît-on pas les sentiments maintes fois exprimés déjà par
Maximilien à la tribune des Jacobins ou de la Convention? Les deux
frères avaient une pensée commune, et ils mourront de la même
mort comme ils avaient vécu de la même vie.

XXVI

Quand Maximilien reçut la lettre de son frère, il était malade, et
assez gravement. Déjà, vers la fin du mois précédent, il avait été
contraint de garder la chambre, épuisé par l'immensité de ses travaux. Du 16 au 26 pluviôse (4-14 février 1794), il n'avait point
paru au comité de Salut public. Une ou deux fois seulement il s'était
rendu au club des Jacobins, une fois notamment pour défendre
contre les violentes attaques du citoyen Brichet les députés du
centre, comme on l'a vu plus haut.

Il était venu une fois aussi à la Convention, tout juste à propos pour
empêcher Amand Couédic, ancien conseiller au parlement de Rennes,
d'être livré au tribunal révolutionnaire. Descendant du célèbre

---

(1) Voyez cette lettre dans les *Papiers inédits*, etc., t. II, p. 76. Elle figure sous le
numéro LXXXIX, à la suite du rapport de Courtois. On ne s'explique pas comment
les Thermidoriens, si attentifs à supprimer tout ce qui pouvait être à l'honneur de
Robespierre, ont pu laisser passer cette lettre. A la fin de cette lettre, en post-scriptum, Augustin annonce à son frère l'envoi du précis de ses opérations au comité de
Salut public.

(2) Lettre de J. P. Besson à Robespierre, en date du 23 prairial. Voyez *Papiers
inédits*, t. II, p. 116. Elle figure sous le numéro 1er, à la suite du rapport de
Courtois. — Un homme peu suspect de tendresse pour la Révolution, le maréchal Marmont, a écrit de Robespierre jeune : « Dans le temps des massacres on lui dut beaucoup; il était simple, et même raisonnable d'opinion, au moins par comparaison avec
les folies de l'époque, et blâmait hautement tous les actes atroces dont les récits nous
étaient faits. » (*Mémoires du duc de Raguse*, t. Ier, p. 54.)

Couédic qui dans la guerre d'Amérique avait fait sauter une frégate plutôt que de la livrer aux Anglais, ce magistrat de l'ancien régime, que son esprit vraiment libéral avait dès l'origine de la Révolution rendu cher à Maximilien, s'était trouvé dénoncé à l'administration de police pour être allé à Londres en 1792, et il avait été renvoyé par un arrêté de cette administration devant le redoutable tribunal. Déjà, de longs mois auparavant, Robespierre avait parlé en sa faveur, on s'en souvient peut-être ; cette fois encore il lui servit d'avocat, et ce fut surtout grâce à lui qu'Amand Couédic ne devint pas une victime de la loi contre les émigrés (1).

Du 27 au 30 pluviôse (15-18 février 1794) il reprit ses fonctions au comité de Salut public (2), mais le 1er ventôse (19 février) force lui fut de cesser tout travail, et il dut prendre le lit (3). Quand un souverain tombe malade, une tristesse de commande s'épand dans le pays, des prières publiques sont ordonnées, les courtisans en foule vont inscrire leurs noms au palais du prince ; combien différente est l'émotion produite par la maladie d'un grand citoyen ! Là, tout est vrai, tout est spontané. Une émotion unanime se produisit dans la ville quand on sut la santé de Robespierre assez profondément altérée. Nombre de sections chargèrent des commissaires d'aller prendre de ses nouvelles. Ce fut une véritable procession à la maison Duplay (4). Croit-on que si Robespierre avait été l'être acrimonieux, le dictateur sanglant qu'a tenté de nous peindre la légende, sa maladie lui eût attiré de la part de ses concitoyens tant de marques de bienveillance et d'intérêt ? Prenez n'importe quel Thermidorien, voire même quel Girondin, il pourra bien mourir sans que l'opinion s'en émeuve. Danton lui-même avait été très-dangereusement malade, on s'en était peu ou point soucié. Pourquoi donc au contraire tant d'inquiétude sur la santé de Robespierre, si ce n'est qu'aux yeux des masses il représentait bien la sagesse et l'i-

(1) Séance du 22 pluviôse (10 février 1794), *Moniteur* du 23 pluviôse.

(2) Voyez les registres des arrêtés et délibérations du comité de Salut public. *Archives*, *ubi suprà*.

(3) Robespierre *faisait le malade*, dit M. Michelet (t. VII, p. 131). Il est vrai que, quelques pages plus loin (p. 147), notre l'historien veut bien avouer que Robespierre tomba malade le 15 février et resta chez lui jusqu'au 13 mars, — ce qui n'est pas tout à fait exact. « Dur moment, » ajoute-t-il, « où il eut sans doute sa suprême tentation. » Qu'est-ce que cela veut dire ? En revanche, c'est maintenant Couthon qui, selon M. Michelet, « se dit malade aussi. »

(4) On trouve, à la suite du rapport de Courtois, sous le numéro V, les arrêtés de diverses sociétés populaires de section par lesquels un certain nombre de commissaires sont chargés d'aller prendre des nouvelles de Robespierre. Le rapporteur cite ces arrêtés comme une preuve de la tyrannie de Robespierre. C'est superbe ! Ils ont été reproduits dans les *Papiers inédits*, etc., t. II, p. 120 à 123.

déal républicain? « Tes principes sont ceux de la nature, ton langage
celui de l'humanité; tu rends les hommes à leur dignité... Ton génie
et ta sage politique sauvent la liberté; tu apprends aux Français,
par les vertus de ton cœur et l'empire de ta raison, à vaincre ou
mourir pour la liberté... Ménage ta santé pour notre bonheur... (1) »
Tel était alors le sentiment public à l'égard de Robespierre. Rien de
plus honorable pour sa mémoire que les alarmes causées par le dérangement de sa santé; et si Couthon, qui tomba malade vers le
même temps, souleva aussi les inquiétudes de ses concitoyens, ce fut
surtout parce qu'aux yeux de tous il professait les principes et les
sentiments de son ami (2).

La maladie de Robespierre dura en tout un grand mois. Du 1er au
23 ventôse (19 février, 13 mars 1794) on ne le vit ni au comité de
Salut public, ni à la Convention, ni au club des Jacobins. Eh bien,
la Terreur ralentit-elle un moment son action? Au contraire : elle
sembla redoubler d'activité en l'absence de Robespierre, et c'est une
chose bien remarquable que son maximum de violence coïncida avec
la maladie de Maximilien et son abandon volontaire de sa part de
pouvoir, durant quatre décades avant sa mort. Ce qu'il y a de certain, c'est que sa retraite forcée parut une bonne fortune aux ultra-
révolutionnaires, c'est que le mouvement hébertiste commença à
Paris aussitôt qu'on le sut malade, c'est qu'enfin ce mouvement
fut dirigé contre sa sage et habile politique, et, comme on le va
voir, contre lui-même.

XXVII

Nous avons déjà eu l'occasion de nous élever énergiquement contre
l'intolérance des *tolérants*, contre la rage des *modérés*. L'intolérance
des *tolérants*, ce fut la politique ultra-révolutionnaire et hébertiste;
la rage des modérés, ce fut la politique contre-révolutionnaire,
girondine et royaliste. En vain, pour ramener à la Révolution la
masse encore nombreuse des personnes attachées à la religion

(1) Lettre de J. P. Besson à Robespierre, *ubi suprà*.
(2) Voici en quels termes la société populaire de la section de l'Unité avait libellé
son arrêté : « L'assemblée générale de ladite société, sur la motion d'un membre qui
annonce que les citoyens Robespierre et Couthon sont malades, a arrêté qu'elle nomme
commissaires pour s'informer de la santé de ces deux représentans les citoyens Genty,
Louisa, Minet et Lucas, et qu'ils se transporteront au domicile de ces deux représentans à cet effet, et rendront compte à la société de l'état de leur santé, qui doit être
chère à tous les bons républicains. Pour extrait conforme, signé Darroux, *président;*
Chambre, *secrétaire.* » (*Papiers inédits*, etc., t. II, p. 121.)

catholique, Robespierre avait-il fait décréter la liberté absolue des cultes comme devant dominer la politique révolutionnaire (1);

(1) Une idée grotesque au possible est assurément celle de M. Edgar Quinet, dans son livre intitulé *la Révolution*, dont nous avons déjà signalé les erreurs et les contradictions. Que dire des inconséquences! M. Quinet se plaint, sans beaucoup de réflexion, de la dictature exercée, au point de vue politique, par le comité de Salut public; il en est encore à la trinité dictatoriale de Robespierre, de Saint-Just et de Couthon, vieille *rengaine* que les esprits sérieux et érudits laissent aux pères Loriquets de la Révolution, et il reproche à ce même comité de n'avoir point fait, coûte que coûte, table rase de l'ancienne religion pour en édifier une nouvelle. Ô intolérance des tolérants! ô rage des modérés! ô éternelles contradictions des gens à système! ô mystification! ô démence! On sent, du reste, que M. Quinet n'a jamais étudié aux sources. Le rapport de Courtois, les déclamations et les pamphlets de la Gironde, et surtout, surtout les Mémoires inédits de l'hébertiste Baudot, voilà les autorités sur lesquelles l'auteur d'*Ahasverus* a écrit ses deux regrettables volumes. Nous avons fait bonne justice du rapport de Courtois et des pamphlets girondins. Mais les Mémoires de Baudot, quelle autorité!! Rien de curieux comme les lamentations sur la *Terreur de Robespierre* poussées par ce terroriste devenu vieux et se faisant ermite, lamentations un peu naïvement acceptées comme parole d'Évangile par M. Quinet, à qui l'ombre de Baudot a servi d'Égérie. Il sied bien, en vérité, au terroriste Baudot de venir après coup rejeter sur Robespierre la responsabilité de cette Terreur, à l'établissement de laquelle Robespierre ne contribua en rien, qu'il ne voulut pas ériger en système, quoi qu'en dise M. Quinet à la remorque de M. Mortimer Ternaux, et dont il usa sa vie à combattre les excès. Il sied bien au terroriste Baudot de parler de son aversion pour la *Terreur de Robespierre*, lui qui, vantant aux Jacobins les services rendus à Bordeaux par la commission populaire qu'il y avait établie, s'écriait d'un air si convaincu, le 13 brumaire (3 novembre 1793) : « Tout s'y fait militairement, et le gouvernement ne va qu'à coups de sabre et de guillotine. C'est la dernière ressource qu'on a trouvée contre les aristocrates de ce pays-là. Ils tremblent, ils fuient, ils se cachent; tous leurs efforts seront vains, tous éprouveront le sort réservé aux traîtres. » Étant à Bordeaux, il apprend que Gabriel de Cussay, un des députés proscrits à la suite du 31 mai, est dans les prisons de la ville sous le nom de Morand; aussitôt il se met en quête. Mais laissons-le raconter lui-même cet exploit : « Je m'y rendis tout de suite et les visitai toutes. A la troisième, je rencontre un homme à qui je dis : Vous êtes Cussay? — Non, me répondit-il, je me nomme Morand. — Si cela est, dis-je, vous êtes Morand, qui étiez Cussay, membre du comité des assignats à la Convention. Ayez la bonté de me suivre à la commission populaire qui demain sans doute ne vous fera faire qu'un saut à la guillotine. Effectivement, le lendemain il fut guillotiné. » Et Baudot de se lamenter de n'avoir pu mettre la main sur les restes de la Gironde, qu'à Saint-Émilion il n'a manqués que d'une demi-heure. Il se félicite encore de ce que deux autres députés doivent être à la guillotine à l'heure où il parle. Puis, annonçant aux Jacobins qu'il est envoyé en mission à Strasbourg, il avertit la société qu'il ne changera pas d'ardeur révolutionnaire en changeant de climat. « Je ferai dans le Nord ce que j'ai fait dans le Midi : je les rendrai patriotes, ou ils mourront. » (*Journal des débats et de la correspondance de la société des Jacobins*, numéro 528.)

M. Edgar Quinet ignore-t-il que les dissensions qui éclatèrent entre Saint-Just et Baudot dans le Bas-Rhin vinrent surtout de ce que Baudot voulait appliquer à ce département le régime de l'hébertisme? C'est en faisant allusion à Baudot et à certains proconsuls du même tempérament que Saint-Just écrivait à Robespierre : « La conen vain le comité de Salut public avait-il interdit à l'Opéra une mascarade intitulée *le Tombeau des imposteurs*, œuvre inepte de Léonard Bourdon, afin, dit l'arrêté, de déconcerter les ma-nœuvres des contre-révolutionnaires, pratiquées pour troubler la tranquillité publique en provoquant les querelles religieuses (1), la violente pression exercée sur les consciences par les prêtres de l'incrédulité, suspendue un moment à Paris, se poursuivait de plus belle dans les départements. Dans certains endroits, les commis-saires de la Convention exigeaient des prêtres assermentés qu'ils signassent une formule de serment par laquelle ils déclaraient ab-diquer leur ministère, reconnaître comme fausseté, illusion et im-posture tout prétendu caractère et toutes fonctions de prêtrise, et juraient, en face des magistrats du peuple, de ne jamais se préva-loir des abus du métier sacerdotal auquel ils renonçaient (2). En moins de trois décades, deux cent soixante-trois ecclésiastiques si-gnèrent cette formule de serment dans les départements de l'Ain et du Mont-Blanc, de crainte d'être enfermés comme suspects (3). Écou-tons maintenant un ennemi prononcé de Robespierre et de Couthon ;

fiance n'a plus de prix quand on la partage avec des hommes corrompus ; alors on fait son devoir par le seul amour de la patrie, et ce sentiment est plus pur. Je t'embrasse, mon ami. (Voy. notre *Histoire de Saint-Just*, liv. III, ch. IV.)

Baudot, qui demanda un jour que tous les châteaux fussent détruits dans toute l'étendue de la République, afin que les sans-culottes se servissent des matériaux pour se bâtir des maisons (séance du 13 brumaire à la Convention), était bien homme à provoquer la mort en masse de tous les détenus et suspects, comme cela lui fut reproché plus tard en pleine Convention. Telle était sa folie révolutionnaire qu'un jour, dans le Bas-Rhin, ennuyé des pétitions dont il était assailli, il prit un arrêté par lequel il rangea dans la catégorie des suspects les citoyens qui, dans une pétition, excéderaient le nombre de dix lignes (Voir *le Moniteur* du 12 frimaire an V). Baudot était donc de ceux dont Robespierre disait : « Ils ont essayé de dépraver la morale publique et d'éteindre les sentiments généreux dont se compose l'amour de la liberté et de la patrie, en bannissant de la République le bon sens, la vertu et la Divinité. » C'était peut-être un républicain convaincu ; mais on voit combien il est mal venu à re-jeter sur des morts à qui il n'a pas été permis de laisser des Mémoires d'outre-tombe, la responsabilité de cette Terreur qu'il a jugée utile dans sa bonne foi farouche, et dont il a été un des plus ardents séides. Une affectation particulière à se décharger de toute responsabilité dans les actes de la Terreur et à la mettre sur le compte de ceux qui périrent pour avoir voulu l'arrêter ; à chaque instant des articulations mons-trueusement mensongères, des anecdotes ridicules sur l'un et sur l'autre, sur Saint-Just en particulier, voilà les Mémoires de Baudot, et voilà la plus sérieuse, et l'on peut dire la seule autorité de M. Quinet.

(1) Arrêté en date du 2 nivôse (22 décembre 1793) ; registres des arrêtés et délibé-rations du comité de Salut public. *Archives*, 435 aa 72.

(2) « Formule de serment à laquelle doivent se conformer les prêtres des départe-ments du Mont-Blanc et de l'Ain, sous peine d'être renfermés. » *Archives*, A F., II, 83.

(3) *Archives*, A F., II, 83.

tandis que Robespierre jeune mettait en liberté des milliers de citoyens, lui se félicitait d'en incarcérer le plus grand nombre possible : « Quant à moi, je fais arrêter quantité de personnes, » écrivait-il à son ami Collot d'Herbois. « Qu'il est consolant pour l'humanité de voir l'esprit philosophique faire des progrès rapides dans les chaumières et dans les campagnes. La commune de Saint-Albin a chassé son curé, fait de son église une société populaire, brisé les statues des charlatans de Rome... » L'auteur de ces lignes était Javogues (1), à qui, en pleine séance de la Convention, Couthon reprocha d'avoir déployé dans ses missions la cruauté d'un Néron (2).

Était-ce là un bon moyen d'étouffer promptement les préjugés populaires et les superstitions religieuses, encore si vivaces à cette époque? et l'esprit philosophique a-t-il quelque chose à voir dans ces persécutions d'un autre âge si fortement réprouvées par Robespierre? Ne sait-on pas au contraire que l'exaltation religieuse grandit en face des supplices et tombe naturellement devant l'indifférence publique. Laissez faire au temps, ne se lassait pas de dire Maximilien, qui, en fait de religion, était d'une tolérance absolue et se contentait, pour sa part, de croire en Dieu et à l'immortalité de l'âme. Il apprenait avec un véritable désespoir les troubles occasionnés par les attentats contre les consciences, troubles qu'il eût été si facile et si sage d'éviter. « Je t'envoie, mon cher collègue, » lui écrivait Mallarmé, commissaire dans les départements de la Meuse et de la Moselle, « copie d'une lettre écrite par l'agent national du district de Gondrecourt, relative au culte. Elle m'a été dénoncée par plusieurs communes, et tu verras sans doute combien cette lettre est ultra-révolutionnaire, combien elle tend à renverser la liberté du culte et à annuler les sages décrets de la Convention que tu as provoqués. Je te dirai qu'il ne faudroit pas beaucoup d'agens nationaux semblables pour que tous les départemens soient en trouble (3)... » Ce que Robespierre et le comité de Salut public, sous son inspiration évidente, tentèrent d'efforts pour conjurer le péril, pour faire entendre partout la voix de la raison, pour s'opposer enfin à ce débordement d'iniquités et d'exagérations

---

(1) Javogues à son ami Collot d'Herbois (de Ville-Affranchie). *Archives*, A F. II, 58.

(2) Séance de la Convention du 20 pluviôse (8 février 1794). *Moniteur* du 22 pluviôse.

(3) Cette lettre, supprimée par Courtois, faisait partie de la collection Portiez (de l'Oise). Elle ne porte point de date, mais elle est vraisemblablement de nivôse ou de pluviôse.

auxquelles se laissaient aller des représentants quelquefois égarés, et dans tous les cas plus zélés que sages, est à peine croyable.

Nous avons, Dieu merci, produit jusqu'ici assez de pièces, de discours, de lettres émanant de Robespierre, pour que l'opinion soit bien fixée sur l'esprit de tolérance et de sagesse avec lequel il envisagea toujours la question religieuse. Toutefois citons encore, afin qu'à cet égard la lumière se fasse éclatante. A la date du 8 pluviôse (27 janvier 1794) le comité écrivait à Prost, représentant du peuple, en mission à Dôle dans le Jura, en l'invitant à revenir : « ... Tu dois, avant de partir, rappeler aux magistrats, à la société populaire, leurs devoirs. Qu'ils se souviennent, qu'ils n'oublient jamais ce qu'ils doivent au peuple. Des scélérats prennent occasion du culte pour l'égarer ; que les magistrats publics frappent les imposteurs contre-révolutionnaires, mais qu'ils éclairent le peuple. Magistrats de son choix, ils ont sa confiance, cette tâche ne leur sera pas difficile. Qu'ils parlent le langage de la raison, jamais celui de la violence ; elle fait des martyrs, la raison seule fait des prosélytes ; elle attend son triomphe, mais ne précipite rien, ce seroit l'éloigner. La tyrannie seule veut commander aux consciences ; la vertu, le patriotisme, les éclairent (1). » Au député Lefiot, qui, de Bourges, s'était plaint des superstitions religieuses où était plongée la commune d'Argent, le comité disait : « Il est affligeant pour la philosophie d'avoir à gémir encore sur de pareilles absurdités. Toutefois, il est des préjugés contre lesquels la politique aujourd'hui commande quelque circonspection. Le superstitieux est semblable à l'homme plongé longtemps dans une nuit profonde : trop de clarté l'éblouit et ne l'éclaire pas. Un demi-jour d'abord lui est nécessaire, bientôt il soutiendra l'éclat du soleil... (2). » Enfin, le comité de Salut public écrivait le 12 nivôse (1er janvier 1794) à Lequinio, qui, dans les départements de la Vendée, des Deux-Sèvres et de la Charente-Inférieure, avait rendu des arrêtés excessivement sévères contre les ministres du culte catholique : « Par son décret du 18 frimaire, citoyen collègue, la Convention nationale interdit à toute autorité constituée des mesures coërcitives contre la liberté des cultes. Ce décret porte, article 1er : « Toutes violences et mesures contraires à la liberté des cultes sont défendues. » Le comité de Salut public n'a pas reconnu le même esprit dans les dispositions que tu lui as communiquées. Tu aurois dû pressentir que moins que toute autre les opinions religieuses cèdent à la force. Ton expérience auroit dû te rappeler

(1) *Archives*. Correspondance du comité de Salut public avec les députés en mission. A F. II, 37.

(2) *Ibid*. Cette lettre, ou plutôt ce brouillon de lettre, n'est point daté.

qu'en matière de culte la persécution ne tend qu'à donner au fanatisme une énergie plus terrible... Le Calvaire conduisit le Christ au Capitole. Les tyrans et les prêtres font cause commune ; c'est par le martyre qu'ils espèrent opérer la contre-révolution ; c'est en faisant fermer les temples qu'ils espèrent recruter les camps de la Vendée. La politique aujourd'hui doit marcher avec la force ; la raison purgera la terre des pieuses absurdités qui la dégradent encore. Faisons exécuter les lois ; frappons les traîtres qui voudroient les rendre vaines ; laissons aux âmes foibles, mais d'ailleurs paisibles, la liberté d'adorer l'Être suprême à leur manière, jusqu'au moment où l'instruction les aura rendues à la vérité. Si nous marchons avec prudence, le règne des prêtres est passé pour ne plus renaître ; celui de la liberté commence pour ne plus finir. Que la loi, que la République triomphante écrase ses ennemis intérieurs par la force de la raison ; le jour a lui, la philosophie est là, on fera justice du reste (1). » Personne, à coup sûr, ne sauroit nier les sentiments de sagesse et de grandeur dont sont empreintes ces diverses lettres, où Maximilien Robespierre se révèle tout entier, on peut le dire, car son esprit y respire d'un bout à l'autre.

Les historiens superficiels n'ont point pris assez garde à ces efforts multipliés de Robespierre et du comité de Salut public pour maintenir la Révolution dans les limites du bon sens et de la justice. En vain Maximilien et ses collègues se résoudront-ils à frapper l'hébertisme à Paris afin de faire un exemple et de réprimer l'ardeur insensée des ultra-révolutionnaires, les persécutions religieuses n'en iront pas moins leur train dans les départements. Il faudra arriver jusqu'au jour où Robespierre, parvenu à l'apogée de son influence morale, obtiendra de la Convention nationale la proclamation de la reconnaissance de l'Être suprême et une nouvelle con-

(1) « Les représentans du peuple composant le comité de Salut public au citoyen Lequinio, représentant du peuple à Saintes ». *Archives, ubi suprà*. Les minutes de ces lettres ne portent point de signatures. Plusieurs m'ont paru être de l'écriture de Saint-Just. Les copies signées sont restées entre les mains des destinataires. — Lequinio avait rendu d'incontestables services à la Révolution ; on n'oubliera pas son discours sur l'instruction publique et sur les fêtes nationales. Mais il eut le tort de se laisser entraîner par le courant hébertiste. C'était lui qui, de son propre mouvement, donnait des pensions aux prêtres qui se déprêtrisaient, encourageant ainsi une lâche apostasie (*Moniteur* du 16 brumaire [6 novembre 1793]). C'était lui qui se vantoit d'avoir fait dîner à sa table le bourreau Ance, proclamé par lui « le guillotineur de Rochefort ». (Voy. le *Moniteur* du 24 brumaire [14 novembre 1793.]) Revenu à Paris avec des idées plus calmes, on l'entendit faire un pompeux éloge du rapport de Robespierre sur les fêtes décadaires ; mais au lendemain de Thermidor, faisant cause commune avec les terroristes vainqueurs, il jetait aussi la pierre au lion abattu et l'accusait — c'est à n'y pas croire ! — d'avoir voulu empêcher l'instruction.

sécration de la liberté des cultes, pour que les consciences puissent se rassurer, et les âmes respirer en paix, pour un moment du moins.

XXVIII

L'hébertisme a trouvé ses chantres, ses historiens et ses défenseurs. On a eu soin, il est vrai, de voiler d'un silence prudent son côté odieux et repoussant. Qu'il y ait, parmi les sombres numéros du *Père Duchesne*, de rares éclairs par ci, par là ; que de temps à autre, — bien rarement, — déposant, pour une minute, les grelots de sa folie sanglante, Hébert ait fait entendre au peuple le langage de la raison et du bon sens, je ne le conteste pas ; je l'ai moi-même reconnu. Toutefois je ne lui en sais pas beaucoup de gré, parce que c'était presque toujours lorsque, averti par quelque parole tombée de la bouche de Robespierre, de Danton, ou d'autres membres influents de la Convention, il sentait qu'il avait été trop loin. Dans ces moments-là, il écrivait : « Bons citoyens, mettez toute votre confiance dans ceux qui ont détruit la tyrannie. Ne seroient-ils pas les premières victimes si la contre-révolution arrivoit? Souvenez-vous, au surplus, de ce mot de Robespierre, qu'il soit à jamais gravé dans votre mémoire : « S'il étoit possible que le comité de Salut public trahît le peuple, je le dénoncerois. » Vingt fois ce comité a sauvé la République, il la sauvera encore (1). » Mais bientôt on voyait reparaître le naturel, c'est-à-dire le parti pris de pousser la Révolution à tous les excès.

Nous avons, je pense, donné jusqu'ici assez d'échantillons de ces pages, écrites d'une plume trempée dans le sang et dans la boue, pour que nos lecteurs sachent à quoi s'en tenir sur le compte du journaliste qui a donné son nom à l'hébertisme, à cette secte délirante qu'une certaine école procédant de Proudhon ne craint pas de nous donner aujourd'hui comme ayant représenté l'idée parisienne. Ah! pauvre Paris, est-il possible de te ravaler à ce point! Quoi! berceau sacré de la Révolution, éternel foyer de la liberté, ville de l'intelligence et du progrès, Rome des idées nouvelles, tu aurais soufflé l'inspiration à l'écrivain cynique à qui le mot *clémence* faisait, suivant l'expression de Camille Desmoulins, l'effet du fouet des Furies (2), et dont les souverains de l'Europe inséraient les pages dégoûtantes dans leurs gazettes, afin d'avilir la

(1) *Le Père Duchesne*, numéro 324.
(2) *Le Vieux Cordelier*, numéro 5, édit. Matton, p. 103.

République et de faire croire à leurs sujets que la France était couverte des ténèbres de la barbarie (1)? Non; on ne saurait trop protester contre une allégation si erronée et si ridicule.

Si encore il était possible de croire à la bonne foi d'Hébert, si ses cris de fureur eussent été poussés dans le délire du patriotisme, si sa férocité feinte eût été le produit d'une conviction sauvage, passe encore; mais il n'y avait rien de tel. Hébert était au fond, nous assure-t-on, le plus doux et le plus paisible des hommes. Je ne dirai pas, avec l'accusation, qu'il était soudoyé par Pitt; seulement il battait monnaie avec ses pages sanguinaires; c'était uniquement pour gagner de l'argent qu'il ne cessait d'écrire : « Exterminons sans pitié; » qu'il ne croyait qu'à « la vertu de la sainte guillotine; » qu'enfin, comme son confrère *Rougiff*, il insultait les victimes jusque sur l'échafaud. « Pour chauffer mes fourneaux, on sent bien qu'il me faut de la braise, f.....! » écrivait-il cyniquement (2). Subventionné, un peu imprudemment peut-être, par le ministre de la guerre, qui ne lisait guère son journal, il inondait de ses feuilles dissolvantes les armées, les sociétés populaires et les communes. Il était telle auberge où l'on en trouvait aux commodités quatre cents exemplaires non coupés (3). Ne croyez pas au moins qu'Hébert tînt en dehors de son journal le langage ordurier qu'il y parlait au peuple. Oh! non; tant s'en faut! C'était, nous disent ses panégyristes, un homme bien élevé, raffiné, aux mains fines et blanches, c'est-à-dire ne croyant pas un mot de ses grossières élucubrations, et estimant, comme la Macette de notre illustre Regnier,

Que l'argent a bon goût de quelque endroit qu'il vienne.

Et c'est là précisément ce qui me le rend odieux.

Ah! je comprends Marat. Celui-ci vivait de la vie du peuple; il avait souffert ses maux; ce qu'il écrivait, il le pensait. Dans ses regrettables appels à la violence, il respectait encore ses lecteurs et ne trempait pas sa plume dans la fange. Il fait horreur peut-être, on ne peut le mépriser. Mais Hébert! Quel cœur ne se soulève de dégoût à la lecture de ses horribles pages, qui semaient partout l'effroi, le désespoir, la consternation! Quant à lui, qui se réjouissait sans doute d'être une terreur à lui tout seul, comme certain démo-

---

(1) *Le Vieux Cordelier*, numéro 5, p. 112, de l'édit. Matton.

(2) *Le Père Duchesne*, numéro 330.

(3) Lettre de Gravier à Robespierre, non insérée par Courtois. *Papiers inédits*, t. II, p. 194.

crate de notre temps (1), il se complaisait le soir, après avoir, la
plume à la main, *terrifié* les gens tout le jour, à de fins soupers en
agréable compagnie, chez le banquier hollandais de Kock, dont la
maison de Passy était le centre de réunion de la plupart des meneurs hébertistes.

Toute la conscience du pays était donc à bon droit revoltée
contre l'hébertisme; c'était un murmure d'indignation générale. On
a eu tort assurément de tuer quelques-uns des chefs de ce parti,
parce qu'en frappant trop violemment les ultra-révolutionnaires, on
courait risque d'affaiblir l'énergie du patriotisme; mais comment ne
pas comprendre jusqu'à un certain point l'exaspération des gens
qui voulaient sérieusement fonder le régime républicain, quand on
lit dans Burke, par exemple : « La situation de la France est fort
simple, on n'y trouve que deux espèces d'individus : des bourreaux
et des victimes. Les premiers ont entre leurs mains toute l'autorité
de l'État, la force armée, les revenus publics... Ils ont fait abjurer
Dieu par les prêtres et par le peuple; ils ont tâché d'extirper
des cœurs et des esprits tous les principes de la morale, et tous
les sentiments de la nature. Leur objet est d'en faire des sauvages féroces et incapables de supporter un système fondé sur
l'ordre et la vertu... (2). » On voit la tactique des étrangers pour déshonorer la Révolution : c'était d'attribuer au comité de Salut public,
à la Convention, à la République tout entière, les folies d'un certain
nombre d'énergumènes.

Robespierre n'était pas un modéré, tant s'en faut, comme allaient
le lui reprocher les hébertistes, et il faut lui en savoir gré, car il n'y
a pires terroristes que les *modérés*. Nous les avons vus à l'œuvre
après le 9 Thermidor et depuis. C'était un homme d'ordre, parce
qu'il savait que sans ordre il n'y a ni liberté ni sécurité possibles
pour les citoyens; parce que, à la différence des farceurs révolutionnaires qui faisaient de la Révolution une mascarade, et, selon
son expression, transformaient la liberté en Bacchante, il voulait
doter son pays d'institutions républicaines à l'abri desquelles tous
les Français pussent vivre dans la concorde et dans la paix. Mais
comment espérer fonder quelque chose de durable avec cette tyrannie de la rue imposée par Hébert? Lorsque dans un pays en révolution, au lieu de s'adresser aux sentiments élevés et généreux, on
fait appel aux passions mauvaises, qui bouillonnent à la surface

(1) Le mot est de Proudhon.
(2) *Œuvres posthumes* de Burke sur la Révolution française. Londres, 1799,
in-8°, p. 180.

comme une écume impure, il arrive infailliblement ceci, c'est que cette masse de citoyens incertaine et flottante dont se compose la majorité d'une nation, et qui se fût accommodée parfaitement du régime de la liberté, s'épouvante d'une licence effrénée, se lasse trop vite, et du despotisme de la boue se réfugie aveuglément dans le despotisme de la pourpre.

XXIX

On a eu tort de tuer les hébertistes, avons-nous dit. Il ne faudrait pas croire cependant qu'on se contenta de frapper en eux des opinions exagérées ; ce fut une véritable tentative d'insurrection qu'on eut à réprimer. Maltraité, à diverses reprises par Robespierre, d'abord pour avoir prêché l'intolérance antireligieuse, ensuite pour avoir insidieusement attaqué Danton, dont Maximilien s'était alors constitué le défenseur au sein du comité de Salut public comme à la tribune des Jacobins, Hébert s'était singulièrement radouci depuis quelque temps. Mais la mise en liberté de Vincent et de Ronsin, considérée par les exagérés comme une victoire importante, l'arrivée de Carrier, et surtout la maladie de Robespierre, rendirent au *Père Duchesne* toute son assurance et toute sa fureur. « Il n'y aura point d'amnistie, et à votre tour vous jouerez à la main chaude, f...! » avait écrit Hébert en s'adressant aux dantonistes (1). Or, à cette heure, ce n'était plus seulement Desmoulins et Danton qu'on menaçait, c'était aussi Maximilien.

N'ayant pu entamer les Jacobins, où dominait la politique si ferme et si sage de Robespierre, les ultra-révolutionnaires firent du club des Cordeliers leur quartier général. Dès le 24 pluviôse (12 février 1794), l'imprimeur Momoro, un des grands-prêtres du culte de la déesse Raison, avait vivement pris à partie Maximilien, parce que la veille Vincent avait été rejeté des Jacobins, malgré un rapport favorable du citoyen Delcloche, lequel s'était laissé influencer par Momoro (2). Robespierre n'était pour rien dans cette affaire; Momoro ne s'en prit pas moins à lui, ayant sans doute sur le cœur ses sorties indignées contre les fanatiques de l'irréligion. Sans le nommer, il le désigna assez clairement : « Tous ces hommes usés en république, ces jambes cassées en révolution, nous

(1) *Le Père Duchesne*, numéro 331.
(2) Séance du 13 pluviôse (11 février 1794) aux Jacobins. (*Moniteur* du 28.) Voyez aussi à ce sujet une lettre de Concedieu, administrateur du département, à Robespierre, dans les *Papiers inédits*, t. 1er, p. 302.

traitent d'exagérés parce que nous sommes patriotes et qu'ils ne
veulent plus l'être (1)... » Après lui, Vincent parla de démasquer des
intrigants « dont on sera étonné. » Enfin Hébert encouragé frappa
en même temps sur ceux qui réclamaient un comité de clémence et
sur ceux qui, « avides de pouvoir, mais toujours insatiables, avaient
inventé et répétaient pompeusement dans de grands discours le
mot d'ultra-révolutionnaire pour détruire les amis du peuple qui
surveillaient leurs complots (2). » Tout cela aux applaudissements
de l'assemblée. L'allusion était assez transparente, il n'y avait pas
à s'y tromper. Les enragés préparaient un grand coup. « Depuis la
sortie du sieur Vincent, » écrivait à Maximilien un juré au tribunal
révolutionnaire, « les Cordeliers sont menés par eux, et vous connaissez les propos qu'ils ont l'horreur de tenir, tant à votre sujet
que sur les autres membres des Jacobins et les représentans du
peuple (3)... » La proposition fut faite, aux Cordeliers, de porter à
cent mille hommes l'effectif de l'armée révolutionnaire (4), dont
Ronsin était le chef, et sur laquelle les exagérés comptaient comme
sur une force entièrement dévouée à leur cause.

Le comité de Salut public, averti des sourdes menées des ultra-
révolutionnaires, résolut, avant de frapper l'hébertisme, de lui
donner encore un avertissement. Le 8 ventôse (26 février 1794),
Saint-Just, récemment arrivé de l'armée, monta à la tribune de la
Convention nationale. Dans un discours d'une sombre énergie et
d'une étonnante grandeur, où, conformément aux idées de Robespierre, il proposait de substituer à la Terreur, — cette arme à deux
tranchants saisie par les uns pour venger le peuple, par les autres
pour servir la tyrannie, — la justice qui pesait les crimes dans sa
main avant de rendre ses arrêts, le jeune rapporteur du comité
donnait à entendre aux hébertistes que l'Assemblée et le gouvernement avaient les yeux fixés sur eux (5).

Les exagérés ne se trompèrent pas sur le sens des paroles de
Saint-Just. Mais ils se croyaient forts, et ne voulant pas laisser à
Robespierre le temps de se rétablir, — car c'était lui surtout dont
ils redoutaient la vigilance et la perspicacité (6), — ils se décidèrent
à brusquer les choses. Le 14 ventôse (4 mars 1794) la séance des
Cordeliers fut ouverte avec une sorte d'appareil lugubre. On couvrit

(1) *Moniteur* du 28 pluviôse (16 février 1794).
(2) *Ibid.*
(3) Lettre de Gravier à Robespierre (*ubi suprà*). *Papiers inédits*, t. II, p 194.
(4) *Ibid.*
(5) Voy. notre *Histoire de Saint-Just*, édit. Méline et Cans, t. II, p. 111.
(6) Lettre de Gravier à Robespierre (*ubi suprà*).

d'un crêpe noir le tableau de la Déclaration des droits de l'homme, et l'on décida qu'il resterait ainsi voilé jusqu'à ce que le peuple eût recouvré ses droits. Puis Vincent, après avoir inculpé Lulier, le procureur général syndic du département, et Dufourny, comme s'étant donné le mot pour établir un système de modérantisme, fit un amalgame de tous les adversaires de l'hébertisme et déclara la liberté perdue si l'on ne déployait toute la terreur qu'inspirait la guillotine aux ennemis du peuple. Carrier se leva alors, Carrier qui ne pouvait pardonner son rappel à Robespierre. « On voudrait », dit-il, « je le vois, je le sens, faire rétrograder la Révolution... Les monstres ! ils voudraient bien briser les échafauds ; mais, citoyens, ne l'oublions jamais, ceux-là ne veulent point de guillotine qui sentent qu'ils sont dignes de la guillotine. » On avait proposé de fonder, sous le patronage du club, et sous le nom de *l'Ami du peuple*, un journal faisant suite à celui de Marat. Sans doute, ajoutait Carrier, l'idée était excellente ; mais cela ne suffisait pas. « L'insurrection, une sainte insurrection ! voilà, » s'écriait-il, « ce que vous devez opposer aux scélérats. » Et cet appel à la révolte contre la Convention nationale, contre le comité de Salut public, était accueilli par de frénétiques applaudissements.

Après Carrier parut Hébert. Le rédacteur du *Père Duchesne* renchérit encore sur les paroles du proconsul farouche qui avait mis Nantes au régime des noyades ; il s'emporta contre les sauveurs des complices de Brissot, c'est-à-dire des soixante-treize. C'était un coup direct à l'adresse de Robespierre, qu'il se garda d'ailleurs de nommer. Il avait honte, on le sent bien, de présenter comme un contre-révolutionnaire le citoyen qui depuis cinq ans n'avait pas cessé de se dévouer, corps et âme, à la Révolution ; et soit intimidation, soit crainte de commettre un blasphème, il n'osa laisser tomber de sa bouche ce grand nom si respecté alors. Seulement il procéda par insinuation : après avoir parlé contre les voleurs, il s'éleva contre les « ambitieux » qui depuis deux mois avaient fermé la bouche aux patriotes dans les sociétés populaires. Puis, comme enhardi par les encouragements de Momoro, de Vincent et de quelques autres, il désigna aussi clairement que possible Maximilien aux vengeances des exagérés. « Pour vous montrer que ce Camille Desmoulins n'est pas seulement un être vendu à Pitt et à Cobourg, mais encore un instrument dans la main de ceux qui veulent le mouvoir uniquement pour s'en servir, rappelez-vous qu'il fut chassé, rayé par les patriotes, et qu'un homme, égaré sans doute... autrement je ne saurais comment le qualifier, se trouva là fort à propos pour le faire réintégrer, malgré la volonté du peuple, qui s'était

bien exprimée sur ce traître. » Ainsi l'on faisait un crime à Robespierre d'avoir couvert de sa protection l'auteur du *Vieux Cordelier*.
Hébert termina sa harangue en répétant le cri de Carrier : « L'insurrection ; » oui, l'insurrection (1)! Cette séance décida du sort des
hébertistes.

Ils ne négligèrent rien cependant pour la réussite de la conspiration. Le 16 ventôse (6 mars) ils se rendirent au conseil général de la
commune, et déclarèrent qu'ils resteraient debout jusqu'à l'extermination complète des ennemis du peuple (2); mais l'accueil des
officiers municipaux ne répondit pas à leur attente, et l'indifférence
de la population dut leur prouver combien peu le sentiment public
était pour eux. Néanmoins ils ne renoncèrent pas à leurs noirs projets: Le plan qu'il s'agissait de mettre à exécution avait été conçu,
s'il faut en croire un des témoins du procès d'Hébert, dans la prison
même où avait été enfermés Vincent et Ronsin (3) Dans le nombre
des victimes marquées d'avance, Robespierre était confondu avec
Bourdon (de l'Oise) et Fabre d'Églantine (4). Ronsin le désignait
hautement comme un traître ; il lui reprochait d'avoir donné tête
baissée dans divers complots; d'avoir, avant la Révolution, « traité
la France de républicomane, » assurant qu'il en existait des preuves écrites suffisantes pour le faire guillotiner. Avant peu, prétendait-il, les prisons seraient ouvertes, mais non pour tous les prisonniers; les uns devaient être élargis, les autres massacrés sans
pitié (5). Un des plus violents conjurés, Ancar, employé au magasin
des poudres et salpêtres, allait partout disant de Robespierre que
le patriotisme de ce représentant était bien usé (6); c'était le
même qui, dans un café de la rue de Thionville, prétendait qu'avant
trois semaines il y aurait plus de quatre-vingt mille têtes à bas (7).

Tous ces faits, empruntés à des dépositions de témoins à charge
dans le procès des hébertistes, pourraient peut-être paraître suspects d'exagération, si nous n'avions pas sous les yeux une déclaration toute confidentielle, faite longtemps après coup, et qui y ajoute
un singulier caractère d'authenticité. Nous avons parlé déjà du chirurgien Souberbielle, mort en 1846 à l'âge de quatre-vingt-dix ans, et

(1) Voy. le compte rendu de cette séance des Cordeliers dans *le Moniteur* du 17 ventôse (7 mars 1794).

(2) Registres du conseil général de la commune. Voy. l'*Histoire parlementaire*,
t. XXXI, p. 331.

(3) Déposition de Dufourny dans le procès d'Hébert.

(4) *Ibid.*

(5) Déposition de Lavaux et de Jobert dans le procès des hébertistes.

(6) Procès des hébertistes. Déposition de Loyer, juré au tribunal.

(7) *Ibid.* Déposition d'un témoin non nommé.

qui, jusque dans les derniers temps de sa vie, a conservé la lucidité de son esprit et la plénitude de ses facultés. Il avait, nous l'avons dit, gardé pour Robespierre, dans l'intimité duquel il avait vécu, un enthousiasme sans bornes, un culte absolu. Sa mémoire était admirable ; il ne tarissait pas quand on le mettait sur le chapitre de la Révolution, et surtout lorsqu'il était question de celui qu'il vénérait comme un martyr. M. Louis Blanc et M. de Lamartine lui ont été redevables de renseignements précieux; il en est un pourtant qu'ils ont négligé ou ignoré, et qui, pour l'affaire des hébertistes, est d'une extrême importance. Souberbielle était, comme on sait, juré au tribunal révolutionnaire, où il avait la réputation d'une très-grande rigidité. Un jour, pendant la maladie de Robespierre, en sortant d'une séance de la Convention, il fut accosté dans le jardin des Tuileries par Vincent et par Ronsin, qui le conduisirent dans un café de la rue de Richelieu, sous prétexte de lui faire une communication pressante. On monta à l'entresol, on demanda une bouteille de bière, puis Ronsin et Vincent dévoilèrent devant Souberbielle un vaste plan d'extermination des ennemis de la République. Il s'agissait d'abord d'organiser dans chacun des districts du pays une compagnie de l'armée révolutionnaire et de la munir de deux pièces de canon. Après quoi, l'on eût dressé de nouvelles listes de suspects, qu'on eût aussitôt renfermés dans les prisons des districts. Ensuite, à un jour fixé et sur un ordre secrètement donné par Ronsin, les compagnies révolutionnaires se fussent répandues dans les prisons et y eussent égorgé tous les détenus, sans distinction d'âge ou de sexe. Vincent et Ronsin prièrent Souberbielle d'appuyer de toute son influence l'idée qu'ils venaient de lui exposer, quand le moment serait venu de la mettre à exécution. Mais, quoique assez exalté lui-même, le docteur fut indigné à cette pensée d'une nouvelle Saint-Barthélemy, et son silence apprit sans doute à Vincent et à Ronsin combien peu il approuvait leurs sanguinaires machinations.

Le soir même il se rendit chez Robespierre, qui était mieux, et qu'il trouva levé. Il le mit en quelques mots au courant des ouvertures qu'on lui avait faites. Rien, paraît-il, ne saurait peindre l'indignation que cette confidence souleva dans le cœur de Maximilien. Dans les propositions de Vincent et de Ronsin il vit une des variantes des fureurs et des menées de la faction ultra-révolutionnaire contre la Convention nationale et le gouvernement de la République. En proie à une agitation extrême, furieux comme un lion déchaîné (ce sont les propres expressions de Souberbielle), il parcourait sa chambre dans tous les sens et laissait tomber de sa bouche ces paroles entrecoupées : « Les révolutions ont des aspects horribles!... Toujours du sang!... N'en a-t-on pas assez répandu déjà!... Faut-il donc que la République se dévore elle-même (1)!... » Quelques jours après cette conversation, les hébertistes étaient arrêtés.

XXX

L'impression produite par la séance du 14 aux Cordeliers avait été loin, comme nous l'avons dit, d'être favorable aux exagérés. Dès le 16 ventôse (6 mars 1794) Barère obtenait de la Convention un décret par lequel elle chargeait l'accusateur public près le tribunal révolutionnaire d'informer sans délai contre les auteurs de pamphlets manuscrits distribués depuis quelques jours dans les halles, et enjoignait au comité de Salut public de lui présenter incessamment un rapport sur les moyens de protéger le gouvernement et le peuple contre les intrigues des conspirateurs (2). Le soir même, aux Jacobins, Collot d'Herbois abandonna solennellement les ultra-révolutionnaires, et le juré Renaudin s'écria : « Ils veulent des insurrections! eh bien! qu'ils se montrent, et nous verrons qui d'eux ou de nous triomphera (3). » Les meneurs, un peu interdits, essayèrent de se rétracter. Carrier prétendit que, dans sa pensée, il avait été simplement question d'une insurrection conditionnelle. Le lendemain, aux Cordeliers, Hébert tenta d'expliquer son appel à la révolte, en disant que, par insurrection, il avait entendu une union plus intime des vrais montagnards de la Convention avec les Jacobins et les patriotes, pour obtenir justice de tous les traîtres impunis (4). Mais il était trop tard.

Le 23 ventôse (13 mars 1794) Saint-Just montait à la tribune de la Convention, et y prononçait son rapport sur la conjuration ourdie par les factions de l'étranger afin de détruire le gouvernement répu-

(1) Nous devons à l'obligeance de M. P. Duplan, ancien représentant du peuple à l'Assemblée constituante, la communication de ces détails pleins d'intérêt. M. P. Duplan les tenait de la bouche même de Souberbielle, avec lequel il s'était trouvé en relations suivies. A propos de l'*Histoire des Girondins* de M. de Lamartine, il a consigné ses souvenirs dans un article en date du 26 septembre 1847, et qui a été inséré dans le *Journal du Loiret* du 29 décembre de la même année. Dans sa *Réfutation de l'Histoire de France* de l'abbé de Montgaillard, M. Laurent (de l'Ardèche) parle aussi des ouvertures faites par Ronsin à un juré, qu'il ne nomme pas, pour l'extermination en grand de tous les ennemis de la Révolution. (Voy. p. 312.)

(2) Voyez le *Moniteur* du 17 ventôse (7 mars 1794).

(3) *Ibid.*

(4) Séance des Cordeliers du 17 ventôse (7 mars 1794). Voy. le *Moniteur* du 21 ventôse.

blicain par la corruption. On connaît les conclusions de ce rapport célèbre (1). Était puni de mort quiconque se rendait coupable de résistance au gouvernement révolutionnaire, dont la Convention nationale était le centre, et tentait de l'avilir, de le détruire ou de l'entraver par quelque moyen que ce fût. « Des mesures sont déjà prises pour s'assurer des coupables, » avait dit Saint-Just ; « ils sont cernés. » En effet, dans la nuit qui suivit la séance de la Convention, les principaux chefs du parti hébertiste, Vincent, Ronsin, Momoro, Hébert, Ducroquet, étaient arrêtés et conduits à la Conciergerie.

Robespierre avait-il rendu compte de sa conversation avec Souberbielle à ceux de ses collègues qui venaient le voir pour s'informer de sa santé et causer avec lui des affaires publiques ? A l'égard de Saint-Just, cela n'est pas douteux : nombre de passages du discours de son jeune et dévoué ami attestent cette confidence : « Il est temps de faire la guerre à la corruption effrénée... On commet des atrocités pour en accuser le peuple et la Révolution... » Billaud-Varenne, récemment de retour d'une mission dans le Nord et dans le Pas-de-Calais, avait dû être également instruit par lui, car, le jour même de l'arrestation des hébertistes, il disait aux Jacobins : « Ces hommes atroces » méditaient de faire égorger les patriotes ; une partie de l'armée révolutionnaire était consignée à cet effet (2 . Il n'y a donc aucun doute à conserver sur les projets de la faction hébertiste.

Cependant, ce jour-là 24 ventôse (14 mars 1794), Robespierre, après une absence de près d'un mois, avait reparu au milieu de la Convention nationale et repris ses fonctions de membre du comité de Salut public. Il était là quand une députation de la section *Bonne-Nouvelle* vint demander à l'Assemblée de sévir contre l'aristocratie mercantile et d'exclure par un décret tous les marchands des fonctions publiques. C'était ridicule. Robespierre étouffa cette pétition en appelant l'attention de ses collègues sur la conjuration nouvellement découverte. « Que tous les bons citoyens, que tous ceux qui portent dans leurs cœurs le germe du patriotisme, »

(1) Voyez notre *Histoire de Saint-Just*, édit. Méline et Cans, t. II, p. 147. La Convention crut devoir répandre à profusion dans le pays le rapport de Saint-Just, et elle le fit tirer au chiffre énorme de 200,000 exemplaires. (Registre des arrêtés et délibérations du comité de Salut public. *Archives*.) Arrêté signé : Barère, Carnot, C.-A. Prieur, Collot d'Herbois, Robespierre, Billaud-Varenne, Saint-Just et Robert Lindet. Il est du 24 ventôse, jour de la réapparition de Robespierre au comité de Salut public.

(2) Séance des Jacobins du 24 ventôse (14 mars 1794). Voy. *le Moniteur* du 28 ventôse.

s'écria-t-il, « prouvent qu'ils aiment la liberté en se réunissant à nous pour la sauver. — Oui, oui, répéta-t-on de toutes parts au milieu des plus vifs applaudissements, nous serons unis, nous sauverons le peuple. — Toutes les factions, » reprit Robespierre, « doivent périr du même coup. » Ici de nouvelles acclamations retentirent. Mais, comme s'il eût craint d'avoir été mal compris, Maximilien ajouta que les ennemis des factions ne pouvaient être reconnus qu'à la sagesse de leurs conseils, et à la justesse des mesures nécessaires à la répression des conspirateurs et des traîtres. Il dépeignit alors l'horrible conjuration que le comité de Salut public, averti à temps, venait d'étouffer au moment où elle allait faire explosion. On avait recruté dans Paris une armée d'émigrés, de déserteurs et d'étrangers pour pousser le peuple à la révolte et égorger une partie des députés. L'immixtion de l'étranger dans toutes ces manœuvres séditieuses résultait pour lui de ce que longtemps à l'avance on avait annoncé dans les cours étrangères le moment marqué pour l'exécution des projets de Vincent, de Ronsin et de leurs complices. On avait en effet intercepté des lettres, dont l'une, adressée à certaine Excellence, contenait l'exposé de la trame ourdie pour renverser la Convention et bouleverser la République au profit de quelques ambitieux. Preuve, comme l'avait fort bien dit Saint-Just, que, si la conjuration comprenait des patriotes de bonne foi, mais égarés, elle comptait aussi des scélérats vendus à l'étranger et à l'émigration. Robespierre termina en adjurant de nouveau les bons citoyens de se joindre à la représentation nationale pour sauver la patrie, et de combattre énergiquement dans leurs sections les orateurs mercenaires, les agents de l'étranger, qui ne manqueraient pas d'y semer des divisions (1).

Certains écrivains ont agréablement plaisanté la Convention nationale et le comité de Salut public sur ces fameuses conspirations de l'étranger. Eh bien! qu'on lise les Mémoires et la correspondance de Mallet-Dupan, publiés il n'y a pas très-longtemps, et l'on verra, par les aveux suffisamment explicites de cet intrigant, dénoncé par Barère dans cette même séance du 24 ventôse pour ses manœuvres criminelles, si la Convention et le comité avaient tellement tort d'attribuer à des suggestions étrangères les innombrables intrigues auxquelles fut en proie la République française. Ainsi l'on savait par une lettre de l'agent de France en Suisse que les émigrés annonçaient hautement qu'avant un mois il y aurait un massacre à Paris et que la Convention serait dissoute (2). On était également

(1) *Moniteur* du 26 ventôse (16 mars 1794).
(2) *Ibid.* Déclaration de Couthon à la Convention nationale.

instruit à l'étranger des efforts tentés pour perdre dans l'esprit des patriotes ce Robespierre dont la popularité paraissait aux ultra-révolutionnaires le plus formidable obstacle au succès de leur entreprise. « On ne peut plus se faire illusion ; il y a deux partis dont les efforts tendent à déchirer la France, » lisait-on dans l'une des lettres auxquelles Maximilien avait fait allusion tout à l'heure. « Le comité de Salut public veut conserver son autorité ; il jouit d'une grande confiance ; les Jacobins, guidés par Robespierre, l'entourent et le soutiennent ; il s'applique à faire marcher régulièrement le gouvernement révolutionnaire par l'affermissement des lois et de la morale. D'un autre côté viennent Hébert et Vincent... ces deux hommes ne sont que des prête-noms... » Et dans l'autre : « Les deux partis dont je vous ai parlé se forment, se mesurent ; bientôt ils seront aux prises. On tente de dépopulariser Robespierre ; de tous les hommes, c'est celui dont la réputation est la plus difficile à détruire... » Voilà, disait Couthon, rétabli lui aussi depuis peu, des lettres écrites à des étrangers par des étrangers jouant ici le patriotisme ; l'espèce d'estime dont ils semblaient environner un patriote aimé de tous, ajoutait-il, n'empêchait pas qu'on ne devinât leurs secrets desseins (1). Les émigrés, les royalistes conspirant à l'intérieur, les puissances coalisées, regardaient non sans raison Robespierre comme la pierre angulaire de la Révolution ; nous raconterons bientôt tous leurs efforts pour semer à leur tour le soupçon contre lui dans le cœur de tous les patriotes. Or, on se demande comment les paroles de Couthon n'ont pas été un avertissement suffisant aux quelques démocrates assez aveugles pour se mêler à la troupe des détracteurs du grand démocrate. Si l'on attachait tant de prix à dépopulariser Robespierre, c'est qu'on savait bien qu'il était une des plus solides colonnes de la République, et que, cette colonne brisée, on aurait facilement raison de la Révolution. Hélas ! on ne s'en apercevra que trop après Thermidor.

XXXI.

La défaite des hébertistes causa à la faction dite des *indulgents*, comme aux contre-révolutionnaires, une joie infinie. « Depuis long-temps, » lisons-nous dans un journal dévoué à Danton, « ces êtres avilis préparoient la chute de la République par l'avilissement qu'ils cherchoient à jeter sur le peuple et sur ses représentans... Ils

(1) Voy. *le Moniteur* du 26 ventôse (16 mars 1794).

avoient senti que le patriotisme ne seroit plus qu'un mot du moment où ils pourroient traiter Robespierre de *modéré* et être applaudis. Ils risquèrent enfin l'épithète, et furent démasqués par le peuple, qui connaît ses vrais amis (1). » Cette flatterie à l'adresse de Maximilien ne produisit pas l'effet attendu sans doute. Robespierre comprit bien tout de suite le but et la tactique de ceux qui virent dans la chute des exagérés, non une victoire du bon sens, un triomphe pour la République, mais la satisfaction de leurs rancunes et de leurs haines. Il va s'attacher à suivre, sans s'écarter d'un pas, la route tracée par la raison entre les deux écueils si souvent signalés par lui, l'écueil de l'exagération et celui du modérantisme. Les fauteurs de ce dernier parti, comme s'ils se fussent donné le mot avec les partisans de la contre-révolution, tentèrent d'envelopper dans la ruine de l'hébertisme les fonctionnaires publics qui leur déplaisaient, les autorités constituées qui n'étaient point à leur dévotion, et quelques patriotes, trop ardents, peut-être, mais d'un patriotisme à toute épreuve. Seulement là, ils rencontrèrent Maximilien, et vinrent se briser contre lui.

Le soir même du 24 ventôse (14 mars 1794), aux Jacobins, il prenait la défense de Boulanger, à qui tout récemment déjà il avait prêté l'appui de sa parole. Boulanger était ce citoyen qui, aux Cordeliers, s'était écrié en s'adressant à Hébert : « Parle, *Père Duchesne*, nous serons, nous, les *Père Duchesne* qui frapperont. » Vivement interpellé à cause de cette phrase compromettante, il avait balbutié une assez faible justification, quand Robespierre prit la parole pour faire sentir le danger qu'il y avait à incriminer certaines expressions dont on forçait le sens à dessein, et à accoler de véritables patriotes à des intrigants et à des traîtres. « Quand un homme se montre partisan de la sédition, » dit-il, « je ne balance pas à le condamner; mais quand un homme a toujours agi avec courage et désintéressement, j'exige des preuves convaincantes pour croire qu'il est un traître. » Or, depuis le commencement de la Révolution, Boulanger avait constamment tenu le langage et la conduite d'un citoyen passionné pour la liberté; par tous ses actes il avait prouvé son désir de la voir triompher. Le plus grand de tous les dangers, ajoutait Robespierre, serait d'impliquer les patriotes dans la cause des conspirateurs. Ici, trahi par ses forces, il dut renoncer à la parole; mais Boulanger était sauvé!... du moins jusqu'en Thermidor (2).

(1) La *Feuille du Salut public* (journal du jeune Rousselin). Voyez le numéro 268, du 30 ventôse (20 mars 1794).

(2) *Moniteur* du 28 ventôse (18 mars 1794).

Un autre patriote, le général Hanriot, commandant de la garde nationale parisienne, fut arraché aussi à la rage des modérés par Robespierre, à la charge de qui ce fait n'a pas manqué d'être relevé par les Thermidoriens. Encore un dont tous les actes ont été dénaturés, dont le rôle a été odieusement travesti, dont l'histoire en un mot a été écrite par des vainqueurs sans conscience et sans foi. Tous les partis l'ont également sacrifié, les uns par passion, les autres par légèreté. J'en éprouve pour lui une pitié d'autant plus forte, un intérêt d'autant plus vif. Je ne puis admettre qu'on abandonne aussi facilement un citoyen dont le dévouement à la Révolution a été absolu, et qui a versé son sang pour la plus honorable des causes. Celui qui sut mériter l'estime de Robespierre n'était pas un citoyen sans valeur, et surtout sans honnêteté. Non, Hanriot n'est pas l'homme de la légende, l'homme que les écrivains de la réaction, peu soucieux de la vérité, ont représenté gesticulant et caracolant, le sabre à la main, autour des charrettes lugubres emportant les condamnés vers l'échafaud. Je citerai de lui des traits qui dénotent un véritable ami de l'humanité. Durant le rude hiver de 1794, où l'ordre fut si difficile à maintenir dans les rues de Paris, sa conduite fut admirable, tout à fait conforme à ces paroles qu'il prononça un jour au sein du conseil général de la commune : « Je déploie rarement la force, parce que je sais que ce n'est pas avec les armes meurtrières que l'on doit traiter des républicains, mais bien avec celles de la raison et de la justice (1). » Le jour de la justice doit luire pour tout le monde, et nous ferons connaître aussi quel fut ce martyr de la calomnie.

On lit dans les Mémoires de Lucien Bonaparte que la place de Hanriot fut offerte à Napoléon. Par qui? Par Robespierre sans nul doute, d'après la narration du très-peu véridique écrivain qui occupa le siége de la présidence du Corps législatif à l'époque du 18 brumaire. Lucien habitait alors avec sa famille une petite campagne dans le Midi, non loin du corps d'armée où Napoléon servait comme général d'artillerie. Un jour que ce dernier s'était rendu au milieu des siens, il leur confia la soi-disant proposition qu'on lui avait faite. « Je dois donner ma réponse ce soir ; Robespierre jeune est honnête, mais son frère ne badine pas. Il faudrait le servir. Je sais combien je lui serais utile en remplaçant son imbécile commandant de Paris; mais c'est ce que je ne veux pas; *il n'est pas temps* (2). » Tel est le récit de Lucien Bonaparte. C'est là, on le sent

_____

(1) Voy. *le Journal de la Montagne* du 20 frimaire an-II.

(2) *Mémoires de Lucien Bonaparte*. — Dans ces Mémoires, dont un seul volume a paru, Lucien Bonaparte a consacré à la Révolution française quelques chapitres qui dénotent de sa part la plus étonnante ignorance de cette époque et de ces temps

bien une scène arrangée après coup. Est-il vrai, comme le prétend Lucien, qu'Augustin Robespierre ait sollicité vainement le jeune officier? Je ne le crois en aucune espèce de façon. A cette époque d'ailleurs c'était Napoléon qui *sollicitait*; et il était loin, bien loin d'avoir encore l'importance que la plupart de ses biographes lui ont prêtée. Qu'après la prise de Toulon, il ait dû à la protection d'Augustin, avec lequel il s'était lié assez étroitement comme nous avons déjà eu l'occasion de le dire, d'être nommé chef de brigade d'artillerie, cela est très-probable. Il n'est pas douteux non plus que Robespierre jeune n'ait conçu de lui l'opinion la plus avantageuse, témoin la lettre, curieuse à plus d'un titre, qu'il écrivait à son frère à la date du 16 germinal (5 avril 1794), lettre inédite dont nous extrayons le passage suivant : « J'ajoute aux nom des patriotes que je t'ai nommés le citoyen Galmiche juge à Vesoul, homme probe et de talent, le citoyen Morin, accusateur public du tribunal militaire, le citoyen Buonaparte, général chef de l'artillerie, d'un mérite transcendant. Ce dernier est Corse, il ne m'offre que la garantie d'un homme de cette nation qui a résisté aux caresses de Paoli, dont les propriétés ont été ravagées par le traître (1)... » Si Augustin avait la plus haute idée

d'où est sortie la grandeur de sa famille. Il exprime sur Robespierre une opinion toute contraire à celle qu'à diverses reprises a manifestée Napoléon. Mais il suffit de citer un exemple de la façon dont Lucien traite l'histoire pour démontrer combien doit être nulle, aux yeux de tous les gens qui réfléchissent, la valeur de ses appréciations. Il écrit, en parlant de Robespierre : « Il osa immoler l'honneur de son sexe, l'ange qui portait sur la terre le nom d'Élisabeth ! » (P. 55.) C'est là une de ces niaiseries qu'il fallait laisser aux Montjoie et autres écrivains de cette farine. Nous avons prouvé que, loin de vouloir la mort d'Élisabeth, Robespierre avait essayé de l'arracher aux enragés, auxquels il la disputa en vain.

(1) Lettre inédite, faisant partie de la collection Portiez (de l'Oise). Une copie m'en a été communiquée par M. A. Sencier, neveu de ce représentant. Cette lettre, de Robespierre jeune est d'une extrême importance. Elle commence par ces mots : « Je reçois ta lettre à l'instant de l'expédition d'Oneille. » Plus loin, Augustin dit à son frère : « Écris-moi aussitôt ma lettre reçue, instruis-moi des événemens... » Il y avait donc entre les deux frères une correspondance active, et Napoléon n'en imposait pas à ses confidents quand il leur disait qu'il avait vu à Toulon des lettres de Robespierre à son frère où Maximilien s'expliquait avec beaucoup de véhémence et d'indignation sur la manière dont certains membres de la Convention pratiquaient le gouvernement révolutionnaire. M. Michelet saura désormais qu'il a eu tort de *supposer*, suivant sa déplorable manie, que ces lettres pouvaient être fabriquées. (*Histoire de la Révolution*, t. VII, p. 353.)

Il y a dans la lettre de Robespierre jeune un passage vraiment curieux et qui prouve combien étaient répandus les soupçons contre Danton et Delacroix : « J'ai toujours soupçonné,» dit Augustin à son frère, « les deux gros D... et D... de la Convention d'être les premiers conjurés. Rappelle-toi leur conduite dans toutes les crises qui ont précédé depuis Dumouriez jusqu'à ce jour; leur silence dans la crise actuelle, et les motions puériles d'ajournement, de renvoi, d'amendement de l'un, par lesquelles il veut faire connaître qu'il est las. L'autre jette son feu sur Francfort et veut la faire livrer

des talents du jeune Bonaparte, sa confiance en lui, on le voit, n'était pas exempte de réserve; et je doute fort, d'après les termes mêmes de cette lettre toute confidentielle, qu'il ait jamais songé à lui pour une position aussi délicate et aussi importante alors que celle de commandant en chef de la garde nationale parisienne. Si l'offre avait été faite, comment n'en aurait-il pas été question dans cette lettre, et comment surtout Napoléon n'en aurait-il pas dit un mot dans ses confidences de Sainte-Hélène? Et d'ailleurs Bonaparte, ambitieux comme il l'était, aurait-il refusé des mains du comité de Salut public, ou de Robespierre dont aucun nuage encore ne voilait la popularité, une place qu'il ne dédaigna pas d'accepter plus tard des mains de Barras? Cela n'est pas croyable. Ajoutons qu'il semblait si attaché aux Robespierre qu'il fut destitué après Thermidor à cause de cet attachement même et de l'intérêt qu'avaient paru lui porter les deux frères (1). Nous avons dû prémunir le lecteur contre une de ces mille historiettes à l'aide desquelles on est parvenu à fausser l'opinion publique. L'histoire ne se doit point faire à coup d'anecdotes plus ou moins hasardées. Si en effet le comité de Salut public avait eu l'intention bien arrêtée d'ôter au général Hanriot le commandement de l'armée parisienne, il aurait, sans aucun doute, songé, pour le remplacer, à quelque nom plus retentissant alors que celui de Bonaparte, et n'eût point confié le salut de la République à l'homme qui plus tard devait la tuer de ses mains.

XXXII

Peu s'en fallut que la commune de Paris tout entière ne fût enveloppée elle-même dans le désastre des hébertistes, tant les *modérés* étaient ménagers de sang! Dans la séance de la Convention du

aux flammes, parce que cette ville réclame la remise d'une contribution, occasion bien éclatante pour faire briller son amour pour la République française. » A cette date du 16 germinal, Augustin ignorait encore l'arrestation et le procès des dantonistes.

On sent maintenant l'intérêt puissant que les Thermidoriens ont eu à supprimer d'abord la lettre dont nous venons de citer quelques extraits, et à détruire complètement les lettres accusatrices de Maximilien à son frère.

(1) S'il faut en croire Charlotte Robespierre, Napoléon aurait eu l'idée de marcher contre la Convention à la nouvelle des événements du 9 Thermidor, et en aurait fait la proposition formelle aux représentants qui se trouvaient à l'armée d'Italie. (Mémoires de Charlotte, p. 127.) On assure même qu'il existait un certain nombre de lettres de Napoléon à Robespierre, et que ces lettres ont été rendues au premier par Courtois. Voy. ce que disent à cet égard les auteurs de l'*Histoire parlementaire*, t. XXXIII, p. 168.

28 ventôse (18 mars 1794); un des dogues du parti, Bourdon (de l'Oise), se jeta avec rage sur la municipalité parisienne. Quel était son crime? Elle n'avait pas mis assez d'empressement à venir féliciter l'Assemblée de sa victoire. Et, à la demande de Bourdon, la Convention chargea ses comités de Salut public et de Sûreté générale de procéder dans le plus court délai à l'examen de la conduite et à l'épuration des autorités constituées de Paris (1). Dès la veille cependant le comité de Salut public avait nommé comme second substitut de l'agent national le citoyen Legrand, en remplacement d'Hébert, et Vincent Cellier agent national en place de Chaumette, arrêté comme soupçonné de complicité dans l'affaire de son substitut (2). Mais cette première épuration ne suffisait pas à Bourdon (de l'Oise). Quand le lendemain une députation de la commune se présenta à la barre, ayant Pache à sa tête, il s'opposa violemment à son admission, prétextant qu'au milieu des mesures terribles prises pour déjouer les complots et écraser les conspirateurs, l'Assemblée manquerait son coup si elle recevait la municipalité. Ces paroles furent accueillies par de sourds murmures, la commune fut admise, et l'officier municipal Lubin, une des futures victimes de Thermidor, lut, en son nom, une adresse de félicitations. Le président—c'était le vieux Ruhl—se plaignit, dans sa réponse, du peu d'empressement de la municipalité, et en terminant il exprima le vœu de voir la commune de Paris, « qui avait eu si longtemps à sa tête les Bailly, les Pétion et les Manuel, » ne renfermer plus désormais dans son sein que des Publicolas et des Brutus. A quoi le maire répondit, au nom de ses collègues, en jurant, au milieu des applaudissements, qu'ils seraient tous de dignes imitateurs de Brutus et de Publicola.

Tout paraissait terminé, quand certains membres réclamèrent l'insertion de la réponse du président au *Bulletin*. Danton, dont le rôle était bien effacé depuis quelque temps, se leva pour protester. Fallait-il frapper d'une réprobation collective l'administration municipale parce que quelques-uns de ses membres pouvaient être coupables, et infliger à la commune la douleur de croire qu'elle avait été censurée avec aigreur? Tel n'était point l'avis de Danton. Mais le président se méprit sur le sens des paroles de son collègue, et, se levant de son siége : « Je vais répondre à la tribune; viens mon cher collègue, occupe toi-même le fauteuil. » Alors Danton : « Tu l'occupes dignement. Ma pensée est pure, si mes expressions l'ont mal rendue... Vois en moi un frère qui a exprimé librement

(1) Voy. *le Moniteur* du 29 ventôse (19 mars 1794).

(2) Arrêté signé : Billaud-Varenne, Barère, Collot d'Herbois, Carnot, Saint-Just, C.-A. Prieur. (*Archives*, F 7. 4435.)

son opinion. » A ces mots Ruhl descendit du fauteuil et se jeta tout
ému dans les bras de son collègue. Cette scène d'effusion excita dans
l'Assemblée le plus vif enthousiasme (1). Ce fut le dernier éclair de
la popularité de Danton. Également lié avec ce dernier et avec Robespierre, qui déjà l'avait défendu de sa parole contre une accusation de Chabot, et qui vraisemblablement le couvrit encore de sa
protection en cette circonstance, Pache échappa aux fureurs de
Bourdon. S'il fut arrêté en floréal, on garda du moins pour lui de
grands ménagements, et quand, après Thermidor, la persécution
s'étendra sur lui, ce sera surtout l'amitié de Robespierre qu'il
expiera.

L'attitude équivoque de Danton vers cette époque donna sans
doute beaucoup à penser à Maximilien. Il n'agissait guère, parlait peu, faisait le mort en quelque sorte ; mais ses amis, les Lacroix,
les Delmas, les Tallien, les Merlin (de Thionville), auxquels il faut
joindre les Bourdon (de l'Oise), les Maribon-Montaut, etc., ne cessaient
de harceler le pouvoir exécutif et le comité de Salut public. Lui,
pensait-on, restait dans la coulisse, attendant le moment favorable
pour frapper à son tour, et profiter peut-être, dans un intérêt personnel, d'une déroute du ministère. Si parfois il apparaissait sur la
scène, c'était pour appuyer quelque proposition insidieuse, comme
dans la séance du 29 ventôse (19 mars 1794), où Bourdon (de l'Oise)
s'étant encore livré à une attaque furieuse contre Bouchotte, il soutint indirectement l'accusation, tout en faisant appel à l'union, à la
vigilance, et en s'écriant encore de sa forte voix qu'il fallait que la
liberté bouillonnât jusqu'à ce que l'écume fût sortie. Et quel était
cette fois le reproche adressé par les Bourdon, les Merlin et autres
au ministre de la guerre? D'avoir fait venir à Meaux, à Paris, à Saint-
Germain-en-Laye et dans les environs un grand nombre de prisonniers autrichiens. Ces prisonniers, il fallait bien les loger quelque
part. L'Assemblée n'en décida pas moins que Bouchotte serait tenu
de rendre compte de sa conduite au comité de Salut public dans
les vingt-quatre heures.

Encouragé par ce succès, Bourdon s'en prit le lendemain à l'un
des agents les plus actifs du comité de Sûreté générale, au citoyen
Héron, qui déjà avait été attaqué avec une extrême violence par un
républicain douteux, le député Pressavin, devenu après Thermidor
un des plus fougueux réactionnaires (2). Tallien venait de dénoncer

(1) *Moniteur* du 1er germinal an II (21 mars 1794).
(2) On lit dans le projet de rapport de Robespierre sur la faction Fabre d'Églantine : « Pressavin veut immoler Héron, patriote connu qui est défendu par Vadier. »
(*Papiers inédits*, t. II, p. 39.)

à la Convention une foule d'arrestations de patriotes opérées à Versailles à l'instigation d'anciens valets de la cour et d'aristocrates, complices, prétendait-il, de la faction d'Hébert, quand Bourdon (de l'Oise) accusa Héron d'en être l'auteur, et sur-le-champ il obtint de l'Assemblée un décret d'arrestation contre cet agent, dont le véritable crime, aux yeux des dantonistes, était d'avoir présidé à l'arrestation de Fabre d'Églantine. Mais ce grief, il eût été difficile de l'invoquer

Héron était-il bien l'homme que nous a dépeint la réaction, l'effroi des familles, se souillant de cruautés et de rapines, ne sortant jamais qu'armé d'un couteau de chasse, de pistolets brillant à sa ceinture et d'espingoles portatives sortant de ses poches (1)? Nullement. C'était un agent de police, voilà tout, et, partant, très-porté sans doute à faire du zèle exagéré. Il avait pour répondants Vadier et Moyse Bayle, deux ennemis jurés de Robespierre. Le portrait qu'en a tracé son collègue Senar, autre espion du comité, un des plus lâches coquins qui se puissent rencontrer dans les bas-fonds de la police, est donc de la fantaisie pure. C'est également Senar, ou plutôt, je suis bien tenté de le croire, ce sont les *arrangeurs* des prétendus Mémoires de Senar, qui ont fait de ce Héron le *bouledogue* de Robespierre (2). Or Robespierre — cela est reconnu, avéré — n'eut jamais aucun rapport avec Héron (3). Mais cet agent était,

(1) *Mémoires de Senar*, p. 112.

(2) M. Michelet adoucit l'expression, et il appelle Héron « l'agent secret de Robespierre » (t. VII, p. 175). Il est vrai que, par une de ces contradictions qui lui sont familières, il reconnaît, dix lignes plus bas, que Robespierre « ne vit jamais Héron ». Mais M. Michelet ne s'embarrasse pas pour si peu. C'étaient, dit-il, de petites filles qui souvent portaient les lettres et les paquets cachetés chez Mᵐᵉ de Chalabre, laquelle les remettait à Maximilien. Quelle puissance divinatoire! Et M. Michelet n'a pas reculé devant ce tissu d'absurdités!

Répétons ici ce que nous avons déjà dit autre part, à savoir que le manuscrit des Mémoires de Senar, livré à l'impression une trentaine d'années après la mort de l'auteur, a été *vendu* à l'éditeur par un autre misérable, nommé Dossonville, également espion du comité de Sûreté générale. J'ai sous les yeux un arrêté du comité de Sûreté, en date du 18 pluviôse (6 février 1794), conférant à Dossonville ses pouvoirs d'agent du comité. Il est signé : Élie Lacoste, Louis (du Bas-Rhin), Moyse Bayle, Amar, Dubarran, Vadier, Lavicomterie et Jagot, tous, à l'exception de Lavicomterie, implacables ennemis de Robespierre. (*Archives*, F 7. 4579².)

Dossonville, après avoir prêté son ministère infamant à la Terreur révolutionnaire, se mit plus tard au service de la Terreur blanche.

(3) Ce qui n'a pas empêché MM. Barrière et Berville, dans les *Papiers inédits*, de mettre, *sur la foi de Senar*, au-dessous du nom de Héron, « *agent de Robespierre* »; et le lecteur superficiel ferme le livre, persuadé qu'en effet Héron était un agent de Robespierre. Certes on ne peut pas douter de la bonne foi d'hommes comme MM. Barrière et Berville, mais on est véritablement stupéfait de leur naïveté et de leur ignorance en matière d'histoire de la Révolution.

paraît-il, d'une grande utilité au comité de Sûreté générale, lequel
avait pleine confiance en lui. Des membres de ce comité vinrent se
plaindre auprès de leurs collègues du comité de Salut public du décret surpris à la Convention en leur absence. Ils présentèrent Héron
comme un patriote pur, à qui l'on était redevable de la découverte
de plusieurs grands conspirateurs, et dont on avait demandé l'arrestation à cause de sa vigueur à exécuter les décrets de l'Assemblée
et les arrêtés du comité de Sûreté générale. Voilà ce que Couthon
s'empressa d'aller exposer à la Convention nationale, mais en ayant
soin de déclarer que, pour lui, il ne connaissait point Héron, qu'il ne
l'avait jamais vu (1). Moyse Bayle prit ensuite la parole pour invoquer en faveur de Héron, « un des héros du dix août », le témoignage du député Crassous, en mission dans le département de Seine-
et-Oise, sur la manière dont cet agent s'était conduit à Versailles.
Puis Robespierre parla.

De Héron il ne dit pas grand'chose, sinon que les faits allégués
contre lui avaient été démentis par des témoignages imposants. Le
décret surpris à la Convention était grave et important à ses yeux,
non point à cause de l'arrestation d'un agent du comité de Sûreté
générale, auquel, en définitive, il s'intéressait médiocrement, mais
parce que ce décret révélait admirablement la tactique de certains
hommes disposés à calomnier les meilleurs patriotes, à exterminer
tous ceux qui refuseraient de se ranger sous leur bannière, et à
obtenir de l'Assemblée, en surprenant sa bonne foi, des mesures
désastreuses. On sentit bien dans ses paroles l'inquiétude dont il
était obsédé. Il commença par dire que si les comités avaient promis au peuple, au nom de la Convention, de frapper tous les conspirateurs, ils ne souffriraient pas que le glaive de la tyrannie effleurât
un seul patriote. — Cela accueilli par les plus vifs applaudissements.
— Robespierre avait bien prévu que tous les royalistes déguisés et
la faction des *indulgents* essayeraient d'envelopper dans le procès
des ultra-révolutionnaires les patriotes dont ils redoutaient la pureté
et l'énergie. « Comme les conspirateurs s'étaient cachés sous le masque du patriotisme, » dit-il, « on croyait facile de ranger dans la
classe de ces faux patriotes et de perdre ainsi les sincères amis de la
liberté. » A l'appui de ces paroles il cita un exemple saisissant. La
veille, un membre même de la Convention, un de ces modérés à la
façon de Bourdon (de l'Oise), avait fait irruption au comité de Salut
public et, avec une fureur impossible à rendre, — ce sont les pro-

(1) Séance du 20 ventôse an II (20 mars 1794). Voy. « *Moniteur* du 1er germinal
(21 mars).

pres expressions de Robespierre, — il avait demandé trois têtes. A cette déclaration, l'Assemblée tout entière fut saisie d'un frémissement d'indignation.

Quel était ce membre? Robespierre voulut bien ne pas le nommer, mais il le désigna clairement comme appartenant à une faction qui voyait une espèce de triomphe pour elle dans la chute du parti des hébertistes. Eh quoi! était-ce pour servir les projets de quelques ambitieux que les vrais patriotes avaient combattu la folie armée du glaive du patriotisme? Non! s'écria l'orateur; le comité était décidé à combattre toutes les factions et à ne point se reposer avant d'avoir affermi la République. Interrompu par les applaudissements, il reprit en ces termes : « Si l'influence de l'amour de la patrie, si les droits du peuple français ne triomphaient pas en ce moment de toutes les factions, vous manqueriez la plus belle occasion que la Providence vous ait présentée pour consolider la liberté. La faction qui survivrait rallierait tous ceux de l'autre qui auraient échappé au glaive de la loi. Pressés comme vous entre deux crimes, je ne sais si nous serons étouffés; mais si cela arrive, si la vertu de la Convention n'est pas assez forte pour triompher de ses ennemis, ce qui sera le plus heureux pour nous c'est de mourir, c'est d'être enfin délivrés du spectacle trop long et trop douloureux de la bassesse et du crime qui ont passé depuis trois ans sur la scène de la Révolution, et qui se sont efforcés de ternir l'éclat des vertus républicaines. Mais si la Convention est demain et après-demain ce qu'elle est depuis quelques mois, si elle est décidée à faire triompher le peuple, la justice et la raison... — Oui, oui ! s'écria-t-on de toutes parts, au milieu d'applaudissements frénétiques. — Si telle est la disposition constante de la Convention, si elle veut atteindre la palme de la gloire qui lui est offerte, si nous voulons tous, au sortir de notre mission, goûter le bonheur des âmes sensibles, qui consiste dans la jouissance du bien qu'on a fait; à voir un grand peuple s'élever à ses hautes destinées et jouir du bonheur que nous lui avons préparé; si la Convention, exempte de prévention et de faiblesse, veut terrasser d'un bras vigoureux une faction après avoir écrasé l'autre, la patrie est sauvée. » Les acclamations nouvelles dont fut saluée la fin de cette improvisation foudroyante prouvèrent que la Convention nationale n'était nullement disposée, quant à présent, à accepter le joug des intrigants. Bourdon (de l'Oise) garda assez honteusement le silence, et le décret qu'il avait surpris à l'Assemblée quelques heures auparavant fut rapporté (1).

(1) Voy. *le Moniteur* du 1er germinal (21 mars 1794). — De ce que l'arrestation

Le lendemain, aux Jacobins, Maximilien peignit la situation sous des couleurs beaucoup plus sombres encore. Déjà, dans une précédente séance, il s'était plaint qu'on voulût envelopper les meilleurs patriotes dans les mesures rigoureuses. Et pourtant, avait-il hautement déclaré, le comité de Salut public était décidé à user d'indulgence envers ceux dont le patriotisme n'avait été qu'égaré; seuls, les hommes corrompus, au langage versatile, et qui s'étaient glissés par des chemins ténébreux pour atteindre plus sûrement la liberté au cœur, n'avaient point de grâce à espérer (1). Il avait tenu ce langage à propos d'une démarche des Cordeliers, lesquels informaient les Jacobins qu'ils étaient à leur poste, veillant pour démasquer aussi les intrigants et les traîtres. Mais comme c'était au club des Cordeliers que s'était en partie tramée la conjuration d'Hébert, les Jacobins décidèrent, sur la proposition de Maximilien, qu'ils ne correspondraient plus avec eux avant leur complète régénération. Au reste, c'était une société déjà morte; dès cette époque son rôle est fini, et, notons-le en passant, ce furent ses premiers et ses plus illustres membres, les Camille Desmoulins, les Danton, qui lui portèrent les plus terribles coups.

Revenons à la séance du 1ᵉʳ germinal (21 mars 1794). Tallien venait de donner lecture d'un discours excessivement révolutionnaire, dans lequel il s'était étendu sur la nécessité de combattre non-seulement les restes de la faction hébertiste, mais aussi les aristocrates, les modérés et les Feuillants, dont la joie présente devait, selon l'orateur, inquiéter tous les patriotes. Cela n'était que trop vrai, et ce fut une des conséquences du coup violent porté aux ultra-révolutionnaires. La contre-révolution tressaillit d'aise à la nouvelle de leur arrestation; partout, dans les prisons, dans les salons, où l'on avait tant applaudi aux numéros du *Vieux Cordelier*, on crut à l'aurore d'un régime nouveau, à la cessation des rigueurs contre les ennemis de la République, à la défaite de la Révolution. Plusieurs membres demandèrent l'impression du discours de Tallien. Mais Robespierre s'y opposa vivement; car il n'avait jamais eu la moindre confiance dans le patriotisme de cet ancien secrétaire de la commune de Paris, récemment revenu de Bordeaux, où on

de Héron fut révoquée, M. Michelet conclut hardiment que la Convention replaça la police armée dans les mains de Robespierre (t. VII, p. 175). Or, comme on l'a vu, Robespierre n'avait aucune espèce de relations avec Héron, lequel était l'agent de confiance du comité de Sûreté générale, dont la plupart des membres étaient fort hostiles à Maximilien. Quel logicien que M. Michelet !

(1) Séance des Jacobins du 28 ventôse an II (18 mars 1794). *Moniteur* du 2 germinal (22 mars 1794).

l'accusait de s'être souillé de sang et de rapines, et d'avoir tra-
fiqué des arrestations et des mises en liberté, sous l'influence
d'une sorte d'aventurière dont il était devenu l'amant. Publier haute-
tement la joie de l'aristocratie paraissait à Maximilien une souveraine imprudence. Sans vouloir affaiblir l'indignation publique à
l'égard de cette faction des *modérés*, vieille comme la Révolution et
chère à l'étranger comme celle des exagérés, parce que l'une et
l'autre tendaient à la ruine de la République, il taxa d'hypocrisie
la joie témoignée par les aristocrates, lesquels pouvaient bien profiter des circonstances actuelles pour calomnier le patriotisme, mais
devaient savoir, selon lui, que la Convention et le comité de Salut
public avaient l'œil ouvert sur toutes les factions criminelles, et
qu'aucune d'elles ne serait épargnée. Hypocrisie ou non, le fait
était bien réel ; il faudra, hélas ! un sacrifice éternellement regrettable pour ôter à l'aristocratie toute illusion. Quand Robespierre
eut cessé de parler, Tallien remonta à la tribune. Avec la bassesse
qui caractérise les gens de son espèce, il se rétracta humblement,
et on l'entendit, non sans étonnement, demander lui-même la question préalable sur la demande d'impression de son discours, ce qui
fut du reste adopté à l'unanimité (1).

Peu après, comme on venait de donner lecture d'une lettre d'Albite, alors en mission dans les départements de l'Ain et du Mont-
Blanc, lettre écrite d'un style farouche, suivant les habitudes de
l'époque, et où ce représentant se félicitait du résultat des mesures
révolutionnaires dans les pays où il exerçait son proconsulat, Robespierre reprit la parole pour définir exactement la situation actuelle. Placée entre les muscadins, les aristocrates, d'une part, et
les hommes perfides prêts à égorger les patriotes sous le masque
d'un patriotisme extravagant de l'autre, la République était exposée à un double danger, également menacée dans son existence si
l'une des deux factions venait à triompher. Toutes deux, en effet,
comptaient au milieu d'elles des émissaires de l'étranger, à qui elles
étaient chères au même titre, puisque l'une et l'autre semblaient
s'acharner contre les citoyens qui, depuis l'origine de la Révolution, n'avaient cessé de combattre les tyrans et les traîtres. « Tous
ces scélérats ligués avec l'étranger, » continuait Maximilien, « comp-
tent pour rien la République ; ce n'est pour eux qu'un objet de rapines. Le peuple n'est à leurs yeux qu'un vil troupeau qu'ils croient
fait pour attacher à leur char et les traîner à l'opulence et à la fortune. A chaque révolution le peuple triomphe, parce qu'il est de-

(1) Voy. *le Moniteur* du 5 germinal (25 mars 1794).

bout et qu'alors ils se cachent ; mais à peine est-il rentré dans ses
foyers que les factieux reparaissent, et aussitôt le peuple est re-
plongé dans le même état de détresse d'où il était sorti. » Hélas ! les
événements n'ont jamais démenti ces paroles tristes et vraies ! S'animant par degrés, l'orateur montra, comme si l'avenir s'ouvrait devant ses yeux, la destinée fatale réservée à notre pays si les successeurs de Brissot n'étaient pas réprimés, si toutes les factions n'é-
taient pas combattues et brisées sans retard : « Attendez-vous aux
plus grands malheurs. Vous verrez les fripons s'introduire dans les
armées, certains fonctionnaires publics se liguer avec eux... La
paix d'aujourd'hui ne sera que passagère, les armées seront battues, les femmes et les enfants égorgés... » — Un mouvement d'horreur se fit ici dans l'assemblée. Mais, défiant qui que ce fût de
démentir ces vérités terribles : Oui, reprit l'orateur, les armées
seront battues si la dernière faction n'est pas anéantie demain. « La
République sera déchirée par lambeaux, Paris sera affamé ; vous
tomberez vous-mêmes sous les coups de vos ennemis, et vous laisserez votre postérité sous le joug de la tyrannie. » Ah ! sombre prophétie, comme Thermidor se chargera de te réaliser ! N'était-ce point la
Terreur blanche tout armée qui apparaissait alors à la pensée de l'orateur, cette terreur sinistre et honteuse dont on ne parle pas assez,
et qui, sans avoir à invoquer la loi suprême du salut de la patrie, a
immolé dix fois plus de victimes que n'en a tué la grande Terreur
révolutionnaire ? N'étaient-ce point les compagnies de Jésus, Tres-
taillon, les hautes cours, les commissions militaires, les cours pré-
votales, qu'il entrevoyait dès lors, toutes ces juridictions arbitraires,
composées d'hommes choisis, et qui furent mille fois moins justes,
moins impartiales, mille fois plus impitoyables — le mot est exact
— que le sanglant tribunal révolutionnaire de 1793?

Il serait difficile de donner une idée des transports causés par le
discours désordonné de Robespierre, dont l'âme était tout émue des
agitations de la patrie. L'image de cette patrie en deuil, la perspective du pays déchiré par les factions, la crainte de voir la République
devenir la proie de l'étranger, de la contre-révolution, cette République qui avait coûté déjà tant de sacrifices, tant d'efforts et tant
de sang, tout cela bouleversait les esprits. Les applaudissements prodigués aux paroles de Robespierre équivalurent, de la part des
membres de la société, à un serment de sauver la République ou de
s'ensevelir sous ses décombres. Ce serment, les vrais jacobins ne
manquèrent pas de le tenir. Un moment l'âme du premier Brutus
sembla s'être répandue dans l'assemblée. On entendit Legendre déclarer que les bons citoyens ne devaient avoir égard ni aux liens du

sang, ni à ceux de l'amitié, quand il s'agissait de frapper les factieux désignés par le comité de Salut public, s'engageant, quant à lui, à livrer au glaive de la justice les personnes auxquelles il était le plus attaché, si elles lui étaient signalées comme des traîtres (1). L'heure n'était pas loin où le stoïcisme du boucher patriote allait être mis à une terrible épreuve.

XXXIII

Une chose essentiellement importante à constater, c'est l'attitude prise par Robespierre en ces graves circonstances, attitude conforme d'ailleurs à sa conduite constante depuis le commencement de la Révolution et qui témoigne à la fois de son désintéressement et de sa haute sagesse. Il n'appartenait à aucune faction, à aucune coterie ; il était du parti de sa conscience, avons-nous dit quelque part dans cet ouvrage. Dieu merci, les avances ne lui avaient manqué ni du côté des hébertistes ni du côté des dantonistes. Il avait repoussé celles des premiers par dégoût, celles des seconds par raison. Si au début du *Vieux Cordelier* il avait paru d'accord avec ceux-ci pour arrêter les extravagances des ultra-révolutionnaires, il n'avait pas tardé à s'en séparer avec éclat du moment où il les avait vus dépasser eux-mêmes le but et servir, involontairement ou non, d'avantgarde à la contre-révolution. Nous avons raconté ses efforts pour les empêcher de se fourvoyer complétement ; ce ne fut qu'en les voyant décidés à rester sourds à tous ses avertissements qu'il se résolut à les combattre.

Mais en même temps qu'il s'élevait avec énergie contre la modération captieuse de ces singuliers *indulgents* qui, se prenant tout à coup de compassion pour les victimes plus ou moins coupables des rigueurs révolutionnaires, poursuivaient sans merci ni pitié leurs adversaires personnels, et de toutes leurs forces les poussaient à l'échafaud, il donnait, lui, l'exemple de la véritable modération. Nous avons parlé tout à l'heure d'une certaine pétition de la section *Bonne-Nouvelle*, tendant à envelopper dans la catégorie des suspects tous les marchands et négociants en général, et nous avons montré comment Robespierre s'était empressé de détourner l'attention de la Convention de cette pétition insidieuse. Peu après, le lendemain même, l'instituteur Léonard Bourdon, autre Thermidorien, vint soumettre aux Jacobins une proposition à peu de chose près aussi ridi-

(1) Voy. *le Moniteur* du 5 germinal an II (25 mars 1794), et le *Journal de la Montagne* du 4 germinal, numéro 131. Nous avons adopté ici la version du *Moniteur*.

cule : il s'agissait de passer au scrutin de la société tous les fonctionnaires publics comme s'ils en étaient membres. A divers titres,
le patriotisme de Léonard Bourdon était, aux yeux de Maximilien,
fort sujet à caution. Ce maître de pension, dévoué aux idées maté-
rialistes, avait joué un rôle important dans la déprêtrisation forcée,
à laquelle avaient été contraints un grand nombre de ministres du
culte, et dans les mascarades qui avaient si gratuitement créé tout
d'un coup des milliers d'ennemis à la Révolution. C'était un des
plus ardents parmi les sectaires de l'intolérance antireligieuse.
Robespierre lui reprochait d'avoir puissamment contribué à propager la doctrine d'Hébert, et d'avoir été à la Convention un des
premiers à avilir l'Assemblée par des formes indécentes, comme d'y
parler le chapeau sur la tête ou d'y siéger avec un costume ridicule.
Il est trop facile en vérité, répéterons-nous, de faire de la popularité à ce prix, aux dépens de sa dignité personnelle. S'il faut en croire
Maximilien, rien n'égalait la bassesse des intrigues mises en œuvre
par l'instituteur Léonard pour augmenter le nombre de ses pensionnaires et s'emparer de l'éducation des élèves de la patrie. (1)

Robespierre flétrit la motion de Bourdon comme une de ces
propositions perfides, déguisées sous une fausse apparence de
patriotisme, et il l'assimila à la pétition présentée la veille à la Convention nationale. La section *Bonne-Nouvelle* avait été, selon lui, victime de l'intrigue et égarée par quelques scélérats, en prétendant,
comme Hébert l'avait soutenu peu de temps auparavant, que tout
commerce était un despotisme, et qu'il ne pouvait y avoir de liberté
là où il y avait du commerce. On ne peut imaginer jusqu'où allait la
folie de certains énergumènes. De ce que l'on voit trop souvent les
marchands et les négociants placer leurs intérêts particuliers avant
l'intérêt général,—et c'est un peu comme cela partout, — ils en con-
cluaient que le commerce était un crime. Il serait donc impossible d'approvisionner Paris et les grandes communes, disait Robespierre. « Si
le marchand est nécessairement un mauvais citoyen, il est évident
que personne ne peut plus vendre; ainsi, cet échange mutuel qui
fait vivre les membres de la société est anéanti, et par conséquent la
société est dissoute... » Maximilien n'était pas bien sûr que Léonard
Bourdon ne fût pas au nombre de ces conjurés qui, profanant le patriotisme par un abus criminel de son langage et de ses principes,
mettaient en avant les propositions les plus propres à susciter un mécontentement général et à empêcher la liberté de pouvoir jamais
s'asseoir sur des bases inébranlables. Sans vouloir s'étendre davan-

(1) Notes de Robespierre sur différents députés à la Convention, insérées sous le
numéro LI à la suite du rapport de Courtois. Voy. *Papiers inédits*, t. II, p. 21.

tage sur l'individu, il demanda et fit adopter la question préalable (1).
Léonard Bourdon se vengera en dirigeant, dans la nuit du 9 au 10
thermidor, le bras de l'assassin qui fracassa d'un coup de pistolet
la mâchoire de Robespierre.

Un peu plus tard, toujours aux Jacobins, dans la séance du
29 ventôse (19 mars 1794), Maximilien donnait une nouvelle preuve
de son esprit d'équité et de modération en défendant hautement et
très-généreusement les signataires des pétitions royalistes des huit
mille et des vingt mille, provoquées l'une par le rassemblement des
fédérés, l'autre par la manifestation girondine du 20 juin 1792. Certains révolutionnaires exaltés, parmi lesquels il faut ranger Anaxagoras Chaumette, récemment arrêté comme complice d'Hébert,
ne cessaient de faire entendre de terribles menaces contre ces malheureux signataires, appartenant pour la plupart aux classes
moyennes, à la petite bourgeoisie, et rangés, on le pense bien, dans
la catégorie de ces suspects du procureur de la commune dont on n'a
pas oublié l'effrayante nomenclature. On ne parlait de rien de moins
que de les livrer à l'échafaud avec les soixante-treize. En couvrant
ces derniers de sa protection, en s'opposant à leur mise en accusation comme à une rigueur inutile, en les sauvant de la mort en un
mot, Robespierre, qui avait beaucoup plus de sensibilité que ne se
l'imaginent même quelques-uns de ses apologistes, avait obéi non
pas seulement à un sentiment de justice, mais aussi à un mouvement
de son cœur. Nul doute que sans lui ces membres du côté droit de
la Convention, parmi lesquels se trouvaient les Daunou, les Saladin,
les Mercier, les Olivier Gérente, n'eussent payé de leurs têtes une
protestation courageuse ; ils ont eux-mêmes parfaitement reconnu
qu'ils lui devaient la vie, et ils lui en ont témoigné leur gratitude
dans des lettres dont nous avons révélé l'existence et cité des extraits.
Mais le danger passé, adieu la reconnaissance ! Les détracteurs de
l'immortel tribun, au nombre desquels on a la douleur de compter
quelques-uns des députés sauvés par lui, les gens en qui l'esprit de
parti étouffe tout sentiment d'impartialité, les écrivains qui ferment
les yeux à l'évidence, qui s'obstinent à ne point avouer que Robespierre
ne sortit jamais sciemment des bornes de la raison et de la justice,
qui se plaisent à dénaturer tous ses actes, prétendent qu'en protégeant de son influence ces alliés de la Gironde, il avait pour but de se
ménager l'appui du côté droit ; c'est ce qu'a écrit le maniaque Sébas-
tien Mercier, de la même plume dont il avait assuré Maximilien de sa

_____

(1) Séance du 26 ventôse (16 mars 1794) aux Jacobins. Voyez *le Moniteur* du
30 ventôse.

profonde gratitude(1). On est véritablement navré de ce que le cœur humain renferme de lâchetés.

Mais ces huit mille, ces vingt mille malheureux signataires recherchés par les pourvoyeurs de la guillotine, s'il les couvrit de sa protection, ce ne fut assurément ni par calcul ni par tactique parlementaire. Or, comme il était difficile de donner le change sur cet acte si honorable, les écrivains hostiles à Robespierre ont trouvé plus commode de n'en pas parler. Et certes on ne dira pas qu'un certain acharnement ne fut pas apporté contre ces pétitionnaires, dont les signatures, pour la plupart au moins, avaient été surprises par des agents de contre-révolution. La liste en ayant été égarée, les recherches les plus minutieuses furent prescrites par la commune. L'honneur de la découverte revint à la section des *Gravilliers*. La minute s'était retrouvée au secrétariat de la section de la *Fontaine de Grenelle*. Un membre de la commune s'empressa d'annoncer cette bonne nouvelle au conseil général, et sur-le-champ on vota l'impression de cette liste ; des commissaires furent même nommés pour la collationner sur la minute (2), tant on attachait d'importance à connaître exactement les noms et les adresses des signataires. Un des officiers municipaux qui avaient été chargés de rechercher cette liste, demanda la parole aux Jacobins dans la séance du 29 ventôse (19 mars 1794), pour entretenir la société de cet objet. Ce n'était pas la première fois qu'on cherchait à attirer l'attention de la société sur les pétitions des huit mille et des vingt mille. Robespierre présenta sur-le-champ une motion d'ordre. Il se plaignit qu'on vînt toujours parler de ces pétitions quand on se trouvait dans des circonstances difficiles. C'était là, selon lui, un des manéges de Chaumette dans les moments d'orage, comme si le procureur de la commune eût voulu rejeter sur les signataires la responsabilité des désordres qui se préparaient, et profiter de l'occasion pour les désigner aux vengeances révolutionnaires ; c'était là une de ces mesures insidieuses propres à mécontenter inutilement la population, à jeter l'effroi et la désolation au cœur des familles. Il adjura la société de laisser de côté cet objet particulier, et de donner toute son attention aux dangers actuels, à la conjuration de l'étranger. Sa motion fut adoptée (3). Désormais il ne sera plus question de ces pétitions fameuses des huit mille et des vingt mille dont les signataires, tirés par Robespierre d'un assez mauvais pas, ne défendront pas la mémoire de celui qui

(1) Voy. le *Nouveau Tableau de Paris*.

(2) Séance du Conseil général de la Commune du 2 pluviôse (21 janv. 1794). *Moniteur* du 5 pluviôse.

(3) Voy. *le Moniteur* du 4 germinal (24 mars 1794).

en cette circonstance épineuse leur prêta un secours si utile et si
désintéressé.

Le 1er germinal (21 mars 1794), premier jour du printemps, commença le procès des hébertistes. Il n'entre pas dans le cadre de cet
ouvrage de nous en occuper. Disons seulement que, comme la plupart des procès politiques, il fut une parodie de la jutice, comme
le sera bientôt celui des dantonistes eux-mêmes qui, si près de leur
fin, triomphaient orgueilleusement et cruellement aujourd'hui. Avec
Hébert, Ronsin, Vincent, Momoro et autres furent confondus des
hommes dont les uns, comme de Kock le Hollandais et Cloots le Prussien, se rapprochaient d'eux par certaines exagérations, par leur intolérance antireligieuse, dont les autres, comme Proly, Péreyra et
Dubuisson, paraissaient appartenir à une tout autre faction. A l'exception de quelques intrigants peu dignes d'intérêt, la plupart des
accusés avaient rendu à la Révolution des services que leurs erreurs
ne pouvaient effacer, et au souvenir desquels on eût dû peut-être se
relâcher de la rigueur des principes.

Le procès dura quatre jours à peine; il était achevé dans la
matinée du 4 germinal. Tous les accusés furent condamnés à l'exception du médecin Laboureau, acquitté non point, comme on l'a
dit, parce qu'il avait servi de mouchard, mais bien parce qu'il ne fut
produit contre lui aucune espèce de charge quelconque (1). A la
nouvelle de ce résultat funèbre, tout ce que Paris comptait de modérés, d'aristocrates, de contre-révolutionnaires plus ou moins déguisés, ne put contenir sa joie. Ce fut une ivresse insensée. La ville
était comme en fête. Le *Rougyff*, journal de cet exécrable Guffroy,
plus odieux encore qu'Hébert, contenait précisément ce jour-là une
complainte d'un nommé Dussault sur le procès d'Hébert :

> Ciel! il étoit si patriote,
> Il faisoit des discours si beaux !
> Pourquoi siffle-t-il la linotte,
> Le fameux marchand de fourneaux (2)?

On s'en allait par les rues, inondées d'une foule immense, répétant
cette complainte où l'insulte était si lâchement prodiguée aux con-

---

(1) La note trouvée dans les papiers de Robespierre, et où Laboureau rend compte
de ce qu'il a vu et entendu depuis sa détention, est évidemment postérieure au procès, puisqu'il y déclare n'avoir vu pour la première fois une partie des accusés qu'au
tribunal. S'il avait été englobé dans l'affaire uniquement pour donner au comité de
Salut public des renseignements sur les communications qu'auraient pu se faire les
accusés entre eux, on aurait au moins pris la précaution de le mettre en rapport avec
chacun d'eux. (Voy. cette note dans l'*Histoire parlementaire*, t. XXXII, p. 54.)

(2) *Rougyff, ou le Frank en vedette*, numéro 89, du 4 germinal (24 mars 1794).

damnés. Deux jours après, Guffroy écrivait en cinq mots l'oraison funèbre des hébertistes : « Haro donc! drelin et crack... (1)» Un ami de *Rougyff*, Camille Desmoulins, le tendre Camille, comme disent ses apologistes maladroits, Camille, qui pouvait à bon droit revendiquer une si bonne part de coopération dans la défaite d'Hébert, célébra sa victoire de la façon la plus indécente, s'il faut en croire le libraire Prudhomme. Ayant dans la journée rencontré sur le pont Neuf l'ancien éditeur des *Révolutions de Paris* en sortant de la mairie où il était allé s'assurer que l'exécution aurait lieu le jour même, il lui parla d'un bon tour dont il avait eu l'idée pour animer le peuple contre les condamnés (2). Ce bon tour, c'était de faire porter devant les charrettes les fourneaux du *Père Duchesne*. Quelle excellente plaisanterie! Il y avait certes dans cette gaminerie quelque chose de révoltant; et malheureusement, le caractère léger de Camille n'est peut-être pas de nature à démentir ici l'allégation du très-peu véridique Prudhomme.

L'exécution eut lieu vers cinq heures sur la place de la Révolution, où la foule se pressait impatiente et joyeuse. Le bourreau lui-même était aux anges, c'était le royaliste Samson. Par un raffinement inouï de bassesse et de cruauté, il suspendit trois fois sur la tête d'Hébert le couperet sanglant avant de le laisser tomber, et cela aux applaudissements d'une multitude dont la joie s'épanchait en railleries et en quolibets de toute nature. Quelle ne dut pas être l'anxiété de Robespierre à la nouvelle de cette explosion d'allégresse! Mais que dis-je? cette anxiété, ne l'avait-il pas exprimée aux Jacobins dans la séance du 1er germinal, lorsque dans son réquisitoire contre la faction opposée à celle d'Hébert il avait parlé de ces patriotes lyonnais, de ces amis de Chalier et de Gaillard, qui en présence de l'attitude insultante et victorieuse des contre-révolutionnaires semblaient prêts à invoquer le remède de Caton (3)? L'enthousiasme immodéré de tous les ennemis de la Révolution rendit certainement les patriotes plus inflexibles envers les indulgents. Ce ne fut pas un des moindres malheurs du supplice des hébertistes que d'avoir, par une dure logique, amené celui des dantonistes. « Le parti qui nous envoie à la mort y marchera à son tour, et ce ne sera pas long, » s'était écrié Ronsin (4). Les dantonistes allaient payer cher leur joie cruelle. En effet, en croyant fêter leur triomphe, ils saluaient d'avance leurs propres funérailles.

(1) *Rougyff, ou le Frank en vedette*, numéro 90, du 6 germinal (26 mars 1794).
(2) Prud'homme. Voy. son *Histoire générale et impartiale des crimes et erreurs*.
(3) *Moniteur* du 5 germinal (25 mars 1794).
(4) Note de Labour:au (*ubi suprà*).

LIVRE QUATORZIÈME

VENTOSE AN II (MARS 1794) — MESSIDOR AN II (JUILLET 1794)

I

La tactique des ennemis de Robespierre, c'est-à-dire des ennemis de la Révolution, a été de le rendre responsable de tous les coups frappés à tort ou à raison par le gouvernement révolutionnaire. Nous trouvons dans les appréciations diverses auxquelles a donné lieu l'arrestation de Hérault-Séchelles un exemple bien remar-quable de cette perfidie. L'auteur d'une biographie de Hérault va même jusqu'à attribuer la mort de ce dernier à la jalousie qu'aurait conçue Robespierre de l'avoir vu présider la Convention nationale le 10 août 1793, jour de la fête d'inauguration de la constitution ré-publicaine (1). Impossible de plonger plus profondément dans l'ab-surde. Magistrat de l'ancien régime, Hérault-Séchelles avait long-temps flotté incertain entre la Gironde et la Montagne avant de se donner tout entier à celle-ci. Nommé membre du comité de Salut public, il s'était lié d'amitié avec Saint-Just et avec Couthon, et il trouva dans ce dernier un défenseur dévoué lorsque, dantoniste atta-qué par un pseudo-dantoniste, il fut, pendant sa mission à l'armée du Rhin, l'objet d'une violente agression de la part de Bourdon (de l'Oise) (2). A son retour, Hérault se défendit lui-même avec succès à

(1) *Biographie universelle* (nouvelle édition). Cet article, qui a remplacé l'ancien article, œuvre du comte Beugnot, est signé d'un *Z*. L'auteur a cru devoir garder l'ano-nyme.

(2) Voici en quels termes s'exprima Bourdon : « Je dénonce le ci-devant avocat général, le ci-devant noble Hérault Séchelles, membre du comité de Salut public, et maintenant commissaire à l'armée du Rhin, pour ses liaisons avec Péreyra, Dubuisson et Proly. » (Séance de la Convention du 26 frimaire (16 décembre 1793) *Moniteur* du 28 frimaire. *Vide suprà*. Le précédent biographe de Hérault, dans la *Biographie univer-selle*, a écrit : « Robespierre *permit* que Hérault fût défendu par Couthon. Le moment de le perdre n'était pas encore arrivé. » Le véridique comte Beugnot aurait bien dû nous dire qui lui a fourni ses renseignements.

la tribune de la Convention ; il expliqua ses liaisons avec Proly, liaisons qui, hélas! devaient tant contribuer à le perdre, fit un pompeux éloge du patriotisme de Danton, duquel on avait vainement, dit-il, essayé de le détacher, et finit par offrir sa démission de membre du comité de Salut public. La Convention applaudit à sa justification et refusa d'accepter sa démission (1).

Du reste, dans sa mission en Alsace, Hérault-Séchelles avait eu soin de donner des gages au parti le plus avancé de la Révolution. L'hébertisme avait trouvé dans lui et dans son collègue Simond, ex-vicaire constitutionnel de l'évêque du Bas-Rhin, de complaisants apôtres. Hérault en avait pris les allures et le langage. « Oui, f.....! » écrivait-il de Colmar le 28 brumaire, « entre nous, l'aristocratie s'en ira par haut et par bas (2). » Il existe de lui une lettre véritablement atroce adressée à Carrier, avec lequel il paraît avoir été en relations assez intimes. Ce ne fut donc point une modération d'apparat qui le désigna aux soupçons du comité de Salut public. Mais tout à coup on apprit la divulgation de certains secrets du comité ; d'importants papiers avaient été traîtreusement livrés à la connaissance des cours étrangères. Formellement accusé de trahison par Billaud-Varenne, Hérault se trouva surtout compromis par ses liaisons avec le bâtard du prince de Kaunitz, l'Autrichien Proly, par l'entremise duquel, prétendait-on, il transmettait à Vienne le secret des opérations du comité de Salut public (3). Une dernière imprudence aggrava les soupçons et acheva de le perdre. Un ancien commissaire des guerres, nommé Catus, poursuivi comme émigré et comme conspirateur, fut arrêté dans son appartement par le comité révolutionnaire de la section Lepeletier. Donner asile à un émigré, c'était se mettre sous le coup de la loi du 4 ventôse. Comme s'il ne se fût pas assez compromis, Hérault se rendit, avec son collègue Simond, également lié avec Catus, au siège du comité de la section Lepeletier, et tous deux abusèrent de leur qualité de députés pour essayer d'obtenir l'élargissement du prévenu.

Instruits de ces faits, les comités de Salut public et de Sûreté générale n'hésitèrent pas à lancer un double mandat d'arrêt contre Hérault et contre Simond, et à instruire la Convention nationale des

(1) Séance du 9 nivôse (29 décembre 1793). *Moniteur* du 10 nivôse. Le même comte Beugnot assure que pendant qu'Hérault se justifiait, *Robespierre lui lançait des regards farouches*. Ce n'est pas sans raison que l'ex-conseiller d'État impérial, devenu directeur général de la police du royaume sous Louis XVIII, a passé pour l'un des hommes les plus spirituels de son temps.

(2) Voy. *Papiers inédits*, t. II, p. 189.

(3) Notes de Robespierre pour le rapport de Saint-Just, p. 27.

motifs de cette arrestation (1). La Convention, dit Saint-Just, devait
s'honorer en faisant respecter ses décrets par ses membres avec la
même rigueur dont elle userait envers tout autre citoyen, et l'Assemblée, dans sa séance du 27 ventôse (12 mars 1794), décréta d'arrestation les deux députés (2). On voit combien Robespierre fut
étranger à toute cette affaire. Cela n'a pas empêché la plupart des
biographes de Hérault-Séchelles de le présenter comme une des
victimes de Maximilien (3), tant il y a eu jusqu'ici de préventions
et, il faut bien le dire, peu de bonne foi parmi ceux qui se sont occupés des hommes et des choses de la Révolution française. La
brusque arrestation de Hérault tempéra singulièrement la joie que
les dantonistes avaient ressentie de celle d'Hébert et de ses compagnons. Ne devaient-ils pas trembler pour eux-mêmes en voyant la
Convention porter ainsi la main, avec une sorte de stoïcisme, sur
ses propres membres? Vainqueurs de l'hébertisme, ils se trompaient
étrangement s'ils se croyaient abrités par leur victoire. Cette victoire même les perdit, et, je le répète, ce n'est pas une des moins
douloureuses conséquences du supplice des exagérés. L'échafaud
d'Hébert présageait, hélas! celui de Camille Desmoulins et de
Danton.

II

Danton! à ce nom retentissant, inscrit en lettres éternelles dans
les fastes de notre Révolution, n'attendez de moi ni outrage ni sévérité excessive. Je n'imiterai pas ces historiens au moins bizarres
qui, s'éprenant de belle passion pour tel ou tel personnage, croient
devoir immoler tout sans pitié aux mânes de leur idole, sans autre
raison qu'une sympathie bien peu justifiée souvent. J'admets très-
bien les préférences pour celui-ci ou pour celui-là, mais ces préférences ne sauraient être exclusives de l'impartialité. Il est donc impossible de s'incliner devant ces jugements téméraires, inspirés par

(1) Le mandat contre Simond est signé : Collot d'Herbois, Prieur, Vadier, Voulland, Louis (du Bas-Rhin), Carnot, Jagot, Barère, Amar et Billaud-Varenne; celui
contre Hérault porte les signatures de Barère, Dubarran, Carnot, Collot d'Herbois, Voulland, Couthon, Jagot, Robespierre, David, Billaud-Varenne, Saint-Just. (Pièces à la
suite du rapport de Saladin, p. 242, 244.)

(2) *Moniteur* du 29 ventôse an II (14 mars 1794).

(3) *Biographie universelle* (ancienne et nouvelle édition). Ce n'était vraiment pas
la peine de remplacer l'article de M. Beugnot. Il n'est pas jusqu'à M. Michelet qui
ne nous montre Hérault *expédié* par Robespierre. (*Histoire de la Révolution*, t. VII,
p. 178.)

un caprice d'affection, et dont les motifs ne s'appuient pas sur des
témoignages certains et irrécusables. On doit aux morts la justice,
la justice rigoureuse, laquelle d'ailleurs n'empêche ni la pitié ni les
larmes de se répandre sur les victimes.

Les efforts n'ont pas manqué pour sacrifier la mémoire de Robespierre à celle de Danton. Et pourquoi sacrifier celui-là à celui-ci?
C'est ce que se demandent, frappés d'étonnement, ceux qui raison-
nent avant tout au point de vue des idées et des principes démocratiques. Tout d'abord, il y a un fait important à signaler : les hébertistes, les girondins et les dantonistes, voire même les royalistes,
s'étant donné la main sur le champ de bataille de Thermidor, — si
l'on peut appeler bataille un véritable guet-apens, — il s'ensuivit
qu'une sorte de réaction s'opéra tout de suite en faveur de Danton.
Tandis que les factions réunies s'acharnaient contre Robespierre et
s'ingéniaient à faire de lui le bouc émissaire de la Révolution,
— comme si, selon une expression bien curieuse et digne d'être rete-
nue, sa tombe se fût trouvée assez large pour qu'on y déversât
toutes les haines (1) — tandis que, sous peine de mort en quelque
sorte, il était interdit à tout citoyen de prononcer avec éloge le nom
du géant tombé, Danton trouva des apologistes empressés. Le
chœur immonde des Courtois, des Fréron, des Tallien, des Guffroy, entonna ses louanges. Vivant ou mort, il eut le malheur d'avoir
les plus décriés, les plus méprisables des hommes pour prôneurs et
pour amis. On ne se souvint plus qu'il avait été le porte-voix de la
Terreur, que le tribunal révolutionnaire avait été établi sur sa
demande, et l'on vanta son humanité, comme on fait encore aujour-
d'hui. On oublia ses vices, que dis-je! on alla jusqu'à lui en faire
un mérite. « Ses principes étaient incendiaires, ses discours violents
jusqu'à la fureur, mais il avait dans la vie privée un caractère
facile, une morale très-relâchée et le propos cynique, » a écrit de
lui un de ces représentants qui, après avoir longtemps croupi dans
le *Marais* et s'être abrités dans un silence prudent, se sont vengés
de leur lâcheté en calomniant après coup les plus purs défenseurs
de la Révolution (2).

Danton était donc, du propre aveu de ses quasi-admirateurs, un
cynique dans toute l'acception du mot. Il disait un jour à Robespierre, qui se plaignait du système de calomnies développé dans
tous les papiers publiés par Roland et par les brissotins : « L'opinion

(1) *Réponse des membres des deux anciens comités à l'accusation de Laurent Lecointre*, p. 59.
(2) Mémoires de Thibaudeau, t. I, ch. v.

publique est une p....., la postérité une sottise (1). » Le mot de vertu le faisait rire. Il n'y en avait pas de plus solide, s'écriait-il plaisamment, que celle qu'il déployait toutes les nuits avec sa femme (2). Un jour, se trouvant seul dans une des allées de son jardin de Sèvres avec Élisabeth Duplay, alors convalescente, et que madame Panis, chez qui elle était à la campagne, à Châville, avait emmenée en visite, il lui prit grossièrement la taille et l'embrassa en lui disant : « Ma petite, ce qu'il te faut pour être guérie promptement, c'est un mari (3). » Je n'attache pas grande importance à ce trait, mais il peint l'homme. Danton, je le maintiens, était un cynique, en paroles au moins. Et, chose étrange, cela même lui fait trouver grâce aux yeux de certaines gens qu'ennuie l'austérité de mœurs de Robespierre.

Qu'il ait été sensible..., à ses heures, je le veux bien ; cependant, quand je vois qu'on oppose sa bonhomie et sa sensibilité à la rudesse et à l'inflexibilité de Maximilien, je ne puis m'empêcher de sourire d'incrédulité. Si le premier s'émut d'une profonde pitié en face des malheurs particuliers de quelques-uns de ses amis, le second ne cessa de gémir sur les persécutions inutiles, sur le sort des victimes innocentes, et, pour arrêter les excès de la Terreur sans compromettre la Révolution, il risqua et perdit sa tête. Les témoignages particuliers qui attestent sa sensibilité naturelle ne manquent pas. Si, comme Danton et tant d'autres révolutionnaires du temps, il fut poussé par la force des choses à l'emploi des mesures extrêmes, il n'en demeura pas moins; au dire de ses amis et de tous ceux qui eurent l'occasion de l'approcher, le meilleur et le plus dévoué des hommes (4).

Comme preuve des élans de tendresse et d'humanité de Danton, l'on raconte que, quelques jours après la mort de sa première femme, il fit, dans l'ivresse de la douleur, exhumer son cadavre, qu'il le serra étroitement dans ses bras et le couvrit de baisers. En acceptant la chose comme possible, en supposant que Danton n'ait pas reculé devant les restes putréfiés et livides de celle qu'il avait aimée dans sa fraîcheur et dans sa beauté, je me sens moins touché quand je songe que quelques mois plus tard il se remariait avec une

(1) Notes fournies par Robespierre à Saint-Just pour son rapport sur les dantonistes, p. 10. Il me paraît impossible de révoquer en doute la véracité de Robespierre.

(2) *Ibid.*

(3) Manuscrit de Mme Le Bas.

(4) Mémoires de Charlotte Robespierre; Manuscrit de Mme Le Bas ; Confidences de Souberbielle. On peut invoquer aussi le témoignage des innombrables lettres particulières à lui adressées. Voyez également la Notice de Buonaroti sur Maximilien.

toute jeune fille dont il était éperdument amoureux. Or, des larmes
si vite séchées, une douleur si promptement consolée, ne me paraissent guère sérieuses, et l'on est tenté de trouver un peu ridicule
cette scène d'exhumation et d'embrassement suprême, scène presque sublime aux yeux de quelques personnes. On doit se méfier des
légendes, comme on doit également se méfier d'une foule de
phrases stéréotypées dont les historiens ont fait beaucoup trop d'a-
bus. Qui ne connaît ces paroles attribuées à Danton : « Assez de sang
versé comme cela... » « J'aime mieux être guillotiné que guillotineur !... » Les a-t-il prononcées ? C'est possible ; mais alors il faudrait
aussi admettre celles-ci : « Buvons le sang des aristocrates ; » il faudrait admettre encore qu'en parlant des massacres de Septembre, il se
soit écrié : « J'ai regardé mon crime en face, et je l'ai commis ; » et
alors je ne vois pas trop ce qu'aurait à y gagner cette réputation de
sensibilité qu'on prétend lui faire aux dépens de Robespierre. Loin
de moi d'ailleurs la pensée de présenter Danton comme un homme
cruel. Ni lui ni Maximilien n'eurent les instincts sanguinaires que
leur ont calomnieusement prêtés les historiens royalistes et girondins. Laissons à ces écrivains le triste monopole des mensonges
historiques ; qu'ils continuent d'altérer la vérité au profit des rancunes de leurs partis ; mais nous que le sentiment du devoir élève
au-dessus des passions mesquines, défendons comme un patrimoine
sacré la mémoire des grands hommes de la Révolution ; oui, défendons résolûment les fondateurs de la République, sans excuser
pour cela leurs faiblesses ou leurs erreurs.

Un double reproche de corruption pèse sur la mémoire de Danton : il est accusé, en premier lieu, d'avoir reçu de l'argent de la cour ;
en second lieu, de s'être rendu coupable de concussions nombreuses lors de sa mission en Belgique auprès de Dumouriez, et de
s'être approprié des sommes considérables au détriment de l'État.
Danton aimait la vie facile et luxueuse, la bonne chère et le plaisir ;
il menait une assez grande existence, avait maison de ville et de
campagne. Or, on ne lui connaissait pas de patrimoine ; sa seconde
femme ne lui avait pas apporté de fortune ; de là ce mot terrible de
Saint-Just : « D'où vient ce faste qui t'entoure (1) ? » Et ce fut précisément le point par où il parut vulnérable et criminel à un homme
rigide comme Maximilien.

A-t-il prévariqué dans sa mission en Belgique ? Sur ce point il y
a doute, et le doute doit être interprété tout en sa faveur ;
autrement je n'hésiterais pas à m'incliner devant la condamnation

(1) Voyez le rapport de Saint-Just.

qui a frappé l'illustre tribun. Qu'un général rançonne, en passant, les villes occupées par lui, cela, il n'y a pas bien longtemps encore, paraissait admis dans l'horrible droit de la guerre, et nous avons vu, sans que l'opinion publique s'en soit beaucoup émue, figurer dans l'héritage de plus d'un officier du premier Empire des objets d'art équivalant à toute une fortune et dont la légitime possession pouvait être fort discutée; mais un législateur, un commissaire d'une assemblée constituante, qui prélèverait la moindre redevance sur les habitants d'un pays où il aurait à exercer un proconsulat, commettrait un crime indigne d'indulgence et de pardon. S'il faut s'en rapporter à Mme Le Bas, les Thermidoriens se seraient emparés, chez son père, de pièces importantes où se trouvaient les preuves irrécusables des prévarications commises par Danton et par Lacroix (1). Que les vainqueurs de Thermidor aient volé tous les papiers de leurs victimes, cela est certain, indubitable; ce qui l'est moins, c'est que les preuves des détournements de Lacroix et de Danton figurent parmi ces papiers. Comment, en effet, ne les aurait-on pas produites dans leur procès? Et si l'on n'en avait eu connaissance que postérieurement au procès, comment ne se serait-on pas empressé de les mettre sous les yeux du public, afin de justifier une condamnation inique aux yeux de beaucoup de monde? Mme Le Bas aura peut-être pris — c'est une pure supposition de ma part — pour des preuves convaincantes une lettre, assez compromettante d'ailleurs, des administrateurs du district de Béthune, lettre où il est question de fourgons chargés d'effets à l'adresse de Lacroix et de Danton (2). Ce qui est certain, c'est que, à tort ou à raison, on

(1) Note manuscrite de Mme Le Bas.
(2) Voici cette lettre, complétement inédite, croyons-nous, et qu'il nous paraît indispensable de mettre sous les yeux des lecteurs; elle est adressée à Danton : « Béthune, 12 avril 1793, an II de la République française. — Citoyen, il y a huit jours que l'on a arrêté à Béthune deux voitures chargées de caissons à votre adresse et à celle du citoyen Delacroix. Dans l'incertitude que ces objets soient bien adressés, parce qu'ils arrivoient directement de la Belgique dans le moment où le bouleversement de l'armée occasionné par la trahison de Dumouriez jettoit sur nos limites des hommes et des effets que dans un tel moment de crise on devoit surveiller comme suspects, n'étant pas d'ailleurs dans la route de leur destination pour Paris, la municipalité a fait une visite de ces effets; nous avons fait un arrêté qui confirme son acte de prudence, et nous avons écrit aussitôt au président de la Convention pour avoir des éclaircissemens d'après les renseignemens qu'ils auront fait prendre de vous, citoyen député, et nous n'avons pas de réponse. Nous vous prions de nous assurer si ces objets vous appartiennent.
« Le directoire du district de Béthune, Leroulx, *président*; Brehon, J. F. Hullin, Delarue. »
Maintenant, à côté de cette lettre qu'on ne put produire au procès, il faut placer le

a cru, à l'époque, que l'un et l'autre avaient employé à leur usage particulier une partie des cent mille livres en numéraire qu'ils avaient demandées pour dépenses secrètes et qui leur avaient été délivrées par le ministre Lebrun (1). Quoi qu'il en soit, il n'y a rien là de clair, de précis, d'affirmatif, et il serait téméraire d'asseoir une accusation sur des données aussi vagues.

Mais où le doute n'est malheureusement guère possible, c'est sur la question de savoir si Danton a reçu de l'argent de la cour. Ici il y a un tel concours de témoignages que, pour persister à nous le présenter comme tout à fait innocent à cet égard, il faut une bonne volonté infinie. En vain objecte-t-on la modicité de sa fortune, consistant en quelques biens acquis à Arcis-sur-Aube des fonds provenant du remboursement de sa charge d'avocat au conseil; est-ce que précisément on ne lui reprochait pas un faste peu en rapport avec sa position de fortune? est-ce qu'on ne voit pas des gens mourir pauvres après avoir gaspillé des sommes énormes? On nous montre victorieusement la quittance du prix de remboursement de sa charge; mais cela prouve-t-il qu'il

passage suivant des Mémoires du représentant Levasseur, lesquels ne sont point l'œuvre d'Achille Roche, comme l'ont prétendu certaines personnes intéressées, M. Jean Reynaud entre autres, mais bien l'œuvre de Levasseur lui-même, ainsi que l'a prouvé péremptoirement d'ailleurs le jugement rendu contre l'éditeur de ces Mémoires : « La probité de Danton n'était point intacte; je vais ici en donner une seule preuve. Je reçus au comité de correspondance une lettre des administrateurs du district de Béthune qui nous annonçait le passage de *trois* voitures chargées d'effets venant de la Belgique et adressées à Danton et à Lacroix. L'administration les avait arrêtées, parce que les voituriers n'avaient ni lettres de voiture ni passe-ports. Je renvoyai cette lettre au comité de Défense générale sans la lire à la tribune, ainsi que j'y étais autorisé par un décret, dans la crainte de faire naître une discussion scandaleuse. Je me doutais dès lors que ces voitures recélaient le résultat des malversations de nos deux collègues. J'en acquis la preuve dans la suite. Quelques jours avant le décret d'accusation porté contre Danton, Saint-Just vint me demander la lettre dont j'ai parlé et dont il avait appris l'existence à Béthune même. Nous nous transportâmes, pour en chercher les traces, au bureau de l'ancien comité de Défense générale. Nous trouvâmes bien la date du reçu et le numéro de la pièce, mais la pièce elle-même avait disparu. Le secrétaire Petit, interrogé, nous apprit qu'il l'avait remise au citoyen Danton, qui l'avait demandée pour la communiquer au président, sous promesse de la rapporter. Le président Guyton-Morveau se rappelait bien le même fait, mais il n'avait point vu la lettre en question. Danton lui avait seulement demandé un laisser-passer pour ses malles et celles de Lacroix, arrêtées, disait-il, à Béthune. — Ces bons administrateurs, ajoutait-il, croient sans doute que les représentants voyagent, comme des garçons perruquiers, avec leur bagage dans un chausson. Morveau avait donné sans hésiter le laisser-passer. Ainsi avaient été dérobées à nos yeux les traces d'une de ces malversations qui, pour n'avoir pas été aussi fréquentes qu'on affecte de le dire, ne se sont pas moins quelquefois rencontrées dans le cours de nos orages... » (*Mémoires de Levasseur (de la Sarthe)*, t. III, p. 75.)

(1) Au sujet des cent mille livres délivrées à Danton et à Lacroix par le ministre Lebrun, voyez la déposition de Cambon dans le procès des dantonistes.

n'ait pas reçu de la cour un supplément de prix? Je me demande, par exemple, quel intérêt avait Mirabeau, dans une lettre toute confidentielle, à accuser Danton? Robespierre ne se trompait donc peut-être pas de beaucoup, quoi qu'on en dise, lorsqu'il écrivait au sujet de Danton : « Il eut à Mirabeau une obligation bien remarquable : celui-ci lui fit rembourser sa charge d'avocat au conseil; on assure même que le prix lui en a été payé deux fois... Les amis de Mirabeau se vantaient hautement d'avoir fermé la bouche à Danton, et tant qu'a vécu ce personnage, Danton resta muet (1). » Or, étrange coïncidence, voici Mirabeau lui-même qui semble se lever de sa tombe pour attester la vénalité de Danton. En effet, dans une des lettres adressées au comte de La Marck par l'immortel orateur, lettres, à coup sûr, non destinées à la publicité et révélées pour la première fois plus de soixante ans après la mort de leur auteur, nous lisons, à la date du 10 mars 1791 : « Beaumetz, Chapelier et d'André ont dîné hier *in secretis*, reçu les confidences de Danton, etc. Danton a reçu hier trente mille livres, et j'ai la preuve que c'est Danton qui a fait faire le dernier numéro de Camille Desmoulins. Enfin, c'est un bois (2)! » Comme on le voit, il ne s'agit pas ici d'un blâme infligé par Mirabeau, vendu lui-même, à Danton également vendu; non, le premier se plaint tout simplement de ce que la cour paye un homme qu'il accuse d'avoir suggéré à Camille Desmoulins l'idée de l'attaquer, lui Mirabeau, dans un numéro des *Révolutions de France et de Brabant*, et il se contente de flétrir la duplicité de Danton en disant : « Enfin, c'est un bois (3)! »

En conséquence, que Danton ait touché plus ou moins de la cour, qu'il ait reçu des sommes considérables pour l'époque, soit à titre gracieux, soit à titre de supplément de remboursement de sa charge, le fait probable, hélas! c'est qu'il a eu, comme Mirabeau, les mains tachées des largesses d'une cour qui, on le sait, essaya de pratiquer en grand la corruption sur les hommes de la Révolution. Maintenant, que Danton ait eu un marché avec la cour sans que rien ait

(1) Notes fournies à Saint-Just par Robespierre, p. 5 et 6.

(2) *Correspondance entre le comte de Mirabeau et le comte de La Marck*, publiée par M. A. de Bacourt, t. III, p. 82. — Je ne parle pas, bien entendu, des calomnies ineptes de Mme Roland dans ses Mémoires. (Voy. t. II de l'édit. Barrière et Berville.)

(3) Le docteur Robinet, qui calomnie Robespierre avec autant de passion qu'il défend Danton, dit avec raison que Mirabeau ne prouve pas que ces 30,000 fr. aient été donnés; mais il ne prouve pas, lui, le contraire. Voyez son *Mémoire sur la vie privée de Danton*. Or Mirabeau, pour toutes sortes de raisons, devait être très-bien informé; et encore une fois je me demande quel intérêt il avait à calomnier Danton dans une lettre toute confidentielle et qu'assurément il ne croyait pas devoir être un jour livrée à la publicité.

été délivré de sa part, comme le prétend Garat (1), cela peut être ;
mais pour moi, qui n'admets point que la morale soit plus large
dans les affaires publiques que dans les affaires privées, je ne
saurais absoudre complétement Danton. On a dit de lui qu'il avait
été le Mirabeau de la Terreur (2) ; cette comparaison ne manque
pas de justesse sous tous les rapports. La postérité n'oubliera pas
la participation glorieuse de ces deux grands hommes aux choses
de la Révolution. Seulement elle saura établir une différence profonde entre les révolutionnaires de tempérament et ceux dont le
sentiment de l'honnêteté, la passion de la justice et de l'équité ont
seuls dirigé tous les actes ; et, à ce propos, je répondrai à ceux qui
sans cesse et de parti pris attaquent Robespierre, le sacrifient aveuglément à Mirabeau ou à Danton, que, réhabilitation pour réhabilitation, il vaut mieux, soit dit pour Mirabeau surtout, défendre la
mémoire des incorruptibles que de réhabiliter celle des corrompus.

III

Danton était surtout un révolutionnaire de tempérament ; je ne
crois pas qu'il ait eu jamais de principes bien arrêtés. A l'origine
de la Révolution on l'avait vu flotter irrésolu entre Mirabeau et le
duc d'Orléans. Un jour même, se trouvant à dîner avec Robespierre, il reprocha à celui-ci de gâter la bonne cause en s'écartant
de la voie où s'étaient engagés Barnave et les Lameth, qui alors
commençaient à déserter le parti démocratique (3). Ce qu'il y a de
bien sûr, c'est que tandis que Robespierre combattait de toutes ses
forces la candidature du duc d'Orléans, Danton l'appuyait résolûment en disant que la nomination d'un prince du sang rendrait la
Convention nationale plus imposante aux yeux de l'Europe (4). Une

(1) Mémoires de Garat.
(2) Mémoires de Thibaudeau, t. I.
(3) Notes fournies à Saint-Just par Robespierre. — Dans sa défense, Danton a nié le
fait en ces termes : « J'ai dit à un patriote rigide, dans un repas, qu'il compromettait
la bonne cause en s'écartant du chemin où marchaient Barnave et Lameth qui aban-
donnaient le parti populaire. Je soutiens le fait de toute fausseté. » (Procès des dantonistes.) Peut-être, si Saint-Just eût nommé Robespierre, la mémoire de Danton l'eût-
elle mieux servi.
(4) *Ibid.*, p. 11. — La réponse de Danton sur ce point est évidemment tronquée ;
on lui fait dire : « Le fait est faux, il n'a d'importance que celle qu'on a voulu lui donner. Je vais rétablir le fait dans son intégrité. Robespierre disait : Demandez à Danton
pourquoi il a fait nommer d'Orléans ; il serait plaisant de le voir figurer dans la Convention comme suppléant... » (Procès des dantonistes dans l'*Histoire parlementaire.*)

fois le mouvement révolutionnaire franchement prononcé dans le sens républicain, Danton, il est vrai, s'y jeta à corps perdu, et il rendit à la cause de la démocratie des services dont il serait injuste de ne pas lui tenir éternellement compte. Ses fougueuses motions contre les aristocrates, sa grande voix sonnant la charge et ébranlant comme un tonnerre les voûtes de la Convention nationale, ses magnifiques élans de patriotisme, rien de tout cela ne s'oubliera tant que vivra dans nos cœurs le souvenir de la Révolution française.

Robespierre avait fini par être subjugué comme il l'avait été par Mirabeau, et, oubliant les nuages dont le patriotisme de Danton avait pu lui paraître couvert dans les premières années de la Révolution, il l'avait résolûment défendu en toutes circonstances et contre les attaques de l'aristocratie et contre celles des exagérés. Et il n'y avait eu là de sa part ni calcul d'intérêt ni rémunération de services rendus, car une fois, une seule fois, Danton lui avait prêté le secours de sa parole, et bien faiblement encore, contre les agressions odieuses dont il s'était trouvé l'objet (1). Mais lui, Maximilien, quelle véhémence il avait mise, par dix reprises différentes, à couvrir de sa popularité et de son influence ce vétéran de la Révolution ! On n'a pas oublié la générosité avec laquelle il s'était placé entre Danton et ses accusateurs. Tout récemment encore ne l'avait-il point protégé comme un frère contre les violences d'Hébert?

Déjà cependant l'indolent tribun s'était rendu suspect à plus d'un patriote par sa conduite incertaine, et on l'accusait tout haut d'être, avec Fabre d'Églantine, l'inspirateur des pamphlets de Camille Desmoulins. L'arrestation de Fabre acheva de le plonger dans un découragement profond. Nous avons rapporté les sombres paroles échappées à Billaud-Varenne le jour où la Convention nationale avait confirmé l'arrestation de l'auteur du *Philinte :* « Malheur à celui qui a siégé à côté de Fabre et qui est encore sa dupe; il a trompé les meilleurs patriotes; » paroles qui s'adressaient directement à Danton, qu'on savait très-intimement lié avec Fabre, en faveur duquel il avait, assez timidement, essayé de prononcer quelques mots (2). Les soupçons de Billaud-Varenne sur le compte de Danton étaient déjà anciens; ils remontaient à l'époque où, ministre,

---

(1) Un jour même, au temps où Robespierre se trouvait seul en butte aux coups de la faction girondine, c'est-à-dire avant l'ouverture de la Convention, Danton aurait dit à ses amis : « Puisqu'il veut se perdre, qu'il se perde, nous ne devons pas partager son sort.» (Notes fournies à Saint-Just, p 14.)

(2) Séance de la Convention du 24 nivôse an II (13 janvier 1794). *Moniteur* du 26 nivôse.

celui-ci avait envoyé Fabre d'Eglantine au camp de la Lune, auprès de Dumouriez (1), et où, grâce à des négociations occultes, les
Prussiens avaient pu évacuer le territoire français, quand il eût été
si facile de les ensevelir dans les plaines de la Champagne. A quelque temps du jour où la menace était tombée de sa bouche, Billaud
proposa, en pleine séance du comité de Salut public, comme on l'a
vu plus haut, la mise en état d'arrestation de Danton. C'en était fait
dès cette époque de l'ancien ministre de la justice de la République,
si en ce moment une voix n'eût pas protesté avec une impétuosité
telle, que la proposition meurtrière se trouva étouffée pour le moment.

Or cette voix fut-ce celle de Robert Lindet, qui n'a point signé le
mandat d'arrestation des dantonistes? Fut-ce celle de Carnot, qui
depuis s'est un peu trop complaisamment vanté de s'être opposé à
la chute de Danton? (2) Non, ce fut celle de Robespierre. Au milieu
du silence général et de l'étonnement produit par la proposition de
Billaud-Varenne, Maximilien se leva, il se leva comme un furieux (3), nous l'avons dit déjà; et apostrophant rudement Billaud,
il lui reprocha de conspirer la perte des meilleurs patriotes. Ce
fut précisément là un des grands griefs invoqués par Billaud contre
Robespierre dans la séance du 9 Thermidor (4). Certains écrivains
ont beaucoup remarqué l'exclamation poussée par Garnier (de
l'Aube) dans cette même séance : « Le sang de Danton t'étouffe ! »
exclamation peu justifiée, puisqu'il est avéré que de tous les membres du comité de Salut public Robespierre fut celui qui s'opposa le
plus longtemps à la mise en état d'accusation de Danton, et ils se
sont fort peu préoccupés des paroles de Billaud-Varenne, lesquelles
renferment cependant toute la vérité historique. Jamais Billaud ne
revint de son opinion sur le compte de Danton; même après Thermidor, il continua de reprocher amèrement à Robespierre d'avoir
défendu *ce conspirateur*. « Si le supplice de Danton est un crime, »

(1) Voy. la *Réponse de J. N. Billaud à Laurent Lecointre*, p. 123.

(2) Il est véritablement regrettable de voir comme, à son insu bien certainement,
M. Hippolyte Carnot se joue de l'histoire dans les Mémoires qu'il a publiés sur son
père. A propos de Robespierre, il écrit : « Danton se trouve sur son chemin, il le tue à
son tour. » (T. I, p. 367.) C'est la légende thermidorienne. Puis il prête à son père un
petit discours de treize lignes, par lequel Carnot aurait combattu la proposition d'arrestation du grand tribun. Mais de l'apostrophe autrement éloquente de Robespierre à
Billaud-Varenne, apostrophe invoquée contre Robespierre par Billaud lui-même, pas
un mot. Ah ! il aurait bien mieux valu qu'au lieu de s'excuser après coup, Carnot eût
imité la fureur indignée de Robespierre, sauf à encourir aussi la réprobation de Billaud. Qui sait ? peut-être Danton eût-il été sauvé.

(3) Rappelons encore que ce sont les propres expressions de Billaud-Varenne dans
la séance du 9 Thermidor.

(4) Voy. *le Moniteur* du 11 thermidor (29 juillet 1794).

s'écria-t-il en répondant à Laurent Lecointre dans la séance du
12 fructidor de l'an II, « je m'en accuse, car j'ai été le premier à
dénoncer Danton. J'ai dit que si cet homme existait, la liberté était
perdue. S'il était dans cette enceinte, il serait un point de ralliement pour tous les conspirateurs (1). » Et dans sa réponse imprimée
à Lecointre, il écrivit : « Danton est le seul représentant du peuple
dont j'aie provoqué la punition, parce qu'il me paraissoit un conspirateur des plus dangereux... Plus la perte d'un ennemi de la patrie peut causer de regrets, plus on justifie que les hommes qui ont
concouru à l'abattre ont bien rempli leur devoir... (2) » Laissons
donc à Billaud-Varenne, et à lui seul, la responsabilité de la mise
en état d'accusation de Danton, puisqu'il en a revendiqué l'honneur,
considérant cette mesure comme un acte de justice, et s'en faisant
un titre de gloire aux yeux de la postérité.

Comment maintenant parvint-on à décider Robespierre à abandonner Danton? La chose ne fut pas aisée à coup sûr (3); il fallut
trois mois pour cela (nivôse à germinal). Chargé, comme on l'a vu,
de préparer un projet de rapport sur la faction Fabre d'Églantine,
il se refusa absolument à y impliquer Danton, comme l'aurait voulu
Billaud-Varenne, et peut-être fut-ce là la cause de la non-accepta-
tion de son travail par ses collègues du comité. Il y avait, on s'en
souvient sans doute, dans ce projet une simple allusion à Danton,
et c'était tout. Encore Maximilien rendait-il Fabre d'Églantine coupable de l'inaction où semblait se complaire depuis quelque temps
le tribun si redoutable jadis aux ennemis de la Révolution. Rappelons ces paroles déjà citées : « Par lui le patriote indolent et fier,
amoureux à la fois du repos et de la célébrité, était enchaîné dans
une lâche inaction ou égaré dans les dédales d'une politique fausse
et pusillanime (4). » Au reste, Danton ne se méprit point sur les véritables auteurs de son arrestation, et dans sa défense il se garda
bien d'en accuser Robespierre. Il se contenta de dire à cet égard :
« Il faut que je parle des trois plats coquins qui ont perdu Robespierre (5). » Danton savait donc bien la pression exercée sur Maximilien. Celui-ci fut en effet obsédé, circonvenu par tous les moyens.

(1) *Dénonciation formelle à la Convention nationale contre Billaud, Barère*, etc., par
Laurent Lecointre, p. 25. Voyez aussi *le Moniteur* du 14 fructidor an II (31 août 1794).
(2) *Réponse de J.-N. Billaud à Laurent Lecointre*, p. 38, 39.
(3) Cela résulte des paroles mêmes de Billaud-Varenne : « La veille où Robespierre
consentit à l'abandonner. » Séance du 12 fructidor (29 août 1794). *Moniteur* du
14 fructidor.
(4) Projet de rapport sur la faction Fabre d'Églantine. *Papiers inédits*, t. II, p. 46.
(5) Procès des dantonistes. Voy. l'*Histoire parlementaire*, t. XXXII.

On lui montra Danton et Lacroix spoliant la République dans leur mission en Belgique. Il demeura longtemps incrédule. Ce fut même à lui que Lacroix, accusé, s'adressa comme à un défenseur : « Tu es républicain austère, tu es l'ennemi juré des conspirateurs, des traîtres, eh bien! je te somme, au nom de la liberté pour qui tu as tant fait, de prendre lecture de la lettre que j'adresse aujourd'hui au comité de Salut public. Je réclame contre moi la sévérité de tes principes si tu me soupçonnes coupable, mais aussi je réclame ta justice ordinaire s'il t'est montré que je suis calomnié. Ce n'est pas à moi que l'on en veut en attaquant la commission de la Belgique (1)... » Mais on insista auprès de Robespierre; on lui assura que dans le pays de Lacroix on ne parlait que des serviettes de l'archiduchesse rapportées de Belgique (2), et il le crut. On lui assura également que Danton était l'instigateur des lettres de Philippeaux, des motions de Bourdon (de l'Oise); qu'il avait corrigé de sa main les numéros du *Vieux Cordelier*, et qu'il y avait fait des changements, ce dont il se vantait tout haut, ajoutait-on, et il le crut. Il n'y avait là d'ailleurs rien d'impossible. L'attitude équivoque de l'impétueux tribun devenu tout à coup calme, son entourage corrompu, jetèrent un grand trouble dans l'esprit de Robespierre, il fut ébranlé. La joie démesurée que dantonistes et royalistes laissèrent éclater à l'exécution d'Hébert acheva de porter dans sa conscience une conviction véritable sur la culpabilité de Danton. Il vit bien, — ce qui était vrai d'ailleurs, et ce dont après Thermidor on aura la preuve irréfragable, — qu'involontairement ou non, les dantonistes, comme jadis les Girondins, servaient d'avant-garde à tous les contre-révolutionnaires, et, suivant l'expression de Billaud-Varenne, il *consentit* à abandonner celui que, depuis l'ouverture de la Convention, il avait si souvent et si ardemment défendu.

Alors il oublia tous les services passés pour ne plus se souvenir que des fautes; alors revinrent à sa mémoire, comme autant de crimes impardonnables, les faiblesses et les erreurs de Danton. Il se rappela les liaisons du tribun avec Mirabeau et le duc d'Orléans; il se rappela les thés de Robert, où Danton assistait en compagnie de Fabre d'Églantine et du général royaliste Wimpfen, et où d'Orléans faisait lui-même le punch (3). Il se souvint de la conduite un peu incertaine de Danton à l'époque du 31 mai, et il en tira la conséquence que Danton avait attendu que la victoire se fût prononcée

(1) Voy. cette lettre dans les *Papiers inédits*, t. III, p. 286.
(2) Notes fournies par Robespierre à Saint-Just, p. 21.
(3) *Ibid.*, p. 6 et 10.

30

entre la Gironde et la Montagne pour prendre parti lui-même (1).
L'envoi de Fabre d'Eglantine auprès de Dumouriez, la mission de
Danton en Belgique, lui apparurent sous un jour tout à fait criminel (2). Il se souvint que, il n'y avait pas très-longtemps, Danton,
étant venu le voir, lui avait parlé de Camille Desmoulins avec mépris,
en attribuant à un vice privé et honteux, mais absolument étranger à
la Révolution, les écrits de l'auteur du *Vieux Cordelier*, et il vit dans
ce trait la preuve d'une âme ingrate et noire (3). Il arriva à se former
cette conviction qu'un homme à qui toute idée de morale était étrangère, selon lui, ne pouvait être le défenseur de la liberté. Danton
n'avait-il pas pour maxime qu'il fallait se servir des fripons au besoin?
N'était-il pas entouré des intrigants les plus impurs? Ne se plai-
gnait-il pas que la sévérité des principes républicains effarouchât
beaucoup de monde? Ne professait-il pas enfin pour le vice une tolérance qui devait lui donner autant de partisans qu'il y avait
d'hommes corrompus dans le monde (4)? Or, singulier rapprochement, quels furent, après Thermidor, les vengeurs de la mémoire de
Danton? Ce furent les hommes les plus impurs et les plus tarés de
la Convention nationale : les Tallien, les Courtois, les Fréron, les
Guffroy, les Fouché.

On voit comment Robespierre fut insensiblement et logiquement
amené à abandonner Danton. La voix de la patrie étouffa en lui
celle de l'amitié ; tout reste d'affection s'effaça devant le rigorisme
républicain. Ceux qui, sans aucune preuve d'ailleurs, ont attribué
cet abandon à un sentiment de jalousie de la part de Maximilien, ont
parlé sans réflexion (5). Robespierre n'était ni jaloux ni envieux. Et
pourquoi aurait-il été jaloux de Danton? Est-ce qu'il pouvait, par
hasard, lui envier les applaudissements des contre-révolutionnaires?
Est-ce que la popularité de ce dernier, si grande qu'elle fût, appro-
chait de la sienne? Est-ce qu'enfin le pauvre Danton n'était pas à
moitié perdu dans l'opinion des patriotes au moment où, cédant aux
instances de Billaud-Varenne (6), Robespierre consentit à l'abandon-

(1) Notes fournies à Saint-Just par Robespierre, p. 18.

(2) *Ibid.*, p. 8 et 20.

(3) *Ibid.*, p. 7.

(4) *Ibid.*, p. 10.

(5) La chose étonne, par exemple, venant d'un historien érudit et consciencieux
comme M. Villiaumé. Voy. son *Histoire de la Révolution*, t. III, p. 185, de l'éditon
Lacroix.

(6) On a dit qu'en cette circonstance Robespierre avait aussi subi la pression de
Saint-Just. C'est une erreur, selon nous. S'il est vrai que Saint-Just en ait voulu à
Danton parce que celui-ci lui aurait reproché de professer à son âge des principes san-
guinaires, comme le prétend Vilain d'Aubigny dans une brochure d'ailleurs assez

ner. Il lui fallut sans doute un pénible effort; mais plus le sacrifice était grand, plus, en s'y résolvant, il crut obéir à la voix sévère de la patrie. Dès qu'une fois la conviction de la culpabilité de Danton eut pénétré en lui, il éprouva comme une sorte de honte d'avoir eu si longtemps foi dans le patriotisme de cet ancien ami, et il se montra d'autant plus âpre à son égard qu'il s'imagina avoir été sa dupe. Il n'est pas jusqu'aux démarches tentées auprès de lui en faveur de Danton qui n'aient tourné au détriment de celui-ci. On chercha à lui inspirer des terreurs pour son propre compte. On essaya de lui persuader qu'après avoir frappé Danton on s'attacherait à l'atteindre; que Danton pouvait être pour lui un bouclier. Prendre Robespierre par la crainte, faire appel chez lui à des sentiments égoïstes et purement personnels, c'était bien mal le connaître. Du moment où, convaincu d'ailleurs que Danton était coupable, il vit un danger à se déclarer hautement contre lui, il n'hésita plus. Ce fut un grand malheur, je n'hésite pas à le dire. En se posant résolûment comme l'adversaire de son vieux compagnon d'armes, Robespierre crut sincèrement faire acte d'héroïsme.

IV

A la froideur glaciale que dans les derniers jours de ventôse il témoigna à Danton, à quelques paroles menaçantes échappées de sa bouche au sujet de la faction dite des *modérés*, on put s'apercevoir que les ennemis de Danton étaient parvenus à le perdre dans l'esprit de Maximilien. Des amis communs tentèrent de les rapprocher. On les réunit dans un dîner chez Humbert, l'ancien hôte de Robespierre, devenu chef du bureau des fonds au ministère des affaires étrangères; ce dîner eut lieu au Marais, selon les uns, à Charenton, suivant les autres (1). Là ils se trouvèrent en compagnie d'une douzaine de personnes, parmi lesquelles on comptait le ministre de la guerre, Deforgues, les députés Panis et Legendre, Sellier, juré au tribunal révolutionnaire, et

peu digne de foi, il n'en est pas moins certain que, dans son rapport sur les dantonistes, Saint-Just n'a fait que suivre les indications de Robespierre.

(1) Selon Prudhomme, le repas se serait donné rue Saintonge au Marais, dans la maison qu'avait jadis habitée Robespierre (*Histoire générale et impartiale des erreurs, des fautes et des crimes de la Révolution française*, t. V, p. 146). Selon d'autres, il aurait eu lieu à Charenton (Tissot, *Histoire de la Révolution*, t. V, p. 125). Billaud-Varenne, dans sa *Réponse à Laurent Lecointre*, dit que Robespierre avait dîné à la campagne avec Danton la veille du jour où il consentit à l'abandonner. (*Dénonciation contre Billaud, Barère*, etc., p. 26.)

l'adjoint au ministre de la guerre, Vilain d'Aubigny, qui, lié également avec Robespierre et avec Danton, avait, paraît-il, pris l'initiative de cette réunion.

Des propos tenus dans ce repas il existe deux versions différentes,
l'une de d'Aubigny, l'autre de l'éditeur Prudhomme; mais, disons-
le tout de suite, elles ne méritent aucune espèce de créance, par la
raison qu'écrites toutes deux après Thermidor, elles ont été rédigées
dans le sens des passions et des haines thermidoriennes. Naturellement le beau rôle est donné à Danton : dans la première version
on nous le montre se plaignant à Robespierre de l'indifférence dont
il était l'objet de sa part depuis quelque temps, et lui reprochant
de s'entourer de sots et de commères qui lui assombrissaient l'imagination à force de l'entretenir de complots, de poison et poignards.
Puis, faisant allusion aux bruits déjà répandus de sa prochaine arrestation, il aurait ajouté : « Je sais quels sont les projets des deux
charlatans dont je t'ai parlé; mais je connais aussi leur lâcheté. Ils
n'oseraient!... Crois-moi, secoue l'intrigue, réunis-toi aux patriotes... » Alors Robespierre : « Avec ta morale et tes principes il n'y
aurait donc jamais de coupables? » A quoi Danton aurait répliqué
vivement : « En serais-tu fâché? » Tout cela n'a pas le sens commun, et nous ferons remarquer, comme l'éminent historien à qui
nous empruntons ces détails, que la réponse attribuée à Robespierre
ne se rapporte en aucune façon aux paroles prêtées à Danton par
Vilain d'Aubigny (1). Mais n'est-ce pas toi, aurait pu répondre
victorieusement Maximilien à ce Danton « tantôt exagéré et tantôt
mixte », selon l'expression de Billaud-Varenne (2), n'est-ce pas toi
qui as proposé, suivant les circonstances, ces décrets qu'on appelle
aujourd'hui des lois de sang? — Cependant, au dire de d'Aubigny,
la réconciliation parut complète : « On s'embrassa... Nous étions
tous émus. » Seulement, tandis qu'il parle complaisamment de l'effusion de Danton, il s'attache à nous montrer Robespierre restant seul
froid comme un marbre. Or, on se demande comment la réconciliation put paraître complète si en effet Maximilien demeura froid
comme un marbre! Il est trop facile de deviner dans ce récit l'intention bien arrêtée de flatter les rancunes thermidoriennes. Ex-procureur au parlement, comme Bourdon (de l'Oise), qui semblait animé
contre lui d'une vieille haine née d'une rivalité professionnelle,

---

(1) Lettre de Vilain d'Aubigny à Billaud-Varenne. Il nous a été impossible de nous
procurer cette lettre que, plus heureux que nous, M. L. Blanc a découverte au *British
Museum*, dans la Bibliothèque historique de la Révolution. (Voy. l'*Histoire de la Révolution*, t. X, p. 347.

(2) *Réponse de J.-N. Billaud à Laurent Lecointre*, p. 18.

Vilain d'Aubigny avait à se faire pardonner la protection dont à diverses reprises l'avaient couvert Robespierre et Saint-Just. Ce d'Aubigny avait eu un pied dans tous les partis, et il avait été en même temps hébertiste, dantoniste et robespierriste. « Tu verras comme ils l'ont calomnié, » écrivait-il le 13 nivôse à Maximilien, en lui recommandant Vincent. « Rends-lui justice, il la mérite. Adieu, je t'embrasse de tout mon cœur (1). » Après Thermidor, voulant capter les bonnes grâces de la réaction, il se déchaîna avec une violence inouïe contre ses anciens protecteurs, et son ingratitude ne fut dépassée que par sa bassesse et par sa lâcheté (2).

Plus odieux encore étaient les sentiments qui animaient l'ancien éditeur des *Révolutions de Paris* quand, au plus fort de la réaction thermido-girondine, il fit paraître l'ignoble pamphlet connu sous le nom d'*Histoire générale et impartiale des erreurs, des fautes et des crimes de la Révolution française,* car pour cet honnête industriel, il s'agissait purement et simplement d'une affaire de commerce. Comme il avait gagné beaucoup d'argent avec ses feuilles révolutionnaires au temps où florissait la Révolution, il se dit, en trafiquant habile, qu'il en gagnerait beaucoup encore en suivant le courant de la réaction, et il publia le libelle dont nous venons de parler, recueil d'anecdotes plus ou moins vraies, écho des calomnies plus ou moins ineptes débitées par l'un et par l'autre sur le compte des vaincus, livre odieux où ont puisé sans discernement la plupart des historiens, et où le libraire Prudhomme a couvert de boue les grands hommes qu'autrefois, dans sa ferveur hypocritement patriotique, il avait portés au nues (3). Son récit des propos tenus au repas où furent conviés Danton et Robespierre n'est évidemment qu'une variante embellie de celui de Vilain d'Aubigny. En voici du reste le passage le plus saillant. Danton dit à Robespierre : « Il est juste de comprimer les royalistes, mais nous devons, dans notre justice nationale, ne pas confondre l'innocent avec le coupable ; bornons notre puissance à ne frapper que de grands coups profitables à la République ; pour cela il ne faut pas guillotiner les républicains. »

(1) Lettre citée plus haut, et dont l'original est aux *Archives,* F 7, 4436.
(2) Voyez sa déposition dans le procès de Fouquier-Tinville. C'est un véritable monument de la lâcheté et de l'ingratitude humaines. Les calomnies dont d'Aubigny accabla la mémoire de Robespierre n'empêchèrent pas Bourdon (de l'Oise) de le poursuivre avec un acharnement sans exemple. D'Aubigny fut du nombre des patriotes désignés par Fouché aux vengeances du premier consul après l'explosion de la machine infernale, crime tout royaliste, comme on sait. Arrêté en janvier 1801, il fut déporté aux îles Séchelles, où il mourut.
(3) En 1814, ce Prudhomme publia un journal où, naturellement, il se montra tout à fait favorable à la Restauration.

Robespierre, en fronçant le sourcil, ne répliqua que ces paroles : « Qui vous a dit qu'on ait envoyé à la mort un innocent ? » Voilà bien une narration arrangée après coup. Les paroles attribuées à Danton pouvaient être tout aussi bien prêtées à Robespierre, qui, ainsi qu'on le va voir bientôt, se plaignit si souvent que l'on confondît l'erreur avec le crime, les égarés avec les coupables. D'après Prud-homme, le dîner se prolongea jusqu'à huit heures. « On y sabla beaucoup de champagne » et les convives se retirèrent sans être contents les uns des autres. Robespierre étant sorti le premier, Danton se serait écrié alors : « F...! il faut nous montrer, il n'y a pas un instant à perdre (1). » De tout cela il résulte que, dans les derniers jours de ventôse, Robespierre et Danton se trouvèrent à dîner ensemble chez un ami commun, chez Humbert, l'ancien hôte de Maximilien, et que l'attitude de Danton ne fut pas de nature à laisser au premier les sentiments favorables dont jusque-là il avait été animé à son égard, puisque, d'après la déclaration de Billaud-Varenne, ce fut le lendemain que Robespierre *consentit* à abandonner Danton (2).

V

Non moins cruel dut être pour lui le sacrifice de Camille Desmoulins. En effet, personnellement, il n'avait qu'à se louer de l'auteur du *Vieux Cordelier*. Toutes les marques d'intérêt et d'affection qu'il en avait reçues, les éloges enthousiastes dont il avait été l'objet de sa part, n'avaient pu sortir de sa mémoire. Le dernier numéro de Camille, intitulé *le Pour et le Contre, ou Conversation de deux vieux Cordeliers*, le seul où se rencontrent quelques traits aigus à l'adresse de Maximilien, n'avait pas paru encore au moment de son arrestation, et quand Desenne le livra au public, il eut soin de supprimer tout ce qui avait rapport au comité ou à Robespierre. Celui-ci ne pouvait donc avoir contre l'infortuné Camille le moindre sentiment de rancune personnelle. Aussi le défendit-il jusqu'au dernier moment au sein du comité de Salut public, comme il l'avait défendu à la tribune des Jacobins. Mais Camille comptait parmi les membres des deux comités d'implacables ennemis. Il n'avait point de pardon à espérer de ceux qu'il avait poursuivis de ses mordantes satires,

---

(1) *Histoire générale et impartiale...* t. V, p. 146 et 147.
(2) Séance de la Convention du 12 fructidor an II (29 août 1794). *Moniteur* du 14 fructidor.

et lui-même le savait bien. Un jeune protégé de Barère, le juré Vilate, ayant dîné chez Camille dans les premiers jours de germinal, dit à Rousselin qui était au nombre des convives : « Il faut que nous ayons sous huit jours les têtes de Danton, de Camille Desmoulins, de Philippeaux (1). » Ce fut du moins ce que répéta Rousselin à Camille (2).

Comment Robespierre aurait-il triomphé des Amar, des Vadier, des Barère, des Billaud-Varenne, des Collot d'Herbois, tous acharnés à la perte des dantonistes, et montrant, en réponse aux arguments de Maximilien, les blessures qu'ils avaient reçues de Camille? Il s'efforça, dit-on, de substituer au nom de son cher et vieux camarade celui de Bourdon (de l'Oise), ce fou furieux autrement dangereux que Camille et que Danton ; mais il ne put rien obtenir, tant son influence personnelle avait peu de poids sur les membres des deux comités, où Bourdon comptait de nombreux amis (3). Au reste, on aurait tort de croire, avec quelques historiens, que Camille fut sacrifié uniquement pour avoir poussé un long cri d'humanité. La vérité nous oblige à dire que dans son *Vieux Cordelier* les rancunes et les haines personnelles eurent beaucoup plus de part que la question d'humanité. Était-il bien tendre le léger écrivain quand par exemple dans son numéro 7, composé avant le supplice des hébertistes, il se montrait si impatient de la mort de ses adversaires? Que m'importe après cela qu'il ait répandu tant de larmes attendries sur le sort des suspects! Certes, j'applaudis des deux mains quand je l'entends reprocher d'une voix indignée au *Père Duchesne* ses pages dégoûtantes de sang et de boue. Mais mon admiration diminue singulièrement, et je commence à douter de la sincérité de l'auteur, quand à côté de cela je le vois intrépidement porter aux nues l'infâme *Rougyff* dont les feuilles, non moins ignobles que celles d'Hé-

(1) Notes de Camille sur le rapport de Saint-Just. — De ces notes il existe deux versions, insérées toutes deux dans l'*Histoire parlementaire*, t. XXXII, p. 221 et 223.

(2) Disons, pour être juste, que Rousselin ne mérite qu'un confiance très-limitée. Voici comment, de son côté, s'est expliqué à ce sujet, dans une brochure sur les causes du 9 Thermidor, Vilate lui-même, qui du reste n'est pas non plus digne de foi : « Robespierre, toujours observateur inquiet sur la direction des événemens, affecte tout à la fois de défendre Danton et d'improuver ses opinions. Quelques jours avant leur perte, je dînai chez Camille avec sa charmante et vertueuse épouse, sa mère, d'une très-belle stature, Danton, sa modeste épouse, un jeune homme d'une belle taille et d'une figure intéressante. Je laissai échapper mes inquiétudes à Camille... Vingt fois je l'avertis qu'on vouloit le guillotiner... » (P. 26 et 27.) De Rousselin ou de Vilate, qui croire ?

(3) Ce fait est rapporté par M. Villiaumé qui, malheureusement, a omis de citer ses preuves. (Voyez son *Histoire de la Révolution*, t. III, p. 185 de l'édition Lacroix)

bert, étaient plus sanguinaires encore, et qui, comme le *Père Duchesne*, vivait très-bien aux dépens du ministre de la guerre (1). Il appelle Guffroy « notre cher Rougyffet, cet excellent patriote à cheveux blancs (2). » Or le cher Rougyffet était de ceux qui avaient félicité Fouché sur sa manière expéditive d'exécuter la vengeance nationale (3); il était de ceux qui insultaient lâchement les victimes après les avoir poussées à l'échafaud. Présentement c'était un des thuriféraires de Joseph Lebon, en attendant qu'il devînt son accusateur le plus acharné et son bourreau (4). Quelques jours encore, et il va tonner en ces termes contre ses amis les dantonistes : « Nom de la liberté! drelin sur les hypocrites défenseurs de ce don précieux de la nature (5) ! » Vienne le 17 germinal, et il écrira d'une plume presque joyeuse : « Le glaive de la loi vient de trancher le cours de la plus hardie des conspirations. Danton, Lacroix, Desmoulins, Delaunay, Fabre d'Églantine et dix autres complices ne sont plus; le peuple vit ce supplice avec satisfaction et majesté (6). » Enfin, — honte et lâcheté sans nom ! — moins de dix jours après, racontant l'exécution de l'infortunée Lucile, il insérait dans sa feuille immonde ces lignes infâmes : « Les veuves Hébert et Desmoulins jasoient avec un calme apparent; mais l'œil observateur y remarquoit bien plus l'effet du sot orgueil d'avoir joué un rôle dans la Révolution ; leur morgue naissoit de cette obstination indestructible dans certains êtres qui fit faire à cette femme expirante à l'eau le signe de croquer des poux, ne pouvant plus crier pouilleux (7) ! » Oh ! pauvre Camille, comme tu avais raison d'appeler Guffroy « notre cher Rougyffet » et de le chanter dans ton journal comme un excellent patriote à cheveux blancs !

On a prétendu fort légèrement que jamais Robespierre n'avait parlé avec plus d'affection à Camille Desmoulins que la veille du jour où celui-ci fut arrêté (8). C'est là une de ces allégations en l'air dont nous sommes heureux de pouvoir démontrer la fausseté. Et d'a-

(1) *Rougyff* cessa de paraître dans le courant de prairial, quand la subvention ministérielle lui fut retirée. Guffroy, dans son dernier numéro, annonça crûment qu'il interrompait la publication de son journal parce qu'on lui avait fait perdre les abonnements qu'il recevoit du ministère de la guerre. (Voy. le numéro 150.)

(2) *Le Vieux Cordelier*, numéro 7, p. 212, 213, de l'édition Matton.

(3) *Rougyff, ou le Frank en vedette*, numéro 60.

(4) *Ibid.*, numéro 80.

(5) *Ibid.*, numéro 95.

(6) *Ibid.*, numéro 98.

(7) *Ibid.*, numéro 107. Ce misérable Guffroy est un des signataires du rapport de Courtois dont il fut, du reste, le bien digne compère.

(8) Michelet, *Histoire de la Révolution*, t. VII, p. 192. Villiaumé, *Histoire de la Révolution*, t. III, p. 193 de l'édition Lacroix.

bord, d'où est-elle tirée? D'une de ces misérables productions
écloses après le 9 Thermidor, d'un de ces exécrables pamphlets qui
naissent au lendemain des révolutions, et où l'insulte et la calomnie
sont lâchement prodiguées aux vaincus. On lit en effet dans les
*Mémoires d'un détenu pour servir à l'histoire de la tyrannie de Ro-
bespierre*, les lignes suivantes : « Ce qui prouve que Robespierre
est un Néron, c'est qu'il n'avoit jamais parlé à Camille Desmoulins
avec tant d'amitié que la veille de son arrestation (1). » Cette
phrase, l'auteur assure l'avoir entendue à la Conciergerie de la
bouche de Danton. Je m'étonne de la facilité avec laquelle nombre
d'écrivains ont emprunté à cette rapsodie, ont puisé à cette source
impure. Que de mensonges ont été introduits dans l'histoire sur la
foi du misérable auteur de ces Mémoires! Cet auteur, nommé
Honoré Riouffe, avait été arrêté à Bordeaux à cause de ses relations avec les Girondins, et amené à Paris, où il demeura quatorze
mois enfermé dans les prisons de la Conciergerie. Dans son livre
il raconte, avec force détails, non-seulement ce que faisaient et disaient les prisonniers dans l'intérieur de cette prison, mais encore
il rend compte de leurs actes et de leurs paroles soit en se rendant
à l'échafaud, soit en y montant. Or, on est porté avec quelque
raison à se demander comment il a pu être si bien instruit. Riouffe
lui-même a du reste prévu l'objection, et d'avance il a essayé d'y
répondre : « Qu'on sache que c'était par le moyen du bourreau,
qui pendant une année entière n'a cessé un seul jour d'être appelé
dans cette horrible demeure, et qui racontait aux geôliers ces abominables et admirables circonstances. » C'est superbe d'aplomb.
Ainsi il a écrit son livre, à sa sortie de prison, sur des conversations de geôliers parlant eux-mêmes d'après des rapports du bourreau ; et des écrivains graves se sont laissé prendre aux affirmations de cet imposteur ! Ah! pauvre histoire, sommes-nous tenté
de dire, en parodiant le mot fameux prêté à Mme Roland par l'auteur des *Mémoires d'un détenu*, « que d'erreurs on commet en ton
nom (2)! »

(1) P. 88 de la deuxième édition.
(2) Il n'y eut pas de plus effrontés menteurs que les écrivains de la Gironde. Les
Barbaroux, les Louvet, les Bailleul, les Dulaure, les Meillan, tous se valent. Mais aucun peut-être n'est à la hauteur de Riouffe. C'est encore lui qui dans son livre prête
ces paroles à Danton : « Si je laissais mes c...... à Robespierre et mes jambes à Couthon, ça pourrait encore aller quelque temps au comité de Salut public. » Mais comme
l'œuvre était destinée à faire les délices de la bonne société, on crut devoir supprimer
dans une seconde édition les paroles par trop ordurières du premier membre de
phrase. Le *républicain* Riouffe est mort, en 1813, préfet de la Meurthe et baron de
l'Empire.

Après la légende, l'histoire. Très-peu de temps avant la catastrophe dont fut victime Camille Desmoulins, Joseph Planche, l'humaniste, l'ancien professeur de rhétorique au collége Bourbon, qui était fort lié avec lui, le rencontra aux environs de la rue de Tournon. Camille était soucieux, et il lui dit : « Je suis perdu. Je me suis présenté chez Robespierre, et il m'a fait refuser sa porte (1). » On peut être convaincu, d'après cela, que Robespierre ne parla pas avec plus d'amitié que jamais à Camille Desmoulins la veille de son arrestation. Sa franchise n'est pas suspecte, et il n'était pas homme à serrer avec effusion la main d'un ancien ami au moment même où, dans un excès de rigorisme républicain, il allait signer son mandat d'arrestation. Nul doute que son cœur n'ait saigné cruellement à l'heure tardive où il consentit aussi à l'abandon de Camille ; mais l'amour de la patrie avait, à ses yeux, des droits et des exigences impitoyables, et il donna à la République la preuve du dévouement le plus absolu en lui immolant ses plus chères affections privées.

VI

On sait maintenant combien fausses sont les allégations de tous les historiens, chroniqueurs, annalistes et faiseurs de mémoires qui ont présenté Robespierre comme l'auteur principal de la chute de Danton. Un de ces auteurs de souvenirs prétendus historiques, le représentant Thibaudeau, raconte qu'ayant averti Danton que Robespierre *conspirait sa perte*, le tribun refroidi lui répliqua : « Si je croyais qu'il en eût seulement la pensée, je lui mangerais les entrailles (2). » Ce propos a-t-il été tenu ? c'est possible ; dans tous les cas, il prouverait contre l'assertion très-légèrement hasardée d'un écrivain *fantaisiste* à outrance qu'on n'augmenta pas *habilement* la sécurité des dantonistes (3). Quoi qu'il en soit, Danton se

(1) Renseignement fourni par Joseph Planche lui-même à M. J. Quicherat, qui l'a transmis à M. Alfred Carteron, notre regrettable ami. Alfred Carteron préparait une édition définitive des œuvres de Camille Desmoulins, édition à laquelle de précieuses notes de lui eussent ajouté un grand prix, quand une mort cruellement prématurée est venu l'enlever à sa famille, à ses amis, et à la démocratie, dont il a été un des soldats les plus fidèles et les plus dévoués.

(2) Mémoires de Thibaudeau, p. 60. Nous avons dit comment Hérault-Séchelles avait été arrêté pour infraction patente à une loi terrible — *lex dura, sed lex.* — Suivant le représentant Thibaudeau, il périt parce qu'il « ne put se faire pardonner sa naissance, une belle figure, des manières nobles et gracieuses. »

(3) Michelet, *Histoire de la Révolution*, t. VII, p. 192. — Les anecdotes plus ou moins apocryphes ne manquent pas sur Danton et sur Robespierre. On lit dans l'*His ·

laissa prendre sans opposer la moindre résistance. Il fut arrêté, ainsi que Lacroix, Camille Desmoulins et Philippeaux, dans la matinée du 11 germinal (31 mars 1794).

J'ai sous les yeux le mandat d'arrêt rendu contre eux par les comités de Salut public et de Sûreté générale réunis. Il est écrit ou plutôt griffonné entièrement de la main de Barère tout au haut d'une grande feuille de papier bleuté, ne porte aucune date (1), et est ainsi conçu : « Les comités de Salut public et de Sûreté générale arrêtent que Danton, Lacroix (du département d'Eure-et-Loir), Camille Desmoulins et Philippeaux, tous membres de la Convention nationale, seront arrêtés et conduits dans la maison du Luxembourg pour y être gardés séparément et au secret; chargent le maire de Paris de mettre sur-le-champ le présent arrêté à exécution. » La première signature est celle de Billaud-Varenne; il était naturel que le principal instigateur de la mesure signât le premier. Puis ont signé, dans l'ordre suivant : Vadier, Carnot, Le Bas, Louis (du Bas-Rhin), Collot d'Herbois, Barère, Saint-Just, Jagot, C.-A. Prieur, Couthon, Dubarran, Voulland, Moyse Bayle, Amar, Elie Lacoste, Robespierre, Lavicomterie (2). Une pareille mesure fut mûrement délibérée, cela est évident, et tous signèrent en parfaite connaissance de cause. Un seul parmi les membres présents du comité de Salut public refusa sa signature, ce fut Robert Lindet (3).

L'arrestation de tels hommes devait nécessairement causer une émotion générale. Presque à l'ouverture de la Convention, un des plus intimes amis de Lacroix et de Danton, le boucher Legendre, s'é-

toire de la Révolution, par Cabet, t. III, p. 571 : « Dans un dîner où se trouvent Danton, Camille Desmoulins, sa femme, Lacroix et plusieurs cordeliers, Danton parle de Robespierre en termes menaçants. Ségorier (de Nîmes), ancien officier d'infanterie, ami de Boissy d'Anglas, se penche à l'oreille de son voisin. — Qu'est-ce que tu dis là ? lui demanda Danton. — Rien. — Je veux le savoir. — Tu le veux !... Eh bien, je dis que tu as tort de parler ainsi de Robespierre, parce qu'il vous fera couper le cou. — Lui, lui ? Il est f.... ! Et s'il le faut, je lui f....... le *Dauphin à travers les jambes.* » Est-ce ce propos répété qui fit accuser faiblement Danton de conspirer en faveur des prisonniers du Temple ? C'est probable.

(1) Je ne sais pourquoi Saladin, dans son rapport (p. 79), appelle ce papier du *papier à enveloppe.*

(2) *Archives*, F 7, 1435, liasse B.

(3) Carnot, qui a signé le troisième, s'est excusé plus tard en disant que, fidèle à sa doctrine de solidarité dans le gouvernement collectif, il n'avait pas voulu refuser sa signature à la majorité qu'il venait de combattre. (Voy. *Mémoires sur Carnot*, t. Ier, p. 369.) Mauvaise excuse. Qui l'empêchait de faire comme Robert Lindet en cette occasion, ou comme fit Robespierre en maintes autres circonstances, de s'abstenir ? Mieux valait avouer que, comme Robespierre, il avait fini par céder aux obsessions de Billaud-Varenne.

lança à la tribune. L'Assemblée était présidée par Tallien, tout dévoué à Danton; on pouvait donc espérer d'intéresser la Convention au sort des prévenus. Avant que Legendre prît la parole, un autre ami de Lacroix et de Danton, le député Delmas, demanda, avec une sorte d'appareil, que tous les membres des différents comités fussent invités à se rendre sur-le-champ dans le sein de l'Assemblée, cela sans doute afin de contre-balancer l'influence des membres des comités de Salut public et de Sûreté générale (1). Cette proposition fut sur-le-champ adoptée, et des huissiers allèrent chercher les représentants absents au fond des salles où se réunissaient les comités. L'affluence était considérable quand Legendre prit la parole. « Quatre membres de cette Assemblée, » dit-il, « ont été arrêtés cette nuit. » Il nomma Danton, ignorant ou feignant d'ignorer les noms des autres, manifesta hautement la crainte que des haines particulières n'eussent arraché à la liberté des hommes qui avaient donné quelques gages à la Révolution, et conjura la Convention de mander à sa barre et d'entendre les accusés avant d'écouter la lecture d'aucun rapport. Cette motion fut vivement combattue par Fayau, député de la Vendée, républicain convaincu, lequel s'éleva contre le privilége réclamé en faveur d'hommes arrêtés en vertu de la loi; il insista pour que l'Assemblée entendît sans retard le rapport de ses comités.

La situation était grave. La perplexité de l'Assemblée se peignait sur tous les visages. Le vote dépendait des dispositions du centre, où se cachaient des royalistes déguisés, comme les Durand-Maillane, les Sieyès, les Boissy d'Anglas, ces véritables suppôts de la contre-révolution. Cette partie de la Convention se joindrait-elle à ceux des membres de la Montagne que la sévérité des principes engageait à se prononcer contre les *indulgents?* Là était toute la question, et le doute pouvait être permis, les applaudissements prodigués aux pamphlets de Camille étant surtout partis des rangs des royalistes. Apparemment l'heure ne sembla point propice encore aux contre-révolutionnaires de la Convention pour ébranler le gouvernement républicain; car, après le scandale causé au sein de la

---

(1) *Moniteur* du 12 germinal (1er avril 1794). Voy. aussi les notes de Robespierre sur différents députés. (*Papiers inédits*, t. II, p. 18.) — La motion de Delmas se trouve non-seulement dans le *Moniteur* du 12 germinal, mais encore dans le *Journal des débats et des décrets de la Convention*, numéro 558, p. 180. Il faut donc que M. Michelet ait bien mal lu les journaux de l'époque pour avoir écrit que pas un journal n'osa mentionner la résistance de la Montagne, et que c'est Robespierre qui nous a appris, dans ses notes secrètes contre plusieurs Montagnards, que Delmas et autres demandèrent qu'on avertît les membres de tous les comités dispersés dans les bureaux afin qu'ils vinssent voter. (*Histoire de la Révolution*, t. VII, p. 196.)

démocratie par les numéros du *Vieux Cordelier*, il est assez difficile
d'admettre avec quelques écrivains (1), qu'en abandonnant Danton, Lacroix et autres, les gens de la droite et ceux du centre
aient cru tuer la République.

Quoi qu'il en soit, Robespierre, qui n'avait consenti à abandonner
Danton que le jour où il était parvenu à se prouver à lui-même
qu'en effet Danton était coupable, voyant l'anxiété à laquelle la Convention paraissait en proie, monta précipitamment les degrés de la
tribune : « A ce trouble depuis longtemps inconnu qui règne dans
cette Assemblée, » dit-il, « il est aisé de s'apercevoir en effet qu'il
s'agit ici d'un grand intérêt, qu'il s'agit de savoir si quelques
hommes aujourd'hui doivent l'emporter sur la patrie. » On demandait l'audition des prévenus à la barre. Mais pourquoi cette motion,
rejetée quand on l'avait proposée pour Bazire, Chabot et Fabre
d'Églantine, semblait-elle favorablement accueillie aujourd'hui par
un certain nombre de membres? « Pourquoi? » s'écria-t-il, « parce
qu'il s'agit de savoir si l'intérêt de quelques hypocrites ambitieux
doit l'emporter sur l'intérêt du peuple français. » Et les applaudissements de retentir. « Eh quoi! » poursuivait Maximilien, « n'avons-nous donc fait tant de sacrifices héroïques, au nombre desquels il
faut compter ces actes d'une sévérité douloureuse, que pour retourner sous le joug de quelques intrigants qui prétendaient dominer? » A Legendre, qui avait rappelé quelques-uns des services
rendus par Danton à la cause de la Révolution, il répondit qu'on
ne demandait pas ce qu'un homme avait fait dans telle circonstance,
mais bien ce qu'il avait fait dans tout le cours de sa carrière politique. Et les applaudissements d'éclater de nouveau. Alors, reprochant à Legendre de n'avoir parlé que de Danton, parce que sans
doute il croyait qu'à ce nom était attaché un privilége, Maximilien
laissa échapper ces paroles : « Non, nous n'en voulons pas de privilége; non, nous n'en voulons point d'idole! » Et ici encore l'orateur fut interrompu par de nouvelles salves d'applaudissements.
Hélas! l'idole, pourrie déjà, comme disait Robespierre, allait être
brisée; mais lui aussi, Maximilien, était l'idole d'une partie du
peuple. Ne le savait-il pas? Et ne savait-il pas qu'on ne manquerait
pas de chercher à l'abattre lui-même?

Au reste, il se préoccupait peu de ses propres périls; au contraire
il semblait courir au devant du danger. A ses ennemis, c'est-à-dire à
ceux de ces comités « émanés de la Convention nationale (2) », il

---

(1) Voy. Michelet, *Histoire de la Révolution*, t. VII, p. 196.

(2) On lit dans l'*Histoire de la Révolution*, par M. Michelet, t. VII, p. 197 : « La
réaction elle-même commençait dans le discours de Robespierre. On y disait tenir le

jetait ce défi hautain : « Je dis que quiconque tremble en ce moment est coupable. » Les Bourdon (de l'Oise), les Montaut, les Tallien, les Delmas, à qui évidemment il faisait allusion, gardèrent le
silence, peu rassurés du reste par les applaudissements de plus en
plus vifs dont continuait d'être salué l'orateur. « Je dois ajouter
ici, » reprit Robespierre, « qu'un devoir particulier m'est imposé
de défendre la pureté des principes contre les efforts des intrigants.
Et à moi aussi on a voulu inspirer des terreurs : on a voulu me faire
croire qu'en approchant de Danton, le danger pourrait arriver jusqu'à moi. On me l'a présenté comme un homme auquel je devais
m'accoler, comme une égide qui m'était utile pour ma défense personnelle, comme un rempart enfin qui, une fois renversé, me laisserait
à découvert à tous les traits de l'aristocratie. On m'a écrit. Les amis
de Danton m'ont fait parvenir des lettres (1), m'ont obsédé de leurs
discours ; ils ont cru que le souvenir d'une ancienne liaison, qu'une foi
antique dans de fausses vertus me détermineraient à ralentir mon
zèle et ma passion pour la liberté. Et bien, je déclare qu'aucun de ces
motifs n'a effleuré mon âme de la plus légère impression. Je déclare
que s'il était vrai que les dangers de Danton dussent devenir des
dangers pour moi, que s'ils devaient donner à l'aristocratie la faculté de faire un pas de plus pour m'atteindre, je ne regarderais pas
cela comme une calamité publique. Que m'importent en effet les dan-

pouvoir, non de l'Assemblée, mais *de la patrie*. Précisément comme l'empereur Napoléon
l'a dit si souvent dans *le Moniteur*. » Un instant, Monsieur Michelet ! Avant d'être aussi
affirmatif, il eût été bon de ne point isoler, en le commentant judaïquement, un mot
échappé a l'improvisation, ou plutôt reproduit inexactement par *le Moniteur*. Avant de
dire : « Les comités ne tiennent que de la patrie leurs pouvoirs, » Robespierre n'a-
vait-il pas dit : « Qu'avez-vous fait que vous n'ayez fait librement, qui n'ait sauvé la
République, qui n'ait été approuvé par la France entière? On veut vous faire craindre
que la liberté ne périsse victime des comités dont l'autorité est émanée de la Convention nationale, que la Convention peut annuler sur-le-champ. » Mais il y a mieux : c'est
qu'il est à peu près certain que Robespierre n'a point prononcé la phrase que lui prête
M. Michelet d'après *le Moniteur*. Voici, en effet. la version du *Journal des débats et des
décrets*, beaucoup plus vraisemblable, puisque celle du *Moniteur* constitue une véritable
absurdité, les comités ne tenant leurs pouvoirs que de la Convention elle-même :
« Quelques membres de cette Assemblée, nous le savons, ont reçu de la part des prisonniers des instructions portant qu'il fallait demander à la Convention quand finirait
la tyrannie des deux comités...; qu'il fallait enfin leur demander compte *de l'exercice du
pouvoir que vous leur avez confié*. Oui, demandez-nous compte de ces pouvoirs qui
sont un immense fardeau dont d'autres ne se seraient peut-être pas chargés dans des
circonstances aussi difficiles... » (Numéro 558, p. 185.) Dans *le Moniteur*, au contraire,
on lit : « Les comités ne tiennent que de la patrie leurs pouvoirs, qui sont un immense fardeau dont d'autres peut-être n'auraient pas voulu se charger. » (*Moniteur* du
12 germinal.)

(1) Ces lettres ont été supprimées par les Thermidoriens.

gers? Ma vie est à la patrie; mon cœur est exempt de craintes parce que je suis exempt de crimes; et si je mourais, ce serait sans reproche et sans ignominie. » Il y avait dans ces paroles un caractère de grandeur qu'on ne saurait méconnaître, et qui produisit sur la Convention un effet extraordinaire. L'orateur fut obligé de s'arrêter, interrompu par des acclamations réitérées, et bien volontaires assurément.

Si des âmes vulgaires, poursuivait Maximilien, redoutaient de voir tomber leurs semblables dans la crainte de ne plus être défendues par une barrière de coupables, il était aussi des âmes héroïques dans cette Assemblée, puisqu'elle dirigeait les destinées de la terre. D'ailleurs, ajouta Robespierre allant au-devant des appréhensions habilement répandues parmi tous les membres de la Convention, « il n'est pas si grand le nombre des coupables. » Puis il rappela à l'Assemblée que les pouvoirs du comité de Salut public émanaient d'elle-même; qu'elle était toujours maîtresse de les lui retirer; que loin de vouloir écraser la Convention, les membres de ce comité lui avaient fait un rempart de leurs corps, et qu'aujourd'hui encore, en lui proposant de frapper une faction non moins dangereuse que celle des hébertistes, ils n'avaient d'autre souci que de maintenir la rigueur des principes et la dignité de la représentation nationale (1).·

Prodigieux fut l'effet de cette éloquente et sinistre improvisation. Legendre vint lâchement renier Danton. S'imaginait-on, dit-il, qu'il voulût défendre un coupable? Dans son égarement il alla jusqu'à proposer à l'Assemblée de rendre un décret contre lui, si on le croyait complice de quelques conspirateurs (2). Barère renchérit ensuite, dans son langage diffus, sur les paroles de Robespierre. Il émit seulement une grande vérité, bonne à rappeler, lorsqu'en réponse à l'accusation de dictature vaguement dirigée contre les comités, il dit que leur autorité était amovible tous les mois, tous les jours, toutes les minutes. Après lui parut Saint-Just. Nous n'avons point à analyser ici le foudroyant discours du jeune rapporteur du comité de Salut public, discours où, à côté d'étincelantes beautés, se rencontrent de ces énormités comme on en trouve dans tous les réquisitoires politiques, sans exception. Disons seulement, pour rester dans notre cadre, que, en ce qui concerne Danton, Saint-Just se borna à revêtir de son style âpre et tranchant les notes demandées sans doute par lui à Robespierre sur ce personnage dont les antécédents de-

(1) *Journal des débats et des décrets de la Convention*, numéro 558, et *Moniteur* du 12 germinal (1ᵉʳ avril 1794) combinés.

(2) *Journal des débats et des décrets de la Convention*, numéro 558, p. 185.

vaient lui être peu connus. Ces notes, ont prétendu certains historiens (1), étaient un véritable projet de rapport. Maximilien les aurait passées à Saint-Just, ne voulant pas, réflexion faite, se charger
du rapport à cause de ses anciennes relations avec Danton. C'est là
une erreur toute gratuite. Le décousu de ces notes, leur peu de
suite, prouvent que c'était un simple recueil de souvenirs rédigé à
la hâte (2). Un profond silence régnait dans l'Assemblée au moment
où Saint-Just monta à la tribune. Son rapport fut souvent interrompu par les plus vifs applaudissements, et le projet de décret par
lequel Danton et ses amis se trouvèrent renvoyés devant le tribunal
révolutionnaire comme complices de d'Orléans et de Dumouriez, fut
ensuite adopté à *l'unanimité*, au milieu des acclamations (3). Aucune voix ne s'éleva en faveur des accusés.

VII

Nous n'avons pas non plus à nous occuper des incidents divers
qui signalèrent le procès des dantonistes, auxquels on avait joint,
par un amalgame inique et bizarre, des individus accusés de faux
ou de concussions, comme Delaunay (d'Angers) et Fabre d'Églantine. Il faut dire pourtant que l'accablante déposition de Cambon
contre celui-ci rejaillit d'une façon fâcheuse sur Lacroix et
sur Danton (4); il faut dire aussi deux mots de l'influence désas-

(1) M. Villiaumé, par exemple. Voy. son *Histoire de la Révolution*, t. III, p. 186,
édition Lacroix.

(2) Ces notes de Robespierre, que les Thermidoriens se gardèrent bien de livrer à la
publicité, faisaient partie de la collection Portiez (de l'Oise). J'en ai vu il y a quelques
années l'original chez M. Feuillet de Conches. Elles ont été publiées sous ce titre, absolument faux : *Projet, rédigé par Robespierre, du rapport fait à la Convention nationale par Saint-Just,* etc. Paris, 1841. France. In-8 de 31 p.

(3) *Moniteur* du 12 germinal (1er avril 1794). Voy. aussi notre *Histoire de Saint-
Just.*

(4) La déposition de Cambon dans le procès des dantonistes fut terrible en ce sens
qu'il en résulta une incertitude très-grande sur l'emploi des cent mille livres en numéraire délivrées à Danton et à Lacroix pour leur mission en Belgique. M. Michelet, qui,
pour blanchir Danton, a travesti de la façon la plus étonnante le procès des dantonistes, assure que Cambon, interrogé par le président sur ce qu'il pensait de Danton et de Desmoulins, et s'il ne les regardait pas comme des conspirateurs, aurait
répondu très-rudement : « Loin de là, je les regarde tous deux comme d'excellents
patriotes, qui n'ont cessé de rendre les plus importants services à la Révolution. »
(*Histoire de la Révolution*, t. VII, p. 208.) Il n'y a pas un mot de cela dans le compte
rendu du procès des dantonistes. Mais, dit M. Michelet, « le *falsificateur* a sans scrupule supprimé ces mots ; *nul journal n'a osé les mettre* que longtemps après. » Il est
évident que le compte rendu des procès politiques de cette époque doit inspirer de très-

treuse qu'eut peut-être sur le sort des accusés une conspiration insensée ourdie par Arthur Dillon dans la prison du Luxembourg.
Très-intimement lié, comme on sait, avec Camille Desmoulins, le
général s'était laissé persuader que l'opinion publique était très-
favorable aux prévenus, et il crut qu'il lui serait facile, à l'aide de
quelques sommes d'argent adroitement semées dans le peuple, de
le déterminer à se porter sur le tribunal révolutionnaire et à délivrer les accusés. Qu'une pareille idée ait germé dans la tête de l'ex-
général, homme ardent et entreprenant, et qu'il soit parvenu à faire
partager ses espérances à quelques-uns de ses compagnons de captivité, cela est très-naturel; et je ne comprends pas, je l'avoue,
comment des historiens graves ont pu, sur la foi de quelques
Thermidoriens, attribuer à une infernale invention des comités de
Salut public et de Sûreté générale cette conspiration, dite des prisons, à laquelle, du reste, l'esprit de parti ne manqua pas de donner
des proportions qu'elle ne comportait pas.

Dillon eut l'imprudence de s'ouvrir de son projet à un ancien mi-

grandes méfiances; mais celui du procès de Danton peut passer pour l'impartialité
même et être considéré comme l'expression exacte de la vérité si on le compare au
compte rendu du procès de Fouquier-Tinville, par exemple, où tout est à l'accusation,
et rien à la défense. Or, c'est dans le compte rendu de ce dernier procès que M. Michelet a été naïvement chercher la prétendue déposition de Cambon, et il s'est bien
gardé de le dire. Et à qui l'a-t-il empruntée? A la déposition de Vilain d'Aubigny, ce
dantoniste exalté dont nous avons signalé plus haut la noire ingratitude à l'égard de
Robespierre. Encore M. Michelet, qui traite de falsificateur le rédacteur du compte
rendu du procès des dantonistes, a-t-il altéré la déposition de d'Aubigny. En effet, celui-ci déclare que, se trouvant à Sainte-Pélagie vers la fin de Thermidor, au moment
où Fouquier y fut amené, il lui reprocha vivement les manœuvres atroces employées
pour perdre Danton, Camille Desmoulins et autres, et que Fouquier lui répondit, — je
cite textuellement : — « qu'il avait fait ce qu'il avait dépendu de lui pour les sauver;
que le 14 germinal, jour où ils avaient été mis en jugement, après la déclaration de
Cambon (il était venu au tribunal pour déposer dans l'affaire de Chabot) faite *sur l'interpellation de Danton et de Camille*, qu'il était bien éloigné, lui Cambon, de les regarder
comme des conspirateurs.... » (Voy. le procès de Fouquier dans l'*Histoire parlementaire*, t. XXXIV, p. 403.) Eh bien, cette interpellation prêtée à Danton et à Camille
par Vilain d'Aubigny, M. Michelet la place adroitement dans la bouche du président.
Écoutez-le :« Le président, voyant Cambon irrité et rouge de la maladroite attaque de
Fabre, *s'enhardit* à lui demander ce qu'il pensait de Danton et de Desmoulins. » (*Ubi
suprà*, p. 208.) Quel historien digne de foi que M. Michelet! Il est à remarquer que
la déposition de d'Aubigny occupe une douzaine de pages, et la réponse de l'accusé...
néant. A la suite des débats qui précédèrent sa condamnation, Fouquier parla pendant plusieurs heures; pas un mot de sa défense n'a été conservé. Voilà, on l'avouera,
une belle autorité à invoquer que le compte rendu du procès de Fouquier-Tinville !
Quant à Cambon, il est si peu probable qu'il ait prononcé les paroles qui lui sont attribuées par d'Aubigny, que plus d'un mois après Thermidor, en pleine Convention, il
traitait encore Danton de conspirateur en l'accouplant à Robespierre. Voy. *le Moniteur*
du 14 vendémiaire an III (15 octobre 1794), séance du 12 vendémiaire.

31

nistre de la République à Florence, nommé Laflotte, détenu comme lui au Luxembourg. Cet homme feignit d'entrer dans le complot ; mais, dans l'espérance d'obtenir sa liberté, sinon par patriotisme, il s'empressa d'avertir les comités de Salut public et de Sûreté générale par lesquels il fut mandé sur-le-champ. Ceci se passait le 13 germinal (2 avril 1794) (1). On lui recommanda, sans nul doute, de paraître toujours disposé à s'associer à la conspiration. Le lendemain, nouvelles confidences de Dillon : l'ex-constituant Thouret, et Simond récemment arrêté, sont du complot ; il fera en sorte de les lui conduire dans sa cellule. En même temps il donne, en sa présence, au guichetier Lambert, une lettre pour Lucile Desmoulins, à la disposition de laquelle il avoue avoir mis une somme de trois mille livres « pour envoyer du monde autour du tribunal révolutionnaire. » Dès le 15 germinal au matin, un des nouveaux administrateurs de police nommés par le comité de Salut public en vertu de la loi du 26 ventôse recevait la déclaration de Laflotte. Aussitôt les comités de Salut public et de Sûreté générale se faisaient amener le porte-clefs de la prison du Luxembourg sous la garde de deux gendarmes (2). Après l'avoir entendu, ils rendaient contre l'infortunée Lucile, ainsi compromise par la légèreté de Dillon, le mandat suivant : « Les comités de Salut public et de Sûreté générale réunis arrêtent que la femme de Camille Desmoulins sera mise sur-le-champ en arrestation à Sainte-Pélagie. Le scellé sera mis sur ses papiers. *Signé :* Dubarran, Couthon, C.-A. Prieur, Carnot, Voulland, Barère, Billaud-Varenne, Robespierre (3). » En même temps Simond, Arthur Dillon, Thouret et tous les autres détenus du Luxembourg étaient rigoureusement séparés les uns des autres et mis au secret (4).

Pauvre Lucile ! au moment de l'arrestation de son mari, éperdue, folle de douleur, elle avait commencé pour Robespierre une lettre où, dans le désordre de ses idées, elle écrivit des choses tout à fait

(1) « Du treizième jour de germinal. Les comités de Salut public et de Sûreté générale chargent le maire de Paris de faire conduire sur-le-champ au comité de Salut public le citoyen Laflotte, détenu au Luxembourg. Il y sera conduit sous sûre garde. *Signé :* Dubarran, Couthon, Billaud-Varenne, Carnot, C.-A. Prieur, Voulland, Robespierre, Barère. » (*Archives,* F 7.1435, liasse B.)

(2) Arrêté signé : Barère, Élie Lacoste, Vadier, C.-A. Prieur, Dubarran, Le Bas, Collot d'Herbois, Billaud-Varenne. (*Archives, ubi suprà.*)

(3) *Archives, ubi suprà.*

(4) « Le comité de Salut public arrête que Simond, député, Arthur Dillon, Thouret, et tous les autres détenus au Luxembourg, seront séparés rigoureusement et mis au secret sur-le-champ. L'administration de police exécutera le présent arrêté et rendra compte dans le jour de son exécution au comité. *Signé :* Billaud-Varenne, Barère, Collot d'Herbois, Carnot, Couthon. » (*Archives,* F 7.1435, liasse B.)

erronées. Ainsi nous y lisons : « Cette main, — celle de Camille — qui a pressé la tienne, a quitté la plume avant le temps, lorsqu'elle ne pouvait plus la tenir pour tracer ton éloge; » eh bien! c'est là une phrase à effet, entièrement contraire à la vérité, puisque Camille tenait encore la plume à l'époque où il fut arrêté, et elle ferait douter de l'authenticité du brouillon de lettre qu'on nous a conservé comme l'œuvre de Lucile, si le trouble de son esprit ne s'expliquait pas amplement par l'étendue de son malheur et la gravité des circonstances. Mais qu'elle est navrante cette lettre! Rien de touchant comme le souvenir des liaisons de Camille et de Maximilien, si délicatement rappelé par elle. Les sourires prodigués par Robespierre au petit Horace, les caresses enfantines de celui-ci à l'ami de son père, tout cela évoqué est d'une vérité poignante et tire les larmes des yeux. A défaut de patriotisme, pense la malheureuse Lucile, l'attachement de son mari pour Maximilien eût dû lui en tenir lieu aux yeux de ce dernier. Aussi Robespierre souffrit-il mille angoisses, j'en ai la conviction, en mettant son nom, lui dix-septième, au bas de l'ordre d'arrestation de cet ami dont personnellement il n'avait eu qu'à se louer depuis le premier jour de la Révolution. Ah! certes, il eût mieux fait de s'abstenir comme Robert Lindet, et de ne point comprimer son cœur pour en arrêter les battements par dévouement patriotique. Mais Lucile se trompait fort quand elle semblait le considérer comme le souverain arbitre des destinées de son mari. Est-ce qu'Amar, Vadier et Voulland, ces noirs démons du procès des dantonistes, est-ce que tous ceux que Camille avait marqués comme d'un fer rouge n'étaient pas là pour rendre vaine la pitié de Maximilien? Au reste, la pauvre femme fut peut-être elle-même prise d'un doute; elle laissa tomber sa plume et n'acheva pas (1). Robespierre ne reçut donc pas cette lettre, dont à coup sûr il aurait eu le cœur brisé, impuissant qu'il eût été à y répondre favorablement. Plusieurs fois, durant le cours de la publication du *Vieux Cordelier*, et à l'époque où à différentes reprises il prit si vivement la défense de Desmoulins, Maximilien dit tristement à sa sœur Charlotte : « Camille se perd (2). » Un moment vien-

(1) Voyez cette lettre à la suite de l'édition du *Vieux Cordelier* donnée par M. Matton, p. 245. — Nulle réponse! s'écrie M. Michelet, t. VII, p. 216. Robespierre pouvait-il répondre à une lettre qu'il n'avait pas reçue? Et M. Michelet devait bien savoir que cette lettre n'avait pas été envoyée.

(2) *Mémoires de Charlotte Robespierre*, p. 141. Dans ces mêmes Mémoires, Charlotte assure (p. 135), qu'à la nouvelle de l'arrestation de Camille, Robespierre courut au Luxembourg pour le supplier de revenir aux véritables principes, mais que Camille refusa de le voir, et elle ajoute que ni Camille ni Danton n'eussent péri, si le premier n'eût pas repoussé Robespierre au moment où celui-ci lui tendait la main. Il y a là

drait, il le pressentait bien, où il ne lui serait plus possible de le défendre.

A l'heure où un mouvement se produisait dans les prisons en faveur des accusés dont le sort se jouait dans le prétoire du tribunal révolutionnaire, une agitation extraordinaire régnait parmi les prévenus. On sait combien tumultueuse fut la troisième journée du procès des dantonistes, et comment, instruite par une lettre de l'accusateur public de l'orage qui grondait au palais, la Convention, après avoir entendu, sur la demande de Billaud-Varenne, la dénonciation de Laflotte, ordonna la continuation des débats d'abord, et décréta « que tout prévenu de conspiration qui résisterait ou insulterait à la justice nationale serait mis hors des débats (1). » Elle prescrivit ensuite, sur une motion de Robespierre, que les déclarations de Laflotte et le rapport de Saint-Just qui avaient motivé son décret seraient lues à l'audience, en présence des accusés. En ce moment Billaud-Varenne reprit la parole pour engager ses collègues à recevoir à la barre la femme de Philippeaux, laquelle avait fait demander la permission de s'y présenter pour réclamer en faveur de son mari. Il fallait, suivant Billaud, lui donner lecture d'une lettre de Garnier (de Saintes) toute remplie des faits les plus graves contre son mari, afin qu'elle apprît qu'elle sollicitait pour un conspirateur (2). Mais c'était là un acte d'inhumanité inutile. Robespierre s'y opposa vivement. Pourquoi admettre à la barre la femme de Philippeaux, quand cette faveur avait été refusée aux femmes d'autres accusés? « On n'a pas besoin, » dit-il, « de confondre la femme de Philippeaux avec lui-même; il est devant la justice, attendons son jugement (3). » L'Assemblée se rendit aux observations de

---

certainement une erreur de souvenir de la part de Charlotte, ou bien elle a été mal informée.

(1) Voyez, à ce sujet, notre *Histoire de Saint-Just*, t. II, liv. IV, ch. v, de l'édition Meline et Cans.

(2) *Journal des débats et des décrets de la Convention*, numéro 562.

(3) Séance du 15 germinal (4 avril 1794). Voyez *le Moniteur* du 16 germinal. On lit dans l'*Histoire de la Révolution*, par M. Michelet, t. VII, p. 127 : « Au moment du vote, la femme de Philippeaux était en larmes à la barre. « Point de privilége! » dit Robespierre, et il la fit repousser au nom de l'égalité. » Tout cela est complétement faux. La femme de Philippeaux n'était pas à la barre. On avait tout simplement lu une lettre par laquelle elle demandait son admission. (Voir *le Moniteur* du 16 germinal). Mais M. Michelet tenait à nous la présenter *en larmes* à la barre. C'est en effet beaucoup plus pittoresque. Quant au sentiment qui a inspiré Robespierre, nous ne pouvons que renvoyer nos lecteurs au rapport du représentant Saladin, qui, assurément, ne peut passer pour un robespierriste : « Heureusement Robespierre, plus humain cette fois que Billaud-Varenne, s'y opposa, et vous n'eûtes pas à rougir de voir sous vos yeux insulter à la douleur d'une femme qui venait vous implorer. » (P. 87.)

Maximilien, et elle écarta par l'ordre du jour la proposition de Billaud-Varenne, ne voulant pas insulter à la douleur d'une femme qui se présentait en suppliante.

VIII

Le 16 germinal de l'an II (5 avril 1794) fut rendu le fatal verdict contre les dantonistes, auxquels, avons-nous dit, se trouvaient accolés d'ailleurs des hommes peu dignes de recommandation. Un seul parmi les accusés trouva grâce devant le tribunal révolutionnaire : ce fut l'ancien procureur général syndic du département, Lulier, qui avait été arrêté quelques jours avant Danton, par les ordres du comité de Sûreté générale, à cause de ses liaisons avec le conspirateur de Batz et comme complice du faux relatif au décret sur la compagnie des Indes. Au moment de son arrestation, il avait écrit à Robespierre, « témoin de ses premiers essais politiques, » pour lui expliquer toute sa conduite et le prier d'intercéder en sa faveur auprès des comités : « Ma confiance en vous me porte à vous adresser mes réclamations, et je pense que vous les accueillerez avec le sentiment de justice qui vous a toujours accompagné (1). » Maximilien parla-t-il en faveur de Lulier à quelques jurés de sa connaissance? C'est peu probable. Quoi qu'ait dit la calomnie, sans jamais rien prouver, il n'entrait point dans son caractère de chercher à influencer aucun des membres du tribunal; nous avons rapporté un mot de Duplay qui donne la mesure de son extrême réserve à cet égard. Lulier fut acquitté parce qu'il n'y eut aucune charge sérieuse contre lui. Retenu en prison comme suspect, le malheureux s'ouvrit les veines dans son cachot.

On s'est livré, à propos du procès des dantonistes, à une foule de conjectures plus ou moins invraisemblables. Ce fut un procès politique, c'est évident, mais ce ne fut pas un procès entre Robespierre et Danton, comme on l'a audacieusement prétendu. Les dantonistes n'avaient jamais attaqué Robespierre personnellement, et celui-ci n'avait pas à se venger d'eux. Les paroles suivantes, prêtées après coup à certains jurés, paroles prononcées peut-être par quelques-uns d'entre eux : « Il fallait choisir entre Robespierre et Danton, » ne méritent donc aucune espèce de confiance. Maximilien n'était pour rien dans l'affaire. Le procès des dantonistes fut un véritable coup de bascule, la revanche de celui des hébertistes. Danton et ses amis périrent victimes des applaudissements de la contre-révolution.

(1) Voy. cette lettre dans les *Papiers inédits*, t. Ier, p. 220.

Il est donc souverainement absurde de prétendre que la chute de la République date non du 9 Thermidor, mais du jour de l'immolation des dantonistes, et que cette néfaste journée plongea la France dans une voie rapide de réaction monarchique (1). Ce jour-là, au contraire, la contre-révolution, triomphante après le supplice des hébertistes, se sentit vaincue, et elle rentra sous terre pour n'en plus sortir, terrible et affamée de vengeances, qu'après Thermidor. Avant comme après cette triste journée du 16 germinal, la bataille continua entre le nouveau régime et l'ancien, entre les partisans de la Révolution et ses ennemis de l'intérieur ou de l'extérieur, mais les vrais principes républicains ne bougèrent pas plus à la mort des dantonistes qu'à celle des Girondins : nulle altération jusqu'au lendemain du 9 Thermidor. Est-ce que jusqu'à cette dernière catastrophe la réaction, dans le sens technique du mot, gagna un pouce de terrain? Est-ce que la probité la plus stricte ne continua pas d'être à l'ordre du jour? Est-ce que les patriotes ne furent pas défendus, protégés, encouragés? Si grande qu'ait été la perte de Danton, elle ne laissa pas un vide irréparable dans la République. Danton n'était pas une des colonnes essentielles du temple. Robespierre tombe, au contraire : ah! le beau règne de la justice et de la modération qui commence! Tout s'effondre, tout croule, tout disparaît de ce que l'on avait eu tant de peine à fonder. Adieu les principes de 1789! Adieu la constitution de 1793, où il sont affirmés dans leur plus sincère expression! Voici revenues les diverses catégories de citoyens; voici les *passifs*, c'est-à-dire les parias de la société. Pourquoi donc des droits à qui ne possède pas? Place aux acquéreurs de biens nationaux! Le peuple est relégué au dernier plan, pieds et mains liés. La bourgeoisie aristocratique, c'est-à-dire la bourgeoisie dans ce qu'elle a de plus hideux, jalouse, envieuse, insatiable de jouissances, corruptrice et corrompue, va inaugurer son règne cimenté de boue et de sang. Plus de République, plus de Révolution, plus rien. Maintenant prononcez entre Danton et Robespierre. Il n'est pas, que je sache, de meilleur critérium pour juger ces deux personnages au point de vue de la démocratie.

IX

L'effet immédiat de la mort des dantonistes fut d'abord, comme nous venons de le dire, de réprimer les velléités de réaction soule-

(1) *Histoire de la Révolution*, par Michelet, t. VII, p. 204.

vées par le supplice des exagérés, puis d'affermir le pouvoir entre les mains du comité de Salut public, délivré de deux oppositions rivales. Les ministres de l'intérieur et des affaires étrangères, Paré et Deforgues, tous deux créatures de Danton, furent arrêtés et conduits au Luxembourg. Le second s'empressa de réclamer auprès de Robespierre : « Je suis en état d'arrestation, on m'a conduit cette nuit au Luxembourg ; vous le saviez, Robespierre, puisque vous avez signé le mandat d'arrêt (1). » Il lui rappelait son amour constant pour la Révolution, ses anciennes relations avec lui : « Je vous ai toujours confondu dans mon cœur avec la liberté, que vous défendez et que j'ai toujours défendue avec vous. » Un passage de cette lettre nous apprend que ce fut par Deforgues lui-même que Robespierre connut l'intention du comité de Salut public de le porter, lui Deforgues, au ministère des affaires étrangères. Sur quoi Maximilien s'était écrié, — c'était en juin 1793 : — « Cela n'est pas possible ! mais nous sommes donc sauvés ! » Cette marque de confiance, déjà ancienne, le ministre déchu l'invoquait pour demander, en termes d'ailleurs très-dignes et très-nobles, à Robespierre son appui : « Votre suffrage m'est nécessaire... vous devez être vous-même mon garant ; vous l'avez été aux époques les plus intéressantes de ma carrière publique (2)... » Robespierre, il faut le croire, ne manqua pas d'intercéder vivement en faveur du ministre détenu, et parvint cette fois à se faire écouter de ses collègues, car Deforgues ne tarda pas à recouvrer sa liberté.

La mort d'Hébert avait été, dans certains pays notamment, le signal d'une véritable levée de boucliers contre les patriotes, qu'on poursuivait sous le nom d'hébertistes, comme cela eut lieu à Lyon. Le comité de Salut public dut intervenir pour protéger la société populaire de Commune-Affranchie. Il déclara par un arrêté que, la mort d'un patriote étant une calamité publique, on regarderait comme conspirateurs ceux qui persécuteraient les amis de Chalier. Et, ajouta Robespierre en annonçant ces nouvelles au club des Jacobins, si l'arrêté du comité n'est pas respecté, le sang innocent des patriotes sera vengé (3). Par contre, Maximilien faisait mettre à l'ordre du jour de la société, dans la séance du 16 germinal (5 avril 1794), la conspiration nouvelle déjouée par les comités, en invitant les citoyens à révéler toutes les circonstances se rattachant

(1) Mandat signé : Dubarran, Élie Lacoste, Vadier, Moïse Bayle, Robespierre, C.-A. Prieur, Barère, Saint-Just, Amar, Carnot, Collot d'Herbois.

(2) Cette lettre n'a pas été publiée par Courtois. Voyez-la dans les *Papiers inédits*, t. II, p. 189.

(3) Séance des Jacobins du 11 germinal (31 mars 1794). *Moniteur* du 16 germinal.

à cette conspiration. Sa proposition, il est vrai, avait pour but de
détourner l'attention des Jacobins d'une motion présentée dans la
journée à la Convention nationale et adoptée par elle au milieu
des applaudissements, motion en vertu de laquelle chacun des
membres de l'Assemblée était tenu, dans le délai d'un mois, de
rendre compte au peuple de sa conduite publique et privée et de lui
présenter le compte de sa fortune. Or, si quelqu'un pouvait venir
dire à ses concitoyens, la tête levée et sans crainte d'être atteint du
plus léger soupçon : Voilà quelle a été ma conduite depuis l'origine
de la Révolution, voici ce que je possède, c'était assurément Maximilien Robespierre. Mais dans cette proposition, partie « d'une âme
honnête et juste, » il vit un danger, et il s'empressa de le signaler.
On pouvait être pauvre et aristocrate en même temps, comme on
pouvait être riche et excellent patriote aussi, laissa-t-il entendre.
Évidemment il craignit que de cette motion les malveillants ne se
fissent une arme contre tous ceux qui possédaient, il craignit l'inquisition portée dans toutes les familles. « Elle ne présente pas des
résultats heureux, » objecta-t-il. Quoi de plus facile que de dire : Je
suis pauvre, en mettant à l'abri une fortune acquise par des moyens
honteux ? Ne verrait-on pas les riches se dépouiller, en apparence,
de leurs trésors, comme les nobles de leur noblesse ? « Les patriotes
sont purs, » ajouta Robespierre ; « s'il en est à qui la fortune ait accordé des dons que la vertu méprise et que la cupidité seule estime,
ils sont bien loin de vouloir les cacher ; ils n'ont pas de plus grand
désir que d'en faire un noble usage ; il n'y a que les conspirateurs
qui mettent leur intérêt à les soustraire à la vue du peuple. » La
seule chose importante à ses yeux était de protéger l'innocence et de
ravir à la tyrannie l'affreux espoir de détruire les patriotes. De longs
applaudissements accueillirent ces paroles, et à sa voix la société
repoussa une proposition du représentant Chasles tendante à ce que
Couthon rendît compte de la séance conventionnelle où avait été
rendu le décret blâmé comme impolitique par Robespierre (1). L'auteur de ce décret, inspiré par le sentiment le plus délicat, était en
effet Couthon. On voit comme ces prétendus triumvirs se concer-
taient pour subjuguer la Convention nationale !

On entendit, dans cette même séance des Jacobins, Maximilien se
déchaîner avec une véhémence extraordinaire contre Dufourny de
Villiers, ex-président du directoire du département, dénoncé par Vadier comme appartenant à la faction des dantonistes. Dufourny était
un grand ami de Bourdon (de l'Oise). C'était contre ses attaques,

_____

(1) Voy. *le Moniteur* du 20 germinal (9 avril 1794).

on s'en souvient peut-être, que Robespierre avait défendu Camille Desmoulins. Il incrimina sévèrement toute sa conduite, lui reprocha durement ses relations avec Fabre d'Églantine et ses démarches pour le sauver. Il venait d'achever de parler, au milieu de nombreuses acclamations, en proposant à la société de prendre une mesure à l'égard de cet individu, quand un membre demanda l'exclusion de Dufourny et son renvoi devant le comité de Sûreté générale, ce qui fut aussitôt adopté (1). Le même jour les comités réunis avaient rendu contre lui un mandat d'arrestation (2).

On se ferait difficilement une idée de la lâcheté dont firent preuve en ces circonstances les amis de Danton. Qui par exemple obligeait Legendre de venir réclamer de la Convention, dans la séance du 18 germinal (7 avril 1794), un décret d'accusation contre son collègue Simond, présenté par lui comme un des conspirateurs de la prison du Luxembourg, où, dit-il, se trouvaient sûrement des complices de ceux qui avaient péri sur l'échafaud? Qui l'obligeait de se vanter d'avoir reçu une lettre dans laquelle, en flattant son amour-propre et son ambition, on l'invitait à porter le premier coup à la Convention, à s'armer de deux pistolets et à assassiner au milieu de l'Assemblée Robespierre et Saint-Just? Cela n'était nullement exact d'ailleurs, et Legendre exagérait ici à dessein. Dans la lettre en question on ne nommait ni Saint-Just ni Robespierre. On s'y exprimait ainsi : « Crois-tu que ce comité de tyrans ne t'atteindra pas? Tu te trompes, il atteindra toi, Thuriot, Bourdon (de l'Oise), Panis, Sergent et autres... Les accusés vivent encore, tu peux, dis-je, renverser ce colosse (le comité). Réunis-toi avec Thuriot, avec Bourdon (de l'Oise), Panis, Sergent et d'autres dont tu connais les principes... Sois armé, par précaution, toi et tes amis, de deux pistolets ; immole avec eux, au milieu de cette Assemblée, comme autrefois Brutus immola César, immole, dis-je, ces nouveaux Catilinas, ce dictateur surtout à qui tous moyens sont bons pourvu qu'il parvienne à ses fins. Ce sont les tyrans de la patrie, les tuer n'est pas un crime (3). »

(1) Voy. le Moniteur du 20 germinal ubi suprà.

(2) Mandat signé : Billaud-Varenne, Élie Lacoste, Voulland, Le Bas, C.-A. Prieur, Vadier, Jagot, Carnot, Barère, Robespierre, Collot d'Herbois, Amar, Moyse Bayle, Louis (du Bas-Rhin), Saint-Just. (Archives, F 7.1435.) Dufourny recouvra sa liberté après le 9 Thermidor. En frimaire de l'an III (novembre 1794), il fut vivement inculpé par Cambon comme un des auteurs du 2 Septembre. Voy. le Moniteur du 9 frimaire (29 novembre 1794).

(3) La lettre dont parle ici Legendre, et dont il nous a été permis de donner un extrait, est complétement inédite. L'original en existe aux Archives, F 7, 1435, liasse B. Au bas de cette lettre nous lisons ces mots, tracés par Legendre, dont nous conservons soigneusement l'orthographe : « Je recois cette letre et son envelope le

Il est à remarquer qu'entre cette lettre d'un dantoniste fougueux et le fameux libelle de Lecointre, intitulé : *Conjuration formée dès le 5 prairial par neuf représentans*, il y a des ressemblances frappantes. Quoi qu'il en soit, Legendre déclara fièrement qu'il ne s'était pas laissé séduire par les belles paroles de son correspondant anonyme, et qu'il regardait le comité de Salut public comme seul capable de garantir la liberté du naufrage (1).

Bourdon (de l'Oise), l'hypocrite Bourdon, vint ensuite et fit une déclaration à peu près semblable. Une lettre conçue dans des termes identiques lui avait été remise le matin par un huissier. Seulement, eut-il soin d'ajouter, elle aurait dû lui parvenir plus tôt, car on l'invitait à se rendre au palais de justice afin d'y exciter le peuple et de faire égorger le tribunal (2). Cette double déclaration, dont la lâcheté n'échappera à personne, se produisit au moment où Fouquier-Tinville informait la Convention de l'existence reconnue d'un complot formé au Luxembourg par un certain nombre de détenus pour *égorger* les membres du comité de Salut public. Ainsi c'étaient des dantonistes qui venaient en aide à l'accusation. Ah ! quand moins de huit jours après Lucile Desmoulins fut livrée au bourreau, se dirent-ils, ces amis du pauvre Camille, qu'ils avaient eux-mêmes contribué à pousser sa veuve à l'échafaud ?

Est-il vrai, comme le pense un historien de nos jours (3), que n'ayant qu'un mot à dire pour sauver la femme de son plus vieil ami, Robespierre ne voulut point le dire ? C'est là une assertion tout à fait erronée. Robespierre n'avait point d'ordres à donner en son privé nom à l'accusateur public, et il ne lui en donna jamais, comme d'ailleurs nous ne tarderons pas à le prouver. J'inclinerais plutôt à croire que pour sauver cette charmante Lucile, la fille d'une femme dont, paraît-il, il avait été un moment sur le point de devenir le gendre (4), il tenta auprès de ses collègues des efforts restés sans résultat. Ai-je besoin de répéter combien, si son influence

quintidy germinal, 2ᵐᵉ décade et je la depose entre les mains de mes colegue composant le comité de Salut publique.» Les correspondants anonymes de Legendre ne se rebutèrent pas, car cinq jours après il recevait un nouveau factum qu'il s'empressait d'aller également porter au comité. Au bas de cette seconde lettre, qui a été reproduite dans les *Papiers inédits*, t. 1ᵉʳ, p. 183, Legendre a encore écrit de sa main : « Letre qui mats été remise yer soir le vingt germinale. Et que je vais deposer entre les mains de mes colegues du comité de Salut publique. »

(1) *Moniteur* du 20 germinal (9 avril 1794), et *Journal des débats et des décrets de la Convention*, numéro 565.

(2) *Ibid.*

(3) M. Villiaumé, t. III, p. 225.

(4) C'est ce qui résulte d'une lettre d'imprécations qu'eut le projet de lui adresser Mᵐᵉ Duplessis, lettre publiée par M. Matton.

morale était grande au dehors, était petite sa prépondérance réelle
sur les deux comités. C'est à peine si parfois il pouvait obtenir justice pour ses plus chers amis. « J'ai fait, » écrivait-il en mai 1794
à un ancien juré près le tribunal criminel extraordinaire, « tout ce
qui étoit en mon pouvoir pour vous procurer la justice qui est due
à votre civisme pur et imperturbable, et tous les bons citoïens vous
l'ont rendue. Mais gardez-vous, mon ami, de douter jamais de ma
tendre amitié ; après la patrie, je n'aime rien autant que les hommes
qui vous ressemblent. Vous partagez avec tous les vrais amis de la
République et de la vertu les disgrâces que vous essuyez avec courage ; que votre civisme vous console des persécutions qu'il vous a
attirées. Comptez sur mon tendre dévouement, mais ayez quelque
indulgence pour l'état de lassitude et d'accablement où mes pénibles occupations me mettent quelquefois. Adieu, embrassez pour
moi tout ce qui vous est cher (1). » Il y a dans cette lettre une
phrase remarquable : « Après la patrie, je n'aime rien autant que
les hommes qui vous ressemblent. » Elle explique à elle seule comment on put amener Robespierre à consentir à l'abandon de Camille et de Danton. Cette lettre démontre encore qu'il était loin
d'avoir la puissance efficace qu'on lui prête généralement. De cela
les preuves abondent. Il lui fut impossible de mettre fin aux persécutions exercées contre les prêtres même assermentés, persécutions
aussi iniques qu'impolitiques. Plusieurs ecclésiastiques s'étant
adressés à lui pour savoir quel parti ils devaient prendre, il les
engagea à rester dans leurs paroisses et à continuer l'exercice de
leur culte aussi longtemps que cela leur serait possible ; « ce qui
prouve, » ajoute l'écrivain royaliste auquel nous empruntons ce détail, « qu'il n'était pas si exclusivement le maître qu'on a pu le
croire (2). »

Le même écrivain, peu suspect de partialité en faveur de Robespierre, cite, au sujet de l'exécution de Madame Elisabeth, un fait
qui mérite d'être rapporté. On a vu comment Maximilien était parvenu à arracher la sœur de Louis XVI aux fureurs des exagérés ;
et, ceux-ci morts, il était permis de croire que la pauvre femme serait oubliée au fond du Temple. Mais il ne put ravir aux hébertistes
des comités ce qu'il avait victorieusement disputé à Hébert ;
Madame Élisabeth périt dans le courant de floréal, victime d'une
politique impitoyable. Maintenant laissons parler notre auteur :

(1) Lettre inédite (de la collection Portiez [de l'Oise]).
(2) *Essais historiques sur les causes et les effets de la Révolution de France*, par
C.-F. Beaulieu, t. V, p. 484.

« Voici ce qui m'a été plusieurs fois raconté par un homme qui
avait souvent des conversations avec lui (Robespierre), le libraire
Maret, établi alors à l'entrée du Palais-Royal. Robespierre passait
souvent le soir à la boutique de ce libraire, qui se faisait distinguer
par beaucoup de bonhomie; c'était là que l'on venait se dire et
se demander à l'oreille quels étaient les événements du jour.
Lorsque les nouvellistes s'étaient retirés, Robespierre *laissait ses satellites à quelque distance*, se présentait chez Maret, et, en feuilletant
quelques livres, lui demandait ce que l'on disait dans le public. Le
jour que Madame Élisabeth fut exécutée, il vint à la boutique,
accompagné de M. Barère, et demanda sur quoi roulaient les conversations. — On murmure, on crie contre vous, lui dit avec franchise le libraire; on demande que vous avait fait Madame Élisabeth,
quels étaient ses crimes, pourquoi vous avez envoyé à l'échafaud
cette innocente et vertueuse personne. — Eh bien! dit Robespierre,
en s'adressant à Barère, vous l'entendez, c'est toujours moi... Je
vous garantis, mon cher Maret, que loin d'être l'auteur de la mort
de Madame Élisabeth, j'ai voulu la sauver; c'est ce scélérat de
Collot d'Herbois qui me l'a arrachée (1). » Otez de ce récit une mise
en scène puérile, les satellites de Robespierre, l'expression de scélérat appliquée à Collot d'Herbois, et il en reste un fait vrai, incontestable, incontesté, l'opposition constante de Maximilien au sacrifice
inutile de Madame Élisabeth, et son impuissance à la sauver. Aussi
les Thermidoriens, voulant faire de Robespierre un royaliste, ont-
ils prétendu qu'il avait eu l'intention d'épouser Madame Élisabeth, dans l'espérance de s'asseoir avec elle sur le trône de
France (2).

X

Robespierre visait-il à la dictature? Il faut insister sur cette question. Des historiens prétendus graves ont soutenu l'affirmative. Ils
ont été plus loin; ils l'ont présenté comme s'étant trouvé nanti, en
un mois ou six semaines, de tout instrument de pouvoir (3). Or
cette thèse, uniquement fondée sur les déclamations des Thermi-

(1) *Essais historiques sur les causes et les effets de la Révolution de France*, par C.-F.
Beaulieu, t. VI, p. 10, en note.
(2) Dans un des mille libelles publiés à la chute de Robespierre, on lit qu'au lendemain du 9 Thermidor la fille de Louis XVI prit le deuil. (Voyez le libelle intitulé :
*Nouveaux et intéressants détails de l'horrible conspiration de Robespierre et de ses com-
plices.*)
(3) M. Michelet entre autres, *Histoire de la Révolution*, t. VII, p. 204 et 230.

doriens, qui, ayant besoin d'un prétexte pour expliquer l'assassinat de Robespierre, ne surent pas en trouver d'autre que cette accusation ridicule, cette thèse, dis-je, était à prouver, ce dont on s'est bien gardé. Nous avons déjà fait voir combien nulle était son influence sur ses collègues des comités; quand nous aurons démontré, par les propres aveux de ses ennemis, que la majorité du comité de Salut public lui fut presque toujours opposée, nous aurons amené les esprits justes à reconnaître cette vérité, à savoir que l'idée de s'emparer de la dictature ne lui vint jamais à la pensée, et que jamais non plus il n'en eut l'exercice entre les mains. Un des premiers soins de son cher Couthon, après l'exécution des dantonistes, ne fut-il pas d'obtenir de la Convention nationale qu'elle proclamât de nouveau la sentence terrible consignée dans la Déclaration des droits, sentence qui punissait de mort tout individu convaincu d'aspirer à usurper la souveraineté du peuple (1)? On verra bientôt à l'aide de quels subterfuges étonnants, par quelles machinations incroyables les ennemis du plus ardent ami de la liberté essayèrent de rejeter sur lui la responsabilité d'actes auxquels très-souvent il refusa de s'associer.

La tactique des principaux adversaires du comité de Salut public avait été de s'en prendre aux divers ministres qui exerçaient le pouvoir exécutif sous le contrôle de ce comité. Voulant déjouer les calculs de la malveillance, le comité de Salut public proposa par la bouche de Carnot, à la Convention nationale, de supprimer les six ministères et de les remplacer par douze commissions administratives, rattachées au comité de Salut public, sous l'autorité de la Convention nationale, afin, dit le rapporteur, de diviser et de restreindre les pouvoirs particuliers, tout en conservant au gouvernement l'unité de direction et l'ensemble des mesures. C'était, ajoutait Carnot, une agence révolutionnaire devant exister jusqu'à ce qu'une paix solide, imposée aux ennemis de la République, rendît à l'Assemblée « la faculté de détendre insensiblement des ressorts que le crime, les factions et les dernières convulsions de l'aristocratie la forçaient encore de tenir comprimés (2). » Carnot était ici en complète communauté d'idées avec Robespierre. Le projet de décret présenté par Carnot, à la suite de son rapport, fut adopté sans discussion et à l'unanimité.

Les commissions instituées en vertu de ce décret étaient : 1° Celle des administrations civiles, police et tribunaux; 2° celle de l'instruc-

(1) Séance du 16 germinal. Voy. le Moniteur du 17 germinal (6 avril 1794).
(2) Voy. le rapport de Carnot dans l'Histoire parlementaire, t. XXXII, p. 166.

tion publique; 3° celle de l'agriculture et des arts; 4° celle du commerce et des approvisionnements; 5° celle des travaux publics; 6° celle des secours publics; 7° celle des transports, postes et messageries; 8° celle des finances; 9° celle de l'organisation et du mouvement des armées de terre; 10° celle de la marine et des colonies; 11° celle des armes, poudres et exploitation des mines; 12° celle des relations extérieures. A la tête de ces diverses commissions, furent placés des directeurs ou commissaires et des adjoints. Tous les hommes appelés à ces hautes fonctions, auxquelles était attaché un traitement assez peu élevé, étaient des hommes d'une probité connue et d'un patriotisme irréprochable. Un certain nombre d'entre eux furent très-probablement nommés à la recommandation de Robespierre; cependant, à l'exception du jeune Jullien, appelé aux fonctions d'adjoint du commissaire de l'instruction publique, je ne vois dans la liste aucun de ses amis particuliers. Herman, mis à la tête de la commission des administrations civiles, police et tribunaux, était certainement très-estimé de Robespierre, qui, dans une note de sa main, l'a qualifié ainsi : « homme éclairé et probe, capable des premiers emplois (1); » mais il ne savait même point par qui il avait été désigné aux suffrages de la Convention, quand au mois d'août 1793 celle-ci l'investit des redoutables fonctions de président du tribunal révolutionnaire, et il put déclarer publiquement, sans recevoir aucun démenti, que dans l'espace de huit mois, quoique voisin de la maison où demeurait Maximilien, il n'avait été que cinq fois chez ce dernier (2). Les candidats furent évidemment présentés par l'un et par l'autre et discutés en séance du comité. Plus d'un se trouva singulièrement étonné de sa nomination. Je citerai notamment Lerebours, à cause du rôle qu'il fut appelé à jouer dans la soirée du 9 Thermidor. Capitaine de la garde nationale de Pontarlier, président de la société des Amis de la liberté de cette ville, procureur syndic du département, Lerebours s'était distingué, jeune encore, par les discours et les actes les plus patriotiques, et il avait su mériter la confiance des représentants Siblot et Michaud, en mission dans le département du Doubs. Ce furent ces deux députés qui le recommandèrent au comité de Salut public (3). Invité par une dé-

(1) Voyez cette note à la suite du rapport de Courtois, et dans les *Papiers inédits*, t. II, p. 11.

(2) Mémoire justificatif pour le citoyen Herman. Une lettre d'Herman à Robespierre, de brumaire an II, insérée dans les *Papiers inédits*, t. I, p. 280, prouve le peu d'intimité qui existait entre eux.

(3) Nous tenons ces détails du propre fils de Lerebours, Pierre-Victor Lerebours, mort depuis peu et qui a été connu dans les lettres et au théâtre sous le nom de Pierre-Victor.

pêche à se rendre à Paris et à se présenter le jour même de son arrivée devant le comité, Lerebours partit aussitôt sans savoir au
juste ce qu'on voulait de lui. Au comité il fut reçu par Robespierre.
A peine eut-il décliné son nom : « Vous avez de l'ardeur, de l'é-
nergie, » lui dit Maximilien, « c'est ce qu'il nous faut. Nous avons
eu des renseignements sur vous ; le comité de Salut public vous
nomme commissaire des secours publics. Installez-vous aujourd'hui
même rue de Varennes ; allez, le comité compte sur vous. » Comme
le jeune homme interdit semblait hésiter : « On ne discute pas avec
son devoir, quand il s'agit de servir la République (1). » Il n'y avait
rien à répliquer, Lerebours accepta. Appelé à travailler souvent
avec Robespierre, comme directeur de la commission des secours
publics, il ne fut pas longtemps à apprécier Maximilien à sa juste
valeur et à s'attacher étroitement à lui. Des quarante fonctionnaires
présentés par Barère à l'acceptation de la Convention nationale
dans la séance du 29 germinal (18 avril 1794), Lerebours et Fleuriot-Lescot furent à peu près les seuls qui se dévouèrent activement
à la cause de Robespierre dans la journée du 9 Thermidor. Ce ne
furent donc pas de pures créatures de Robespierre qui prirent la direction des commissions instituées à la place des ministères ; le comité ne se les fût point laissé imposer.

On ne sait pas assez quel était, à l'égard de ses collègues, la situation personnelle de Robespierre. Les membres des anciens comités ont bien essayé de rejeter sur lui la responsabilité de toutes
les sévérités qu'ils avaient jugées indispensables ; mais, outre qu'il
suffit d'avoir quelque peu étudié aux sources l'histoire de la Révolution pour savoir à quoi s'en tenir sur leur insoutenable prétention,
ils ont pris soin eux-mêmes de se contredire avec une étrange grossièreté. C'est ainsi que par leur propre aveu nous apprenons que l'intelligence des membres du comité opposés à Robespierre et formant
la majorité était telle, que d'un coup d'œil leur parti était pris et la
majorité acquise (2). Puis c'est Billaud-Varenne qui demande à Lecointre si Prieur (de la Côte-d'Or), si Robert Lindet, si Carnot étaient
des hommes à se laisser mener (3) ; il s'élève avec raison contre cette

(1) Ce récit est à peu près celui de M. Charles Reybaud dans une note qu'il a écrite
tout exprès pour M. Villiaumé (*Histoire de la Révolution*, t. III, p. 471), et dans un article du *Journal* de M. Alphonse Karr du 17 octobre 1848. Seulement M. Reybaud l'a
fait précéder d'une sorte de petit roman auquel nous n'avons pas cru devoir ajouter
foi, non qu'il soit de M. Reybaud, mais parce que Lerebours, ainsi que nous l'a
affirmé son fils, avait eu le tort de chercher à détruire l'idée qu'il avait joué un
rôle politique dans la Révolution.

(2) *Dénonciation de Laurent Lecointre*, p. 172.

(3) *Réponse de J.-N. Billaud* à Lecointre, p. 94.

bonhomie ridicule qu'il prête, lui Lecointre, à Carnot, et qu'on lui a si souvent prêtée depuis pour excuser sa participation aux actes de la Terreur. Il est si peu exact que Robespierre se soit occupé particulièrement des choses de police, comme on l'en a accusé, que sa signature ne figure ni sur l'arrêté du comité de Salut public du 23 ventôse (13 mars 1794), invitant le commandant de la force armée de Paris à envoyer chaque jour au comité l'ordre et les consignes donnés pour le maintien de la police, ni sur l'arrêté en date du 29 ventôse, enjoignant aux administrateurs de police et à tous les chefs de la force armée employée près de chaque prison ou maison d'arrêt de Paris, de rendre compte aux comités de Salut public et de Sûreté générale, chaque jour deux fois et par écrit, de l'état des prisons (1) ; et cependant sa présence au comité, ces deux jours-là, est constatée par les registres du comité, que nous avons sous les yeux. Il n'avait pas davantage signé un autre arrêté du 25 ventôse (15 mars 1794) autorisant l'accusateur public du tribunal révolutionnaire à employer le nombre de surveillants nécessaire pour connaître et déjouer les complots (2). Mais plus nous avancerons, plus nous aurons à nous heurter à chaque pas contre les plus ineptes et les plus odieuses calomnies.

XI

Robespierre, cependant, s'attachait à concilier la justice avec les rigueurs nécessitées par les circonstances. Il exigeait des dénonciateurs la probité la plus stricte, et voulait qu'on prît sur eux les informations les plus précises avant d'ajouter foi à leurs déclarations, sachant combien en ce temps de crise et de troubles les haines particulières pouvaient insolemment se jouer de l'intérêt public. Dans la séance du 16 germinal (5 avril 1794), aux Jacobins, il signala la conduite tortueuse de certains dénonciateurs, en prenant la défense d'un officier belge du nom de Fion (3). Jamais il ne refusa le secours de sa parole aux patriotes obscurs injustement opprimés. C'est aux amis de la République de les arracher à la persécution, disait-il encore aux Jacobins, dans la séance du 26 germinal, en défendant un citoyen

(1) Le premier de ces arrêtés est de la main de Carnot et signé : Carnot, Collot d'Herbois, Barère, C.-A. Prieur. La minute du second est de Barère et signée : Barère, Carnot, Moyse Bayle, Jagot, Collot d'Herbois, C.-A. Prieur, Saint-Just, Elie Lacoste, Billaud-Varenne, Amar, Dubarran, Voulland. (*Archives*, A F. II 57.)

(2) Arrêté signé : Billaud-Varenne, Saint-Just, C.-A. Prieur, Carnot. (*Archives*, F 7. 4435.)

(3) *Moniteur* du 22 germinal (11 avril 1794).

nommé Dufresne, momentanément détenu aux Carmes par ordre du comité de Sûreté générale, sur la dénonciation de quelques intrigants (1).

On le vit en plus d'une circonstance chercher à tempérer, dans l'application, la rigueur des lois révolutionnaires. Tout le monde connaît le décret fameux sur la police générale de la République, rendu par la Convention à la suite d'un rapport de Saint-Just. En vertu de ce décret, les prévenus de conspiration devaient être traduits de tous les points de la République à Paris; et il était interdit à tout ex-noble ou étranger appartenant à un pays en guerre avec la France d'habiter, sous peine d'être mis hors la loi, soit Paris, soit les places fortes et les villes maritimes de la République pendant la durée de la guerre. Comme ce décret était d'une extrême sévérité dans ses diverses parties, il parut à Robespierre qu'il ne suffisait pas de le faire connaître aux intéressés par une simple insertion au *Bulletin;* il fallait selon lui, le proclamer à haute voix dans toutes les communes, car, dit-il avec raison, plus la loi est rigoureuse, plus solennelle doit être la proclamation, et plus elle a besoin d'être connue de tous les citoyens. La Convention applaudit et vota la motion (2).

Un amendement du député Charlier avait fait comprendre dans la classe des ex-nobles les anciens titulaires des charges qui anoblissaient; mais c'était donner beaucoup trop d'extension au décret. Le comité de Salut public en jugea ainsi, et Couthon vint, en son nom, dans la séance du 29 germinal (18 avril 1794), demander à l'Assemblée la modification de cet amendement. Aussitôt Tallien et Delmas, deux Thermidoriens, de se récrier. « Pourquoi ne pas sévir contre des hommes qui sont entrés avec des intentions perfides dans une caste que son orgueil et sa corruption rendaient si méprisable? » s'écria le misérable amant de Thérézia Cabarrus. Et Delmas d'ajouter : « Vous devez punir ceux qui ont eu l'intention de s'élever au-dessus du peuple. » A entendre ces deux fougueux dantonistes, il semblait que déjà le comité de Salut public eût perdu de son énergie. Robespierre répondit en invoquant et la justice, par qui devaient toujours être dirigées les délibérations de l'homme public, et l'intérêt du peuple, qui n'était pas toujours d'accord avec les propositions les plus populaires en apparence. Il n'y avait point à douter de l'énergie du comité, mais, eut-il soin d'ajouter, « dans les décrets les plus vigou-

(1) *Moniteur* du 30 germinal (19 avril 1794).
(2) *Journal des débats et des décrets de la Convention,* numéro 574, et *Moniteur* du 28 germinal (17 avril 1794).

reux et les plus sévères contre les ennemis de la patrie, il est des mesures à garder, mesures fixées par les principes et par la justice. » Il fit remarquer qu'il serait inique et impolitique à la fois de frapper la foule des personnes qui avaient possédé des charges conférant l'anoblissement, et termina par ces paroles dignes d'être rappelées : « Citoyens, en parlant en faveur de l'amendement, on peut se donner l'apparence de la sévérité contre les ennemis du peuple, mais le devoir du véritable ami du peuple est de le servir sans le flatter. » Les paroles de Robespierre, dictées par le bon sens et le véritable esprit de modération, engagèrent la Convention à rapporter l'amendement adopté la veille sur la proposition de Charlier (1). Étonnez-vous après cela de la juste influence de Maximilien sur ses collègues de la Convention !

Le fait suivant, venant à l'appui de ce que nous avons avancé plus haut, montrera au contraire combien peu il avait de pouvoir sur ses collègues du comité. Vers cette époque fut conduit dans la prison des Carmes un général tout jeune encore et déjà illustré par de beaux faits d'armes ; il se nommait Lazare Hoche. Employé à l'armée du Rhin, il l'avait quittée à la suite d'une rivalité qui s'était élevée entre lui et Pichegru, pour lequel Saint-Just et Le Bas avaient cru devoir prendre parti. Néanmoins ces deux représentants restèrent, en réalité, étrangers, comme nous l'avons prouvé de reste (2), aux persécutions auxquelles le jeune et brillant général allait être bientôt en butte. Quel crime avait pu commettre Hoche ? C'était à cette époque un républicain convaincu et très-désintéressé, je le crois ; il avait même affecté, au temps où florissait l'hébertisme, des façons et un langage un tant soit peu exagérés. Cependant l'objet de son culte et de son admiration n'était ni Hébert ni Danton, c'était Robespierre, auquel il était tout dévoué. Hoche, dont Carnot avait deviné le génie militaire, s'était — peut-être dans un accès de présomption — refusé à exécuter, sur les bords du Rhin, quelques parties du plan de campagne dressé dans son cabinet par le célèbre membre du comité de Salut public (3). Ce fut là, de toute certitude, l'unique cause de sa disgrâce. Envoyé à l'armée des Alpes, il y était à peine arrivé que, sous l'inspiration évidente de Carnot, avec lequel

(1) *Moniteur* du 30 germinal (19 avril 1794).

(2) Voy. notre *Histoire de Saint-Just*, édit. Meline et Cans, t. II, liv. III, ch. v.

(3) Voyez, à ce sujet, les notes publiées sous le titre de *Mémoires de Barère*, t. II, p. 174. Ces Mémoires, œuvre d'un menteur émérite, sont peu dignes de confiance ; mais sur la cause de la disgrâce de Hoche, Barère peut être cru, car il est naturellement tout favorable à Carnot ; c'est même à Saint-Just que, par une contradiction assez étrange, il attribue la persécution subie par Hoche.

il n'était pas brouillé encore, Robespierre, chargé de la correspondance avec les députés en mission, écrivit aux représentants du peuple près l'armée d'Italie qu'on avait la preuve de la trahison du général Hoche ; qu'il était nécessaire de le faire arrêter sur-le-champ, et que le comité de Salut public le remplaçait par le général Petit-Guillaume pour l'expédition d'Oneille(1). Cette lettre était du 30 ventôse. A quelques jours de là, le vieux général Dumerbion se rendait auprès de Hoche, alors à Nice, et lui présentait l'ordre suivant : « Le comité de Salut public arrête que l'expédition d'Oneille, qui devait être faite par le général Hoche, sera confiée au général Petit-Guillaume, général à l'armée des Alpes, auquel il a été donné des ordres à cet égard. Les représentans du peuple près l'armée d'Italie feront mettre sans délai le général Hoche en état d'arrestation, et l'enverront à Paris sous bonne et sûre garde. Signé Carnot, Collot d'Herbois. » Cet ordre est écrit tout entier de la main de Carnot (2).

Il est donc bien certain que l'initiative de l'arrestation du général Hoche est venue de Carnot, qui avait ou pensait avoir de légitimes motifs de suspicion contre lui. Sur le premier moment, Robespierre avait dû croire fondés les griefs de son collègue ; aussi avait-il écrit sous sa dictée en quelque sorte la lettre dont nous avons plus haut donné le sens. Mais dans l'intervalle de l'arrestation de Hoche à son transfèrement à Paris, il avait sans doute reçu des explications de nature à le disculper suffisamment à ses yeux, car tout prouve qu'il ne voulut point s'associer aux mesures de sévérité que le comité de Salut public persista à prendre à l'égard du général, auquel Maximilien portait depuis longtemps un très-vif intérêt et dont il avait reçu, de Dunkerque, les lettres les plus affectueuses. Transportons-nous maintenant au comité de Salut public, à la séance du 22 germinal (11 avril 1794), où il va être statué sur le sort du général Hoche. Neuf membres du comité sont présents ; ce sont Barère, Carnot, Couthon, Collot d'Herbois, C.-A. Prieur, Billaud-Varenne, Robespierre, Saint-Just et Robert Lindet. Deux sont en mission aux armées : Jean-Bon Saint-André et Prieur (de la Marne) ; le douzième, Hérault-Séchelles, est guillotiné depuis six

(1) Voy. *l'Amateur d'autographes* du 16 août 1865. L'original de cette lettre faisait partie de la collection de M. Félix Drouin. En tête de cette lettre, qui a cinq lignes, on lit ces mots, de la main de Carnot : « *30 ventôse, II° année de la Rép. une et ind. Les membres du comité de Salut public à leurs collègues, au port de la Montagne.* » Elle est signée : Robespierre, Collot d'Herbois, Carnot, Billaud-Varenne et Barère.

(2) Un seul mot, *l'enverront*, est écrit par Collot d'Herbois au-dessus du mot *l'envoient*, rayé par lui. Voyez le remarquable *Essai sur la vie de Hoche*, par E. Bergounioux, p. 56.

jours. Que se passa-t-il ? Impossible de le dire d'une façon bien positive, puisque les registres du comité ne reproduisent pas les débats
qui nécessairement ont précédé les délibérations prises, mais il est
facile de conjecturer que Robespierre, et que Robespierre seul, ouvrit
la bouche en faveur du général. Saint-Just paraît s'être, en cette
circonstance, séparé de son ami ; peut-être n'avait-il pas eu tout à fait
à se louer de la conduite du général à l'armée du Rhin. Au reste,
disons-le encore, Robespierre, Saint-Just et Couthon, quoique étroitement unis par une communauté de principes et par les liens de la
plus tendre amitié, ne se croyaient pas tenus de se ranger aveuglément au même avis ; on l'a bien vu tout à l'heure à propos du décret
qui obligeait les membres de la Convention à rendre compte de leur
fortune et de leur conduite morale depuis le commencement de la
Révolution, décret rendu sur la motion de Couthon et hautement
improuvé par Robespierre. Le résultat des débats de cette séance
du 22 germinal fut l'arrêté suivant : « Le comité de Salut public
arrête que le général Hoche sera mis en état d'arrestation et conduit
dans la maison d'arrêt dite des Carmes, pour y être détenu jusqu'à
nouvel ordre (1). » Tous signèrent, tous, excepté Robespierre, qui
ne se laissa point fléchir et qui, n'approuvant pas la mesure, ne
voulut pas l'appuyer de l'autorité de sa signature (2).

En ne voyant point figurer la signature de Maximilien sur son
mandat d'arrestation, Hoche se douta bien qu'il l'avait eu pour défenseur au comité de Salut public, et le 1er prairial il lui écrivait la
lettre suivante : « L. Hoche à Robespierre. Le soldat qui a mille fois
bravé la mort dans les combats ne la craint pas sur l'échafaud. Son
seul regret est de ne plus servir son pays et de perdre en un moment l'estime du citoyen qu'il regarda de tout temps comme son
génie tutélaire. Tu connais, Robespierre, la haute opinion que j'ai

---

(1) On lit dans les *Mémoires sur Carnot*, par son fils, t. I, p. 449 : « Un second mandat, qui l'envoyait à la prison des Carmes, *émané du bureau de Saint-Just*, fut extraordinairement signé par tous les membres du comité. » M. Hippolyte Carnot veut parler
du bureau de police générale qui fonctionna durant quelques semaines au comité de
Salut public. Il n'y a qu'un malheur, c'est qu'en germinal ce fameux bureau de police,
sur lequel nous aurons à nous arrêter, n'existait pas encore. Il ne fut établi que dans
le courant de floréal.

(2) Ont signé, dans l'ordre suivant : Saint-Just, Collot d'Herbois, Barère, C.-A. Prieur,
Carnot, Couthon, Robert Lindet et Billaud-Varenne. — M. Hippolyte Carnot, dans ses
Mémoires sur Carnot, fait figurer Robespierre au nombre des signataires de cet arrêté.
Il regrettera, nous n'en doutons pas, d'avoir commis ici une très-grave erreur. Nous
avons relevé nous-même cet arrêté sur les catalogues de M. Laverdet. Nous avons
fait mieux, nous avons été consulter — ce que chacun peut faire comme nous —
l'ordre d'écrou du général aux archives de la préfecture de police, et nous l'avons
trouvé parfaitement conforme au texte de l'arrêté publié dans le catalogue Laverdet.

conçue de tes talens et de tes vertus ; les lettres que je t'écrivis de Dunkerque (1) et mes professions de foi sur ton compte, adressées à Bouchotte et à Audoin, en sont l'expression fidèle ; mais mon respect pour toi n'est pas un mérite, c'est un acte de justice, et s'il est un rapport sous lequel je puisse véritablement t'intéresser, c'est celui sous lequel j'ai pu utilement servir la chose publique. Tu le sais, Robespierre, né soldat, soldat toute ma vie, il n'est pas une seule goutte de mon sang que je n'ai (*sic*) consacré (*sic*) à la cause que tu as illustrée. Si la vie, que je n'aime que pour ma patrie, m'est conservée, je croirai avec raison que je la tiens de ton amour pour les patriotes. Si, au contraire, la rage de mes ennemis m'entraîne au tombeau, j'y descendrai en bénissant la République et Robespierre. L. Hoche. » Cette lettre ne parvint pas à son adresse. Il fallait qu'elle passât par les mains de Fouquier-Tinville, qui eut l'infamie de ne point l'envoyer, comme s'il eût craint que Robespierre ne lui arrachât une proie (2).

Si Lazare Hoche ne fut pas livré au tribunal révolutionnaire, ce fut certainement grâce à la résistance de Maximilien. Il est hors de doute pour moi que la protection accordée par Robespierre à l'illustre général fut l'origine et la cause de ses regrettables dissensions avec Carnot, et quand nous l'entendrons reprocher indirectement à celui-ci, en pleine Convention, de persécuter les généraux patriotes, c'est qu'évidemment le nom de Hoche lui sera venu à la mémoire. Aussi n'est-on pas médiocrement étonné de lire dans la réponse de Carnot au rapport de Bailleul sur le 18 fructidor : « J'avais sauvé la vie à Hoche avec beaucoup de peine du temps de Robespierre, et je l'avais fait mettre en liberté immédiatement après le 9 Thermidor (3). » C'est là une allégation démentie par tous les faits ; il est démontré au contraire qu'on eut un certain mal à obtenir de Carnot que le général fût relâché. Hoche ne recouvra sa liberté ni le 11, ni le 12, ni le 13 thermidor, c'est-à-dire au moment où une foule de gens notoirement ennemis de la Révolution trouvaient moyen de sortir des prisons où ils avaient été enfermés

(1) Ces lettres ont disparu. Peut-être ont-elles été rendues, après Thermidor, au général Hoche, qui les aura détruites. C'est encore là un vol fait à l'histoire par les Thermidoriens.

(2) Cette lettre de Hoche à Robespierre a été trouvée dans le dossier de Fouquier-Tinville, accompagnée de celle-ci : « Je compte assez, citoyen, sur ton attachement aux intérêts de la patrie pour être persuadé que tu voudras bien remettre la lettre ci-jointe à son adresse. L. Hoche. » — Fouquier garda la lettre. On voit avec quel sans façon le fougueux accusateur public agissait à l'égard de Robespierre. (*Archives*, carton W 136, 2ᵉ dossier, cotes 90 et 91.)

(3) Voy. les *Mémoires sur Carnot*, par son fils, t. I, p. 450.

comme suspects, mais le 17 seulement, et Carnot ne signa son mandat de mise en liberté que le dernier, comme à contre cœur (1). Ajoutons qu'il ne se hâta point de l'employer ; Hoche fut longtemps réduit aux démarches les plus humiliantes avant d'obtenir du service (2). Dans la matinée du 10 thermidor, en arrivant à la Conciergerie, Saint-Just se trouva, dit-on, face à face avec le futur vainqueur de la Vendée. A la vue de celui avec lequel il avait si glorieusement combattu sur les bords du Rhin, Hoche se découvrit et tendit la main à Saint-Just. C'eût été le fait d'une âme grande et généreuse si en effet l'illustre proscrit avait été l'auteur véritable de la captivité du général ; mais Hoche savait bien que ses persécuteurs n'étaient ni Saint-Just ni Robespierre.

XII

Il faudrait des volumes entiers pour relever toutes les bévues commises par la plupart des historiens à l'endroit de Robespierre ; nous ne parlons pas des calomnies intentionnelles dont sont souillés les livres de tant de prétendus historiens que nous ne voulons plus nommer. Quand la diffamation se trouve dans ces libelles enfantés par l'esprit de parti ou dans ces romans abjects où, pour amuser un public ignorant, on piaffe en pleine calomnie comme en pleine boue, on ne peut que hausser les épaules et sourire de dédain; mais on est douloureusement navré, je le répète, lorsque la calomnie se rencontre dans une œuvre où circule d'un bout à l'autre le souffle généreux de la Révolution. Comment, par exemple, ne pas être plongé en des étonnements profonds devant certaines injustices inspirées à M. Michelet par une étonnante crédulité? Nous avons dit pourquoi la juste considération dont jouit cet écrivain nous obligeait à le suivre pas à pas et à le réfuter sévèrement. Lorsque, par exemple, de sa propre autorité, il nous présente Robespierre comme aimant à répéter ces paroles du dialogue de Sylla et d'Eucrate : « La postérité trouvera peut-être que l'on n'a pas versé assez de sang (3) ; » c'est déjà odieux, et il est aisé de le confondre par cet

(1) Voici cet arrêté, il est de la main de Thuriot : « Le 17 thermidor de l'an II de la République une et indivisible, Le comité de Salut public arrête que Hoche, ci-devant général de l'armée de la Moselle, sera sur-le-champ mis en liberté, et les scellés apposés sur ses papiers levés. Charge le porteur du présent de son exécution. Thuriot, Collot d'Herbois, Tallien, P.-A. Lalloy, C.-A. Prieur, Treillard, Carnot.» (*Archives*, A F, II, 60.)

(2) Voy. la *Vie de Hoche*, par Rousselin, lequel était l'ennemi personnel de Robespierre et de Saint-Just.

(3) *Histoire de la Révolution*, par Michelet, t. V, p. 87.

aveu précieux échappé à Reubell, alors que celui-ci était membre du Directoire : « Je n'ai jamais eu qu'un reproche à faire à Robespierre, c'est d'avoir été trop doux (1). » Mais le moyen de ne pas éprouver une violente indignation quand nous voyons un écrivain de cette valeur, exagérant encore un témoignage déjà indigne de toute espèce de foi, accuser Maximilien d'avoir, par la plus noire des trahisons, causé la mort de son ancien collègue Le Chapelier. A cette assertion d'une impardonnable légèreté nous allons opposer... des preuves.

Plus d'une fois les enragés avaient réclamé en public le renvoi au tribunal révolutionnaire des anciens constituants ayant appartenu au comité de révision de la Constituante, et plus d'une fois Robespierre avait imposé silence à ces sanguinaires énergumènes. Aussi Thouret, enfermé dans la prison du Luxembourg, avait-il mis tout son espoir en lui et assurait-il à ses compagnons de captivité que bientôt Robespierre les ferait mettre en liberté (2). Mais Thouret comptait sans le comité de Sûreté générale et sans Fouquier-Tinville, qui ne tardèrent pas à les renvoyer, lui et Le Chapelier, devant le tribunal révolutionnaire, par lequel ils furent condamnés à mort le 3 floréal (22 avril 1794). Or, selon M. Michelet, le constituant Le Chapelier, « non innocent sans doute, » se tenait caché à Paris, et *vers la fin de* 1793, ne pouvant plus supporter sa reclusion, ses angoisses, aurait écrit à Robespierre pour lui indiquer l'endroit où il se tenait caché et le prier de le sauver. « Robespierre à l'instant, » ajoute M. Michelet, « envoya la lettre à l'autorité, qui le fit prendre, juger, guillotiner (3). » Un fait pareil serait atroce à coup sûr, mais ce qui est atroce aussi, c'est la supposition toute gratuite d'un

(1) *Mémoires sur Carnot,* par son fils, t. II, p 93.

(2) *Essais historiques...,* par Beaulieu, t. V, p. 288. Le témoignage du royaliste Beaulieu ne saurait être suspect ici.

(3) *Histoire de la Révolution,* par Michelet, t V, p. 87. Et savez-vous quelle est l'autorité, la seule autorité de M. Michelet pour avancer un fait aussi grave? C'est un individu nommé F. Pillet, ancien commis dans les bureaux du comité de Salut public, et qui, devenu plus tard ultra-royaliste, écrivit, en quelques pages absurdes, une réfutation de l'*Histoire des Girondins,* de M. de Lamartine, réfutation où il a accumulé contre Robespierre des calomnies plus ineptes les unes que les autres. Mais ce qu'il y a d'impardonnable de la part de M. Michelet, c'est qu'il a trouvé moyen de surenchérir sur la calomnie inventée par ce F. Pillet. Ainsi celui-ci prétend (p. 13) avoir eu connaissance du fait par un domestique « porteur du message confidentiel. » M. Michelet fait passer la lettre *par les mains* de M. Pillet. Quant au mensonge du domestique sur la foi duquel le sieur Fabien Pillet a avancé une odieuse calomnie, voici qui tranche la question : au bas de la lettre écrite par Le Chapelier à Robespierre peu avant son arrestation, il y a en post-scriptum : « Celui qui vous remet cette lettre ignore quel en est l'objet. »

tel fait. Et d'abord, si une lettre semblable eût existé, les Thermidoriens se seraient empressés de la publier, c'est de toute évidence. Puis, d'ailleurs, Le Chapelier, qui avait eu avec Robespierre des relations d'amitié assez intimes, se cachait si peu à Paris vers la fin de 1793, qu'il lui écrivait le 26 pluviôse de l'an II, c'est-à-dire le 14 février 1794, la lettre suivante :

« Mon ancien collègue et ami, je vous adresse un mémoire que je présente au comité de Salut public; c'est à vous que je l'adresse, parce que c'est vous qui avez le plus manifesté votre énergique haine contre les Anglais et qu'il me semble que, plus habile, vous sentirez plus que tout autre l'importance de ruiner cet affreux gouvernement. Continuez; soyez le sénateur qui disait sans cesse : *Que Carthage soit détruite*. Vous fondez votre gloire bien avant; votre belle motion de discuter sans cesse les crimes du gouvernement anglais n'a jamais été assez connue ; aussi a-t-elle été, jusqu'à présent, bien mal exécutée. Voyez, mon ancien collègue, si la proposition que je fais peut être utile. J'abhorre ces Anglais ; et leur ruine au profit de ma patrie serait un grand bonheur pour moi. Croyez, au surplus, que si je n'ai pas toujours été de votre avis, j'aime maintenant autant que vous la République. Elle est établie, tous les amis de la liberté doivent la soutenir. Vous sentirez qu'une prompte décision est nécessaire si vous acceptez mon offre et il n'y a pas un moment à perdre. Je vous salue (1). » On voit combien peu cela ressemble à une demande de protection quelconque.

A cette lettre était joint un mémoire de quatre pages rédigé pour le comité de Salut public, entre les mains duquel il fut ponctuellement remis par Robespierre. Bien que prévenu qu'un ordre d'arrestation avait été lancé contre lui, Le Chapelier demandait à être envoyé en Angleterre comme agent secret du comité, afin d'étudier de près les machinations du gouvernement anglais et d'être à même de fournir des renseignements utiles à la République. Il offrait de se rendre sur-le-champ à Paris pour conférer de sa proposition avec quelques-uns des membres du comité. « Je termine, » disait-il, « en vous exprimant le désir que vous finissiez promptement et glorieusement la grande entreprise que vous avez formée. Donnez la liberté au monde et, s'il est possible, une prompte paix à la France (2). » C'est bien certainement ce mémoire remis au comité par Maximilien qu'on aura vu dans les bureaux, et qu'une imagina-

(1) Cette lettre, non publiée par les Thermidoriens, a été reproduite dans les *Papiers inédits*, t. 1er, p. 273.

(2) Voir également ce mémoire dans les *Papiers inédits*, t. 1er, p. 274. — Le Chapelier fut arrêté et enfermé aux Madelonnettes au commencement de ventôse en vertu

tion pervertie aura transformé en lettre de supplication à l'adresse de Robespierre. Celui-ci demeura complétement étranger à la mise en jugement de Le Chapelier et de Thouret, et la condamnation de ses anciens collègues lui causa une douleur cuisante, on doit le croire. Tenta-t-il quelques démarches pour les sauver? C'est possible; je n'en sais rien. Mais ce dont on peut répondre, c'est qu'elles eussent été vaines auprès du comité de Sûreté générale qui bientôt essayera de renvoyer devant le tribunal révolutionnaire un autre Constituant, l'ex-chartreux dom Gerle, en dépit et peut-être à cause d'un certificat de civisme que Robespierre lui avait fait délivrer.

XIII

Le nombre des personnes auxquelles Maximilien s'efforça de rendre service fut, nous le savons, très-considérable. Si aussi bien il fût sorti vainqueur de la lutte du 9 Thermidor, nous aurions vu se dérouler complaisamment la longue liste de ceux qui, ayant poussé vers lui un cri de douleur, ne l'avaient pas trouvé sourd à leurs voix. Comme de tous les membres du gouvernement révolutionnaire il était le plus en vue par son immense popularité, c'était à lui surtout qu'on envoyait les réclamations et les plaintes. « Persuadé que tu es patriote, je m'adresse à toi, citoyen, pour te faire le détail des maux qui m'accablent, moi et mes concitoyens (1). » Voilà un échantillon des milliers de lettres dont il était assailli. Si l'infâme Courtois n'avait pas détruit la plupart des pièces qui portaient témoignage en faveur de Robespierre, on eût été sans doute singulièrement surpris de rencontrer parmi les noms de ses glorificateurs et de ses obligés ceux d'une foule de gens qui, après sa chute, l'ont accablé d'invectives. La reconnaissance oublie volontiers les vaincus. On se demande comment les lettres, Dieu merci assez significatives des Girondins arrachés par lui à la mort ont pu être préservées de la destruction. Le sauveur devint un monstre et un scélérat, ce fut une affaire convenue. Personne n'eût osé avouer qu'il avait été le meilleur et le plus obligeant des hommes. Lui était-on redevable de quelque important service, il fallait dire qu'on avait été persécuté par lui ou se taire, sous peine de passer pour un de ses agents et d'être poursuivi comme tel. On fut témoin

d'un mandat d'arrêt du comité de Sûreté générale, et non du comité de Salut public. Voyez le registre d'écrou de cette prison aux *Archives* de la préfecture de police.

(1) Lettre inédite en date du 4 prairial, signée Giraux. (De la collection Beuchot') En tête de cette lettre on lit, de la main de Courtois : « Espionnage particulier. » Est-ce assez bête !

alors des plus honteuses apostasies. C'est à peine si longtemps, longtemps après Thermidor, on osait révéler tout bas quelques traits particuliers attestant la bonté de son cœur.

Un jour, aux Jacobins, il fut abordé par un jeune homme qui l'implora en faveur d'un de ses parents arrêté depuis peu et peut-être à la veille de passer au tribunal révolutionnaire. Ces chefs du gouvernement républicain étaient abordables au premier venu. On le convainquit sans doute que ce détenu avait été victime de quelque vengeance particulière, car il prit son affaire à cœur et parvint à le faire relâcher (1). Un autre jour, un monsieur Laroche désirait avoir un passe-port pour la Suisse. C'était le frère d'un banquier chez lequel, au commencement de la Révolution, il s'était plusieurs fois trouvé à dîner avec Robespierre, — sans doute un parent du chanoine qui avait servi de correspondant à Maximilien du temps où celui-ci était au collège. Dans un de ces dîners, où naturellement s'agitaient toutes les questions à l'ordre du jour, Robespierre s'était élevé avec beaucoup de véhémence contre les capitalistes, les fermiers généraux et les agioteurs de tout genre, oubliant, avec sa distraction habituelle, qu'il était en ce moment même le commensal d'un banquier. Fort peu attaché aux idées nouvelles, le frère de son hôte lui reprocha cet oubli en termes assez aigres pour obliger en quelque sorte Robespierre à quitter la maison. Plusieurs années après, ayant besoin d'un passe-port pour l'étranger à une époque où l'on risquait fort d'être considéré comme suspect en manifestant le dessein de sortir de France, il se décida à aller frapper à la porte de Maximilien. N'ayant rencontré que le secrétaire de ce dernier, il lui dit l'objet de sa visite et lui raconta ce qui s'était passé jadis à la table de son frère, non sans laisser percer une certaine inquiétude de venir ainsi se rappeler lui-même au souvenir d'un homme qu'il avait assez grièvement offensé. Nicolas Duplay le rassura pleinement et mit son nom en tête de la liste des personnes qui sollicitaient un passe-port. En parcourant, le lendemain, cette liste au comité de Salut public, Robespierre réfléchit un instant, comme frappé par un souvenir. « Ah ! Laroche » dit-il, « pour celui-là, ce ne sera jamais un conspirateur ; » et il lui fit donner son passe-port (2).

(1) Ce jeune homme était M. Pivolle, connu depuis par des livres d'horticulture. Il a conté le fait à M Thouvenel, ancien député, de qui le tient notre confrère, M. Villaumé, qui lui-même a bien voulu me le transmettre. Voyez, du reste, l'*Histoire de la Révolution*, t. III, p. 281, éd Lacroix.

(2) Ce fait a été rapporté à M. Alfred Hédouin par une personne fort honorable, très-peu sympathique aux hommes de la Révolution, et à qui M. Laroche lui-même l'avait raconté pour lui prouver que Robespierre *n'était pas, après tout, aussi méchant qu'on pouvait le supposer*.

. Du reste, il était trop occupé des grandes questions de morale et de philosophie inhérentes, selon lui, aux destinées de la République pour se mêler activement des détails de police auxquels se complaisaient certains membres du comité de Sûreté générale. Nature essentiellement artiste, il prit certainement une part très-active aux discussions qui eurent lieu dans l'intérieur du comité de Salut public au sujet des arts et des artistes, pour lesquels nul gouvernement ne montra plus de souci que celui de la République. La condition de l'artiste se trouvait singulièrement relevée. Ce n'était plus le prince ou simplement un ministre qui l'honorait d'une humiliante protection, c'était la patrie dont il devenait l'hôte en quelque sorte. Les commandes, au lieu d'être distribuées comme par le passé suivant le caprice et les préférences d'un surintendant des beaux-arts, allaient revenir de droit au mérite. Partout le concours à la place de la faveur. Dans sa séance du 5 floréal (24 avril 1794), le comité de Salut public conviait tous les peintres à exécuter, à représenter à leur choix sur la toile les divers épisodes de la Révolution française. En même temps il ouvrait un concours de trois mois pour l'exécution des monuments en bronze et en marbre destinés à retracer à la postérité les époques glorieuses de cette révolution, et un autre concours pour l'exécution d'une colonne qui, en vertu d'un décret de la Convention, devait être élevée dans le Panthéon en l'honneur des citoyens morts pour la patrie. En outre, il appelait tous les artistes de la République à concourir à l'exécution d'une statue en bronze de Jean-Jacques Rousseau, pour l'emplacement de laquelle il choisit les Champs-Élysées (1).

La gravité des événements, la répression des ennemis de l'intérieur et de l'extérieur, l'entretien de quatorze armées, n'absorbaient pas tous les moments du comité de Salut public. Il y a dans ses cartons tout un plan d'un singulier caractère de grandeur pour les embellissements de la capitale, plan que malheureusement le temps ne lui a pas permis d'exécuter. Il chargea David, le peintre chéri de Robespierre, et le sculpteur Hubert de dessiner les piédestaux destinés à recevoir à l'entrée des Champs-Élysées, en face des deux figures de Coysevox, les deux chevaux de Marly qu'on voit encore, et il leur confia le soin de décorer le jardin des Tuileries d'une manière digne de la représentation nationale. A cet effet, il les autorisa à prendre dans les maisons et parcs de la ci-devant liste civile tous les monuments et statues qui pourraient servir à l'embellissement de

(1) Étaient présents à cette séance du 5 floréal : Barère, Carnot, Couthon, Collot d'Herbois, Billaud-Varenne, Robespierre, Saint Just, Robert Lindet. *Archives*, 436 aa 73.

cette propriété du peuple français. Une porte d'entrée majestueuse,
construite avec les fragments antiques enfouis dans les salles du
Louvre, devait s'ouvrir sur la Seine d'après les dessins de David (1).
Cinq jours plus tard le comité décidait l'érection d'un monument
sur la place des Victoires, en l'honneur des citoyens morts pour la
patrie dans la journée du 10 août, et en même temps il arrêtait que
la statue de la Philosophie, chef-d'œuvre d'Houdon, serait placée
sur un piédestal au milieu de la Convention nationale.

Et le comité de Salut public ne se préoccupait pas seulement du
soin d'embellir et d'assainir Paris, il songeait aussi aux campagnes,
si négligées d'ordinaire sous les gouvernements monarchiques. C'est
ainsi que le 13 floréal (2 mai 1794) il invitait tous les artistes à concourir à l'amélioration du sort des habitants des communes rurales
en proposant des moyens simples et économiques de construire des
habitations plus commodes et plus salubres, selon les besoins des
diverses localités. Les démolitions provenant des châteaux forts, des
constructions féodales et de toutes les maisons nationales dont la
conservation serait jugée inutile, étaient mises à la disposition des
architectes. Le concours était ouvert pour trois mois, au bout desquels le jury des arts devait désigner les plans jugés dignes par lui
d'être mis à exécution. Encore une belle conception avortée. Dans
cette même séance fut décrétée la construction du Muséum (2). Un
peu plus tard (28 floréal), tous les artistes architectes étaient conviés à composer des projets et des plans d'architecture civile convenant à une république pour les divers monuments à exécuter dans
les communes. Il leur était particulièrement recommandé de donner
à chaque espèce de monument le caractère qui lui était propre. On
n'aurait pas voulu, par exemple, qu'une mairie ressemblât à une église.
Les projets mis au concours pendant les mois de prairial et de messidor
comprenaient les endroits destinés à l'exercice de la souveraineté du
peuple réuni en assemblées primaires, les maisons communes, les
tribunaux, les justices de paix, les prisons, les théâtres nationaux,
les bains publics et les fontaines. Le concours était ouvert jusqu'au
30 messidor et les ouvrages envoyés devaient être jugés par le jury
des arts avant le 10 thermidor (3). Hélas! à cette date tous ces magnifiques projets disparaîtront avec le grand citoyen qui peut-être
en avait été l'instigateur.

---

(1) Séance du 7 floréal (26 avril 1794), mêmes présences que dessus.
(2 Étaient présents : Barère, Carnot, Collot d'Herbois, Couthon, C.-A. Prieur, Billaud-Varenne, Robespierre et Robert Lindet. Registre des délibérations et arrêtés.
(*Archives, ubi suprà.*)
(3) Séance du 28 floréal (17 mai 1794). Mêmes présences que dessus.

Tout en se préoccupant des moyens d'améliorer la condition physique des citoyens répandus sur la surface du territoire français, le comité songeait aussi à faire pénétrer dans leurs cœurs les vertus civiques, sans lesquelles il n'y a pas de république possible, et à rasséréner les âmes désolées par les folies de l'hébertisme. Dès le 17 germinal (6 avril 1794), Couthon avait, en son nom, annoncé à la Convention qu'un rapport lui serait prochainement présenté sur un projet de fêtes décadaires. Tel fut en effet un des points principaux du rapport que, dans la séance du 18 floréal, Robespierre vint soumettre à l'Assemblée.

XIV

Nous avons déjà dit un mot du sentiment religieux chez Robespierre. Il n'appartenait pas à telle ou telle doctrine religieuse, il n'en reconnaissait qu'une pour vraie, celle qui montrait à l'homme l'idée de Dieu. Mais cette notion de la Divinité il ne la renfermait pas dans les limites du symbolisme : nous allons la lui entendre développer lui-même tout à l'heure en termes magnifiques. Un libelliste de la monarchie a raconté qu'après la fête à l'Être Suprême, M. de La Saussure ayant complimenté Soulavie, notre résident à Genève, sur ce retour aux idées morales et religieuses, Soulavie aurait répondu : « Robespierre se f... de Dieu comme moi (1). » Soulavie était une sorte de moine défroqué, sans conscience et sans foi, et qui calomnia Robespierre tombé après s'être couché à plat ventre devant lui au temps où il était debout et respecté. Personne, au contraire, ne fut plus que Maximilien sincère dans sa foi. « Petite, » disait-il un jour à Élisabeth Duplay, qui manifestait devant lui une grande indifférence religieuse, « tu as tort, tu ne sais pas ce qu'il y a de consolations et d'espérances au fond de la croyance en Dieu (2). »

Chose à la fois singulière et triste, en voulant arracher à une sorte de néant la société prête à plonger dans le chaos, Robespierre s'est fait deux genres d'ennemis : d'abord les prêtres, qui ne lui pardonnèrent pas et ne lui pardonneront jamais d'avoir enseigné du haut de la tribune nationale qu'on pouvait se passer des simagrées et des hypocrisies auxquelles se trouve attaché tout leur pouvoir; ensuite les survivants de l'hébertisme, qui, suivant l'exem-

(1) Mémoires de Mallet-Dupan, t. II, p. 99.
(2) Manuscrit de M™e Le Bas.

ple du girondin Guadet, l'accuseront bêtement d'avoir voulu ramener le peuple sous le joug de la superstition. C'est plaisir d'entendre
l'école *proudhonienne* le poursuivre de ses sarcasmes et répéter à
l'envi du maître cette grosse injure banale : *Imbécile messie de Catherine Théot* (1). Si quelque chose peut excuser l'irrespectueux auteur des *Contradictions économiques*, lequel de contradictions en
contradictions serait peut-être arrivé à chanter *l'hosanna* en
l'honneur des successeurs de saint Pierre, c'est certainement son
ignorance extraordinaire des choses de la Révolution ; mais n'est-ce
point pitié de voir des démocrates français s'acharner à ternir la
mémoire de celui qui pourrait dire avec son maître, Rousseau : « J'ai
haï le despotisme en républicain et l'intolérance en théiste (2). »
Ah ! certes, il n'y aurait point assez de ridicules à jeter sur Robespierre s'il avait eu la pensée saugrenue qu'on lui a prêtée quelquefois, de vouloir fonder une religion. Permis à un écrivain de nos
jours de regretter qu'on n'ait pas extirpé tous les anciens cultes,
toutes les vieilles religions (3), pour en édifier une toute nouvelle,
arrosée de larmes et trempée dans le sang. Robespierre, lui, avait
trop de sagesse, trop de respect de la liberté de conscience, pour
concevoir une idée aussi grotesque. Le sentiment auquel il obéit
en rappelant les Français au souvenir de la Divinité fut surtout un
sentiment politique.

Les orgies scandaleuses du culte de la déesse Raison, l'intolérance furieuse des prédicateurs de l'athéisme, avaient plongé le
pays dans une véritable léthargie morale et suscité à la Révolution
un nombre prodigieux d'ennemis inconnus. Nombre de gens qui
avaient applaudi à la destruction de la féodalité, au renversement de
la monarchie, furent saisis d'indignation et de colère à la vue de leurs
églises spoliées et de leurs dieux traînés aux égouts. Dans certains
départements, ordre d'enfermer les ministres du culte qui se dé-
mettaient de leurs fonctions sans abdiquer formellement (4). Plus
de baptême, plus de mariage à l'église, plus d'extrême-onction,
plus rien. Comment les femmes n'eussent-elles pas maudit la Révolution ? Les députés de l'Ain écrivaient à Robespierre : « Toutes les
lettres, citoyen collègue, que nous recevons de notre département
annoncent que les hébertistes continuent leurs ravages : tu seras
étonné des abus qui s'y sont commis et tu feras cesser le mal dès

---

(1) Proudhon. *De la justice dans la Révolution et dans l'Eglise.*
(2) Lettre à la comtesse de Boufflers. De Motiers-Travers, août 1762.
(3) Edgard Quinet. *La Révolution.*
(4) Dans l'Ain par exemple. Voyez, à ce sujet, une note de Robespierre, *Archives*
A F II, 37.

que la cause t'en sera bien connue (1). » Si encore toute superstition
avait pu être tuée du coup, si la persécution avait anéanti toutes les
croyances, en admettant qu'il soit bon de détruire dans les cœurs
le sentiment religieux ! Mais non, la superstition se retrempait dans
la persécution même et prenait de nouvelles racines. Robespierre et
le comité de Salut public n'ignoraient point ces conséquences for-
cées quand ils opposaient de si vives résistances aux vexations
dirigées par certains proconsuls contre toute espèce de culte. On a
vu comment, interprète de la pensée de son frère, Augustin Robespierre s'était conduit dans ses diverses missions ; que de
maux eussent été évités si son exemple eût été partout suivi !
L'intolérance des fanatiques de l'athéisme avait fait à la Révolution
plus d'ennemis que ne lui en avait suscité l'émigration tout entière.
Ce fut pour parer à une désaffection qui menaçait de devenir générale,
ce fut pour remettre un peu de sérénité dans les âmes, ce fut, en un
mot, pour déjouer la conspiration des consciences que Maximilien
composa son discours sur les rapports des idées religieuses et morales avec les principes républicains.

Un silence profond régnait dans la Convention nationale quand,
le 18 floréal (7 mai 1794), il monta à la tribune. Dès le début il
semble indiquer que le temps est proche où la Révolution aura
accompli son œuvre : « Citoyens, c'est dans la prospérité que
les peuples, ainsi que les particuliers, doivent, pour ainsi dire,
se recueillir pour écouter, dans le silence des passions, la voix
de la sagesse. Le moment où le bruit de nos victoires retentit
dans l'univers est donc celui où les législateurs de la République
française doivent veiller avec une nouvelle sollicitude sur eux-
mêmes et sur la patrie, et affermir les principes sur lesquels doivent
reposer la stabilité et la félicité de la République. » Après un long
regard porté sur les siècles passés, où la terre avait été le partage
de la tyrannie, où la vertu et la liberté s'étaient à peine reposées un
instant sur quelques points du globe, Robespierre se demande
comment, à l'heure où il parle, la moitié du globe est encore plongée dans les ténèbres quand l'autre moitié est éclairée, et comment
surtout l'Europe a pu faire de si étonnants progrès dans l'art et
dans les sciences alors qu'elle semble dans l'ignorance des premières notions de la morale publique. Ah! la principale raison lui
paraissait bien facile à saisir : les rois, de qui dépendaient jusque-là
les destinées de la terre, ne craignaient ni les grands géomètres, ni

(1) Les députés de l'Ain à leur collègue Robespierre, membre du comité de Salut
public, lettre inédite en date du 19 floréal de l'an II. (Collection Portiez (de l'Oise.)

les grands peintres, ni les grands poëtes, tandis qu'ils redoutaient les philosophes rigides et les défenseurs de l'humanité.

Patience toutefois! la raison est en marche contre les trônes, par des routes détournées, mais sûres. Et ici l'orateur ne pouvait se dé-. fendre d'une fierté bien légitime en voyant de combien d'années la France devançait le reste de l'espèce humaine dans les voies de l'affranchissement, en voyant l'Europe prodiguer son sang pour river les chaînes de l'humanité quand la France répandait le sien pour les briser. « Nos sublimes voisins, » ajoutait-il, « entretiennent gravement l'univers de la santé du roi, de ses divertissements, de ses voyages; ils veulent absolument apprendre à la postérité à quelle heure il a dîné, à quel moment il est revenu de la chasse; quelle est la terre heureuse qui, à chaque instant du jour, a eu l'honneur d'être foulée sous ses pieds augustes; quels sont les noms des esclaves privilégiés qui ont paru en sa présence. Nous lui apprendrons, nous, les noms et les vertus des héros morts en combattant pour la liberté. » Aussi comme Robespierre se félicite d'être né sur cette terre de France si favorisée de la nature et comblée de tous les dons du ciel, au milieu de cette contrée généreuse qui allait offrir au monde le spectacle inconnu de la démocratie établie dans un vaste empire! Il enseignait ensuite les préceptes nouveaux qui devaient présider au gouvernement des peuples. Comment ne pas applaudir des deux mains à ces préceptes, pure expression de la sagesse même et de la vérité éternelle. L'art de gouverner, qui jusque-là avait été l'art de tromper et de corrompre les hommes, ne devait consister, suivant lui, qu'à les éclairer et qu'à les rendre meilleurs. Il n'admettait d'autre but à toutes les institutions sociales que la justice, de laquelle dépendaient à la fois le bonheur public et le bonheur privé. Enfin l'unique fondement de la société civile était à ses yeux la morale, et la science mystérieuse de la politique et de la législation devait se réduire à mettre dans les lois et dans l'administration les vérités morales reléguées dans les livres des philosophes, et à appliquer à la conduite des peuples les notions triviales de probité que chacun était obligé d'employer pour sa conduite privée. Partant, plus d'assassinats sous le nom de guerre, plus de vols ni de spoliations sous prétexte d'impôts et sous le nom de conquêtes. De l'examen du mécanisme administratif des monarchies en général, et de l'Angleterre en particulier, il concluait, non sans quelque raison, que l'immoralité était la base du despotisme, comme la vertu était l'essence de la République.

Robespierre refaisait ensuite la peinture des maux auxquels deux factions rivales avaient exposé la patrie : l'une sapant les fondements de la liberté par le modérantisme, l'autre par la fureur. Il rappela l'époque bien récente encore où l'usage du bon sens semblait interdit au patriotisme, où, grâce à une subversion totale des idées révolutionnaires, « l'aristocratie, absoute de tous ses crimes, tramait très-patriotiquement le massacre des représentants du peuple ; où, gorgés des trésors de la tyrannie, les conjurés prêchaient la pauvreté. Affamés d'or et de domination, ils prêchaient l'égalité avec insolence pour la faire haïr ; la liberté pour eux était l'indépendance du crime, la Révolution un trafic, le peuple un instrument, la patrie une proie. » Voilà bien un portrait anticipé et frappant des Thermidoriens. L'orateur s'élevait ensuite avec une éloquence vraiment admirable contre les énergumènes qui avaient déclaré aux consciences une guerre insensée : « Ils ont érigé l'immoralité non-seulement en système, mais en religion ; ils ont cherché à éteindre tous les sentiments généreux de la nature par leurs exemples autant que par leurs préceptes. Que voulaient-ils ceux qui, au sein des conspirations dont nous étions environnés, au milieu des embarras d'une telle guerre, au moment où les torches de la discorde civile fumaient encore, attaquèrent tout à coup tous les cultes par la violence ? Quel était le motif de cette grande opération tramée dans les ténèbres de la nuit, à l'insu de la Convention nationale, par des prêtres, par des étrangers et par des conspirateurs ? Était-ce l'amour de la patrie ? La patrie leur a déjà infligé le supplice des traîtres. Était-ce la haine des prêtres ? Les prêtres étaient leurs amis. Était-ce l'horreur du fanatisme ? C'était le seul moyen de lui fournir des armes. Était-ce le désir de hâter le triomphe de la raison ? Mais on ne cessait de l'outrager par des violences absurdes et par des extravagances concertées pour la rendre odieuse, on ne semblait la reléguer dans les temples que pour la bannir de la République.... N'était-ce pas là la politique des ennemis les plus acharnés de la Révolution, de Pitt, des émigrés et des rois coalisés contre la France ? » Ah ! il fallait, au contraire, accueillir avec empressement toute doctrine, toute institution de nature à consoler et à élever les âmes, et rejeter bien loin celles qui tendaient à les dégrader et à les corrompre. « Ranimez, » disait-il, « exaltez tous les sentiments généreux et toutes les grandes idées morales qu'on a voulu éteindre ; rapprochez par le charme de l'amitié et par le lien de la vertu les hommes qu'on a voulu diviser. Qui donc t'a donné la mission d'annoncer au peuple que la Divinité n'existe pas, ô toi qui te passionnes pour cette doctrine aride, et qui ne te passionnas jamais pour la patrie ? Quel avantage trouves-tu à persuader à l'homme qu'une force aveu-

33

gle préside à ses destinées et frappe au hasard le crime et la vertu,
que son âme n'est qu'un souffle léger qui s'éteint aux portes du
tombeau? L'idée de son néant lui inspirera-t-elle des sentiments
plus purs et plus élevés que celle de son immortalité? Lui inspirera-t-elle plus de respect pour ses semblables et pour lui-même,
plus de dévouement pour la patrie, plus d'audace à braver la tyrannie, plus de mépris pour la mort et pour la volupté? Vous qui
regrettez un ami vertueux, vous aimez à penser que la plus belle
partie de lui-même a échappé au trépas! Vous qui pleurez sur le
cercueil d'un fils ou d'une épouse, êtes-vous consolés par celui qui
vous dit qu'il ne reste plus d'eux qu'une vile poussière? Malheureux qui expirez sous les coups d'un assassin, votre dernier soupir
est un appel à la justice éternelle! L'innocence sur l'échafaud fait
pâlir le tyran sur son char de triomphe : aurait-elle cet ascendant
si le tombeau égalait l'oppresseur et l'opprimé? Si l'existence de
Dieu, si l'immortalité de l'âme n'étaient que des songes, elles
seraient encore la plus belle des conceptions de l'esprit humain. »
Pour répondre d'avance à ceux qui l'accusent d'avoir érigé l'a-
théisme en crime, Robespierre avait soin d'ajouter qu'il ne s'agissait point ici de faire le procès à aucune opinion philosophique en
particulier, ni de nier que tel philosophe pût être vertueux par la
seule force d'une raison supérieure; seulement il raisonnait en législateur, et, voyant dans l'idée de Dieu et de l'immortalité de l'âme
un rappel continuel à la justice, il la trouvait sociale et républicaine à la fois. Au reste, plein de respect pour la liberté de conscience, il recommandait à ses concitoyens et à la Convention la
plus large tolérance en matière religieuse: « car, » disait-il, « on ne
doit jamais attaquer un culte établi qu'avec prudence et avec une
certaine délicatesse, de peur qu'un changement subit et violent ne
paraisse une atteinte portée à la morale et une dispense de la probité même. » Celui-là lui paraissait un prodige de génie qui pouvait remplacer Dieu dans la vie sociale. Que s'il se trompait quant
à lui, c'était du moins avec tout ce que le monde était habitué à ré-
vérer. N'était-il point avec Cicéron contre César s'égarant au milieu
du sénat dans une digression contre le dogme de l'immortalité de
l'âme? N'avait-il pas aussi pour lui Socrate et Platon? Voici en
quels termes il faisait l'éloge de son maître Rousseau : « Parmi
ceux qui se signalèrent dans la carrière des lettres et de la philosophie, un homme, par l'élévation de son âme et par la grandeur de
son caractère, se montra digne du ministère de précepteur du genre
humain. Il attaqua la tyrannie avec franchise, il parla avec enthousiasme de la Divinité. Ah! s'il avait été témoin de cette Révolution

dont il fut le précurseur et qui l'a porté au Panthéon, qui peut douter que son âme généreuse eût embrassé avec transport la cause de la justice et de l'égalité! » Cette glorification de l'auteur du *Contrat social* venait après une vive satire de certains philosophes du XVIIIᵉ siècle, persécuteurs acharnés de Jean-Jacques, « charlatans ambitieux, qui, » disait Robespierre, « avaient été pensionnés par les despotes tout en déclamant quelquefois contre le despotisme, et, fiers dans leurs écrits, s'étaient montrés rampants dans les antichambres. »

En traçant le portrait de ces écrivains versatiles qui, après avoir prôné les droits de l'homme dans leurs livres avant la Révolution, s'étaient en quelque sorte ligués depuis pour en empêcher le triomphe, Maximilien laissa tomber de sa bouche un nom justement honoré, mais qu'on a démesurément grandi, celui de Condorcet. Ah! certes, il eût été plus noble de sa part d'ensevelir dans l'oubli ses griefs trop fondés, hélas! contre un homme qui, un mois auparavant, s'était soustrait à la proscription par le suicide. Mais il faut compter avec les faiblesses humaines. Quels flots d'amertume, de son côté, Condorcet n'avait-il point répandu sur Robespierre! Dans quel fiel n'avait-il pas trempé sa plume pour le couvrir de ridicule! N'étaient-ce point Condorcet et ses collaborateurs de *la Chronique* qui s'étaient ingéniés à faire de lui un prêtre, et à le présenter toujours suivi d'un cortége de dévotes? Au souvenir de tant d'injustice et de perfidie, Maximilien ne put s'empêcher d'en flétrir l'auteur en passant.

Ah! les prêtres! Écoutez ce que pense d'eux l'orateur, et dites si jamais tableau plus saisissant et plus vrai en a été tracé: « Fanatiques, n'espérez rien de nous. Rappeler les hommes au culte pur de l'Être suprême, c'est porter un coup mortel au fanatisme. Toutes les fictions disparaissent devant la vérité, et toutes les folies tombent devant la raison. Sans contrainte, sans persécution, toutes les sectes doivent se confondre d'elles-mêmes dans la religion universelle de la nature. Nous vous conseillerons donc de maintenir les principes que vous avez manifestés jusqu'ici. Que la liberté des cultes soit respectée, pour le triomphe même de la raison; mais qu'elle ne trouble point l'ordre public, et qu'elle ne devienne point un moyen de conspiration. Si la malveillance contre-révolutionnaire se cachait sous ce prétexte, réprimez-là, et reposez-vous du reste sur la puissance des principes et sur la force même des choses. Prêtres ambitieux, n'attendez donc pas que nous travaillions à rétablir votre empire, une telle entreprise serait même au-dessus de notre puissance. Vous vous êtes tués vous-mêmes, et on ne revient pas plus à la vie

morale qu'à la vie physique. Et d'ailleurs, qu'y a-t-il entre les prêtres et Dieu ? Les prêtres sont à la morale ce que les charlatans
sont à la médecine. Combien le Dieu de la nature est différent du
Dieu des prêtres ! Je ne connais rien de si ressemblant à l'athéisme
que les religions qu'ils ont faites. A force de défigurer l'Être suprême, ils l'ont anéanti autant qu'il était en eux ; ils en ont fait
tantôt un globe de feu, tantôt un bœuf, tantôt un arbre, tantôt un
homme, tantôt un roi. Les prêtres ont créé Dieu à leur image ; ils
l'ont fait jaloux, capricieux, avide, cruel, implacable. Ils l'ont
traité comme jadis les maires du palais traitèrent les descendants
de Clovis, pour régner sous son nom et se mettre à sa place. Ils l'ont
relégué dans le ciel comme dans un palais, et ne l'ont appelé sur la
terre que pour demander à leur profit des dîmes, des richesses, des
honneurs, des plaisirs et de la puissance. Le véritable prêtre de
l'Être suprême, c'est la nature ; son temple, l'univers ; son culte, la
vertu ; ses fêtes, la joie d'un grand peuple rassemblé sous ses yeux
pour resserrer les doux nœuds de la fraternité universelle et pour
lui présenter l'hommage des cœurs sensibles et purs. Prêtres, par
quel titre avez-vous prouvé votre mission ? Avez-vous été plus
justes, plus modestes, plus amis de la vérité que les autres hommes ?
Avez-vous chéri l'égalité, défendu les droits des peuples, abhorré le
despotisme et abattu la tyrannie ? C'est vous qui avez dit aux rois :
*Vous êtes les images de Dieu sur la terre, c'est de lui seul que vous
tenez votre puissance.* Et les rois vous ont répondu : *Oui, vous êtes
vraiment les envoyés de Dieu, unissons-nous pour partager les dépouilles et les adorations des mortels.* Le sceptre et l'encensoir ont
conspiré pour déshonorer le ciel et pour usurper la terre. Laissons
les prêtres et retournons à la Divinité. »

Ce morceau fut de tout le discours celui qui excita les plus chaleureux applaudissements ; à chaque instant il avait été interrompu
par d'enthousiastes acclamations ; preuve assez manifeste des mauvaises dispositions de la Convention en général à l'égard du clergé ;
mauvaises dispositions exagérées encore dans les départements par
la plupart des députés en mission. A la suite de ce passage, Robespierre énuméra les diverses fêtes dont la célébration était digne de
la République et du peuple français. L'une de ces fêtes devait être
consacrée à la mémoire des héros morts pour la liberté. Comme à ce
propos il rappelait le souvenir du jeune Barra, qui nourrissait sa
mère et qui mourut pour la patrie, des cris formidables de *vive la
République* se firent entendre, poussés par un grand nombre
d'enfants admis à la séance avec une députation de la section de
la *Fontaine Grenelle.* De bruyants applaudissements répondirent à

ces cris (1). Quand le silence se fut rétabli, Robespierre reprit la
parole pour raconter un acte d'héroïsme d'un autre enfant, acte qui
ne le cédait en rien à celui du jeune Barra. C'était au moment où
un détachement de rebelles marseillais se disposait à franchir la
Durance, pour égorger une petite troupe de républicains désarmés.
Il n'y avait qu'un moyen de salut pour ceux-ci : couper le câble du
bâtiment qui portait leurs bourreaux. La tentative semblait une
chimère ; tout à coup un enfant nommé Viala, s'emparant d'une
hache, s'élance au bord du fleuve et frappe le câble de toute sa
force. Blessé par une première décharge de mousqueterie, il relève
encore sa hache et se dispose à redoubler, quand, atteint mortellement par une seconde décharge, il tombe en s'écriant : « Je meurs,
cela m'est égal, c'est pour la liberté ! » Ce récit arracha à l'Assemblée
de nouvelles acclamations. Robespierre termina par des considérations générales pleines de grandeur. « Asseyez-vous donc tranquillement sur les bases immuables de la justice... Défions-nous de
l'ivresse même des succès. Soyons terribles dans les revers, modestes dans nos triomphes, et fixons au milieu de nous la joie et le
bonheur, par la sagesse et par la morale. » A la suite de ce rapport,
il lut un décret dont le premier article était ainsi conçu :

« Le peuple français reconnaît l'existence de l'Être suprême et
l'immortalité de l'âme. »

Le culte de l'Être suprême devait simplement consister dans la
pratique des devoirs de l'homme, au premier rang desquels le rapporteur mettait de détester la mauvaise foi et la tyrannie, de punir
les tyrans et les traîtres, de secourir les malheureux, de respecter
les faibles, de défendre les opprimés, de faire aux autres tout le
bien qu'on pouvait et de n'être injuste envers personne. Une série
de fêtes décadaires, instituées pour rappeler l'homme à la pensée
de la Divinité et à la dignité de son être, empruntaient leurs
noms d'abord des événements glorieux de notre Révolution,
puis des vertus les plus chères et les plus utiles. C'est ainsi
qu'elles étaient consacrées à l'Être suprême, au genre humain, à
la liberté et à l'égalité, à l'amour de la patrie, à la justice, à la vérité, à la pudeur, à l'amitié, à la gloire, non pas, avait dit le rapporteur, à cette gloire qui ravage et opprime le monde, mais à celle
qui l'affranchit, l'éclaire, le console, et qui est, après la patrie, la
première idole des cœurs généreux. Il y avait aussi la fête du malheur, auquel l'humanité devait consolations et soulagement, avait
dit Robespierre, puisqu'elle était impuissante à le bannir de la terre.

(1) *Journal des débats et des décrets de la Convention*, numéro 595, p. 227.

Ce décret, à jamais fameux, fut adopté d'enthousiasme au milieu d'applaudissements prolongés.

Du rapport dont nous venons de donner une trop rapide analyse, ôtez le nom de Condorcet et une attaque violente contre Danton, et il restera un des plus magnifiques et des plus imposants discours dont se puisse glorifier la tribune française. Un témoin auriculaire a écrit que Robespierre le prononça avec un accent que jamais on n'avait trouvé dans aucune autre bouche (1). Il ne s'agissait point ici, comme l'ont trop souvent répété la mauvaise foi et l'ignorance, de discuter sur l'existence de Dieu et l'immortalité de l'âme, encore moins de fonder une religion ; la Convention nationale, conséquente avec elle-même, et fidèle au préambule de la constitution décrétée par elle, se contentait de déclarer que le peuple français reconnaissait l'existence de l'Être suprême et l'immortalité de l'âme. Le but de Robespierre fut de ramener dans les consciences troublées un peu de calme et de sérénité, et surtout de mettre fin à l'insupportable intolérance des imitateurs d'Hébert et de Chaumette. Il ne faut point oublier l'article XI du décret : LA LIBERTÉ DES CULTES EST MAINTENUE CONFORMÉMENT AU DÉCRET DU 18 PRIMAIRE (2). Il y eut là tout simplement, on le voit, de la part de la Convention, un acte politique, parfaitement moral et parfaitement sensé. Permis à certains dévots de l'athéisme, permis à tous les tartufes du catholicisme de plaisanter et de s'indigner, il n'en reste pas moins dans ce décret une protestation superbe contre le matérialisme grossier dont une secte, formée de quelques irréligieux de bonne foi et d'une foule de contre-révolutionnaires déguisés, prétendait inonder la France, et contre une intolérance imaginée pour pousser les consciences à la révolte. Charles Nodier a donc eu grandement raison d'écrire : «J'ai entendu souvent ridiculiser la déclaration du peuple français qui reconnaissait l'Être suprême et l'immortalité de l'âme. J'avoue que, les dogmes admis, le côté bouffon de cette formule m'échappe tout à fait, et, pour compléter ma pensée, j'ajoute que je la trouve très-convenable et très-belle. Seulement, pour l'apprécier, il faut prendre la peine de se transporter au temps. Rien n'était plus. C'est donc ici la pierre angulaire d'une société naissante. C'est le renouvellement d'un monde ; c'est le cri de ce monde éclos d'un autre chaos, qui se rend compte de sa création et qui rend hommage à son auteur, l'élan de la société entière, le jour où elle a retrouvé les

---

(1) Tissot. *Histoire de la Révolution française*, t. V, p. 185.

(2) Voilà ce que le *philosophe et tolérant* M. Michelet appelle « un grave retour au passé. » *Histoire de la Révolution*, t. VII, p. 308.

titres oubliés de sa destination éternelle (1). » On va voir combien
est vraie cette appréciation de Nodier.

XV

A la suite de la lecture du rapport de Robespierre, dont la Convention nationale ordonna l'impression aux frais de la République
et l'envoi à tous les départements, aux armées, aux sociétés populaires (2), David développa un plan de fête à l'Être suprême,
fête fixée par le dernier article du décret au 20 prairial prochain.
Sur la proposition d'un membre, il fut décidé que le plan de l'artiste
serait joint au discours de Robespierre, puis Couthon fit décréter
que ce discours serait traduit dans toutes les langues et affiché en
placards sur tous les murs (3).

Dans la soirée même du 18 floréal (7 mai 1794), Lequinio parut
aux Jacobins. D'une voix profondément émue, il rendit compte de la
séance de la Convention, et ne ménagea pas la louange à ce Robespierre parmi les calomniateurs duquel il devait figurer un jour. Il
parla du rapport de Maximilien comme d'un des plus beaux qui aient
jamais été prononcés à la tribune nationale. Chaque phrase, dit-il,
était applaudie. « Nous aurions voulu l'applaudir toutes les fois qu'il
imprimait dans nos âmes des sentiments élevés et dignes de la liberté.
Il est grand dans ses idées politiques et morales, il est grand dans
tous ses détails (4). » A sa voix, la société pria Robespierre de
donner lecture de son discours, ce que fit Maximilien au milieu des
plus vives acclamations. Il est difficile de rendre bien compte du
prodigieux effet que d'un bout de la France à l'autre produisit ce
discours monumental. On eût dit que le pays renaissait à la vie. Ce

(1) *Souvenirs de la Révolution*, t. 1er, p. 285, édit. Charpentier.

(2) Le discours de Robespierre, reproduit par la plupart des journaux du temps, se
trouve dans *le Moniteur* du 19 floréal an II (8 mai 1794). Par arrêté du comité de
Salut public en date du 20 floréal, il fut tiré à 200,000 exemplaires, savoir : 26,500
par le citoyen Deltuffo, 26,500 par le citoyen Charpentier, de Paris, 27,000 par le citoyen Nicolas, et 120,000 par l'Imprimerie nationale. Arrêté contre-signé : Barère, Collot d'Herbois et Billaud-Varenne. (*Archives*, A F, II, 55.) In 8o de 45 p. Il y en eut à
l'époque plusieurs éditions : in-8o de 31 p.; in-8o de 48 p.; in-8o de 56 p.; in-24 de
79 p., orné d'un portrait et de deux gravures, dessinés et gravés par Quevedo; Paris,
F. Dufert, Langlois, Basset, an II, in-8o de 122 p., avec un portrait. A la fin du volume on trouve les deux discours prononcés par Robespierre à la fête de l'Être suprême,
et la liste des inscriptions gravées sur les monuments élevés à Paris pour la fête du
20 prairial. Ce rapport de Robespierre se trouve aussi dans l'*Histoire parlementaire*,
t. XXXII, p. 353-381, et dans les *Œuvres* éditées par Laponneraye, t. III, p. 607-643.

(3) *Journal des débats et des décrets de la Convention*, numéro 595.

(4) *Moniteur* du 21 floréal an II (10 mai 1794).

fut une ivresse générale. Un des plus vils calomniateurs de Robespierre, un de ces suppôts de la Terreur qui après Thermidor ont essayé de rejeter sur le vaincu la responsabilité des excès auxquels il s'était en vain opposé, l'ex-juré Vilate, n'a pu s'empêcher d'avouer que Robespierre, ouvrant enfin les yeux sur tant de calamités publiques, avait, dans son discours sur la Divinité, semblé de bonne foi résolu à arrêter le torrent dévastateur. « Le géant Robespierre offrait au cœur des hommes, avec tous les charmes séducteurs de l'éloquence philanthropique, le dogme consolateur de l'Être suprême et de l'immortalité de l'âme (1). » Il y eut un enthousiasme qui ne s'était jamais vu, et dont jamais peut-être on ne retrouvera d'exemple. De toutes parts affluèrent à la Convention nationale des adresses où on la félicitait vivement de sa profonde sagesse. Les diverses sociétés populaires de la capitale vinrent en foule complimenter l'Assemblée. Aux Jacobins, la rédaction d'une adresse à la Convention donna lieu, le 26 floréal (15 mai 1794), à quelques débats qui prouvèrent une fois de plus l'esprit de tolérance de Maximilien. Le rédacteur de cette adresse, — c'était le jeune Jullien — avait dit d'après Rousseau, qu'on devrait bannir de la République tous ceux qui ne croiraient pas à la Divinité. — Platon voulait en chasser les poëtes. — Ce fut Robespierre qui se chargea de donner cette fois une leçon de tolérance à son jeune ami. « Ce principe, » dit-il, « ne doit pas être adopté. » Ceux-là seuls méritaient d'être poursuivis, selon lui, qui écrivaient contre la liberté. Quant à la maxime de Rousseau, c'était peut-être une vérité bonne à insérer dans un livre, mais il fallait, ajouta-t-il, la laisser dans les écrits de Rousseau, et ne pas la mettre en pratique. L'adresse fut adoptée avec cette modification (2). Le lendemain, à la députation du club des Jacobins, dont l'orateur fit entendre comme un lointain écho de la *Profession du vicaire savoyard*, Carnot qui présidait la Convention répondit par un discours où les sentiments déistes ne le cédaient en rien à ceux de Maximilien. « Invoquer l'Être suprême, » dit-il dans un mouvement de véritable éloquence, « c'est appeler à son secours le spectacle de la nature, les tableaux qui chassent la douleur, l'espérance

---

(1) *Causes secrètes de la révolution du 9 au 10 Thermidor*, par Vilate, p. 23 et 29.

(2) *Journal de la Montagne*. Nous pourrions à chaque page, à chaque ligne, signaler l'étonnante mauvaise foi des ennemis de Robespierre. Ainsi, dans son fameux acte d'accusation, prudemment ébruité après le 9 Thermidor, Laurent Lecointre poussa le mépris de la vérité jusqu'à reprocher à Maximilien d'avoir abusé de l'inexpérience de Jullien en lui faisant prononcer, aux Jacobins, une motion tendante à faire déclarer coupable tout citoyen qui ne croirait pas à l'immortalité de l'âme, pour être puni comme traître à la patrie. (*Conjuration formée dès le 5 prairial*, p. 36.)

qui console l'humanité souffrante (1). » Le conseil général de la commune de Paris, ayant le maire à sa tête, vint aussi , à la barre de
l'Assemblée, applaudir « aux vérités sublimes et éternelles développées dans le rapport de Robespierre, » et remercier la Convention
du décret rendu par elle à la suite de ce rapport (2).

Un grave changement s'était dès lors opéré au sein de la commune.
Déjà, dès le 8 germinal (28 mars 1794), Payan, ex-juré au tribunal
révolutionnaire, avait, sous le nom d'agent national, remplacé Chaumette comme procureur de la commune de Paris (3). Payan voyait
souvent Barère et Maximilien (4), mais il faisait bien plus de cas du
second, auquel le rattachait une étroite communauté d'idées et de
sentiments. Robespierre estimait Payan un homme énergique et
probe, capable des fonctions les plus importantes (5); et il ne se
trompait pas, comme on le verra. C'était ce Payan qui disait
avec tant de raison : « Les représentans du peuple peuvent produire les plus grands biens ou les plus grands maux... Combien
en est-il qui ignorent les vrais moyens de conduire le peuple, et savent le tourner en ridicule ou faire des mascarades avec les vête-
ments de prêtres (6). » Le lendemain du 18 floréal il écrivait à Robespierre : « Je n'ai pu entendre hier sans attendrissement plusieurs
morceaux de votre rapport... C'est sans contredit le rapport le plus
parfait qui ait été fait ; les idées en sont grandes, neuves et sublimes... Il va rallier à la même doctrine les patriotes des départemens
incertains et divisés ; il ne crée point une religion et des prêtres,
mais prouve que les législateurs ne veulent point ravir au peuple
le dogme consolant de l'existence de Dieu et de l'immortalité de
l'âme (7). » Si l'influence de Robespierre fut pour quelque chose

(1) Séance de la Convention du 27 floréal (16 mai 1794). Voy. *le Moniteur* du
29 floréal. M. Michelet, qui a écrit tout de travers cette partie de l'histoire de la Révolution, égaré par la fougue de son intolérance antireligieuse, prétend que l'Assemblée,
mécontente, avait porté Carnot à la présidence pour montrer sa désapprobation.
(T. VII, p. 316.) Ceci est puéril, mais, dans tous les cas, Carnot aurait bien mal
répondu à l'attente de l'Assemblée.

(2) Séance du 25 floréal (14 mai 1794). *Moniteur* du 27 floréal.

(3) Arrêté du comité de Salut public signé : Barère, Carnot, C.-A. Prieur, Collot
d'Herbois, Billaud-Varenne, Couthon, Robespierre, Saint-Just, Robert Lindet. Voyez,
aux *Archives*, 436 a a 73, le registre des délibérations et arrêtés du comité.

(4) Voyez, à ce sujet, une lettre de Payan à son frère, administrateur du département de la Drôme. *Papiers inédits*, t. II, p. 348.

(5) Notes de Robespierre sur divers patriotes, sous le numéro XXIX, à la suite du
rapport de Courtois, et *Papiers inédits*, t. II, p. 7.

(6) Lettre de Payan en date du 6 nivôse : Au citoyen..... *Papiers inédits*, t. II,
p. 350.

(7) Lettre de Payan à Robespierre. *Papiers inédits*, t. II, p. 352.

dans la nomination de Payan au poste d'agent national, ce fut assurément une influence heureuse, car on ne pouvait faire un meilleur
choix. Un tel homme était digne de mourir avec Robespierre.

Assez fortement compromis dans l'échauffourée hébertiste, Pache
avait dû très-probablement à la protection de Maximilien, dont il
était particulièrement estimé, de n'avoir pas été tout d'abord inquiété. Il avait même été maintenu dans sa place de maire, mais il
comptait parmi les membres des comités des ennemis redoutables,
et le 21 floréal (10 mai 1794) il fut arrêté par ordre des comités de
Salut public et de Sûreté générale, malgré Robespierre, qui refusa
de signer le mandat d'arrestation (1). Il eut du reste pour remplaçant un homme jeune encore, d'un patriotisme éprouvé, l'architecte
Fléuriot-Lescot, que la Convention nationale avait successivement
appelé aux fonctions de substitut de l'accusateur public lors de l'établissement du tribunal révolutionnaire et à celles de membre de la
commission des travaux publics (2). Ainsi réorganisée, la commune
de Paris cessa d'être une sorte de gouvernement révolutionnaire à
part, ayant ses procédés à lui et ses catégories de suspects particulières, ces fameuses catégories inventées par Chaumette. Elle ne fut
point, comme on l'a dit, à la dévotion de Robespierre; seulement il y
eut entre elle et le comité de Salut public beaucoup plus de cohésion.
Si au 9 Thermidor elle prit parti pour Maximilien, ce fut parce que
les patriotes intègres qui la composaient préférèrent se ranger du
côté de la justice et du droit et embrasser la cause de la Révolution.

Quant à Robespierre, son discours sur les rapports des idées religieuses et morales avec les principes républicains lui donna un ascendant prodigieux sur les âmes, mais un ascendant essentiellement moral. Un arrêté du comité de Salut public enjoignant aux
agents nationaux de toutes les communes de France de faire lire
publiquement pendant un mois, chaque décade, dans les édifices
publics, le rapport et le décret du 18 floréal, acheva de le grandir
dans l'opinion (3). Bientôt l'enthousiasme pour lui ne connut plus

(1) Arrêté signé : Dubarran, Élie Lacoste, Amar, Louis (du Bas-Rhin), Voulland,
Billaud-Varenne, Carnot, Vadier, Jagot, Barère, M. Bayle, Collot d'Herbois. *Archives*,
A F, II, 60.— Comme on est convenu d'attribuer à Robespierre tous les actes de rigueur
de la Révolution, le rédacteur de la biographie de Pache, dans la *Biographie universelle*, Michaud jeune, n'a pas manqué d'écrire que c'était Robespierre qui avait fait
arrêter Pache « sans l'envoyer au tribunal révolutionnaire. » « Ce qui, » ajoute le rédacteur de l'article, « était une véritable faveur. »

(2) « Le comité de Salut public arrête que le citoyen Fleuriot remplira provisoirement
les fonctions de maire de Paris, vacantes par l'arrestation de Pache. Il prendra ces fonctions sur le-champ, et habitera la maison de la mairie. Signé *pour extrait* : Collot
d'Herbois, Barère, Carnot, Billaud-Varenne. »

(3) Arrêté du 29 floréal signé : Barère, Billaud-Varenne, Robespierre, Robert Lindet.

de bornes et revêtit toutes les formes. Dans certaines communes on se fit un devoir d'apprendre par cœur les morceaux les plus frappants de son discours (1). Ce fut de toutes parts un immense concert de louanges. Il n'est pas jusqu'à l'impur Guffroy qui, saisi d'émotion, ne se soit écrié à propos de ce discours : « Français, empressez-vous de vous le procurer tout entier ; lisez et relisez-le dans vos foyers ; il sera senti par les âmes françaises ; les enfants y ont applaudi et j'ai vu couler des larmes vertueuses (2). » Robespierre fut véritablement inondé de lettres de félicitations. « Toi qui éclaires l'univers par tes écrits, saisis d'effroi les tyrans et rassures le cœur de tous les peuples, » lui écrit l'un, « tu remplis le monde de ta renommée ; tes principes sont ceux de la nature, ton langage celui de l'humanité ; ton génie et ta sage politique sauvent la liberté ; tu apprends aux Français, par les vertus de ton cœur et l'empire de la raison, à vaincre ou mourir pour la liberté et la vertu, et à la France, jadis si fière et si hautaine, à adorer l'égalité (3). » — « Tous les braves Français sentent avec moi de quel prix sont vos infatigables efforts pour assurer la liberté, » lui avait écrit antérieurement un de ses fervents admirateurs. « La *couronne civique*, le triomphe, vous sont dus, et ils vous seront déférés, en attendant que l'encens civique fume devant l'autel que nous vous élèverons, et que la postérité révérera tant que les hommes connaîtront le prix de la liberté (4). » Ici, c'est une dame nommée Saint-Val qui lui adresse ces lignes : « Quels travaux immenses, quelle marche rapide à l'immortalité ! L'histoire ne peindra jamais assez parfaitement tant de vertus, de talents et de courage (5) ! » Là, c'est une

(Registre des arrêtés et délibérations du comité de Salut public, *Archives* 436 a a 73.)

(1) Lettre écrite au nom de la municipalité de Nantua aux représentants en mission à Lyon, en date du 18 prairial. (Catalogue Charavay, 1862.)

(2) *Rougyff ou le Frank en vedette*, numéro 131. — Guffroy, comme on l'a vu plus haut, cessa la publication de son journal, en se fondant sur ce qu'on lui avait fait perdre les abonnements du ministère de la guerre. Qu'aurait dit Camille d'un désintéressement si patriotique, lui qui s'épuisa à reprocher à Hébert les subventions que *le Père Duchesne* recevait du ministère de la guerre ?

(3) Lettre de J.-P. Besson. De Manosque, le 23 prairial. (*Papiers inédits*, t. II, p. 116.) Elle figure sous le numéro I à la suite du rapport de Courtois.

(4) Cette lettre est de beaucoup antérieure à floréal. Elle est du 17 juillet 1792 et porte la signature de Jamgon. Nous la citons ici, parce qu'elle offre un échantillon curieux des fraudes thermidoriennes. Au lieu de la *couronne civique* que porte le manuscrit, le rédacteur du rapport de Courtois a écrit, en soulignant le mot, la *couronne* (voy. p. 13 et 122), faux qui lui fournit l'occasion d'écrire avec sa risible emphase : « Tant d'encens brûlé ne rassasiait pas encore l'avide ambition du tyran, il lui fallait une couronne, et l'on a vu un flatteur assez lâche pour la lui offrir. (P. 13 du rapport.) Voyez aux *Archives* l'original de la lettre de Jamgon.

(5) *Papiers inédits*, t. II, p. 120 ; numéro IV, à la suite du rapport de Courtois. J'ai

jeune Nantaise, dont le mari avait péri dans la guerre de la **Vendée**, et qui lui offre sa main avec quarante mille livres de rente. « Tu es ma divinité suprême et je n'en connais pas d'autre sur la terre que toi. Je te regarde comme mon ange tutélaire et ne veux vivre que sous tes lois. Elles sont si douces que je fais le serment, si tu es aussi libre que moi, de m'unir à toi pour la vie (1)! » Mais, si Robespierre pouvait être sensible à tant d'hommages partis du cœur, il n'était pas homme à se laisser séduire par la perspective d'un mariage d'argent.

L'enthousiasme, avons-nous dit, revêtit toutes les formes. Tantôt c'est un père qui lui écrit : « La nature vient de me donner un fils; j'ai osé le charger du poids de ton nom. Puisse-t-il être aussi utile et aussi cher à sa patrie que toi! Mes vœux... les vœux d'un père, ne voient rien au delà (2). » Tantôt c'est un de ses anciens camarades qui veut à toute force le revoir. « Je veux rassasier mes yeux et mon âme de tes traits, et mon âme, électrisée de toutes les vertus républicaines, rapportera chez moi de ce feu dont tu embrases tous les bons républicains (3). » A chaque instant, dans ces lettres, reviennent les expressions : Flambeau, colonne, pierre angulaire de l'édifice de la République française (4), génie incorruptible, protecteur des patriotes, homme éloquent et vraiment philosophe (5). » Si considérable fut le nombre des lettres enthousiastes adressées à Robespierre dans le cours de son existence révolutionnaire, que Courtois lui-même le taxa d'*infini* et qu'il se contenta de publier celles dans lesquelles il crut trouver des armes contre Maximilien dans l'excès même d'enthousiasme dont elles étaient animées. Dans toutes on le salue comme un apôtre de la liberté et de l'égalité, non comme un maître ou un aspirant à la dictature, ce à quoi ne prêtaient guère ni les actes ni les paroles de Robespierre. Si le conseil général de la commune de Marion lui écrit qu'à la fin d'un *Te Deum* on a mêlé aux cris de : *Vive la République!* celui de : *Vive Robespierre!* c'est parce qu'il sait bien que c'est à lui qu'est dû le

rétabli les noms des divers signataires de ces lettres d'après les originaux conservés aux *Archives.*

(1) Cette lettre, qui a figuré à diverses reprises dans les ventes d'autographes, est du 13 prairial, et signée : *veuve Jakin.*

(2) *Papiers inédits*, t. II, p. 125. L'original, signé : Jacques Molines, fait partie de la collection Beuchot.

(3) Cette lettre figure sous le numéro XIX à la suite du rapport de Courtois. Voy. *Papiers inédits*, t. II, p. 133. En tête de l'original conservé aux *Archives*, et signé : Dubois (d'Amiens), on lit, de la main de Courtois, *flagorneries.*

(4) Lettre en date du 28 floréal. *Papiers inédits*, t. II, p. 127.

(5) Lettre de Peys et de Rompillon, *Papiers inédits*, t. II, p. 134.

peu qui reste de la liberté des cultes (1). Ne sont-elles pas propres
à faire pénétrer la conviction dans les cœurs les plus incrédules, ces
lignes suivantes d'un citoyen nommé Vaquier : « L'inappréciable
réputation que vous vous êtes faite, par vos actions et par vos écrits,
d'ennemi déclaré des tyrans et du despotisme…, d'homme éminemment sensible, humain et bienfaisant, *réputation sur laquelle vos
ennemis même n'élèvent pas le plus petit doute*, m'encourage à vous
demander un moment d'entretien particulier pour vous fournir une
occasion d'exercer un acte de charité (2). » Est-ce que toutes ces
lettres ne démontrent pas péremptoirement que, de tous les hommes
de la Révolution, Robespierre était le plus haut placé dans l'estime et
dans l'admiration de la France? Croyez donc, après cela, au mensonge
thermido-royaliste, remis en faveur par un écrivain de nos jours (3),
à savoir que Maximilien était regardé par ses contemporains comme
la pierre angulaire du système de la Terreur. Il suffit d'avoir étudié
la Révolution autre part que dans les libelles et dans les Mémoires
intéressés de certains personnages de l'époque pour se convaincre
que c'est là une misérable calomnie.

Non, ce n'était point à un fanatique de la Terreur que la sœur
de Mirabeau, récemment secourue par la Convention, écrivait les
lignes suivantes en le priant d'appuyer une proposition adressée par
elle au comité de Salut public d'enseigner *gratis* aux enfants le catéchisme de la nature présenté à la Convention : « Cher Robespierre, ne crois pas que l'intérêt me domine jamais… J'aurai des
vertus en suivant tes conseils et tes exemples, et, loin de toi, peut-
être un autre air que le sol que tu habites me perdrait. Non, ferme
et invariable, tu es un aigle qui plane dans les cieux; ton esprit, ton
cœur, sont séduisants; l'amour du bien est ton cri d'armes; le mien
est que tu vives longtemps pour le bonheur d'une Convention que
j'aime (4). » Un événement tout à fait inattendu vint encore le
rehausser dans l'opinion publique et accroître l'intérêt qui s'attachait à lui.

XVI

Le 4 prairial (23 mai 1794), vers une heure du matin, un coup de
feu fut tiré sur Collot d'Herbois, au moment où il rentrait chez lui,

(1) Cette lettre figure sous le numéro XXII à la suite du rapport de Courtois.
(2) Cette lettre est adressée à Robespierre, *simple particulier alors* ; elle est du
5 février 1792. Numéro XI à la suite du rapport de Courtois.
(3) Edgar Quinet, *La Révolution*.
(4) Voyez cette lettre dans les *Papiers inédits*, t. II, p. 165.

et le blessa légèrement. L'auteur de cette tentative d'assassinat était un individu nommé Ladmiral, ancien employé à la loterie royale comme garçon de bureau, et que la perte de sa place avait animé d'une haine sourde et profonde contre la République. Depuis trois mois il logeait rue Favart, près du théâtre de ce nom, dans une maison habitée par Collot d'Herbois. Ce n'était cependant pas ce dernier représentant qu'il avait tout d'abord projeté d'assassiner. La veille, en effet, il était sorti de chez lui sur les huit heures du matin et était allé par les boulevards jusqu'à la rue Saint-Honoré. Il s'était adressé à une fruitière pour savoir où demeurait Robespierre, qu'il avait l'intention de frapper. On lui avait indiqué la maison, et il était alors entré dans la cour de Duplay; mais un volontaire avec le bras en écharpe et une citoyenne lui avaient déclaré que Maximilien étant occupé il était inutile de chercher à le voir. Il s'était retiré et avait été déjeuner sur la terrasse des Feuillants, d'où il s'était rendu à la séance de la Convention (1). En sortant de l'Assemblée, où il s'était endormi à la lecture d'un rapport peu intéressant, il était allé se poster dans une des galeries conduisant au comité de Salut public afin d'y attendre sa victime. Robespierre n'ayant point paru, il s'était retiré, avait ensuite erré de café en café jusqu'à onze heures du soir, heure à laquelle il avait regagné son logis avec le dessein de s'en prendre à Collot d'Herbois. Ce misérable, qui depuis longtemps vivait largement sans rien faire, affichant les dehors d'un patriotisme exagéré, était-il l'instrument salarié de la contre-révolution? C'est chose assez probable. Toutefois il resta muet sur ses complices, et emporta son secret dans la tombe.

Barère, en prenant la parole au nom du comité de Salut public, dans la séance du 4 prairial, pour donner à la Convention des détails sur l'événement de la nuit, ne manqua pas de rattacher cette tentative d'assassinat aux manœuvres de l'étranger. A ce sujet, il lut un extrait curieux d'une lettre adressée au commissaire des relations extérieures par un de nos agents en Hollande, lettre où l'on insistait beaucoup sur la nécessité d'employer toute la vigilance possible pour prévenir les complots dirigés de Londres contre les membres

---

(1) Interrogatoire de Ladmiral par le président du tribunal révolutionnaire, dans *le Moniteur* du 5 prairial (24 mai 1794). Je lis dans le manuscrit de Mme Le Bas qu'un jour un individu de forte taille était venu demander Robespierre et avait insisté beaucoup pour lui parler, mais que la mine de cet homme et son allure ayant paru suspectes, on avait pensé tout de suite qu'il venait dans de mauvaises intentions, et qu'on avait refusé de l'introduire auprès de Maximilien. Je suppose qu'il s'agit ici de Ladmiral.

du comité de Salut public, et particulièrement contre Robespierre, qui, de tous les membres du comité se trouvant le plus en vue par sa popularité, devait être nécessairement le point de mire de toutes les attaques. Et comme preuve de ce qu'il avançait, le correspondant du comité citait le passage suivant d'une lettre d'un des agents de Pitt, agent avec lequel il était entré en relations : « Nous craignons beaucoup l'influence de Robespierre. Plus le gouvernement français républicain sera concentré, dit le ministre, plus il aura de force, et plus il sera difficile de le renverser (1). » Ah ! combien avait raison le ministre anglais ! On a généralement cru voir dans cette citation une petite malice de la part de Barère à l'égard de Maximilien, c'est une erreur. Il n'y avait point encore de désunion sensible entre les membres du comité, et si peu de confiance que j'aie dans le caractère équivoque de Barère, je puis répondre qu'il agit ici dans la sincérité de son cœur. Le *Moniteur* et le *Bulletin* de la Convention nationale ayant imprimé la note lue par lui comme si elle était une partie intégrante de son discours, il vint réclamer lui-même le surlendemain avec beaucoup de vivacité contre les interprétations dangereuses auxquelles serait de nature à donner lieu la rédaction erronée de ces deux journaux. « On pourrait en induire que la Convention n'existe plus, n'est plus rien; que les armées ne se battent plus que pour un seul homme à qui nous devons plus de justice. Cet homme est pur, et c'est parce que le gouvernement britannique sait bien qu'il veut l'établissement de la République, qu'il le craint, et qu'il déchaîne contre lui tous ses agents (2). » Les ennemis de Robespierre n'allaient pas tarder à tirer un merveilleux parti de ces dispositions des cours de l'Europe à tout ramener à lui, précisément parce qu'elles le considéraient, non sans raison, comme le plus fort pilier de la Révolution; mais il ne faut pas faire d'avance de Barère le complice des Fouché, des Tallien et des Rovère.

L'émotion produite dans Paris par l'attentat de Ladmiral était à peine calmée, que Maximilien se trouvait encore l'objet d'une sorte de tentative d'assassinat. « On dit, » s'écria Taillefer à la séance du 5 prairial, « qu'une nouvelle Corday a voulu attenter aux jours de Robespierre. » Voici ce qui était arrivé. La veille au soir, sur les neuf heures, une jeune personne d'une vingtaine d'années, nommée Cécile Renault, fille d'un papetier de la rue de la Lanterne, dans la Cité, s'était présentée au domicile des Duplay, et avait instamment

---

(1) *Journal des débats et des décrets de la Convention*, numéro 611.
(2) *Moniteur* du 7 prairial (24 mai 1794).

demandé à parler à Robespierre. Comme on lui avait répondu qu'il n'était point chez lui, elle avait témoigné beaucoup d'humeur et s'était emportée en invectives. Elle s'était écriée, d'un ton fort insolent, qu'il était bien extraordinaire qu'il ne fût point dans son appartement, étant fonctionnaire public et fait pour répondre à tous ceux qui avaient besoin de lui parler. L'étrange langage, l'attitude exaltée de cette jeune fille ayant éveillé les soupçons des personnes présentes, on l'avait arrêtée, et l'on avait trouvé sur elle deux couteaux (1). Dans l'instruction, elle s'exprima avec une grande fermeté. Interrogée sur les motifs qui l'avaient déterminée à se rendre chez Robespierre, elle répondit qu'elle avait été chez lui pour voir comment était fait un tyran, et qu'elle aimait mieux un roi que cinquante mille despotes (2). Cette réponse, si conforme à ce que répétaient sur tous les tons les ennemis de la Révolution, indiquait suffisamment quels étaient les sentiments de la jeune fille ; elle fut menée en prison, d'où elle sortira, sur un rapport d'Élie Lacoste, pour paraître devant le tribunal révolutionnaire.

Les amis de Maximilien avaient dès longtemps prévu qu'un jour ou l'autre on chercherait à frapper la République en sa personne. « Les craintes dont tu m'as si souvent entretenu n'étoient que trop fondées, » écrivait à Saint-Just son collègue Le Bas, qui arriva à Paris dans la soirée du 6 prairial. Le comité de Salut public crut à un vaste complot. Les rassemblements pour les denrées étaient devenus plus nombreux et plus turbulents que jamais, et cela sans raison, l'abondance étant depuis longtemps revenue. Cette coïncidence avec la double tentative d'assassinat dirigée contre deux de ses membres parut au comité l'indice d'un soulèvement aristocratique prêt à éclater. En conséquence, le 6 prairial, il manda à Saint-Just, alors en mission dans le Nord : « La liberté est exposée à de nouveaux dangers... Le comité a besoin de réunir les lumières et l'énergie de tous ses membres. Calcule si l'armée du Nord que tu as puissamment contribué à mettre sur le chemin de la victoire, peut se passer quelques jours de ta présence (3). » Saint-Just accourut; il était le 10 à Paris. Il y resta en tout huit jours; mais les craintes du comité ne s'étant point

---

(1) Riouffe a prétendu, avec sa bonne foi ordinaire, qu'elle n'avait point sur elle la moindre arme offensive. Voy. ses *Mémoires*, p. 74.

(2) Voyez l'interrogatoire de Cécile Renault dans *le Moniteur* du 10 prairial (29 mai 1794).

(3) Cette lettre est de la main de Robespierre, qui, par inadvertance, l'a signée deux fois. Ont signé avec lui : Barère, C.-A. Prieur, Billaud-Varenne et Carnot. — Dans sa *Réponse à Lecointre*, œuvre de mensonge et de perfidie qui est une tache sur sa mémoire, Billaud prétend que Saint-Just arriva *inopinément* pour dresser l'acte d'accusation d'un certain nombre de membres de la Convention. Voy. p. 29.

réalisées, il repartit le 19 pour l'armée, où la gravité des événements rendait sa présence indispensable (1).

Quand on lit aujourd'hui les témoignages d'idolâtrie prodigués à Robespierre à l'occasion des tentatives heureusement avortées de Ladmiral et de Cécile Renault, on est stupéfait de penser qu'il fallut si peu de temps pour couvrir d'opprobre et d'ignominie un nom si glorieux et si éclatant, objet de tant de sympathies et d'intérêt, et l'on s'écrie douloureusement avec le poëte :

> Comment en un plomb vil l'or pur s'est-il changé ?

Députations des sociétés populaires se succédant à la Convention nationale, démarche du conseil général de la commune de Paris venant jurer de redoubler de vigilance pour sauvegarder la vie des représentants du peuple (2), adresses des départements, lettres touchantes où l'on remerciait l'Être suprême d'avoir veillé sur ses jours, rien ne manqua à son ovation. Ici c'est le citoyen Lespomarède, président de la société populaire de Strasbourg, qui, à une séance extraordinaire de la société, rend grâces à Dieu d'avoir sauvé Robespierre, « le faisceau de toutes les vertus (3) ; » là ce sont les acteurs de l'ancien théâtre de la Montansier qui compliment Maximilien en ces termes : « Permets que des artistes toujours reconnaissans des importans services que tu rends à notre mère commune, la patrie, te fassent part de l'affreuse tristesse qu'ils ont éprouvée à la première nouvelle de ton assassinat... Accepte ce faible tribut de notre reconnaissance, et sois assuré qu'il n'en est pas un de nous qui ne voulût te servir d'égide si le moindre danger sembloit te me-

(1) Nous garantissons comme rigoureusement exactes les dates que nous donnons ici. (*Archives*, A F, II, 23.) « Le comité de Salut public arrête que leur collègue Saint-Just se rendra sans délai aux frontières du Nord et de l'Est pour surveiller les armées de la République depuis la mer jusqu'au Rhin, et tenir la main à l'exécution des décrets de la Convention nationale et des arrêtés du comité de Salut public. » Arrêté en date du 18 prairial et signé : Barère, Carnot, C.-A. Prieur, Collot d'Herbois, Robespierre, Billaud-Varenne, Saint-Just, Robert Lindet. (*Archives*.) — M. Michelet fait arriver Saint-Just le 8 prairial et, avec sa légèreté ordinaire, il lui fait tenir ce petit discours au Comité : « Nous périssons, c'est fait de nous si nous n'avons un dictateur. » (T. VII, p. 321.) Il suffisait d'étudier d'un peu près aux sources vraies l'histoire de la Révolution pour ne pas être dupe de ce mensonge thermidorien, contre lequel protestent tous les actes et toutes les paroles de Saint-Just ; mais il semble que M. Michelet n'a voulu connaître les choses de ce temps que d'après les pamphlets dirigés contre Robespierre.

(2) Voy. notamment, au sujet de ces députations, démarches et adresses, *le Moniteur* des 8, 9, 15 et 30 prairial an II (27 et 28 mai, 3 et 18 juin 1794).

(3) Voy. un extrait du discours de Lespomarède dans les *Papiers inédits*, t. II, p. 127, et à la suite du rapport de Courtois sous le numéro XXI.

nacer encore... (1) » Garran de Coulon, de son côté, écrivait à son ami Carnot du fond des Pyrénées-Orientales, où il était en mission : « Les dangers que viennent de courir Collot d'Herbois et Robespierre ont affecté les bons républicains de cette contrée ; tous m'en sont venus témoigner leur douleur et leur indignation. Comment! vouloir assassiner nos meilleurs défenseurs!... Nous les vengerons! se sont-ils écriés avec le sentiment d'une juste fureur... Embrasse pour moi tes deux *aimables* collègues.. (2). » Preuve assez manifeste que Robespierre n'avait point l'aspect renfrogné sous lequel l'ont peint ceux qui l'ont assassiné.

XVII

Mais où l'enthousiasme dépassa toutes les bornes, ce fut aux Jacobins, dans la séance du 6 prairial (25 mars 1794). L'entrée de Maximilien, comme celle de Collot d'Herbois qui partagea avec lui les honneurs de cette séance, y fut saluée par de frénétiques applaudissements, et sur la motion de Bentabole, l'accolade fraternelle fut donnée à Robespierre par le président. — C'était Voulland, un de ses futurs proscripteurs. — Legendre se précipita à la tribune, et s'écria : « La main du crime s'est levée pour frapper la vertu, mais le Dieu de la nature n'a pas souffert que le crime fût couronné. » Puis, il invita les patriotes à redoubler de surveillance et à ne point laisser aller seuls des représentants dont l'existence était si utile à la République.

Cette idée de donner une garde aux députés de la nation, favorablement accueillie par un grand nombre de membres, fut vivement combattue par Dumas et par Couthon. Jamais des représentants du peuple ne le souffriront, eût-elle le nom de *garde d'amitié*, dit le premier ; et Couthon : « J'aime à croire que cette proposition est partie d'une intention pure, mais je dirai qu'il n'y a que les despotes qui veulent avoir des gardes, et que nous ne sommes pas faits pour leur être assimilés. » Couthon savait bien tout le parti que la malveillance aurait pu tirer de la singulière idée du boucher Legendre, et il eut raison de protester contre une motion au moins imprudente, si elle n'était pas le résultat d'un calcul perfide. Quel

(1) Lettre non insérée par Courtois. Voyez-la dans les *Papiers inédits*, t. I, p. 324. En marge est écrit, de la main du *républicain* Courtois : *Flatteurs.*

(2) Cette lettre avait dû être communiquée par Carnot à Robespierre, dans les papiers duquel elle fut trouvée. Voyez-la dans les *Papiers inédits*, t. III, p. 170. Après la chute de Robespierre, Garran de Coulon fit cause commune avec les adversaires de Maximilien. Nommé sénateur par Bonaparte, il accepta avec soumission, de la munificence impériale, la sénatorerie de Riom et le titre de comte.

beau jeu n'eût pas eu la calomnie si Robespierre ne s'était pas empressé de repousser lui-même le présent qu'on semblait lui offrir.
Il parut à la tribune à son tour et, en quelques paroles heureusement trouvées, il sut rester modeste devant une telle explosion
d'enthousiasme. Les défenseurs de la liberté, il ne l'ignorait point,
étaient prédestinés à la rage des factions et aux poignards des tyrans,
aussi n'entrait-il pas dans leurs calculs de vivre une longue suite
d'années. Mais il était plus facile de les assassiner que de vaincre
leurs principes. « Quand les puissances tyranniques de l'Europe se
liguent pour étouffer notre immortelle Révolution, » ajouta-t-il,
« un ardent partisan des droits sacrés de l'homme ne doit pas
s'imaginer qu'il doit vivre longtemps. » Le ton dont fut prononcée cette virulente improvisation, l'éclair rapide dont était illuminée la physionomie de l'orateur, le défi hautain jeté par lui à
tous les despotes du monde et à leurs agents, électrisèrent tous les
assistants. « Voyez-nous exposés à vos poignards, le sein à découvert, ne voulant pas être environnés de gardes, » disait-il aux tyrans. « Frappez, nous attendons vos coups ; calculez avec quelle
facilité quelques centaines d'assassins peuvent enfoncer le glaive
meurtrier dans le cœur de l'homme de bien qui n'a pour défense
que ses vertus, la surveillance du peuple et la Providence. » Et
certes si quelqu'un avait le droit de s'exprimer ainsi, c'était bien
Robespierre. Voici en quels termes *le Moniteur* rendit compte du
prodigieux effet produit par ses paroles : « Des applaudissemens
unanimes et prolóngés suivent ce discours énergique où brillent la
vraie bravoure, la grandeur d'âme républicaine, le plus généreux
dévouement à la cause de la liberté et la philosophie la plus prononcée. »

Comme Robespierre achevait de parler, un jeune homme se leva
pour demander que dans la prochaine fête du 20 prairial des honneurs civiques fussent rendus au serrurier Geffroy, grièvement
blessé en arrêtant l'assassin de Collot d'Herbois ; ce jeune homme,
c'était Rousselin. Pareille proposition, venant d'un des plus fervents
amis de Danton, devait naturellement paraître suspecte à Robespierre. Il y vit une singulière connexité avec celle de donner des
gardes aux représentants du peuple, et il remonta à la tribune pour
les combattre résolûment l'une et l'autre. Il montra comment toutes
deux étaient de nature à jeter une défaveur marquée sur les députés
de la nation, que ne tarderaient pas à accabler l'envie et la calomnie s'ils se trouvaient chargés d'honneurs superflus ; comment
enfin on parviendrait ainsi à tourner contre eux toutes les inventions
de la haine, et surtout à leur ravir la satisfaction d'agir avec désin-

téressement. Tout Robespierre est bien dans cette dernière raison, décisive à ses yeux. Maximilien, paraît-il, avait été averti des projets du jeune Rousselin, car il lui reprocha d'être venu aux Jacobins avec l'idée de leur demander d'aller en corps, dans le temple de la Raison, rendre grâces à l'Être suprême d'avoir conservé les jours de deux représentants du peuple. C'eût été là un retour à l'idolâtrie monarchique, et Robespierre signala avec une certaine indignation les inconvénients d'une pareille mesure, à la proposition de laquelle Rousselin n'avait renoncé, prétendit-il, que sur les vives représentations de quelques patriotes.

Couthon vint ensuite annoncer à la société que ce jeune homme avait été dénoncé au comité de Sûreté générale et accusé, entre autres faits, d'avoir dépensé, dans une mission surprise au comité de Salut public, une somme de quatre-vingts à cent mille livres. Il n'en fallut pas davantage pour faire prononcer sur-le-champ l'exclusion de Rousselin, au cœur duquel resta toujours comme une plaie saignante la trace de cet affront (1).

(1) Voyez, pour cette séance des Jacobins, *le Moniteur* du 10 prairial an II (29 mai 1794). — Alexandre Rousselin, connu depuis sous le nom de Saint-Albin, a vécu de longues années après la Révolution, et il s'est montré l'un des détracteurs les plus acharnés de la mémoire de Robespierre. Disons tout de suite, du reste, à l'honneur du jeune ami de Danton, qu'il demeura toute sa vie fidèle aux principes de la Révolution ; ce qui lui fait une place à part parmi les ennemis de Maximilien. Nous regrettons seulement que notre rôle sévère d'historien nous oblige à lui reprocher d'avoir manqué de justice et d'équité à l'égard de ce dernier. Il a eu grandement tort notamment, comme on va le voir, d'attribuer à Robespierre les mesures de rigueur dont il fut l'objet en messidor et en thermidor. Parmi les dénonciations auxquelles donnèrent lieu contre le jeune Rousselin les deux missions dont il fut chargé, à Provins et à Troyes, par le comité de Salut public, nous en avons une sous les yeux, excessivement grave, signée par un grand nombre d'habitants de la ville de Troyes. Rousselin était alors fort jeune, il avait pu pécher par exagération de zèle. Toujours est-il que ces dénonciations furent les seules causes de son renvoi devant le tribunal révolutionnaire, et non point l'inimitié de Robespierre qui n'a même pas signé le mandat de renvoi, mandat que nous sommes heureux de pouvoir mettre sous les yeux de nos lecteurs : « Paris, le 27 messidor, le comité de Salut public arrête que Rousselin est renvoyé au tribunal révolutionnaire pour y être jugé avec ses complices, et que le citoyen Augustin Guelon remettra à cet effet sur-le-champ à l'accusateur public les pièces et dénonciations qu'il a présentées au comité, et lui donnera verbalement tous les autres renseignements qui sont à sa connaissance. *Signé* : Couthon, Billaud-Varenne, Collot d'Herbois, Barère, Carnot. » (*Archives*, F 7, 4437.) Il est donc archifaux de dire avec le rédacteur de la *Biographie universelle*, que Rousselin de Saint-Albin fut, *par les ordres de Robespierre*, mis en état d'arrestation et traduit devant le tribunal révolutionnaire comme appartenant à la faction des orléanistes et des indulgents. Que penser maintenant du libelliste Prudhomme qui, dans son histoire prétendue impartiale des crimes et des erreurs de la Révolution, fait dire à Robespierre en plein club des Jacobins : « On parle de ma puissance, et je n'ai pu faire tomber sous le glaive des lois un jeune scélérat, rejeton de la faction de Danton. » Je m'étonne d'une chose, c'est

Le lendemain 7 prairial (26 mai 1794), ce fut le tour de Barère de venir rendre compte à la Convention de la tentative d'assassinat commise contre Maximilien, et cette tentative, il l'attribua aux manœuvres de l'étranger. Les journaux anglais ne prophétisaient-ils pas quelques jours auparavant la fin de Robéspierre? Barère signala de nouveau la perfidie avec laquelle les agents de la contre-révolution s'attachaient à présenter ce membre du comité de Salut public comme le souverain maître des destinées de la France, et à faire remonter à lui la reponsabilité de tous les actes de la Convention et de ses comités. Il lut plusieurs extraits du *Courrier de l'Europe*, journal britannique, rédigé en français et payé par le cabinet de Londres, où il n'était question que des *soldats de Robespierre*. On disait en Angleterre : *Robespierre a fait ordonner*, ou *les soldats de Robespierre ont pris telle place*, comme si le gouvernement était dans un seul homme; et cette formule, renouvelée des Brissot et des Louvet, était répétée en France par tous les agents de la contre-révolution. C'était une manière de discréditer à la fois la Convention nationale, le comité de Salut public, et d'ôter la confiance du peuple, confiance si bien méritée, ajoutait Barère, au représentant qu'à deux reprises on avait tenté de faire assassiner. Et Barère était de bonne foi en s'exprimant ainsi, je le maintiens; il ne faut pas antidater ses lâchetés. Nul souffle n'ébranlait encore la prodigieuse popularité de Maximilien; nous étions au 7 prairial, c'est à peine si dans les têtes de quelques hommes perdus de crimes commençait à germer le projet de renverser celui qui voulait asseoir la République sur les bases de la morale et du droit. Robespierre, en un

---

qu'un historien grave comme M. Villiaumé ait pu s'en rapporter ici à un misérable trafiquant d'anecdotes éditées pour le plus grand plaisir des ennemis de la Révolution. Les accusations dirigées contre Rousselin étaient mal fondées sans doute, puisqu'il fut acquitté par le tribunal révolutionnaire, ainsi qu'une quinzaine d'habitants de Troyes prévenus, comme lui, d'excès révolutionnaires. Toutefois, afin de décharger complétement la mémoire de Robespierre de la responsabilité des vexations dont Rousselin aurait été victime, nous sommes bien forcé de rappeler que longtemps après Thermidor, le 15 pluviôse de l'an III (3 février 1795), la Convention retentit encore d'une dénonciation contre Rousselin, dénonciation dans laquelle les membres de la société populaire de Troyes reprochaient à ce dernier sa *mission dévastatrice*. Et à l'appui de cette dénonciation, on citait l'ordre suivant, donné par Rousselin : « Le citoyen Sevestre, accusateur public, voudra bien sur-le-champ faire dresser une guillotine sur la place ci-devant Saint-Pierre, dite de la Liberté, et me dénoncer aussitôt, et à son tribunal criminel provisoirement, le premier chef d'attroupements fanatiques, sous prétexte de subsistances et autres choses, pour être sur-le-champ jugé prévôtalement en premier et dernier ressort. 28 brumaire. » (Voy. *le Moniteur* du 18 pluviôse an III [6 février 1795].) On voit donc que si, en messidor de l'an II, Rousselin fut, à tort ou à raison, poursuivi par le comité de Salut public, *sans la participation de Robespierre*, ce fut comme ultra-terroriste et non point comme orléaniste et indulgent.

mot, jouissait encore d'un crédit immense sur la Convention ; Barère,
qui se rangeait toujours du parti du plus fort, n'avait donc aucun intérêt à se déclarer contre lui. D'ailleurs, s'il y avait eu perfidie dans
les intentions de Barère, Maximilien n'aurait pas manqué de s'en
apercevoir, et il se fût empressé de protester contre les insinuations
de son collègue.

On connaît le décret sauvage unanimement adopté par la Convention à la suite du long rapport où Barère imputait au gouvernement britannique tous les malheurs de la France : « Il ne sera fait
aucun prisonnier anglais ou hanovrien. » A peine cette sombre et
farouche réponse de la France républicaine aux incessantes provocations de l'Angleterre venait-elle d'être proclamée que Robespierre
parut à la tribune, accompagné des acclamations de ses collègues.
Si jamais sentiments désintéressés furent noblement exprimés, si
jamais protestations éloquentes contre toute espèce de dictature
tombèrent de la bouche d'un homme, ce fut à coup sûr ce jour-là.
« Ce sera un beau sujet d'entretien pour la postérité, » dit en commençant Robespierre, « c'est déjà un spectacle digne de la terre et
du ciel, de voir l'Assemblée des représentants du peuple français
placée sur un volcan inépuisable de conjurations, d'une main apporter aux pieds de l'éternel Auteur des choses les hommages d'un
grand peuple, de l'autre lancer la foudre sur les tyrans conjurés
contre lui, fonder la première république du monde et rappeler
parmi les mortels la liberté, la justice et la nature exilées. » A ce
grave début les applaudissements les plus vifs retentirent. « Ils périront, » continua Robespierre, « tous les tyrans armés contre le
peuple français ; elles périront toutes les factions qui s'appuient sur
leur puissance pour détruire notre liberté. Vous ne ferez pas la paix,
mais vous la donnerez au monde et vous l'ôterez au crime. » Les
ennemis de la Révolution avaient employé tous les moyens pour la
vaincre, mais ils ne réussiraient pas, Robespierre en avait la certitude. Ils avaient espéré prendre le peuple par la famine, et l'abondance renaissait, et les subsistances étaient assurées ; ils avaient
formé le projet de dissoudre la Convention nationale au moyen de
la trahison, de la révolte, de la corruption, et la Convention s'était
relevée triomphante sur la ruine des factions. « Ils ont, » continuait
Maximilien, « essayé de dépraver la morale publique et d'éteindre
les sentiments généreux dont se compose l'amour de la liberté et de
la patrie, en bannissant de la République le bon sens, la vertu et la
Divinité. Nous avons proclamé la Divinité et l'immortalité de l'âme,
nous avons commandé la vertu au nom de la République, il leur
reste l'assassinat... Réjouissons-nous donc et rendons grâces au ciel,

puisque nous avons assez bien servi notre patrie pour avoir été jugés dignes des poignards de la tyrannie. Il est donc pour nous de glorieux dangers à courir ! Le séjour de la cité en offre au moins autant que le champ de bataille... Nous payons de plus d'une manière notre dette à la patrie. O rois et valets des rois, ce n'est pas nous qui nous plaindrons du genre de guerre que vous nous faites, et nous reconnaissons d'ailleurs qu'il est digne de votre prudence auguste. Il est plus facile en effet de nous ôter la vie que de triompher de nos principes ou de nos armées. L'Angleterre, l'Italie, l'Allemagne, la France elle-même vous fourniront des soldats pour exécuter ces nobles exploits. Quand les puissances de la terre se liguent pour tuer un faible individu, sans doute il ne doit pas s'obstiner à vivre ; aussi n'avons-nous pas fait entrer dans nos calculs l'avantage de vivre longuement. Ce n'est point pour vivre que l'on déclare la guerre à tous les tyrans et, ce qui est plus dangereux encore, à tous les fripons. » Ah ! comme il avait raison, lui qui devait tomber sous les coups des plus vils coquins de l'Assemblée ! Interrompu par les applaudissements, il reprit d'un accent de plus en plus ému : «Quel homme sur la terre a jamais défendu impunément les droits de l'humanité ? Il y a quelques mois, je disais à mes collègues du comité de Salut public : «Si les armées de la République sont victorieuses, « si nous démasquons les traîtres, si nous étouffons les factions, ils « nous assassineront»; et je n'ai point du tout été étonné de voir réaliser ma prophétie. Je trouve même, pour mon compte, que la situation où les ennemis de la République m'ont placé n'est pas sans avantage; car plus la vie des défenseurs de la liberté est incertaine et précaire, plus ils sont indépendants de la méchanceté des hommes. Entouré de leurs assassins, je me suis déjà placé moi-même dans le nouvel ordre de choses où ils veulent m'envoyer ; je ne tiens plus à une vie passagère que par l'amour de la patrie et par la soif de la justice, et, dégagé plus que jamais de toute considération personnelle, je me sens mieux disposé à attaquer avec énergie tous les scélérats qui conspirent contre mon pays et contre le genre humain. Plus ils se dépêchent de terminer ma carrière ici-bas, plus je veux me hâter de la remplir d'actions utiles au bonheur de mes semblables. Je leur laisserai du moins un testament dont la lecture fera frémir les tyrans et tous leurs complices.» De frénétiques applaudissements l'interrompirent de nouveau et lui prouvèrent que l'immense majorité de la Convention était avec lui. Mais les Tallien, les Bourdon, les Fouché, les Rovère, les Carrier, de quels frémissements de colère sourde ne devaient-ils pas être saisis en entendant Robespierre flétrir les intrigues et les vices comme ramenant nécessaire-

ment les peuples à la tyrannie! Confiant dans les principes de la
Convention, Maximilien comptait sur elle, et sur elle seule, pour
consolider la liberté ; et avec quelle voix de prophète il ajoutait :
« Si la France était gouvernée pendant quelques mois par une législature corrompue ou égarée, la liberté serait perdue, la victoire resterait aux factions et à l'immoralité. » N'est-ce pas là précisément ce
qui se réalisera de point en point après Thermidor! En dénonçant
au monde toute cette foule de fripons, d'étrangers, de contre-révolutionnaires hypocrites venant se placer entre le peuple et ses représentants pour tromper l'un et calomnier les autres, pour entraver
leurs opérations, pour tourner contre le bien public les lois les plus
utiles et les vérités les plus salutaires, il aiguisait peut-être contre
lui des poignards, il le savait bien, mais une telle considération
n'était pas de nature à lui fermer la bouche.

N'est-elle pas tout à fait noble et touchante cette péroraison :
« J'ai assez vécu... j'ai vu le peuple français s'élancer du sein de
l'avilissement et de la servitude au faîte de la gloire et de la liberté;
j'ai vu ses fers brisés et les trônes coupables qui pèsent sur la terre
près d'être renversés sous ses mains triomphantes ; j'ai vu un prodige plus étonnant encore, un prodige que la corruption monarchique et l'inexpérience des premiers temps de notre Révolution
permettent à peine de regarder comme possible : une Assemblée
investie de la puissance de la nation française, marchant d'un pas
rapide et ferme vers le bonheur public, dévouée à la cause du peuple
et au triomphe de l'égalité, digne de donner au monde le signal de
la liberté et l'exemple de toutes les vertus. Achevez, citoyens, achevez vos sublimes destinées; vous nous avez placés à l'avant-garde
pour soutenir le premier effort des ennemis de l'humanité; nous
mériterons cet honneur. Puissiez-vous déployer constamment cette
énergie inaltérable dont vous avez besoin pour étouffer tous les
monstres de l'univers conjurés contre vous, et jouir ensuite en paix
des bénédictions du peuple et du fruit de vos vertus. » L'émotion de
l'orateur s'était communiquée à l'Assemblée tout entière ; quand il
descendit de la tribune ce fut au milieu des transports et des acclamations de ses collègues et de la foule compacte qui garnissait les
tribunes (1). La Convention décréta que le discours de Robespierre
serait imprimé aux frais de la République et traduit dans toutes les
langues.

Aucun murmure ne troubla ce concert d'enthousiasme. Les fri-

_____

(1) Voyez, pour cette séance du 7 prairial, *le Moniteur* du 10 prairial (29 mai 1794).
La plupart des journaux du temps publièrent ce discours, qui parut en brochure in-8°
de 8 pages. Il y en eut plusieurs éditions, dont une, entre autres, in-32 de 22 pages.

pons, les envieux, les méchants applaudirent eux-mêmes pour mieux dissimuler leur haine, laquelle d'ailleurs n'allait pas tarder à se manifester d'une façon sensible. Ce fut donc un triomphe sans mélange, le plus éclatant peut-être qu'ait jamais obtenu Maximilien. Mais déjà à l'horizon se formait un point noir, signe avant-coureur de l'effroyable ouragan qui devait l'emporter (1). Quatre jours avant celui où Robespierre déclarait si ouvertement la guerre aux quelques misérables dont la présence souillait la Convention, le comité de Salut public avait signé l'ordre d'arrestation de Thérézia Cabarrus, femme divorcée du ci-devant marquis de Fontenay, devenue la maîtresse de Tallien (2). Nous dirons tout à l'heure les motifs de cette arrestation qui ne contribua pas peu à la formation du point noir dont nous parlons.

XVIII

Quoi qu'il en soit, nul ne pouvait apercevoir encore l'ouragan en germe quand, dans la séance du 16 prairial au soir (4 juin 1794), Maximilien Robespierre fut, à l'unanimité, élu, pour la seconde fois, président de la Convention nationale. Il eut pour secrétaires Cambacérès, Michaud et Briez. « Aucun président, depuis la proclamation de la République, n'a été nommé à une pluralité aussi absolue, » lui écrivait Faure, député de la Seine-Inférieure, un des soixante-treize Girondins sauvés par lui. « Telle est la récompense de la vertu ; c'est la seule qui convienne à ton désintéressement. Il est bien naturel que celui qui le premier a rappelé les Français au souvenir de la Divinité, qu'ils paraissoient perdre de vue, présidât à la fête auguste qu'ils instituent pour cet objet sacré (3). » On touchait en effet au jour fixé pour la célébration de la fête consacrée à l'Être suprême.

Ce jour-là, décadi 20 prairial an II (8 juin 1794), il y eut à Paris une affluence comme on n'en avait pas vu depuis longtemps. Le temps était d'une admirable sérénité et prêtait merveilleusement à l'exécution du plan tracé par David. Toutes les fêtes de la Répu-

---

(1) Lecointre a assigné, après coup, la date du 5 prairial à la conjuration formée par neuf représentants du peuple contre Robespierre ; mais ses assertions ne doivent être acceptées que sous beaucoup de réserves. Il ne faut pas oublier qu'en Thermidor Lecointre, caractère peu estimable, joua le rôle de l'âne de la fable.

(2) Ce mandat, en date du 3 prairial, est signé : Robespierre, Billaud-Varenne, Collot d'Herbois et Barère. La minute, que nous avons sous les yeux, est de la main de Robespierre.

(3) Lettre inédite de Faure à Maximilien Robespierre, en date du 19 prairial an II (7 juin 1794). Collection Portiez (de l'Oise).

blique, et celle-ci particulièrement, eurent un singulier caractère
de grandeur. Aux fenêtres de chaque maison flottaient des bande-
roles tricolores, et dans presque toutes les rues, au devant des
portes, avaient été plantés des arbres ornés de feuillages, de festons
et de guirlandes de fleurs. Partout des roses embaumaient les airs,
on eût dit que Paris était changé en un vaste et riant jardin (1). De
Bercy au Champ de Mars, la Seine était encombrée de bateaux
pavoisés aux trois couleurs. La Convention avait adopté pour ce
jour-là un costume uniforme, analogue à celui des représentants
en mission, habit à larges revers, panache et ceinture tricolores,
moins le sabre (2); car dans cette solennité toute pacifique les
représentants de la nation ne devaient point paraître armés. Les
cris de haine semblaient avoir disparu dans l'ivresse universelle, et
à voir la joie épanouie sur les visages on ne se fût jamais cru en
pleine révolution.

Dès neuf heures du matin, Robespierre était déjà rendu aux Tuileries. Il entrait donc bien peu dans ses intentions de faire attendre
ses collègues, par orgueil, comme on l'en a si gratuitement accusé.
Il n'avait même pas déjeuné. Le juré Vilate, logé au pavillon de
Flore, l'ayant rencontré dans la salle de la Liberté, l'engagea à
monter chez lui pour prendre quelque chose. Robespierre accepta,
mais il mangea peu. Il ne pouvait se lasser de contempler la masse
de peuple répandue dans le jardin. « Voilà, » dit-il, « la plus intéressante portion de l'humanité... L'univers est ici rassemblé. O nature que ta puissance est sublime et délicieuse ! Comme les tyrans
doivent pâlir à l'idée de cette fête (3)! » Ce fut là toute sa conversation ; l'heure étant venue de se rendre à son poste, il quitta son
hôte improvisé et fit son entrée dans la Convention au milieu des
acclamations de ses collègues (4).

(1) *Journal de la Montagne.*

(2) Il n'y avait point de prescription particulière pour la couleur de l'habit. Voyez,
à ce sujet, le rapport de Barère à la Convention, séance du 18 prairial. C'est donc par
erreur que M. Michelet a indiqué l'habit bleu à revers rouges comme l'uniforme imposé aux membres de la Convention. (T. VII, p. 325.)

(3) Ces paroles sont rapportées par Vilate dans son *Histoire des causes secrètes de
la révolution du 9 au 10 Thermidor*, p. 34 de l'édition princeps. Vilate, qui écrivait
pour mériter les bonnes grâces des Thermidoriens, n'a pas manqué d'ajouter : « Qui
n'aurait été trompé à l'hypocrisie du *tyran* lui-même? »

(4) Vilate a écrit dans ses *Causes secrètes* (p. 33) : « Barère et Collot d'Herbois
s'étoient priés de déjeuner chez moi, afin de jouir du coup d'œil de la fête. La femme
de Dumas, président du tribunal révolutionnaire, étoit venue à *l'improviste* de très-
bonne heure, pour le même motif... » Voici comment M. Michelet traduit cette dernière phrase : « Le président Dumas avait le matin averti Vilate qu'il y amènerait le
tribunal. » M. Michelet part de là pour nous montrer Robespierre, au milieu des

L'Assemblée en corps descendit par le balcon du pavillon de l'Unité sur un immense amphithéâtre adossé à ce pavillon. Là Robespierre d'une voix pénétrante : « Français républicains, il est enfin arrivé ce jour à jamais fortuné que le peuple Français consacre à l'Être suprême. Jamais le monde qu'il a créé ne lui offrit un spectacle aussi digne de ses regards. Il a vu régner sur la terre la tyrannie, le crime et l'imposture ; il voit dans ce moment une nation entière, aux prises avec tous les oppresseurs du genre humain, suspendre le cours de ses travaux héroïques pour élever sa pensée et ses vœux vers le grand Être qui lui donna la mission de les entreprendre et la force de les exécuter. » Dieu, ajouta-t-il, n'a point créé les rois pour dévorer l'espèce humaine, et les prêtres pour attacher les hommes au char des rois, comme de vils animaux. Dans le sein de l'oppresseur il a placé l'épouvante et le remords, et dans le cœur de l'innocent persécuté, le calme et la fierté. Tout ce qui est beau et bon est son ouvrage, le mal au contraire appartient à l'homme dépravé qui opprime ou laisse opprimer ses semblables. « L'auteur de la nature, » dit en terminant Robespierre, « avait lié tous les mortels par une chaîne immense d'amour et de félicité ; périssent les tyrans qui ont osé la briser ! Français républicains, c'est à vous de purifier la terre qu'ils ont souillée, et d'y rappeler la justice qu'ils en ont bannie. La liberté et la vertu sont sorties ensemble du sein de la Divinité... Peuple généreux, veux-tu triompher de tous tes ennemis ? pratique la justice, rends à la Divinité le seul culte digne d'elle. Peuple, livrons-nous, sous ses auspices, aux transports d'une pure allégresse ; demain nous combattrons encore les vices et les tyrans ; nous donnerons au monde l'exemple des vertus républicaines, et ce sera l'honorer encore. » Des applaudissements réitérés accueillirent cette harangue, laquelle parut si belle au poëte La Harpe, ce dispensateur *illustre* des couronnes dues aux premiers talents, suivant l'expression de Garat,

---

bruits d'amnistie, préoccupé de la crainte que le tribunal ne se tournât du côté du comité de Sûreté générale, et il ajoute : « Il en résulta une chose fâcheuse pour Robespierre, c'est que le tribunal ne vint que très-tard, et qu'en l'attendant en vain il dépassa l'heure indiquée et fit lui-même attendre la Convention. » (*Histoire de la Révolution*, t. VII, p. 325.) Eh bien ! tout cela est sorti de la trop féconde imagination de M. Michelet. Quant à la fable adoptée par la plupart des historiens, d'après laquelle Robespierre aurait fait attendre la Convention, elle ne repose que sur le témoignage infiniment suspect de Vilate, et encore Vilate ne précise-t-il rien ; il se contente de dire en note : « J'ai su depuis qu'on l'avoit cherché longtemps. N'auroit-il pas mis de l'orgueil à faire attendre despotiquement le peuple et la Convention ? » (P. 34). Avec un peu plus de sens critique, M. Michelet aurait pu se dispenser d'écrire cette phrase évidemment ridicule : « Elle — la Convention — prit fort mal ce retard, l'interprétant comme une insolence royale, comme une insulte volontaire. » (P. 325.)

qu'il s'empressa d'adresser à Robespierre une très-éloquente lettre
où les éloges étaient plus prodigués qu'ils ne le furent jamais pour
aucun autre (1).

Quand le président eut cessé de parler, une symphonie brillante
fut exécutée par un groupe nombreux de musiciens placés sur les
deux rampes du perron. Robespierre descendit les gradins de l'amphithéâtre, la main armée d'une torche, et il alla mettre le feu à un
monument élevé sur le grand bassin circulaire et représentant
l'athéisme. Du milieu de ce monument incendié, apparut bientôt à
tous les regards la statue de la Sagesse. Après quoi Robespierre
remonta sur l'estrade, et, prenant de nouveau la parole, il engagea
ses concitoyens à se laisser toujours diriger par la sagesse, à qui
seule il appartenait d'affermir la destinée des empires. « Associons-
la donc à toutes nos entreprises, » dit-il, « soyons graves et discrets
dans nos délibérations, comme des hommes qui stipulent les intérêts du monde; soyons ardents et opiniâtres dans notre colère
contre les tyrans conjurés; imperturbables dans les dangers, pa-
tients dans les travaux, terribles dans les revers, modestes et vigi-
lants dans le succès; soyons généreux envers les bons, compatissants
envers les malheureux, inexorables envers les méchants, justes
envers tout le monde; ne comptons point sur une prospérité sans
mélange, et sur des triomphes sans obstacles, ni sur tout ce qui
dépend de la fortune ou de la perversité d'autrui; ne nous reposons
que sur notre constance et sur notre vertu, seuls mais infaillibles
garants de notre indépendance. Écrasons la ligue impie des rois
par la grandeur de notre caractère plus encore que par la force

---

(1) *Mémoires historiques sur le XVIIIe siècle*, par Garat. Les lettres de La Harpe à
Robespierre ont été supprimées par les Thermidoriens et rendues, sans doute, à leur
auteur qui a reconnu cette complaisance en devenant l'un des plus lâches détracteurs
de Maximilien.

(2) Voyez ces deux discours dans *le Moniteur* du 22 prairial (10 juin 1794) et dans
le *Journal des débats et des décrets de la Convention*, numéro 628. Ils ont été imprimés
ensemble, par ordre de la Convention (in-8o de 6 pages, de l'Imprimerie nationale).—
Comme il n'y a point de prétexte dont on ne se soit servi pour calomnier Robespierre,
on s'est imaginé de prétendre qu'il n'était pas l'auteur du premier discours prononcé
par lui à la fête de l'Être suprême. Barbier, dans *son Dictionnaire des anonymes*, l'attribue à un abbé Martin. Un individu, nommé Charles Chabot, dans une indigne rapsodie publiée en 1852 sous ce titre : *Ce bon M. de Robespierre*, assure que c'est l'œuvre
de M. Porquet, précepteur de M. de Boufflers, que Robespierre aurait envoyé chercher
en lui donnant l'ordre de lui composer sous trois jours un discours pour la fête de
l'Être suprême; il ajoute que l'abbé s'en acquitta bien, puisque les plus cruels ennemis
du tyran n'avaient pu se dispenser de convenir qu'il avait mieux parlé qu'à son ordinaire. Devant de telles inepties, il n'y a qu'à hausser les épaules. « Les esprits
absolus qui ne veulent rien accorder à Robespierre, » a écrit Charles Nodier, « ont été

de nos armes (2). » Faut-il s'étonner que de si nobles paroles aient retenti profondément dans l'âme des auditeurs? D'unanimes et bruyantes acclamations saluèrent de nouveau Maximilien lorsqu'il eut cessé de parler.

Cette première partie de la fête terminée, on se mit en marche pour le Champ de Mars, où une montagne avait été élevée, du sommet de laquelle la Convention nationale devait entendre les hymnes et les chants patriotiques composés pour la circonstance. L'Assemblée venait à la suite d'un groupe de vieillards, de mères de famille, d'enfants et de jeunes filles. Vêtu d'une culotte de nankin et d'un habit bleu barbeau, la taille serrée d'une ceinture aux couleurs nationales, la tête coiffée d'un chapeau orné d'un panache tricolore, et tenant à la main, comme tous ses collègues, un bouquet composé d'épis de blé, de fleurs et de fruits, Robespierre marchait en avant, en sa qualité de président. C'était tout simple et tout naturel. Eh bien! combien de fois ne lui a-t-on pas reproché, depuis, de s'être orgueilleusement isolé de ses collègues et d'avoir établi entre eux et lui une distance injurieuse! Il précédait la Convention uniquement parce que, quatre jours auparavant, comme on l'a vu, elle l'avait choisi pour son président (1), et il marchait à sa tête, confondu pour ainsi dire avec ceux qui se trouvaient au premier rang (2).

Si le décret relatif à l'Être suprême et à l'immortalité de l'âme avait été reçu par l'immense majorité des Français comme un rayon d'espérance et le gage d'une pacification prochaine à l'intérieur, il avait indisposé un certain nombre d'hébertistes de la Convention; mais au fond les ennemis de Robespierre, les Fouché, les Tallien, les Bourdon, les Courtois, se souciaient fort peu de Dieu ou de la déesse Raison; ils faisaient de l'irréligion un trafic, comme plus tard quelques-uns d'entre eux mettront leurs intérêts sous la sauvegarde

---

obligés de recourir à la supposition commune et commode d'un faiseur obligeant qui fournissait à ses travaux oratoires, et sans doute à ses improvisations, le fruit de quelques veilles éloquentes dont il n'a jamais trahi le secret. » (*Souvenirs de la Révolution*, t. I, p. 251 de l'édition Charpentier.)

(1) Telles ont été la mauvaise foi et l'ignorance des ennemis de Robespierre que nous lisons dans les Mémoires de Thibaudeau : « *A dessein* ou *par hasard*, il se trouva à la première place dans une procession en l'honneur de l'Être suprême. » (T. I, p. 64.) Et c'est un membre de la Convention qui a écrit cela! Bailleul, qui ne s'est point privé de calomnier Robespierre, quoique étant un des soixante-treize sauvés par lui, ne comprend pas du moins, dans ses *Esquisses*, comment on a pu s'étonner qu'à la fête de l'Être suprême, Maximilien ait marché à la tête d'une Assemblée dont il était le président.

(2) C'est ainsi qu'il est représenté dans une gravure que nous avons sous les yeux, et où l'on voit la Convention se disposant à gravir la montagne élevée au Champ de Mars.

de la religion restaurée. Ce qui les irrita le plus dans cette cérémonie imposante, ce fut le triomphe éclatant de celui dont déjà ils conspiraient la perte. Aux marques de sympathie de la foule pour le président de l'Assemblée, aux acclamations enthousiastes et affectueuses du peuple, ils répondirent par des cris de haine et de fureur. « *Voyez-vous comme on l'applaudit !* » disaient les uns en allant de rang en rang pour semer le soupçon contre lui dans le cœur de ses collègues (1). *Il n'y a qu'un pas du Capitole à la roche Tarpéienne,* s'écriait celui-ci, parodiant un mot de Mirabeau; et celui-là, irrité des applaudissements qui marquaient sa présence : *Je te méprise autant que je t'abhorre* (2). Bourdon (de l'Oise) fut celui qui se fit remarquer le plus par ses grossiers sarcasmes et ses déclamations indécentes (3). En réponse à ces basses insultes, Robespierre murmura, dit-on, assez haut pour être entendu : « On croirait voir les Pygmées renouveler la conspiration des Titans (4). » C'est là de la pure légende; mais cette réponse, qui ne tomba certainement pas de la bouche de Maximilien, vient naturellement à la pensée de l'historien indigné. Seulement cette fois les pygmées tueront le colosse.

Aux injures vomies par l'envie Robespierre se contenta d'opposer le mépris et le dédain. N'avait-il pas d'ailleurs une compensation suffisante dans l'ovation dont il était l'objet, et les cris d'amour poussés à ses côtés n'étaient-ils pas assez puissants pour étouffer les discordantes clameurs de la haine? Aucune altération ne parut sur son visage, où se reflétait dans un sourire la joie universelle dont il était témoin. Les chants patriotiques entonnés sur la montagne symbolique élevée au milieu du champ de la Réunion, l'hymne de Chénier à l'Être suprême, qui semblait une paraphrase versifiée de ses discours, et auquel Gossec avait adapté une mélodie savante (5), tempérèrent, et au delà, pour le moment, l'amertume qu'on s'était efforcé de déposer dans son cœur. Mais quand, à

---

(1) Discours de Robespierre à la séance du 8 thermidor.

(2) Lecointre a revendiqué l'honneur de cette insulte; il faut le lui laisser tout entier. Ainsi, aux yeux de ce maniaque, le grand crime de Robespierre, c'était « les applaudissements qui marquaient sa présence.» (*Conjuration formée dès le 5 prairial,* p. 3.)

(3) Notes de Robespierre sur certains députés. *Papiers inédits,* t. II, p. 19.

(4) Ceci est tiré de l'écrit de Vilate intitulé : *Les Mystères de la mère de Dieu dévoilés.* « Ce mot lui est échappé, » dit Vilate. Mais Vilate, grand inventeur de mots, oublie de nous dire qui l'a entendu.

(5) On a prétendu que Robespierre, ayant cru voir une allusion hostile à sa personne dans les vers de Chénier, y avait fait substituer l'hymne du poète Théodore Desorgues. Voyez à ce sujet un volume de M. P. Hédouin intitulé *Mosaïque.* M. Hédouin n'appuie son allégation sur aucune espèce de fondement, et il y a là de sa part une erreur positive, qu'ont partagée du reste les auteurs de l'*Histoire parlementaire.* On serait bien embarrassé d'ailleurs pour trouver dans la très-longue pièce de Chénier une strophe,

la fin du jour, les derniers échos de l'allégresse populaire se furent évanouis, quand tout fut rentré dans le calme et dans le silence, il ne put se défendre d'un vague sentiment de tristesse en songeant à l'injustice et à la méchanceté des hommes. Revenu au milieu de ses hôtes, qui, mêlés au cortége, avaient eux-mêmes joui du triomphe de leur ami, il leur raconta comment ce triomphe avait été flétri par quelques-uns de ses collègues, et d'un accent pénétré, il leur dit : « Vous ne me verrez plus longtemps (1). » On retrouve là cette mélancolie courageuse, cette prévision tragique que nous avons déjà signalée chez Robespierre, et qu'on a dû remarquer notamment dans son discours du 7 prairial à la Convention. Lui, du reste, sans se préoccuper des dangers auxquels il savait sa personne exposée, ne se montra que plus résolu à combattre le crime sous toutes les formes, à demander compte à quelques représentants impurs du sang inutilement versé et des rapines exercées par eux.

XIX

Du propre aveu de Robespierre, le jour de la fête à l'Être suprême laissa dans le pays une impression de calme, de bonheur, de sagesse et de bonté (2). On s'est souvent demandé pourquoi lui le véritable héros de cette fête, lui sur qui étaient dirigés en ce moment les regards de la France et de l'Europe, n'avait pas profité de la dictature morale qu'il parut exercer en ce jour pour mettre fin aux rigueurs du gouvernement révolutionnaire ? « Qu'il seroit beau, Robespierre, » lui avait écrit Faure la veille même de la fête à l'Être suprême, « (si la politique le permettoit) dans le moment d'un hommage aussi solennel, d'annoncer une amnistie générale en faveur de tous ceux qui ont résidé en France depuis le temps voulu par la loi, et dont seroient seulement exceptés les homicides et les fauteurs d'homicide (3). » Nul doute que Maximilien n'ait eu, dès cette époque, la pensée bien arrêtée de faire cesser les rigueurs inutiles et de prévenir désormais l'effusion de sang « versé par le crime ». N'est-ce pas là le sens clair et net de son discours du 7 prairial, où il supplie la République de rappeler parmi les mortels la liberté et la justice exilées ? Cette pensée, le sentiment géné-

un vers, un hémistiche, un mot qui pût paraître hostile à Robespierre. L'hymne de Desorgues fut, d'après quelques récits du temps, chanté aux Tuileries. De là sans doute vient la confusion où sont tombés certains écrivains.

(1) Je ne trouve nulle trace de cette confidence dans le manuscrit de Mme Le Bas. Je la mentionne d'après M. A. Esquiros, qui la tenait de Mme Le Bas elle-même.

(2) Discours du 8 thermidor.

(3) Lettre inédite de Faure, en date du 19 prairial, citée plus haut.

ral la lui prêtait, témoin cette phrase d'un pamphlétaire royaliste :
« La fête de l'Être suprême produisit au dehors un effet extraordinaire ; on crut véritablement que Robespierre allait fermer l'abîme
de, la Révolution, et peut-être cette faveur naïve de l'Europe
acheva-t-elle la ruine de celui qui en était l'objet (1). » Rien de plus
vrai. S'imagine-t-on, par exemple, que ceux qui avaient inutilement
désolé une partie du Midi, ou mitraillé indistinctement à Lyon, ou
infligé à Nantes le régime des noyades, ou mis Bordeaux à sac et à
pillage, comme Barras et Fréron, Fouché, Carrier, Tallien, aient été
disposés à se laisser, sans résistance, demander compte des crimes
commis par eux ? Or, avant de songer à supprimer la Terreur aveugle, sanglante, pour y substituer la justice impartiale, dès longtemps
réclamée par Maximilien, il fallait réprimer les terroristes eux-
mêmes, les révolutionnaires dans le sens du crime, comme les avait
baptisés Saint-Just. Mais est-ce que Billaud-Varenne, est-ce que
Collot d'Herbois, entraînant avec eux Carnot, Barère et Prieur (de
la Côte-d'Or), étaient hommes à laisser de sitôt tomber de leurs
mains l'arme de la Terreur ? Non, car s'ils abandonnèrent Robespierre ce fut, ne cessons pas de le répéter avec Barère, l'aveu est
trop précieux, ce fut parce qu'il voulut arrêter *le cours terrible* de
la Révolution (2).

Il ne se décida pas moins à entrer résolûment en lutte contre les
scélérats « gorgés de sang et de rapines, » suivant sa propre expression. Un de ces scélérats, de sinistre mémoire, venait d'être
tout récemment condamné à mort par le tribunal révolutionnaire,
pour s'être procuré des biens nationaux à vil prix en abusant de son
autorité dans le district d'Avignon, où il commandait en qualité de
chef d'escadron d'artillerie. C'était Jourdan Coupe-Tête, qui avait
eu pour complice des vols et des dilapidations ayant motivé sa
condamnation le représentant du peuple Rovère, un des plus horribles coquins dont la présence ait souillé la Convention nationale
et un de ceux dont Robespierre poursuivit en vain le châtiment (3).
Jourdan Coupe-Tête avait été dénoncé par Maignet (4).

(1) Mallet-Dupan. *Mémoires*, t. II, p. 99.

(2) Paroles de Barère à la séance du 9 thermidor, déjà citées.

(3) Dénoncé aux Jacobins le 21 nivôse de l'an II (10 janvier 1794) comme persécutant
les patriotes du Vaucluse, Rovère avait trouvé dans son ami Jourdan Coupe-Tête un
défenseur chaleureux. (*Moniteur* du 1er pluviôse [20 janvier 1794].) Il n'y a pas à demander s'il fut du nombre des Thermidoriens les plus acharnés. Un tel homme ne pouvait être que l'ennemi de Robespierre. Connu sous le nom de marquis de Fonvielle
avant la Révolution, Rovère devint, après Thermidor, un des plus fougueux séides de
la réaction. Déporté au 18 fructidor comme complice de machinations royalistes, il
mourut un an après dans les déserts de Sinnamari.

(4) Voyez à ce sujet une lettre de Maignet à Couthon, en date du 4 floréal (23 avril

C'était ce même député, on ne l'a sans doute pas oublié, qui
s'était si vivement plaint auprès du comité de Salut public des excès
commis à Marseille par Barras et Fréron, et, grâce à lui, la vieille
cité phocéenne avait pu conserver son nom, dont l'avaient dépouillée
ces coryphées de la faction thermidorienne. Placé au centre d'un
département où tous les partis étaient en lutte et fomentaient des
désordres chaque jour renaissants, Maignet avait fort à faire pour
sauve-garder, d'une part, les institutions républicaines dans le pays
où il était en mission, et, de l'autre, pour éviter dans la répression
les excès commis par les Fouché et les Fréron. Regardant comme
impossible d'envoyer à Paris tous les prévenus de conspiration
dans son département, comme le voulait le décret du 26 germinal,
il demanda à être autorisé à former sur les lieux mêmes un tribunal
extraordinaire (1). Fréron et Tallien n'y avaient pas été avec tant
de précaution lorsque, de leur autorité privée, ils avaient établi à
Marseille et à Bordeaux des commissions populaires par des arrêtés dont les dispositions étaient bien plus sévères encore que celles
de l'arrêté du comité de Salut public qui institua dans le département de Vaucluse la commission d'Orange (2). Les membres du
comité avaient délibéré, dès le 11 floréal, sur la demande de Maignet, et ils avaient ajourné leur décision jusqu'à ce que le citoyen
Payan (de la Drôme) eût été entendu, à cause de ses connaissances
locales (3).

Patriote intègre, à la fois énergique et modéré, connu et apprécié
de Robespierre, Maignet n'avait pas à redouter un refus (4). Une
commission composée de cinq membres, chargée de juger les ennemis de la Révolution dans les départements du Vaucluse et des
Bouches-du-Rhône, fut en effet établie à Orange par arrêté du co-

1794). Cette lettre figure sous le numéro CVIII, à la suite du rapport de Courtois qui,
grand ami de Rovère, en a nécessairement tiré contre Maignet les inductions les plus
calomnieuses. Voyez aussi *Papiers inédits*, t. VII, p. 338.

(1) Lettre à Couthon, *ubi suprà*.

(2) *Réponse de J.-N. Billaud à Laurent Lecointre*, p. 57.

(3) Voyez à ce sujet une lettre de Lavigne, secrétaire de Maignet, à Robespierre.
Papiers inédits, t. II, p. 411 ; numéro CIX *g*, à la suite du rapport de Courtois.

(4) On sait quel parti la réaction a tiré du fameux incendie de Bédouin, ordonné par
Maignet, sur un rapport du commandant Suchet, et exécuté par le futur maréchal de
France et duc d'Albuféra en personne. Sept ou huit maisons en tout devinrent la proie
des flammes, de l'aveu d'un écrivain peu suspect de partialité en faveur de Maignet.
(Voy. la biographie de Maignet par Michaud jeune, dans la *Biographie universelle*.) Maignet demeura toute sa vie fidèle aux principes de la Révolution, et on ne le vit pas
servir les divers gouvernements qui s'élevèrent sur les ruines de la République. Rentré
au barreau, où dans sa jeunesse il s'était montré avec éclat, il mourut en 1834, bâ-
tonnier de l'ordre des avocats.

mité de Salut public en date du 21 floréal. A cet arrêté était jointe une instruction rédigée par Robespierre, laquelle prescrivait aux membres de la commission de vivre dans cet isolement volontaire qui était le plus sûr garant de l'intégrité des juges, et qui par cela même leur conciliait la confiance et le respect, de repousser toutes les sollicitations dangereuses, de fuir enfin toutes les sociétés et liaisons particulières de nature à influencer la conscience des juges ou à affaiblir l'énergie des défenseurs de la liberté (1). L'établissement de cette commission fut l'œuvre collective du comité de Salut public, et longtemps après Thermidor Billaud-Varenne put dire, sans être démenti, que la Convention n'avait point désapprouvé cette mesure de son comité.

Pareil accord présida à la formation des commissions populaires établies à Paris en vertu du décret du 23 ventôse. Ces commissions étaient chargées de dresser le recensement de tous les gens suspects à déporter aux termes de la loi des 8 et 13 ventôse, de prendre des renseignements exacts sur les individus détenus dans les prisons de Paris, et de désigner aux comités de Salut public et de Sûreté générale les patriotes qui se trouveraient en état d'arrestation. De semblables commissions pouvaient rendre les plus grands services ; tout dépendait du patriotisme et de la probité de leurs membres. Aussi, dans une instruction, où l'on reconnaît tout de suite le rédacteur de celle adressée au tribunal d'Orange, était-il rigoureusement recommandé aux membres de ces commissions de tenir une conduite digne du ministère imposant qu'ils avaient à remplir, de n'écouter jamais que la voix de leur conscience, d'être inaccessibles à toutes les sollicitations, de fuir enfin toutes les relations capables d'influencer leurs jugements. Ces commissions furent d'ailleurs composées d'hommes d'une probité antique et d'un patriotisme éprouvé (2). En même temps le comité de Salut public arrêta qu'au commencement de chaque décade l'accusateur public près le tribunal révolutionnaire lui remettrait les listes des affaires qu'il se proposait de porter au tribunal dans le courant de la décade (3).

---

(1) La minute de cette instruction est tout entière de la main de Robespierre. Les diverses pièces relatives à la commission d'Orange sont signées par Collot d'Herbois, Barère, Robespierre, Robert Lindet, Carnot, Billaud-Varenne et Couthon. Ces trois derniers ont même signé seuls les pièces les plus importantes. Voyez à ce sujet le rapport de Saladin, p. 50.

(2) Séance du comité de Salut public des 24 et 25 floréal (13 et 14 mai 1794). Étaient présents : Barère, Carnot, Collot d'Herbois, Couthon, Billaud-Varenne, Robespierre, C.-A. Prieur, Robert Lindet. (Registre des arrêtés et délibérations du comité de Salut public. *Archives*, 436 a a 73.)

(3) Séance du 25 floréal (14 mai 1794).

Ce sont ces listes auxquelles nous verrons bientôt Robespierre refuser sa signature.

Eh bien! il y eut, on peut l'affirmer, au sein du comité de Salut public, pour l'adoption du projet de loi connu sous le nom de loi du 22 prairial, une entente égale à celle qui avait présidé à l'établissement de la commission d'Orange et à la formation des commissions populaires. Que cette loi ait été l'œuvre particulière de Robespierre et de Couthon, agissant à l'instigation du comité, cela est hors de doute. En voulant réagir contre les terroristes par la Terreur, en voulant armer les comités d'une loi qui leur permît de frapper avec la rapidité de la foudre les Tallien, les Fouché, les Rovère, ces hommes « gorgés de sang et de rapines », qui, forts déjà de leurs partisans et de leurs complices, trouvaient encore une sorte d'appui dans les formes de la procédure criminelle, Robespierre commit une faute immense. Parce qu'il avait vu certains grands coupables échapper à la rigueur des lois, qui n'épargnait point les petits, il crut qu'il suffisait de la conscience des juges et des jurés pour juger les prévenus de conspiration contre la sûreté de la République; et parce que certains défenseurs rançonnaient indignement les accusés, parce que les malheureux étaient obligés de s'en passer, il crut qu'il était plus simple de supprimer la défense; ce fut un tort, un tort irréparable, et qu'il a, Dieu merci! cruellement expié, puisque cette loi de prairial est restée sur sa mémoire comme une tache indélébile. Jusqu'alors il n'avait coopéré en rien à aucune des lois de la Terreur, dont les législateurs principaux avaient été Cambacérès, Merlin (de Douai) et Oudot. Otez de la vie de Robespierre cette loi du 22 prairial, et ses ennemis seront bien embarrassés pour produire contre lui un grief légitime. Nous dirons tout à l'heure avec plus de détail l'usage qu'il entendait faire de cette loi, dont l'exercice fut, par malheur, entièrement laissé à ses ennemis.

Ce qu'il y a de certain et d'incontestable, malgré les dénégations ultérieures des collègues de Maximilien, c'est que le projet de loi ne rencontra aucune espèce d'opposition de la part des membres du comité de Salut public, lequel avait été invité par décret, dès le 5 nivôse précédent, à réformer le tribunal révolutionnaire (1). Chargés par leurs collègues de rédiger un projet de réforme, Robespierre et Couthon y travaillaient, au su de tous, et tous les membres du Comité le jugèrent bon, puisqu'il ne donna lieu à

(1) Article 1er du décret : « Le comité de Salut public fera dans le plus court délai son rapport sur les moyens de perfectionner l'organisation du tribunal révolutionnaire. » (*Moniteur* du 7 nivôse [27 décembre 1794].)

aucune objection. Un jour, paraît-il, l'accusateur public, informé
par le président Dumas qu'on préparait une loi nouvelle par laquelle étaient supprimés la procédure écrite et les défenseurs des
accusés, se présenta au comité de Salut public, où il trouva
Collot d'Herbois, Billaud-Varenne, Carnot, Barère et C.-A. Prieur,
auxquels il témoigna ses inquiétudes de ce qu'on abrogeait les in-
terrogatoires et la défense des accusés. Fouquier-Tinville pris d'un
tendre intérêt pour les prévenus! C'est à n'y pas croire. Ces
membres du comité se bornèrent à lui répondre que « cet objet
regardait Robespierre, *chargé du travail* (1) ». Fouquier assure encore qu'étant allé se plaindre de la réduction du nombre des jurés,
Robespierre lui ferma la bouche, en présence de Billaud-Varenne,
de Collot d'Herbois, de Barère et de Prieur (de la Marne). Or, si
ceux-ci avaient soulevé la moindre objection contre le projet de loi,
Fouquier-Tinville n'eût pas manqué de le rappeler, car ils étaient
debout et puissants encore, et l'ex-accusateur public avait tout intérêt à s'attirer leurs bonnes grâces. Plus tard, il est vrai, certains
d'entre eux, devenus à leur tour l'objet de graves accusations, essayèrent de rejeter sur Robespierre et sur Couthon seuls la responsabilité de cette loi; ils poussèrent le mépris de la vérité jusqu'à
prétendre qu'elle avait été présentée à la Convention sans que les
comités eussent été même avertis, et ils inventèrent cette fameuse
scène qui aurait eu lieu au comité, le matin même du 23 prairial,
dans laquelle Billaud-Varenne, apostrophant Robespierre, lui aurait
reproché d'avoir porté seul « le décret abominable qui faisait l'effroi
des patriotes ». A quoi Maximilien aurait répondu en accusant Billaud de défendre ses ennemis et en reprochant aux membres du
comité de conspirer contre lui; et cela avec de tels cris que la foule
se serait rassemblée sur la terrasse des Tuileries. « Tu veux guillotiner la Convention! » aurait répliqué Billaud. — Nous sommes
en l'an III, ne l'oublions pas, et Billaud-Varenne avait grand intérêt
à se poser comme un des défenseurs de l'Assemblée. — Alors Robespierre, avec agitation : « Vous êtes tous témoins que je ne dis
pas que je veuille faire guillotiner la Convention nationale. » Je te
connais maintenant, aurait-il ajouté, en s'adressant à Billaud; et ce
dernier lui aurait répondu : « Et moi aussi je te connais *comme un
contre-révolutionnaire* (2). » Tout cela doit être sorti de l'imagination féconde de Barère, car dans sa réponse particulière à Le-

_____

(1) Mémoire pour Antoine Quentin Fouquier..., cité dans l'*Histoire parlementaire*,
t. XXXIV, p. 247.
(2) Voy. la *Réponse des anciens membres des comités aux imputations de Lecointre*,
p. 38, 39, et la note de la page 108.

cointre, Billaud fait à peine allusion à cette scène (1). Homme probe
et rigide au fond, Billaud eût hésité à appuyer sa justification sur
des mensonges dont sa conscience avait horreur. Il faut être en vérité d'une insigne mauvaise foi ou d'une bien grande naïveté (2),
pour accepter bénévolement les explications des membres des anciens comités. La Convention ne s'y laissa pas prendre, et elle eut
raison ; il lui suffit de se rappeler avec quelle ardeur Barère et même
Billaud-Varenne défendirent, comme on le verra tout à l'heure,
cette néfaste loi du 22 prairial. Saladin, arraché jadis au bourreau
par Robespierre, se chargea de répondre au nom des vaincus de
Thermidor, muets dans leurs tombes (3).

La scission qui n'allait pas tarder à éclater entre Robespierre
et quelques-uns de ses collègues du comité de Salut public n'eut
donc point pour cause cette loi du 22 prairial, mais bien l'application désastreuse qu'on en fit, et surtout la merveilleuse et criminelle
habileté avec laquelle certains Conventionnels menacés, aussi habiles à manier l'intrigue que prompts à verser le sang, semèrent le
soupçon contre lui dans l'âme de quelques patriotes ardents. Au
reste, transportons nous au milieu de la Convention nationale, et
nous verrons si les discussions auxquelles donna lieu la loi du
22 prairial ne sont pas la démonstration la plus péremptoire de
notre thèse.

XX

Robespierre présidait. Le commencement de la séance avait été
rempli par un discours de Barère sur le succès de nos armes dans
le Midi ; Barère était, comme on sait, le narrateur officiel des victoires de la République. Les membres des comités de Sûreté générale et de Salut public étaient à peu près au complet, lorsque
Couthon, après avoir rendu compte lui-même de quelques prises
maritimes, présenta, au nom du comité de Salut public, son rapport
sur le tribunal révolutionnaire. Après une critique de l'ancien ordre
judiciaire, « aussi favorable au crime qu'oppressif pour l'innocence »,
et dont Séguier traçait encore le panégyrique au moment où l'univers entier en dénonçait les vices et les abus, vices et abus à peine

---

(1) *Réponse de J.-N. Billaud à Lecointre*, p. 56.

(2) Comme M. Michelet, par exemple, qui, selon sa louable coutume, a basé son
récit entièrement sur les déclarations si manifestement mensongères des ennemis de
Robespierre. (Voy. son *Histoire de la Révolution*, t. VII, p. 329 à 342.)

(3) Rapport de Saladin, p. 53.

palliés dans le code criminel œuvre de l'Assemblée constituante,
Couthon en promettait un nouveau, destiné à protéger complètement l'innocence; mais il avait soin d'établir une distinction fondamentale entre les crimes ordinaires qui ne blessaient que les particuliers et les crimes publics qui mettaient en péril la société elle-
même et menaçaient l'existence de la République. Il s'attacha à
faire sentir combien ces derniers appelaient une justice plus
prompte, se contentant de preuves morales, et débarrassée des
formes de l'ancienne chicane, bonnes à entraver la marche du tribunal révolutionnaire. Vouloir subordonner le salut public aux préjugés de palais et aux inversions familières aux jurisconsultes, c'é-
tait, selon le rapporteur du comité de Salut public, vouloir tuer
juridiquement la patrie et l'humanité. Mais là n'était point le plus
dangereux des sophismes exposés par Couthon. De ce que certains
défenseurs officieux avaient rançonné les accusés d'une manière
scandaleuse, et de ce que tel d'entre eux s'était fait donner quinze
cents livres pour un plaidoyer, il concluait à la suppression des défenseurs, estimant que si par hasard la calomnie parvenait à traîner
sur les bancs du tribunal quelques bons citoyens, ils seraient suffisamment protégés par des jurés patriotes.

Ce qu'il y avait surtout d'effrayant dans la nouvelle organisation
de ce tribunal révolutionnaire institué pour punir les ennemis du
peuple, et qui désormais ne devait plus appliquer qu'une seule
peine, la mort, c'était la nomenclature des signes auxquels se pouvaient reconnaître les ennemis du peuple. Ainsi étaient réputés tels
non-seulement ceux qui auraient provoqué le rétablissement de la
royauté ou la dissolution de la Convention nationale, ceux qui auraient trahi la République dans le commandement des places ou des
armées, les fauteurs de disette, ceux qui auraient abusé des lois révolutionnaires pour vexer les citoyens, mais encore les propaga-
teurs de fausses nouvelles dans le but de diviser et de troubler le
peuple, ceux qui se seraient efforcés d'inspirer le découragement
pour favoriser les entreprises des tyrans ligués contre la République,
ceux enfin qui auraient cherché à égarer l'opinion, à dépraver les
mœurs et à altérer la pureté des principes républicains. C'était là
des définitions bien vagues, des questions laissées à l'appréciation
du juge. Ah! certes, si la conscience humaine était infaillible, si les
passions pouvaient ne pas s'approcher du cœur de l'homme investi
de la redoutable mission de juger ses semblables, on comprendrait
cette large part laissée à l'interprétation des jurés, dont la conviction devait se former sur toute espèce de preuve morale ou matérielle, verbale ou écrite; mais, en politique surtout, ne faut-il pas

toujours compter avec les passions en jeu? Si honnêtes, si probes qu'aient été la plupart des jurés de la Révolution, ils étaient hommes, et partant sujets à l'erreur. Pour n'avoir point pris garde à cela, les auteurs de la loi de prairial se trouvèrent plus tard en proie aux anathèmes d'une foule de gens appelés, eux, à inonder la France de tribunaux d'exception, de cours prévôtales, de chambres étoilées, de commissions populaires jugeant sans l'assistance de jurés, et qui, pour de moins nobles causes, se montrèrent plus impitoyables que le tribunal révolutionnaire. Il y avait du reste dans cette loi de prairial, dont on parle trop souvent sans la bien connaître, certains articles auxquels on ne doit pas se dispenser d'applaudir. Comment, par exemple, ne pas approuver la suppression de l'interrogatoire secret, celle du résumé du président, complément inutile de nos débats criminels, où le magistrat le plus impartial a beaucoup de peine à maintenir égale la balance entre l'accusation et la défense. Enfin, par un sentiment de défiance trop justifié, en prévision du cas où des citoyens se trouveraient peut-être un peu légèrement livrés au tribunal par des sociétés populaires ou des comités révolutionnaires égarés, il était spécifié que les autorités constituées n'auraient le droit de traduire personne au tribunal révolutionnaire sans en référer au préalable aux comités de Salut public et de Sûreté générale. C'était encore une excellente mesure que celle par laquelle il était enjoint à l'accusateur public de faire appeler les témoins qui pourraient aider la justice, sans distinction de témoins à charge et à décharge (1). Quant à la suppression des défenseurs officieux, ce fut une faute grave et, ajoutons-le, une faute inutile, car les défenseurs ne s'acquittaient pas de leur mission d'une manière compromettante pour la Révolution, tant s'en faut (2)! Ce fut très-probablement

(1) Voyez le rapport de Couthon et le décret portant réorganisation du tribunal, dans le *Moniteur* du 24 prairial (12 juin 1794).

(2) Voici ce que, le 20 germinal de l'an II (9 avril 1794), écrivait « aux citoiens composant le tribunal révolutionnaire » le plus célèbre des défenseurs officieux, celui auquel la réaction a tressé le plus de couronnes, Chauveau-Lagarde : « Avant même que le tribunal eût arrêté de demander aux défenseurs officieux des certificats de civisme, j'ai prouvé par ma conduite combien cette mesure est dans mes principes : j'avois déjà obtenu de l'assemblée générale de ma section l'inscription préliminaire ; j'aurois même depuis longtemps mon certificat si la distribution n'en avoit été suspendue par l'ordre de la commune, et je ne doute pas que lorsque je le demanderai, l'on ne me l'accorde sans difficulté, si l'on ne consulte que les preuves de patriotisme que j'ai données avant et depuis la Révolution.

« Mais j'ai le malheureux honneur d'être défenseur au tribunal révolutionnaire, et cette qualité seule suffit pour inspirer de l'ombrage aux patriotes qui ne savent pas de quelle manière j'ai exercé ces fonctions.

« D'ailleurs, parmi tous ceux qui suivent aujourd'hui la même carrière, il n'en est

parce qu'ils s'étaient convaincus de l'inefficacité de leur ministère, que les rédacteurs de la loi de prairial prirent le parti de le supprimer; mais, en agissant ainsi, ils violèrent un principe sacré, celui du droit de la défense, et ils ont donné aux malédictions hypocrites de leurs ennemis un semblant de raison.

Couthon avait à peine terminé la lecture du décret, qu'un patriote connu, le député Ruamps, en réclamait l'ajournement, menaçant de se brûler la cervelle s'il était adopté sans délai. Lecointre (de Versailles) appuya la proposition. Alors Barère demanda s'il s'agissait d'un ajournement indéfini. « Non, non, » s'écrièrent plusieurs voix. « Lorsqu'on propose une loi tout en faveur des patriotes, » reprit Barère, « et qui assure la punition prompte des conspirateurs, les législateurs ne peuvent avoir qu'un vœu unanime; » et il demanda que l'ajournement ne dépassât pas trois jours. — « Deux seulement, » répliqua Lecointre. On voit avec quelle impudence mentirent les membres du comité quand, après Thermidor, ils prétendirent que le décret avait été présenté pour ainsi dire à leur insu. Robespierre quitta le fauteuil pour combattre toute espèce d'ajournement, et l'on put connaître par ses paroles que les tentatives d'assassinat dont certains représentants avaient été l'objet n'étaient pas étrangères aux dispositions rigoureuses de la loi. Le nouveau décret augmentait, dans une proportion assez notable, le nombre des jurés. Or, chaque jour, le tribunal passait quelques heures sans pouvoir remplir ses fonctions, parce que les jurés n'étaient pas au complet. Robespierre insista surtout sur cette considération. Depuis deux mois l'Assemblée n'avait-elle pas réclamé du comité une loi plus étendue encore que celle qu'on présentait aujourd'hui? Pourquoi donc un ajournement? La loi n'était-elle pas entièrement en faveur des patriotes et des amis de la liberté? Était-

---

pas à qui ce titre puisse nuire autant qu'à moi; si l'on sait bien que j'ai défendu la *Capet* et la *Corday*, l'on ignore que le tribunal m'avoit nommé d'office leur défenseur, et cette erreur est encore propre à m'aliéner l'esprit de ceux de mes concitoiens qui seroient, du reste, les plus disposés à me rendre justice.

« Cependant, citoiens, votre intention, en exigeant de nous un certificat de civisme, n'est pas qu'un titre *honnorable* et votre confiance, plus *honnorable* encore, me tachent d'incivisme.

« Je demande que le tribunal veuille bien m'accorder, s'il croit que je ne l'ai pas démérité, un témoignage ostensible de sa bienveillance, en déclarant dans les termes et dans la forme qu'il jugera convenables, de quelle manière je remplis comme citoien mes devoirs de défenseur, et jusqu'à quel point je suis digne, sous ce rapport, de son estime. — Chauveau.

« Ce 20 germinal, l'an deux de la République, une et indivisible. »

La suscription porte : « Au citoien Dumas, président au tribunal révolutionnaire. » L'original de cette lettre est aux *Archives*.

il naturel de venir élever une sorte de barrière entre des hommes également épris de l'amour de la République? — Dans la résistance au décret, Maximilien avait bien aperçu la main des ennemis du comité de Salut public; ce n'étaient pas encore les siens seulement. — Aussi se plaignit-il de voir une coalition se former contre un gouvernement qui se dévouait au salut de la patrie. « Citoyens, on veut vous diviser. — Non, non, s'écria-t-on de toutes parts, on ne nous divisera pas. — Citoyens, reprit Robespierre, on veut vous épouvanter. » Il rappela alors que c'était lui qui avait sauvé une partie de la Convention des poignards aiguisés contre elle par des hommes animés d'un faux zèle. « Nous nous exposons aux assassins particuliers pour poursuivre les assassins publics, » ajouta-t-il. « Nous voulons bien mourir, mais que la Convention et la patrie soient sauvées ! »

Aux applaudissements enthousiastes avec lesquels furent accueillies les paroles de Robespierre, les opposants comprirent l'impuissance de leur résistance. Bourdon (de l'Oise) tenta cependant un effort. Il protesta d'abord que ni lui ni ses amis ne voulaient entraver la marche de la justice nationale, — ce qui était parfaitement vrai, à la condition qu'elle ne les atteignît pas. — Il proposa donc à l'Assemblée de voter, dès à présent, l'article relatif aux jurés, et d'ajourner quant au reste. Robespierre insista pour que le projet de loi fût voté article par article et séance tenante, dût la discussion se prolonger jusqu'à neuf heures du soir; ce qui fut aussitôt décrété au milieu de nouvelles acclamations. Cela, certes, témoigne de la prodigieuse influence de Maximilien sur la Convention à cette époque; mais cette influence, toute morale, ne lui donnait pas un atome de plus de pouvoir réel, et nous le verrons bientôt se dépouiller volontairement en quelque sorte de ses fonctions de membre du comité de Salut public, quand il se trouvera dans l'impuissance d'empêcher les maux auxquels il aurait voulu remédier. Les articles du projet de loi furent successivement adoptés, après une courte discussion et sans changements notables. Ce jour-là même expiraient les pouvoirs du comité de Salut public; Couthon en prévint l'Assemblée, le comité ne pouvant continuer de les exercer sans l'assentiment de la Convention nationale, laquelle, du reste, s'empressa, suivant sa coutume, d'en voter le renouvellement (1). La Convention votait-elle ici sous une pression quelconque? Oui, sous l'impérieuse nécessité du salut public, qui lui commandait de ne

(1) Pour cette séance du 22 prairial, voyez le *Moniteur* du 24 (12 juin 1794) et le *Journal des débats et des décrets de la Convention.*

pas rompre en ce moment l'unité du gouvernement. Mais était-elle
terrorisée, comme l'ont prétendu tant d'écrivains? En aucune façon,
car le comité de Salut public n'avait pas un soldat pour la forcer à
voter, et il était aussi facile à l'Assemblée de briser l'homogénéité
du comité au 22 prairial qu'au 9 thermidor. Soutenir le contraire,
en se prévalant de quelques lâches déclarations, c'est gratuitement
jeter l'insulte à une Assemblée à la majorité de laquelle on ne saurait
refuser une grande âme et un grand cœur.

XXI

Un des buts, le but principal de la loi de prairial, a-t-on répété à
satiété, était de permettre aux comités et à l'accusateur public de
traduire un membre de la Convention au tribunal révolutionnaire
sans un décret préalable de l'Assemblée. Rien de plus manifestement faux que cette interprétation. Par l'article XX du décret, la
Convention dérogeait à toutes les lois précédentes ne concordant
point avec la loi nouvelle; mais est-ce que par là elle entendait permettre à qui que ce fût de mettre la main sur un de ses membres
sans sa permission? Nullement, et le reste de l'article en explique
suffisamment la pensée. Il y est dit, en effet, que l'Assemblée n'entend pas que les lois concernant l'organisation des tribunaux ordinaires s'appliquent aux crimes de contre-révolution et à l'action du
tribunal révolutionnaire. Néanmoins on a soutenu que l'intention
formelle de Robespierre avait été de retirer aux membres de la
Convention la garantie du décret préalable, afin de pouvoir, grâce
aux complaisances de Fouquier-Tinville, avoir plus facilement raison de ses ennemis. D'abord il est faux, et radicalement faux, qu'il
ait jamais disposé de l'accusateur public, avec lequel il n'avait aucune espèce de rapports particuliers, comme nous ne tarderons pas
à le démontrer péremptoirement. En second lieu, il était à peu près
certain de ne rien obtenir du comité de Salut public, dont la majorité était contre lui. Parlerons-nous du comité de Sûreté générale?
Presque tous ses membres, rappelons-le, lui étaient hostiles.
Enfin, son attachement à la Convention nationale est trop connu,
nous en avons donné trop de preuves, pour qu'on puisse le supposer capable d'avoir voulu lui enlever l'exercice du droit le plus
précieux, celui de prononcer elle-même sur le sort de ses membres.
Elle représentait à ses yeux la souveraineté populaire, et, par
conséquent, elle était pour lui l'âme et le principe de tout. L'estime
de la Convention nationale lui semblait le prix le plus glorieux des
travaux d'un mortel, prix « que je n'ai ni usurpé ni surpris »,

disait-il, « mais que j'ai été forcé de conquérir. Mon premier devoir, comme mon premier penchant, est un respect sans bornes pour elle (1). » Ah! certes, il ne serait point mort le 10 thermidor si ce respect eût été moins grand, moins absolu.

Maintenant, que ses ennemis personnels, que les quelques membres tarés de la Convention en aient jugé autrement, qu'ils aient tremblé pour eux au souvenir des grossières invectives dont ils avaient poursuivi Robespierre à la fête du 20 prairial; que, dans leur épouvante, ils aient cru voir dans certains articles du décret une atteinte aux droits de l'Assemblée, cela est très-possible. Mais ils ne se demandèrent pas si dans ce décret de prairial certaines règles de la justice éternelle n'étaient point violées; ils ne se demandèrent pas si l'on avait laissé intactes toutes les garanties dont doit être entouré l'accusé; non, ils songèrent à eux, uniquement à eux. De l'humanité, ils avaient bien souci!

Dès le lendemain, profitant de l'absence des membres du comité de Salut public, — Voulland occupait le fauteuil, — ils jetèrent les hauts cris presque au début de la séance conventionnelle. En vain Robespierre avait-il affirmé, que le comité n'avait jamais entendu rien innover en ce qui concernait les représentants du peuple (2), il leur fallait un décret pour être rassurés. Bourdon (de l'Oise), l'homme aux noires visions, celui que Robespierre a accusé d'avoir tiré un coup de pistolet sur la fille du citoyen Boulanger, et qu'il nous a dépeint se promenant sans cesse avec l'air d'un assassin qui médite un crime (3), manifesta hautement ses craintes et demanda que les représentants du peuple arrêtés ne pussent être traduits au tribunal révolutionnaire sans un décret préalable d'accusation rendu contre eux par l'Assemblée. Aussitôt, le député Delbrel protesta contre les appréhensions chimériques de Bourdon, auquel il dénia le droit de se défier des intentions des comités (4). Bourdon insista et trouva un appui dans un autre ennemi de Maximilien, dans Bernard (de Saintes), celui dont Augustin Robespierre avait dénoncé les excès après y avoir porté remède par tous les moyens en son pouvoir. On était sur le point d'aller aux voix sur la proposition de Bourdon, quand le jurisconsulte Merlin (de Douai) réclama fortement la ques-

(1) Discours du 8 thermidor, p. 10 et 12.
(2) Déclaration de Bernard à la séance du 23 prairial.
(3) Notes de la main de Robespierre. *Papiers inédits*, t. II, p. 20.
(4) Député du Lot à la Convention, Delbrel fut un des membres du conseil des Cinq-Cents qui résistèrent avec le plus d'énergie au coup d'État de Bonaparte, et on l'entendit s'écrier au 19 brumaire que les baïonnettes ne l'effrayaient pas. Voy. *le Moniteur* du 20 brumaire an VIII (10 novembre).

tion préalable, en se fondant sur ce que le droit de l'Assemblée de décréter elle-même ses membres d'accusation et de les faire mettre en jugement était un droit inaliénable. L'Assemblée se rendit à cette observation, et, adoptant le considérant rédigé par Merlin, décréta qu'il n'y avait lieu à délibérer (1).

La proposition de Bourdon parut au comité une grave injure. A la séance du 24 prairial (12 juin 1794), au moment où Duhem, après Charlier, venait de prendre la défense du décret, de comparer le tribunal révolutionnaire à Brutus assis sur sa chaise curule, condamnant ses fils conspirateurs, et de le montrer couvrant de son égide tous les amis de la liberté, Couthon monta à la tribune. Dans un discours dont la sincérité n'est pas douteuse, et où il laissa en quelque sorte son cœur se fondre devant la Convention, il repoussa comme la plus atroce des calomnies lancées contre le comité de Salut public les inductions tirées du décret par Bourdon (de l'Oise) et Bernard de (Saintes), et il demanda le rapport du considérant voté la veille comme un *mezzo termine*.

Les applaudissements prodigués par l'Assemblée à l'inflexible mercuriale de Couthon donnèrent à réfléchir à Bourdon (de l'Oise). Il vint, poussé par la peur, balbutier de plates excuses, protester de son estime pour le comité de Salut public et son rapporteur, pour l'inébranlable Montagne qui avait sauvé la liberté. Robespierre ne fut dupe ni de cette fausse bonhomie ni de cette reculade (2). N'était-ce pas ce même Bourdon qui depuis si longtemps harcelait le gouvernement et cherchait à le perdre dans l'esprit de la Convention ? Robespierre ne lui ménagea pas la vérité brutale. Déjà d'ailleurs le comité était instruit des manœuvres ténébreuses de certains députés, sur qui il avait l'œil. Après avoir repoussé dédaigneusement les rétractations de Bourdon, Maximilien lui reprocha de chercher à jeter la division entre le comité et la Montagne. « La Convention, la Montagne, le comité, » dit-il, « c'est la même chose. » Et l'Assemblée d'applaudir à outrance. « Tout représentant du peuple qui aime sincèrement la liberté, » continua-t-il, « tout représentant du peuple qui est déterminé à mourir pour la patrie, est de la Montagne.» Ici de nouvelles acclamations éclatèrent, et toute la Convention se leva en signe d'adhésion et de dévouement.

(1) *Moniteur* du 24 prairial (12 juin 1794) et *Journal des débats et des décrets de la Convention*, numéro 629.

(2) Chose en vérité bien étrange, c'est Robespierre et Couthon que M. Michelet accuse de reculade. (T. VII, p. 339.) Bourdon (de l'Oise) et Bernard (de Saintes), c'est-à-dire deux des plus méprisables membres de l'Assemblée, tels sont ici les prophètes de M. Michelet !

Robespierre rappela en peu de mots comment la Montagne, par la pureté de ses intentions, par l'énergie de son patriotisme, était parvenue à prendre la direction de la Révolution en réduisant au silence les factions hypocrites dont lui-même avait failli être la première victime. Pour lui, il ne reconnaissait que deux partis dans la Convention, les bons et les mauvais citoyens, les patriotes et les contre-révolutionnaires déguisés. Encouragé par des applaudissements réitérés, il ajouta qu'il se croyait en droit de tenir un pareil langage à cette Montagne, à laquelle il n'était sans doute point étranger. Que pouvait-elle avoir de commun avec les intrigants et les pervers? Ceux-ci avaient beau prétendre s'identifier à elle, ils n'en étaient pas moins complétement opposés à ses principes. Alors, avec une autorité consacrée par les marques incessantes d'approbation dont il était l'objet : « La Montagne, » s'écria-t-il, « n'est autre chose que les hauteurs du patriotisme; un Montagnard n'est autre chose qu'un patriote pur, raisonnable et sublime. Ce serait outrager la patrie, ce serait assassiner le peuple, que de souffrir que quelques intrigants, plus méprisables que les autres parce qu'ils sont plus hypocrites, s'efforçassent d'entraîner une partie de cette Montagne et de s'y faire les chefs d'un parti. » A ces mots, Bourdon (de l'Oise) interrompant : « Jamais il n'est entré dans mon intention de me faire le chef d'un parti.—Ce serait, reprit Robespierre sans prendre garde à l'interrupteur, ce serait l'excès de l'opprobre que quelques-uns de nos collègues égarés par la calomnie sur nos intentions et sur le but de nos travaux... — Je demande, s'écria Bourdon (de l'Oise), qu'on prouve ce qu'on avance; on vient de dire assez clairement que j'étais un scélérat. » Alors Robespierre d'une voix plus forte : « Je demande, au nom de la patrie, que la parole me soit conservée. Je n'ai pas nommé Bourdon; malheur à qui se nomme lui-même. » A ces mots terribles, Bourdon (de l'Oise) reprit : « Je défie Robespierre de prouver... » Et celui-ci de continuer : « Mais s'il veut se reconnaître au portrait général que le devoir m'a forcé de tracer, il n'est pas en mon pouvoir de l'en empêcher. Oui, la Montagne est pure, elle est sublime; et les intrigants ne sont pas de la Montagne! — Nommez-les, s'écria une voix. — Je les nommerai quand il le faudra, » répondit-il. Là fut son tort. En laissant la Convention dans le doute, il permit aux quatre ou cinq scélérats qu'il aurait dû démasquer tout de suite, aux Tallien, aux Fouché, aux Rovère, de semer partout l'alarme et d'effrayer une foule de représentants à qui lui et le comité ne songeaient guère. Il se contenta de tracer le tableau, trop vrai, hélas! des menées auxquelles se livraient ces intrigants qui se rétractaient lâchement quand leurs tentatives n'avaient pas réussi, et qui cherchaient alors à s'abriter sous de fausses protestations d'estime et de dévouement pour la Convention nationale et le comité de Salut public.

Bourdon (de l'Oise), atterré, garda le silence (1). Maximilien cita, à propos des manœuvres auxquelles il avait fait allusion, un fait qui s'était passé l'avant-veille au soir. En sortant de la Convention, trois députés, parmi lesquels Tallien, fort inquiets du décret de prairial, dont ils craignaient qu'on ne fît l'application sur eux-mêmes, manifestaient tout haut leur mécontentement. Ayant rencontré deux agents du gouvernement, ils se jetèrent sur eux et les frappèrent en les traitant de coquins, de mouchards du comité de Salut public, et en accusant les comités d'entretenir vingt mille espions à leur solde. On espérait sans doute que les agents du gouvernement ainsi attaqués se seraient défendus, ce qui aurait fourni, le lendemain, l'occasion de se plaindre des insultes auxquelles les représentants du peuple étaient exposés de la part d'hommes attachés au comité de Salut public. Après avoir raconté ce fait sans nommer personne, Robespierre protesta encore une fois du respect des comités pour la Convention en général, et de ses paroles il résulte incontestablement qu'à cette heure il n'y avait de parti-pris contre aucun des membres de l'Assemblée. Il adjura seulement ses collègues de ne pas souffrir que de ténébreuses intrigues troublassent la tranquillité publique. « Veillez sur la patrie, » dit-il en terminant, « et ne souffrez pas qu'on porte atteinte à vos principes. Quand la confiance que vous avez mise en nous sera altérée, évitez à la patrie des déchirements. Il vaudrait mieux peut-être encore que les ennemis de la patrie, que les amis de d'Orléans siégeassent momentanément au timon des affaires publiques que de voir la Convention avilie et divisée. Observez que nous avons besoin d'encouragements, qu'on a tout fait pour rendre

(1) S'il faut en croire son ami Lecointre, il se fit en Bourdon une telle révolution qu'au sortir de la séance il dut prendre le lit. Il l'aurait même gardé un mois si l'on devait s'en rapporter à Lecointre. Voy. l'*Appel de Laurent Lecointre au peuple français*. Par malheur pour Lecointre, et ce qui prouve avec quelle impudence mentait cet étrange maniaque, nous savons, par des rapports de police, que le 8 messidor Bourdon (de l'Oise) se promenait dans Paris; que le 9 il assistait à la séance de la Convention, où « il bâillait pendant qu'on y apprenait des nouvelles avantageuses, » et qu'enfin tous les jours suivants il se livra activement aux menées qui eurent pour résultat la catastrophe de Thermidor. Voilà comme il garda le lit pendant un mois. Voy. les rapports de police cités sous le numéro XXVIII, à la suite du rapport de Courtois, rapport dont nous aurons un mot à dire dans le livre suivant. — Devenu après Thermidor un des plus violents artisans de la réaction, Bourdon (de l'Oise) paya de la déportation, au 18 fructidor, ses manœuvres contre-révolutionnaires. Il mourut à Sinnamari.

notre carrière pénible. C'est assez d'avoir à lutter contre les rois conjurés et contre tous les monstres de la terre, sans trouver à nos côtés des ennemis. Venez donc à notre secours, ne permettez pas que l'on nous sépare de vous, puisque nous ne sommes qu'une partie de vous-mêmes et que nous ne sommes rien sans vous. Donnez-nous la force de porter le fardeau immense, et presque au-dessus des efforts humains, que vous nous avez imposé. Soyons toujours justes et unis, en dépit de nos ennemis communs, et nous sauverons la République. » Cette énergique et rapide improvisation souleva un tonnerre d'applaudissements. Merlin (de Douai), craignant qu'on n'eût mal interprété le sentiment auquel il avait obéi en s'interposant la veille, voulut s'excuser; mais Robespierre, qui avait une profonde estime pour l'éminent jurisconsulte, s'empressa de déclarer que ses réflexions ne pouvaient regarder Merlin, dont la motion avait eu surtout pour but d'atténuer et de combattre celle de Bourdon. « Ceux que cela regarde se nommeront, » ajouta-t-il. Aussitôt Tallien se leva. Le fait, prétendit-il, ne s'était point passé l'avant-veille, mais bien la veille au soir, et les individus avec lesquels une collision s'était engagée n'étaient pas des agents du comité de Salut public. « Le fait est faux, » dit Robespierre; « mais un fait vrai, c'est que Tallien est de ceux qui affectent de parler sans cesse publiquement de guillotine pour avilir et troubler la Convention. — Il n'a pas été du tout question de vingt mille espions, objecta Tallien. — Citoyens, répliqua Robespierre, vous pouvez juger de quoi sont capables ceux qui appuient le crime par le mensonge : il est aisé de prononcer entre les assassins et les victimes. — Je vais..., » balbutia Tallien. Alors Billaud-Varenne, avec impétuosité : « La Convention ne peut pas rester dans la position où l'impudeur la plus atroce vient de la jeter. Tallien a menti impudemment quand il a dit que c'était hier que le fait était arrivé ; c'est avant-hier que cela s'est passé, et je le savais hier à midi. Ce fait eut lieu avec deux patriotes, agents du comité de Salut public. Je demande que la Convention ouvre enfin les yeux sur les hommes qui veulent l'avilir et l'égarer. Mais, citoyens, nous nous tiendrons unis; les conspirateurs périront et la patrie sera sauvée. » Oui, oui! s'écria-t-on de toutes parts au milieu des plus vifs applaudissements (1).

Or, les paroles de Billaud-Varenne prouvent surabondamment deux choses : d'abord, que ce jour-là, 24 prairial (12 juin 1794), la désunion n'avait pas encore été mise au sein du comité de Salut

(1) Voyez, pour cette séance, le *Moniteur* du 26 prairial (14 juin 1794), et le *Journal des débats et des décrets de la Convention*, numéros 630 et 631.

public; ensuite que les rapports de police n'étaient pas adressés à Robespierre particulièrement, mais bien au comité tout entier. On sentira tout à l'heure l'importance de cette remarque. Barère prit ensuite la parole pour insister sur la suppression du considérant voté la veille sur la demande de Merlin (de Douai), aux intentions duquel lui aussi, du reste, s'empressa de rendre hommage; seulement ce considérant lui paraissait une chose infiniment dangereuse pour le gouvernement révolutionnaire, parce qu'il était de nature à faire croire aux esprits crédules que l'intention du comité avait été de violer une des lois fondamentales de la Convention. Et afin d'entraîner l'Assemblée, il cita les manœuvres indignes auxquelles nos ennemis avaient recours pour décrier la Révolution et ses plus dévoués·défenseurs. Il donna notamment lecture de certains extraits d'une feuille anglaise intitulée *l'Étoile* (*the Star*), envoyée de Brest par Prieur (de la Marne), feuille pleine de calomnies atroces contre les hommes de la Révolution, contre Jean-Bon Saint-André, et dans laquelle on rendait compte d'un bal masqué récemment donné à Londres au Ranelagh. A ce bal, une femme, déguisée en Charlotte Corday sortie du tombeau et tenant à la main un poignard sanglant, avait poursuivi toute la nuit un individu représentant Robespierre, qu'elle jurait de *maratiser* en temps et lieu. A cette citation un mouvement d'horreur se produisit dans l'Assemblée. Jouer à l'assassinat des républicains français, c'étaient là distractions de princes et d'émigrés. Ce n'était pas la Terreur qu'on voulait tuer en Robespierre, c'était la République elle-même. Après avoir flétri ces odieux passe-temps de l'aristocratie et montré le sort réservé par nos ennemis aux membres du gouvernement révolutionnaire, Barère termina en demandant le rapport du considérant de la veille et l'ordre du jour sur toutes les motions faites à propos du décret concernant le tribunal révolutionnaire. Ce que l'Assemblée vota au milieu des plus vifs applaudissements (1).

Tout cela est-il assez clair, et persistera-t-on à présenter le décret de prairial comme ayant été soumis à la Convention sans qu'il ait eu l'assentiment de tous les membres du comité? L'opposition dont il fut l'objet de la part de deux ou trois représentants vint des moins nobles motifs et naquit d'appréhensions toutes personnelles. Quant à l'esprit général du décret, il eut l'assentiment unanime; pas une voix ne réclama, pas une objection ne fut soulevée. La responsabilité de cette loi de prairial ne revient donc pas seulement à Robespierre ou à Couthon en particulier, ou au comité de Salut public, mais à la Convention nationale tout entière, qui l'a votée comme une loi de salut.

(1) *Moniteur* du 26 prairial.

XXII

Est-il vrai que dès le lendemain même du jour où cette loi fut votée, c'est-à-dire le 25 prairial, Robespierre ait, en plein comité, demandé la mise en accusation ou, comme on dit, les têtes de Fouché, de Tallien et de sept de leurs amis, et que le refus de ses collègues amena sa retraite volontaire du comité? C'est ce qu'a prétendu le duc d'Otrante (1); mais quelle âme honnête se pourrait résoudre à ajouter foi aux assertions de ce scélérat vulgaire, dont le nom restera éternellement flétri dans l'histoire comme celui de Judas? La vérité même paraîtrait suspecte venant d'une telle source. Mais si pareille demande eût été faite, est-ce que les membres des anciens comités ne s'en fussent pas prévalus dans leur réponse aux imputations de Lecointre? Comment! ils auraient arraché neuf représentants du peuple à la férocité de Robespierre, et ils ne s'en seraient pas fait un titre d'honneur aux yeux de la Convention à l'heure où on les poursuivait comme des proscripteurs? Or, à quoi attribuent-ils le déchirement qui eut lieu au comité de Salut public? Uniquement aux discussions — très-problématiques — auxquelles aurait donné lieu la loi de prairial. « Robespierre, » disent-il, « devint plus ennemi de ses collègues, s'isola du comité et se réfugia aux Jacobins, où il préparait, acérait l'opinion publique contre ce qu'il appelait les conspirateurs connus et contre les opérations du comité (2). » Eh bien! la scission ne se produisit pas le 25 prairial, mais seulement aux premiers jours de messidor, comme cela résulte des propres aveux des membres du comité, rapprochés de la déclaration de Maximilien. En effet, ceux-là limitent à quatre décades la durée de ce qu'ils ont appelé la retraite de Robespierre (3), et celui-ci dit très-haut, à la séance du 8 thermidor, que la force de la calomnie et l'impuissance de faire le bien l'avaient obligé de renoncer en quelque sorte depuis six semaines à ses fonctions de membre du comité de Salut public. Quatre décades, six semaines, c'est la même chose. Ce fut donc vers le 1er messidor que la désunion se mit parmi les membres du comité. Chaque jour ici à son importance. Quelle fut la cause positive de cette désunion et comment les choses se passèrent-elles? A cet égard, nous sommes réduits à de pures con-

(1) Mémoires de Joseph Fouché, duc d'Otrante, p. 23.

(2) *Réponse des membres des deux anciens comités aux imputations de Laurent Lecointre*, p. 39 et 109.

(3) *Ibid.*, p. 44.

36

jectures, les vaincus de Thermidor ayant eu la bouche fermée par la mort, et les anciens membres du comité s'étant entendus comme larrons en foire pour se donner une apparence de raison contre leurs victimes. Encore doit-on être étonné du vide de leurs accusations, qui tombent d'elles-mêmes par suite des contradictions étranges et grossières échappées à leurs auteurs. Nous dirons tout à l'heure à quoi l'on doit attribuer vraisemblablement la brouille survenue parmi les membres du comité, mais il faut ranger au nombre des plus lourds mensonges historiques, la légende des neuf têtes — d'aucuns disent trente — demandées par Robespierre à ses collègues, légende si légèrement acceptée par la plupart des historiens (1).

La vérité est que le nombre des misérables auxquels il aurait voulu qu'on demandât compte de leurs rapines et du sang criminellement versé par eux, s'élevait à peine à cinq ou six (2), et que les quelques membres menacés s'ingénièrent, comme on le verra bientôt, pour grossir indéfiniment ce chiffre, et firent circuler des listes fabriquées afin de jeter l'épouvante au milieu de la Convention et de recruter par la peur des ennemis à Maximilien. Nous allons bientôt tracer le tableau des machinations infernales tramées dans l'ombre contre ce grand homme de bien ; je ne sais s'il y a dans l'histoire exemple d'un aussi horrible complot. Mais auparavant il convient de dire comment Robespierre avait mérité l'animadversion de cette horde de scélérats, à la tête desquels on doit ranger l'atroce Fouché, le mitrailleur de Lyon, et le *héros* Tallien.

Robespierre professait dès longtemps, on le sait, un souverain mépris pour Tallien, ce véritable histrion de la Révolution. Une lettre qu'il reçut de lui, le lendemain même du jour où il l'avait si hautement flétri en pleine Convention, n'était pas de nature à le relever dans son opinion. « L'imposture soutenue par le crime..., ces mots terribles et injustes, Robespierre, retentissent encore dans mon âme ulcérée. Je viens, avec la franchise d'un homme de bien, te donner quelques éclaircissements...,» écrivait Tallien, le 25 prairial. — La franchise d'un homme de bien!... Ces mots, sous la plume de Tallien, durent singulièrement faire sourire Robespierre. Dans cette lettre, dictée par la frayeur, Tallien se donnait comme un ami constant de la justice, de la vérité et de la liberté. Les intrigants seuls avaient pu, disait-il, susciter des préventions contre

_____

(1) Citons Tissot, MM. Villiaumé, Thiers... Ce dernier, qui n'indique jamais ses autorités, s'appuie cette fois sur Vilate. Quel heureux choix ! *Histoire de la Révolution*, t. VII, p. 116 de la 6e édition.

(2) Voyez à cet égard le discours de Saint-Just dans la séance du 9 thermidor.

lui, mais il offrait sa conduite tout entière à l'examen de ses conci-toyens. Ce n'était pas la crainte qui lui inspirait ce langage, ajou-tait-il, par une sorte d'antiphrase où il essayait vainement de dissi-muler sa lâcheté, mais bien le désir de servir sa patrie et de mériter l'estime de ses collègues (1). Robespierre ne répondit pas. Trois jours après, le même Tallien s'adressait en ces termes à Couthon : « Je t'adresse, mon cher Couthon, l'exposé justificatif dont je t'ai parlé dans ma lettre d'hier. Je te prie de vouloir bien le mettre sous les yeux du comité. Si tu pouvois me recevoir à l'issue de ton dîner, je serois bien aise de causer un instant avec toi et de te demander un conseil d'ami. La trop confiante jeunesse a besoin d'être guidée par l'expérience de l'âge mûr (2). » Au moment où Tallien s'expri-mait ainsi, il conspirait la perte de Maximilien. Il est bon de dire maintenant par quelle série de méfaits cet ancien secrétaire de la commune de Paris s'était rendu suspect non pas seulement à Robespierre, mais au comité de Salut public tout entier.

XXIII

Envoyé en mission à Bordeaux, Tallien s'y était montré tout d'abord, comme son collègue Baudot, un des plus terribles agents de la Terreur. Non content de faire tomber les têtes des meneurs contre-révolutionnaires, et « de saigner fortement la bourse des riches égoïstes, » il montait à l'assaut des clochers, dépouillait les églises de leur argenterie, arrachait aux prêtres des actes d'abjura-tion (3), et jetait l'épouvante dans toutes les consciences, en violant effrontément la liberté des cultes. Tout à coup on vit, comme par enchantement, tomber ce zèle exagéré. Le farouche proconsul se fit le plus doux des hommes, et bientôt à la place d'un austère envoyé de la Convention, Bordeaux posséda une sorte de satrape asiatique. Sous quelle mystérieuse influence s'était donc opéré ce changement subit? Ah! c'est que dans le cœur du patriote Tallien, une autre affection avait pris la place de celle de la République. Fasciné par

(1) Courtois s'est bien gardé de publier cette lettre. Voyez-la dans les *Papiers iné-dits*, t. I, p. 115.

(2) Cette lettre, également supprimée par les Thermidoriens, faisait partie de la col-lection Portiez (de l'Oise). On y lit en post-scriptum : « Si le comité désire quelques explications verbales, je suis prêt à les lui donner; je resterai à la Convention jusqu'à la fin de la séance. » M. L. Blanc en a donné un extrait dans son *Histoire de la Révo-lution*, t. XI, p. 171.

(3) Voy. à ce sujet une lettre curieuse d'Ysabeau et de Tallien au club des Jacobins, en date du 29 brumaire, dans *le Moniteur* du 12 frimaire (2 décembre 1793).

les charmes de Thérézia Cabarrus qui, après avoir habité successivement Boulogne-sur-Mer et Paris, s'était rendue à Bordeaux afin de terminer l'affaire de son divorce avec son premier mari, le terrible Tallien était devenu en quelque sorte l'espoir des contre-révolutionnaires et des royalistes. Le régime de la clémence succéda aux barbaries passées; mais clémence pour les riches surtout : la liberté devint vénale. S'il faut en croire l'espion Senar, la Cabarrus tenait chez elle bureau de grâces où l'on traitait à des prix excessifs du rachat des têtes (1). Ce qu'il y a de vrai peut-être, selon nous, dans cette accusation terrible, c'est que la citoyenne Thérézia acceptait de magnifiques présents des familles riches auxquelles elle rendait service, et dont certains membres lui durent la vie. Son empire sur Tallien était sans bornes. Par lui elle obtint une concession de salpêtre, source de revenus considérables (2). Ne fallait-il pas subvenir au faste tout à fait royal dans lequel vivaient l'amant et la maîtresse? Tallien, comme son collègue Ysabeau, avait chevaux et voitures, l'équipage d'un ci-devant noble; il avait sa loge au théâtre, et sa place marquée dans tous les lieux publics (3). Les denrées les plus exquises, les meilleurs vins, un pain blanc comme la neige étaient mis en réquisition pour le service des représentants (4). Théâtrale dans toutes ses actions, la citoyenne Thérézia Cabarrus aimait à se montrer en public auprès du tout-puissant proconsul. Vêtue à l'antique, la tête affublée d'un bonnet rouge d'où s'échappaient des flots de cheveux noirs, tenant d'une main une pique, et de l'autre s'appuyant sur l'épaule de son amant, elle se plaisait à se promener en voiture découverte dans les rues de la ville et à se donner en spectacle à la population bordelaise (5). Cela n'étonne guère quand on se rappelle les excentricités auxquelles se livra plus tard Mme Tallien lorsque, reine de la mode, elle habita Paris, où l'on put admirer, aux Tuileries, ses charmes nus livrés à la curiosité obscène du premier venu.

(1) *Mémoires* de Senar, p. 201. Nous avons dit ailleurs pourquoi la seule partie des mémoires de Senar qui nous paraisse mériter quelque créance est celle qui concerne Tallien. Voy. notre *Histoire de Saint-Just*, liv. V, ch. ii.

(2) Rapport de Boulanger sur l'arrestation de la citoyenne Cabarrus. *Papiers inédits*, t. I, p. 269.

(3) Voy. ce que dit Jullien dans une lettre à Saint-Just en date du 25 prairial, publiée sous le numéro CVII, à la suite du rapport de Courtois, et dans les *Papiers inédits*, t. III, p. 37.

(4) Rapprocher à cet égard les *Mémoires* de Senar, p. 199, et l'*Histoire impartiale*, par Prudhomme, t. V, p. 436, des lettres de Jullien à Robespierre sur l'existence des représentants à Bordeaux.

(5) *Mémoires* de Senar, p. 199.

Les deux amants n'étaient pas moins luxueux dans leur intérieur. Un personnage de l'ancien régime, le marquis de Paroy, nous a laissé une description curieuse du boudoir de la ci-devant marquise de Fontenay qu'il avait eu l'occasion de voir en allant solliciter auprès d'elle en faveur de son père, détenu à la Réole. « Je crus, » dit-il, « entrer dans le boudoir des muses : un piano entr'ouvert, une guitare sur le canapé, une harpe dans un coin... une table à dessin avec une miniature ébauchée, — peut-être celle du patriote Tallien, — un secrétaire ouvert, rempli de papiers, de mémoires, de pétitions ; une bibliothèque dont les livres paraissaient en désordre, et un métier à broder où était montée une étoffe de satin (1)... » Dès le matin, la cour de l'hôtel où demeuraient les deux amants était encombrée de visiteurs, qui attendaient le lever du fastueux commissaire de la Convention. La belle Espagnole — car Thérézia était Espagnole — avait imaginé, afin de distraire Tallien de ses occupations patriotiques, de paraître désirer vivement son portrait. Le plus habile peintre de la ville avait été chargé de l'exécution, les séances avaient été adroitement prolongées, et par cet *ingénieux artifice* Thérézia était parvenue à si bien occuper son amant, qu'il avait oublié l'objet de sa mission. C'est du moins ce qu'a bien voulu nous apprendre un admirateur enthousiaste de la citoyenne Cabarrus. Ordre exprès de ne laisser entrer personne avait été donné aux domestiques. Cependant un jour, le directeur du théâtre, Lemayeur, parvint à forcer la consigne, et il trouva « Tallien mollement assis dans un boudoir, et partagé entre les soins qu'il donnait au peintre et les sentiments dont il était animé pour la belle Cabarrus (2). » Ainsi la République entretenait quatorze armées, le sang de toute la jeunesse française coulait à flots sur nos frontières dévastées, Saint-Just et Le Bas sur le Rhin et dans le Nord, Jean-Bon Saint-André sur les côtes de l'Océan, Cavaignac dans le Midi, Bô dans la Vendée, et tant d'autres s'épuisaient en efforts héroïques afin de faire triompher la sainte cause de la patrie, le comité de Salut public se tenait jour et nuit courbé sous un labeur écrasant, la Convention nationale enfin frappait le monde d'épouvante et d'admiration, tout cela pour que le voluptueux Tallien oubliât dans les bras d'une femme aux mœurs équivoques les devoirs sévères imposés par la République aux députés en mission.

Ah! ces devoirs, le jeune envoyé du comité de Salut public, l'ami dévoué de Maximilien, le fils du représentant Jullien (de la Drôme),

---

(1) Voy. la *Biographie universelle*, à l'art. PRINCESSE DE CHIMAY.

(2) *Les Femmes célèbres de 1789 à 1795, et de leur influence dans la Révolution*, par C. Lairtullier, t. II, p. 286.

les comprenait autrement. « J'ai toujours suivi dans ma mission, »
écrivait-il de Bordeaux à Robespierre, le 1ᵉʳ floréal (20 avril 1794),
« le même système, que pour rendre la Révolution aimable, il falloit la faire aimer, offrir des actes de vertu, des adoptions civiques,
des mariages, associer les femmes à l'amour de la patrie et les lier
par de solennels engagements (1). » La conduite de Tallien n'avait
pas été sans être dénoncée au comité de Salut public. Obligé
d'obéir à un ordre de rappel, l'amant de Thérézia Cabarrus partit,
assez inquiet sur son propre compte et sur celui de la femme à laquelle il avait sacrifié les intérêts de la patrie. Il se plaignit à la
Convention d'avoir été calomnié (2), et pour le moment l'affaire en
resta là. Mais tremblant toujours pour sa maîtresse, qui, en sa qualité d'étrangère et de femme d'un ex-noble, pouvait être deux fois
suspecte, il eut recours à un singulier stratagème afin de la mettre
à l'abri de tout soupçon. Il lui fit adresser de Bordeaux, où il
l'avait provisoirement laissée, une longue pétition à la Convention
nationale, pétition très-certainement rédigée par lui, et dans laquelle elle conjurait l'Assemblée d'ordonner à toutes les jeunes
filles d'aller, avant de prendre un époux, passer quelque temps
« dans les asiles de la pauvreté et de la douleur pour y secourir les
malheureux. » Elle-même, qui était mère et déjà *n'était plus épouse*,
mettait, disait-elle, toute son ambition à être une des premières à se
consacrer à ces *ravissantes fonctions* (3). La Convention ordonna la
mention honorable de cette adresse au *Bulletin* et la renvoya aux
comités de Salut public et d'instruction. La citoyenne Thérézia Cabarrus s'en tint, bien entendu, à ces vaines protestations de vertu
républicaine. Quant au comité de Salut public, il n'eut garde de se
laisser prendre à cette belle prose, où il était si facile de reconnaître
la manière ampoulée de Tallien, et, voulant être complétement renseigné sur les opérations de ce dernier, il renvoya à Bordeaux, par un
arrêté spécial, son agent Jullien, qui en était revenu depuis peu (4).
Les renseignements recueillis par lui furent assurément des plus
défavorables, car, le 11 prairial, en adressant à Robespierre l'extrait
d'une lettre menaçante de Tallien au club national de Bordeaux,
Jullien écrivait : « Elle coïncide avec le départ de la Fontenay, que

---

(1) Voy. cette lettre dans les *Papiers inédits*, t. III, p. 5, et à la suite du rapport
de Courtois sous le numéro CVII *a*.

(2) Séance du 22 ventôse (12 mars 1794). *Moniteur* du 25 ventôse.

(3) Voyez cette pétition dans *le Moniteur* du 7 floréal an II (26 avril 1794), séance de
la Convention du 5 floréal.

(4) Arrêté du 29 floréal an II, signé : Carnot, Robespierre, Billaud-Varenne et Barère (*Archives*, A F, II, 58).

le comité de Salut public aura sans doute fait arrêter; » et quatre jours plus tard, le 15 prairial, il mandait encore à Maximilien : « La Fontenay doit maintenant être en état d'arrestation. » Il croyait même que Tallien l'était aussi (1). Il se trompait pour l'amant; mais quant à la maîtresse, elle était en effet arrêtée depuis trois jours.

Contrainte par le représentant du peuple Ysabeau de quitter Bordeaux (2) à cause des intrigues auxquelles on la voyait se livrer, Thérézia était accourue à Fontenay-aux-Roses, dans une propriété de son premier mari, où elle avait reçu de fréquentes visites de Tallien. Souvent elle était venue dîner avec lui à Paris chez le restaurateur Méot. Tallien avait pour ami Taschereau-Fargues, commensal de la maison Duplay, et admirateur enthousiaste de Robespierre, qu'après Thermidor, comme nous avons déjà dit, il déchira à belles dents. Ce Taschereau proposa à Tallien de loger sa maîtresse, quand elle viendrait à Paris, rue de l'Union, aux Champs-Élysées, dans une maison appartenant à Duplay, et qu'on pouvait en conséquence regarder comme un lieu de sûreté. Mais déjà le comité de Salut public avait lancé contre Thérézia Cabarrus un mandat d'arrestation. Avertie par Taschereau, elle courut se réfugier à

(1) Voyez ces deux lettres dans les *Papiers inédits*, t. III, p. 32 et 30, et à la suite du rapport de Courtois, sous les numéros CVII *h* et CVII *g*. Si Jullien fils ne monta pas sur l'échafaud au lendemain de Thermidor, ce ne fut pas la faute de Tallien, qui, lorsqu'il fut entré dans le comité de Salut public, s'empressa de le faire jeter en prison. « Paris, le 28 thermidor. Le comité de Salut public arrête que le citoyen Jullien fils, adjoint à la commission de l'instruction publique, et précédemment agent du comité de Salut public, est destitué de ses fonctions, qu'il sera mis en arrestation, et que les scellés seront apposés sur ses papiers. Collot d'Herbois, Tallien, Eschasseriaux, Treilhard, Bréard, C.-A. Prieur. » (*Archives*, A F, II, 60.) — Si terrible fut le coup d'État de Thermidor, et si violente fut la réaction pendant de longues années, que les plus chers amis de Robespierre n'osaient plus avouer leur intimité avec lui. Jullien fils, pendant la grande période révolutionnaire, avait donné, malgré son extrême jeunesse, les preuves d'un talent, d'une honnêteté et d'une modération qui l'avaient rendu cher à Robespierre, que lui-même à tout propos il appelait *son bon ami*. Eh bien ! lui aussi, il renia *ce bon ami*, si nous devons nous en rapporter à une lettre de l'ingénieur Jullien, son fils, lettre où nous lisons ces lignes : « Mon père a très-peu connu Robespierre; je crois même lui avoir entendu dire qu'il ne l'avait vu qu'une ou deux fois. C'est mon grand-père Jullien (de la Drôme), député à la Convention, qui seul a connu Robespierre... » Or il suffit des citations par nous faites d'extraits de lettres de Jullien fils à Robespierre pour qu'il n'y ait pas de doute possible sur leur parfaite intimité, — intimité, du reste, aussi honorable pour l'un que pour l'autre. Quant aux lettres de Robespierre à Jullien, elles ont été supprimées par les Thermidoriens, et pour cause. Maintenant, on peut voir, par l'extrait de la lettre de l'ingénieur Jullien, combien, dans la génération qui nous a précédés, les hommes mêmes les plus distingués, sont peu au courant des choses de la Révolution.

(2) Rapport de Boulanger sur l'arrestation de la citoyenne Cabarrus (*Papiers inédits*, t. I, p. 271).

Versailles; il était trop tard : elle y fut suivie de près et arrêtée, dans la nuit du 11 au 12 prairial, par les généraux La Vallette et Boulanger (1).

L'impunité assurée à Tallien par la catastrophe de Thermidor, l'influence énorme qu'il recueillit de sa participation à cet odieux guet-apens, n'empêchèrent pas, à diverses reprises, des bouches courageuses de lui cracher ses méfaits à la face. « Entrons en lice, Tallien et moi, » s'écria un jour Cambon. « Viens m'accuser, Tallien; je n'ai rien manié, je n'ai fait que surveiller; nous verrons si dans tes opérations particulières tu as porté le même désintéressement; nous verrons si, au mois de septembre, lorsque tu étais à la commune, tu n'as pas donné ta griffe pour faire payer une somme d'un million cinq cent mille livres, dont la destination te fera rougir. Oui, je t'accuse, monstre sanguinaire, je t'accuse... on m'appellera robespierriste si l'on veut... je t'accuse d'avoir trempé tes mains, du moins par tes opinions, dans les massacres commis dans les cachots de Paris (2)! » Et cette sanglante apostrophe fut plusieurs fois interrompue pas les applaudissements. « Nous n'avons pas les trésors de la Cabarrus, nous ! » cria un jour à Tallien Duhem indigné (3).

Maintenant, que des romanciers à la recherche de galantes aventures, que de pseudo-historiens s'évertuent à réhabiliter Tallien et Thérézia Cabarrus, c'est chose qu'à coup sûr ne leur envieront pas ceux qui ont au cœur l'amour profond de la patrie et le respect des mœurs, et qui ne peuvent pas plus s'intéresser à l'homme dont la main contribua si puissamment à tuer la République qu'à la femme dont la jeunesse scandaleuse indigna même l'époque corrompue du Directoire. N'est-ce pas encore un des admirateurs de Thérézia qui raconte qu'un jour qu'elle se promenait sur une promenade publique, les bras et les jambes nus, et la gorge au vent, ses nudités attroupèrent la populace, laquelle, n'aimant ni les divorces ni les apostasies, se disposait à se fâcher tout rouge? Thérézia eût couru grand risque d'essuyer un mauvais traitement si, par bonheur, un député de sa connaissance ne fût venu à passer juste à temps pour la recueillir dans sa voiture (4). « Notre-Dame de Thermidor, » disaient en s'inclinant jusqu'à terre les beaux esprits du temps, les courtisans de

(1) Rapport de Boulanger. Voyez aussi une brochure intitulée *Taschereau-Fargues à Robespierre*, publiée après Thermidor, et qu'il faut lire nécessairement avec beaucoup de défiance.

(2) Séance du 18 brumaire an III, *Moniteur* du 20 brumaire (10 novembre 1794).

(3) Séance du 11 nivôse an III. Voyez *le Moniteur* du 13 nivôse (2 janvier 1795).

(4) *Les Femmes célèbres*, par Lairtullier, t. II, p. 3 et 5.

la réaction, quand par exemple la citoyenne Fontenay-Cabarrus, devenue Mme Tallien, apparaissait au bal des victimes. Ah! laissons-le lui ce nom de Notre-Dame de Thermidor, elle l'a bien gagné. N'a-t-elle pas présidé à l'orgie blanche, cynique et sans frein, où l'on versait, pour se désaltérer, non plus le sang des conspirateurs, des traîtres, des ennemis de la Révolution, mais celui des meilleurs patriotes et des plus dévoués défenseurs de la liberté? N'a-t-elle pas été la reine et l'idole de tous les flibustiers, financiers, agioteurs, dilapidateurs de biens nationaux et renégats qui fleurirent au beau temps du Directoire? Oui, c'est bien la Dame de Thermidor, l'héroïne de cette exécrable journée où la Révolution tomba dans l'intrigue, où la République s'abîma dans une fange sanglante (1).

On avait, en prairial, comme on l'a vu, songé à donner pour asile à Thérézia Cabarrus une maison des Champs-Élysées appartenant à Duplay. Ce nom amène sous ma plume un rapprochement bien naturel et qui porte en soi un enseignement significatif. A l'heure où, libre, fêtée, heureuse, la ci-devant marquise de Fontenay payait en sourires les têtes coupées dans les journées des 10, 11 et 12 thermidor et se livrait aux baisers sanglants de son héros Tallien, une des filles de Duplay était jetée dans les cachots de la Terreur blanche avec son enfant à la mamelle : c'était la femme du député Le Bas, le doux et héroïque ami de Robespierre, une honnête femme celle-là! Une nuit, à la prison de Saint-Lazare, où elle avait été déposée, le geôlier vint la réveiller en sursaut. Deux inconnus, en-

---

(1) Au moment où nous corrigeons les épreuves de ce volume, on nous communique un livre de M. Arsène Houssaye, intitulé *Notre-Dame de Thermidor, ou Histoire de Mme Tallien*. Sur ce livre, où l'histoire n'a rien à voir, hâtons-nous de le dire, et qui eût été tout autre, je n'en doute pas, si l'auteur eût mieux connu les choses de la Révolution, je n'ai qu'une remarque à faire. M. Houssaye dit dans sa préface : « Le 10 thermidor, c'est la fête de Robespierre et de Saint-Just. Il fallait bien qu'ils fussent consacrés. Le 11 thermidor, la *guillotine se repose.*» Or, le 11 thermidor, soixante-dix têtes tombaient — SOIXANTE-DIX — sous le couteau de la guillotine, et treize le lendemain; effroyable hécatombe offerte aux fureurs de la réaction. Il est vrai que ces têtes étaient celles d'excellents patriotes, de purs républicains. Est-ce pour cela que M. Houssaye les compte pour rien? La plupart d'entre eux n'avaient jamais adressé la parole à Robespierre; membres du conseil général de la commune, tout leur crime avait été de s'être trouvés à l'Hôtel de Ville dans la soirée du 9 thermidor.

M. Houssaye fait grand étalage de l'affaire des *chemises rouges*, à laquelle Robespierre fut aussi étranger que possible. Nous avons autant que M. Houssaye horreur du sang versé, même du sang criminel. Cependant, entre les quatre-vingt-trois victimes des 11 et 12 thermidor, dont la décapitation a passé inaperçue aux yeux de M. Houssaye, et ses *chemises rouges*, il y a une petite distinction à établir : les premières se composaient, avons-nous dit, d'hommes entièrement dévoués à la République; dans la catégorie des *chemises rouges*, on comptait un assassin et des conspirateurs avérés.

voyés par quelque puissant personnage du jour, la demandaient. Elle s'habilla à la hâte et descendit. On était chargé de lui dire que si elle consentait à quitter le nom de son mari, elle pourrait devenir la femme d'un autre député; que son fils, — le futur précepteur de l'empereur Napoléon III, — alors âgé de six semaines à peine, serait adopté comme enfant de la patrie, enfin qu'on lui assurerait une existence heureuse. Mme Le Bas était une des plus charmantes blondes qu'on pût voir, la grâce et la fraîcheur mêmes. « Allez dire à ceux qui vous envoient, » répondit-elle, « que la veuve Le Bas ne quittera ce nom sacré que sur l'échafaud. » — « J'étais, » a-t-elle écrit plus tard, « trop fière du nom que je portais, pour l'échanger même contre une vie aisée (1). » Demeurée veuve à l'âge de vingt-trois ans, Élisabeth Duplay se remaria, quelques années après, à l'adjudant général Le Bas, frère de son premier mari, et garda ainsi le nom qui était sa gloire. Elle vécut dignement, et tous ceux qui l'ont connue, belle encore sous sa couronne de cheveux blancs, ont rendu témoignage de la grandeur de ses sentiments et de l'austérité de son caractère. Elle mourut dans un âge avancé, toujours fidèle au souvenir des grands morts qu'elle avait aimés, et dont, jusqu'à son dernier jour, elle ne cessa d'honorer et de chérir la mémoire. Quant à la Dame de Thermidor, Thérézia Cabarrus, ex-marquise de Fontenay, citoyenne Tallien, puis princesse de Chimay, on connaît l'histoire de ses trois mariages, sans compter les intermèdes. Elle eut, comme on sait, trois maris vivants à la fois. Comparez maintenant les deux existences, les deux femmes, et dites laquelle mérite le mieux le respect et les sympathies des gens de bien.

XXIV

On sait à quoi s'en tenir désormais sur Tallien, *le sauveur de la France*, suivant les enthousiastes de la réaction. N'omettons pas de dire qu'il fut le défenseur de Jourdan Coupe-Tête au moment où celui-ci fut appelé à rendre compte de ses nombreux forfaits au tribunal révolutionnaire. Du 24 prairial au 9 Thermidor, on n'entendit plus parler de lui. Pendant ce temps-là il fit son œuvre souterraine, couché à plat ventre devant Robespierre pour essayer de l'endormir dans une sécurité trompeuse. Courtier de calomnies, il s'en allait de l'un à l'autre, colportant le soupçon et la crainte, tirant

(1) Manuscrit de Mme Le Bas.

profit de l'envie chez celui-ci, de la peur chez celui-là, et mettant au service de la contre-révolution même sa lâcheté et ses rancunes (1).

Mais Tallien n'était qu'un bouffon auprès du sycophante Fouché. Saluons ce grand machiniste de la conspiration thermidorienne ; nul plus que lui ne contribua à la perte de Robespierre ; il tua la République en Thermidor par ses intrigues, comme il tua l'Empire en 1815. Une place d'honneur lui est certainement due dans l'histoire en raison de la part considérable pour laquelle il a contribué aux malheurs de notre pays. Rien du reste ne saurait honorer davantage la mémoire de Robespierre que l'animadversion de Fouché et les circonstances qui l'ont amenée.

Ses relations avec lui remontaient à une époque antérieure à la Révolution ; il l'avait connu à Arras, où le futur mitrailleur de Lyon donnait alors des leçons de philosophie (2). Fouché s'était jeté avec ardeur dans le mouvement révolutionnaire, bien décidé à moissonner largement pour sa part dans ce champ ouvert à toutes les convoitises. Ame vénale, caractère servile, habile à profiter de toutes les occasions capables de servir à sa fortune, il s'était attaché à Robespierre à l'heure où la faveur populaire semblait désigner celui-ci comme le régulateur obligé de la Révolution. L'idée de devenir le beau-frère du glorieux tribun flattait alors singulièrement son amour-propre, et il mit tout en œuvre pour se faire agréer de Charlotte. Sa figure repoussante pouvait être un obstacle, il parvint à charmer la femme à force d'esprit et d'amabilité. Charlotte était alors âgée de trente-deux ans, et sans être d'une grande beauté, elle avait une physionomie extrêmement agréable ; mais, comme il est fort probable, Fouché ne vit en elle que la sœur de Robespierre. Charlotte subordonna son consentement à l'autorisation de son frère, auquel elle parla des avances de Fouché. Plein d'illusions encore sur ce dernier, et confiant dans la sincérité de sa foi démocratique, Maximilien ne montra aucune opposition à ce

(1) Un des coryphées de la réaction thermidorienne, Tallien se vit un moment, sous le Directoire, repoussé comme un traître par les républicains et par les royalistes à la fois. Emmené en Égypte, comme *savant*, par Bonaparte, il occupa sous le gouvernement impérial des fonctions diplomatiques, et mourut oublié sous la Restauration, je devrais dire méprisé.

(2) *Mémoires de Fouché*, p. 13. Fouché prétend même avoir prêté quelque argent à Maximilien, pour l'aider à venir s'établir à Paris lors de sa nomination de député aux états généraux. Ce qui rend cette assertion plus que douteuse, c'est qu'à l'époque où éclata la Révolution, Fouché n'était pas à Arras, mais bien à Nantes, où il remplissait les fonctions de préfet du collége. On a vu du reste que Robespierre était fort occupé comme avocat, et tout le monde sait le peu de foi qu'il y a à ajouter aux paroles de Fouché.

mariage (1). La sanguinaire conduite de Fouché dans ses missions brisa tout.

Nous avons montré avec quelle modération, après la prise de Lyon, Couthon avait exécuté les rigoureux décrets rendus par la Convention nationale, contre la ville rebelle, et nous avons dit comment, à la place de ce proconsul, dont les moyens avaient été trouvés trop doux, on avait envoyé Collot d'Herbois et Fouché, deux messagers de mort. Nous avons parlé des longs et profonds regrets auxquels donna lieu le départ du respectable ami de Robespierre. « Ah! si le vertueux Couthon fût resté à la Commune-Affranchie, que d'injustices de moins! (2) » Nous avons également cité quelques extraits d'une autre lettre adressée à Robespierre, et où il est dit : « Je t'assure que je me suis senti renaître, lorsque l'ami sûr et éclairé qui revenait de Paris, et qui avait été à portée de vous étudier dans vos bureaux, m'a assuré que bien loin d'être l'ami intime de Collot d'Herbois, tu ne le voyais pas avec plaisir dans le comité de Salut public (3)... » Collot d'Herbois et Fouché, c'est tout un. L'un et l'autre, le second surtout, représentaient l'hébertisme dans sa plus sauvage expression. Prédestiné à la police, Fouché écrivait de Nevers à son ami Chaumette, dès le mois d'octobre 1793 : « Mes mouchards m'ont procuré d'heureux renseignemens, je suis à la découverte d'un complot qui va conduire bien des scélérats à l'échafaud... Il est nécessaire de s'emparer des revenus des aristocrates, d'une manière ou d'une autre... » Un peu plus tard, le 30 frimaire, il lui écrivait de Lyon afin de se plaindre que le comité de Salut public eût suspendu l'exécution des mesures prises par lui pour saisir tous les trésors des départements confiés à sa surveillance, et il ajoutait : « Quoi qu'il en soit, mon ami, cela ne peut diminuer notre courage et notre fermeté. *Lyon ne sera plus*, cette ville corrompue disparaîtra du sol républicain avec tous les conspirateurs (4). » Qui ne connaît les atrocités commises à Lyon par les

(1) *Mémoires de Charlotte Robespierre*, p. 123. Les relations de Charlotte et de Fouché ont donné lieu à d'infâmes propos, et l'on a prétendu qu'elle avait été sa maîtresse. M. Michelet, en accueillant là calomnie, aurait dû tenir compte des protestations indignées d'une femme, aigre et triste si l'on veut, mais à qui l'on n'a à reprocher ni dépravation, ni vénalité. (Voy. *Mémoires de Charlotte*, p. 125.).

(2) Lettre de Cadillot, déjà citée. Voyez *Papiers inédits*, t. II, p. 139, et numéro CVI, à la suite du rapport de Courtois. Cette lettre n'est pas datée, mais elle doit être postérieure au 18 floréal, à en juger par les premières lignes : « Robespierre! quel sublime rapport! Combien il fait aimer la République! Quelle profondeur de vues! »

(3) Lettre en date du 20 messidor, citée plus haut. Voy. *Papiers inédits*, t. I, p. 144, et numéro CV, à la suite du rapport de Courtois.

(4) Les originaux de ces deux lettres, inédites toutes deux, sont aux *Archives*, F 7, 1435, liasse A.

successeurs de Couthon, et qui ne frémit à ce souvenir sanglant?
Collot d'Herbois parti, on aurait pu espérer une diminution de rigueurs ; mais Fouché restait, et le 21 ventôse (11 mars 1794) il écrivait à la Convention nationale : « ... Il existe encore quelques complices de la révolte lyonnaise, nous allons les lancer sous la foudre ;
il faut que tout ce qui fit la guerre à la liberté, tout ce qui fut opposé à la République, ne présente aux yeux des républicains que
des cendres et des décombres (1)... » Les cris et les plaintes des
victimes avaient douloureusement retenti dans le cœur de Maximilien. Son silence glacial à l'égard de Collot d'Herbois, son obstination à ne point répondre à ses lettres, tout démontre qu'il n'approuvait nullement les formes expéditives qu'apportaient dans leurs
missions les sauvages exécuteurs des décrets de la Convention. Lui
cependant ne pouvait rester plus longtemps sourd aux gémisse-
ments dont les échos montaient incessamment vers lui : « Ami de la
liberté, défenseur intrépide des droits du peuple ; » lui écrivait encore un patriote de Lyon, « c'est à toi que je m'adresse, comme au
républicain le plus intact. Cette ville fut le théâtre de la contre-
révolution et déjà la plupart des scélérats ne respirent plus... Mais
malheureusement beaucoup d'innocents y sont compris... Porte ton
attention, et promptement, car chaque jour en voit périr... Le tableau que je te fais est vrai et impartial, et on en fait beaucoup de
faux... Mon ami... on attend de toi la justice à qui elle est due, et
que cette malheureuse cité soit rendue à la République... Dans
tes nombreuses occupations, n'oublie pas celle-ci (2). » Le 7 germinal (27 mars 1794), c'est-à-dire moins de quinze jours après la réception de la lettre où Fouché parlait de lancer sous la foudre les
derniers complices de la révolte lyonnaise, Robespierre le faisait
brusquement rappeler par un ordre du comité de Salut public (3).

A peine de retour à Paris, Fouché courut chez Maximilien pour
avoir une explication. Charlotte était présente à l'entrevue. Voici
en quels termes elle a elle-même raconté cette scène : « Mon frère lui
demanda compte du sang qu'il avait fait couler, et lui reprocha sa
conduite avec une telle énergie d'expression, que Fouché était pâle
et tremblant. Il balbutia quelques excuses, et rejeta les mesures

(1) Lettre citée par Courtois, à la suite de son rapport, sous le numéro XXV. Dans
ses Mémoires, le duc d'Otrante a eu soin de glisser très-légèrement sur ses missions ;
c'est à peine s'il y a consacré quelques lignes où il se présente comme une pure
machine.

(2) Lettre non citée par Courtois. L'original est aux *Archives*, F. 7, 4435, liasse O.

(3) Arrêté signé : Robespierre, Carnot, Collot d'Herbois, Billaud-Varenne, Barère,
C.-A. Prieur, Saint-Just et Couthon. Il est tout entier de la main de Robespierre. *Archives*, A F, II, 58.

cruelles qu'il avait prises sur la gravité des circonstances. Robespierre lui répondit que rien ne pouvait justifier les cruautés dont il
s'était rendu coupable ; que Lyon, il est vrai, avait été en insurrection contre la Convention nationale, mais que ce n'était pas une
raison pour faire mitrailler en masse des ennemis désarmés (1). »
A partir de ce jour, le futur duc d'Otrante, le futur ministre de la
police impériale devint le plus irréconciliable ennemi de Robespierre.

XXV

Dès le 21 germinal (10 avril 1794), Fouché avait paru, comme en
champ clos, aux Jacobins, avec un patriote de Lyon qui s'était présenté pour réfuter le compte rendu de ses opérations à Lyon. Ce
jour-là Robespierre usa de quelques ménagements envers son collègue, ne se trouvant pas suffisamment renseigné encore pour l'attaquer et le démasquer en public (2). Il attendait sans doute, pour se
prononcer ouvertement, des renseignements positifs de Reverchon et
de Laporte, chargés, sur sa proposition, d'organiser à Commune-
Affranchie le gouvernement révolutionnaire et d'y prendre toutes
les mesures exigées par les intérêts de la République (3). Quoi qu'il
en soit, il avait été tellement révolté de la manière dont avaient
procédé les commissions populaires établies par Collot d'Herbois et
par Fouché, qu'au moment où Ferney, un des juges de ces commissions, s'était trouvé appelé par Maignet à figurer dans la commission d'Orange, il lui avait écrit ou fait écrire afin de lui recommander sinon plus d'impartialité, au moins plus d'indulgence pour
l'erreur, comme le prouvent ces lignes significatives de Ferney lui-
même : « Je ne puis m'empêcher de te dire que j'ai été un peu
affecté de l'espèce de reproche que tu me fais relativement à Commune-Affranchie ; car, indépendamment qu'il y a eu trois commissions et que je n'ai été que de la dernière, j'atteste ici le témoignage
non-seulement de tes collègues Fillion et Émery, mais encore
d'Achard et de Pillot, et de tant d'autres qui tous ont été à portée de
voir, que j'étois plutôt le défenseur que le juge de ceux qui pouvoient être présumés avoir plutôt agi par erreur que par méchan-

---

(1) *Mémoires de Charlotte Robespierre*, p. 124.

(2) Voy. *le Moniteur* du 24 germinal (13 avril 1794).

(3) Séance du comité de Salut public du 7 germinal (27 mars 1794. Étaient présents :
Robespierre, Barère, Carnot, Couthon, C.-A. Prieur, Billaud-Varenne, Collot d'Herbois,
Saint-Just, Robert Lindet. (Registre des arrêtés et délibérations du comité de Salut
public. *Archives*, 436 a a 73.)

ceté. (1). » Voilà donc un aveu précieux : Robespierre ne voulait pas que la vengeance nationale atteignît ceux qui *pouvaient être présumés avoir agi par erreur*. Aussi comme avec raison il pourra s'écrier, le 8 thermidor : « Est-ce nous qui avons porté la terreur dans toutes les conditions..., qui avons déclaré la guerre aux citoyens paisibles, érigé en crimes ou des préjugés incurables ou des choses indifférentes, pour trouver partout des coupables et rendre la Révolution redoutable au peuple même?... » Mais n'anticipons pas.

Le 23 prairial (11 juin 1794), une réclamation de la société populaire de Nevers fournit à Maximilien l'occasion d'attaquer très-énergiquement Fouché; il ne la laissa point échapper. Si la grande majorité de la société lui était dévouée, elle comptait cependant au milieu d'elle un parti puissant qui lui était hostile. Ainsi André Dumont et Javogues, deux hébertistes, deux de ses ennemis, passés au scrutin épuratoire au commencement de cette séance, avaient été admis sans opposition, et les Jacobins avaient présentement pour président Fouché lui-même. Les pétitionnaires venaient dénoncer les persécutions et les vexations dont chaque jour les patriotes étaient victimes. Robespierre ne comprenait rien à cette dénonciation. Tout ce qu'il savait, c'était qu'à Nevers le système d'intolérance irréligieuse inauguré par Chaumette était encore en pleine vigueur, que le décret relatif à l'Être suprême y avait été foulé aux pieds, et qu'on y avait accusé la Convention nationale d'avoir été trompée par le comité de Salut public, par des *modérés*. Il adjura le président, qui jadis avait été en mission dans la Nièvre, de donner des explications à la société sur la situation de ce département, et de dire franchement ce qu'il savait des manœuvres auxquelles s'était livré Chaumette, alors qu'abandonnant son poste d'agent national de la commune de Paris, celui-ci s'était rendu à Nevers. Pour toute réponse, Fouché se perdit en banalités insignifiantes et se contenta d'accabler de force injures la mémoire de son ancien ami, Anaxagoras Chaumette, ce qui lui attira cette foudroyante réplique de la part de Maximilien : « Il ne s'agit pas de jeter à présent de la boue sur la tombe de Chaumette, lorsque ce monstre a péri sur l'échafaud; il fallait lui livrer combat avant sa mort. Depuis longtemps on a fait le mal tout en parlant le langage des républicains ; tel vomit des imprécations contre Danton, qui naguère encore était son complice. Il en est d'autres qui paraissent tout de feu pour

____

(1) Cette lettre, supprimée par Courtois, figure dans le recueil des *Papiers inédits*, t. I, p. 192. Elle porte la date du 1ᵉʳ fructidor; mais c'est évidemment une faute d'impression ; il faut lire : 1ᵉʳ messidor.

défendre le comité de Salut public et qui aiguisent contre lui les poignards. » C'était l'heure, ne l'oublions pas, où s'ourdissait contre Maximilien la plus horrible des machinations, et déjà sans doute Robespierre soupçonnait Fouché d'en être l'agent le plus actif. Quant à lui, ne séparant pas sa cause de celle de la Convention nationale et du gouvernement, dont elle était le centre disait-il, il engageait fortement les vrais patriotes, ceux qui, dans la carrière de la Révolution, n'avaient cherché que le bien public, à se rallier autour de l'Assemblée et du comité de Salut public, à se tenir plus que jamais sur leurs gardes et à étouffer les clameurs des intrigants. Aux patriotes opprimés il promit la protection du gouvernement, résolu à combattre de tout son pouvoir la vertu persécutée. « La première des vertus républicaines, » s'écria-t-il en terminant, « est de veiller pour l'innocence. Patriotes purs, on vous fait une guerre à mort, sauvez-vous, sauvez-vous avec les amis de la liberté. » Cette rapide et éloquente improvisation fut suivie d'une violente explosion d'applaudissements. Fouché, atterré, balbutia à peine quelques mots de réponse (1).

Il n'eut plus alors qu'une pensée, celle de la vengeance. Attaquer Robespierre de front, c'était difficile ; il fallait aller à lui par des chemins ténébreux, frapper dans l'ombre sa réputation, employer contre lui la ruse, l'intrigue, la calomnie, le mensonge, tout ce qui, en un mot, révolte la conscience humaine. Fouché et ses amis ne reculèrent pas devant cette œuvre de coquins. On a parlé de la conjuration de Robespierre, et un écrivain en a même écrit l'histoire, si l'on peut profaner ce nom d'écrivain en l'appliquant au misérable qui a signé cet odieux pamphlet (2). La conjuration de Robespierre ! c'est là une de ces bouffonneries, une de ces mystifications dont il est impossible d'être dupe si l'on n'y met une excessive bonne volonté ; mais ce qui est bien avéré, c'est la conjuration contre Robespierre, c'est cette conspiration d'une bande de scélérats contre l'immortel tribun.

On chercherait en vain dans l'histoire des peuples l'exemple d'un si horrible complot. Les conjurés, on les connaît. A Fouché et à Tallien il faut ajouter Rovère, le digne associé de Jourdan Coupe-Tête dans le trafic des biens nationaux ; les deux Bourdon, déjà nommés ; Guffroy, le journaliste à la feuille immonde et sanglante ; Thuriot, un de ceux qui, avec Montaut, avait le plus insisté pour

(1) Voir, pour cette séance, *le Moniteur* du **28** prairial an II (16 juin 1794) et le *Journal de la Montagne*, numéro 47 du t. III.

(2) *Histoire de la conjuration de Robespierre*, par Montjoie.

le renvoi des soixante-treize Girondins devant le tribunal révolutionnaire (1); enfin Lecointre, Legendre et Fréron. Ces trois derniers méritent une mention particulière, comme étant les types les
plus parfaits de cette bourgeoisie égoïste qui, une fois ses rancunes
d'amour propre satisfaites par l'abaissement de la noblesse, s'efforça
d'arrêter court la Révolution, afin de s'enrichir en paix et de jouir
de son triomphe. Lecointre était ce marchand de toiles qui commandait la garde nationale de Versailles aux journées des 5 et 6 octobre. La dépréciation de ses marchandises contribua sans doute
quelque peu à refroidir son ardeur révolutionnaire; cependant ses
spéculations comme accapareur paraissent avoir largement com-
pensé ses pertes comme commerçant (2). Extrême en tout, Laurent
Lecointre fut d'abord un révolutionnaire forcené et devint plus
tard le boule-dogue de la réaction. Toutefois, tant que vécut Robespierre, il se tint sur une réserve prudente, et ce fut seulement un
mois après la chute du colosse qu'il se vanta d'avoir pris part à une
conjuration formée contre lui dès le 5 prairial. C'était du reste un
des intimes de Fouquier-Tinville. Le jour où l'accusateur public fut
mandé à la barre de la Convention, après le 9 Thermidor, Lecointre
s'écria en le voyant : « Voilà un brave homme, un homme de mérite (3). » Les Thermidoriens étaient donc loin de considérer Fouquier comme une créature de Robespierre. Quant à Legendre..., qui
ne connaît le fameux boucher? On a vu sa pusillanimité dans l'affaire de Danton. Il y a de lui un fait atroce. Dans la journée du
25 prairial, il reçut de Roch Marcandier, vil folliculaire dont nous
avons déjà eu l'occasion de parler, une lettre par laquelle cet individu, réduit à se cacher depuis un an, implorait sa commisération. Le jour même Legendre faisait sa déclaration au comité de
Sûreté générale et promettait de prendre toutes les mesures nécessaires pour lui livrer Marcandier (4). A quelque temps de là cet
homme était guillotiné. Il semble que Legendre ait voulu se venger

(1) Après le coup d'État de Brumaire, Thuriot *de La Rosière* fut, par la grâce de Sieyès,
nommé juge au tribunal criminel de la Seine. Il était en 1814 substitut de l'avocat général à la cour de cassation.

(2) Voyez à cet égard l'accusation formelle de Billaud-Varenne dans sa *Réponse à
Lecointre*, p. 40.

(3) Ce fut Louchet qui, après Thermidor, reprocha à Lecointre ses relations avec
Fouquier. A quoi Lecointre répondit, après avoir avoué qu'il avait eu Fouquier-Tinville
à dîner chez lui en compagnie de Merlin (de Thionville), qu'il ne pouvait pas regarder
comme coupable un homme proposé, trois jours auparavant, comme accusateur public
par le comité de Salut public régénéré. (Voy. les *Crimes des sept membres des anciens
comités*, p. 75.)

(4) Voyez, dans les *Papiers inédits*, la lettre de Marcandier à Legendre et la déclaration de celui-ci au comité de Sûreté générale, t. I, p. 179 et 183.

de sa lâcheté sur la mémoire de Maximilien. C'était lui pourtant qui avait tracé ces lignes : « Une reconnaissance immortelle s'épanche vers Robespierre toutes les fois qu'on pense à un homme de bien (1). » Que dire de Fréron, ce démolisseur stupide qui voulut raser l'Hôtel de Ville de Paris, ce maître expert en calomnies, ce chef de la jeunesse dorée? Son nom seul n'est-il pas une injure (2)? A ce groupe impur joignez les noms maudits de Courtois, dénoncé à diverses reprises au comité de Salut public comme dilapidateur des fonds de l'État, de Barras, ce gentilhomme déclassé qu'on eût cru payé pour venger sur les plus purs défenseurs de la Révolution les humiliations de sa caste, d'André Dumont, qui s'entendait si bien à mettre Beauvais au bouillon maigre et à prendre dans son large filet tout son gibier de guillotine, c'est-à-dire les nobles et les animaux noirs appelés prêtres (3), de Carrier, de ces hommes enfin dont Robespierre voulait punir les crimes, réprimer les excès, et vous aurez la liste à peu près complète des auteurs de la conjuration thermidorienne.

XXVI

Faire le vide autour de Robespierre en l'isolant à la fois, par les plus infâmes calomnies, et des gens de la droite et des membres les plus avancés de la Montagne, lui imputer toutes les rigueurs de la Révolution, attirer dans la conjuration le plus grand nombre de députés possible en répandant de prétendues listes de représentants dévoués par lui au tribunal révolutionnaire, tel fut le plan adopté par les conjurés, plan digne du génie infernal de Fouché! Ce n'est pas tout. Les Girondins avaient autrefois, à grand renfort de calomnies, dressé contre Maximilien une monstrueuse accusation de dictature. On n'a pas oublié les diffamations mensongères tombées de la bouche de leurs orateurs et propagées par leurs journaux ; les Thermidoriens n'eurent pas à se mettre en frais d'imagination, ils reprirent tout simplement la thèse girondine ; seulement, au lieu d'attaquer leur adversaire de front, ils le frappèrent traîtreusement par derrière, ils le combattirent sourdement, lâchement, bassement, en gens de sac et de corde qu'ils étaient. Ils rencontrèrent

(1) *Papiers inédits*, t. I, p. 180.

(2) Aussi violent contre les patriotes après Thermidor qu'il l'avait été jadis contre les ennemis de la Révolution, Fréron faillit, comme on sait, épouser une sœur de Bonaparte, par lequel il fut, sous le Consulat, nommé sous-préfet à Saint-Domingue, où il mourut peu de temps après son arrivée.

(3) Voy. notamment *le Moniteur* des 5 brumaire (26 octobre) et 22 frimaire (13 décembre 1793).

de très-utiles auxiliaires dans les feuilles étrangères, leurs complices peut-être, où l'on s'ingéniait aussi pour tout rapporter à Maximilien. *Les agents de Robespierre, les soldats de Robespierre,* etc. (1). On eût pu croire à une entente merveilleuse. Les Girondins avaient imaginé le triumvirat Danton, Marat et Robespierre ; les Thermidoriens inventèrent le triumvirat Robespierre, Couthon et Saint-Just.

Le lendemain même du 22 prairial, les conjurés se mirent en devoir de réaliser, suivant l'expression de Maximilien, « des terreurs ridicules répandues par la calomnie (2), » et ils firent circuler une première liste de dix-huit représentants qui devaient être arrêtés par les ordres des comités. Dès le 26 prairial (14 juin 1794) Couthon dénonçait cette manœuvre aux Jacobins, en engageant ses collègues de la Convention à se défier de ces insinuations atroces, et en portant à six au plus le nombre des scélérats et des traîtres à démasquer (3). Cinq ou six peut-être, tel était en effet le nombre exact des membres dont Maximilien aurait voulu voir les crimes punis par

(1) Le plan adopté par les Thermidoriens contre le comité de Salut public d'abord, puis contre Robespierre seul, peut être considéré comme étant d'invention royaliste ; jugez-en plutôt. Voici ce qu'on lit dans les *Mémoires* de Mallet-Dupan : « Il faudrait, disait le mémoire des chefs constitutionnels, en donnant le plus de consistance possible et d'étendue à la haine qu'inspire le comité de Salut public dans Paris, s'occuper surtout à organiser sa perte dans l'Assemblée, après avoir démontré aux membres qui la composent la facilité du succès et même l'absence de tout danger pour eux... Il existe dans la Convention nationale plus de deux cents individus qui ont voté contre la mort du roi ; leur opinion n'est pas douteuse... Tous ceux qui ont été entraînés dans une conduite contraire par faiblesse cherchent l'occasion de s'en relever s'il est possible. Dans ce qu'on appelle la Montagne, plusieurs sont en opposition. Tout ce qui a eu des relations avec Danton, Bazire et les autres députés sacrifiés prévoient qu'ils seront ses victimes ; il est donc évident que la majorité contre lui peut se composer ; il suffirait de concerter fortement les hommes qui conduisent ces différentes sections... qu'ils fussent prêts à parler, à dénoncer le comité, qu'ils rassemblassent dans leur pensée des chefs d'accusation graves soit contre lui, soit contre ses principaux membres ; profitant alors de l'occasion de quelques revers importants, ils se montreraient avec énergie, accableraient le comité de la responsabilité, l'accuseraient d'avoir exercé la plus malheureuse, la plus cruelle dictature, d'être l'auteur de tous les maux de la France. La conclusion naturelle serait le renouvellement à l'instant des comités de Salut public et de Sûreté générale, dont le remplacement serait préparé d'avance. Aussitôt nommés, les membres des nouveaux comités feraient arrêter les membres des anciens et leurs adhérents principaux. On conçoit, après ce succès, la facilité de détruire le tribunal révolutionnaire, les comités de sections ; en un mot, de marcher à un dénoûment utile. » T II, p. 95.

Ces lignes sont précédées de cette réflexion si juste de Mallet-Dupan : « Les moyens qu'ils se proposaient d'employer étaient précisément ceux qui amenèrent en effet la perte de Robespierre.»

(2) Discours du 8 thermidor.

(3) Séance des Jacobins du 26 prairial. (Voy. *le Moniteur* du 1er messidor [9 juin 1794].)

l'Assemblée (1). Est-ce qu'après Thermidor la Convention hésitera
à en frapper davantage? Mais la peur est affreusement crédule ; le
chiffre alla grossissant de jour en jour, et il arriva un moment où
trente députés n'osaient plus coucher chez eux (2). « Est-il vrai, »
s'écriait Robespierre à la séance du 8 thermidor, « que l'on ait
colporté des listes odieuses où l'on désignait pour victimes un
certain nombre de membres de la Convention, et qu'on prétendait
être l'ouvrage du comité de Salut public et ensuite le mien? Est-il
vrai qu'on ait osé supposer des séances du comité, des *arrêtés rigoureux qui n'ont jamais existé, des arrestations non moins chimériques* ?
Est-il vrai qu'on ait cherché à persuader à un certain nombre de
représentants irréprochables que leur perte était résolue; à tous
ceux qui, par quelque erreur, avaient payé un tribut inévitable à la
fatalité des circonstances et à la faiblesse humaine, qu'ils étaient
voués au sort des conjurés? Est-il vrai que l'imposture ait été
répandue avec tant d'art et tant d'audace qu'un grand nombre de
membres n'osaient plus habiter la nuit leur domicile? Oui, les
faits sont constants, et les preuves de ces manœuvres sont au comité
de Salut public (2). » De ces paroles de Couthon et de Robespierre,
dites à plus de six semaines d'intervalle, il résulte deux choses
irréfutables : d'abord, que les conjurés, en premier lieu, en voulaient
au comité de Salut public tout entier ; ensuite, que ces prétendues
listes de proscrits dont les ennemis de Robespierre se prévalent
encore aujourd'hui avec une insigne mauvaise foi n'ont jamais existé.
De quel poids peuvent être, en présence de dénégations si formelles,
les assertions de quelques misérables?

Dans le pamphlet publié après Thermidor par l'ex-juré Vilate, dans
l'espérance d'apitoyer l'impitoyable réaction et d'avoir la vie sauve,
on lit qu'après la séance du 23 messidor, aux Jacobins, cette séance
où Robespierre s'écria qu'il était temps d'arrêter l'effusion de sang
humain versé par le crime, Barère s'étendit tout défaillant dans un
fauteuil en s'écriant : « *Je suis soûl des hommes... Si j'avais un
pistolet... Je ne reconnais plus que Dieu et la nature...* » Tout cela
ne sent guère son Barère. Qu'avait donc le pauvre homme? Sa réputation, nous dit Vilate, avait été attaquée, compromise par Robespierre. A cela il y a un malheur, c'est que ce jour-là Maximilien
n'avait pas fait la moindre allusion à son collègue Barère. N'importe,

---

(1) Consultez à cet égard le discours de Saint-Just au 9 Thermidor.
(2) C'est le chiffre donné par Lecointre; on l'a élevé jusqu'à soixante.
(3) Discours du 8 thermidor, p. 8.

celui-ci ne s'en serait pas moins écrié : « Ce Robespierre est insatiable ! Parce qu'on ne fait pas tout ce qu'il voudroit, il faut qu'il rompe la glace avec nous. S'il nous parloit de Thuriot, Guffroy, Rovère, Lecointre, Panis, Cambon, de ce Monestier qui a vexé toute ma famille, et de toute la séquelle dantoniste, nous nous entendrions ; qu'il demande encore Tallien, Bourdon (de l'Oise), Legendre, Fréron, à la bonne heure... Mais Duval, mais Audoin, mais Léonard Bourdon, Vadier, Voulland, il est impossible d'y consentir (1). » Qu'en l'an III Vilate se soit si bien rappelé les paroles de Barère, c'est au moins douteux. Dans les Mémoires de ce dernier il n'y a trace de cette scène mélodramatique ; Barère parle seulement d'une liste que les *partisans de Robespierre faisaient courir*, liste de dix-huit députés que ce dernier, dit-il, « voulait mettre en état d'arrestation pour avoir outre-passé leur mandat et exercé la tyrannie dans les départements où ils avaient été en mission. » Et il cite Tallien, Fréron, Barras, Alquier, Dubois-Crancé, Monestier (du Puy de Dôme), Prieur, Cavaignac (2). Au reste, Vilate et Barère ne méritent, comme on sait, pas plus de confiance l'un que l'autre (3).

La vérité est que des listes couraient, dressées non point par les partisans de Robespierre, mais par ses plus acharnés ennemis. En mettant sur ces listes les noms des Voulland, des Vadier, des Panis, on entraîna sans peine le comité de Sûreté générale, dont les membres, à l'exception de deux ou trois, avons-nous dit déjà, étaient depuis longtemps fort mal disposés envers Robespierre ; mais on n'eut pas si facilement raison du comité de Salut public, qui continua de surveiller les conjurés pendant tout le courant de messidor, comme nous en avons la preuve par les rapports de police, où nous

---

(1) *Causes secrètes de la révolution du 9 au 10 thermidor*, par Vilate, p. 39 et 40.

(2) Mémoires de Barère, t. II, p. 210.

(3) Créature de Barère, Vilate avait, dès le premier moment, inspiré une sorte de répulsion à Robespierre. « Quel est ce jeune homme ? vait demandé Maaximilien à Barère en voyant un jour Vilate au comité de Salut public. — Il est des nôtres, avait répondu Barère, c'est Sempronius Gracchus — Vilate s'était affublé de ces deux noms.— « Sempronius Gracchus des nôtres ! dit Robespierre, vous n'avez donc pas lu le traité des *Offices* ? L'aristocrate Cicéron, afin de rendre odieux le projet des deux Gracques, exalte les vertus du père et traite les enfants de séditieux... » (*Causes secrètes*, p. 12.)

J'ai, dans mon *Histoire de Saint-Just* (p. 269 de la 1re édition), accusé Vilate, sur la foi de Barère, d'avoir, étant juré, dénoncé en plein tribunal un artiste distingué nommé Hermann, et de l'avoir fait arrêter séance tenante. Cet artiste se recommanda de Barère, qui le lendemain le fit sortir de prison. Voilà du moins ce qu'assure Barère dans ses Mémoires (p. 199). Vilate, au contraire, affirme que ce fut lui qui obtint de Fouquier-Tinville la liberté d'Hermann, qu'il avait vu chez Barère, et qui, dénoncé à l'audience, avait été arrêté comme conspirateur. (*Causes secrètes*, p. 37.) Lequel croire ici de Barère ou de Vilate ?

trouvons le compte rendu des allées et venues des Bourdon (de l'Oise), Tallien et autres. Le prétendu espionnage organisé par Robespierre est, nous le démontrerons bientôt, une fable odieuse et ridicule inventée par les Thermidoriens. Malgré les divisions nées dans les derniers jours de prairial entre Maximilien et ses collègues du comité, ceux-ci hésitèrent longtemps, jusqu'à la fin de messidor, à l'abandonner ; un secret pressentiment semblait les avertir qu'en le livrant à ses ennemis, ils livraient la République elle-même. Ils ne consentirent à le sacrifier que lorsqu'ils le virent décidé à mettre fin à la Terreur exercée comme elle l'était, et à en poursuivre les criminels agents. A Fouché revient l'honneur infâme d'avoir triomphé de leurs hésitations. A la séance du 9 Thermidor, Collot d'Herbois prétendit qu'il était resté deux mois sans voir Fouché (1). Mais c'était là une allégation mensongère, comme le prouvent ces lignes de Fouché lui-même, qui ici n'avait aucun intérêt à déguiser la vérité : « J'allai droit à ceux qui partageaient le gouvernement de la Terreur avec Robespierre, et que je savais être *envieux et craintifs* de son immense popularité. Je révélai à Collot d'Herbois, à Carnot, à Billaud *de* Varenne les desseins du moderne Appius (2). » Les démarches du futur duc d'Otrante réusirent au delà de ses espérances, car le 30 messidor il pouvait écrire à son beau-frère, à Nantes : « Soyez tranquille sur l'effet des calomnies atroces lancées contre moi ; je n'ai rien à dire contre leurs *autheurs*, ils m'ont fermé la bouche. Mais le gouvernement prononcera bientôt entre eux et moi. Comptez sur la vertu de sa justice (3). » Que le futur duc d'Otrante ait trouvé dans Billaud-Varenne et dans Carnot des envieux de l'immense popularité de Robespierre, cela est hors de doute ; mais dans Collot d'Herbois il rencontrait un complice, c'était mieux. En entendant Maximilien demander compte à Fouché de l'effusion de sang répandu par le crime, Collot se crut sans doute menacé lui-même, et il conclut un pacte avec son complice de Lyon ; il y avait entre eux la solidarité du sang versé.

XXVII

Que reprocha surtout Robespierre à ses ennemis ? Ce fut d'avoir multiplié les actes d'oppression pour étendre le système de ter-

---

(1) *Moniteur* du 12 thermidor (30 juillet 1794).

(2) *Mémoires de Fouché*, p. 22.

(3) Lettre saisie à Nantes par le représentant Bô, et envoyée au comité de Salut public, auquel elle ne parvint qu'au leudemain de Thermidor. L'original est aux *Archives*.

reur et de calomnie (1). Ils ne reculèrent devant aucun excès afin
d'en rejeter la responsabilité sur celui dont ils avaient juré la perte.
L'idée de rattacher l'affaire de Ladmiral et de Cécile Renault à un
complot de l'étranger et de livrer l'assassin et la jeune royaliste au
tribunal révolutionnaire en compagnie d'une foule de gens avec lesquels ils n'avaient jamais eu aucun rapport fut très-probablement
le résultat d'une noire intrigue. S'il faut en croire l'espion Senar,
cette idée aurait été mise en avant par Louis (du Bas-Rhin), lequel
se serait exprimé en ces termes : « Je pense que l'attentat contre
Robespierre et celui contre Collot doivent être présentés comme venant d'un complot de l'étranger ; nos collègues en paraîtront plus
recommandables, et les membres des deux comités du gouvernement acquerront plus de force dans l'opinion (2). » Chargé de rédiger le rapport de cette affaire, Élie Lacoste, un des plus violents
ennemis de Robespierre, s'efforça de rattacher la faction nouvelle
aux factions de Chabot et de Julien de Toulouse), d'Hébert et de
Danton. On aurait tort du reste de croire que l'accusation était
dénuée de fondement à l'égard de la plupart des accusés ; méfions-
nous de la sensiblerie affectée de ces écrivains qui réservent toutes
leurs larmes pour les victimes de la Révolution et se montrent impitoyables pour les milliers de malheureux de tout âge et de tout
sexe immolés par le despotisme. Ni Devaux, commissaire de la
section *Bonne-Nouvelle* et secrétaire du fameux de Batz, le conspirateur émérite et insaisissable, ni l'épicier Cortey, ni Michonis n'é-
taient innocents. Étaient-ils moins coupables, ceux qui furent signalés par Lacoste comme ayant cherché à miner la fortune publique
par des falsifications d'assignats? Il se trouva qu'un des principaux
agents du baron de Batz, nommé Roussel, était lié avec Ladmiral.
Cette circonstance permit à Élie Lacoste de présenter Ladmiral et la
jeune Renault comme les instruments dont s'étaient servis Pitt et
l'étranger pour frapper certains représentants du peuple. Le père,
un des frères et une tante de Cécile Renault furent enveloppés dans
la fournée, parce qu'en faisant une perquisition chez eux, on avait
découvert les portraits de Louis XVI et de Marie-Antoinette. Un
instituteur du nom de Cardinal, un chirurgien nommé Saintanax et
plusieurs autres personnes arrêtées pour s'être exprimées en termes calomnieux et menaçants sur le compte de Collot d'Herbois et
de Robespierre, furent impliqués dans l'affaire avec la famille

(1) Discours du 8 thermidor.
(2) *Mémoire de Senar*, p. 104.

Saint-Amaranthe et quelques personnages de l'ancien régime.

Robespierre resta aussi étranger que possible à cet affreux amalgame et à la mise en état d'accusation de la famille Renault, cela est clair comme la lumière du jour. Il y a mieux, un autre frère de la jeune Renault, quartier-maître dans le deuxième bataillon de Paris, ayant été incarcéré, à qui s'adressa-t-il pour échapper à la proscription de sa famille?... A Maximilien. « A qui avoir recours? » lui écrivit-il, « A toi, Robespierre! toi qui dois avoir en horreur toute ma génération si tu n'étais pas généreux... Sois mon avocat... » Ce jeune homme ne fut pas livré au tribunal révolutionnaire (1). Fut-ce grâce à Robespierre, dont l'inflence, hélas! était déjà bien précaire à cette époque, je ne saurais le dire; mais, comme il ne sortit de prison que trois semaines après le 9 Thermidor, on ne dira pas sans doute que s'il ne recouvra point tout de suite sa liberté ce fut par la volonté de Maximilien. Il faut avoir toute la mauvaise foi des ennemis de Robespierre, de ceux qui, par exemple, ne craignent pas d'écrire qu'*il s'inventa un assassin*, pour lui donner un rôle quelconque dans ce lugubre drame des *chemises rouges*, ainsi nommé parce qu'il plut au comité de Sûreté générale de revêtir tous les condamnés de chemises rouges, comme des parricides, pour les mener au supplice. C'était là de la part du comité un coup de maître, ont supposé quelques écrivains; on voulait semer à la fois l'indignation et la pitié: voilà bien des malheureux immolés pour Robespierre! ne manquerait-on pas de s'écrier. — Pourquoi pas pour Collot d'Herbois? — Ce qu'il y a seulement de certain, c'est que les conjurés faisaient circuler çà et là dans les groupes des propos atroces au sujet de la fille Renault. C'était, sans doute, insinuait-on, une affaire d'amourette, et elle n'avait voulu attenter aux jours du *dictateur* que parce qu'il avait fait guillotiner son amant (2). Ah! les Thermidoriens connaissaient, comme les Girondins, la sinistre puissance de la calomnie!

Une des plus atroces calomnies inventées par les écrivains de la réaction est à coup sûr celle à laquelle a donné lieu le supplice de la famille de Saint-Amaranthe, comprise tout entière dans le procès des *chemises rouges*. Le malheur de ces écrivains sans pudeur et sans foi est de ne pouvoir pas même s'entendre. Les uns ont attribué à Saint-Just la mort de cette famille. Nous avons démontré ailleurs la fausseté et l'infamie de cette allégation (3). Les autres en ont rejeté

(1) Voyez cette lettre de Renault à Robespierre, en date du 15 messidor, non citée par Courtois, dans les *Papiers inédits*, t. I, p. 196.

(2) Discours de Robespierre à la séance du 13 messidor aux Jacobins, *Moniteur* du 17 messidor (5 juillet 1794).

(3) Voyez notre *Histoire de Saint-Just*, liv. V, ch. II.

la responsabilité sur Maximilien. Leur récit vaut la peine d'être raconté ; il n'est pas mauvais de flétrir les calomniateurs par la seule publicité de leurs œuvres de mensonge. Suivant eux, Robespierre se serait laissé mener un soir dans la maison de Mme de Saint-Amaranthe par Trial, artiste du théâtre des Italiens. Là, il aurait soupé, se serait enivré, et « au milieu des fumées du vin, » il aurait laissé échapper « de redoutables secrets (1). » D'où la nécessité pour lui de vouer à la mort tous ceux dont l'indiscrétion aurait pu le compromettre. Le beau moyen, en vérité, et comme si ce n'eût pas été là, au contraire, le cas de les faire parler. On a honte d'entretenir le lecteur de pareilles inepties. Au reste, les artisans de calomnies, gens d'ordinaire fort ignorants, manquent rarement de fournir eux-mêmes quelque preuve de leur imposture. C'est ainsi que, voulant donner à leur récit un certain caractère de précision, les inventeurs de cette fameuse scène où le « monstre se serait mis en pointe de vin » l'ont placée dans le courant du mois de mai. Or Mme de Saint-Amaranthe avait été arrêtée dès la fin de mars et transférée à Sainte-Pélagie le 12 germinal (1er avril 1794) (2). Quant à l'acteur Trial, il était si peu l'un des familiers de Robespierre, qu'il fut au lendemain de Thermidor un des membres de la commune régénérée, et qu'il signa comme tel les actes de décès des victimes de ce glorieux coup d'État. Du reste, il opposa toujours le plus solennel démenti à la fable ignoble dans laquelle on lui donna le rôle d'introducteur (3).

La maison de Mme de Saint-Amaranthe était une maison de jeux, d'intrigues et de plaisirs. Les dames du logis, la mère, femme séparée d'un ancien officier de cavalerie, et la fille, qu'épousa le fils fort

(1) Il faut lire les Mémoires du comédien Fleury, qui fut le commensal de la maison de Mme de Saint-Amaranthe, pour voir jusqu'où peuvent aller la bêtise et le cynisme de certains écrivains. Ces Mémoires (6 vol. in-8°) sont l'œuvre d'un M. Laffitte, qui les a, pensons-nous, rédigés sur quelques notes informes de Fleury.

(2) Archives de la préfecture de police.

(3) Parmi les écrivains qui ont propagé cette fable, citons d'abord les rédacteurs de l'*Histoire de la Révolution, par deux amis de la liberté,* livre où tous les faits sont sciemment dénaturés et dont les auteurs méritent le mépris de tous les honnêtes gens. Citons aussi Nougaret, Beuchot, et surtout Georges Duval, si l'on peut donner le nom d'écrivain à un misérable sans conscience qui, pour quelque argent, a fait trafic de prétendus souvenirs de la Terreur. Il n'y a pas à se demander si le digne abbé Proyard a dévotement embaumé l'anecdote dans sa *Vie de Maximilien Robespierre.* Seulement il y a introduit une variante. La scène ne se passe plus chez Mme de Saint-Amaranthe, mais chez le *citoyen* Sartines. (P. 168.)

On ne conçoit pas comment l'auteur de l'*Histoire des Girondins* a pu supposer un moment que Robespierre dîna jamais chez Mme de Saint-Amaranthe, et qu'il y « entr'ouvrit ses desseins pour y laisser lire l'espérance. » (T. VIII, p. 255). Du moins M. de Lamartine a-t-il répudié avec dégoût la scène d'ivresse imaginée par d'impudents libellistes.

décrié de l'ancien lieutenant général de police, de Sartines, étaient
l'une et l'autre de mœurs fort équivoques avant la Révolution. Leur
salon était une sorte de terrain neutre où le gentilhomme coudoyait
l'acteur. Fleury et Elleviou en furent les hôtes de prédilection. Mirabeau y vint sous la Constituante, y joua gros jeu et perdit beaucoup.
Plus tard, tous les révolutionnaires de mœurs faciles, Proly, Hérault-
Séchelles, Danton, s'y donnèrent rendez-vous et s'y trouvèrent mêlés
à une foule d'artisans de contre-révolution. Robespierre jeune
s'y laissa conduire un soir au sortir de l'Opéra, avec Nicolas et Simon Duplay, par l'acteur Michot, un des sociétaires de la Comédie
française. C'était longtemps avant le procès de Danton. Quand Robespierre eut eu connaissance de cette escapade, il blâma si sévèrement son frère et les deux neveux de son hôte que ceux-ci se gardèrent bien de remettre les pieds chez Mme de Saint-Amaranthe, malgré
l'attrait d'une pareille maison pour des jeunes gens dont l'aîné n'a-
vait pas vingt-neuf ans (1). La famille de Saint-Amaranthe fut im-
pliquée par le comité de Sûreté générale dans la conjuration dite de
Batz, parce que sa demeure était un foyer d'intrigues et qu'on y méditait le soulèvement des prisons (2). Vraie ou fausse, l'accusation,
habilement soutenue par Élie Lacoste, établissait entre les membres
de cette famille et les personnes arrêtées sous la prévention d'attentat contre la vie de Robespierre et de Collot d'Herbois un rapprochement étrange, dont la malignité des ennemis de la Révolution
ne pouvait manquer de tirer parti.

---

(1) Voyez à ce sujet une lettre de M. Philippe Le Bas à Mme de Lamartine, citée dans
notre *Histoire de Saint-Just*, liv. V, ch. II. — La maison de Mme de Saint-Amaranthe, désignée par quelques écrivains comme une des maisons les mieux hantées de
Paris, avait été, même avant la Révolution, l'objet de plusieurs dénonciations. En voici
une du 20 juin 1793, qu'il ne nous paraît pas inutile de mettre sous les yeux de nos
lecteurs : « Georges Antoine Fontaine, citoyen de Paris, y demeurant, rue Fromenteau,
hôtel de Nevers , n° 38, section des *Gardes françaises*, déclare au comité de Salut public du département de Paris, séant aux Quatre-Nations, qu'au mépris des ordonnances
qui prohibent toutes les maisons de jeux de hasard, comme *trente-et-un* et *biribi*, et même
qui condamnent à des peines pécuniaires et afflictives les délinquans, il vient de s'en
ouvrir deux, savoir : une de *trente-et-un* chez la citoyenne Saint-Amaranthe, galerie
du Palais-Royal, numéro 50, et une autre, de *biribi*, tenue par le sieur Leblanc à l'hôtel de la Chine, au premier au-dessus de l'entresol d'un côté, rue de Beaujolloy, en
face du café de Chartres, et de l'autre rue Neuve-des-Petits-Champs, en face la Trésorerie nationale.

Déclare, en outre, que ces deux maisons de jeux sont tolérées par la section de la
Butte des Moulins et nommément favorisées par les quatre officiers de police de cette
section qui en reçoivent par jour, savoir : huit louis pour la partie de *trente-et-un*, et
deux pour celle de *biribi*. » (*Archives*, comité de surveillance du département de Paris,
9° carton.)

(2) Rapport d'Élie Lacoste, séance du 26 prairial (*Moniteur* du 27 [15 juin 1794]).

Y eut-il préméditation de la part du comité de Sûreté générale, et voulut-il, en effet, comme le prétend un historien de nos jours (1), placer ces femmes royalistes au milieu des assassins de Robespierre « pour que leur exécution l'assassinât moralement », je ne saurais le dire; mais ce qu'il est impossible d'admettre, c'est qu'Élie Lacoste ait obéi au même sentiment en impliquant dans son rapport comme complices de de Batz les quatre administrateurs de police Froidure, Dangé, Soulès et Marino, compromis depuis longtemps déjà, et qui se trouvaient en prison depuis le 9 germinal (29 mars 1794) quand Fouquier-Tinville les joignit aux accusés renvoyés devant le Tribunal révolutionnaire sur le rapport de Lacoste. Plus tard, dans le procès de Fouquier, Réal, le futur préfet de police impérial, prétendit que Froidure avait été guillotiné comme complice du prétendu assassinat de Robespierre (2), mais c'était là un mensonge de Réal; il y a, au contraire, une distinction fondamentale établie par le décret de renvoi des accusés devant le Tribunal révolutionnaire entre Ladmiral et Cécile Renault et leurs coaccusés; c'est à quoi les historiens en général n'ont pas pris assez garde. Marino, Soulès, Froidure et Dangé n'étaient pas à coup sûr innocents de tous les faits relevés à leur charge, et il est tout à fait ridicule de supposer, comme le fait M. Michelet par exemple, qu'on les plaça à la queue de la liste parce qu'ils étaient les ennemis personnels de Robespierre. Pourquoi de Robespierre plutôt que de Billaud-Varenne, qui écrivit de sa main le mandat d'arrestation des trois derniers? que de Barère, de Collot d'Herbois, de C.-A. Prieur et de Couthon, qui le signèrent avec Maximilien (3)? Ah! quand donc cessera-t-on d'écrire l'histoire à coups de préventions!

A la suite du rapport d'Élie Lacoste, la Convention nationale

(1) Michelet, *Histoire de la Révolution*, t. VII, p. 358.

(2) Déposition de Réal dans le procès de Fouquier. Voy. l'*Histoire parlementaire*, t. XXXIV, p. 385.

(3) *Archives*, A F II, 57. — M. Michelet commet ici une de ces déplorables erreurs qui lui sont, hélas, si familières. Il *suppose* que Marino semblait périr comme *indulgent* parce qu'il avait été membre de la commission temporaire de Lyon, dont Robespierre ne perdait pas une occasion de dénoncer la mollesse (p. 360). D'abord la commission dont Robespierre dénonça la mollesse n'était nullement celle qui fut établie par Fouché et par Collot d'Herbois, ce qui est bien différent, comme on le verra. A celle-ci, au contraire, il reprocha l'effusion du sang versé par le crime. Ensuite, la dénonciation à laquelle fait allusion M. Michelet ayant eu lieu en messidor, c'est-à-dire après l'exécution de Marino, il est évident qu'elle ne put avoir aucune influence sur le sort de l'ex-officier de police, qui avait été une première fois traduit devant le tribunal révolutionnaire pour avoir fait arrêter illégalement le représentant du peuple Pons (de Verdun).

chargea par un décret l'accusateur public de rechercher tous les complices de la conspiration de de Batz ou de l'étranger qui pourraient être disséminés dans les maisons d'arrêt de Paris ou sur les différents points de la République. Voilà le décret qui donna lieu aux grandes fournées de messidor, qui permit à certaines gens de multiplier les actes d'oppression qu'on essayera de mettre à la charge de Robespierre, et contre lesquels nous l'entendrons s'élever avec tant d'indignation.

XXVIII

Si l'affaire des *chemises rouges* ne fut pas positivement dirigée contre Robespierre, on n'en saurait dire autant de celle dont le lendemain, 27 prairial (15 juin 1794), Vadier vint présenter le rapport à la Convention nationale.

Parce qu'un jour, aux Jacobins, Maximilien avait invoqué le nom de la Providence, parce qu'il avait dénoncé comme impolitiques d'abord, et puis comme souverainement injustes, les persécutions dirigées contre les prêtres en général et les attentats contre la liberté des cultes, les Girondins, on s'en souvient, l'avaient poursuivi de leurs épigrammes les plus mordantes, et s'étaient ingéniés pour faire de ce propre fils de Rousseau et du rationalisme... un prêtre. On a dit il y a longtemps que le ridicule tue en France, et l'on espérait tuer par le ridicule celui dont la vie privée et la vie publique étaient au-dessus de toute attaque. Copistes et plagiaires des Girondins, les Thermidoriens imaginèrent de transformer en une sorte de messie d'une secte d'illuminés l'homme qui, réagissant avec tant de courage contre l'intolérance des indévots, venait à la face de l'Europe de faire proclamer par la Convention la reconnaissance de l'Être suprême et consacrer de nouveau la liberté des cultes (1).

Il y avait alors, dans un coin retiré de Paris, une vieille femme

(1) Dans le chapitre de son *Histoire* consacré à Catherine Théot, M. Michelet procède à la fois des Girondins et des Thermidoriens. Il nous montre d'abord Robespierre tenant sur les fonts de baptême l'enfant d'un *jacobin catholique*, et obligé de promettre que l'enfant serait catholique. (P. 365). Ici M. Michelet ne se trompe que de deux ans et demi ; il s'agit, en effet, de l'enfant de Deschamps, dont Robespierre fut parrain en janvier 1792. (Voyez notre précédent volume.) Parce que, dans une lettre en date du 30 prairial, un vieillard de quatre-vingt-sept ans écrit à Robespierre qu'il le regarde comme le Messie promis par l'Être éternel pour réformer toute chose (numéro XII, à la suite du rapport de Courtois), M. Michelet assure que *plusieurs lettres lui venaient qui le déclaraient un messie*. Puis il nous parle d'une foule de femmes ayant chez elles son por-

nommé Catherine Théot, chez laquelle se réunissaient un certain nombre d'illuminés, gens à cervelle étroite, ayant soif de surnaturel, mais ne songeant guère à conspirer contre la République. La réception des élus pouvait prêter à rire : il fallait en premier lieu faire abnégation des plaisirs temporels, puis on se prosternait devant la *mère de Dieu*, on l'embrassait sept fois , et... l'on était consacré. Il n'y avait vraiment là rien de nature à inquiéter ni les comités ni la Convention, c'étaient de pures momeries dont la police avait eu le tort de s'occuper jadis , il y avait bien longtemps , quinze ans au moins. La pauvre Catherine avait même passé quelque temps à la Bastille et dans une maison de fous. Or, ce qui pouvait se comprendre jusqu'à un certain point dans l'ancien régime, où les consciences étouffaient sous l'arbitraire, était inconcevable en pleine Révolution. Eh bien ! le lieutenant de police fut dépassé par le comité de Sûreté générale; les dévots de l'athéisme jugèrent à propos d'attaquer la superstition dans la personne de Catherine Théot, et ils transformèrent en crime de contre-révolution les pratiques anticatholiques de quelques illuminés.

Parmi les habitués de la maison de la vieille prophétesse figuraient l'ex-chartreux dom Gerle, ancien collègue de Robespierre à l'Assemblée constituante, le médecin de la famille d'Orléans, Etienne-Louis Quesvremont, surnommé Lamotte, une dame Godefroy, et la ci-devant marquise de Chastenois; tels furent les personnages que le comité de Sûreté générale imagina de traduire devant le Tribunal révolutionnaire en compagnie de Catherine Théot. Ils avaient été arrêtés dès la fin de floréal, sur un rapport de l'espion Senar qui était parvenu à s'introduire dans le mystérieux asile de la rue Contrescarpe en sollicitant son initiation dans la secte, et qui, aussitôt reçu, avait fait arrêter toute l'assistance par des agents apostés. L'affaire dormait depuis trois semaines quand les conjurés de Thermidor songèrent à en tirer parti, la jugeant un texte excel-

---

trait appendu *comme image sainte*. Il nous montre des généraux, des femmes, portant un petit Robespierre dans leur sein, baisant et priant la *miniature sacrée*. Dans tous les cas, cela prouverait qu'on ne regardait guère Maximilien comme un suppôt de la Terreur. Et, entraîné par la fantaisie furieuse qui le possède, M. Michelet nous représente *des saintes femmes*, une baronne, une Mme de Chalabre, qu'il transforme en agent de police de Robespierre, joignant les mains et disant : « Robespierre, tu es Dieu. » Et de là l'historien part pour accuser Maximilien d'encourager ces outrages à la raison. (T. VII, p. 366). Comme si, en supposant vraies un moment les plaisanteries de M. Michelet, Robespierre eût été pour quelque chose là dedans. Hélas ! il est triste de le dire, mais, à force d'avoir poursuivi les Jésuites, M. Michelet a fini par employer un peu leurs procédés, qu'il a si éloquemment et à si bon droit flétris.

lent pour détruire l'effet prodigieux produit par la fête du 20 prairial et l'éclat nouveau qui en avait rejailli sur Robespierre. En
effet, la vieille Catherine recommandait à ses disciples d'élever
leurs cœurs à l'Être suprême, et cela au moment où la nation elle-
même, à la voix de Maximilien, se disposait à en proclamer la reconnaissance. Quel rapprochement ! Et puis on avait saisi chez elle,
sous son matelas, une certaine lettre écrite en son nom à Maximilien, lettre où elle l'appelait son premier prophète, son ministre
chéri. Plus de doute, on conspirait en faveur de Robespierre. La
lettre était évidemment fabriquée ; Vadier n'osa même pas y faire
allusion dans son rapport à la Convention (1); mais n'importe, la
calomnie était lancée. Enfin, dom Gerle, présenté comme le principal agent de la conspiration, était un protégé de Robespierre ; on
avait trouvé dans ses papiers un mot de celui-ci attestant son patriotisme, et à l'aide duquel il avait pu obtenir de sa section un certificat de civisme, marque d'intérêt bien naturelle donnée par Maximilien à un ancien collègue dont il estimait les vertus (2). Dom
Gerle avait eu, l'on s'en souvient peut-être, la malencontreuse idée
de proposer à l'Assemblée constituante d'ériger la religion catholique en religion d'État; le rapporteur du comité de Sûreté générale ne manqua pas de rappeler cette circonstance pour donner à
l'affaire une couleur de fanatisme; mais il n'eut pas la bonne foi
d'ajouter qu'éclairé par ses collègues de la gauche, sur les bancs de
laquelle il siégeait, dom Gerle s'était empressé, dès le lendemain,
de retirer sa proposition, au grand scandale de la noblesse et du
clergé (3).

(1) Senar dit dans ses Mémoires : « Une certaine lettre écrite au nom de la mère de
Dieu » (p. 178); et Vilate : « Il ne faut pas croire que cette lettre fût de la main de
Catherine Théot, la vieille béate ne savait même pas signer son nom. » *Mystères de la
mère de Dieu dévoilés*, ch. iv.

(2) Cette attestation de civisme donnée à dom Gerle est, suivant l'espion Senar,
une des *pièces matérielles des crimes de Robespierre.*» (Voy. p. 169.) Quel criminel !

(3) M. Michelet a fait comme Vadier. Voyez son *Histoire*, t. VII, p. 369. — Croirait-
on que M. Michelet, dans son aveugle prévention contre Robespierre, a osé écrire ces
lignes : « Dans ses instincts de police , insatiablement curieux de faits contre ses ennemis, contre le comité de Sûreté qu'il voulait briser, il furetait volontiers dans les
cartons de ce comité. Il y trouva, prit, emporta des papiers relatifs à la duchesse de
Bourbon et refusa de les rendre.» (P. 368). Ce n'est pas seulement là une allégation
ridicule, c'est une allégation odieuse. Voyez-vous Robespierre allant fureter comme un
larron dans les cartons du comité de Sûreté générale! Et sur quelle autorité M. Michelet avance-t-il un tel fait? Sur l'autorité de Senar, dont il dit lui-même : « Senar ne
mérite pas la moindre confiance, sauf en deux points peut-être : quelques détails de
l'arrestation de la mère de Dieu et ce qu'il dit contre Tallien. Le reste est d'un coquin
devenu à moitié fou.» (P. 371.) Eh bien, M. Michelet n'a pas craint de surenchérir sur
les assertions de ce « coquin devenu à moitié fou », car Senar n'a jamais prétendu

Robespierre occupait encore le fauteuil quand Vadier prit la parole au nom des comités de Sûreté générale et de Salut public. Magistrat de l'ancien régime, Vadier avait toutes les ruses d'un vieux procureur. Cet implacable ennemi de Maximilien, mettait une sorte de point d'honneur à obtenir des condamnations. Il y a à cet égard des lettres de lui à Fouquier-Tinville où il *recommande* nombre d'accusés, et qui font vraiment frémir (1). On a attribué fort gratuitement à Barère la rédaction du rapport de Vadier dans l'affaire de Cathernie Théot, je n'y reconnais pas la manière emphatique de ce membre du comité de Salut public, et j'y trouve au contraire toutes les roueries qui caractérisent le talent procédurier de l'ancien magistrat criminel (2). Tout d'abord, Vadier dérida l'Assemblée par force plaisanteries sur les prêtres et sur la religion ; puis il amusa ses collègues aux dépens de la vieille Catherine, dont, par une substitution qu'il crut sans doute très-ingénieuse, il changea le nom de Théot en celui de Théos, qui en grec signifie Dieu. A chaque instant il était interrompu par des ricanements approbateurs et des applaudissements. Robespierre n'était point nommé dans ce rapport, où le nombre des adeptes de Catherine Théot était grossi à plaisir, mais l'allusion perfide perçait çà et là, et des rires d'intelligence apprenaient au rapporteur qu'il avait été compris. Conformément aux conclusions du rapport, la Convention renvoya devant le tribunal révolutionnaire Catherine Théot, dom Gerle, la veuve Godefroy et la ci-devant marquise de Chastenois, comme coupables de conspiration contre la République, et chargea l'accusateur public de rechercher et de punir tous les complices de cette prétendue conspiration (3).

C'était du délire. Ce que Robespierre ressentit de dégoût en se trouvant condamné à entendre comme président ces plaisanteries de Vadier, sous lesquelles se cachait une grande iniquité, ne peut se dire. Lui-même a dans son dernier discours rendu compte de sa

que Robespierre avait fureté dans les cartons du comité. Voici, en effet, ce qu'il a écrit au sujet de la duchesse de Bourbon, avec laquelle, assure-t-il, dom Gerle et Catherine Théot avaient eu des rapports fréquents : « Il faut savoir aussi que Robespierre s'était emparé des pièces relatives à l'hôtel de la princesse de Bourbon ; qu'il les *demanda* au comité de Sûreté générale longtemps avant que le rassemblement chez la mère de Dieu fût connu du comité, qu'il a depuis refusé de les remettre... » (P. 183.) Tout cela est absurde au possible, mais que dire de l'allégation de M. Michelet !!!

(1) Voyez ces lettres à la suite du rapport de Saladin, sous les numéros XXXIII, XXXIV et XXXV.

(2) C'est Vilate qui, dans ses *Mystères de la mère de Dieu dévoilés*, a attribué à Barère la rédaction de ce rapport. Mais Vilate n'est pas une autorité.

(3) Voyez le rapport de Vadier dans *le Moniteur* du 29 prairial (17 juin 1794).

douloureuse impression : « La première tentative que firent les malveillants fut de chercher à avilir les grands principes que vous
aviez proclamés, et à effacer le souvenir touchant de la fête
nationale. Tel fut le but du caractère et de la solennité qu'on donna
à l'affaire de Catherine Théot. La malveillance a bien su tirer parti
de la conspiration politique cachée sous le nom de quelques
dévotes imbéciles, et on ne présenta à l'attention publique qu'une
farce mystique et un sujet inépuisable de sarcasmes indécents ou
puériles. Les véritables conjurés échappèrent, et l'on faisait retentir
Paris et toute la France du nom de la mère de Dieu. Au même
instant on vit éclore une foule de pamphlets dégoûtants, dignes
du *Père Duchesne*, dont le but était d'avilir la Convention nationale,
le tribunal révolutionnaire, de renouveler les querelles religieuses,
d'ouvrir une persécution aussi atroce qu'impolitique contre les
esprits faibles ou crédules imbus de quelque ressouvenir religieux.
En même temps une multitude de citoyens paisibles et même de
patriotes ont été arrêtés à l'occasion de cette affaire; et les coupables conspirent encore en liberté, car le plan est de les sauver,
de tourmenter le peuple et de multiplier les mécontents. Que
n'a-t-on pas fait pour parvenir à ce but? Prédication ouverte de
l'athéisme, violences inopinées contre le culte, exactions commises
sous les formes les plus indécentes, persécutions dirigées contre
le peuple sous prétexte de superstition..., tout tendait à ce but (1).

Robespierre s'épuisa en efforts pour sauver les malheureuses
victimes indiquées par Vadier. Il y eut au comité de Salut public
de véhémentes explications. J'ai la conviction que ce fut au
sujet de l'affaire de Catherine Théot qu'eut lieu la scène violente
dont parlent les anciens membres du comité dans leur réponse à
Lecointre, et qu'ils prétendent s'être passée à l'occasion de la loi
de prairial. D'après un historien assez bien informé, Billaud-
Varenne et Collot d'Herbois auraient résisté aux prétentions de
Robespierre, qui voulait étouffer l'affaire ou la réduire à sa juste
valeur, c'est-à-dire à peu de chose (2). Billaud se serait montré
furieux et prodigue d'injures (3). Quoi qu'il en soit, Robespierre

(1) Discours du 8 thermidor, p. 26.
(2) D'après une lettre de l'agent national Payan à Robespierre, il semble même que
celui-ci ait été chargé de présenter un nouveau rapport sur l'affaire : « Je crois, citoyen, »
lui écrivait-il à la date du 9 messidor, « que vous vous occupez dans ce moment d'un
rapport relatif à Catherine Théot et aux scélérats qui ont profité du décret rendu à ce
sujet pour réveiller le fanatisme presque éteint. » Voyez cette lettre dans les *Papiers
inédits*, t. II, p. 359, et sous le numéro LVI à la suite du rapport de Courtois.
(3) Tissot, *Histoire de la Révolution*, t. V, p. 237. Tissot était le beau-frère de
Goujon, un des martyrs de prairial an III.

finit par démontrer à ses collègues combien il serait odieux de
traduire au tribunal révolutionnaire quelques illuminés tout à fait
étrangers aux passions politiques et un ancien Constituant qui
avait donné à la Révolution des gages de dévouement. L'accusateur public fut aussitôt mandé, et l'ordre lui fut donné par
Robespierre lui-même, au nom du comité de Salut public, de suspendre l'affaire. Fouquier objecta en vain qu'un décret de la Convention lui enjoignait de la suivre, force lui fut d'obéir, et de
remettre les pièces au comité (1). Très-désappointé, et redoutant
les reproches du comité de Sûreté générale, auxquels il n'échappa
point, Fouquier-Tinville s'y transporta tout de suite. Là il rendit
compte des faits et dépeignit tout son embarras, sentant bien le
conflit entre les deux comités. « *Il, il, il,* » dit-il par trois fois, « s'y
oppose au nom du comité de Salut public. » — *Il,* c'est-à-dire
Robespierre, « répondit un membre, Amar ou Vadier. Oui, répliqua Fouquier(2). Si la volonté de Robespierre fut ici prépondérante,
l'humanité doit s'en applaudir, car, grâce à son obstination, une
foule de victimes innocentes échappèrent à la mort. L'animosité du
comité de Sûreté générale contre lui en redoubla. Vadier ne se
tint pas pour battu. Le 8 thermidor, répondant à Maximilien, il
promit un rapport plus étendu sur cette affaire des illuminés dans
laquelle il se proposa de faire figurer tous les conspirateurs
anciens et modernes (3). Preuve assez significative de la touchante
résolution des Thermidoriens d'abattre la Terreur. Ce fut la dernière
victoire de Robespierre sur les exagérés. Lutteur impuissant et
fatigué, il va se retirer, moralement du moins, du comité de Salut
public, se retremper dans sa conscience pour le dernier combat,
tandis que ses ennemis, déployant une activité merveilleuse, entasse-

(1) Mémoire de Fouquier-Tinville, dans l'*Histoire parlementaire,* t. XXXIV, p. 246.
Combinez ce passage avec une note du discours prononcé par Robespierre le 8 thermidor, p. 27.

(2) Mémoire de Fouquier-Tinville, *ubi suprà.* — M. Michelet, qui marche à pieds
joints sur la vérité historique plutôt que de perdre un trait, a écrit : « Le grand mot *je
veux* était rétabli, et la monarchie existait. « (T. VII, p. 372.) Quoi ! parce que, dans un
dernier moment d'influence et par la seule force de la raison, Robespierre était parvenu à obtenir de ses collègues qu'on examinât plus attentivement une affaire où se
trouvaient compromises un certain nombre de victimes innocentes, le grand mot *je veux*
était rétabli, et la monarchie existait ! Peut-on déraisonner à ce point ! Pauvre monarque ! Il n'eut même pas le pouvoir de faire mettre en liberté ceux que du moins il
parvint à soustraire à un jugement précipité qui eût équivalu à une sentence de mort.
Six mois après Thermidor, dom Gerle était encore en prison, ce dont Courtois n'a pas
manqué de faire un reproche à Vadier. Voy. la pièce LVII à la suite de son rapport.

(3, *Moniteur* du 11 thermidor (29 juillet 1794).

ront pour le perdre calomnies sur calomnies, mensonges sur mensonges, infamies sur infamies.

XXIX

Tous les historiens sans exception, favorables ou hostiles à Robespierre, ont cru que durant quatre décades, c'est-à-dire quarante jours avant sa chute, il s'était complétement retiré du comité de Salut public, avait cessé d'y aller. C'est là une erreur capitale, et l'on va voir combien il est important de la rectifier. Si en effet, depuis la fin de prairial jusqu'au 9 Thermidor, Maximilien s'était purement et simplement contenté de ne plus paraître au comité, il serait souverainement injuste à coup sûr de lui demander le moindre compte des rigueurs commises en messidor, et tout au plus serait-on en droit de lui reprocher avec quelques écrivains de n'y avoir opposé que la force d'inertie. Mais si, au contraire, nous prouvons que pendant ces quarante derniers jours il a siégé sans désemparer au comité de Salut public, comme dans cet espace de temps il a refusé de s'associer à la plupart des grandes mesures de sévérité consenties par ses collègues, comme il n'a point voulu consacrer par sa signature certains actes oppressifs, c'est donc qu'il y était absolument opposé, qu'il les combattit à outrance; c'est donc que, suivant l'expression de Saint-Just, il ne comprenait pas « cette manière prompte d'organiser la foudre à chaque instant (1). » Voilà pourquoi il mérita l'honorable reproche que lui adressa Barère dans la séance du 10 thermidor, d'avoir voulu arrêter le cours *terrible*, *majestueux* de la Révolution; et voilà pourquoi aussi, n'ayant pu décider les comités à s'opposer à ces actes d'oppression multipliés dont il gémissait, il se résolut à appeler la Convention à son aide et à la prendre pour juge entre eux et lui.

Les Thermidoriens du comité ont bien senti l'importance de cette distinction; aussi se sont-ils entendus pour soutenir que Robespierre ne paraissait plus aux séances et que durant quatre décades il n'y était venu que deux fois, et encore sur une *citation* d'eux, la première pour donner les motifs de l'arrestation du comité révolutionnaire de la section de l'*Indivisibilité*, la seconde pour s'expliquer sur sa prétendue absence (2). Robespierre n'était plus là

---

(1) *Réponse des membres des deux anciens comités*, p. 107, en note.
(2) *Ibid.*, p. 7. Voyez aussi le rapport de Saladin, p. 99. « *Il est convenu*, » paraît dire ironiquement Saladin, « que depuis le 22 prairial Robespierre s'éloigne du comité. »

pour répondre. Mais si en effet il eût rompu toutes relations avec le comité de Salut public, comment ses collègues de la Convention ne s'en seraient-ils pas aperçus? Or, un des chefs de l'accusation de Lecointre contre certains membres des anciens comités porte précisément sur ce qu'ils n'ont point prévenu la Convention de l'absence de Robespierre. Rien d'embarrassé sur ce point comme la réponse de Billaud-Varenne : C'eût été un fait trop facile à excuser ; n'aurait-il pu prétexter une indisposition (1)? Mais, objectait-on, et les signatures apposées par Robespierre au bas d'un assez grand nombre d'actes? Ah! disent les uns, il a pu signer quand deux fois il est venu au comité pour répondre à certaines imputations, ou quand il *affectait* de passer dans les salles, vers cinq heures, après la séance, ou quand il se rendait *secrètement* au bureau de police générale (2). Il n'est pas étonnant, répond un autre en son nom particulier, que les chefs de bureau lui aient porté chez lui ces actes à signer au moment où il était au plus haut degré de sa puissance (3). En vérité! Et comment donc se fait-il alors que dans les trois premières semaines de ventôse, lorsque Robespierre était réellement retenu loin du comité par la maladie, les chefs de bureau n'aient pas songé à se rendre chez lui pour offrir à sa signature les arrêtés de ses collègues? Et comment expliquer qu'elle se trouve sur certains actes de peu d'importance, tandis qu'elle ne figure pas sur les arrêtés qui pouvaient lui paraître entachés d'oppression? Tout cela est misérable.

Quand Saladin rédigea son rapport sur la conduite des anciens membres des comités, il n'épargna pas à Robespierre les noms de traître et de tyran, c'était un tribut à payer à la mode du jour; mais comme il le met à part de ceux dont il était chargé de présenter l'acte d'accusation, et comme sous les injures banales on sent percer la secrète estime de ce survivant de la Gironde pour l'homme à qui soixante-douze de ses collègues et lui devaient la vie et auquel il avait naguère adressé ses hommages de reconnaissance! L'abus du pouvoir poussé à l'extrême, la terre plus que jamais ensanglantée, le nombre plus que doublé des victimes, voilà ce qu'il met au compte des ennemis, que dis-je, des assassins de Robespierre, en ajoutant à l'appui de cette allégation, justifiée par les faits, ce rapprochement effrayant : « Dans les quarante-cinq jours qui ont précédé la retraite de Robespierre, le nombre des victimes est de cinq

(1) *Réponse des membres des deux anciens comités*, p. 61.
(2) *Réponse de J.-N. Billaud à Lecointre*, p. 81.
(3) *Ibid.*, p. 82.

cent-soixante-dix-sept; il s'élève à mille deux cent quatre-vingt-six pour les quarante-cinq jours qui l'ont suivie jusqu'au 9 Thermidor (1). » Quoi de plus éloquent? et combien plus méritoire est la conduite de Maximilien si, au lieu de se tenir à l'écart, comme on l'a jusqu'ici prétendu, il protesta hautement avec Couthon et Saint-Just contre cette *manière prompte d'improviser la foudre à chaque instant!* De toutes les listes d'accusés renvoyés devant le tribunal révolutionnaire de messidor en thermidor par les comités de Salut public et de Sûreté générale, une seule, celle du 2 thermidor, porte la signature de Maximilien à côté de celles de ses collègues (2). Une partie de ces listes, relatives pour la plupart aux conspirations dites des prisons, ont été détruites, et à coup sûr celles-là n'étaient point signées de Robespierre (3). Il n'a pas signé l'arrêté en date du 4 thermidor concernant l'établissement définitif de quatre commissions populaires créées par décret du 13 ventôse (3 mars 1794) pour juger tous les détenus dans les maisons d'arrêt des départements (4). — Ce jour-là, du reste, il ne parut pas au comité, mais on aurait pu, d'après l'allégation de Billaud, lui faire signer l'arrêté chez lui.

En revanche, une foule d'actes, tout à fait étrangers au régime de la Terreur, sont revêtus de sa signature. Le 5 messidor, il signe avec ses collègues un arrêté par lequel il est enjoint au citoyen Smitz d'imprimer en langue et en caractères allemands quinze cents exemplaires du discours sur les rapports des idées religieuses et morales avec les principes républicains (5). Donc ce jour-là l'entente n'était pas tout à fait rompue. Le 7, il approuve, toujours de concert avec ses collègues, la conduite du jeune Jullien à Bordeaux, et les dépenses faites par lui dans sa mission (6). La veille, il avait ordonnancé avec Carnot et Couthon le payement de la

(1) Rapport de Saladin, p. 100.

(2) Voyez à cet égard les pièces à la suite du rapport de Saladin et les *Crimes des sept membres des anciens comités*, par Lecointre, p. 132, 138. « Herman, son homme, » dit M. Michelet, t. VII, p. 426, « qui faisait signer ses listes au comité de Salut public, se gardait bien de faire signer son maître. » Où M. Michelet a-t-il vu qu'Herman fût l'homme de Robespierre? Et, dans ce cas, pourquoi n'aurait-il pas fait signer *son maître?* Est-ce qu'à cette époque on prévoyait la réaction et ses fureurs?

(3) D'après les auteurs de l'*Histoire parlementaire*, les signatures qui se rencontraient le plus fréquemment au bas de ces listes seraient celles de Carnot, de Billaud-Varenne et de Barère. (T. XXXIV, p. 13.) Quant aux conspirations des prisons, Billaud-Varenne a écrit après Thermidor : « Nous aurions été bien coupables si nous avions pu paraître indifférens... » *Réponse de J.-N. Billaud à Laurent Lecointre*, p. 75.

(4) Arrêté signé : Barère, Dubarran, C.-A. Prieur, Amar, Louis (du Bas-Rhin), Collot d'Herbois, Carnot, Voulland, Vadier, Saint-Just, Billaud-Varenne.

(5) Registre des arrêtés et délibérations du comité de Salut public, *Archives*, 436 a a 73.

(6) *Ibid.*

somme de 3,000 livres au littérateur Demaillot et celle de 1,500 livres au citoyen Tourville, l'un et l'autre agents du comité (1). Quelques jours après, il signait avec Billaud-Varenne l'ordre de mise en liberté de Desrozier, acteur du théâtre de l'Égalité (2), et, avec Carnot, l'ordre de mise en liberté de l'agent national de Romainville (3). Le 18, il signe encore, avec Couthon, Barère et Billaud-Varenne, un arrêté qui réintégrait dans leurs fonctions les citoyens Thoulouse, Pavin, Maginet et Blachère, administrateurs du département de l'Ardèche, destitués par le représentant du peuple Reynaud (4). Au bas d'un arrêté en date du 19 messidor, par lequel le comité de Salut public prévient les citoyens que toutes leurs pétitions, demandes et observations relatives aux affaires publiques doivent être adressées au comité, et non individuellement aux membres qui le composent, je lis sa signature à côté des signatures de Carnot, de C.-A. Prieur, de Couthon, de Collot d'Herbois, de Barère et de Billaud-Varenne (5). Le 16, il écrivait de sa main aux représentants en mission le billet suivant : « Citoïen collègue, le comité de Salut public désire d'être instruit sans délai s'il existe ou a existé dans les départemens sur lesquels s'étend ta mission quelques tribunaux ou commissions populaires. Il t'invite à lui en faire parvenir sur-le-champ l'état actuel avec la désignation du lieu et de l'époque de leur établissement. » Robert Lindet, Billaud-Varenne, C.-A. Prieur, Carnot, Barère, Couthon et Collot d'Herbois signaient avec lui (6). Le 28, rappel de Dubois-Crancé, alors en mission à Rennes, par un arrêté du comité de Salut public signé : Robespierre, Carnot, Barère, Collot d'Herbois, Billaud-Varenne, C.-A. Prieur, Couthon, Saint-Just et Robert Lindet (7). L'influence de Maximilien est ici manifeste. On sait en effet combien ce représentant lui était suspect. Après lui avoir reproché d'avoir trahi à Lyon les intérêts de la République, il l'accusait à présent d'avoir à dessein occasionné à Rennes une fermentation extraordinaire en déclarant qu'il y aurait des chouans tant qu'il existerait un Breton (8)! A cette date du 28 messidor, il signe encore avec Collot d'Herbois, C.-A. Prieur, Carnot, Couthon, Barère, Saint-

(1) *Archives*, F, 7, 4437.
(2) *Ibid.*
(3) *Ibid.*
(4) *Ibid.*
(5) *Archives*, A F, II, 37.
(6) *Ibid.*, A, II, 58.
(7) *Registre des délibérations et arrêtés du comité de Salut public, Archives* 436, *aa* 73.
(8) Note de Robespierre sur différents députés. Voy. *Papiers inédits*, t. II, p. 17, et numéro LI, à la suite du rapport de Courtois.

Just, Robert Lindet, le mandat de mise en liberté de trente-trois citoyens détenus dans les prisons de Troyes par les ordres du jeune Rousselin. Enfin, le 7 thermidor, il était présent à la délibération où fut décidée l'arrestation d'un des plus misérables agents du comité de Sûreté générale, de l'espion Senar (1), dénoncé quelques jours auparavant, aux Jacobins, par des citoyens victimes de ses actes d'oppression, et dont Couthon avait dit : « S'il est vrai que ce fonctionnaire ait opprimé le patriotisme, il doit être puni. Il existe bien évidemment un système affreux de tuer la liberté par le crime (2). » Nous pourrions multiplier ces citations, mais il n'en faut pas davantage pour démontrer de la façon la plus péremptoire que Robespierre n'a jamais déserté le comité dans le sens réel du mot.

Au reste, ses anciens collègues ont accumulé dans leurs explications évasives et embarrassées juste assez de contradictions pour mettre à nu leurs mensonges. Ainsi, tandis que d'un côté ils s'arment contre lui de sa prétendue absence du comité pendant quatre décades, nous les voyons, d'un autre côté, lui reprocher d'avoir assisté muet aux délibérations concernant les opérations militaires, et de s'être abstenu de voter (3). Dans les derniers temps, lit-on dans des Mémoires sur Carnot, « il trouvait des prétextes pour ne pas signer les instructions militaires, afin sans doute de se ménager, en cas de revers de nos armées, le droit d'accuser Carnot (4). » Donc il assistait aux séances du comité. Mais ce qui lève

(1) Registre des délibérations et arrêtés, *ubi suprà*.
(2) Séance des Jacobins du 3 thermidor. Voy. *le Moniteur* du 9 (27 juillet 1794).
(3) *Réponse des membres des deux anciens comités*, p. 10.
(4) *Mémoires sur Carnot*, par son fils, t. I, p. 523. Nous avons peu parlé de ces Mémoires, composés d'après des souvenirs thermidoriens, et dénués par conséquent de toute valeur historique. On regrette d'y trouver des erreurs et, il faut bien le dire, des calomnies qu'avec une étude approfondie des choses de la Révolution, M. Carnot fils se serait évité de laisser passer. Le désir de défendre une mémoire justement chère n'autorise personne à sortir des bornes de l'impartialité et de la justice.
De tous les anciens membres du comité de Salut public, Carnot, j'ai regret de le dire, est certainement un de ceux qui, après Thermidor, ont calomnié Robespierre avec le plus d'opiniâtreté. Il semble qu'il y ait eu chez lui de la haine du sabre contre l'idée. Ah! combien Robespierre avait raison de se méfier de l'engouement de notre nation pour les entreprises militaires !
Dans son discours du 1er vendémiaire an III (22 septembre 1794), Carnot se déchaîna contre la mémoire de Maximilien avec une violence inouïe. Il accusa notamment Robespierre de s'être plaint avec amertume, à la nouvelle de la prise de Nieuport, postérieure au 16 messidor, de ce qu'on n'avait pas massacré toute la garnison. Voy. *le Moniteur* du 4 vendémiaire (25 septembre 1794). Carnot a trop souvent fait fléchir la vérité dans le but de sauvegarder sa mémoire aux dépens d'adversaires qui ne pouvaient répondre, pour que nous ayons foi dans ses paroles. A sa haine invétérée contre Robes-

tous les doutes, ce sont les registres du comité de Salut public, registres dont Lecointre ne soupçonnait pas l'existence, que nous avons sous les yeux en ce moment, et où, comme déjà nous avons eu occasion de le dire, les présences de chacun des membres sont constatées jour par jour. Eh bien! du 15 prairial au 9 Thermidor, Robespierre manqua de venir au comité SEPT FOIS, en tout et pour tout, les 20 et 28 prairial, les 10, 11, 14 et 29 messidor et le 4 thermidor (1).

Ce qu'il y a de certain, c'est que, tout en faisant acte de présence au comité, Robespierre n'ayant pu faire triompher sa politique à la fois énergique et modérée avait complétement résigné sa part d'autorité dictatoriale et abandonné à ses collègues l'exercice du gouvernement. Quel fut le véritable motif de la scission? Il est assez difficile de se prononcer bien affirmativement à cet égard, les Thermidoriens, qui seuls ont eu la parole pour nous renseigner sur ce point, ayant beaucoup varié dans leurs explications. La détermination de Maximilien fut, pensons-nous, la conséquence d'une suite de petites contrariétés. Déjà, au commencement de floréal, une altercation avait eu lieu entre Saint-Just et Carnot au sujet de l'administration des armes portatives. Le premier se plaignait qu'on eût opprimé et menacé d'arrestation arbitraire l'agent comptable des ateliers du Luxembourg, à qui il portait un grand intérêt. La discussion s'échauffant, Carnot aurait accusé Saint-Just *et ses amis* d'aspirer à la dictature. A quoi Saint-Just aurait répondu que la République était perdue si les hommes chargés de la défendre se traitaient ainsi de dictateurs. Et Carnot, insistant, aurait répliqué : «Vous êtes des dictateurs ridicules.» Le lendemain, Saint-Just s'étant rendu au comité en compagnie de Robespierre : « Tiens, » se serait-il écrié en s'adressant à Carnot, « les voilà, mes amis, voilà ceux que tu as attaqués hier. » Or, quel fut en cette circonstance le rôle de Robespierre? « Il essaya de parler des torts respectifs *avec un ton très-hypocrite,* » disent les membres des anciens comités sur la foi desquels nous avons raconté cette scène, ce qui signi-

pierre et contre Saint-Just, on sent qu'il a gardé le souvenir cuisant de cette phrase du second : « Il n'y a que ceux qui sont dans les armées qui gagnent les batailles. » Lui-même du reste, Carnot, n'écrivait-il pas, à la date du 8 messidor, aux représentants Richard et Choudieu, au quartier général de l'armée du Nord, de concert avec Robespierre et Couthon : « Ce n'est pas sans peine que nous avons appris la familiarité et les égards de plusieurs de nos généraux envers les officiers étrangers que nous regardons et voulons traiter comme des brigands... » Catalogue Charavay (janvier-février 1863.)

(1) Registre des délibérations et arrêtés du comité de Salut public, *Archives,* 433 aa 70 jusqu'à 436 aa 73.

fie, à n'en pas douter, que Robespierre essaya de la conciliation (1).
Si donc ce récit, dans les termes mêmes où il nous a été transmis,
fait honneur à quelqu'un, ce n'est pas assurément à Carnot. Que
serait-ce si Robespierre et Saint-Just avaient pu fournir leurs explications! Dictateur! c'était, paraît-il, la grosse injure de Carnot,
car dans une autre occasion, croyant avoir à se plaindre de Robespierre, au sujet de l'arrestation de deux commis des bureaux de la
guerre, il lui aurait dit, en présence de Levasseur (de la Sarthe) :
« Il ne se commet que des actes arbitraires dans ton bureau de police générale, tu es un dictateur. » Robespierre furieux aurait pris
en vain ses collègues à témoins de l'insulte dont il venait d'être
l'objet. En vérité on se refuserait à croire à de si puériles accusations, si cela n'était pas constaté par *le Moniteur* (2). J'ai voulu
savoir à quoi m'en tenir sur cette fameuse histoire des secrétaires
de Carnot, dont celui-ci signa l'ordre d'arrestation *sans s'en douter*,
comme il le déclara d'un ton patelin à la Convention nationale. Ces
deux secrétaires, jeunes l'un et l'autre, en qui Carnot avait la plus
grande confiance, pouvaient être fort intelligents, mais ils étaient
plus légers encore. Un soir qu'ils avaient bien dîné, ils firent irruption au milieu d'une réunion sectionnaire, y causèrent un effroyable
vacarme et, se retranchant derrière leur qualité de secrétaires du
comité de Salut public, menacèrent de faire guillotiner l'un et l'autre (3). Ils furent arrêtés tous deux, et relâchés peu de temps après;
mais si jamais arrestation fut juste, ce fut assurément celle-là, et
tout gouvernement s'honore qui réprime sévèrement les excès de
pouvoir de ses agents (4).

(1) *Réponse des membres des deux anciens comités aux imputations de Laurent Lecointre*, p. 103, 104, note de la p. 21.— M. H. Carnot, dans les Mémoires sur son père,
raconte un peu différemment la scène, d'après un récit de Prieur, et il termine par
cette exclamation mélodramatique qu'il prête à Carnot s'adressant à Couthon, à Saint-
Just et à Robespierre : « Triumvirs, vous disparaîtrez. » (T. I, p 524.) Or il est à remarquer que dans la narration des anciens membres du comité, écrite peu de temps
après Thermidor, il n'est pas question de Couthon, et que Robespierre ne figure en
quelque sorte que comme médiateur. Mais voilà comme on embellit l'histoire!

(2) Voy. *le Moniteur* du 10 germinal an III (30 mars 1795). Séance de la Convention
du 6 germinal.

(3) *Archives*, F, 7, 4437.

(4) Rien de curieux et de triste à la fois comme l'attitude de Carnot après Thermidor. Il a poussé le mépris de la vérité jusqu'à oser déclarer, en pleine séance de la
Convention (6 germinal an III), que Robespierre avait lancé un mandat d'arrêt contre
un restaurateur de la terrasse des Feuillants, uniquement parce que lui, Carnot, y allait prendre ses repas. Mais le bouffon de l'affaire, c'est qu'il signa aussi, *sans le
savoir*, ce mandat. Aussi ne fut-il pas médiocrement étonné lorsqu'en allant dîner on
lui dit que son traiteur avait été arrêté par son ordre. Je suis fâché, en vérité, de
n'avoir pas découvert parmi les milliers d'arrêtés que j'ai eus sous les yeux cet ordre

Je suis convaincu, répéterai-je, que la principale raison de la retraite toute morale de Robespierre fut la scène violente à laquelle donna lieu, le 28 prairial, entre plusieurs de ses collègues et lui, la ridicule affaire de Catherine Théot, lui s'indignant de voir transformer en conspiration de pures et innocentes momeries, eux ne voulant pas arracher sa proie au comité de Sûreté générale. Mon opinion se trouve singulièrement renforcée de celle du représentant Levasseur, lequel a dû être bien informé, et qui, dans ses Mémoires, s'est exprimé en ces termes : « Il est constant que c'est à propos de la ridicule superstition de Catherine Théot qu'éclata la guerre sourde des membres des deux comités (1). » Mais la résistance de Robespierre en cette occasion était trop honorable pour que ses adversaires pussent l'invoquer comme la cause de sa scission d'avec eux ; aussi imaginèrent-ils de donner pour prétexte à leur querelle le décret du 20 prairial, qu'ils avaient approuvé aveuglément les uns et les autres. Au reste, la résolution de Maximilien eut sa source dans plusieurs motifs. Lui-même s'en est expliqué en ces termes dans son discours du 8 thermidor : « Je me bornerai à dire que depuis plus de six semaines, la nature et la force de la calomnie, l'IMPUISSANCE DE FAIRE LE BIEN ET D'ARRÊTER LE MAL, m'a forcé à abandonner absolument mes fonctions de membre du comité de Salut public, et je jure qu'en cela même je n'ai consulté que ma raison et la patrie. Je préfère ma qualité de représentant du peuple à celle de membre du comité de Salut public, et je mets ma qualité d'homme et de citoyen français avant tout (2). » Disons maintenant de quelles amertumes il fut abreuvé durant les six dernières semaines de sa vie.

XXX

Les anciens collègues de Robespierre au comité de Salut public ont fait un aveu bien précieux : la seule preuve matérielle, la pièce de conviction la plus essentielle contre lui, ont-ils dit, résultant de son discours du 8 thermidor à la Convention, il ne leur avait pas été possible de l'attaquer plus tôt (3). Or, si jamais homme, victime

d'arrestation, fut-ce aussi sans le savoir et dans l'innocence de son cœur que le bon Carnot, suivant la malicieuse expression de Lecointre, écrivit de sa main et signa la petite recommandation qui servit à Victor de Broglie de passeport pour l'échafaud !

(1) *Mémoires de Levasseur*, t. III, p. 112.

(2) *Discours du 8 thermidor*, p. 30.

(3) *Réponse des membres des deux anciens comités aux imputations de Laurent Lecointre*, p. 14.

d'une accusation injuste, s'est admirablement justifié devant ses
concitoyens et devant l'avenir, c'est bien Robespierre dans le magnifique discours qui a été son testament de mort. Et comment ne
pas comprendre l'embarras mortel de ses accusateurs quand on se
rappelle ces paroles de Fréron, du hideux Fréron lui-même, à la
séance du 9 fructidor (26 août 1794) : « Le tyran qui opprimait
ses collègues plus encore que la nation était tellement enveloppé
dans les apparences des vertus les plus populaires, la considération et la confiance du peuple formaient autour de lui un rempart si
sacré, que nous aurions mis la nation et la liberté elle-même en
péril si nous nous étions abandonnés à notre impatience de l'abattre plus tôt (1). » On a vu déjà comment il opprimait ses collègues :
il suffisait d'un coup d'œil d'intelligence pour que la majorité fût
acquise contre lui. Billaud-Varenne ne se révoltait-il pas à cette
supposition que des hommes comme Robert Lindet, Prieur (de la
Côte-d'Or), Carnot et lui avaient pu se laisser mener (2)? Donc, sur
ses collègues du comité, il n'avait aucune influence prépondérante,
c'est un point acquis. Mais, ont prétendu ceux-ci, tout le mal venait
du bureau de police générale, dont il avait la direction suprême et
au moyen duquel il gouvernait despotiquement le tribunal révolutionnaire ; et tous les historiens de la réaction, voire même certains
écrivains prétendus libéraux, d'accueillir avec empressement ce
double mensonge thermidorien, sans prendre la peine de remonter
aux sources.

Et d'abord signalons un fait en passant, ne fût-ce que pour constater une fois de plus les contradictions habituelles aux calomniateurs de Robespierre. Lecointre ayant prétendu n'avoir point attaqué Carnot, Prieur (de la Côte-d'Or) et Robert Lindet, parce qu'ils
se tenaient généralement à l'écart des discussions sur les matières
de haute police, de politique et de gouvernement, — tradition
menteuse acceptée par une foule d'historiens superficiels, — Billaud-Varenne lui donna un démenti sanglant, appuyé des propres
déclarations de ses collègues, et il insista sur ce que les meilleures
opérations de l'ancien comité de Salut public étaient précisément
celles de ce genre (3). Seulement, eut-il soin de dire, les attributions du bureau de police générale avaient été dénaturées par
Robespierre. Etabli au commencement de floréal, non point, comme
on l'a dit, dans un but d'opposition au comité de Sûreté générale,

(1) *Réponse des membres des deux anciens comités aux imputations de Laurent
Lecointre*, p. 24.
(2) *Réponse de J.-N. Billaud à Laurent Lecointre*, p. 94.
(3) *Ibid.*, p. 41.

mais pour surveiller les fonctionnaires publics, et surtout pour
examiner les innombrables dénonciations adressées au comité de
Salut public, ce bureau avait été placé sous la direction de Saint-
Just, qui, étant parti en mission très-peu de jours après, avait
été provisoirement remplacé par Robespierre. Écoutons à ce sujet
Maximilien lui-même : « J'ai été chargé momentanément, en
l'absence d'un de mes collègues, de surveiller un bureau de police
générale récemment et faiblement organisé au comité de Salut
public. Ma courte gestion s'est bornée à provoquer une trentaine
d'arrêtés, soit pour mettre en liberté des patriotes persécutés, soit
pour s'assurer de quelques ennemis de la Révolution. Eh bien !
croira-t-on que ce seul mot de police générale a servi de prétexte
pour mettre sur ma tête la responsabilité de toutes les opérations
du comité de Sûreté générale — ce grand instrument de la Terreur, — des erreurs de toutes les autorités constituées, des crimes
de tous mes ennemis? Il n'y a peut-être pas un individu arrêté, pas
un citoyen vexé, à qui l'on n'ait dit de moi : « Voilà l'auteur de tes
maux; tu serais heureux et libre s'il n'existait plus. » Comment
pourrais-je ou raconter ou deviner toutes les espèces d'impostures
qui ont été clandestinement insinuées, soit dans la Convention
nationale, soit ailleurs, pour me rendre odieux ou redoutable (1)! »
J'ai sous les yeux l'ensemble complet des pièces relatives aux opérations de ce bureau de police générale (2); rien ne saurait mieux
démontrer la vérité des assertions de Robespierre; et en consultant
ces témoins vivants, en fouillant dans ces registres où l'histoire se
trouve à nu et sans fard, on est stupéfait de voir avec quelle facilité les choses les plus simples, les plus honorables même, ont pu
être retournées contre lui et servir d'armes à ses ennemis.

Quand Saladin présenta son rapport sur la conduite des membres de l'ancien comité de Salut public, il prouva, de la façon la
plus lumineuse, que le bureau de police générale n'avait nullement
été un établissement distinct, séparé du comité de Salut public, et
que ses opérations avaient été soumises à tous les membres du
comité et sciemment approuvées par eux. A cet égard la déclaration si nette et si précise de Fouquier-Tinville ne saurait laisser subsister l'ombre d'un doute : « Tous les ordres m'ont été donnés dans
le lieu des séances du comité, de même que tous les arrêtés qui
m'ont été transmis étaient intitulés : *Extrait des registres du comité
de Salut public*, et signés de plus ou de moins de membres de ce

(1) Discours du 8 thermidor, p. 30.
(2) *Archives*, A F 7, 4437.

comité (1). » Rien de simple comme le mécanisme de ce bureau.
Tous les rapports, dénonciations et demandes adressés au comité
de Salut public étaient transcrits sur des registres spéciaux. Le
membre chargé de la direction du bureau émettait en marge son
avis, auquel était presque toujours conforme la décision du comité.
En général, suivant la nature de l'affaire, il renvoyait à tel ou tel
de ses collègues. Ainsi, s'agissait-il de dénonciations ou demandes
concernant les approvisionnements ou la partie militaire : « Communiquer à Robert Lindet, à Carnot, » se contentait d'écrire en
marge Maximilien. Parmi les ordres d'arrestation délivrés sur l'avis
de Robespierre, nous trouvons celui de l'ex-vicomte de Mailly,
dénoncé par un officier municipal de Laon pour s'être livré à des
excès dangereux en mettant la terreur à l'ordre du jour (2). Chacune des recommandations de Robespierre ou de Saint-Just porte
l'empreinte de la sagesse et de la véritable modération. L'agent
national du district de Senlis rend compte du succès de ses courses
républicaines pour la destruction du fanatisme dans les communes
de son arrondissement : on lui fait répondre qu'il doit se borner à
ses fonctions précisées par la loi, respecter le décret qui établit la
liberté des cultes et *faire le bien sans faux zèle* (3). La société populaire
laire du canton d'Épinay, dans le département de l'Aube, dénonce
le ci-devant curé de Pelet comme un fanatique dangereux et accuse
le district de Bar-sur-Aube de favoriser la caste nobiliaire : Robespierre recommande qu'on s'informe de l'esprit de cette société
populaire et de celui du district de Bar (4). L'agent national du district de Compiègne dénonce des malveillants cherchant à plonger
le peuple dans la superstition et dans le fanatisme ; réponse :
« Quand on envoie une dénonciation, il faut la préciser autrement. » En marge d'une dénonciation de la municipalité de Passy
contre Reine Vindé, accusée de troubler la tranquillité publique par
ses folies, il écrit : « On enferme les fous (5). » Au comité de surveillance de la commune de Dourdan, qui avait cru devoir ranger
dans la catégorie des suspects ceux des habitants de cette ville
convaincus d'avoir envoyé des subsistances à Paris, il fait écrire
pour l'instruire des inconvénients de cette mesure et lui dire de
révoquer son arrêté (6). La société populaire de Lodève s'étant

(1) Voy. le rapport de Saladin, où se trouve citée la déclaration de Fouquier-Tinville, p. 10 et 11.
(2) 8 prairial (27 mai 1794). *Archives*, F, 7, 4437.
(3) 13 prairial (1er juin). *Ibid.*
(4) 10 floréal (29 avril). *Ibid.*
(5) 19 floréal (8 mai). *Ibid.*
(6) 22 floréal (11 mai). *Ibid.*

plainte des abus de pouvoir du citoyen Favre, délégué des représentants du peuple Milhaud et Soubrany, lequel, avec les manières d'un intendant de l'ancien régime, avait exigé qu'on apportât chez lui les registres des délibérations de la société, il fit aussitôt mander le citoyen Favre à Paris (1). Un individu se disant président de la commune d'Exmes, dans le département de l'Orne, avait écrit au comité pour demander si les croix portées au cou par les femmes devaient être assimilées aux signes extérieurs des cultes, tels que croix et images dont certaines municipalités avaient ordonné la destruction, Robespierre renvoie au commissaire de police générale la lettre de l'homme en question pour s'informer si c'est un sot ou un fripon. Je laisse pour mémoire une foule d'ordres de mise en liberté, et j'arrive à l'arrestation des membres du comité révolutionnaire de la section de l'*Indivisibilité*, à cette arrestation fameuse citée par les collègues de Robespierre comme la preuve la plus évidente de sa *tyrannie*.

A la séance du 9 Thermidor, Billaud-Varenne lui reprocha pardessus toutes choses d'avoir défendu Danton, et fait arrêter le *meilleur comité révolutionnaire* de Paris; et le vieux Vadier, arrivant ensuite, lui imputa à crime d'abord de s'être porté ouvertement le défenseur de Bazire, de Chabot et de Camille Desmoulins, et d'avoir ordonné l'incarcération du comité révolutionnaire *le plus pur* de Paris. Le comité que les ennemis de Robespierre prenaient si chaleureusement sous leur garde, c'était celui de l'*Indivisibilité*. Quelle faute avaient donc commise les membres de ce comité? Étaient-ils des continuateurs de Danton? Non, assurément, car ils n'eussent pas trouvé un si ardent avocat dans la personne de Billaud-Varenne. Je supposais bien que ce devaient être quelques disciples de Jacques Roux ou d'Hébert; mais, n'en ayant aucune preuve, j'étais fort perplexe, lorsqu'en fouillant dans les papiers encore inexplorés du bureau de police générale, j'ai été assez heureux pour découvrir les motifs très-graves de l'arrestation de ce comité. Elle eut lieu sur la dénonciation formelle du citoyen Perrier, employé à la bibliothèque de l'Instruction publique, et président de la section même de l'*Indivisibilité*, ce qui ajoutait un poids énorme à la dénonciation. Pour la troisième fois, à la date du 1ᵉʳ messidor, il venait dénoncer les membres du comité révolutionnaire de cette section. Mais laissons ici la parole au dénonciateur : « Leur promotion est le fruit de leurs intrigues. Depuis qu'ils sont en place, on a remarqué une progression dans leurs

(1) 21 prairial (9 juin 1794). *Archives*, F, 7, 4437.

facultés pécuniaires. Ils se donnent des repas splendides. Hyvert a
étouffé constamment la voix de ses concitoyens dans les assemblées
générales. Despote dans ses actes, il a porté les citoyens à s'entr'-
égorger à la porte d'un boucher. Le fait est constaté par procès-
verbal. Grosler a dit hautement que les assemblées sectionnaires
étoient au-dessus de la Convention. Il a rétabli sous les scellés des
flambeaux d'argent qu'on l'accusoit d'avoir soustraits. Grosler a été
prédicateur de l'athéisme. Il a dit à Testard et à Guérin que Robespierre, malgré son foutu décret sur l'Être suprême, seroit guillotiné... Viard a mis des riches à contribution, il a insulté des gens
qu'il mettoit en arrestation. Lainé a été persécuteur d'un Anglais
qui s'est donné la mort pour échapper à sa rage ; Allemain, commissaire de police, est dépositaire d'une lettre de lui... Fournier a
traité les représentans de scélérats, d'intrigans qui seroient guillotinés... » En marge de cette dénonciation on lit de la main de
Robespierre : « Mettre en état d'arrestation tous les individus désignés dans l'article (1). » Nous n'avons point trouvé la minute du
mandat d'arrêt, laquelle était probablement revêtue des signatures
de ceux-là mêmes qui se sont fait une arme contre Robespierre de
cette arrestation si parfaitement motivée. On voit en effet maintenant ce que Billaud-Varenne et Vadier entendaient par le comité
révolutionnaire le meilleur et le plus pur de Paris.

Ainsi, dans toutes nos révélations se manifeste la pensée si claire
de Robespierre : réprimer les excès de la Terreur sans comprome-
tre les destinées de la République et sans ouvrir la porte à la contre-
révolution. A partir du 12 messidor, — je précise la date, — il devint
complétement étranger au bureau de police générale. Au reste, les
Thermidoriens ont, involontairement bien entendu, rendu plus d'une
fois à leur victime une justice éclatante. Quoi de plus significatif
que ce passage d'un Mémoire de Billaud-Varenne où, après
avoir établi la légalité de l'établissement d'un bureau de haute
police au sein du comité de Salut public, il s'écrie : « Si, depuis,
Robespierre, marchant à la dictature par la compression et la
terreur, *avec l'intention peut-être de trouver moins de résistance
au dénouement par une clémence momentanée*, et en rejetant tout
l'odieux de ses excès sur ceux qu'il aurait immolés, a dénaturé
l'attribution de ce bureau, c'est une de ces usurpations de pouvoir
qui ont servi et à réaliser ses crimes et à l'en convaincre. » Ses
crimes, ce fut sa résolution bien arrêtée et trop bien devinée par
ses collègues d'opposer une digue à la Terreur aveugle et brutale, et

(1) 1ᵉʳ messidor (19 juin). *Archives*, F, 7, 4437.

de maintenir la Révolution dans les strictes limites de la justice inflexible et du bon sens.

XXXI.

Il nous reste à démontrer combien il demeura toujours étranger
au tribunal révolutionnaire, à l'établissement duquel il n'avait contribué en rien. Et d'abord, ne craignons pas de le dire, comparé aux
tribunaux exceptionnels et extraordinaires de la réaction thermidorienne ou des temps monarchiques et despotiques, où le plus grand
des crimes était d'avoir trop aimé la République, la patrie, la liberté,
ce tribunal sanglant pourrait sembler un idéal de justice. De
simples rapprochements suffiraient pour établir cette vérité; mais
une histoire impartiale et sérieuse du tribunal révolutionnaire est
encore à faire.

Emparons-nous d'abord de cette déclaration non démentie des
membres de l'ancien comité de Salut public. « Il n'y avoit point de
contact entre le comité et le tribunal révolutionnaire que pour les
dénonciations des accusés de crimes de lèse-nation, ou des factions
ou des généraux, pour la communication des pièces et les rapports
sur lesquels l'accusation était portée, ainsi que pour l'exécution des
décrets de la Convention nationale (1). » Cela n'a pas empêché ces
membres eux-mêmes et une foule d'écrivains sans conscience d'attribuer à Robespierre la responsabilité d'une partie des actes de ce
tribunal. Quand le misérable espion Senar, arrêté avant le 9 Thermidor, à cause des excès et abus de pouvoir auxquels il s'était
livré, vint déposer dans le procès de Fouquier-Tinville, où s'étaient
donné rendez-vous toutes les haines contre-révolutionnaires, il
déclara qu'un jour, à la suite d'une altercation, Fouquier l'avait
menacé de le faire monter *sur les gradins*, et que lui, Senar, ayant
répondu : « Comment pourrais-tu le faire, moi qui suis patriote ? »
le farouche accusateur public avait répliqué : « Tu ne sais donc pas
que quand Robespierre a décidé la mort de quelqu'un, patriote ou
aristocrate, il faut qu'il y passe ? Ce mensonge exaspéra Vilain
d'Aubigny, ancien protégé de Robespierre, devenu dantoniste
exalté. Appelé à déposer à son tour, il s'exprima en ces termes :
« Senar, dans sa déposition, fait dire à Fouquier : « Quand Robespierre a décidé la mort de quelqu'un, patriote ou aristocrate, il

(1) Réponse des membres des anciens comités aux imputations de Laurent Lecointre,
p. 43.

faut qu'il y passe, tandis qu'au contraire, en nous faisant part du propos que lui avait tenu Fouquier, il avait parlé du comité collectivement et non pas de Robespierre individuellement, qu'il ne nomma point (1). » L'espion Senar, un des plus lâches coquins qui soient sortis des bas-fonds de la Révolution française, espérait capter par là la bienveillance des vainqueurs de Thermidor, et c'est pourtant sur les déclarations d'un pareil drôle que beaucoup de faits ont pris place dans l'histoire, d'où la vérité indignée a toutes les peines du monde à les chasser.

Assez embarrassé pour expliquer l'absence des signatures de Robespierre, de Couthon et de Saint-Just sur les grandes listes d'accusés traduits au tribunal révolutionnaire en messidor et dans la première décade de thermidor, les anciens collègues de Maximilien ont dit : Qu'importe ! « si c'était leur vœu que nous remplissions ! (2) » Hélas ! c'était si peu leur vœu que ce que Robespierre reprocha précisément à ses ennemis, ce fut — ne cessons pas de le rappeler — « d'avoir porté la Terreur dans toutes les conditions, déclaré la guerre aux citoyens paisibles, érigé en crimes ou des préjugés incurables ou des choses indifférentes, pour trouver partout des coupables et rendre la Révolution redoutable au peuple même (3). » A cette accusation terrible ils n'ont pu répondre que par des mensonges et des calomnies. Présenter le tribunal révolutionnaire comme tout dévoué à Maximilien, c'était chose assez difficile au lendemain du jour où ce tribunal s'était mis si complaisamment au service des vainqueurs, et, Fouquier-Tinville en tête, avait été féliciter la Convention nationale d'avoir su distinguer les *traîtres* (4). Si parmi les membres de ce tribunal, jurés ou juges, quelques-uns professaient pour Robespierre une estime sans bornes, la plupart étaient à son égard ou indifférents ou hostiles. Dans le procès où furent impliquées les *fameuses vierges* de Verdun figuraient deux accusés nommés Bertault et Bonin, à la charge desquels on avait relevé, entre autres griefs, de violents propos contre Robespierre. Tous deux se trouvèrent précisément au nombre des acquittés (5). Cependant il paraissait indispensable de le rendre solidaire des actes de ce tribunal. « On s'est attaché particulièrement, » a-t-il dit lui-même,

(1) Voy. le procès de Fouquier-Tinville dans l'*Histoire parlementaire*, t. XXXIV, p. 412, 413.

(2) *Réponse des membres des anciens comités aux imputations de Laurent Lecointre*, p. 53.

(3) Discours du 8 thermidor, p. 8.

(4) Séance du 10 thermidor (*Moniteur* du 12 [30 juillet 1794]).

(5) Audience du 5 floréal (24 avril 1794), *Moniteur* du 13 floréal (2 mai 1794).

« à prouver que le tribunal révolutionnaire était un tribunal de sang créé par moi seul, et que je maîtrisais absolument pour faire égorger tous les gens de bien, et même tous les fripons, car on voulait me susciter des ennemis de tous les genres (1). » On imagina donc après Thermidor de répandre le bruit qu'il avait gouverné le tribunal par Dumas et par Coffinhal. On avait appris *depuis*, prétendait-on, qu'il avait eu avec eux des conférences journalières où *sans doute* il conférait des détenus à mettre en jugement (2). On ne s'en était pas douté auparavant. Mais plus la chose était absurde, invraisemblable, plus on comptait sur la méchanceté des uns et sur la crédulité des autres pour la faire accepter. Hommes de tête et de cœur, dont la réputation de civisme et de probité est demeurée intacte malgré les calomnies persistantes sous lesquelles on a tenté d'étouffer leur mémoire, Dumas et Coffinhal avaient été les seuls membres du tribunal révolutionnaire qui se fussent activement dévoués à la fortune de Robespierre dans la journée du 9 Thermidor. Emportés avec lui par la tempête, ils n'étaient plus là pour répondre. A-t-on jamais produit la moindre preuve de leurs prétendues conférences avec Maximilien? Non ; mais c'était chose dont on se passait volontiers quand on écrivait l'histoire sous la dictée des vainqueurs. Dans les papiers de Dumas on a trouvé un billet de Robespierre, un seul : c'était une invitation pour se rendre... au comité de Salut public (3).

S'il n'avait aucune action sur le tribunal révolutionnaire, du moins, a-t-on prétendu encore, agissait-il sur Herman, qui, en sa qualité de commissaire des administrations civiles et tribunaux avait les prisons sous sa surveillance. Nous avons démontré ailleurs la fausseté de cette allégation. Herman, dont Robespierre estimait à juste titre la probité et les lumières, avait bien pu être nommé, sur la recommandation de Maximilien, président du tribunal révolutionnaire d'abord, et ensuite commissaire des administrations civiles, mais ses relations avec lui se bornèrent à des relations purement officielles, et dans l'espace d'une année, il n'alla pas chez lui plus de cinq fois ; ses déclarations à cet égard n'ont jamais été démenties (4).

(1) Discours du 8 thermidor, p. 22.

(2) *Réponse des membres des anciens comités aux imputations de Lecointre*, p. 44.

(3) Voici cette invitation citée en *fac-simile* à la suite des notes fournies par Robespierre à Saint-Just pour son rapport sur les dantonistes : « Le comité de Salut public invite le citoyen Dumas, vice-président du tribunal criminel, à se rendre au lieu de ses séances demain à midi. — Paris, le 12 germinal, l'an II de la République. — Robespierre. »

(4) Voyez le Mémoire justificatif d'Herman, déjà cité *Vide suprà*.

Seulement il était tout simple qu'en marge des rapports de dénonciations adressés au comité de Salut public, Maximilien écrivit : *renvoié* à Herman, autrement dit au commissaire de la police générale, comme il écrivait : *renvoié* à Carnot, à Robert Lindet, suivant que les faits dénoncés étaient de la compétence de tel ou tel de ces fonctionnaires. Ainsi fut-il fait pour les dénonciations relatives aux conspirations dites des prisons (1) ; et lorsque dans les premiers jours de messidor le comité de Salut public autorisait le commissaire des administrations civiles à opérer des recherches dans les prisons au sujet des complots contre la sûreté de la République, pour en donner ensuite le résultat au comité, il prenait une simple mesure de précaution toute légitime dans les circonstances où l'on se trouvait (2).

Cette affaire des prisons, à laquelle Maximilien pour sa part fut absolument étranger, a été prodigieusement enflée, exagérée par la réaction. Herman avait pour chef de division un individu nommé Thierriet-Grandpré, qui, durant tout le temps de sa puissance, se montra le plus servile des hommes. La servilité de cet homme ne se démentit pas à la chute du ministre, elle agit en sens inverse, voilà tout. Arrêté lui-même le 18 Thermidor (5 août 1794), il fut relâché quelques jours après, mais sa mise en liberté fut, à n'en pas douter, le prix d'un marché honteux : appelé à déposer dans le procès de Fouquier-Tinville, il paya sa rançon en calomnies contre les vaincus. Cependant, tout en déchirant à belles dents celui aux pieds duquel il avait rampé quelques mois auparavant, il ne put s'empêcher de déclarer qu'il avait été « plein de confiance dans la sensibilité apparente et dans les actes extérieurs d'humanité d'Herman. » O puissance irrésistible de la vérité ! et que veut-on de plus que cet aveu involontaire ! Ainsi, pour dessiller ses yeux, pour ne plus ajouter foi à cette sensibilité, à ces actes d'humanité dont Her-

(1) Voyez entre autres les dénonciations de Valagnos et de Grenier, détenus à Bicêtre. *Archives*, F, 7, 4437.

(2) Arrêté signé : Robespierre, Barère, Carnot, Couthon, C.-A. Prieur, Billaud-Varennes, Collot d'Herbois et Robert Lindet. — Absorbé par une véritable monomanie, M. Michelet n'a vu là que la crainte dont étaient, selon lui, possédés les Robespierristes d'être accusés d'indulgence, de connivence secrète avec la contre-révolution (t. VII, p. 387). Aussi, pour se donner une sorte de point d'appui, a-t-il usé d'un petit stratagème. Au lieu de citer purement et simplement l'arrêté du comité de Salut public qu'on trouve à la suite du rapport de Saladin, sous le numéro XXV, p. 136, il présente comme l'arrêté même du comité le projet d'arrêté proposé par Herman à la suite de son rapport, rapport revêtu de l'approbation de Robespierre, de Billaud-Varenne et de Barère. Et comme M. Michelet est d'un esprit extrêmement inventif, il nous montre Robespierre signant, puis Barère signant à son tour *complaisamment* et faisant signer Billaud-Varenne. (T. VII, p. 388.)

man lui avait fourni tant de preuves, il lui fallut quoi? le triomphe des assassins de Robespierre. Il n'y a pas à demander s'il se montra fidèle au système des Courtois, des Bourdon de l'Oise, des Tallien, des Fréron, et autres proscripteurs; peut-être en avait-il reçu des leçons. Tous les agents de la Terreur se transformèrent dans sa bouche en *agents de Robespierre*. Quant à Herman, oh! celui-ci avait commis un crime impardonnable, et son ancien commis ne lui ménagea pas son fait : prenant en considération les besoins de la République, il avait réduit de cinq mille à quatre mille livres le traitement de plusieurs chefs, au nombre desquels il était lui, Thierriet-Grandpré, et cela afin, sans doute, de faire place à des pères de famille de la classe indigente (1). Quel scélérat! Au reste, Herman était si peu l'homme de Robespierre, et il songea si peu à s'associer à sa destinée dans la tragique journée de Thermidor, qu'il s'empressa d'enjoindre à ses agents de mettre à exécution le décret de la Convention qui mettait Hanriot, son état-major et plusieurs autres individus en état d'arrestation (2).

Quoi qu'il en soit, Herman, sans être lié d'amitié avec Robespierre, avait mérité d'être apprécié de lui, et il professait pour le caractère de ce grand citoyen la plus profonde estime. Tout au contraire, Maximilien semblait avoir pour la personne de Fouquier-Tinville une secrète répulsion. On ne pourrait citer un mot d'éloge tombé de sa bouche ou de sa plume sur ce farouche et sanglant magistrat, dont la réaction d'ailleurs ne s'est pas privée d'assombrir encore la sombre figure. Fouquier s'asseyait à la table de Laurent Lecointre en compagnie de Merlin (de Thionville), comme on l'a vu plus haut; il avait des relations de monde avec les députés Morisson, Cochon de Lapparent, Goupilleau (de Fontenay) et bien d'autres (3); mais

(1) Voyez la seconde déposition de Thierriet-Grandpré dans le procès de Fouquier-Tinville. (*Histoire parlementaire*, t. XXXIV, p. 421 à 438.) Ce misérable déposa en effet deux fois. La première fois, le 17 germinal an III (6 avril 1795). Sa déposition ne comprend pas moins de dix-huit pages de l'*Histoire parlementaire*, t. XXXIV, p. 421 à 438. La réponse de Fouquier en occupe une. Thierriet-Grandpré fut entendu une seconde fois le 26 germinal (15 avril 1795), après la mise en cause d'Herman et de Lannes. Cette nouvelle déposition tient douze pages tout entières. (*Histoire parlementaire*, t. XXXV, p. 45 à 57. Quant à la réfutation, voici ce qu'en donne le compte rendu : « Les accusés Herman et Lannes ont expliqué ou nié les faits qui leur sont reprochés. » Et c'est tout, à peine une ligne et demie! Voilà comment, après Thermidor, on était revenu au règne de la justice, de l'impartialité et de la modération. Herman et Lannes ne sont pas les moins regrettables victimes de la contre-révolution, qui a tué en eux la probité rigide et le patriotisme le plus pur.

(2) Voyez à cet égard le rapport du lieutenant de gendarmerie Degesne, cité par Courtois à la suite de son rapport sur les événements du 9 Thermidor, sous le numéro XIX, p. 119.

(3) Mémoire de Fouquier-Tinville dans l'*Histoire parlementaire*, t. XXXIV, p. 241.

Robespierre, il ne le voyait jamais en dehors du comité de Salut public ; une seule fois il alla chez lui, ce fut le jour de l'attentat de Ladmiral, comme ce jour-là il se rendit également chez Collot d'Herbois (1). Il ne se gênait même point pour manifester son antipathie contre lui (2) : un jour, ayant reçu la visite du représentant Martel, député de l'Allier à la Convention, il lui en parla dans les termes les plus hostiles, en l'engageant à se liguer avec lui, afin, disait-il, de sauver leurs têtes (3). Fouquier-Tinville était-il de la conjuration ? On pourrait le croire. Il recevait de fréquentes visites d'Amar, de Vadier, de Voulland et de Jagot, — quatre des plus violents ennemis de Robespierre, — qui venaient lui recommander de mettre en jugement tel ou tel qu'ils désignaient (4). On sait avec quel empressement il vint, dans la matinée du 10 thermidor, offrir ses services à la Convention nationale ; on sait aussi comment le lendemain, à la séance du soir, Barère, au nom des comités de Salut public et de Sûreté générale, parla du tribunal révolutionnaire, « de cette institution salutaire » qui détruisait les ennemis de la République, purgeait le sol de la liberté, pesait aux aristocrates et nuisait aux ambitieux ; comment enfin il proposa de maintenir au poste d'accusateur public... Fouquier-Tinville (5). Ce n'était donc pas le tribunal de Robespierre, bien que dans la matinée du 10, quelques-uns des calomniateurs jurés de Robespierre, Élie Lacoste, Thuriot, Bréard, eussent demandé la suppression de ce tribunal comme étant composé de créatures de Maximilien. Mais admirez les contradictions de ces sanguinaires Thermidoriens, le soir même Barère annonçait que les *conjurés* avaient formé le projet de faire fusiller le tribunal révolutionnaire (6).

La vérité est que Robespierre blâmait et voulait arrêter les excès auxquels ce tribunal était en quelque sorte forcément entraîné par les manœuvres odieuses de certains membres du gouvernement. Quant à son influence sur les décisions du tribunal révolutionnaire, elle était nulle, absolument nulle ; mais en eût-il eu la moindre sur quelques-uns de ses membres, qu'il lui eût répugné d'en user. Nous

(1) Mémoire de Fouquier, *ubi suprà*, p. 239.

(2) On se demande comment M. Villiaumé a pu, sans la moindre preuve, présenter Fouquier-Tinville comme dévoué à Robespierre. (T. III, p. 265 de l'édition Lacroix.) Tout prouve au contraire qu'il ne lui était rien moins que dévoué.

(3) Mémoire de Fouquier, *ubi suprà*, p. 247, corroboré ici par la déposition de Martel. (*Histoire parlementaire*, t. XXXV, p. 16.)

(4) Déposition d'Étienne Masson, ex-greffier au tribunal révolutionnaire, dans le procès de Fouquier. (*Histoire parlementaire*, t. XXXV, p. 89.)

(5) Voy. *le Moniteur* du 14 thermidor an II (1er août 1794).

(6) *Ibid.*

avons dit comment, ayant négligemment demandé un jour à Duplay ce qu'il avait fait au tribunal, et son hôte lui ayant répondu : « Maximilien, je ne vous demande jamais ce que vous faites au comité de Salut public, » il lui avait étroitement serré la main, en signe d'estime et d'adhésion.

XXXII

Quand les conjurés virent Robespierre fermement décidé à arrêter le débordement des excès, ils imaginèrent de retourner contre lui l'arme même dont il entendait se servir, et de le présenter partout comme l'auteur des actes d'oppression qu'ils multipliaient à dessein. Tous ceux qui avaient une mauvaise conscience, tous ceux qui s'étaient souillés de rapines ou baignés dans le sang à plaisir, les Bourdon, les Carrier, les Guffroy, les Tallien, les Rovère, les Dumont, les Vadier, s'associèrent à ce plan où se devine si bien la main de l'odieux Fouché. D'impurs émissaires répandus dans tous les lieux publics, dans les assemblées de sections, dans les sociétés populaires, étaient chargés de propager la calomnie. Mais laissons ici Robespierre dévoiler lui-même les effroyables trames dont il fut victime : « Pour moi, je frémis quand je songe que des ennemis de la Révolution, que d'anciens professeurs de royalisme, que des ex-nobles, que des émigrés peut-être, se sont tout à coup faits révolutionnaires et transformés en commis du comité de Sûreté générale, pour se venger sur les amis de la patrie de la naissance et des succès de la République... A ces puissants motifs qui m'avaient déjà déterminé à dénoncer ces hommes, mais inutilement, j'en joins un autre qui tient à la trame que j'avais commencé à développer : nous sommes instruits qu'ils sont payés par les ennemis de la Révolution pour déshonorer le gouvernement révolutionnaire en lui-même et pour calomnier les représentants du peuple dont les tyrans ont ordonné la perte. Par exemple, quand les victimes de leur perversité se plaignent, ils s'excusent en leur disant : *C'est Robespierre qui le veut : nous ne pouvons pas nous en dispenser...* Jusques à quand l'honneur des citoyens et la dignité de la Convention nationale seront-ils à la merci de ces hommes-là ? Mais le trait que je viens de citer n'est qu'une branche du système de persécution plus vaste dont je suis l'objet. En développant cette accusation de dictature mise à l'ordre du jour par les tyrans, on s'est attaché à me charger de toutes leurs iniquités, de tous les torts de la fortune, ou de toutes les rigueurs commandées par le salut de la patrie. On disait aux nobles : *c'est lui seul* qui vous a proscrits ; on disait en même temps aux patriotes : *il veut sauver les nobles* ; on disait aux prêtres : *c'est lui seul qui vous poursuit, sans lui vous seriez paisibles et triomphants* ; on disait aux fanatiques : *c'est lui qui détruit la religion* ; on disait aux patriotes persécutés : *c'est lui qui l'a ordonné ou qui ne veut pas l'empêcher.* On me renvoyait toutes les plaintes dont je ne pouvais faire cesser les causes, en disant : *Votre sort dépend de lui seul.* Des hommes apostés dans les lieux publics propageaient chaque jour ce système ; il y en avait dans le lieu des séances du tribunal révolutionnaire, dans les lieux où les ennemis de la patrie expient leurs forfaits ; ils disaient : *Voilà des malheureux condamnés ; qui est-ce qui en est la cause? Robespierre...* Ce cri retentissait dans toutes les prisons : le plan de proscription était exécuté à la fois dans tous les départements par les émissaires de la tyrannie... Comme on voulait me perdre surtout dans l'opinion de la Convention nationale, on prétendit que moi seul avais osé croire qu'elle pouvait renfermer dans son sein quelques hommes indignes d'elle. On dit à chaque député revenu d'une mission dans les départements que moi seul avais provoqué son rappel ; je fus accusé, par des hommes très-officieux et très-insinuants, de tout le bien et de tout le mal qui avait été fait. On rapportait fidèlement à mes collègues et tout ce que j'avais dit, et surtout ce que je n'avais pas dit. On écartait avec soin le soupçon qu'on eût contribué à un acte qui pût déplaire à quelqu'un ; j'avais tout fait, tout exigé, tout commandé, car il ne faut pas oublier mon titre de dictateur... Ce que je puis affirmer positivement, c'est que parmi les auteurs de cette trame sont les agents de ce système de corruption et d'extravagance, le plus puissant de tous les moyens inventés par l'étranger pour perdre la Republique... (1). »

Il n'est pas jusqu'à son immense popularité qui ne servît merveilleusement les projets de ses ennemis. L'opinion se figurait son influence sur les affaires du gouvernement beaucoup plus considérable qu'elle ne l'était en réalité. N'entendons-nous pas aujourd'hui encore une foule de gens témoigner un étonnement assurément bien naïf de ce qu'il ait abandonné sa part de dictature au lieu de s'opposer à la recrudescence de terreur infligée au pays dans les quatre décades qui précédèrent sa chute? Nous avons prouvé, au contraire, qu'il lutta énergiquement au sein du comité de Salut public pour refréner la Terreur, cette Terreur déchaînée par ses

(1) Discours du 8 thermidor, p. 20, 21, 22, 23. — Et voilà ce que d'aveugles écrivains, comme MM. Michelet et Quinet, appellent le *sentiment populaire*.

ennemis sur toutes les classes de la société; l'impossibilité de réussir fut la seule cause de sa retraite, toute morale. « L'impuissance de faire le bien et d'arrêter le mal m'a forcé à abandonner absolument mes fonctions de membre du comité de Salut public (1). » Quant à en appeler à la Convention nationale, dernière ressource sur laquelle il comptait, il sera brisé avec une étonnante facilité lorsqu'il y aura recours. Remplacé au fauteuil présidentiel, dans la soirée du 1er messidor, par le terroriste Élie Lacoste, un de ses adversaires les plus acharnés, peut-être aurait-il dû se méfier des mauvaises dispositions de l'Assemblée à son égard; mais il croyait le droit côté converti à la Révolution : là fut son erreur.

On se tromperait fort, du reste, si l'on s'imaginait qu'il voulût ouvrir toutes grandes les portes des prisons, au risque d'offrir le champ libre à tous les ennemis de la Révolution et d'accroître ainsi les forces des coalisés de l'intérieur et de l'extérieur. Décidé à combattre le crime, il n'entendait pas encourager la réaction. Ses adversaires, eux, n'y prenaient point garde; peu leur importait, ils avaient bien souci de la République et de la liberté! Il s'agissait d'abord pour eux de rendre le gouvernement révolutionnaire odieux par des excès de tous genres, et d'en rejeter la responsabilité sur ceux qu'on voulait perdre. Il y a dans le dernier discours de Robespierre un mot bien profond à ce sujet : « Si nous réussissons, disaient les conjurés, il faudra contraster par une extrême indulgence avec l'état présent des choses. Ce mot renferme toute la conspiration (2). » Cela ne s'est-il point réalisé de point en point au lendemain de Thermidor, et n'a-t-on point usé d'une extrême indulgence envers les traîtres et les conspirateurs? Il est vrai qu'en revanche on s'est mis à courir sus aux républicains les plus purs, aux meilleurs patriotes. Ce que Robespierre demandait, lui, c'était que, tout en continuant de combattre à outrance les ennemis déclarés de la Révolution, on ne troublât point les citoyens paisibles, et qu'on n'érigeât pas en crimes ou des préjugés incurables, ou des choses indifférentes, pour trouver partout des coupables (3). Telle fut la politique qu'il s'efforça de faire prévaloir dans le courant de messidor, à la société des Jacobins, où il parla non point constamment, comme on l'a si souvent et si légèrement avancé, mais sept ou huit fois en tout et pour tout dans l'espace de cinquante jours.

Ce fut dans la séance du 3 messidor (21 juin 1794) qu'à propos d'une proclamation du duc d'York, il commença à signaler les

(1) Discours du 8 thermidor, p. 30.
(2) Ibid., p. 29.
(3) Ibid., p. 8.

manœuvres employées contre lui. Cette proclamation avait été rédigée à l'occasion du décret rendu sur le rapport de Barère, où il était dit qu'il ne serait point fait de prisonniers anglais ou hanovriens. C'était une sorte de protestation exaltant la générosité et la clémence comme la plus belle vertu du soldat, pour rendre plus odieuse la mesure prise par la Convention nationale. Robespierre démêla très-bien la perfidie, et dans un long discours improvisé, il montra sous les couleurs les plus hideuses la longue astuce et la basse scélératesse des tyrans. Reprenant phrase à phrase la proclamation du duc, après en avoir donné lecture, il établit un contraste frappant entre la probité républicaine et la mauvaise foi britannique. Sans doute, dit-il, aux applaudissements unanimes de la société, un homme libre pouvait pardonner à son ennemi ne lui présentant que la mort, mais le pouvait-il s'il ne lui offrait que des fers? York parlant d'humanité! lui le soldat d'un gouvernement qui avait rempli l'univers de ses crimes et de ses infamies, c'était à la fois risible et odieux. Certainement, ajoutait Robespierre, on comptait sur les trames ourdies dans l'intérieur, sur les piéges des imposteurs, sur le système d'immoralité mis en pratique par certains hommes pervers. N'y avait-il pas un rapprochement instructif à établir entre le duc d'York, qui, par une préférence singulière donnée à Maximilien, appelait les soldats de la République *les soldats de Robespierre*, dépeignait celui-ci comme entouré d'une garde militaire, et ces révolutionnaires équivoques qui s'en allaient dans les assemblées populaires réclamer une sorte de garde prétorienne pour les représentants. « Je croyais être citoyen français, » s'écria Robespierre avec une animation extraordinaire, en repoussant les qualifications que lui avait si généreusement octroyées le duc d'York, « et il me fait roi de France et de Navarre! » Y avait-il donc au monde un plus beau titre que celui de citoyen français, et quelque chose de préférable, pour un ami de la liberté, à l'amour de ses concitoyens? C'étaient là, disait Maximilien en terminant, des piéges faciles à déjouer; on n'avait pour cela qu'à se tenir fermement attaché aux principes. Quant à lui, les poignards seuls pourraient lui fermer la bouche et l'empêcher de combattre les tyrans, les traîtres et tous les scélérats.

La société accueillit par les plus vives acclamations ce chaleureux discours, dont elle vota d'enthousiasme l'impression, la distribution et l'envoi aux armées (1). En rendant compte des com-

(1) Il n'existe de ce discours qu'un compte rendu très-imparfait. (Voy. *le Moniteur* du 6 messidor (24 juin 1794). C'est la reproduction pure et simple de la version donnée par le *Journal de la Montagne*. Quant à l'arrêté concernant l'impression du dis-

mentaires de Maximilien sur la proclamation du duc d'York, le rédacteur du *Journal de la Montagne*, dont la version se trouva textuellement reproduite dans *le Moniteur*, s'exprima en ces termes : « Chaque mot de l'orateur vaut une phrase, chaque phrase un discours, tant il renferme de sens et d'énergie dans tout ce qu'il dit. » Robespierre censura très-vivement cette forme obséquieuse et apologétique indigne du style républicain. « Les flagorneries font douter de la véracité des écrivains, » dit-il ; « un écrivain véridique et patriote doit aussi rapporter avec exactitude et littéralement, afin que ce qu'il rapporte puisse éclairer l'opinion publique ou qu'elle juge ce qu'il rapporte (1). » D'autres, à sa place, au lieu de se plaindre, se fussent empressés de remercier le journaliste louangeur.

XXXIII

Retranché dans sa conscience comme dans une forteresse impénétrable, isolé, inaccessible à l'intrigue, Robespierre opposait aux coups de ses ennemis, à leurs manœuvres tortueuses, sa conduite si droite, si franche, se contentant de prendre entre eux et lui l'opinion publique pour juge. « Il est temps peut-être, » dit-il aux Jacobins, dans la séance du 13 messidor, « que la vérité fasse entendre dans cette enceinte des accents aussi mâles et aussi libres que ceux dont cette salle a retenti dans toutes les circonstances où il s'est agi de sauver la patrie. Quand le crime conspire dans l'ombre la ruine de la liberté, est-il pour des hommes libres des moyens plus forts que la vérité et la publicité? Irons-nous, comme des conspirateurs, concerter dans des repaires obscurs les moyens de nous défendre contre leurs efforts perfides? Irons-nous répandre l'or et semer la corruption? En un mot, nous servirons-nous contre nos ennemis des mêmes armes qu'ils emploient pour nous combattre? Non. Les armes de la liberté et de la tyrannie sont aussi opposées que la liberté et la tyrannie sont opposées. Contre les scélératesses des tyrans et de leurs amis il ne nous reste d'autre ressource que la vérité et le tribunal de l'opinion publique, et d'autre appui que les gens de bien. » Il n'était pas dupe, on le voit, des machinations ourdies contre lui; il savait bien quel orage dans l'ombre se préparait à fondre sur sa tête, mais il répugnait à son

cours, il n'a pas été exécuté. Invité à rédiger son improvisation, Robespierre n'aura pas eu le temps ou aura négligé de le faire.

- (1) Séance du 6 messidor (24 juin 1794), *Moniteur* du 9 messidor,

honnêteté de combattre l'injustice par l'intrigue, et il succombera pour n'avoir point voulu s'avilir.

La République était-elle fondée sur des bases durables quand l'innocence tremblait pour elle-même, persécutée par d'audacieuses factions ? On allait cherchant des recrues dans l'aristocratie, dénonçant comme des actes d'injustice et de cruauté les mesures sévères déployées contre les conspirateurs, et en même temps on ne cessait de poursuivre les patriotes. Ah ! disait Robespierre, « l'homme humain est celui qui se dévoue pour la cause de l'humanité et qui poursuit avec rigueur et avec justice celui qui s'en montre l'ennemi ; on le verra toujours tendre une main secourable à la vertu outragée et à l'innocence opprimée. » Mais était-ce se montrer vraiment humain que de favoriser les ennemis de la Révolution aux dépens des républicains? On connaît le mot de Bourdon (de l'Oise) à Durand-Maillane : « Oh! les braves gens que les gens de la droite! » Tel était le système des conjurés. Ils recrutaient des alliés parmi tous ceux qui conspiraient en secret la ruine de la République, et qui, tout en estimant dans Robespierre le patriotisme et la probité même, aimèrent mieux le sacrifier à des misérables qu'ils méprisaient que d'assurer, en prenant fait et cause pour lui, le triomphe de la Révolution.

Comme Maximilien sut bien percer à jour les trames de ses ennemis ! Comme il montra à quels périls seraient exposés la liberté et les défenseurs de la République le jour où le gouvernement révolutionnaire tomberait entre les mains des conjurés! Comme il dévoila bien leur plan, trop fidèlement suivi hélas ! d'amener les patriotes à se détruire les uns les autres en semant la défiance au milieu d'eux ! Avec quel art on affectait de présenter les travaux de la Convention comme l'œuvre d'un seul individu ! Avec quelle perfidie on avait répandu le bruit qu'en réorganisant le tribunal révolutionnaire, on avait eu pour but d'égorger la Convention elle-même ! Et Robespierre était obligé d'avouer que cette idée avait obtenu beaucoup de consistance. Quant à lui, s'élevant au-dessus des considérations personnelles, il n'en était pas moins résolu, au péril de sa vie et même de sa réputation, à faire connaître au monde les ennemis de la liberté, qui essayaient en vain de lui fermer la bouche par des moyens empruntés aux assassins et aux calomniateurs vomis et soudoyés par l'étranger. On répétait à Paris les infamies colportées par les feuilles anglaises. Et dans quel lieu! « Vous frémiriez si je vous le disais, » s'écriait Robespierre. Il s'agissait sans doute du comité de Sûreté générale, dont un des membres, Louis (du Bas-Rhin), présidait en ce moment même la société des Jacobins.

D'impurs libelles le dépeignaient, lui Maximilien, comme l'assassin des honnêtes gens, comme l'organisateur du tribunal révolutionnaire, comme l'oppreseur de la représentation nationale, calomnies qui se sont audacieusement propagées après Thermidor, tout absurdes et insoutenables qu'elles soient. Comment! n'allait-on pas jusqu'à prétendre, en parlant de la petite Renault, qu'il y avait sans doute une amourette là-dessous et qu'il fallait bien croire qu'il eût fait guillotiner son amant? « C'est ainsi, » ajoutait-il, « que l'on absout les tyrans en atteignant un patriote isolé qui n'a pour lui que son courage et sa vertu. — Robespierre, s'écria en ce moment un citoyen des tribunes, tu as tous les Français pour toi. » — Et lui de répondre: « La vérité est mon seul asile contre le crime; je ne veux ni de partisans ni d'éloges; ma défense est dans ma conscience. » Hélas ! le bouclier de l'homme de bien n'est pas une garantie contre les méchants et les pervers. Dans la douloureuse alternative où se trouvaient placés les amis de la liberté, de trahir la patrie ou d'être traités de tyrans et d'oppresseurs s'ils avaient le courage de remplir leurs devoirs, il n'hésita pas, sachant bien pourtant qu'il ne pourrait défendre la cause de la justice sans être appelé despote, ni invoquer l'opinion publique sans être désigné comme dictateur.

La crainte de Robespierre était que les calomnies des tyrans et de leurs stipendiés ne finissent par jeter le découragement dans l'âme des patriotes; mais il engageait ses concitoyens à se fier à la vertu de la Convention, au patriotisme et à la fermeté des membres du comité de Salut public et de Sûreté générale. Et comme ses paroles étaient accueillies par des applaudissements réitérés : Ah ! s'écria ce *flatteur du peuple*, ce qu'il faut pour sauver la liberté, ce ne sont ni des applaudissements ni des éloges, mais une vigilance infatigable. Il promit de s'expliquer plus au long quand les circonstances se développeraient, car aucune puissance au monde n'était capable de l'empêcher de s'épancher, de déposer la vérité dans le sein de la Convention ou dans le cœur des républicains, et il n'était pas au pouvoir des tyrans ou de leurs valets de faire échouer son courage. « Qu'on répande des libelles contre moi, » dit-il en terminant, « je n'en serai pas moins toujours le même, et je défendrai la liberté et l'égalité avec la même ardeur. Si l'on me forçait de renoncer à une partie des fonctions dont je suis chargé, il me resterait encore ma qualité de représentant du peuple, et je ferai une guerre à mort aux tyrans et aux conspirateurs (1). » Donc, à cette époque Robespierre ne considérait pas encore la rupture

(1) Voyez ce discours dans *le Moniteur* du 17 messidor an II (5 juillet 1794).

avec ses collègues du comité de Salut public, ni même avec les membres du comité de Sûreté générale, comme une chose accomplie. Il sentait bien qu'on s'efforçait de le perdre dans l'esprit de ces comités, mais il avait encore confiance dans la vertu et la fermeté de leurs membres, et sans doute il ne désespérait pas de les ramener à sa politique à la fois énergique et modérée. Une preuve assez manifeste que la scission n'existait pas encore, au moins dans le comité de Salut public, c'est que vers cette époque (15 messidor) Couthon fut investi d'une mission de confiance près les armées du Midi, et chargé de prendre dans tous les départements qu'il parcourrait les mesures les plus utiles aux intérêts du peuple et au bonheur public (1). Quelques jours après (19 messidor), un nouvel arrêté du comité de Salut public l'invitait à se rendre, en passant, à la Rochelle, où un certain nombre de patriotes avaient été incarcérés, et à Bordeaux, afin d'y prendre toutes les mesures de salut public que les circonstances pourraient rendre nécessaires (2). Le même jour Carnot et Robert Lindet écrivaient à Bourbotte, alors à Nantes : « Notre collègue Couthon, qui doit partir incessamment pour Bordeaux, passera à la Rochelle pour t'y relever. Tu vois que ton séjour y sera de peu de durée ; mais il est urgent que tu t'y rendes promptement. Le comité se repose sur ton zèle et sur ton énergie pour mettre fin à ces actes oppressifs (3). » En confiant à Couthon une importante mission, les collègues de Robespierre eurent-ils l'intention d'éloigner de lui un de ses plus ardents amis ? On le supposerait à tort ; ils n'avaient pas encore de parti pris. D'ailleurs Maximilien et Saint-Just, revenu depuis peu de l'armée du Nord après une participation glorieuse à la bataille de Fleurus et à la prise de Charleroi (4), n'avaient-ils pas approuvé eux-mêmes la mission confiée à leur ami ? Si Couthon différa son départ, ce fut sans doute parce que de jour en jour la conjuration

(1) Séance du comité de Salut public du 15 messidor (3 juillet 1794). Étaient présents : Barère, Carnot, Collot d'Herbois, Couthon, C.-A. Prieur, Billaud-Varenne, Saint-Just, Robespierre, Robert Lindet. (Registre des délibérations et arrêtés.) L'arrêté est signé, pour extrait, de Carnot, Collot d'Herbois, Billaud-Varenne et C.-A. Prieur. Archives, A F, II, 58.

(2) Séance du comité du 19 messidor (7 juillet 1794); présents : Barère, Carnot, Collot d'Herbois, Billaud-Varenne, Robespierre, C.-A. Prieur, Couthon, Saint-Just, Robert Lindet. (Registre des délibérations, etc.). Arrêté signé, pour extrait, de Jean-Bon Saint-André, Billaud-Varenne, Collot d'Herbois. Archives, A F, II, 58.

(3) L'original de cette lettre est aux Archives, A F, II, 37.

(4) Nous avons, dans notre histoire de Saint-Just, signalé l'erreur capitale des historiens qui, comme MM. Thiers et Lamartine, ont fait revenir Saint-Just la veille même du 9 Thermidor. (Voy. notre Histoire de Saint-Just, liv. V, ch. v.)

devenait plus manifeste et plus menaçante, et que, comme il allait
bientôt le déclarer hautement, il voulait partager les poignards dirigés contre Robespierre (1). »

XXXIV

L'horreur de Maximilien pour les injustices commises envers les
particuliers, son indignation contre ceux qui se servaient des lois
révolutionnaires contre les citoyens non coupables ou simplement
égarés, éclatèrent d'une façon toute particulière aux Jacobins dans
la séance du 21 messidor (9 juillet 1794). Rien de plus rare, à son
sens, que la défense généreuse des opprimés quand il n'y avait aucun profit à en attendre. Or, si quelqu'un usa sa vie, se dévoua
complétement à soutenir la cause des faibles, des déshérités, sans
même compter sur la reconnaissance des hommes, ce fut assurément lui. Ah ! s'il eût été plus habile, s'il eût prêté sa voix aux puissants de la veille, destinés à redevenir les puissants du lendemain,
il n'y n'aurait pas assez d'éloges pour sa mémoire ; mais il voulait
le bonheur de tous dans la liberté et dans l'égalité, mais il ne voulait pas qu'en frappant les grands coupables le glaive des lois s'a-
battît indistinctement sur toutes les classes de la société ; il ne voulait pas que la France devînt la proie de quelques misérables qui
dans la Révolution ne voyaient qu'un moyen de fortune ; il ne voulait pas que certains fonctionnaires trop zélés multipliassent les
actes d'oppression, érigeassent en crimes des erreurs ou des préjugés invétérés pour trouver partout des coupables et rendre la Révolution redoutable au peuple même. Comment n'aurait-il pas été
maudit des ambitieux vulgaires, des fripons, des égoïstes, des spé-
culateurs avides qui finirent par tuer la République après l'avoir
deshonorée?

Un décret avait été rendu qui, en mettant à l'ordre du jour la
vertu et la probité, eût pu sauver l'État ; mais des hommes couverts
du masque du patriotisme s'en étaient servis pour persécuter les
citoyens. « Tous les scélérats, » dit Robespierre, « ont abusé de la
loi qui a sauvé la liberté et le peuple français. Ils ont feint d'ignorer que c'était la justice suprême que la Convention avait mise à
l'ordre du jour, c'est-à-dire le devoir de confondre les hypocrites,
de soulager les malheureux et les opprimés, et de combattre les tyrans ; ils ont laissé à l'écart ces grands devoirs, et s'en sont fait un

(1) Séance des Jacobins du 23 messidor (11 juillet 1794).

instrument pour tourmenter le peuple et perdre les patriotes. » Un comité révolutionnaire, digne émule de ce comité de l'*Indivisibilité* dont les membres avaient été arrêtés sur la proposition de Maximilien, avait imaginé d'ordonner l'arrestation de tous les citoyens qui dans un jour de fête se seraient trouvés en état d'ivresse, et une foule d'artisans, de bons citoyens, avaient été impitoyablement incarcérés. Voilà ce dont s'indignait Robespierre, qui peut-être avait plus que « ces inquisiteurs méchants et hypocrites, » comme il les appelait, le droit de se montrer sévère et rigide, car nul autant que lui ne prêcha d'exemple l'austérité des mœurs. Après avoir parlé des obligations imposées aux fonctionnaires publics dont il flétrit le faux zèle, il ajoutait : « Mais ces obligations ne les forcent point à s'appesantir avec une inquisition sévère sur les actions des bons citoyens, pour détourner les yeux de dessus les crimes des fripons ; ces fripons qui ont cessé d'attirer leur attention, sont ceux-là mêmes qui oppriment l'humanité, et sont de vrais tyrans. Si les fonctionnaires publics avaient fait ces réflexions, ILS AURAIENT TROUVÉ PEU DE COUPABLES A PUNIR, car le peuple est bon, et la classe des méchants est la plus petite. » Elle est la plus petite, il est vrai, mais elle est aussi la plus forte, aurait-il pu ajouter, parce qu'elle est la plus audacieuse.

En recommandant au gouvernement beaucoup d'unité, de sagesse et d'action, Robespierre s'attacha à défendre les institutions révolutionnaires devenues le point de mire des attaques de tous les intrigants et de tous les fripons, devant les convoitises desquels elles se dressaient comme un obstacle infranchissable. Il ne venait point réclamer des mesures sévères contre les coupables, mais seulement prémunir les citoyens contre les piéges qui leur étaient tendus, et tâcher d'éteindre la nouvelle torche de discorde allumée au milieu de la Convention nationale qu'on s'efforçait d'avilir par un système de terreur. A la franchise on avait substitué la défiance, et le sentiment généreux des fondateurs de la République avait fait place au calcul des âmes faibles. « Comparez, » disait Robespierre, » comparez avec la justice tout ce qui n'en a que l'apparence. » Tout ce qui tendait à un résultat dangereux lui semblait dicté par la perfidie. Qu'importaient, ajoutait-il, des lieux communs contre Pitt et les ennemis du genre humain, si les mêmes hommes qui les débitaient attaquaient sourdement le gouvernement révolutionnaire, tantôt modérés et tantôt hors de toute mesure, déclamant toujours, et sans cesse s'opposant aux moyens utiles qu'on proposait. Ces hommes, il était temps de se mettre en garde contre leurs complots. — Quelques écrivains ont supposé qu'ici Robespierre avait eu en vue son collègue

Barère, qui ce jour-là présidait la société des Jacobins ; c'est une erreur tout à fait grossière (1). Barère n'a jamais attaqué et ne pouvait attaquer un gouvernement dont il était alors un des membres les plus influents ; il ne pouvait pas davantage s'opposer à des mesures que lui-même était ordinairement chargé de proposer. Cela est clair comme le jour. Les hommes auxquels Robespierre faisait allusion, c'étaient les Bourdon (de l'Oise), les Tallien, les Fouché, les Fréron, les Rovère ; c'était à ces hommes de sang et de rapines qu'il jetait ce défi hautain : « Il faut que ces lâches conspirateurs ou renoncent à leurs complots infâmes, ou nous arrachent la vie. » Car il ne s'illusionnait pas sur leurs desseins ; il savait bien qu'on en voulait à ses jours. Cependant il avait confiance encore dans le génie de la patrie, et en terminant il engageait vivement les membres de la Convention à se mettre en garde contre les insinuations perfides de certains personnages qui, en craignant pour eux-mêmes, cherchaient à faire partager leurs craintes. « Tant que la terreur durera parmi les représentants, ils seront incapables de remplir leur mission glorieuse. Qu'ils se rallient à la justice éternelle, qu'ils déjouent les complots par leur surveillance ; que le fruit de nos victoires soit la liberté, la paix, le bonheur et la vertu, et que nos frères, après avoir versé leur sang pour nous assurer tant d'avantages, soient eux-mêmes assurés que leurs familles jouiront du fruit immortel que doit leur garantir leur généreux dévouement (2). » Comment de telles paroles n'auraient-elles pas produit une impression profonde sur une société dont la plupart des membres étaient animés du plus pur patriotisme. Ah ! si tous les hommes de cette époque avaient été également amis de la patrie et des lois, la Révolution se serait terminée d'une ma-

(1) Voy. ce que nous avons dit plus haut à ce sujet. M. Michelet, qui ne recule jamais devant une bévue, nous montre, dans son style pittoresque jusqu'au trivial, Robespierre « pinçant le président Barère.» (T. VII, p. 401). Puis il cite, *entre guillemets*, quelques paroles de Maximilien. Par malheur, et selon sa trop fréquente habitude, il cite inexactement. Ainsi il omet de dire, mais tout à fait, que l'orateur s'en prenait aux hommes qui attaquaient sourdement le gouvernement révolutionnaire ; autrement le lecteur un peu intelligent se serait tout de suite aperçu qu'il ne pouvait être ici question de Barère, qui, formant, à cette époque, avec Billaud-Varenne, Collot d'Herbois, Carnot, C.-A. Prieur et Robert Lindet, la partie la plus influente du gouvernement, ne se serait pas amusé sans doute à s'attaquer lui-même en attaquant le gouvernement et en s'opposant aux mesures que le plus souvent il était chargé de présenter. Mais cette hypothèse sert à M. Michelet de transition heureuse pour nous donner comme de l'histoire la fameuse scène où le juré Vilate nous a dépeint Barère se pâmant dans un fauteuil et se lamentant sur le nombre de têtes demandées par Robespierre. (*Vide suprà.*)

(2) Voyez ce discours dans *le Moniteur* du 30 messidor (18 juillet 1794). Il est textuellement emprunté au *Journal de la Montagne*.

nière bien simple, sans être inquiétée par les factieux comme venait de le déclarer Robespierre. Mais tandis que de sa bouche sortait cet éloquent appel à la justice, à la probité, à l'amour de la patrie, la calomnie continuait son œuvre souterraine, et tous les vices coalisés se préparaient dans l'ombre à abattre la plus robuste vertu de ces temps héroïques.

XXXV

Parmi les hommes pervers acharnés à la perte de Robespierre, nous avons déjà signalé l'odieux Fouché, qui, redoutant d'avoir à rendre compte du sang inutilement répandu à Lyon, cherchait dans un nouveau crime l'impunité de ses nombreux méfaits. Une adresse des habitants de Commune-Affranchie, en ramenant aux Jacobins la discussion sur les affaires lyonnaises, fournit à Robespierre l'occasion de démasquer tout à fait ce sanglant maître fourbe.

C'était le 23 messidor (11 juillet 1794). Reprenant les choses de plus haut, Maximilien rappela d'abord la situation malheureuse où s'étaient trouvés les patriotes de cette ville à l'époque du supplice de Chalier, supplice si cruellement prolongé par les aristocrates de Lyon. Par quatre fois le bourreau avait fait tomber la hâche sur la tête de l'infortuné maire, et lui, par quatre fois, soulevant sa tête mutilée, s'était écrié d'une voix mourante : *Vive la République, attachez-moi la cocarde.* L'orateur rappela ensuite la facilité avec laquelle Précy et d'autres conspirateurs étaient parvenus à s'échapper par la porte même où se trouvait le corps d'armée commandé par Dubois-Crancé, qu'il soupçonna toujours d'avoir favorisé cette évasion. Il se plaignit aussi qu'au début la justice nationale n'eût pas été exercée avec le degré de force et d'action exigé par les circonstances. On sait avec quelle modération Couthon usa de la victoire. Collot d'Herbois lui avait reproché de s'être laissé entraîner par une pente naturelle vers l'indulgence; il avait même dénoncé à Robespierre ce système d'indulgence inauguré par Couthon, en rendant d'ailleurs pleine justice aux intentions de son collègue. La commission temporaire établie pour juger les conspirateurs avait commencé par déployer de l'énergie ; mais bientôt, cédant à la séduction de certaines femmes et à de perfides manœuvres, elle s'était relâchée de sa pureté; les patriotes avaient été de nouveau en butte aux persécutions de l'aristocratie, et, de désespoir, le républicain Gaillard, un des amis de Chalier s'était donné la mort. Mais la commission dont Robespierre accusait ici la faiblesse était

une commission temporaire de surveillance républicaine établie
après la prise de la ville et présidée par l'administrateur de police
Marino, commission dans laquelle entrèrent un peu plus tard quelques-uns des membres de la société des Jacobins de Paris, envoyés à Commune-Affranchie en qualité de commissaires nationaux,
entre autre les citoyens Boissière, Duhamel et Lecanu (1). Cette
commission ne fonctionnait pas d'ailleurs à titre de tribunal; il ne
s'agissait donc nullement de la terrible commission des *sept* instituée par Fouché et par Collot d'Herbois à la place des deux anciens
tribunaux révolutionnaires également créés par eux, et qui, astreints
à certaines formes, n'accéléraient pas à leur gré l'œuvre de vengeance dont ils étaient les sauvages exécuteurs. C'était cette dernière commission à laquelle Robespierre reprochait de s'être montrée impitoyable, et d'avoir proscrit à la fois la faiblesse et la
méchanceté, l'erreur et le crime (2).

Eh bien ! un historien de nos jours, par une de ces aberrations
qui font de son livre un des livres les plus dangereux qui aient été
écrits sur la Révolution française, confond la commission temporaire de surveillance républicaine avec la sanglante commission
dite des *sept*, tout cela pour le plaisir d'affirmer, en violation de
la vérité, que Robespierre soutenait à Lyon les ultra-terroristes
contre l'exécrable Fouché (3). Et la preuve, il la voit dans ce fait que
l'austère tribun invoquait à l'appui de son accusation le souvenir
de Gaillard, « le plus violent des ultra-terroristes de Lyon. » On
ne saurait vraiment avoir la main plus malheureuse. Il est faux
d'abord, archifaux, que Gaillard ait été un violent terroriste. Victime
lui-même de longues vexations de la part de l'aristocratie, il s'était
tué le jour où, en présence de persécutions dirigées contre certains
patriotes, il avait désespéré de la République, comme Caton de la

----

(1) *Archives*, A F, II, 58. Voyez, au sujet de cette commission temporaire, une
longue lettre de Laporte à Couthon, citée à la suite du rapport de Courtois, sous le
numéro CII.

(2) Voyez à cet égard une lettre de Ferney à Robespierre, citée plus haut.

(3) *Histoire de la Révolution*, par M. Michelet, t. VII, p. 402. — M. Michelet reproche à MM. Buchez et Roux de profiter des moindres équivoques pour faire dire à Robespierre le contraire de ce qu'il veut dire. Et sur quoi se fonde-t-il pour avancer cette
grave accusation ? Sur ce que les auteurs de l'*Histoire parlementaire* ont écrit à la table
de leur tome XXXIII : *Robespierre déclare qu'il veut arrêter l'effusion de sang humain*.
Mais ils renvoient à la page 341, où ils citent textuellement et *in extenso* le discours de
Robespierre dont la conclusion est, en effet, qu'il faut arrêter l'effusion de sang humain versé par le crime. Que veut donc de plus M. Michelet? Est-ce que par hasard on
n'a l'habitude de ne lire que la table des matières ? Il sied bien, du reste, à cet écrivain de suspecter la franchise historique de MM. Buchez et Roux, lui dont l'*histoire*
n'est guère bâtie que sur des suppositions, des hypothèses et des équivoques !

liberté. Son suicide avait eu lieu dans les derniers jours de frimaire an II (décembre 1793). Or, trois mois après environ, le 21 ventôse (11 mars 1794), Fouché écrivait de Lyon à la Convention ces lignes déjà citées en partie : « La justice aura bientôt achevé son cours terrible dans cette cité rebelle; il existe encore quelques complices de la révolte lyonnaise, *nous allons les lancer sous la foudre;* il faut que tout ce qui fit la guerre à la liberté, tout ce qui fut opposé à la République, ne présente aux yeux des républicains que des cendres et des décombres (1). » N'est-il pas souverainement ridicule, pour ne pas dire plus, de venir opposer le prétendu terrorisme de Gaillard à la modération de Fouché !

Ce dont Robespierre fit positivement un crime à Fouché, ce furent les persécutions indistinctement dirigées contre les ennemis de la Révolution et contre les patriotes, contre les citoyens qui n'étaient qu'égarés et contre les coupables. Tout concourt à la démonstration de cette vérité. Son frère ne lui avait-il pas tout récemment dénoncé la conduite « extraordinairement extravagante » de quelques hommes envoyés à Commune-Affranchie (2)? Les plaintes des victimes n'étaient-elles pas montées vers lui (3)? Que dis-je, à l'heure même où il prenait si vivement à partie l'impitoyable mitrailleur de Lyon, ne recevait-il pas une lettre dans laquelle on lui dépeignait le massacre d'une grande quantité de pères de famille dont la plupart n'avaient point pris les armes (4)? Ce que voulait Robespierre, c'était le retour à la justice, à la modération, sinon à une indulgence aveugle; il n'y a point d'autre signification à attribuer à ces quelques mots dont se sont contentés les rédacteurs du *Journal de la Montagne* et du *Moniteur* pour indiquer l'ordre d'idées développé par lui dans cette séance du 23 messidor, mais qui nous paraissent assez significatifs : « Les principes de l'orateur sont d'arrêter l'effusion du sang humain versé par le crime (5). »

Et il ne s'agissait pas ici seulement des horreurs commises à Lyon par Fouché, Robespierre entendait aussi flétrir les actes d'oppression multipliés sur tous les points de la République; il revendiquait pour lui, et même pour ses collègues du comité, dont il ne

---

(1) Voyez cette lettre à la suite du rapport de Courtois, sous le numéro XXV.

(2) Lettre d'Augustin Robespierre à Maximilien, de Nice, en date du 16 germinal. *Vide suprà.*

(3) Voyez les lettres de Cadillot, sous le numéro CVI, à la suite du rapport de Courtois, et de Jérôme Gillet, dans les *Papiers inédits*, t. I, p. 217.

(4) Lettre en date du 20 messidor, déjà citée, d'une chaumière au midi de Ville-Affranchie, numéro CV, à la suite du rapport de Courtois.

(5) M. Michelet trouve que le rédacteur du journal a étendu complaisamment la pensée de Robespierre. (T. VII, p. 402.) En vérité, c'est par trop naïf !

séparait point sa cause, l'honneur d'avoir distingué l'erreur du crime et défendu les patriotes *égarés*. Or, l'homme qui, au dire de Maximilien, avait persécuté les patriotes de Commune-Affranchie « avec une astuce, une perfidie aussi lâche que cruelle », c'est-à-dire Fouché, n'était-il pas le même qui, à cette heure, se trouvait être l'âme d'un complot ourdi contre les meilleurs patriotes de la Convention? Mais le comité de Salut public ne serait point sa dupe, Robespierre le croyait du moins. Hélas! dans quelle erreur il était! « Nous demandons enfin, » dit-il, « que la justice et la vertu triomphent, que l'innocence soit paisible, le peuple victorieux de tous ses ennemis, et que la Convention mette sous ses pieds toutes les petites intrigues (1). » Couthon l'interrompit ici pour citer quelques faits à la charge de Dubois-Crancé, relativement au siége de Commune-Affranchie, et, à sa demande, Dubois-Crancé, dont l'arrestation avait été naguère réclamée en pleine Convention à cause de sa conduite équivoque dans l'affaire de Lyon, fut rayé du tableau de la société. On convint, sur la proposition de Robespierre, d'inviter Fouché à venir se disculper des reproches dont il avait été l'objet.

Les fourbes ont partout des partisans, et Fouché n'en manquait pas au milieu même de la société des Jacobins, dont quelques jours auparavant on l'avait vu occuper le fauteuil. Robespierre jeune, revenu depuis peu de temps de l'armée du Midi, ne trouvant pas suffisante l'indignation de la société contre les persécuteurs des patriotes, s'élança à la tribune, et d'une voix émue raconta qu'on avait usé à son égard des plus basses flatteries pour l'éloigner de son frère. Mais, s'écria-t-il, on chercherait en vain à nous séparer. « Je n'ambitionne que la gloire d'avoir le même tombeau que lui. » Vœu touchant qui n'allait pas tarder à être exaucé. Couthon vint aussi réclamer le privilége de mourir avec son ami : « Je veux partager les poignards de Robespierre. Et moi aussi! et moi aussi! » s'écria-t-on de tous les coins de la salle (2). Hélas! combien, au jour de l'épreuve suprême, se souviendront de leur parole!

Le jour fixé pour entendre Fouché (26 messidor) était un jour solennel dans la Révolution, c'était le 14 juillet; ce jour-là tous les cœurs devaient être à la patrie, aux sentiments généreux. On s'atten-

(1) Comment s'étonner que dès 1794 Fouché ait été le fléau des plus purs patriotes! Ne fut-ce pas lui qui, sous le Consulat, lors de l'explosion de la machine infernale, œuvre toute royaliste, comme on sait, proscrivit tant de républicains innocents? Ne fut-ce pas lui qui, en 1815, fournit à la monarchie une liste de cent citoyens voués d'avance par lui à l'exil, à la ruine, à la mort?

(2) Voyez cette séance des Jacobins reproduite d'après le *Journal de la Montagne* dans *le Moniteur* du 26 messidor (14 juillet 1794).

dait, aux Jacobins, à voir arriver Fouché; mais celui-ci n'était pas
homme à accepter une discussion publique, à mettre sa vie à découvert, à ouvrir son âme à ses concitoyens. La dissimulation et
l'intrigue étaient ses armes; il lui fallait les ténèbres et les voies
tortueuses. Au lieu de venir, il adressa à la société une lettre par
laquelle il la priait de suspendre son jugement jusqu'à ce que les
comités de Salut public et de Sûreté générale eussent fait leur rapport sur sa conduite politique et privée. Cette méfiance à l'égard
d'une société dont tout récemment il avait été le président était
loin d'annoncer une conscience tranquille. Aussitôt après la lecture de cette lettre, Robespierre prit la parole : il avait pu être lié
jadis avec l'individu Fouché, dit-il, parce qu'il l'avait cru patriote ;
et s'il le dénonçait, c'était moins encore à cause de ses crimes
passés que parce qu'il le soupçonnait de se cacher pour en commettre d'autres. Nous savons aujourd'hui si Robespierre se trompait dans ses prévisions. N'était-il pas dans le vrai quand il présentait cet infâme Fouché comme le chef, l'âme de la conspiration
à déjouer? Et pourquoi donc cet homme, après avoir brigué le fauteuil où il avait été élevé grâce aux démarches de quelques membres qui s'étaient trouvés avec lui à Commune-Affranchie, refusait-
il de soumettre sa conduite à l'appréciation de ceux dont il avait
sollicité les suffrages? « Craint-il, s'écria Robespierre, cédant à
l'indignation qui l'oppressait, « craint-il les yeux et les oreilles du
peuple? Craint-il que sa triste figure ne présente visiblement le
crime? que six mille regards fixés sur lui ne découvrent dans ses
yeux son âme tout entière, et qu'en dépit de la nature qui les a
cachées on n'y lise ses pensées (1)? Craint-il que son langage ne
décèle l'embarras et les contradictions d'un coupable? » Puis, éta-
blissant entre Fouché et les véritables républicains un parallèle
écrasant, Robespierre le rangea au nombre de ces hommes qui
n'avaient servi la Révolution que pour la déshonorer, et qui avaient
employé la terreur pour forcer les patriotes au silence. « Ils plongeaient dans les cachots ceux qui avaient le courage de le rompre,
et voilà le crime que je reproche à Fouché. » Étaient-ce là les
principes de la Convention nationale? Son intention avait-elle jamais été de jeter la terreur dans l'âme des bons citoyens? Et quelle
ressource resterait-il aux amis de la liberté s'il leur était interdit
de parler, tandis que des conjurés préparaient traîtreusement des
poignards pour les assassiner ? On voit avec quelle perspicacité

(1) Dans le tome XX de l'*Histoire du Consulat et de l'Empire*, M. Thiers, parlant de
ce même Fouché, dit : « En portant à la tribune *sa face pâle, louche, fausse.* »

Robespierre jugeait dès lors la situation. Fouché, ajoutait-il, « es
un imposteur vil et méprisable (1). » Et comme s'il ne pouvait se
résoudre à croire que la Providence abandonnât la bonne cause,
il assurait, en terminant, que jamais la vertu ne serait sacrifiée à
la bassesse, ni la liberté à des hommes dont les mains étaient
« pleines de rapines et de crimes (2). » Mais, hélas! il se trompait
ici cruellement; la victoire devait être du parti des grands crimes.
Toutefois, ses paroles n'en produisirent pas moins une impression
profonde, et, sur la proposition d'un membre obscur, Fouché fut
exclu de la société.

Le futur duc d'Otrante continua de plus belle ses sourdes et
coupables intrigues. « Je n'ai rien à redouter des *calomnies* de
Maximilien Robespierre, » écrivait-il vers la fin de messidor à sa
sœur, qui habitait Nantes... « dans peu vous apprendrez l'issue de
cet événement, qui, j'espère, tournera au profit de la République. »
Déjà les conjurés comptaient sur le succès. Cette lettre, communiquée à Bô, alors en mission à Nantes, où il s'était fait bénir
par une conduite semblable à celle de Robespierre jeune, éveilla
les soupçons de ce représentant, homme à la fois énergique et modéré, patriote aussi intègre qu'intelligent. Il crut urgent de faire
parvenir ce billet de Fouché au comité de Salut public, et chargea
un aide de camp du général Dufresne de le porter sans retard (3).
Quelques jours après, nouvelles lettres de Fouché et nouvel envoi de
Bô. « ... Mon affaire... est devenue celle de tous les patriotes depuis
qu'on a reconnu que c'est à ma vertu, qu'on n'a pu fléchir, que les
ambitieux du pouvoir déclarent la guerre, » écrivait le premier à la
date du 3 thermidor. La vertu de Fouché!! Et le surlendemain :
« ... Encore quelques jours, les frippons (*sic*), les scélérats seront
connus; l'intégrité des hommes probes sera triomphante. Aujour-
d'hui peut-être nous verrons les traîtres démasqués... » Non, jamais
Tartufe n'a mieux dit. C'est Tartufe se signant avec du sang au lieu
d'eau bénite. De plus en plus inquiet, Bô écrivit au comité de Salut
public : « Je vous envoie trois lettres de notre collègue *Fouchet*,
dont les principes vous sont connus, mais dont il faut se hâter,
selon moi, de confondre et punir les menées criminelles... (4) »

---

* (1) Fouché, avons-nous dit, a contribué activement à perdre la République au
9 Thermidor, comme l'Empire en 1815. La postérité a ratifié le jugement de Robespierre sur cet effronté personnage. « Je n'ai jamais vu un plus hideux coquin, » disait
de lui l'illustre Dupont (de l'Eure). Voyez à ce sujet l'*Histoire des deux Restaura-
tions*, par M. de Vaulabelle, t. III, p. 404.

(2) Voyez, pour cette séance, *le Moniteur* du 3 thermidor (12 juillet 1794).

(3) Lettre de Bô au comité de Salut public, en date du 2 thermidor. (*Archives.*)

(4) Ces lettres de Bô et de Fouché, révélées pour la première fois, sont en originaux

Par malheur cette lettre arriva trop tard et ne valut à Bô qu'une disgrâce. Quand elle parvint au comité, tout était consommé. Nous sommes en effet à la veille d'une des plus tragiques et des plus déplorables journées de la Révolution.

aux *Archives,* où nous en avons pris copie. Comme les plus purs patriotes, et surtout comme partisan de Robespierre, Bô ne pouvait manquer d'être victime des calomnies des écrivains de la réaction. Cependant l'un d'eux a été obligé de reconnaître qu'à Nantes il n'avait cherché qu'à réparer les désastres et qu'à consoler les malheurs de cette grande cité, et de convenir qu'il laissa dans cette ville un *souvenir qui ne mourra jamais.* (*Biographie universelle,* 2ᵉ édition, à l'article BO.) Bô avait tout simplement appliqué dans sa mission la politique de Robespierre. Aussi distingué par ses talents comme médecin qu'honorable comme homme par sa probité, il rentra dans la vie privée quand il vit tomber le gouvernement de son choix, cette République qu'il avait servie avec un dévouement si désintéressé, et il reprit l'exercice de sa profession à Fontainebleau, où il mourut en 1812.

LIVRE QUINZIÈME

THERMIDOR AN II (JUILLET 1794)

milien. — Remords de Cambon. — Séance du 8 thermidor aux Jacobins. — Tentative suprême auprès des gens de la Droite. — Nuit du 8 au 9 thermidor. — Un mot
de Bourdon (de l'Oise). — Principale cause du succès de la faction. — Séance du
9 Thermidor. — Tallien à la tribune. — Mensonges de Billaud-Varenne. — Efforts
pour ôter la parole à Robespierre. — Rapport de Barère. — Encore Vadier et Tallien. — Cri de Garnier (de l'Aube). — Le Montagnard Louchet. — Décrets d'arrestation et d'accusation demandés. — Dévoûments sublimes. — Les proscrits à la
barre. — Réunion du conseil général de la commune. — Mesures diverses. — Effet
produit dans Paris par l'arrestation de Robespierre. — Les doléances de Bailleul. —
La dernière charrette. — Rôle d'Hanriot. — Son arrestation. — Mesures prises par
les comités. — Attitude des Jacobins. — Les vrais Jacobins. — Mouvement des
sections. — Conseil exécutif provisoire. — Délivrance d'Hanriot. — Reprise de la
séance conventionnelle. — Mise en liberté des députés détenus. — Robespierre à la
commune. Il s'oppose à l'insurrection. — Le décret de mise hors la loi. — Fermeté du comité d'exécution. — L'appel à la section des Piques. — Hésitation
suprême de Robespierre. — Proclamation conventionnelle. — Le temps complice
des conjurés. — Assassinat de Robespierre. — Envahissement de la commune. —
Le gendarme Merda. — Impossibilité du suicide. — Mort de Le Bas. — Robespierre
jeune se précipite par une fenêtre. — Longue agonie de Maximilien. — Le Tribunal
révolutionnaire à la barre. — Exécution de Robespierre et de ses amis. — La moralité du 9 Thermidor. — Conclusion.

I

Avant de commencer le récit du drame où succomba, sans tache
et sans peur, l'homme extraordinaire dont le malheur et la gloire
sont d'avoir entraîné dans sa chute les destinées de la Révolution,
arrêtons-nous un moment pour contempler ce qui fut si grand ;
voyons l'œuvre des quatorze mois que nous venons de parcourir,
et comparons ce qu'était devenue la République dans les premiers
jours de thermidor avec ce qu'elle était quand les hommes de la
Montagne la prirent, défaillante et bouleversée, des mains de la
Gironde.

A l'intérieur, les départements, soulevés l'année précédente par
les prédications insurrectionnelles de quelques députés égarés,
étaient rentrés dans le devoir : de gré ou de force, la contre-révolution avait été comprimée dans le Calvados, à Bordeaux, à Marseille ;
Lyon s'était soumis, et Couthon y avait paru en vainqueur modéré
et clément ; Toulon, livré à l'ennemi par la trahison d'une partie de
ses habitants, avait été repris aux Anglais et aux Espagnols à la
suite d'attaques hardies dans lesquelles Robespierre jeune avait
illustré encore le nom déjà si célèbre qu'il portait ; la Vendée, victorieuse d'abord, et qui au bruit de ses succès avait vu accourir
sous ses drapeaux tant de milliers de combattants, était désorga-
nisée, constamment battue, réduite aux abois, et à la veille de de-

mander grâce. Sur nos frontières et au dehors, que de prodiges accomplis! Où est le temps où les armées de la coalition étaient à peine à deux journées de la capitale? Les rôles sont bien changés. D'envahissante l'Europe est devenue envahie; partout la guerre est rejetée sur le territoire ennemi. Dans le Midi Collioures, Port-Vendre, le fort Saint-Elme et Bellegarde sont repris, et nos troupes ont mis le pied en Espagne. Au Nord, Dunkerque et Maubeuge ont été sauvées; les alliés ont repassé la Sambre en désordre après la bataille de Wattignies; Valenciennes, Landrecies, Le Quesnoy, Condé, ont été repris également; enfin, sous les yeux de Saint-Just, nos troupes se sont emparées de Charleroi et ont gagné la bataille de Fleurus qui va nous rendre la Belgique. Un port manquait à la sûreté de nos flottes, Ostende est à nous. A l'Est, grâce encore en grande partie aux efforts énergiques de Saint-Just et de Le Bas, Landau a été débloqué, les lignes de Wissembourg ont été recouvrées; déjà voici le Palatinat au pouvoir de nos armes; la France est à la veille d'être sur tous les points circonscrite dans ses limites naturelles.

Était-ce l'esprit de conquête qui animait le grand cœur de la République? Non certes; mais, exposée aux agressions des États despotiques, elle avait senti la nécessité de s'enfermer dans des positions inexpugnables et de se donner des frontières faciles à garder : l'Océan d'une part, les Pyrénées, les Alpes et le Rhin de l'autre. On a quelquefois dit que le comité de Salut public, sous l'inspiration de Robespierre, était disposé à des concessions envers les puissances étrangères. C'est là une erreur démentie par tous les faits. Seulement le comité de Salut public dans sa sagesse n'entendait pas révolutionner les peuples qui se contentaient d'assister indifférents au spectacle de nos luttes intérieures et extérieures. « Nous ne devons point nous immiscer dans l'administration de ceux qui respectent la neutralité, » écrivait-il, le 22 pluviôse an II (10 février 1794), au représentant Albite. « Force, implacabilité aux tyrans qui voudroient nous dicter des lois sur les débris de la liberté; franchise, fraternité aux peuples amis. Malheur à qui osera porter sur l'arche de notre liberté un bras sacrilége et profanateur, mais laissons aux autres peuples le soin de leur administration intérieure. C'est pour soutenir l'inviolabilité de ce principe que nous combattons aujourd'hui. Les peuples faibles se bornent à suivre quelquefois les grands exemples, les peuples forts les donnent, et nous sommes forts. » Ce langage, où semble se reconnaître l'âpre et hautain génie de Saint-Just, n'était-il pas celui de la raison même (1)?

(1) La minute de cette lettre est aux *Archives*, A F II, 37.

Pour atteindre les immenses résultats dont nous avons rapidement tracé le sommaire, que d'efforts gigantesques, que d'énergie et de vigilance il fallut déployer! Quatorze armées organisées, équipées et nourries au milieu des difficultés d'une véritable disette, notre marine remontée et mise en état de lutter contre les forces de l'Angleterre, tout cela atteste suffisamment la prodigieuse activité des membres du comité de Salut public. Lorsque, après Thermidor, les survivants de ce comité eurent, pour se défendre, à dresser le bilan de leurs travaux, ils essayèrent de ravir à Robespierre sa part de gloire, en prétendant qu'il n'avait été pour rien dans les actes utiles émanés de ce comité, notamment dans ceux relatifs à la guerre, et Carnot ne craignit pas de s'associer à ce mensonge, au risque de ternir la juste considération attachée à son nom. Robespierre, Couthon, Saint-Just n'étaient plus là pour confondre l'imposture ; heureusement le temps est passé où l'histoire des vaincus s'écrivait avec la pointe du sabre des vainqueurs. Nous avons prouvé déjà avec quelle sollicitude Maximilien s'occupa toujours des choses militaires. Ennemi de la guerre en principe, il la voulut poussée à outrance pour qu'elle fût plus vite terminée ; mais sans cesse il s'efforça a de subordonner l'élément militaire à l'élément civil, le premier ne devant être que l'accessoire dans une nation bien organisée. Tant qu'il vécut, pas un général ne fut pris de l'ambition du pouvoir et n'essaya de se mettre au-dessus des autorités constituées. Quand ils partaient, nos volontaires de 92, à la voix des Robespierre et des Danton, ce n'était point le bâton de maréchal qu'ils rêvaient, c'était le salut, le triomphe de la République, puis le prochain retour au foyer. Quelle différence, lorsque plus tard un soldat heureux aura rétabli cette dignité du maréchalat!

Quelle était donc la perspective que Robespierre montrait à nos troupes dans les lettres et proclamations adressées par lui aux officiers ou aux soldats, et dont nous avons pu donner quelques échantillons? Était-ce la gloire militaire, mot vide et creux quand il ne se rattache pas directement à la défense du pays ? Non, c'était surtout la récompense que les nobles cœurs trouvent dans la seule satisfaction du devoir accompli. Et à cette époque le désintéressement était grand parmi les masses. Comment oser révoquer en doute les constants efforts de Maximilien pour hâter le moment du triomphe définitif de la République? Plus d'une fois ses collègues du comité de Salut public se servirent de lui pour parler aux généraux et aux représentants du peuple en mission près les armées le langage mâle et sévère de la patrie. Il s'attacha surtout à éteindre les petites rivalités qui sur plusieurs points s'élevèrent parmi les commissaires de la Convention. « Amis, » écrivait-il en nivôse à Saint-Just et à Le Bas, à propos de quelques discussions qu'ils avaient eues avec leurs collègues J.-B. Lacoste et Baudot, « j'ai craint, au milieu de nos succès, et à la veille d'une victoire décisive, les conséquences funestes d'un malentendu ou d'une misérable intrigue. Vos principes et vos vertus m'ont rassuré. Je les ai secondés autant qu'il étoit en moi. La lettre que le comité de Salut public vous adresse en même temps que la mienne vous dira le reste. Je vous embrasse de toute mon âme (1). » Un peu plus tard, il écrivait encore à ces deux glorieux associés de sa gloire et de son martyre : « Mes amis, le comité a pris toutes les mesures qui dépendoient de lui dans le moment pour seconder votre zèle ; il me charge de vous écrire pour vous expliquer les motifs de quelques-unes de ses dispositions ; il a cru que la cause principale du dernier échec étoit la pénurie de généraux habiles ; il vous adressera les militaires patriotes et instruits qu'il pourra découvrir. » Puis, après leur avoir annoncé l'envoi du général Stetenofer, officier apprécié pour son mérite personnel et son patriotisme, il ajoutait : « Le comité se repose du reste sur votre sagesse et sur votre énergie (2). »   On voit avec quel soin, même dans une lettre particulière adressée à ses amis intimes, Robespierre s'effaçait devant le comité de Salut public ; et l'on sait si Saint-Just et Le Bas ont justifié la confiance dont, à la recommandation de Maximilien, les avait investis le comité.

Maintenant, — toutes concessions faites aux nécessités de la défense nationale, — que Robespierre ait eu la guerre en horreur, qu'il l'ait considérée comme une chose antisociale, antihumaine, qu'il ait eu pour « les missionnaires armés » une invincible répulsion, c'est ce dont témoigne la lutte ardente soutenue par lui contre les partisans de la guerre offensive. Les batailles où coulait à flots le sang des hommes n'étaient pas à ses yeux de bons instruments de civilisation. Si les principes de la Révolution se répandirent en Europe, ce ne fut point par la force des armes, comme le prétendent d'étranges publicistes, ce fut par la puissance de l'opinion. « Ce n'est ni par des phrases de rhéteur, ni même par des exploits guerriers, que nous subjuguerons l'Europe, » disait Robespierre, « mais par la sagesse de nos lois, la majesté de nos délibérations et la grandeur de nos caractères (3). » Les nations, tout en com-

(1) Lettre inédite en date du 9 nivôse an II (27 février 1794), de la collection Portiez (de l'Oise).

(2) Lettre en date du 15 floréal an II (4 mai 1794), de la collection de M. Berthevin.

(3) Discours du 8 thermidor.

battant, s'imprégnaient des idées nouvelles et tournaient vers la France républicaine de longs regards d'envie et d'espérance. Nos interminables courses armées à travers l'Europe ont seules tué l'enthousiasme révolutionnaire des peuples étrangers et rendu au despotisme la force et le prestige qu'il avait perdus. Si Robespierre engageait vivement ses concitoyens à se méfier de l'engouement militaire, s'il avait une très-médiocre admiration pour les *carmagnoles* de son collègue Barère, si, comme Saint-Just, il n'aimait pas qu'on fît trop *mousser* les victoires, c'est qu'il connaissait l'ambition terrible qui d'ordinaire sollicite les généraux victorieux, c'est qu'instruit par les leçons de l'histoire, il savait avec quelle facilité les peuples se jettent entre les bras d'un chef d'armée habile et heureux, c'est qu'il savait enfin que la guerre est une mauvaise école de liberté; voilà pourquoi il la maudissait. Quel sage, quel philosophe, quel véritable ami de la liberté et de l'humanité ne lui en saurait gré?

Si nous examinons la situation intérieure, que de progrès accomplis ou à la veille de l'être! Tous les anciens priviléges blessants pour l'humanité, toutes les tyrannies seigneuriales et locales avec le despotisme monarchique au sommet, — en un mot l'œuvre inique de quatorze siècles, — détruits, anéantis, brisés. Les institutions les plus avantageuses se forment; l'instruction de la jeunesse, abandonnée ou livrée aux prêtres depuis si longtemps, est l'objet de la plus vive sollicitude de la part de la Convention; des secours sont votés aux familles des défenseurs de la République; de sages mesures sont prises pour l'extinction de la mendicité; le code civil se prépare et se discute; enfin une constitution où le respect des droits de l'homme est poussé aux dernières limites attend, pour être mise à exécution, l'heure où, débarrassée de ses ennemis du dedans et du dehors, la France victorieuse pourra prendre d'un pas sûr sa marche vers l'avenir, vers le progrès. Contester à Robespierre la part immense qu'il eut dans ces glorieuses réformes, ce serait nier la lumière du jour. Au besoin, ses ennemis mêmes stipuleraient pour lui. « Ne sentiez-vous donc pas que j'avois pour moi une réputation de cinq années de vertus...; que j'avois beaucoup servi à la Révolution par mes discours et mes écrits; que j'avois, en marchant toujours dans la même route à côté des hommes les plus vigoureux, su m'élever un temple dans le cœur de la plus grande partie des gens honnêtes... » lui fait dire, comme contraint et forcé, un de ses plus violents détracteurs (1). Cet aveu de la part d'un pamphlétaire hostile

(1. *La tête à la queue, ou Première lettre de Robespierre à ses continuateurs*, p. 5 et 6.

est bien précieux à enregistrer. Robespierre, en effet, va mourir en cette année 1794, fidèle à ses principes de 1789 ; et ce ne sera pas sa moindre gloire que d'avoir défendu sous la Convention les vérités éternelles dont sous la Constituante il avait été le champion le plus assidu et le plus courageux (1). Il était bien près de voir se réaliser ses vœux les plus chers ; encore un pas, encore un effort, et le règne de la justice était inauguré, et la République était fondée. Mais il suffit de l'audace de quelques coquins et du coup de pistolet d'un misérable gendarme pour faire échouer la Révolution au port, et peut-être ajourner à un siècle son triomphe définitif.

II

Revenons à la lutte engagée entre Robespierre et les membres les plus gangrenés de la Convention ; lutte n'est pas le mot, car de la part de ces derniers il n'y eut pas combat, il y eut guet-apens, je le maintiens. Nous en sommes restés à la fameuse séance des Jacobins où Robespierre avait dénoncé Fouché comme le plus vil et

(1) Proudhon, qui, chaque fois que le nom de Robespierre tombe de sa plume, déraisonne comme un véritable monomane, fait de Maximilien un doctrinaire de 1830 ; et il prétend que ses idées, qui étaient celles de 1791, servirent à la constitution du Directoire. Rien n'est curieux comme l'aplomb avec lequel ce négateur universel parle des choses qu'il ignore le plus. Si, au contraire, principes s'éloignent de ceux auxquels Maximilien se sacrifia tout entier, ce sont ceux qui triomphèrent après Thermidor et que consacra, en les restreignant encore, la Révolution de 1830. Robespierre fut le premier qui, sous la Constituante, réclama l'admission de tous les citoyens aux droits politiques. S'il défendit la constitution de 1791, laquelle est, en définitive, une des meilleures que nous ayons eues, ce fut, ainsi qu'il eut soin de le dire lui-même, contre la cour et contre l'aristocratie, et non point contre la Révolution, incarnée en quelque sorte en sa personne. On l'a entendu, fidèle à ses convictions de 1789, redemander vivement, après le 10 août, l'abolition de l'absurde et inique division des citoyens en *actifs* et *passifs*. Il appartiendra à la bourgeoisie thermidorienne de détruire l'œuvre de Robespierre, de rétablir les parias politiques, et à la bourgeoisie de 1830 de consacrer cette monstruosité. — On se ferait difficilement une idée de l'effroyable *pathos* qui règne dans les appréciations de Proudhon sur la Révolution française. Jamais autant d'outrecuidance n'a été mise au service de tant d'ignorance. Voyez notamment la 4e étude de l'*Idée générale de la Révolution au XIXe siècle*, où il ressasse contre Robespierre toutes les calomnies des écrivains thermidoriens et girondins. Proudhon présente la constitution de 1793 comme appelant le peuple à se gouverner lui-même et directement. Il l'a mal lue, ou ne l'a pas comprise. Dans tous les cas, il est assez ridicule de faire de Maximilien un ennemi de cette constitution, que son esprit anime d'un bout à l'autre. Il est vrai que, pour faire pièce à Robespierre, Proudhon transforme en partisan du gouvernement direct Danton lui-même, le grand ennemi des hébertistes, et qu'il confond avec les anarchistes, les enragés et les hébertistes qui lui sont chers. Il n'a oublié qu'une chose, c'est de nous dire sur quoi s'appuyait son opinion à cet égard.

le plus misérable des imposteurs. Maximilien savait très-bien que les quelques députés impurs dont il avait signalé la bassesse et les crimes à ses collègues du comité de Salut public promenaient la terreur dans toutes les parties de la Convention ; nous avons parlé déjà des listes de proscription habilement fabriquées et colportées par eux. Aussi Robespierre se tenait-il sur ses gardes, et, s'il attaquait résolûment les représentants véritablement coupables à ses yeux, il ne manquait pas l'occasion de parler en faveur de ceux qui avaient pu se tromper sans mauvaise intention. On l'entendit, à la séance du 1er thermidor (18 juillet 1794), aux Jacobins, défendre avec beaucoup de vivacité un député du Jura nommé Prost, accusé sans preuves d'avoir commis des vexations. Faisant allusion aux individus qui cherchaient à remplir la Convention de leurs propres inquiétudes pour conspirer impunément contre elle, il dit : « Ceux-là voudraient voir prodiguer des dénonciations hasardées contre les représentants du peuple exempts de reproches ou qui n'ont failli que par erreur, pour donner de la consistance à leur système de terreur. » Sans prétendre accuser les dénonciateurs de Prost de complicité dans les manœuvres des gens dont il parlait, il les engagea à distinguer les mesures dictées dans un moment d'erreur d'avec celles engendrées par une malice profonde. Prost n'avait pas, selon lui, le caractère d'un conspirateur ou d'un chef de parti. Il fallait se méfier, ajoutait-il, de la méchanceté de ces hommes qui voudraient accuser les plus purs citoyens ou traiter l'erreur comme le crime, « pour accréditer par là ce principe affreux et tyrannique inventé par les coupables, que dénoncer un représentant infidèle, c'est conspirer contre la représentation nationale... Vous voyez entre quels écueils leur perfidie nous force à marcher, mais nous éviterons le naufrage. La Convention est pure en général ; elle est au-dessus de la crainte comme du crime ; elle n'a rien de commun avec une poignée de conjurés. Pour moi, quoi qu'il puisse arriver, je déclare aux contre-révolutionnaires qui ne veulent chercher leur salut que dans la ruine de la patrie qu'en dépit de toutes les trames dirigées contre moi, je continuerai de démasquer les traîtres et de défendre les oprimés (1). » On voit sur quel terrain les enragés pouvaient se rencontrer avec les ennemis de la Révolution, comme cela aura lieu au 9 Thermidor.

Cependant, en dépit de Robespierre, la Terreur continuait son mouvement ascensionnel. Écoutons-le lui-même s'en plaindre à la face de la République : « Partout les actes d'oppression avaient

(1) Voy. le Moniteur du 6 thermidor (24 juillet 1794).

été multipliés pour étendre le système de terreur et de calomnie. Des agents impurs prodiguaient les arrestations injustes ; des projets de finance destructeurs menaçaient toutes les fortunes modiques et portaient le désespoir dans une multitude innombrable de familles attachées à la Révolution ; on épouvantait les nobles et les prêtres par des motions concertées... (1) » Comment ne pas flétrir l'injustice de ces écrivains prétendus libéraux qui viennent aujourd'hui, après tous les pamphlétaires de la réaction, lui jeter à la tête les mesures tyranniques, les maux auxquels il lui a été impossible de s'opposer et dont il était le premier à gémir ! Tout ce qui était de nature à compromettre, à avilir la Révolution lui causait une irritation profonde et bien légitime. Un jour il plut à un individu du nom de Magenthies de réclamer de la Convention la peine de mort contre quiconque profanerait dans un jurement le nom de Dieu : n'était-ce point là une manœuvre contre-révolutionnaire ? Robespierre le crut, et, dans une pétition émanée de la société des Jacobins, pétition où d'un bout à l'autre son esprit se reconnaît tout entier, il la fit dénoncer à l'Assemblée comme une injure à la nation elle-même. « N'est-ce pas l'étranger qui, pour tourner contre vous-mêmes ce qu'il y a de plus sacré, de plus sublime dans vos travaux, vous fait proposer d'ensanglanter les pages de la philosophie et de la morale, en prononçant la peine de mort contre tout individu qui oserait laisser échapper ces mots : *Sacré nom de Dieu* (2) ? » Là se révèle le système de ceux qui s'évertuaient à transformer en prêtres les plus purs disciples de la raison. « Ah ! » s'écriait Saint-Just dans son discours du 9 Thermidor, « ce ne sont point là des blasphèmes : un blasphème est l'idée de faire marcher devant Dieu les faisceaux de Sylla. » Voilà comme Saint-Just répondait d'avance à l'accusation portée après coup contre lui d'avoir demandé la dictature pour Robespierre, accusation dont nous démontrerons bientôt la fausseté et l'absurdité.

N'était-ce pas aussi pour déverser le ridicule sur la Révolution que certains personnages avaient inventé les repas communs en plein air, dans les rues et sur les places publiques, repas où l'on forçait tous les citoyens de se rendre. Cette idée d'agapes renouvelées des premiers chrétiens, d'une communion fraternelle sous les auspices du pain et du vin, avait souri à quelques patriotes de bonne foi, mais à courte vue. Ils ne surent pas démêler ce qu'il y avait de perfide dans ces dîners soi-disant patriotiques. Ici l'on

(1) Discours du 8 thermidor.
(2) Voy. cette pétition dans *le Moniteur* du 8 thermidor (26 juillet 1794).

voyait des riches insulter à la pauvreté de leurs voisins par des
tables splendidement servies ; là des aristocrates attiraient les sans-
culottes à leurs banquets somptueux et tentaient de corrompre l'esprit républicain. Les uns s'en faisaient un amusement : « *A ta santé,
Picard,* » disait telle personne à son valet qu'elle venait de rudoyer
dans la maison. Et la petite maîtresse de s'écrier avec affectation :
« Voyez comme j'aime l'égalité ; je mange avec mes domestiques. »
D'autres se servaient de ces banquets comme autrefois du bonnet
rouge, et les contre-révolutionnaires accouraient s'y asseoir soit
pour dissimuler leurs vues perfides, soit au contraire pour faciliter
l'exécution de leurs desseins artificieux. Payan à la Commune (1),
Barère à la Convention (2), Robespierre aux Jacobins (3), dépei-
gnirent sous de vives couleurs les dangers de ces sortes de réunions,
et engagèrent fortement les bons citoyens à s'abstenir d'y assister
désormais. Ces conseils furent entendus ; les repas prétendus fra-
ternels disparurent des rues et des places publiques, comme jadis,
à la voix de Maximilien, avait disparu le bonnet rouge dont tant de
royalistes se couvraient pour mieux combattre la Révolution.

III

Mais c'était là une bien faible victoire remportée par Robespierre, à côté des maux qu'il ne pouvait empêcher. Plus d'une fois
son cœur saigna au bruit des plaintes dont il était impuissant à
faire cesser les causes. Un jour un immense cri de douleur, parti
d'Arras, vint frapper ses oreilles : « Permettez à une ancienne amie
d'adresser à vous-même une faible et légère peinture des maux dont
est accablée votre patrie. Vous préconisez la vertu : nous sommes
depuis six mois persécutés, gouvernés par tous les vices. Tous les
genres de séduction sont employés pour égarer le peuple : mépris
pour les hommes vertueux, outrage à la nature, à la justice, à la
raison, à la Divinité, appât des richesses, soif du sang de ses frères.
Si ma lettre vous parvient, je la regarderai comme une faveur du
ciel. Nos maux sont bien grands, mais notre sort est dans vos

(1) Séance du conseil général du 27 messidor (15 juillet). Voy. le discours de Payan
dans *le Moniteur* du 2 thermidor.

(2) Séance du 28 messidor (16 juillet 1794), *Moniteur* du 29 messidor.

(3) Séance des Jacobins du 28 messidor (16 juillet 1794). Aucun journal, que je
sache, n'a rendu compte de cette séance. Je n'en ai trouvé mention que dans une lettre
de Garnier-Launay à Robespierre. Voy. cette lettre dans les *Papiers inédits...*, t. Ier,
p. 231.

mains; toutes les âmes vertueuses vous réclament... » Cette lettre
était de Mme Buissart (1), la femme de cet intime ami à qui Robespierre, au commencement de la Révolution, écrivait les longues
lettres dont nous avons donné des extraits. Depuis, la correspondance était devenue beaucoup plus rare. Absorbé par ses immenses
occupations, Maximilien n'avait guère le temps d'écrire à ses amis;
l'homme public avait pour ainsi dire tué en lui l'homme privé. Ses
amis se plaignaient, et très-amèrement quelquefois. « Ma femme,
outrée de ton silence, a voulu t'écrire et te parler de la position où
nous nous trouvons; pour moi, j'avois enfin résolu de ne plus te rien
dire (2)..., » lui mandait Buissart de son côté. — « Mon cher Bon-
bon..., » écrivait d'autre part, le 30 messidor, à Augustin Robespierre, Régis Deshorties, sans doute le frère de l'ancien notaire
Deshorties qui avait épousé en secondes noces Eulalie de Robespierre, et dont Maximilien, on s'en souvient peut-être, avait aimé
et failli épouser la fille, « Que te chargerai-je de dire à Maximilien? Te prierai-je de me rappeler à son souvenir, et où trouveras-tu
l'homme privé? Tout entier à la patrie et aux grands intérêts de
l'humanité entière, Robespierre n'existe plus pour ses amis... (3) »
Is ne savaient pas, les amis de Maximilien, à quelles douloureuses
préoccupations l'ami dont ils étaient si fiers alors se trouvait en
proie au moment où ils accusaient son silence..,

Les plaintes dont Mme Buissart s'était faite l'écho auprès de
Robespierre concernaient l'âpre et farouche proconsul Joseph Le
Bon, que les Thermidoriens n'ont pas manqué de transformer en
agent de Maximilien. « Voilà le bourreau dont se servait Robespierrre, » disaient d'un touchant accord Bourdon (de l'Oise) et André Dumont à la séance du 15 thermidor (2 août 1794) (4); et
Guffroy de crier partout que Le Bon était un complice de la conspiration ourdie par Robespierre, Saint-Just et autres (5). Nul, il est
vrai, n'avait plus d'intérêt à faire disparaître Le Bon, celui-ci
ayant en main les preuves d'un faux commis l'année précédente par
le misérable auteur de *Rougyff*. Si quelque chose milite en faveur

(1) Nous avons sous les yeux l'original de cette lettre de Mme Buissart, en date du
26 floréal (15 mai 1794). Supprimée par Courtois, elle a été insérée, mais d'une façon
légèrement inexacte, dans les *Papiers inédits...*, t. Ier, p. 254.

(2) Voy. *Papiers inédits...*, t. Ier, p. 253.

(3) Lettre en date du 30 messidor (18 juillet 1794). Elle porte en suscription : Au
citoyen Robespierre jeune, maison du citoyen Duplay, au premier sur le devant, rue
Honoré, Paris.

(4) *Moniteur* du 16 thermidor (3 août 1794).

(5) Voy. notamment une lettre écrite par Guffroy à ses concitoyens d'Arras le
16 thermidor (3 août 1794).

de Joseph Le Bon, c'est surtout l'indignité de ses accusateurs. Il
serait d'ailleurs injuste de le mettre au rang des Carrier, des Barras et des Fouché. S'il eut, dans son proconsulat, des formes beaucoup trop violentes, du moins il ne se souilla point de rapines, et l'on
sait combien victorieusement il se justifia d'accusations de vol dirigées contre lui par quelques coquins. Commissaire de la Convention
dans le département du Pas-de-Calais, il rendit à la République des
services dont il serait également injuste de ne pas lui tenir compte,
et que ne sauraient effacer les griefs et les calomnies sous lesquels
la réaction est parvenue à étouffer sa mémoire. Ce qu'il y a de vrai,
c'est qu'il fut le ministre implacable des vengeances révolutionnaires, et qu'il apporta dans sa mission une dureté parfois excessive. Ce fut précisément là ce que lui reprocha Robespierre. Compatriote de ce dernier, Joseph Le Bon avait eu dans les premières
années de la Révolution quelques relations avec Maximilien. Il lui
avait écrit à diverses reprises, notamment en juin 1791, pour l'engager à renouveler sa motion contre le célibat des prêtres (1), et
un peu plus tard, en août, pour lui recommander chaudement un
des vainqueurs de la Bastille, le citoyen Hullin, qui, arrivé au grade
de capitaine, venait d'être suspendu de ses fonctions (2). Joseph
Le Bon fut d'ailleurs nommé membre de la Convention sans autre
recommandation que l'estime qu'il avait su inspirer à ses concitoyens par ses vertus patriotiques.

Chargé, au mois de brumaire de l'an II, de se rendre dans le Pas-
de-Calais pour y réprimer les manœuvres et les menées contre-
révolutionnaires dont ce département était le théâtre (3), il déploya
contre les aristocrates de ce pays une énergie terrible. Mais par
qui fut-il encouragé dans sa redoutable mission? Fut-ce par Robespierre? Lisez cette lettre : « ... Vous devez prendre dans votre
énergie toutes les mesures commandées par le salut de la patrie.
Continuez votre attitude révolutionnaire; l'amnistie prononcée lors
de la constitution captieuse et invoquée par tous les scélérats est
un crime qui ne peut en couvrir d'autres. Les forfaits ne se ra-
chètent point contre une République, ils s'expient sous le glaive.
Le tyran l'invoqua, le tyran fut frappé... Secouez sur les traîtres le

---

(1) Voy. cette lettre dans les *Papiers inédits...*, t. III, p. 237.

(2) *Papiers inédits...*, t. III, p. 254. Général de division et comte de l'Empire, le
protégé de Joseph Le Bon était commandant de la 1ʳᵉ division militaire lors de la
tentative du général Mallet pour renverser le gouvernement impérial. Le général Hullin
est mort à Paris dans un âge assez avancé.

(3) Arrêté signé : Robespierre, Barère, Collot d'Herbois, Billaud-Varenne, C.-A. Prieur
et Carnot. *Archives*.

flambeau et le glaive. Marchez toujours, citoyen collègue, sur la ligne révolutionnaire que vous suivez avec courage. Le comité applaudit à vos travaux. *Signé* « Billaud-Varenne, Carnot, Barère (1). » Lisez encore cette autre lettre à propos de la ligne de conduite suivie par Le Bon : « Le comité de Salut public applaudit aux mesures que vous avez prises... Toutes ces mesures sont non-seulement permises, mais encore commandées par votre mission; rien ne doit faire obstacle à votre marche révolutionnaire. Abandonnez-vous à votre énergie; vos pouvoirs sont illimités... » *Signé* Billaud-Varenne, Carnot, Barère et Robert Lindet (2). Certes, je ne viens pas blâmer ici les intentions du comité de Salut public; mais j'ai tenu à montrer combien Robespierre était resté en définitive étranger aux missions de Joseph Le Bon. Et quand on voit Carnot se retrancher piteusement et humblement derrière une excuse banale, quand on l'entend soutenir qu'il signait de complaisance et *sans savoir*, on ne peut s'empêcher de sourire de pitié. Carnot, dans tous les cas, jouait de malheur, car on chercherait vainement la signature de Robespierre au bas d'actes du comité de Salut public recommandant aux commissaires de la Convention de secouer, même sur les traîtres, le flambeau et le glaive.

Ce n'est pas tout : lorsqu'en exécution du décret du 14 frimaire (4 décembre 1793), le comité de Salut public fut autorisé à modifier le personnel des envoyés conventionnels, Joseph Le Bon se trouva désigné pour les départements du Pas-de-Calais et du Nord. Par qui ? par Billaud-Varenne, Barère, Collot d'Herbois et Carnot (3). Revenu à Paris au commencement de pluviôse sur une invitation pressante de Saint-Just et de Collot d'Herbois, il repartait au bout de quelques jours à peine, en vertu d'un arrêté ainsi conçu : « Le comité de Salut public arrête que le citoyen Le Bon retournera dans le département du Pas-de-Calais, en qualité de représentant du peuple, pour y suivre les opérations déjà commencées; il pourra les suivre dans les départemens environnans. Il est revêtu à cet effet des pouvoirs qu'ont les autres représentans du peuple. » *Signé* Barère, Collot d'Herbois et Carnot (4). » Je n'ai aucunement l'intention, je le répète, d'incriminer les signataires de ces divers arrêtés, ni de rechercher jusqu'à quel point Joseph Le Bon dépassa, dans la répression des crimes contre-révo-

---

(1) Lettre en date du 26 brumaire an II (16 novembre 1793), *Rapport de Saladin*, p. 68.

(2) Cette lettre est également du mois de brumaire. *Rapport de Saladin*, p. 69.

(3) Arrêté en date du 9 nivôse an II (29 décembre 1793), *Archives*.

(4) Arrêté en date du 11 ventôse (1er mars 1793), *Archives*, A F II, 58.

lutionnaires, les bornes d'une juste sévérité ; seulement il importe de laisser à chacun la responsabilité de ses actes, et de montrer une fois de plus ce que valent les déclamations de tous ces écrivains qui persistent à attribuer à Robespierre ce qui fut l'œuvre commune du comité de Salut public, de la Convention nationale, de la France entière.

Il y avait à Arras un parti complétement opposé à Joseph Le Bon, et dans lequel figuraient Buissart et quelques autres amis de Maximilien, ce qui explique la lettre de Mme Buissart à Robespierre. Mais une chose me rend infiniment suspecte la prétendue modération de ce parti : il avait pour chef de file et pour inspirateur Guffroy, l'horrible Guffroy, dont l'affreux journal excita tant l'indignation de Maximilien. Quoi qu'il en soit, Mme Buissart accourut auprès de Robespierre, et vint loger sous le même toit, dans la maison de Duplay, où elle reçut la plus affectueuse hospitalité. Elle profita de son influence sur Maximilien pour lui dépeindre sous les plus sombres couleurs la situation de sa ville natale. De son côté, le mari écrivait à son ami, à la date du 10 messidor (18 juillet 1794) : « N'accordez rien à l'amitié, mais tout à la justice ; ne me voyez pas ici, ne voyez que la chose publique, et peut-être vous-même, puisque vous la défendez si bien... » On comptait beaucoup alors à Arras sur la prochaine arrivée d'Augustin Robespierre, dont il avait été un moment question pour remplacer Joseph Le Bon. « Quand viendra Bon bon tant désiré ? » ajoutait Buissart ; « lui seul peut calmer les maux qui désolent votre patrie... (1) » On n'ignorait pas en effet comment dans ses missions Augustin avait su allier la sagesse, la modération à une inébranlable fermeté et à une énergie à toute épreuve. Trois jours après, Buissart écrivait encore, à sa femme cette fois : « L'arrivée de Bon bon est l'espoir des vrais patriotes et la terreur de ceux qui osent les persécuter ; il connaît trop bien les individus de la ville d'Arras pour ne pas rendre justice à qui il appartient. Sa présence ne peut être suppléée par celle d'aucun autre. Il faut donc qu'il vienne à Arras pour rendre la paix et le calme aux vrais patriotes... Embrassez-le pour moi, jusqu'à ce que je puisse le faire moi-même ; rendez-moi le même service auprès de Maximilien (2)... » Mais Augustin n'était pas

_____

(1) Cette lettre, supprimée par Courtois, et dont nous avons l'original sous les yeux, a été insérée dans les *Papiers inédits...*, t. Ier, p. 247.

(2) *Papiers inédits...*, t. Ier, p. 250. Cette lettre porte en suscription : « A la citoyenne Buissart, chez M. Robespierre, rue Saint-Honoré, à Paris. » — Telle fut la terreur qui, après le 9 Thermidor, courba toutes les consciences, que les plus chers amis de Maximilien ne reculèrent pas devant une apostasie sanglante. Au bas d'une adress

homme à quitter Paris à l'heure où déjà il voyait prêt à éclater l'orage amassé contre son frère.

Cependant Robespierre, ému des plaintes de ses amis, essaya d'obtenir du comité de Salut public le rappel de Le Bon, s'il faut s'en rapporter au propre aveu de celui-ci, qui plus tard rappela qu'en messidor sa conduite avait été l'objet d'une accusation violente de la part de Maximilien (1). Mais que pouvait alors Robespierre sur ses collègues? Le comité de Salut public disculpa Joseph Le Bon en pleine Convention par la bouche de Barère, et l'Assemblée écarta par un ordre du jour dédaigneux les réclamations auxquelles avaient donné lieu les opérations de ce représentant dans le département du Pas-de-Calais (2). Toutefois, le 6 thermidor, Robespierre fut assez heureux pour faire mettre en liberté un certain nombre de ses compatriotes, incarcérés par les ordres du proconsul d'Arras, entre autres les citoyens Demeulier et Beugniet, les frères Le Blond et leurs femmes. Ils arrivèrent dans leur pays le cœur plein de reconnaissance, et en bénissant leur sauveur, juste au moment où y parvenait la nouvelle de l'arrestation de Maximilien; aussi il faillit leur en coûter cher pour avoir, dans un sentiment de gratitude, prononcé avec éloge le nom de Robespierre (3).

Quand, victime des passions contre-révolutionnaires, Joseph Le Bon comparut devant la cour d'assises d'Amiens, où du moins l'énergie de son attitude et la franchise de ses réponses contrastèrent singulièrement avec l'hypocrisie de ses accusateurs, il répondit à ceux qui prétendaient, selon la mode du jour, voir en lui un agent, une créature de Robespierre : « Qu'on ne croie point que ce fût pour faire sortir les détenus et pour anéantir les échafauds qu'on le

de la commune d'Arras à la Convention, adresse dirigée contre Joseph Le Bon, et dans laquelle Robespierre « Cromwell » est assimilé à Tibère, à Néron et à Caligula, on voit figurer, non sans en être attristé, la signature de Buissart. (Voir *le Moniteur* du 27 thermidor an II (11 août 1794). Ceux qu'on aurait crus les plus fermes payèrent du reste ce tribut à la lâcheté humaine. Citons, parmi tant d'autres, l'héroïque Duquesnoy lui-même, lequel, dans une lettre adressée à ses concitoyens d'Arras et de Béthune à la date du 16 fructidor (12 septembre 1794), pour se défendre d'avoir été *le complice* de Maximilien, jeta l'insulte aux vaincus; acte de faiblesse que d'ailleurs il racheta amplement en prairial an III, quand il tomba sous les coups de la réaction. « Ménage-toi pour la patrie, elle a besoin d'un défenseur tel que toi, » écrivait-il à Robespierre en floréal. (Lettre inédite de la collection Portiez [de l'Oise].

(1) Séance de la Convention du 15 thermidor (2 août 1894), *Moniteur* du 16 thermidor.

(2) Séance de la Convention du 21 messidor (9' juillet 1794), *Moniteur* du 22 messidor.

(3) Ceci, tiré d'un pamphlet de Guffroy intitulé : *les Secrets de Joseph le Bon et de ses complices, deuxième censure républicaine,* in-8° de 474 p.. an III, p. 167.

proscrivît; non, non; qu'on lise son discours du 8 à la Convention
et celui que Robespierre jeune prononça la veille aux Jacobins, on
verra clairement qu'il provoquait lui-même l'ouverture des prisons
et qu'il s'élevait contre la multitude des victimes que l'on faisait et
que l'on voulait faire encore (1)... » Et l'accusation ne trouva pas
un mot à répondre. « Qu'on ne s'imagine point, » ajouta Le Bon,
« que le renversement de Robespierre a été opéré pour ouvrir les
prisons; hélas! non; ç'a été simplement pour sauver la tête de
quelques fripons (2). » L'accusation demeura muette encore. Ces
paroles, prononcées aux portes de la tombe, en face de l'échafaud,
par un homme dont l'intérêt au contraire eût été de charger la mémoire de Maximilien, comme tant d'autres le faisaient alors, sont
l'indiscutable vérité. Il faut être d'une bien grande naïveté ou d'une
insigne mauvaise foi pour oser prétendre que la catastrophe du
9 Thermidor fut le signal du réveil de la justice. Quelle ironie sanglante !

IV

Que Robespierre ait été déterminé à mettre fin aux actes d'oppression inutilement et indistinctement prodigués sur tous les points
de la République, qu'il ait été résolu à subordonner la sévérité nationale à la stricte justice, en évitant toutefois de rendre courage
à la réaction, toujours prête à profiter des moindres défaillances du
parti démocratique; qu'il ait voulu enfin, suivant sa propre expression, arrêter l'effusion de sang humain versé par le crime, c'est ce
qui est hors de doute pour quiconque a étudié aux vraies sources,
de sang froid et d'un esprit impartial, l'histoire de la Révolution
française. La chose était assez peu aisée puisqu'il périt en essayant
de l'exécuter. Or l'homme qui est mort à la peine dans une telle
entreprise mériterait par cela seul le respect et l'admiration de la
postérité.

De son ferme dessein d'en finir avec les excès sous lesquels la
Révolution lui paraissait en danger de périr, il reste des preuves de
plus d'un genre, malgré tout le soin apporté par les Thermidoriens à
détruire les documents de nature à établir cette incontestable vérité.
Il se plaignait qu'on prodiguât les accusations injustes pour trouver
partout des coupables. Une lettre du littérateur Aignan, qui alors

(1) *Procès de Joseph Le Bon*, p. 147, 148.
(2) *Ibid.*, p. 167.

occupait le poste d'agent national de la commune d'Orléans, nous apprend les préoccupations où le tenait la moralité des dénonciateurs (1). Il avait toujours peur que des personnes inoffensives, que des patriotes même ne fussent victimes de vengeances particulières, persécutés par des hommes pervers; et ses craintes, hélas! n'ont été que trop justifiées. Il lui semblait donc indispensable de purifier les administrations publiques, de les composer de citoyens probes, dévoués, incapables de sacrifier l'intérêt général à leur intérêt particulier, et décidés à combattre résolûment tous les abus, sans détendre le ressort révolutionnaire. Les seuls titres à sa faveur étaient un patriotisme et une intégrité à toute épreuve. Ceux des représentants en mission en qui il avait confiance étaient priés de lui désigner des citoyens vertueux et éclairés propres à occuper les emplois auxquels le comité de Salut public était chargé de pourvoir. Ainsi se formèrent les listes de patriotes trouvées dans les papiers de Robespierre. Ainsi, comme on l'a vu plus haut, fut appelé au poste important de la commission des hospices et secours publics le Franc-Comtois Lerebours. Mais trouver des gens de bien et de courage en nombre suffisant n'était pas chose facile, tant d'indignes agents étaient parvenus, en multipliant les actes d'oppression, à jeter l'épouvante dans les cœurs! « Tu me demandes la liste des patriotes que j'ai pu découvrir sur ma route, » écrivait Augustin à son frère, « ils sont bien rares, ou peut-être la torpeur empêchoit les hommes purs de se montrer par le danger et l'oppression où se trouvoit la vertu (2). » Robespierre pouvait se souvenir des paroles qu'il avait laissé tomber un jour du haut de la tribune : « La vertu a toujours été en minorité sur la terre. » Aux approches du 9 Thermidor, il fit, dit-on, des ouvertures à quelques Conventionnels dont il croyait pouvoir estimer le caractère et le talent, et

---

(1) Lettre à Deschamps, en date du 17 prairial an II (5 juin 1794). Devenu plus tard membre de l'Académie française, Aignan était, pendant la Révolution, un partisan et un admirateur sincère de Robespierre. « Je suis bien enchanté du retour de Saint-Just et de l'approbation que Robespierre et lui veulent bien donner à mes opérations. Le bien public, l'affermissement de la République une et indivisible, le triomphe de la vertu sur l'intrigue, tel est le but que je me propose, tel est le seul sentiment qui m'anime , » écrivait-il à son « cher Deschamps » qui sera frappé avec Robespierre. (*Papiers inédits...*, t. Ier, p. 162). Eh bien! telle est la science, la bonne foi de la plupart des biographes, qu'ils font d'Aignan une victime de *la tyrannie de Robespierre*, tandis qu'au contraire Aignan fut poursuivi comme un ami, comme une créature de Maximilien. (Voy. notamment la *Biographie universelle*, à l'article AIGNAN). Chose assez singulière, cet admirateur de Robespierre eut pour successeur à l'Académie française le poëte Soumet, qui fut un des plus violents calomniateurs de Robespierre, et qui mit ses calomnies en assez mauvais vers. (Voy. *la Divine Epopée*.)

(2) Lettre en date du 16 germinal an II (5 avril 1794), déjà citée.

il chargea une personne de confiance de demander à Cambacérès s'il pouvait compter sur lui dans sa lutte suprême contre les révolutionnaires dans le sens du crime (1). Homme d'une intelligence supérieure, Cambacérès sentait bien que la justice, l'équité, le bon droit, l'humanité étaient du côté de Robespierre; mais, caractère médiocre, il se garda bien de se compromettre, et attendit patiemment le résultat du combat pour passer du côté du vainqueur. On comprend maintenant pourquoi, devenu prince et archichancelier de l'Empire, il disait, en parlant du 9 Thermidor : « Ç'a été un procès jugé, mais non plaidé. » Personne n'eût été plus que lui en état de le plaider en toute connaissance de cause, s'il eût été moins ami de la fortune et des honneurs.

Tandis que Robespierre gémissait et s'indignait de voir des préjugés incurables, ou des choses indifférentes, ou de simples erreurs érigés en crimes (2), ses collègues du comité de Salut public et du comité de Sûreté générale proclamaient bien haut, au moment même où la hache allaient le frapper, que les erreurs de l'aristocratie étaient des crimes irrémissibles (3). La force du gouvernement révolutionnaire devait être centuplée, disaient-ils, par la chute d'un homme dont la popularité était trop grande pour une République (4). Le désir d'en finir avec la Terreur était si loin de la pensée des hommes de Thermidor, que, dans la matinée du 10, faisant allusion aux projets de Robespierre de ramener au milieu de la République « la justice et la liberté exilées », ils s'élevèrent fortement contre l'étrange présomption de ceux qui voulaient arrêter le cours *majestueux*, *terrible* de la Révolution française (5). Les anciens membres des comités nous ont du reste laissé un aveu trop précieux pour que nous ne saisissions pas l'occasion de le mettre encore une fois sous les yeux du lecteur. Il s'agit des séances du comité de Salut public à la veille même de la catastrophe : « Lorsqu'on faisoit le tableau des circonstances malheureuses où se trouvait la chose publique, disent-ils, chacun de nous cherchoit des

---

(1) Ce fait a été assuré à M. Hauréau par Godefroy Cavaignac, qui le tenait de son père ; et la personne chargée de la démarche auprès de Cambacérès n'auroit été autre que Cavaignac lui-même. Pour détacher de Robespierre ce membre de la Montagne, les Thermidoriens couchèrent son nom sur une des prétendues listes de proscrits qu'ils faisaient circuler. Après Thermidor, Cavaignac se rallia aux vainqueurs et trouva en eux un appui contre les accusations dont le poursuivit la réaction.

(2) Discours du 8 thermidor.

(3) Discours de Barère à la séance du 10 thermidor (28 juillet 1794). Voy. *le Moniteur* du 12.

(4) *Ibid.*

(5) *Ibid. Vide suprà.*

mesures et proposoit des moyens. Saint-Just nous arrêtoit, jouoit l'étonnement de n'être pas dans la confidence de ces dangers, et se plaignoit de ce que tous les cœurs étoient fermés, suivant lui ; qu'il ne connoissoit rien, qu'il ne concevoit pas cette manière prompte d'improviser la foudre à chaque instance, et il nous conjuroit, au nom de la République, de revenir à des idées plus justes, à des mesures plus sages (1) ». C'était ainsi, ajoutent-ils, que le *traître* les tenait en échec, paralysait leurs mesures et refroidissait leur zèle (2). Saint-Just se contentait d'être ici l'écho des sentiments de son ami, qui, certainement, n'avait pas manqué de se plaindre devant lui de voir certains hommes prendre plaisir à multiplier les actes d'oppression et à rendre les institutions révolutionnaires odieuses par des excès (3).

Un simple rapprochement achèvera de démontrer cette vérité, à savoir que le 9 Thermidor fut le triomphe de la Terreur. Parmi les innombrables lettres trouvées dans les papiers de Robespierre, il y avait une certaine quantité de lettres anonymes pleines d'invectives, de bave, de fiel, comme sont presque toujours ces œuvres de lâcheté et d'infamie. Plusieurs de ces lettres provenant du même auteur, et remarquables par la beauté et la netteté de l'écriture, contenaient, au milieu de réflexions sensées et de vérités que Robespierre était le premier à reconnaître, les plus horribles injures contre le comité de Salut public. A la suite de son rapport, Courtois ne manqua pas de citer avec complaisance une de ces lettres où il était dit que Tibère, Néron, Caligula, Auguste, Antoine et Lépide n'avaient jamais rien imaginé d'aussi horrible que ce qui se passait (4). Et Courtois de s'extasier, — naturellement (5).

Ces lettres étaient d'un homme de loi, nommé Jacquotot, demeurant rue Saint-Jacques. Robespierre ne se préoccupait guère de ces lettres et de leur auteur, dont sur plus d'un point du reste il partageait les idées. Affamé de persécution comme d'autres de justice, l'ancien avocat, lassé en quelque sorte de la tranquillité dans laquelle il vivait au milieu de cette Terreur dont il aimait tant à dénoncer les excès, écrivit une dernière lettre, d'une violence inouïe, où il stigmatisa rudement la politique extérieure et intérieure du comité de Salut public ; puis il signa son nom en toutes lettres, et, cette

(1) *Réponse des membres des deux anciens comités de Salut public et de Sûreté générale aux imputations* de Laurent Lecointre, note de la p. 27. Voy. p. 107.
(2) Voy. notre *Histoire de Saint-Just.*
(3) Discours du 8 thermidor.
(4) Pièce à la suite du rapport de Courtois. numéros XXXI et XXXII.
(5) P. 18 du rapport.

fois, il adressa sa missive à Saint-Just : « Jusqu'à présent j'ai gardé l'anonyme, mais maintenant que je crois ma malheureuse patrie perdue sans ressource, je ne crains plus la guillotine, et je signe (1). » D'autres, les Legendre, les Bourdon (de l'Oise), par exemple, se fussent empressés d'aller déposer ce libelle sur le bureau du comité afin de faire montre de zèle, eussent réclamé l'arrestation de l'auteur ; Saint-Just n'y fit nulle attention ; il mit la lettre dans un coin, garda le silence, et Jacquotot continua de vivre sans être inquiété jusqu'au 9 Thermidor. Mais au lendemain de ce jour néfaste, les glorieux vainqueurs trouvèrent les lettres du malheureux Jacquotot, et sans perdre un instant ils le firent arrêter et jeter dans la prison des Carmes (2), tant il est vrai que la chute de Robespierre fut le signal du réveil de la modération, de la justice et de l'humanité.

V

C'est ici le lieu de faire connaître par quels étranges procédés, par quels efforts incessants, par quelles manœuvres criminelles les ennemis de Robespierre sont parvenus à ternir sa mémoire aux yeux d'une partie du monde aveuglé. Nous dirons tout à l'heure de quelle réputation éclatante et pure il jouissait au moment de sa chute, et pour cela nous n'aurons qu'à interroger un de ses plus violents adversaires. Disons auparavant ce qu'on s'est efforcé d'en faire, et comment on a tenté de l'assassiner au moral comme au physique.

Un historien anglais a écrit : « De tous les hommes que la Révolution française a produits, Robespierre fut de beaucoup le plus remarquable... Aucun homme n'a été plus mal représenté, plus défiguré dans les portraits qu'ont faits de lui les annalistes contemporains de toute espèce (3). » Rien de plus juste et de plus vrai. Pareils à des malfaiteurs pris la main dans le sac et qui, afin de donner le change, sont les premiers à crier : au voleur ! les Ther-

---

(1) L'original de cette lettre est aux *Archives*. Elle porte en suscription : Au citoyen Saint-Just, député à la Convention et membre du comité de Salut public.

(2) Voici l'ordre d'arrestation de Jacquotot : « Paris, le 11 thermidor... Les comités de Salut public et de Sûreté générale arrêtent que le nommé Jacquotot, ci-devant homme de loi, rue Saint-Jacques, 13, sera mis sur-le-champ en état d'arrestation dans la maison de détention dite des Carmes ; la perquisition la plus exacte de ses papiers sera faite, et ceux qui paraîtront suspects seront portés au comité de Sûreté générale de la Convention nationale. Barère, Dubarran, Billaud-Varenne, Robert Lindet, Jagot, Voulland, Moïse Bayle, C.-A. Prieur, Collot d'Herbois, Vadier. » (*Archives*, coll. 119.)

(3) Alison, *History of Europe*, 1849, t. II, p. 145.

midoriens, comme on l'a vu, mettaient tout en œuvre pour rejeter
sur Robespierre la responsabilité des crimes dont ils s'étaient couverts. D'où ce cri désespéré de Maximilien : « J'ai craint quelquefois, je l'avoue, d'être souillé aux yeux de la postérité par le voisinage impur des hommes pervers qui s'introduisaient parmi les
sincères amis de l'humanité (1). » Et ces hommes, quels étaient-ils ?
Ceux-là mêmes qui avaient poursuivi les dantonistes avec le plus
d'acharnement. Nous le savons de Robespierre lui-même : « Que
dirait-on si les auteurs du complot... étaient du nombre de ceux qui
ont conduit Danton et Desmoulins à l'échafaud (2)? » Les hommes
auxquels Robespierre faisait ici allusion étaient Vadier, Amar,
Voulland, Billaud-Varenne. Ah ! à cette heure suprême, est-ce qu'un
bandeau ne tomba pas de ses yeux ? Est-ce qu'une voix secrète ne
lui reprocha pas amèrement de s'être laissé tromper au point de
consentir à abandonner ces citoyens illustres ?

Cependant, une fois leur victime abattue, les Thermidoriens ne
songèrent pas tout d'abord à faire de Maximilien le bouc émissaire de la Terreur ; au contraire, ainsi qu'on l'a vu déjà, ils le
dénoncèrent bien haut comme ayant voulu arrêter le cours *majestueux*, *terrible* de la Révolution. Il est si vrai que le coup d'État du
9 Thermidor eut un caractère ultra-terroriste, qu'après l'événement
Billaud-Varenne et Collot d'Herbois durent quitter leurs noms de
Varenne et de d'Herbois comme entachés d'aristocratie (3). Et le
19 fructidor (1er septembre 1794) on entendait encore le futur duc
d'Otrante, l'exécrable Fouché, s'écrier : « Toute pensée d'indulgence est une pensée contre-révolutionnaire (4). » Mais quand la
contre-révolution en force fut venue s'asseoir sur les bancs de la
Convention, quand les portes de l'Assemblée eurent été rouvertes à
tous les débris du parti girondin et royaliste, quand la réaction
enfin se fut rendue maîtresse du terrain, les Thermidoriens chan-
gèrent de tactique, et ils s'appliquèrent à charger Robespierre de
tout le mal qu'il avait tenté d'empêcher, de tous les excès qu'il avait
voulu réprimer. Les infamies auxquelles ils eurent recours pour
arriver à leurs fins sont à peine croyables.

On commença par chercher à ternir le renom de pureté attaché
à sa vie privée. Comme il arrive toujours au lendemain des grandes
catastrophes, il ne manqua pas de misérables pour lancer contre le
géant tombé des libelles remplis des plus dégoûtantes calomnies.

(1) Discours du 8 thermidor.
(2) *Ibid.*
(3) Aucun historien, que je sache, n'a jusqu'à ce jour signalé cette particularité.
(4) Voy. *le Moniteur* du 19 fructidor an II (5 septembre 1794.)

Dès le 27 thermidor (14 août 1794), un des hommes les plus vils et les plus décriés de la Convention, un de ceux dont Robespierre aurait aimé à punir les excès et les dilapidations, l'ex-comte de Barras, le digne acolyte de Fréron, osait, en pleine tribune, l'accuser d'avoir entretenu de nombreuses concubines, de s'être réservé la propriété de Monceau pour ses plaisir, tandis que Couthon s'était approprié Bagatelle, et Saint-Just le Raincy (1). Et les voûtes de la Convention ne s'écroulèrent pas quand ces turpitudes tombèrent de la bouche de l'homme qui plus tard achètera, du fruit de ses rapines peut-être, le magnifique domaine de Grosbois (2). Barras ne faisait du reste qu'accroître et embellir ici une calomnie émanée de quelques misérables appartenant à la société populaire de Maisons-Alfort, lesquels, pour faire leur cour au parti victorieux, eurent l'idée d'adresser au comité de Sûreté générale une dénonciation contre un chaud partisan de Robespierre, contre Deschamps, le marchand mercier de la rue Bethisy, dont jadis Maximilien avait tenu l'enfant sur les fonts de baptême. Deschamps avait loué à Maisons-Alfort une maison de campagne qu'il habitait avec sa famille dans la belle saison, et où ses amis venaient quelquefois le visiter. Sous la plume des dénonciateurs, la maison de campagne se transforme en superbe maison d'émigré où Deschamps, Robespierre, Hanriot et quelques officiers de l'État major de Paris venaient se livrer à des orgies, courant à cheval quatre et cinq de front à bride abattue, et renversant les habitants qui avaient le malheur de se trouver sur leur passage. Quelques lignes plus loin, il est vrai, il est dit que

(1) *Moniteur* du 29 thermidor (16 août 1794).

(2) De graves accusations de dilapidation furent dirigées contre Barras et Fréron, notamment à la séance de la Convention du 2 vendémiaire an III (*Moniteur* du 6 vendémiaire [27 septembre 1794]). L'active participation de ces deux représentants au coup d'État de Thermidor contribua certainement à les faire absoudre par l'Assemblée. Consultez à ce sujet les Mémoires de Barère qui ici ont un certain poids. (t. IV, p. 223.) L'auteur assez favorable d'une vie de Barras, dans la *Biographie universelle* (Beauchamp), assure que ce membre du Directoire recevait des pots-de-vin de 50 à 100,000 francs des fournisseurs et hommes à grandes affaires qu'il favorisait. Est-il vrai que, devenu vieux, Barras ait senti peser sur sa conscience, comme un remords, le souvenir du 9 Thermidor ? Voici ce qu'a raconté à ce sujet M. Alexandre Dumas : « Barras nous reçut dans son grand fauteuil qu'il ne quittait guère plus vers les dernières années de sa vie. Il se rappelait parfaitement mon père, l'accident qui l'avait éloigné du commandement de la force armée au 13 vendémiaire, et je me souviens qu'il me répéta plusieurs fois, ce jour-là, ces paroles, que je reproduis textuellement : « Jeune homme, n'oubliez pas ce que vous dit un vieux républicain : je n'ai que deux regrets, je devrais dire deux remords, et ce seront les seuls qui seront assis à mon chevet le jour où je mourrai : J'ai le double remords d'avoir renversé Robespierre par le 9 Thermidor, et élevé Bonaparte par le 13 Vendémiaire. » (*Mémoires d'Alexandre Dumas* [Feuilleton de *la Presse* du 27 août 1852].)

Robespierre, Couthon et Saint-Just avaient promis de venir dans cette maison, mais qu'ils avaient changé d'avis. Il ne faut point demander de logique à ces impurs artisans de calomnies (1).

Que de pareilles inepties aient pu s'imprimer, passe encore, il faut s'attendre à tout de la part de certaines natures perverses ; mais qu'elles se soient produites à la face d'une Assemblée qui si longtemps avait été témoin des actes de Robespierre ; qu'aucune protestation n'ait retenti à la lecture de cette pièce odieuse, c'est à confondre l'imagination. Courtois, dans son rapport sur les papiers trouvés chez Robespierre et *ses complices*, suivant l'expression thermidorienne, n'osa point, il faut le croire, parler de ce document honteux ; mais un peu plus tard, et la réaction grandissant, il jugea à propos d'en orner le discours prononcé par lui à la Convention sur les événements du 9 Thermidor, la veille de l'anniversaire de cette catastrophe. Comme Barras, l'immonde Courtois trouva moyen de surenchérir sur cette dénonciation signée de trois habitants de Maisons-Alfort. Par un procédé qui lui était familier, comme on le verra bientôt, confondant Robespierre avec une foule de gens auxquels Maximilien était complétement étranger, et même avec quelques-uns de ses proscripteurs, proscrits à leur tour, il nous peint ceux qu'il appelle *nos tyrans* prenant successivement pour lieu de leurs plaisirs et de leurs débauches, Auteuil, Passy, Vanves et Issy (2). C'est là que, d'après des notes anonymes (3), on nous montre Couthon s'apprêtant à établir son trône à Clermont, promettant quatorze millions pour l'embellissement de la ville, et se faisant préparer par ses créatures un palais superbe à Chamallière (4) ! Tout cela dit et écouté sérieusement.

Du représentant Courtois aux coquins qui ont écrit le livre intitulé : *Histoire de la Révolution par deux amis de la liberté*, il n'y a qu'un pas. Dans cette œuvre, où tant d'écrivains, hélas ! ont été puiser des documents, on nous montre Robespierre arrivant la nuit,

(1) Les signataires de cette dénonciation méritent d'être connus ; c'étaient Preuille, vice-président, Bazin et Trouvé, secrétaires de la société populaire de Maisons-Alfort. Voyez cette dénonciation, citée *in extenso*, à la suite du rapport de Courtois sur les événements du 9 Thermidor, p. 83. — Les dénonciateurs se plaignaient surtout qu'à la date du 28 thermidor, Deschamps n'eût pas encore été frappé du glaive de la loi. Leur vœu ne tarda pas à être rempli ; le pauvre Deschamps fut guillotiné le 5 fructidor an II (22 août 1794).

(2) Rapport sur les événements du 9 Thermidor, p. 24.

(3) Voyez ces notes à la suite du rapport de Courtois sur les événements du 9 Thermidor, p. 80.

(4) *Ibid.*, p. 31. J'ai eu entre les mains l'original de cette note, en marge de laquelle Courtois a écrit : *Vérités tardives !*

à petit bruit, dans un beau château garni de femmes de mauvaise
vie, s'y livrant à toutes sortes d'excès, au milieu d'images lubriques
réfléchies par des glaces nombreuses, à la lueur de cent bougies,
signant d'une main tremblante de débauches des arrêts de proscription, et laissant échapper devant des prostituées qu'il y aurait
bientôt plus de six mille Parisiens égorgés (1). Voilà bien le pendant
de la fameuse scène d'ivresse chez Mme de Saint-Amaranthe. C'est
encore dans ce livre honteux qu'on nous montre Robespierre disposé à frapper d'un seul coup la majeure partie de la Représentation
nationale, et faisant creuser de vastes souterrains, des catacombes
où l'on pût enterrer « des immensités de cadavres (2). » Jamais
romanciers à l'imagination pervertie, depuis Mme de Genlis jusqu'à
ceux de nos jours, n'ont aussi lâchement abusé du droit que se
sont arrogé les écrivains de mettre en scène dans des œuvres
de pure fantaisie les personnages historiques les plus connus, et
de dénaturer tout à leur aise leurs actes et leurs discours. Devant
ces inventions de la haine où l'ineptie le dispute à l'odieux, la conscience indignée se révolte ; mais il faut surmonter son dégoût, et
pénétrer jusqu'au fond de ces sentines du cœur humain pour juger
ce dont est capable la rage des partis. Ces mêmes *amis de la liberté*
ont inséré dans leur texte, comme un document sérieux, une lettre
censément trouvée dans les papiers de Robespierre, et signée
Niveau, lettre d'un véritable fou, sinon d'un faussaire. C'est un
tissu d'absurdités dont l'auteur, sur une foule de points, semble
ignorer les idées de Robespierre ; mais on y lit des phrases dans le
genre de celle-ci : « Encore quelques têtes à bas, et la dictature
vous est dévolue ; car nous reconnaissons avec vous qu'il faut un
seul maître aux Français. » On comprend dès lors que d'honnêtes
historiens comme les *deux amis de la liberté* n'aient pas négligé
une telle pièce. Cette lettre ne figure pas à la suite du premier
rapport de Courtois : ce représentant l'aurait-il dédaignée ? C'est peu
probable. Il est à présumer plutôt qu'elle n'était pas encore fabriquée à l'époque où il écrivit son rapport (3).

---

(1) *Histoire de la Révolution, par deux amis de la liberté*, t. XIII, p. 300 et 301.

(2) *Ibid.*, p. 362, 364. C'est encore là, du reste, une amplification du récit de Courtois.
Voyez son rapport sur les événements du 9 Thermidor, p. 9.

(3) Les éditeurs des *Papiers inédits* ont donné cette lettre comme inédite ; ils n'a-
vaient pas lu apparemment l'*Histoire de la Révolution, par deux amis de la liberté*.
Voy. *Papiers inédits*, t. 1, p. 261.

VI

J'ai nommé Courtois! Jamais homme ne fut plus digne du mépris public. Si quelque chose est de nature à donner du poids aux graves soupçons dont reste encore chargée la mémoire de Danton, c'est d'avoir eu pour ami intime un tel misérable. Aucun scrupule, un mélange d'astuce, de friponnerie et de lâcheté, Basile et Tartufe, voilà Courtois. Signalé dès le mois de juillet 1793 comme s'étant rendu coupable de dilapidations dans une mission en Belgique, il avait été, pour ce fait, mandé devant le comité de Salut public par un arrêté portant la signature de Robespierre (1). Les faits ne s'étant pas trouvés suffisamment établis, il n'avait pas été donné suite à la plainte; mais de l'humiliation subie naquit une haine qui, longtemps concentrée, se donna largement et en toute sûreté carrière après Thermidor (2). Chargé du rapport sur les papiers trouvés chez Robespierre, Couthon, Saint-Just et autres, Courtois s'acquitta de cette tâche avec une mauvaise foi et une déloyauté à peine croyables. La postérité, je n'en doute pas, sera étrangement surprise de la facilité avec laquelle cet homme a pu, à l'aide des plus grossiers mensonges, de faux matériels, égarer pendant si longtemps l'opinion publique.

Le premier rapport de Courtois se compose de deux parties bien distinctes (3) : le rapport proprement dit et les pièces à l'appui. Voici en quels termes un écrivain royaliste, peu suspect de partia-

(1) Voici cet arrêté : « Du 30 juillet 1793, les comités de Salut public et de Sûreté générale arrêtent que Beffroy, député du département de l'Aisne, et Courtois, député du département de l'Aube, seront amenés sur-le-champ au comité de Salut public pour être entendus. Chargent le maire de Paris de l'exécution du présent arrêté. Robespierre, Prieur (de la Marne), Saint-Just, Laignelot, Amar, Legendre. »

(2) Les dilapidations de Courtois n'en paraissent pas moins constantes. L'homme qui ne craignit pas de voler les papiers les plus précieux de Robespierre, était bien capable de spéculer sur les fourrages de la République. Sous le gouvernement de Bonaparte, il fut éliminé du Tribunat à cause de ses ripotages sur les grains. Devenu riche, il acheta en Lorraine une terre où il vécut retiré jusqu'en 1814. On raconte qu'en Belgique, où il se retira sous la Restauration, les réfugiés s'éloignaient de lui avec dégoût. Voyez à ce sujet les *Mémoires de Barère*, t. III, p. 253.

(3) Il y a de Courtois deux rapports qu'il faut bien se garder de confondre : le premier, sur les papiers trouvés chez Robespierre et autres, présenté à la Convention dans la séance du 16 nivôse de l'an III (5 janvier 1795), imprimé par ordre de la Convention, in-8° de 408 p.; le second, sur les événements du 9 Thermidor, prononcé le 8 thermidor de l'an III (26 juillet 1795), et également imprimé par ordre de la Convention, in-8° de 220 p.; ce dernier précédé d'une préface en réponse aux détracteurs de la journée du 9 Thermidor.

lité pour Robespierre, a apprécié ce rapport : « Ce n'est guère qu'une mauvaise amplification de collége, où le style emphatique et déclamatoire va jusqu'au ridicule (1). » L'emphase et la déclamation sont du fait d'un méchant écrivain ; mais ce qui est du fait d'un malhonnête homme, c'est l'étonnante mauvaise foi régnant d'un bout à l'autre de cette indigne rapsodïe. Il ne faut pas s'imaginer d'ailleurs que Courtois en soit seul responsable ; d'autres y ont travaillé ; — Guffroy notamment. — C'est bien l'œuvre commune de la faction thermidorienne, de cette association de malfaiteurs pour laquelle le monde n'aura jamais assez de mépris.

La tactique de la faction, tactique suivie depuis par tous les écrivains et historiens de la réaction, a été d'attribuer à Robespierre tout le mal, toutes les erreurs inséparables des crises violentes d'une révolution, et tous les excès qu'il combattit avec tant de courage et de persévérance. Le rédacteur du laborieux rapport où l'on a cru ensevelir pour jamais la réputation de Maximilien a mis en réquisition la mythologie de tous les peuples. L'amant de Dalila, Dagon, Gorgone, Asmodée, le dieu Visnhou et la bête du Gévaudan figurent pêle-mêle dans cette œuvre. César et Sylla, Confucius et Jesus-Christ, Épictète et Domitien, Néron, Caligula, Tibère, Damoclès s'y coudoient, fort étonnés de se trouver ensemble : voilà pour le ridicule. Voici pour l'odieux : De l'innombrable quantité de lettres trouvées chez Robespierre on commença par supprimer tout ce qui était à son honneur, tout ce qui prouvait la bonté de son cœur, la grandeur de son âme, l'élévation de ses sentiments, son horreur des excès, sa sagesse et son humanité. Ainsi disparurent les lettres des Girondins, dont nous avons pu remettre une partie en lumière, celles du général Hoche, la correspondance échangée entre les deux frères et une foule d'autres pièces précieuses à jamais perdues pour l'histoire. Ce fut un des larrons de Thermidor, le député Rovère, qui le premier se plaignait qu'on eût *escamoté* beaucoup de pièces (2). Courtois, comme on sait, s'en appropria la plus grande partie (3). Portiez (de l'Oise) en eut une bonne portion ; d'autres encore participèrent au larcin. Les uns et les autres ont fait commerce de ces pièces, lesquelles se trouvent aujourd'hui dispersées dans des collec-

---

(1) Michaud jeune, Article COURTOIS, dans la *Biographie universelle*.

(2) Séance de la Convention du 20 frimaire an III (10 décembre 1794), *Moniteur* du 22 frimaire.

(3) En 1816, le domicile de Courtois fut envahi par les ordres du ministre de la police Decaze, et tous ceux de ses papiers qu'il n'avait point vendus ou cédés se trouvèrent saisis. Casimir Périer lui en fit rendre une partie après 1830.

lions particulières. Enfin une foule de lettres ont été rendues aux intéressés, notamment celles adressées à Robespierre par nombre de ses collègues dont les Thermidoriens payèrent par là la neutralité, ou même achetèrent l'assistance. Même au plus fort de la réaction, ces inqualifiables procédés soulevèrent des protestations indignées. Dans la séance du 29 pluviôse de l'an III (17 février 1795), le représentant Montmayou réclama l'impression générale de toutes les pièces afin que tout fût connu du peuple et de la Convention, et un député de la Marne, nommé Deville, se plaignit que l'on n'eût imprimé que ce qui avait paru favorable au parti sous les coups duquel avait succombé Robespierre (1). Les voûtes de la Convention retentirent ce jour-là des plus étranges mensonges. Le boucher Legendre, par exemple, se vanta de n'avoir jamais écrit à Robespierre. Il comptait sans doute sur la discrétion de ses alliés de Thermidor ; peut-être lui avait-on rendu ses lettres, sauf une, où se lit cette phrase déjà citée : « Une reconnaissance immortelle s'épanche vers Robespierre toutes les fois qu'on pense à un homme de bien. » Gardée par malice ou par mégarde, cette lettre devait paraître plus tard comme pour attester la mauvaise foi de Legendre (2). Le même député avoua — aveu bien précieux — qu'une foule d'excellents citoyens avaient écrit à Robespierre, et que c'était à lui que de toutes les parties de la France s'adressaient les demandes des infortunés et les réclamations des opprimés (3). Preuve assez manifeste qu'aux yeux du pays Maximilien ne passait ni pour un oppresseur ni pour l'ordonnateur des actes d'oppression dont il était le premier à gémir. Décréter l'impression de pareilles pièces, n'était-ce point condamner et flétrir les auteurs de la journée du 9 Thermidor ? André Dumont, devenu l'un des insulteurs habituels de la mémoire de Maximilien, protesta vivement. Comme il se targuait, lui aussi, de n'avoir pas écrit au vaincu : — « Tes lettres sont au *Bulletin,* » lui cria une voix. — Choudieu vint ensuite, et réclama à son tour l'impression générale de toutes les pièces trouvées chez Robespierre. — « Cette impression » dit-il, « fera connaître une partialité révoltante, une contradiction manifeste avec les principes de justice que l'on proclame. On verra qu'on a choisi toutes les pièces qui pouvaient satisfaire des vengeances particulières pour refuser la publicité des autres (4) ». L'honnête Choudieu ne se doutait pas

(1) *Journal des débats et des décrets de la Convention*, numéro 877, p. 415.
(2) Nous uvons déjà cité cette lettre en extrait dans notre premier volume. Voyez-la, du reste, dans les *Papiers inédits*, t. I, p. 180.
(3) *Journal des débats et des décrets de la Convention*, numéro 877.
(4) *Moniteur* du 3 ventôse an III (21 février 1795).

alors que les auteurs du rapport n'avaient pas reculé devant des faux matériels. L'Assemblée se borna à ordonner l'impression de la correspondance des représentants avec Maximilien, mais on se garda bien, et pour cause, de donner suite à ce décret.

On sait maintenant, par une discussion solennelle et officielle, avec qu'elle effroyable mauvaise foi à été conçu le rapport de Courtois. Tous les témoignages d'affection, d'enthousiasme et d'admiration adressés à Robespierre y sont retournés en arguments contre lui. Et il faut voir comment sont traités ses enthousiastes et ses admirateurs. Crime à un écrivain nommé Felix d'avoir exprimé le désir de connaître un homme aussi vertueux (1); crime à un vieillard de quatre-vingt-sept ans d'avoir regardé Robespierre comme le messie annoncé pour réformer toutes choses (2); crime à celui-ci d'avoir baptisé son enfant du nom de Maximilien; crime à celui-là d'avoir voulu rassasier ses yeux et son cœur de la vue de l'immortel tribun; crime au maire de Vermanton, en Bourgogne, de l'avoir regardé comme la pierre angulaire de l'édifice constitutionnel, etc. (3). Naturellement Robespierre est un profond scélérat d'avoir été l'objet de si chaudes protestations (4). S'il faut s'en rapporter aux honorables vainqueurs de Thermidor, il n'appartient qu'aux gens sans courage, sans vertus et sans talents de recevoir tant de marques d'amour et de soulever les applaudissements de tout un peuple.

Comme dans toute la correspondance recueillie chez Robespierre tout concourait à prouver que c'était un parfait homme de bien, les Thermidoriens ont usé d'un stratagème digne de l'école jésuitique dont ils procèdent si directement. Ils ont fait l'amalgame le plus étrange qui se puisse imaginer. Ainsi le rapport de Courtois roule sur une foule de lettres et de pièces entièrement étrangères à Maximilien, lettres émanées de patriotes très-sincères, mais quelquefois peu éclairés, et dont certaines expressions triviales ou exagérées ont été relevées avec une indignation risible, venant d'hommes comme les Thermidoriens. Ce rapport est plein, du reste, de réminiscences de Louvet, et l'on sent que le rédacteur était un lecteur assidu, sinon un collaborateur des journaux girondins. La soif de la domination qu'il prête si gratuitement à Robespierre, et qui chez d'autres, selon lui, — chez les Thermidoriens sans doute,

(1) P. 10 du rapport.
(2) P. 11.
(3) *Ibid.* Toutes les lettres auxquelles il est fait allusion figurent à la suite du rapport de Courtois.
(4) P. 13 du rapport.

— peut venir d'un mouvement louable, naquit chez le premier de l'égoïsme et de l'envie (1). Quel égoïste en effet! Jamais homme ne songea moins à ses intérêts personnels; l'humanité et la patrie occupèrent uniquement ses pensées. Quant à être envieux, beaucoup de ses ennemis avaient de fortes raisons pour l'être de sa renommée si pure, mais lui, pourquoi et de qui l'aurait-il été ? S'il était amoureux de la gloire, n'en avait-il pas à revendre, et existait-il dans la République une réputation comparable à la sienne ? Ce fut bien là un de ses plus grands crimes aux yeux de ses adversaires.

Un exemple fera voir jusqu'où l'exécrable Courtois a poussé la déloyauté. Dans les papiers trouvés chez Robespierre il y a un certain nombre de lettres anonymes, plus niaises et plus bêtes les unes que les autres. Le premier devoir de l'homme qui se respecte est de fouler aux pieds ces sortes de lettres, monuments de lâcheté et d'ineptie. Mais les Thermidoriens ! ! Parmi ces lettres s'en trouve une que le rapporteur dit être écrite sur le ton d'une réponse, et qui n'est autre chose qu'une plate et ignoble mystification. On y parle à Robespierre de la *nécessité* de fuir un théâtre où il doit bientôt paraître pour la dernière fois ; on l'engage à venir jouir des trésors qu'il a amassés ; tout cela écrit d'un style et d'une orthographe impossibles. Courtois n'en a pas moins feint de prendre cette lettre au sérieux, et après en avoir cité un assez long fragment, auquel il a eu grand soin de restituer une orthographe usuelle afin d'y donner un air un peu plus véridique, il s'écrie triomphalement : « Voilà l'incorruptible, le désintéressé Maximilien (2) ! » Non, je ne sais si dans toute la comédie italienne on trouverait un fourbe pareil.

(1) P. 23 du rapport.— Le rapporteur veut bien avouer (p. 25) que quelques hommes *superficiels* ont cru au courage de Robespierre. D'après Courtois, ce courage n'était que de l'insolence. Il y a toutefois là un aveu involontaire dont il faut tenir compte, surtout quand on songe que tant d'écrivains, parmi lesquels on a le regret de voir figurer M. Thiers, — je ne parle pas de Proudhon, — ont fait de Robespierre un être faible, timide, pusillanime.

(2) Rapport de Courtois, p. 54. — On a honte vraiment d'être obligé de prémunir le lecteur contre de si grossières inventions. Voici cette lettre dont les Thermidoriens ont cru avoir tiré un si beau parti, et que nous avons transcrite aux *Archives* sur l'original, en en respectant soigneusement l'orthographe : « Sans doute vous être inquiette de ne pas avoire recu plutot des nouvelles des effet que vous m'avez fait addresser pour continuer le plan de faciliter votre retraite dans ce pays, soyez tranquille sur tout les objets que votre adresse a su me fair parvenir depuis le commencement de vos crainte personnel et non pas sans sujet, vous savez que je ne doit vous faire de reponce que par notre courrier ordinaire comme il a été interrompu par sa dernière course, ce qui est cause de mon retard aujurd'huit, mais lorsque vous la recevérez vous emploiréz toute la

Au reste, de quoi n'étaient pas capables des gens qui ne reculaient point devant des faux matériels? Courtois et ses amis, comme s'ils eussent eu le pressentiment qu'un jour ou l'autre leurs fraudes finiraient par être découvertes, refusaient avec obstination de rendre les originaux des pièces saisies chez les victimes de Thermidor. Il fallut que Saladin, au nom de la commission des Vingt et un, chargée de présenter un rapport sur les anciens membres des comités, menaçât Courtois d'un décret de la Convention, pour l'amener à une restitution. Mais cet habile artisan de calomnies eut bien soin de ne rendre que les pièces dont l'existence se trouvait révélée par l'impression, et il garda le reste ; de sorte que ce fameux rapport qui depuis si longues années fait les délices de la réaction est à la fois l'œuvre d'un faussaire et d'un voleur.

VII

Nous avons déjà signalé en passant plusieurs des fraudes de Courtois, et le lecteur ne les a sans doute pas oubliées. Ici, au lieu des écrivains mercenaires dont parlait Maximilien, on a généralisé et l'on a écrit : *les écrivains* ; là, au lieu d'une couronne *civique*, on lui fait offrir *la couronne*, et cela suffit au rapporteur pour l'accuser d'avoir aspiré à la royauté. Mais de tous les faux commis par les

---

vigilance que l'exige la nesesité de fuir un theâtre ou vous devez bientôt paraitre et disparaitre pour la dernière fois ; il est inutile de vous rappeller toutes les raison qui vous expose car ce dernier pas qui vient de vous mettre sur le soffa de la presidence vous raproche de l'echafaut ou vous verriez cette canaille qui vous crachèrait au visage comme elle a fait à ceux que vous avez jugé l'Egalité, dit d'Orleans, vous en fournit un assez grand exemple.— Ainsy, puisque vous être parvenu à vous former ycy un tresor suffisant pour exister longtems ainsy que les personnes pour qui jen naits recu de vous vous attendre avec grande impatience pour rire avec vous du rôle que vous aurez jouée dans le trouble dune nation aussy crédul qu'avide de nouveauté. O peuple dans ton sistème chimerique dune Egalité qui ne sont que des mots et ces memes mots vous rendent le jouet de tout lunivers. Ce meme peuple née dans la vraix croiance d'un Dieu ses laissé persuader quil n'en nexistè point, et bien convaincu dans cette erreur, il finit par reconnaitre un être suprême pour nier un Dieu, mais aujourd'huit vous reconnoitré avec verité que Pitt vous traduira a la guilliotine, il vien de vous en approcher tous en vous detruisant votre armée navalle si vantée depuis 8 mois ou vous deviez plante larbre libertas en Angleterre tous ces projets son manqué pitt l'emporte il ne vous reste plus despoire, la revolution de pologne ne vous sera daucun secours, prenèz votre partis dapres nos arrangement, tout et disposé; la fumé de la contrerevolution se fait sentir jusquicy.

« Je finis notre courrier parti je vous attend pour reponce. »

Cette lettre, d'un fou ou d'un mystificateur, porte en suscription : « Au cytoyen cytoyen Robespierre, president de la Convention national, en son hotel, a Paris. » (*Archives*, F 7, 4436.)

Thermidoriens pour charger la mémoire de Robespierre, il n'en est certainement pas de plus odieux que celui qui a consisté à donner comme adressée à Maximilien une lettre écrite par Charlotte Robespierre à son jeune frère Augustin, dans un moment de dépit et de colère. A ceux qui révoqueraient en doute l'infamie et la scélératesse de cette faction thermidorienne que Charles Nodier a si justement flétrie du nom d'exécrable, de ces *sauveurs de la France*, comme disent les fanatiques de Mme Tallien, il n'y a qu'à opposer l'horrible trame dont nous allons placer le récit sous les yeux de nos lecteurs. Les individus coupables de ce fait monstrueux étaient, à coup sûr, disposés à tout. On s'étonnera moins que Robespierre ait eu la pensée de dénoncer à la France ces hommes « couverts de crimes », les Fouché, les Tallien, les Rovère, les Bourdon (de l'Oise) et les Courtois. Je ne sais même s'il ne faut pas s'applaudir à cette heure des faux dont nous avons découvert les preuves authentiques, et qui resteront comme un monument éternel de la bassesse et de l'immoralité de ces misérables.

Charlotte Robespierre aimait passionnément ses frères. Depuis sa sortie du couvent des Manares, elle avait constamment vécu avec eux, et grâce aux libéralités de Maximilien, qui suppléaient à la modicité de son patrimoine, elle avait pu jouir d'une existence honorable et aisée. Séparée de lui pendant la durée de la Constituante et de l'Assemblée législative, elle était venue le rejoindre après l'élection d'Augustin à la Convention nationale, et avait, comme on l'a vu, pris un logement dans la maison de Duplay. Toute dévouée à des frères adorés, elle était malheureusement affectée d'un défaut assez commun chez les personnes qui aiment beaucoup : elle était, avons-nous dit, jalouse, jalouse à l'excès. Cette jalousie, jointe à un caractère assez difficile, fut plus d'une fois pour Maximilien une cause de véritable souffrance, et nous avons dit aussi combien il éprouva de chagrin, de la brouille de sa sœur avec Mme Duplay. Charlotte avait accompagné Augustin Robespierre dans une de ses missions dans le Midi; mais elle avait dû précipitamment quitter Nice, sur l'ordre même de son frère, à la suite de très-vives discussions avec Mme Ricord, dont les prévenances pour Augustin l'avaient vivement offusquée.

Fort contrariée d'avoir été ainsi congédiée, elle était revenue à Paris le cœur gonflé d'amertume. A son retour, Augustin ne mit point le pied chez sa sœur et, sans l'avoir vue, il repartit pour l'armée d'Italie (1). Charlotte en garda un ressentiment profond. Au

(1) *Mémoires de Charlotte Robespierre*, p. 123.

lieu de s'expliquer franchement auprès de son frère aîné sur ce qui
s'était passé entre elle, Mme Ricord et Augustin, elle alla récriminer
violemment contre ce dernier dans le cercle de ses connaissances,
sans se soucier du scandale qu'elle causait. Ce fut en apprenant
ces récriminations que Robespierre jeune écrivit à son frère : « Ma
sœur n'a pas une seule goutte de sang qui ressemble au nôtre. J'ai
appris et j'ai vu tant de choses d'elle que je la regarde comme notre
plus grande ennemie. Elle abuse de notre réputation sans tache
pour nous faire la loi... Il faut prendre un parti décidé contre elle. Il
faut la faire partir pour Arras, et éloigner ainsi de nous une femme
qui fait notre désespoir commun. Elle voudroit nous donner la réputation de mauvais frères (1). » Maximilien, dont le caractère était
aussi doux et aussi conciliant dans l'intérieur que celui de Charlotte
était irritable, n'osa adresser de reproches à sa sœur, craignant de
l'animer encore davantage contre Augustin ; mais Charlotte vit bien,
à sa froideur, qu'il était mécontent d'elle (2). Son dépit s'en accrut,
et Augustin n'étant point allé la voir en revenant de sa seconde
mission dans le Midi, elle lui écrivit, le 18 messidor, la lettre bien
connue : « Votre aversion pour moi, mon frère, loin de diminuer
comme je m'en étois flattée, est devenue la haine la plus implacable,
au point que ma vue seule vous inspire de l'horreur ; ainsi, je ne
dois pas espérer que vous soyez jamais assez calme pour m'entendre ; c'est pourquoi je vais essayer de vous écrire.... » Cette lettre
est longue, très-longue et d'une violence extrême ; on s'aperçoit
qu'elle a été écrite sous l'empire de la plus aveugle irritation, et
cependant, au milieu des expressions de colère : *Si vous pouvez, dans
le désordre de vos passions, distinguer la voix du remords.... Que
cette passion de la haine doit être affreuse, puisqu'elle vous aveugle
au point de me calomnier...*, on sent bien vibrer la corde douce
et tendre de l'affection fraternelle, et les sentiments de la sœur ai-
mante percent instinctivement à travers certaines paroles de fureur
irréfléchie. On l'avait, s'il faut l'en croire, indignement calomniée
auprès de son frère (3) ! Ah ! si vous pouviez lire au fond de mon
cœur, lui disait-elle, « vous y verriez, avec la preuve de mon innocence, que rien ne peut en effacer l'attachement tendre qui me lie
à vous, et que c'est le seul sentiment auquel je rapporte toutes mes
affections ; sans cela me plaindrois-je de votre haine ? Que m'importe à moi d'être haïe par ceux qui me sont indifférens et que je

---

(1) Cette lettre, dont l'original est aux *Archives* (F 7, 4436, liasse R.), ne porte point
de date. Elle figure à la suite du rapport de Courtois, sous le numéro XLII (*a*).

(2) *Mémoires de Charlotte Robespierre*, p. 126.

(3) *Ibid.*

méprise! Jamais leur souvenir ne viendra me troubler; mais être haïe de mes frères, moi pour qui c'est un besoin de les chérir, c'est la seule chose qui puisse me rendre aussi malheureuse que je le suis. » Puis, après avoir déclaré à son frère Augustin que, *sa haine pour elle étant trop aveugle pour ne pas se porter sur tout ce qui lui porteroit quelque intérêt*, elle était disposée à quitter Paris sous quelques jours, elle ajoutait : « *Je vous quitte donc, puisque vous l'exigez ;* mais, malgré vos injustices, mon amitié pour vous est tellement indestructible que je ne conserverai aucun ressentiment du *traitement cruel que vous me faites essuyer*, lorsque désabusé, tôt ou tard, vous viendrez à prendre pour moi les sentimens que je mérite. Qu'une mauvaise honte ne vous empêche pas de m'instruire que j'ai recouvré votre amitié, et en quelque lieu que je sois, *fussé-je par delà les mers*, si je puis vous être utile à quelque chose, sachez m'en instruire, et bientôt je serai auprès de vous... »

Là se termine la version donnée par les Thermidoriens de la lettre de Charlotte Robespierre. Jusqu'à ce jour, impossible aux personnes non initiées aux rapports ayant existé entre la sœur et les deux frères de savoir auquel des deux était adressée cette lettre. Quelle belle occasion pour les Thermidoriens de faire prendre le change à tout un peuple, sans qu'une voix osât les démentir, et d'imputer à Maximilien tous les griefs que, dans son ressentiment aveugle, Charlotte se croyait en droit de reprocher à son frère Augustin! Ils se gardèrent bien de la laisser échapper; ils n'eurent qu'à supprimer vingt lignes dont nous parlerons tout à l'heure, qu'à remplacer la suscription : *Au citoyen Robespierre cadet*, par ces simples mots : *Lettre de la citoyenne Robespierre à son frère*, et le tour fut fait.

Quand plus tard, longtemps, bien longtemps après, il fut permis à Charlotte Robespierre d'élever la voix, elle protesta de toutes les forces de sa conscience indignée, et elle déclara hautement, d'abord que cette lettre avait été adressée à son jeune frère, et non pas à Maximilien, ensuite qu'elle renfermait des phrases apocryphes qu'elle ne reconnaissait pas comme siennes. Elle déniait notamment les passages soulignés par nous (1). Sur ce second point Charlotte commettait une erreur. La colère est une mauvaise conseillère, et l'on ne se souvient pas toujours des emportements de langage auxquels elle peut entraîner. Or, ne pas s'en souvenir, c'est déjà avouer qu'on avait tort de s'y laisser aller. Les termes de la lettre telle qu'elle a été insérée à la suite du rapport de Courtois sont

(1) Voyez, à cet égard, la note de Laponneraye, p. 133 des *Mémoires de Charlotte Robespierre.*

bien exacts; je les ai collationnés avec le plus grand soin sur l'original.

Beaucoup de personnes ont cru, et plusieurs même ont soutenu que Mlle Robespierre n'avait fait cette déclaration que par complaisance et à l'instigation de quelques anciens amis de son frère aîné. Charlotte ne s'est pas aperçue de la suppression d'un passage qui, placé sous les yeux du lecteur, eût coupé court à tout débat. Deux lignes de plus, et il n'y avait pas de confusion possible. Quel ne fut pas mon étonnement, et quelle ma joie, puis-je ajouter, quand, ayant mis, aux *Archives*, la main sur les pièces citées par Courtois et qu'il ne restitua, comme je l'ai dit, qu'un décret sur la gorge en quelque sorte, je lus dans l'original de la lettre de Charlotte ces bien heureuses lignes d'où jaillit la lumière : « Je vous envoie l'état de la dépense que j'ai faite depuis VOTRE DÉPART POUR NICE. J'ai appris avec peine que vous vous étiez singulièrement dégradé par la manière dont vous avez parlé de cette affaire d'intérêt... » Suivent des explications sur la nature des dépenses faites par Charlotte, dépenses qui, paraît-il, avaient semblé un peu exagérées à Augustin. Charlotte s'était chargée de tenir le ménage de son jeune frère, avec lequel elle avait habité jusqu'alors; quelques reproches indirects sur l'exagération de ses dépenses n'avaient sans doute pas peu contribué à l'exaspérer. « Je vous rends tout ce qui me reste d'argent, » disait-elle en terminant, « si cela ne s'accorde pas avec ma dépense, cela ne peut venir que de ce que j'aurai oublié quelques articles (1). » On comprend de reste l'intérêt qu'ont eu les Thermidoriens à supprimer ce passage : toute la France savait que c'était Augustin et non pas Maximilien qui avait été en mission à Nice ; or, pour tromper l'opinion publique, ils n'étaient pas hommes à reculer devant un faux par omission.

Comment sans cela le rédacteur du rapport de Courtois eût-il pu écrire : « Il se disoit philosophe, Robespierre, hélas! il l'étoit sans doute comme ce Constantin qui se le disoit aussi. Robespierre se fût teint comme lui, sans scrupule, du sang de ses proches, puisqu'il avoit déjà menacé de sa fureur une de ses sœurs... » Et, comme preuve, le rapporteur a eu soin de renvoyer le lecteur à la lettre tronquée citée à la suite du rapport (2). Eh bien! je le de-

---

(1) L'original de la lettre de Charlotte Robespierre est aux *Archives*, où chacun peut la voir (F 7, 4436, liasse R).

(2) Voyez le rapport de Courtois, p. 25. La lettre tronquée de Charlotte figure à la suite de ce rapport, sous le numéro XLII (*b*). Elle a été reproduite telle quelle par les éditeurs *intelligents* des *Papiers inédits*, t. II, p. 112. Dans des Mémoires, dont

mande, y a-t-il assez de mépris pour l'homme qui n'a pas craint de tracer ces lignes, ayant sous les yeux la lettre même de Charlotte Robespierre? On n'ignore pas quel parti ont tiré de ce faux la plupart des écrivains de la réaction. « Il avait résolu de faire périr aussi sa propre sœur, » a écrit l'un d'eux en parlant de Robespierre (1). Et chacun de se lamenter sur le sort de cette pauvre sœur. Ah! je ne sais si je me trompe, mais il y a là, ce me semble, une de ces infamies que certains scélérats n'eussent point osé commettre, et contre laquelle ne saurait trop se révolter la conscience des gens de bien. Quelle infernale idée que celle d'avoir falsifié la lettre de la sœur pour tâcher de flétrir le frère !

Charlotte ne se consola jamais de la publicité donnée, par une odieuse indiscrétion, à une lettre écrite dans un moment de dépit, et dont le souvenir lui revenait souvent comme un remords. La pensée qu'on pouvait supposer que cette lettre avait été adressée par elle à son frère Maximilien la mettait au supplice (2); car, ainsi qu'on l'a pu voir, elle n'avait, dans son état d'exaltation et de colère, rien perdu de son affection pour ses deux frères, affection à laquelle elle resta fidèle jusqu'au dernier jour de sa vie. Cette lettre avait été écrite le 18 messidor; à moins de trois semaines de là, dans la matinée du 10 thermidor, une femme toute troublée, le désespoir au cœur, parcourait les rues comme une folle, cherchant, appelant ses frères. C'était Charlotte Robespierre. On lui dit que ses frères sont à la Conciergerie, elle y court, demande à les voir, supplie à mains jointes, se traîne à genoux aux pieds des soldats ; mais, malheur aux vaincus! on la repousse, on l'injurie, on rit de ses pleurs. Quelques personnes, émues de pitié, la relevèrent et parvinrent à l'emmener; sa raison s'était égarée. Quant, au bout de quelques jours elle revint à elle, ignorant ce qui s'était passé depuis, elle était en prison (3).

Voilà donc bien établis les véritables sentiments de Charlotte

---

quelques fragments ont été récemment publiés, un des complices de Courtois, le cynique Barras, a écrit : « Courtois n'a point calomnié Robespierre en disant qu'il n'avait point d'entrailles, même pour ses parents. *Les lettres que sa sœur lui a écrites* sont l'expression de la douleur et du désespoir. » N'ai-je pas eu raison de dire que ces Thermidoriens s'étaient entendus comme des larrons en foire. Ce passage, du reste, a son utilité; il donne une idée du degré de confiance que méritent des Mémoires de Barras.

(1) L'abbé Proyard. *Vie de Robespierre*, p. 170. Nous avons plusieurs fois déjà cité ce libelle impur, fruit d'une imagination en délire, et où se trouvent condensées avec une sorte de frénésie toutes les calomnies vomies depuis Thermidor sur la mémoire de Robespierre.

(2) *Mémoires de Charlotte Robespierre*, p. 123.

(3) *Ibid.*, p. 145.

pour ses frères, et l'on peut comprendre combien elle dut souffrir
de l'étrange abus que les Thermidoriens avaient fait de son nom.
Tous les honnêtes gens se féliciteront donc de la découverte d'un
faux qui imprime une souillure de plus sur la mémoire de ces
hommes souillés déjà de tant de crimes, et je ne saurais trop
m'applaudir, pour ma part, d'avoir pu, ici comme ailleurs, dégager
l'histoire des ténèbres dont elle était enveloppée.

VIII

Un faux non moins curieux, dont se sont rendus coupables les
Thermidoriens pour charger la mémoire de Robespierre, est celui
qui concerne les pièces relatives à l'espionnage, insérées à la suite
du rapport de Courtois. De leur propre aveu ils avaient, on l'a vu,
formé dès le 5 prairial, contre Robespierre, et très-certainement
contre le comité de Salut public tout entier, une conjuration sur
laquelle nous nous sommes expliqué en détail dans notre précédent
livre. Leurs menées, n'avaient pas été sans transpirer. Rien d'étonnant, en conséquence, à ce que les membres formant le noyau de
cette conjuration fussent l'objet d'une surveillance active. Des agents
du comité épièrent avec le plus grand soin les démarches de Tallien, de Bourdon (de l'Oise) et de deux ou trois autres. Mais est-il
vrai que Robespierre ait eu des espions à sa solde, comme on l'a
répété sur tous les tons depuis soixante-dix ans? Pas d'historien
contre-révolutionnaire qui n'ait relevé ce fait à la charge de Maximilien, en se fondant uniquement sur l'autorité des pièces imprimées
par Courtois, lesquelles pièces sont en effet données comme ayant
été adressées particulièrement à Robespierre. Les écrivains les plus
consciencieux y ont été pris, notamment les auteurs de l'*Histoire
parlementaire;* seulement ils ont cru à un espionnage officieux
organisé par des amis dévoués et quelques agents sûrs du comité
de Salut public (1).

Cependant la manière embrouillée et ambiguë dont Courtois, dans
son rapport, parle des documents relatifs à l'espionnage, aurait dû
les mettre sur la voie du faux. Il était difficile, après la scène violente qui avait eu lieu à la Convention nationale le 24 prairial entre
Billaud-Varenne et Tallien, d'affirmer que les rapports de police
étaient adressés à Robespierre seul. Courtois, dont le rapport fut
rédigé après les poursuites intentées contre plusieurs des anciens

(1) *Histoire parlementaire*, t. XXXIII. p. 359.

membres des comités, et qui, par conséquent, put déterrer à son aise dans les cartons du comité de Salut public les pièces de nature à donner quelque poids à ses accusations, s'attacha à entortiller la question. Ainsi, après avoir déclaré qu'il y avait des crimes communs aux membres des comités et communs à Robespierre, comme l'espionnage exercé sur les citoyens et surtout sur les députés (1), il ajoute : « L'espionnage a fait toute la force de Robespierre et des comités...; il servit aussi à alimenter leurs fureurs par la connaissance qu'il donnait à Robespierre des projets vrais ou supposés de ceux qui méditaient sa perte (2)... » Billaud-Varenne, il est vrai, à la séance du 9 Thermidor, essaya, dans une intention facile à deviner, de rejeter sur Robespierre la responsabilité de la surveillance exercée par le comité sur certains représentants du peuple ; mais combien mérité le démenti qu'un peu plus tard lui infligea Laurent Lecointre, en rappelant la scène du 24 prairial (3)!

Quoi qu'il en soit, les Thermidoriens jugèrent utile d'appuyer d'un certain nombre de pièces la ridicule accusation de dictature dirigée par eux contre leur victime, et comme ils avaient décoré du nom de *gardes du corps* les trois ou quatre personnes dévouées qui de loin et secrètement veillaient sur Maximilien, ils imaginèrent de le gratifier d'espions à sa solde, que, par parenthèse, il lui eût été assez difficile de payer. Comme à tous les personnages entourés d'un certain prestige et d'une grande notoriété, il arrivait à Robespierre de recevoir une foule de lettres plus ou moins sérieuses, plus ou moins bouffonnes, et anonymes la plupart du temps, où les avis, les avertissements et les menaces ne lui étaient pas épargnés. C'est, par exemple, une sorte de déclaration écrite d'une femme Labesse, laquelle dénonce une autre femme nommée Lacroix comme ayant appris d'elle, quelques jours après l'exécution du père Duchesne, que la faction *Pierrotine* ne tarderait pas à tomber. Voilà pourtant ce que les Thermidoriens n'ont pas craint de donner comme une des preuves du prétendu espionnage organisé par Robespierre. Cette pièce, d'une orthographe défectueuse (4), ne porte aucune suscription; et de l'énorme fatras de notes adressées à Maxi-

----

(1) *Rapport fait au nom de la commission chargée de l'examen des papiers trouvés chez Robespierre et ses complices, par L.-B. Courtois*, représentant du département de l'Aube, p. 16.

(2) *Ibid.*, p. 17.

(3) *Les Crimes des sept membres des anciens comités*, etc., par Laurent Lecointre, p. 53.

(4) Cette pièce figure à la suite du rapport de Courtois, sous le numéro XXVIII; mais elle n'a pas été imprimée conforme à l'original, qu'on peut voir aux *Archives*, F 7, 4336, liasse R.

milien, suivant Courtois, c'est à coup sûr la plus compromettante, puisqu'on l'a choisie comme échantillon. Jugez du reste.

Viennent ensuite une série de rapports concernant le boucher Legendre, Bourdon (de l'Oise), Tallien, Thuriot et Fouché, signés de la lettre G. Ces rapports vont du 4 messidor au 29 du même mois; ainsi ils sont d'une époque où Robespierre se contentait de faire acte de présence au sein du comité de Salut public, sans prendre part aux délibérations; où le fameux bureau de police générale, dont il avait eu un moment la direction, n'existait plus, où enfin il avait complétement abandonné à ses collègues l'exercice du pouvoir. C'était donc aussi bien sous les yeux de ces derniers que sous les siens que passaient ces rapports. On a dit, il est vrai, et Billaud-Varenne l'a soutenu quand il s'est agi pour lui de se défendre contre les inculpations de Lecointre, que certaines pièces étaient portées à la signature chez Maximilien lui-même par les employés du comité,—allégation dont nous avons démontré la fausseté, —et l'on pourrait supposer que ces rapports de police lui avaient été adressés chez lui. Mais cette hypothèse est tout à fait inadmissible. Si en effet le rédacteur de ces rapports, lequel était un nommé Guérin, eût été un agent particulier de Robespierre, les Thermidoriens se fussent empressés, après leur facile victoire, de lui faire un très-mauvais parti, cela est de toute évidence. Plus d'un fut guillotiné qui s'était moins compromis pour Maximilien. Or, ce Guérin continua pendant quelque temps encore, après comme avant Thermidor, son métier d'agent secret du comité; on peut s'en convaincre en consultant ses rapports conservés aux Archives. Voici du reste un arrêté en date du 26 messidor, rendu sur la proposition de Guérin. « Le comité de Salut public arrête que le citoyen Duchesne, menuisier..., se rendra au comité le 28 de ce mois, dans la matinée, pour être entendu. » Arrêté signé : Billaud-Varenne, Saint-Just, Carnot, C.-A. Prieur. Cet homme avait été surpris par Guérin en possession de faux assignats (1).

Mais les Thermidoriens avaient à cœur de présenter leur victime comme ayant tenu seul, pour ainsi dire, entre ses mains les destinées de ses collègues. Quel effet magique ne devait pas produire

(1) *Archives*, F 7, 4437. Voici, du reste, deux arrêtés en date du 1er thermidor qui tranchent bien nettement la question : « Le comité de Salut public arrête qu'il sera délivré au citoyen Guérin un mandat de deux mille 166 livres 10 sous à prendre sur les 50 millions à la disposition des membres du comité de Salut public.»

« Le comité de Salut public arrête que les appointements du citoyen Guérin, son agent, seront de cinq cents livres par mois, et que les dix citoyens qu'il occupe pour l'aider dans ses opérations seront payés à raison de 166 livres 13 sous.» (*Archives*, F 7, 4437.)

sur des imaginations effrayées l'idée de ce Robespierre faisant épier par ses agents les moindres démarches de ceux des représentants que, disait-on, il se disposait à frapper! Trente, cinquante députés devaient être sacrifiés par lui ; on en éleva même le nombre à cent quatre-vingt-douze, cela ne coûtait rien (1). Le comité de Salut public s'était borné à surveiller cinq ou six membres de la Convention dont les faits et gestes lui causaient de légitimes inquiétudes; n'importe! il fallait mettre sur le compte de Robespierre ce fameux espionnage qui depuis soixante-dix ans a défrayé presque toutes les *Histoires de la Révolution.* Les Thermidorien sont commencé par supprimer des rapports de Guérin tout ce qui était étranger aux représentants, notamment une dénonciation contre un bijoutier du Palais-Royal nommé Lebrun; car, se serait-on demandé, quel intérêt pouvait avoir Robespierre à se faire rendre compte, à lui personnellement, de la conduite de tel ou tel particulier? Ensuite, partout où dans le texte des rapports il y avait le pluriel, preuve éclatante que ces pièces étaient adressées à tous les membres du comité et non pas à un seul d'entre eux, ils ont mis le singulier : ainsi, au lieu de *citoyens*, ils ont imprimé CITOYEN (2).

Je ne saurais rendre l'impression singulière que j'ai ressentie lorsqu'en collationnant aux *Archives* sur les originaux les pièces insérées par Courtois à la suite de son rapport, j'ai découvert cette supercherie, constaté ce faux. Quel qu'ait été dès lors mon mépris pour les vainqueurs de Thermidor, je ne pouvais croire qu'il y eût eu chez eux une telle abscence de sens moral, et plus d'un parmi ceux dont le jugement sur Robespierre s'est formé d'après les données thermidoriennes partagera mon étonnement. La postérité, qui nous jugera tous, se demandera aussi, stupéfaite, comment sur de pareils témoignages on a pu durant tant d'années apprécier légèrement les victimes de Thermidor, et elle frappera d'une réprobation éternelle leurs bourreaux, ces faussaires désormais cloués au pilori de l'histoire.

IX

Après Thermidor, une effroyable terreur s'abattit sur les patriotes, ce fut le commencement de la Terreur blanche. De toutes les com-

(1) Voyez à cet égard une vie apologétique de Carnot, publiée en 1817 par Rioust, in-8 de 294 p., p. 145.

(2) Voyez aux *Archives* les rapports manuscrits de Guérin, F 7, 4436, liasse R. Ces pièces figurent à la suite du rapport de Courtois, sous le numéro XXVIII, p. 128 et suiv.

munes de France, une seule, je crois, eut le courage de protester contre cette funeste journée, ce fut la commune de Dijon. Mais ce fut' une protestation isolée, perdue dans le concert des serviles adresses de félicitations envoyées de toutes parts aux vainqueurs. Malheur en effet à qui eût osé ouvrir la bouche pour défendre la mémoire de Robespierre ! On vit alors se produire les plus honteuses apostasies. Tels qui avaient porté aux nues Maximilien vivant et s'étaient extasiés sur son humanité, sur son amour de la justice, firent chorus avec ses calomniateurs et ses assassins, et l'accablèrent, mort, des plus indignes outrages. Les Girondins sauvés par lui, les Mercier, les Daunou, les Saladin, les Olivier de Gérente et tant d'autres injurièrent bassement l'homme qui, de leur propre aveu, les avait par trois fois sauvés de la mort, et vers lequel ils avaient poussé un jour. un long cri de reconnaissance. Mais, passé Thermidor, leur reconnaissance était avec les neiges d'antan. Celui qu'en messidor de l'an II Boissy d'Anglas présentait au monde comme l'Orphée de la France, enseignant aux peuples les premiers principes de la morale et de la justice, n'était plus, en ventôse de l'an III (mars 1795), de par le même Boissy, qu'un hypocrite à la tyrannie duquel le 9 Thermidor avait heureusement mis fin (1).

Toutes les lâchetés, toutes les turpitudes, toutes les apostasies débordèrent des cœurs comme d'un torrent fangeux. Barère, malgré l'appui prêté par lui aux assassins de Robespierre, n'en fut pas moins obligé de venir un jour faire amende honorable pour avoir à diverses reprises parlé de lui avec éloge (2). On entendit, sans que personne osât protester, les diffamations les plus ineptes, les plus saugrenues, se produire en pleine Convention. Ici, Maximilien est désigné par le montagnard Bentabole comme le chef de la faction d'Hébert (3). Là, deux républicains, Laignelot et Lequinio, qui toute leur vie durent regretter, j'en suis sûr, d'avoir un moment subi l'influence des passions thermidoriennes, en parlent comme ayant été d'intelligence avec la Vendée (4). Tandis que Thuriot *de Larozière*, le futur magistrat impérial, demande que le tribunal révolutionnaire continue d'informer contre les nombreux partisans de Robespierre, Merlin (de Douai), le législateur par excellence de la Ter-

(1) Séance de la Convention du 30 ventôse an III (20 mars 1795), *Moniteur* du 3 germinal (23 mars).

(2) *Ibid.* du 7 germinal an III (27 mars), *Moniteur* du 11 germinal (31 mars 1795).

(3) Séance des Jacobins du 26 thermidor an II (8 août 1794), *Moniteur* du 30 thermidor.

(4) Séance de la Convention du 8 vendémiaire an III (29 septembre 1794), *Moniteur* des 11 et 12 vendémiaire.

reur, annonce que les rois coalisés, et spécialement le pape, sont
désespérés de la catastrophe qui a fait tomber la tête de Maximilien (1). Catastrophe, le mot y est. Merlin l'à-t-il prononcé intentionnellement? Je n'en serais pas étonné. Quel ami des rois et du pape,
en effet, que ce Maximilien Robespierre! et comme les partisans de
la monarchie et du catholicisme ont pris soin de défendre sa mémoire !

On frémit d'indignation en lisant dans *le Moniteur*, où tant de
fois le nom de Robespierre avait été cité avec éloge, les injures cra-
chées sur ce même nom par un tas de misérables sans conscience
et sans aveu. Un jour, ce sont des vers d'un bailly suisse, où nous
voyons « qu'il fallait sans tarder faire son épitaphe ou bien celle du
genre humain (2) ». Une autre fois, ce sont des articles d'un des rédacteurs ordinaires du journal, où sont délayées en un style emphatique et diffus toutes les calomnies ayant cours alors contre Robespierre (3). Ce rédacteur, déjà nommé, s'appelait Trouvé. Auteur d'un
hymne à l'Être suprême, il composa une ode sur le 9 Thermidor, et
chanta ensuite tous les pouvoirs qui s'élevèrent successivement sur
les ruines de la République. J'ai déjà dit, je crois, comment, après
avoir été baron et préfet de l'Empire, cet individu était devenu l'un
des plus serviles fonctionnaires de la Restauration. Les injures d'un
tel homme ne pouvaient qu'honorer la mémoire de Robespierre (4).

Aucun genre de diffamation ou de calomnie n'a été épargné au
martyr dans sa tombe. Tantôt c'est un député du nom de Lecongne
qui, rompant le silence auquel il s'était à peu près condamné
jusque-là, a l'effronterie de présenter comme l'œuvre personnelle
de Robespierre les lois votées de son temps par la Convention
nationale, effronterie devenue commune depuis à tant de prétendus historiens ; tantôt c'est l'épicurien Barère, l'auteur du rapport
à la suite duquel les fermiers généraux furent traduits devant le tribunal révolutionnaire, et leurs biens, de source assez impure du reste,
mis sous le séquestre, qui accuse Maximilien d'avoir voulu spolier
ces mêmes fermiers généraux (5). A peine si de temps à autre une

(1) Séance de la Convention du 12 vendémiaire an III (3 octobre 1794), *Moniteur* du
13 vendémiaire.

(2) Voyez ces vers dans *le Moniteur* du 3 frimaire an III (29 novembre 1794).

(3) Voyez notamment *le Moniteur* des 3 et 27 germinal an III (23 mars et 16 avril
1795), des 12 et 18 floréal an III (1er et 7 mai 1795), des 2 et 11 thermidor an III
(20 et 29 juillet 1795), etc.

(4) Il faut lire dans l'*Histoire de la Restauration*, par M. de Vaulabelle, les infamies dont, sous la Restauration, le *baron* Trouvé s'est rendu complice comme préfet.

(5) Séance de la Convention du 16 floréal an III (5 mai 1795). Voy. *le Moniteur* du
20 floréal.

voix faible et isolée s'élevait pour protester contre tant d'infamies et de mensonges. Tardivement, Babœuf, dans *le Tribun du peuple*, présenta enfin Robespierre comme le martyr de la liberté, et qualifia d'exécrable la journée du 9 Thermidor ; mais à l'origine il avait, lui aussi, calomnié, à l'instar des Thermidoriens, ce véritable martyr de la liberté. Plus tard encore, dans le procès de Babœuf, un des accusés, nommé Fossar, s'entendit reprocher comme un crime d'avoir dit devant témoins que le peuple était plus heureux du temps de Robespierre. Cet accusé maintint fièrement son assertion devant la haute cour de Vendôme. « Si ce propos est un crime, » ajouta-t-il, «j'en suis coupable, et le tribunal peut me condamner ». Mais ces exemples étaient rares. La justice thermidorienne avait d'ailleurs l'œil toujours ouvert sur toutes les personnes suspectes d'attachement à la mémoire de Maximilien. Malheur à qui osait prendre ouvertement sa défense. Un ancien commensal de Duplay, le citoyen Tascherau, dont nous avons déjà eu l'occasion de parler, craignant qu'on ne lui demandât compte de son amitié et de ses admirations pour Robespierre, avait, peu après Thermidor, lancé contre le vaincu un long pamphlet en vers. Plus tard, en l'an VII, pris de remords, croyant peut-être les passions apaisées, et que l'heure était venue où il était permis d'ouvrir la bouche pour dire la vérité, il publia un écrit dans lequel il préconisait celui qu'un jour, le couteau sur la gorge, il avait renié publiquement (1) ; il fut impitoyablement jeté en prison (2).

Tel était le sort réservé aux citoyens auxquels l'amour de la justice, ou quelquefois un reste de pudeur, arrachait un cri de protestation. Les honnêtes gens, ceux en qui le sentiment de l'intérêt personnel n'avait pas étouffé toute conscience, les innombrables admirateurs de Maximilien Robespierre, durent courber la tête ; ils gémirent indignés, et gardèrent le silence. Qu'eussent-ils fait d'ailleurs? Ce n'étaient pour la plupart ni des écrivains ni des orateurs ; c'était le peuple tout entier, et au 9 Thermidor la parole fut pour bien longtemps ôtée au peuple. Puis l'âge arriva, l'oubli se fit, et la génération qui succéda aux rudes jouteurs des grandes années de la Révolution fut bercée uniquement au bruit des déclamations thermido-girondines. Dans son œuvre de calomnie et de diffamation, la réaction se trouva merveilleusement aidée par les apostasies d'une multitude de fonctionnaires désireux de faire oublier leurs

(1) Taschereau avait été mis hors la loi dans la nuit du 9 au 10 thermidor. Voy. *le Moniteur* du 11 thermidor (29 juillet 1795).

(2) Voy. *le Moniteur* du 13 germinal an VII (2 avril 1799).

anciennes sympathies pour Robespierre (1), et surtout par l'empressement avec lequel·nombre de membres de la Convention s'associèrent à l'idée machiavélique d'attribuer à Maximilien tous les torts, toutes les erreurs, toutes les sévérités de la Révolution, croyant dans un moment d'impardonnable faiblesse se dégager, par ce lâche et honteux moyen, de toute responsabilité dans les actes du gouvernement révolutionnaire.

Dans les premiers jours de ventôse an III (février 1795), quelques patriotes de Nancy, harcelés, mourant de faim, ayant osé dire que le temps où vivait Robespierre était l'âge d'or de la République, furent aussitôt dénoncés à la Convention par le représentant Mazade, alors en mission dans le département de la Meurthe. « Hâtonsnous, » écrivit ce digne émule de Courtois, « de consigner dans les fastes de l'histoire que les violences de ce monstre exécrable, *que le sang des Français qu'il fit couler par torrents, que le pillage auquel il dévoua toutes les propriétés* ont seuls amené ce moment de gêne... (2). » Tel fut en effet l'infernal système suivi par les Thermidoriens. La France et l'Europe se trouvèrent littéralement inondées de libelles, de pamphlets, de prétendues histoires où l'odieux le dispute au bouffon. Le rapport de Courtois fut naturellement le grand arsenal où les écrivains mercenaires et les pamphlétaires de la réaction puisèrent à l'envi; néanmoins, des imaginations perverties trouvèrent moyen de renchérir sur ce chef-d'œuvre d'impudence et de mensonge. D'anciens collègues de Maximilien s'abaissèrent jusqu'à ramasser dans la fange la plume du libelliste. Passe encore pour Fréron qui dans une note adressée à Courtois présente la figure de Robespierre comme ressemblant beaucoup à celle du chat (3)! il n'y avait chez Fréron ni conscience ni moralité; mais Merlin (de Thionville)! On s'attriste en songeant qu'un patriote de cette trempe a prêté les mains à l'œuvre basse et ténébreuse entreprise par les héros de Thermidor. Son *Portrait de Robespierre* et sa brochure intitulée *Louis Capet et Robespierre* ne sont pas d'un

(1) Beaucoup de personnes avaient donné à leurs enfants le nom de Robespierre, tant ce grand citoyen était en effet un monstre horrible et sanguinaire. En l'an VI il se trouva au conseil des Anciens un compatriote de Maximilien, nommé Dauchet, qui poussa le dédain de la vérité jusqu'à prétendre que c'étaient les officiers de l'état civil qui avaient contraint les parents de donner à leurs enfants ce *nom odieux*. Ingénieuse manière d'excuser les admirateurs du vaincu ! (Séance du conseil des Anciens du 15 prairial an VI [3 juin 1797].)

(2) Voyez cette lettre de Mazade dans *le Moniteur* du 12 ventôse de l'an III (3 mars 1795).

(3) Voyez cette note dans les *Papiers inédits*, t. 1, p. 154)

43

honnête homme (1). Mais tout cela n'est rien auprès des calomnies enfantées par l'imagination des Harmand (de la Meuse) (2) et des Guffroy. Des presses de l'ancien propriétaire-rédacteur du *Rougyff* sortirent des libelles dont les innombrables exemplaires étaient répandus à profusion dans les villes et dans les campagnes. Parmi les produits de cette impure officine citons, outre les élucubrations de Laurent Lecointre, *la Queue de Robespierre, ou les Dangers de la liberté de la presse*, par Méhée fils ; *les Anneaux de la queue ; Défends ta queue ; Jugement du peuple souverain qui condamne à mort la queue infernale de Robespierre ; Lettre de Robespierre à la Convention nationale ; la Tête à la Queue, ou Première Lettre de Robespierre à ses continuateurs* ; j'en passe et des meilleurs (3). Ajoutez à cela des nuées de libelles dont la seule nomenclature couvrirait plusieurs pages. Prose et vers, tout servit à noircir cette grande figure qui rayonnait d'un si merveilleux éclat aux yeux des républicains de l'an II. Les poëtes, en effet, se mirent aussi de la partie, si l'on peut prostituer ce nom de poëtes à d'indignes versificateurs qui mirent leur muse boiteuse et mercenaire au service des héros thermidoriens. Hélas ! pourquoi faut-il que parmi ces insulteurs du géant tombé on ait le regret de compter l'auteur de *la Marseillaise !* Mais autant Rouget de Lisle, inspiré par le génie de la patrie, avait été sublime dans le chant qui a immortalisé son nom, autant il fut plat et lourd dans l'hymne calomnieux composé par lui sur la *conjuration de Robespierre*, suivant l'expression de l'époque (4). Le théâtre n'épargna pas les vaincus, et l'on nous montra sur la scène Maximilien Robespierre envoyant à la mort une jeune fille coupable de

(1) Nous avons dit ailleurs comment, pour le *Portrait de Robespierre*, Merlin n'avait fait qu'endosser une œuvre de Rœderer.

(2) Préfet sous le gouvernement consulaire, Harmand (de la Meuse) publia en 1814, sous ce titre : *Anecdotes relatives à quelques personnes et à plusieurs événements remarquables de la Révolution*, un libelle effrontément cynique qu'une main complaisante réédita en 1819, en y ajoutant douze anecdotes qui, prétendit-on, avaient été supprimées lors de la première édition. C'est là qu'on lit que Saint-Just s'était fait faire une culotte de la peau d'une jeune fille qu'il avait fait guillotiner. De pareilles œuvres ne s'analysent ni ne se discutent ; il suffit de les signaler, elles et leurs auteurs, au mépris de tous les honnêtes gens.

(3) Nombre de ces pamphlets sont l'œuvre de Méhée fils, lequel signa : *Felhemesi*, anagramme de son nom. Nous avons déjà dit autre part quel horrible coquin était ce Méhée, qui ne put jamais pardonner à Robespierre d'avoir en 1792 combattu sa candidature à la Convention nationale. Rappelons ici que, sous le nom de Méhée de la Touche, il fut un des mouchards de la police impériale, et qu'après la chute de Napoléon il tenta de se mettre au service de la Restauration.

(4) *Hymne dithyrambique sur la conjuration de Robespierre et la révolution du 9 Thermidor*, par Joseph Rouget de Lisle, capitaine au corps du génie, auteur du chant marseillais, à Paris, l'an deuxième de la République une et indivisible. Le couplet

n'avoir point voulu sacrifier sa virginité à la rançon d'un père (1).

Mais les œuvres d'imagination pure ne suffisaient pas pour fixer l'opinion des esprits un peu sérieux, on eut des *historiens* à discré-

suivant, qui a trait directement à Robespierre, peut donner une idée de cet hymne que, par une sorte de profanation, l'auteur mit sur l'air de *la Marseillaise* :

> Voyez-vous ce spectre livide
> Qui déchire son propre flanc ;
> Encore tout souillé de sang,
> De sang il est encore avide.
> Voyez avec un rire affreux
> Comme il désigne ses victimes,
> Voyez comme il excite aux crimes,
> Ses satellites furieux.
> Chantons la liberté, couronnons sa statue, etc....

Voilà bien le Robespierre de la légende thermido-girondine.

(1) Il n'est pas inutile, pour l'édification du lecteur, de donner un échantillon de cette rapsodie. Le théâtre représente une des salles du comité de Salut public.

LUCRÈCE (*jeune Parisienne*).

....Pardonnez un trouble involontaire,
Je viens vous demander la liberté d'un père
Dans l'horreur des cachots plongé depuis longtemps.

ROBESPIERRE.

(*A part.*)
Quelle beauté ! quels traits ! Je cède à ma faiblesse.
(*Haut.*)
Madame, demeurez. Vous, gardes, qu'on nous laisse.
(*Les gardes se retirent.*)

SCÈNE IX.

ROBESPIERRE, LUCRÈCE.

ROBESPIERRE.

Madame, pardonnez d'apparentes rigueurs ;
Entouré d'assassins et de conspirateurs,
Je n'ai dû vous montrer qu'un visage sévère ;
Mais toujours deux beaux yeux désarment ma colère ;
Prêt à sécher vos pleurs, j'éprouve en vous voyant
Tout l'intérêt qu'inspire un tendre sentiment.
Votre père n'est point sans doute irréprochable,
Mais de tous les mortels fût-il le plus coupable,
Ici je fais la loi, je punis ou j'absous,
Et son sort, en un mot, ne dépend que de vous.

LUCRÈCE.

Quoi ! vous pouvez aimer !

ROBESPIERRE.

Dieu ! si j'aime ! Ah ! madame,
Rien ne peut égaler le transport qui m'enflamme.

LUCRÈCE.

Je dois vous épargner d'inutiles discours ;
Rien de plus cher pour moi que l'auteur de mes jours ;

tion. Dès le lendemain de Thermidor parut une *Vie secrète, politique et curieuse de Robespierre*, déjà mentionnée par nous, et dont l'auteur voulut bien reconnaître que « ce monstre *feignit* de vouloir épargner le sang (1) ». Pareil aveu ne sortira pas de la plume du citoyen Montjoie, que dis-je! du sieur Félix-Christophe-Louis Ventre de Latouloubre de Galart de Montjoie, auteur d'une *Histoire de la conjuration de Robespierre* qui est le modèle du genre, parce qu'elle offre les allures d'une œuvre sérieuse, et semble écrite avec une certaine modération. On y lit cependant des phrases dans le genre de celle-ci : « Chaque citoyen arrêté étoit destiné à la mort. Robespierre n'avoit d'autre soin que de grossir les listes de proscription, que de multiplier le nombre des assassinats. Le fer de la guillotine n'alloit point assez vite à son gré. On lui parla d'un glaive qui frapperoit neuf têtes à la fois. Cette invention lui plut. On en fit des expériences à Bicêtre, elles ne réussirent pas; mais l'humanité n'y gagna rien. Au lieu de trois, quatre victimes par jour, Robespierre voulut en avoir journellement cinquante, soixante, et il fut obéi (2). » Il faut, pour citer de semblables lignes, surmonter le dégoût qu'on éprouve. C'est ce Montjoie qui prête à Maximilien le mot suivant : « Tout individu qui avait plus de 15 ans en 1789 doit être égorgé (3). » C'est encore lui qui porte à cinquante-quatre mille le chiffre des victimes mortes sur l'échafaud durant les six derniers mois *du règne de Robespierre* (4). Y a-t-il assez de mépris pour les gens capables de mentir avec une telle impudence? Eh

> Mais au prix de l'honneur, s'il faut sauver son père,
> C'est, et n'en doutez pas, l'honneur que je préfère.
> Rappelez vos bourreaux.
>
> ROBESPIERRE.
>   Tu braves ma bonté !
> Eh bien, tu recevras le prix de ta fierté !
> Qu'on l'arrête, soldats!...

Le nom de l'auteur de cette belle œuvre nous a échappé, et c'est dommage. Il est bon que le nom d'Anitus vive à côté de celui de Socrate. Le roman moderne offre quelques équivalents d'inepties pareilles. C'est pitié! Est-ce que c'est un métier bien honnête que d'habiller à sa fantaisie un personnage historique, de le peindre suivant ses caprices et ses passions en marchant à pieds joints sur toute espèce de vérité, et de le présenter ainsi à la masse des lecteurs crédules et superficiels! Je le demande aux gens de bonne foi. Le roman ne devrait jamais se faire le complice du pamphlet.

(1) *Vie secrète, politique et curieuse de Maximilien Robespierre, suivie de plusieurs anecdotes sur la conspiration sans pareille*, par L. Duperron, avec une gravure qui représente une main tenant par les cheveux la tête de Maximilien, in-12 de 36 pages.

(2) *Histoire de la conjuration de Robespierre*, par Montjoie, p. 149 de l'édit. in-8° de 1795 (Lausanne).

(3) *Ibid.*, p. 154.

(4) *Ibid.*, p. 158.

bien ! toutes ces turpitudes s'écrivaient et s'imprimaient à Paris
en l'an II de la République, quand quelques mois à peine s'étaient
écoulés depuis le jour où, dans une heure d'enthousiaste épanchement, Boissy d'Anglas appelait Robespierre l'*Orphée de la
France* et le félicitait d'enseigner aux peuples les plus purs préceptes de la morale et de la justice. Il n'y a pas à demander si
un pareil livre fit fortune (1). Réaction thermidorienne, réaction
girondine, réaction royaliste battirent des mains à l'envi. Les éditions de cet ouvrage se trouvèrent coup sur coup multipliées ; il y
en eut de tous les formats, et il fut presque instantanément traduit
en espagnol, en allemand et en anglais. C'était là sans doute que
l'illustre Walter Scott avait puisé ses renseignements quand il écrivit
sur Robespierre les lignes qui déshonorent son beau talent.

Est-il maintenant nécessaire de mentionner les *histoires* plus ou
moins odieuses et absurdes de Desessarts, *la Vie et les crimes de
Robespierre* par Leblond de Neuvéglise, autrement dit l'abbé
Proyard, ouvrage traduit en allemand, en italien, et si tristement
imité de nos jours par un autre abbé Proyard ? Faut-il signaler
toutes les rapsodies, tous les contes en l'air, toutes les fables accep-
tés bénévolement ou imaginés par les écrivains de la réaction ? Et
n'avions-nous pas raison de dire au commencement de cette histoire que depuis dix-huit cents ans jamais homme n'avait été plus
calomnié sur la terre ? Ah ! devant tant d'infamies, devant tant d'outrages sanglants à la vérité, la conscience, interdite, se trouble et
croit rêver. Heureux encore Robespierre, quand ce ne sont pas des
libéraux et des démocrates d'une étrange espèce qui viennent jeter
sur sa tombe l'injure et la boue.

X

On voit à quelle école a été élevée la génération antérieure à la
nôtre. Nous avons dit comment l'oubli s'était fait dans la masse des
admirateurs de Robespierre. Gens simples pour la plupart, ils moururent sans rien comprendre au changement qui s'était produit

---

(1) Collaborateur au *Journal général de France* et au *Journal des débats*, Montjoie
reçut du roi Louis XVIII une pension de trois mille francs et une place de conservateur
à la Bibliothèque Mazarine. Son panégyriste n'a pu s'empêcher d'écrire : « Le respect
qu'on doit à la vérité oblige de convenir que Montjoie n'était qu'un écrivain médiocre ;
son style est incorrect et déclamatoire, et ses ouvrages historiques ne doivent être
lus qu'avec une extrême défiance. » (Art. MONTJOIE, par Weiss, dans la *Biographie
universelle*).

dans l'opinion sur ce nom si respecté jadis. Une foule de ceux qui
auraient pu le défendre étaient morts ou proscrits; beaucoup se
laissaient comprimer par la peur ou s'excusaient de leurs sympathies anciennes, en alléguant qu'ils avaient été trompés. Bien res-
treint fut le nombre des gens consciencieux dont la bouche ne craignit pas de s'ouvrir pour protester. D'ailleurs, dans les quinze
années du Consulat et de l'Empire, il ne fut plus guère question de
la Révolution et de ses hommes, sinon de temps à autre pour décimer ses derniers défenseurs. Quelle voix assez puissante aurait couvert le bruit du canon et des clairons? Puis vint la Restauration.
Oh! alors, on ne songea qu'à une chose, à savoir, de reprendre
contre l'homme dont le nom était comme le symbole et le drapeau
de la République, la grande croisade thermidorienne, tant il paraissait nécessaire à la réaction royaliste d'avilir la démocratie dans
son plus pur, dans son plus ardent, dans son plus dévoué représentant. Et la plupart des libéraux de l'époque, anciens serviteurs
de l'Empire, ou héritiers plus ou moins directs de la Gironde, de
laisser faire.

Eh bien, qui le croirait? toutes ces calomnies si patiemment, si
habilement propagées, ces mensonges inouïs, ces diffamations éhon-
tées, toutes ces infamies enfin, ont paru à certains écrivains aveuglés, je devrais dire fourvoyés, l'opinion des contemporains et
l'expression du sentiment populaire (1). Ah! l'opinion des comtem-
porains, il faut la chercher dans ces milliers de lettres qui chaque
jour tombaient sur la maison Duplay comme une pluie de bénédictions. Nous avons déjà mentionné en passant un certain nombre de
celles qui, au point de vue historique, nous ont paru avoir une réelle
importance. Et ceci est à noter, presque toutes ces lettres sont
inspirées par les sentiments les plus désintéressés. Si dans quelques-unes, à travers l'encens et l'éloge, on sent percer l'intérêt
personnel, c'est l'exception (2). En général, ces lettres sont l'expression naïve de l'enthousiasme le plus sincère et d'une admiration
sans bornes. « Tu remplis le monde de ta renommée; tes principes
sont ceux de la nature, ton langage celui de l'humanité; tu rends
les hommes à leur dignité;... ton génie et ta sage politique sauvent

(1) MM. Michelet et Quinet.
(2) Voy. notamment une lettre de Cousin dans les *Papiers inédits*, t. III, p. 317, et
à la suite du rapport de Courtois, sous le n°. LXXIV. Volontaire à l'armée de la Vendée, Cousin avait avec lui deux fils au service de la République. Robespierre, paraît-
il, avait déjà eu des bontés pour lui; Cousin le prie de les continuer « à un père de
famille qui ne veut rentrer, ainsi que ses deux fils, dans ses foyers que lorsque les
tyrans de l'Europe seront tous extirpés. » Quelle belle occasion pour les Thermidoriens de flétrir un solliciteur! Voy. p. 61 du rapport.

la liberté ; tu apprends aux Français, par les vertus de ton cœur et l'empire de ta raison, à vaincre ou mourir pour la liberté et la vertu..., » lui écrivait l'un (1). « Vous respirez encore, pour le bonheur de votre pays, en dépit des scélérats et des traîtres qui avoient juré votre perte. Grâces immortelles en soient rendues à l'Être suprême... Puissent ces sentimens. qui ne sont que l'expression d'un cœur pénétré de reconnaissance pour vos bienfaits, me mériter quelque part à votre estime. Sans vous je périssois victime de la plus affreuse persécution (2)..., » écrivait un autre. Un citoyen de Tours lui déclare que, pénétré d'admiration pour ses talents, il est prêt à verser tout son sang plutôt que de voir porter atteinte à sa réputation (3). Un soldat du nom de Brincourt, en réclamant l'honneur de verser son sang pour la patrie, s'adresse à lui en ces termes : « Fondateur de la République, ô vous incorruptible Robespierre, qui couvrez son berceau de l'égide de votre éloquence (4)!... » Vers lui, avons-nous dit déjà, s'élevaient les plaintes d'une foule de malheureux et d'opprimés, plaintes qui retentissaient d'autant plus douloureusement à son oreille que la plupart du temps il était dans l'impuissance d'y faire droit. « Républicain vertueux et intègre, » lui mandait de Saint-Omer, à la date du 2 messidor, un ancien commissaire des guerres destitué par le représentant Florent Guyot, « permets qu'un citoyen pénétré de tes sublimes principes et rempli de la lecture de tes illustres écrits, où respirent le patriotisme le plus pur, la morale la plus touchante et la plus profonde, vienne à ton tribunal réclamer la justice, qui fut toujours la vertu innée de ton âme... Je fais reposer le succès de ma demande sur ton

---

(1) Lettre de J.-P. Besson, de Manosque, en date du 23 prairial ; citée sous le n° I, à la suite du rapport de Courtois. *Vide suprà.*

(2) Lettre de Hugon jeune, de Vesoul, le 11 prairial ; citée à la suite du rapport sous le n° IV. L'*honnête* Courtois a eu soin de supprimer le dernier membre de phrase. Nous l'avons rétabli d'après l'original conservé aux *Archives*, et en marge duquel on lit de la main de Courtois : *Flagorneries.* Voy. *Archives*, F 7, 4436, liasse X. — Nous avons déjà parlé des services nombreux rendus par Robespierre à un certain nombre de personnes. Voici un fait qui nous a été affirmé, et que nous publions sous toutes réserves ne pouvant en établir l'authenticité. Un jour que Maximilien se promenait dans la forêt de Montmorency avec un révolutionnaire très-ardent, il rencontra Bosc, l'ancien administrateur des postes sous Roland, dont Robespierre avait eu fort à se plaindre personnellement, et qui, réduit à se cacher, était venu chercher un asile dans les environs de Montmorency. — « Mais, c'est Bosc, » dit à Maximilien son compagnon de promenade, « il faut le faire arrêter. » — « Non, » dit Robespierre, qui avait parfaitement reconnu l'ami de Roland, « il a été guillotiné ces jours-ci. » — Et à la faveur de ce complaisant mensonge Bosc put s'éloigner tranquillement et regagner sa retraite.

(3) Lettre en date du 28 germinal, citée par extrait à la suite du rapport de Courtois sous le n° VII. L'original est aux *Archives*, F 7, 4436, liasse R.

(4) Lettre de Sedan en date du 19 août 1793, citée par Courtois sous le n° VIII.

équité, qui fut toujours la base de toutes tes actions... (1). » Et le
citoyen Carpot : « Je regrette de n'avoir pu vous entretenir quelques instants. Il me semble que je laisse échapper par là un moyen
d'abréger la captivité des personnes qui m'intéressent (2). » Un
littérateur du nom de Félix, qui depuis quatre ans vivait en philosophe dans un ermitage au pied des Alpes, d'où il s'associait par
le cœur aux destinées de la Révolution, étant venu à Paris au mois
d'août 1793, écrit à Robespierre afin de lui demander la faveur d'un
entretien, tant sa conduite et ses discours lui avaient inspiré d'estime et d'affection pour sa personne; et il lui garantit d'avance
« la plus douce récompense au cœur de l'homme de bien, sa propre
estime, et celle de tous les gens vertueux et éclairés (3). » Aux yeux
des uns, c'est l'apôtre de l'humanité, l'homme sensible, humain et
bienfaisant par excellence, « réputation », lui dit-on, « sur laquelle
vos ennemis mêmes n'élèvent pas le plus petit doute (4); » aux yeux
des autres, c'est le messie promis par l'Éternel pour réformer toutes
choses (5). Un citoyen de Toulouse ne peut s'empêcher de témoigner à Robespierre toute la joie qu'il a ressentie en apprenant qu'il
y avait entre eux une ressemblance frappante. Il rougit seulement
de ne ressembler que par le physique au régénérateur et au bienfaiteur de sa patrie (6). Maximilien est regardé comme la pierre
angulaire de l'édifice constitutionnel, comme le flambeau, la colonne de la République (7). « Tous les braves Français sentent avec
moi de quel prix sont vos infatigables efforts pour assurer la liberté,
en vous criant par mon organe : Béni soit Robespierre! » lui écrit
le citoyen Jamgon (8). « L'estime que j'avois pour toi dès l'Assem-

(1) Lettre citée à la suite du rapport de Courtois sous le n° IX. Le dernier membre
de phrase a été supprimé par Courtois.

(2) Lettre omise par Courtois, provenant de la précieuse collection Beuchot, que le
savant conservateur de la bibliothèque du Louvre, M. Barbier, a bien voulu mettre à
notre disposition.

(3) Lettre citée par Courtois sous le n° X. Pour l'honneur de l'humanité, nous
aimons à croire qu'il n'y a qu'une ressemblance de nom entre le signataire de cette
lettre, Louis-Auguste Félix, et un sieur Félix qui, après Thermidor, publia sous le
titre de *la Dictature renversée* une lâche diatribe contre Robespierre.

(4) Lettre de Vaquier, ancien inspecteur des droits *réservés*, insérée par Courtois sous
le n° XI et déjà citée par nous. *Vide suprà.*

(5) Lettre du citoyen Chauvet, ancien capitaine-commandant de la compagnie des
vétérans de Château-Thierry, en date du 30 prairial, déjà citée. De cette lettre très-
longue *d'un jeune homme de quatre-vingt-sept ans*, lettre dont l'original est aux *Archives*, Courtois n'a cité qu'une vingtaine de lignes, n° XII.

(6) Lettre en date du 22 messidor, tronquée et altérée par Courtois, sous le n° XIII.

(7) Lettre de Datbé, ancien maire de Vermanton, en Bourgogne, et de Picard, citées
sous le n° XV à la suite du rapport de Courtois.

(8) Lettre citée par Courtois sous le n° XXIV. *Vide suprà.*

blée constituante, » lui mande Borel l'aîné, « me fit te placer au ciel à côté d'Andromède dans un projet de monument sidéral... (1). »

Et Courtois ne peut s'empêcher de s'écrier dans son rapport : « C'étoit à qui enivreroit l'idole... Partout même prostitution d'encens, de vœux et d'hommages; partout on verseroit son sang pour sauver ses jours (2). » Le misérable rapporteur se console, il est vrai, en ajoutant que si la peste avait des emplois et des trésors à distribuer, elle aurait aussi ses courtisans (3). Mais les courtisans et les rois, c'est l'exception, et les hommages des courtisans ne sont jamais désintéressés. Robespierre, lui, d'ailleurs, n'avait ni emplois ni trésors à distribuer. On connaît sa belle réponse à ceux qui, pour le déconsidérer, allaient le présentant comme revêtu d'une dictature personnelle : « Ils m'appellent tyran! Si je l'étais, ils ramperaient à mes pieds, je les gorgerais d'or, je leur assurerais le droit de commettre tous les crimes, et ils seraient reconnaissants... (4). » Nous pourrions multiplier les citations de ces lettres, dont le nombre était presque infini, du propre aveu de Courtois (5), avons-nous dit, et Courtois s'est bien gardé, comme on pense, de publier les plus concluantes en faveur de Robespierre (6). Or, comme contre-poids à ces témoignages éclatants, comme contre-partie de ce concert d'enthousiasme, qu'a trouvé Courtois à offrir à la postérité? quelques misérables lettres anonymes, les unes ineptes, les autres ordurières, œuvres de bassesse et de lâcheté dont nous aurons à dire un mot, et que tout homme de cœur ne saurait s'empêcher de fouler aux pieds avec dédain.

XI

On sait maintenant, à ne s'y pas méprendre, quelle était l'opinion publique à l'égard de Robespierre. Le véritable sentiment populaire pour sa personne, c'était de l'idolâtrie, comme l'impur Guffroy se trouva obligé de l'avouer lui-même (7). Ce sentiment, il ressort des lettres dont nous avons donné des extraits assez signi-

(1) Lettre en date du 15 floréal an II, citée par Courtois sous le n° XXIV.

(2) Rapport de Courtois, p. 9 et 10.

(3) *Ibid.*, p. 12.

(4) Discours du 8 thermidor, p. 16.

(5) Rapport de Courtois, p. 103.

(6) Nous avons déjà dit l'indigne trafic qu'a fait Courtois des innombrables lettres trouvées chez Robespierre.

(7) Lettre de Guffroy à ses concitoyens d'Arras, écrite de Paris le 29 thermidor an II (16 août 1793).

ficatifs; il ressort de ces lettres des Girondins sauvés par Robespierre, lettres que nous avons révélées et qui reviennent au jour pour déposer comme d'irrécusables témoins; ce sentiment, il ressort enfin des aveux involontaires des Thermidoriens.

D'après Billaud-Varenne, dont l'autorité a ici tant de poids, Maximilien était considéré dans l'opinion comme l'être le plus essentiel de la République (1). De leur côté, les membres des deux anciens comités ont avoué que, *quelque prévention qu'on eût*, on ne pouvait se dissimuler quel était l'état des esprits à cette époque, et que la popularité de Robespierre dépassait toutes les bornes (2). Écoutons maintenant Billaud-Varenne, atteint à son tour par la réaction et se débattant sous l'accusation de n'avoir pas dénoncé plus tôt la *tyrannie* de Robespierre : « Sous quels rapports eût-il pu paraître coupable? S'il n'eût pas manifesté l'intention de frapper, de dissoudre, d'exterminer la représentation nationale, si l'on n'eût pas eu à lui reprocher jusqu'à sa POPULARITÉ même..., popularité si énorme qu'elle eût suffi pour le rendre suspect et trop dangereux dans un État libre, en un mot s'il ne se fût point créé une puissance monstrueuse tout aussi indépendante du comité de Salut public que de la Convention nationale elle-même, Robespierre ne se seroit pas montré sous les traits odieux de la tyrannie, et tout ami de la liberté lui eût conservé son estime (3). » Et plus loin : « Nous demandera-t-on, comme on l'a déjà fait, pourquoi nous avons laissé prendre tant d'empire à Robespierre?... Oublie-t-on que dès l'Assemblée constituante il jouissoit déjà d'une immense popularité et qu'il obtint le titre d'Incorruptible? Oublie-t-on que pendant l'Assemblée législative sa popularité ne fit que s'accroître...? Oublie-t-on que dans la Convention nationale Robespierre se trouva bientôt le seul qui, fixant sur sa personne tous les regards, acquit tant de confiance qu'elle le rendit prépondérant, de sorte que lorsqu'il est arrivé au comité de Salut public, il étoit déjà l'être le plus important de la France? Si l'on me demandoit comment il avoit réussi à prendre tant d'ascendant sur l'opinion publique, je répondrais que *c'est en affichant* LES VERTUS LES PLUS AUSTÈRES, LE DÉVOUEMENT LE PLUS ABSOLU, LES PRINCIPES LES PLUS PURS (4). Otez de ce morceau ce double mensonge thermidorien, à savoir l'accusation d'avoir eu l'in-

---

(1) *Réponse de J.-N. Billaud à Lecointre*, p. 35.

(2) *Réponse des anciens membres des deux comités aux imputations de L. Lecointre*, p. 19.

(3) Mémoire de Billaud-Varenne conservé aux *Archives*, F 7, 4579², p. 5 du manuscrit.

(4) *Ibid.*, p. 12 et 13.

tention de dissoudre la Convention, et d'avoir exercé une puissance monstrueuse en dehors de l'Assemblée et des comités, il reste en faveur de Robespierre une admirable plaidoirie, d'autant plus saisissante qu'elle est comme involontairement tombée de la plume d'un de ses proscripteurs. Nous allons voir bientôt jusqu'où Robespierre poussa le respect pour la Représentation nationale ; et quant à cette puissance monstrueuse, laquelle était purement et simplement un immense ascendant moral, elle était si peu réelle, si peu effective, qu'il suffisait à ses collègues, comme on l'a vu plus haut, d'un simple coup d'œil pour qu'instantanément la majorité fût acquise contre lui. Son grand crime, aux yeux de Billaud-Varenne et de quelques républicains sincères, fut précisément le crime d'Aristide : sa popularité ; il leur répugnait de l'entendre toujours appeler *le Juste*.

Mais si le sentiment populaire était si favorable à Maximilien, en était-il de même de l'opinion des gens dont l'attachement à la Révolution était médiocre ? Je réponds oui, sans hésiter, et je le prouve. Pour cela, je rappellerai d'abord les lettres de reconnaissance adressées à Robespierre par les soixante-treize membres de la droite dont il avait été le sauveur ; ensuite je m'en référerai à l'avis de Boissy d'Anglas, Boissy le type le plus parfait de ces révolutionnaires incolores et incertains, de ces royalistes déguisés qui se fussent peut-être accommodés de la République sous des conducteurs comme Robespierre, mais qui, une fois la possibilité d'en sortir entrevue, n'ont pas mieux demandé que de s'associer aux premiers coquins venus pour abattre l'homme à l'existence duquel ils la savaient attachée. Nous insistons donc sur l'opinion de Boissy-d'Anglas, parce qu'il est l'homme dont la réaction royaliste et girondine a le plus exalté le courage, les vertus et le patriotisme. Or, quelle nécessité le forçait de venir en messidor, à moins d'être le plus lâche et le dernier des hommes, présenter Robespierre en exemple au monde, dans un ouvrage dédié à la Convention nationale, s'il ne croyait ni aux vertus, ni au courage, ni à la pureté de Maximilien ? Rien ne nous autorise à révoquer en doute sa sincérité, et quand il comparait Robespierre à Orphée enseignant aux hommes les premiers principes de la civilisation et de la morale, il laissait échapper de sa conscience un cri qui n'était autre chose qu'un splendide hommage rendu à la vérité (1).

_____

(1) *Essai sur les fêtes nationales*, adressé à la Convention, in-8° de 192 p., déjà cité. Membre du Sénat et comte de l'Empire, grand officier de la Légion d'honneur, pair de France de la première Restauration, pair de France de l'Empire des Cent jours,

Ainsi, à l'exception de quelques ultra-révolutionnaires de bonne foi, de royalistes se refusant à toute espèce de composition avec la République, de plusieurs anciens amis de Danton ne pouvant pardonner à Maximilien de l'avoir laissé sacrifier, et enfin d'un certain nombre de Conventionnels sans conscience et perdus de crimes, la France tout entière était de cœur avec Robespierre et ne prononçait son nom qu'avec respect et amour. Il était arrivé, pour nous servir encore d'une expression de Billaud-Varenne, à une hauteur de puissance morale inouïe jusqu'alors ; tous les hommages et tous les vœux étaient pour lui seul, on le regardait comme l'être unique ; la prospérité publique semblait inhérente à sa personne, on s'imaginait, en un mot, que sa perte était la plus grande calamité qu'on eût à craindre (1). Eh bien ! je le demande à tout homme sérieux et de bonne foi, est-il un seul instant permis de supposer la forte génération de 1789 capable de s'être prise d'idolâtrie pour un génie médiocre, pour un vaniteux, pour un rhéteur pusillanime, pour un esprit étroit et mesquin, pour un être bilieux et sanguinaire, suivant les épithètes prodiguées à Maximilien par tant d'écrivains ignorants, à courte vue ou de mauvaise foi, je ne parle pas seulement des libellistes ?

Non, l'admiration de ces géants ne s'adressait qu'à des hommes de leur taille ; ils admirèrent dans Maximilien le génie de la liberté et de la démocratie, comme dans Napoléon le génie du pouvoir et de la conquête. Au spectacle du déchaînement qui après Thermidor se produisit contre Robespierre, Billaud-Varenne, quoique ayant joué un des principaux rôles dans le lugubre drame, ne put s'empêcher d'écrire : « J'aime bien voir ceux qui se sont montrés jusqu'au dernier moment les plus bas valets de cet homme le rabaisser au dessous d'un esprit médiocre, maintenant qu'il n'est plus (2). » On remarqua en effet parmi les plus lâches détracteurs de Maximilien quelques-uns de ceux qui la veille de sa chute lui proposaient de lui faire un rempart de leurs corps (3).

Ah ! je le répète, c'est avoir une étrange idée de nos pères que de les peindre aux pieds d'un ambitieux sans valeur et sans talent ; on ne saurait les insulter davantage dans leur gloire et dans leur œuvre. Il faut en convenir franchement, si ces fils de Voltaire et de Rousseau, si ces rudes champions de la justice et du droit eurent

pair de France de la seconde Restauration, Boissy d'Anglas mourut considéré et comblé d'honneurs en 1826. C'était un sage !

(1) Mémoire manuscrit de Billaud-Varenne, *Archives*, F, 7, 4579², p. 38 et 39.

(2) *Ibid.*, p. 40.

(3) *Ibid.*|

pour Robespierre un enthousiasme et une admiration sans bornes, c'est que Robespierre fut le plus énergique défenseur de la liberté, c'est qu'il représenta la démocratie dans ce qu'elle a de plus pur, de plus noble, de plus élevé, c'est qu'il n'y eut jamais un plus grand ami de la justice et de l'humanité. L'événement du reste leur donna tristement raison, car, une fois l'objet de leur culte brisé, la Révolution déchut des hauteurs où elle planait et se noya dans une boue sanglante (1).

(1) C'est ce qu'avait parfaitement compris M. de Lamartine. « Avec Robespierre et Saint-Just, » dit-il en terminant son *Histoire des Girondins*, « finit la grande période de la Révolution. La seconde race des révolutionnaires commence. La République tombe de la tragédie dans l'intrigue, du fanatisme dans la cupidité. Au moment où tout se rapetisse, arrêtons-nous pour contempler ce qui fut si grand, » t. VIII, p. 379.— L'illustre poète, pour écrire son livre, n'a pas cru devoir puiser aux sources. Il ne s'est pas condamné au rude travail de compulser pendant de longs mois tous les documents qui ont si longtemps dormi dans les cartons des *Archives*, sans qu'aucune main vînt les réveiller pour les prendre à témoin; travail rude en effet, mais d'où jaillit la lumière, et grâce auquel nous apportons aujourd'hui de si précieuses révélations historiques. Toutefois, à défaut de ces recherches indispensables, M. de Lamartine semblait avoir été éclairé par une sorte d'intuition. Devant la hauteur de vues, la pureté des principes de Robespierre, il s'était incliné, et, entraîné par une irrésistible séduction, il avait laissé échapper de sa poitrine un long cri d'enthousiasme qui n'était que l'accent de la vérité triomphante. Cela suffisait pour effacer bien des erreurs de détail. Depuis, il est vrai, M. de Lamartine a fait amende honorable. Dans son *Cours familier de littérature*, il a brûlé ce qu'il avait adoré; il a enfin, au nom de la réaction, anathématisé Robespierre « parce qu'il a vu son ombre dans la rue en 1848. » Singulière rancune d'homme d'État tombé du pouvoir! Mais l'auteur des *Girondins* s'est ici complétement fourvoyé; il a pris les ombres d'Hébert, de Varlet et de Vincent pour celle de Robespierre. Ah! si celui-ci eût été l'homme de la rue, les assassins n'auraient pas eu si bon marché de lui, et la République n'aurait pas été ébranlée en Thermidor pour disparaître quelques années plus tard dans les plis du manteau impérial.

On ne saurait s'imaginer, du reste, avec quelle légèreté M. de Lamartine a tiré parti des renseignements qui lui ont été fournis par quelques-uns des survivants de la grande époque. Pour nous édifier sur « la consciencieuse minutie de ses recherches, » il nous dit bien qu'il a longuement causé avec Mme Le Bas, « ce témoin naïf et passionné de la vie intime de Robespierre, cette protestation vivante et ardente contre les calomnies des historiens de la Révolution, » mais de quel profit a été pour lui cette conversation? Il fait périr sur l'échafaud de Robespierre, Maurice Duplay, le père de Mme Le Bas, lequel est mort tranquillement dans son lit en 1820, vingt-six ans après le meurtre de l'illustre ami pour lequel il eût en effet volontiers sacrifié sa vie. Et M. de Lamartine croit que cette femme, « Romaine transplantée dans notre monde moderne, » avait eu la pensé de devenir l'épouse du jeune et beau proconsul Saint-Just, quand la Révolution serait close, oubliant que Mme Le Bas était mariée depuis un an, à l'époque du 9 Thermidor, et que son fils, le bon et savant Philippe Le Bas, âgé de deux mois alors, suça le lait maternel dans les cachots où les *sauveurs* de la France jetèrent tous les amis de Robespierre, quand ils ne leur firent pas expier leur amitié sur l'échafaud. M. de Lamartine ne s'est même plus souvenu de son *Histoire des Girondins* (Voy. *Cours familier de littérature*, entretiens LXXI et LXXII.)

XII

Il est aisé de comprendre à présent pourquoi les collègues de Maximilien au comité de Salut public hésitèrent jusqu'au dernier moment à conclure une alliance monstrueuse avec les conjurés de Thermidor, avec les Fouché, les Tallien, les Fréron, les Rovère, les Courtois et autres. Un secret pressentiment, avons-nous dit avec raison, semblait les avertir qu'en sacrifiant l'austère auteur de la Déclaration des droits de l'homme, ils sacrifiaient la République elle-même et préparaient leur propre perte. C'est un fait avéré que tout d'abord on songea à attaquer le comité de Salut public en masse. Certains complices de la conjuration ne comprenaient pas très-bien pourquoi l'on s'en prenait à Robespierre seul, et ils l'eussent moins compris encore s'ils avaient su que depuis un mois le comité exerçait un pouvoir dictatorial en dehors de la participation active de Maximilien. Un de ces mannequins de la réaction, le député Laurent Lecointre, ayant conçu le projet de rédiger un acte d'accusation contre tous les membres du comité, reçut le conseil d'attaquer Robespierre seul, afin que le succès fût plus certain (1). On sait comment il se rendit à cet avis, et tout le monde connaît le fameux acte d'accusation qu'il révéla courageusement... après Thermidor, et dont le titre se trouve pompeusement orné du projet d'immoler Maximilien Robespierre en plein sénat (2). Le conseil était bon, car si les Thermidoriens s'en fussent pris au comité en masse, s'ils ne fussent point parvenus à entraîner Billaud-Varenne, qui devint le ir allié le plus actif et le plus utile, ils eussent été infailliblement écrasés. Billaud, c'était l'image incarnée de la Terreur. « Quiconque, » écrivait-il en répondant à ses accusateurs, « est chargé de veiller au salut public, et dans les grandes crises ne lance pas la foudre que le peuple a remise entre ses mains pour exterminer ses ennemis, est le premier traître à la patrie (3). » Étonnez-vous donc si, en dépit de Robespierre, les exécutions sanglantes se multipliaient, si les sévérités étaient indistinctement prodiguées, si la Terreur s'abattait sur toutes les conditions. Il semblait, suivant la propre expression de Maximilien, qu'on eût

---

(1) *Conjuration formée dès le 5 prairial par neuf représentants du peuple, etc... Rapport et projet d'accusation par Laurent Lecointre*, in-8° de 38 p., de l'imprimerie du *Rougyff*, p. 4.

(2) *Ibid.* Voyez le titre.

(3) Mémoire de Billaud-Varenne, *ubi suprà*, p. 69 du manuscrit.

cherché à rendre les institutions révolutionnaires odieuses par les excès (1).

Le 2 thermidor, Robespierre, qui depuis un mois avait refusé d'approuver toutes les listes de détenus renvoyés devant le tribunal révolutionnaire, en signa une de 138 noms appartenant à des personnes dont la culpabilité sans doute ne lui avait pas paru douteuse ; mais le lendemain il repoussait, indigné, une autre liste de trois cent dix-huit détenus offerte à sa signature (2), et trois jours plus tard, comme nous l'avons dit déjà, il refusait encore de participer à un arrêté rendu par les comités de Salut public et de Sûreté générale réunis, arrêté instituant, en vertu d'un décret rendu le 4 ventôse, quatre commissions populaires chargées de juger promptement les ennemis du peuple détenus dans toute l'étendue de la République, et auquel s'associèrent cependant ses amis Saint-Just et Couthon (3). En revanche, comme nous l'avons dit aussi, il avait écrit de sa main et signé l'ordre d'arrestation d'un nommé Lépine, administrateur des travaux publics, lequel avait abusé de sa position pour se faire adjuger à vil prix des biens nationaux (4). A son sens, on allait beaucoup trop vite, et surtout beaucoup trop légèrement en besogne, comme le prouvent d'une façon irréfragable ces paroles tombées de sa bouche dans la séance du 8 thermidor, et déjà citées en partie : « Partout les actes d'oppression avaient été multipliés pour étendre le système de terreur... Est-ce nous qui avons plongé dans les cachots les patriotes et porté la terreur dans toutes les conditions? Ce sont les monstres que nous avons accusés. Est-ce nous qui, oubliant les crimes de l'aristocratie et protégeant les traîtres, avons déclaré la guerre aux citoyens paisibles, érigé en crimes ou des préjugés incurables ou des choses indifférentes, pour trouver partout des coupables et rendre la Révolution redoutable au peuple même? Ce sont les monstres que nous avons accusés. Est-ce nous qui, recherchant des opinions

(1) Discours du 8 thermidor, p. 19.

(2) Les signataires de cette liste sont : « Vadier, Voulland, Élie Lacoste, Collot d'Herbois, Barère, Ruhl, Amar, C.-A. Prieur, Billaud-Varenne. » *Archives*, F 7, 4436, *Rapport de Saladin*, p. 142 et 254.

(3) Arrêté signé : Barère, Dubarran, C.-A. Prieur, Louis (du Bas-Rhin), Lavicomterie, Collot d'Herbois, Carnot, Couthon, Robert Lindet, Saint-Just, Billaud-Varenne, Voulland, Vadier, Amar, Moyse Bayle (cité dans l'*Histoire parlementaire*, t. XXXIII, p. 393).

(4) Arrêté en date du 26 messidor, signé : Robespierre, Carnot, Collot d'Herbois, Barère, Couthon, Billaud-Varenne, C.-A. Prieur, Robert Lindet (*Archives*, F 7, 4437). *Vide suprà*.

anciennes, fruit de l'obsession des traîtres, avons promené le glaive sur la plus grande partie de la Convention nationale, demandions dans les sociétés populaires les têtes de six cents représentants du peuple? Ce sont les monstres que nous avons accusés... (1). » Billaud-Varenne ne put pardonner à Robespierre de vouloir supprimer la Terreur en tant que Terreur, et la réduire à ne s'exercer, sous forme de justice sévère, que contre les seuls ennemis actifs de la Révolution. Aussi fut-ce sur Billaud que, dans une séance du conseils des Anciens, Garat rejeta toute la responsabilité des exécutions sanglantes faites pendant la durée du comité de Salut public (2). Cependant, comme averti par sa conscience, il hésita longtemps avant de se rendre aux invitations pressantes de ses collègues du comité de Sûreté générale, acquis presque tous à la conjuration. Saint-Just, dans son dernier discours, a très-bien dépeint les anxiétés et les doutes de ce patriote aveuglé. « Il devenait hardi dans les moments où, ayant excité les passions, on paraissait écouter ses conseils, mais son dernier mot expirait toujours sur ses lèvres : il appelait tel homme absent Pisistrate ; aujourd'hui présent, il était son ami; il était silencieux, pâle, l'œil fixe, arrangeant ses traits altérés. La vérité n'a point ce caractère ni cette politique (3). » Un Montagnard austère et dévoué, Ingrand, député de la Vienne à la Convention, alors en mission, étant venu à Paris vers cette époque, alla voir Billaud-Varenne. « Il se passe ici des choses fort importantes, » lui dit ce dernier; « va trouver Ruamps, il t'informera de tout. » Billaud eut comme une sorte de honte de faire lui-même la confidence du noir complot.

Ingrand courut chez Ruamps, qui le mit au courant des machinations ourdies contre Robespierre, en l'engageant vivement à se joindre aux conjurés. Saisi d'un sombre pressentiment, Ingrand refusa non-seulement d'entrer dans la conjuration, mais il s'efforça de persuader à Ruamps d'en sortir, lui en décrivant d'avance les conséquences funestes, et l'assurant qu'une attaque contre Robespierre, si elle était suivie de succès, entraînerait infailliblement la perte de la République (4). Puis il repartit, le cœur serré et plein

---

(1) Discours du 8 thermidor, p. 10, 7 et 8.
(2) Séance du 14 thermidor an VIII (1er août 1799). *Moniteur* du 20 thermidor.
(3) Discours du 9 thermidor.
(4) Ces détails ont été fournis aux auteurs de l'*Histoire parlementaire* par Buonaroti, qui les tenait d'Ingrand lui-même. Membre du conseil des Anciens jusqu'en 1797, Ingrand entra vers cette époque dans l'administration forestière et cessa de s'occuper de politique. Proscrit en 1816, comme régicide, il se retira à Bruxelles, y vécut pauvre, souffrant stoïquement comme un vieux républicain, et revint mourir en France, après la Révolution de 1830, fidèle aux convictions de sa jeunesse.

d'inquiétudes. Égaré par d'injustifiables préventions, Ruamps demeura sourd à ces sages conseils ; mais que de fois, plus tard, pris de remords, il dut se rappeler la sinistre prédiction d'Ingrand !

La vérité est que Billaud-Varenne agit de dépit et sous l'irritation profonde de voir Robespierre ne rien comprendre à son système « d'improviser la foudre à chaque instant ». Ce fut du reste le remords cuisant des dernières années de sa vie. Il appelait le 9 Thermidor sa déplorable faute. « Je le répète, » disait-il, « la Révolution puritaine a été perdue le 9 Thermidor. Depuis, combien de fois j'ai déploré d'y avoir agi de colère (1). » Ah ! ces remords de Billaud-Varenne, ils ont été partagés par tous les vrais républicains coupables d'avoir, dans une heure d'égarement et de folie, coopéré par leurs actes ou par leur silence à la chute de Robespierre.

XIII

Un des hommes qui contribuèrent le plus à amener les membres du comité de Salut public à l'abandon de Maximilien fut certainement Carnot. Esprit laborieux, honnête, mais caractère sans consistance et sans fermeté, ainsi qu'il le prouva de reste quand, après Thermidor, il lui fallut rendre compte de sa conduite comme membre

(1) Dernières années de Billaud-Varenne, dans la *Nouvelle Minerve*, t. Ier, p. 351 à 358. La regrettable part prise par Billaud au 9 Thermidor ne doit pas nous empêcher de rendre justice à la fermeté et au patriotisme de ce républicain sincère. Au général Bernard, qui, jeune officier alors, s'était rendu auprès de lui à Cayenne pour lui porter sa grâce de la part de Bonaparte et de ses collègues, il répondit : « Je sais par l'histoire que des consuls romains tenaient du peuple certains droits ; mais le droit de faire grâce que s'arrogent les consuls français n'ayant pas été puisé à la même source, je ne puis accepter l'amnistie qu'ils prétendent m'accorder. » Un jour, ajoute le général Bernard, « il m'échappa de lui dire sans aucune précaution : Quel malheur pour la Convention nationale que la loi du 22 prairial ait taché de sang les belles pages qui éternisent son énergie contre les ennemis de la République française, c'est-à-dire contre toute l'Europe armée ! — Jeune homme, me répondit-il avec un air sévère, quand les os des deux générations qui succéderont à la vôtre seront blanchis, alors et seulement alors, l'histoire s'emparera de cette grande question. Puis, se radoucissant, il me prit la main en me disant : Venez donc voir les quatre palmiers de la Guadeloupe, que Martin, le directeur des épiceries, est venu lui-même planter dans mon jardin. »

(*Billaud-Varenne à Cayenne*, par le général Bernard, dans la *Nouvelle Minerve*, t. II, p. 288.)

La nouvelle de la rentrée des Bourbon affecta beaucoup Billaud-Varenne vieilli, et il ne put s'empêcher de se lamenter sur sa patrie « si effacée », disait-il, « qu'elle subissait de nouveau le joug odieux de ces Bourbon et des Girondins introduits à la Chambre des pairs par Louis XVIII. »

(Dernières années de Billaud-Varenne, dans la *Nouvelle Minerve*, t. Ier, *ubi suprà*.)

du comité de Salut public, Carnot avait beaucoup plus de penchant pour Collot d'Herbois et Billaud-Varenne, qui jusqu'au dernier moment soutinrent le système de la Terreur quand même, que pour Robespierre et Saint-Just, qui voulurent en arrêter les excès et s'efforcèrent d'y substituer la justice (1). Les premiers, il est vrai, s'inclinaient respectueusement et sans mot dire devant les aptitudes militaires de Carnot, dont les seconds s'étaient permis quelquefois de critiquer les actes. Ainsi, Maximilien lui reprochait de persécuter les généraux patriotes, et Saint-Just de ne pas assez tenir compte des observations que lui adressaient les représentants en mission aux armées, lesquels, placés au centre des opérations militaires, étaient mieux à même de juger des besoins de nos troupes et de l'opportunité de certaines mesures : « Il n'y a que ceux qui sont dans les batailles qui les gagnent, et il n'y a que ceux qui sont puissants qui en profitent... (2), » disait Saint-Just. Paroles trop vraies, que Carnot ne sut point pardonner à la mémoire de son jeune collègue.

Nous avons déjà parlé d'une altercation qui avait eu lieu au mois de floréal entre ces deux membres du comité de Salut public, altercation à laquelle on n'a pas manqué, après coup, de mêler Robespierre, qui y avait été complétement étranger. A son retour de l'armée, vers le milieu de messidor, Saint-Just avait eu avec Carnot de nouvelles discussions au sujet d'un ordre malheureux donné par son collègue. Carnot, ayant dans son bureau des Tuileries imaginé une expédition militaire, avait prescrit à Jourdan de détacher dix-huit mille hommes de son armée pour cette expédition. Si cet ordre avait été exécuté, l'armée de Sambre et Meuse aurait été forcée de quitter Charleroi, de se replier même sous Philippeville et Givet, en abandonnant Avesnes et Maubeuge (3). Heureusement les représentants du peuple présents à l'armée de Sambre et Meuse avaient pris sur eux de suspendre le malencontreux ordre. Cette grave imprudence de Carnot avait été signalée dès l'époque, et n'avait pas peu contribué à lui nuire dans l'opinion publique (4). Froissé dans son

---

(1) Voy., au sujet de la préférence de Carnot pour Billaud-Varenne et Collot d'Herbois, les *Mémoires sur Carnot* par son fils, t. I*er, p. 511.

(2) Discours de Saint-Just dans la séance du 9 Thermidor.

(3) *Ibid.*

(4) Nous lisons dans un rapport de l'agent national de Boulogne au comité de Salut public, en date du 25 messidor (13 juillet 1794), que ce fonctionnaire avait appris par des connaissances que Carnot avait failli faire manquer l'affaire de Charleroi (Pièce de la collection Beuchot). Les membres des anciens comités, dans la note 6 où il est question des discussions entre Saint-Just et Carnot, n'ont donné aucune explication à ce sujet. (Voy. leur *Réponse aux imputations de Laurent Lecointre,* p. 103.)

amour-propre, Carnot ne pardonna pas à Saint-Just, et dans ses rancunes contre lui il enveloppa Robespierre, dont la popularité n'était peut-être pas sans l'offusquer. Tout en reprochant à son collègue de persécuter les généraux fidèles (1), Maximilien, paraît-il, faisait grand cas de ses talents (2). Carnot, nous dit-on, ne lui rendait pas la pareille (3). Cela dénote tout simplement chez lui une intelligence médiocre, quoi qu'en aient dit ses apologistes. Il fut, je le crois, extrêmement jaloux de la supériorité d'influence et de talent d'un collègue plus jeune que lui ; et sous l'empire de ce sentiment, il se laissa facilement entraîner dans la conjuration thermidorienne. Au 9 Thermidor comme en 1815, le pauvre Carnot fut le jouet et la dupe de Fouché.

Dans les divers Mémoires publiés sur lui vous trouverez contre Robespierre beaucoup de lieux communs, d'appréciations erronées et injustes, de redites, de déclamations renouvelées des Thermidoriens, mais pas un fait précis, rien surtout de nature à justifier la part active prise par Carnot au guet-apens de Thermidor. Rien de curieux du reste comme l'embarras des anciens collègues de Maximilien quand il s'est agi de répondre à cette question : Pourquoi avez-vous attendu si longtemps pour le démasquer ? — Nous ne possédions pas son discours du 8 thermidor, ont-ils dit, comme on a vu plus haut, et c'était l'unique preuve, la preuve matérielle des crimes du *tyran* (4). A cet égard Billaud-Varenne, Collot d'Herbois et Barère sont d'une unanimité touchante. Dans l'intérieur du comité Robespierre était inattaquable, paraît-il, car « il coloriait ses opinions de fortes nuances de bien public et il les ralliait adroitement à l'intérêt des plus graves circonstances (5). » Aux Jacobins, ses discours étaient remplis de patriotisme, et ce n'est pas là sans doute qu'il aurait divulgué ses plans de dictature ou son ambition triumvirale (6). Ainsi il a fallu arriver jusqu'au 8 thermidor pour avoir seulement l'idée que Robespierre eût médité des plans de dictature ou fût doué d'une *ambition triumvirale*. Savez-vous quel a été, au dire de Collot d'Herbois, l'instrument terrible de Maximilien pour dissoudre la Représentation nationale, amener la guerre civile, et rompre le gouvernement? Son discours (7). Et de son côté Billaud-

(1) Discours du 8 Thermidor.
(2) C'est ce que M. Philippe Le Bas a assuré à M. Hippolyte Carnot.
(3) *Mémoires sur Carnot*, par son fils, t. Ier, p. 510.
(4) *Réponse des membres des deux anciens comités aux imputations de Laurent Lecointre*, p. 14.
(5) *Ibid.*, p. 13.
(6) *Ibid.*, p. 15.
(7) Séance du 9 Thermidor. Voy. *le Moniteur* du 12 (30 juillet 1794).

Varenne a écrit : « Je demande à mon tour qui seroit sorti vainqueur de cette lutte quand pour confondre le tyran, quand pour dissiper l'illusion générale nous n'avions ni son discours du 8 thermidor..., ni le discours de Saint-Just (1) ? » C'est puéril, n'est-ce pas ? Voilà pourtant sur quelles accusations s'est perpétuée jusqu'à nos jours la tradition du fameux triumvirat dont le fantôme est encore évoqué de temps à autre par certains niais solennels, chez qui la mauvaise foi est au moins égale à l'ignorance.

Que les quelques misérables coalisés contre Robespierre se soient attachés à répandre contre lui cette accusation de dictature, cela se comprend de la part de gens sans conscience : c'était leur unique moyen de jeter un peu d'ombre sur son éclatante popularité et d'ameuter contre lui certains patriotes ombrageux. « Ce mot de dictature a des effets magiques, » répondit Robespierre dans un admirable élan, en prenant la Convention pour juge entre ses calomniateurs et lui; « il flétrit la liberté, il avilit le gouvernement, il détruit la République, il dégrade toutes les institutions révolutionnaires, qu'on présente comme l'ouvrage d'un seul homme, il rend odieuse la justice nationale, qu'il présente comme instituée pour l'ambition d'un seul homme, il dirige sur un point toutes les haines et tous les poignards du fanatisme et de l'aristocratie. Quel terrible usage les ennemis de la République ont fait du seul nom d'une magistrature romaine! Et si leur érudition nous est si fatale, que sera-ce de leurs trésors et de leurs intrigues? Je ne parle point de leurs armées. » N'est-ce pas là le dédain poussé jusqu'au sublime (2)? « Qu'il me soit permis, » ajoutait Robespierre, « de renvoyer au duc d'York et à tous les écrivains royaux les patentes de cette dignité ridicule qu'ils m'ont expédiées les premiers. Il y a trop d'insolence à des rois qui ne sont pas sûrs de conserver leurs couronnes, de s'arroger le droit d'en distribuer à d'autres... J'ai vu d'indignes mandataires du peuple qui auraient échangé ce titre glorieux (celui de citoyen) pour celui de valet de chambre de Georges ou de d'Orléans. Mais qu'un représentant du peuple qui sent la dignité de ce caractère sacré, qu'un citoyen français digne de ce nom puisse abaisser ses vœux jusqu'aux grandeurs coupables et ridicules qu'il a contribué à foudroyer, et qu'il se soumette à la dégradation civique pour descendre à l'infamie du trône, c'est ce qui ne paraît vraisemblable qu'à ces êtres pervers qui n'ont pas même le droit

(1) Mémoire de Billaud-Varenne. *Ubi suprà*, p. 43 du manuscrit.

(2) « Ce trait sublime : *Je ne parle pas de leurs armées*, est de la hauteur de *Nicomède* et de Corneille, » a écrit Charles Nodier. *Souvenirs de la Révolution*, t. Ier, p. 294 de l'édit. Charpentier.

de croire à la vertu. Que dis-je, vertu? C'est une passion naturelle,
sans doute; mais comment la connaîtraient-ils, ces âmes vénales
qui ne s'ouvrirent jamais qu'à des passions lâches et féroces, ces
misérables intrigants qui ne lièrent jamais le patriotisme à aucune
idée morale?... Mais elle existe, je vous en atteste, âmes sensibles
et pures, elle existe cette passion tendre, impérieuse, irrésistible,
tourment et délices des cœurs magnanimes, cette horreur profonde
de la tyrannie, ce zèle compatissant pour les opprimés, cet amour
sacré de la patrie, cet amour plus sublime et plus saint de l'humanité, sans lequel une grande révolution n'est qu'un crime éclatant
qui détruit un autre crime; elle existe cette ambition généreuse de
fonder sur la terre la première république du monde, cet égoïsme
des hommes non dégradés qui trouve une volupté céleste dans le
calme d'une conscience pure et dans le spectacle ravissant du bonheur public? Vous la sentez en ce moment qui brûle dans vos
âmes; je la sens dans la mienne. Mais comment nos vils calomniateurs la devineraient-ils? comment l'aveugle-né aurait-il l'idée de
la lumière (1)?... » Rarement d'une poitrine oppressée sortirent des
accents empreints d'une vérité plus poignante. A cette noble protestation répondirent seuls l'injure brutale, la calomnie éhontée
et l'échafaud.

Ce fut, j'imagine, pour s'excuser aux yeux de la postérité d'avoir
lâchement abandonné Robespierre, et aussi pour se parer d'un
vernis de stoïcisme républicain, que ses collègues du comité prétendirent, après coup, l'avoir sacrifié parce qu'il aspirait à la dictature.
Ce qui les fâchait, au contraire, c'était d'avoir en lui un censeur in-
commode se plaignant toujours des excès de pouvoir. Les conclusions de son discours du 8 thermidor ne tendirent-elles pas surtout à
faire cesser l'arbitraire dans les comités? Constituez, disait-il à
l'Assemblée, « constituez l'unité du gouvernement sous l'autorité suprême de la Convention nationale, qui est le centre et le juge, et
écrasez ainsi toutes les factions du poids de l'autorité nationale, pour
élever sur leurs ruines la puissance de la justice et de la liberté (2)...»
Et de quoi se plaignait Saint-Just dans son discours du 9? Précisément de ce qu'au comité de Salut public les délibérations avaient été
livrées à quelques hommes « ayant le même pouvoir et la même influence que le comité même », et de ce que le gouvernement s'était
trouvé « abandonné à un petit nombre qui, jouissant d'un absolu
pouvoir, accusa les autres d'y prétendre pour le conserver (3). » Les

(1) *Discours du 8 thermidor*, p. 15 et 16.
(2) *Ibid.*, p. 43.
(3) *Discours de Saint-Just dans la séance du 9 thermidor.*

véritables dictateurs étaient donc Billaud-Varenne, Collot d'Herbois,
Barère, Carnot, C.-A. Prieur et Robert Lindet, nullement Robes-
pierre, qui avait en quelque sorte résigné sa part d'autorité, ni
Couthon, presque toujours retenu chez lui par la maladie, ni Saint-
Just, presque toujours aux armées, qu'on laissait à l'écart et pai-
sible, « comme un citoyen sans prétention (1). »

C'est donc le comble de l'absurdité et de l'impudence d'avoir
présenté ce dernier comme ayant un jour réclamé pour Robespierre... la dictature. N'importe! comme Saint-Just était mort et
ne pouvait répondre, les membres des anciens comités commencèrent par insinuer qu'il avait proposé aux comités réunis de faire
gouverner la France par des *réputations patriotiques*, en attendant
qu'il y eût des institutions républicaines (2)! L'accusation était bien
vague ; tout d'abord on n'osa pas aller plus loin (3) ; mais plus tard
on prit des airs de Brutus indigné. Dans des Mémoires où les erreurs les plus grossières se heurtent de page en page aux mensonges les plus effrontés, Barère prétend que dans les premiers jours
de messidor Saint-Just proposa formellement aux deux comités
réunis de décerner la dictature à Robespierre. — Dans les premiers jours de messidor, notons-le en passant, Saint-Just n'était
même pas à Paris ; il n'y revint que dans la nuit du 10. Telle est,
du reste, l'inadvertance de Barère dans ses mensonges, qu'un peu
plus loin il transporte la scène en thermidor, pour la replacer ensuite en messidor (4). Pendant l'allocution de Saint-Just, Robes-

(1) Discours de Saint-Just dans la séance du 9 Thermidor. — Nous avons dit qu'il
n'existait presque point d'arrêtés portant les seules signatures de Robespierre, de Couthon et de Saint-Just. En voici un pourtant du 30 messidor : « Le comité de Salut
public arrête que les citoyens Fijon et Bassanger, patriotes liégeois, seront mis sur-le-
champ en liberté... Couthon, Robespierre, Saint-Just. *Archives* », F 7, 4437. Eh bien !
après Thermidor, il se trouvera des gens pour accuser Robespierre d'être l'auteur des
persécutions dirigées contre certains patriotes liégeois.

(2) *Réponse des membres des deux anciens comités aux imputations de L. Lecointre*, p. 16.

(3) M. Hippolyte Carnot, dans ses *Mémoires* sur son père, reproduit cette accusation
et l'appuie du témoignage de Toulongeon, qu'il appelle « un narrateur peu passionné et
généralement bien informé. » Selon Toulongeon, Saint-Just disait qu'il n'y avait
d'autre moyen de salut public que de le remettre à une *destinée particulière*. Évidemment Toulongeon n'a fait que traduire ici la pensée des anciens membres des comités,
dans la brochure desquels il s'est contenté de puiser ses renseignements. Une chose
doit à bon droit étonner les lecteurs de M. Carnot, c'est que son père ne lui ait pas
dit au juste quelle avait été la proposition de Saint-Just. (Voy. *Mémoires sur Carnot
par son fils*, t. Ier, p. 525). Cela ne nous étonne nullement, quant à nous, parce qu'il
est aussi clair que le jour que jamais proposition semblable n'est tombée de la
bouche de Saint-Just.

(4) Mémoires de Barère, t. II, p. 213, 216 et 232. Voy. au surplus, à ce sujet, notre
Histoire de Saint-Just.

pierre se serait promené autour de la salle, « gonflant ses joues, soufflant avec saccades. » Et il y a des gens graves, sérieux, honnêtes, qui acceptent bénévolement de pareilles inepties (1) !

Pour renforcer son assertion, Barère s'appuie d'une lettre adressée à Robespierre par un Anglais nommé Benjamin Vaughan, résidant à Genève, lettre dans laquelle on soumet à Maximilien l'idée d'un protectorat de la France sur les provinces hollandaises et rhénanes confédérées, ce qui, suivant l'auteur du projet, aurait donné à la République huit ou neuf millions d'alliés (2) ; d'où Barère conclut que Robespierre était en relations avec le gouvernement anglais, et qu'il aspirait à la dictature, « demandée en sa présence par Saint-Just (3). » En vérité, on n'a pas plus de logique ! La dictature était aussi loin de la pensée de Saint-Just que de celle de Robespierre. Dans son discours du 9 Thermidor, le premier disait en propres termes : « Je déclare qu'on a tenté de mécontenter et d'aigrir les esprits pour les conduire à des démarches funestes, et l'on n'a point espéré de moi, sans doute, que je prêterais mes mains pures à l'iniquité. Ne croyez pas au moins qu'il ait pu sortir de mon cœur l'idée de flatter un homme ! Je le défends parce qu'il m'a paru irréprochable, et je l'accuserais lui-même s'il devenait criminel (4). » — Criminel, c'est-à-dire s'il eût aspiré à la dictature. — Enfin, — raison décisive et qui coupe court au débat, — comment ! Saint-Just aurait proposé en pleine séance du comité de Salut public d'armer Robespierre du pouvoir dictatorial, et aucun de ceux qu'il accusait précisément d'avoir exercé l'autorité à l'exclusion de Maximilien ne se serait levé pour retourner contre lui l'accusation ! Personne n'eût songé à s'emparer de cet argument si favorable aux projets des conjurés et si bien de nature à exaspérer contre celui qu'on voulait abattre les républicains les plus désintéressés dans la lutte ! Cela est inadmissible, n'est-ce pas ? Eh bien ! pas une voix accusatrice ne se fit entendre à cet égard. Et quand on voit aujourd'hui des gens se prévaloir d'une assertion maladroite de Barère, assertion dont on

(1) C'est M. H. Carnot qui, dans ses *Mémoires* sur son père, raconte ce fait comme l'ayant trouvé dans une note « *évidemment émanée d'un témoin oculaire* » qu'il ne nomme pas (t. Ier, p. 530). Comment, répéterons-nous, Carnot n'aurait-il rien dit à son fils d'une proposition aussi importante que celle de Saint-Just si jamais elle avait été faite ?

(2) Voy. cette lettre de l'Anglais Vaughan, dans les Mémoires de Barère (t. II, p. 227). Robespierre n'en eut même pas connaissance, car, d'après Barère, elle arriva et fut décachetée au comité de Salut public dans la journée du 9 Thermidor.

(3) Mémoires de Barère, t. II, p. 232. Il faudrait tout un volume pour relever les inconséquences de Barère.

(4) Discours de Saint-Just du 9 Thermidor. Saint-Just, comme on sait, ne put prononcer que les premières paroles de son discours.

ne trouve aucune trace dans les discours prononcés ou les écrits publiés à l'époque même par ce membre du comité de Salut public, on se prend involontairement à douter de leur bonne foi. Robespierre garda jusqu'à sa dernière heure trop de respect à la Convention nationale pour avoir jamais pensé à détourner à son profit une part de l'autorité souveraine de la grande Assemblée, et nous avons dit tout à l'heure avec quelle insistance singulière il demanda que le pouvoir du comité de Salut public fût en tout état de cause subordonné à la Convention nationale.

Comme Billaud-Varenne, dont il était si loin d'avoir les convictions sincères et farouches, Barère eut son heure de remords. Un jour, sur le soir de sa vie, peu de temps après sa rentrée en France, retenu au lit par un asthme violent, il reçut la visite de l'illustre sculpteur David (d'Angers). Il s'entretint longtemps de Robespierre avec l'artiste démocrate. Après avoir parlé du désintéressement de son ancien collègue et de ses aspirations à la dictature, — deux termes essentiellement contradictoires, — il ajouta : « Depuis, j'ai réfléchi sur cet homme; j'ai vu que son idée dominante était l'établissement du gouvernement républicain, qu'il poursuivait, en effet, des hommes dont l'opposition entravait les rouages de ce gouvernement... Nous n'avons pas compris cet homme... il avait le tempérament des grands hommes, et la postérité lui accordera ce titre. » Et comme David confiait au vieux Conventionnel son projet de sculpter les traits des personnages les plus éminents de la Révolution, et prononçait le nom de Danton : — « N'oubliez pas Robespierre ! » s'écria Barère en se levant avec vivacité sur son séant, et en appuyant sa parole d'un geste impératif; « c'était un homme pur, intègre, un vrai républicain. Ce qui l'a perdu, c'est sa vanité, son irascible susceptibilité et son injuste défiance envers ses collègues... Ce fut un grand malheur !... » Puis, ajoutent ses biographes, « sa tête retomba sur sa poitrine, et il demeura longtemps enseveli dans ses réflexions (1). » Ainsi, dans cet épanchement suprême, Barère reprochait à Maximilien... quoi?... sa vanité, sa susceptibilité, sa défiance. Il fallait bien colorer de l'ombre d'un prétexte une participation trop active au guet-apens de Thermidor. Étonnez-vous donc qu'en ce moment des visions sanglantes aient traversé l'esprit du moribond, et qu'il soit resté comme anéanti sous le poids du remords!

(1) *Mémoires de Barère.* Notice historique par MM. Carnot et David (d'Angers), t. Ier, p. 118, 119. — David (d'Angers) a accompli le vœu de Barère. Qui ne connaît ses beaux médaillons de Robespierre ?

XIV

Cependant les Thermidoriens continuaient dans l'ombre leurs manœuvres odieuses. Présenter Robespierre aux uns comme l'auteur des persécutions indistinctement prodiguées, aux autres comme un modéré décidé à arrêter le cours terrible de la Révolution, telle fut leur tactique infernale. On ne saura jamais ce qu'ils ont répandu d'assignats pour corrompre l'esprit public et se faire des créatures. Leurs émissaires salariaient grassement des perturbateurs, puis s'en allaient de tous côtés, disant : Toute cette canaille-là est payée par ce coquin de Robespierre. Et, ajoute l'auteur de la note où nous puisons ces renseignements, « voilà Robespierre qui a des ennemis bien gratuitement, et le nombre des mécontents bien augmenté (1). » Mais c'était surtout comme contre-révolutionnaire qu'on essayait de le déconsidérer aux yeux des masses. Comment, en effet, aurait-on pu le transformer alors en agent de la Terreur, quand on entendait un de ses plus chers amis, Couthon, dénoncer aux Jacobins les persécutions exercées par l'espion Senar, ce misérable agent du comité de Sûreté générale, et se plaindre en termes indignés du système affreux mis en pratique par certains hommes pour tuer la liberté par le crime. Les fripons ainsi désignés — quatre à cinq scélérats, selon Couthon — prétendaient qu'en les attaquant on voulait entamer la représentation nationale. « Personne plus que nous ne respecte et n'honore la Convention, » s'écriait Couthon. « Nous sommes tous disposés à verser mille fois tout notre sang pour elle. Nous honorons par-dessus tout la justice et la vertu, et je déclare, pour mon compte, qu'il n'est aucune puissance humaine qui puisse m'imposer silence toutes les fois que je verrai la justice et la vertu outragées (2). » Ces paroles, ne les croirait-on pas tombées de la bouche de Maximilien ?

Robespierre jeune, de son côté, avec non moins de véhémence et d'indignation, signalait « un système universel d'oppression. » Il fallait du courage pour dire la vérité, ajoutait-il. « Tout est confondu par la calomnie ; on espère faire suspecter tous les amis de la

(1) Pièce anonyme trouvée dans les papiers de Robespierre, et non insérée par Courtois. Elle faisait partie de la collection Beuchot (4 p. in-4°), et a été publiée dans l'*Histoire parlementaire*, t. XXXIII, p. 360.

(2) Séance des Jacobins du 3 thermidor, *Moniteur* du 9 Thermidor (27 juille: 1794).

liberté ; on a l'impudeur de dire dans le département du **Pas-de-Calais**, qui méritait d'être plus tranquille, que je suis en arrestation comme modéré. Eh bien ! oui, je suis modéré, si l'on entend par ce mot un citoyen qui ne se contente pas de la proclamation des principes de la morale et de la justice, mais qui veut leur application ; si l'on entend un homme qui sauve l'innocence opprimée aux dépens de sa réputation. Oui, je suis un modéré en ce sens ; je l'étais encore lorsque j'ai déclaré que le gouvernement révolutionnaire devait être comme la foudre, qu'il devait en un instant écraser tous les conspirateurs ; mais qu'il fallait prendre garde que cette institution terrible ne devînt un instrument de contre-révolution par la malveillance qui voudrait en abuser, et qui en abuserait au point que tous les citoyens s'en croiraient menacés, extrémité cruelle qui ne manquerait pas de réduire au silence tous les amis de la liberté (1)...» Voilà bien les sentiments si souvent exprimés déjà par Maximilien Robespierre, et que nous allons lui entendre développer tout à l'heure, avec une énergie nouvelle, à la tribune de la Convention.

Il pouvait donc compter, c'était à croire du moins, sur la partie modérée de l'Assemblée, je veux dire sur cette partie incertaine et flottante formant l'appoint de la majorité, tantôt girondine et tantôt montagnarde, sur ce côté droit dont il avait arraché soixante-treize membres à l'échafaud. Peu de temps avant la catastrophe on entendit le vieux Vadier s'écrier, un jour où les ménagements de Robespierre pour la droite semblaient lui inspirer quelques craintes : « Si cela continue, je *lui* ferai guillotiner cent crapauds de son marais (2). » Cependant les conjurés sentirent la nécessité de se concilier les membres de la Convention connus pour leur peu d'ardeur républicaine et leur patriotisme douteux ; il n'est sorte de stratagèmes dont ils n'usèrent pour les détacher de Maximilien. Dans la journée du 5 thermidor, Amar et Voulland se transportèrent, au nom du comité de Sûreté générale, dont la plupart des membres, avons nous dit, étaient de la conjuration, à la prison des Madelonnettes, où avaient été transférés une partie des soixante-treize Girondins ; et là, avec une horrible hypocrisie, ils témoignèrent à leurs collègues détenus le plus affectueux intérêt. Ces hommes qui de si bon cœur eussent envoyé à la mort les auteurs de la protestation contre le 31 mai, que Robespierre leur avait arrachés des mains, parurent at-

(1) Séance des Jacobins du 3 thermidor, *ubi suprà*.

(2) Ce mot est rapporté par Courtois à la suite de la préface de son rapport sur les événements du 9 Thermidor, note XXXVIII, p. 39. Courtois peut être cru ici, car c'est un complice révélant une parole échappée à un complice.

tendris. « Arrête-t-on votre correspondance?... Votre caractère est-il méconnu ici? Le concierge s'est-il refusé à mettre sur le registre votre qualité de députés? Parlez, parlez, nos chers collègues; le comité de Sûreté nous envoie vers vous pour vous apporter la consolation et recevoir vos plaintes... » Et sur les plaintes des prisonniers que leur caractère était méconnu, qu'on les traitait comme les autres prisonniers, Amar s'écria : « C'est un crime affreux, » et il pleura, lui, le rédacteur du rapport à la suite duquel les Girondins avaient été traduits devant le tribunal révolutionnaire! Quelle dérision !

Les deux envoyés du comité de Sûreté générale enjoignirent aux administrateurs de police d'avoir pour les détenus tous les égards dus aux représentants du peuple, de laisser passer toutes les lettres qu'ils écriraient, toutes celles qui leur seraient adressées, *sans les ouvrir*. Ils donnèrent encore aux administrateurs l'ordre de choisir pour les députés une maison commode avec un jardin. Alors tous les représentants tendirent leurs mains qu'Amar et Voulland serrèrent alternativement, et ceux-ci se retirèrent comblés des bénédictions des détenus (1). Ainsi se trouvait préparée l'alliance thermido-girondine. Le but des conjurés était atteint. Les Girondins détenus allaient pouvoir écrire librement à leurs amis de la droite, et sans doute ils ne manqueraient pas de leur faire part de la sollicitude avec laquelle ils avaient été traités par le comité de Sûreté générale. Or, ce n'était un mystère pour personne que à l'exception de trois ou quatre de ses membres, ce comité, instrument sinistre de la Terreur, était entièrement hostile à Robespierre. D'où la conclusion toute naturelle que Robespierre était le persécuteur, puisque ses ennemis prenaient un si tendre intérêt aux persécutés. Quels maîtres fourbes que ces héros de Thermidor !

XV

Toutefois les députés de la droite hésitèrent longtemps avant de se rendre, car ils craignaient d'être dupes des manœuvres de la

---

(1) *Rapport fait à la police par Faro, administrateur de police, sur l'entrevue qui a eu lieu entre les représentans du peuple Amar et Voulland, envoyés par le comité de Sûreté générale, et les députés détenus aux Madelonnettes.* Ce rapport est de la main même de l'agent national Payan, dans les papiers duquel il a été trouvé. Payan ne fut pas dupe du faux attendrissement d'Amar et de Voulland; il sut très-bien démêler le stratagème des membres du comité de Sûreté générale. (Voyez ce rapport à la suite du rapport de Courtois, sous le numéro XXXIII, p. 150.) Il a été reproduit dans les *Papiers inédits*, t. II, p. 367.

conspiration. Ils savaient bien que du côté de Robespierre étaient le bons sens, la vertu, la justice ; que ses adversaires étaient les plus vils et les plus méprisables des hommes; mais ils savaient aussi fort bien que son triomphe assurait celui de la démocratie, la victoire définitive de la République, et cette certitude fut, c'est ma conviction, la seule cause qui fit épouser aux futurs comtes Sieyès, Boissy d'Anglas, Dubois-Dubais, Thibaudeau et autres la querelle des Rovère, des Fouché, des Tallien, des Bourdon et de leurs pareils. Par trois fois ceux-ci durent revenir à la charge, avoue Durand-Maillane (1), tant la conscience, chez ces députés de la droite, balançait encore l'esprit de parti. Comment en effet eussent-ils consenti à sacrifier légèrement, sans résistance, celui qui les avait constamment protégés (2), celui qu'ils regardaient comme le défenseur du faible et de l'homme trompé (3)? Mais l'esprit de parti fut le plus fort. Il y eut, dit-on, chez Boissy d'Anglas des conférences où, dans le désir d'en finir plus vite avec la République, la majorité se décida, non sans combat, à livrer la tête du Juste, de celui que le maître du logis venait de surnommer hautement et publiquement l'Orphée de la France (4). Et voilà comment des gens relativement honnêtes conclurent un pacte odieux avec des coquins qu'ils méprisaient.

Outre l'élément royaliste, il y avait dans la *Plaine*, cette pépinière des serviteurs et des grands seigneurs de l'Empire, une masse variable, composée d'individus craintifs et sans conviction, toujours prêts, comme je l'ai dit, à se ranger du côté des vainqueurs. Un mot attribué à l'un d'eux les peint tout entiers. « Pouvez-vous nous répondre du *ventre*? » demanda un jour Billaud-Varenne à ce personnage de la *Plaine*. « Oui, » répondit celui-ci, « si vous êtes les plus forts (5). » Abattre Robespierre ne paraissait pas chose

(1) *Mémoires de Durand-Maillane*, p. 199.

(2) *Ibid.*

(3) Lettre de Durand-Maillane, citée *in extenso* dans notre second volume. « Il n'était pas possible de voir plus long-temps tomber soixante, quatre-vingts têtes par jour sans horreur... » dit Durand-Maillane dans ses Mémoires, qui sont, comme nous l'avons dit déjà, un mélange étonnant de lâcheté et de fourberie. Singulier moyen de mettre fin à cette boucherie que de s'allier avec ceux qui en étaient les auteurs contre celui qu'on savait décidé à les poursuivre pour arrêter l'*effusion de sang versé par le crime.*

(4) A l'égard de ces conférences chez Boissy d'Anglas, je n'ai, je dois le dire, rien trouvé de certain. Je ne les rappelle que d'après un bruit fort accrédité. Ce fut, du reste, à Boissy d'Anglas particulièrement, à Champeaux-Duplasne et à Durand-Maillane que s'adressèrent les conjurés. (*Mémoires de Durand-Maillane*, p. 199.)

(5) Nous empruntons ce curieux détail à Toulongeon (t. II, p. 493). Toulongeon, écrivain fort sujet à caution d'ailleurs, ne donne pas le nom de l'interlocuteur de Billaud-Varenne, et c'est grand dommage.

aisée, tant la vertu exerce sur les hommes un légitime prestige.

Lui, pourtant, en face de la coalition menaçante, restait volon-tairement désarmé. Dépouillé de toute influence gouvernementale, il ne songea même pas à tenter une démarche auprès des députés, du centre, qui peut-être se fussent unis à lui s'il eût fait le moindre pas vers eux. Tandis que l'orage s'amoncelait, il vivait plus retiré que jamais, laissant à ses amis le soin de signaler aux Jacobins les trames ourdies dans l'ombre, car les avertissements ne lui manquaient pas. Je ne parle pas des lettres anonymes auxquelles certains écrivains ont accordé une importance ridicule. Il y avait alors, ai-je dit déjà, une véritable fabrication de ces sortes de pro-ductions, monuments honteux de la bassesse et de la lâcheté hu-maines. J'en ai là sous les yeux un certain nombre adressées à Hanriot, à Hérault-Séchelles, à Danton. « Te voilà donc, f... coquin, président d'une horde de scélérats, » écrivait-on à ce dernier; « j'ose me flatter que plus tôt que tu ne penses je te verrai écarteler avec Robespierre... Vous avez à vos trousses cent cinquante *Brutuse* ou *Charlotte Cordé*... (1) » Toutes ces lettres se valent, pour le fond comme pour la forme. A Maximilien, on écrivait, tantôt : « Robes-pierre, Robespierre! Ah! Robespierre, je le vois, tu tends à la dicta-ture, et tu veux tuer la liberté que tu as créée... Malheureux, tu as vendu ta patrie! Tu déclames avec tant de force contre les tyrans coalisés contre nous, et tu veux nous livrer à eux... Ah! scélérat, oui, tu périras, et tu périras des mains desquelles tu n'attends guère le coup qu'elles te préparent (2)... » Tantôt : « Tu es encore... Écoute, lis l'arrêt de ton châtiment. J'ai attendu, j'attends encore que le peu-ple affamé sonne l'heure de ton trépas... Si mon espoir était vain, s'il était différé, écoute, lis, te dis-je : cette main qui trace ta sen-tence, cette main que tes yeux égarés cherchent à découvrir, cette main qui presse la tienne avec horreur, percera ton cœur inhu-main. Tous les jours je suis avec toi, je te vois tous les jours, à toute heure mon bras levé cherche ta poitrine... O le plus scélérat des hommes, vis encore quelques jours pour penser à moi; dors pour rêver à moi; que mon souvenir et ta frayeur soient le pre-mier appareil de ton supplice. Adieu! ce jour même, en te regar-dant, je vais jouir de ta terreur (3). » A coup sûr, le misérable au-

---

(1) Les originaux de ces lettres sont aux *Archives*, F 7, 4434.

(2) Cette lettre, dont l'original est aux *Archives*, F 7, 4436, liasse R, figure à la suite du rapport de Courtois, sous le numéro LVIII, et a été reproduite dans les *Pa-piers inédits*, t. II, p. 151.

(3) Cette autre lettre, dont l'original est également aux *Archives* (*ubi suprà*), est d'une orthographe qu'il nous a été impossible de conserver. On la trouve *arrangée* à la suite du rapport de Courtois, sous le numéro LX, et dans les *Papiers inédits*, t. II, p. 155.

teur de ces lignes grotesques connaissait bien mal Robespierre, un des hommes qui aient possédé au plus haut degré le courage civil, cette vertu si précieuse et si rare. Croirait-on qu'il s'est rencontré des écrivains d'assez de bêtise ou de mauvaise foi pour voir dans les lettres dont nous venons d'offrir un échantillon des caractères *tracés par des mains courageuses*, des traits aigus lancés par le *courage et la vertu* (1). C'est à n'y pas croire !

De ces lettres anonymes, Robespierre faisait le cas qu'un honnête homme fait ordinairement de pareilles pièces, il les méprisait. Quelquefois, pour donner à ses concitoyens une idée de l'ineptie et de la méchanceté de certains ennemis de la Révolution, il en donnait lecture soit aux Jacobins, soit à ses collègues du comité de Salut public, mais il n'y prenait pas autrement garde. Seulement d'autres avertissements plus sérieux ne lui manquèrent pas. Nous avons mentionné plus haut une pièce dans laquelle un ami inconnu lui rendait compte des menées de la conjuration. Dans la journée du 5 thermidor, le rédacteur de *l'Orateur du peuple*, Labenette, un des plus anciens collaborateurs de Fréron, lui écrivant pour réclamer un service, ajoutait : « Qui sait ? Peut-être que je t'apprendrai ce que tu ne sais pas. » Et il terminait sa lettre en prévenant Maximilien qu'il irait le voir le lendemain pour savoir l'heure et le moment où il pourrait lui ouvrir son cœur (2). Celui-là devait être bien informé. Vit-il Robespierre, et déroula-t-il devant lui tout le plan de la conjuration ? C'est probable. Ce qu'il y a de certain, c'est que Maximilien, comme on peut s'en convaincre par son discours du 8 thermidor, connaissait jusque dans leurs moindres détails les manœuvres de ses ennemis.

S'il eût été doué du moindre esprit d'intrigue, comme il lui eût été facile de déjouer toutes les machinations thermidoriennes, comme aisément il se fût rendu d'avance maître de la situation ! Mais non, il sembla se complaire dans une complète inaction. Loin de prendre la précaution de sonder les intentions de ses collègues de la droite, il n'eut même pas l'idée de s'entendre avec ceux dont le concours lui était assuré ! La grande majorité des sections parisiennes, la société des Jacobins presque tout entière, la commune,

---

(1) Ce sont les propres expressions dont s'est servi le rédacteur du rapport de Courtois, p. 51 et 52. Serviles plagiaires de tous les pamphlets thermidoriens, les méprisables auteurs de l'*Histoire de la Révolution par deux amis de la liberté* n'ont fait ici que copier le rapport de Courtois, t. XIII, p. 376.

(2) Cette lettre figure à la suite du rapport de Courtois, sous le numéro XVI, p. 113. Courtois n'a donné que l'initiale du nom de Labenette. Nous l'avons rétabli d'après l'original de la lettre, qu'on peut voir aux *Archives*.

lui étaient dévouées ; il ne songea point à tirer parti de tant d'éléments de force et de succès. Les inventeurs *de la conspiration de Robespierre* ont eu beau s'ingénier, il n'ont pu trouver un lambeau de papier indiquant qu'il y ait eu la moindre intelligence et le moindre concert entre Maximilien et le maire de Paris, Fleuriot-Lescot, par exemple, ou l'agent national Payan (1). Si ces deux hauts fonctionnaires, sur le compte desquels la réaction, malgré sa science dans l'art de la calomnie, n'est parvenue à mettre ni une action basse ni une lâcheté, ont dans la journée du 9 Thermidor pris parti pour Robespierre, ç'a été tout spontanément et emportés par l'esprit de justice. En revanche on a été beaucoup plus fertile en inventions sur le compte d'Hanriot, le célèbre général de la garde nationale parisienne (2).

XVI

Oh ! pour celui-là la réaction a été impitoyable ; elle a épuisé à son égard tous les raffinements de la calomnie. Hanriot a payé cher sa coopération active au mouvement démocratique du 31 mai. De cet ami sincère de la Révolution, de ce citoyen auquel un jour, à l'Hôtel de Ville, on promettait une renommée immortelle pour son désintéressement et son patriotisme, les uns ont fait un laquais ivre, les autres l'ont malicieusement confondu avec un certain Henriot, compromis dans les massacres de Septembre.

Qu'il ait été l'admirateur de Robespierre, qu'il ait été dévoué, jusqu'à sacrifier sa vie, à l'homme qui, à l'époque du procès des hébertistes, l'avait couvert de sa protection, cela est de toute évidence, et l'événement l'a suffisamment prouvé ; mais ce qui n'a jamais été démontré et ce qui est complétement faux, c'est qu'il ait été docilement soumis à son influence et qu'il ait servilement suivi

---

(1) Il n'existe qu'une seule lettre de Payan à Robespierre ; elle est datée du 9 messidor (2 juin 1794). Cette lettre, dont nous avons déjà parlé plus haut, est surtout relative à un rapport de Vadier sur Catherine Théot, rapport dans lequel l'agent national croit voir le fruit d'une intrigue contre-révolutionnaire. Elle est très-loin de respirer un ton d'intimité, et, contrairement aux habitudes du jour, Payan n'y tutoie pas Robespierre. (Voyez-la à la suite du rapport de Courtois, sous le numéro LVI, p. 212, et dans les *Papiers inédits*, t. II, p. 359.)

(2) M. Thiers, dont nous avons renoncé à signaler les erreurs étranges, les inconséquences, les contradictions se renouvelant de page en page, fait offrir par Hanriot à Robespierre *le déploiement de ses colonnes* et une énergie plus grande qu'au 2 juin. (*Histoire de la Révolution*, ch. xxi.) M. Thiers, suivant son habitude du reste, n'oublie qu'une chose, c'est de nous dire d'où lui est venu ce renseignement ; nous aurions pu alors en discuter la valeur.

ses inspirations. Fasciné, comme tant d'autres, par le génie, l'éloquence et les hautes qualités morales du tribun populaire, il régla constamment sa conduite sur les sages avis adressés par Robespierre aux patriotes, du haut de la tribune de la Convention ou de celle des Jacobins. Il exerça avec une habileté surprenante les difficiles fonctions dont il était investi. On a jusqu'à ce jour vomi beaucoup de calomnies contre lui, on n'a jamais rien articulé de sérieux; dans son commandement il se montra toujours irréprochable. Sa conduite, durant le rude hiver de 1794, fut digne de tous éloges. Si la paix publique ne fut point troublée, si les attroupements aux portes des boulangers et des bouchers ne dégénérèrent pas en collisions sanglantes, ce fut grâce surtout à son énergie tempérée de douceur.

S'il est vrai que le style soit l'homme, on n'a qu'à parcourir les ordres du jour du général Hanriot, et l'on se convaincra que ce révolutionnaire tant calomnié était un excellent patriote, un pur républicain, un véritable homme de bien. A ses frères d'armes de service dans les maisons d'arrêt, il recommande de se comporter avec le plus d'égards possible envers les détenus et leurs femmes. « La justice nationale seule, » dit-il, « a le droit de sévir contre les coupables (1)... Le criminel dans les fers doit être respecté ; on plaint le malheur, mais on n'y insulte pas (2). » Pour réprimer l'indiscipline de certains gardes nationaux, il préfère l'emploi du raisonnement à celui de la force : « Nous autres républicains, nous devons être frappés de l'évidence de notre égalité, et pour la soutenir il faut des mœurs, des vertus et de l'austérité (3). » Ailleurs il disait : « Je ne croirai jamais que des mains républicaines soient capables de s'emparer du bien d'autrui ; j'en appelle à toutes les vertueuses mères de famille dont les sentimens d'amour pour la patrie et de respect pour tout ce qui mérite d'être respecté sont publiquement connus (4). » Est-il parfois obligé de recourir à la force armée, il ne peut s'empêcher d'en gémir : « Si nous nous armons quelquefois de fusils, ce n'est pas pour nous en servir contre nos pères, nos frères et amis, mais contre les ennemis du dehors (5).... » Ce n'est pas lui qui eût encouragé notre malheureuse tendance à nous engouer des hommes de guerre : « Souvenez-vous, mes amis, que le temps de servir les hommes est passé. C'est à la chose publique

---

(1) Ordre du jour en date du 26 pluviôse (14 février 1794).
(2) *Ibid.* du 1er germinal (21 mars 1794).
(3) *Ibid.* du 14 nivôse (3 janvier 1794).
(4) *Ibid.* en date du 19 pluviôse (7 février 1794).
(5) Ordre du jour en date du 17 pluviôse an II (5 février 1794).

seule que tout bon citoyen se doit entièrement... Tant que je serai
général, je ne souffrirai jamais que le pouvoir militaire domine le
civil, et si mes frères les canonniers veulent *despotiser*, ce ne sera
jamais sous mes ordres (1). » Dans nos fêtes publiques il nous faut
toujours des baïonnettes qui reluisent au soleil; Hanriot ne comprend pas ce déploiement de l'appareil des armes dans des solen-
nités pacifiques. Le lendemain d'un jour de cérémonie populaire,
un citoyen s'étant plaint que la force armée n'eût pas été là avec ses
fusils et ses piques pour mettre l'ordre dans la foule : « Ce ne sont
pas mes principes, » s'écrie Hanriot dans un ordre du jour; « quand
on fête, pas d'armes, pas de despote; la raison établit l'ordre, la
douce et saine philosophie règlent nos pas... un ruban tricolore
suffit pour indiquer à nos frères que telles places sont destinées à
nos bons législateurs... Quand il s'agit de fête, ne parlons jamais
de force armée, elle touche de trop près au despotisme (2).... » A
coup sûr le moindre chef de corps trouverait aujourd'hui cet Hanriot bien arriéré. « Dans un pays libre, » dit encore cet étrange
général, « la police ne doit pas se faire avec des piques et des baïonnettes, mais avec la raison et la philosophie. Elles doivent entretenir un œil de surveillance sur la société, l'épurer et en proscrire
les méchants et les fripons... Quand viendra-t-il ce temps désiré où
les fonctionnaires publics seront rares, où tous les mauvais sujets
seront terrassés, où la société entière n'aura pour fonctionnaire
public que la loi (3)...! Un peuple libre se police lui-même, il n'a
pas besoin de force armée pour être juste (4).... La puissance militaire exercée despotiquement mène à l'esclavage, à la misère, tandis que la puissance civile mène au bonheur, à la paix, à la justice,
à l'abondance (5).... » Aux fonctionnaires qui se prévalent de leurs
titres pour s'arroger certains priviléges, il rappelle que la loi est
égale pour tous. « Les dépositaires des lois en doivent être les premiers esclaves (6). » Un arrêté de la commune ayant ordonné que
les citoyens trouvés mendiant dans les rues fussent arrêtés et conduits à leurs sections respectives, le général prescrit à ses soldats d'opérer ces sortes d'arrestations « avec beaucoup d'humanité
et d'égards pour le malheur, qu'on doit respecter (7). » Aux gardes

(1) Ordre du jour en date du 29 brumaire (19 novembre 1793).
(2) *Ibid.* du 21 brumaire (11 novembre 1793).
(3) *Ibid.* du 6 brumaire (27 octobre 1793).
(4) *Ibid.* du 19 brumaire (9 novembre 1793).
(5) *Ibid.* du 25 prairial (13 juin 1794).
(6) *Ibid.* du 4 septembre 1793.'
(7) *Ibid.* du 21 prairial an II (9 juin 1794).

nationaux sous ses ordres il recommande la plus grande modération dans le service : « Souvenez-vous que le fer dont vos mains sont armées n'est pas destiné à déchirer le sein d'un père, d'un frère, d'une mère, d'une épouse chérie... Souvenez-vous de mes premières promesses où je vous fis part de l'horreur que j'avois pour toute effusion de sang... Je ne souffrirai jamais qu'aucun de vous en provoque un autre au meurtre et à l'assassinat. Les armes que vous portez ne doivent être tirées que pour la défense de la patrie, c'est le comble de la folie de voir un Français égorger un Français ; si vous avez des querelles particulières, étouffez-les pour l'amour de la patrie (1). »

Le véritable Hanriot ressemble assez peu, comme on voit, à l'Hanriot légendaire de la plupart des écrivains. Le bruit a-t-il couru, au plus fort moment de l'hébertisme, que certains hommes songeraient à ériger une dictature, il s'empresse d'écrire : « Tant que nous conserverons notre énergie, nous défierons ces êtres vils et corrompus de se mesurer avec nous. Nous ne voulons pour maître que la loi, pour idole que la liberté et l'égalité, pour autel que la justice et la raison (2). » A ses camarades il ne cesse de prêcher la probité, la décence, la sobriété, toutes les vertus. « Ce sont nos seules richesses ; elles sont impérissables. Fuyons l'usure ; ne prenons pas les vices des tyrans que nous avons terrassés (3)... Soyons sobres, aimons la patrie, et que notre conduite simple, juste et vertueuse remplisse d'étonnement les peuples des autres climats (4). » Indigné de l'imprudence et de la brutalité avec lesquelles certains soldats de la cavalerie, des estafettes notamment, parcouraient les rues de Paris, au risque de renverser sur leur passage femmes, enfants, vieillards, il avait autorisé les gardes nationaux de service à arrêter les cavaliers de toutes armes allant au grand galop dans les rues. « L'honnête citoyen à pied doit être respecté par celui qui est à cheval (5). » Un matin, l'ordre du jour suivant fut affiché dans tous les postes : « Hier, un gendarme de la 29ᵉ division a jeté à terre, il était midi trois quarts, rue de la Verrerie, au coin de celle Martin, un vieillard ayant à la main une béquille... Cette atrocité révolte l'homme qui pense et qui connaît ses devoirs. Malheur à celui qui ne sait pas respecter la vieillesse, les lois de son pays, et qui ignore ce qu'il doit à lui-même et à la société entière. Ce gendarme préva-

(1) Ordre du jour en date du 27 ventôse (17 mars 1794).
(2) *Ibid.* du 16 ventôse an II (6 mars 1794).
(3) *Ibid.* du 16 floréal (5 mai 1794).
(4) *Ibid.* du 26 prairial (14 juin 1794).
(5) *Ibid.* du 15 pluviôse (3 février 1794).

ricateur, pour avoir manqué à ce qui est respectable, gardera les
arrêts jusqu'à nouvel ordre (1). » Quand je passe maintenant au
coin de la rue Saint-Martin, à l'angle de la vieille église Saint-
Méry qui, dans ce quartier transformé, est restée presque seule
comme un témoin de l'acte de brutalité si sévèrement puni par le
général de la garde nationale, je ne puis m'empêcher de songer à
cet Hanriot dont la réaction nous a laissé un portrait si défiguré.

Aux approches du 9 Thermidor ses conseils deviennent en quelque
sorte plus paternels. Il conjure les femmes qui, par trop d'impatience à la porte des fournisseurs, causaient du trouble dans la
ville, de se montrer sages et dignes d'elles-mêmes. « Souvenez-
vous que vous êtes la moitié de la société et que vous nous devez
un exemple que les hommes sensibles ont droit d'attendre de
vous (2). » Le 3 thermidor il invitait encore les canonniers à donner partout le bon exemple : « La patrie, qui aime et veille sur
tous ses enfans, proscrit de notre sein la haine et la discorde...
Faisons notre service d'une manière utile et agréable à la grande
famille ; fraternisons, et aimons tous ceux qui aiment et défendent
la chose publique (3). » Voilà pourtant l'homme qu'avec leur effronterie ordinaire les Thermidoriens nous ont présenté comme ayant
été jeté ivre-mort par Coffinhal dans un égout de l'Hôtel de ville.

Ces citations, que nous aurions pu multiplier à l'infini, témoignent assez clairement de l'esprit d'ordre, de la sagesse et de la
modération du général Hanriot ; car ces ordres du jour, superbes
parfois d'honnêteté naïve, et révélés pour la première fois, c'est
l'histoire prise sur le fait, écrite par un homme de cœur et sans
souci de l'opinion du lendemain. En embrassant, dans la journée du 9 Thermidor, la cause des proscrits, Hanriot, comme Dumas et Coffinhal, comme Payan et Fleuriot-Lescot, ne fit que céder
à l'ascendant de la vertu. Si vingt-quatre heures d'avance seulement
Robespierre avait eu l'idée de s'entendre avec ces hauts fonctionnaires, si aux formidables intrigues nouées depuis si longtemps
contre lui il avait opposé les plus simples mesures de prudence,
s'il avait prévenu d'un mot quelques membres influents de la commune et des sections, s'il avait enfin pris soin d'éclairer sur les sinistres projets de ses adversaires la foule immense de ses admirateurs et de ses amis inconnus, la victoire lui était assurée ; mais en

(1) Ordre du jour en date du 27 floréal (16 mai 1794).
(2) *Ibid.* du 22 messidor (10 juillet 1794).
(3) *Ibid.* du 3 thermidor (21 juillet 1794). Les ordres du jour du général Hanriot se
trouvent en minutes aux *Archives*, où nous les avons relevés. Un certain nombre ont
été publiés à l'époque dans *le Moniteur* et les journaux du temps.

dehors de la Convention il n'y'avait pas de salut à ses yeux ; l'Assemblée c'était l'arche sainte ; plutôt que d'y porter la main, il aurait offert sa poitrine aux poignards. Pour triompher de ses ennemis, il crut qu'il lui suffirait d'un discours, et il se présenta sans autre arme sur le champ de bataille, confiant dans son bon droit et dans les sentiments de justice et d'équité de la Convention. Fatale illusion, mais noble croyance, dont sa mémoire restera éternellement honorée.

XVII

D'ailleurs il ne put se persuader, j'imagine, que ses collègues du comité de Salut public l'abandonneraient si aisément à la rage de ses ennemis. Mais il comptait sans les jaloux et les envieux à qui son immense popularité portait ombrage. La persistance de Maximilien à ne point s'associer à une foule d'actes qu'il considérait comme tyranniques, et à ne pas prendre part, quoique présent, aux délibérations du comité, exaspéra certainement quelques-uns de ses collègues, surtout Billaud. Ce dernier lui reprochait d'être le tyran de l'opinion, à cause de ses succès de tribune. Singulier reproche qui fit dire à Saint-Just : « Est-il un triomphe plus désintéressé ? Caton aurait chassé de Rome le mauvais citoyen qui eût appelé l'éloquence dans la tribune aux harangues le tyran de l'opinion (1). » Son empire, ajoute-t-il excellemment, se donne à la raison et ne ressemble guère au pouvoir des gouvernements. Mais Billaud-Varenne et Collot d'Herbois, forts de l'appui de Carnot, avaient pour ainsi dire accaparé à cette époque l'exercice du pouvoir (2) : ils ne se souciaient nullement de voir la puissance du gouvernement contre-balancée par celle de l'opinion.

Cependant diverses tentatives de rapprochement eurent lieu dans les premiers jours de thermidor, non-seulement entre les membres du comité de Salut public, mais encore entre les membres des deux comités réunis. On s'assembla une première fois le 4. Ce jour-là l'entente parut probable, puisqu'on chargea Saint-Just de présenter à la Convention un rapport sur la situation générale de la République, Saint-Just dont l'amitié et le dévouement pour Robespierre n'étaient ignorés de personne. L'âpre et fier jeune homme ne déguisa ni sa pensée ni ses intentions. Il promit de dire tout ce que sa pro-

(1) Discours du 9 Thermidor.
(2) « Vous avez confié le gouvernement à douze personnes, il s'est trouvé en effet, le dernier mois, entre les mains de deux ou trois. » (Saint-Just, discours du 9 Thermidor.)

bité lui suggérerait pour le bien de la patrie, rien de plus, rien de moins, et il ajouta : « Tout ce qui ne ressemblera pas au pur amour du peuple et de la liberté aura ma haine (1). » Ces paroles donnèrent sans doute à réfléchir à ceux qui ne le voyaient pas sans regret chargé de prendre la parole au nom des comités devant la Convention nationale. Billaud-Varenne ne dissimula même pas son dessein de rédiger l'acte d'accusation de Maximilien (2).

Le lendemain on se rassembla de nouveau. Les membres des anciens comités ont prétendu que ce jour-là Robespierre avait été cité devant eux pour s'expliquer sur les conspirations dont il parlait sans cesse vaguement aux Jacobins, sur les motifs de son absence du comité depuis quatre décades et sur ses liaisons avec des juges et jurés qui ne parlaient que d'épurer la Convention, et qu'ils se vantaient d'avoir fait arrêter sur-le-champ (3). Il ne faut pas beaucoup de perspicacité pour découvrir la fourberie cachée sous cette déclaration intéressée. D'abord il n'y avait pas lieu de citer Robespierre devant les comités, puisque, du propre aveu de ses accusateurs, il n'avait encore accompli aucun de ces actes ostensibles et nécessaires « pour démontrer une conjuration à l'opinion publique abusée (4). » — Cet acte *ostensible et nécessaire* ce fut, comme l'ont dit eux-mêmes ses assassins, son discours du 8 thermidor. — Seconde-

(1) Discours du 9 Thermidor.

(2) *Ibid.*

(3) *Réponse des membres des deux anciens comités aux imputations de Laurent Lecointre*, p. 7. Ces membres font allusion ici au juré Vilate et au juge Naulin, arrêtés l'un et l'autre quelque temps avant le 9 Thermidor sur la dénonciation de Billaud-Varenne. « C'est sur ta dénonciation, mon cher Billaud, que le comité de Sûreté générale m'a fait mettre en arrestation. Elle porte que je suis complice de Naulin, je n'ai jamais parlé à Naulin. » (Lettre de Vilate à Billaud-Varenne. De la Force, le 17 thermidor.) *Archives*, F 7, 4579 3.—Créature de Barère, le juré Vilate se conduisit après Thermidor avec une lâcheté qui, ainsi que nous l'avons dit déjà, ne l'empêcha pas d'être guillotiné par la réaction. Quant à Naulin, impliqué dans le procès de Fouquier-Tinville, il fut acquitté sur le témoignage des personnes les plus honorables, qui se plurent à rendre hommage à l'esprit de justice et aux sentiments d'humanité qu'il avait toujours apportés dans l'exercice de ses fonctions.

(4) *Réponse de J.-N. Billaud à Laurent Lecointre*, p. 89. M. Michelet trouve moyen de surenchérir sur les allégations inadmissibles des membres des deux anciens comités. Il raconte que le soir du 5 thermidor, le comité, *non sans étonnement, vit arriver Robespierre*. Et que voulait-il? se demande l'éminent écrivain; les tromper? gagner du temps *jusqu'au retour de Saint-Just*? Il ne le croit pas, et c'est bien heureux; mais s'il avait étudié avant d'écrire, il se serait aperçu que Robespierre n'avait pas à gagner du temps jusqu'au retour de Saint-Just, puisque ce représentant était de retour depuis le 10 messidor, c'est-à-dire depuis plus de trois semaines, et que dans son dernier discours il a raconté lui-même avec des détails qu'on ne trouve nulle part ailleurs cette séance du 5 thermidor, où il joua un rôle si important. (Voy. l'*Histoire de la Révolution*, par M. Michelet, t. VII, p. 428.)

ment, l'absence de Robespierre a été, comme nous l'avons prouvé, une absence toute morale; de sa personne il était là; donc il était parfaitement inutile de le mander, quand chaque jour on se trouvait face à face avec lui.

La vérité est que le 5 thermidor il consentit à une explication. Cette explication, que fut-elle? Il est impossible d'admettre tous les contes en l'air débités là-dessus par les uns et par les autres. Les anciens membres des comités ont gardé à cet égard un silence prudent (1). Seul, Billaud-Varenne en a dit quelques mots. A l'en croire, Robespierre serait devenu lui-même accusateur, aurait désigné nominativement les victimes qu'il voulait immoler, et surtout aurait reproché aux deux comités l'inexécution du décret ordonnant l'organisation de six commissions populaires pour juger les détenus (2). Sur ce dernier point nous prenons Billaud en flagrant délit de mensonge, car dès le 3 thermidor quatre de ces commissions étaient organisées par un arrêté auquel Robespierre, ainsi qu'on l'a vu plus haut, avait, quoique présent au comité, refusé sa signature. Quant aux membres dénoncés par Robespierre à ses collègues des comités pour leurs crimes et leurs prévarications, quels étaient-ils? Billaud-Varenne s'est abstenu de révéler leurs noms, et c'est infiniment fâcheux : on eût coupé court ainsi aux exagérations de quelques écrivains qui, feignant d'ajouter foi aux récits mensongers de certains conjurés thermidoriens, se sont complus à porter jusqu'à dix-huit et jusqu'à trente le chiffre des Conventionnels menacés. Le nombre des coupables n'était pas si grand; rappelons que d'après les déclarations assez précises de Couthon et de Saint-Just, il ne s'élevait pas à plus de quatre ou cinq, parmi lesquels, sans crainte de se tromper, on peut ranger Fouché, Tallien et Rovère. « Robespierre s'est déclaré le ferme appui de la Convention, » a écrit Saint-Just, « il n'a jamais parlé dans le comité qu'avec ménagement de porter atteinte à aucun de ses membres (3). » C'est encore au discours de Saint-Just qu'il faut recourir pour savoir à peu près au juste ce qui s'est passé le 5 thermidor dans la séance des deux comités.

Pour un double motif, ses affirmations ont une importance et un poids immenses : premièrement, il les avait écrites en vue de les prononcer devant la Convention, et il ne se fût pas exposé à recevoir en pleine Assemblée un démenti sanglant; secondement, elles n'ont

(1) *Réponse des membres des deux anciens comités*, p. 7 et 61. Barère n'a pas été plus explicite dans ses *Observations sur le rapport de Saladin*.

(2) *Réponse de J.-N. Billaud à Laurent Lecointre*, p. 89.

(3) Discours du 9 Thermidor.

donné lieu, que je sache, à aucune dénégation de la part de ses anciens collègues. Au commencement de la séance tout le monde restait muet, comme si l'on eût craint de s'expliquer. Saint-Just rompit le premier le silence. Il raconta qu'un officier suisse, fait prisonnier devant Maubeuge et interrogé par Guyton-Morveau et par lui, leur avait confié que les puissances alliées n'avaient aucun espoir d'accommodement avec la France actuelle, mais qu'elles attendaient tout d'un parti qui renverserait la forme terrible du gouvernement et adopterait des principes moins rigides. En effet, les manœuvres des conjurés n'avaient pas été sans transpirer au dehors ; il est même bien évident que certains membres acquis à la conspiration avaient des intelligences avec les émigrés ; à Londres, on discutait publiquement les chances de la faction contraire à Robespierre, et, comme on le peut voir par des articles du *Times*, on s'attendait d'un jour à l'autre à un déchirement profond dans le sein de la Convention. Les émigrés, ajouta Saint-Just, sont instruits du projet des conjurés de faire, s'ils réussissent, contraster l'indulgence avec la rigueur actuellement déployée contre les traîtres. Ne verra-t-on pas les plus violents terroristes, les Tallien, les Fréron, les Bourdon (de l'Oise), s'éprendre de tendresses singulières pour les victimes de la Révolution et même pour les familles des émigrés ?

Arrivant ensuite aux persécutions sourdes dont Robespierre était l'objet, il demanda, sans nommer son ami, s'il était un dominateur qui ne se fût pas d'abord environné d'un grand crédit militaire, emparé des finances et du gouvernement, et si ces choses se trouvaient dans les mains de ceux contre lesquels on insinuait des soupçons. David appuya chaleureusement les paroles de son jeune collègue. Il n'y avait pas à se méprendre sur l'allusion. Billaud-Varenne dit alors à Robespierre : *Nous sommes tes amis, nous avons toujours marché ensemble.* Et la veille il l'avait traité de Pisistrate. « Ce déguisement, » dit Saint-Just, « fit tressaillir mon cœur (1). »

Il n'y eut rien d'arrêté positivement dans cette séance ; cependant la paix parut, sinon cimentée, au moins en voie de se conclure, et l'on confirma le choix que la veille on avait fait de Saint-Just, comme rédacteur d'un grand rapport sur la situation de la République. Les conjurés, en apprenant l'issue de cette conférence, furent saisis de terreur. Si cette paix eût réussi, a écrit l'un d'eux, « elle perdait à jamais la France (2) ; » c'est-à-dire : nous étions dé-

---

(1) Discours du 9 Thermidor.

(2) *Les Crimes de sept membres des anciens comités, etc.*, ou *Dénonciation formelle à la Convention nationale*, par Laurent Lecointre, p. 194.

masqués et punis, nous misérables qui avons tué la République dans la personne de son plus dévoué défenseur. De nouveau l'on se mit à l'œuvre : des listes de proscription plus nombreuses furent lancées parmi les députés. « Épouvanter les membres par des listes de proscription et en accuser l'innocence, » voilà ce que Saint-Just appelait un blasphème (1). Tel avait été le succès de ce stratagème, qu'ainsi que nous l'avons dit, un certain nombre de représentants n'osaient plus coucher dans leurs lits. Cependant on ne vint pas sans peine à bout d'entraîner le comité de Salut public ; il fallut des pas et des démarches dont l'histoire serait certainement instructive et curieuse. Les membres de ce comité, répéterons-nous, semblaient comme retenus par une sorte de crainte instinctive, au moment de livrer la grande victime. Tout à l'heure même nous allons entendre Barère, en leur nom, prodiguer à Robespierre la louange et l'éloge. Mais ce sera le baiser de Judas.

XVIII

A cette époque un certain nombre de compagnies de canonniers reçurent de la commission du mouvement des armées de terre, à la tête de laquelle était un citoyen nommé Pille, créature de Carnot, l'ordre de quitter Paris. Les ennemis de Robespierre, dont Carnot se montra l'allié très-zélé, craignaient-ils que Maximilien ne trouvât un appui dans cette troupe composée en général de patriotes ardents? A cet égard je ne saurais rien préciser. Cependant, dès le 3 thermidor, un pur et sincère démocrate nommé Sijas, le propre adjoint de Pille, dénonça ce fait comme une manœuvre coupable. Il signala de plus, comme une chose infiniment suspecte, le secret dont ce commissaire s'attachait à envelopper ses opérations. L'accusation remontait tout droit à Carnot, des volontés duquel Pille n'était que l'exécuteur. Sijas invita tous ses concitoyens à se mettre en garde contre l'établissement du gouvernement militaire, moyen trop souvent employé, dit-il, pour perdre la liberté (2).

Trois jours après, Couthon témoignait aussi ses inquiétudes sur le départ des canonniers, et se plaignait qu'on dégarnît Paris d'hommes, d'armes et de munitions. Pourquoi, demanda-t-il aussi, avoir envoyé des canons de gros calibre aux trois mille jeunes gens

(1) Discours du 9 Thermidor.
(2) Séance des Jacobins du 3 thermidor (21 juillet 1794). Les Thermidoriens n'eurent garde d'oublier Sijas. Mis hors la loi dans la matinée du 10 thermidor, ce républicain rigide et convaincu fut exécuté dans la journée du lendemain.

de l'école de Mars ? Tout cela lui paraissait coïncider singulièrement avec les trames des ennemis de la République. A quoi bon même cette école de Mars, disait-il, et que signifiaient ces trois mille apprentis soldats, quand la République avait besoin de douze cent mille combattants pour se défendre (1)? Chargé, avec son collègue Pessard, de la surveillance de cette école, Le Bas s'empressa de rendre justice à l'excellent esprit des jeunes gens dont elle était composée ; mais les paroles de Couthon suffisent, ce me semble, pour prouver combien peu d'importance Maximilien attachait à cette institution, et surtout dans quelle erreur sont tombés les écrivains crédules qui nous ont montré Robespierre allant, au moins une fois par semaine, haranguer les élèves de l'école de Mars dans la plaine des Sablons (2).

On ne se contenta pas de dégarnir Paris d'une partie de ses plus énergiques défenseurs, le comité de Salut public rendit, à la date du 2 thermidor, un arrêté en vertu duquel toutes les armes durent être déposées dans les salles des comités de surveillance, à l'exception de celles affectées au service public. C'était là évidemment un acte de défiance à l'égard du peuple ; mais Robespierre en prit-il ombrage, et y vit-il une mesure de précaution contre la foule de ses partisans ? J'ai de la peine à le croire, puisque cet arrêté, il le signa de sa main (3).

Quoi qu'il en soit, il y avait dans l'air une inquiétude vague, quelque chose qui annonçait de grands événements. Les malveillants s'agitaient en tous sens et répandaient les bruits les plus alarmants pour décourager et diviser les bons citoyens. Ils intriguaient jusque dans les tribunes de la Convention. Robespierre s'en plaignit vivement aux Jacobins dans la séance du 6, et il signala d'odieuses menées dont ce jour-là même l'enceinte de la Convention avait été le théâtre (4). Après lui Couthon prit la parole et revint sur les manœuvres employées pour jeter la division dans la Convention nationale, dans les comités de Salut public et de Sûreté générale. Il parla de son dévouement absolu pour l'Assemblée, dont la très-grande majorité lui paraissait d'une pureté exemplaire ; il

(1) Séance des Jacobins du 6 thermidor (24 juillet 1794).
(2) L'influence des jeunes gens de l'école de Mars sur le résultat de la journée du 9 Thermidor a été exagérée par beaucoup d'écrivains. Entraînés par Brival et Bentabole, que la Convention avait adjoints à Pessard en remplacement de Le Bas, ils vinrent, il est vrai, se mettre aux ordres de l'Assemblée ; mais ils n'eurent sur les événements aucune action déterminante.
(3) Arrêté signé : Robespierre, Carnot, Couthon, Billaud-Varenne, Barère, Collot d'Herbois, C.-A. Prieur, J.-B. Saint-André, Robert Lindet et Saint-Just.
(4) *Journal de la Montagne* du 10 thermidor (28 juillet 1794).

loua également les comités de Salut public et de Sûreté générale,
où, dit-il, il connaissait des hommes vertueux et énergiques, disposés à tous les sacrifices pour la patrie. Seulement il reprocha au
comité de Sûreté générale de s'être entouré de scélérats coupables
d'avoir exercé en son nom une foule d'actes arbitraires et répandu
l'épouvante parmi les citoyens, et il nomma encore Senar, ce coquin
dont les Mémoires plus ou moins authentiques ont si bien servi la
réaction. « Il n'est pas, » dit-il, « d'infamies que cet homme atroce
n'ait commises. » C'était là un de ces agents impurs dénoncés par
Robespierre comme cherchant partout des coupables et prodiguant
les arrestations injustes (1). Couthon ne s'en tint pas là : il signala la présence de quelques scélérats jusque dans le sein de la
Convention, en très-petit nombre du reste : cinq ou six, s'écria-t-il,
« dont les mains sont pleines des richesses de la République et dé-
gouttantes du sang des innocents qu'ils ont immolés; » c'est-à-dire
les Fouché, les Tallien, les Carrier, les Rovère, les Bourdon (de
l'Oise), qu'à deux jours de là Robespierre accusera à son tour —
malheureusement sans les nommer — d'avoir porté la Terreur dans
toutes les conditions. Il suffirait de la vertu et de l'énergie de la
Convention nationale pour écraser ces êtres pervers, pensait Couthon ; mais personne ne songeait à attenter à la Représentation nationale, comme ne cessaient de le répéter les hommes infâmes auxquels il faisait allusion ; car le jour où elle serait avilie ou dissoute,
ajoutait-il, ce jour-là serait celui de la contre-révolution ; et en effet la République sera perdue et la contre-révolution faite le jour
où la Convention se trouvera avilie et frappée dans la personne de
Robespierre et de ses amis.

Trois jours auparavant, Couthon, après avoir récriminé contre
les cinq ou six coquins dont la présence souillait la Convention,
avait engagé la société à présenter dans une pétition à l'Assemblée
ses vœux et ses réflexions au sujet de la situation, et sa motion avait
été unanimement adoptée. Il y revint dans la séance du 6. C'était
sans doute, à ses yeux, un moyen très-puissant de déterminer les
gens de bien à se rallier, et les membres purs de la Convention à
se détacher des cinq ou six êtres tarés qu'il considérait comme
les plus vils et les plus dangereux ennemis de la liberté (2). Quel-

----

(1) Senar, comme on sait, avait fini par être arrêté sur les plaintes réitérées de
Couthon.

(2) Le compte rendu de la séance du 6 thermidor aux Jacobins ne figure pas au
Moniteur. Il faut le lire dans le *Journal de la Montagne* du 10 thermidor (28 juillet
1794), où il est très-incomplet. La date seule, du reste, suffit pour expliquer les la-
cunes et les inexactitudes.

ques esprits exaltés songèrent-ils alors à un nouveau 31 mai? Cela
est certain; mais il est certain aussi que si quelqu'un s'opposa avec
une énergie suprême à l'idée de porter atteinte à la Convention nationale, dans des circonstances nullement semblables à celles où
s'était trouvée l'Assemblée à l'époque du 31 mai, ce fut surtout
Robespierre. Il ne ménagea point les provocateurs d'insurrection,
ceux qui par leurs paroles poussaient le peuple à un 31 mai.
« C'était bien mériter de son pays, » s'écria-t-il, « d'arrêter les citoyens qui se permettraient des propos aussi intempestifs et aussi
contre-révolutionnaires (1). » Peut-être d'ailleurs ces appels à la
révolte étaient-ils poussés par des agents de la conjuration thermidorienne. N'était-ce pas un moyen d'irriter la Convention contre
celui auquel on s'efforçait d'en faire remonter la responsabilité?
Quant à Robespierre, il avait, je le répète, un respect absolu pour
l'Assemblée; et si dans le domaine moral il pouvait comprendre
l'exercice d'une certaine pression à l'égard de la Représentation nationale, c'était à la condition qu'on se tînt· dans les strictes voies
de la légalité.

Or, rien de plus légal que l'adresse présentée par la société des
Jacobins à la Convention dans la séance du 7 thermidor (25 juillet
1794), rien de plus rassurant surtout pour l'Assemblée. En effet, de
quoi est-il question dans ce morceau où d'un bout à l'autre on retrouve les idées de Robespierre? D'abord, des inquiétudes auxquelles donnaient lieu les manœuvres des détracteurs du comité de
Salut public, manœuvres que les Amis de la liberté et de l'égalité
ne pouvaient attribuer qu'à l'étranger, contraint de placer sa dernière ressource dans le crime. C'était lui, disait-on, qui, mettant
en opposition l'indulgence criminelle avec la justice impartiale, dé-
gradait la justice et donnait à l'indulgence un caractère féroce; lui qui
« voudrait que des conspirateurs impunis pussent assassiner les patriotes et la liberté, au nom même de la patrie, afin qu'elle ne parût
puissante et terrible que contre ses enfants, ses amis et ses défenseurs... » Ces conspirateurs impunis, ces proscripteurs des patriotes
et de la liberté, c'étaient les Fouché, les Tallien, les Rovère, etc.,
les cinq ou six coquins auxquels Couthon avait fait allusion la
veille. Ils pouvaient triompher grâce à une indulgence arbitraire,
tandis que la justice mise à l'ordre du jour, cette justice impartiale

(1) On chercherait vainement dans les journaux du temps trace des paroles de Robespierre. Le compte-rendu très-incomplet de la séance du 6 thermidor aux Jacobins
n'existe que dans le *Journal de la Montagne*. Mais les paroles de Robespierre nous ont
été conservées dans le discours prononcé par Barère à la Convention le 7 thermidor, et
c'est là un document irrécusable. (Voy. *le Moniteur* du 8 thermidor [26 juillet 1794].)

à laquelle se fie le citoyen honnête, même après des erreurs et des
fautes, faisait trembler les traîtres, les fripons et les intrigants, mais
consolait et rassurait l'homme de bien (1). On y dénonçait comme
une manœuvre contre-révolutionnaire la proposition faite à la Convention, par un nommé Magenthies, de prononcer la peine de mort
contre les auteurs de jurements où le nom de Dieu serait compromis, et d'ensanglanter ainsi les pages de la philosophie et de la
morale, proposition dont l'infamie avait déjà été signalée par Robespierre à la tribune des Jacobins (2). La désignation de prêtres et
de prophètes appliquée, dans la pétition Magenthies, aux membres
de l'Assemblée qui avaient proclamé la reconnaissance de l'Être suprême et de l'immortalité de l'âme, était également relevée comme
injurieuse pour la Représentation nationale. Les Amis de la liberté et
de l'égalité se plaignaient ensuite des ténèbres dont semblait s'environner le commissaire du mouvement des armées. Et comment leur
sollicitude n'aurait-elle pas été éveillée quand ils voyaient les
patriotes les plus purs en proie à la persécution et dans l'impossibilité même de faire entendre leurs réclamations? Ici, bien évidemment, ils songeaient à Robespierre. Leur pétition respirait du reste,
d'un bout à l'autre, le plus absolu dévouement pour la Convention,
et ils y protestaient avec chaleur de tout leur attachement pour les
mandataires du pays. « Avec vous, » disaient-ils en terminant, « ce
peuple vertueux, confiant, bravera tous ses ennemis; il placera son
devoir et sa gloire à respecter et à défendre ses représentans jusqu'à la mort (3). » En présence d'un pareil document, il est assurément assez difficile d'accuser la société des Amis de la liberté et de
l'égalité de s'être insurgée contre la Convention, et il faut en vérité
avoir le front de certains écrivains royalistes ou girondins pour oser
prétendre qu'à la veille du 9 Thermidor on sonnait le tocsin contre
la célèbre Assemblée.

(1) Impossible de travestir plus déplorablement que ne l'a fait M. Michelet le sens
de cette pétition. « Elle accusait les indulgents, » dit-il, t. VII, p. 435. Les indulgents!
c'est-à-dire ceux « qui déclaraient la guerre aux citoyens paisibles, érigeaient en
crimes ou des préjugés incurables ou des choses indifférentes pour trouver partout des
coupables et rendre la Révolution redoutable au peuple même. » Voilà les singuliers
indulgents qu'accusaient Robespierre et la pétition jacobine.

(2) Voyez à ce sujet le discours de Barère dans la séance du 7 thermidor (25 juillet
1794).

(3) Cette adresse de la société des Jacobins se trouve dans le *Moniteur* du 8 thermidor (26 juillet), et dans le *Journal des débats et des décrets de la Convention*, numéro 673.

XIX

Au moment où l'on achevait la lecture de cette adresse, Dubois-Crancé s'élançait à la tribune comme s'il se fût senti personnellement désigné et inculpé. Suspect aux patriotes depuis le siége de Lyon, louvoyant entre tous les partis, ce représentant du peuple s'était attiré l'animosité de Robespierre par sa conduite équivoque. Récemment exclu des Jacobins, il essaya de se justifier, protesta de son patriotisme et entra dans de longs détails sur sa conduite pendant le siége de Lyon. Un des principaux griefs relevés à sa charge par Maximilien était, on s'en souvient peut-être, d'avoir causé beaucoup de fermentation dans la ci-devant Bretagne, en s'écriant publiquement à Rennes, qu'il y aurait des chouans tant qu'il existerait un Breton (1). Dubois-Crancé ne dit mot de cela, il se contenta de se vanter d'avoir arraché la Bretagne à la guerre civile. « Robespierre a été trompé, » dit-il, « lui-même reconnaîtra bientôt son erreur (2). » Mais ce qui prouve que Robespierre ne se trompait pas, c'est que ce personnage, digne allié des Fouché et des Tallien, devint l'un des plus violents séides de la réaction thermidorienne. On voit du reste avec quels ménagements les conjurés traitaient Maximilien à l'heure même où ils n'attendaient que l'occasion de le tuer. Le comité de Salut public n'avait pas dit encore son dernier mot.

On put même croire un moment qu'il allait prendre Maximilien sous sa garde, et lui servir de rempart contre ses ennemis. Barère qui, quelques jours auparavant, avait paru faire une allusion perfide à son collègue en parlant de ces citoyens « cherchant à influencer le peuple par des discours préparés (3) », présenta au nom du comité de Salut public un long rapport dans lequel il refit le procès

(1) Note de Robespierre sur quelques députés, à la suite du rapport de Courtois, sous le numéro LI, et dans les *Papiers inédits*, t. II, p. 17. — C'était ce Dubois-Crancé qui avait baptisé Éléonore Duplay, la fiancée de Maximilien, du nom de Cornélie Copeau, allusion à la profession de Duplay. Le bout de l'oreille passait toujours, comme on voit, chez ce ci-devant gentilhomme à qui Robespierre avait également reproché d'avoir fait jadis valoir de faux titres pour usurper la noblesse. (*Papiers inédits, ubi suprâ.*)

(2) Voyez le discours de Dubois-Crancé dans *le Moniteur* du 8 thermidor (26 juillet 1794).

(3) Discours de Barère dans la séance du 2 thermidor (20 juillet 1794). Plus tard, Barère ne manqua pas de se vanter d'avoir dénoncé Robespierre « avec tout le zèle compatible avec la prudence que doivent avoir des membres du gouvernement, etc. » *Réponse aux impulations de Laurent Lecointre*, p. 8.

des Girondins, des hébertistes et des dantonistes, porta aux nues la journée du 31 mai, et traça de Robespierre le plus pompeux éloge. Des citoyens aveuglés ou malintentionnés avaient parlé de la nécessité d'un nouveau 31 mai, dit-il; un homme s'était élevé avec chaleur contre de pareilles propositions, avait hautement préconisé le respect de la Représentation nationale, et cet homme, c'était, comme on l'a vu plus haut, Maximilien Robespierre. « Déjà, » ajouta Barère, « un représentant du peuple qui jouit d'une réputation patriotique méritée par cinq années de travaux et par ses principes imperturbables d'indépendance et de liberté, a réfuté avec chaleur les propos contre-révolutionnaires que je viens de vous dénoncer (1). » En entendant de telles paroles, les conjurés durent trembler et sentir se fondre leurs espérances criminelles. Qui pouvait prévoir qu'à deux jours de là Barère tiendrait, au nom de ce même comité, un tout autre langage? Ce dernier hommage rendu au patriote le plus énergique, au démocrate le plus sincère de la Convention, c'était, nous l'avons dit, le baiser de Judas.

Après la séance conventionnelle, les conjurés se répandirent partout où ils espérèrent rencontrer quelque appui. Aux yeux des gens de la droite ils firent de plus belle miroiter la perspective d'un régime d'indulgence et de douceur; aux yeux des républicains farouches, celle d'une aggravation de terreur. Un singulier mélange de coquins, d'imbéciles et de royalistes déguisés, voilà les Thermidoriens. Une réunion eut lieu chez Collot d'Herbois, paraît-il (2), où l'on parvint à triompher des scrupules de certains membres qui hésitaient à sacrifier celui qu'avec tant de raison ils regardaient comme la pierre angulaire de l'édifice républicain, et qu'ils ne se pardonnèrent jamais d'avoir livré à la fureur des méchants. Fouché, prédestiné par sa basse nature au rôle d'espion et de mouchard, rendait compte aux conjurés de ce qui se passait au comité de Salut public. Le 8, il arriva triomphant auprès de ses complices; un sourire illuminait son ignoble figure : « La division est complète, » dit-il, « demain il faut frapper (3). »

Cependant, au lieu de chercher des alliés dans cette partie indécise, craintive et flottante de la Convention qu'on appelait le centre, et qui n'eût pas mieux demandé que de se joindre à lui s'il eût consenti à faire quelques avances, Robespierre continuait de se tenir à l'écart. Tandis que les conjurés, pour recruter des com-

---

(1) Voy. *le Moniteur* du 8 thermidor (26 juillet 1794).

(2) Renseignement fourni par Godefroy Cavaignac à M. Hauréau.

(3) Déclaration de Tallien dans la séance du 22 thermidor an III (9 août 1795). *Moniteur* du 27 thermidor (14 août).

plices, avaient recours aux plus vils moyens, en appelaient aux
plus détestables passions, attendant impatiemment l'heure de le
tuer à coup sûr, il méditait... un discours, se fiant uniquement
à son bon droit et à la justice de sa cause. La légende nous le
représente s'égarant dans ces derniers temps en des promenades
lointaines; allant chercher l'inspiration dans les poétiques parages
où vivait encore le souvenir de J.-J. Rousseau, son maître, et où il
lui avait été permis, tout jeune encore, de se rencontrer avec l'immortel philosophe (1). C'est là une tradition un peu incertaine (2);
il a bien pu, par une de ces chaudes journées de juillet, s'en aller
une fois à la campagne en compagnie de sa famille d'adoption, et
se rendre comme en pèlerinage à Ermenonville, au tombeau de
son auteur chéri; mais ce ne fut point là, je crois pouvoir l'affirmer, qu'il se retira pour composer sa dernière harangue, pour
écrire son testament de mort. Il ne quitta guère Paris dans les
jours qui précédèrent le 8 thermidor; sa présence s'y trouve constatée par les registres du comité de Salut public. Ce qui est vrai,
c'est que le soir, après le repas, il allait prendre l'air aux Champs-
Élysées, tantôt seul, suivi de son fidèle chien Brount, tantôt avec la
famille Duplay. On se rendait de préférence, comme je l'ai dit déjà,
du côté du jardin Marbœuf (3). Robespierre marchait en avant,
ayant au bras la fille aînée de son hôte, Éléonore, sa fiancée, et pour
un moment, dans cet avant-goût du bonheur domestique, il oubliait
les tourments et les agitations de la vie politique. De quoi parlait-il?
De Dieu, de l'âme immortelle, car c'était souvent le sujet de ses conversations; et il cherchait à inspirer ces grandes idées autour de lui,
parce qu'elles lui semblaient une consolation et un encouragement
dans la vie. Sans doute il s'entretenait aussi du mariage projeté,
des joies du foyer intime, c'était comme un rêve en causant, doux
rêve dont l'accomplissement se trouvait remis au jour du triomphe
et de l'apaisement de la République, et qu'allait, hélas! si brusquement interrompre l'échafaud. Derrière venaient le père, dont la
belle tête commandait le respect, et la mère toute fière et heureuse
de voir sa fille au bras de celui dont le nom remplissait le monde,
et qu'elle aimait comme le meilleur et le plus tendre des fils.

Dès qu'on était rentré, Maximilien reprenait son travail quand il
ne se rendait pas à la séance des Jacobins, où je ne le vois pas du
3 au 8. Ce fut vraisemblablement dans cet intervalle qu'il composa

(1) Voyez à ce sujet le 1er livre de cette *Histoire.*
(2) Je ne trouve aucun renseignement à cet égard dans le manuscrit de Mme Le Bas.
(3) Manuscrit de Mme Le Bas.

son discours dont le manuscrit, que j'ai sous les yeux, porte les traces d'une composition rapide et pressée. Robespierre se retrouve tout entier, avec son système, ses aspirations, sa politique en un mot, dans cette volumineuse harangue qu'il a si justement appelée lui-même son testament de mort. Ce n'est point, tant s'en faut, comme on l'a dit, une composition laborieusement conçue, et péniblement travaillée ; on y sent au contraire tout l'abandon d'une inspiration soudaine. Ce discours est fait d'indignation. C'est la révolte d'une âme honnête et pure contre le crime. Les sentiments divers dont le cœur de l'auteur était rempli se sont précipités à flots pressés sous sa plume ; cela se voit aux ratures, aux transpositions, au désordre même qui existe d'un bout à l'autre du manuscrit (1). Nul doute que Robespierre n'ait été content de son discours, et n'y ait compté comme sur une arme infaillible. La veille du jour où il s'était proposé de le prononcer devant la Convention nationale, il sortit avec son secrétaire, Nicolas Duplay, le soldat de Valmy, celui qu'on appelait Duplay à la jambe de bois, et dirigea ses pas du côté du promenoir de Chaillot, tout en haut des Champs-Élysées. Il se montra gai, enjoué jusqu'à poursuivre les hannetons, fort abondants cette année (2). Néanmoins, par instant, un nuage semblait voiler sa physionomie, et il se sentait pris de je ne sais quelle vague inquiétude qu'on ne peut s'empêcher de ressentir la veille d'une bataille.

En rentrant dans la maison de son hôte il trouva le citoyen Taschereau, dont nous avons déjà eu occasion de parler, et il lui fit part de son dessein de prendre la parole le lendemain à l'Assemblée. — « Prenez garde, » lui dit Taschereau, « vos ennemis ont beaucoup intrigué, beaucoup calomnié. — C'est égal, reprit Maximilien, je n'en remplirai pas moins mon devoir. Je ne puis supporter cet état de choses ; mon cœur se brise en pensant qu'au milieu de nos victoires la République n'a jamais couru autant de dangers. Il faut que je périsse ou que je la délivre des fripons et des traîtres qui veulent la perdre (3). » Le sort en était jeté !

(1) Ce discours, a écrit Charles Nodier, « est surtout vraiment monumental, vraiment digne de l'histoire, en ce point qu'il révèle d'une manière éclatante les projets d'amnistie et les théories libérales et humaines qui devaient faire la base du gouvernement, sous l'influence modératrice de Robespierre, si la Terreur n'avoit triomphé le 9 Thermidor. » (Souvenirs de la Révolution, t. I, p. 292, édit. Charpentier.)

(2) Renseignements fournis par M. le docteur Duplay, fils de Duplay à la jambe de bois.

(3) Histoire de la Convention nationale, par Léonard Gallois, t. VII, p. 206.

Depuis longtemps Robespierre n'avait point paru à la tribune de la Convention, et son silence prolongé n'avait pas été sans causer quelque étonnement à une foule de patriotes. Le bruit s'étant répandu qu'il allait enfin parler, il y eut à la séance un concours inusité de monde. Il n'était pas difficile de prévoir qu'on était à la veille de grands événements, et chacun, ami ou ennemi, attendait avec impatience le résultat de la lutte.

Rien d'imposant comme le début du discours dont nous avons mis déjà quelques extraits sous les yeux de nos lecteurs et que nous allons analyser aussi complétement que possible. « Que d'autres vous tracent des tableaux flatteurs ; je viens vous dire des vérités utiles. Je ne viens point réaliser des terreurs ridicules répandues par la perfidie ; mais je veux étouffer, s'il est possible, les flambeaux de la discorde par la seule force de la vérité. *Je vais dévoiler des abus qui tendent à la ruine de la patrie et que votre probité seule peut réprimer* (1). Je vais défendre devant vous votre autorité outragée et la liberté violée. *Si je vous dis aussi quelque chose des persécutions dont je suis l'objet, vous ne m'en ferez point un crime ; vous n'avez rien de commun avec les tyrans que vous combattez.* Les cris de l'innocence outragée n'importunent point vos oreilles, et vous n'ignorez pas que cette cause ne vous est point étrangère. »

Après avoir établi, en fait, la supériorité de la Révolution française sur toutes les autres révolutions, parce que la première elle s'était fondée sur la théorie des droits de l'humanité et les principes de la justice, après avoir montré comment la République s'était glissée pour ainsi dire entre toutes les factions, il traça rapidement l'historique de toutes les conjurations dirigées contre elle et des difficultés avec lesquelles dès sa naissance elle s'était trouvée aux prises. Il dépeignit vivement les dangers auxquels elle était exposée quand, la puissance des tyrans l'emportant sur la force de la vérité, il n'y avait plus de légitime que la perfidie et de criminel que la vertu. Alors les bons citoyens étaient condamnés au silence et les scélérats dominaient. « Ici, » ajoutait-il, « j'ai besoin d'épancher mon

____

(1) Nous prévenons le lecteur que nous analysons ce discours d'après le manuscrit de Robespierre, manuscrit dans la possession duquel, quelque temps après le 9 Thermidor, la famille Duplay parvint à rentrer. Les passages que nous mettons en italique ont été supprimés ou dénaturés dans l'édition donnée par la commission thermidorienne.

cœur, vous avez besoin aussi d'entendre la vérité. Ne croyez pas que je vienne intenter aucune accusation ; un soin plus pressant m'occupe et je ne me charge pas des devoirs d'autrui ; il est tant de dangers imminents que cet objet n'a plus qu'une importance secondaire. » Arrêtant un instant sa pensée sur le système de terreur et de calomnies mis en pratique depuis quelque temps, il demandait à qui les membres du gouvernement devaient être redoutables, des tyrans et des fripons, ou des gens de bien et des patriotes. Les patriotes ! ne les avait-il pas constamment défendus et arrachés aux mains des intrigants hypocrites qui les opprimaient encore et cherchaient à prolonger leurs malheurs en trompant tout le monde par d'inextricables impostures ? Étaient-ce Danton, Chabot, Ronsin, Hébert, qu'on prétendait venger ? Mais il fallait alors accuser la Convention tout entière, la justice qui les avait frappés, le peuple qui avait applaudi à leur chute. Par le fait de qui gémissaient encore aujourd'hui dans les cachots tant de citoyens innocents ou inoffensifs ? Qui accuser, sinon les ennemis de la liberté et la coupable persévérance des tyrans ligués contre la République ? Puis, dans un passage que nous avons cité plus haut, Robespierre reprochait à ses adversaires, à ses persécuteurs, d'avoir porté la terreur dans toutes les conditions, déclaré la guerre aux citoyens paisibles, érigé en crimes des préjugés incurables ou des choses indifférentes, d'avoir, recherchant des opinions anciennes, promené le glaive sur une partie de la Convention et demandé dans les sociétés populaires les têtes de cinq cents représentants du peuple. Il rappelait alors avec une légitime fierté que c'était lui qui avait arraché ces députés à la fureur des monstres qu'il avait accusés. « Aurait-on oublié que nous nous sommes jeté entre eux et leurs perfides adversaires ? » Ceux qu'il avait sauvés ne l'avaient pas oublié encore, mais depuis !

Et pourtant un des grands arguments employés contre lui par la faction acharnée à sa perte était son opposition à la proscription d'une grande partie de la Convention nationale. « Ah ! certes, » s'écriait-il, « lorsqu'au risque de blesser l'opinion publique, ne consultant que les intérêts sacrés de la patrie, j'arrachais seul à une décision précipitée ceux dont les opinions m'auraient conduit à l'échafaud si elles avaient triomphé ; quand, dans d'autres occasions, je m'exposais à toutes les fureurs d'une faction hypocrite pour réclamer les principes de la stricte équité envers ceux qui m'avaient jugé avec plus de précipitation, j'étais loin sans doute de penser que l'on dût me tenir compte d'une pareille conduite ; j'aurais trop mal présumé d'un pays où elle aurait été remarquée et où l'on aurait donné des noms pompeux aux devoirs les plus indispensables de la probité ; mais j'étais encore plus loin de penser qu'un jour on m'accuserait d'être le bourreau de ceux envers qui je les ai remplis, et l'ennemi de la Représentation nationale, que j'avais servie avec dévouement. Je m'attendais bien moins encore qu'on m'accuserait à la fois de vouloir la défendre et de vouloir l'égorger. » N'avait-on pas été jusqu'à l'accuser auprès de ceux qu'il avait soustraits à l'échafaud d'être l'auteur de leur persécution ! Il avait d'ailleurs très-bien su démêler les trames de ses ennemis. D'abord on s'était attaqué à la Convention tout entière, puis au comité de Salut public, mais on avait échoué dans cette double entreprise, et à présent l'on s'efforçait d'accabler un seul homme. Et c'étaient des représentants du peuple, se disant républicains, qui travaillaient à exécuter l'arrêt de mort prononcé par les tyrans contre les plus fermes amis de la liberté ! Les projets de dictature imputés d'abord à l'Assemblée entière, puis au comité de Salut public, avaient été tout à coup transportés sur la tête d'un seul de ses membres. D'autres s'apercevraient du côté ridicule de ces inculpations, lui n'en voyait que l'atrocité. « Vous rendrez au moins compte à l'opinion publique de votre affreuse persévérance à poursuivre le projet d'égorger tous les amis de la patrie, monstres qui cherchez à me ravir l'estime de la Convention nationale, le prix le plus glorieux des travaux d'un mortel, que je n'ai ni usurpé ni surpris, mais que j'ai été forcé de conquérir. Paraître un objet de terreur aux yeux de ce qu'on révère et de ce qu'on aime, c'est pour un homme sensible et probe le plus affreux des supplices ; le lui faire subir, c'est le plus grand des forfaits (1) ! »

Après avoir montré les arrestations injustes prodiguées par des agents impurs, le désespoir jeté dans une multitude de familles attachées à la Révolution, les prêtres et les nobles épouvantés par des motions concertées, les représentants du peuple effayés par des listes de proscription imaginaires, il protestait de son respect absolu pour la Représentation nationale. En s'expliquant avec franchise

---

(1) On trouve dans les Mémoires de Charlotte Robespierre quelques vers qui semblent être la paraphrase de cette idée.

> Le seul tourment du juste à son heure dernière,
> Et le seul dont alors je serai déchiré,
> C'est de voir en mourant la pâle et sombre envie
> Distiller sur mon nom l'opprobre et l'infamie,
> De mourir pour le peuple et d'en être abhorré.

Charlotte attribue ces vers à son frère. (Voy. ses Mémoires, p. 121.) Je serais fort tenté de croire qu'ils sont apocryphes.

sur quelques-uns de ses collègues, il avait cru remplir un devoir, voilà tout. Alors tombèrent de sa bouche des paroles difficiles à réfuter et que l'homme de cœur ne relira jamais sans être profondément touché : « Quant à la Convention nationale, mon premier devoir comme mon premier penchant est un respect sans bornes pour elle. Sans vouloir absoudre le crime, sans vouloir justifier en elles-mêmes les erreurs funestes de plusieurs, sans vouloir ternir la gloire des défenseurs énergiques de la liberté..., je dis que tous les représentants du peuple dont le cœur est pur doivent reprendre la confiance et la dignité qui leur convient. Je ne connais que deux partis, celui des bons et celui des mauvais citoyens ; le patriotisme n'est point une affaire de parti, mais une affaire de cœur ; il ne consiste ni dans l'insolence ni dans une fougue passagère qui ne respecte ni les principes, ni le bon sens, ni la morale... Le cœur flétri par l'expérience de tant de trahisons, je crois à la nécessité d'appeler surtout la probité et tous les sentiments généreux au secours de la République. Je sens que partout où l'on rencontre un homme de bien, en quelque lieu qu'il soit assis, il faut lui tendre la main et le serrer contre son cœur. Je crois à des circonstances fatales dans la Révolution, qui n'ont rien de commun avec les desseins criminels ; je crois à la détestable influence de l'intrigue et surtout à la puissance sinistre de la calomnie. Je vois le monde peuplé de dupes et de fripons ; mais le nombre des fripons est le plus petit ; ce sont eux qu'il faut punir des crimes et des malheurs du monde... » Aussi lui paraissait-il insensé de s'en prendre à tous ceux qu'avaient séduits ou entraînés les Girondins, les hébertistes, Danton lui-même. C'était au bon sens et à la justice, si nécessaires dans les affaires humaines, de séparer soigneusement l'erreur du crime. Revenant ensuite sur cette accusation de dictature si traîtreusement propagée par les conjurés: « Stupides calomniateurs ! » leur disait-il, « vous êtes-vous aperçus que vos ridicules déclamations ne sont pas une injure faite à un individu, mais à une nation invincible qui dompte et qui punit les rois? Pour moi, » ajoutait-il en s'adressant à tous ses collègues, « j'aurais une répugnance extrême à me défendre personnellement devant vous contre la plus lâche des tyrannies, si vous n'étiez pas convaincus que vous êtes les véritables objets des attaques de tous les ennemis de la République. Eh ! que suis-je pour mériter leurs persécutions, si elles n'entraient dans le système général de conspiration contre la Convention nationale? N'avez-vous pas remarqué que, pour vous isoler de la nation, ils ont publié à la face de l'univers que vous étiez des dictateurs régnant par la Terreur et désavoués par le vœu tacite des

Français? N'ont-ils pas appelé nos armées les *hordes conventionnelles*, la Révolution française le *jacobinisme*? Et lorsqu'ils affectent de donner à un faible individu, en butte aux outrages de toutes les factions, une importance gigantesque et ridicule, quel peut être leur but, si ce n'est de vous diviser, de vous avilir, en niant votre existence même?... » Puis venaient l'admirable morceau sur la dictature cité plus haut, et cette objurgation à ses calomniateurs, trop peu connue et d'une si poignante vérité : « Ils m'appellent tyran! Si je l'étais, ils ramperaient à mes pieds, je les gorgerais d'or, je leur assurerais le droit de commettre tous les crimes, et ils seraient reconnaissants. Si je l'étais, les rois que nous avons vaincus, loin de me dénoncer (quel tendre intérêt ils prennent à notre liberté!), me prêteraient leur coupable appui, je transigerais avec eux. Dans leur détresse qu'attendent-ils, si ce n'est le secours d'une faction protégée par eux? On arrive à la tyrannie par le secours des fripons. Où courent ceux qui les combattent? Au tombeau et à l'immortalité... Qui suis-je, moi qu'on accuse? Un esclave de la liberté, un martyr vivant de la République, la victime autant que l'ennemi du crime. Tous les fripons m'outragent; les actions les plus indifférentes, les plus légitimes de la part des autres, sont des crimes pour moi... Otez-moi ma conscience, je suis le plus malheureux de tous les hommes!.. » Il était certainement aussi habile que conforme, du reste, à la vérité, de la part de Robespierre, de rattacher sa situation personnelle à celle de la Convention et de prouver comment les attaques dont il était l'objet retombaient, en définitive, de tout leur poids sur l'Assemblée entière; mais il ne montra pas toujours la même habileté, et nous allons voir tout à l'heure comment il apporta lui-même à ses ennemis un concours inattendu.

Eh quoi! disait-il encore, on assimile à la tyrannie l'influence toute morale des plus vieux athlètes de la Révolution! Voulait-on que la vérité fût sans force dans la bouche des représentants du peuple? Sans doute elle avait des accents tantôt terribles, tantôt touchants, elle avait ses colères, son despotisme même, mais il fallait s'en prendre au peuple, qui la sentait et qui l'aimait. Combien vraie cette pensée! Ce qu'on poursuivait surtout en Robespierre, c'était sa franchise austère, son patriotisme, son éclatante popularité. Il signala de nouveau, comme les véritables alliés des tyrans, et ceux qui prêchaient une modération perfide et ceux qui prêchaient l'exagération révolutionnaire, ceux qui voulaient détruire la Convention par leurs intrigues ou leur violence et ceux qui attentaient à sa justice par la séduction et par la perfidie. Était-ce en combattant pour la sûreté matérielle de l'Assemblée, en défendant sa gloire,

ses principes, la morale éternelle, qu'on marchait au despotisme?
Qu'avait-il fait autre chose jusqu'à ce jour?

Expliquant le mécanisme des institutions révolutionnaires, il se
plaignit énergiquement des excès commis pas certains hommes
pour les rendre odieuses. On tourmentait les citoyens nuls et paisibles; on plongeait chaque jour les patriotes dans les cachots.
« Est-ce là, » s'écria-t-il, « le gouvernement révolutionnaire que nous
avons institué et défendu? » Ce gouvernement, c'était la foudre
lancée par la main de la liberté contre le crime, nullement le despotisme des fripons, l'indépendance du crime, le mépris de toutes les
lois divines et humaines. Il était donc loin de la pensée de Robespierre, contrairement à l'opinion de quelques écrivains, de vouloir
détruire un gouvernement indispensable, selon lui, à l'affermissement de la République. Seulement, ce gouvernement devait être
l'expression même de la justice, sinon, ajoutait-il, s'il tombait dans
des mains perfides, il deviendrait l'instrument de la contre-révolution. C'est bien ce que nous verrons se réaliser après Thermidor.
Maximilien attribuait principalement à des agents subalternes les
actes d'oppression dénoncés par lui. Quant aux comités, au sein
desquels il apercevait des hommes « dont il était impossible de ne
pas chérir et respecter les vertus civiques, » il espérait bien les voir
combattre eux-mêmes des abus commis à leur insu peut-être et dus
à la perversité de quelques fonctionnaires inférieurs. Impossible de
montrer plus de ménagement pour des collègues. Écoutez maintenant l'opinion de Robespierre sur l'emploi d'une certaine catégorie
d'individus dans les choses de la police : « En vain une funeste politique prétendrait-elle environner les agents dont je parle d'un
prestige superstitieux : je ne sais pas respecter les fripons; j'adopte
bien moins encore cette maxime royale, qu'il est utile de les employer. Les armes de la liberté ne doivent être touchées que par
des mains pures. Épurons la surveillance nationale, au lieu d'em-
pailler les vices. La vérité n'est un écueil que pour les gouvernements corrompus; elle est l'appui du nôtre. » Ne sont-ce point là
des maximes dont tout gouvernement qui se respecte devrait faire
son profit?

L'orateur racontait ensuite les manœuvres criminelles employées
par ses ennemis pour le perdre. Nous avons cité ailleurs le passage si
frappant où il rend compte lui-même, avec une précision étonnante,
des stratagèmes à l'aide desquels on essayait de le faire passer pour
l'auteur principal de toutes les sévérités de la Révolution et de tous
les abus qu'il ne cessait de combattre. Déjà les papiers allemands et
anglais annonçaient son arrestation, car de jour en jour ils étaient

avertis que « cet orage de haines, de vengeances, de terreur, d'a-
mours-propres irrités, allait enfin éclater. » On voit jusqu'où les
conjurés étaient allés recruter des alliés. Maximilien était instruit
des visites faites par eux à certains membres de la Convention, et il
ne le cacha pas à l'Assemblée. Seulement il ne voulut pas — et ce
fut sa faute, son irréparable faute — nommer tout de suite les
auteurs des trames ténébreuses dont il se plaignait : « Je ne puis
me résoudre à déchirer entièrement le voile qui couvre ce profond
mystère d'iniquités. » Il assigna, pour point de départ à la conjuration ourdie contre lui, le jour où, par son décret relatif à la reconnaissance de l'Être suprême et de l'immortalité de l'âme, la Convention avait raffermi les bases ébranlées de la morale publique, frappé
à la fois du même coup le despotisme sacerdotal et les intolérants
de l'athéisme, avancé d'un demi-siècle l'heure fatale des tyrans et
rattaché à la cause de la Révolution tous les cœurs purs et généreux.
Ce jour-là, en effet, avait, comme le dit très-bien Robespierre,
« laissé sur la France une impression profonde de calme, de bonheur, de sagesse et de bonté. » Mais ce fut précisément ce qui irrita
le plus les royalistes cachés sous le masque des ultra-révolutionnaires, lesquels, unis à certains énergumènes plus ou moins sincères et aux misérables qui, comme les Fouché, les Tallien, les
Rovère et quelques autres, ne cherchaient dans la Révolution qu'un
moyen de fortune, dirigèrent tous leurs coups contre le citoyen assez
osé pour déclarer la guerre aux hypocrites et tenter d'asseoir la liberté et l'égalité sur les bases de la morale et de la justice. Maximilien rappela les insultes dont il avait été l'objet de la part de ces
hommes le jour de la fête de l'Être suprême, l'affaire de Catherine
Théot, sous laquelle se cachait une véritable conspiration politique,
les violences inopinées contre le culte, les exactions et les pirateries
exercées sous les formes les plus indécentes, les persécutions into-
lérables auxquelles la superstition servait de prétexte. — On se souvient des efforts tentés par Robespierre jeune pour mettre fin à ces
monstrueuses persécutions. — Il rappela la guerre suscitée à tout
commerce licite sous prétexte d'accaparements. — On n'a pas oublié sans doute l'insistance inutile avec laquelle il avait engagé la
Convention à se montrer d'une réserve et d'une prudence extrêmes
lors des discussions relatives aux accaparements. — Il rappela surtout les incarcérations indistinctement prodiguées. « Toute occasion
de vexer un citoyen était saisie avec avidité, et toutes vexations
étaient déguisées, selon l'usage, sous des prétexte de bien public. »

Ceux qui avaient mené à l'échafaud Danton, Fabre d'Églantine
et Camille Desmoulins, semblaient aujourd'hui vouloir être leurs ven-

geurs et figuraient au nombre de ces conjurés impurs ligués pour
perdre quelques patriotes. « Les lâches! » s'écriait Robespierre,
« ils voulaient donc me faire descendre au tombeau avec ignominie!
et je n'aurais laissé sur la terre que la mémoire d'un tyran! Avec
quelle perfidie ils abusaient de ma bonne foi! Comme ils semblaient
adopter les principes de tous les bons citoyens! Comme leur feinte
amitié était naïve et caressante! Tout à coup leurs visages se sont
couverts des plus sombres nuages; une joie féroce brillait dans leurs
yeux, c'était le moment où ils croyaient leurs mesures bien prises
pour m'accabler. Aujourd'hui ils me caressent de nouveau; leur
langage est plus affectueux que jamais. Il y a trois jours ils étaient
prêts à me dénoncer comme un Catilina; aujourd'hui ils me prêtent
les vertus de Caton. » — Allusion aux éloges que la veille lui avait
décernés Barère. — Comme nous avons eu soin de le dire déjà, la
calomnie n'avait pas manqué de le rendre responsable de toutes les
opérations du comité de Sûreté générale, en se fondant sur ce qu'il
avait dirigé pendant quelque temps le bureau de police du comité
de Salut public. Sa courte gestion, déclara-t-il sans rencontrer de
contradicteurs, s'était bornée, comme on l'a vu plus haut, à rendre
une trentaine d'arrêtés soit pour mettre en liberté des patriotes persécutés, soit pour s'assurer de quelques ennemis de la Révolution;
mais l'impuissance de faire le bien et d'arrêter le mal l'avait bien
vite déterminé à résigner ses fonctions, et même à ne prendre plus
qu'une part tout à fait indirecte aux choses du gouvernement. « Quoi
qu'il en soit, » ajouta-t-il, « voilà au moins six semaines que ma
dictature est expirée et que je n'ai aucune espèce d'influence sur le
gouvernement: le patriotisme a-t-il été plus protégé, les factions plus
timides, la patrie plus heureuse? Je le souhaite. Mais cette influence
s'est bornée dans tous les temps à plaider la cause de la patrie devant
la Représentation nationale et au tribunal de la raison publique... »
A quoi avaient tendu tous ses efforts? à déraciner le système de corruption et de désordre établi par les factions, et qu'il regardait comme
le grand obstacle à l'affermissement de la République. Cela seul lui
avait attiré pour ennemis toutes les mauvaises consciences, tous les
gens tarés, tous les intrigants et les ambitieux. Un moment sa raison
et son cœur avaient été sur le point de douter de cette République
vertueuse dont il s'était tracé le plan. Puis, d'une voix douloureusement émue, il dénonça le projet « médité dans les ténèbres, » par les
monstres ligués contre lui, de lui arracher avec la vie le droit de défendre le peuple. « Oh! je la leur abandonnerai sans regret: j'ai
l'expérience du passé et je vois l'avenir. Quel ami de la patrie peut
vouloir survivre au moment où il n'est plus permis de la servir et de

défendre l'innocence opprimée? Pourquoi demeurer dans un ordre
de choses où l'intrigue triomphe éternellement de la vérité, où la
justice est un mensonge, où les plus viles passions, où les craintes
les plus ridicules occupent dans les cœurs la place des intérêts sacrés
de l'humanité? Comment supporter le supplice de voir cette horrible
succession de traîtres plus ou moins habiles à cacher leurs âmes hideuses sous le voile de la vertu et même de l'amitié, mais qui tous
laisseront à la postérité l'embarras de décider lequel des ennemis de
mon pays fut le plus lâche et le plus atroce? En voyant la multitude
des vices que le torrent de la Révolution a roulés pêle-mêle avec les
vertus civiques, j'ai craint quelquefois, je l'avoue, d'être souillé aux
yeux de la postérité par le voisinage impur des hommes pervers qui
s'introduisaient parmi les sincères amis de l'humanité, et je m'applaudis de voir la fureur des Verrès et des Catilinas de mon pays
tracer une ligne profonde de démarcation entre eux et tous les gens
de bien. Je conçois qu'il est facile à la ligue des tyrans du monde
d'accabler un seul homme, mais je sais aussi quels sont les devoirs
d'un homme qui sait mourir en défendant la cause du genre humain.
J'ai vu dans l'histoire tous les défenseurs de la liberté accablés par
la calomnie; mais leurs oppresseurs sont morts aussi. Les bons et
les méchants disparaissent de la terre, mais à des conditions différentes. Français, ne souffrez pas que nos ennemis osent abaisser
vos âmes et énerver vos vertus par leurs désolantes doctrines. Non,
Chaumette, non, Fouché (1), la mort n'est pas un sommeil éternel.
Citoyens, effacez des tombeaux cette maxime gravée par des mains
sacrilèges, qui jette un crêpe funèbre sur la nature, qui décourage
l'innocence opprimée et qui insulte à la mort; gravez y plutôt celle-
ci : « *La mort est le commencement de l'immortalité.* »

Certes, on peut nier l'existence de Dieu, et il est permis de ne
pas croire à l'immortalité de l'âme; mais il est impossible de ne
pas admirer sans réserve cette page magnifique du discours de
Robespierre, et l'on est bien forcé d'avouer que de tels accents
ne seraient point sortis de la bouche d'un homme lâche et pusillanime.

Les lâches et les pusillanimes connaissent l'art des ménagements;
Robespierre, lui, dans son austère franchise, ne savait ni flatter ni
dissimuler. « Ceux qui vous disent que la fondation de la République est une entreprise si facile vous trompent... » Et il demanda
où étaient les institutions sages, le plan de régénération propres à

---

(1) Ces mots *Non, Fouché*, ne se trouvent point à cette place dans l'édition imprimée par
ordre de la Convention, où ce passage a été reproduit deux fois avec quelques variantes.

justifier cet ambitieux langage. Ne voulait-on pas proscrire ceux qui parlaient de sagesse? Depuis longtemps il s'était plaint qu'on eût indistinctement prodigué les persécutions, porté la terreur dans toutes les conditions, et la veille seulement le comité de Salut public, par la bouche de Barère, avait promis que dans quatre jours les injustices seraient réparées : « Pourquoi, » s'écria-t-il, « ont-elles été commises impunément depuis quatre mois? » C'était encore à l'adresse de Barère cette phrase ironique : « On vous parle beaucoup de vos victoires, avec une légèreté académique qui ferait croire qu'elles n'ont coûté à nos héros ni sang, ni travaux ; » et Barère en fut piqué jusqu'au sang. « Ce n'est ni par des phrases de rhéteurs ni même par des exploits guerriers que nous subjuguerons l'Europe,» ajouta-t-il, « mais par la sagesse de nos lois, par la majesté de nos délibérations et par la grandeur de nos caractères. » A Carnot et aux bureaux de la guerre il reprocha de ne pas savoir tourner les succès de nos armes au profit de nos principes, de favoriser l'aristocratie militaire, de persécuter les généraux patriotes. — On se rappelle l'affaire du général Hoche. — Mainte fois déjà il avait manifesté ses méfiances à l'égard des hommes de guerre, et la crainte de voir un jour quelque général victorieux étrangler la liberté lui arracha ces paroles prophétiques : « Au milieu de tant de passions ardentes et dans un si vaste empire, les tyrans dont je vois les armées fugitives, mais non enveloppées, mais non exterminées, se retirent pour vous laisser en proie à vos dissensions intestines, qu'ils allument eux-mêmes, et à une armée d'agents criminels que vous ne savez même pas apercevoir. LAISSEZ FLOTTER UN MOMENT LES RÊNES DE LA RÉVOLUTION, VOUS VERREZ LE DESPOTISME MILITAIRE S'EN EMPARER ET LE CHEF DES FACTIONS RENVERSER LA REPRÉSENTATION NATIONALE AVILIE. Un siècle de guerre civile et de calamités désolera notre patrie, et nous périrons pour n'avoir pas voulu saisir un moment marqué dans l'histoire des hommes pour fonder la liberté ; nous livrons notre patrie à un siècle de calamités, et les malédictions du peuple s'attacheront à notre mémoire, qui devait être chère au genre humain. Nous n'aurons même pas le mérite d'avoir entrepris de grandes choses par des motifs vertueux. On nous confondra avec les indignes mandataires du peuple qui ont déshonoré la Représentation nationale... L'immortalité s'ouvrait devant nous, nous périrons avec ignominie... » Le 19 Brumaire devait être une conséquence fatale et nécessaire du 9 Thermidor; Robespierre le prédit trop bien (1).

(1) Le coup d'État connu sous le nom de 18 Brumaire n'a eu lieu en réalité que le 19.

Il accusa aussi l'administration des finances, dont les projets lui paraissaient de nature à désoler les citoyens peu fortunés et à augmenter le nombre des mécontents ; il se plaignit qu'on eût réduit au désespoir les petits créanciers de l'État en employant la violence et la ruse pour leur faire souscrire des engagements funestes à leurs intérêts ; qu'on favorisât les riches au détriment des pauvres, et qu'on dépouillât le peuple des biens nationaux. Combien Robespierre était ici dans le vrai ! On commit une faute immense en vendant en bloc les biens nationaux, au lieu de les diviser à l'infini, sauf à les faire payer par annuités comme l'eussent voulu Maximilien et Saint-Just. Aux anciens propriétaires on en a substitué de nouveaux, plus avides et non moins hostiles, pour la plupart, à la liberté, à l'égalité, à tous les principes de la Révolution.

> Des grands seigneurs un peu modernes,
> Des princes un peu subalternes
> Ont aujourd'hui les vieux châteaux,

a dit Chénier. Ces grands seigneurs un peu modernes, ces princes un peu subalternes ont figuré en grand nombre dans les rangs des Thermidoriens ; ils sont devenus, je le répète, les pires ennemis de la Révolution, qui, hélas ! a été trahie par tous ceux qu'elle a gorgés et repus.

En critiquant l'administration des finances, Robespierre nomma Ramel, Mallarmé, Cambon, auxquels il attribua le mécontentement répandu dans les masses par certaines mesures financières intempestives. Il était loin, du reste, d'imputer tous les abus signalés par lui à la majorité des membres des comités ; cette majorité lui paraissait seulement paralysée et trahie par des meneurs hypocrites et des traîtres dont le but était d'exciter dans la Convention de violentes discussions et d'accuser de despotisme ceux qu'ils savaient décidés à combattre avec énergie leur ligue criminelle. Et ces oppresseurs du peuple dans toutes les parties de la République poursuivaient tranquillement, comme s'ils eussent été inviolables, le cours de leurs coupables entreprises ! N'avaient-ils pas fait ériger en loi que dénoncer un représentant infidèle et corrompu, c'était conspirer contre l'Assemblée ? Un opprimé venait-il à élever la voix, ils répondaient à ses réclamations par de nouveaux outrages et souvent par l'incarcération. « Cependant, » continuait Maximilien « les départements où ces crimes ont été commis les ignorent-ils parce que nous les oublions, et les plaintes que nous repoussons ne retentissent-elles pas avec plus de force dans les cœurs comprimés des citoyens malheureux ? Il est si facile et si doux d'être juste !

Pourquoi nous dévouer à l'opprobre des coupables en les tolérant?
Mais quoi! les abus tolérés n'iront-ils pas en croissant? Les coupables impunis ne voleront-ils pas de crimes en crimes? Voulons-
nous partager tant d'infamies et nous vouer au sort affreux des
oppresseurs du peuple? » C'était là, à coup sûr, un langage bien
propre à rasséréner les cœurs, à rassurer les gens de bien; mais on
comprend aussi de quel effroi il dut frapper les quelques misérables qui partout, sur leur passage, avaient semé la ruine et la désolation.

La péroraison de ce discours, l'un des plus beaux, le plus beau
peut-être qui soit jamais sorti de la bouche d'un homme, est le
digne couronnement d'une œuvre aussi imposante, aussi magistrale:
« Peuple, souviens-toi que si dans la République la justice ne
règne pas avec un empire absolu, et si ce mot ne signifie pas l'amour
de l'égalité et de la patrie, la liberté n'est qu'un vain nom. Peuple,
toi que l'on craint, que l'on flatte et que l'on méprise; toi, souverain reconnu qu'on traite toujours en esclave, souviens-toi que partout où la justice ne règne pas, ce sont les passions des magistrats,
et que le peuple a changé de chaînes et non de destinées.

« Souviens-toi qu'il existe dans ton sein une ligue de fripons qui
lutte contre la vertu publique, qui a plus d'influence que toi-même
sur tes propres affaires, qui te redoute et te flatte en masse, mais te
proscrit en détail dans la personne de tous les bons citoyens.

« Rappelle-toi que, loin de sacrifier cette poignée de fripons à
ton bonheur, tes ennemis veulent te sacrifier à cette poignée de fripons, auteurs de tous nos maux et seuls obstacles à la prospérité
publique.

« Sache que tout homme qui s'élèvera pour défendre ta cause et la
morale publique sera accablé d'avanies et proscrit par les fripons;
sache que tout ami de la liberté sera toujours placé entre un devoir
et une calomnie; que ceux qui ne pourront être accusés d'avoir
trahi seront accusés d'ambition; que l'influence de la probité et des
principes sera comparée à la force de la tyrannie et à la violence
des factions; que ta confiance et ton estime seront des titres de
proscription pour tous tes amis; que les cris du patriotisme opprimé
seront appelés des cris de sédition; et que, n'osant t'attaquer toi-
même en masse, on te proscrira en détail dans la personne de tous
les bons citoyens, jusqu'à ce que les ambitieux aient organisé leur
tyrannie. Tel est l'empire des tyrans armés contre nous; telle est
l'influence de leur ligue avec tous les hommes corrompus, toujours
portés à les servir. Ainsi donc les scélérats nous imposent la loi de
trahir le peuple, à peine d'être appelés dictateurs. Souscrirons-nous

à cette loi? Non! Défendons le peuple au risque d'en être estimés; qu'ils courent à l'échafaud par la route du crime et nous par celle de la vertu. »

Guider l'action du gouvernement par des lois sages, punir sévèrement tous ceux qui abuseraient des principes révolutionnaires pour vexer les bons citoyens : tel était, selon lui, le but à atteindre. Dans sa pensée, il existait une conspiration qui devait sa force à une coalition criminelle cherchant à perdre les patriotes et la patrie, intrigant au sein même de la Convention et ayant des complices dans le comité de Sûreté générale et jusque dans le comité de Salut public. Rien n'était plus vrai assurément. La conclusion de Robespierre fut que, pour remédier au mal, il fallait punir les traîtres, renouveler les bureaux du comité de Sûreté générale, épurer ce comité et le subordonner au comité de Salut public, épuré lui-même, constituer l'autorité du gouvernement sous l'autorité suprême de la Convention, centre et juge de tout, et écraser ainsi les factions du poids de l'autorité nationale pour élever sur leurs ruines la puissance de la justice et de la liberté. « Tels sont les principes, » dit-il en terminant. « S'il est impossible de les réclamer sans passer pour un ambitieux, j'en conclurai que les principes sont proscrits et que la tyrannie règne parmi nous, mais non que je doive me taire; car que peut-on objecter à un homme qui a raison et qui sait mourir pour son pays (1)?... »

Il faut n'avoir jamais lu ce discours de Robespierre, digne couronnement de tous ceux qu'il avait prononcés depuis cinq ans, et où ses vues, ses tendances, sa politique, en un mot, se trouvent si nettement et si fermement formulées, pour demander où il voulait aller, et quels mystérieux desseins il couvait. Personne ne s'expliqua jamais plus clairement. La Convention lui prouva tout d'abord qu'elle l'avait parfaitement compris : Robespierre obtint un éclatant triomphe. Ce devait être le dernier. Électrisée par le magnifique discours qu'elle

(1) Ce discours a été imprimé sur des brouillons trouvés chez Robespierre, brouillons couverts de ratures et de renvois, ce qui explique les répétitions qui s'y rencontrent. L'impression en fut votée, sur la demande de Bréard, dans la séance du 30 thermidor (17 août 1794). On s'expliquerait difficilement comment les Thermidoriens ont eu l'imprudence d'ordonner l'impression des discours de Robespierre et de Saint-Just, où leur atroce conduite est mise en pleine lumière et leur système de terreur voué à la malédiction du monde, si l'on ne savait que tout d'abord le grand grief qu'ils firent valoir contre les victimes du 9 Thermidor fut d'avoir voulu « arrêter le cours majestueux, terrible de la Révolution ». Ce discours de Robespierre a eu à l'époque deux éditions in-8°, l'une de 44 p., de l'Imprimerie nationale, l'autre de 49 p. Il a été reproduit dans ses *Œuvres* éditées par Laponneraye, t. III; dans l'*Histoire parlementaire*, t. XXXIII, p. 406 à 449; dans le *Choix de rapports, opinions et discours*, t. XIV, p. 266 à 309, et dans les Mémoires de René Levasseur, t. III, p. 285 à 352.

venait d'entendre, l'Assemblée éclata en applaudissements réitérés quand l'orateur quitta la tribune. Les conjurés, éperdus, tremblants n'osèrent troubler d'un mot ni d'un murmure ce concert d'enthousiasme (1). Évidemment ils durent croire la partie perdue.

XXI

Pendant que les applaudissements retentissaient encore, Rovère, se penchant à l'oreille de Lecointre, lui conseilla de monter à la tribune et de donner lecture à l'Assemblée de ce fameux acte d'accusation concerté dès le 5 prairial, avec huit de ses collègues, contre Robespierre. C'est du moins ce qu'a depuis prétendu Lecointre (2). Si ce maniaque avait suivi le conseil de Rovère, la conspiration eût été infailliblement écrasée, car, l'acte d'accusation incriminant au fond tous les membres des comités sans exception, les uns et les autres se fussent réunis contre l'ennemi commun, et Maximilien serait, sans aucun doute, sorti victorieux de la lutte. Telle fut l'excuse, donnée plus tard par Lecointre, de sa réserve dans cette séance du 8 thermidor (3). Mais là ne fut point, suivant nous, le motif déterminant de sa prudence. A l'enthousiasme de la Convention, il jugea tout à fait compromise la cause des conjurés, et voulant se ménager les moyens de rentrer en grâce auprès de celui dont, après coup, il se vanta d'avoir dressé l'acte d'accusation plus de deux mois avant le 9 Thermidor, il rompit le premier le silence... pour réclamer l'impression du discours de Robespierre (4).

Bourdon (de l'Oise) s'éleva vivement contre la prise en considération de cette motion. Ce discours, objecta-t-il, pouvait contenir des erreurs comme des vérités, et il en demanda le renvoi à l'examen des deux comités. Mais, répondit Barère, qui sentait le vent

(1) Ceci est constaté par tous les journaux qui rendirent compte de la séance du 8 avant la chute de Robespierre. Voy. entre autres le *Journal de la Montagne* du 9 thermidor, où il est dit : « Ce discours est fort applaudi. » Quant au *Moniteur*, comme il ne publia son compte rendu de la séance du 8 que le lendemain de la victoire des conjurés, ce n'est pas dans ses colonnes qu'il faut chercher la vérité.

(2) *Les Crimes des sept membres des anciens comités, ou Dénonciation formelle à la Convention nationale*, par Laurent Lecointre, p. 79.

(3) *Ibid.*

(4) Nous racontons cette séance du 8 thermidor d'après *le Moniteur*, parce que c'est encore là qu'elle se trouve reproduite avec le plus de détails; mais le compte rendu donné par ce journal étant postérieur à la journée du 9, le lecteur ne doit pas perdre de vue que notre récit est entièrement basé sur une version rédigée par les pires ennemis de Maximilien.

souffler du côté de Maximilien, « dans un pays libre la lumière ne doit pas être mise sous le boisseau. » C'était à la Convention d'être juge elle-même, et il insista pour l'impression. Vint ensuite Couthon. Demander le renvoi du discours à l'examen des comités, c'était, selon ce tendre ami de Maximilien, faire outrage à la Convention nationale, bien capable de sentir et de juger par elle-même. Non-seulement il fallait imprimer ce discours, mais encore l'envoyer à toutes les communes de la République, afin que la France entière sût qu'il était ici des hommes ayant le courage de dire la vérité. Lui aussi, il dénonça les calomnies dirigées depuis quelque temps contre les plus vieux serviteurs de la Révolution ; il se fit gloire d'avoir parlé contre quelques hommes immoraux indignes de siéger dans la Convention, et il s'écria en terminant : « Si je croyais avoir contribué à la perte d'un seul innocent, je m'immolerais moi-même de douleur. » Ce cri sorti de la bouche d'un homme de bien acheva d'entraîner l'Assemblée. L'impression du discours, l'envoi à toutes les communes furent décrétés d'enthousiasme. On put croire à un triomphe définitif.

A ce moment le vieux Vadier parut à la tribune. D'un ton patelin, le rusé compère commença par se plaindre d'avoir entendu Robespierre traiter de farce ridicule l'affaire de Catherine Théot dont lui Vadier, on s'en souvient, avait été le rapporteur. Se sentant écouté, il prit courage et s'efforça de justifier le comité de Sûreté générale des inculpations dont il avait été l'objet. On l'avait accusé d'avoir persécuté des patriotes, et sur les huit cents affaires déjà jugées par les commissions populaires, de concert avec les deux comités, les patriotes, prétendit Vadier, s'étaient trouvés dans la proportion d'un sur quatre-vingts. Mais Robespierre ne s'était pas seulement plaint des persécutions exercées sur les patriotes ; il avait aussi reproché à quelques-uns de ses collègues d'avoir porté la Terreur dans toutes les conditions, érigé en crimes des erreurs ou des préjugés afin de trouver partout des coupables, et voilà comment, sur un si grand nombre d'accusés, les commissions populaires, de concert avec les comités, dont s'était séparé Maximilien, avaient rencontré si peu d'innocents. Du reste, il n'y eut de la part de Vadier nulle récrimination contre Robespierre.

Cambon, qui prit ensuite la parole, se montra beaucoup plus agressif. Il avait sur le cœur une accusation peut-être un peu légèrement tombée de la bouche de Maximilien. « Avant d'être déshonoré, je parlerai à la France, » s'écria-t-il. Et il défendit avec une extrême vivacité ses opérations financières, et surtout le dernier décret sur les rentes, auquel on reprochait d'avoir jeté la désolation parmi les petits rentiers, des nécessiteux, des vieillards pour la plupart (1). Puis, prenant à partie Robespierre, il l'accusa de paralyser à lui tout seul la volonté de la Convention nationale. Cette inculpation contre un représentant qui, depuis six semaines, n'avait pas paru à la tribune de l'Assemblée, était à la fois déloyale et puérile; et Robespierre répondit avec raison qu'une telle accusation lui paraissait aussi inintelligible qu'extraordinaire. Comment aurait-il été en son pouvoir de paralyser la volonté de la Convention, et surtout en fait de finances, matière dont il ne s'était jamais mêlé? Seulement, ajouta-t-il, « par des considérations générales sur les principes, j'ai cru apercevoir que les idées de Cambon en finances ne sont pas aussi favorables au succès de la Révolution qu'il le pense. Voilà mon opinion; j'ai osé la dire; je ne crois pas que ce soit un crime. » Et tout en déclarant qu'il n'attaquait point les intentions de Cambon (2), il persista à soutenir que le décret sur les rentes avait eu pour résultat de désoler une foule de citoyens pauvres.

Quoi qu'il en soit, l'intervention de Cambon dans le débat modifia singulièrement la face des choses. Les connaissances spéciales de ce représentant, ses remarquables rapports sur les questions

(1) M. Michelet, qui est bien forcé d'avouer avec nous que la République a été engloutie dans le guet-apens de Thermidor, mais dont la déplorable partialité contre Robespierre ne se dément pas jusqu'au dénoûment, a travesti de la façon la plus ridicule et la plus odieuse ce qu'il appelle le discours accusateur de Robespierre, à qui il ne peut pardonner son attaque contre Cambon. (Voy. t. VII, liv. XXI, ch. III.) Mais les opérations de Cambon ne parurent pas funestes à Robespierre seulement, puisque après Thermidor elles furent à diverses reprises l'objet des plus sérieuses critiques, et qu'à cause d'elles leur auteur se trouva gravement inculpé. M. Michelet a-t-il oublié ce passage de la Dénonciation de Lecointre : « Cambon disait à haute voix, en présence du public et de notre collègue Garnier (de l'Aube) : Voulez-vous faire face à vos affaires? guillotinez. Voulez-vous payer les dépenses immenses de vos quatorze armées? guillotinez. Voulez-vous payer les estropiés, les mutilés, tous ceux qui sont en droit de vous demander? guillotinez. Voulez-vous amortir les dettes incalculables que vous avez! guillotinez, guillotinez, et puis guillotinez. » (P. 195.) — Assurément je n'attache pas grande importance aux accusations de Lecointre; mais on voit que les reproches de Maximilien à Cambon sont bien pâles à côté de ceux que le grand financier de la Révolution eut à subir de la part des hommes auxquels il eut le tort de s'allier. Avant de se montrer si injuste, si passionné, si cruel, si ingrat envers Robespierre, M. Michelet aurait bien dû se rappeler que son héros, Cambon, manifesta tout le reste de sa vie l'amer regret d'avoir moralement coopéré au crime de Thermidor.

(2) « Manifeste reculade; » a écrit M. Michelet; « il l'avait appelé fripon, et maintenant il déclarait ne point attaquer ses intentions. » (T. VII, p. 446.) Si M. Michelet avait étudié avec un peu plus de soin les matériaux de l'histoire de la Révolution, il n'aurait point à la légère écrit cette phrase qui manque de vérité et de justice. On sait en effet que le discours prononcé par Robespierre n'était pas tout à fait conforme au discours imprimé, comme cela se trouve constaté par les discussions dont la Conven-

financières, l'achèvement du grand-livre, dont la conception lui appartenait, lui avaient attiré une juste considération et donné sur ses collègues une certaine influence. Des applaudissements venaient même d'accueillir ses paroles. C'était comme un encouragement aux conjurés. Ils sortirent de leur abattement, et Billaud-Varenne s'élança impétueusement à la tribune. A son avis, il était indispensable d'examiner très-scrupuleusement un discours dans lequel le comité était inculpé. — Ce n'est pas le comité en masse que j'attaque, objecta Robespierre; et il demanda à l'Assemblée la permission d'expliquer sa pensée. Alors un grand nombre de membres se levant simultanément : « Nous le demandons tous. » Sentant la Convention ébranlée, Billaud-Varenne reprit la parole. Mais, au lieu de répondre aux nombreux griefs dont Robespierre s'était fait l'écho, il balbutia quelques explications sur le départ des canonniers; puis, s'enveloppant tout à coup dans le manteau de Brutus, il s'écria que Robespierre avait raison, qu'il fallait arracher le masque, sur quelque visage qu'il se trouvât : « S'il est vrai que nous ne jouissions pas de la liberté des opinions, j'aime mieux que mon cadavre serve de trône à un ambitieux que de devenir, par mon silence, le complice de ses forfaits. » Après cette superbe déclaration, il réclama le renvoi du discours à l'examen des deux comités. C'était demander à la Convention de se déjuger.

A Billaud-Varenne succéda Panis, un de ces représentants mous et indécis à qui les conjurés avaient fait accroire qu'ils étaient sur la prétendue liste de proscription dressée par Maximilien. Cet ancien membre du comité de surveillance de la commune de Paris somma tout d'abord Couthon de s'expliquer sur les six membres qu'il poursuivait. Ensuite il raconta qu'un homme l'avait abordé aux Jacobins et lui avait dit : « Vous êtes de la première fournée..., votre tête est demandée; la liste a été faite par Robespierre. » Après quoi il invita ce dernier à s'expliquer à son égard et sur le compte de Fouché. Touchante sollicitude pour un misérable ! Quelques applaudissements ayant éclaté aux dernières paroles de Panis : « Mon opinion est indépendante, » répondit fièrement Robespierre; « on ne retirera jamais de moi une rétractation qui n'est pas dans mon cœur. En jetant mon bouclier, je me suis présenté à découvert

tion fut le théâtre dans la séance du 18 fructidor (4 septembre 1794). En ce qui concerne Cambon, il évita d'employer le mot de fripon; autrement Cambon n'aurait pas dit lui-même, en parlant de la phrase où il était fait allusion à son système de finances : « S'il eût été prononcé, Robespierre n'aurait pu dire, comme il le fit, qu'il n'inculpait point les intentions de Cambon. » Voy. *le Moniteur* du 20 fructidor an II (6 septembre 1794).

à mes ennemis; je n'ai flatté personne, je ne crains personne; je
n'ai calomnié personne. — « Et Fouché? » répéta Panis, comme
Orgon eût dit : Et Tartufe? — Fouché ! reprit Maximilien d'un ton
méprisant, je ne veux pas m'en occuper actuellement... je n'écoute
que mon devoir; je ne veux ni l'appui ni l'amitié de personne, je
ne cherche point à me faire un parti ; il n'est donc pas question de
me demander que je blanchisse tel ou tel. J'ai fait mon devoir, c'est
aux autres à faire le leur. » Couthon expliqua comment, en demandant l'envoi du discours à toutes les communes, il avait voulu que
la Convention en fît juge la République entière. Mais c'était là ce
qu'à tout prix les conjurés tenaient à empêcher. Ils savaient bien
qu'entre eux et Robespierre l'opinion de la France ne pouvait être
un moment douteuse.

Bentabole et Charlier, deux enthousiastes de Marat, insistent
pour le renvoi aux comités. « Quoi! » s'écrie Maximilien, « j'aurai
eu le courage de venir déposer dans le sein de la Convention des
vérités que je crois nécessaires au salut de la patrie, et l'on renver-
rait mon discours à l'examen des membres que j'accuse! » On murmure à ces paroles. « Quand on se vante d'avoir le courage de la
vertu, il faut avoir celui de la vérité, » riposte Charlier; et les applaudissements de retentir. L'apostrophe de Charlier indique suffisamment la faute capitale commise ici par Robespierre. Ce n'était
pas à lui, ont prétendu quelques écrivains, de formuler son accusation ; il n'avait qu'à indiquer aux comités la faction qu'il combattait, les abus et les excès dont elle s'était rendue coupable, et il
appartenait à ces comités de prendre telles mesures qu'ils auraient
jugées nécessaires. C'est là, à notre avis, une grande erreur; et telle
était aussi l'opinion de Saint-Just à cet égard, puisqu'il a écrit dans
son discours du 9 Thermidor : « Le membre qui a parlé longtemps
hier à cette tribune ne me paraît point avoir assez nettement distingué ceux qu'il inculpait. » Le mystère dont Maximilien eut le
tort d'envelopper son accusation servit merveilleusement les conjurés. Grâce aux insinuations perfides répandues par eux, un doute
effroyable planait sur l'Assemblée. Plus d'un membre se crut menacé, auquel il n'avait jamais songé. Quelle différence s'il avait résolûment nommé les cinq ou six coquins dont le châtiment eût été un
hommage rendu à la morale et à la justice! L'immense majorité de
la Convention se fût ralliée à Robespierre; avec lui eussent définitivement triomphé, je n'en doute pas, la liberté et la République.
Au lieu de cela, il persista dans ses réticences, et tout fut perdu.

Amar et Thirion insistèrent, à leur tour, pour le renvoi aux comités, en faveur desquels étaient toutes les présomptions, suivant

Thirion, Montagnard aveuglé qui plus d'une fois plus tard dut regretter la légèreté avec laquelle il agit en cette circonstance. Barère, sentant chanceler la fortune de Robespierre, jugea prudent de prononcer quelques paroles équivoques qui lui permissent, à un moment donné, de se tourner contre lui. Enfin l'Assemblée, après avoir entendu Bréard en faveur des comités, rapporta son décret et, par une ironie sanglante, renvoya le discours de Robespierre à l'examen d'une partie de ceux-là mêmes contre lesquels il était dirigé (1). Ce n'était pas encore pour les conjurés un triomphe définitif, mais leur audace s'en accrut dans des proportions extrêmes; ils virent qu'il ne leur serait pas impossible d'entraîner cette masse incertaine des députés du centre, dont quelques paroles de Cambon avaient si subitement modifié les idées. Jamais, depuis, l'illustre et sévère Cambon ne cessa de gémir sur l'influence fâcheuse exercée par lui dans cette séance mémorable. Proscrit sous la Restauration, après s'être tenu stoïquement à l'écart tant qu'avaient duré les splendeurs du régime impérial, il disait alors : « Nous avons tué la République au 9 Thermidor, en croyant ne tuer que Robespierre! Je servis, à mon insu, les passions de quelques scélérats! Que n'ai-je péri, ce jour là, avec eux! la liberté vivrait encore (2)! » Combien d'autres pleurèrent en silence, avec la liberté perdue, la mémoire du Juste sacrifié, et expièrent par d'éternels remords l'irréparable faute de ne s'être point interposés entre les assassins et la victime!

XXII

Il était environ cinq heures quand fut levée la séance de la Convention. S'il faut en croire une tradition fort incertaine, Robespierre serait allé, dans la soirée même, se promener aux Champs-Élysées avec sa fiancée, qui, triste et rêveuse, flattait de sa main la tête du fidèle Brount. Comme Maximilien lui montrait combien le coucher du soleil était empourpré : « Ah! » se serait écriée Éléonore, « c'est du beau temps pour demain (3). » Mais c'est là de la pure légende.

(1) Voyez, pour cette séance du 8 thermidor, *le Moniteur* du 11 (29 juillet 1794). Avons-nous besoin de dire que le compte rendu de cette feuille, fait après coup, eût été tout autre si Robespierre l'avait emporté?

(2) Paroles rapportées à M. Laurent (de l'Ardèche) par un ami de Cambon. (Voy. la *Réfutation de l'Histoire de France de l'abbé Montgaillard*, XIᵉ lettre, p. 332.) J'ai connu un vieillard à qui Cambon avait exprimé les mêmes sentiments.

(3) C'est M. Alphonse Esquiros qui raconte cette anecdote dans son *Histoire des Montagnards*. Mais, trompé par ses souvenirs, M. Esquiros a évidemment fait confusion

D'abord, les mœurs étaient très-sévères dans cette patriarcale famille Duplay, et Mme Duplay, si grande que fût sa confiance en Maximilien, n'eût pas permis à sa fille de sortir seule avec lui (1). En second lieu, comment aurait-il été possible à Robespierre d'aller se promener aux Champs-Élysées à la suite de cette orageuse séance du 8, et dans cette soirée où sa destinée et celle de la République allaient être en jeu?

Ce qu'on sait, c'est qu'en rentrant chez son hôte il ne désespérait pas encore; il montra même une sérénité qui n'était peut-être pas dans son cœur, car il n'ignorait pas de quoi était capable la horde de fripons et de coquins déchaînée contre lui. Toutefois, il comptait sur la majorité de la Convention : « La masse de l'Assemblée m'entendra, » dit-il (2). Après dîner il se hâta de se rendre aux Jacobins, où, comme on pense bien, régnait une animation extraordinaire. La salle, les corridors même étaient remplis de monde (3). Quand parut Maximilien, des transports d'enthousiasme éclatèrent de toutes parts ; on se précipita vers lui pour le choyer et le consoler. Cependant çà et là on pouvait apercevoir quelques-uns de ses ennemis. Billaud-Varenne et Collot d'Herbois, qui depuis longtemps n'avaient pas mis les pieds au club, étaient accourus, fort inquiets de la tournure que prendraient les choses.

Que se passa-t-il dans cette séance fameuse? Les journaux du temps n'en ayant pas donné le compte rendu, nous n'en savons absolument que ce que les vainqueurs ont bien voulu nous raconter, puisque ceux des amis de Robespierre qui y ont joué un rôle ont été immolés avec lui. Quelques récits plus ou moins travestis de certains orateurs à la tribune de la Convention, et surtout la narration de Billaud dans sa réponse aux imputations personnelles dont il fut l'objet après Thermidor, voilà les seuls documents auxquels

ici. Nous avons du reste sous les yeux une lettre écrite par Mme Le Bas au rédacteur de l'ancienne *Revue de Paris*, à propos d'un article dans lequel M. Esquiros avait retracé la vie intime de Maximilien d'après une conversation avec Mme Le Bas, et où la vénérable veuve du Conventionnel se plaint de quelques inexactitudes commises par cet estimable et consciencieux écrivain.

(1) Mme Le Bas ne dit mot dans son Manuscrit de cette prétendue promenade du 8, tandis qu'elle raconte complaisamment les promenades habituelles de Maximilien aux Champs-Élysées avec toute la famille Duplay.

(2) Ces paroles sont extraites de l'ouvrage de Toulongeon, t. II, p. 502. Elles peuvent être crues, parce qu'elles sont conformes à celles qu'a rapportées Buonaroti comme ayant été dites à Duplay dans la matinée du 9; mais on n'en saurait dire autant des deux membres de phrase qui les précèdent dans Toulongeon : « Je n'attends plus rien de la Montagne ; ils veulent se défaire de moi comme d'un tyran... » Comment Robespierre aurait-il douté de toute la Montagne!

(3) *Réponse de J.-N. Billaud à Laurent Lecointre*, p. 36.

on puisse s'en rapporter pour avoir une idée des scènes dramatiques dont la salle des Jacobins fut le théâtre dans la soirée du 8 thermidor.

Dès le début de la séance, Billaud-Varenne, Collot d'Herbois et Robespierre demandèrent en même temps la parole. Elle fut accordée au dernier, qu'on invita à donner lecture du discours prononcé par lui dans la journée. S'il faut en croire Billaud, Maximilien commença en ces termes : « Aux agitations de cette assemblée, il est aisé de s'apercevoir qu'elle n'ignore pas ce qui s'est passé ce matin dans la Convention. Les factieux craignent d'être dévoilés en présence du peuple. Mais je les remercie de s'être signalés d'une manière aussi prononcée et de m'avoir mieux fait connaître mes ennemis et ceux de ma patrie. » Après quoi il lut son discours qu'accueillirent un enthousiasme sans bornes et des applaudissements prolongés. Quand il eut achevé sa lecture, il ajouta, dit la tradition : « Ce discours que vous venez d'entendre est mon testament de mort. Je l'ai vu aujourd'hui, la ligue des méchants est tellement forte que je ne puis espérer de lui échapper. Je succombe sans regret; je vous laisse ma mémoire; elle vous sera chère et vous la défendrez. » On prétend encore que comme à ce moment ses amis s'élevaient avec vivacité contre un tel découragement et s'écriaient en tumulte que l'heure d'un nouveau 31 mai avait sonné, il aurait dit : « Eh bien! séparez les méchants des hommes faibles; délivrez la Convention des scélérats qui l'oppriment; rendez lui le service qu'elle attend de vous comme au 31 mai et au 2 juin. » Mais cela est tout à fait inadmissible. L'idée d'exercer une pression illégale sur la Représentation nationale n'entra jamais dans son esprit. Nous avons montré combien étranger il était resté aux manifestations populaires qui, au 31 mai et au 2 juin de l'année précédente, avaient précipité la chute des Girondins, et l'on a vu tout à l'heure avec quelle énergie et quelle indignation il s'était élevé deux jours auparavant contre ceux qui parlaient de recourir à un 31 mai; bientôt on l'entendra infliger un démenti sanglant à Collot d'Herbois, quand celui-ci l'accusera implicitement d'avoir poussé les esprits à la révolte. Si la moindre allusion à un nouveau 31 mai fût sortie de sa bouche dans cette soirée du 8 thermidor, est-ce qu'on ne se serait pas empressé le lendemain d'en faire un texte d'accusation contre lui? Est-ce que la réponse de Billaud-Varenne, où il est rendu compte de la séance des Jacobins, n'en aurait pas contenu mention? Non, Robespierre, disons-le à son éternel honneur, ne songea pas un seul instant à en appeler à la force. Dans l'état d'enthousiasme et d'exaspération où la lecture de son discours avait porté l'immense majorité des patriotes, il n'avait qu'un signal à donner, et c'en était fait de ses ennemis : la Convention, épurée de par la volonté populaire, se fût avec empressement ralliée à lui, et il n'eût pas succombé le lendemain, victime de son respect pour le droit et pour la légalité.

« *Custodiatur igitur mea vita reipublicœ*. Protégez donc ma vie pour la République, » aurait-il pu dire avec Cicéron (1) ; et cette exclamation eût suffi, je n'en doute pas, pour remuer tout le peuple de Paris. Il ne voulut pas la pousser. Mais que, cédant à un sentiment de mélancolie bien naturel, il se soit écrié : « S'il faut succomber, eh bien ! mes amis, vous me verrez boire la ciguë avec calme », cela est certain. Non moins authentique est le cri de David : « Si tu bois la ciguë, je la boirai avec toi ! » Et en prononçant ces paroles d'une voix émue, le peintre immortel se jeta dans les bras de Maximilien et l'embrassa comme un frère (2). Le lendemain, il est vrai, on ne le vit pas se ranger parmi les hommes héroïques qui demandèrent à partager le sort du Juste immolé. Averti par Barère du résultat probable de la journée (3), il s'abstint de paraître à la Convention. On l'entendit même, dans un moment de déplorable faiblesse, renier son ami et s'excuser d'une amitié qui l'honorait, en disant qu'il ne pouvait concevoir jusqu'à quel point ce *malheureux* l'avait trompé par ses vertus hypocrites (4). L'artiste effrayé s'exprimait ainsi sous la menace de l'échafaud. Mais ce ne fut là qu'une faiblesse momentanée, qu'une heure d'égarement et d'oubli. Jamais le culte de Maximilien ne s'effaça de son cœur. Très-peu de temps après le 9 Thermidor, David s'exprimait en ces termes devant ses deux fils : « On vous dira que Robespierre était un scélérat ; on vous le peindra sous les couleurs les plus odieuses : n'en croyez rien. Il viendra un jour où l'histoire lui rendra une éclatante justice (5). » Plus tard, pendant son exil, se trouvant un soir au théâtre de Bruxelles, il fut abordé par un Anglais

(1) XII⁰ Philippique.
(2) Voyez à cet égard la déclaration de Goupilleau (de Fontenay) dans la séance du 13 thermidor au soir (31 juillet 1794). David nia avoir embrassé Robespierre ; mais il avoua qu'il lui avait dit en effet : « Si tu bois la ciguë, je la boirai avec toi.» (Voy. *le Moniteur* du 15 thermidor de l'an II [2 août 1794].) Un jour, un an après le 9 Thermidor, le député Lemoine vint présenter à la Convention un sabre, dont on n'avait pas entendu parler jusque-là, et qu'il prétendit avoir été fait pour Robespierre, sur les dessins de David. Ce sabre était de même forme que les sabres des élèves du camp de Sablons, dont, prétendit Lemoine, Robespierre avait eu le projet de se former une garde prétorienne. Ces stupides déclamations du temps n'ont pas besoin de commentaires. (Voir *le Moniteur* du 14 thermidor an III [1ᵉʳ août 1795].)
(3) Mémoires de Barère.
(4) Séance du 12 thermidor (30 juillet 1794), *Moniteur* du 15.
(5) Biographie de David, dans le *Dictionnaire encyclopédique* de Philippe Le Bas.

qui lui demanda la permission de lui serrer la main. Le grand peintre se montra très-flatté de cette marque d'admiration, qu'il crut tout d'abord due à la notoriété dont il jouissait, à son génie d'artiste ; et, entre autres choses, il demanda à l'étranger s'il aimait les arts. — L'Anglais lui répondit : « Ce n'est pas à cause de votre talent que je désire vous serrer la main, mais bien parce que vous avez été l'ami de Robespierre. — Ah ! s'écria alors David, ce sera pour celui-là comme pour Jésus-Christ, on lui élèvera des autels (1). » Jusqu'à la fin de sa vie l'illustre artiste persista dans les mêmes sentiments. Il revenait souvent sur ce sujet, comme s'il eût senti le besoin de protester contre un moment d'erreur qu'il se reprochait, a dit un de ses biographes. Peu de jours avant sa mort, l'aîné de ses fils, Jules David, l'éminent helléniste, lui dit : « Eh bien ! mon père, trente ans se sont écoulés depuis le 9 Thermidor, et la mémoire de Robespierre est toujours maudite. — Je vous le répète, répondit le peintre, c'était un vertueux citoyen. Le jour de la justice n'est pas encore venu ; mais, soyez en certains, il viendra (2). » Est-il beaucoup d'hommes à qui de semblables témoignages puissent être rendus ?

L'émotion ressentie par David fut partagée par toute l'assistance. Billaud-Varenne et Collot d'Herbois essayèrent en vain de se faire entendre, on refusa de les écouter. Depuis longtemps ils ne s'étaient guère montrés aux Jacobins ; leur présence au club ce soir-là parut étrange et suspecte. Conspués, poursuivis d'imprécations, ils se virent contraints de se retirer honteusement, et dès ce moment ils ne songèrent plus qu'à se venger (3).

Le silence se rétablit pour un instant à la voix de Couthon, dont la parole ardente et indignée causa une fermentation extraordinaire. Deux députés soupçonnés d'appartenir à la conjuration, Dubarran et Duval, furent ignominieusement chassés. Quelques hommes de tête et de cœur, l'agent national Payan, Dumas, Prosper Sijas, Coffinhal, patriotes intègres qui lièrent volontairement leur destinée à celle de Maximilien, auraient voulu profiter de l'enthousiasme général pour frapper un grand coup. Ils pressèrent Robespierre d'agir, assure-t-on, de se porter sur les comités ; Robespierre de-

(1) David a souvent raconté lui-même cette anecdote à l'un de ses élèves les plus aimés, M. de Lafontaine, mort au mois de décembre 1860, à l'âge de quatre-vingt-sept ans ; elle m'a été transmise par M. Campardon, archiviste aux *Archives* de l'empire, et, si je ne me trompe, proche parent de M. de Lafontaine.

(2) Biographie de David, *ubi suprà*.

(3) Nous avons dit les regrets, les remords de Billaud-Varenne d'avoir agi de colère. Quelques instants avant cette scène, Collot d'Herbois s'était, dit-on, jeté aux genoux de Robespierre et l'avait conjuré de se réconcilier avec les comités. Mais c'est là une assertion qui ne repose sur aucune donnée certaine.

meura inflexible dans sa résolution de ne pas enfreindre la légalité. Il lui suffisait, pensait-il, de l'appui moral de la société pour résister victorieusement à ses ennemis, dernière illusion d'un cœur flétri pourtant déjà par la triste expérience de la méchanceté des hommes. Au lieu de s'entendre, de se concerter avec quelques amis pour la journée du lendemain, il se retira tranquillement chez son hôte. On se sépara aux cris de *Vive la République! Périssent les traîtres!* Mais c'étaient là des cris impuissants. Il eût fallu, malgré Robespierre, se déclarer résolûment en permanence. Les Jacobins avaient sur la Convention, divisée comme elle l'était, l'avantage d'une majorité compacte et bien unie. Sans même avoir besoin de recourir à la force, ils eussent, en demeurant en séance, exercé la plus favorable influence sur une foule de membres de l'Assemblée indécis jusqu'au dernier moment; les événements auraient pris une tout autre tournure, et la République eût été sauvée.

XXIII

Tandis que Robespierre allait dormir son dernier sommeil, les conjurés, peu rassurés, se répandirent de tous côtés et déployèrent l'énergie du désespoir pour tourner contre Maximilien les esprits incertains, hésitants, ceux à qui leur conscience troublée semblait défendre de sacrifier l'intègre et austère tribun. De l'attitude de la droite dépendait le sort de la journée du lendemain, et dans la séance du 8 elle avait paru d'abord toute disposée en faveur de Robespierre. On vit alors, spectacle étrange, les Tallien, les Fouché, les Rovère, les Bourdon (de l'Oise), les André Dumont, tous ces hommes dégouttants de sang et de rapines, se jeter comme des suppliants aux genoux des membres de cette partie de la Convention dont ils étaient haïs et méprisés. Ils promirent de fermer l'ère de la Terreur, eux qui dans leurs missions avaient commis mille excès, multiplié d'une si horrible manière les actes d'oppression, et demandé même mainte et mainte fois l'arrestation de ceux dont ils sollicitaient aujourd'hui le concours. A ces républicains équivoques, à ces royalistes déguisés, ils s'efforcèrent de persuader que la protection qui leur avait été jusqu'alors accordée par Maximilien n'était que passagère, que leur tour arriverait; et naturellement ils mirent sur le compte de Robespierre les exécutions qui s'étaient multipliées précisément depuis le jour où il avait cessé d'exercer aucune influence sur les affaires du gouvernement. Il y avait là un double mensonge auquel, pour de bonnes raisons, ni les uns ni les autres ne

croyaient. A deux reprises différentes, les gens de la droite repous-
sèrent dédaigneusement les avances intéressées de ces *bravi* de
l'Assemblée ; la troisième fois ils cédèrent (1). La raison de ce brusque
changement s'explique à merveille. Avec Robespierre triomphant, la
Terreur pour la Terreur, cette Terreur dont il venait de signaler et
de flétrir si éloquemment les excès, prenait fin ; mais les patriotes
étaient protégés, mais la justice sévère continuait d'avoir l'œil sur
les ennemis du dedans et sur ceux du dehors, mais la Révolution
n'était pas détournée de son cours, mais la République s'affermissait
sur d'inébranlables bases. Au contraire, avec Robespierre vaincu, la
Terreur pouvait également cesser, se retourner même contre les patriotes, comme cela arriva ; mais la République était frappée au
cœur, et la contre-révolution certaine d'avance de sa prochaine victoire. Voilà ce qu'à la dernière heure comprirent très-bien les Boissy-
d'Anglas, les Palasne-Champeaux, les Durand-Maillane, et tous
ceux qu'effarouchaient la rigueur et l'austérité des principes républicains (2) ; et voilà comment fut conclue l'alliance monstrueuse
des réactionnaires et des révolutionnaires dans le sens du crime.

Sur les exagérés de la Montagne la bande des conjurés agit par
des arguments tout opposés. On peignit Robespierre sous les couleurs d'un modéré, on lui reprocha d'avoir protégé des royalistes,
on rappela avec quelle persistance il avait défendu les signataires
de la protestation contre le 31 mai, et cela eut un plein succès. Il n'y
eut pas, a-t-on dit avec raison, une conjuration unique contre Robespierre ; la contre-révolution y entra en se couvrant de tous les
masques. C'était son rôle ; et, suivant une appréciation consciencieuse et bien vraie, les ennemis personnels de Maximilien se rendirent les auxiliaires ou plutôt les jouets de l'aristocratie et ne
crurent pas payer trop cher la défaite d'un seul homme par le deuil
de leur pays (3).

Pour cette nuit du 8 au 9 Thermidor, comme pour la journée du 8,
nous sommes bien obligé de nous en tenir presque entièrement aux
renseignements fournis par les vainqueurs, la bouche ayant été à
jamais fermée aux vaincus. Rien de dramatique, du reste, comme
la séance du comité de Salut public dans cette nuit suprême. Les
membres présents, Carnot, Robert Lindet, Prieur (de la Côte-d'Or),

---

(1) Voyez l'*Histoire de la Convention*, par Durand-Maillane, p. 199.

(2) Buonaroti a prétendu, d'après les révélations de quelques-uns des proscripteurs
de Robespierre, que les idées sociales exprimées en diverses occasions par ce dernier
n'avaient pas peu contribué à grossir le nombre de ses ennemis. Voyez sa Notice sur
Maximilien Robespierre.

(3) *Choix de rapports, opinions et discours*, t. XIV, p. 264. Paris, 1829.

Barère, Saint-Just, travaillaient silencieusement. Saint-Just rédigeait à la hâte son rapport pour le lendemain, « et ne témoignait ni inquiétude *ni repos* (1), » quand arrivèrent Billaud-Varenne, Collot d'Herbois et certains membres du comité de Sûreté générale. A la vue de Collot d'Herbois, dont les traits bouleversés accusaient le trouble intérieur, Saint-Just lui demanda froidement ce qu'il y avait de nouveau aux Jacobins. Sur quoi Collot d'Herbois, hors de lui, l'aurait traité de traître, de lâche, etc. Puis Élie Lacoste, se levant furieux, se serait écrié que Robespierre, Couthon et Saint-Just étaient un triumvirat de fripons machinant contre la patrie. Que venait faire ici le sauvage rapporteur de l'affaire des *chemises rouges?* Et Barère, l'héroïque Barère, d'apostropher à son tour Robespierre, Couthon et Saint-Just. A l'en croire, il les aurait appelés des pygmées insolents. Maximilien, qui la veille encore jouissait, disait-il, d'une réputation patriotique méritée par cinq années de travaux et par ses principes imperturbables d'indépendance et de liberté, est devenu tout à coup du jour au lendemain un scélérat; le second n'est qu'un éclopé, le troisième un enfant. Robespierre et Couthon n'étaient pas là, notez bien. Oh! le beau courage, la noble conduite, — en admettant comme vraies les assertions des membres des anciens comités, — que de se mettre à trois, à quatre contre un *enfant*, à qui ils ont été obligés de rendre cette justice qu'au milieu de leurs vociférations il était resté calme et n'avait témoigné aucune inquiétude!

Cet *enfant*, dont l'assurance et le sang-froid annonçaient une conscience pure, les glaçait d'épouvante. — « Tu prépares notre acte d'accusation? » lui dit brusquement Collot d'Herbois. — Saint-Just pâlit-il à cette interrogation, comme l'ont prétendu ses meurtriers? C'est assez peu probable, puisqu'il leur offrit de leur donner, séance tenante, communication du discours qu'il préparait. Personne ne voulut y jeter les yeux (2). Saint-Just se remit à l'œuvre en promettant à ses collègues, s'il faut s'en rapporter à eux, de leur lire son discours le lendemain avant de le prononcer devant la Convention. Quand il eut achevé son travail, il prit part à la conversation comme si de rien n'était, jouant, paraît-il, l'étonnement de n'être pas dans la confidence des dangers dont il entendait parler, et se plaignant de ce que tous les cœurs étaient fermés. Ce fut alors qu'il ajouta qu'il ne

---

(1) *Réponse des membres des deux anciens comités aux imputations de Laurent Lecointre*, note 7, p. 105.

(2) Quelques écrivains ont raconté que Collot d'Herbois s'était porté sur Saint-Just à des violences matérielles. Il n'en est pas fait mention dans la narration des membres des anciens comités.

concevait pas cette manière prompte *d'improviser la foudre* à chaque instant, et que, au nom de la République, il conjura ses collègues de revenir à des idées et à des mesures plus justes. Cet aveu, que nous avons déjà relaté, venant des assassins de Robespierre, de Saint-Just et de Couthon, est bien précieux à recueillir (1). Suivant Collot d'Herbois et ses amis, il est vrai, Saint-Just ne s'exprimait ainsi que pour les tenir en échec, paralyser leurs mesures et refroidir leur zèle ; mais c'était si peu cela, qu'à cinq heures du matin il sortit, les laissant complétement maîtres du terrain.

On a quelquefois raconté que Lecointre était allé dans la nuit presser le comité de Salut public de faire arrêter le général de la garde nationale, le maire et l'agent national ; c'est une erreur. De son propre aveu, Lecointre s'en tint à quelques avis donnés à Lavi-comterie, à la porte du comité de Sûreté générale, et à ce comité lui-même (2). Il ne paraît pas non plus que Fréron et Cambon aient pénétré, comme on l'a dit, jusque dans l'intérieur du comité de Salut public, car la porte en était close pour tout le monde (3). Les conjurés du comité de Salut public pouvaient craindre, tant leur cause était mauvaise, que les autorités parisiennes ne se rangeassent du côté de Robespierre ; mais à cette heure ils ne savaient rien encore des dispositions d'Hanriot, de Payan et de Fleuriot-Lescot. S'ils mandèrent auprès d'eux le maire et l'agent national, ce fut pour sonder leurs intentions et non pas pour les tenir en charte privée, comme l'a déclaré plus tard Billaud-Varenne (4).

Vers dix heures du matin, les comités de Sûreté générale et de Salut public, je veux dire les membres appartenant à la conjura-tion, se réunirent. Comme on délibérait sur la question de savoir si l'on ferait arrêter le général de la garde nationale, entra Couthon, qui prit avec chaleur la défense d'Hanriot. Une scène violente s'ensuivit entre lui et Carnot. « Je savais bien que tu étais le plus méchant des hommes, » dit-il à Carnot. — « Et toi le plus traître, » répondit celui-ci (5). Que Carnot ait agi méchamment dans cette journée du 9 Thermidor, c'est ce que malheureusement il est im-possible de contester. Quant au reproche tombé de sa bouche, c'est une de ces niaiseries calomnieuses dont, hélas ! les Thermido-

---

(1) *Réponse des membres des deux anciens comités aux imputations de Laurent Le-cointre*, note 7, p. 107.

(2) *Les Crimes des sept membres des anciens comités...*, p. 185.

(3) Déclaration de Fréron et de Cambon dans la séance du 13 fructidor an II (*Mo-niteur des 15 et 16 fructidor (1er et 2 septembre 1794*).

(4) Séance du 13 fructidor an II, *ubi suprà*.

(5) *Réponse aux imputations de Laurent Lecointre*, note 7, p. 108.

riens se sont montrés si prodigues à l'égard de leurs victimes.

Il était alors midi. En cet instant se présenta un huissier de la Convention, porteur d'une lettre de Saint-Just ainsi conçue : « L'injustice a fermé mon cœur, je vais l'ouvrir à la Convention (1). » Si nous devons ajouter foi au dire des membres des anciens comités, Couthon, s'emparant du billet, l'aurait déchiré, et Ruhl, un des membres du comité de Sûreté générale, indigné, se serait écrié : « Allons démasquer ces traîtres ou présenter nos têtes à la Convention (2) ! » Ah ! pauvre jouet des Fouché et des Tallien, vieux et sincère patriote, tu songeras douloureusement, mais trop tard, à cette heure d'aveuglement fatal, quand, victime à ton tour de la réaction, tu échapperas par le suicide à l'échafaud où toi-même tu contribuas à pousser les plus fermes défenseurs de la République !

XXIV

Ce fut, sous tous les rapports, une triste et sombre journée que celle du 9 Thermidor an II, autrement dit 27 juillet 1794. Le temps, lourd, nuageux, semblait présager les orages qui allaient éclater. On eût dit qu'il se reflétait dans le cœur des membres de la Convention, tant au début de la séance la plupart des physionomies étaient chargées d'anxiété (3). Les conjurés seuls paraissaient tranquilles. Sûrs désormais des gens de la droite, lesquels, malgré leur estime pour Maximilien, s'étaient décidés à l'abandonner, sachant que, lui tombé, la République ne tarderait pas à tomber aussi (4), ils s'étaient arrêtés à un moyen sûr et commode, c'était de couper la parole à Robespierre, de l'assassiner purement et simplement; et en effet, la séance du 9 Thermidor ne fut pas autre chose qu'un guet-apens et

(1) *Réponse aux imputations de Laurent Lecointre*, note 7, p. 108. Il y a une petite variante au sujet de cette lettre dans la déclaration faite par Barère à la Convention le 13 fructidor. D'après Barère, le billet de Saint-Just était ainsi conçu : « Vous avez flétri mon cœur... »

(2) *Réponse aux imputations de Laurent Lecointre*, note 7, p. 108.

(3) Voyez à ce sujet le compte rendu de la séance du 9 thermidor an III dans le *Moniteur* du 14 thermidor an III (1er août 1795).

(4) « La droite, » dit avec raison M. Michelet, « finit par comprendre que si elle aidait la Montagne à ruiner ce qui, dans la Montagne était la pierre de l'angle, l'édifice croulerait... » (T. VII, p. 459.) Voilà qui est bien assurément, et tout à fait conforme à la vérité; mais par quelle inconséquence M. Michelet a-t-il pu écrire un peu plus haut : « La droite pensait (aussi bien que l'Europe), qu'après tout il était homme d'ordre, nullement ennemi des prêtres, donc un homme de l'ancien régime. » (P. 451.) Comment Robespierre pouvait-il être à la fois l'homme de l'ancien régime et la pierre de l'angle de l'édifice républicain? Il faudrait des volumes pour relever toutes les erreurs, les inconséquences et les contradictions de M. Michelet.

un assassinat. Peu d'instants avant l'ouverture de la séance, Bourdon (de l'Oise) ayant rencontré Durand-Maillane aux abords de la
salle, lui prit la main en lui disant : « Oh! les braves gens que les
gens du côté droit (1)! » Un moment après on pouvait voir Durand-
Maillane se promener avec Rovère dans la salle de la Liberté (2).
Et c'était bien là le vrai type de la faction thermidorienne : le brigandage et le meurtre alliés à la lâcheté et à l'apostasie.

Au reste, jamais cette alliance impure et monstrueuse ne fût parvenue à renverser Robespierre, si à cette époque du 9 Thermidor
les membres les plus probes et les plus patriotes de la Convention
ne s'étaient pas trouvés en mission auprès des armées, dans les départements et dans les ports de mer où ils avaient été envoyés à la
place de la plupart des Thermidoriens, des Rovère, des Fouché,
des Carrier, des Fréron, des André Dumont et des Tallien. Le
triomphe de la faction tint à l'absence d'une cinquantaine de républicains irréprochables. Laporte et Reverchon étaient à Lyon, Albite et Salicetti à Nice, Laignelot à Laval, Duquesnoy à Arras,
Duroy à Landau, René Levasseur à Sedan, Maure à Montargis (3),
Goujon, Soubrany, ces deux futures victimes de la réaction, dans le
Haut-Rhin et dans les Pyrénées-Orientales, Bô à Nantes, Maignet à
Marseille, Lejeune à Besançon, Alquier et Ingrand à Niort, Lecar-
pentier à Port-Mâlo, Borie dans le Gard, Jean-Bon Saint-André et
Prieur (de la Marne) tous deux membres du comité de Salut public,
sur les côtes de l'Océan, etc. Si ces représentants intègres et tout
dévoués à l'idée républicaine se fussent trouvés à Paris, jamais, je
le répète, une poignée de scélérats, ne seraient venus à bout d'abattre les plus fermes appuis de la démocratie.

Au moment où Robespierre quitta, pour n'y plus rentrer, la maison de son hôte, cette pauvre et chère maison où depuis quatre ans
il avait vécu avec la simplicité du sage, entouré d'amour et de respect, Duplay ne put s'empêcher de lui parler avec beaucoup de sollicitude, et il l'engagea vivement à prendre quelques précautions
contre les dangers au-devant desquels il courait. « La masse de la
Convention est pure; ressure-toi; je n'ai rien à craindre, » répondit Maximilien (4). Déplorable confiance, qui le livra sans défense

(1) *Mémoires de Durand-Maillane*, p. 199, *ubi suprà*.

(2) *Ibid.*

(3) « Je te porte dans mon cœur avec la même énergie que je t'ai porté dans mes
bras pour combattre les scélérats qui déchiroient naguère le sein de notre chère patrie...» écrivait Maure à Couthon, à la date du 28 messidor. (Lettre inédite, de la collection Portiez [de l'Oise].)

(4) Détails transmis à MM. Buchez et Roux par Buonaroti, qui les tenait de Duplay lui-même. (*Histoire parlementaire*, t. XXXIV, p. 3.)

à ses ennemis! On s'attendait bien dans Paris à un effroyable orage parlementaire, mais c'était tout ; et il y avait si peu d'entente entre Robespierre et ceux dont le concours lui était assuré d'avance, que le général de la garde nationale, Hanriot, s'en était allé tranquillement déjeuner au faubourg Saint-Antoine chez un de ses parents (1).

XXV

Comme d'habitude, la séance du 9 Thermidor commença par la lecture de la correspondance. Cette lecture à peine achevée, Saint-Just, qui attendait au bas de la tribune, demanda la parole. Collot d'Herbois occupait le fauteuil. Pour cette séance, nous devons prévenir le lecteur, ainsi que nous l'avons fait pour les séances de la Convention et des Jacobins de la veille, qu'il n'existe pas d'autres renseignements que ceux qu'il a plu aux vainqueurs de fournir eux-mêmes ; comme les historiens qui nous ont devancé, nous sommes réduit ici à écrire d'après des documents longuement médités et arrangés pour les besoins de leur cause par les Thermidoriens eux-mêmes (2).

« Je ne suis d'aucune faction, je les combattrai toutes. Elles ne s'éteindront jamais que par les institutions qui produiront les garanties, qui poseront la borne de l'autorité, et feront ployer sans retour l'orgueil humain sous le joug des libertés publiques. » Ces paroles ne sont assurément ni d'un triumvir ni d'un aspirant à la dictature ; c'était le début du discours de Saint-Just. On sait comment, dès les premiers mots, le jeune orateur fut interrompu par Tallien. Il fallait empêcher à tout prix la lumière de se produire ; car si Saint-Just avait pu aller jusqu'au bout, nul doute que la Convention, éclairée et cédant à la force de la vérité, n'eût écrasé la conjuration. En effet, de quoi se plaignait Saint-Just ? De ce que dans les quatre dernières décades, c'est-à-dire durant l'époque où il avait été commis le plus d'actes oppressifs et arbitraires, l'autorité du comité de Salut public avait été en réalité exercée par quelques-uns de ses membres seulement ; et ces membres étaient ·

---

(1) Nous empruntons ce détail à Léonard Gallois qui paraît avoir été fort bien informé. (Voy. son *Histoire de la Convention* t. VII, p. 251.)

(2) Il y a deux relations quasi officielles de la séance du 9 Thermidor, celle du *Moniteur* et le projet de procès-verbal de Charles Duval, imprimé par ordre de la Convention. Charles Duval était de la conjuration. On peut juger par là si son procès-verbal est bien digne de foi ! Nous ne parlons pas de la version donnée par le *Journal des débats et des décrets de la Convention*, c'est presque absolument la même que celle du *Moniteur*.

Billaud-Varenne, Collot d'Herbois, Barère et Carnot. Toute délibération du comité ne portant point la signature de six de ses membres devait être, selon Saint-Just, considérée comme un acte de tyrannie. Et c'était lui et ses amis que la calomnie accusait d'aspirer à la dictature ! La conclusion de son discours consistait dans le projet de décret suivant : « La Convention nationale décrète que les institutions qui seront incessamment rédigées présenteront les moyens que le gouvernement, sans rien perdre de son ressort révolutionnaire, ne puisse tendre à l'arbitraire, favoriser l'ambition et opprimer ou usurper la Convention nationale (1).

En interrompant Saint-Just, Tallien eut l'impudence de dire que, comme lui, il n'était d'aucune faction ; on entendit ce misérable déclarer qu'il n'appartenait qu'à lui-même et à la liberté, et il n'était que le jouet de ses passions, auxquelles il avait indignement sacrifié et sa dignité de représentant du peuple et les intérêts du pays. Il demanda hypocritement que le voile fût tout à fait déchiré, à l'heure même où ses complices et lui se disposaient à étrangler la vérité. La bande accueillit ses paroles par une triple salve d'applaudissements. Mais ce personnage méprisé de Robespierre, qui même avant l'ouverture de la Convention nationale avait deviné ses bas instincts, n'était pas de taille à entraîner l'Assemblée (2). Billaud-Varenne l'interrompit violemment à son tour, et s'élança à la tribune en demandant la parole pour une motion d'ordre.

A ce moment, assure-t-on, Barère dit à son collègue : « N'attaque que Robespierre, laisse là Couthon et Saint-Just (3), » comme si attaquer le premier, ce n'était pas en même temps attaquer les deux autres, comme si ceux-ci n'étaient pas résolus d'avance à partager la destinée du grand citoyen dont ils partageaient toutes les convictions. Égaré par la colère, Billaud n'écoute rien. Il se plaint amèrement des menaces qui la veille au soir avaient retenti contre

---

(1) Voyez, pour plus de détails sur le discours de Saint-Just, notre *Histoire de Saint-Just*, t. II, liv. V, ch. VII, édition Méline et Cans.

(2) On sait ce qu'il advint de Tallien. Nous avons dit plus haut comment, après avoir été l'un des coryphées de la réaction thermidorienne, il suivit le général Bonaparte en Égypte, où il demeura assez longtemps, chargé de l'administration des domaines. Tout le monde connaît l'histoire de ses disgrâces conjugales. Sous la Restauration, il obtint une pension de deux mille francs sur la cassette royale, qui, dit avec raison un biographe de Tallien, devait bien ce secours à l'auteur de la révolution du 9 Thermidor. Tallien était bien digne d'être célébré par Courtois. (Voyez les louanges que lui a décernées ce député dans son rapport sur les événements du 9 Thermidor (p. 39). A coquin, coquin et demi.

(3) Courtois, dans son second rapport (p. 39), donne en note ce détail comme le tenant du représentant Espert, député de l'Ariége à la Convention.

certains représentants au club des Jacobins, où, dit-il, on avait manifesté l'intention d'égorger la Convention nationale. C'était un mensonge odieux, mais n'importe! il fallait bien exaspérer l'Assemblée. Du doigt, il désigne sur le sommet de la Montagne un citoyen qui s'était fait remarquer par sa véhémence au sein de la société. « Arrêtez-le! arrêtez-le! » crie-t-on de toutes parts, et le malheureux est poussé dehors au milieu des plus vifs applaudissements.

A Saint-Just il reproche... quoi? de n'avoir point soumis au comité le discours dont ce député avait commencé la lecture, et il en revient à son thème favori : le prétendu projet d'égorgement de la Convention. Le Bas, indigné, veut répondre; on le rappelle à l'ordre! Il insiste, on le menace de l'Abbaye (1). Billaud reprend, et durant dix minutes se perd en des divagations calomnieuses qui pèseront éternellement sur sa mémoire. Il ose accuser Robespierre, la probité même, de s'être opposé à l'arrestation d'un secrétaire du comité de Salut public accusé d'un vol de 114,000 livres (*mouvement d'indignation de la part de tous les fripons de l'Assemblée*) (2). Il l'accuse d'avoir protégé Hanriot, dénoncé dans le temps par le tribunal révolutionnaire comme un complice d'Hébert; d'avoir placé à la tête de la force armée des conspirateurs et des nobles, le général La Valette, entre autres, dont Robespierre avait, en effet, on s'en souvient peut-être, pris la défense jadis, et qui, à sa recommandation, était entré dans l'état-major de la garde nationale de Paris. Maximilien ne croyait pas qu'on dût proscrire les nobles par cela même qu'ils étaient nobles, s'ils n'avaient d'ailleurs rien commis de répréhensible contre les lois révolutionnaires! Quel crime! On tuera La Valette comme noble et comme protégé de Robespierre. Maximilien, prétendait Billaud, ne trouvait pas dans toute la Convention vingt représentants dignes d'être investis de missions dans les départements. Encore un moyen ingénieux de passionner l'Assemblée. Et la Convention de frémir d'horreur! A droite, à gauche, au centre, l'hypocrisie commence de prendre des proportions colossalles. Si Robespierre s'était éloigné du comité, c'était, au dire de son accusateur, parce qu'il y avait trouvé de la résistance au moment où seul il avait voulu faire rendre le décret du 22 prairial. Mensonge odieux habilement propagé. La loi de prairial, nous l'avons surabondamment prouvé, eut l'assentiment des deux comités, et si Robespierre, découragé, cessa un jour de prendre réelle-

---

(1) Procès-verbal de Charles Duval, p. 5, et *Moniteur* du 11 thermidor (29 juillet 1794).

(2) *Moniteur* du 11 thermidor (29 juillet 1794).

ment part à la direction des affaires, ce fut précisément à cause de l'horrible usage qu'en dépit de sa volonté ses collègues des deux comités crurent devoir faire de cette loi.

« Nous mourrons tous avec honneur, » s'écrie ensuite Billaud-Varenne ; « je ne crois pas qu'il y ait ici un seul représentant qui voulût exister sous un tyran. » Non, non ! *périssent les tyrans !* répondent ceux surtout qu'on devait voir plus tard, trente ans durant, se coucher à plat ventre devant toutes les tyrannies. Dérision ! Quel tyran que celui qui, depuis près de deux mois, s'était abstenu d'exercer la moindre influence sur les affaires du gouvernement, et à qui il n'était même pas permis d'ouvrir la bouche pour repousser d'un mot les abominables calomnies vomies contre lui par des royalistes déguisés, des bandits fieffés et quelques patriotes fourvoyés. Continuant son réquisitoire, Billaud reproche à Maximilien d'avoir fait arrêter le meilleur comité révolutionnaire de Paris, celui de la section de l'*Indivisibilité*. Or, nous avons raconté cette histoire plus haut. Ce comité révolutionnaire, le meilleur de Paris, avait, par des excès de tous genres, jeté l'épouvante dans la section de l'*Indivisibilité*; et voilà pourquoi, d'après l'avis de Robespierre, on en avait ordonné l'arrestation (1). Billaud-Varenne termine enfin sa diatribe par un trait tout à l'avantage de Robespierre, trait déjà cité, t dont les partisans de Danton n'ont pas assez tenu compte à Maximilien. Laissons-le parler : « La première fois que je dénonçai Danton au comité, Robespierre se leva comme un furieux, en disant qu'il voyait mes intentions, que je voulais perdre les meilleurs patriotes (2). » Billaud ne soupçonnait donc guère qu'une partie des conjurés songeassent à venger Danton en proscrivant Robespierre.

Maximilien, qui jusqu'alors était resté muet, monte précipitamment à la tribune. On ne le laisse point parler. *A bas le tyran ! à bas le tyran !* hurle la troupe des conjurés. Encouragé par la tournure que prenaient les choses, Tallien prend de nouveau la parole au milieu des applaudissements de ses compères. On l'entend déclarer, en vrai saltimbanque qu'il était, qu'il s'est armé d'un poignard — le poignard de Thérézia Cabarrus, selon les chroniqueurs galants — pour percer le sein du nouveau Cromwell, au cas où l'Assemblée n'aurait pas le courage de le décréter d'accusation. Ah ! si Robespierre eût été Cromwell, comme Tallien se serait empressé de fléchir les genoux devant lui ! On n'a pas oublié ses lettres à Cou-

---

(1) Voyez plus haut l'affaire du comité révolutionnaire de la section de l'*Indivisibilité*.

(2) *Moniteur* du 11 thermidor (29 juillet 1794).

thon et à Maximilien, témoignage immortel de la bassesse et de la lâcheté de ce plat coquin. Il cherche à ménager à la fois les exagérés de la Montagne et les timides de la droite en se défendant d'être modéré d'une part, et de l'autre en réclamant protection pour l'innocence. Il ose, lui le cynique proconsul dont le faste criminel avait indigné les patriotes de Bordeaux, accuser Robespierre d'être servi par « des hommes crapuleux et perdus de débauche, » et la Convention indignée ne lui ferme pas la bouche (1)! Loin de là, elle vote, sur la proposition de cet indigne histrion, l'arrestation d'Hanriot et de son état-major, et elle se déclare en permanence jusqu'à ce que le glaive de la loi ait *assuré la Révolution.*

Le branle était donné. Billaud-Varenne réclame à son tour l'arrestation de Boulanger, auquel il reproche surtout d'avoir été l'ami de Danton, celle de Dumas, coupable d'avoir la veille, aux Jacobins, traité Collot d'Herbois de conspirateur, celle de La Valette et celle du général Dufraisse, dénoncés jadis l'un et l'autre par Bourdon (de l'Oise) et défendus par Maximilien. L'Assemblée vote en aveugle et sans discussion la triple arrestation (2). Il est impossible qu'Hanriot ne se soit pas entouré de suspects, fait observer Delmas, et il demande et obtient l'arrestation en masse des adjudants et aides de camp de ce général. Sont également décrétés d'arrestation, sans autre forme de procès, Prosper Sijas et Vilain d'Aubigny, ce dantoniste si souvent persécuté déjà par Bourdon (de l'Oise) dont la satisfaction dut être au comble. C'était du délire et du délire sanglant, car l'échafaud était au bout de ces décrets rendus contre tous ces innocents.

Robespierre s'épuise en efforts pour réclamer en leur faveur ; mais la Convention semble avoir perdu toute notion du juste et de l'injuste. *A bas le tyran, à bas le tyran!* s'écrie le chœur des conjurés. Et chaque fois que, profitant d'une minute d'apaisement, Maximilien prononce une parole : *A bas le tyran, à bas le tyran !* répète comme un lugubre refrain la cohue sinistre.

(1) *Moniteur* du 11 thermidor (29 juillet 1794). Charles Duval se contente de dire dans son procès-verbal que Tallien compara Robespierre à Catilina, et ceux dont il s'était entouré à Verrès (p. 9.) — La veille même du 9 Thermidor, un de ces Montagnards imprudents qui laissèrent si lâchement sacrifier les plus purs républicains, le représentant Chazaud, député de la Charente, écrivait à Couthon : « Un collègue de trois ans, qui te chérit et qui t'aime, et qui se glorifie de ne s'être pas écarté une minute du sentier que tes talens, ton courage et tes vertus ont tracé dans la carrière politique, désireroit épancher dans ton âme une amertume cruelle... » Lettre inédite en date du 8 thermidor (de la collection Portiez (de l'Oise).

(2) Projet de procès-verbal de Charles Duval (p. 9). Plus heureux que La Valette, cet autre protégé de Robespierre, le général Dufraisse échappa à l'échafaud, et put encore servir glorieusement la France.

Cependant Barère paraît à la tribune et prononce un discours d'une modération étonnante, à côté des scènes qui venaient de se dérouler (1). Robespierre y est à peine nommé. Il y est dit seulement que les comités s'occuperont de réfuter avec soin les faits mis la veille à leur charge par Maximilien. En attendant, que propose Barère à l'Assemblée? D'adresser une proclamation au peuple français, d'abolir dans la garde nationale tout grade supérieur à celui de chef de légion et de confier à tour de rôle le commandement à chaque chef de légion, enfin de charger le maire de Paris, l'agent national et le commandant de service de veiller à la sûreté de la Représentation nationale. Ainsi à cette heure on ne suppose pas encore que Fleuriot-Lescot et Payan prendront parti pour un homme contre une Assemblée tout entière ; mais cet homme représentait la République, la démocratie, et de purs et sincères patriotes comme le maire et l'agent national de la commune de Paris ne pouvaient hésiter un instant. Quant à la proclamation au peuple français, il y était surtout question du gouvernement révolutionnaire, objet de la haine des ennemis de la France et attaqué jusque dans le sein de la Convention nationale. De Robespierre pas un mot (2). Barère avait parlé au nom de la majorité de ses collègues, et la modération de ses paroles prouve combien peu les comités à cette heure se croyaient certains de la victoire.

Mais tant de ménagements ne convenaient guère aux membres les plus compromis. Le vieux Vadier bondit comme un furieux à la tribune. Il commence par faire un crime à Maximilien d'avoir pris ouvertement la défense de Chabot, de Bazire, de Camille Desmoulins et de Danton, et de ne les avoir abandonnés qu'en s'apercevant que ses liaisons avec eux pouvaient le compromettre. Puis, après s'être vanté à son tour d'avoir le premier démasqué Danton, il se flatte de faire connaître également Robespierre, et de le convaincre de tyrannie, non par des phrases, mais par des faits (3). Il revient encore sur l'arrestation du comité révolutionnaire de la section de l'*Indivisibilité*, *le plus pur de Paris*, on sait comment. Cet infatigable pourvoyeur de l'échafaud, qui s'entendait si bien à recommander ses victimes à son cher Fouquier-Tinville, recommence ses

(1) On a dit que Barère était arrivé à la Convention avec deux discours dans sa poche. Barère n'avait pas besoin de cela. Merveilleux improvisateur, il était également prêt à parler pour ou contre, selon l'événement. La manière dont il s'exprima prouve du reste qu'il était loin de s'attendre, au commencement de cette séance, à une issue fatale pour le collègue dont l'avant-veille encore il avait, à la face de la République, célébré le patriotisme.

(2) Voyez cette proclamation dans *le Moniteur* du 11 thermidor (29 juillet 1794).

(3) Procès-verbal de Charles Duval, p. 15.

plaisanteries de la veille au sujet de l'affaire Catherine Théot, et, comme pris de la nostalgie du sang, il impute à crime à Maximilien d'avoir couvert de sa protection les illuminés et soustrait à la guillotine son ex-collègue dom Gerle et la malheureuse Catherine (1). Il se plaint ensuite de l'espionnage organisé contre certains députés (les Fouché, les Bourdon (de l'Oise), les Tallien), comme si cela avait été du fait particulier de Robespierre, et il prétend que, pour sa part, on avait attaché à ses pas le citoyen Taschereau, qui se montrait pour lui d'une complaisance rare, et qui, sachant par cœur les discours de Robespierre, les lui récitait sans cesse (2).

Ennuyé de ce bavardage, Tallien demande la parole pour ramener la discussion à son vrai point. « Je saurai bien l'y ramener, » s'écrie Robespierre. Mais la horde recommence ses cris sauvages et l'empêche d'articuler une parole. Tallien a libre carrière, et la seule base de l'accusation de tyrannie dirigée contre Robespierre, c'est aussi, de son propre aveu, le discours prononcé par Maximilien dans la dernière séance ; il ne trouve qu'un seul fait à articuler à sa charge, c'est toujours l'arrestation du fameux comité révolutionnaire de la section de l'*Indivisibilité*. Seulement, Tallien l'accuse d'avoir calomnié les comités sauveurs de la patrie; il insinue hypocritement que les actes d'oppression particuliers dont on s'était plaint avaient eu lieu pendant le temps où Robespierre avait été chargé d'administrer le bureau de police générale momentanément établi au comité de Salut public. — Le mandat d'arrêt de Thérézia Cabarrus, la maîtresse de Tallien, était parti de ce bureau. — « C'est faux, je... » interrompt Maximilien; un tonnerre de murmures couvre sa voix. Sans se déconcerter, toujours froid et calme, il arrête un moment ses yeux sur les membres les plus ardents de la Montagne, sur ceux dont il n'avait jamais suspecté les intentions, comme pour lire dans leurs pensées si en effet ils sont complices de l'abominable machination dont il se trouve victime. Les uns, saisis de remords ou de pitié, n'osent soutenir ce loyal regard et détournent la tête ; les autres, égarés par un aveuglement fatal, demeurent immobiles. Lui, dominant le tumulte, et s'adressant à tous les côtés de l'Assemblée (3) : « C'est à vous, hommes

---

(1) Procès-verbal de Charles Duval, p. 16, et *Moniteur* du 11 thermidor (29 juillet 1794).

(2) *Moniteur* du 11 thermidor.

(3) Et non pas à la droite seulement, comme le prétend M. Michelet, t. VII, p. 465. « La masse de la Convention est pure, elle m'entendra, » avait-il dit à Duplay au moment de partir. Il ne pouvait s'attendre à être abandonné de tout ce qui restait de membres de la Montagne à la Convention. Voyez, au surplus, le compte rendu de cette séance dans l'*Histoire parlementaire*, t. XXXIV, p. 33.

purs, que je m'adresse, et non pas aux brigands... » Si en ce moment
une voix, une seule voix d'honnête homme, celle de Romme ou de
Cambon, eût répondu à cet appel, on aurait vu, je n'en doute pas,
la partie saine de la Convention se rallier à Robespierre ; mais nul
ne bouge, et la bande enhardie recommence de plus belle son
effroyable vacarme. Alors, cédant à un mouvement d'indignation,
Robespierre s'écrie d'une voix tonnante : « Pour la dernière fois,
président d'assassins, je te demande la parole (1)... Accorde-la-moi,
ou décrète que tu veux m'assassiner (2). » L'assassinat, telle devait
être en effet la dernière raison thermidorienne.

Au milieu des vociférations de la bande, Collot d'Herbois quitte
le fauteuil, où le remplace Thuriot. A Maximilien s'épuisant en efforts
pour obtenir la parole, le futur magistrat impérial répond ironiquement : « Tu ne l'auras qu'à ton tour » ; flétrissant à jamais sa
mémoire par cette lâche complicité dans le guet-apens de Thermidor.

Comme Robespierre, brisé par cette lutte inégale, essayait encore,
d'une voix qui s'éteignait, de se faire entendre : « Le sang de Danton t'étouffe ! » lui cria un Montagnard obscur, Garnier (de l'Aube),
compatriote de l'ancien tribun des Cordeliers. A cette apostrophe inattendue, Maximilien, j'imagine, dut comprendre son immense faute
d'avoir abandonné celui que tant de fois il avait couvert de sa protection. « C'est donc Danton que vous voulez venger, » dit-il (3), et
il ajouta, — réponse écrasante ! — « Lâches, pourquoi ne l'avez-
vous pas défendu ? (4) » C'eût été en effet dans la séance du 11 germinal que Garnier (de l'Aube) aurait dû prendre la parole ; en se
dévouant alors à une amitié illustre, il se fût honoré par un acte
de courage, au lieu de s'avilir par une lâcheté inutile. On aurait tort

---

(1) *Histoire parlementaire*, t. XXXIV, p. 33. — *Le Moniteur* s'est bien gardé de reproduire cette exclamation. Il se contente de dire que « Robespierre apostrophe le président et l'Assemblée dans les termes les plus injurieux. » (*Moniteur* du 11 thermidor.)
— Le *Mercure universel*, numéro du 10 thermidor, rapporte ainsi l'exclamation de Robespierre : « Vous n'accordez la parole qu'à mes assassins... » — M. Michelet, qui
chevauche de fantaisie en fantaisie, nous montre Robespierre menaçant du poing le
président. Si, en effet, Maximilien se fût laissé aller à cet emportement de geste, les
Thermidoriens n'eussent pas manqué de constater le fait dans leur compte rendu, et
ils n'en ont rien dit. M. Michelet écrit trop d'après son inépuisable imagination.

(2) Ces derniers mots ne se trouvent pas dans le compte rendu thermidorien. Nous
les empruntons à la narration très-détaillée que nous a laissée Levasseur (de la
Sarthe) des événements de Thermidor. (Mémoires, t. III, p. 146.) Levasseur, il est vrai,
était en mission alors, mais il a écrit d'après des renseignements précis, et sa version
a le mérite d'être plus désintéressée que celle des assassins de Robespierre.

(3) *Histoire parlementaire, ubi suprà*.

(4) Mémoires de Levasseur, t. III, p. 147.

de conclure de là que la mort de Danton fut une des causes effi-
cientes du 9 Thermidor; les principaux amis du puissant révolutionnaire jouèrent dans cette journée un rôle tout à fait passif. Quant
aux principaux auteurs du guet-apens, ils se souciaient si peu de venger cette grande victime que plus d'un mois plus tard Bourdon (de
l'Oise), qui pourtant passe généralement pour dantoniste et qui se
vanta un jour en pleine Convention d'avoir *combiné la mort de Robespierre* (1), traitait encore Maximilien de complice de Danton et
se plaignait très-vivement qu'on eût fait sortir de prison une créature et un agent de ce dernier, le greffier Fabricius (2).

Cependant personne n'osait conclure. Tout à coup une voix in-
connue : « Je demande le décret d'arrestation contre Robespierre. »
C'était celle du montagnard Louchet, député de l'Aveyron. A cette
motion l'Assemblée hésite, comme frappée de stupeur. Quelques
applaudissements isolés éclatent pourtant. «Aux voix, aux voix ! Ma
motion est appuyée, » s'écrie alors Louchet (3). Un Montagnard non
moins obscur et non moins terroriste, le représentant Lozeau, député de la Charente-Inférieure, renchérit sur cette motion, et réclame, lui, un décret d'accusation contre Robespierre; cette nouvelle proposition est également appuyée.

A tant de lâchetés et d'infamies il fallait cependant un contraste.
Voici l'heure des dévouements sublimes. Un jeune homme se lève,
et réclame la parole en promenant sur cette Assemblée en démence
un clair et tranquille regard. C'est Augustin Robespierre (4). On
fait silence. « Je suis aussi coupable que mon frère, » s'écrie-t-il ;
je partage ses vertus, je veux partager son sort. Je demande aussi
le décret d'accusation contre moi. » Une indéfinissable émotion s'empare d'un certain nombre de membres, et sur leurs visages émus on
peut lire la pitié dont ils sont saisis. Ce jeune homme, en effet, c'était
un des vainqueurs de Toulon; commissaire de la Convention, il
avait délivré de l'oppression les départements de la Haute-Saône
et du Doubs, il y avait fait bénir le nom de la République, et l'on

(1) Séance du 12 vendémiaire an III (30 octobre 1794). Voy. *le Moniteur* du 14 vendémiaire.

(2) Séance du 13 fructidor an II (30 août 1794). Voy. *le Moniteur* du 16 fructidor
(2 septembre).

(3) Un des plus violents terroristes de l'Assemblée, Louchet, demanda après Thermidor le maintien de la Terreur, qu'il crut consolider en abattant Robespierre. Digne
protégé de Barère et de Fouché, le républicain Louchet devint par la suite receveur général du département de la Somme, emploi assez lucratif, comme on sait, et qu'il occupa jusqu'en 1814. Il mourut, dit-on, du chagrin de l'avoir perdu, laissant une fortune considérable. Le pauvre homme !

(4) Robespierre jeune était alors âgé de 31 ans, étant né le 21 janvier 1763.

pouvait encore entendre les murmures d'amour et de bénédiction soulevés sur ses pas. Ah! certes, il avait droit aussi à la couronne du martyre. La majorité, en proie à un délire étrange, témoigne par un mouvement d'indifférence qu'elle accepte ce dévouement magnanime (1).

Robespierre a fait d'avance le sacrifice de sa vie à la République, peu lui importe de mourir; mais il ne veut pas entraîner son frère dans sa chute, et il essaye de disputer aux assassins cette victime inutile. Vains efforts! Sa parole se perd au milieu de l'effroyable tumulte. On sait comme est communicative l'ivresse du sang. La séance n'est plus qu'une orgie sans nom où dominent les voix de Billaud-Varenne, de Fréron et d'Élie Lacoste. Ironie sanglante! un député journaliste, Charles Duval, rédacteur d'un des plus violents organes de la Terreur, demande si Robespierre sera longtemps le maître de la Convention (2). Et un membre d'ajouter : « Ah! qu'un tyran est dur à abattre! » Ce membre, c'est Fréron, le bourreau de Toulon et de Marseille, l'affreux maniaque à qui un jour il prit fantaisie d'appeler *Sans nom* la vieille cité phocéenne, et qui demain réclamera la destruction de l'Hôtel de Ville de Paris. Le président met enfin aux voix l'arrestation des deux frères; elle est décrétée au milieu d'applaudissements furieux et de cris sauvages. Les accusateurs de Jésus n'avaient pas témoigné une joie plus féroce au jugement de Pilate.

En ce moment la salle retentit des cris de *Vive la liberté! Vive la République!* « La République! » dit amèrement Robespierre, « elle est perdue, car les brigands triomphent. » Ah! sombre et terrible prophétie! comme elle se trouvera accomplie à la lettre! Oui, les brigands triomphent, car les vainqueurs dans cette journée fatale, ce sont les Fouché, les Tallien, les Rovère, les Dumont, les Bourdon (de l'Oise), les Fréron, les Courtois, tout ce que la démocratie, dans ses bas-fonds, contenait de plus impur. Oui, les bri-

_____

(1) *Histoire parlementaire*, t. XXXIV, p. 34.

(2) Il est assez remarquable que dans son projet de procès-verbal Charles Duval n'a pas osé donner place à son exclamation dérisoire. Charles Duval rédigeait *le Républicain, journal des hommes libres*, qu'on appela *le Journal des tigres*. M. Michelet, qui calomnie sans mauvaises intentions, béatement comme son confrère M. Edgar Quinet, mais qui ne calomnie pas moins, dit de Charles Duval : « Violent journaliste, supprimé par Robespierre. Où M. Michelet a-t-il pris cela? Commencé le 2 novembre 1792, le *Journal des hommes libres* se continua sans interruption jusqu'au 28 germinal de l'an VI (15 avril 1798), pour paraître ensuite sous diverses dénominations jusqu'au 27 fructidor an VIII. Après le coup d'État de Brumaire, Charles Duval ne manqua pas d'offrir ses services au général Bonaparte, et fut casé comme chef de bureau dans l'administration des *Droits réunis*.

gands triomphent, car Robespierre et ses amis vont être assassinés traîtreusement pour avoir voulu réconcilier la Révolution avec la justice, car avec eux va, pour bien longtemps, disparaître la cause populaire, car sur leur échafaud sanglant se cimentera la monstrueuse alliance de tous les véreux de la démocratie avec tous les royalistes déguisés de l'Assemblée et tous les tartufes de modération.

Cependant Louchet reprend la parole pour déclarer qu'en votant l'arrestation des deux Robespierre, on avait entendu voter également celle de Saint-Just et de Couthon. Quand les Girondins s'étaient trouvés proscrits, lorsque Danton et ses amis avaient été livrés au tribunal révolutionnaire, nul des leurs ne s'était levé pour réclamer hautement sa part d'ostracisme. Le dévouement d'Augustin Robespierre, de ce magnanime jeune homme qui, suivant l'expression très-vraie d'un poëte de nos jours,

Environnait d'amour son formidable aîné,

peut paraître tout naturel; mais voici que tout à coup se lève à son tour un des plus jeunes membres de l'Assemblée, Philippe Le Bas, le doux et héroïque compagnon de Saint-Just. En vain quelques-uns de ses collègues le retiennent par les pans de son habit et veulent le contraindre à se rasseoir, il résiste à tous leurs efforts, et, d'une voix retentissante : « Je ne veux pas partager l'opprobre de ce décret! je demande aussi l'arrestation. » Tout ce que le monde contient de séductions et de bonheurs réels, avons-nous dit autre part (1), attachait ce jeune homme à l'existence. Une femme adorée, un fils de quelques semaines à peine, quoi de plus propre à glisser dans le cœur de l'homme le désir immodéré de vivre ? S'immoler, n'est-ce pas en même temps immoler pour ainsi dire le cher petit être dont on est appelé à devenir le guide et l'appui ? Le Bas n'hésita pas un instant à sacrifier toutes ses affections à ce que sa conscience lui montra comme le devoir et l'honneur mêmes. Il n'y a point en faveur de Robespierre de plaidoirie plus saisissante que ce sacrifice sublime (2). Un certain nombre de membres se regardent

(1) Voyez notre *Histoire de Saint-Just.*

(2)   Il a donc des vertus, qu'on puisse consentir
              A se faire avec lui volontaire martyr ?

a écrit M. Barthélemy dans les *Douze Journées de la Révolution*, p. 290. Et M. Barthélemy qui a, paraît-il, *lu et médité* cent volumes sur Robespierre, déclare n'avoir jamais pu comprendre ni son pouvoir, ni sa popularité, ni son influence sur les masses. Ce n'était vraiment pas la peine de composer un poëme en douze chants sur la

indécis, consternés ; je ne sais quelle pudeur semble les arrêter au
moment de livrer cette nouvelle victime ; mais les passions mauvaises
l'emportent, et Le Bas est jeté comme les autres en proie aux assassins.

Le bateleur Fréron peut maintenant insulter bravement les vaincus. Mais que dit-il? Ce n'est plus Robespierre seul qui aspire
à la dictature. A l'en croire, Maximilien devait former avec Couthon et Saint-Just un triumvirat qui eût rappelé les proscriptions
sanglantes de Sylla ; et cinq ou six cadavres de Conventionnels
étaient destinés à servir de degrés à Couthon pour monter au trône.
« Oui, je voulais arriver au trône, » dit avec le sourire du mépris,
l'intègre ami de Robespierre. On ne sait en vérité ce qu'on doit admirer le plus, des inepties, des mensonges, ou des contradictions de
ces misérables Thermidoriens. Debout au pied de la tribune, Saint-
Just, calme et dédaigneux, contemplait d'un œil stoïque le honteux
spectacle offert par la Convention (1). Après Fréron, on entend
Élie Lacoste, puis Collot d'Herbois. C'est à qui des deux mentira
avec le plus d'impudence. Le dernier accuse ceux dont il est un des
proscripteurs d'avoir songé à une nouvelle insurrection du 31 mai.
« Il en a menti », s'écrie Robespierre d'une voix forte. Et l'Assemblée de s'indigner, à la manière de Tartufe, comme si l'avant-veille
le comité de Salut public n'avait point, par la bouche de Barère,
hautement félicité Robespierre d'avoir flétri avec énergie toute tentative de violation de la Représentation nationale.

C'en est fait, Maximilien et son frère, Couthon, Saint-Just et Le
Bas sont décrétés d'accusation. A la barre, à la barre ! s'écrient,
pressés d'en finir, un certain nombre de membres parmi lesquels
on remarque le représentant Clauzel (2). Les huissiers, dit-on,
osaient à peine exécuter les ordres du président tant, jusqu'alors, ils
avaient été habitués à porter haut dans leur estime ces grands citoyens réduits aujourd'hui au rôle d'accusés. Les proscrits, du reste,
ne songèrent pas à résister ; ils se rendirent d'eux-mêmes à la barre ;
et, presque aussitôt, on vit, spectacle navrant ! sortir entre des gen-

Révolution, pour avoir si mauvaise opinion des hommes de cette époque. Comme la
plupart des libéraux de la Restauration, M. Barthélemy appartenait à l'école thermido-girondine, et ce sont les livres et les journaux de cette école qu'il a lus et médités.

(1) C'est ce que Charles Duval a, dans son procès-verbal, appelé « avoir l'air d'un
traître », p. 21.

(2) Député de l'Ariége à la Convention, Clauzel, après avoir affiché longtemps un
républicanisme assez fervent, accueillit avec transport le coup d'État de Brumaire. Devenu membre du Corps législatif consulaire, il ne cessa de donner au pouvoir nouveau
des gages de dévouement et de zèle. (*Biographie universelle*.)

darmes ces véritables fondateurs de la République. Il était alors quatre heures et demie environ.

Eux partis, Collot d'Herbois continua tranquillement sa diatribe. L'unique grief invoqué par lui contre Maximilien fut, — ne l'oublions pas, car l'aveu mérite assurément d'être recueilli, — son discours de la veille, c'est-à-dire la plus éclatante justification qui jamais soit tombée de la bouche d'un homme. Je me trompe : il lui reprocha encore de n'avoir pas eu assez d'amour et d'admiration pour la personne de Marat. Tout cela fort applaudi de la bande. On cria même beaucoup *Vive la République!* les uns par dérision, les autres, en petit nombre ceux-là, dans l'innocence de leur cœur. Les malheureux, ils venaient de la tuer!

XXVI

Cette longue et fatale séance de la Convention avait duré six heures; elle fut suspendue à cinq heures et demie pour être reprise à sept heures; mais d'ici là de grands événements allaient se passer.

Le comité de Salut public, réduit à Barère, Billaud-Varenne, Carnot, Collot d'Herbois, Robert Lindet et C.-A. Prieur, comptait sur le concours des autorités constituées, notamment sur la commune de Paris, le maire et l'agent national. La Convention, comme on l'a vu, avait chargé ces deux derniers de l'exécution des décrets rendus dans la journée. Mais, patriotes éclairés et intègres, auxquels, ai-je dit avec raison, on n'a jamais pu reprocher une bassesse ou une mauvaise action, Fleuriot-Lescot et Payan ne devaient pas hésiter à se déclarer contre les vainqueurs et à prendre parti pour les vaincus, qui représentaient à leurs yeux la cause de la patrie, de la liberté, de la démocratie. La commune tout entière suivit héroïquement leur exemple.

Victrix causa diis placuit, sed victa Catoni.

L'agent national reçut à cinq heures, par l'entremise du commissaire des administrations civiles, police et tribunaux, notification du décret d'arrestation des deux Robespierre, de Saint-Just, de Couthon, Le Bas et autres (1). Précisément à la même heure, le conseil

---

(1) Dépêche signée d'Herman et de Lannes, son adjoint. (Pièce de la collection Beuchot.) Immolés bientôt après comme robespierristes par la réaction thermidorienne, Herman et Lannes ne prirent nullement fait et cause pour Robespierre, dans la journée du 9 Thermidor.

général de la commune, réuni en assemblée extraordinaire à là nouvelle des événements du jour, venait d'ouvrir sa séance sous la présidence du maire. Quatre-vingt-onze membres étaient présents. « Citoyens, » dit Fleuriot-Lescot, « c'est ici que la patrie a été sauvée au 10 août et au 31 mai ; c'est encore ici qu'elle sera sauvée. Que tous les citoyens se réunissent donc à la commune ; que l'entrée de ses séances soit libre à tout le monde sans qu'on exige l'exhibition de cartes ; que tous les membres du conseil fassent le serment de mourir à leur poste (1). » Aussitôt, tous les membres de se lever spontanément et de prêter avec enthousiasme ce serment qu'ils auront à tenir, hélas ! avant si peu de temps. L'agent national prend ensuite la parole et peint, sous les plus sombres couleurs, les dangers courus par la liberté. Il trace un parallèle écrasant entre les proscripteurs et les proscrits : ceux-ci, qui s'étaient toujours montrés les constants amis du peuple ; ceux-là, qui ne voyaient dans la Révolution qu'un moyen de fortune et qui, par leurs actes, semblaient s'être attachés à déshonorer la République. Sans hésitation aucune, le conseil général adhère à toutes les propositions du maire et de l'agent national, et chacun de ses membres, pour revendiquer sa part de responsabilité dans les mesures prises, va courageusement signer la feuille de présence, signant ainsi son arrêt de mort (2).

Tout d'abord, deux officiers municipaux sont chargés de se rendre sur la place de Grève et d'inviter le peuple à se joindre à ses magistrats afin de sauver la patrie et la liberté. On décide ensuite l'arrestation *des nommés* Collot d'Herbois, Amar, Léonard Bourdon, Dubarran, Fréron, Tallien, Panis. Carnot, Dubois-Crancé, Vadier, Javogues, Fouché, Granet et Moyse Bayle, pour délivrer la Convention de l'oppression où ils la retiennent. Une couronne civique est promise aux généreux citoyens qui arrêteront ces ennemis du peuple (3). Puis, le maire prend le tableau des Droits de l'homme et donne lecture de l'article où il est dit que, quand le gouvernement viole les droits du peuple, l'insurrection est pour le peuple le plus saint et le plus indispensable des devoirs. Successivement on arrête : que les barrières seront fermées ; que le tocsin de la ville sera sonné et le rappel battu dans toutes les sections ; que les ordres émanant des comités de Salut public et de Sûreté générale seront considérés comme non avenus ; que toutes les autorités constituées et les commandants de la force armée des sections se rendront sur-le-champ

---

(1) Renseignements donnés par les employés au secrétariat sur ce qui s'est passé à la commune dans la nuit du 9 au 10 thermidor. (Pièce de la collection Beuchot.)

(2) *Ibid.*

(3) Arrêté, signé Payan, *Archives,* F 7, 4579.

à l'Hôtel de Ville afin de prêter serment de fidélité au peuple ; que les pièces de canon de la section des *Droits de l'homme* seront placées en batterie sur la place de la commune ; que toutes les sections seront convoquées sur-le-champ pour délibérer sur les dangers de la patrie et correspondront de deux heures en deux heures avec le conseil général ; qu'il sera écrit à tous les membres de la commune du 10 août de venir se joindre au conseil général pour aviser avec lui aux moyens de sauver la patrie (1) ; enfin que le commandant de la force armée dirigera le peuple contre les conspirateurs qui opprimaient les patriotes, et qu'il délivrera la Convention de l'oppression où elle était plongée (2).

Le substitut de l'agent national, Lubin, avait assisté à la séance de l'Assemblée. Il raconte les débats et les scènes dont il a été témoin, l'arrestation des deux Robespierre, de Saint-Just, de Couthon et de Le Bas. Aussitôt il est enjoint aux administrateurs de police de prescrire aux concierges des différentes maisons d'arrêt de ne recevoir aucun détenu et de ne donner aucune liberté sans un ordre exprès de l'administration de police (3). Puis, sur la proposition du substitut de l'agent national, une députation est envoyée aux Jacobins afin de les inviter à fraterniser avec le conseil général. Cependant les moments sont précieux : il ne faut pas les perdre en discours, mais agir, disent quelques membres. Jusque-là, du reste, chaque parole avait été un acte. Le conseil arrête une mesure d'une extrême gravité en décidant que des commissaires pris dans son sein iront, accompagnés de la force armée, délivrer Robespierre et les autres prisonniers arrêtés. Enfin, en réponse à la proclamation conventionnelle, il adopte l'adresse suivante et en vote l'envoi aux quarante-huit sections : « Citoyens, la patrie est plus que jamais en

---

(1) Renseignements donnés par les employés au secrétariat, *ubi suprà*. Voy. aussi le procès-verbal de la séance du 9 Thermidor à la commune, dans l'*Histoire parlementaire*, t. XXXIV, p. 45 et suiv.

(2) Arrêté de la main de Lerebours, signé : Lerebours, Payan, Bernard, Louvet, Arthur, Coffinhal, Chatelet, Legrand.

(3) Voici le modèle de la prescription adressée aux concierges des différentes maisons d'arrêt : « Commune de Paris, département de police... Nous t'enjoignons, citoyen, sous ta responsabilité, de porter la plus grande attention à ce qu'aucune lettre ni autres papiers ne puissent entrer ni sortir de la maison dont la garde t'est confiée, et ce, jusqu'à nouvel ordre. Tu mettras de côté, avec soin, toutes les lettres que les détenus te remettront.

« Il t'est personnellement *défendu* de recevoir aucun détenu ni de donner aucune liberté que par les ordres de l'administration de police. Les administrateurs de police : Henry, Lelièvre, Quenet, Faro, Wichterich. » (Pièce de la collection Beuchot.) L'ordre dont nous donnons ici la copie textuelle est précisément celui qui fut adressé au concierge de la maison du Luxembourg, où se trouva envoyé Robespierre.

danger. Des scélérats dictent des lois à la Convention, qu'ils oppriment. On proscrit Robespierre, qui fit déclarer le principe consolant de l'Être suprême et de l'immortalité de l'âme ; Saint-Just, cet apôtre de la vertu, qui fit cesser les trahisons du Rhin et du Nord, qui, ainsi que Le Bas, fit triompher les armes de la République ; Couthon, ce citoyen vertueux qui n'a que le cœur et la tête de vivant, mais qui les a brûlants de l'ardeur du patriotisme ; Robespierre le jeune, qui présida aux victoires de l'armée d'Italie. » Venait ensuite l'énumération des principaux auteurs du guet-apens thermidorien. Quels étaient-ils ? Un Amar, « noble de trente mille livres de rente ; » l'ex-vicomte du Barran, et « des monstres de cette espèce. » Collot d'Herbois y était qualifié de partisan de Danton, et accusé d'avoir, du temps où il était comédien, volé la caisse de sa troupe. On y nommait encore Bourdon (de l'Oise), l'éternel calomniateur, et Barère, qui tour à tour avait appartenu à toutes les factions. La conclusion était celle-ci : « Peuple, lève-toi ! ne perds pas le fruit du 10 août et du 31 mai ; précipitons au tombeau tous ces traîtres (1). »

Le sort en est jeté ! Au coup d'État de la Convention la commune oppose l'insurrection populaire. On voit quelle énergie suprême elle déploya en ces circonstances sous l'impulsion des Fleuriot-Lescot, des Payan, des Coffinhal et des Lerebours. Si tous les amis de Robespierre eussent montré la même résolution et déployé autant d'activité, c'en était fait de la faction thermidorienne, et la République sortait triomphante et radieuse de la rude épreuve où, hélas ! elle devait être frappée à mort.

XXVII

La nouvelle de l'arrestation de Robespierre causa et devait causer dans Paris une sensation profonde. Tout ce que ce berceau de la Révolution contenait de patriotes sincères, de républicains honnêtes et convaincus, en fut consterné. Qu'elle ait été accueillie avec une vive satisfaction par les royalistes connus ou déguisés, cela se comprend de reste, Maximilien étant avec raison regardé comme la pierre angulaire de l'édifice républicain. Mais fut-elle, suivant l'assertion de certains écrivains, reçue comme un signe précurseur du

(1) Cette adresse est signée : Lescot-Fleuriot, maire ; Blin, secrétaire-greffier adjoint, et J. Fleury, secrétaire-greffier. Il existe aux *Archives* quarante-six copies de cette proclamation. (F 7, 32.)

renversement de l'échafaud (1)? Rien de plus contraire à la vérité.
Quand la chute de Robespierre fut connue dans les prisons, il y eut
d'abord parmi la plupart des détenus un sentiment d'anxiété et non
pas de contentement, comme on l'a prétendu après coup. Au Luxembourg, le député Bailleul, un de ceux qu'il avait sauvés de l'échafaud, se répandit en doléances (2), et nous avons déjà parlé de l'inquiétude ressentie dans certains départements quand on y apprit
les événements de Thermidor. Parmi les républicains, et même dans
les rangs opposés, on se disait à mi-voix : « Nos malheurs ne sont
pas finis, puisqu'il nous reste encore des amis et des parents, et
que MM. Robespierre sont morts (3),! » Il fallut quelques jours à la
réaction pour être tout à fait certaine de sa victoire et se rendre
compte de tout le terrain qu'elle avait gagné à la mort de Robespierre.

On doit, en conséquence, ranger au nombre des mensonges de la
réaction l'histoire fameuse de la *dernière charrette*, menée de force
à la place du Trône au milieu des imprécations populaires. D'aucuns vont jusqu'à assurer que les gendarmes, Hanriot à leur tête,
durent disperser la foule à coups de sabre (4). Outre qu'il est diffi-

(1) C'est ce que ne manque pas d'affirmer M. Michelet avec son aplomb ordinaire.
Et il ajoute : « Tellement il avait réussi, dans tout cet affreux mois de thermidor, à
identifier son nom avec celui de la Terreur. » (t. VII, p. 472.) Est-il possible de se
tromper plus grossièrement ? Une chose reconnue de tous, au contraire, c'est que dans
cet affreux mois de thermidor, Robespierre n'eut aucune action sur le gouvernement
révolutionnaire, et l'on n'a pas manqué d'établir une comparaison, toute en sa faveur,
entre les exécutions qui précédèrent sa retraite et celles qui la suivirent. (Voir le rapport de Saladin.) Que pour trouver partout des alliés, les Thermidoriens l'aient présenté
aux uns comme le promoteur de la Terreur, aux autres comme un antiterroriste, cela
est vrai; mais finalement ils le tuèrent pour avoir voulu, suivant leur propre expression, arrêter le cours terrible, majestueux de la Révolution, et il ne put venir à l'esprit de personne, au premier moment, que Robespierre mort, morte était la Terreur.

(2) Ceci attesté par un franc royaliste détenu lui-même au Luxembourg, et qui a
passé sa vie à calomnier la Révolution et ses défenseurs. Voy. *Essais historiques sur
les causes et les effets de la Révolution*, par C. A. B. Beaulieu, t. V, p. 367. Beaulieu
ajoute que, depuis, pour effacer l'idée que ses doléances avaient pu donner de lui, Bailleul se jeta à corps perdu dans le parti thermidorien. Personne n'ignore en effet avec
quel cynisme Bailleul, dans ses *Esquisses*, a diffamé et calomnié celui qu'il avait appelé
son sauveur.

(3) Nous avons déjà cité plus haut ces paroles rapportées par Charles Nodier, lequel
ajoute : « Et cette crainte n'étoit pas sans motifs, car le parti de Robespierre venoit
d'être immolé par le parti de la Terreur. (*Souvenirs de la Révolution*, t. I, p. 305, éd.
Charpentier.)

(4) M. Michelet ne manque pas de nous montrer Hanriot sabrant la foule, et assurant une dernière malédiction à son parti (t. VII, p. 473). M. Michelet n'hésite jamais
à marier les fables les plus invraisemblables à l'histoire. C'est un moyen d'être pittoresque.

cile d'imaginer un général en chef escortant de sa personne une
voiture de condamnés, Hanriot avait à cette heure bien autre chose
à faire. Il avait même expédié l'ordre à toute la gendarmerie des
tribunaux de se rendre sur la place de la maison commune, et les
voitures contenant les condamnés furent abandonnées en route par
les gendarmes d'escorte, assure un historien royaliste (1); si donc
elles parvinrent à leur funèbre destination, ce fut parce que la foule
dont les rues étaient encombrées le voulut bien. Il était plus de cinq
heures quand les sinistres charrettes avaient quitté le Palais de justice (2), or, à cette heure les conjurés étaient vainqueurs à la Convention, et rien n'était plus facile aux comités, s'ils avaient été réellement animés de l'esprit de modération dont ils se sont targués
depuis, d'empêcher l'exécution et de suspendre au moins pour un
jour cette Terreur dont la veille Robespierre avait dénoncé les excès;
mais ils n'y songèrent pas un instant, tellement peu ils avaient l'idée
de briser l'échafaud. La dernière charrette! quelle mystification!
Ah! bien souvent encore il portera sa proie à la guillotine, le hideux
tombereau! Seulement ce ne seront plus des ennemis de la Révolution, ce seront des patriotes coupables d'avoir trop aimé la République que plus d'une fois la réaction jettera en pâture au bourreau.

Une chose rendait incertaine la victoire des conjurés malgré la
force énorme que leur donnait l'appui légal de la Convention, c'était
l'amitié bien connue du général Hanriot pour Robespierre. Aussi
s'était-on empressé de le décréter d'arrestation un des premiers.
Si la force armée parisienne demeurait fidèle à son chef, la cause
de la justice l'emportait infailliblement. Malheureusement la division se mit dès la première heure dans la garde nationale et dans
l'armée de Paris, en dépit des efforts d'Hanriot. On a beaucoup
récriminé contre cet infortuné général; personne n'a été plus que
lui victime de l'injustice et de la calomnie. Tous les partis semblent
s'être donné le mot pour le sacrifier (3), et personne avant nous
n'avait songé à fouiller un peu profondément dans la vie de cet

(1) Toulongeon, t. II, p. 512.

(2) Lettre de Dumesnil, commandant la gendarmerie des tribunaux, à la Convention,
en date du 12 thermidor (30 juillet 1794). Voy. cette lettre sous le numéro XXXI, à
la suite du rapport de Courtois sur les événements du 9 Thermidor, p. 182.

(3) M. Michelet en fait un ivrogne et un bravache (*Histoire de la Révolution*, t. VII,
p. 467). Voilà qui est bientôt dit; mais où cet historien a-t-il puisé ses renseignements?
Évidemment dans les écrits calomnieux émanés du parti thermido-girondin. Quelle
étrange idée M. Michelet s'est-il donc faite des hommes de la Révolution, de croire
qu'ils avaient investi du commandement général de l'armée parisienne « un ivrogne
et un bravache »? Voilà, il faut l'avouer, une *histoire singulièrement républicaine.*

homme pour le présenter sous son vrai jour. Il est temps d'en finir avec cette ivresse légendaire dont on l'a gratifié et qui vaut le fameux verre de sang de Mlle de Sombreuil (1). Peut-être Hanriot manqua-t-il du coup d'œil, de la promptitude d'esprit, de la décision, en un mot des qualités d'un grand militaire, qui eussent été nécessaires dans une pareille journée, mais le dévouement ne lui fit pas un instant défaut.

A la nouvelle de l'arrestation des cinq députés il monta résolûment à cheval avec ses aides de camp, prit les ordres de la commune, fit appel au patriotisme des canonniers, convoqua la première légion tout entière, et quatre cents hommes de chacune des autres légions, donna l'ordre à toute la gendarmerie de se porter à la maison commune, prescrivit à la commission des poudres et de l'Arsenal de ne rien délivrer sans l'ordre exprès du maire ou du con-

(1) J'ai lu avec la plus scrupuleuse attention toutes les pièces officielles et officieuses sur le 9 Thermidor, les procès-verbaux et rapports des sections, les rapports des gendarmes, officiers et autres fonctionnaires ou simples citoyens ; il est beaucoup question d'Hanriot, nulle part de sa prétendue ivresse. Les auteurs de l'*Histoire parlementaire*, tout en reconnaissant son extrême sobriété, ont écrit, sur des renseignements donnés par *des gens qui l'ont connu*, qu'Hanriot « ayant voulu boire un petit verre d'eau-de-vie pour s'exciter, cela avait suffi pour l'enivrer. » (Voy. t. XXXIV, p. 41). On nous permettra de nous étonner que des écrivains aussi sérieux que les auteurs de l'*Histoire parlementaire* aient accepté, un peu légèrement, des renseignements dont ils n'indiquent pas la source. L'ivresse d'Hanriot n'est qu'une invention royaliste destinée à jeter le ridicule et le mépris sur ce sincère patriote qui, durant quatorze mois, eut l'honneur de commander la force armée parisienne. On doit même être surpris que les Thermidoriens n'y aient pas songé tout d'abord, eux qui ont poussé la calomnie à l'égard d'Hanriot jusqu'à en faire « un domestique chassé pour infidélité par ses maîtres ». (Voy. Courtois, Rapport sur les événements du 9 Thermidor, p. 60.) Ces coquins n'ont reculé devant rien. Près d'un an après le 9 Thermidor, un huissier de la Convention, nommé Courvol, écrivit à Courtois pour lui dire qu'ayant été chargé d'aller porter au maire et à l'agent national l'ordre qui les mandait à la Convention, il avait été apostrophé par Hanriot, au moment où il demandait un reçu. « On n'en donne pas dans un moment comme celui-ci, » aurait dit le général qui, après l'avoir fait arrêter d'abord, l'avait ensuite renvoyé en lui disant : « N'oublie pas de dire à Robespierre qu'il soit ferme. » (Nota qu'il étoit déjà ivre), ajoute l'huissier Courvol. (Pièce XXXV, n° 2, à la suite du rapport sur les événements de Thermidor.) Or, l'année précédente, alors qu'on n'avait pas encore inventé l'ivresse d'Hanriot, le 9 Thermidor, à cinq heures après midi, le même huissier Courvol faisait la déclaration suivante : « En portant deux décrets de la Convention nationale, l'un au maire de Paris, et l'autre à l'agent national, *un aide de camp* m'entendant demander un reçu au maire, — il ne s'agit pas d'Hanriot, comme on voit — me répond en me serrant la main : « Va, mon camarade, dans un jour comme celui-ci on ne donne pas de reçu ; dis hardiment à la Convention qu'elle soit tranquille, que nous saurons bien la maintenir, et dis à Robespierre qu'il soit tranquille et qu'il n'ait pas peur. Tu m'entends bien ! Va, mon camarade, va! » (Pièce XIX, à la suite du Rapport de Courtois sur les événements de Thermidor, p. 114.) Cet imbécile de Courtois, qui a cité les deux pièces, s'est imaginé qu'on ne relèverait pas un jour la contradiction.

seil général, convoqua tous les citoyens dans leurs arrondissements respectifs en les invitant à attendre les décisions de la commune, installa une réserve de deux cents hommes à la commune pour se tenir à la disposition des magistrats du peuple, fît battre partout la générale et envoya des gendarmes fermer les barrières ; tout cela en moins d'une heure (1). Il faut lire les ordres dictés par Hanriot ou écrits de sa main dans cette journée du 9 Thermidor, et qui ont été conservés, pour se former une idée exacte de l'énergie et de l'activité déployées par ce général (2). Suivi de quelques aides de camp et d'une très-faible escorte, il se dirigea rapidement vers les Tuileries afin de délivrer les députés détenus au comité de Sûreté générale sous la garde de quelques gendarmes. Ayant rencontré dans les environs du Palais-Royal le député Merlin (de Thionville) dont le nom avait été prononcé à la commune comme étant celui d'un des conjurés, il se saisit de lui et le confina au poste du jardin Égalité. Jusqu'à ce moment de la journée, Merlin n'avait joué aucun rôle actif, attendant l'issue des événements pour se déclarer. En se voyant arrêté, il protesta très-hautement, assure-t-on, de son attachement à Robespierre et de son mépris pour les conjurés (3). La nuit venue, il tiendra un tout autre langage, mais à une heure où la cause de la commune se trouvera bien compromise.

Cependant Hanriot avait poursuivi sa course. Arrivé au comité de Sûreté générale, il y pénétra avec ses aides de camp, laissant son escorte à la porte. Ce fut un tort, il compta trop sur son influence personnelle et sur la déférence des soldats pour leur général. Robespierre et ses amis se trouvaient encore au comité. Il engagea vivement Hanriot à ne pas user de violence. « Laissez-moi aller au tribunal, » dit-il, « je saurai bien me défendre (4). » Néanmoins Hanriot persista à vouloir emmener les prisonniers ; mais il trouva dans les hommes qui gardaient le poste du comité de Sûreté générale une résistance inattendue. Des grenadiers de la Convention, aidés d'une

(1) On ne saurait, à cet égard, mieux rendre justice à Hanriot que Courtois ne l'a fait involontairement, et pour le décrier bien entendu, dans son rapport sur les événements du 9 Thermidor (p. 60 et suiv.)

(2) Voy. les ordres divers insérés par Courtois dans son rapport sur les événements de Thermidor, sous les numéros VII¹, VII², VIII, IX, X, XXII, XXIII, XXIV, XXV, XXVI et XXVII, et qui se trouvent en originaux et en copies, soit aux *Archives*, soit dans la collection Beuchot.

(3) C'est ce qu'a raconté Léonard Gallois, comme le tenant d'une personne témoin de l'arrestation de Merlin (de Thionville). La conduite équivoque de ce député dans la journée du 9 Thermidor rend d'ailleurs ce fait fort vraisemblable. Voy. *Histoire de la Convention*, par Léonard Gallois, t. VII, p. 267.

(4) Léonard Gallois, *Histoire de la Convention*, t. VII, p. 268.

49

demi-douzaine de gendarmes de la 29ᵉ division, se jetèrent sur le général et ses aides de camp et les garrottèrent à l'aide de grosses cordes (1). Les députés furent transférés dans la salle du secrétariat, où on leur servit à dîner, et bientôt après, entre six et sept heures, on les conduisit dans différentes prisons. Maximilien fut mené au Luxembourg, son frère à Saint-Lazare d'abord, puis à la Force, Le Bas à la Conciergerie (2), Couthon à la Bourbe, et Saint-Just aux Écossais. Nous verrons tout à l'heure comment le premier fut refusé par le concierge de la maison du Luxembourg et comment ses amis se trouvèrent successivement délivrés.

XXVIII

Tandis que la commune de Paris s'efforçait d'entraîner la population parisienne à résister par la force au coup d'État de la Convention, les comités de Salut public et de Sûreté générale ne restaient pas inactifs, et aux arrêtés de la municipalité ils répondaient par des arrêtés contraires. Ainsi : défense de fermer les barrières et de convoquer les sections, ils avaient peur du peuple assemblé;

(1) Nous empruntons notre récit à la déposition fort désintéressée d'un des aides de camp du général Hanriot, nommé Ulrick, déposition faite le 10 thermidor à la section des *Gravilliers*. (Voy. pièce XXVI, à la suite du rapport de Courtois sur les événements du 9 Thermidor, p. 126.) Il y a sur l'arrestation du général Hanriot une autre version d'après laquelle il aurait été arrêté rue Saint-Honoré, par des gendarmes de sa propre escorte, sur la simple invitation de Courtois qui, d'une fenêtre d'un restaurant où il dînait, leur aurait crié « de la manière la plus énergique, d'arrêter ce conspirateur. » Cette version, adoptée par la plupart des historiens, est tout à fait inadmissible. D'abord elle est de Courtois (voy. p. 65 de son rapport); ensuite elle est formellement contredite par le récit que Merlin (de Thionville) fit de l'arrestation d'Hanriot à la séance du soir (procès-verbal de Charles Duval, p. 27), et par un des collègues de Courtois, cité par Courtois lui-même, par le député Robin, qui déclare que Courtois courut au Palais-Égalité pour inviter la force armée à marcher sur Hanriot (note de la p. 66 dans le second rapport de Courtois). La version résultant de la déposition d'Ulrick est la seule qui soit conforme à la vérité des faits. (Voy. aussi cette déposition dans les *Papiers inédits*, t. III, p. 307.) Voici d'ailleurs une déclaration enfouie jusqu'à ce jour dans les cartons des *Archives* et qui ajoute encore plus de poids à la version que nous avons adoptée, c'est celle du citoyen Jeannelle, brigadier de gendarmerie, commandant le poste du comité de Sûreté générale, où avaient été consignés les cinq députés décrétés d'arrestation : « Vers cinq heures, Hanriot avec ses aides de camp, sabre en main, viennent pour les réclamer, forçant postes et consignes, redemandant Robespierre. Un autre député est entré dans notre salle, a monté sur la table, a ordonné de mettre la pointe de nos sabres sur le corps d'Hanriot et de lui attacher les pieds et les mains. Ce qui fut fait avec exactitude, ainsi qu'à ses aides de camp.» *Archives*, F 7, 32.

(2) D'après le récit de Courtois, Le Bas a été conduit à la Conciergerie (p. 67). Il aurait été mené à la Force suivant Mᵐᵉ Le Bas.

ordre d'arrêter ceux qui sonneraient le tocsin et les tambours qui battraient le rappel; défense aux chefs de légion d'exécuter les ordres donnés par Hanriot, etc. En même temps ils lançaient des mandats d'arrestation contre le maire, Lescot-Fleuriot, contre tous les membres de l'administration de police et les citoyens qui ouvertement prenaient part à la résistance, et ils invitaient les comités de section, notamment ceux des *Arcis* et de l'*Indivisibilité* à faire cesser les rassemblements en apprenant au peuple que les représentants décrétés d'arrestation par l'Assemblée étaient les *plus cruels ennemis de la liberté et de l'égalité*. On verra bientôt à l'aide dé quel stratagème les Thermidoriens essayèrent de justifier cette audacieuse assertion. De plus, les comités convoquaient autour de la Convention la force armée des sections de *Guillaume Tell*, des *Gardes françaises* et de la *Montagne* (Butte des Moulins) (1). Cette dernière section avait dans tous les temps montré peu de penchant pour la Révolution, et l'on songea sans aucun doute à tirer parti de ses instincts réactionnaires. Enfin le commandant de l'école de Mars, le brave Labretèche, à qui la Convention avait décerné jadis une couronne civique et un sabre d'honneur, était arrêté à cause de son attachement pour Robespierre, et Carnot mandait autour de la Convention nationale les *jeunes patriotes* du camp des Sablons (2).

Les Jacobins de leur côté s'étaient réunis précipitamment à la nouvelle des événements; il n'y eut de leur part ni hésitation ni faiblesse. Ils ne se ménagèrent donc pas, comme on l'a écrit fort légèrement (3), ceux du moins — et c'était le plus grand nombre — qui appartenaient au parti de la sagesse et de la justice représenté par Robespierre, car les conjurés de Thermidor comptaient au sein de la grande société quelques partisans dont les rangs se grossirent, après la victoire, de cette masse d'indécis et de timorés toujours prêts à se jeter entre les bras des vainqueurs. Un républicain d'une énergie rare, le citoyen Vivier, prit le fauteuil. A peine en séance, les Jacobins reçurent du comité de Sûreté générale l'ordre de li-

(1) Nous avons relevé aux *Archives* les différents arrêtés des comités de Salut public et de Sûreté générale. Les signatures qui y figurent le plus fréquemment sont celles d'Amar, de Dubarran, Barère, Voulland, Vadier, Élie Lacoste, Carnot, C.-A. Prieur, Jagot, Louis (du Bas-Rhin), Ruhl et Billaud-Varenne. On y voit aussi celle de David; mais c'est encore là une supercherie thermidorienne.

(2) *Archives*, A F, 11, 57.

(3) M. Michelet, t. VII, p. 485. Aucun journal du temps n'a reproduit la séance des Jacobins du 9 Thermidor, et les procès-verbaux de la société n'existent probablement plus. Mais ce qu'en a cité Courtois dans son rapport sur les événements de Thermidor et ce qu'on peut en voir par le procès-verbal de la commune démontre suffisamment l'ardeur avec laquelle la majorité de la société embrassa la cause de Robespierre.

vrer le manuscrit du discours prononcé la veille par Robespierre et
dont ils avaient ordonné l'impressione. Refus de leur part, fondé
sur une exception d'incompétence (1). Sur-le-champ ils se déclarèrent en permanence, approuvèrent au milieu des acclamations tous
les actes de la commune, au fur et à mesure qu'ils en eurent connaissance, et envoyèrent une députation au conseil général pour
jurer de vaincre ou de mourir, plutôt que de subir un instant le
joug des conspirateurs. Il était alors sept heures (2).

La société décida ensuite, par un mouvement spontané, qu'elle
ne cesserait de correspondre avec la commune au moyen de députations et qu'elle ne se séparerait qu'après que les manœuvres des
traîtres seraient complétement déjouées (3). Elle reçut du reste, du
conseil général lui-même, l'invitation expresse de ne pas abandonner le lieu de ses séances (4), et l'énorme influence des Jacobins
explique suffisamment pourquoi la commune jugea utile de les
laisser agir en corps dans leur local ordinaire, au lieu de les appeler à elle. Le député Brival s'étant présenté, on le pria de rendre
compte de la séance de la Convention. Il le fit rapidement. Le président lui demanda alors qu'elle avait été son opinion. Il répondit qu'il
avait voté pour l'arrestation des deux Robespierre, de Saint-Just,
de Couthon et de Le Bas. Aussitôt il se vit retirer sa carte de Jacobin et quitta tranquillement la salle. Mais sur une observation du
représentant Chasles, et pour éviter de nouvelles divisions, la société rapporta presque immédiatement l'arrêté par lequel elle venait
de rayer de la liste de ses membres le député Brival, à qui un commissaire fut chargé de rendre sa carte (5). Comme la commune,
elle déploya une infatigable énergie; un certain nombre de ses
membres se répandirent dans les assemblées sectionnaires pour
les encourager à la résistance, et, du rapport de ces commissaires,
il résulte que jusqu'à l'heure de la catastrophe la majorité des sections penchait pour la commune. A deux heures et demie du matin,
elle recevait encore une députation du conseil général, et chargeait

(1) Extrait du procès-verbal de la séance des Jacobins, cité par Courtois dans son
rapport sur les événements du 9 Thermidor, p. 57.

(2) *Ibid.*, p. 58.

(3) *Ibid.*

(4) Lettre signée Lescot-Fleuriot, Arthur, Legrand, Payan, Chatelet, Grenard, Coffinhal et Gibert, et citée en note dans le second rapport de Courtois, p. 51.

(5) Extrait du procès-verbal de la séance des Jacobins, cité en note dans le second
rapport de Courtois, p. 59. Voyez du reste l'explication donnée par Brival lui-même à
la Convention dans la séance du soir. Le Thermidorien Brival est ce député qui, après
Thermidor, s'étonnait qu'on *eût épargné les restes de la race impure des Capet*. (Séance
de la Convention.)

les citoyens Duplay, l'hôte de Maximilien, Gauthier, Roskenstroch, Didier, Faro, Dumont, Accart, Lefort, Lagarde et Versenne, de reconduire cette députation et de s'unir à la commune, afin de veiller avec elle au salut de la chose publique (1). Mais déjà tout était fini : il avait suffi de la balle d'un gendarme pour décider des destinées de la République.

Avec Robespierre finit la période glorieuse et utile des Jacobins : Maximilien tombé, ils tombèrent également, et dans leur chute ils entraînèrent les véritables principes de la démocratie, dont ils semblaient être les représentants et les défenseurs jurés. A cette grande école du patriotisme va succéder l'école des mauvaises mœurs, des débauches et de l'assassinat. Foin des doctrines sévères de la Révolution ! Arrière les ennuyeux sermonneurs, les prêcheurs de liberté et d'égalité ! Il est temps de jouir. A nous les châteaux, à nous les courtisanes, à nous les belles émigrées dont les sourires ont fléchi nos cœurs de tigres ! peuvent désormais s'écrier les sycophantes de Thermidor. Et tous de suivre à l'envi le chœur joyeux de l'orgie lestement mené par Thérézia Cabarrus devenue Mme Tallien, et par Barras, tandis que dans l'ombre, à l'écart, gémissaient, accablés de remords, les démocrates imprudents qui n'avaient pas défendu Robespierre contre les coups des assassins.

Nous avons eu en ces derniers temps, et nous avons aujourd'hui encore la douleur d'entendre insulter la mémoire des Jacobins par certains écrivains ou rhéteurs affichant cependant une tendresse sans égale pour les doctrines de la Révolution française. Je ne sais en vérité où ces étranges libéraux, ces soi-disant démocrates ont appris l'histoire de notre Révolution. Si ce n'est insigne mauvaise foi, c'est à coup sûr ignorance inouïe de leur part que d'oser nous présenter les Jacobins comme ayant peuplé les antichambres consulaires et monarchiques. Ouvrez les almanachs impériaux et royaux, vous y verrez figurer les noms de quelques anciens Jacobins, et ·surtout ceux d'une foule de Girondins ;. mais les membres du fameux club qu'on vit revêtus du manteau de sénateur, investis de fonctions lucratives et affublés de titres de noblesse, furent précisément les alliés et les complices des Thermidoriens, les Jacobins de Fouché et d'Élie Lacoste. Quant aux vrais Jacobins, quant à ceux qui demeurèrent toujours fidèles à la pensée de Robespierre, il faut les chercher sous la terre, dans le linceul sanglant des victimes de

(1) Arrêté signé Vivier, président, et Cazalès, secrétaire. Pièce XXI, à la suite du second rapport de Courtois, p. 123. Pour avoir ignoré tout cela, M. Michelet a tracé de la séance des Jacobins dans la journée du 9 Thermidor le tableau le plus faux qu'on puisse imaginer.

Thermidor ; il faut les chercher sur les plages brûlantes de Sinnamari et de Cayenne, non dans les antichambres du premier consul.
Près de cent vingt périrent dans la catastrophe où sombra Maximilien ; c'était déjà une assez jolie trouée au cœur de la société. On
sait comment le reste fut dispersé et décimé par des proscriptions
successives ; on sait comment le hideux Fouché profita d'un attentat royaliste pour débarrasser son maître de ces fiers lutteurs de la
démocratie et déporter le plus grand nombre de ces anciens collègues qui un jour, à la voix de Robespierre, l'avaient comme indigne chassé de leur sein. Chaque fois que depuis Thermidor la
voix de la liberté proscrite trouva en France quelques échos, ce fut
dans le cœur de ces Jacobins qu'une certaine école libérale se fait
un jeu de calomnier aujourd'hui. C'est de leur poussière que sont
nés les plus vaillants et les plus dévoués défenseurs de la démocratie ; ce sont nos saints et nos martyrs ; ne laissons donc pas inju-
rier impunément leur mémoire, et quand nous en parlons, que ce
soit avec respect et avec reconnaissance.

XXIX

Il ne suffisait pas, du reste, du dévouement et du patriotisme des
Jacobins pour assurer dans cette journée la victoire au parti de la
justice et de la démocratie, il fallait encore que la majorité des sections se prononçât résolûment contre la Convention nationale. Un des
premiers soins de la commune avait été de convoquer extraordinairement les assemblées sectionnaires, ce jour-là n'étant point jour
de séance. Toutes répondirent avec empressement à l'appel du conseil général. Les sections comprenant la totalité de la population parisienne, il est absolument contraire à la vérité de croire, avec un historien de nos jours, à la neutralité de Paris dans cette nuit fatale (1). Les
masses furent sur pied, flottantes, irrésolues, incertaines, penchant
plutôt cependant du côté de la commune ; et si, tardivement, chacun prit parti pour la Convention, ce fut grâce à l'irrésolution de
Maximilien et surtout grâce au coup de pistolet du gendarme
Merda.

Trois sources d'informations existent qui sembleraient devoir nous
renseigner suffisamment sur le mouvement des sections dans la
soirée du 9 et dans la nuit du 9 au 10 thermidor : ce sont, d'abord,

(1) Michelet, *Histoire de la Révolution*, t. VII, p. 488.

les registres des procès-verbaux des assemblées sectionnaires (1) ;
puis les résumés de ces procès-verbaux, insérés par Courtois à la
suite de son rapport sur les événements du 9 Thermidor (2) ; enfin
les rapports adressés à Barras par les divers présidents de section
quelques jours après la catastrophe (3). Mais ces trois sources d'informations sont également suspectes. De la dernière il est à peine
besoin de parler ; on sent assez dans quel esprit ont dû être conçus
des rapports rédigés à la demande expresse des vainqueurs quatre
ou cinq jours après la victoire. C'est le cas de répéter le décevant
axiome : *Malheur aux vaincus !*

Suivant les procès-verbaux consignés dans les registres des sections et les résumés qu'en a donnés Courtois, il semblerait que la
plus grande partie des sections (assemblées générales, comités civils
et comités révolutionnaires) se fussent, dès le premier moment, jetés
d'enthousiasme entre les bras de la Convention, après s'être énergiquement prononcées contre le conseil général de la commune. C'est
là, on peut l'affirmer, une chose complétement contraire à la vérité.
Les procès-verbaux sont d'abord, on le sait, rédigés sur des feuilles
volantes, puis mis au net, et couchés sur des registres par les secrétaires. Or, il me paraît hors de doute que ceux des 9 et 10 thermidor ont été profondément modifiés dans le sens des événements ;
ils eussent été tout autres si la commune l'avait emporté. N'ont
point tenu de procès-verbaux, ou ne les ont pas reportés sur leurs
registres, les sections du *Muséum* (Louvre) (4), du *Pont-Neuf* (5), des

(1) Ces registres des procès-verbaux des sections existent aux *Archives* de la préfecture de police, où nous les avons consultés avec le plus grand soin. Malheureusement
ils ne sont pas complets ; il en manque seize qui ont été ou détruits ou égarés. Ce sont
les registres des sections des *Tuileries*, de la *République*, de la *Montagne* (Butte-des-
Moulins), du *Contrat social*, de *Bonne-Nouvelle*, des *Amis de la Patrie*, *Poissonnière*,
Popincourt, de la *Maison-Commune*, de la *Fraternité*, des *Invalides*, de la *Fontaine-
Grenelle*, de la *Croix-Rouge*, *Beaurepaire*, du *Panthéon français* et des *Sans-Culottes*.
(*Archives* de la préfecture de police.)

(2) Voyez ces résumés plus ou moins exacts à la suite du rapport de Courtois sur
les événements du 9 Thermidor, de la p. 126 à la p. 182.

(3) *Archives*, F 7, 1432.

(4) Suivant Courtois, cette section ne se serait réunie qu'*après la victoire remportée
sur les traîtres.* Voy. pièces à l'appui de son rapport sur les événements du 9 Thermidor, p. 146.

(5) D'après Courtois, cette section, dans l'enceinte de laquelle se trouvaient la mairie et l'administration de police, n'aurait pas voulu se réunir en assemblée générale, et
elle se serait conduite de manière à *mériter les éloges.* On comprend tout l'intérêt
qu'avait Courtois à présenter l'ensemble des sections comme s'étant montré hostile à
la commune. Voy. p. 153.

Quinze-Vingts (faubourg Saint-Antoine) (1), de la *Réunion* (2), de l'*Indivisibilité* (3) et des *Champs-Élysées* (4). De ces six sections, la première et la dernière seules ne prirent pas résolûment parti pour la commune; les autres tinrent pour elle jusqu'au dernier moment. Plus ardente encore se montra celle de l'*Observatoire*, qui ne craignit pas de transcrire sur ses registres l'extrait suivant de son procès-verbal : « La section a ouvert la séance en vertu d'une convocation extraordinaire envoyée par le conseil général de la commune. Un membre a rendu compte des événemens importans qui ont eu lieu aujourd'hui. L'assemblée, vivement affligée de ces événemens alarmans pour la liberté et de l'avis qu'elle reçoit d'un décret qui met hors la loi des hommes jusqu'ici regardés comme des patriotes zélés pour la défense du peuple, arrête qu'elle se déclare permanente et qu'elle ajourne sa séance à demain, huit heures du matin... (5) » Mais toutes les sections n'eurent pas la même fermeté.

Selon moi, voici ce qui se passa dans la plupart des sections parisiennes. Elles savaient fort bien quel était l'objet de leur convocation, puisqu'à chacune d'elles la commune avait adressé la proclamation dont nous avons cité la teneur. Au premier moment elles durent prendre parti pour le conseil général. A dix heures du soir, vingt-sept sections avaient envoyé des commissaires pour fraterniser avec lui et recevoir ses ordres (6). Nous avons sous les yeux les pouvoirs régulièrement donnés à cet effet par quinze d'entre elles à un certain nombre de leurs membres (7), sans compter l'adhé-

(1) Pour ce qui concerne cette section, Courtois paraît avoir écrit sa rédaction d'après des rapports verbaux. (Voy. p. 173.) A cette section appartenait le général Rossignol, lequel, malgré son attachement pour Robespierre, qui l'avait si souvent défendu, trouva grâce devant les Thermidoriens. « Le général Rossignol, » dit Courtois, « s'est montré à la section des *Quinze-Vingts*, et n'a pris aucune part à ce qui peut avoir été dit de favorable pour la commune... » (P. 174).

(2) Le commandant de la force armée de cette section avait prêté serment à la commune, mais Courtois ne croit pas *qu'il se soit éloigné de la voie de l'honneur* (p. 145). Livré néanmoins au tribunal révolutionnaire, ce commandant eut la chance d'être acquitté.

(3) Courtois paraît avoir eu entre les mains la minute du procès-verbal de la séance de cette section, qui, dit-il, flotta longtemps dans l'incertitude sur le parti qu'elle prendrait (p. 142).

(4) « La section des Champs-Élysées, » dit Courtois, « a cru plus utile de défendre de ses armes la Convention. » (P. 141).

(5) Archives de la préfecture de police.

(6) C'est ce qui résulte du procès-verbal même de la section de *Mutius Scævola*. (*Archives* de la préfecture de police.)

(7) Pouvoirs émanés des sections de la *Fraternité*, de l'*Observatoire*, du *Faubourg du Nord*, de *Mutius Scævola*, du *Finistère*, de la *Croix-Rouge*, *Popincourt*, *Marat*, du

sion particulière de divers comités civil et révolutionnaire de chacune d'elles. Plusieurs, comme les sections *Poissonnière*, de *Brutus*, de *Bondy*, de la *Montagne* et autres, s'empressèrent d'annoncer à la commune qu'elles étaient debout et veillaient pour sauver la patrie (1). Celle de la *Cité*, qu'on présente généralement comme s'étant montrée très-opposée à la commune, lui devint en effet fort hostile, mais après la victoire de la Convention. A cet égard nous avons un aveu très-curieux du citoyen Leblanc, lequel assure que le procès-verbal de la séance du 9 a été tronqué (2). On y voit notamment que le commandant de la force armée de cette section, ayant reçu de l'administrateur de police Tanchoux l'ordre de prendre sous sa sauvegarde et sa responsabilité la personne de Robespierre, refusa avec indignation et dénonça le fonctionnaire rebelle (3). Or, les choses s'étaient passées tout autrement. Cet officier, nommé Vanheck, avait au contraire très-chaudement pris la parole en faveur des cinq députés arrêtés. Racontant la séance de la Convention à laquelle il avait assisté, et où, selon lui, « les vapeurs du nouveau *Marais* infectaient les patriotes », il s'était écrié : « Toutes les formes ont été violées ; à peine un décret d'arrestation était-il proposé qu'il était mis aux voix et adopté. Nulle discussion. Les cinq députés ont demandé la parole sans l'obtenir ; ils sont maintenant à l'administration de police (4). » Invité à prendre ces représentants sous sa sauvegarde, il s'y était refusé en effet, par prudence sans doute, mais en disant qu'à ses yeux Robespierre était innocent. Il y a loin de là, on le voit, à cette indignation dont parle le procès-verbal remanié après coup. Eh bien ! pareille supercherie eut lieu, on peut en être certain, pour les procès-verbaux de presque toutes les sections.

Celle des *Piques* (place Vendôme), dans la circonscription de laquelle se trouvait la maison de Duplay, se réunit dès neuf heures du soir, sur la convocation de la commune, et non point vers deux heures du matin seulement, comme l'allègue mensongèrement Courtois, qui d'ailleurs est obligé de convenir qu'elle avait promis de fraterniser avec la société des Jacobins, « devenue complice des

Panthéon français, des *Sans-Culottes*, des *Amis de la Patrie*, de *Montreuil*, des *Quinze-Vingts*, du *Faubourg-Montmartre*, des *Gardes-Françaises*. (Pièce de la collection Beuchot.)

(1) Rapports adressés à Barras. (*Archives.* F 7, 1432.)
(2) *Ibid.*
(3) Registre des procès-verbaux des séances de la section de la Cité. (Archives de la préfecture de police.)
(4) Rapport à Barras. (*Archives, ubi suprà.*)

rebelles (1) ». Le procès-verbal de cette section, très-longuement et très-soigneusement rédigé, proteste en effet d'un dévouement sans bornes pour la Convention; mais on sent trop qu'il a été fait après coup (2). Là, il n'est point question de l'heure à laquelle s'ouvrit la séance; mais des pièces que nous avons sous les yeux il résulte que dès neuf heures elle était réunie; que Maximilien Robespierre, son ancien président, y fut l'objet des manifestations les plus chaleureuses; que l'annonce de la mise en liberté des députés proscrits fut accueillie vers onze heures avec des démonstrations de joie; qu'on y proposa de mettre à la disposition de la commune toute la force armée de la section, et que la nouvelle du dénoûment tragique et imprévu de la séance du conseil général vint seule glacer l'enthousiasme (3).

Il en fut à peu près de même partout. Toutefois, dans nombre de sections, la proclamation des décrets de mise hors la loi dont nous allons parler bientôt commença de jeter une hésitation singulière et un découragement profond. Ajoutez à cela les stratagèmes et les calomnies dont usèrent certains membres de la Convention pour jeter le désarroi parmi les patriotes. A la section de Marat (Théâtre-Français), Léonard Bourdon vint dire que, si jusqu'alors les cendres de Marat n'avaient pas encore été portées au Panthéon, c'était par la basse jalousie de Robespierre, mais qu'elles allaient y être incessamment transférées (4). Le député Crassous, patriote égaré qu'à moins d'un mois de là on verra lutter énergiquement contre la terrible réaction fille de Thermidor, annonça à la section de Brutus qu'on avait trouvé sur le bureau de la municipalité un cachet à fleurs de lis (5), odieux mensonge inventé par Vadier qui s'en excusa plus tard en disant que le danger de perdre la tête donnait de l'imagination (6). Il suffit de la nouvelle du meurtre de Robespierre et de la dispersion des membres de la commune pour achever de mettre les sections en déroute. Ce fut un sauve qui peut général. Chacun d'abjurer et de se rétracter au plus vite (7). Le

(1) Pièces à la suite du rapport de Courtois sur les événements du 9 Thermidor, p. 159.

(2) Voyez le procès-verbal de la séance de la section des Piques. (Archives de la préfecture de police.)

(3) *Archives*, F 7, 1432.

(4) Pièces à la sutie du rapport de Courtois, p. 136.

(5) *Archives*, F 7, 1432.

(6) Aveu de Vadier à Cambon. Voy. à ce sujet une note des auteurs de l'*Histoire parlementaire*, t. XXXIV, p. 59.

(7) Voici un spécimen du genre : « Je soussigné, proteste contre tout ce qui s'est passé hier à la commune de Paris, et que lorsque j'ai vu que ce que l'on proposoit étoit

grand patriote, qui peu d'instants auparavant comptait encore tant
d'amis inconnus, tant de partisans, tant d'admirateurs passion-
nés, se trouva abandonné de tout le monde. Les sections renièrent
à l'envi Maximilien; mais en le reniant, en abandonnant à ses ennemis cet intrépide défenseur des droits du peuple, elles accomplirent
un immense suicide; la vie se retira d'elles; à partir du 9 Thermidor
elles rentrèrent dans le néant.

XXX

On peut juger de quelle immense influence jouissait Robespierre :
il suffit de son nom dans cette soirée du 9 Thermidor pour contre-
balancer l'autorité de la Convention tout entière; et l'on comprend
maintenant les inquiétudes auxquelles fut en proie l'Assemblée
quand elle rentra en séance. Le peuple se portait autour d'elle menaçant (1); les conjurés durent se croire perdus.

Le conseil général de la commune siégeait sans désemparer, et
continuait de prendre les mesures les plus énergiques. A la nouvelle
de l'arrestation d'Hanriot il nomma, pour le remplacer, le citoyen
Giot, de la section du *Théâtre-Français*, lequel, présent à la séance,
prêta sur-le-champ serment de sauver la patrie, et sortit aussitôt
pour se mettre à la tête de la force armée (2). Après avoir également reçu le serment d'une foule de commissaires de sections, le
conseil arrêta, sur la proposition d'un de ses membres, la nomination d'un comité exécutif provisoire composé de neuf membres, qui
furent : Payan, Coffinhal, Louvet, Lerebours, Legrand, Desboisse-
seau, Chatelet, Arthur et Grenard. Douze citoyens, pris dans le sein
du conseil général, furent aussitôt chargés de veiller à l'exécution
des arrêtés du comité provisoire (3). Il fut ordonné à toute personne
de ne reconnaître d'autre autorité que celle de la commune révolu-

contraire aux principes, je me suis retiré. Ce 10 thermidor, Talbot. » (Pièce annexée
au procès-verbal de la section du *Temple* (Archives de la préfecture de police.) Le malheureux Talbot n'en fut pas moins livré à l'exécuteur.

(1) Déclaration de l'officier municipal Bernard au conseil général de la commune.
(Pièce de la collection Beuchot.)

(2) Voy. le procès-verbal de la séance du conseil général dans l'*Histoire parlementaire*, t. XXXIV, p. 50.

(3) Furent désignés : les citoyens Lacour, de *Brutus*; Mercier, du *Finistère*; Leleu,
des *Invalides*; Miché, des *Quinze-Vingts*; d'Azard, des *Gardes-Françaises*; Cochois,
de *Bonne-Nouvelle*; Aubert, de *Poissonnière*; Barel, du *Faubourg-du-Nord*; Gibert, de
la même section; Jault, de *Bonne-Nouvelle*; Simon, de *Marat*; et Gency, du *Finistère*;
arrêté signé : Fleuriot-Lescot, et Blin, cité par Courtois à la suite de son rapport
sur les événements du 9 Thermidor p. 111.

tionnaire et d'arrêter tous ceux qui, abusant de la qualité de représentants du peuple, feraient des proclamations perfides, et mettraient hors la loi ses défenseurs (1).

Cependant il avait été décidé qu'on délivrerait, à main armée s'il en était besoin, Robespierre, Couthon et tous les patriotes détenus au conseil général. Ame intrépide, Coffinhal s'était chargé de cette expédition. Il partit à la tête de quelques canonniers et se porta rapidement vers les Tuileries. Mais quand il pénétra dans les salles du comité de Sûreté générale, Hanriot seul s'y trouvait. Les gendarmes, chargés de la garde du général et de ses aides de camp n'opposèrent aucune résistance. Libre de ses liens, Hanriot monta à cheval dans la cour, et fut reçu avec les plus vives démonstrations de fidélité et de dévouement par les troupes dont elle se trouvait garnie (2). La Convention était rentrée en séance depuis une heure environ, et successivement elle avait entendu Bourdon (de l'Oise), Merlin de (Thionville), Legendre, Rovère et plusieurs autres conjurés ; chacun racontant à sa manière les divers incidents de la soirée. Billaud-Varenne déclamait à la tribune, quand Collot d'Herbois monta tout effaré au fauteuil, en s'écriant : « Voici l'instant de mourir à notre poste. » Et il annonça l'envahissement du comité de Sûreté générale par une force armée. Nul doute, je le répète, qu'en cet instant les conjurés et toute la partie gangrenée de la Convention ne se crurent perdus. L'Assemblée était fort perplexe ; elle était à peine gardée, et autour d'elle s'agitait une foule hostile. Ce fut là qu'Hanriot manqua de cet esprit d'initiative, de cette précision de coup d'œil qu'il eût fallu en ces graves circonstances au général de la commune. Si, ne prenant conseil que de son inspiration personnelle, il eût résolûment marché sur la Convention, c'en était fait de la conspiration thermidorienne. Mais un arrêté du comité d'exécution lui enjoignait de se rendre sur le champ au sein du conseil général (3) ; il ne crut pas pouvoir se dispenser d'y obéir, et courut à toute bride vers l'Hôtel de Ville.

Quand il parut à la commune, où sa présence fut saluée des plus vives acclamations (4), Robespierre jeune y était déjà. Conduit d'a-

(1) Pièce de la collection Beuchot, citée par Courtois dans son rapport sur les événements du 9 Thermidor, p. 159.

(2) Voy., au sujet de la délivrance d'Hanriot, une déclaration du citoyen Viton, du 25 thermidor, en tenant compte nécessairement des circonstances dans lesquelles elle a été faite. (Pièce XXXI, à la suite du rapport de Courtois, p. 186.)

(3) Arrêté signé : Louvet, Payan, Legrand et Lerebours. (Pièce de la collection Beuchot.)

(4) Procès-verbal de la séance du conseil général, dans l'*Histoire parlementaire*, t. XXXIV, p. 53.

bord à la maison de Saint-Lazare, où il n'avait pas été reçu parce qu'il n'y avait point de *secret* dans cette prison, Augustin avait été mené à la Force; mais là s'étaient trouvés deux officiers municipaux qui l'avaient réclamé au nom du peuple et étaient accourus avec lui à la commune. Chaleureusement accueilli par le conseil général, il dépeignit, dans un discours énergique et vivement applaudi, les machinations odieuses dont ses amis et lui étaient victimes. Il eut soin du reste de mettre la Convention hors de cause, et se contenta d'imputer le décret d'accusation à quelques misérables conspirant au sein même de l'Assemblée (1). A peine avait-il fini de parler que le maire, sentant combien il était urgent, pour l'effet moral, de posséder Maximilien à la commune, proposa au conseil de l'envoyer chercher par une députation spécialement chargée de lui faire observer qu'il ne s'appartenait pas, mais qu'il se devait tout entier à la patrie et au peuple (2). Fleuriot-Lescot connaissait le profond respect de Robespierre pour la Convention, son attachement à la légalité, et il n'avait pas tort, on va le voir, en s'attendant à une vive résistance de sa part.

Transféré vers sept heures à la prison du Luxembourg, sous la garde du citoyen Chanlaire, de l'huissier Filleul et du gendarme Lemoine (3), Maximilien avait été refusé par le concierge, en vertu d'une injonction des administrateurs de police de ne recevoir aucun détenu sans leur ordre. Il insista vivement pour être incarcéré. Esclave du devoir, il voulait obéir quand même au décret qui le frappait. « Je saurai bien me défendre devant le tribunal, » dit-il. En effet, il pouvait être assuré d'avance d'un triomphe éclatant, et il ne voulait l'emporter sur ses ennemis qu'avec les armes de la légalité. Billaud-Varenne ne se trompait pas en écrivant ces lignes : « Si, dans la journée du 9 Thermidor, Robespierre, au lieu *de se faire enlever* pour se rendre à la commune et y arborer l'étendard de la révolte, eût obéi aux décrets de la Convention nationale, qui peut calculer ce que *l'erreur*, moins affaiblie par cette soumission, eût pu pro-

(1) Procès-verbal de la séance de la commune (*Histoire parlementaire*, t. XXXIV, p. 52). A l'appui de cette partie du procès-verbal, voyez la déclaration de Robespierre jeune au comité civil de la section de la *Maison-Commune*, lorsqu'il y fut transporté à la suite de sa chute. « A répondu... que quand il a été dans le sein de la commune, il a parlé pour la Convention en disant qu'elle était disposée à sauver la patrie, mais qu'elle avait été trompée par quelques conspirateurs; qu'il fallait veiller à sa conservation. » (Pièce XXXVIII à la suite du rapport de Courtois sur les événements du 9 Thermidor, p. 205.)

(2) Procès-verbal de la séance de la commune, *ùbi suprà*.

(3) Pièce XIX à la suite du rapport de Courtois sur les événements du 9 Thermidor, p. 113.

curer de chances favorables à son ascendant (1)? » La volonté
de Maximilien échoua devant la résistance d'un guichetier (2).

Du Luxembourg, Robespierre avait été conduit à l'administration
de police située à côté de la mairie, sur le quai des Orfèvres, dans
les bâtiments aujourd'hui démolis qu'occupait la préfecture de police. Il y fut reçu avec les transports du plus vif enthousiasme, aux
cris de *Vive Robespierre* (3)! Il pouvait être alors huit heures et
demie. Peu après se présenta la députation chargée de l'amener au
sein du conseil général. Tout d'abord Maximilien se refusa absolument à se rendre à cette invitation. « Non », dit-il encore, « laissez-
moi paraître devant mes juges. » La députation se retira décon-
certée. Mais le conseil général, jugeant indispensable la présence
de Robespierre à l'Hôtel de Ville, dépêcha auprès de lui une nouvelle députation aux vives instances de laquelle Robespierre céda
enfin. Il la suivit à la commune, où l'accueillirent encore les plus
chaleureuses acclamations (4). Mais que d'heures perdues déjà !

En même temps que lui parurent ses chers et fidèles amis, Saint-
Just et Le Bas, qu'on venait d'arracher l'un et l'autre aux prisons
où les avait fait transférer le comité de Sûreté générale. Au moment
où Le Bas sortait de la Conciergerie, un fiacre s'arrêtait au guichet
de la prison, et deux jeunes femmes en descendaient tout éplorées.
L'une était Élisabeth Duplay, l'épouse du proscrit volontaire, qui,
souffrante encore, venait apporter à son mari divers effets, un matelas, une couverture; l'autre, Henriette Le Bas, celle qui avait dû
épouser Saint-Just. En voyant son mari libre, et comme emmené en
triomphe par une foule ardente, Mme Le Bas éprouva tout d'abord
un inexprimable sentiment de joie, courut vers lui, se jeta dans ses
bras, et se dirigea avec lui du côté de l'Hôtel de Ville. Mais de noirs
pressentiments assiégeaient l'âme de Philippe. Sa femme nourrissait, il voulut lui épargner de trop fortes émotions, et l'engagea

(1) Mémoire de Billaud-Varenne, p. 46 du manuscrit. (*Archives, ubi supra.*)

(2) Quelques historiens, notamment MM. Villiaumé et Tissot, ont vu dans ce refus
du concierge de la maison du Luxembourg une ruse machiavélique des comités. A
les en croire, les comités auraient intimé à tous les directeurs de prison l'ordre de
faciliter l'évasion des députés décrétés d'accusation, afin d'avoir contre ceux-ci la ressource commode et expéditive d'un décret de mise hors la loi. Les conjurés de Thermidor étaient bien capables d'une pareille fourberie; mais cette opinion, appuyée sur les
souvenirs plus ou moins certains de quelques survivants de la Révolution, ne saurait
tenir devant les ordres si précis des administrateurs de police qui étaient tout dévoués
à Robespierre, et qui périrent avec lui.

(3) Déclaration de Louise Picard, pièce XXXII, à la suite du rapport de Courtois
sur les événements du 9 Thermidor, p. 194.

(4) Renseignements donnés par les employés au secrétariat sur ce qui s'est passé à la
commune. (Pièce de la collection Beuchot.)

vivement à retourner chez elle, en lui adressant mille recommandations au sujet de leur fils. « Ne lui fais pas haïr les assassins de son père, » dit-il; « inspire-lui l'amour de la patrie; dis-lui bien que son père est mort pour elle... Adieu, mon Elisabeth, adieu (1)! Ce furent ses dernières paroles, et ce fut un irrévocable adieu. Quelques instants après cette scène, la barrière de l'éternité s'élevait entre le mari et la femme.

XXXI

La présence de Robespierre à la commune sembla redoubler l'ardeur patriotique et l'énergie du conseil général; on y voyait le gage assuré d'une victoire prochaine, car on ne doutait pas que l'immense majorité de la population parisienne ne se ralliât à ce nom si grand et si respecté.

Le conseil général se composait de quatre-vingt-seize notables et de quarante-huit officiers municipaux formant le corps municipal, en tout cent quarante-quatre citoyens élus par les quarante-huit sections de la ville de Paris. Dans la nuit du 9 au 10 thermidor, quatre-vingt-onze membres signèrent la liste de présence, c'est-à-dire leur arrêt de mort pour la plupart. D'autres vinrent-ils? c'est probable; mais ils ne signèrent pas, et évitèrent ainsi la proscription sanglante qui frappa leurs malheureux collègues. Parmi les membres du conseil général figuraient un certain nombre de citoyens apparte-

(1) Manuscrit de Mme Le Bas. D'après ce manuscrit, ce serait à la Force que Le Bas aurait été conduit; mais Mme Le Bas a dû confondre cette prison avec la Conciergerie. Comme tous les membres de sa malheureuse famille, Mme Le Bas fut jetée en prison avec son enfant à la mamelle par les *héros* de Thermidor, qui la laissèrent végéter durant quelques mois, d'abord à la prison Talarue, puis à Saint-Lazare, dont le nom seul était pour elle un objet d'épouvante. Toutefois elle se résigna. « Je souffrais pour mon bien-aimé mari, cette pensée me soutenait. » On lui avait offert la liberté, une pension même, si elle voulait changer de nom; elle s'y refusa avec indignation. « Je n'aurais jamais quitté ce nom si cher à mon cœur, et que je me fais gloire de porter. » Femme héroïque de l'héroïque martyr qui ne voulut point partager l'opprobre de la victoire thermidorienne, elle se montra, jusqu'à son dernier jour, fière de la mort de son mari : « Il a su mourir pour sa patrie, il ne devait mourir qu'avec les martyrs de la liberté. Il m'a laissée veuve et mère à vingt et un ans et demi; je bénis le Ciel de me l'avoir ôté ce jour-là, il ne m'en est que plus cher. On m'a traînée de prison en prison avec mon jeune fils de cinq semaines; il n'est pas de souffrances que ne m'aient fait endurer ces monstres, croyant m'intimider. Je leur ai fait voir le contraire; plus ils m'en faisaient, plus j'étais heureuse de souffrir pour eux. Comme eux, j'aime la liberté; le sang qui coule dans mes veines à soixante-dix-neuf ans est le sang de républicains. » (Manuscrit de Mme Le Bas.) Et en parlant de ces morts si regrettés elle ne manque pas d'ajouter : « Comme vous eussiez été heureux de connaître ces hommes vertueux sous tous les rapports ! »

nant au haut commerce de la ville, comme Arthur, Grenard, Avril;
beaucoup de petits marchands, un notaire comme Delacour; quelques hommes de loi, des employés, des artistes, comme Lubin,
Fleuriot-Lescot, Beauvallet, Cietty, Louvet, Jault; deux ou trois
hommes de lettres, des médecins, des rentiers et plusieurs professeurs. C'étaient presque tous des patriotes d'ancienne date, dévoués
aux grandes idées démocratiques représentées par Robespierre.
L'extrait suivant d'une lettre d'un officier municipal de la section
du *Finistère*, nommé Mercier, directeur de la fabrication des assignats, lettre adressée à l'agent national Payan, peut servir à nous
renseigner sur les sentiments dont la plupart étaient animés : « La
faction désorganisatrice, sous le voile d'un patriotisme ultra-révolutionnaire, a longtemps agité et agite encore la section du *Finistère*.
Le grand meneur est un nommé Bouland, ci-devant garde de Monsieur. Ce motionneur à la Jacques Roux, en tonnant à la tribune
contre la prétendue aristocratie marchande, a maintes fois tenté
d'égarer par les plus dangereuses provocations la nombreuse classe
des citoyens peu éclairés de la section du *Finistère*... Cette cabale
a attaqué avec acharnement les révolutionnaires de 89, trop purs en
probité et patriotisme pour adopter les principes désorganisateurs.
Leur grand moyen était de les perdre dans l'opinion publique par
les plus atroces calomnies; quelques bons citoyens ont été leurs
victimes... (1) » Ne sent-on pas circuler dans cette lettre le souffle
de Robespierre? Mercier, on le voit, était digne de mourir avec lui.

Il était alors environ dix heures du soir. Il n'y avait pas de
temps à perdre; c'était le moment d'agir. Au lieu de cela, Maximilien se mit à parler au sein du conseil général, à remercier la
commune des efforts tentés par elle pour l'arracher des mains
d'une faction qui voulait sa perte. Les paroles de Robespierre
avaient excité un irrésistible enthousiasme; on se serrait les mains,
on s'embrassait comme si la République était sauvée, tant sa seule
présence inspirait de confiance (2). Déjà, avant son arrivée, un
membre avait longuement retracé, avec beaucoup d'animation, le
tableau des services innombrables et desintéressés que depuis cinq
ans Maximilien n'avait cessé de rendre à la patrie (3). Le conseil

(1) Pièce de la collection Beuchot.

(2) Voy. à ce sujet un extrait du procès-verbal de la section de l'*Arsenal*, cité sous le
numéro XXXIV, p. 196, à la suite du rapport de Courtois sur les événements du 9 Thermidor.

(3) Rapport de Degesne, lieutenant de la gendarmerie des tribunaux. (Pièces à la
suite du rapport de Courtois sur les événements du 9 Thermidor, n° XIX, 9° pièce,
p. 119. Si Robespierre l'eût emporté, ce rapport eût été tout autre, comme bien on
pense. On en peut dire autant de celui du commandant Dumesnil, inséré sous le

général n'avait donc nul besoin d'être excité ou encouragé. C'étaient le
peuple et les sections en marche qu'il eût fallu haranguer. Aussi bien
le conseil venait d'ordonner que la façade de la maison commune serait sur-le-champ illuminée. C'était l'heure de descendre sur la place
de Grève et de parler au peuple. Un mot de Robespierre, et les sections armées et la foule innombrable qui garnissaient les abords de
l'Hôtel de Ville s'ébranlaient, se ruaient sur la Convention, jetaient
l'Assemblée dehors. Mais ce mot, il ne voulut pas le dire. Pressé
par ses amis de donner un signal que chacun attendait avec impatience, il refusa obstinément. Beaucoup de personnes l'ont accusé
ici de faiblesse, ont blâmé ses irrésolutions; et en effet, en voyant
les déplorables résultats de la victoire thermidorienne, on ne peut
s'empêcher de regretter amèrement les scrupules auxquels il a obéi.
Néanmoins, il est impossible de ne pas admirer sans réserve les
motifs déterminants de son inaction. De son courage, il n'y a pas à
douter. Nous en avons, depuis le commencement de cette *Histoire*,
donné, Dieu merci! d'assez irréffragables preuves. Mais, représentant du peuple, il ne se crut pas le droit de porter la main sur la
Représentation nationale. Il lui répugnait d'ailleurs de prendre devant l'histoire la responsabilité du sang versé dans une guerre civile. Certain du triomphe en donnant contre la Convention le
signal du soulèvement, il aima mieux mourir que d'exercer contre
elle le droit de légitime défense. On peut être fâché que Robespierre n'ait pas résolûment exécuté ce que Bonaparte fera au
19 Brumaire, parce qu'il eût agi, lui, uniquement dans l'intérêt de
la liberté et de la démocratie; mais on n'en est que plus forcé de
rendre hommage à la noblesse et à la pureté de ses vues. Par ce
dévouement à la religion du devoir il donna au monde un exemple
trop rare pour n'être pas loué et admiré sans réserve; cela seul
suffirait à sauver sa mémoire dans l'avenir et à le mettre au rang
des grands citoyens dont s'honore l'humanité.

Tandis que l'énergie du conseil général se trouvait paralysée par les répugnances de Maximilien à entrer en révolte ou-

---

n° XXXI, p. 182, à la suite du rapport. Degesne et Dumesnil se vantent très fort
d'avoir embrassé chaudement le parti de la Convention dès la première heure, mais
nous avons sous les yeux une pièce qui affaiblit singulièrement leurs allégations; c'est
une lettre du nommé Haurie, garçon de bureau du tribunal révolutionnaire, où il est
dit : « Le 9 thermidor, des officiers de la gendarmerie des tribunaux sont venus dans
la chambre du conseil du tribunal révolutionnaire promettre de servir Robespierre...
Les noms de ces officiers sont : DUMESNIL, Samson, Aduet, DEGESNE, Fribourg, Dubunc
et Chardin. Il est à remarquer que Dumesnil et Degesne ont été incarcérés par les rebelles. Le commandant de la gendarmerie à cheval est venu leur assurer que tout son
corps était pour Robespierre. » (*Archives*, F. 7, 4437.)

verte contre la Convention, celle-ci n'hésitait pas et prenait des mesures décisives. Un tas d'hommes qui, selon la forte expression du poëte,

Si tout n'est renversé ne sauraient subsister,

les Bourdon, les Barras, les Fréron, vinrent, pour encourager l'Assemblée, lui présenter sous les couleurs les plus favorables les dispositions des sections. Sur la proposition de Voulland, elle chargea Barras de diriger la force armée contre l'Hôtel de Ville, et lui adjoignit Léonard Bourdon, Bourdon (de l'Oise), Fréron, Rovère, Delmas, Ferrand et Bollet, auxquels on attribua les pouvoirs dont étaient investis les représentants du peuple près les armées. A l'exception des deux derniers, qui n'avaient joué qu'un rôle fort effacé, on ne pouvait choisir à Barras de plus dignes acolytes. Mais les conjurés ne se montraient pas satisfaits encore : il fallait pouvoir se débarrasser, sans jugement, des députés proscrits dans la matinée; or, ils trouvèrent un merveilleux prétexte dans le fait, de la part de ces derniers, de s'être, volontairement ou non, soustraits au décret d'arrestation. Élie Lacoste commença par demander la mise hors la loi de tous les officiers municipaux qui avaient embrassé Robespierre et l'avaient traité en frère. Décrétée au milieu des applaudissements, cette mesure ne tarda pas à être étendue à Hanriot. Personne ne parlait des députés, comme si au moment de frapper ces grandes victimes on eût été arrêté par un reste de pudeur. Bientôt toutefois Voulland, s'enhardissant, fit observer que Robespierre et *tous les autres* s'étaient également soustraits au décret d'arrestation, et, à sa voix, l'Assemblée les mit aussi hors la loi, toujours au milieu des plus vifs applaudissements, s'il faut en croire *le Moniteur* (1). Aussitôt des émissaires sont envoyés dans toutes les directions, dans les assemblées sectionnaires, sur la place de Grève, pour y proclamer le formidable décret dont on attendait le plus grand effet. En même temps Barras, Léonard Bourdon et leurs collègues courent se mettre à la tête de la force armée, qu'ils dirigent en deux colonnes, l'une par les quais, l'autre par la rue Saint-Honoré, vers l'Hôtel de Ville. A grand'peine, ils avaient pu réunir un peu plus de deux mille hommes, mais leur troupe grossit en route, et,

(1) Voy. *le Moniteur* du 12 thermidor (30 juillet 1794). Malgré le décret du matin, par lequel avait été supprimé le grade de commandant général de la garde nationale, la Convention avait mis à la tête de l'armée parisienne un chef de légion nommé Esnard. Mais cet officier avait été arrêté à la commune par ordre du maire et de l'agent national près desquels il s'était rendu aussitôt pour leur donner communication de ses pouvoirs.

comme toujours, après la victoire, si victoire il y eut, elle devint innombrable. Il pouvait être en ce moment un peu plus de minuit.

Cependant le conseil général continuait de délibérer. Impossible de déployer plus d'énergie et de résolution que n'en montra le comité d'exécution. Décidé à défendre jusqu'à la mort les principes pour lesquels il était debout, il avait fait apporter des armes dans la salle de ses délibérations, voisine de celle où se tenait le conseil général (1). De plus, il venait d'inviter de nouveau, à cette heure suprême, toutes les sections à faire sonner le tocsin, battre la générale, et à réunir leurs forces sur la place de la Maison-Commune, afin de sauver la patrie (2). Mais cela n'était pas encore suffisant à ses yeux ; il lui paraissait nécessaire, pour achever de produire un grand effet sur les masses, d'avoir la sanction d'un grand nom populaire, du nom de Robespierre, qui équivalait à un drapeau et représentait la Convention.

Parmi les commissaires faisant fonction de ministres, deux seulement, Payan, frère aîné de l'agent national, commissaire de l'instruction publique, et Lerebours, commissaire des secours publics, prirent parti pour Robespierre. Les autres, quoique tous dévoués pour la plupart aux idées de Maximilien, jugèrent prudent d'attendre le résultat des événements. Républicain enthousiaste, patriote ardent, Lerebours s'était rendu un des premiers à la commune, où, comme ou l'a vu, il avait été nommé membre du comité d'exécution. Seul il échappa au massacre des membres de ce comité (3). C'est sur les indications écrites, sous sa dictée, par son propre fils, que nous al-

(1) « Commune de Paris. Le 9 thermidor.., le général Hanriot fera passer au comité d'exécution des fusils, des pistolets et des munitions pour douze membres. *Signé* : Arthur, Legrand, Louvet, Grenard, Coffinhal. (Pièce de la collection Beuchot.)

(2) « Il est ordonné aux sections, pour sauver la chose publique, de faire sonner le tocsin et de faire battre la générale dans toute la commune de Paris, et de réunir leurs forces dans la place de la Maison-Commune, où elles recevront les ordres du général Hanriot, qui vient d'être remis en liberté, avec tous les députés patriotes, par le peuple souverain. *Signé* : Arthur, Legrand, Grenard, Desboisseau et Louvet. » (Pièce de la collection Beuchot.)

(3) Parvenu à s'échapper dans le tumulte, Lerebours alla se réfugier dans un égout des Champs-Élysées, près du pont Royal, où il se tint caché pendant vingt-quatre heures, à cent pas de l'échafaud qui l'attendait. Ayant pu, le lendemain, sortir de Paris, il se rendit d'abord en Suisse, puis en Allemagne, et rentra en France sous le Directoire. Il est mort, il n'y a pas longtemps, à l'âge de quatre-vingt-dix ans. Devenu vieux, il essaya de décliner toute participation active de sa part à la résistance de la commune. Il disait, à qui voulait l'entendre, que le 9 Thermidor il s'était trouvé *par hasard, sans savoir pourquoi*, à l'Hôtel de Ville, où *on lui avait fait signer* un *ordre à la section des Piques*. Et cet ordre est tout entier de sa main. (Voy. à ce sujet *le Journal*, par M. Alp. Karr, numéro du 17 octobre 1848). Mais ce raisonnement d'un vieillard craintif indignait à bon droit le propre fils de Lerebours. « Mon père, » a-t-il écrit

lons retracer la scène qui va suivre (1), et pour la description de laquelle on s'est beaucoup trop fié jusqu'ici aux relations plus ou moins
mensongères de l'assassin Merda ou du mouchard Dulac, grand ami
de Tallien (2). Lerebours rédigea et écrivit de sa main l'appel suivant
à la section des Piques, celle de Robespierre : « COMMUNE DE PARIS.
Comité d'exécution. Courage, patriotes de la section des Piques, la
liberté triomphe! Déjà ceux que leur fermeté a rendus formidables
aux traîtres sont en liberté; partout le peuple se montre digne de
son caractère. Le point de réunion est à la commune...; le brave
Hanriot exécutera les ordres du comité d'exécution, qui est créé pour
sauver la patrie.» Puis, il signa; avec lui signèrent : Legrand, Louvet
et Payan. Il s'agissait de faire signer Robespierre, assis au centre
de la salle, à la table du conseil, entre le maire Fleuriot-Lescot et
l'agent national Payan. Longtemps Saint-Just, son frère et les
membres du comité d'exécution le supplièrent d'apposer sa signature au bas de cet appel énergique; mais en vain. « Au nom de
qui? » disait Maximilien. « Au nom de la Convention, » répondit
Saint-Just; « elle est partout où nous sommes. » Il semblait à Maximilien qu'en sanctionnant de sa signature cette sorte d'appel à
l'insurrection contre la Convention, il allait jouer le rôle de Cromwell, qu'il avait si souvent flétri depuis le commencement de la
Révolution, et il persista dans son refus. Couthon, tardivement
arrivé (3), parla d'adresser une proclamation aux armées, convint
qu'on ne pouvait écrire au nom de la Convention; mais il engagea

dans une note que nous avons sous les yeux, « aurait dû se glorifier d'avoir participé
à la résistance de la commune. »

(1) Pierre-Victor Lerebours, plus connu sous le nom de Pierre-Victor, est mort il y
a deux ans, fidèle au culte que son père, dans sa jeunesse, avait professé pour Robespierre Auteur de la tragédie des Scandinaves et de divers opuscules, il brilla un instant
au théâtre où, dans les rôles tragiques, il se fit applaudir à côté de Talma. Nous tenons
de lui-même les notes d'après lesquelles il nous a été permis de tracer un tableau exact
de la scène sanglante qui mit fin à la résistance de la commune.

(2) C'est ce qu'assure M. Michelet, t. VII, p. 480. Voy. le récit de Dulac, à la suite
du rapport de Courtois sur les événements du 9 Thermidor, n° XXXIX, p. 107. Ce Dulac a tout vu, tout conduit, tout dirigé. Il a joué, à proprement parler, le rôle de la
mouche du Coche. Somme toute, son rapport, adressé à Courtois un an après les
événements n'est qu'un placet déguisé, une forme nouvelle de mendicité.

(3) Couthon ne sortit que vers une heure du matin de la prison de Port-Libre, autrement dit la Bourbe, où il avait été transféré. (Déclaration de Petit, concierge de la
prison de Port-Libre, pièce XXXV, à la suite du rapport de Courtois sur les événements
du 9 Thermidor, p. 108.) Un officier municipal était venu le chercher et lui avait remis
un billet ainsi conçu : « Couthon, tous les patriotes sont proscrits, le peuple entier est
levé; ce seroit le trahir que de ne pas te rendre à la maison commune, où nous sommes.»
Ce billet, signé Robespierre et Saint-Just, fut trouvé sur lui au moment de son arrestation.

Robespierre à le faire au nom du peuple français, ajoutant qu'il y avait encore en France des amis de l'humanité, et que la vertu finirait par triompher (1). La longue hésitation de Maximilien perdit tout.

Pendant ce temps, les émissaires de la Convention proclamaient, à la lueur des torches, le décret de l'Assemblée. Des fenêtres de l'Hôtel de Ville on en aperçut plusieurs au coin de la rue de la Vannerie, laquelle débouchait sur la place de Grève. Ils cherchaient à ameuter le peuple contre la commune. Quelques membres du conseil général s'offrirent d'aller les arrêter, partirent et revinrent bientôt, ramenant avec eux deux de ces émissaires. Fleuriot-Lescot donna à l'assistance lecture de la proclamation saisie sur les agents de la Convention. Parmi les signatures figurant au bas de cette pièce, il remarqua celle de David. « C'est une scélératesse de plus de la part des intrigants ! » s'écria-t-il ; « David ne l'a pas signée, car il est chez lui malade (2). » Le grand peintre, avons-nous dit déjà, avait, sur le conseil de Barère, prudemment gardé la chambre.

Ce formidable décret de mise hors la loi ne laissa pas que de produire dans les rues un très-fâcheux effet. L'ardeur d'un certain nombre de membres de la commune, ne se trouvant pas soutenue par une intervention directe de Robespierre, se ralentit singulièrement. Beaucoup de citoyens, ne sachant ce qui se passait à cette heure avancée de la nuit, rentrèrent tranquillement chez eux. Il n'est pas jusqu'au temps qui ne vînt en aide aux conjurés de la Convention. Le ciel avait été triste et sombre toute la journée. Vers minuit une pluie torrentielle tomba et ne contribua pas peu à dissiper la foule. Quand, deux heures plus tard, les colonnes conventionnelles débouchèrent sur la place de Grève, elle était presque déserte. Tandis qu'une escarmouche insignifiante s'engageait sur le quai, entre la force armée dirigée par Barras, et les canonniers restés autour

---

(1) Déclaration de Jérôme Muron et Jean-Pierre Javoir, gendarmes près les tribunaux. Ils avaient accompagné l'officier municipal qui était allé chercher Couthon et étaient entrés avec lui à l'Hôtel de Ville dans la salle du conseil général. (*Archives*, F. 7, 32.)

(2) Renseignements donnés par les employés au secrétariat, sur ce qui s'est passé à la commune dans la nuit du 9 au 10 thermidor. (Pièce de la collection Beuchot.) Dans une note placée à la suite de son rapport sur les événements du 9 Thermidor (n° 37, p. 56), Courtois prétend que ce fut Payan qui donna lecture du décret mettant hors la loi les membres du conseil général et autres, et qu'il ajouta au texte du décret *ces mots perfides* : « et le peuple qui est dans les tribunes », espérant par là augmenter l'exaspération contre la Convention. Mais cette note, en désaccord avec les pièces authentiques où nous avons puisé nos renseignements, ne repose sur aucune donnée certaine, et Courtois, par lui-même, ne mérite aucune espèce de confiance.

d'Hanriot, Léonard Bourdon, à la tête de sa troupe, put pénétrer sans obstacle dans l'Hôtel de Ville, par le grand escalier du centre, et parvenir jusqu'à la porte de la salle de l'Égalité. Il était alors un peu plus de deux heures du matin (1). En ce moment Robespierre, vaincu par les obsessions de ses amis et songeant, un peu tard, à la gravité des circonstances, se décidait enfin à signer l'adresse à la section des Piques. Déjà il avait écrit les deux premières lettres de son nom, *Ro*, quand un coup de feu, parti du couloir séparant la salle du conseil général de celle du corps municipal, retentit soudainement (2). Aussitôt on vit Robespierre s'affaisser, la plume lui échappa des mains, et sur la feuille de papier où il avait à peine tracé deux lettres on put remarquer de larges gouttes de sang qui avaient jailli d'une large blessure qu'il venait de recevoir à la joue (3). Fleuriot-Lescot, consterné, quitta le fauteuil, et courut vers l'endroit d'où le coup était parti. Il y eut dans l'assistance un désarroi subit. On crut d'abord à un suicide. Robespierre, disait-on, s'est brûlé la cervelle (4). L'invasion de la salle par la troupe conventionnelle ne tarda pas à mettre fin à l'incertitude.

XXXII

Voici ce qui était arrivé. A tout prix les Thermidoriens voulaient se débarrasser de Robespierre. C'était beaucoup d'avoir obtenu contre lui un décret d'accusation, de l'avoir fait mettre hors la loi, mais cela ne leur suffisait pas. Le peuple laisserait-il jamais mener à l'échafaud cet héroïque défenseur de ses droits? Tant que Maximilien serait debout, les bandits avaient tout à craindre; mieux valait en finir par un coup de couteau ou une balle. Lui mort, on était à peu près sûr de voir tomber d'elle-même la résistance de la com-

---

(1) Voir le procès-verbal de la séance de la commune dans l'*Histoire parlementaire*, t. XXXIV, p. 56.

(2) Renseignements donnés par les employés au secrétariat, *ubi suprà*.

(3) Note fournie par M. Lerebours fils. J'ai vu chez M. Philippe de Saint-Albin, cette pièce toute maculée encore du sang de Robespierre. Rien d'émouvant comme la vue de cette pièce, qui suffit, à elle seule, à donner la clef du drame qui s'est passé. Saisie par Barras sur la table du conseil général, elle passa plus tard, avec les papiers de l'ex-Directeur, entre les mains de l'ancien ami de Danton, Rousselin de Saint-Albin.

(4) Renseignements fournis par les employés au secrétariat sur ce qui s'est passé à la commune dans la nuit du 9 au 10 thermidor. (Pièce de la collection Beuchot.) Entre ce récit et celui que j'ai donné dans mon *Histoire de Saint-Just*, il existe une légère différence; cela tient à ce que, à l'époque où j'ai écrit la vie de Saint-Just, je n'avais ni les renseignements donnés par les employés au secrétariat ni les notes de M. Lerebours fils.

mune. Restait à trouver l'assassin. La chose n'était pas difficile, il se rencontre toujours quelque coupe-jarret prêt à tuer un homme moyennant salaire. Or, frapper Robespierre en cette occurrence pouvait être une occasion de fortune. Il y avait justement parmi les gendarmes de la troupe conduite par Léonard Bourdon un jeune drôle du nom de Merda (1), qui ne demanda pas mieux que de saisir cette occasion. Il avait à peine vingt ans.

Ce fut, à n'en point douter, Léonard Bourdon qui arma son bras, jamais il n'eût osé prendre sur lui d'assassiner Robespierre sans l'ordre exprès d'un membre de la Convention. Intrigant méprisé, suivant la propre expression de Maximilien, complice oublié d'Hébert, Léonard Bourdon était ce député à qui Robespierre avait, on s'en souvient peut-être, reproché d'avilir la Représentation nationale par des formes indécentes. Comme Fouché, comme Tallien, comme Rovère, il haïssait dans Robespierre la vertu rigide et le patriotisme sans tache. Il fit, c'est très-probable, miroiter aux yeux du gendarme tous les avantages, toutes les faveurs dont le comblerait la Convention s'il la débarrassait de l'homme qui à cette heure encore contre-balançait son autorité. La fortune au prix du sang du Juste ? Merda n'hésita point.

Parvenu avec son gendarme à la porte de la salle où siégeait le conseil général (2), laquelle s'ouvrait à tout venant, Léonard Bourdon lui désigna du doigt Maximilien assis dans un fauteuil et se présentant de profil, la partie droite du corps tournée vers la place de Grève. Du couloir où se tenait l'assassin à la place où était la victime, il pouvait y avoir trois ou quatre mètres au plus. Armé d'un pistolet, Merda étendit brusquement le bras et fit feu, avant que personne eût pu prévenir son mouvement (3). Nous avons

(1) Tel était son véritable nom, que par euphémisme il changea en celui de Méda. Il avait un frère qui mourut chef de bataillon et qui garda toujours son nom patronymique, sous lequel fut liquidée la pension de sa veuve. (Renseignements fournis par le ministère de la guerre.)

(2) « Ce brave gendarme ne m'a pas quitté, » avoua Léonard Bourdon quelques instants après, en présentant l'assassin à la Convention nationale. (Voy. *le Moniteur* du 12 thermidor (30 juillet 1794).

(3) De l'assassinat commis par lui Merda a laissé une relation où, sauf le coup de pistolet, tout est faux. Beaucoup d'écrivains se sont laissé prendre à cette relation si grossièrement mensongère ; mais nous ne comprenons pas comment M. Michelet a pu baser so récit tout entier sur une œuvre qui n'est, d'un bout à l'autre, qu'un tissu d'inexactitudes, d'invraisemblances et d'inepties. (Voy. *Histoire de la Révolution*, t. VII, liv. XXI, ch. IX.) Merda prétend qu'il s'élança sur Robespierre et qu'il lui présenta la pointe de son sabre sur le cœur, en lui disant : « Rends-toi, traître ! etc. » Comment les amis dévoués qui entouraient Maximilien eussent-ils laissé pénétrer jusqu'à lui ce polisson de dix-neuf ans. Dans son récit, publié longtemps après les événements, Merda ra-

dit comment Robespierre s'affaisa en éclaboussant de son sang la feuille de papier contenant l'appel à la section des Piques. La question a été longtemps débattue de savoir si Maximilien avait été réellement assassiné, ou s'il y avait eu de sa part tentative de suicide. Le doute ne saurait être cependant un seul instant permis. Pourquoi d'abord Robespierre aurait-il eu l'idée de recourir à ce moyen extrême quand tout paraissait sourire à sa cause, et que, tardivement, il s'était décidé à en appeler lui-même au peuple des décrets de la Convention ? Il aurait au moins fallu, pour le porter à cet acte de désespoir, que l'irruption de la horde conventionnelle eût précédé le coup de pistolet de Merda, et nous avons vu par un document entièrement inédit et tout à fait désintéressé (le rapport des employés au secrétariat) que c'était tout le contraire qui avait eu lieu. Le simple examen de la blessure suffit d'ailleurs pour détruire tout à fait l'hypothèse du suicide. En effet, le projectile, dirigé de haut en bas, avait déchiré la joue à un pouce environ de la commissure des lèvres, et, pénétrant de gauche à droite, il avait brisé une partie de la mâchoire inférieure (1). Or, peut-on imaginer un homme qui, voulant se tuer, se tirerait un coup de pistolet de gauche à droite et de haut en bas ? C'est tout simplement impossible ; tandis qu'au contraire le coup s'explique tout naturellement par la position de l'assassin tirant debout sur Maximilien assis et présentant son profil gauche.

A la nouvelle du meurtre de Robespierre, les Thermidoriens éprouvèrent une joie indicible ; cependant, malgré leur cynisme et leur effronterie, ils ne tardèrent pas à comprendre eux-mêmes tout l'odieux qui rejaillirait sur eux de ce lâche assassinat, et après que le président de la Convention (c'était Charlier) eut, au milieu des applaudissements, donné l'accolade à celui qu'on présenta hautement à l'Assemblée comme le meurtrier de Maximilien, on s'efforça de faire croire à un suicide. Voilà pourquoi Barère, affectant d'oublier l'enthousiasme produit la veille par l'apparition de l'assassin, se contenta de dire dans son rapport du 10 : « Robespierre aîné s'est frappé. » Voila pourquoi, un an plus tard, Courtois, dans son rapport sur les événements du 9 Thermidor, assurait, sur le té-

conte qu'ayant fouillé Robespierre, il trouva sur lui pour plus de dix mille francs de bonnes valeurs... On voit qu'on ne pouvait mentir plus bêtement ni avec plus d'impudence que le lâche et misérable assassin. Sa relation a été précieusement recueillie et publiée par MM. Barrière et Berville dans leur collection des Mémoires relatifs à la Révolution française.

(1) Rapport des officiers de santé sur les pansements des blessures de Robespierre aîné. (Pièce XXXVII, p. 202, à la suite du rapport de Courtois sur les événements du 9 Thermidor.)

moignage complaisant d'un concierge, que Merda avait manqué Robespierre et que celui-ci s'était frappé lui-même (1). Mais les Thermidoriens ont eu beau faire, tout l'odieux de cet assassinat pèsera éternellement sur leur mémoire, et la postérité vengeresse ne séparera pas leurs noms de celui de l'assassin dont Léonard Bourdon arma le bras et qui ne fut que l'instrument de la faction (2).

A peine Merda eut-il lâché son coup de pistolet que la horde conventionnelle fit irruption dans la salle du conseil général dont les membres surpris sans défense ne purent opposer aucune résistance. Quelques-uns furent arrêtés sur-le-champ, d'autres s'échappèrent à la faveur du tumulte ; mais, trahis par la fatale liste de présence, dont se saisirent les vainqueurs, ils furent repris dès le lendemain. Saint-Just, s'oubliant lui-même, ne songeait qu'à donner des soins à Robespierre (3). Le Bas crut blessé à mort celui à qui il avait dévoué sa vie, il ne voulut pas lui survivre. Jugeant d'ailleurs la liberté et la République perdues, il passa dans une salle voisine, dite salle de la veuve Capet, celle où siégeait le comité d'exécution ; là il s'empara d'un des pistolets apportés par l'ordre de ce comité et se fit sauter la cervelle (4). Il se tua sur le coup ; ce fut la mort de Caton.

(1) Rapport de Courtois sur les événements..., p. 70. Rien de curieux et de bête à la fois comme la déclaration du concierge Bochard : « Sur les deux heures du matin, » dit-il, « un gendarme m'a appelé et m'a dit qu'il venait d'entendre un coup de pistolet dans la salle de l'Égalité. J'ai entré, j'ai vu Le Bas étendu par terre, et de suite Robespierre l'aîné s'est tiré un coup de pistolet dont la balle, en le manquant, a passé à trois lignes de moi ; j'ai failli être tué. (Pièce XXVI, p. 201, à la suite du rapport. Ainsi il a vu. Robespierre... SE MANQUER et la balle passer à trois lignes de lui. Ce prétendu témoignage ne mérite même pas la discussion. Et voilà pourtant les autorités thermidoriennes !

(2) Merda, ce brave gendarme au dire de Léonard Bourdon, ne cessa de battre monnaie avec le meurtre de Robespierre. Nommé sous-lieutenant au 5e régiment de chasseurs, dès le 23 thermidor, pour avoir fait feu sur *les traîtres Couthon et Robespierre* (*Moniteur* du 28 thermidor [15 août 1794]), il ne tarda pas à se plaindre de l'ingratitude des Thermidoriens. On lui avait donné, dit-il deux ans après, la place la plus inférieure de l'armée. Un jour même, paraît-il, fatigués de ses obsessions, Collot d'Herbois et Barère lui avaient déclaré, furieux, qu'on ne devait rien à un assassin. (Lettre de Merda au Directoire en date du 20 germinal de l'an IV, de la collection de M. de Girardot, citée par M. L. Blanc, t. XI, p. 270.) Grâce à la protection de son ancien complice Barras, il finit par obtenir de l'avancement. Devenu, sous l'Empire, colonel et baron, il fut tué à la bataille de la Moskowa.

(3) Extrait des Mémoires de Barras cité dans le 1er numéro de la *Revue du XIXe siècle*. Disons encore que le peu qui a paru des Mémoires de ce complice des assassins de Robespierre ne donne pas une idée bien haute de leur valeur historique.

(4) Rapport de Raymond, fonctionnaire public, et de Colmet, commissaire de police de la section des *Lombards*, assistés du citoyen Rousselle, membre du comité révolutionnaire de la section de la *Cité*, en l'absence du citoyen juge de paix. (Pièce de la

Moins heureux fut Robespierre jeune. Ne voulant pas tomber
vivant entre les mains des assassins de son frère, il franchit une
des fenêtres de l'Hôtel de Ville, demeura quelques instants sur
le cordon du premier étage à contempler la Grève envahie par les
troupes conventionnelles, puis il se précipita la tête la première
sur les premières marches du grand escalier. On le releva mutilé et
sanglant, mais respirant encore. Transporté au comité civil de la
section de la *Maison-Commune*, où il eut la force de déclarer que
son frère et lui n'avaient aucun reproche à se faire et qu'ils
avaient toujours rempli leur devoir envers la Convention, il y fut
traité avec beaucoup d'égards, disons-le à l'honneur des membres
de ce comité, qui ne se crurent pas obligés, comme tant d'autres,
d'insulter aux vaincus. Quand on vint le réclamer pour le transférer au comité de Sûreté générale, ils se récrièrent, disant qu'il ne
pouvait être transporté sans risque pour ses jours, et ne le livrèrent
que sur un ordre formel des représentants délégués par la Convention (1). Couthon, sur lequel Merda avait également tiré sans l'atteindre, mais qui s'était gravement blessé à la tête en tombant dans un
des escaliers de l'Hôtel de Ville, avait été mené, vers cinq heures
du matin, à l'Hôtel-Dieu, où il reçut les soins du célèbre chirurgien
Desault, qui le fit placer dans le lit n° 15 de la salle des opérations.
Au juge de paix chargé par Léonard Bourdon de s'enquérir de son
état il dit : « On m'accuse d'être un conspirateur, je voudrais bien
qu'on pût lire dans le fond de mon âme (2). » Le pauvre paralytique,
à moitié mort, inspirait encore des craintes aux conjurés, car Barras et son collègue Delmas enjoignirent à la section de la *Cité* d'é-
tablir un poste à l'Hôtel-Dieu, et ils rendirent le commandant de ce
poste responsable, sur sa tête, de la personne de Couthon (3). Peu
après, le juge de paix Bucquet reçut l'ordre exprès d'amener le

---

collection Beuchot.) Le corps de Le Bas fut levé à sept heures du matin, et porté immédiatement au cimetière de Saint-Paul, section de l'*Arsenal*. (*Ibid.*) MM. Michelet et
de Lamartine ont donc commis une grave erreur en prétendant que le cadavre de Le
Bas avait été mené à la Convention pêle-mêle avec les blessés.

(1) Procès-verbal du comité civil de la *Maison-Commune*, cité sous le numéro
XXXVIII, p. 203, à la suite du rapport de Courtois sur les événements du 9 Thermidor.

(2) Procès-verbal de Jean-Antoine Bucquet, juge de paix de la section de la *Cité*.
(Pièce inédite de la collection Beuchot.) La fameuse légende de Couthon gisant sur le
parapet du quai Pelletier et que des *hommes du peuple* voulaient jeter à la rivière, est
une pure invention de Fréron. (Voy. p. 72 du rapport de Courtois sur les événements
du 9 Thermidor.)

(3) « La section de la *Cité* fera établir un poste à l'Hôtel-Dieu, où l'on a porté Couthon, représentant du peuple, mis en état d'arrestation par décret de la Convention

blessé au comité de Salut public (1), Quant à Hanriot, il ne fut arrêté que beaucoup plus tard. S'il avait manqué de cet éclair de génie qui lui eût fait saisir le moment opportun de fondre sur la Convention, de se saisir des conjurés et de délivrer la République d'une bande de coquins par lesquels elle allait être honteusement asservie, ni le dévouement ni le courage, quoi qu'on ait pu dire, ne lui avaient fait défaut. Trahi par la fortune et abandonné des siens, il lutta seul corps à corps contre les assaillants de la commune. Il venait de saisir Merlin (de Thionville) au collet (2), quand l'assassinat de Robespierre trancha tout à coup la question. Obligé de céder à la force, le malheureux général se réfugia dans une petite cour isolée de l'Hôtel de Ville, où il fut découvert dans la journée, vers une heure de l'après-midi (3). On le trouva tout couvert de blessures qu'il avait reçues dans la lutte ou qu'il s'était faites lui-même (4), ayant peut-être tenté, comme Robespierre jeune, mais en vain également, de s'arracher la vie. Ainsi finit par une épouvantable catastrophe cette résistance de la commune, qui fut si près d'aboutir à un triomphe éclatant.

XXXIII

Placé sur un brancard, Robespierre fut amené à la Convention par des canonniers et quelques citoyens armés. Il était si faible, qu'on craignait à chaque instant qu'il ne passât. Aussi ceux qui le portaient par les pieds recommandaient-ils à leurs camarades

nationale. Le commandant du poste répondra sur sa tête de la personne de Couthon. *Signé* : Barras, J.-B. Delmas, représentans du peuple. » (Pièce inédite de la collection Beuchot.)

(1) Procès-verbal du juge de paix Bucquet (*ubi suprà*).

(2) Extrait des Mémoires de Barras. *Ubi suprà*.

(3) Déclaration de Dumesnil, commandant la gendarmerie des tribunaux, pièce XXXI, p. 182 à la suite du rapport de Courtois sur les événements de Thermidor.

(4) Procès-verbal de l'arrestation d'Hanriot par Guynaud et Chandellier, agents du comité de Sûreté, Bonnard, secrétaire agent; Lesueur, *id.*, Martin, agent principal, et Michel. (Pièce XL, p. 214, à la suite du rapport de Courtois.) Tous les historiens ont raconté, d'après Barère et Dumesnil, qu'Hanriot avait été jeté par Coffinhal d'une *fenêtre du troisième étage* dans un égout de l'Hôtel de Ville. Mais c'est là bien évidemment une fable thermidorienne. « C'est une déclaration faite hier au tribunal révolutionnaire, » dit Barère dans la séance du 11 thermidor. Une déclaration de qui ? Ni Dumesnil ni Barère ne méritent la moindre confiance. Si en effet Hanriot eût été précipité d'une fenêtre du *troisième étage*, il est à croire que les agents du comité de Sûreté générale chargés d'opérer son arrestation en eussent su quelque chose, et ils n'en ont rien dit dans leur rapport; il est à présumer surtout que les Thermidoriens n'auraient pas eu à le faire transporter à la Conciergerie et de là à l'échafaud.

de lui tenir la tête bien élevée; pour lui conserver le peu de vie qui lui restait (1). Ni l'outrage ni l'injure ne lui furent épargnés en chemin. Insulter le géant tombé, n'était-ce pas une manière de faire sa cour aux assassins vainqueurs? Quand Jésus eut été mis en croix, ses meurtriers lui décernèrent par dérision le titre de roi des Juifs; les courtisans thermidoriens usèrent d'un sarcasme analogue à l'égard de Maximilien. « Ne voilà-t-il pas un beau roi! » s'écriaient-ils. Allusion délicate au cachet fleurdelisé qu'on prétendait avoir été trouvé sur le bureau de la commune.

« Le lâche Robespierre est là, » dit le président Charlier en apprenant l'arrivée du funèbre cortége. « Vous ne voulez pas qu'il entre? » — Non, non, hurla le chœur des forcenés. Et Thuriot, le futur serviteur du despotisme impérial, d'enchérir là-dessus : « Le cadavre d'un tyran ne peut que porter la peste; la place qui est marquée pour lui et ses complices, c'est la place de la Révolution (2). » Ces lâches appelaient lâche celui qu'ils venaient de frapper traîtreusement, et tyran celui qui allait mourir en martyr pour la République et la liberté perdues.

Robespierre fut transporté au comité de Salut public, dans la salle d'audience précédant celle des séances du comité, et étendu sur une table (3). On posa sous sa tête, en guise d'oreiller, une boîte de sapin où étaient renfermés des échantillons de pain de munition. Il était vêtu d'un habit bleu de ciel et d'une culotte de nankin, à peu près comme au jour de la fête de l'Être suprême, jour doublement mémorable, où tant de bénédictions étaient montées vers lui et où aussi plus d'une voix sinistre avait pu jeter dans son cœur de sombres pressentiments. On crut pendant longtemps qu'il allait expirer, tellement on le voyait immobile et livide. Il était sans chapeau, sans cravate, sa chemise entr'ouverte se trouvait teinte du sang qui s'échappait en abondance de sa mâchoire fracassée. Au bout d'une heure il ouvrit les yeux et, pour étancher le sang dont sa bouche était remplie, il se servit d'un petit sac en peau blanche, qu'un des assistants lui donna sans doute, et sur lequel on lisait ces mots : « *Au grand monarque, Lecourt, fourbisseur du roi et de*

---

(1) *Faits recueillis aux derniers instants de Robespierre et de sa faction, du 9 au 10 thermidor.* Paris, in-8° de 7 p. De l'impr. de Pain, passage Honoré. Cette brochure, sans nom d'auteur, paraît rédigée avec une certaine impartialité, c'est-à-dire qu'on n'y rencontre pas les calomnies ineptes et grossières dont toutes les brochures thermidoriennes du temps sont remplies. C'est pourquoi nous avons cru devoir y puiser quelques renseignements.

(2) *Moniteur* du 12 thermidor (30 juillet 1794).

(3) Cette table se trouve aujourd'hui aux *Archives*.

ses troupes, rue Saint-Honoré, près de celle des Poulies, à Paris (1).
Pas une plainte ne s'échappa de sa bouche; les mouvements spas-
modiques de son visage dénotèrent seuls l'étendue de ses souffrances. Ajoutez à la douleur physique les outrages prodigués à la
victime par des misérables sans conscience et sans cœur, et vous
aurez une idée du long martyre héroïquement supporté par ce grand
citoyen. « Votre Majesté souffre, » lui disait l'un ; et un autre : « Eh
bien, il me semble que tu as perdu la parole (2). » Certaines personnes cependant furent indignées de tant de lâcheté et se sentirent prises de compassion. Un des assistants lui donna, faute de
linge, un peu de papier blanc pour remplacer le sac dont il se servait, et qui était tout imbibé de sang (3). Un employé du comité, le
voyant se soulever avec effort pour dénouer sa jarretière, s'empressa de lui prêter aide. « Je vous remercie, monsieur », lui dit
Robespierre d'une voix douce (4). Mais ces témoignages d'intérêt et
d'humanité étaient à l'état d'exception.

Saint-Just et Dumas se trouvaient là. Quand on les avait amenés,
quelques-uns des conjurés, s'adressant aux personnes qui entouraient Robespierre, s'étaient écriés ironiquement : « Retirez-vous
donc, qu'ils voient leur roi dormir sur une table comme un
homme (5). » A la vue de son ami étendu à demi mort, Saint-Just ne
put contenir son émotion; le gonflement de ses yeux rougis révéla
l'amertume de son chagrin (6). Impassible devant l'outrage, il se
contenta d'opposer aux insulteurs le mépris et le dédain. On l'entendit seulement murmurer, en contemplant le tableau des Droits

(1) Les Thermidoriens, qui ont voulu faire croire au suicide, se sont imaginé avoir
trouvé là un appui à leur thèse. Courtois, après avoir montré dans son rapport sur les
événements du 9 Thermidor le gendarme Merda *manquant* Robespierre, représente celui-
ci « tenant dans ses mains le sac de son pistolet, qui rappeloit à ses yeux, par l'adresse
du marchand qui l'avoit vendu, et dont l'enseigne étoit *Au Grand Monarque*, le terme
qu'avoit choisi son ambition » (p. 73). Honnête Courtois ! — Sur le revers de ce sac on
pouvait lire le nom du propriétaire, M. Archier. Il est fort probable que c'est un citoyen
de ce nom, peut-être l'ancien député des Bouches-du-Rhône à la Législative, qui,
ému de pitié, aura, à défaut de linge, donné ce sac à la victime.

(2) *Faits recueillis aux derniers instans de Robespierre et de sa faction*, du 9 au
10 thermidor (*ubi suprà*). — Voy. aussi, au sujet des mauvais traitements infligés au
géant tombé, les notes relatives à Maximilien Robespierre lorsqu'il fut apporté au comité de Salut public, pièce XLI, p. 215, à la suite du rapport de Courtois.

(3) Notes relatives à Maximilien Robespierre, *ubi suprà*.

(4) Nous empruntons ce trait à M. Michelet, à qui il fut raconté par le général Pe-
tiet, lequel le tenait de l'employé remercié par Robespierre. (*Histoire de la Révolution*,
t. VII, p. 514.)

(5) *Faits recueillis aux derniers instans de Robespierre et de sa faction.*

(6) *Ibid.*

de l'homme, suspendu à la muraille : « C'est pourtant mŏi qui ai fait cela (1) ! » Ses amis et lui tombaient par la plus révoltante violation de ces Droits, désormais anéantis, hélas !

Vers cinq heures du matin, les assassins, craignant que leur victime n'eût pas la force de supporter le trajet de l'échafaud, firent panser sa blessure par deux chirurgiens. Élie Lacoste leur dit : « Pansez bien Robespierre, pour le mettre en état d'être puni (2). » Pendant ce pansement, qui fut long et douloureux, Maximilien ne dit pas un mot, ne proféra pas une plainte. Cependant quelques misérables continuaient de l'outrager. Quand on lui noua au-dessus du front le bandeau destiné à assujettir sa machoire brisée, une voix s'écria : « Voilà qu'on met le diadème à Sa Majesté » Et une autre : « Le voilà coiffé comme une religieuse (3). » Il regarda seulement les opérateurs et les personnes présentes avec une fermeté de regard qui indiquait la tranquillité de sa conscience et le mettait fort au-dessus des lâches dont il avait à subir les insultes (4). On ne put surprendre chez lui un moment de défaillance. Ses meurtriers eux-mêmes, tout en le calomniant, ont été obligés d'attester son courage et sa résignation (5).

Le pansement terminé, on le recoucha sur la table, en ayant soin de remettre sous sa tête la boîte de sapin qui lui avait servi d'oreiller, « en attendant », dit un des plaisants de la bande, « qu'il aille faire un tour à la petite fenêtre (6). » Le comité de Salut public ne tarda pas à l'envoyer à la Conciergerie avec Couthon et l'officier municipal Gobeau, que le juge de paix Bucquet venait de ramener de l'Hôtel-Dieu. Ce magistrat fut chargé de faire toutes les réquisitions nécessaires pour que les proscrits fussent conduits sous bonne et sûre garde, tant on redoutait encore une intervention du peuple en faveur des vaincus (7). Le comité chargea de plus les chirurgiens qui avaient pansé Maximilien de l'accompagner à la prison, et de ne le quitter qu'après l'avoir remis entre les mains des officiers de santé

(1) Notes relatives à Maximilien Robespierre, *ubi suprà*.
(2) *Faits recueillis aux derniers instans de Robespierre et de sa faction.*
(3) *Ibid.*
(4) Rapport des officiers de santé Vergez et Martigues (pièce XXXVI, à la suite du rapport de Courtois), et Notes relatives à Maximilien, *ubi suprà.*
(5) Notes relatives à Maximilien Robespierre, *ubi suprà.*
(6) *Faits recueillis aux derniers instans de Robespierre et de sa faction.*
(7) « Le comité de Salut public arrête que sur-le-champ Robespierre, Couthon et Goubault seront transférés à la Conciergerie, sous bonne et sûre garde. Le citoyen J.-A. Bucquet, juge de paix de la section de la *Cité*, est chargé de l'exécution du présent arrêté, et de faire toutes les réquisitions nécessaires à ce sujet. Le 10 thermidor, B. Barère, Billaud-Varenne » (Pièce de la collection Beuchot.)

de service à la Conciergerie; ce qui fut ponctuellement exécuté (1).
Il était environ dix heures et demie quand s'ouvrirent devant le
grand proscrit les portes de la maison de justice du Palais (2).

Nous avons dit comment Charlotte Robespierre s'était alors présentée à la Conciergerie, demandant à voir ses frères; comment,
après s'être nommée, avoir prié, s'être traînée à genoux devant les
gardiens, elle avait été repoussée durement, et s'était évanouie sur
le pavé. Quelques personnes, saisies de commisération, la relevèrent et l'emmenèrent, comme on a vu plus haut, et quand elle recouvra ses sens, elle était en prison (3), tant les Thermidoriens
avaient hâte de faire main basse sur quiconque était soupçonné
d'attachement à la personne de leur victime.

A l'heure où Robespierre était conduit à la Conciergerie, la séance
conventionnelle s'était rouverte, après une suspension de trois
heures. On vit alors se produire à la barre de l'Assemblée toutes les
lâchetés dont la bassesse humaine est capable. Ce fut à qui viendrait au plus vite se coucher à plat ventre devant les vainqueurs
et faire œuvre de courtisan en jetant de la boue aux vaincus. Voici
d'abord le directoire du département de Paris qui, la veille, avait
commencé par s'aboucher avec la commune, qu'il s'était empressé
d'abandonner dès que les chances avaient paru tourner du côté des
conjurés de la Convention (4). Il accourait féliciter l'Assemblée
d'avoir sauvé la patrie. Quelle dérision! Ensuite se présenta le tribunal révolutionnaire, si attaché à Maximilien, au dire de tant d'écrivains superficiels. Un de ses membres, dont le nom n'a pas été conservé, prodigua toutes sortes d'adulations à la Convention, laquelle,
dit-il, s'était couverte de gloire. Tout dévoué à la Représentation
nationale, le tribunal venait prendre ses ordres pour le prompt ju-

(1) Rapport des officiers de santé, *ubi suprà*. — M. Michelet s'est donc trompé
quand il a écrit, sur nous ne savons quel renseignement, que les comités « firent faire
à Robespierre l'inutile et dure promenade d'aller à l'Hôtel-Dieu. » (*Histoire de la Révolution*, t. VII, p. 517.)

(2) « Reçu à la Conciergerie le *nommé* Robespierre aîné, Couthon, Goubeau, *amené
prisonnié* par le citoyen Bucquet, juge de paix de la section de la *Cité*, le 10 thermidor
de l'an II° de la République une et indivisible. » V. Richard fils. (Pièce de la collection Beuchot.)

(3) Mémoires de Charlotte Robespierre, p. 145.

(4) Vers sept heures le directoire s'adressa en ces termes à la commune : « Les administrateurs du département au conseil général de la commune. Citoyens, nous désirons
connaître les mesures que la commune a prises pour la tranquillité publique, nous vous
prions de nous en informer. » Trois heures plus tard, il écrivait au président de la
Convention : « Citoyen, le département, empressé de faire exécuter les décrets rendus
par la Convention nationale, me charge de vous inviter à lui en envoyer sur-le-champ
une expédition. » (Pièce de la collection Beuchot.)

gement des conspirateurs. Une difficulté cependant entravait sa
marche, et, par la bouche de Fouquier-Tinville, il pria l'Assemblée
de la lever au plus vite. Afin d'exécuter les décrets de mort, il n'y
avait plus qu'à les sanctionner judiciairement; mais pour cela la loi
exigeait que l'identité des personnes fût constatée par deux officiers
municipaux de la commune des prévenus; or tous les officiers municipaux se trouvaient eux-mêmes mis hors la loi; comment faire?
Ce scrupule de juriste sembla irriter les cannibales altérés du sang
de Maximilien. « Il faut, » dit Thuriot, « que l'échafaud soit dressé
sur-le-champ, que le sol de la République soit purgé d'un monstre
qui *était en mesure pour se faire proclamer roi.* » Sur la proposition
d'Élie Lacoste, l'Assemblée dispensa le tribunal de l'assistance des
deux officiers municipaux, et décida que l'échafaud serait dressé
sur la place de la Révolution, d'où il avait été banni depuis quelque
temps (1).

Fouquier-Tinville et le tribunal révolutionnaire se le tinrent pour
dit. Des ordres furent donnés en conséquence par l'accusateur public, et, tandis qu'au Palais s'accomplissait la formalité de la consta-
tation de l'identité des victimes par le tribunal, l'instrument sinistre
s'élevait à la hâte. Vers cinq heures du soir, vingt-deux victimes,
premier holocauste offert à la réaction par les pourvoyeurs habituels
de la guillotine, se trouvèrent prêtes pour l'échafaud. Parmi ces
premiers martyrs de la démocratie et de la liberté figuraient Maximilien et Augustin Robespierre, Saint-Just, Couthon, Le Bas, les
généraux La Valette et Hanriot, le maire Fleuriot-Lescot, l'agent
national de la commune Payan, l'officier municipal Bernard, et un
jeune homme nommé Vivier, mis hors la loi uniquement pour avoir
présidé la société des Jacobins dans la nuit précédente.

Ce jour-là 10 thermidor devait avoir lieu une fête patriotique en
l'honneur des jeunes Barra et Viala, dont Robespierre, on s'en souvient, avait prononcé l'éloge. Mais au lieu d'une solennité destinée
à fortifier dans les cœurs l'amour de la patrie, la République allait
offrir au monde le spectacle d'un immense suicide. Quand les funè-
bres charrettes sortirent de la cour du Palais, des imprécations retentirent dans la foule, et les outrages aux vaincus commencèrent
pour ne cesser qu'avec le dernier coup de hache. On eut dans la
rue comme le prélude de l'immonde comédie connue sous le
nom de *bal des victimes.* De prétendus parents des gens immolés
par la justice révolutionnaire hurlaient en chœur au passage des
condamnés; insulteurs gagés sans doute, comme ces pleureuses

_____

(1) *Moniteur* du 12 thermidor (30 juillet 1794).

antiques qu'en Grèce et à Rome on louait pour assister aux funérailles des morts. Partout, sur le chemin du sanglant cortége, se montraient joyeux, ivres, enthousiastes, le ban et l'arrière-ban de la réaction, confondus avec les coryphées de la guillotine et les terroristes à tous crins. Derrière les charrettes, se démenant comme un furieux, un homme criait de tous ses poumons : «A mort le tyran!» C'était Carrier (1). Il manquait Tallien et Fouché pour compléter ce tableau cynique.

Dans les rues Saint-Denis, de la Ferronnerie et sur tout le parcours de la rue Saint-Honoré, les fenêtres étaient garnies de femmes qui, brillamment parées et décolletées jusqu'à la gorge, sous prétexte des chaleurs de juillet, s'égosillaient à vociférer : « A la guillotine! » Une chose visible, c'est que le règne des filles, des prostituées de tous les mondes, des agioteurs, de tous les grands fripons, commençait. Grâces en soit rendues aux Fréron, aux Lecointre et à toute leur séquelle! Ah! ces femmes avaient bien raison d'applaudir et de vociférer, à l'heure où toutes les vertus civiques allaient s'abîmer dans le panier de Samson. Patience! vingt ans plus tard on verra les mêmes mégères, aussi joyeuses, aussi richement vêtues, accoudées sur le velours aux fenêtres des boulevards, et de leurs mains finement gantées agitant des mouchoirs de batiste, on les verra, dis-je, accueillir par des sourires et des baisers les soldats de l'invasion victorieuse.

Quand le convoi fut arrivé à la hauteur de la maison de Duplay, des femmes, si l'on peut donner ce nom à de véritables harpies, firent, assure-t-on, arrêter les charrettes, et se mirent à danser autour, tandis que trempant un balai dans un seau rempli de sang de bœuf, un enfant aspergeait de ce sang la maison, où durant quatre ans Maximilien avait vécu adoré au milieu de sa famille adoptive. Si ce fait atroce est exact (2), il était sans portée, car à cette heure la maison de Duplay se trouvait veuve de tous ceux qui l'avaient habitée : père, mère, enfants, tout le monde avait été plongé déjà dans les cachots de la terreur thermidorienne (3). Enfermée à Sainte-Pélagie, avec des femmes de mauvaise vie, la malheureuse Mme Duplay y fut en butte aux plus odieux traitements, et elle mourut tout à coup le surlendemain, étranglée, dit-on, par ces mé-

---

(1) *Histoire parlementaire*, t. XXXIV, p. 96.

(2) Ce fait est affirmé par Nougaret et par les auteurs de l'*Histoire de la Révolution par deux amis de la liberté*, double autorité également contestable. On aurait peine à croire à une aussi horrible chose si l'on ne savait que les hommes de Thermidor étaient capables de tout.

(3) Lettre de Mme Le Bas au directeur de la *Revue de Paris*, année 1844.

gères. Son crime était d'avoir servi de mère au plus pur et au plus vertueux citoyen de son temps.

On raconte encore — est-ce vrai? — que lorsque le convoi des martyrs fut arrivé au milieu de la rue ci-devant Royale, une femme jeune encore et vêtue avec une certaine élégance s'accrocha aux barreaux de la charrette, et vomit force imprécations contre Maximilien. J'incline à croire que c'est là de la légende thermidorienne. Robespierre se contenta de lever les épaules, avoue l'écrivain éhonté à qui nous empruntons ce détail (1). A ces vociférations de la haine le mépris et le dédain étaient la seule réponse possible. Qu'importaient d'ailleurs à Maximilien ces lâches et stupides anathèmes? il savait bien que le vrai peuple n'était pas mêlé à cette écume bouillonnante soulevée autour des charrettes fatales. Le vrai peuple se tenait à l'écart, consterné. Parmi les patriotes sincères, beaucoup s'étaient laissé abuser par les mensonges des Barras et des Vadier, au sujet des emblèmes royaux trouvés, disait-on, en la possession de Robespierre, — qui ne sait avec quelle facilité les fables les plus absurdes sont, en certaines circonstances, accueillies par la foule? —beaucoup aussi gémissaient de leur impuissance à sauver ce grand citoyen. Mais toute la force armée, si disposée la veille à se rallier à la cause de Robespierre, avait passé du côté des Thermidoriens; une masse imposante de troupes avait été déployée, et il eût été difficile d'arracher aux assassins leur proie.

Parvenus au lieu de l'exécution, les condamnés ne démentirent pas le stoïcisme dont ils avaient fait preuve jusque-là; ils moururent tous sans forfanterie et sans faiblesse, bravement, en gens qui défiaient l'avenir et embrassaient la mort avec la sérénité d'une conscience pure et la conviction d'avoir jusqu'au bout rempli leur devoir envers la patrie, la justice et l'humanité. Par un raffinement cruel, on avait réservé Robespierre pour le dernier. N'était-ce pas le tuer deux fois que d'achever sous ses yeux son frère Augustin, ce pur et héroïque jeune homme, qu'on attacha tout mutilé sur la planche. Un jour de plus, il mourait de ses blessures, les bêtes féroces de Thermidor n'eurent pas la patience d'attendre. Maximilien monta d'un pas ferme les degrés de l'échafaud. Quand il apparut, sanglant et livide, sur la plate-forme où se dressait la guillotine, un murmure sourd courut dans la foule. Était-ce le gémissement de la patrie en deuil? Ah! tu peux pleurer, pauvre et chère patrie, de longtemps tes enfants ne retrouveront un ami plus sincère et plus

---

(1) Desessarts, auteur d'un pamphlet cynique intitulé : *La Vie, les Crimes et le Supplice de Robespierre et de ses principaux complices*, p. 156 de la 1re édition.

dévoué. Soit barbarie, soit maladresse, l'exécuteur s'y prit si brutalement en enlevant l'appareil qui couvrait la blessure de la victime qu'il lui arracha, dit-on, un cri déchirant. Un instant après, la tête de Robespierre tombait (1). Fervent royaliste, le bourreau dut tressallir d'aise, car il sentait bien qu'il venait d'immoler la Révolution et de décapiter la République dans la personne de son plus illustre représentant. Robespierre avait trente-cinq ans et deux mois (2).

XXXIV

A l'heure où cette horrible tragédie se jouait sur la place de la Révolution, la Convention nationale prenait soin de bien déterminer elle-même le sens du sanglant coup d'État. Se fiant au langage tenu par certains conjurés pour attirer à eux les gens de la droite, nombre de gens parlaient hautement d'ouvrir les portes des prisons à toutes les personnes détenues pour crime ou délit contre-révolutionnaire. Mais, afin qu'il n'y eût pas de méprise possible, Barère, qui ne craignit pas de présenter comme un mouvement royaliste la résistance de la commune, s'écria, parlant au nom des comités de Salut public et de Sûreté générale : « … Quelques aristocrates déguisés parlaient d'indulgence, comme si le gouvernement révolutionnaire n'avait pas repris plus d'empire par la révolution même dont il avait été l'objet, comme si la force du gouvernement révolutionnaire n'était pas centuplée, depuis que le pouvoir, remonté à sa source, avait donné une âme plus énergique et des comités mieux épurés. De l'indulgence ! il n'en est que pour l'erreur involontaire, mais les manœuvres des aristocrates sont des forfaits, et LEURS ERREURS NE SONT QUE DES CRIMES. » L'Assemblée décréta l'impression du rapport de Barère et l'envoi de ce rapport à tous les départements (3). Robespierre, lui, s'était plaint amèrement qu'on portât

(1) « Ce grand homme n'était plus », a écrit M. Michelet, t. VII, p. 520. Les quelques pages consacrées par M. Michelet à la fin de Robespierre sont vraiment d'une beauté poignante, mais c'est en même temps la plus amère critique qui puisse être faite de son livre. Pour nous, après avoir signalé les contradictions, les erreurs accumulées dans une œuvre qui a contribué à égarer beaucoup d'esprits, nous ne pouvons que nous féliciter de voir l'illustre écrivain aboutir à une conclusion qui est la nôtre.

(2) Robespierre et ses compagnons d'infortune furent enterrés derrière le parc de Monceau, dans un terrain où il y eut longtemps un bal public. Après la Révolution de 1830, de généreux citoyens firent faire des fouilles dans cet endroit pour retrouver les restes du grand martyr de Thermidor, mais ces recherches sont restées infructueuses. Depuis, en défonçant ce terrain pour le passage du boulevard Malesherbes, on a découvert les ossements des victimes de cette époque, auxquelles la démocratie doit bien un tombeau.

(3) Moniteur du 12 thermidor (30 juillet 1794).

la terreur dans toutes les conditions, qu'on rendît la Révolution redoutable au peuple même, qu'on érigeât en crimes des préjugés incurables ou des erreurs invétérées, et l'on venait de le tuer. Toute la moralité du 9 Thermidor est là.

Vingt-deux victimes, sans compter Le Bas, ne suffisaient pas à apaiser la soif de sang dont étaient dévorés les vainqueurs : soixante-dix furent encore traînées le lendemain à l'échafaud, et douze le surlendemain, 12 thermidor. C'étaient en grande partie des membres du conseil général, dont la plupart ne connaissaient Robespierre que de nom et s'étaient rendus à la commune sur l'invitation de leurs chefs immédiats, sans même savoir de quoi il s'agissait. Cent cinq victimes auxquelles il convient de joindre Coffinhal, arrêté et guillotiné quelques jours plus tard, tel fut le bilan du 9 Thermidor et telle fut l'immense tuerie par laquelle la terreur blanche inaugura son règne. On ne vit jamais plus effroyable boucherie : ah ! certes, la Révolution avait déjà coûté bien des sacrifices à l'humanité, mais les gens qu'avait jusqu'alors condamnés le tribunal étaient, pour la plus grande partie, ou des ennemis déclarés de la Révolution, ou des fripons, ou des traîtres; cette fois c'étaient les plus purs, les plus sincères, les plus honnêtes patriotes que venait de frapper la hache thermidorienne. Cent quatre-vingt-onze personnes furent poursuivies; on n'épargna ni femmes ni enfants (1). Mme de Chalabre végéta longtemps en prison. Quel était son crime? Elle avait été l'amie de Robespierre.

Et par qui tant de braves gens, tant d'excellents citoyens, avaient-ils été immolés ou se trouvaient-ils persécutés? Par les plus odieux et les plus méprisables des hommes, par les Fouché, les Tallien, les Fréron, les Rovère, les Courtois, mêlés, par une étrange promiscuité, à une partie de ceux qu'on est convenu d'appeler — singulière dérision — les *modérés*. Étonnez-vous donc que dans les prisons et les départements on ait frémi à la nouvelle de la chute de Robespierre ! La réaction seule dut s'ébattre de joie : sa cause était gagnée.

Bonaparte, très-fervent républicain alors, et dont la sûreté de coup d'œil, la haute intelligence et la perspicacité ne sauraient être révoquées en doute, regarda la révolution du 9 Thermidor comme un malheur pour la France (2).

Les flatteurs ne manquèrent pas aux vainqueurs. Comme toujours, les adresses d'adhésion affluèrent de toutes parts : prose et vers

(1) Voy. *Liste des noms et domiciles des individus convaincus ou prévenus d'avoir pris part à la conjuration de l'infâme Robespierre*, signée Guffroy, Espers, Courtois et Calès. In-8.

(2) Voy., à ce sujet, les *Mémoires du duc de Raguse.* « Il m'a dit à moi-même ces

célébrèrent à l'envi le guet-apens victorieux. Ceux-là mêmes qui n'eussent pas mieux demandé que d'élever un trône à Maximilien furent les premiers à cracher contre sa mémoire. Comment, sans courir risque de l'échafaud, aurait-on pu protester? Il est du reste à remarquer que la plupart des adresses de félicitations parlent de Robespierre comme ayant voulu attenter au gouvernement de la Terreur et se faire proclamer roi, suivant l'expression de Thuriot (1). Mais au milieu de ce concert d'enthousiasme emprunté, de ces plates adulations murmurées aux oreilles de quelques assassins, retentit une protestation indignée que l'histoire ne doit pas oublier de mentionner.

Ce fut une protestation toute populaire; elle se produisit d'une manière naïve et touchante par la bouche d'une pauvre femme de la campagne. Nous avons rapporté ailleurs l'exclamation de cette jeune fermière qui, à la nouvelle de la mort de Robespierre, laissa tomber à terre, de surprise et de douleur, un jeune enfant qu'elle avait dans les bras, et s'écria tout éplorée, en levant les yeux et les mains vers le ciel : « O qu'os nes finit pol bounheur del paouré pople. On a tuat o quel que l'aimabo tant. — Oh! c'en est fini pour le bonheur du pauvre peuple, on a tué celui qui l'aimait tant! (2). »

Ce jour-là, on peut le dire, une simple fermière fut la conscience du pays. Comme elle comprit bien la terrible signification des événements qui venaient de se passer! Ah! oui, c'en est fait, et pour longtemps, du bonheur du pauvre peuple, car il n'est plus celui qui lui avait donné toute sa jeunesse, tout son génie et tout son cœur. Elle est pour jamais éteinte la grande voix qui si longtemps, dans la balance des destinées de la démocratie, pesa plus que les armées de la coalition et que les intrigues de la réaction. Les intérêts du peuple? On aura désormais bien d'autres soucis en tête! Assez de privations et de sacrifices! Allons! à la curée tous les héros de Thermidor! Enrichissez-vous, mettez la République en coupe réglée; volez, pillez, jouissez. Et si par hasard le peuple affamé vient

---

propres paroles », ajoute Marmont : « Si Robespierre fût resté au pouvoir, il aurait modifié sa marche; il eût rétabli l'ordre et le règne des lois. On serait arrivé à ce résultat sans secousses, parce qu'on y serait venu par le pouvoir; on y prétend marcher par une révolution, et cette révolution en amènera beaucoup d'autres. » La prédiction s'est vérifiée : les massacres du Midi, exécutés immédiatement, au chant du *Réveil du Peuple*, l'hymne de cette époque, étaient aussi odieux, aussi atroces, aussi affreux que tout ce qui les avait devancés. » (P. 56)

(1) Voyez, pour les adresses d'adhésion et de félicitations, les procès-verbaux de la Convention de thermidor et fructidor an II.

(2) Voy. notre *Histoire de Saint-Just*, p. 617 de la 1re édition. Ce fait a été rapporté par un témoin auriculaire, l'illustre Laromiguière, à M. Philippe Le Bas, de qui nous le tenons nous-même.

un jour troubler vos orgies en vous réclamant la constitution et du
pain, répondez-lui à coups d'échafauds; vous avez pour vous le
bourreau et les prétoriens. N'ayez pas peur, car il n'est plus celui
qu'on appelait l'Incorruptible et qui avait fait mettre la probité à
l'ordre du jour, car il est glacé pour toujours ce cœur affamé de
justice qui ne battit jamais que pour la patrie et la liberté.

Certes, les idées et les doctrines dont il a été le plus infatigable
propagateur et le plus fidèle interprète, ces grandes idées de liberté,
d'égalité, d'indépendance, de dignité, de solidarité humaine qui
forment la base même de la démocratie, et dont l'application fut à la
veille de se réaliser de son vivant, ont trouvé un refuge dans une foule
de cœurs généreux, mais elles ont cessé depuis lors d'être l'objectif
des institutions politiques. On voit donc combien il est difficile et
surtout combien il serait souverainement injuste de faire l'histoire
des idées sans celle des hommes, puisque la destinée des premières
est si intimement liée à la destinée de ceux-ci. Et pour en revenir à
Robespierre, ce sera, à n'en point douter, l'étonnement des siècles
futurs qu'on ait pu si longtemps mettre les ténèbres à la place de la
lumière, le mensonge à la place de la vérité, et qu'à l'aide des arti-
fices les plus grossiers, des calomnies les plus saugrenues, on soit
parvenu à tromper ainsi les hommes sur la plus puissante indivi-
dualité qu'ait produite la Révolution française, La faute en a été
jusqu'ici au peu de goût d'une partie du public pour les lectures
sérieuses; on s'en est tenu à la tradition, à la légende, aux narra-
tions superficielles; cela dispensait d'étudier. Et puis, ajoutez la
force des préjugés : on ne renonce pas aisément à des erreurs dont
on a été longtemps le jouet. Plus d'un, forcé de s'avouer vaincu par
la puissance de la vérité, ne vous en dit pas moins, en hochant la
tête : « C'est égal, vous ne ferez pas revenir le monde sur des idées
préconçues. »

Aussi, en présence du triomphe persistant des préventions, de la
mauvaise foi et de l'ignorance, et quand on voit ce Juste poursuivi
encore des malédictions de tant de personnes abusées, on est saisi
de je ne sais quel trouble, on se sent, malgré soi, défaillir; on se
demande, effaré, si l'humanité vaut la peine qu'on s'occupe d'elle,
qu'on lui sacrifie ses veilles, son génie, ses vertus, ce qu'on a de
meilleur en soi; si la fraternité n'est pas un vain mot, et s'il ne vaut
pas mieux, suivant l'expression d'un grand poëte de nos jours :

Laisser aller le monde à son courant de boue.

Mais non, il ne faut ni douter des hommes ni se décourager de
faire le bien pour quelques injustices passagères que réparera

l'avenir. La postérité, je n'en doute pas, mettra Maximilien Robespierre à la place d'honneur qui lui est due parmi les martyrs de l'humanité ; et nous serons trop payé, pour notre part, de tant d'années de labeur consacrées à la recherche de la vérité, si nous avons pu contribuer à la destruction d'une iniquité criante. Ceux qui ont suivi avec nous, pas à pas, heure par heure, l'austère tribun, depuis le commencement de sa carrière, peuvent dire la pureté de sa vie, le désintéressement de ses vues, la fermeté de son caractère, la grandeur de ses conceptions, sa soif inextinguible de justice, son tendre et profond amour de l'humanité, l'honnêteté des moyens par lesquels il voulut fonder en France la liberté et la République. Supérieur à Mirabeau par la conscience, aux Girondins et aux dantonistes par les principes, est-ce à dire pour cela qu'il ne se soit pas trompé lui-même en certaines circonstances? Certes, il serait insensé de le soutenir. Il était homme ; et, d'ailleurs, les fautes relevées par nous-même à sa charge, d'autres les eussent-ils évitées? C'est peu probable. Sans doute, nous aurions aimé qu'échappant à la tradition girondine, il eût énergiquement défendu le principe de l'inviolabilité des membres de la Représentation nationale; mais, outre qu'au milieu des passions déchaînées il se fût probablement épuisé en vains efforts, il faut tenir compte des temps extraordinaires où il vécut, et surtout lui savoir gré de ce qu'à l'heure de sa chute il mérita l'honneur de s'entendre reprocher comme un crime d'avoir élevé la voix en faveur de Danton et de Camille Desmoulins. Un jour, c'est notre plus chère espérance et notre intime conviction, quand les ténèbres se seront dissipées, quand les préventions se seront évanouies devant la vérité, quand l'histoire impartiale et sereine aura décidément vaincu la légende et les traditions menteuses, Robespierre restera, non-seulement comme un des fondateurs de la démocratie, dont il a donné la véritable formule dans sa Déclaration des droits de l'homme, mais, ce qui vaut mieux encore, comme un des plus grands hommes de bien qui aient paru sur la terre.

FIN DU TROISIÈME ET DERNIER VOLUME.

TABLE DES MATIÈRES

DU TOME TROISIÈME

LIVRE ONZIÈME

LIVRE DOUZIÈME

LIVRE TREIZIÈME

LIVRE QUATORZIÈME

LIVRE QUINZIÈME

FIN DE LA TABLE DU TOME TROISIÈME ET DERNIER.

ERRATUM

Quelques fautes typographiques (lettres tombées, oubliées, omises ou transposées) se sont glissées dans ce tome volumineux; nous laissons à l'intelligence du lecteur le soin de les corriger, et nous nous bornons à rectifier les erreurs, très-rares du reste, qui seraient de nature à altérer le sens d'une phrase ou la vérité historique.

Page	3, ligne 35,		*au lieu de* les fondateurs de	
			République, *lisez* de la République.	
— 298 et 299,		—	Buonarotti,	— Buonaroti.
— 302,	— 9,	—	Néron,	— Héron.
— 569,	— 30, à la note,	—	fête,	— tête.
— 671,	— 24,	—	le député Lecongne, —	Cigongne.
— —	— 29,	—	l'épicurien Barère, —	Dupin.

Paris, imprimerie Jouaust, rue Saint-Honoré, 338.

Lightning Source UK Ltd.
Milton Keynes UK
UKHW030637030521
383048UK00009B/770